KB192607

교회사전집2
니케아 이전의 기독교

Philip Schaff

교회사전집
HISTORY OF THE CHRISTIAN CHURCH

2

필립 샤프

니케아 이전의 기독교

크리스챤 다이제스트

† 제2판 서문

제2권은 사도시대 이후부터 니케아 이전까지의 기독교 역사를 다룬다. 주후 311년의 제1차 관용령은 박해를 종식시켰고, 313년의 제2차 관용령(3차 관용령은 없음)은 기독교가 법적 승인과 보호를 받는 길을 닦았으며, 325년의 니케아 공의회는 사실상 제국 국교회(國教會)의 출범을 엄숙히 선포했다. 콘스탄티누스(Constantine)는 자신의 재위기간에 활동한 신학자 에우세비우스(Eusebius, 유세비우스)와 교회 정치가 호시우스(Hosius)와 마찬가지로 니케아 이전 시대와 니케아 시대에 모두 속하므로 두 시기에 걸쳐 다 다루어야겠지만, 니케아 시대를 다루는 권에서 자세히 다룰 생각이다.

우리는 종교개혁 이전 시대와 유사한 '발견과 연구의 시대'를 살고 있다. 역사의 기원, 문명의 기원, 기독교의 기원이 오늘날 학자들의 집중적인 주목을 받고 있다.

우리 세대[1800년대 후반]에는 새로 발견된 정보 자료들에 힘입어 초기 교회사에 관한 정보가 대단히 풍성해졌으며, 독자적 비평에 의해서 거의 혁명에 가까운 변화를 겪었다. 최근에 이루어진 학문적 발견들과 출판들 가운데서 특히 주목할 만한 것은 다음과 같다: 「시리아어 이그나티우스」(*The Syriac Ignatius*, Cureton, 1845, 1849) — 감독제[주교제]와 가톨릭교의 등장과 밀접히 연관된 이그나티우스 논쟁에 새로운 장을 열어준 저서; 히폴리투스의 「필로소푸메나」(*The Philosophumena*, Miller, 1851, Duncker and Schneidewin, 1859) — 고대 이단설들과 사상 체계들과 아울러 3세기 초반에 로마 교회에서 조성된 교리적·권징적 난맥상을 환히 비춰주는 저서; 「위(僞)클레멘스 설교집」(*the Pseudo-Clementine Homilies*, Dressel, 1853) 제10권 — 확실한 인용으로써 요한의 저작 문제를 해결하는 데 크게 이바지함으로써, 속사도 시대에 관해 왜곡된 형태로 존재했던 기독교에 관한 지식을 보완해 준 저서; 아토스 산에서 발견된 헬라어판 헤르마스 (*the Greek Hermas*, Anger and Tischendorf가 발행한 '립시엔시스 사본' <the Codex Lipsiensis>, 1856); 로마의 클레멘스가 쓴 「제1서신」(*the First Epistle*)의 새 롭고 온전한 헬라어 사본 ― 1875년에 브리엔니오스(Bryennios)가 콘스탄티노플 의 한 수녀원 도서관에서 발견했으며, 기존의 클레멘스 서신에 빠져 있던 여러 중요한 장들과 기독교에서 가장 오래된 기도문이 실려 있다; 동일한 립시엔시스 사본에 실려 있는 두 번째 (이른바) 「클레멘스 서신」(*Epistle of Clement*) 혹은 오 히려 「후(後)클레멘스 설교」(*post-Clementine Homily*) ― 온전한 형태를 갖추고 있으며(12장 대신 20장), 속사도 시대 최초의 설교 외에도 「바나바 서신」(*the Epistle of Barnabas*)의 새로운 헬라어판을 소개한다; 시리아어판 클레멘스(a Syriac Version of Clement) ― 줄스 몰(Jules Mohl) 도서관에서 발견되었고, 현재 는 케임브리지에 소장되어 있다(1876); 타티아누스의 「디아테사론」(*Diatessaron*) 단편들 ― 에프라임(Ephraem)의 주석이 실려 있으며, 아르메니아어로 되어 있 다(라틴어판은 1878년에 M singer가 펴냄); 멜리토(Melito, 1858)와 아리스티데 스(Aristides, 1878)의 변증서 단편들; 「도마행전」(*the Acts of Thomas*) 헬라어 완 성판(Max Bonnet, 1883); 최상의 발견은 언셜체로 된 헬라어 신약성경 가운데 유일한 완성판인 시내 사본(*the Codex Sinaiticus*)과 헬라어판 「바나바 서신」(*the Greek Barnabas*)과 헬라어판 헤르마스(*the Greek Hermas*)로서(Tischendorf, 1862), 이 문서들은 바티칸 사본(*the Vatican Codex*, 1868-1881, 6권)과 함께 헬 라어 신약성경과 위의 두 사도 교부들에 대한 본문 비평학에 새로운 기원을 이 루며, 에우세비우스 시대의 교회가 현재의 정경(正經)에 속한 책들을 모두 사용 했다는 사실을 확증한다.

이런 발견들을 감안한다면, 1215년에 니스메스에 여전히 존재하고 있던 파피 아스의 「주님의 계시들에 대한 주해」(*the Exposition of the Lord's Oracles*)와 헤 게시푸스의 「비망록」(*the Memorials of Hegesippus*), 그리고 16세기의 어느 도서 관 사서(司書)에 의해 당시에 현존했다고 기록된 이레나이우스(*Irenaeus*) 헬라어 완성 원본이 뜻밖에 어느 낡은 수도원에서 발견된다고 해도 놀랄 일이 아니다.

이러한 새로운 자료들과 관련하여 학계에도 그에 상응하는 작업이 이루어졌 다. 독일의 학자들은 무수한 논문들과 간행물들을 통해 입이 벌어질 만큼 많은 분량의 자료 조사와 자료 비평을 수행했고 지금도 수행하고 있으며, 그로써 사도 교부들과 변증가들에 대한 최신이자 최상의 비평판들을 제공했다. 영국의 학자들은 그들 특유의 견고한 상식과 법적 냉철함, 보수적 치밀함을 발휘하여 연구에 빠른 진척을 보이고 있으며, 이러한 상황을 잘 말해주는 것이 기독교 고대 (*Christian Antiquities*)와 기독교 전기(*Christian Biography*)에 관한 총서들, 주교 라이트푸트(Lightfoot)의 「클레멘스 서신들」(*Clementine Epistles*), 그리고 그가 편집한 「이그나티우스 서신들」(*Ignatian Epistles*)이다. 프랑스의 르낭(Renan)은 탁월한 재능과 학식으로 마르쿠스 아우렐리우스 시대까지 초기 기독교의 세속 환경을 생생히 소개했고, 교회의 문헌과 삶을 예리하게 관찰했다. 20년 노력의 결실로서 일곱 권으로 완간된 그의 「기독교 기원사」(*Histoire des Origines du Christianisme*)는 기번(Gibbon)이 남긴 불후의 역작과 어깨를 나란히 한다. 기독교의 등장과 승리는 동시대에 진행되고 있던 로마 제국의 쇠망보다 중요하고 장엄한 주제이지만, 어떠한 역사가도 신앙이 없으면 영원히 다함이 없는 나라를 다스리시며 영혼들을 구속하시는 평강의 왕의 신적 인품과 사명을 올바로 평가할 수 없다.

이러한 문헌적 발견과 연구가 대단히 중요한 것들이긴 하지만, 그렇다고 해서 지하에 남아 있던 로마 교회와 초기 기독교 예술의 비밀들을 빛 가운데 드러낸 로시(Cavalier de Rossi)와 가루치(Garruci)를 비롯한 이탈리아 학자들의 기념비적 발견과 연구가 그늘에 가려져서는 안 될 일이다. 19세기의 대표적 교회사가들인 네안더(Neander), 기젤러(Gieseler), 바우어(Baur)는 18세기의 모스하임(Mosheim)과 기번이 그랬듯이 카타콤에 대해서 입을 다문다. 하지만 고백자들[박해 속에서 끝까지 신앙을 지킨 사람들]과 순교자들의 무덤에서 출토된 그림들과 조각들과 비문들(조야하되 풍부한 정서가 실린)에 담긴 교훈을 언급하지 않고서야 어찌 처음 3세기의 역사를 썼다고 할 수 있을까? 그리고 묘비 연구를 통해 이룩한 업적, 이를테면 폴리카르푸스(Polycarp)의 순교 연대를 바로잡아 사도 요한의 시대에 10년이나 더 가까워지게 한 그러한 업적을 어찌 가볍게 지나칠 수 있겠는가?

이렇게 새로 발견된 방대한 자료들을 토대로 아름답고 안락한 건물을 지을 역사가가 절실히 필요하게 될 날이 곧 다가올 것이다. 독일의 학자들이 역사의 광부들이라면, 프랑스와 영국의 학자들은 숙련된 제조업자들이다. 전자는 역사학 이해와 계발에, 후자는 사료 편찬 기술에 뛰어나다. 만약 두 분야를 아우를 수 있는 사람이 있다면 그는 이상적인 역사가일 것이다. 하지만 하나님은 지혜롭게 은사들을 고루 분배하시고, 개인들과 민족들에게 서로 의존하고 보완하도록 만드셨다.

이 책[제2권]은 25년 전에 나온 초판 가운데 상응하는 부분[제1권. p. 144-528]을 완전히 다시 손질한 것이다. 부피도 배나 된다. 몇몇 장들(예. 6, 7, 9장)과 절들(예. 90-93, 103, 155-157, 168, 171, 184, 189, 190, 193, 198-204 등)은 새로 삽입한 것이고, 특히 교회 문학을 다룬 마지막 장을 비롯한 나머지 부분은 개선하고 보충했다. 필자가 크게 신경 쓴 대목은 이 책이 현실의 진보된 지식 수준을 따라잡고, 현재 발표되고 있는 중요한 저서(독일과 프랑스와 영국과 미국의)를 빠뜨리지 않음으로써 현실의 최상의 학문적 결과를 다음 세대가 접근하여 활용할 수 있게 하는 것이었다.

결론으로, 필자가 연소할 때 집필한 글을 이렇게 개정하여 다시 내놓을 수 있게 허락해준 출판사의 친절한 배려에 깊은 감사를 드린다. 이러한 배려에 힘입어 하나님께서 시간과 힘을 허락하시는 동안 용기 백배하여 이 작업을 계속해 나갈 생각이다. 제3권은 재구성할 필요가 없으므로 약간 손질한 뒤 지체하지 않고 펴낼 계획이다.

필립 샤프
유니온 신학교
1883년 10월

† 차례

제2기
니케아 이전의 기독교 혹은 박해와 순교의 시대:
사도 요한의 죽음부터 콘스탄티누스 대제까지
A. D. 100-325

제1장 기독교의 확산 ··· 29

제2장 기독교 박해와 그리스도인들의 순교 ································ 47

제3장 유대교와 이교에 대한 기독교의 문필적 투쟁 ························ 97

제12장 이단과 투쟁하면서 발전한 가톨릭 신학 473

제13장 니케아 이전 시대의 교회 문학과 교부들의 간략한 전기

제2기

니케아 이전의 기독교 혹은 박해와 순교의 시대:

사도 요한의 죽음부터 콘스탄티누스 대제까지
주후 100-325
"순교자들의 피는 교회의 씨앗이다"

1. 니케아 이전 시대에 관한 문헌

I. SOURCES.

1. The writings of the Apostolic Fathers, the Apologists, and all the ecclesiastical authors of the 2nd and 3rd, and to some extent of the 4th and 5th centuries; particularly CLEMENT OF ROME, IGNATIUS, POLYCARP, JUSTIN MARTYR, IRENÆUS, HIPPOLYTUS, TERTULLIAN, CYPRIAN, CLEMENT OF ALEXANDRIA, ORIGEN, EUSEBIUS, JEROME, EPIPHANIUS, and THEODORET.

2. The writings of the numerous heretics, mostly extant only in fragments.

3. The works of the pagan opponents of Christianity, as CELSUS, LUCIAN, PORPHYRY, JULIAN THE APOSTATE.

4. The occasional notices of Christianity, in the contemporary classical authors, TACITUS, SUETONIUS, the younger PLINY, DION CASSIUS.

II. COLLECTIONS OF SOURCES, (besides those included in the comprehensive Patristic Libraries):

GEBHARDT, HARNACK, and ZAHN: *Patrum Apostolicorum Opera.* Lips., 1876; second ed. 1878 sqq.

FR. XAV. FUNK (R. C.): *Opera Patrum Apost.* Tubing., 1878, 1881, 1887, 2 vols. The last edition includes the *Didache.*

I. C. TH. OTTO: *Corpus Apologetarum Christianorum sœculi secundi.* Jenæ, 1841 sqq., in 9 vols.; 2nd ed. 1847–1861; 3rd ed. 1876 sqq. ("*plurimum aucta et emendata*").

ROBERTS AND DONALDSON: *Ante-Nicene Christian Library.* Edinburgh (T. & T. Clark), 1868–'72, 25 volumes. American edition, chronologically arranged and enlarged by Bishop A. C. COXE, D. D., with a valuable *Bibliographical Synopsis* by E. C. RICHARDSON. New York (Christian Literature Company), 1885–'87, 9 large vols.

The fragments of the earliest Christian writers, whose works are lost, may be found collected in GRABE: *Spicilegium Patrum ut et Haereticorum Saeculi I. II. et III.* (Oxon. 1700; new ed. Oxf. 1714, 3 vols.); in ROUTH: *Reliquiæ Sacræ, sive auctorum fere jam perditorum secundi, tertiique saeculi fragmenta, quae supersunt* (Oxon. 1814 sqq. 4 vols.; 2nd ed. enlarged, 5 vols. Oxf. 1846–48); and in DOM. I. B. PITRA (O. S. B., a French Cardinal since 1863): *Spicilegium Solesmense, complectens sanctorum patrum scriptorumque eccles. anecdota hactenus opera, selecta e Graecis, Orientialibus et Latinis codicibus* (Paris, 1852–'60, 5 vols.). Comp. also BUNSEN: *Christianity and Man-*

kind, etc. Lond. 1854, vols. V., VI. and VII., which contain the Analecta Ante-Nicaena (*reliquiæ literariæ, canonicæ, liturgicæ*).

The *hæreseological* writings of Epiphanius, Philastrius, Pseudo-Tertullian, etc. are collected in FRANC. OEHLER: *Corpus hæreseologicum.* Berol. 1856–61, 3 vols. They belong more to the next period. The *Jewish* and *Heathen* Testimonies are collected by N. LARDNER, 1764, new ed. by Kippis, Lond. 1838.

III. HISTORIES.

1. Ancient Historians.

HEGESIPPUS (a Jewish Christian of the middle of the second century): 'Υπομνήματα τῶν ἐκκλησιαστικῶν πράξεων (quoted under the title πέντε ὑπομνήματα and πέντε συγγράμματα). These ecclesiastical Memorials are only preserved in fragments (on the martyrdom of James of Jerusalem, the rise of heresies, etc.) in Eusebius *H. Eccl.,* collected by Grabe (*Spicileg.* II. 203–214), Routh (*Reliqu. Sacræ,* vol. I. 209–219), and Hilgenfeld ("Zeitschrift für wissenschaftliche Theol." 1876, pp. 179 sqq.). See art. of Weizsäcker in Herzog, 2nd ed., V. 695; and of Milligan in Smith & Wace, II. 875. The work was still extant in the 16th century, and may be discovered yet; see Hilgenfeld's "Zeitschrift" for 1880, p. 127. It is strongly *Jewish*-Christian, yet not Ebionite, but Catholic.

* EUSEBIUS (bishop of Cæsarea in Palestine since 315, died 340, "the father of Church History," "the Christian Herodotus," confidential friend, adviser, and eulogist of Constantine the Great): 'Εκκλησιαστικὴ ἱστορία, from the incarnation to the defeat and death of Licinius 324. Chief edd. by *Stephens,* Paris 1544 (*ed. princeps*); *Valesius* (with the other Greek church historians), Par. 1659; *Reading,* Cambr. 1720; *Zimmermann,* Francof. 1822; *Burton,* Oxon. 1838 and 1845 (2 vols.); *Schwegler,* Tub. 1852; *Lämmer,* Scaphus. 1862 (important for the text); *F. A. Heinichen,* Lips. 1827, second ed. improved 1868–'70, 3 vols. (the most complete and useful edition of all the *Scripta Historica* of Eus.); *G. Dindorf,* Lips., 1871. Several versions (German, French, and English); one by *Hanmer* (Cambridge; 1683, etc.); another by *C. F. Crusé* (an Am. Episc., London, 1842, Phil., 1860, included in Bagster's edition of the *Greek Eccles. Historians,* London, 1847, and in Bohn's *Eccles. Library*); the best with commentary by *A. C. McGiffert* (to be published by "The Christian Lit. Comp.," New York, 1890).

The other historical writings of Eusebius, including his *Chronicle,* his *Life of Constantine,* and his *Martyrs of Palestine,* are found in Heinichen's ed., and also in the ed. of his *Opera omnia,* by MIGNE, "Patrol. Græca," Par. 1857, 5 vols. Best ed. of his *Chronicle,* by ALFRED SCHÖNE, Berlin, 1866 and 1875, 2 vols.

Whatever may be said of the defects of Eusebius as an historical critic and writer, his learning and industry are unquestionable, and his Church History and Chronicle will always remain an invaluable collection of information not attainable in any other ancient author. The sarcastic contempt of Gibbon and charge of willful suppression of truth are not justified, except against his laudatory over-estimate of Constantine, whose splendid services to the church blinded his vision. For a just estimate of Eusebius see the exhaustive article of Bishop Lightfoot in Smith & Wace, II. 308–348.

2. Modern Historians.

WILLIAM CAVE (died 1713): *Primitive Christianity.* Lond. 4th ed. 1682, in 3 parts. The same: *Lives of the most eminent Fathers of the Church that flourished in the first four centuries,* 1677–'83, 2 vols.; revised by ed. *H. Carey,* Oxford, 1840, in 3 vols. Comp. also CAVE's *Scriptorum ecclesiasticorum historia literaria, a Christo nato usque ad sœculum* XIV; best ed. Oxford, 1740–'43, 2 vols. fol.

* J. L. MOSHEIM: *Commentarii de rebus Christianis ante Constantinum M.* Helmst. 1753. The same in English by *Vidal,* 1813 sqq., 3 vols., and by *Murdock,* New Haven, 1852, 2 vols.

* EDWARD GIBBON: *The History of the Decline and Fall of the Roman Empire.* London, 1776–'88, 6 vols.; best edd. by *Milman,* with his own, Guizot's and Wenck's notes, and by *William Smith,* including the notes of Milman, etc. Reprinted, London, 1872, 8 vols., New York, Harpers, 1880, in 6 vols. In Chs. 15 and 16, and throughout his great work, Gibbon dwells on the outside, and on the defects rather than the virtues of ecclesiastical Christianity, without entering into the heart of spiritual Christianity which continued beating through all ages; but for fullness and general accuracy of information and artistic representation his work is still unsurpassed.

H. G. TZSCHIRNER: *Der Fall des Heidenthums.* Leipz. 1829.

EDW. BURTON: *Lectures upon the Ecclesiastical History of the first three Centuries.* Oxf. 1833, in 3 parts (in 1 vol. 1845). He made also collections of the ante-Nicene testimonies to the Divinity of Christ, and the Holy Spirit.

HENRY H. MILMAN: *The History of Christianity from the Birth of Christ to the Abolition of Paganism in the Roman Empire.* Lond. 1840. 3 vols.; 2nd ed. 1866. Comp. also the first book of his *History of Latin Christianity,* 2d ed. London and New York, 1860, in 8 vols.

JOHN KAYE (Bishop of Lincoln, d. 1853): *Ecclesiastical History of the Second and Third Centuries, illustrated from the writings of Tertullian.* Lond. 1845. Comp. also his books on *Justin Martyr, Clement of Alex.,* and the *Council of Nicœa* (1853).

F. D. MAURICE: *Lectures on the Eccles. Hist. of the First and Second Cent.* Cambr. 1854.

* A. RITSCHL: *Die Entstehung der alt-katholischen Kirche.* Bonn, 1850; 2nd ed. 1857. The second edition is partly reconstructed and more positive.

* E. DE PRESSENSÉ (French Protestant): *Histoire de trois premiers siècles de l'église chrétienne.* Par. 1858 sqq. The same in German trans. by *E. Fabarius.* Leipz. 1862–'63, 4 vols. English transl. by *Annie Harwood-Holmden,* under the title: *The Early Years of Christianity. A Comprehensive History of the First Three Centuries of the Christian Church,* 4 vols. Vol. I. The Apost. Age; vol. II. Martyrs and Apologists; vol. III. Heresy and Christian Doctrine; vol. IV. Christian Life and Practice. London (Hodder & Stoughton), 1870 sqq., cheaper ed., 1879. Revised edition of the original, Paris, 1887 sqq.

W. D. KILLEN (Presbyterian): *The Ancient Church traced for the first three centuries.* Edinb. and New York, 1859. New ed. N. Y., 1883.

AMBROSE MANAHAN (R. Cath.): *Triumph of the Catholic Church in the Early Ages.* New York, 1859.

ALVAN LAMSON (Unitarian): *The Church of the First Three Centuries, with special reference to the doctrine of the Trinity; illustrating its late origin and gradual formation.* Boston, 1860.

MILO MAHAN (Episcopalian): *A Church History of the First Three centuries.* N. York, 1860. Second ed., 1878 (enlarged).

J. J. BLUNT: *History of the Christian Church during the first three centuries.* London, 1861.

JOS. SCHWANE (R. C.): *Dogmengeschichte der vornicänischen Zeit.* Münster, 1862.

TH. W. MOSSMAN: *History of the Cath. Church of J. Christ from the death of St. John to the middle of the second century.* Lond. 1873.

* ERNEST RENAN: *L' Histoire des origines du Christianisme.* Paris, 1863–1882, 7 vols. The last two vols., *l' église Chrétienne,* 1879, and *Marc Aurèle,* 1882, belong to this period. Learned, critical, and brilliant, but thoroughly secular, and skeptical.

* GERHARD UHLHORN: *Der Kampf des Christenthums mit dem Heidenthum.* 3d improved ed. Stuttgart, 1879. English transl. by Profs. *Egbert C. Smyth* and *C. J. H. Ropes: The Conflict of Christianity,* etc. N. York, 1879. An admirable translation of a graphic and inspiring account of the heroic conflict of Christianity with heathen Rome.

* THEOD. KEIM, (d. 1879): *Rom und das Christenthum.* Ed. from the author's MSS. by *H. Ziegler.* Berlin, 1881. (667 pages).

CHR. WORDSWORTH (Bishop of Lincoln): *A Church History to the Council of Nicœa, A. D. 325.* Lond. and N. York, 1881. Anglo-Catholic.

A. PLUMMER: *The Church of the Early Fathers,* London, 1887.

Of the general works on Church History, those of BARONIUS, TILLEMONT (R. C.), SCHRÖCKH, GIESELER, NEANDER, and BAUR (the third revised ed. of vol. 1st, Tüb. 1853, pp. 175–527; the same also transl. into English) should be noticed throughout on this period; but all these books are *partly* superseded by more recent discoveries and discussions of special points, which will be noticed in the respective sections.

2. 니케아 이전 시대의 일반적 특성

이제 우리는 초대 사도 교회로부터 그리스 · 로마 교회로, 창조 사역으로부터 보존 활동으로, 신적 계시의 샘으로부터 인간에 의한 발전의 시냇물로, 사도들과 선지자들의 영감(靈感)된 저작들로부터 '조명되었으되 오류 가능성이 있는' 교사들의 저작들로 내려왔다. 하나님의 손은 기적의 시대와 그 이후 사이에 선을 굵게 그어 놓으셨다. 이렇게 하신 목적은 급격한 전환과 극명한 대조로써 하나님의 일과 인간의 일이 다르다는 것을 현저히 드러내고, 기독교의 초자연적 기원과 신약성경의 숭엄한 가치를 사람들의 뇌리에 깊이 각인시키기 위함이었다. 역사상 이처럼 급진적이고 급격하면서도 조용하고 은밀하게 진행된 전환은 다시 없었다. 그런데 영감의 봉우리에서 전승의 골짜기로 내려온 신적 생명의 물줄기가 한동안 우리의 시야에서 사라져서 지하로 들어가 흐르는 듯하다. 이러한 이유로 1세기 말부터 2세기 초의 시기, 즉 사도 교부(속사도) 시대는 종종 역사 서술의 시기로 간주되기보다 비평적 추측과 교리적 · 교회적 논쟁의 시기로 간주된다.

그러나 2, 3세기의 교회는 이렇게 1세기와 현저한 차이가 있음에도 불구하고 초대 교회가 합법적으로 지속된 교회이다. 2, 3세기 교회는 1세기 교회에 비해 독창성, 순결, 열정, 신선함에서 크게 뒤지지만, 사도들의 거룩한 저작들과 전승들을 충실히 보존하고 전파한 점과, 기독교가 법으로 금지되고 그리스도께 대한 신앙 고백이 정치적 범죄로 처벌을 당하는 극도로 어렵고 위험한 상황에서도 사도들의 거룩한 생활을 본받고자 노력한 점이 선명하게 부각된다.

사도 요한이 죽을 때부터 박해가 끝날 때, 즉 초대 기독교 황제인 콘스탄티누스가 즉위할 때까지에 해당하는 제2기는 박해의 교회(ecclesia pressa) 시대, 즉 고전적 이교 박해의 시대이자 영웅적 투쟁과 순교의 시대였으며, 천국의 유업을 얻기 위해 현세의 재산과 생명을 기쁘게 내놓은 시대였다. 이 시기는 구주께서 하신 말씀에 끊임없는 주석을 내놓는다: "보라 내가 너희를 보냄이 양을 이리 가운데 보냄과 같도다", "내가 세상에 화평을 주러 온 줄로 생각지 말라. 화평이 아니요 검을 주러 왔노라"(참조. 마 10:17–39; 5:10, 12; 13:21; 16:24; 20:22 이하; 고전 15:31; 고후 4:10; 롬 8:35; 빌 3:10 이하; 골 1:24 이하; 벧전 2:21). 단순히 인간 종교였다면 3백 년이나 지속된 불의 시련을 견디지 못했을 것이다. 기독교가 육체적 힘에 의존하지 않고 인내와 믿음과 사랑의 도덕적 힘으로 유대교와 이교를 극복하고, 고대 세계의 가장 강한 제국에 승리를 거둔 사건은 역사를 통틀어 가장 장엄한 광경이요, 기독교 신앙이 신성과 불가침의 생명을 가지고 있다는 가장 강력한 증거이다.

하지만 그에 못지않게 장엄하고 의미심장한 사건이 있다. 그것은 이 시기의 교회가 이교의 학문과 예술, 그리고 영지주의와 에비온 이단에 대해서 기독교 진리를 폭넓게 변호하고 발전시킴으로써 지적 분야와 영적 분야에서 모두 승리한 사건이다. 교회는 이렇게 승리하기까지 외부의 원수들뿐 아니라 내부의 은밀한 원수들에 대해서도 치열한 지적 전쟁을 벌여야 했다.

이 시기의 교회는 겉으로는 가난하고 비천해 보였으나 실상은 하늘의 은혜와 세상을 이기는 믿음과 사랑과 소망이 있었고, 겉으로는 인기도 없고 법의 보호조차 받지 못한 채 미움과 박해를 당했으나 실상은 그리스 · 로마의 철학 체계들보다 생명력과 포용력이 더욱 컸고, 주로 하층민들로 구성되었으면서도 당대의 가장 고상하고 깊이 있는 지식인들을 끌어들였고, 세상의 소망을 품에 간직했으며, "무명한 자 같으나 유명한 자요 죽는 자 같으나 보라 우리가 살고", 겉으로는 패배하는데 실상은 정복했고, 순교자들의 피를 딛고서 자랐고, 품행이 단정했으며, 고난을 견뎌낸 것도 훌륭하지만 그리스도의 영예와 장차 올 시대의 유익을 위해 죽음을 두려워하지 않은 점에서는 더욱 훌륭했다.[1]

이 시대 그리스도인들의 처지와 삶의 자세는 2세기 초에 익명의 저자가 쓴

---

1) Isaac Taylor는 *Ancient Christianity*에서 교부시대를 미신적으로 과대평가해서는 안 된다고 전제하면서도, 다음 사실을 인정한다(vol. i. p. 37): "초기 교회의 우리 형제들은 감동을 일으킬 뿐 아니라 존경을 받을 만하다. 그들은 보이지 않고 영원한 것들을 확고히 믿었다. 지극히 부당한 상황에서도 온유한 심정으로 인내했다. 철학과 세속 군주와 화려한 미신의 무서운 얼굴 앞에서도 신앙을 끝까지 고백했다. 세상에 마음을 두지 않았고, 고통을 견디며 자신을 부인했다. 끝까지 사랑의 수고를 아끼지 않았다. 가난한 자들에게 극진한 자비를 베풀었다. 성경을 존중하고 철저히 간수했다. 성경을 간수한 이 한 가지 공로만으로도 그들은 현대 교회에게 존경과 감사를 받아 마땅하다. 오늘날 성경을 읽는 신자들 가운데 2, 3세기의 그리스도인들이 사나운 이교도들한테 그 거룩한 보물을 빼앗기지 않고 간수하느라 얼마나 큰 대가를 치렀는지 생각하는 사람이 얼마나 될까!"

「디오그네투스에게 보내는 서신」(*Epistola ad Diognetum*)에 매우 아름답게 소개된다: "그리스도인들은 나라와 언어와 사회 제도에서는 다른 사람들과 구분되지 않는다. 자기들만의 도시를 이루어 거주하지도 않고, 자기들만의 언어를 쓰지도 않으며, 자기들만의 생활 방식을 갖고 있지도 않기 때문이다. 그들은 그리스나 야만인들의 도시에서 산다. 의복과 음식과 기타 생활에서 지역의 관습을 따른다. 그러면서도 살아가는 모습이 지역 주민들과 사뭇 다르게 단정하다. 고향에 살면서도 나그네처럼 산다. 시민의 의무는 다하면서도 외국인으로서 수모를 겪는다. 타향이 고향이고, 고향이 타향이다. 그들은 다른 사람들과 마찬가지로 결혼을 한다. 자녀도 양육한다. 하지만 자녀를 버리는 법이 없다. 식탁은 공유하지만 아내는 공유하지 않는다. 육체를 지니고 살지만 육체대로 살지 않는다. 땅에서 살지만 천국 시민들이다. 법을 준수하지만 법 없이도 살아갈 사람들이다. 모든 사람을 사랑하는데도 모든 사람에게 박해를 받는다. 무명한 사람들인데도 비난과 단죄를 당한다. 죽음을 당하는 것 같은데 살아 있다. 가난하면서도 많은 사람들을 부유하게 만든다. 가진 게 없으면서도 모든 것에 넉넉하다. 비난을 받지만 그것을 자랑스럽게 여긴다. 중상 모략을 당하지만 무고하다. 저주를 당하면서도 축복한다. 조롱을 당하면서도 존경을 한다. 선을 행하면서도 범죄자처럼 처형을 당한다. 처형을 당할지라도 다시 살 것을 생각하고서 기뻐한다. 유대인들에게는 이질적 분자들이라고 공격을 당하고, 헬라인들에게는 박해를 당한다. 왜 그렇게 증오를 쏟아 붓는지 원수들은 설명을 하지 못한다. 간단히 말해서 그리스도인들이 세상에서 차지하는 지위는 마치 영혼이 육체에서 차지하는 지위와 같다. 영혼이 육체의 모든 지체들에 고루 스며 있듯이, 그리스도인들은 세상의 도시들에 퍼져 있다. 영혼이 육체에 거하면서도 육체에 속하지 않듯이, 그리스도인들도 세상에 거하면서도 세상에 속하지는 않는다. 보이지 않는 영혼이 보이는 육체를 끊임없이 지켜보듯이, 그리스도인들은 세상 안에 살고 있는 것으로 보이지만, 그들의 경건은 눈으로 볼 수 없다. 육체는 영혼으로부터 아무런 해도 당하지 않으면서도 육체적 쾌락을 거부한다는 이유로 영혼을 미워하고 전쟁을 벌인다. 마찬가지로 세상은 그리스도인들이 세상의 쾌락을 거부한다는 것 외에는 아무런 이유 없이 그들을 미워한다. 영혼이 육체와 그 지체들을 사랑하면서도 그것들에게 미움을 당하듯이, 그리스도인들도 자기들을 미워하는 자들을 사랑한다. 영혼이 육체에 갇혀 있으면서도 육체를 온전히 붙들어주듯이, 그리스도인들도 마치 감옥에 갇혀 있듯 세상에 억류되어 있으면서도 가슴으로 세상을 품는다. 영혼이 불멸하면서도 사멸의 육체에 거하듯이, 그리스도인들도 썩을 것들 안에 거하면서도 썩지 않을 하늘을 바라본다. 영혼이 음식과 음료를 절제할수록 건강해지듯이, 그리스도인들도 매일 처형을 당하면서도 수가 불어난다. 하나님께서 세상에서 그리스도인들에게 할당해 주신 운명이 이러한 것이기에 그들에게서 이 운명을 빼앗을 수가 없다."

이처럼 그리스도인들의 공동체는 처음부터 유대교와 이교와 다르게 스스로를 세상의 소금과 빛으로, 산 위에 세워진 하나님의 도성이자 사멸의 육체에 존재하는 불멸의 영혼으로 인식했다. 이러한 인식은 교만한 자부심이 아니었다. 그것은 삶과 죽음으로써 발휘되고, 현세에서조차 증오와 박해를 뚫고서 세상을 이기는 길을 열어놓는 진리와 현실이었다.

니케아 이전 시대는 종교개혁 이래로 로마 교회와 개신교 양 진영의 역사가들과 논객들 사이에 치열한 논쟁이 벌어진 전장이었으며, 양 진영 모두 이 시대를 각자의 신조들이 배태된 기간으로 주장한다. 하지만 이 순교 시대의 기독교를 로마 교회나 개신교 어느 한 쪽과 동일시한다면 그것은 역사를 분파적으로 오용하는 것이 된다. 오히려 이 시대는 양자가 함께 자라되, 먼저 가톨릭 교회(그리스와 로마 교회)가 자라고 나중에 개신교가 자라난 공통의 뿌리였다고 할 수 있다. 이 시대는 사도시대에서 니케아 시대로 자연스럽게 이행(移行)하되, 사도시대의 중요한 진리들(특히 사도 바울의 교훈들)을 방치한 채 이행함으로써 후 시대 학자들이 그 기원을 추적하고 탐구하게끔 만들었다. 또한 이 시대에서는 로마 교회의 신조와 조직과 예배의 초보적인 형식들을 추적할 수 있을 뿐 아니라, 훗날 그리스와 로마 기독교에서 자행된 온갖 부패들의 씨앗들도 추적할 수 있다.

니케아 이전의 교회는 세속 권력과의 관계에서는 사도시대의 단순한 연장이며, 성직위계제도나 에라스투스적(Erastian) 제도[국가가 교회 문제에 개입하고 감독할 수 있는 권한을 갖는 제도. 16세기의 에라스투스가 주장: 역자주]와 공통점이 없었다. 세속 정부의 고유 영역에 반대하지 않으면서도 정부의 세속적 이교주의에 대해서는 반대했다. 교회는 자립적·자치적 단체로서 자발적 원칙에 토대를 두었다. 이 점에서 이 시대의 교회는 미국 교회와 비교할 만하지만, 미국의 경우 세속 정부가 기독교를 박해하는 대신에 법으로 기독교를 승인하고 보호하며, 교회의 공예배와 국내외 활동의 자유를 충분히 보장하는 점에서 본질적으로 다르다.

2, 3세기의 신학은 주로 그리스·로마의 이교 사상에 대해 기독교를 변증하고, 다양한 영지주의 이단을 논박하는 성격을 띠었다. 이 변증과 논박의 과정에서 기독교 신학은 거대한 힘과 활력으로 기독교 신앙의 신적 기원과 특성을 뒷받침하는 중요한 논증들을 도출해 냈고, 훗날 니케아 시대와 니케아 이후 시대에 좀 더 충분히 발전하게 될 기독론과 삼위일체론의 윤곽을 도출해 냈다.

이 시대의 교회 조직은 한편으로는 과거의 사도적 질서와 구분되고, 다른 한편으로는 다음 시대의 수도대주교와 총대주교 중심의 성직위계제도와 구분되는 초기 감독제(episcopacy)였다고 할 수 있다. 예배에서도 사도시대의 단순성에서부터 훗날 충분히 발전하게 될 로마 교회의 전례적·의식적 화려함으로 이행하는 과정의 성격을 띤다.

2세기 전반은 최근에 왕성하게 이루어진 발견과 조사에 의해 상당한 빛이 비추어졌음에도 비교적 모호하게 가려져 있다. 사도 요한이 죽은 다음에는 사도시대의 기사(奇事)들을 증언할 사람들이 얼마 남지 않았으며, 그들의 저작은 수도 얼마 되지 않거니와 범위도 좁고 저작성이 의심받는 경우도 더러 있다. 그것을 소개하자면 무수한 서신들과 단편적 사료들, 순교 기록들, 두세 변증가들의 탄원서들, 거기에다 카타콤 지하교회가 남긴 조야한 비문들과 빛바랜 그림들, 그리고 부서진 조각상들이 있다. 그 세대 사람들은 기독교 신앙을 문필로써 변호하기보다 삶과 죽음으로써 실증하는데 능숙했다. 사도시대의 격동이 지나간 뒤 숨을 고르는 시기가 한동안 지속되었다. 이 시기는 새로운 생산적 시대의 도래를 침착하게 준비한 비옥한 시기였다. 하지만 이교의 토양은 이미 갈아엎어졌고, 사도들이 뿌린 새로운 씨앗이 점차 뿌리를 내렸다.

그런 뒤 2세기 후반에는 변증가들과 교리 논쟁가들의 대대적인 문필적 투쟁이 이루어졌다. 그리고 3세기 중반을 향해 가면서 알렉산드리아와 북아프리카의 신학 학파들이 그리스 교회와 라틴 교회의 신학에 토대를 놓았다. 4세기 초반에는 동방 교회와 서방 교회가 이미 교리와 권징의 기반을 확고히 다진 상태였기 때문에, 마지막이자 가장 혹독한 박해에도 거뜬히 살아남아 오랜 인내로 기다려온 고난의 열매를 먹고, 구 로마 제국을 지배할 수 있게 되었다.

제 1 장

기독교의 확산

3. 참고문헌

I. Sources.

No statistics or accurate statements, but only scattered hints in

Pliny (107): *Ep.* x. 96 sq. (the letter to Trajan). Ignatius (about 110): *Ad Magnes.* c. 10. *Ep. ad Diogn.* (about 120) c. 6.

Justin Martyr (about 140): *Dial.* 117; *Apol.* I. 53.

Irenaeus (about 170): *Adv. Haer.* I. 10; III. 3, 4; v. 20, etc.

Tertullian (about 200): *Apol.* I. 21, 37, 41, 42; *Ad Nat.* I. 7; *Ad Scap.* c. 2, 5; *Adv. Jud.* 7, 12, 13.

Origen (d. 254): *Contr. Cels.* I. 7, 27; II. 13, 46; III. 10, 30; *De Princ.* l. IV. c. 1, § 2; *Com. in Matth.* p. 857, ed. *Delarue.*

Eusebius (d. 340): *Hist. Eccl.* III. 1; v. 1; vii, 1; viii. 1, also books ix. and x. Rufinus: *Hist. Eccles.* ix. 6.

Augustin (d. 430): *De Civitate Dei.* Eng. translation by *M. Dods*, Edinburgh, 1871; new ed. (in Schaff's " Nicene and Post-Nicene Library "), N. York, 1887.

II. Works.

Mich. Le Quien (a learned Dominican, d. 1733): *Oriens Christianus.* Par. 1740. 3 vols. fol. A complete ecclesiastical geography of the East, divided into the four patriarchates of Constantinople, Alexandria, Antioch, and Jerusalem.

Mosheim: *Historical Commentaries,* etc. (ed. Murdock) I. 259–290.

Gibbon: *The Decline and Fall of the Roman Empire.* Chap. xv.

A. Beugnot: *Histoire de la destruction du paganisme en Occident.* Paris 1835, 2 vols. Crowned by the *Académie des inscriptions et belles-letters.*

Etienne Chastel: *Histoire de la destruction du paganisme dans l' empire d' Orient.* Paris 1850. Prize essay of the *Académie.*

Neander: *History of the Christian Relig. and Church* (trans. of Torrey), I. 68–79.

WILTSCH: *Handbuch der kirchl. Geographie u. Statistik.* Berlin 1846. I. p. 32 sqq.

CHS. MERIVALE: *Conversion of the Roman Empire* (Boyle Lectures for 1864), republ. N. York 1865. Comp. also his *History of the Romans under the Empire,* which goes from Julius Cæsar to Marcus Aurelius, Lond. & N. York, 7 vols.

EDWARD A. FREEMAN: *The Historical Geography of Europe.* Lond. & N. York 1881. 2 vols. (vol. I. chs. II. & III. pp. 18–71.)

Comp. FRIEDLÄNDER, *Sittengesch. Roms.* III. 517 sqq.; and RENAN: *Marc-Aurèle.* Paris 1882, ch. xxv. pp. 447–464 (*Statistique et extension géographique du Christianisme*).

V. SCHULTZE: *Geschichte des Untergangs des griech-römischen. Heidenthums.* Jena, 1887.

4. 방해와 도움

처음 3세기 동안 기독교는 오로지 도덕적·영적 무기만 가지고 세상을 이기기에는 너무나 불리한 여건에 놓여 있었다. 콘스탄티누스(Constantine)가 즉위할 때까지는 제국 정부로부터 법적 존립마저 인정을 받지 못한 채, 처음에는 유대교의 분파로 취급되다가, 나중에는 반란 가능성이 있는 혁신 집단으로 취급되어 모함과 인권 박탈과 박해를 당했으며, 기독교 신앙 때문에 재산 몰수와 처형을 당할 수가 있었다. 게다가 기독교는 훗날의 이슬람교와는 달리 부패한 인간 정신을 조금도 관용하지 않고, 오히려 당대의 유대인들과 이교도들의 사상에 맞서서 회개하고 돌이키고 자신과 세상을 부정하라고 단호하게 요구했다. 하지만 테르툴리아누스(Tertullian)에 따르면 유대인들과 이교도들은 생명보다 쾌락을 더 사랑했기 때문에 이 새로운 분파를 멀리했다. 더욱이 헬라인들과 로마인들은 기독교가 유대교에서 발생한데다 신도들이 대부분 가난하고 미천한 사람들이었던 현실로 인해서 기독교를 멸시했다. 켈수스(Celsus)는 이 사실을 과장해서 "직조공들과 구두수선공들과 염색공들 같은 무식한 사람들"이 "비이성적인 신앙"을 설파하고 다니며, 특히 "여자들과 어린이들"에게 그것을 권하는 데 비상한 재주를 발휘한다고 조소를 퍼부었다.

하지만 이런 커다란 장애 앞에서도 기독교는 승승장구함으로써 과연 하나님께로부터 나와 인간의 깊은 필요를 채워주는 종교인 증거를 현저하게 드러냈으며, 이레나이우스(Irenaeus), 유스티누스(Justin), 테르툴리아누스를 비롯한 당대의 교부들의 입을 통해서 증거되었다. 그뿐 아니라 기독교의 앞길을 막아섰던 장애들 자체가 섭리의 손에 의해 진흥의 수단으로 바뀌었다. 박해가 순교로 이어졌으며, 순교는 단지 공포뿐 아니라 매력도 지녀서 가장 고상하고 사심 없는 공명심을 자극했다. 진정한 순교자는 기독교 신앙의 진리와 거룩함을 보여주는 산 증인이었다. 테르툴리아누스는 이교도들에게 이렇게 설명할 수 있었다. "여러분이 아무리 교묘하고 잔인한 방법을 써봐야 소용이 없습니다. 그것들은 사람들을 이 분파로 이끄는 미끼밖에 되지 못합니다. 여러분이 우리를 멸할수록 우리의 수는 더 불어납니다. 그리스도인들이 흘리는 피는 씨앗입니다."

그리스도인들의 근실한 도덕성은 부패가 만연한 당시의 풍조와 크게 대조되었다. 그 결과 경박하고 음탕한 사람들은 기독교를 멀리했으나, 사려 깊고 고상한 사람들은 기독교로부터 강렬한 인상을 받지 않을 수 없었다. 가난한 자들과 억눌린 자들이 복음을 열렬히 받아들임으로써 복음에 위로와 구속의 능력이 있음을 입증했다. 하지만 수는 얼마 되지 않았지만 신분과 교육 수준이 높은 사람들도 처음부터 이 새로운 종교에 애착을 보였다. 니고데모, 아리마대 요셉, 사도 바울, 총독 서기오 바울, 아덴의 디오누시오, 고린도의 에라스도, 그리고 황실 가문의 몇 사람이 그들이다. 도미티아누스의 박해 때 고난을 당한 사람들 가운데는 황제의 근친인 플라비아 도미틸라(Flavia Dimitilla)와 그녀의 남편 플라비우스 클레멘스(Flavius Clemens)가 있었다. 칼리스투스의 카타콤 중에서 성 루키나(St. Lucina)의 이름이 붙은 가장 오래된 부분에는 폼포니아 씨족(gens Pomponia)이라는 저명한 가문 사람들과 플라비우스 가문 출신으로 추정되는 사람들도 묻혀 있다. 원로원과 기사 계급에서도 은밀하게든 공개적으로든 회심자들이 여럿 나왔다.

플리니우스(Pliny)는 소아시아에서 모든 계층에서(omnis ordinis) 사람들이 기독교로 넘어간다고 개탄한다. 테르툴리아누스는 카르타고의 인구 1/10과, 그들 가운데 원로원 의원들과 귀족 가문의 귀부인들, 그리고 아프리카 총독의 근족들이 기독교 신앙을 고백했다고 주장한다. 2세기 중반부터는 순교자 유스티누스(Justin Martyr), 이레나이우스, 히폴리투스(Hippolytus), 클레멘스(Clement: 라틴어로 클레멘스, 영어로 클레멘트), 오리게네스(Origen), 테르툴리아누스, 키프리아누스(Cyprian) 같은 많은 교부들이 당대의 대표적인 이교 사상가들과 대등하거나 능가하는 재능과 교양을 가지고 활동했다.

게다가 기독교의 이러한 진보는 특정 지역들에 국한되지 않고 제국 전역으로 고르게 확대되었다. 테르툴리아누스는 「변증」(Apology)에서 이렇게 말한다. "우리는 역사가 짧지만 여러분에게 속한 모든 지역을 가득 채우고 있다. 도시들과 섬들과 성들과 읍들과 공회당들, 심지어 여러분의 군대와 대가족들과 회합들과 궁정과 원로원과 광장에도 우리는 있다. 우리가 여러분에게 남겨둔 곳은 신전들뿐이다. 우리는 여러분 군대의 병력 수가 얼마인지 헤아릴 수 있다. 그리고 우리의 인구는 더욱 증가할 것이다." 이러한 사실들은 켈수스가 주장하고 현대의 어떤 회의론자가 답습한 악의적 비판, 즉 새로운 분파가 농부, 직공, 소년, 여자, 걸인, 노예 같은 사회의 쓸모없는 분자들로 구성되어 있다는 비판의 허구성을 여실히 보여준다.

5. 기독교가 성공한 요인

기독교가 급속히 전파되고 결국 승리를 거둘 수 있었던 주된 요인은 보편적 구원 종교로서 지닌 내재적인 가치 때문이기도 하고, 하나님이자 사람이신 창시자의 온전한 가르침과 모범 때문이기도 하다. 그 창시자는 모든 믿는 사람에게 당신이 죄를 구속하는 구주이며 영생을 주는 분임을 친히 입증하신다. 기독교는 계층과 상황과 관계, 민족과 인종, 모든 등급의 문화를 가리지 않고 죄에서 구속되어 거룩한 생활을 하기를 갈망하는 모든 영혼에게 들어가 자리를 잡는다. 기독교는 교리의 진실성과 자증력(自證力)에서, 순결하고 지고한 계명들에서, 마음과 삶을 갱신하고 거룩하게 만드는 능력에서, 여성의 지위와 가정 생활의 가치를 존중하는 데서, 가난과 고통에 짓눌린 사람들의 처지를 완화하는 데서, 신자들의 신앙과 형제애와 박애, 그리고 죽음 앞에서의 당당한 태도에서 그 가치를 드러냈다.

기독교가 하나님께로부터 나왔다는 것은 이러한 기독교 내부의 도덕적·영적 증거뿐 아니라 강력한 외적 증거로도 뒷받침되었다. 외적 증거로는 우선 신약성경에서 현저히 성취된 구약성경의 예언들과 모형들이 있었고, 다음으로 기적들이 있었는데, 쿠아드라투스(Quadratus), 순교자 유스티누스, 이레나이우스, 테르툴리아누스, 오리게네스 같은 저자들의 명백한 진술에 따르면 이 시기에도 선교사들이 이교도들에게 복음을 전할 때 때때로 기적이 발생했다고 한다.

기독교에 유리하게 작용한 외부의 조건들로는 로마 제국이 광활한 판도를 유지하는 상황에서 치안과 질서가 안정되고 통일이 유지된 점과, 헬라어와 헬라 문화가 널리 보급되어 있었던 점을 들 수 있다.

이러한 긍정적 요인들 외에도, 유대교와 이교 세계가 절망적 상황에 처해 있었던 현실도 기독교에 크게 유리하게 작용했다. 유대교는 예루살렘 멸망이라는 두려운 심판을 당한 이래로 민족의 존립 기반을 잃은 채 방랑하며 저주와 비난의 대상이 되어 있었다. 이교는 겉으로는 세계를 지배하는 듯했지만, 속으로는 썩을 대로 썩었던 까닭에 쇠망의 내리막길을 걷고 있었다. 회의적이고 유물론적인 철학이 대중의 종교와 사회 윤리를 장악하고 있었다. 그리스의 과학과 예술은 창의력을 상실한 지 오래였고, 로마 제국은 칼과 현세적 이권의 힘에만 의존했다. 사회를 결속시켜온 도덕의 끈들이 이미 끊어진 상태였다. 세네카(Seneca)와 타키투스(Tacitus) 같은 지식인들조차 로마와 속주들에서 상류 사회와 하층민 사회의 구분 없이 탐욕과 불의가 널리 자행된다고 탄식했다. 안토니누스 피우스(Antoninus Pius)와 마르쿠스 아우렐리우스(Marcus Aurelius) 같은 현제(賢帝)들이 없지 않았지만, 그들도 백성 일반의 도덕적 저하를 막지 못했다. 황금시대의 고전 문화가 창출해낸 그 어느 것도 그 시대의 치명적인 상처들을 치유하지 못했고, 일시적으로라도 고통을 덜어주지 못했다.

이렇게 칠흑으로만 깊어가던 밤에 유일하게 희망을 비추는 별이 있었으니 그것은 젊고 신선하고 두려움을 모르는 예수의 종교였다. 예수교는 죽음을 두려워하지 않고 믿음이 투철하고 사랑으로 타올랐으며, 이런 점 때문에 사려 깊은 사람들은 이 종교를 현세와 내세에 생명을 주는 유일한 종교로 바라보았다. 세상이 전쟁과 혁명과 재난으로 끊임없이 동요하고, 철학 체계들과 왕조들이 명멸(明滅)을 거듭하는 동안, 예수교라는 새로운 종교는 외부의 두려운 박해와 내부의 위험을 극복해 가면서 강력한 진리의 힘으로 조용하고 꾸준하게 전진했고, 점차 인류의 뼈와 피에 자리를 잡아갔다.

아우구스티누스(Augustine)는 이렇게 말한다. "그리스도는 노쇠하여 죽어가던 세계의 거민들에게 나타나셨다. 그분을 영접한 사람들은, 사방에서 사람들이 스러져 가는 동안에도 그분을 통해서 새롭고 젊은 생명을 받을 수 있었다."

특주

　기번(Gibbon)은 「로마 제국 쇠망사」(*The Rise and Fall of the Rome*) 제15장에서 기독교가 로마 제국에서 급속히 확산될 수 있었던 요인을 다섯 가지로 진단한다. 첫째는 초기 그리스도인들의 열정이고, 둘째는 내세에 상벌이 있을 것이라는 믿음이고, 셋째는 기적의 능력이고, 넷째는 기독교의 근실한 (순결한) 도덕이고, 다섯째는 조밀한 교회 조직이다. 하지만 이 요인들은 기번이 무시하는 정작 중요한 요인, 즉 기독교의 신적 진리와 그리스도의 완전한 교훈과 모범에서 파생된 결과들일 뿐이다. 피셔(Dr. George P. Fisher)는 이렇게 말한다(*The Beginnings of Christianity*): "그 열정은 한 분을 향한 열정이었고, 그분을 향한 대의에 대한 열정이었다. 내세 신앙도 죽었다가 부활하셔서 하늘에 오르신 그리스도께 대한 믿음에서 솟아났다. 원 제자들의 기적 능력도 항상 기적의 원천이신 그리스도와 연관지어 평가되었다. 초기 그리스도인들이 교회 조직의 토대로 삼았던 도덕적 순결성과 사랑의 유대도 그리스도와 맺은 관계와 그리스도를 향한 한결같은 사랑의 결실이었다. 로마 제국에서 기독교가 승리한 것은 곧 그리스도가 승리하신 것이었다. 그리스도께서 만민을 당신에게 이끄시기 위해서 로마 제국에 높이 들리셨다."

　레키(Lecky, *Hist. of Europ. Morals*, I. 412)는 기번보다 한 단계 더 들어가, 초기 기독교가 성공을 거둔 원인을 기독교가 본질적으로 우수한 종교였던 점과, 구 로마 제국의 시대적 결핍들을 탁월하게 보완해 주었던 점으로 꼽는다. 그는 이렇게 말한다. "이러한 흐름의 한복판에서 기독교가 승리를 쟁취했는데, 기독교가 승리를 쟁취할 수 있었던 원인은 이해하기 어렵지 않다. 당시의 정세에서 기독교만큼 다양하고 독특한 흡인 요소를 두루 갖춘 종교가 없었다. 기독교는 유대교와 달리 일정한 지역 연고도 없이 모든 민족과 계층에 두루 적응했다. 스토아주의와 달리 인간 정서에 강하게 호소했으며, 공감을 일으키는 예배를 드렸다. 이집트 종교와 달리 독특한 가르침에 순수하고 고상한 윤리 체계를 겸비했으며, 실천 능력을 입증했다. 사회와 민족이 혼합되던 당시의 거대한 조류 속에서 기독교는 인류의 보편적 형제애를 가르쳤다. 철학과 문명이 약화되는 과정에서 사랑의 존엄성을 가르쳤다. 로마의 종교계에서 소외되어 있던 노예들에게, 기독교는 고통과 억압을 당하는 사람들의 종교였다. 철학자들에게는 과거 스토아 학파가 주장한 최상의 윤리를 기억하게 한 동시에 플라톤 학파의 지고한 가르침의 연장으로 비쳤다.

뭔가 비상(非常)한 일이 발생하기를 갈망하던 세계에서 기독교는 아폴로니우스(Apollonius)의 기적들보다 더 비상한 기적들이 숱하게 발생해온 역사를 제시했으며, 유대인들과 갈대아인들이 흉내낼 수 없을 만큼 귀신을 많이 쫓아낸 사례들과, 기독교 신자들 사이에 끊임없이 기적이 발생해온 전승을 무수히 간직하고 있었다. '이러다가 제국이 붕괴되는 게 아닌가?' 하며 앞날을 걱정스럽게 내다보던 사람들에게 기독교는 세상의 멸망이 임박했으며, 믿는 자는 영광에 이르겠지만 믿음의 원수들은 멸망할 것이라는 선포로써 전율케 했다. 카토(Cato, 주전 95-46. 정치가, 스토아 철학자)가 인식했고 루카누스(Lucan, 주후 39-65. 로마 시인)가 예찬한 '냉정하고 무자비한 위엄'에 지칠 대로 지친 세계에 대해서, 기독교는 자비와 사랑의 이상을 제시했다. 기독교가 제시한 그 이상은 지상에서 가장 위대할 뿐 아니라 가장 고상하고, 친구의 무덤에서 눈물을 흘릴 줄 알았고, 인간의 질고(疾苦)를 이해하고 체휼하는 위대한 스승의 주변에 장차 허다한 사람들을 불러모을 그러한 이상이었다. 논쟁적 신조들과 상충적 철학들로 산만하던 세계에, 기독교는 인간의 사변이 아닌 신적 계시로써 이성보다 신앙에 의해 권위가 보증되는 교리들을 가르쳤다. '사람이 마음으로 믿어 의에 이르고 입으로 시인하여 구원에 이르느니라', '사람이 하나님의 뜻을 행하려 하면 이 교훈이 하나님께로서 왔는지 내가 스스로 말함인지 알리라', '믿지 않으면 이해할 수 없다', '타고난 그리스도인다운 마음', '마음이 신학자를 만든다' 같은 문장들은 기독교가 초기에 세상에 어떤 일을 행했는지 잘 표현한다. 세계의 대종교들도 그렇지만, 기독교도 사고(思考)보다 정서에 더 관심을 기울였다. 기독교가 성공을 거둔 주된 요인은 인류의 영적 본질을 향해서 가르친 데에 있었다. 기독교가 성공을 거둘 수 있었던 것은 시대의 도덕적 정서에 충실했고, 그 시대 인간들이 숭상하던 탁월함을 가장 숭고한 형태로 반영했고, 그들의 종교적 필요와 목표와 정서에 부응했으며, 그로써 기독교 신앙이 전인(全人)에 영향을 주고 그 속에 깊이 뿌리내렸기 때문이다."

메리베일(Merivale, *Convers. of the Rom. Emp.*, Preface)은 로마 제국이 회심한 원인을 크게 네 가지로 지적한다: 1) 기독교의 가르침대로 예언과 기적이 성취된 외적 증거; 2) 인류가 구속자(救贖者)와 성화자(聖化者)의 필요를 만족시킨 내적 증거; 3) 초기 신자들이 삶과 죽음으로써 보여준 선량함과 거룩함; 4) 콘스탄티누스 치하에서 기독교가 현세적인 성공을 거두면서 "마치 대혁명처럼 인류의 다수를 그리스도 예수 안에 계시된 진리의 태양으로 돌아서게" 한 일.

르낭(Renan)은 「마르쿠스 아우렐리우스」(*Marc-Aur le*, Paris, 1882) 제31장

561-588쪽에서 기독교가 승리를 거둔 이유들을 논한다. 그가 지적하는 가장 주된 이유는, 당시의 세계가 요구하던 '새로운 삶의 규율'과 '도덕적 개혁'을 철학들과 기성 종교들과 달리 기독교가 주었다는 점이다. 유대인들은 부패가 만연하던 당시에 우뚝 솟았다. 유대인들은 세계에 기독교를 배출했다. 르낭은 불멸의 신앙과 완전한 사죄에 관한 복음을 기독교가 지녔던 가장 큰 매력으로 평가한다. 기번과 마찬가지로 그도 기독교가 구원의 종교로서 지닌 실질적인 능력을 간과한다. 하지만 기독교가 구 로마 제국뿐 아니라 세계 어느 나라에 전파되든 성공을 거둔 원인은 구원의 종교로서 실질적인 능력이 있었기 때문이다.

6. 기독교의 전파 수단

사도시대 이후로 중세가 시작될 때까지, 그러니까 아일랜드의 성 패트릭(St. Patrick), 스코틀랜드의 성 콜룸바(St. Columba), 잉글랜드의 성 아우구스티누스(St. Augustine), 독일의 성 보니파키우스(St. Boniface), 스칸디나비아의 성 안스가르(St. Ansgar), 슬라브족의 성 키릴(Cyril)과 메토디우스(Methodius) 같은 몇몇 개인들의 전도와 영향력으로 민족들이 회심하기 시작할 때까지, 이렇다 할 대선교사들의 이름이 거론되지 않는다는 것은 주목할 만한 현상이다. 니케아 이전 시대에는 선교회나 선교사 양성 학교나 체계적인 선교 활동이 없었다. 그런데도 사도 요한이 죽고 나서 300년이 채 되지 않은 기간에 당시 문명 세계를 대표하던 로마 제국의 전체 인구가 명목상 기독교를 받아들이고 있었다.

어떻게 이런 뜻밖의 결과가 발생했을까? 그 원인을 이해하려면 일찍이 사도들이 기독교의 터를 깊고 튼튼하게 닦아 놓았던 사실을 기억해야 한다. 사도들이 예루살렘부터 로마까지 씨를 뿌리고 자신들의 피로 거름을 준 결과 이러한 풍성한 수확을 거두게 된 것이다. 우리 주님의 말씀이 다시 한 번 크게 성취된 셈이다. "내가 너희로 노력지 아니한 것을 거두러 보내었노니 다른 사람들은 노력하였고 너희는 그들의 노력한 것에 참예하였느니라"(요 4:38).

기독교는 일단 뿌리를 내린 뒤부터는 전체가 훌륭한 선교사 역할을 했다. 기독교는 내부로부터 자연스럽게 성장했다. 단지 존재하는 것만으로도 사람들의 마음을 사로잡았다. 기독교는 어둠을 밝히는 빛이었다. 선교 사역에 인생을 바친 전문적 선교사들이 없었어도 지교회 하나하나가 선교회였고, 신자 하나하나가 선교사였다. 그들은 그리스도의 사랑으로 뜨겁게 타올라 동료 인간들을 회심시켰다. 이 일에 대한 모범은 예루살렘 교회와 안디옥 교회, 그리고 스데반이 순교한 뒤 흩어지게 되자 "두루 다니며 복음의 말씀을" 전파한 신자들(행 8:4; 11:19)이 이미 잘 보여주었다. 순교자 유스티누스는 해변을 거닐다가 어떤 기품 있는 노인을 만나 그와 대화를 나누다가 회심했다. 테르툴리아누스는 "플라톤은 조물주를 발견하기가 쉽지 않고, 발견할지라도 그를 만민에게 알리는 것이 어렵다고 말했지만, 기독교 사역자는 저마다 하나님을 발견할 뿐 아니라 하나님을 사람들에게 나타낸다"고 말했다.

켈수스는 옷감과 가죽을 다루는 천한 직공들과, 교양 없고 무식한 사람들이 기독교를 가장 열정적으로 전파했고, 먼저 여자들과 아이들에게 전했다고 냉소한다. 여자들과 노예들이 기독교를 집안에 받아들였다. 하지만 이렇게 가난한 자들에게, 가난한 자들에 의해 전파되어 그들을 부유하게 만드는 것이 복음의 영광이다. 오리게네스는 도시 교회들이 주변 농촌 사회에 선교사들을 보내 복음을 전했다고 한다. 그렇게 전파된 씨앗이 모두가 잠자고 있는 동안 쑥쑥 자라나, 처음에는 잎을 내고 다음에 이삭을 내다가 결국에는 충실한 알곡을 맺었다. 마치 항해를 마치고 돌아온 선원이 바다에서 풍랑을 만났다가 구조된 이야기를 전하듯이, 모든 그리스도인이 이웃에게, 노동자가 동료 노동자에게, 노예가 동료 노예에게, 종이 상전과 여주인에게 자신이 회심한 이야기를 전했다.

복음은 생명력 있는 전도와 삶으로 전파되었다. 아울러 성경 보급을 통해서도 상당히 전파되었는데, 성경은 일찍부터 라틴어(북아프리카와 이탈리아)와 시리아어(쿠레톤 사본과 페쉬타 사본), 이집트어(다음 세 가지 방언: 멤피스어, 테베어, 바쉬무르어) 등 다양한 언어들로 번역되어 보급되었다. 다메섹에서 브리타니아에 이르는 로마 제국의 다양한 지역에 복음을 전파하는 일은 비교적 쉽고 안전했다. 교역과 군사적 목적으로 닦아놓은 대로(大路)들이 평화의 사절들과 십자가의 조용한 정복자들에게도 긴요하게 쓰였다. 오늘날도 그렇지만 당시에도 교역(交易) 자체가 복음과 기독교 문화의 씨앗을 로마 제국의 먼 지역들에까지 전달하는 데 강력한 매체 역할을 했다.

이 시기에 기독교가 여러 나라들에 전파된 구체적인 시기뿐 아니라 독특한 방식도 대체로 알려져 있지 않으며, 그렇게 전파되었다는 사실 이외에는 알려진 것이 별로 없다. 사도들과 그들의 직계 제자들이 기울인 노력은 신약성경에 기록된 것보다 틀림없이 훨씬 더 많을 것이다. 그런데 중세의 전승은 여러 민족과 지역 교회들의 기원을 사도 시대에 둔다. 2세기나 3세기 이전에는 세워졌을 리가 없는 교회들인데도 말이다. 심지어 아리마대 요셉과 니고데모, 아레오바고 관원 디오누시오, 나사로, 마르다, 마리아가 전설에서는 외국 땅에 파견된 선교사들로 변모한다.

7. 로마 제국에서 기독교가 확대된 범위

2세기 중엽에 순교자 유스티누스는 이렇게 말한다. "그리스인이든 야만인이든 혹은 다른 인종 사람들이든, 어떤 이름이나 방식으로 구분되는 사람들이든, 교양 있는 사람이든 농사꾼이든, 장막에 거하든 혹은 덮개 있는 마차를 타고 떠돌아다니든 그들 가운데 십자가에 달린 예수의 이름으로 성부 하나님과 만물의 창조주께 기도와 감사를 드리는 사람들이 없는 사회란 로마 제국 내에는 없다." 반세기 뒤에 테르툴리아누스는 이교도들에게 다음과 같이 도전적으로 말한다. "우리는 역사가 짧지만 이미 여러분들의 도시들과 섬들과 군대 막사들과 궁전과 원로원과 광장을 가득 채우고 있다. 우리가 여러분에게 남겨둔 곳은 신전들뿐이다."[1] 이러한 글들과 이레나이우스와 아르노비우스(Arnobius)의 유사한 글들에 수사학적 과장이 섞여 있는 게 사실이다. 이들에 비하면 오리게네스는 비교적 신중한 진술을 남긴다. 하지만 3세기 말경에는 그리스도의 이름이 제국의 모든 속주(屬州)와 모든 도시에서 알려지고 경외를 받고 박해를 받았다. 황제 막시미아누스(Maximian)는 칙령을 통해서 "거의 모든 사람들"이 조상 숭배를 버리고 새로운 분파를 받아들였다고 말한다.

통계 자료가 남아 있지 않기 때문에 그리스도인들의 숫자는 순전히 추정에 의존할 수밖에 없다. 3세기 말과 4세기 초에 그들의 인구는 로마 주민의 10분의 1

---

1) 테르툴리아누스가 이 말을 하기 오래 전에 이교도 플리니우스는 황제 트라야누스에게 보낸 유명한 편지(*Epp.* x. 97)에서 기독교 미신이 소아시아의 도시들과 촌락들에 두루 퍼진 결과로 초래된 '버려진 신전들'(desolata templa)과 '오랫동안 중단된 신성한 제사'(sacra solemnia diu intermissa)에 관해서 말했다.

내지 12분의 1에 해당했을 가능성이 매우 큰데, 이는 그들이 수천만 명을 헤아렸다는 뜻이다.

하지만 이교도들이 대부분 집단성을 잃어가고 매일 수가 감소하는 동안에 그리스도인들은 신선하고 활력 있고 소망스럽고 매일 수가 증가하는 치밀한 조직이었으며, 이러한 사실이 교회가 지니고 있던 진정한 잠재적 세력을 훨씬 더 크게 만들었다.

기독교가 아시아 속주들과 로마 제국의 경계를 넘어 유럽 북서부의 야만족들에게 전파된 일은 처음에는 물론 역사의 흐름과 너무나 동떨어진 채 진행되었기 때문에 당장에는 중요성을 띠지 못했으나, 훗날 이 지역들이 문명을 받아들이고 세계에서 나름대로의 지위를 차지할 수 있는 길을 닦아 놓았다.

특주

기번과 프리들랜더(Friedl nder, III. 531)는 콘스탄티누스가 즉위할 당시(306) 그리스도인들의 숫자를 지나치게 낮게 잡아 제국 인구의 20분의 1로 추정한다. 반면에 매터(Matter)와 로버트슨(Robertson)은 너무 높게 잡아 5분의 1로 추정한다. 그들에 앞서 활동한 몇몇 저자들은 초기 변증가들의 과장된 진술들에 오도되어, 그리스도인들이 제국의 이교도들보다 많지는 않았더라도 적어도 비슷했다고까지 주장했다. 이들의 주장이 옳다면 콘스탄티누스가 즉위하기 오래 전에 여론에 떠밀려 관용 정책을 펴지 않을 수 없었을 것이다. 모스하임(Mosheim)은 「역사 주석」(*Hist. Commentaries*, Murdock 번역, I. p. 274 이하)에서 2세기 그리스도인들의 숫자를 길게 논하지만 확실한 결론을 내리지 않는다. 샤텔(Chastel)은 콘스탄티누스 시대의 신자 수를 서방은 제국 인구의 10분의 1, 동방은 12분의 1로 추산한다(*Hist. de la destruct. du paganisme*, p. 36). 크리소스토무스는 자신의 시대(380)에 안디옥의 신자 수가 전체 주민 수의 절반에 해당하는 100,000명 가량이었다고 말한다.

8. 아시아의 기독교

아시아는 인문학과 문화의 요람이었듯이 기독교에도 요람이었다. 사도들이 직접 팔레스타인, 시리아, 소아시아에 복음을 전파했다. 소(少) 플리니우스(Pliny the Younger)에 따르면 트라야누스(주후 98-117 재위) 때 벌써 소아시아의 신전들이 방치되다시피 하고 제사로 사용한 가축들을 내다 팔려해도 사는 사람이 없었다고 한다. 2세기에 기독교는 메소포타미아의 에데사를 뚫고 들어갔고, 좀 더 멀게는 페르시아, 메디아, 박트리아, 파르티아로 들어갔으며, 3세기에는 아르메니아와 아라비아로 들어갔다. 사도 바울 자신이 아라비아에서 3년을 지냈다. 하지만 사도로서의 사역을 준비하기 위해 조용히 은거했던 것으로 보인다. 전설에 따르면 사도 도마와 사도 바돌로매가 인도에 가서 복음을 전했다고 한다. 하지만 보다 신빙성 있는 진술에 따르면 알렉산드리아의 기독교 교사 판타이누스(Pantaenus)가 190년경에 인도를 다녀갔고, 4세기에 그곳에 교회가 설립되었다고 한다.

제국의 수도가 로마에서 콘스탄티노플로 이전되고 콘스탄티누스 치하에 동로마제국이 수립되면서 소아시아 특히 콘스탄티노플은 향후 수 세기 동안 교회사에서 대단히 중요한 위치를 차지하게 되었다. 325-787년에 열린 일곱 차례의 에큐메니컬[세계] 공의회가 모두 콘스탄티노플이나 이웃 도시들에서 개최되었고, 삼위일체와 그리스도의 위격에 관한 교리 논쟁들도 주로 소아시아, 시리아, 이집트에서 전개되었다. 하나님의 기이한 섭리로 한때 성경과 초대 교회의 땅이었던 지역이 메카의 예언자[마호메트]에게 정복되었고, 성경은 코란으로 대체되었으며, 헬라 교회는 예속과 침체의 상황으로 전락했다. 하지만 그다지 멀지 않은 장래에 동방이 불후의 기독교 정신으로 갱생하게 될 날이 올 것이다. 헌신적인 선교사들에 의한 평화로운 십자군 원정으로 성지가 재정복되고 동방의 문제가 해결될 날이 올 것이다.

9. 이집트의 기독교

아프리카에서는 기독교가 먼저 이집트에 확고한 기반을 다졌는데, 아마 사도시대에 이 일이 이루어진 듯하다. 파라오들과 피라미드들과 스핑크스와 신전들과 묘지들과 상형문자들과 미라들과 신성한 소들과 악어들과 전제 정치와 노예

제도의 땅이 족장 시대부터 거룩한 역사와 밀접히 연관되었으며, 십계명에는 "종 되었던 집"으로까지 묘사된다. 그곳은 요셉과 그의 형제들이 살았던 곳이며, 이스라엘의 요람이었다. 이집트에서는 유대인 성경이 주전 200년 전에 번역되었는데, 그리스도와 사도들조차 사용한 이 헬라어 번역 성경은 히브리 사상을 로마 제국 전역에 보급했으며, 신약성경의 독특한 어법의 모체가 되었다. 알렉산드리아에는 유대인들이 많이 살았다. 이 도시는 동방의 상업과 학문의 중심지이자 동방과 서방을 잇는 요충지였다. 대규모 도서관들이 이곳에 있었고, 유대적 정신이 헬라적 정신과 이곳에서 밀접하게 접촉했으며, 모세의 종교가 플라톤과 아리스토텔레스의 철학과 만났다. 그리스도께서 예루살렘과 갈릴리에서 가르치실 당시에 이곳에서는 필로(Philo)가 집필 활동을 했는데, 그의 저작들은 훗날 알렉산드리아 교부들을 통해서 기독교 해석학에 지대한 영향을 끼치게 된다.

고대 전승에 따르면 복음서 저자 마가가 알렉산드리아 교회의 터를 닦았다고 한다. 이집트의 바벨론이라고 할 수 있는 구(舊) 카이로의 콥트인들은 사도 베드로가 이곳에서 베드로전서를 썼다고 주장하지만(참조. 5:13), 사도는 유프라테스 강의 바벨론에서 그 서신을 썼거나, 아니면 바벨론이라는 은유로써 로마를 가리킨 것이 분명하다. 에우세비우스는 알렉산드리아의 초창기 주교들로서 안니아노스(Annianos, 주후 62-85), 아빌리오스(Abilios, 98년까지), 케드론(Kedron, 110년까지)을 지명한다. 이 교구는 자연스럽게 수도대주교구와 총대주교구로서의 중요하고 권위 있는 교구로 발전했다. 이곳 알렉산드리아에는 일찍이 2세기에 신학교가 이름을 떨쳤는데, 클레멘스와 오리게네스가 이 신학교에서 성경학과 기독교 철학의 선구자들로서 가르쳤다. 복음이 저(低) 이집트(나일 델타 지역)로부터 중 이집트와 상 이집트, 그리고 아마 (4세기에는) 저 멀리 누비아, 에티오피아, 아비시니아까지 전파되었다. 235년에 개최된 알렉산드리아 공의회에는 나일 강을 끼고 있는 여러 지역들의 교회들에서 파견한 20명의 주교들이 참석했다.

4세기에 이집트는 교회에 아리우스 이단과 아타나시우스 정통신앙, 그리고 성 안토니우스(St. Anthony)와 성 파코미우스(St. Pachomius)의 수도원적 신앙을 제공했으며, 수도원적 신앙은 거역할 수 없는 세력으로 기독교 세계 전역으로 퍼져나갔다.

이집트의 신학 저서들은 주로 헬라어로 기록되었다. 헬라어 성경의 초기 사본들 가운데 대다수 — 지대하게 중요한 시내 사본과 바티칸 사본을 포함하여 — 는 알렉산드리아에서 필사(筆寫)되었다. 하지만 이미 2세기에 성경은 세 가지 방언의 이집트어로 번역되었다. 이 번역본들 가운데 남은 사본들은 헬라어 성경 원본을 확인하는 데 상당한 비중을 차지한다.

이집트의 그리스도인들은 파라오 계열 이집트인들의 후손들이지만, 대부분 흑인들과 아랍인들의 혈통이 섞인 사람들이었다. 기독교는 한 번도 이집트의 상층부에 진입한 적이 없었으며, 칼리프 오마르(Omar)의 주도로 이루어진 이슬람교 정복(640)으로 거의 제거되었다. 이슬람교도들은 알렉산드리아의 도서관에 소장된 장서들을 불태웠다. 만약 그 장서들이 코란과 일치한다면 코란이 있으므로 굳이 있을 필요가 없고, 만약 일치하지 않는다면 유해하므로 없애야 한다는 것이 그들이 내건 구실이었다. 그 이래로 이집트는 교회사에서 거의 자취를 감추었으며, 오늘날도 여전히 새로운 상전들 밑에서 신음하고 있는 '종 되었던 집'으로 남아 있다. 인구의 대다수는 이슬람교도들이지만, 콥트족은 5백5십만 명 가운데 5십만 명이 명목적으로 조상들의 기독교 신앙을 유지하고 있으며, 보다 적극적인 서방 교회들의 선교 대상이 되고 있다.

10. 북아프리카의 기독교

북아프리카 속주들의 주민들은 셈족 혈통을 물려받은 데다 언어도 히브리어와 비슷하지만, 로마의 통치를 받으면서 관습과 법과 언어가 라틴적 성격을 띠게 되었다. 그러므로 그 지역의 교회는 라틴 기독교에 속했으며, 라틴 기독교의 초기 역사에서 주도적인 역할을 수행했다.

가나안 부족들의 잔존 집단인 페니키아인들은 고대사에서 현대의 영국인들과 같은 존재들이었다. 이스라엘인들이 종교를 준비하고, 그리스인들이 세계의 문화를 준비하고 있는 동안, 페니키아인들은 세계의 무역을 주도했다. 작은 나라들에 거주하던 세 개의 소수 민족들이 아시리아와 바빌로니아와 페르시아와 심지어 로마 같은 대제국들보다 더 중요한 업적을 남겼다. 시리아 연안에 레바논산과 바다 사이의 좁은 띠 모양의 영토를 차지한 페니키아인들은 두로와 시돈에서 자신들의 무역 선단을 띄워 인도에서 발트 해에 이르는 고대 세계의 모든 지역으로 보냈고, 바스코 다 가마(Vasco da Gama)보다 2천 년 앞서 희망봉을 지나 다녔으며, 말라바르에서 백단(白檀), 아라비아에서 향료, 누비아에서 타조 깃털, 스페인에서 은, 니제르에서 금, 엘바에서 철, 잉글랜드에서 주석, 발트 해에서 호박(琥珀)을 가지고 왔다. 이들은 솔로몬에게 레바논의 백향목을 대주었으며, 그의 왕궁과 성전 건축을 지원했다. 이들은 그리스도가 오시기 8백 년 전에 아프리카의 북부 연안에 카르타고 식민지를 건설했다.[2] 이러한 유리한 지위에서 이들은 헤라클레스의 기둥들에서부터 대 시르테스(the Great Syrtes)에 이르는 아프리카의 북부 연안과 스페인 남부, 사르디니아 섬과 시칠리아 섬, 그리고 지중해 전역을 장악했다. 따라서 사흘 항해 거리라는 지척간에 있던 로마와 카르타고 사이에 경쟁 관계가 형성된 것은 불가피한 일이었다. 이로써 촉발된 세 차례에 걸친 포에니 전쟁은 한니발(Hannibal)의 탁월한 군사적 재능에도 불구하고 북아프리카 수도가 철저히 파괴됨으로써 끝났다(주전 146). 그 뒤 대 카토(the elder Cato)는 "카르타고를 쳐부수어야 한다"(Delenda est Carthago)라는 편협하고 잔인한 정책을 폈다. 하지만 아우구스투스(Augustus)가 율리우스 카이사르(Julius Caesar)의 현명한 정책을 계승하면서 옛 카르타고의 폐허 위에 새 카르타고가 수립되어 부유하고 융성한 도시가 되었다. 이교적 도시로 출발한 새 카르타고는 그 뒤 기독교 도시가 되었다가 반달족에게 함락을 당했고(주후 439), 마침내 원 설립자들과 한 혈족인 아랍 이슬람교도들에게 멸망했다(647). 이렇게 해서 '애상(哀喪)과 고적(孤寂)'이 다시 한 번 그 도시의 폐허에 감돌게 되었다.

기독교는 2세기에(아마 1세기 말부터) 총독령 아프리카에 전파된 상태였지만, 언제 어떤 경위로 그곳에 전파되었는지는 확인되지 않는다. 이 지역은 이탈리아와 항상 접촉이 유지되었다. 기독교는 마우리타니아와 누미디아의 비옥한 들판들과 뜨거운 사막을 넘어 급속히 전파되었다. 이곳의 기독교 교세는 258년에 키프리아누스가 87명의 주교들을 대상으로 교회회의를 소집할 정도였으며, 308년에는 보편 교회에서 이탈한 도나투스파(Donatists)가 카르타고에서 270명의 주교

---

2) 이곳을 페니키아어 혹은 포에니어로는 카르타다(Karthada), 헬라어로는 카르케돈, 라틴어로는 카르타고(Carthago)라고 했다. 모두 새 도시(Neapolis)라는 뜻이다. 케레스(Kereth) 혹은 카르스(Carth)라는 단어는 페니키아인들이 세운 다른 도시들의 명칭에도 들어가 있는데, 일례가 누미디아의 키르타(Cirta)이다.

들을 대상으로 공의회를 소집할 정도였다.

가장 오래된 라틴어 번역성경('이탈라'<Itala>라고 잘못 불렸으며, 제롬 <Jerome>의 '불가타'<Vulgata>의 토대가 됨)은 로마에서 로마인들을 위해서 제작되지 않고, 아프리카에서 아프리카 교인들을 위해서 제작된 듯하다. 당시 로마의 그리스도인들은 주로 헬라어를 사용했다. 라틴 신학이 태어난 곳도 로마가 아닌 카르타고였다. 테르툴리아누스가 라틴 신학의 아버지였다. 미누티우스 펠릭스(Minutius Felix), 아르노비우스(Arnobius), 키프리아누스 같은 인물들이 3세기에 아프리카 기독교와 신학의 활약과 번영을 말해주는 증인들이다. 이곳의 기독교와 신학은 5세기 초반 교부들 가운데 가장 위대한 인물인 성 아우구스티누스(St. Augustine)의 탁월한 지성과 뜨거운 가슴에 힘입어 절정에 도달했으나, 그가 죽은 뒤(430)에는 반달족의 야만주의에 매몰되었고, 7세기에는 이슬람교의 정복에 다시 매몰되었다. 그럴지라도 아우구스티누스의 저서들은 암흑시대 내내 라틴 교회의 기독교 사상을 이끌었고, 종교개혁자들을 자극했으며, 오늘날까지 생명력을 유지하고 있다.

11. 유럽의 기독교

"제국의 길은 서쪽으로 향한다"

역사의 이 법칙은 기독교의 법칙이기도 했다. 사도 교회가 취한 노정도 서쪽, 즉 예루살렘에서 로마로 난 길이었다. 그 뒤로도 교회는 선교의 방향을 줄곧 서쪽으로 잡았다.

로마 교회는 서방 세계 전역에서 가장 중요한 교회였다. 에우세비우스에 따르면 이 교회는 3세기 중엽에 감독[주교] 1인과 장로 46인, 집사[부제] 7인, 부집사[차부제] 7인, 시종 42인, 독서자와 구마사(驅魔師)와 문지기 50인을 보유했고, 1500명의 과부들과 빈민들을 보살폈다고 한다. 이 통계 자료를 토대로 추산해 보면 당시 로마 교회의 교인수는 5만 내지 6만 명 가량이었던 듯하다. 이것은 당시 로마 시 인구의 약 20분의 1에 해당하는 규모로서, 당시 로마 시 인구는 정확히 단정하기는 어려우나 안토니누스가(家) 황제들(the Antonines)의 재위 기간에 백만 명이 넘었던 것은 분명하다.[3] 이러한 로마의 교세는 그리스도인들의 묘지

역할을 한 카타콤의 엄청난 연장 길이로도 확인된다.

교회는 로마로부터 이탈리아의 모든 도시들로 퍼져나갔다. 우리가 알고 있는 최초의 로마 교회회의에는 텔레스포루스(Telesphorus, 142-154 재위)의 사회로 12명의 주교가 참석했다. 3세기 중반(255)에 로마의 코르넬리우스(Cornelius)는 60명의 주교가 참석한 공의회를 주재했다.

177년의 박해는 이미 2세기에 갈리아 남부에 교회가 설립되었음을 입증한다. 그곳의 기독교는 동방에서 유래한 듯하다. 그렇게 추측하는 이유는 리옹과 비엔(Vienne)의 교회들이 소아시아 교회들과 친밀한 관계를 유지했기 때문이다. 이곳의 교회는 박해를 당할 때 그 소식을 소아시아 교회들에게 전했으며, 리옹의 주교 이레나이우스가 다름 아닌 서머나(스미르나)의 폴리카르푸스의 제자였다. 투르의 그레고리우스(Gregory)는 3세기 중반에 일곱 명의 선교사가 로마에서 갈리아로 파견되었다고 진술한다. 이들 중 한 사람인 디오니시우스(Dionysius)는 파리에 최초로 교회를 세웠고, 몽마르트에서 순교를 당했으며, 훗날 로마 가톨릭 교회에 의해 프랑스의 수호성인이 되었다. 훗날 민간의 미신은 그를 아테네에서 사도 바울에 의해 회심한 아레오바고 관원 디오누시오와 혼동했다.

스페인도 3세기 중반까지는 교회들과 주교들의 뚜렷한 흔적이 남아 있지 않긴 하지만, 아마 2세기에 기독교를 접하게 된 듯하다. 306년에 엘비라에서 공의회가 열렸을 때 19명의 주교가 참석했다. 사도 바울은 스페인(서바나)으로 가서 복음을 전할 계획을 언급한 바 있는데(롬 15:24), 로마의 클레멘스에 따르면 바울이 "서방의 끝"에 가서 복음을 전했다고 한다. 클레멘스가 말한 "서방의 끝"이 스페인이라고 한다면, 바울은 과연 스페인에 가서 복음을 전한 셈이다. 하지만 문헌상으로는 그러한 흔적이 남아 있지 않다. 전설은 연대기를 아예 무시한 채 사도 야고보가 그곳에 기독교를 전파하다가 캄포스텔라에 묻혔다고 한다(참고

---

3) 기번(그의 책 제31장)과 밀먼(Milman)은 당시 로마의 인구를 1,200,000명으로, 회크(Hoeck, 앙키라누스의 기념비를 토대로)와 춤푸트(Zumpt)와 하우슨(Howson)은 2백만 명으로, 분젠(Bunsen)은 그보다 다소 적게 추산한다. 반면에 뒤로 드 라 말(Dureau de la Malle)은 세르비우스 툴리우스(Servius Tullius)의 성벽이 파리의 성벽에 불과 1/5밖에 되지 않는다는 점을 근거로 50만 명으로 줄여 잡는다. 하지만 이 성벽은 네로 때 대 화재를 겪고 나서 재건된 이후로는 더 이상 도시 외곽선 역할을 하지 못했고, 교외 지역들이 무제한하게 확대되었다. 참조. 제1권, § 36, 로마의 기독교.

로 그 사도는 44년에 예루살렘에서 순교했다). 8세기 말에 알폰소 2세(Alphonso II) 때 이곳에서 야고보의 유골(그곳 사람들의 주장에 따르면)이 발견된 덕분에 이곳은 유명한 순례지가 되었다.[4]

이레나이우스는 게르만족과 그 외의 야만족들에게 복음이 전파된 일을 전하면서, "종이와 잉크 없이 성령께서 그들의 마음에 구원을 새겨주셨다"고 기록한다. 그가 언급한 사람들은 물론 로마령 게르마니아 지역들(Germania cisrhenana, 레누스 강 이남의 게르마니아)일 수밖에 없다.

테르툴리아누스에 따르면 브리타니아도 2세기 말에 십자가의 권세에 굴복했다고 한다. 로마 교회의 파견을 받은 아우구스티누스의 선교로 앵글로색슨족이 회심하기 오래 전부터 잉글랜드와 아일랜드와 스코틀랜드에는 켈트족 교회가 로마 교회와 무관하게 따로 존재하고 있었다. 이 교회는 앵글로색슨족이 회심한 이후에도 한동안 계속 존속하면서 게르마니아와 갈리아와 북해 연안의 저지대에 선교사들을 파견했으나, 결국에는 지역간에 시차를 두고서 로마 교회에 귀속되었다. 켈트 교회는 처음에는 갈리아에서, 후에는 이탈리아에서 선교사가 가서 복음을 전하고 교회를 세운 듯하다. 전설에 따르면 사도 바울과 그 밖의 사도들이 이 교회를 설립했다고 한다. 가경자(加敬者) 비드(Bede, 673경-735)는 브리타니아의 왕 루키우스(Lucius, 167경)가 로마 주교 엘류테루스(Eleutherus)에게 선교사들을 보내달라고 요청했다고 한다. 314년에 갈리아 아를에서 개최된 공의회에는 브리타니아에서 세 명의 주교, 즉 에보라쿰(Eboracum, 요크)과 론디눔(Londinum, 런던)과 콜로니아 론디넨시움(Colonia Londinensium, 즉 링컨이나 혹은 그보다는 콜체스터)의 주교들이 참석했다.

유럽 북부와 서부의 야만족들이 본격적으로 회심한 시기는 5, 6세기이며, 그 사건에 관해서는 중세사에서 자세히 살펴보게 될 것이다.

---

4) 참조. J. B. Gams (R. C.): *Die Kirchengeschichte von Spanien*, Regensburg, 1862-1879, 5 vols. 제1권(모두 422쪽)은 처음 3세기에 만들어진 전설의 역사를 다룬다. 75쪽의 분량은 바울의 스페인 여행을 논한다. Gams는 스페인에 기독교를 전래한 장본인을 바울과 로마에 파견된 사도들의 일곱 제자들, 즉 토르콰투스(Torquatus), 크테시폰(Ctesiphon), 세쿤두스(Secundus), 인달레티우스(Indaletius), 헤시키우스(Hesychius), 유프라시우스(Euphrasius)로 소개한다(로마의 순교전〈*the Roman Martyrologius*, edited by Baronius, 1586〉에 따라).

제 2 장

기독교 박해와 그리스도인들의 순교

"그리스도인들의 피는 씨앗이다" — 테르툴리아누스

12. 참고문헌

I. Sources:

Eusebius: *H. E.*, particularly Lib. viii. and ix.

Lactantius: *De Mortibus persecutorum.*

The Apologies of Justin Martyr, Minucius Felix, Tertullian, and Origen, and the Epistles of Cyprian.

Theod. Ruinart: *Acta primorum martyrum sincera et selecta.* Par. 1689; 2nd ed. Amstel. 1713 (covering the first four cent.).

Several biographies in the *Acta Sanctorum.* Antw. 1643 sqq.

Les Acts des martyrs depuis l'origine de l'église Chrétienne jusqu'à nos temps. Traduits et publiés par les R.R. P.P. bénédictins de la congreg. de France. Par. 1857 sqq.

The *Martyrol. Hieronymianum* (ed. Florentini, Luc. 1668, and in Migne's *Patrol. Lat. Opp. Hieron.* xi. 434 sqq.); the *Martyrol. Romanum* (ed. Baron. 1586), the *Menolog. Græc.* (ed. Urbini, 1727); De Rossi, Roller, and other works on the Roman Catacombs.

II. Works.

John Foxe (or Fox, d. 1587): *Acts and Monuments of the Church* (commonly called *Book of Martyrs*), first pub. at Strasburg 1554, and Basle 1559; first complete ed. fol. London 1563; 9th ed. fol. 1684, 3 vols. fol.; best ed. by G. Townsend, Lond. 1843, 8 vols. 8o.; also many abridged editions. Foxe exhibits the entire history of Christian martyrdom, including the Protestant martyrs of the middle age and the sixteenth century, with polemical reference to the church of Rome as the successor of heathen Rome in the work of bloody persecution. "The Ten Roman persecutions" are related in the first volume.

KORTHOLDT: *De persecutionibus eccl. primævæ.* Kiel, 1629.

GIBBON: chap. xvi.

MÜNTER: *Die Christen im heidnischen Hause vor Constantin.* Copenh. 1828.

SCHUMANN VON MANSEGG (R. C.): *Die Verfolgungen der ersten christlichen Kirche.* Vienna, 1821.

W. AD. SCHMIDT: *Geschichte der Denk u. Glaubensfreiheit im ersten Jahrhundert der Kaiserherrschaft und des Christenthums.* Berl. 1847.

KRITZLER: *Die Heldenzeiten des Christenthums.* Vol. i. *Der Kampf mit dem Heidenthum.* Leipz. 1856.

FR. W. GASS: *Das christl. Märtyrerthum in den ersten Jahrhunderten.* 1859–60 (in Niedner's "Zeitschrift für hist. Theol." for 1859, pp. 323–392, and 1860, pp. 315–381).

F. OVERBECK: *Gesetze der röm. Kaiser gegen die Christen*, in his *Studien zur Gesch. der alten Kirche*, I. Chemn. 1875.

B. AUBÉ: *Histoire des persécutions de l'église jusqu' à la fin des Antonins.* 2nd ed. Paris 1875 (Crowned by the Académie française). By the same: *Histoire des persécutions de l'église, La polémique païenne à la fin du II. siècle*, 1878. *Les Chréstiens dans l'empire romain, de la fin des Antonins au milieu du IIIe siècle (180–249)*, 1881. *L'église et l'état dans la seconde moitié du IIIe siècle*, 1886.

K. WIESELER: *Die Christenverfolgungen der Cäsaren, hist. und chronol. untersucht.* Gütersloh, 1878.

GERH. UHLHORN: *Der Kampf des Christenthums mit dem Heidenthum.* 3d ed. Stuttgart, 1879. Engl. transl. by Smyth & Ropes, 1879.

THEOD. KEIM: *Rom und das Christenthum.* Berlin, 1881.

E. RENAN: *Marc-Aurèle.* Paris, 1882, pp. 53–69.

13. 총괄적 개관

처음 3세기 동안 교회가 받은 박해는 끝이 보이지 않는 터널과 같은 기나긴 참극이었다. 처음에는 불안한 전조들이 나타나기 시작하더니 이교 진영으로부터 피비린내 나는 공격이 잇달았다. 이교도들의 증오와 포악이 난무하는 상황에서 교회는 찬란히 빛나는 인내를 발휘했다. 박해는 간간이 소강상태를 유지하는 형태로 지속되다가 막바지에 가서는 강렬하게 달아올랐으며, 교회는 옛 이교 제국과 생사를 걸고서 벌인 이 두렵고 필사적인 투쟁에서 마침내 항구적인 승리를 거두었다. 이렇게 해서 교회가 받은 피의 세례가 기독교 세계를 탄생시켰다. 이 기간은 십자가의 반복이자 연장이었지만, 그 뒤에 온 것은 부활이었다.

우리 주님은 이 투쟁을 내다보시고서 제자들을 미리 준비시키셨다. "보라 내가 너희를 보냄이 양을 이리 가운데 보냄과 같도다. 그러므로 너희는 뱀같이 지혜롭고 비둘기같이 순결하라. 사람들을 삼가라. 저희가 너희를 공회에 넘겨주겠고 저희 회당에서 채찍질하리라. 또 너희가 나를 인하여 총독들과 임금들 앞에 끌려가리니 이는 저희와 이방인들에게 증거가 되게 하려 하심이라. 너희를 넘겨줄 때에 어떻게 또는 무엇을 말할까 염려치 말라. 그 때에 무슨 말할 것을 주시리니 말하는 이는 너희가 아니라 너희 속에서 말씀하시는 자 곧 너희 아버지의 성령이시니라. 장차 형제가 형제를, 아비가 자식을 죽는 데 내어주며 자식들이 부모를 대적에게 죽게 하리라. 또 너희가 내 이름을 인하여 모든 사람에게 미움을 받을 것이나 나중까지 견디는 자는 구원을 얻으리라"(마 10:16-22). 이 말씀과 이와 유사한 말씀들, 그리고 십자가와 부활에 대한 기억이 수많은 고백자들과 순교자들로 하여금 지하감옥과 화형대에서 담대함과 기쁨을 갖게 했다.

박해는 처음에는 유대인들에게서 왔고, 나중에는 이방인들에게서 와서 간간이 소강상태를 맞이하는 형태로 거의 3백 년이나 지속되었다. 역사는 이교 로마가 힘없는 기독교를 상대로 벌인 이 말살 전쟁보다 더 강력하고 길고 철저한 대결을 보고하지 않는다. 그것은 칼과 십자가가 맞붙은 몹시 불공평한 대결이었다. 한쪽은 현세적인 모든 힘을 동원했고, 다른 한쪽은 도덕적인 모든 힘을 동원했다. 그것은 생사를 놓고 벌인 대결이었다. 둘 중 어느 한쪽이 굴복해야만 했다. 타협이란 있을 수 없었다. 세계사의 장래가 이교의 몰락과 기독교의 승리에 달려 있었다. 대결의 막후에는 보이지 않는 두 세계, 즉 하나님과 어둠의 임금이 대치하고 있었다. 유스티누스와 테르툴리아누스와 그 밖의 고백자들은 박해의 인간적이고 도덕적인 원인들을 간과하지 않았지만, 박해의 진정한 원흉을 사탄과 귀신들로 지목했다. 아울러 박해를 과거의 죄에 대한 징계로도 보았고, 그리스도인의 인격을 연단하기 위한 학교로도 보았다. 어떤 이들은 순교가 악한 것이라고 생각하지 않았다. 순교가 그리스도인들을 하나님과 천국 영광으로 더 빨리 인도한다고 보았다. 전쟁이 발생하면 인간들의 영웅적 자질들이 발휘되듯이, 박해도 그리스도인들의 인내와 온유한 성품을 단련시키며, 그로써 세상을 이기는 믿음의 능력을 입증케 했다.

박해의 횟수

5세기부터 대 박해의 횟수를 열 번으로 간주하는 것이 관습으로 굳어졌다. 박해 횟수를 그것을 주도한 황제의 이름으로 표시하자면 다음과 같다: 네로, 도미티아누스, 트라야누스, 마르쿠스 아우렐리우스, 셉티미우스 세베루스, 막시미누스, 데키우스, 발레리아누스, 아우렐리아누스, 디오클레티아누스.[1] 이 숫자는 애굽에 내린 열 가지 재앙(하지만 이 재앙들은 이스라엘의 원수들에게 내린 것이며, 비교보다는 대조의 성격을 띤다)과, 어린양과 전쟁을 벌이는 짐승의 열 뿔(여러 황제들을 상징하는)에서 암시를 얻은 것이다.[2] 하지만 열 번이라는 횟수는 제국 차원에서 가해진 박해들에는 너무 많고, 속주와 지역 차원에서 가해진 박해들에는 너무 적다. 황제 주도로 제국 전역에서 자행된 박해는 두 번, 즉 데키우스와 디오클레티아누스의 박해뿐이지만, 기독교는 트라야누스 때부터 콘스탄티누스 때까지 언제나 불법 종교로서 곳곳에서 훼방과 폭행을 당했다. 기독교를 박해한 황제들 가운데는 네로와 도미티아누스와 갈레리우스처럼 짐승 같은 폭군들도 있었지만, 트라야누스와 마르쿠스 아우렐리우스와 데키우스와 디오클레티아누스처럼 어질고 열정적인 현제(賢帝)들도 있었다. 이런 현제들이 기독교를 박해한 이유는 기독교를 혐오했기 때문이라기보다 정부의 법과 권력을 유지하려는 열의 때문이었다. 이와 반대로 코모두스, 카라칼라, 헬리오가발루스처럼 저급한 황제들이 순전히 변덕으로 그리스도인들에게 호의를 베푼 경우도 있다. 하지만 새 종교의 진정한 성격을 모르기는 박해를 한 황제들이나 호의를 베푼 황제들이나 다를 바 없었다.

---

1) 아우구스티누스도 「신국론」(*De Civit. Dei*, xviii. 52)에서 이렇게 주장하지만, 그는 마르쿠스 아우렐리우스 대신 안토니누스를 언급한다. 락탄티우스는 박해 횟수를 6번으로, 술피티우스 세베루스는 9번으로 언급한다.

2) 출 5-10장; 계 17:12 이하. 아우구스티누스는 애굽에 내린 재앙들과 관련짓는 것이 부적절하다고 느끼고서, 이것을 "진리를 말하는 때도 있고 속는 때도 있는" 인간 정신의 추측일 뿐이라고 일축한다. 그는 신약성경에 기록된 네로 이전의 박해들과, 디오클레티아누스 이후의 박해, 이를테면 배교자 율리아누스와 아리우스파 황제들의 박해도 언급함으로써 박해 횟수를 바로잡는다. 그러고 나서 "이런저런 점들을 고려할 때 교회가 당한 박해의 횟수를 정확하게 표기한다는 것은 불가능한 것 같다"고 말한다.

박해의 결과

이교 로마 제국은 반석에 세워진 교회를 상대로 장기간에 걸친 피비린내 나는 전쟁을 벌였지만 결국 참담한 패배를 당하고 말았다. 이 전쟁은 네로 치하의 로마에서 시작하여 콘스탄티누스 치하에 로마 근처 밀비안 다리에서 막을 내렸다. 박멸의 기치를 들고 시작되었던 전쟁이 상대를 정순(精純)하게 연단시키고서 끝났다. 전쟁을 치르는 동안 그리스도인들은 충절을 발휘했고, 공고한 결속과 승리를 쟁취했다. 맹렬한 박해 속에서 살았으나 그 끝을 보지 못한 테르툴리아누스의 간결한 말에 그리스도인들이 박해 속에서 견지한 철학이 잘 드러나 있다: "그리스도인들의 피는 교회의 씨앗이다."

신앙의 자유

박해의 피는 사회적·종교적 자유의 씨앗이기도 했다. 세상의 어느 학파나 정파나 종교 집단이나를 막론하고 자신들이 박해를 받을 때는 그것을 불의라고 비판하면서 관용을 호소하지만, 정작 자기들이 권력을 쥐게 되면 관용을 실천하는 경우가 드문 법이다. 이러한 이율배반의 원인은 인간의 이기심 때문이기도 하고, 참되고 정당하다고 믿는 것에 대한 비뚤어진 열정 때문이기도 하다. 하지만 자유는 더디게나마 자라게 되어 있다.

고대 그리스·로마 세계는 대체로 국가 절대주의 위에 수립된 세계였다. 국가가 개인의 인권을 무자비하게 짓밟았다. 그러한 세계에서 개인의 인권을 가르치고 옹호한 것이 바로 기독교였다.

기독교 변증가들은 불완전하게나마 신앙의 자유와 양심의 신성한 권리를 최초로 주장했다. 테르툴리아누스는 사실상 현대 개신교의 논리를 예견하는 어조로써 이교도들을 향해서, "사람은 누구나 자신의 신념에 따라 하나님을 예배할 생득적이고 불가침적인 권리를 지니며, 양심의 문제에 대한 일체의 강요는 종교의 본질에 위배되며, 어떠한 예배 형식도 마음의 자유롭고 자발적인 경의가 없는 한에는 가치를 지니지 않는다"고 대담하게 말했다.

이와 유사하게 순교자 유스티누스와 [이 책이 다루는 시기가 끝나갈 무렵의 인물인] 락탄티우스(Lactantius)도 신앙의 자유를 주장했다. 락탄티우스는 이렇게 말한다: "종교는 강요될 수 없다. 상대를 감화시키려면 폭력이 아닌 말을 사용해야 한다. 고문에 의한 강요와 경건에 의한 설득은 하늘과 땅 차이이다. 진리는 폭력과 짝을 이룰 수 없고, 공의는 잔학(殘虐)과 짝을 이룰 수 없다."

교회는 이교에 승리를 거둔 뒤에는 이 교훈을 망각하고서, 수세기 동안 유대인들과 이방인들뿐 아니라 이단들에 대해서도 마치 옛 로마가 그리스도인들을 다룬 것처럼 그들을 다루었다. 콘스탄티노플에 권좌를 두고 통치한 기독교 황제들의 시대부터 러시아의 차르(Czars) 시대와 남아메리카의 공화국들 시대에 이르기까지, 모든 국교회(國敎會)는 다소간에 비국교도들을 박해하여 그리스도와 사도들의 원칙과 관행을 정면으로 위배했으며, 하나님 나라의 영적 본질을 현세적으로 그릇되게 해석했다.

14. 유대인들이 기독교에 가한 박해

유대인들은 예수를 십자가에 못 박아 죽이고, 스데반을 돌로 쳐서 죽이고, 사도 야고보(James the Elder)를 처형하고, 베드로와 요한을 여러 번 감금하고, 바울을 거칠게 다루고, 의인 야고보(James the Just, 예수님의 친동생)를 살해함으로써 복음에 대한 불신과 증오를 드러냈다. 이 배은망덕한 사람들에게 하나님께서 마침내 두려운 심판을 내리셔서 거룩한 도성과 성전이 파괴되게 하시고, 그리스도인들이 거기서 나와 펠라(요단강 동편에 자리잡은 도시)로 피신하게 하신 것은 조금도 이상한 일이 아니다.

하지만 이 비참한 운명마저 유대인들의 민족 세력을 꺾었을 뿐, 기독교에 대한 그들의 증오는 꺾지 못했다. 유대인들은 예루살렘 감독 시므온을 죽음으로 몰아넣었고(107), 서머나 감독 폴리카르푸스의 화형을 강력히 사주했으며, 나사렛 분파를 비방함으로써 이방인들의 폭력을 촉발시켰다.

바르코크바가 주도한 유대인 반란. 예루살렘의 거듭된 파괴

유대인들은 트라야누스와 하드리아누스 치하에서 혹독한 억압을 받고, 할례를 금지당하고, 예루살렘이 이교도들의 우상 숭배로 더럽혀지는 굴욕을 당하던 끝에 다시 강력한 반란을 일으켰다(주후 132-135). 바르코크바(Bar-Cochba, 별들의 아들. 참조. 민 24:17)라고 하고 훗날에는 바르코시바(Bar-Cosiba, 오류의 아들)라고 불린 거짓 메시야가 등장하여 반란 세력을 규합하고, 자신에게 합류하기를 거부하는 모든 그리스도인들을 잔인하게 살해했다. 하지만 이 거짓 선지자는 135년에 하드리아누스의 장군에게 패하고 말았다. 50만 명이 넘는 유대인들이 결사 항전 끝에 전사했고, 엄청난 수의 유대인들이 노예로 팔려갔고, 985개의 마을과 50개의 요새가 철저히 파괴되었고, 팔레스타인 거의 전지역이 폐허가 되었고, 예루살렘이 다시 파괴되었으며, 그 폐허 위에 로마의 식민 도시 아일리아 카피톨리나가 수립되고 유피테르 신상과 베누스 신전이 들어섰다. 아일리아 카피톨리나의 주화들에는 유피테르 카피톨리누스, 바쿠스, 세라피스, 아스타르테의 상들이 새겨져 있다.

이로써 존귀한 구약 종교의 토양이 갈아엎어지고 그 위에 우상 숭배가 이식되었다. 유대인들이 자신들의 수도였던 그 거룩한 곳을 방문하는 것이 사형의 벌로 금지되었다.[3] 유대인들은 다만 예루살렘 멸망 기념일이나 먼발치에서 그곳을 바라보도록 허락받아 비통한 심정으로 지켜봤을 따름이다. 이러한 금령은 기독교 황제들의 치하에도 계속되어 그들에게 치욕을 안겨주었다. 배교자 율리아누스(Julian the Apostate)는 그리스도인들에 대한 증오의 표시로 유대인들에게 성전을 재건하도록 허락하고 권장했지만 성과를 거두지 못했다. 베들레헴 근처의 수도원에서 말년을 보낸 제롬(Jerome. 419년 죽음)은 비통한 어조로 유대인 노인들이 로마의 감시관에게 입장료를 주고서 감람산 위에서 폐허를 내려다보면서 울고 애통해할 권리를 구입해야 했다고 전한다. 유대인들은 오늘날[19세기 말]도 이슬람교도들의 지배하에서 이러한 비참한 특권을 누리되, 이제는 일년에 한 번이 아닌 매주 금요일마다 오마르 사원으로 대체된 성전 벽[통곡의 벽] 바로 밑에

---

3) 이것은 팔레스타인이 고향으로서 예루살렘이 멸망할 당시에 살았던 순교자 유스티누스가 전하는 내용이다(Apol. I. c. 47). 테르툴리아누스도 "유대인들이 이 지역의 제한 구역들에 남아 서성거리는 것을 금지하는 법령이 공포되었다"고 말한다(Adv. Jud. c. 13).

4) 사원의 토대를 이루고 있는 거대한 벽에 자리잡은 '유대인들의 통곡의 벽'은 엘아스카 사원 바로 바깥과 '로빈슨의 아치' 곁에 있다. 1877년의 성 금요일에 필자는 그곳에서 유대인들의 남녀노소가 족장처럼 턱수염을 기른 랍비들과 누추하고 혐오감을 주는 사람들과 함께 그곳에 잔뜩 와서는 예레미야 애가와 시편 76장과 79장, 그리고 다양한 호칭 기도를 낭송하는 등 히브리어 성경과 기도서를 수없이 반복하여 낭송하면서, 석벽에 입맞추고 그곳을 눈물로 적시는 모습을 지켜보았다.

서 누리고 있다.[4]

탈무드

그 후에 유대인들은 그리스도인들을 더 이상 독자적으로 박해할 기회를 얻지 못했다. 그럴지라도 그들은 계속해서 예수와 그 제자들에 대해 지독한 험담을 유포시켰다. 티베리아스(갈릴리 바다 서쪽의 도시, 디베랴)와 바빌론에 세워진 유수한 유대인 학교들이 이렇게 기독교에 대해 철저한 적개심을 키웠다. 탈무드, 즉 '교훈'(Doctrine)은 첫 부분(미쉬나<Mishna>, 즉 '반복')이 2세기 말에 작성되었고, 둘째 부분(게마라<the Gemara>, 즉 '완성')이 4세기에 완성되었는데, 모두 경직되고 전통적이고 정체되고 반기독교적이었던 당대 유대교를 반영한다. 이것이 예루살렘 탈무드로서, 훗날 이것은 분량이 네 배나 많고 랍비주의가 훨씬 더 독특하게 표현된 바빌로니아 탈무드(430-521)에 의해 빛이 가리게 되었다. 탈무드에 실린 배교(背敎)에 대한 두려운 저주(precatio haereticorum)는 유대인들이 기독교 신앙으로 넘어가는 것을 막기 위해 고안된 것으로서, 탈무드는 랍비 가말리엘 2세(the younger Rabbi Gamaliel)가 당시 산헤드린 의사당이 있던 야프나에서 이 저주 문구를 작성했다고 진술한다.

탈무드는 여러 세기에 걸쳐 점진적으로 완성되었다. 유대인들의 학문과 지혜와 어리석음이 두서없이 망라된 이 책은 참된 격언들과 시적 비유들이 진주처럼 감춰져 있는 거대한 쓰레기더미이다. 델리취(Delitzsch, 1813-1890. 독일의 루터교 구약학자)는 탈무드를 이렇게 평가한다: "[탈무드는] 방대한 토론 클럽과 같다. 이곳에서는 적어도 5세기 동안 쏟아져 나온 무수한 발언들과 독특한 법전이 어지럽게 울려 퍼지기 때문이다. 이와 비교하자면 다른 민족들의 법률 저서들은 난쟁이 책들에 지나지 않는다." 탈무드는 형식은 그렇지 않을지라도 사실 면에서는 구약성경을 그릇 해석하고 신약성경을 적대시한 책이다. 성령의 영감(靈感)도 없고 메시야도 없고 소망도 없는 랍비들의 성경이다. 유대 민족의 강인성이 배여 있고, 유대 민족이 그랬던 것처럼 뜻하지 않게 기독교 진리를 끊임없이 증거한다. 어떤 저명한 역사가는 기독교를 가장 훌륭하게 논증하는 게 무엇이냐는 질문을 받고는 즉시 유대인들이라고 대답했다고 한다.

불행하게도 이 민족은 비참하게 멸망을 당하고 나서도 콘스탄티누스 이후에 그리스도인들에 의해 여러모로 심한 억압과 박해를 받았으며, 그 과정에서 그리스도인들에 대한 증오도 더욱 커졌다. 유대인 탄압 법은 그리스도인 노예들에게 할례를 주는 행위를 금지하고 유대인과 그리스도인 간의 결혼을 금지하는 것으로 시작되어, 5세기에 이르러서는 유대인들에게 공민권과 참정권을 박탈하는 데로 이어졌다. 심지어 계몽되었다고 하는 오늘날(1881)까지도 독일과 러시아에 가면 집단 거주지를 형성하고 사는 유대인들의 비참한 생활상을 쉽게 목격할 수 있다. 하지만 이런 모든 운명의 변화를 통해서 하나님은 이 유서 깊은 민족을 당신의 공의와 자비를 드러내는 산 기념비로 보존해 오셨다. 그리고 장차 그리스도가 재림하실 때에는 당신의 나라를 완성하는 일에 이들을 긴요하게 사용하실 것이다.

15. 로마가 기독교를 박해한 이유

기독교가 붕괴의 조짐을 보이던 우상 숭배 구조를 무너뜨릴 기세로 세력을 키워나가자, 로마 정부의 정책과 미신에 빠진 민중의 광신, 그리고 이교 사제들의 사리사욕이 결합하여 기독교를 박해하고 나섰다. 그들은 이 종교를 말살하기 위해서 어떠한 입법과 폭력과 술수와 불의도 마다하지 않았다.

먼저 로마 제국과 기독교의 관계를 개관해 본다.

로마의 관용

로마 제국은 다소 관용 정책을 폈다. 억압은 하되 막지는 않았다. 검열로 사상의 자유를 억제하지 않았고, 교육도 교사와 학생 사이에 이루어지도록 하고 굳이 간섭하지 않았다. 군대도 제국 방어를 위해 변경 지대에 주둔시켰을 뿐, 국내에 주둔시켜서 내정에 이용하지 않았으며, 민중도 대중 오락에 빠져 지내느라 나랏일과 정치적 불만에 신경 쓸 겨를이 없었다. 정복된 민족들의 전통 종교들에 대해서는 제국의 안녕과 이익을 침해하지 않는 한도에서 관용을 베풀었다. 유대인들은 율리우스 카이사르 이래로 특별한 보호를 받았다.

기독교는 로마인들에게 유대교의 분파 정도로 간주되던 동안에는 유대인들과 함께 미움과 경멸을 받았으나, 전통 종교에게 부여되던 법적 보호도 함께 받았다. 기독교가 이러한 상황에 힘입어 제국 정부와 대중의 주목을 받기 전에 제국의 주요 도시들에 뿌리를 내릴 수 있었던 것은 섭리에 의한 일이었다. 사도 바울은 로마 시민으로서 보호를 받아가며 제국의 양끝을 오가며 이 작업을 이끌었으며, 고린도의 로마 총독은 바울의 활동을 유대교 내부 문제로 판단하고서 그의 활동에 개입하기를 거부했다. 심지어 트라야누스 시대로 내려올 때까지 역사가 타키투스와 소 플리니우스(the younger Pliny)를 포함한 이교 정치가들과 저자들은 기독교를 일고의 가치도 없는 천박한 미신으로 간주했다.

하지만 기독교는 대단히 중요한 현상이었으며, 언제까지나 그렇게 무시하거나 경멸할 수 없게끔 급속히 확산되었다. 이로써 기독교가 새로운 종교로 이해되기 시작하고, 만민이 믿을 만하고 만민을 구원하는 종교라는 주장이 널리 설득력을 얻어가기 시작하면서, 기독교에는 불법적이고 반역 가능성이 농후한 불법 종교라는 낙인이 찍혔다. 그리스도인들에게는 "너희는 존재할 권리가 없다"(Non licet esse vos)는 비판이 끊임없이 따라다녔다(테르툴리아누스).

로마의 불관용

이것은 새삼스러운 결과가 아니었다. 로마 제국은 관용을 표방하고 실제로 관용 정책을 폈지만 내면으로는 우상 숭배에 깊이 빠져 있었고, 종교를 정치의 도구로 이용했다. 고대사를 조사해 보면 국가가 일정한 종교와 예배 형식 없이 존재한 적이 없다는 것을 알게 된다. 로마도 이러한 큰 원칙에서 예외가 아니었다. 몸젠(Mommsen, 1817-1903. 노벨상을 수상한 독일의 역사학자)은 이렇게 말한다: "로마-헬레니즘 세계의 국가 종교와 그것과 밀착되었던 스토아적 국가 철학은 과두정이든 민주정이든 군주정이든 어떠한 정부라도 자체의 이익을 위해 취사선택할 수 있는 도구가 아니라, 정부의 존립에 필수적인 요소였다. 왜냐하면 종교적 요소들을 철저히 배제한 채 국가를 건설한다는 것은 옛 국가 종교의 대안이 될 만한 새로운 국가 종교를 발견하는 것만큼이나 불가능하기 때문이다."

로마인들은 로물루스(Romulus)와 누마(Numa. 누마 폼필리우스. 주전 700년경의 전설적인 제2대 로마의 왕)에 대한 신앙이 로마 권력의 토대가 되었다고 믿었다. 로마 군대가 승승장구할 수 있었던 것도 공화정의 신들 덕분으로 여겼다. 국가가 사제들과 베스타 신전의 처녀들을 먹여 살렸다. 황제가 대신관(大神官, Pontifex Maximus)을 겸직했으며, 심지어 신으로까지 숭배되었다. 신들은 민족적인 성격을 띠었으며, 따라서 세계를 정복하던 로마 군단들은 유피테르 카피톨리누스의 독수리를 수호신으로 삼아 그 형상을 진두에 세우고서 행군했다. 키케로는 법의 승인을 받지 않은 외국 신들을 숭배하지 못하게 해야 한다는 입법 원칙을 제시한다. 마이케나스(Maecenas, 주전 70?-8. 고대 로마의 정치가)는 아우구스투스에게 이렇게 조언했다: "우리 조상들의 관습대로 신들을 공경하시고, 다른 민족들에게도 그 신들을 숭배하도록 의무화하십시오. 낯선 신들을 전파하는 자들을 혐오하고 처벌하십시오."

물론 그리스와 로마의 개인들은 대화와 저서와 무대에서 회의적인 정서와 심지어 불경건한 정서조차 아무런 제약 없이 표현할 자유를 누린 것이 사실이다. 이것은 아리스토파네스, 루키아누스, 루크레티우스, 플라우투스, 테렌티우스의 저서들만 읽어봐도 얼마든지 확인할 수 있다. 하지만 후대의 기독교 정부들이 그랬듯이, 당시에도 법의 규제가 닿지 못하던 개인의 사상·양심의 자유와 공적 예배의 자유 사이에는 엄격한 구분이 있었다. (비록 공적 예배의 자유는 사상과 양심의 자유에 따른 당연한 결과이긴 하지만.) 그 외에도 종교가 법으로 강제될 경우 지식인 사회에서는 위선과 불신앙이 팽배하게 마련이다. 아무리 겉으로 정책과 관심과 관습으로부터 신조의 형식과 법적 요구에 이르기까지 준수하는 척할지라도, 속으로는 냉소하는 것이다.

원로원과 황제는 특별 법령에 의해서 피정복 민족들에게 심지어 로마에서도 자신들의 종교 의식을 자유롭게 시행하도록 허용했다. 하지만 양심의 자유를 존중해서 그런 것이 아니라 단순히 정책에 따라 그랬을 뿐이며, 포교에 의해서 국가 종교를 떠나게 하는 행위를 명백히 금지했다. 따라서 유대교로 개종하는 행위가 때때로 법으로 엄하게 금지되곤 했던 것이다.

기독교의 관용을 가로막은 장애들

기독교는 민족 종교로 나타나지 않고 유일하고 참된 보편 종교로 자임했고, 모든 민족 모든 종파에서 사람들을 개종시켰고, 유대인들보다 훨씬 더 많이 헬라인들과 로마인들을 끌어들였고, 어떠한 형태의 우상 숭배와도 타협하기를 거부했으며, 사실상 로마의 국가 종교의 존립 자체를 위협했다. 그렇기 때문에 로마 정부는 기독교에 대해서는 제한적 관용조차 베풀 수 없었다. 정치로써 세계를 끌어안으려 했던 로마가 기독교에 대해서는 정반대 노선을 요구했으며, 그렇기 때문에 테르툴리아누스가 로마인들을 향해서 거짓 신들에 대한 숭배는 관용하면서 만유의 주이신 유일하고 참된 하나님께 대한 예배는 금지하는 모순된 태도를 비판한 것은 지극히 정당한 태도였다. 아우구스투스 치하에 태어나 티베리우스 때 로마 총독의 판결에 의해 십자가에 달린 그리스도는 로마 제국이 가장 중요한 시대를 맞이한 벽두에 영적·보편적 제국의 설립자로 우뚝 섰으며, 이러한 경쟁자를 로마는 감내할 수 없었다. 훗날 콘스탄티누스의 재위는 기독교를 관용한 것이 로마의 국가 종교에 얼마나 큰 치명타였는가를 여실히 보여주었다.

그리고 그리스도인들은 황제와 그의 조상(彫像)에 신적인 공경을 바치기를 거부했고, 국가의 경축 행사 때 우상숭배적인 의식에 전혀 참여하지 않았고, 제국의 군대에 복무하기를 꺼렸고, 정치와 세상일에 무관심한 반면에 인간의 영적이고 영원한 운명에 깊은 관심을 가졌으며, 자기들끼리 형제애로 긴밀하게 연결되어 자주 모임을 가졌기 때문에, 황제들과 로마인들에게 적대감을 갖고 있는 게 아닌지, 국가를 전복하려는 반역의 음모를 꾀하는 게 아닌지 의심을 받았다.

일반인들도 범신론 사상에 젖어 있었던 까닭에 유일신을 믿는 신자들을 무신론자들이자 신들의 원수들로 여겨 혐오했다. 그들은 기독교에 대해서 떠돌던 온갖 가증스러운 소문들, 심지어 그리스도인들이 예배와 애찬(愛餐) 모임에서 근친상간과 식인(食人)을 자행한다는 소문을 기꺼이 신뢰했으며, 그 시대에 자주 발생한 재난들도 신들이 자신들을 소홀히 숭배하는 데 진노하여 내린 정당한 징벌로 간주했다. 북아프리카에는 "신이 비를 내리지 않는 것은 그리스도인들 때문"이라는 속담까지 생겼다. 홍수가 나거나 가뭄이 들거나 기근이 임하거나 전염병이 돌면 사람들은 흥분한 채 "무신론자들을 잡아 죽여라! 그리스도인들을 사자에게 던져라!" 하고 외쳤다.

마지막으로, 박해는 우상 숭배로 녹(祿)을 먹던 사제들과 마술사들과 우상 제조업자들과 상인들에 의해서 시작되기도 했다. 이들은 에베소의 데메드리오와 빌립보의 점치는 여종의 주인들처럼 군중을 선동하여 자신들의 이익에 손해를 끼친 새 종교를 공격하게 만들었다.

16. 트라야누스 이전에 기독교가 처했던 상황

트라야누스(주후 98-117 재위) 이전이라고 하면 사도 시대에 해당하며, 이 시기에 기독교가 받았던 박해에 대해서는 제1권에서 살펴보았다. 여기서 그 시기의 박해를 다시 언급하는 것은 그것이 이후 시기와도 관련되기 때문이다. 그리스도께서는 로마의 첫 황제 치하에서 태어나셨고, 둘째 황제 치하에서 십자가에 달리셨다. 전하는 바에 따르면 티베리우스(디베료, 14-37 재위)는 빌라도가 십자가와 부활 사건에 관하여 보낸 보고서를 읽고서 두려워했다고 하며, 원로원에게 그리스도를 로마의 신들 명부에 올리도록 신청했으나 뜻을 이루지 못했다고 한다. 하지만 이것은 테르툴리아누스의 이름을 빈 어떤 글에 나오는 이야기일 뿐이다. 클라우디우스(글라우디오, 42-54 재위)가 53년에 로마에서 유대인들을 추방하라는 칙령을 내렸을 때 그 파급 효과는 그리스도인들에게까지 미쳤으나, 이것은 유대인들과 혼동되어 유대인으로서 받은 박해였다. 네로(54-68 재위)의 극악한 박해는 기독교가 아닌 방화(64년) 혐의자들을 겨냥한 응징이었다. 하지만 이 사건은 기독교에 대한 대중의 정서를 여실히 보여준 사건이었으며, 새 종교에 대한 선전포고였다. 이 사건을 겪은 뒤부터 그리스도인 사회에는 네로가 적그리스도로서 다시 나타날 것이라는 말이 널리 나돌았다.

갈바(Galba), 오토(Otho), 비텔리우스(Vitellius), 베스파시아누스(Vespasian), 티투스(Titus)로 정권이 급속히 바뀌는 동안에는 [우리가 아는 한 교회가 그다지 심한 박해를 겪지 않았다.

그러나 의심이 많고 하나님을 가볍게 여긴 독재자 도미티아누스(Domitian, 81-96 재위)는 자칭 '주(主)와 하나님'이라고 부르고 남들에게도 자신을 그렇게 부르도록 요구했고, 기독교를 받아들이는 행위를 국가 전복을 꾀하는 범죄로 다루었으며, 자신의 사촌이자 집정관인 플라비우스 클레멘스(Flavius Clemens)를 비롯한 수많은 그리스도인들을 무신론자라는 죄목으로 처형하거나, 집정관 클레멘스의 부인 도미틸라(Domitilla)의 경우처럼 재산을 몰수한 뒤 추방하기도 했다. 그는 기독교에 대한 질투가 워낙 강했던 까닭에 다윗의 후손들을 색출하여 죽였으며, 팔레스타인에서 예수의 친족 두 사람, 즉 유다의 손자들을 로마로 끌어오게 했다. 하지만 그들의 형색이 가난하고 촌스러운 데다가, 그들에게서 그리스도의 나라가 지상에 속하지 않고 천상에 속한다는 것과, 그 나라가 세상 끝에 수립될 것, 그리고 세상 끝에는 그리스도께서 오셔서 산 자들과 죽은 자들을 심판하실 것이라는 말을 듣고는 풀어주었다. 전승[이레나이우스, 에우세비우스, 제롬]에 따르면, 도미티아누스의 재위 때 사도 요한이 밧모 섬에 유배되었고(하지만 사도의 유배는 네로의 재위 때 발생했다고 봐야 옳다), 로마에서 죽지 않고 기적으로 살아남았으며(테르툴리아누스의 증언), 안드레와 마가와 오네시모와 아레오바고 관원 디오누시오가 이때 순교했다고 한다. 이그나티우스의 순교전 은 "도미티아누스 치하에서 박해가 많이 자행되었다"고 말한다.

도미티아누스의 후계자로서 인도적이고 정의를 사랑했던 황제 네르바(Nerva, 96-98 재위)는 선대에 기독교에 내려졌던 추방령을 철회하고, 기독교를 믿는 행위를 정치적 범죄로 다루지 않았다. 물론 기독교를 합법 종교로 승인하지는 않았지만 말이다.

17. 트라야누스(주후 98-117). 기독교의 금지. 예루살렘의 시므온과 안디옥의 이그나티우스의 순교

트라야누스는 '국부'(國父)로 존경받은 현제였지만, 친구들이었던 타키투스와 플리니우스와 마찬가지로 기독교의 본질에는 철저히 무지했으며, 황제들 가운데 최초로 기독교를 불법 종교로 선언했다. 물론 그 전부터도 기독교는 사실상 불법 종교로 취급받았다. 트라야누스는 모든 비밀 단체들을 엄격히 규제하는 법을 되살렸으며,[5] 속주 관리들은 그리스도인들이 자주 모임을 갖는다는 이유로 이 법을 그들에게 적용했다. 이 결정이 한 세기 이상 그리스도인들에 대한 제국 정부의 태도를 결정했다. 트라야누스가 소아시아 비두니아의 총독 플리니우스(the younger Pliny; 109-111 재위)에게 쓴 편지에 정부의 태도가 잘 반영되어 있다.

플리니우스는 그리스도인들을 공식적으로 대면했다. 그가 본 기독교는 "저급하고 무절제한 미신"이었고, 도무지 인기를 누릴 만한 구석이 없었다. 그는 황제에게 보내는 보고서에서 이 미신이 도시들뿐 아니라 소아시아의 촌락들에까지 끊임없이 확산되면서 연령과 계층과 성별에 상관 없이 사람들을 끌어들이고 있

---

5) 비밀 단체들 혹은 금지된 클럽들. 이것이 hetoeria, collegium, sodalitas, sodalitium의 의미로서, 조합, 친우회, 특히 사적인 정치 클럽이나 당파적 목적을 띤 집단을 가리킨다. 로마의 단체들 혹은 친우회들은 친목의 성격을 띤 클럽들이나 결사들로서, 정치적이고 혁명적인 목적에 쉽게 이용되었다. 트라야누스는 니코메디아의 소방관 조합에 대해 승인을 거부했다(Pliny, Ep. X. 34, 43).

고, 그 결과 신전들은 거의 버려진 상태이고, 제사를 드린 육류가 시장에서 팔리지 않는다고 전했다. 그는 기독교의 확산을 저지하기 위해서 그리스도인들을 여러 명 잡아 처형했고, 로마 시민권을 갖고 있는 그리스도인들은 황제의 법정으로 송치했다. 이러한 내용을 보고한 플리니우스는 이렇게 기독교를 제재하는 과정에서 노인들을 존중해야 하는지, 별 다른 범죄 혐의가 없고 단지 그리스도인이라는 이름만 갖고 있어도 범죄로 다루어야 하는지 자문을 구했다.

이 질문에 트라야누스는 다음과 같이 대답했다: "그대는 그리스도인들과 관련하여 올바른 조치를 취했소. 이 문제에는 모든 경우에 두루 적용할 수 있는 보편적인 규율을 만들 수 없기 때문이오. 그들을 색출하지 말고, 다만 고소가 들어와 죄가 입증되면 반드시 처벌하시오. 그럴지라도 만약 고소를 당한 자가 스스로 그리스도인임을 부인하고 그것을 행동으로, 즉 우리의 신들에게 경배함으로써 입증한다면 혹시 전력으로 보아 의심이 갈지라도 뉘우친 것을 참작하여 사면해주시오. 하지만 익명의 투서는 어떠한 형사 재판에도 받아들이지 마시오. 그것은 나쁜 선례를 남길 뿐 아니라, 우리의 시대의 정신에도 위배되기 때문이오."

이 결정은 그가 옛 로마의 전형적인 이교도 황제임을 감안할 때 매우 온건한 것이었다. 테르툴리아누스는 황제의 이러한 태도를 잔인과 관대가 뒤섞인 자기모순이라고 비판한다. 한편으로는 그리스도인들을 색출하지 말라고 하면서 다른 한편으로는 그들을 처벌하라고 지시함으로써 그들의 무죄와 유죄를 동시에 주장한 게 아니냐는 것이었다. 하지만 황제는 분명히 정치적 원리에 따라 움직였으며, 기독교처럼 일시적이고 전염성이 있는 광신은 공개적으로 공격하기보다 그냥 눈에 띄지 않게 내버려두는 것이 더 빨리 진압할 수 있는 방법이라고 생각했다. 그는 될 수 있는 대로 기독교를 무시하려고 했다. 하지만 기독교는 거역할 수 없는 진리의 힘으로 확산되어 가면서, 하루가 다르게 대중의 관심을 사로잡아 가고 있었다.

황제의 이 답신은 총독들의 정서에 따라 기독교를 비밀 결사와 불법 종교(religio illicita)로 간주하여 가혹하게 대할 수 있는 소지를 줄 수 있었다. 인간미가 있는 플리니우스조차 가녀린 여성들을 고문했다고 말하는 것이다. 트라야누스의 재위 기간에 시리아와 팔레스타인에는 혹독한 박해가 자행되었다.

예루살렘의 감독 시므온은 전임 감독인 주님의 친동생 야고보와 마찬가지로 광신적인 유대인들에게 고소를 당해 주후 107년에 120살의 나이로 십자가형을 당했다.

같은 해에 (혹은 110년과 116년 사이에) 안디옥의 유명한 감독 이그나티우스가 사형 언도를 받고서 로마로 압송된 뒤 콜로세움에서 맹수들에게 던져졌다. 그의 순교 이야기는 의심할 여지 없이 많이 각색되긴 했으나 틀림없이 일말의 사실이 담겨 있으며, 이런 점에서 고대 교회의 전설적 순교전의 전형이라 할 수 있다.

우리가 이그나티우스에 대해서 갖고 있는 지식은 논란이 되는 그의 서신들과,[6] 이레나이우스와 오리게네스가 짤막하게 남긴 언급들에서 얻은 것이다. 그의 존재와 초기 교회에서의 지위와 순교는 다들 인정하지만, 나머지 점들은 쟁점으로 남아 있다. 그가 서신을 몇 편이나 썼고, 언제 그 서신들을 썼고, 그의 순교전은 어느 정도나 사실이며, 언제 그가 순교했고 순교전은 언제 누가 작성했는가 하는 의문들이 다 합의되지 못한 채 지루하게 쟁론되어왔다. 전승에 따르면 이그나티우스는 사도 요한에게 배웠고, 경건이 뛰어나 안디옥 그리스도인들에게 칭송을 받아서 베드로와 유오디우스에 이어 세번째 감독으로 선출되었다. 사도적 인품을 가지고 성의를 다해 교회를 지도했던 그는, 그러나 개인적으로는 피로써 자신의 증거를 입증했고, 지고한 영광의 자리에 이르기에 합당한 자로 여김을 받기 전까지는 만족하지 않았다. 그가 그토록 사모하던 면류관이 마침내 다가왔고, 이로써 순교에 대한 그의 열렬하고 병적인 욕구가 채워졌다. 107년에 황제 트라야누스가 안디옥에 와서 신들에게 제사 드리기를 거부하는 모든 사람들을 처벌하겠다고 위협했다. 이그나티우스는 이 죄목으로 심문을 받을 때, 자신은 그리스도를 가슴에 모셨기 때문에 '테오포루스'(하나님을 지닌 자)라고 당당하게 고백했다. 트라야누스는 그를 로마로 압송하여 사자들에게 던지라고 명령했다. 황제의 명령은 신속하게 이행되었다. 이그나티우스는 즉시 사슬에 결박당한 채 군인 열 명(그는 이들을 자신의 '표범들'이라고 불렀다)에 의해 육로와 해상로를 통해 안디옥에서부터 셀레우키아로, 그곳에서 다시 서머나로 이송되었으며, 서머나에서 폴리카르푸스를 만나고, 여러 교회들, 특히 로마 교회에 편

---

6) 세 편의 교정본 중에서 두 편은 헬라어로, 한 편은 시리아어로 기록되어 있다. 이보다 짧은 일곱 편의 헬라어 서신들은 틀림없이 이그나티우스 자신이 쓴 것이다. 참조. § 165.

지를 보냈다. 그곳에서 드로아로, 네압볼리로, 마게도냐를 통해 에피루스로 이송된 뒤, 아드리아 해를 건너 로마에 도착했다. 그곳에서 그리스도인들에게 존경어린 영접을 받았지만, 그들에게 자신의 순교를 막거나 심지어 늦추는 것조차 용인하지 않았다. 마침내 107년 12월 20일에 그는 원형경기장에 던져졌다. 맹수들이 순식간에 덤벼들어 뼈 몇 조각을 제외하고는 아무것도 남기지 않았다. 그리스도인들은 그의 유골을 수습하여 안디옥으로 소중히 옮겼다. 고향에서부터 그를 따라갔던 신실한 친구들은 그가 순교하던 날 밤에 꿈에서 그를 보았다. 더러는 그가 그리스도 곁에 서 있는 모습을 보았는데, 마치 큰 수고를 이제 막 마치고 돌아온 듯이 땀을 많이 흘리고 있었다고 했다. 이 꿈으로 위로를 받은 그들은 유골을 가지고 안디옥으로 돌아갔다.

특주

이그나티우스의 순교 연대

주후 107년이라는 연대는 이그나티우스의 순교전들 가운데 가장 탁월한 순교전(*Colbertinum*)에 쓰인 제9년이라는 표현에 잘 들어맞는다. 트라야누스의 즉위(주후 98)로부터 9년 되는 해가 되기 때문이다. 이것을 놔두고 다른 순교전에 기록된 제19년이라는 표현을 취하여 주후 116년으로 이해할 정당한 이유가 없다. 제롬은 그 연대를 109년으로 잡는다. 「콜베르티누스의 순교전」(*Martyrium Colbertinum*)에 로마 집정관들의 이름이 정확히 기재되었다는 사실은 107년이라는 연대가 정확하다는 증거이며, 이 견해는 어셔(Ussher), 티이몽(Tillemont), 묄러(Möhler), 헤펠레(Hefele), 비젤러(Wieseler) 같은 비평 학자들에게 지지를 받는다. 비젤러는 「황제들의 기독교 박해」(*Die Christenverfolgungen der Cäsaren*, 1878, pp. 125 이하)에서 이 연대의 근거를 트라야누스가 안디옥을 순방하기 전에 순교가 발생했다는 에우세비우스의 진술과 (트라야누스는 즉위 10년째 되던 해에, 그러니까 글로바의 아들 시므온이 순교한 뒤부터 이그나티우스가 순교하기 전까지의 짧은 기간에 안디옥을 순방했다 <「교회사」, III. 32>) 티베리우스가 트라야누스에게 보낸 편지에서 많은 사람들이 순교를 자청하는 일을 언급한 대목(이것은 비젤러의 생각대로 이그나티우스의 태도에서 받은 인상이다)에서 찾는다. 만약 107

년이 옳다면 비젤러의 또 다른 추측도 가능성이 높아지게 된다. 그 해에 트라야누스가 다키아 전쟁에서 승리한 데 힘입어 크게 번성을 누렸다는 것은 잘 알려진 사실이다. 그러한 시점에 이그나티우스가 원형경기장의 모래를 피로 붉게 물들이는 일이 가능하지 않았겠는가?

하지만 107년이라는 연대가 학자들 사이에 보편적으로 받아들여지는 것은 아니다. 카임(Keim, *Rom und das Christenthum*, p. 540)은 「콜베르티누스의 순교전」이 수라(Sura)의 집정관 재직 첫해와 세네키오(Senecio)의 둘째 해에 순교가 발생했다고 진술하는데, 실은 107년에 수라가 집정관으로 3년째 재위했고 세네키오가 4년째 재위했기 때문에 그의 진술이 틀렸다고 지적한다. 게다가 카임은 트라야누스가 안디옥을 방문한 연대가 107년이 아니라, 아르메니아와 파르티아를 공격하고 돌아오던 때인 115년이었다고 지적한다. 하지만 카임의 반론은 만약 이그나티우스가 안디옥에서 트라야누스에게 직접 심문을 받지 않았다면 무산되고 만다. 하르낙(Harnack)은 이그나티우스가 트라야누스 치하에서 순교를 했다는 것은 순전히 가능성에 지나지 않는다고 결론짓는다. 라이트푸트(Lightfoot)는 순교 시기를 110-118년으로 잡는다.

18. 하드리아누스. 117-138

하드리아누스(Hadrian)는 스페인 민족의 혈통을 받고 태어났고, 자신의 친척인 트라야누스에 의해 (그의 임종 때에) 양자가 되었다. 탁월한 재능과 철저한 교육을 겸비한 그는, 학자이자 예술가이자 입법자이자 행정가로서 로마 황제들 가운데 몇 손가락 안에 드는 유능한 인물이었지만, 도덕성은 매우 의심스러웠고, 기분 내키는 대로 나라를 다스렸고, 상반된 방향으로 이끌렸으며, 마침내 자기 모순과 삶에 대한 철저한 염증에 빠졌다. 그의 능(陵, 몰레스 하드리아니)이 여전히 남아 산타 안젤로 성과 마찬가지로 로마의 티베르 강 다리를 장식하고 있다. 그는 교회의 친구로도 묘사되고 원수로도 묘사된다. 국가 종교에 열성적이었고, 유대교를 철저히 반대했으며, 기독교에 대해서는 잘 몰랐기 때문에 무관심했다. 예루살렘 성전 터와 예수께서 십자가에 달리신 곳으로 추정되는 지점에 유피테르와 베누스의 신전들을 건립함으로써 유대인들과 그리스도인들을 한

꺼번에 모욕했다. 전하는 바로는 그가 아시아의 총독에게 그리스도인들에 대한 대중의 맹렬한 광포(狂暴)를 제지하고, 공정한 법 절차에 의해 범법자들만 처벌하라고 지시했다고 한다.[7] 하지만 그도 트라야누스와 마찬가지로 단순히 기독교를 고백하기만 해도 그것을 범죄로 간주했음에 틀림없다.

이 황제의 재위 기간에 활동한 기독교 변증가들은 그리스도인들에 대한 일반 대중의 정서가 대단히 적대적이었다는 점과, 교회가 심각한 위험에 처해 있었다는 점을 지적한다. 상황이 이러했으므로 하드리아누스가 조금만 권장했더라도 피비린내 나는 박해가 자행되었을 것이다. 쿠아드라투스(Quadratus)와 아리스티데스(Aristides)는 하드리아누스에게 동료 그리스도인들을 선처해달라고 호소했는데, 그 결과가 어떻게 되었는지는 우리는 알 길이 없다.

후대의 전승에 따르면 그의 재위 때에 성 유스타키우스(St. Eustachius), 성 심포로사(St. Symphorosa)와 그녀의 일곱 아들, 로마의 감독들인 알렉산더(Alexander)와 텔레스포루스(Telesphorus), 그리고 이름이 알려지지 않고 연대가 대단히 모호한 그 밖의 사람들이 순교했다고 한다.

19. 안토니누스 피우스. 137-161. 폴리카르푸스의 순교

안토니누스 피우스(Antoninus Pius, 138-161 재위)는 그리스도인들이 잦은 재난의 원흉으로 몰려 집단 폭행을 당할 때 그들을 보호해 주었다. 하지만 아시아 도시들의 관리들에게 그리스도인들이 무죄하며, 이교도들도 그들을 본받아 하

---

7) 하드리아누스가 미누키우스 푼다누스(Minucius Fundanus)에게 보낸 답서(124년 혹은 128년)가 에우세비우스에 의해 헬라어 번역본으로 보존되었는데(*H. E.* IV. 8, 9), 그 내용이 사실상 관용을 명하는 칙령이기 때문에 Baur, Keim, Aub 에 의해서는 의심되지만, Neander(I. 101, Engl. ed.), Wiesseler, Funk, Renan(*L. c.* p. 32 pp.)에 의해서는 정본으로 변호된다. Renan은 하드리아누스를 진지한 트라야누스와 독실한 마르쿠스 아우렐리우스보다 종교의 자유에 보다 호의적이었다고 묘사한다. 하지만 Friedländer, (III. 492)는 하드리아누스가 신들을 열정적으로 숭배했다는 파우사니아스의 보고를 받아들인다. Keim은 그가 망상가였으며, 유대교뿐 아니라 기독교도 적대시했다고 간주한다.

나님을 충성스럽게 열성을 다해 섬겨야 한다는 내용으로 그가 보냈다고 하는 칙령은 조상들의 종교에 충성한 일로 인해 그에게 붙은 피우스('신심<信心>이 깊은')라는 영예로운 칭호를 받은 황제에게서 나왔을 리 만무하다.[8] 혹시 그가 이러한 칙령을 공포했다손 치더라도 불법 종교에 대한 속주 총독들의 처리 방법과 대중의 분노를 통제할 수 없었다.

서머나 교회의 박해와 그곳의 덕망 높은 감독의 순교는 과거에는 167년에 마르쿠스 아우렐리우스 치하에 발생했다고 알려졌으나, 보다 최근의 조사에 따르면 스타티우스 쿠아드라투스(Statius Quadratus)가 소아시아 총독이던 155년에 안토니누스 치하에서 발생한 것으로 밝혀졌다.[9] 폴리카르푸스는 사도 요한에게 배우고 그를 곁에서 모신 사람으로서, 서머나 교회의 수석 장로였다. 지금도 그곳에는 그의 무덤임을 알리는 평범한 돌비석이 서 있다. 폴리카르푸스는 리옹의 이레나이우스를 가르친 스승이었으며, 그런 점에서 사도 시대와 속사도 시대를 잇는 가교와 같은 인물이었다. 그는 155년에 여든여섯 혹은 그 이상의 나이로 죽었으므로 69년에, 그러니까 예루살렘이 멸망하기 1년 전에 태어났음이 분명하며, 23년 넘게 사도 요한과 친분을 가졌을 것이다. 이 점이 그가 사도들의 전승과 저작들에 관해 증언하는 내용에 가외의 무게를 실어준다. 그는 사도들의 가르침이 잔잔히 울려퍼지는 아름다운 서신을 남겼는데, 이 서신에 관해서는 차후에 살펴볼 것이다.

폴리카르푸스는 총독 앞에서 자신의 왕이시며 구주이신 분을 부정하기를 끝내 거부했다. 자신이 여든여섯의 세월을 섬기는 동안 오직 사랑과 긍휼만을 베

---

8) 안토니누스 피우스는 언제나 대사제로 자임하고서 직접 제사를 드렸다(Friedlnder, Ⅲ. 492).

9) Waddington이 그것을 밝혀냈다. 그는 쿠아드라투스가 142년에 로마 집정관을 지냈고, 154-155년에 아시아의 총독을 지냈으며, 폴리카르푸스가 15년 2월 23일에 순교했다는 것을 거의 확실하게 입증했다. Waddington에 이어서 그의 견해를 따른 학자들은 다음과 같다: Renan(1873), Ewald(1873), Aub (1875), Hilgenfeld(1874), Lightfoot(1875), Lipsius(1874), O. v. Gebhardt(1875), Zahn, Harnack(1876), Egli(1882), 그리고 다시 Lightfoot(1885, l.c. I. 647 sqq). Wieseler와 Keim은 학문적 일관성을 가지고 옛 연대(166-167)를 변호한다. 옛 연대는 에우세비우스와 제롬의 권위를 근거로 삼았으며, Masson과 Clinton에 의해 주장되었다. 하지만 Lightfoot는 이들의 반박을 논박하며(I. 647, sqq), Waddington의 견해를 지지한다.

푸신 그분을 부정할 수 없다고 하였다. 기쁘게 화형대에 올라간 그는 타오르는 불길 속에서 자신을 "순교자들의 반열에 들게 하시고, 그리스도의 고난의 잔을 마시게 하시고, 성령 안에서 썩지 않을 영혼과 육체의 영원한 부활에 참여할 자로" 인정해 주신 하나님께 찬송을 드렸다. 이때의 일을 전한 서머나 교회의 서신에는 전설이 약간 가미되어 있는데, 이 서신에 따르면 불길이 그 성도의 몸을 태우기를 거부하는 바람에 그 몸이 불 속에서 연단받는 금처럼 해를 입지 않았으며, 곁에서 지켜보던 그리스도인들도 마치 향 내음을 맡듯 좋은 향기를 맡았다고 주장했다. 그의 몸이 불에 타지 않는 것을 보고서 형 집행관이 그를 칼로 찌르자 즉시 피가 솟구쳐 불을 껐다. 그의 시신은 로마의 관습대로 화장되었으나, 유골은 교회에 의해 수습되어 금과 다이아몬드보다 더 소중하게 간직되었다. 사도 시대의 이 마지막 증인이 죽자 맹렬히 타올랐던 대중의 분노가 가라앉았고, 총독은 박해를 보류하였다.

20. 마르쿠스 아우렐리우스 치하의 박해. 161-180.

철학자 황제 마르쿠스 아우렐리우스는 좋은 교육을 받았고, 성품이 정의롭고 친절하고 온화한 황제였으며, 스토아 철학의 '자립'이라는 덕목을 통해 옛 로마의 이상에 도달했으나, 바로 그 이유 때문에 기독교에 냉담했으며, 기독교를 불합리하고 광적인 미신으로 취급한 듯하다. 그는 자신의 사해동포적 인류애에 자기 백성들 가운데 가장 순결하고 무고하며, 많은 수가 자신의 군대에서 복무하고 있던 사람들을 끌어안을 여지를 갖고 있지 못했다. 멜리토(Melito), 밀티아데스(Miltiades), 아테나고라스(Athenagoras)로부터 박해당하는 그리스도인들을 위한 변호를 수없이 많이 들었지만 그들의 말에 귀를 닫았다. 그는 자신의 「명상록」(Meditations)에서 오직 한 번만 그리스도인들을 언급하는데, 그것도 매우 냉소적인 내용으로서, 그리스도인들의 순교에 대한 고상한 열정을 '더할 나위 없는 완고'로, 그들의 사랑을 '연극적인 과시'로 평가한다(「명상록」 xi. 3). 그가 이렇게 한 것은 무지 때문이었다. 아마도 그는 신약성경이나 자신에게 발송된 변증들을 한 줄도 읽지 않았을 것이다.[10]

사람이 죽으면 즉시 신적 본체에 흡수된다고 믿은 후기 스토아 학파에 속했던 아우렐리우스는 기독교의 영혼 불멸 교리와 그에 따른 도덕적 결론들이 사악하고 제국의 안전에 위험하다고 간주했다. 그의 재위 기간에 신(神)에 대한 두려움을 이용하여 사람에게 영향을 주려고 하는 자를 예외 없이 추방하는 법이 통과되었는데, 이 법이 그리스도인들을 겨냥했다는 데에는 의심의 여지가 없다. 어쨌든 그의 재위는 교회로서 대단히 모진 기간이었다. 박해의 연원을 직접 그에게 거슬러 올라가 찾기 힘들지라도 그것은 엄연한 현실이었다. 이미 트라야누스 때 제정된 법으로도 '금지된' 종교의 신자들을 가혹하게 제재하기에 충분했던 것이다.

170년경에 변증가 멜리토(Melito)는 이렇게 썼다. "아시아에서 하나님을 경배하는 자들이 요즘 들어 전례 없는 새로운 칙령들에 의해 박해를 받고 있다. 후안무치하고 탐욕스럽고 권력에 빌붙는 자들이 칙령들에서 구실을 찾아내 무고한 자들을 밤낮 약탈하고 있다." 당시에 제국은 수 차례에 걸친 대 화재와 티베르 강의 범람에 따른 큰 수해와 지진과 폭동에 시달렸으며, 특히 전염병이 발생하여 에티오피아에서부터 갈리아까지 휩쓸었다. 이로 인한 혼란이 유혈낭자한 박해들로 이어졌다. 정부와 대중이 하나가 되어 이런 난국의 주범들인 신들의 원수들을 공격했다. 켈수스(Celsus)는 [그리스도인들의] 귀신이 모욕을 당할 뿐 아니라 모든 땅과 바다에서 추방되는 것"을 기뻐했으며, 이러한 심판을 신탁(神託)의 성취로 간주했다: "신들의 풍차는 더디게 돈다." 하지만 이렇게 박해들이 널리 자행되고, 켈수스와 루키아누스(Lucian) 같은 지식인들이 펜을 들어 기독교를 공격했다는 사실은 새 종교가 제국에서 꾸준히 중요성을 얻어가고 있었다는 반

---

10) Bodek(*l.c.* p. 82 sqq.)은 일반적 견해에 반대하여 마르쿠스 아우렐리우스가 개인적으로는 이교와 기독교에 무관심했고, 카피톨리누스와 그 밖의 저자들이 말한 바, 그가 신들 숭배를 존중한 것은 단지 공식적인 의전(儀典)에 따른 행위였을 뿐이며, 그리스도인들을 박해한 것도 그에게서 비롯되지 않았을 것이라고 주장한다. 반면에 Bodek은 그가 유일신교적이고 윤리적인 면을 지닌 유대교에 우호적인 공감을 갖고 있었다고 주장하며, 유대교 랍비와 친밀한 관계를 유지했던 것 같다고 추정한다. 하지만 마르쿠스 아우렐리우스가 열두 권으로 남긴 *De seipso et ad seipsum*에는 이교 지식인의 신앙과 모순되는 내용이 전혀 없다. 따라서 그가 무의식적으로나마 기독교의 영향을 받았다고 볼 수 없으며, 오히려 기독교의 진정한 본질을 몰랐기 때문에, 그리고 국교의 대신관으로서 자신의 의무를 중시했기 때문에 그는 기독교를 박해했다. 트라야누스와 데키우스의 경우도 마찬가지였다.

증이기도 했다.

177년에 프랑스 남부의 리옹과 비엔의 교회들은 혹독한 시련을 겪었다. 당국은 이교도 노예들을 붙잡아다가 고문하여, 교회에 다니는 그들의 주인들이 과연 소문대로 변태적이고 괴이한 행위를 일삼는다고 거짓 자백하게 만들었고, 이들의 자백을 근거로 그리스도인들을 모질게 고문했다. 하지만 그들은 고문을 당하면서도 "그리스도의 가슴에서 흘러나오는 생명수의 샘에 용기 백배하여" 빛나는 신앙과 인내를 발휘했으며, "아버지의 사랑이 있는 곳에는 아무도 두려워할 게 없고, 그리스도의 영광이 찬연하게 비추는 곳에는 아무것도 고통스러울 게 없다"고 느꼈다.

갈리아에서 자행된 이 박해로 많은 사람들이 희생되었다. 감독(주교) 포티누스(Pothinus)는 아흔의 나이에 병석에서 겨우 일어난 노구로 온갖 고문을 당한 뒤 음침한 지하감옥에 던져져서 이틀만에 죽었다. 노예 처녀 블란디나(Blandina)는 차마 눈뜨고 볼 수 없는 고문을 거의 초인적인 힘으로 버티다가 마침내 그물에 싸여 맹수에게 던져졌다. 열다섯살 소년인 폰티쿠스(Ponticus)도 이런저런 고문을 당했으나 끝내 구주께 대한 고백을 저버리지 않았다. 당국은 거리에 널브러진 순교자들의 시신을 치욕스럽게 절단한 뒤 화장하고 그 재를 론 강에 뿌렸다. 혹시 그것을 땅에 묻으면 남아 있는 신들의 원수들이 그 땅을 숭배할까봐 우려했던 것이다. 하지만 마침내 사람들은 학살에 염증을 내기 시작했고, 그로 인해 상당수의 그리스도인들이 목숨을 보존했다. 리옹의 순교자들은 죽는 순간까지 겸손한 태도를 잃지 않았다. 그들은 감옥에서 순교자라는 영광스러운 칭호를 자신들에게 사용하지 말도록 부탁했다. 그 칭호는 신실하고 참된 증인이자 죽은 자의 첫 열매이신 생명의 왕이신 분(참조. 계 1:5)과, 이미 피로써 그리스도께 대한 정절을 나타낸 제자들에게만 합당하다고 그들은 말했다.

비슷한 시기에 리옹 근처 오툉(아우구스토두눔)에서도 국지적인 박해가 발생했다. 좋은 가문에서 자라난 심포리누스(Symphorinus)라는 청년은 큐벨레[프리기아의 대지의 여신] 신상 앞에서 절하기를 거절하다가 참수형을 언도받았다. 사형장으로 이송되는 길에서 그의 어머니가 그를 부르면서 이렇게 말했다: "아들아, 마음을 굳게 먹고 죽음을 두려워하지 말거라. 그러면 반드시 생명으로 들어갈 것이다. 하늘을 다스리는 분을 바라보아라. 오늘 네 생명은 네게서 취해지는 게 아니라, 복된 교환에 의해 천상의 생명으로 이전되는 것이다."

'우레 군단'(thundering legion) 이야기는 174년에 헝가리에 주둔하던 로마 군대가 갑작스런 소나기 때문에 위기에서 극적으로 구조된 사실에 근거한 것이다.[11] 이 소나기가 심한 갈증에 허덕이던 로마 병사들에게 활력을 주고, 야만족 적군을 놀라게 하여 사기를 꺾어놓았다고 한다. 그런데 이교도들은 이 사건이 기독교 병사들의 기도 덕분이 아니라 자기들의 신들 덕분이라고 주장했다. 황제도 유피테르를 향해서 "아직 인간의 피를 흘려본 적이 없는 이 손을 당신께 올립니다"라고 기도했다. 이 사건이 그리스도인들에 대한 황제의 견해를 바꾸어 놓지 않았다는 것은 3년 뒤에 갈리아 남부에서 박해가 발생한 점으로 입증된다.

이 시기에 산발적으로 발생한 순교 사건들 가운데는 166년에 로마에서 유스티누스가 순교한 사건도 포함된다. 그를 죽음으로 몰아간 것은 견유학파 철학자 크레센스(Crescens)의 계략 때문이었던 것으로 추정된다.

마르쿠스 아우렐리우스는 잔인하고 비루한 아들 코모두스(Commodus, 180-192 재위)에게 제위를 물려주었다. 코모두스는 주색잡기로 인생을 허비했으며, 네로와 마찬가지로 자신이 마치 탁월한 무용수와 가수인양 행세하고 광대짓을 하여 조소를 받았다. 하지만 뜻밖에도 첩 마르키아(Marcia)의 영향으로 그리스도인들에게 호의를 베풀었으며, 따라서 그들을 괴롭히지 않았다. 그럴지라도 그의 재위 때 로마 원로원 의원인 아폴로니우스(Apollonius)는 신앙 때문에 처형되었다.

21. 셉티미우스 세베루스부터 아라비아 출신 황제 필리푸스까지 교회가 처했던 상황. 193-249

고대 카르타고인의 혈통을 물려받고 시리아계 여성을 아내로 맞이한 셉티미우스 세베루스(Septimius Severus, 193-211 재위)를 시작으로, 정신이 로마적이기보다 다소 동양적이고, 따라서 안토니누스가(家) 황제들에 비해 옛 국교를 유지하는 데 별로 관심이 없었던 황제들(카라칼라, 헬리오가발루스, 알렉산더 세

---

11) Legio fulminatrix. 제12군단은 트라야누스 때까지 거슬러 올라가는 Fulminata 라는 명칭을 갖고 있었다. 따라서 그 명칭은 이 사건에서 유래했을 리가 없다.

베루스)이 계속해서 즉위하게 되었다. 그런데도 2세기가 저물어 갈 무렵에도 국지적인 박해가 적지 않게 발생했다. 알렉산드리아의 클레멘스는 당시의 정황에 대해서 "많은 순교자들이 매일 우리 눈 앞에서 불에 타 죽고 감금되고 참수되고 있다"고 썼다.

3세기 초(202)에 셉티미우스 세베루스는 아마 몬타누스파의 지나친 행위에 자극을 받아 기독교와 유대교가 더 이상 확산되지 못하도록 제재하는 엄격한 법을 제정했다. 이 법으로 인해서 이집트와 북아프리카에서 격렬한 박해가 발생했으며, 지극히 아름다운 순교의 꽃봉오리들이 맺히게 되었다.

알렉산드리아에서는 이 법으로 인해서 저명한 오리게네스의 아버지 레오니데스(Leonides)가 참수형을 당했다. 육체와 정신이 몹시 아름다웠던 포타미에나(Potamiaena)라는 처녀는 차라리 죽느니만 못한 모욕을 당하고 잔인한 고문을 당한 끝에 자기 어머니와 함께 끓는 가마솥에서 서서히 목숨을 잃었다. 사형 집행관들 가운데 한 사람이었던 바실리데스(Basilides)는 그 광경을 보고서 감동을 받아 그들이 욕을 당하지 않도록 막아주었고, 그들이 죽은 뒤에는 자신도 기독교를 받아들인 뒤 참수형을 당했다. 죽기 전에 그는 포타미에나가 꿈에 나타나 자신을 위해 그리스도께 기도를 드렸고, 자기 머리에 순교자의 면류관을 씌워주었다고 말했다.

카르타고에서는 세례를 받기 위해 교리 교육을 받던 청년 세 명과 젊은 여성 두 명(이들은 몬타누스파 사람들이었던 것으로 추측된다)이 지하감옥과 사형장에서 놀라운 인내와 정절을 발휘했다. 이들 가운데 귀족 가문 출신의 페르페투아(Perpetua)라는 젊은 여성은 이교도인 연로한 아버지의 애원과 품안의 가없은 자식의 울음을 뒤로한 채 자식과 어머니로서의 깊고 가녀린 정서를 자신을 위해 죽으신 주님께 드렸다. 노예였던 펠리키타스(Felicitas)는 같은 지하감옥에서 해산을 하게 되었는데, 간수가 순교를 할 때는 해산할 때보다 고통이 더 크다고 일러주자, "지금 나는 내가 고통을 당합니다. 하지만 그때는 다른 분이 나 대신에 고통을 당해주실 겁니다. 내가 그분을 위해서 고통을 당할 것이니까요." 한결같이 믿음을 지킨 이들은 다음 축제일에 천국에서 속히 다시 만날 것을 기약하며 서로 입을 맞춘 뒤에 맹수들에게 던져졌다.

카라칼라(Caracalla, 211-217 재위)의 집권 초반에도 비슷한 상태가 지속되었다. 물론 우울한 염세주의자였던 그는 그리스도인들을 제재하는 법을 통과시키지는 않았지만 말이다.

젊은 나이에 집권하여 지독히 악하고 어리석은 행위로 권좌를 더럽힌 엘-가발(El-Gabal) 혹은 헬리오가발루스(Heliogabalus, 218-222)는 모든 종교들을 자신이 숭배하는, 가증하고 문란한 태양신교로 통합할 것을 기대하고서 대대적인 관용을 베풀었다. 그 자신이 태양신의 사제였으며, 이름도 태양신의 이름을 따서 지었다.[12]

그보다 훨씬 자격을 갖추었던 사촌이자 계승자인 알렉산더 세베루스(Alexander Severus, 222-235)는 엘 가발보다 더 고등한 유형의 종교 절충주의와 혼합주의, 즉 범신론적 영웅 숭배에 빠져 있었다. 개인 예배당에 아브라함과 그리스도의 흉상들과 함께 오르페우스, 티아나의 아폴로니우스, 선대의 탁월했던 로마 황제들의 흉상들을 진열했고, "무엇이든지 남에게 대접을 받고자 하는 대로 너희도 남을 대접하라"는 복음의 계명을 왕궁의 벽과 공공 기념비들에 새겼다.[13] 그의 어머니 율리아 마마이아(Julia Mammaea)는 오리게네스의 후원자였다.

그를 암살하고 집권한 트라키아 사람 막시미누스(Maximinus the Thracian, 235-238)는 목동이었다가 훗날 군인이 된 사람으로서, 단순히 전임 황제에 대한 반동으로 다시 박해를 재개했으며, 지진 때문에 민심이 흉흉하던 상황에서 대중으로 하여금 신들의 원수들에게 마음껏 분노를 퍼붓도록 허용했다. 그가 기독교 성직자를 모두 죽이라고 지시했는지, 아니면 감독(주교)들만 죽이라고 지시했는지는 불확실하다. 그는 이교 신전들까지도 약탈한 미개한 자였다.

10세기에 집필된 전설 시(詩)에 따르면, 그의 재위 기간에 영국의 공주 성 우르술라(St. Ursula)와 그녀를 수행한 1만1천 명의 처녀들(다른 전설 시들에 따르면 만 명의 처녀들)이 로마를 순례하고 귀국하다가 쾰른 근처에서 이교도들에게 순교했다고 한다. 믿기지 않는 이 많은 수는 '우르술라와 운데키밀라'(Ursula et Undecimilla, 이것은 소르본에서 제작된 옛 미사경본에 나온다)나 '우르술라와 XI M. V'(즉, 순교자 처녀들<Martyres Virgines>) 같은 표제를 잘못 풀이한 데서 생긴 결과인 듯하다. '순교자들'(martyres)이 들어가야 할 자리에 '수천'(milia)을

---

12) 이와 달리 이 이름이 '하나님의 산'이라는 뜻의 아람어에서 유래했을 수도 있다.

13) 그랬을지라도 그는 관용 이상의 뜻을 품지 않았다.

대입함으로써 11명의 순교자들이 1만1천 명의 처녀들로 불어났을 가능성이 있
는 것이다. 어떤 사가들은 이 전설의 토대가 된 듯한 사건을 451년에 훈족이 샬
롱 전투에서 패하고 퇴각하던 상황에 연계시킨다. 축약형 '밀'(Mil.)도 군인들
(milites)을 뜻할 수 있고 수천(milia)을 뜻할 수도 있었기 때문에, 경신(輕信)과 미
신의 시대에 그릇된 해석을 많이 일으킨 또 다른 원천이었다.

고르디아누스(Gordianus, 238-244 재위)는 교회를 조용히 내버려두었다. 아랍
인 필리푸스(Philip the Arabian, 244-249)는 심지어 어떤 사람들에게 그리스도
인이 아닌가 하는 의심을 받았고, 제롬에게는 '기독교 로마 황제들 가운데 으뜸'
(primus omnium ex Romanis imperatoribus Christianus)이라는 평가를 받았다.
오리게네스가 그와 그의 아내 세베라(Severa)에게 여러 편의 편지를 보낸 것은
분명한 사실이다.

하지만 모처럼 찾아온 평온한 시기에 그리스도인들은 도덕적 열정과 형제 사
랑이 차갑게 식었다. 그리고 다음 황제 때 몰아친 강한 폭풍우가 교회의 순결을
회복하는 데 크게 이바지했다.

22. 데키우스와 발레리아누스 치하의 박해들. 249-260. 키프리아누스의 순교

진지하고 열정적인 인물로서, 옛 로마의 정신이 다시 한 번 살아난 듯한 황제
였던 데키우스 트라야누스(Decius Trajan, 249-251 재위)는 교회를 무신론적이
고 선동적인 집단으로 규정하여 뿌리뽑기로 작정했으며, 250년에 속주들의 모든
총독들에게 칙령을 내려 만약 이교 국교로 돌아가지 않으면 중벌을 내리겠다고
공포했다. 이것을 신호로 하여 범위와 농도와 잔인성에서 유례가 없는 박해가
개시되었다. 사실상 이번의 박해는 제국 전역에서 동시에 자행된 최초의 박해였
으며, 따라서 기존의 어느 박해보다 훨씬 더 많은 수의 순교자들을 냈다. 황제의
명령을 집행하는 과정에서 그리스도인들을 배교하도록 만들기 위해 재산 몰수
와 추방과 고문과 온갖 회유와 협박이 동원되었다. 허다한 수의 평범한 그리스
도인들, 특히 초신자들이 신들에게 제사를 드리거나(sacrificati, thurificati<제사
를 드린 자들>), 그렇지 않으면 사법 당국으로부터 제사를 드렸다는 위조 증명서

를 발급받았고(libellatici<증명서를 받은 자들>), 그런 뒤에 교회로부터 배교자들(lapsi)로 출교(파문)를 당했다. 반면에 적지 않은 그리스도인들이 맹렬한 열정으로 감옥과 법정으로 달려가서 결국 고백자(confessor, 신앙 때문에 고문을 당했으나 죽지 않은 사람)나 순교자의 면류관을 얻었다. 로마의 고백자들은 감옥에서 아프리카의 형제 그리스도인들에게 다음과 같은 내용의 편지를 보냈다: "하나님의 은혜에 힘입어 숱한 고문과 심지어 죽음 앞에서도 하나님을 주님이라 고백하게 하시고, 그리스도를, 육체의 고난을 당하시고 영혼의 죽음을 당하셨으나 그 육체와 영혼이 자유로우신 하나님의 아들로 고백하게 하시며, 그리스도의 이름으로 그와 함께 고난에 동참하게 하시니, 이보다 더 영광스럽고 복된 은혜가 어디 있겠습니까? 우리는 아직 피 흘리는 데까지 가지 않았지만 얼마든지 그럴 준비가 되어 있습니다. 그러므로 친애하는 키프리아누스여, 우리의 대장이신 주님께서 우리 각 사람에게 매일 힘을 부어주시고, 마침내 결코 패할 수 없는 하나님의 전신갑주(엡 6:2)로 무장한 충직한 군인들로서 전장으로 나갈 수 있게 해달라고 우리를 위해 기도해 주십시오."

로마 당국자들은 특히 교회의 감독(주교)들과 직분을 맡은 자들을 가혹하게 취급했다. 로마의 파비아누스(Fabianus), 안디옥의 바빌라스(Babylas), 예루살렘의 알렉산더(Alexander)가 이 박해 때 목숨을 잃었다. 다른 이들은 은신처로 피했다. 더러는 겁이 나서 그랬고, 더러는 신앙의 지혜를 발휘하여, 혹시 자기들이 눈에 보이지 않으면 양무리에 대한 이교도들의 분노가 가라앉을지도 모르고, 목숨을 보존함으로써 형편이 나아질 때 교회에 유익을 끼치게 될 것이라는 기대를 품고서 그렇게 했다.

후자의 부류에 카르타고의 감독 키프리아누스가 끼어 있었다. 그는 이러한 행보로 인해 많은 비난과 불신을 당했지만, 피신해 있는 동안에도 목회에 근실히 힘쓰고, 훗날에는 순교를 함으로써 자신의 정당성을 충분히 입증했다. 그는 그 문제에 관해서 이렇게 말한다: "우리 주님은 박해 때 몸을 숙이고 피신하라고 명령하셨습니다. 이렇게 가르치셨을 뿐 아니라 몸소 그대로 행하셨습니다. 순교자의 면류관은 하나님의 은혜로 오는 것이고, 작정된 시간이 되기 전에는 얻을 수 없기 때문에, 잠시 피신한 채 그리스도께 진실하게 남아 있는 사람은 신앙을 부정하는 게 아니라 다만 때를 기다리는 것일 뿐입니다."

에베소의 일곱 그리스도인들에 관한 시적인 전설이 있다. 박해를 피해서 동굴로 들어간 뒤 그곳에서 잠들었다가 2백 년 뒤인 테오도시우스 2세(Theodosius II) 때(447) 잠에서 깨어난 이들이 동굴 밖으로 나갔다가 한때 멸시와 증오를 받던 십자가가 도시와 농촌 곳곳에 세워져 있는 것을 보고서 깜짝 놀란다는 내용의 전설이다. 이것은 내용으로 보자면 시대 배경이 데키우스 때이지만, 6세기에 투르의 그레고리우스 이전에는 어디에서도 언급되지 않는다.

갈루스(Gallus, 251-253 재위) 치하에서 고트족의 노략질과 전염병, 가뭄, 기근의 만연으로 박해가 재개되었다. 그의 재위 때 로마의 주교들인 코르넬리우스(Cornelius)와 루키우스(Lucius)가 추방을 당한 뒤 처형되었다.

발레리우스(Valerian, 253-260 재위)는 집권 초기에는 그리스도인들을 부드럽게 대했지만, 257년에 노선을 바꾸어 피를 흘리지 않은 채 성직자들과 유력한 평신도들을 추방하고 그들의 재산을 몰수하고 종교 집회를 금지하는 방식으로 이 종교의 확산을 막고자 힘썼다. 하지만 이러한 온건한 방식이 성과를 거두지 못하자 그도 결국 사형이라는 방법을 쓰게 되었다.

발레리우스의 박해 때 고초를 당한 대표적인 순교자들은 로마의 주교 식스투스 2세(Sixtus II)와 카르타고의 주교 키프리아누스였다.

키프리아누스는 로마의 신들과 법의 원수로 지목되어 사형 언도를 받을 때 "하나님께서 영광을 받으시옵소서!"라고 나직하게 대답했다. 그런 뒤 많은 무리가 지켜보는 가운데 사형대에 올라간 그는 다시 한 번 기도를 드린 다음 몸소 옷을 벗고 눈을 가렸으며, 곁에 섰던 장로에게 자기 손을 결박해 줄 것과, 떨면서 칼을 빼던 사형 집행관에게 금화 25개를 지불할 것을 부탁한 뒤에 썩지 않을 면류관을 얻었다(258년 9월 14일). 그의 신앙의 친구들이 수건으로 그의 몸에 묻은 피를 닦은 뒤 시신을 지극히 엄숙하게 장사했다.

기번(Gibbon)은 키프리아누스가 순교하던 장면을 세밀하게 묘사하면서, 그가 단정한 분위기에서 처형된 것에 큰 만족을 표시한다. 하지만 제국 전역에서 그리스도인들이 처형될 때 다들 이렇게 단정한 분위기에서 최후를 맞이한 것은 아니다. 키프리아누스는 사회적 지위가 높은 사람이었고, 성직자가 되기 전에 수사학자 겸 정치가로서 유력한 인물이었던 것이다. 그가 목회하던 교회의 집사 폰티우스(Pontius)는 "정・관계의 많은 인사들과 사회의 저명인사들이 [키프리아누스를 찾아와] 자신들과의 옛 우정을 생각하여 성직에서 은퇴할 것을 자주 종용했다"고 전한다. 키프리아누스에 대해서는 이 책 후반의 교회 정치의 역사 부분에서 다시 살펴볼 것이다. 그는 이 분야에서 교회의 가시적 통일성과 로마 감독(주교)의 독립성을 모두 옹호한, 니케아 이전 교회의 전형적인 고위성직자였다.

크게 칭송을 받은 이 시기의 순교자인 로마의 집사(부제) 성 라우렌티우스(St. Laurentius)는 탐욕스러운 관리들에게 교회의 가난하고 병든 사람들을 교회의 가장 값진 보물로 지적했고, 전하는 바로는 서서히 불에 태워져 죽었다고 한다 (258년 8월 10일). 믿기 어려운 내용으로 가득 찬 그의 순교 기사는 한 세기 뒤에 암브로시우스(Ambrose)에 의해 최초로 언급되었고, 그 뒤 시인 프루덴티우스 (Prudentius)에 의해 예찬되었다. 티부르티나 가도(街道)에 세워진 바실리카는 로마 교회의 순교자들 가운데서 마치 예루살렘의 스데반과 같은 위치를 차지하고 있는 이 성인을 기념하여 건축되었다.

23. 잠시 찾아온 평화. 260-303.

갈리에누스(Gallienus, 260-268)는 교회에 또 한 번의 평화를 주었고, 심지어 기독교를 합법적 종교로 승인했다. 이로써 찾아온 평화가 40년간 지속되었다. 혈기 왕성하고 호전적인 아우렐리아누스(Aurelian, 270-275 재위)가 공포한 박해령이 그의 암살로써 백지화되었던 것이다. 그 뒤 275년부터 284년까지 급속한 정권 교체를 이룬 여섯 황제들도 그리스도인들을 가만히 내버려두었다.

284-285년에 카루스(Carus)와 누메리아누스(Numerianus)와 카리누스 (Carinus) 치하에서 자행되었다고 하는 박해들은 역사 사실이 아니라 전설일 뿐이다. 모처럼 찾아온 이 긴 평화기에 교회는 교인수와 물질적 재산이 급속하게 증가했다. 주요 도시들에 웅장하고도 화려한 예배당들이 건립되었으며, 성례(성사) 집례를 위한 거룩한 책들과 금은 그릇들이 내부에 채워졌다. 하지만 이러한 외형적 성장과 똑같은 비율로 교회의 권징이 느슨해졌고, 분쟁과 음모와 분당이 증가했으며, 세속 정신이 홍수처럼 밀려 들어왔다.

따라서 새로운 시련과 총체적인 정화(淨化) 과정이 필요했다.[14]

---

14) Eusebius, *H. E.* VIII. 1.

24. 디오클레티아누스의 박해. 303-311.

40년간의 평화가 끝나자 마지막이자 가장 혹독한 박해가 시작되었다. 그리스도인들에게 이 박해는 사활을 건 투쟁이었다.

"황제 디오클레티아누스의 재위 기간은 이집트와 아비시니아의 콥트 교회들이 여전히 '순교자들의 시대'라는 이름을 매기는 시대이다. 마지막이자 가장 혹독했던 이 박해를 되돌아볼 때는 그로 인한 공포로 이전의 모든 박해들을 잊게 된다. 열 번째로 닥쳐온 이 거대한 폭풍우(사람들은 대 박해의 수를 열 번으로 계산하기를 좋아한다)가 과거의 박해들이 남겼던 모든 흔적들을 말끔히 지워버렸다. 네로의 악마적 잔인함, 도미티아누스의 질투적 분노, 아우렐리아누스의 냉정한 혐오, 발레리아누스의 교묘한 계략도 저마다 몹시 견디기 힘든 박해였으나, 로마 제국의 멸망과 십자가가 세계의 희망의 상징으로 우뚝 서는 날을 앞두고서 최후에 집중적으로 가해진 박해와 비교하면 그 빛을 잃게 된다."[15]

디오클레티아누스(284-305 재위)는 시련기에 제국의 와해를 막기 위해 안간힘을 쓴 사려깊고 유능한 황제였다. 노예 혹은 미천한 집안의 아들이었던 그는 자수성가하여 대권을 쥐었다. 황제가 된 뒤 공화제의 틀이 남아 있던 로마 제국을 동양의 전제국으로 바꾸었으며, 콘스탄티누스와 콘스탄티노플이 등장할 수 있는 길을 예비했다. 세 명의 부황제인 막시미아누스(Maximian, 310년 자살), 갈레리우스(Galerius, 311년 죽음), 콘스탄티우스 클로루스(Constantius Chlorus, 306년 죽음. 콘스탄티누스 대제의 아버지)와 손잡고서 방대한 제국을 분할 통치했으며, 이로써 군주를 넷으로 만들고, 속주 행정에 활력을 불어넣었으나, 동시

---

15) James Mason은 *Persecution of Diocletian*이라는 저서를 이 글로써 시작한다.

16) 막시미아누스(별명은 헤르쿨리우스)는 이탈리아와 아프리카를, 갈레리우스(아르멘타리우스)는 도나우 강 양안(兩岸)과 나중에는 동방을, 콘스탄티우스(클로루스)는 갈리아와 스페인과 브리타니아를 다스렸고, 디오클레티아누스 자신은 아시아와 이집트와 트라키아를 맡았으며, 니코메디아에 주둔했다. 갈레리우스는 디오클레티아누스의 딸(불행한 발레리아)과 결혼했고, 콘스탄티우스는 전처들을 버린 뒤 막시미아누스의 수양딸과 결혼했다. 이혼한 헬레나의 아들인 콘스탄티누스는 막시미아누스의 딸 파우스타를 두번째 아내로 맞이했다(이로써 부자간에 동서가 된 셈이다). 콘스탄티누스는 306년 7월 25일에 카이사르의 권위에 올랐다. 참조. Gibbon, 13, 14장.

에 불화와 내전의 씨앗을 심었다.[16] 기번은 그를 옛 제국의 중흥자로 부르기보다, 새 제국의 건설자라는 뜻을 담아 제2의 아우구스투스라고 불렀다. 그리고 그를 카를 5세[신성로마제국 황제, 1500-58]와도 비교했다. 여러 재능 면에서나, 일시적으로 성공을 거두었다가 결국 실패한 점이나, 자발적으로 제위를 물러난 점이 그와 비슷하다고 보았다.

디오클레티아누스는 재위 첫 20년 동안은 갈리에누스의 관용령을 존중했다. 자신의 아내 프리스카(Prisca)와 딸 발레리아(Valeria), 그리고 황궁에 근무하던 대부분의 내시들과 신하들, 그 외에도 대다수 주요 관료들이 그리스도인들이었거나, 아니면 적어도 기독교에 호의적인 사람들이었다. 디오클레티아누스 자신은 미신적인 이교도이자 동양적인 전제군주였다. 선대의 아우렐리우스와 도미티아누스처럼 그도 유피테르 카피톨리누스의 대리자 따위의 신적인 영예를 주장했다.

사람들은 그를 세계의 지배자이자 주인이란 뜻으로 사크라티시무스 도미누스 노스테르(Sacratissimus Dominus Noster, 우리의 거룩한 주)라고 불렀다. 호위병들과 내시들을 많이 거느림으로써 자신의 신성한 위엄을 지켰으며, 누구든 자기를 만나려면 이마가 바닥에 닿도록 절하면서 입맞추도록 했으며, 자신은 극동에서 들여온 화려한 의복을 입은 채 권좌에 앉아서 사람들의 절을 받았다. "디오클레티아누스가 수립한 새로운 체제의 첫번째 원칙은 겉치레였다"고 기번은 말한다.

현실적인 정치가였던 그가 이렇게 겉치레를 강조했던 이유는 옛 국교를 중흥시키지 않고서는 자신이 추진하고 있던 제국의 정치적 회복과 강화가 모래성처럼 기반이 허술하게 될 것이라고 판단했기 때문이었을 가능성이 크다. 그는 종교 문제를 오랫동안 미루어두었지만, 결국은 그 문제를 처리하지 않을 수 없었다. 그런데 사안의 본질상 이교가 스스로를 구하기 위한 최후의 필사적 노력을 해보지 않은 채 위험한 경쟁 종교에 굴복한다는 것은 기대할 수 없는 일이었다.

하지만 락탄티우스(Lactantius)의 기록에 따르면 기독교에 다시 적대감이 일어나도록 뒤에서 사주한 장본인은 디오클레티아누스의 부황제이자 사위인 갈레리우스라는 잔인하고 광적인 이교도였다고 한다.[17] 그가 마침내 노년에 접어든 디

---

17) 락탄티우스(*De Mort. Persec.* c. 9)는 그를 '야수'라고 부르며, 그의 속에 '로마

오클레티아누스를 설득하여 영광스러운 재위를 치욕스럽게 결말짓게 만든 박해를 승인하도록 만들었다.

303년에 디오클레티아누스는 세 가지 칙령을 줄지어 내렸는데, 새로 내리는 칙령마다 먼젓번 것보다 가혹한 내용을 담고 있었다. 막시미아누스는 304년 4월 30일에 네번째이자 최악의 칙령을 내렸다. 기독교 교회들을 모두 철거하고, 모든 성경 사본들을 불사르고, 모든 그리스도인들에게서 공직과 시민권을 박탈하며, 마지막으로 한 사람도 예외 없이 다 신들에게 제사를 드리지 않으면 처형된다는 것이 그 내용이었다. 이런 가혹한 조치에 구실이 된 것은 디오클레티아누스가 주둔하던 비시니아(비두니아)의 니코메디아 궁전에서 두 차례나 발생한 화재였다.[18]

이렇게 시작된 기독교에 대한 제재는 어떤 경솔한 그리스도인이 첫 번째 칙령을 찢어버리는 사건 때문에 더욱 강화되었다. 그리스 교회에서 요한이라는 이름으로 기념되는 그는 이런 식으로 '불경스럽고 전제적인 군주들'에 대한 증오를 표출했다가, 온갖 고문을 당하면서 서서히 불에 태워져 죽었다. 하지만 그리스도인들이 자기들의 세력이 커진 것을 느끼고는 무력으로 정부를 장악하려는 음모를 꾸미다가 발각되었기 때문에 이러한 칙령들이 공포되었다는 추측은 역사에 아무런 근거도 없다. 이 추측은 교회가 처음 3세기 동안 정치에 소극적인 태도를 취했고, 따라서 반란과 혁명을 일으킨 사례가 없다는 사실과 모순된다. 혹시 그런 음모가 있었다 하더라도 그것은 기껏해야 몇몇 광신도들이 꾸민 것에 지나지 않았다. 그들은 첫 번째 칙령을 찢어버린 자와 마찬가지로 자신의 행위를 떠벌렸을 것이고, 그로써 순교의 면류관을 얻고자 했을 것이다.[19]

인의 혈통과 거리가 먼 본능적인 야만성과 사나움'이 있었다고 말한다. 그는 결국 참혹한 병에 걸려 죽었는데, 그 일에 관해서 락탄티우스는 자세한 기록을 남긴다(33장).

18) 락탄티우스는 이 화재가 갈레리우스의 짓이라고 지적한다. 그가 제2의 네로로서 무고한 그리스도인들을 처형할 목적으로 궁전을 위태롭게 했다고 했다. 당시에 이 궁전에서 거하던 콘스탄티누스는 훗날 엄숙한 자리에서 이때의 화재가 벼락 때문이었다고 밝히지만(*Orat. ad Sanct. c.* 25), 화재가 반복된 점은 락탄티우스의 주장에 힘을 실어준다.

19) 기번(16장)은 정치적 음모의 가능성을 언급한다. 니코메디아 황궁에서 발생한 화재에 관해서 그는 이렇게 말한다: "의혹의 시선이 자연스럽게 그리스도인들에게 쏠렸다. 그리고 현실의 고통과 임박한 참화에 좌절한 광신자들이 자신들의 충직한 형

박해는 (마치 기독교라는 종교를 끝장내려는 듯이) 테르미날리아 축일(境界神인 Terminus의 축일)인 303년 2월 23일에 니코메디아의 웅장한 예배당을 파괴하는 것을 신호로 시작되어 곧 로마 제국 전역으로 확산되었다. 다만 갈리아와 브리타니아와 스페인은 예외였으니, 이곳에서는 부황제 콘스탄티우스 클로루스와 특히 그의 아들 콘스탄티누스(Constantine the Great, 306년부터)가 될 수 있는 대로 그리스도인들을 살리는 쪽으로 방침을 정했기 때문이었다.

하지만 심지어 이 지역에서도 교회 건물들이 파손되었으며, 스페인의 순교자들(성 빈켄티우스, 율랄리아, 그리고 프루덴티우스에 의해서 유명하게 된 다른 이들)과 브리타니아의 순교자(성 알바누스)가 후대의 전승에 의해 이 시기에 순교했다고 전해진다.

동방에서는 갈레리우스와 그의 야만적인 조카 막시미누스 다자(Maximin Daza)의 치하에 가장 길고 혹독한 박해가 자행되었다. 막시미누스 다자는 은퇴를 앞둔 디오클레티아누스에게 카이사르의 위엄과 이집트와 시리아에 대한 통수권을 위임받았다.[20]

그는 308년 가을에 다섯번째 박해령을 내려 모든 남자들과 부인들과 노예들, 심지어 그들의 자녀들까지 제사를 드리고 실제로 제물을 먹게 할 것과, 장터의 모든 물건에 제사에 쓰인 술을 뿌릴 것을 명령했다. 이 기괴한 법이 2년간의 공포 정치를 불러왔으며, 그리스도인들을 배교하거나 굶어죽어야 하는 양자 택일의 길로 몰아넣었다.[21] 무쇠와 강철, 불과 칼, 고문과 십자가, 맹수들과 짐승 같은

제들인 황궁의 내시들과 결탁하여, 평소 그들이 하나님의 교회에 철천지원수들로서 혐오하던 두 황제를 살해하기로 공모했다는 주장이 어느 정도 개연성 있게 제시되었다." 부르크하르트는 *Constantine*이라는 자신의 저서(pp. 332 f.f.)에서 기번의 추정을 되풀이하지만, 어떠한 증거도 제시하지 않는다. Baur는 이것을 인위적이고 대단히 개연성이 적은 것으로 배척한다(*Kirchengesch.* I. 452, note). Mason(p. 97 sq.)도 그러한 추정을 배척한다.

20) 참조. Lactant., *De Morte Persec.* ch. 18, 19, 32, Gibbon, ch. XIV. (vol. II. 16 in Smith's edition). 막시미누스의 원명은 다자(Daza)였다. 그를 막시미아누스(그의 연장자로서 그보다 3년 앞서 죽음)와 혼동해서는 안 된다. 다자는 야만적이고 무식하고 미신적인 전제군주로서, 잔인성에서는 갈레리우스와 비슷했고, 방탕한 삶에서는 그를 능가했다(참조. Lact. *l.c.* ch. 37 sqq.). 그는 313년에 리키니우스에게 패배한 뒤에 음독 자살했다.

사람들이 하릴없는 목적을 위해 동원되었다.

가이사랴, 두로, 이집트에서 이 박해를 목격한 에우세비우스는 예배당들이 철거되고, 성경책들이 장터에 피워놓은 불에 던져지고, 성직자들이 색출되어 고문을 당하고 원형극장에서 찢겨 죽는 것을 생생히 지켜보았다고 전한다. 그에 따르면 [약간 과장된 바가 없지 않지만] 심지어 맹수들조차 마치 이교 로마인들 대신에 사람들의 역할을 맡은 듯이 그리스도인들을 삼키다가 마침내는 그들을 슬슬 피하기 시작했으며, 칼도 피와 기름이 응고되어 무뎌지고 부러졌고, 형 집행관들도 지칠 대로 지쳐 교대해야 했지만, 그리스도인들은 마지막 호흡을 몰아쉴 때까지도 전능하신 하나님께 찬미와 감사의 찬송을 드렸다고 한다. 그는 여러 순교자들이 고통과 죽음을 장렬하게 받아낸 모습을 묘사한다. 그들 중에는 자신의 친구인 "거룩하고 복된 팜필루스(Pamphilus)"가 있었는데, 그는 2년간 옥고를 치른 뒤 다른 열한 명과 함께 생명의 면류관을 썼다(309). (에우세비우스는 이들이 "교회를 온전히 대표한" 전형적인 무리로 바라보았다.)

에우세비우스 자신도 투옥되었다가 풀려났다. 그가 제사를 드리고 순교를 면했다는 비난은 아무런 근거가 없다.

먼젓번 박해들 때와 마찬가지로 이 박해 때도 하늘의 생명보다 지상의 생명을 선택한 배교자들이 많았다. 이번에는 배교자들의 대열에 트라디토레스(traditores)라고 하는 새로운 집단이 추가되었는데, 이들은 성경을 이교 관리들에게 넘겨주어 불태우게 했다. 하지만 박해가 맹렬하게 전개될수록 그리스도인들의 열정과 충성도 뜨겁게 달아올랐고, 마치 전염되듯 순교가 확산되었다. 심지어 소년·소녀들까지도 놀랄 만큼 확고한 태도를 보였다.

하지만 신앙의 투혼이 죽음을 열렬히 사모하는 광신으로 변질된 경우도 적지 않았고, 아직 살아 있는 고백자들(신앙 때문에 고문을 당하되 순교는 하지 않은 사람들)을 숭배하는 경우도 있었으며, 배교자들에 대한 증오가 많은 교회들을 빗나가게 하여 멜리티우스파(the Melitians)와 도나투스파(the Donatians) 같은 분파들이 생기게 했다.

이 박해 때 얼마나 많은 수의 사람들이 순교했는지 정확히 파악되지 않는다. 에우세비우스가 작성한 일곱 명의 감독(주교)과 아흔두 명의 팔레스타인 지역의

---

21) 막시미누스의 칙령에 대해서는 Euseb. *Mart, Pal,* Ix. 2 를 보라.

순교자 명단이, 유명한 장교였다가 사병으로 강등된 군인들 명단처럼 전체 희생자 수에 유사한 관계를 지닌 선별된 명단일 뿐이며, 따라서 전체 순교자 수를 2천 명 이하로 축소하려고 하는 기번의 계산에 정당한 근거를 제공하지 않는다. 8년간[22] 지속된 이 박해로 희생된 분들의 수는 팔다리가 무참하게 잘려나가고, 감옥과 갱도에서 서서히 죽어가도록 내버려진 허다한 고백자들을 포함시키지 않더라도 2천 명보다 훨씬 많았음에 틀림없다. 하지만 폭군들이 스페인과 다른 지역에서 기독교를 진압했음을 공고하는 승전비들을 세웠다는 전승(보다 오래된 교회사 자료들에 등장하는)은 사실과 다르다.

순교전들은 여러 전설들의 발생 시기를 이때로 잡는데, 하지만 후대에 첨가된 내용들을 체로 걸러내고 원래의 내용을 확립하기란 불가능하다. 테바이카 군단의 궤멸 이야기는 아마도 성 마우리티우스(St. Mauritius)의 순교를 과장한 것인 듯하다. 칠십 명의 병력을 거느린 군사 호민관(tribunus militum)이었던 그는 막시미누스의 명령으로 시리아에서 처형되었다. 평범하고 촌스러우나 절개가 대단히 굳은 그리스도인이었던 발람(Barlaam)의 순교와, 백부장이던 고르디우스(Gordius)의 순교(하지만 그는 몇년 뒤인 314년에 리키니우스 치하에서 고문과 처형을 당했다)는 성 바실리우스(St. Basil)에 의해 칭송되었다.

4세기 이래로 라틴교회에서 예찬과 존경을 받는 성 아그네스(St. Agnes)라는 열세살의 하녀는 전승에 따르면 사슬에 결박된 채 로마의 법정에 끌려나와 사람들이 다 보는 앞에서 옷이 다 벗겨지는 수모를 당했으며, 끝까지 신앙을 고백하다가 칼에 찔려 죽었다. 하지만 후에 자신의 무덤에서 슬퍼 우는 부모에게 흰 어린양과 하늘로부터 온 빛나는 처녀들의 무리와 함께 나타나 이렇게 말했다고 한다: "더 이상 제가 죽은 것처럼 슬퍼하지 마세요. 보시다시피 저는 살아있으니까요. 저는 땅에서 전심으로 사랑했던 구주와 하늘에서 영원히 연합해 있으니까 이제 저와 함께 기뻐하며 사세요." 그렇기 때문에 이 성인의 그림들에는 어린양이 등장하며, 그녀의 축일이 되면 로마에 있는 그녀의 교회에서 어린양들을 축성(祝聖)하고 그 양털로 대주교의 영대(領帶, 대주교가 제복 위 어깨에 걸치는 양털 띠)를 만든다. 볼로냐의 아그리콜라(Agricola)와 비탈리스(Vitalis), 암브로시우

<hr />

22) 혹은 1차 관용령 이후에(311-313) 막시미누스와 리키니우스가 국지적으로 자행한 박해들을 포함시키면 박해 기간이 10년이 되는 셈이다.

스 때 유골들이 발견된 밀라노의 게르바시우스(Gervasius)와 프로타시우스(Protasius), 나폴리의 수호성인으로서 해마다 응고되었던 피가 다시 액체로 변하는 기적으로 사람들을 놀라게 하는 베네벤트의 주교 야누리우스(Janurius), 그리고 자신이 집에 숨겨준 사제 대신에 당국자들에게 체포된 뒤 사형 집행관을 회심시킨 브리타니아의 성 알바누스(St. Alban)도 디오클레티아누스 때 순교했다고 전해진다.

25. 관용령들. 311-313.

디오클레티아누스의 박해는 로마의 이교가 생존을 위해 벌인 마지막 필사적 투쟁이었다. 두 종교가 전멸이냐 완승이냐의 갈림길에 서 있었다. 투쟁이 끝나갈 무렵에 옛 로마 국교는 탈진 상태에 있었다. 디오클레티아누스는 305년에 그리스도인들의 저주를 받으며 은퇴했다. 그에게는 고향 달마티아의 살로나에서 양배추를 재배하는 것이 광활한 제국을 다스리는 것보다 더 즐거웠지만, 아내와 딸이 비참하게 되는 바람에 그의 평안은 깨졌고, 313년에 자신의 모든 치적이 무너져 버리자 스스로 목숨을 끊었다.

박해의 진정한 주범인 갈레리우스는 무서운 병에 걸린 뒤 자신의 행위를 돌아보게 되었고, 311년에 콘스탄티누스와 리키니우스와 연계하여 니코메디아에서 뜻밖의 관용령을 공포함으로써 죽기 직전에 그리스도인들에 대한 살육을 중지시켰다. 그 문서에서 그는 제멋대로의 혁신과 무질서하게 난립한 분파들에서 그리스도인들을 로마 제국의 법과 질서로 이끌어 내려고 했으나 뜻을 이루지 못했노라고 밝혔다. 그리고 그들이 국가 질서를 어지럽히지 않는다는 조건하에 그들에게 종교 집회를 허용한다고 공포했다. 그리고는 결론으로 다음과 같은 의미심장한 지시를 덧붙였다: "이렇게 큰 시혜를 베풀었으므로, 그리스도인들은 국가가 매사에 번영하고 그들이 자기들의 집에서 조용히 지낼 수 있도록 황제들과 국가와 자신들을 위해서 그들의 하나님께 기도해야 한다."[23]

---

23) Mason(l.c. p. 299)은 이렇게 말한다: "임종을 앞둔 황제는 조금도 참회할 뜻을 비치지 않고, 자신이 무능했다는 것 외에는 아무런 고백도 하지 않는다. 그는 자신이

이 칙령으로 사실상 로마 제국의 박해 시대가 마감되었다.

에우세비우스에게 '대표적인 폭군'이라고 불린 막시미누스는 이 칙령이 내려진 뒤에도 동방에서 한동안 모든 방면에서 교회를 억압하고 괴롭혔으며, 이탈리아에서는 잔인한 이교도인 막센티우스(Maxentius, 막시미아누스의 아들이자 갈레리우스의 사위)가 같은 짓을 했다.

하지만 서방의 끝에서 일어선 청년 콘스탄티누스는 이미 306년에 갈리아와 스페인과 브리타니아를 지배하는 황제가 되었다. 그는 니코메디아에서 디오클레티아누스의 궁전에서 자랐고(모세가 바로의 궁전에서 자랐듯이), 제위를 물려받도록 되어 있었으나, 갈레리우스의 간교한 음모를 감지하고는 브리타니아로 도피했고, 그곳에서 자기 아버지와 군대에 의해 후계자로 임명되고 추인되었다. 그는 병력을 이끌고 알프스 산맥을 넘은 뒤 십자가 군기를 앞세우고 로마 근처의 밀비안 다리에서 막센티우스를 정복했다. 그 이교도 폭군은 자신의 정예부대 병사들과 함께 312년 10월 27일에 티베르 강에 투신하여 자결했다. 몇 달 뒤에 콘스탄티누스는 밀라노에서 자신의 부황제이자 처남인 리키니우스(Licinius)를 만나 새로운 관용령을 공포했으며(313), 이에 대해서 니코메디아에 있던 막시미누스도 자결하기(313) 직전에 승인하지 않을 수 없었다.[24] 두번째 칙령은 311년에 내려진 첫번째 칙령을 뛰어넘었다. 그것은 적대적 중립에서 우호적 중립과 보호로 성큼 내디딘 걸음이었고, 법으로써 기독교를 제국의 종교로 승인하기 위한 길을 닦았다. 313년의 밀라노 칙령은 몰수된 교회 재산을 국가 재정으로 기독교 집단(Corpus Christianorum)에게 완전히 회복시켜 주도록 명령했으며, 속주 행정관들에게 이 명령을 즉각 총력을 기울여 시행하여서 평화가 널리 정착되고,

---

박해자가 아니라 개혁자인 척함으로써 진노하신 그리스도를 속이고 슬쩍 넘어가려고 한다. 교회의 면전에 저주와 함께 관용령을 집어던지며, 이쯤 했으니 상을 받겠지 하고 미신적으로 기대한다."

24) 학자들의 일반적인 진술에 따르면 콘스탄티누스와 리키니우스가 두 번의 관용령을, 즉 312년에 한 번, 313년에 밀라노에서 다시 한 번 내렸다고 한다. 313년의 관용령이 먼젓번의 칙령을 언급하기 때문이다. 하지만 그 언급은 콘스탄티누스 자신이 공동 서명했던 갈레리우스의 칙령(311)에 첨부되었던, 관리들을 위한 지침서(현존하지 않음)를 가리키는 듯하다. 따라서 312년에는 칙령이 내려지지 않은 셈이다. 참조. Zahn과 특히 Mason(p. 328 sq.), Uhlhorn(*Conflict*, etc., p. 497, 영역본).

신의 가호가 황제들과 백성들에게 계속 임할 수 있게 하라고 지시했다.

밀라노 칙령은 모든 사람이 정부의 강요와 간섭을 받지 않고서 자신의 양심과 정직한 신념에 따라 자신의 종교를 선택할 권리가 있다는 대 원칙을 최초로 선포한 칙령이었다.[25] 종교란 자유로운 행위일 때에야 비로소 가치가 있다. 강요되는 종교는 종교가 아니다. 그런데 불행하게도 테오도시우스 대제(Theodosius the Great, 383-395 재위) 때부터 콘스탄티누스의 계승자들은 다른 모든 종교를 금지시킨 채 기독교를 강요했다. 그렇게 했을 뿐 아니라 모든 유형의 분파들을 억압한 채 정통신앙만 강요했으며, 분파들을 반국가 사범들로 처벌했다.

밀라노 칙령이 순조롭게 시행되는 듯하던 상태에서, 그동안 숨죽이고 있던 이교가 다시 일어나 폭력을 휘둘렀다. 리키니우스가 콘스탄티누스와 결별하고서 동방에서 잠시 동안 박해를 재개한 것이다. 하지만 그가 323년에 패배함으로써 콘스탄티누스가 제국의 유일한 황제가 되었다. 그는 공식적으로 교회를 보호하고 호의를 베풀되, 우상숭배를 금지하지 않았고, 죽을 때(337)까지 보호적 관용 정책을 충실하게 견지했다. 하지만 이런 상황만으로도 교회가 성공을 거두기에 충분했다. 교회는 이교를 누를 만한 생명력과 활력을 갖고 있었던 반면에, 이교는 뿌리부터 급속히 썩어들어갔다.

그러므로 마지막 이교도이자 최초의 기독교 황제인 콘스탄티누스로부터 새로운 시대가 시작되었다. 교회는 한때 경멸되었으나 이제는 존경을 받고 개가를 부르게 된 십자가 깃발을 앞세우고 카이사르들의 권좌에 올랐으며, 노쇠한 로마 제국에 새로운 활력과 광채를 입혀주었다. 어떻게 이처럼 급격한 정치적·사회적 혁명이 일어날 수 있었는지 의아하게 보일는지 모른다. 하지만 그것은 기독교가 2세기 이래로 여론 안에서 조용하고 보이지 않게 일으켜온 지적·도덕적 혁명의 당연한 결과였을 뿐이다. 디오클레티아누스가 아무리 과격하게 기독교를 박해했어도 그것은 이교의 내적 취약성을 드러냈을 뿐이었다. 이미 소수 그리스도인 집단이 사상으로써 역사의 도도한 흐름을 저변에서 통제하고 있었다.

---

25) 참조. Euseb. *H.E.* X. 5; Lactant. *De Mort. Pers.* c. 48. Mason(p. 327)은 밀라노 칙령에 대해서 이렇게 말한다: "그것은 오늘날 문명의 표지와 원칙, 견고한 자유의 토대, 현대 정치의 특징으로 간주되는 그 교리에 대한 최초의 선포이다. 그것은 강인하고 통렬한 문장들로써 양심의 자유와, 강요받지 않고 종교를 선택할 자유를 천명한다."

현명한 정치가였던 콘스탄티누스는 시대의 징후들을 예의주시하고서 그것에 순응했다. 그의 통치 철학은 "이 상징으로 네가 정복할 것이다"(Hoc signo vinces)라는 문구가 새겨진 그의 군기(軍旗)에 잘 상징되어 있다.[26]

황제로서 최초로 기독교를 박해한 네로는 정원에서 기둥에 묶여 횃불로 타오르던 기독교 순교자들 사이로 전차를 몰고 다녔는데, 콘스탄티누스는 니케아 공의회에서 318인의 주교들(그들 중 박해로 눈을 잃은 고백자 파프누티우스<Paphnutius>, 네오가이사랴의 파울루스<Paul>, 그리고 이집트 남부에서 누더기를 걸치고 참석한 고행자들 같은 일부 주교들은 불구가 되고 절뚝거리는 몸에 고문의 흔적을 지니고 있었다) 사이에 좌정하여, 한때 십자가에 못 박혀 죽었던 나사렛 예수의 영원한 신성을 국가의 권위로써 숭엄하게 선포했으니, 이것은 얼마나 큰 대조인가! 이러한 혁명은 기독교가 1세기에 세상에 소개되면서 일으킨 조용한 영적·도덕적 개혁과, 16세기에 다시 일으킨 개혁을 제외하고는 세상이 구경해 본 적이 없는 거대한 혁명이었다.

26. 그리스도인들의 순교

장기간에 걸친 잔혹한 박해에 대해서, 교회는 폭력 혁명이나 육체적인 저항으로 맞서지 않고, 진리를 위해 고난을 당하고 죽는 도덕적 장렬함으로 맞섰다. 하지만 이 장렬함이야말로 교회의 가장 아름다운 장식이자 견고한 무기였다. 이 장렬함으로써 교회는 세상의 죄를 위해서 십자가에 달려 죽으시고, 심지어 자신을 죽이는 자들을 용서해 달라고 기도하신 신적 창시자를 모시기에 합당함을 입증했다. 고대 그리스와 로마인들의 애국적 행위가 천국과 시들지 않는 면류관을 위해서 자신을 부인하는 숭고한 형태로 교회에서 재현되었다. 소년·소녀들조차 용사들이 되어 거룩한 열정으로 죽음을 향해 달려갔다. 그 혹독한 시절에 사람들은 "아비나 어미를 나보다 더 사랑하는 자는 내게 합당치 아니하고", "누구든지 자기 십자가를 지고 나를 좇지 않는 자도 능히 나의 제자가 되지 못하리라"

---

26) 콘스탄티누스와 그의 기독교와의 관계는 다음 권(제3권)에 자세히 설명되어 있다.

는 주님의 말씀을 진지하게 생각해야 했다. 하지만 그 말씀을 지킨 자들에게는 "의를 위하여 핍박을 받은 자는 복이 있나니 천국이 저희 것임이라", "자기 목숨을 얻는 자는 잃을 것이요 나를 위하여 자기 목숨을 잃는 자는 얻으리라"는 주님의 약속이 매일 현실로 입증되었다. 그리고 그 약속은 지상의 고통스러운 생명과 하늘의 복을 바꾼 순교자들뿐 아니라, 모든 박해를 견디고서 더욱 순결하고 강하게 나온, 그로써 아무도 꺾을 수 없는 생명력을 입증한 교회 전체에도 적용되었다.

이렇게 고난을 달게 받는 태도가 기독교 신앙의 가장 아름답고 고상한 열매의 하나이다. 우리의 존경을 자아내는 것은 고난의 분량이 아니라(그것이 아무리 견디기 힘든 것이었을지라도), 초기 그리스도인들이 고난을 견뎌낸 정신이다. 원로원 의원들과 학식이 높은 주교들에서 시작하여 배우지 못한 노동자들과 가난한 노예들, 자애로운 어머니들과 가냘픈 처녀들, 백발 성성한 노인들과 천진스러운 어린이들에 이르기까지 모든 계층의 남녀들이 고문을 당할 때 체념과, 저항 정신에 휘둘리지 않고, 그들의 신적인 주인과 마찬가지로 침착하고 겸손하고 온유하고 기쁨을 잃지 않고 뜨거운 소망을 간직하고 용서하는 태도로 임했다. 이들이 이루어내는 광경이 무자비한 살인자들까지라도 감화한 경우가 틀림없이 적지 않았을 것이다.

테르툴리아누스는 이교 권력자들에게 이렇게 조소한다. "계속해서 우리를 괴롭히고 고문하고 가루로 만드시오. 당신들이 우리를 쓰러뜨리는 만큼 우리는 증가합니다. 그리스도인들의 피가 그들의 추수를 가져올 씨앗입니다. 당신들의 완고함이 그들에게는 스승입니다. 현 사태를 깊이 생각한 사람치고 문제의 핵심이 무엇인지 알아보려고 하지 않을 사람이 어디 있겠습니까? 그리고 우리에게 합류한 사람치고 고난받기를 사모하지 않을 사람이 어디 있겠습니까?"[27]

이 시기는 특히 상당 기간을 박해 없이 조용히 지낸 뒤였기 때문에 피상적이거나 위선적인 그리스도인들도 틀림없이 있었을 것이다. 이들은 박해의 태풍이 몰아치는 순간에 알곡에서 떨어져 나온 겨처럼 날려갔고, 그 결과 신들에게 분향을 하거나('제사를 드린 자들'<thurificati, sacrificati>), 이교로 전향했다는 거

---

27) 이 글을 저자가 분명하지 않은 *Ep. ad Diognetum*(c. 6 and 7)과 유스티누스의 「트리포와의 대화」(*Dial, c. Tryph. Jud*)(c. 110)와 비교해 보라.

짓 증거를 확보하거나('증명서'라는 뜻의 libellum에서 유래한 '증서를 받은 자들'<libellatici>), 성경을 내주었다('넘겨준 자들'<traditores>). 테르툴리아누스는 성직자를 필두로 온 교회가 때로는 이교 권력자들의 박해를 피하기 위해서 부끄럽게도 뇌물을 갖다 바치곤 했다고 의분을 토해내며 말한다. 하지만 이것은 예외적인 경우에 지나지 않았음에 틀림없다. 일반적으로는 세 부류의 배교자들(lapsi)이 즉각 출교(파문)를 당했고, 많은 교회들에서는 이들을 지나치게 엄격히 다루어 심지어 회개한 경우에도 신자의 지위를 회복시키기를 거부했다.

목숨을 걸고서 이교 권력자 앞에서 그리스도를 기쁘게 고백했으나 처형되지 않은 사람들은 고백자들(confessors)로 존경을 받았다.[28] 신앙을 지키느라 온갖 고통을 당하다가 죽은 사람들은 순교자들 혹은 피의 증인들이라 불렸다.[29]

고백자들과 순교자들 가운데는 순수하고 차분한 열정으로 시작했다가 광적인 열정으로 타오르고, 그 열정이 경솔한 야망으로 얼룩진 사람들도 적지 않았다. 그런 사람들에게는 "내 몸을 불사르게 내어줄지라도 사랑이 없으면 내게 아무 유익이 없느니라"는 말씀을 적용할 수 있다. 그들은 천국에 들어갈 공로를 쌓고, 땅에서 성인들로 존경을 받기 위해서 자기 몸을 이교 관리들에게 내주었고, 어떻게든 순교하려고 힘썼다. 그러므로 테르툴리아누스는 에베소의 그리스도인들한 무리가 이교도 총독을 찾아가 순교를 구걸하다가 몇 명만 처형되고 나머지는 훈방되면서 총독한테서 "이 가련한 사람들아, 당신들이 정말로 죽고 싶다면 절벽과 밧줄이 즐비하지 않은가"라는 충고를 들었다고 전한다.

물론 이런 잘못은 비굴하게 사람을 두려워하는 상반된 태도보다야 훨씬 덜 부끄러운 것이었지만, 그럴지라도 그것은 그리스도와 사도들이 가르치고 본을 보인 태도와 어긋났고(참조. 마 10:23; 24:15-20; 빌 1:20-25; 딤후 4:6-8), 참된 순교 정신에서도 한참 벗어났다. 겸손과 능력이 연합되고, 인간의 약함을 깨닫는 데서 하나님의 능력을 얻는 것이 참된 순교 정신이기 때문이다. 따라서 사려깊은 교회의 교사들은 이러한 열광적이고 병적인 열정을 제재했다. 그러한 이유로 서머나 교회는 "우리는 자신들을 노출시키는 사람들을 칭찬하지 않는다. 복음은 그렇게 가르치지 않기 때문이다"라고 말한다. 알렉산드리아의 클레멘스는 이렇

---

28) 고백자들, 마 10:32; 딤전 6:12.
29) 행 22:20; 히 12:1; 벧전 5:1; 계 17:6.

게 말한다: "주님께서 친히 우리에게 명하시기를, 박해를 받게 되면 다른 도시로 피하라고 하셨다. 그렇게 하신 이유는 박해를 당하는 게 악한 일이기 때문도 아니고, 우리가 죽음을 두려워하기 때문도 아니며, 다만 악행을 자처하거나 돕지 않게 하시려는 것이다." 테르툴리아누스는 순교란 신적인 인내로써 온전케 된다고 보았다. 키프리아누스는 순교란 하나님이 주시는 은혜이므로 서두른다고 해서 얻을 수 있는 게 아니라, 인내하며 기다려야 하는 것이라고 보았다.

하지만 이렇게 순교의 정신이 변질되고 타락한 경우들을 감안할지라도, 처음 3세기 동안 자행된 순교는 지극히 장엄한 역사 현상으로 남아 있으며, 아무도 무너뜨릴 수 없는 기독교의 신적 본질을 밝히 입증한다.

지상의 어느 종교도 그토록 오랜 기간에 걸쳐 유대교의 완고와 그리스의 철학과 로마의 정치와 권력이 한데 결합하여 자행한 박해를 견뎌낸 유례가 없으며, 무기를 전혀 들지 않은 채 순전히 도덕적이고 영적인 힘으로 그토록 많은 원수들을 이긴 유례가 없다. 이렇게 방대하고 장기간에 걸친 순교는 초기 교회가 쟁취한 독특한 면류관이자 영광이다. 순교는 기독교 문학 전체에 고루 스며들었고, 기독교 문학이 독특한 변증적 성격을 띠게 했고, 교회 조직과 권징과 교리 발전에 깊숙이 자리잡았고, 공예배와 개인 기도에 영향을 주었고, 전설적인 서사시들을 낳게 한 반면에, 다른 한편으로는 뜻하지 않게 무수한 미신과 인간의 공로를 부당하게 높이는 행위를 낳았으며, 로마 가톨릭 교회의 성인 및 성유물 숭배의 토대가 되었다.

기독교에 회의적인 저자들은 훗날 교황들이 알비파와 발도파를 진압하기 위해 일으킨 십자군 전쟁들과, 파리의 가톨릭 교도들이 위그노 교도들을 학살한 사건, 스페인의 종교재판소, 그리고 그 이후에 기독교의 이름으로 자행된 박해들이 얼마나 마귀와 지옥의 정경을 연출했는가를 지적함으로써 순교의 도덕적 영향을 어떻게든 축소시키려고 했다. 도드웰(Dodwell)은 디오클레티아누스의 박해가 훗날 네덜란드의 알바(Alva) 공작이 스페인의 완고함과 독재에 앞잡이가 되어 개신교도들을 박해한 사건과 비교할 때 그림자에 지나지 않았다고 주장하며, 이 견해는 최근에 박식함과 공정함에서 높은 평가를 받는 니버(Niebuhr)에게 큰 지지를 받았다. 기번은 훨씬 더 나아가 "스페인 사람들이 일개의 도와 일개 황제의 재위 기간에 처형한 개신교도들의 수가 3백년 동안 로마 제국에서 생긴 순교자들의 수보다 훨씬 많다"고 대담하게 주장한다. 스페인 종교재판소에

희생된 사람들도 로마 황제들에게 희생된 사람들보다 많았다고 한다.[30]

이러한 슬픈 사실들을 인정할지라도, 이 사실들은 어떠한 회의적인 결론도 정당화하지 않는다. 기독교는 무자격한 신자들과 정치와 종교의 타락한 결합하에 그 이름으로 지속된 범죄들과 만행들에 대해서 책임이 없다. 그것은 마치 사람들이 덮어씌우는 온갖 부당한 비판들에 대해서 성경이 아무런 관계가 없는 것과, 하나님이 주신 좋은 선물을 가지고 매일 매시간 자행되는 남용에 대해서 하나님이 아무런 관계가 없으신 것과 같다. 하지만 순교자들의 수는 인구의 소수였던 그리스도인들의 총수를 놓고서 판단해야 한다. 동시대 저자들이 이 점에 관해 구체적인 진술을 해놓지 않았기 때문에 순교자들의 수를 대략적으로라도 확인할 길이 없다. 에우세비우스와 콘스탄티누스 이래로 형성된 민간 전승과 중세의 전설 시가 순교자들의 수를 부풀리는 오류를 범했다고 한다면, 도드웰과 기번은 틀림없이 그 수를 축소하는 오류를 범했다. 이것은 최근의 발견과 조사에 따른 결과이며, 르낭(Renan) 같은 저자들에 의해 충분히 인정된다. 물론 3세기 중반에 오리게네스가 기독교 순교자들의 수를 헤아릴 수 있을 만큼의 소수로 언급하면서, 하나님께서 모든 계층 사람들이 다 멸절되는 것을 허락하지 않으셨다고 진술했던 것이 사실이다.[31] 하지만 이 말은 그리스도인들을 박해하지 않은 카라칼라, 헬리오가발루스, 알렉산더 세베루스, 아랍인 필리푸스의 재위들을 주

---

30) 알바 공작의 치하에서 생긴 네덜란드의 순교자들은 Grotius에 따르면 100,000명이 넘었다고 하며, 로마 가톨릭 사가 P. Sarpi에 따르면 50,000명이었다고 한다. Motley는 *History of the Rise of the Dutch Republic*(vol. II. 504)에서 끔찍했던 알바의 통치 기간에 관해 이렇게 말한다: "도시들이 화재로 붕괴되고 시민들이 굶어 죽는 가운데 자행된 만행들은 거의 상상을 초월한다. 태어나지도 않은 아기들을 어머니의 배를 가르고 끄집어냈고, 여성들과 어린이들이 폭도들에게 욕을 보였으며, 거의 모든 주민들이 군인들에 의해 인간의 야수성이 고안할 수 있는 모든 방식으로 불에 타 죽거나 칼에 찔려 죽었다." Buckle과 Friedländer(III. 586)는 Torquemada(스페인 종교재판관)가 재직하던 18년 동안 스페인 종교재판소가 아무리 낮게 추산해도 105,000명을 처형했는데, 그중 8,800명을 화형에 처했다. 안달루시아에서는 일년만에 200명의 유대인들이 처형되었고, 17,000명이 처벌되었다.

31) *Adv. Cels.* III. 8. 이보다 오래 전에 사르디스의 Melito가 에우세비우스(IV. 26)에 보존된 자신의 변증서의 유명한 단편에 해놓은 증거는 마르쿠스 아우렐리우스 이전에 기독교를 박해한 황제들의 수가 얼마 되지 않음을 가리킬 뿐이다.

로 가리킨 것으로 이해해야 한다. 그 직후에는 데키우스의 박해가 개시되어 오리게네스 자신도 투옥과 고문을 당했다. 그가 선대에 관해 해놓은 진술은 테르툴리아누스, 알렉산드리아의 클레멘스(오리게네스의 스승), 그리고 그보다 연로했던 이레나이우스가 남긴 똑같이 유효한 증거들을 가지고 보완해야 한다. 특히 이레나이우스는 교회가 하나님께 대한 사랑으로 "모든 지역과 모든 시대에 허다한 순교자들을 하나님 아버지께 보낸다"고 분명히 말하는 것이다.[32]

심지어 이교도인 타키투스조차 64년의 네로 박해 때 로마 시에서만 해도 그리스도인들의 "헤아릴 수 없이 많은 무리"(ingens multitudo)가 살해되었다고 말한다. 타키투스의 말에다 반드시 덧붙여야 할 점은, 로마의 카타콤들이 내놓는 조용하면서도 웅변적인 증거이다. 마치(Marchi)와 노스코트(Northcote)의 계산에 따르면 카타콤들의 총 연장 길이는 약 1,450km로서 거의 7백만 기의 무덤이 있다고 하며, 그곳에서 발견되는 무수한 비명(碑銘)들과 사형 도구들이 입증하듯이, 무덤들 가운데 상당수가 순교자들의 유골을 간직하고 있다고 한다. 더욱이 이 시기에 교회가 당한 고난은 물론 단순히 순교자 수만 가지고 평가할 수 없고, 무정한 이교도들과 야만인들이 고안해 낼 수 있었던, 혹은 고문 도구가 인체에 가할 수 있는, 수많은 경우 차라리 죽느니만 못한 모욕과 비방과 괴롭힘과 고문을 감안해야 제대로 평가할 수 있다.

마지막으로, 기독교가 불경건한 세상으로부터 내내 유혈이든 무혈이든 크고 작은 박해를 당했고, 언제든 어떤 희생도 감수할 준비가 되어 있는 증인들을 두고 있었을지라도, 처음 3세기 이래로 온 교회가 평화롭고 합법적인 존재의 권리를 부정한 적이 없었고, 보편적으로 정치적 범죄로 주장되고 처벌된 기독교 신앙을 부정한 적도 한 번도 없었다. 콘스탄티누스 이전에는 그리스도인들이 사실상 이교 세계에서 이교 정부의 통치를 받던, 의지할 데 없고 법익을 박탈당한 소수였다. 당시에 그들은 특정 교리들 때문에 죽은 게 아니라, 기독교를 믿는다는 사실 자체 때문에 죽었다. 당시에 그것은 투쟁이었다. 교단이나 분파를 위한 투쟁이 아니라, 기독교 자체를 위한 투쟁이었다. 옛 교회가 겪은 순교의 중요성은 희생자 수가 많다거나 고난이 혹독했다는 데 있다기보다, 박해에 굴하지 않고 존립했고, 그 결과 후대를 위해 기독교 신앙을 지켰다는 데 있다. 따라서 처음 3

---

32) *Martyrium Polycarpi*, cap. 17; comp. Eusebius, *H. E.* IV. 15.

세기는 이교의 박해와 기독교의 순교로 이루어진 고전적인 시대이다. 니케아 이전 시대의 순교자들과 고백자들은 모든 기독교 교단들과 분파들의 공통된 대의를 위해서 고난을 당했으며, 따라서 모든 신자들에 의해서 존경과 감사를 받는다.

특주

미신적이고 우상숭배적 성인 숭배를 지지하지 않는 토머스 아놀드(Dr. Thomas Arnold)는 로마의 산 스테파노 성당을 구경하고서 이런 말을 남긴다: "성당에 그림들로 남은 이야기들 가운데 많은 수는 비평적 조사를 견뎌낼 재간이 없는 것이 사실이다. 게다가 기번(Gibbon)의 비판대로 그 내용이 대체로 크게 과장되었을 가능성이 큰 것이 사실이다. 하지만 이것은 덧없는 수고일 뿐이다. 보고된 순교자들의 총수를 20이든 50이든 여러분이 원하는 대로 나누어 보라. 어떻게 나누든 모든 시대 모든 성별 가운데 많은 사람들이 양심과 그리스도를 위해서 잔인한 고문과 죽음을 당했으며, 그 고난으로써 복음의 승리를 이끌어냈다는 것은 엄연한 사실로 남는다. 나는 우리가 순교자들의 숭고한 정신을 절반도 제대로 이해하지 못한다고 생각한다. 쾌락이 죄라고 나는 생각지 않는다. 쾌락이 죄가 아닐지라도, 어떻게 하면 그리스도를 위해 고난을 당할지 생각해 보는 것이 이 시대에, 즉 일상 생활에서 고난이 현실과 멀리 동떨어진 일처럼 보이는 시대에 우리에게 몹시 긴요한 일이다. 과거에 하나님께서는 은혜로써 부유하고 고상한 사람들과 여성들과 심지어 어린이들까지 극도의 고통과 비난을 견딜 수 있게 하셨다. 따라서 지금도 과거에 못지않게 능력 있는 은혜가 존재한다. 만약 일부러 이 은혜에 마음을 닫아걸지 않는다면, 시련의 때에 그것이 우리에게도 적지 않게 영광스럽게 나타날 것이다."

매우 유능하고 공정한 사가인 레키(Lecky)는 기번이 박해를 냉혹하게 평가 진술한 장을 다음과 같이 정당하게 비판한다(*History of European Morals*, I. 494 이하): "그 사가(史家)의 태도는 순교자들이 드러낸 용사의 기백을 조금도 공감하지 않고, 목숨을 걸고 처절하게 투쟁했던 사람들의 언행을 냉담하게, 사실상 철학의 상궤를 떠나 가혹하게 비판함으로써 사람들의 마음에서 관대함을 몰아내며, 박해를 평가할 때도 고통의 분량보다는 사망자 수를 일관되게 부각시킴으로써 이교도들의 박해의 잔학무도한 실상을 제대로 보지 못하게 만든다 … 어느 가톨릭 국가에서는 종교적 견해를 달리하는 사람들을 산 채로 태워 죽이면서 그것을 축제로서 거행하는 잔인한 관습을 도입한 것이 사실이다. 그리고 순교자들의 행적 가운데 상당 부분이 수사(修士)들에 의해 명백히 왜곡된 것도 사실이다. 하지만 이교 박해를 글로 남긴 권위 있는 기록들 가운데는 인간 본성이 얼마만큼 잔인해질 수 있으며, 그것에 얼마만큼 장렬하게 저항할 수 있는지를 더없이 생생하게 보여주는 사료(史料)들이 있는 것도 분명한 사실이다.

한때 로마인들은 계획적인 잔인한 짓과 장기간에 걸친 고문을 금지하는 엄하고 단순한 형법을 보유한 것을 자랑스럽게 여긴 적이 있었다. 하지만 이러한 태도가 완전히 변했다. 이제는 로마라는 이름이 알려진 곳마다 인간이 고통하고 죽는 모습을 온 계층이 환호하며 관람하는 가증스러운 오락이 널리 퍼지면서 그것이 파괴적인 영향을 끼쳤고, 수백만의 사람들을 인간의 고통을 보고도 태연하게 만들었으며, 아프리카나 아메리카의 미개 사회에서나 볼 수 있는 고문에 대한 열정과, 극한 고통으로 인한 발작을 관람하며 환희와 쾌락을 느끼는 만풍(蠻風)을 선진 문명의 중심지에 끌어들였다. 기록된 사례 가운데 가장 처참한 고문은 대개 원형극장에서 군중에 의해서 혹은 그들이 구경하고 있는 상황에서 자행되었다. 그리스도인들이 뻘겋게 달궈진 쇠사슬에 결박되고, 그로 인해 살이 타들어 가며 내뿜는 악취와 연기가 질식할 정도로 사방을 진동했다는 내용을 우리는 사료들에서 읽는다.

더러는 조개껍질이나 쇠갈고리로 온 몸이 토막났고, 어떤 경건한 처녀들은 검투사나 포주에게 넘겨져 욕을 당했다. 227명의 회심자들이 달궈진 쇠로 한쪽 다리를 절단당하고, 한쪽 눈을 후벼패인 채 광산으로 보내졌다는 내용도 있다. 또 더러는 서서히 달아오르는 불에 몇 시간 동안 고통으로 몸부림치다 죽었고, 더러는 사지가 갈가리 찢기고, 혹은 펄펄 끓는 납 용액을 뒤집어쓰고 죽었으며, 더러는 소금과 식초에 절궈져 고문대에서 피 흘리며 죽었다. 그 밖에도 제국 전역에서 수많은 사람들이 기간과 방법이 다양한 고문들에 의해서 희생되었다. 그리스도인들은 심지어 가녀린 소녀들까지도 하나님이신 자신들의 주인을 사랑하여서, 그리고 자신들이 참되다고 믿는 대의를 위해서 이런 고초들을 겪었다. 말 한 마디만으로도 고통을 면할 수 있었는데도, 그들은 끝까지 비굴한 태도를 보이지 않았다. 후대에 사제들이 남긴 기록에서 우리는 순교자들의 묘소에서 옷깃을 여미게 하는 존경심을 손상할 만한 어떠한 견해도 찾을 수 없다."

27. 순교자와 성 유물 숭배의 대두

이 '숭고한 순교자 군대'의 충성을 감사하는 마음으로 기억하고, 그들과 성도의 교제의 끈이 단단히 결속된 것을 인식하고, 장차 육체의 부활이 이루어질 날을 기대하면서, 교회는 순교자들에게, 심지어 그들의 유해(遺骸)에 존경을 바쳤다. 이것은 그 자체로는 훌륭하고도 자연스러운 태도였지만, 유감스럽게도 처음에는 성경이 훈계한 선을 넘어섰고, 나중에는 성인들과 성 유물들을 숭배하는 데로 타락했다. 이교 세계에 만연하던 영웅 숭배가 복음으로 씻겨지고 제거되지 않은 채 조용히 살아남아 기독교적인 이름들로 세례를 받았다.

155년의 연대가 표기된 편지를 보면 당시 서머나 교회에서 성인과 성 유물 숭배가 아직은 순진한 형태를 띠고 있었음을 확인하게 된다. "그들[유대인들]은 우리가 온 세상을 구원하시려고 고난을 당하신 그리스도를 저버릴 수도 없고, 다른 이를 경배할 수도 없다는 사실을 알지 못한다. 실로 우리는 그를 하나님의 아들로 경배한다. 하지만 순교자들을 우리는 그들에게 합당한 선에서 사랑한다. 그들이 왕이시며 주인이신 분께 바친 넘치는 사랑을 보면서, 우리도 그들의 벗들과 동료 제자들이 되고 싶기 때문이다." 순교자가 죽은 날은 그의 천상적 생일로 불렸고, 매년 그의 무덤(대부분 동굴이나 카타콤에 있음)에서 기도를 드리고, 그의 고난과 승리의 역사를 낭독하고, 봉헌을 하고, 성찬을 거행함으로써 그날을 기념했다.

하지만 초기 교회는 이러한 선에서 멈추지 않았다. 2세기 말 이후에는 순교가 그리스도인의 고상한 덕목으로 간주되었을 뿐 아니라, 불과 피의 세례(참조. 마 20:22; 눅 12:50; 막 10:39)로도 간주되었으며, 죄를 정결케 하고 천국에 들어갈 자격을 얻게 하는 점에서 물세례를 넉넉히 대체할 만한 것으로 간주되었다. 오리게네스는 선을 훨씬 더 넘어서서 순교자들의 수난에 그리스도의 수난과 같이 다른 사람들을 속죄하는 효력이 있다고 가르쳤으며, 그 근거를 고린도후서 12:15, 골로새서 1:24, 디모데후서 4:6에 두었다. 테르툴리아누스는 순교자들이 즉시 하늘의 복된 상태에 들어가며, 보통 그리스도인들과 달리 중간 상태를 거치지 않아도 된다고 가르쳤다. 의를 위해 고난을 당한 자들에게 그러한 복이 임한다고 하였다(참조. 마 5:10-12). 따라서 오리게네스와 키프리아누스는 순교자들이 하나님의 보좌 앞에서 드리는 기도가 땅에서 전투하는 교회에 특별히 효과가 있다고 생각했으며, 에우세비우스는 형이 확정된 그리스도인들을 그들이 죽기 직전에 찾아가 훗날 그들이 해줄 대언(代言)을 미리 부탁하는 사례가 있었다고 전한다.

로마의 카타콤에 가면 망자(亡者)에게 살아 있는 친족들과 친구들을 위해 기도를 부탁하는 비명(碑銘)들을 발견할 수 있다.

이렇게 순교자들에게 바쳐진 존경과 숭배가 어느 정도는 그들의 유해(遺骸)로도 옮겨갔다. 서머나 교회는 폴리카르푸스의 유골을 금이나 다이아몬드보다 더 귀하게 여겼다.[33] 이그나티우스의 유해도 안디옥의 그리스도인들에게 비슷한 숭배를 받았다. 키프리아누스의 친구들은 그의 피를 여러 장의 손수건에 담아 간직했고, 그의 무덤 위에 예배당을 지었다.

숭배가 도를 넘어 죽은 순교자들뿐 아니라 살아남은 고백자들에게까지 바쳐진 경우도 빈번했다. 감옥에 갇혀 있는 고백자들을 찾아가 시중을 드는 것이 집사들의 특별한 의무가 되었다. 이교도 루키아누스는 "페레그리누스의 죽음에 관하여"(De morte Peregrini)라는 풍자에서 그리스도인들이 수감된 형제들을 열성을 다해 보살폈고, 산더미 같은 선물을 전달했고, 심지어 먼 지역에 사는 사람들까지 사람을 보내 동정을 표시했다고 전하는데, 물론 루키아누스의 시각에 이 모든 행위는 선량한 열정을 벗어난 기행으로 비쳤다. 몬타누스주의자 테르툴리아누스는 가톨릭 신자들이 고백자들을 과도하게 배려하는 것을 비판했다.

하지만 이러한 우려와 비판에도 아랑곳없이 리벨리 파키스(libelli pacis — 고백자들이 타락한 자들을 위해 드리는 대언 기도)로써 교인의 지위를 박탈당했던 자가 다시 교회의 사귐에 들어갈 수 있게 되는 경우가 빈번했다. 그들의 견해가 특히 주교(감독)를 선출할 때 비중있게 작용했으며, 그것이 성직자의 권위를 능가하는 경우가 적지 않았다. 키프리아누스가 자신의 웅변을 가장 탁월하게 나타낸 때도 고백자들의 영웅적 행위를 예찬할 때였다. 그가 수감된 카르타고의 고백자들에게 보낸 편지들은 우리의 복음적 견해에 다소 거슬리는 예찬 일색이다. 그럴지라도 키프리아누스는 고백자들의 특권을 남용하는 것에 반대했으며(자신

---

33) 하지만 「폴리카르푸스의 순교록」에서 서머나 교회가 전하는 몇몇 기이한 현상들이 에우세비우스의 기록(IV. 15)에는 빠져 있으며, 이 점을 감안할 때 후대의 삽입일 가능성이 있다.

도 그런 상황을 겪어야 했다), 고백자들에게 거룩한 생활에 힘쓸 것과, 그들이 얻은 영예가 그들에게 올무가 되지 않도록 주의할 것과, 우쭐하고 경솔하게 처신하다가 멸망하지 않도록 주의할 것을 권고했다. 그는 고백자와 순교자의 면류관을 하나님이 값없이 주시는 은혜의 선물로 일관되게 가르치며, 그 면류관의 진정한 본질을 겉으로 드러나는 행위보다 마음의 성향에서 찾았다. 코모디아누스(Commodianus)는 피를 흘리는 신자들뿐 아니라, 피를 흘리지 않더라도 끝까지 사랑과 겸손과 인내와 그리스도인의 모든 덕성을 지키는 모든 신자를 순교자로 정의함으로써 순교의 참된 정신을 인식했다.

제 3 장

유대교와 이교에 대한 기독교의 문필적 투쟁

28. 참고문헌

I. SOURCES.

TACITUS (Consul 97, d. about 117): *Annal.* **xv. 44.** Comp. his picture of the Jews, *Hist.* v. 1–5.

PLINIUS (d. about 114): *Ep.* x. 96, 97.

CELSUS (flourished about 150): ᾿Αληθὴς λόγος. Preserved in fragments in Origen's Refutation (8 books Κατὰ Κέλσου); reconstructed, translated and explained by THEODOR KEIM: *Celsus' Wahres Wort. Aelteste wissenschaftliche Streitschrift antiker Weltanschauung gegen das Christenthum,* Zürich 1873 (293 pages).

LUCIAN (d. about 180): Περὶ τῆς Περεγρίνου τελευτῆς, c. 11–16; and ᾿Αληθὴς ἱστορία, I. 22, 30; II. 4, 11.

PORPHYRIUS (about 300): Κατὰ Χριστιανῶν λόγοι. Only fragments preserved, and collected by HOLSTEIN, Rom. 1630. His most important works are lost. Those that remain are ed. by A. NAUCK, 1860.

II. WORKS.

NATH. LARDNER: *Collection of Ancient Jewish and Heathen Testimonies to the Truth of the Christian Religion* (Lond. 1727–'57) in the VI. and VII. vols. of his *Works,* ed. by Kippis, London, 1838. Very valuable.

MOSHEIM: Introduction to his Germ. translation of *Origen against Celsus.* Hamb. 1745.

BINDEMANN: *Celsus und seine Schriften gegen die Christen,* in Illgen's "Zeitschr. für hist. Theol." Leipz. 1842. N. 2, p. 58–146.

AD. PLANCK: *Lukian u. das Christenthum,* in the "Studien u. Kritiken," 1851. N. 4; translated in the "Bibliotheca Sacra," Andover, 1852.

F. CHR. BAUR: *Das Christenthum der 3 ersten Jahrh.* Tüb. secd. ed. 1860 (and 1863) pp. 370–430.

RICHARD VON DER ALM: *Die Urtheile heidnischer und jüdischer Schriftsteller der vier ersten Jahrh. über Jesus und die ersten Christen.* Leipz. 1865. (An infidel book.)

H. KELLNER (R. C.): *Hellenismus und Christenthum oder die geistige Reaction des antiken Heidenthums gegen das Christenthum.* Köln 1866 (454 pp.)

B. AUBÉ: *De l'Apologétique chrétienne au IIe siècle. St. Justin, philosophe et martyr*, 2nd ed. Paris 1875. By the same: *Histoire des Persecutions de l'église.* The second part, also under the title *La polémique païenne à la fin du IIe siècle.* Paris 1878.

E. RENAN: *Marc-Aurèle* (Paris 1882), pp. 345 (*Celse et Lucien*), 379 sqq. (*Nouvelles apologies*).

J. W. FARRAR: *Seekers after God.* London, 1869, new ed. 1877. (Essays on Seneca, Epictetus, and Marcus Aurelius, compared with Christianity.)

Comp. the Lit. quoted in § 12, especially UHLHORN and KEIM (1881), and the monographs on Justin M., Tertullian, Origen, and other Apologists, which are noticed in sections treating of these writers.

29. 기독교에 대한 지상(紙上) 공격

제2장에서 살펴본 외면적 투쟁 외에도, 기독교는 고대 세계와 더불어 그것 못지않게 중요한 지적·문필적인 투쟁도 벌여야 했다. 그리고 이 방면의 투쟁에서도 결국 기독교는 승리하여 인류를 위한 완전한 종교임을 자각하게 되었다. 이 장에서는 현대의 불신자들이 기독교에 가하는 비판들이 기본 골격에서는 대부분 초기의 문필적 대적들에 의해서 제기되었고, 그것에 맞서서 옛 변증가들이 그 시대 교회의 필요를 위해서 유능하고도 성공적으로 논박한 사실을 살펴볼 것이다. 불신앙과 신앙은 마치 타락한 인간 본성과 하나님의 은혜와 마찬가지로 모든 시대 모든 민족에 본질적으로 공통적으로 존재하지만, 시대마다 형태를 달리하여 나타나기 때문에 모든 시대의 그리스도인들은 자기 시대에 대두하는 독특한 형태의 비판에 대해서 나름대로 방어할 의무가 있다.

초기의 기독교는 군주들과 정치인들뿐 아니라 학자들과 예술가들에게도 호감을 얻지 못했다. 1세기 후반과 2세기 초반의 세속 문학에서 발견할 수 있는 기독교에 대한 평가란 무지와 무관심과 적대적 언급뿐이다. 기독교가 로마 정부에게 주목을 받기 시작할 때도 새로운 유형의 미신쯤으로 비쳤다. 이러한 면에서도 그리스도의 나라는 세상에 속하지 않았으며, 힘겨운 난관들을 뚫고서 그 길을 개척해야 했다. 그럴지라도 마침내 기독교는 그리스·로마보다 훨씬 앞선 지적·도덕적 문화의 어머니로서 끊임없이 진보할 능력이 있으며, 시들지 않는 젊음의 열정으로 가득하다는 사실을 입증했다.

비잔틴 황제들인 테오도시우스 2세(Theodosius II)와 발렌티니아누스 3세(Valentinian III)는 하나님의 진노를 막기 위해서 나름대로 신앙을 발휘하여 포르피리오스(Porphyrius, 232-305경. 기독교를 비판한 신플라톤주의 저자)와 그 밖의 반(反)기독교 저자들의 저서들을 말살하라는 야만적인 명령을 내렸지만, 기독교 교부들의 저서들, 특히 오리게네스, 에우세비우스, 알렉산드리아의 키릴루스(배교자 율리아누스를 비판함)의 저서들과, 제롬과 아우구스티누스의 산발적인 언급들에 반기독교 저자들의 글이 단편으로나마 상당 부분 보존되었다.

30. 유대교의 반대. 요세푸스와 탈무드

유대교 서기관들과 바리새인들이 복음에 대적한 일은 신약성경에 잘 나타나 있다. 요세푸스(Josephus)는 「유대인 고대사」에서 예수를 딱 한 번 언급하지만, 후대의 삽입이거나 변조라는 의심을 받을 만큼 유대교의 입장과 달리 예수께 대해서 매우 호의적으로 언급한다.[1] 하지만 그의 저서들에는 복음 역사의 진상을 입증하는 값진 내용들이 많이 실려 있다. 그의 「유대인 고대사」는 그리스도가 사셨던 시대의 사회적·정치적 환경을 설명한다는 점에서 시종일관 제5복음서의 역할을 한다.[2] 그의 「유대인 전쟁사」(History of the Jewish War)는 특히 구주의 예언, 즉 예루살렘 성과 성전이 철저히 파괴되고, 유대인들이 큰 고통과 좌절을 당하게 되고, 기근과 전염병과 지진이 발생하고, 거짓 선지자들과 거짓 그리스도들이 나타나되, 이런 재앙들이 다가올 때 제자들이 피하게 된다는 예언을 무심결에 뒷받침하는 훌륭한 주석 역할을 한다.[3]

---

1) Josphh. *Antiqu*. 1. XVIII. c. 3, sect. 3. 큰 쟁점이 되는 이 단락에 대해서는 제1권 14절과 비교하라.

2) 예수님의 전기를 쓸 때 요세푸스를 철저히 활용하는 것이 Keim의 장점이다.

3) 이러한 우연의 일치는 Lardner에 의해 충분히 추적된다(*Works*, ed. Kippis, vol.

후대의 유대인들이 기독교를 공격한 사례들은 사실상 복음서에 기록된 사례들의 반복에 지나지 않는다. 예수를 메시야로 인정하지 않고, 그의 제자들을 심하게 비방한 것이 그 골자이다. 유대인들의 특징은 유스티누스가 트리포(Trypho)라는 유대인과 나눈 대화에서 잘 살펴볼 수 있다. 야손(Jason)과 파피스쿠스(Papiscus)가 그리스도께 가한 가공적인 비판은 켈수스(Celsus)에 의해 처음 언급된 뒤 7세기 이래로 유실되었다.[4] 이 책은 펠라의 아리스토(Aristo)로 추정되는 유대 그리스도인이 유대교의 비판에 대해서 기독교를 변호한 다소 빈약한 저서였던 것으로 추정된다.

탈무드는 기독교와 동떨어진, 그리고 적대적인 유대교의 성경이지만, 기독교를 간접적으로밖에 언급하지 않는다. 탈무드는 유대인들이 다른 사람들과 고립되어온 과정을 완전한 기정 사실로 굳혀 놓았다.

31. 이교의 반대. 타키투스와 플리니우스

세네카(Seneca)와 대 플리니우스(the elder Pliny), 심지어 온건하고 고상한 플루타르크(Plutarch) 같은 1세기의 그리스와 로마의 저자들과 2세기의 일부 저자들은 기독교를 무시 내지 경멸하거나, 아예 언급조차 하지 않았다.

황제 트라야누스와 같은 시대를 살았던 타키투스와 소 플리니우스가 기독교를 본격적으로 주목한 최초의 저자들이다. 하지만 이들도 기독교를 우발적으로 언급할 뿐이고, 그렇게 언급할 때도 사회적인 냉소와 적대감을 담아 '유해한 미신'(exitiabilis superstitio), '불량하고 부패한 미신'(prava et immodica superstitio), '완고한 분자들'(inflexibilis obstinatio)이라고 불렀다. 저명하고 나름대로 훌륭한 면을 지닌 이 로마의 저자들은 명백한 무지에서 그리스도인들을 미신적 광신도 집단으로 보았고, 자신들이 혐오하던 유대인들과 동일 집단으로

VI. p. 406 f.f.)

4) Origenes *Conra Cels* IV. 51. 켈수스는 알레고리적 해석을 변호하는 저서를 경멸하고 증오하면서 읽었다고 말한다. 비교. Harnack, *Altchristl. Literatur*, vol. I. (1882), p. 115 sqq.

간주했다. 실제로 타키투스는 그리스도인들을 '혐오스러운 인종'이라고 비판했다. 이런 표현들은 기독교가 여론으로부터, 특히 로마 제국의 지식인 계층으로부터 얼마나 심한 반대를 받았는지 미루어 짐작할 수 있게 한다. 2세기 그리스도인들이 남긴 변증서들도 일반 사회에서 그리스도인들에 대해 아무런 근거 없이 심한 중상모략이, 심지어 그들이 근친상간과 식인(食人)을 자행한다는 소문까지 나돌았음을 보여준다. 이런 소문은 그리스도인들이 허물없이 나누던 형제애와, 밤에 거행한 성찬과 애찬(愛餐)을 오해해서 생겼을 가능성이 크다.

기독교에 대한 이교도들의 간접적인 증언

하지만 다른 한편으로 타키투스와 플리니우스가 기독교에 남긴 빈약하고 경멸에 찬 언급들은 복음 역사에서 일어난 수많은 사실들을 간접적으로 증언한다. 타키투스는 네로의 박해를 기술하면서 무심결에 몇 가지 점을 증언한다. 첫째는 그리스도가 티베리우스의 재위 때 본디오 빌라도에 의해 악인으로 처형되었다는 것이고, 둘째는 그리스도가 기독교라는 분파의 설립자라는 것이며, 셋째는 기독교가 유대 땅에서 발생한 뒤 그리스도가 치욕적인 방법으로 죽었고, 제국 전역에서 증오와 경멸을 받아가면서도 널리 퍼졌으며, 그로써 일찍이 64년에 로마 시에서만도 그들 중 '허다한 무리'(multitudo ingens)가 잔인하게 처형되었다는 것이다. 게다가 그는 자신의 「역사」(History) 제5권에서 대단히 중요한 증언을 한다. 그것은 요세푸스와 일치하는 것이자, 주로(비록 전부는 아닐지라도) 요세푸스에게서 자료를 얻어 소개한 것으로서, 그리스도가 예루살렘의 멸망과 유대인 신정정치의 전복에 관해 예언한 내용이 성취되었다는 증언이다.

플리니우스가 황제 트라야누스에게 보낸 유명한 편지(107년경에 작성함)는 당시에 기독교가 소아시아에서 모든 계층에게 급속히 전파되었다는 것과, 기독교 신자들이 일반적으로 도덕 수준이 높고 신앙 의지가 투철하다는 것, 그들의 예배 모습과 시간, 그들이 그리스도를 하나님으로 경배한다는 것, 그들이 '정해진 날'(틀림없이 일요일)을 지킨다는 것, 그리고 초기 교회사에서 중요한 그 밖의 사실들을 입증한다. 트라야누스가 플리니우스에게 보낸 회신은 그리스도인들이 무죄했다는 증거를 제공한다. 그는 그리스도인들이 로마의 신들에게 절하지 않는 것을 제외하면 책잡을 것이 없다고 말하며, 그들을 굳이 색출하는 것을 금했다. 마르쿠스 아우렐리우스는 한 번의 간략하고 불친절한 언급으로 그리스도인들이 순교의 면류관을 쓰기를 열망한다는 점을 증언한다.

32. 직접적인 공격. 켈수스

기독교를 직접 공격하려는 목적을 표방한 저서는 2세기 중엽부터 나오기 시작했으며, 이 일을 유능하게 주도한 인물은 달리는 알려지지 않았을 그리스 철학자 켈수스(Celsus)였다. 오리게네스는 그가 플라톤의 여러 사상을 견지한 에피쿠로스 철학자로서, 루키아누스의 친구였다고 한다. 그는 마르쿠스 아우렐리우스가 기독교를 박해하던 시기에 집필 활동을 했다.[5]

켈수스는 기독교라는 새로운 종교를 짐짓 경멸하면서, 이 종교를 「참된 담론」(A True Discourse)이라는 긴 저서로써 비판할 만큼 중요하다고 평가했다(이 책은 오리게네스의 「논박」<Refutation>에 상당 부분의 단편들이 충실히 보존되었다).[6] 이 단편들을 놓고 볼 때, 켈수스는 다양한 문화를 접한 절충적 철학자로서, 변론에 강하고, 복음서들과 서신서들과 심지어 구약성경도 잘 알고 있던 사람이었다. 그는 어떤 때는 에피쿠로스 학파의 경박한 문체로, 어떤 때는 플라톤 학파의 근엄한 어조로 말한다. 어떤 때는 이교의 민간 신앙, 이를테면 귀신론 같은 것을 옹호하다가도, 어떤 때는 다신교 사상에서 벗어나 범신론적인 혹은 회의주의적인 견해를 주장한다. 기독교를 비판하기 위해서 자기 시대에서 도움이 될 만한 모든 것들, 즉 학문과 상식과 기지와 풍자와 극적인 문체라는 모든 무기들을 다 동원한다. 이런 점에서 그는 훗날의 이신론자들과 불신자들의 주장과 궤

---

5) 오리게네스(I. 8)는 그의 활동 시기를 막연하게 하드리아누스의 재위 기간부터 안토니누스가(家) 황제들의 재위 기간까지 크게 잡는다. 대다수 학자들(Mosheim, Gieseler, Baur, Friedländer)은 주후 150년이나 그 이후로, 다른 학자들(Tillemont, Neander, Zeller)은 160년이나 170년으로, Keim(l.c. p. 267)은 주후 178년까지로 잡는다. 집필 장소에 관해서 Keim(p. 274)은 로마, 다른 이들은 알렉산드리아로 추정한다. 켈수스는 친구 루키아누스를 들어 자신의 정체를 잘 밝히지만(p. 291), 자신을 에피쿠로스 학자로 소개하지 않고, 그냥 플라톤주의자로 소개한다(p. 203 sqq.)

6) 참조. Dr. Keim(위에 인용한 책에서)이 이 단편들을 토대로 켈수스의 저서를 복원한 내용.

변을 대부분 앞질러 내놓은 셈이다. 게다가 그의 저서는 전반적으로 매우 피상적이고, 느슨하고, 경박하며, 자연적 이성으로는 기독교 진리를 이해할 수 없다는 현저한 증거가 된다. 그의 저서는 겸손한 맛도 없고, 인간 본성이 타락했다는 의식도 없고, 인간에게 구속(救贖)이 필요하다는 인식도 없는 반면에, 영적인 실재들에는 까맣게 눈먼 이교도의 열정과 편견이 꽉 차 있으며, 따라서 구주와 그분의 사역이 얼마나 영광스러운 것인가를 조금도 이해하지 못한다. 이 책은 굳이 논박이 필요 없고, 그 자체가 스스로를 논박한다.

켈수스는 먼저 어떤 유대인을 소개한다. 그 유대인은 예수의 어머니가 판테라(Panthera)라는 군인과 간음을 했다고 비난하고,[7] 베드로가 예수를 부인한 일과, 유다가 배반한 일, 예수가 신성을 가진 척했으나 결국 죽은 일을 일러주었다고 언급한다. 그리고는 본인이 직접 공격에 나서서, 유대교와 기독교의 공통된 토대를 구성하는 초자연 개념 전체를 비판하기 시작한다. 유대인들과 그리스도인들이 서로 벌여온 논쟁이 그에게는 나귀가 제 그림자를 잡으려고 맴도는 것처럼 어리석게 비친다. 유대인들과 그리스도인들은 세상을 구속할 분에 관한 예언들을 믿으며, 따라서 두 집단은 유대인들이 여전히 메시야의 도래를 기대하고 있다는 점에서만 구분된다. 하지만 그렇다면 과연 신(神)은 도대체 무슨 목적으로 세상에 강림하시거나, 다른 이를 강림하게 하셔야 하는 것인가? 신은 사람들 사이에서 무슨 일이 벌어지고 있는지 미리 아신다. 그리고 신이 강림하신다는 것은 신에게 변화가 일어날 것을 내포한다. 그것은 선에서 악으로, 아름다움에서 추함으로, 행복에서 비참함으로의 전이(轉移)이다. 이것은 신에게는 바람직하지 않으며, 실제로 불가능하다. 다른 곳에서 켈수스는 신이 나귀나 파리로 인해 성가시지 않으시듯이, 인간들로 인해 성가시는 법이 없다고 말한다. 따라서 켈수스는 계시 개념 자체를 부정하되, 어떤 때는 범신론적 스타일로, 어떤 때는 에피쿠로스적 이신론(자연신론)적 스타일로 그렇게 한다. 그리고 이로써 동시에 민

---

7) panthera. 여기서와 탈무드에서 이 단어는 라틴어 lupa와 마찬가지로 게걸스러운 육욕이라는 뜻으로 쓰인다. Nitzsch와 Baur도 그런 뜻으로 이해한다. 하지만 Keim(p. 12)은 이 단어를 거칠고 탐욕스러운(판 테론) 로마 군인을 가리키는 뜻으로 이해한다. 켈수스에게 정보를 제공한 유대인에 따르면, 예수님의 어머니는 가난한 여자 재봉사로서 목수와 정혼했으나, 그 목수는 정혼한 여자의 불륜을 발견하고는 그녀를 부끄럽고 비참한 처지에 빠뜨렸다고 한다.

간 신앙의 토대를 버린다. 그의 눈에 기독교는 아예 이성적 토대를 갖고 있지 못하며, 다만 미래의 심판에 대한 공상적 공포로 뒷받침을 받을 뿐이다.

그가 특히 못마땅하게 여긴 것은 가난하고 비천한 자들에 대한 복음의 약속들과, 사죄와 중생의 교리, 그리고 육체 부활 교리였다. 육체 부활의 교리를 그는 이성적 영혼에게 합당한 소망이 아니라 벌레들에게 합당한 소망이라고 냉소한다. 신의 전능에 호소해 봐야 문제가 달라지지 않는다고 그는 생각한다. 왜냐하면 신은 불공정하고 부자연스러운 일을 하실 수 없기 때문이다. 그는 그리스도인들을 무식하고, 잘 속아 넘어가고, 고집이 세고, 혁신을 좋아하고, 편가르기와 이탈하기를 좋아하는 사람들로 조소하면서, 이러한 성질을 대부분 그들의 조상인 유대인들에게 물려받았다고 말한다. 그리스도인들은 배우지 못하고, 저급하고, 미신적인 사람들로서, 품꾼들과 노예들과 여자들과 어린이들이 대부분이라고 지적한다. 그들 중 대다수가 속아 넘어가 기독교에 들어간 사람들이라고 그는 간주한다. 하지만 속는 일이 있다면 속이는 자들도 있게 마련이다. 그리고 이 점이 이 논쟁적 궤변의 마지막 결과로 이어진다. 켈수스는 예수의 첫번째 제자들이 지독히 저급한 부류의 사기꾼들이라고 주장했다. 그들이 박수 일당으로서 복음의 기적 이야기들과 특히 예수의 부활 이야기를 날조하여 유포시켰으나, 무심결에 자신들의 말이 거짓임을 드러냈다고 주장했다. 하지만 거짓의 장본인은 예수 자신이며, 그는 이집트에서 마술을 배운 뒤 자기 고향에서 마술로 큰 소란을 일으켰다고 주장했다.

하지만 여기서 이 철학적이고 비판적인 궤변은 사실상 실패를 자인한다. 심지어 그 시대에도 기독교처럼 중요한 현상을 설명하려 할 때 이것저것 다 제시하고도 통하지 않으면 내놓는 것이 '사기' 가설이었다. 사기의 내용이 크고 영구적일수록, 그것은 더욱 신비롭고 설명하기 어렵게 비쳤음에 틀림없다.

크리소스토무스는 켈수스가 사도들의 글들이 오래된 것임을 증언한다고 올바로 지적했다. 사도 요한과 아주 가까운 곳에서 살았던 이 이교 공격자는 무심결에 복음서들에 소개된 그리스도의 역사를 요약해 주며, 이것이 이 역사를 후대의 창안이라고 주장하는 현대의 불신자들을 잠잠케 하는 강력한 무기 역할을 한다. 켈수스는 이렇게 말한다. "나는 다 알고 있다. 우리는 이 모든 것을 당신들의 책들에서 알았으며, 따라서 다른 고증이 필요 없다. 당신들은 스스로의 칼로 스스로를 해치고 있는 것이다." 그는 마태와 누가와 요한의 복음서들을 언급하며,

신약성경을 인용하거나 암시한 여든 가지 내용을 가지고 나름대로 전체를 구성한다. 그리스도가 유대 땅 작은 고을에서 처녀에게 태어난 일, 동방에서 현자들이 찾아와 아기 예수에게 절한 일, 헤롯의 지시로 유아들이 살해된 일, 예수의 가족이 이집트로 도피한 일(그곳에서 예수가 마술사들을 만나 마술을 익혔을 것이라고 함), 예수가 나사렛에서 거주한 일, 세례를 받을 때 성령이 비둘기 모양으로 강림하고 하늘에서 음성이 들렸던 일, 제자들을 부른 일, 세리들을 비롯하여 하층민들과 교제를 나눈 일, 불구자와 소경을 고쳐 주었다고 하는 일, 죽은 자를 살린 일, 유다의 배반, 베드로의 부인, 수난과 십자가 역사에서 중요한 상황들, 그리고 그리스도의 부활을 그는 주목한다.

물론 켈수스가 이 사실들 대부분을 왜곡하고 남용하는 것이 사실이다. 하지만 그 자신이 설명한 바에 따르면, 당시에 그리스도인들이 일반적으로 그리고 항상 그 내용을 믿었다는 것을 알 수 있다. 그는 그리스도인들이 중요하게 여기는 몇 가지 교리와, 그들의 은밀한 예배, 그리고 장로들의 직위를 언급한다. 하지만 그리스도인들에게 가해지던 성적 부도덕의 비판은 언급하지 않는데, 아마 그것이 터무니없고 신빙성 없는 비판이라고 스스로 판단한 듯하다.

그가 승인한 이런 점들을 감안할 때 라드너(Lardner)가 지적했듯이 삼손의 수수께끼가 이 상황에 더없이 잘 어울리는 듯하다: "먹는 자에게서 먹는 것이 나오고 강한 자에게서 단 것이 나왔느니라"(삿 14:14).[8]

33. 루키아누스

같은 시기에 그리스 학계의 볼테르(Voltaire)라고 할 만한 수사학자 루키아누스(Lucian, 120년경에 시리아 사모사타에서 태어나 200년 이전에 이집트나 그리스에서 죽음)가 기독교 신앙을 공격했다. 그는 여러 권의 격조 높은 책들로써 옛 민간 신앙과 예배, 동방에서 수입된 신비주의적 광신(狂信), 당시의 스토아 학파

---

8) 비교. Lardner의 *Works*, vol. VII. pp. 210-270. Dr. Doddridge와 Dr. Leland는 19세기의 이신론자들을 논박할 때 켈수스를 잘 활용했다. 켈수스는 Strauss와 Renan의 보다 급진적인 이론들을 논박할 때 훨씬 더 효과가 있을 것이다. Keim의 평가에 대해서는 그의 책 *Celsus*, 253-261을 참조하라.

와 견유학파 학자들의 저속한 생활, 그리고 제국이 혼란하던 시기에 만연하던 생활 양식과 관습들을 공격할 때 사용한 재치와 조소라는 가벼운 무기를 사용하여 기독교를 공격했다. 에피쿠로스 학자로서 즉물적이고 신앙도 없었던 그에게 기독교란 인류의 괴팍스럽고 어리석은 모습들 가운데 하나로밖에 비치지 않았다. 그에게 기독교의 기적들이란 마술일 뿐이고, 불멸의 신앙이란 헛된 꿈일 뿐이며, 자신이 소개하지 않을 수 없었던 죽음을 업신여기고 형제애를 강조하는 그리스도인들의 태도란 우매한 열정일 뿐이었다.

루키아누스는 동시대의 견유학파 철학자 페레그리누스 프로테우스(Peregrinus Proteus)의 생애와 죽음을 다룬 역사적 로망(Romance)에서 기독교에 대한 이러한 관점을 담아낸다. 그는 페레그리누스를 기독교와 특히 견유학파를 풍자하는 토대로 삼는다. 루키아누스가 그리는 페레그리누스는 저급하기 짝이 없는 인물이다. 그는 비열하고 추잡한 죄들, 즉 간음과 남색과 존속 살해를 범한 뒤에 팔레스타인의 순진한 그리스도인들 사회에 가입하고, 교활하게 그들을 속여 곧 그 사회에서 큰 신망을 얻고, 신앙 때문에 감옥에 갇히지만 순교는 하지 않고 고백자의 한 사람이 되고, 신자들로부터 많은 선물을 받고 사실상 신처럼 숭배를 받지만, 결국 금지된 음식(아마 우상에게 제물로 바쳤던 고기)을 먹은 죄로 출교를 당한다. 그런 뒤 견유학파에 귀의하여 그 집단의 스타일대로 추접스런 몰골로 사방을 돌아다니다가, 마침내 165년경에 명성을 얻고 싶은 갈망을 이기지 못하고서 올림피아 읍에 운집한 군중 앞에서 철학의 승리를 외치면서 활활 타오르는 화장(火葬)의 불길에 몸을 던진다. 스스로 불에 뛰어드는 허구는 의심할 여지 없이 그리스도인들의 순교를 풍자하는 데 뜻을 둔 것이다. 아마 몇 년 전에(155) 서머나에서 화형을 당한 폴리카르푸스를 특히 빗댄 것이 아닌가 추측된다.

루키아누스는 그리스도인들을 증오하기보다 연민의 미소로 대했다. 아무 데서도 그들을 진압해야 한다고 주장하지 않는다. 켈수스처럼 그리스도를 사기꾼이라고 하지도 않고, "십자가에 달린 소피스트"라고 부를 뿐이다. 이 표현을 나쁜 뜻으로 뿐 아니라 좋은 뜻으로도 종종 사용한다. 하지만 그럴지라도 결국 그의 시각에는 기독교나 이교가 모두 사기에 지나지 않는다. 다만 에피쿠로스 학자다운 무관심으로 기독교의 현상들을 샅샅이 추적하여 그 근본을 드러내고, 철학적 설명을 가하는 수고를 할 가치가 없다고 여길 뿐이다.[9]

모든 종교를 능란하게 조소한 루키아누스의 부정적 입장은 기독교보다 이교에 더 큰 해를 끼쳤을지라도, 어느 종교에든 항구적인 손상을 입힐 수 없었다. 인간 본성에 종교적 요소가 그만큼 깊이 뿌리를 내리고 있기 때문이다. 에피쿠로스주의와 회의주의는 각각 플라톤주의와 신앙 혹은 미신에 자리를 내주었다. 이교는 꾸준히 영역을 넓혀가던 기독교를 저지하고 자신의 입지를 확보하기 위해서 사력을 다해 중흥을 꾀했지만, 갈수록 새 종교의 조용한 영향력을 체감하지 않을 수 없었다.

34. 신플라톤주의

켈수스나 루키아누스보다 더 진실하고 권위가 있었고, 바로 이 이유 때문에 보다 오래 지속되고 기독교에 위협이 되었던 것은 신플라톤주의로부터 직접 혹은 간접으로 나온 반대였다. 신플라톤주의라는 사상 체계는 그리스 철학의 마지막 양상, 즉 황혼에 해당하는 것이었으며, 신선함과 생명력으로 요원의 불길처럼 확산되는 기독교를 막고, 죽어가는 이교를 되살리려는 헛된 노력이었다. 신플라톤주의는 범신론적 절충주의이자 철학적·종교적 혼합주의로서, 플라톤과 아리스토텔레스의 철학을 동양 종교와 신지학(神智學)과 조화시키고, 다신교와 일신교를 조화시키고, 미신과 문화를 조화시키고, 사력을 다해 옛 민간 종교를 세련되고 이상적인 형태로 세우려고 노력했다. 떠돌아다니던 몇몇 기독교 사상들도 무의식적으로 이 사상 체계에 끼어들었다. 기독교가 이미 그 시대의 분위기를 가득 채우고 있었던 터라 기독교를 통째로 막을 수 없었던 것이다.

예상할 수 있듯이, 철학과 종교가 혼합된 이 사상 체계는 당대에 등장한 영지주의(靈知主義, Gnosticism)와 마찬가지로 거창하고 공상적이고 잡다한 성격을 띠었다(영지주의와 다른 점이 있었다면 그것은 영지주의가 기독교를 자체의 혼합주의에 공식적으로 수용했다는 점뿐이었다). 얌블리쿠스(Jamblichus)를 포함한 대다수 신플라톤주의자들은 철학자들이었던 동시에 비교(秘敎)의 지도자이

---

9) Berneys(*l.c.* p. 43)는 페레그리누스 프로테우스라는 인물이 그리스도인들을 겨냥한 것이 아니라 견유학파 철학자들을, 특히 당시에 생존해 있던 Theagenes를 겨냥한 것이라고 생각한다.

자 신비적 주술가들이기도 하여서 점(占)과 마술에 몰두했고, 신의 영감과 환상을 자랑했다. 이들이 내놓은 문학은 독창적이고 건강하고 자연스러운 산물이 아니라, 돌연변이적인 2차 발생이다.

인간의 정신은 내면이 흔들리고 와해될 때는 오래되고 진부한 체계들과 개념들을 찾아내거나, 마술적이고 주술적인 행위에 의존한다. 미신은 불신앙의 뒤꿈치를 따르며, 무신론은 종종 영들에 대한 두려움과 귀신 숭배와 밀접히 연관된다. 개화되었다는 황제 아우구스투스도 아침에 신발을 신을 때 혹시나 오른쪽 신발을 먼저 신지 않고 왼쪽 신발을 먼저 신을까봐 고민했다. 교양과 지혜에 밝은 대 플리니우스도 벼락을 맞지 않으려고 부적을 지니고 다녔다. 그들의 시대에는 오랫동안 잊혀졌던 피타고라스주의가 무덤에서 불려나와 이상화되었다. 마술사 시몬(시몬 마구스)과 엘루마, 아보노테이코스의 알렉산더, 티아나의 아폴로니우스(주후 96년 죽음) 같은 점술가들이 신들의 우화를 비웃던 상류 계층에서까지도 큰 인기를 얻었다. 사람들은 잔뜩 관심을 가지고 과거로, 특히 지혜와 종교의 땅인 신비스러운 동양으로 눈을 돌렸다. 시리아의 제식(祭式)이 소개되었고, 합리적이든 비합리적이든 모든 종류의 고대 종교들이 로마에 집결했다. 심지어 2세기 말에 셉티미우스 세베루스에서부터 알렉산더 세베루스로 이어진 로마 황제들조차 이러한 종교 혼합주의를 받아들였으며, 이것은 로마의 옛 국교를 지지하기보다 무너뜨리는 데 일조했다.[10]

---

10) 로마에 헬레니즘과 페르시아와 갈대아와 이집트의 요소를 두루 갖춘 비교(秘敎)를 가장 먼저 보급한 사도는 니기디우스 피굴루스였다. 대단히 엄격한 귀족 가문 출신으로서, A.U. 696년(주전 58년)에 법무관(praetor)을 지낸 그는, 훗날의 황제 아우구스투스가 태어나던 날 그 아기가 장차 큰 인물이 될 것이라고 그의 아버지에게 예언했다. 이 비교의 체계는 기적을 일으키고 점을 치던 이탈리아 태생의 고대 현자 피타고라스의 이름으로 축성(祝聖)되었다. 이 종교의 새롭고 오래된 지혜가 상류층 사람들과 지식인들에게 깊은 인상을 심어주었으며, 이들은 마치 19세기에 비슷한 주문으로 영혼으로 하여금 문을 두드리고 식탁을 움직이는 현상을 잠시 일으키는 행위가 유행했듯이, 영혼들을 불러내는 일에 참여했다. "로마의 신학을 구원하려는 이 마지막 시도들은 정치 분야에서 카토(Cato)가 기울인 유사한 노력과 마찬가지로 우스꽝스러우면서도 씁쓸한 인상을 자아냈다. 그들의 신조와 그것을 전파하고 다니던 자들을 생각하면 웃음이 나오지만, 그래도 모든 사람이 불합리한 일에 중독되기 시작할 당시에 그것은 중대한 문제였다." Th. Mommsen, *History of Rome*, vol. IV. p. 563 (Dickson

3세기가 시작된 뒤에 이러한 경향이 철학으로 표출되더니 신플라톤주의로써 혁신적 전환을 이루었다. 이 모든 다양한 요소들을 되살아나게 하고, 그것들을 조화를 이루게 하며, 옛 신화에 깊은 의미를 부여할 수 있다고 생각된 주술적 힘이 곧 신적 플라톤의 철학이었다. 플라톤 철학이 사실상 신비적인 성격을 얻게 되었고, 필로(Philo) 같은 유대인 지식인들과 오리게네스 같은 그리스도인들조차 성경의 거슬리는 단락들을 이상화하거나 알레고리 방법으로 작위적으로 해석할 때 그의 철학을 사용했다. 이런 관점을 가지고 볼 때 이교 저자들 가운데 독실하고 기품을 지닌 플라톤주의자인 보이오티아의 플루타르크(120년 죽음)를 신플라톤주의자들의 선구자로 볼 수 있다. 그도 대중의 다신교 신앙의 신화들 속에서 깊은 의미를 보았고, 일반적으로 자신의 비교 전기들(「영웅전」)과 탁월한 도덕 논문들에서 그리스 · 로마 고전의 가장 아름답고 고상한 측면을 바라보았지만, 종종 종잡을 수 없는 공상의 영역에 빠졌다.

신플라톤주의를 본격적으로 수립한 사람은 알렉산드리아의 암모니우스 사카스(Ammonius Saccas)였다. 그는 기독교 가정에서 태어났으나, 배교한 뒤 243년에 죽었다. 그보다 더 명성을 얻은 그의 제자 플로티노스(Plotinos)도 역시 이집트인으로서(204-269), 신플라톤주의 사상을 체계적인 형태로 발전시켰고, 자신이 철학 교사로 활동하던 로마를 중심으로 그 사상의 기반을 닦고 널리 유포시켰다. 이 사상 체계는 역시 로마에서 가르친 그의 제자 두로의 포르피리오스(Porphyry, 304년 죽음), 코엘로-시리아에서 활동한 칼키스의 얌블리쿠스(Jamblicus, 333년 죽음), 콘스탄티노플의 프로클루스(Proclus, 485년 죽음)에 의해 선전되었다. 신플라톤주의는 말기 이교 세계의 지식인층 사이에 인기 있는 종교로 자리잡았고, 5세기 말에 내부의 오류와 모순이 불거지는 바람에 와해될 때까지 체계를 견지했다.

이 체계는 원래의 플라톤주의와 마찬가지로 관념적이고 초자연적이고 신비적인 것을 선호했으므로 철학적 정신을 가진 많은 사람들에게 신앙으로 건너가는 다리 역할을 할 수 있었다. 심지어 아우구스티누스에게도 신플라톤주의는 그러한 역할을 하여서 회의주의의 붕대를 풀어주고, 진리와 지혜에 대한 간절한 목마름을 생기게 했다. 하지만 기독교를 저해하는 역할을 하기도 했다. 사실상 신

의 번역. Lond. 1867.)

플라톤주의는 모든 고상한 에너지들, 특히 헬레니즘 철학과 동양 신비주의 세력들을 규합하여 영지주의를 비판하면서 우회적으로나마 영지주의에 실린 기독교적 요소도 공격했다. 신플라톤주의자들은 영지주의의 혼합주의 원칙에 근거하여 그리스도를 위대한 현자와 군자로 존경할 수는 있었으나, 하나님의 아들로 인정하지는 않았다. 이교 세계의 현자들을 그리스도와 동렬에 놓았다. 황제 알렉산더 세베루스(235년 죽음)는 오르페우스와 티아나의 아폴로니우스를 자신의 사당(祠堂)에서 예수의 흉상 곁에 놓았다.

수사학자 필로스트라투스(Philostratus, the elder)는 220년경에 셉티미우스 세베루스의 아내이자 이교 개혁의 열렬한 후원자 율리아 돔나(Julia Domna)의 요청으로 피타고라스 학파 소속의 이교 마술사이자 점술가 아폴로니우스(Apollonius)의 생애를 미화하고, 그를 금욕적 성인, 신의 영감을 받은 철학자, 종교개혁자, 기적 행위자로 드높였다. 그렇게 한 목적은 직접적인 증거는 없으나 대개 짐작할 수 있는 대로 그를 사람들의 숭배받을 만한 그리스도의 경쟁자로 세우려는 것이었다.[11]

두 인물의 유사점은 주로 이러하다. 예수께서 하나님의 아들이셨고, 아폴로니우스는 유피테르의 아들이었다. 그리스도의 탄생은 천사들이 나타나 축하했는데, 아폴로니우스의 탄생은 번개가 쳐서 축하했다. 그리스도가 야이로의 딸을 살리신 반면에, 아폴로니우스는 로마의 처녀를 죽음에서 살려냈다. 그리스도가

---

11) 필로스트라투스는 자신에게 그러한 구도가 있었다는 암시를 조금도 하지 않고 다만 자신이 황후 율리아 돔나로부터 아폴로니우스의 친구이자 추종자인 다미스에게 문의하여 아폴로니우스의 전기를 집필하도록 요청을 받았다고 진술한다(A.D. 217). 그는 그리스도의 이름을 언급하지 않으며, 복음서들도 딱 한 번만 언급하는데, 거기서 누가복음에 나오는 귀신의 말과 똑같은 말을 사용한다: "당신께 구하노니 나를 괴롭게 마옵소서"(8:28). *Vita Apoll.* IV. 25. 기독교 신앙의 신적 권위에 관한 저서(1681)를 쓴 주교 Samuel Parker와, Lardner, Neander(*K. G.* I. 298), J. S. Watson은 Daniel Hust가 최초로 주장했고 Baur, Newman, R ville 이 옹호한 널리 인정되는 견해, 즉 필로스트라투스가 자신의 영웅과 그리스도를 비슷하게 묘사할 의도를 지녔다는 견해를 부정한다. 두 인물의 유사점은 연구된 것이고 가공적인 것이며, 훗날 히에로클레스가 이 피타고라스 학파의 모험가를 필로스트라투스가 묘사한 대로 하나님의 영원한 아들의 차원으로 격상시킴으로써 그리스도의 위엄을 낮추려는 헛된 노력을 했던 것이 틀림없다.

귀신들을 쫓아내셨듯이, 아폴로니우스도 그랬다. 그리스도가 죽은 자 가운데서 살아난 반면에, 아폴로니우스는 죽은 뒤에 나타났다. 아폴로니우스는 방언 은사와 같은 사도들의 여러 특징들을 두루 겸비한 것으로 소개되었다. 그는 세계의 모든 언어들을 이해했다고 한다. 사도 바울처럼 아폴로니우스는 다소에서 초기 교육을 받았고, 안디옥과 에베소와 그 밖의 도시들에서 사역했으며, 네로에게 박해를 받았다. 초기의 그리스도인들과 마찬가지로 그는 신비적인 의식으로 어린이들을 불태운다는 왜곡된 비판을 받았다.

기독교를 견제하려는 동일한 내밀한 목적을 가지고 포르피리오스와 얌블리쿠스는 피타고라스의 생애를 미화했고, 그를 지고한 지혜의 원형으로, 심지어 화육(化肉)한 신(神), 이교의 그리스도로까지 격상시켰다.

이교를 기독교화하려는 이러한 다양한 시도들은 물론 시체를 살려내려고 하는 많은 시도들처럼 헛된 것이었다. 이런 시도들은 당대뿐 아니라 후대에도 이렇다 할 인상을 주지 못했다. 그것들은 기독교를 간접적으로 뒷받침하는 증거들이었다. 오류는 내부로부터 붕괴되는 것과, 시대의 정신을 수립하기 시작하고, 교리 밖에서 여론에 영향을 주기 시작한 참 종교의 전진은 아무도 막을 수 없다는 것을 입증했다. 그들은 그리스도를 모방하여 허구적 인물들을 고안함으로써 역사적 그리스도가 인류의 존경과 찬사를 받을 만한 분임을 간접적으로 인정했다.

35. 포르피리오스와 히에로클레스

주도적인 신플라톤주의자들 가운데 한 사람은 기독교를 직접 공격했으며, 그것은 교부들의 시각에서 볼 때 기독교의 가장 치열하고도 위험한 원수였다. 3세기 말경에 포르피리오스는 기독교를 비판하는 15권 분량의 방대한 저서를 집필했으며, 이 저서로 인하여 장래의 유력한 교회 교사들로부터, 특히 두로의 메토디우스(Methodius)와 가이사랴의 에우세비우스, 라오디게아의 아폴리나리우스로부터 논박을 당했다. 448년에 그의 저서의 모든 사본들이 테오도시우스 2세와 발렌티니우스 3세의 지시로 소각되었으며, 오늘날 그의 저서는 교부들의 저서에 실린 단편들로만 현존한다.

포르피리오스는 켈수스보다 더 많은 지식을 가지고 특히 그리스도인들이 성경으로 믿고 있는 책들을 공격했다. 예리한 비판으로 구약과 신약성경의 모순들과, 사도들 사이의 모순들을 지적하려고 힘썼고, 이로써 이 책들의 신적 성격을 논박하려고 힘썼다. 다니엘서를 사건 이후의 예언(vaticinia post eventum)이라고 했고, 오리게네스의 알레고리적 해석을 비판하면서, 그것이 초월적이고 신비주의적인 내용을 모세의 글에 몰래 삽입하여 원뜻을 흐려놓았다고 지적했다. 무엇보다도 바울과 베드로가 안디옥에서 빚었던 갈등(참조. 갈 2:11)을 이용하여 바울이 논쟁을 일삼고 베드로는 오류를 범했다고 비판하면서, 이런 정황을 놓고 볼 때 그러한 사도들의 교훈은 틀림없이 거짓과 기만에 근거한 것이라고 추론했다. 그는 심지어 예수께 대해서도 요한복음 7:8에 기록된 그의 행위를 14절과 비교해 볼 때 애매모호하고 불일치한 인물이라고 비판했다.

그러면서도 포르피리오스는 기독교를 완전히 배격하려고 하지는 않았다. 근대의 이성주의자들과 마찬가지로, 그는 예수의 원래의 순수한 교리를 이차적이고 변질된 교리로부터 구분해냈다. 훗날 에우세비우스와 아우구스티누스[12]도 자주 인용한 「신탁(神託)의 철학」(Philosophy of Oracle)이라는 저서에서[13] 그는 지극히 경건한 인물이었던 예수를 비방해서는 안 되고, 다만 그를 신으로 숭배하는 사람들을 가련하게 여겨야 한다고 말한다. "하늘로 오른 그 경건한 영혼은, 신들의 선물도 받지 못하고 제우스를 아는 지식에도 이르지 못할 운명에 처해 있는 영혼들에게 조소를 당할 운명에 처하게 되었다." 이 관점을 더욱 부각시키는 것은 포르피리오스가 자신의 아내 마르켈라에게 보낸 편지이다. 이 편지는 훗날 1816년에 마이(A. Mai)가 밀라노에서 마르켈라가 그리스도인이었다는 근거 없는 견해를 담아 펴냈다. 이 편지에서 포르피리오스는 육체에서 난 것은 육체이고, 우리가 믿음과 사랑과 소망에 힘입어 신(神)에게로 올라가고, 악이 인간의 과오이고, 신은 거룩하고, 신이 가장 즐겨 받는 제사는 순결한 마음이며, 지혜로운 사람은 신의 신전인 동시에 그 신전의 사제라고 언급한다. 성경에서 차용해온 것이 분명한 이런 개념들과 표현들에 대해서 그는 성경의 본의와 사뭇

---

12) *De Civit. Dei,* l. XIX. c. 22, 23; 비교. 에우세비우스, *Demonstr. Evang.* III. 6.

13) 파브리키우스, 모스하임, 네안더 같은 학자들은 그 저서의 진정성을 인정하지만, 라드너는 그것을 포르피리오스의 저서로 인정하지 않는다.

다른 자신의 견해를 갖고 있었음에 틀림없다. 하지만 이런 점들은 당시에 기독교가 심지어 적대 세력에게까지도 얼마나 큰 힘을 발휘했는지, 그리고 그 힘에 대해서 이교가 어떻게 동의하지 않을 수 없었는지 여실히 보여준다.

우리가 이 장에서 다루는 시기에 기독교를 마지막으로 비판한 논객은 히에로클레스(Hierocles)이다. 그는 디오클레티아누스가 황제로 다스릴 때 비두니아(비시니아)에서, 후에는 알렉산드리아에서 총독으로 재임하는 동안 칼로 기독교를 박해했고, 그리스도인 처녀들을 죽음보다 못한 욕을 당하게 했다. 그가 작성한 "그리스도인들에게 주는 진리의 말"은 포르피리오스의 저작과 마찬가지로 기독교 황제들의 그릇된 열정에 의해 소실되었고, 오늘날은 가이사랴의 에우세비우스가 남긴 저작들에 단편들로만 현존한다.[14] 그는 켈수스와 포르피리오스의 비판을 답습하는 수준에 머문 듯하며, 그리스도와 티아나의 아폴로니우스를 비교한 뒤 후자에게 호의를 표시한 듯하다. 그는 그리스도인들이 사도들에 의해 거짓으로 채색된 시덥잖은 몇몇 기적들 때문에 예수를 신으로 간주하지만, 이교도들은 훨씬 더 큰 이적을 행한, 아리스테아스와 피타고라스와 같은 인물인 아폴로니우스를 신들의 총애를 받고 인간들에게 은혜를 입힌 사람이라고 정당하게 선언한다고 말한다.

36. 기독교에 가해진 반대들을 정리함

일반적으로 이 시기의 유대교와 이교가 새 종교인 기독교를 향해 던진 비판들을 추려보면 다음과 같다:

1. 그리스도에 대해서: 그리스도의 위법적 탄생; 그가 가난뱅이들과 무식한 자들과 어부들과 야비한 세리들과 어울린 일; 그가 종의 형태를 취하고 수치스럽게 죽은 일. 하지만 그리스도에 대한 비판은 점차 수그러들었다. 켈수스는 그리스도를 노골적인 사기꾼으로 불렀으나, 절충주의자들과 신플라톤주의자들은 그

---

14) 이 단편들 외에도 마카리우스 마그네스의 변증서(400년경)에 실린 익명의 이교 철학자(아마 히에로클레스이거나 포르피리오스인 듯함)의 저서에서 발췌한 내용도 지적할 수 있다. 이 변증서는 1867년에 아테네에서 출판되었고, 1876년에 Blondel에 의해서 파리에서 출판되었다.

를 적어도 저명한 현자 정도로 간주할 의사가 있었다.

2. 기독교에 대해서: 새롭고 괴상한 종교; 문명 사회가 아닌 야만 사회에서 발생한 점; 민족의 기반이 없는 점; 기독교가 주장하는 몇몇 사실들과 교리들, 특히 중생과 부활의 불합리성; 구약성경과 신약성경 사이, 복음서들 사이, 바울과 베드로 사이의 모순점들; 맹목적이고 비이성적 신앙에 대한 요구.

3. 그리스도인들에 대해서: 무신론자들 혹은 신들을 혐오하는 자들; 십자가에 달린 죄수를 숭배하는 자들; 가난하고 무식하고 비천한 자들; 혁신을 꿈꾸는 자들; 분열과 분리를 일삼는 자들; 애국심이 없는 자들; 쓸데없이 우울하고 심각한 자들; 고지식한 자들; 미신과 광신에 빠진 자들. 그리스도인들은 때때로 이교 신화에 나오는 오이디푸스와 그의 어머니 요카스테의 관계(concubitus Oedipodei)와 티예스테와 아트레우스의 관계(epulae Thyesteae) 같은 순리를 거스르는 죄를 범하는 집단으로도 매도를 당했다. 일부 영지주의 분파들은 수치스러운 행위에 빠져든 듯하다. 하지만 그리스도인들 일반에 가해진 이러한 비판은 명백히 아무런 근거가 없었고, 따라서 켈수스와 루키아누스조차 그 점은 언급조차 하지 않는다. 그들이 나귀의 머리를 숭배한다는 몰지각한 비판은 테르툴리아누스가 이미 암시했듯이 타키투스가 전한 어떤 유대인들 이야기에서 발생했을 가능성이 크다. 그 유대인들이 목말라 죽게 된 지경에서 들나귀가 가는 대로 따라가서 샘을 발견하고는 갈증을 풀었다는 것이다. 이 이야기를 언급하는 이유는 이 박해기에 기독교가 얼마나 격렬하고 맹목적인 비판에 맞서서 투쟁해야 했는지 잘 보여주기 때문이다.

37. 기독교의 변증 문학

논리와 비방을 통한 이런 공격들이 2세기의 기독교 변증 문학을 낳았다. 그것은 유대교 열심당(zealot)과 그리스의 철학자와 로마의 정치인에 맞서서 펜으로써 기독교를 옹호하려는 노력이었다. 그리스도인들은 실제로 처음부터 "속에 있는 소망에 관한 이유를 묻는 자에게는 대답할 것을 항상 예비"하며 살았다. 하지만 이교가 불과 칼로써 뿐 아니라 논리와 비방을 곁들여 그리스도인들을 공박했을 때, 그들은 소박한 실천적 증언 말고도 이론적인 자기 변호를 내놓지 않을 수 없었다. 기독교의 대적들에 대한 기독교의 변증과, 기독교의 이단들에 대한 논쟁이 신학의 가장 오래된 두 가지이다.

변증 문학은 하드리아누스 때 나타나기 시작하여, 이 책이 다루는 시기가 끝날 때까지 꾸준히 발전했다. 교회의 교사들 대부분이 각자 자기 시대에 이 과업에 참여했다. 황제 하드리아누스에게 기독교 신앙을 변증하는 글을 보낸 초기의 변증가들인 아테네의 감독 쿠아드라투스(Quadratus), 아테네의 철학자 아리스티데스(Aristides), 펠라의 아리스토(Aristo), 그리고 마르쿠스 아우렐리우스 치하에서 활동한 사르디스의 멜리토(Melito), 히에라폴리스의 클라우디우스 아폴리나리우스(Apollinaris), 그리고 밀티아데스(Miltiades)의 글들은 완전히 유실되었거나 에우세비우스의 저서에 단편으로만 산발적으로 남아 있다. 하지만 멜리토와 아리스티데스의 흥미로운 단편들이 최근에 발견되었다.[15] 더욱 가치 있는 것은 온전히 남아 있는 그리스 철학자이자 순교자 유스티누스(Justin, 166년 죽음)의 저서들이다. 그의 뒤에는 그리스 교회에서 타티아누스(Tatian), 아테나고라스(Athenagoras), 안디옥의 테오필루스(Theophilus), 그리고 2세기 후반에 활동한 헤르미아스(Hermias), 누구보다도 유능했던 오리게네스가 3세기 전반에 활동했다.

라틴 교회에서 가장 중요했던 변증가들은 테르툴리아누스(220년경 죽음), 미누키우스 펠릭스(Minucius Felix, 220-230년에 죽음. 어떤 자료에 따르면 161-200년에 죽었다고 함), 그리고 그 후에 활동한 북아프리카의 아르노비우스(Arnobius)와 락탄티우스(Lactantius)이다.

여기서 당장 그리스 정신과 라틴 정신 사이에 전형적인 차이가 나타난다. 그리스인들의 변증은 보다 학구적이고 철학적인 반면에, 라틴인들의 변증은 내용과 문제가 보다 실천적이고 법적이다. 전자는 기독교가 진리이며 인간의 지적 결핍을 채워주기에 적합함을 증명하는 데 치중하고, 후자는 기독교가 존재할 권리가 있음을 호소하고, 주로 기독교가 도덕적으로 우수하며 사회에 유익한 영향을 끼친다는 점을 부각시킨다. 라틴인들이 이교 사상을 보다 단호하게 반대하는

---

15) 유실되거나 부분적으로 발견된 이 변증가들의 저서들에 관해서는 Harnack(l.c. pp. 100 sqq.; 240 sqq.)과 Renan(L'egle. chr. p. 40 sqq.)을 참조하라. 이 저서들은 이 책 뒷부분의 기독교 문학에 관한 장에서 언급할 것이다.

반면에, 그리스인들은 그리스 철학이 기독교 신앙과 어느 정도 유사하다고 인정한다.

이들이 쓴 변증의 글들은 더러는 황제들에게(하드리아누스, 안토니누스 피우스, 마르쿠스 아우렐리우스), 더러는 속주 총독들에게 전달되었으며, 혹은 이교 지식인 사회를 향해 집필되기도 했다. 이 글들의 일차적 목적은 권력자들과 대중이 기독교와 기독교 신자들에 대해서 품은 반감을 누그러뜨리는 것이었다. 하지만 이들의 글이 과연 황제에게 전달되었겠는가 하는 의구심이 남는다. 전달되었든 도중에 차단되었든 어쨌든 박해는 계속되었다.[16] 회심은 이해와 지식에서 나오기보다 마음과 의지에서 나오는 게 보통이다. 하지만 이 글들은 정직하고 회의에 찬 이교도들에서 편견을 희석시키고, 새 종교에 대해 보다 우호적인 견해를 확산시키고, 안토니누스 가문 황제들 때의 시대 정신과 도덕 철학 및 법 체계에 자비의 정신을 불어넣는 데 이바지했다.

그럴지라도 이 문학이 주로 수행한 역할은 신자들을 독려하고, 신학 지식을 증진하는 것이었다. 변증 문학은 교회에게 기독교 신앙의 독특한 본질을 더욱 깊고 분명하게 깨닫게 해주었고, 그로써 이성과 철학의 법정 앞에서 자신을 옹호할 수 있도록 준비시켜 주었다. 그러는 동안 유대교와 이교 사상은 기독교와의 투쟁에서 무능함을 드러냈고, 거짓과 욕설의 무기를 잡는 데로 내몰렸다. 켈수스와 루키아누스 같은 자들의 궤변과 조롱은 사상적 깊이는 없고, 다만 그런 게 있었구나 하는 역사적 관심거리밖에 되지 않는다. 유스티누스와 테르툴리아누스의 변증서들은 견고한 진리와 강렬한 신앙이 가득하여 오늘날까지도 읽는 이들에게 기쁨과 교훈을 준다.

변증가들은 방어에만 급급하지 않고, 유대교와 이교 사상의 영토로 진출하는 공세적인 자세를 취한다. 이들은 기독교가 신적인 종교이며, 온 인류를 위한 유일한 참 종교임을 적극적으로 증명함으로써 자신들의 과업을 완수한다.

---

16) 하지만 Orosius는 *Hist.*(vii. 14)에서 순교자 유스티누스가 자신의 변증으로써 황제 안토니누스 피우스를 "benigum erga Christianos"(기독교에 호의를 가진 자)로 만들었다고 말한다.

38. 유대교에 대한 변증

유대교와의 논쟁에 관해서 우리가 갖고 있는 주요 자료는 두 가지이다. 하나는 순교자 유스티누스가 유대인 트리포(Trypho)와 직접 나눈 대화를 근거로 집필한 대화록과 테르툴리아누스가 유대인들을 비판한 책이다. 다른 하나는 2세기 전반에 펠라의 아리스토가 집필한 "야손(Jason)과 파피스쿠스(Papiscus)가 그리스도에 관해 나눈 논쟁"으로서, 현존하지 않는다.[17] 이 책은 켈수스에게 알려졌고, 알레고리적 해석 때문에 그에게 경멸을 당했다. 오리게네스는 이 책이 학자들에게는 이렇다 할 인상을 주지 못했어도 일반 독자들에게는 유익하다고 생각했다. 이 책의 의도는 구약의 예언들이 그리스도 안에서 성취되었음을 입증하는 것이었고, 유대인 파피스쿠스가 확신을 얻고서 야손에게 세례를 받는 것으로 마친다. 저자는 펠라, 즉 예루살렘의 그리스도인들이 멸망 직전에 피신한 도시의 유대인 기독교 신자였다.

I. 방어적 변증은 유대인들의 비판에 대해 다음과 같이 대답했다:

(1) 기독교가 유대교로부터 배교한 집단이라는 비판에 대해서, 모세 율법이 외형적 의식과 행사에 관한 한 유대 민족을 위한 일시적인 제도였고, 기독교라는 실체를 예고했다는 점에서만 의미를 가지는 반면에, 십계명에 담긴 도덕적 계명들은 오직 그리스도인들에 의해서만 본연의 깊은 의미가 유지된다고 주장했다. 그리고 구약성경 자체가 옛 언약의 해체와 새 언약의 수립을 가리킨다고 했고(사 51:4 이하; 55:3 이하; 렘 31:31 이하), 아브라함이 할례를 받기 전에 의롭다 함을 받았으며, 여성들은 할례를 받지 않는데 구원을 받는다고 했다.

(2) 나사렛 예수가 종의 형태를 취하고, 십자가에 달려 죽은 것이 구약성경의 메시야 사상과 모순되지 않느냐는 주장에 대해서, 메시야의 강림을 두 가지로, 즉 먼저는 종의 형태를 입으시고, 나중에는 영광으로 오시는 것으로 간주해야 한다고 답변했으며, 광야에서 들린 놋뱀과 시편 22장, 이사야 53장, 스가랴 13장의 예언들이 곧 그리스도께서 영광에 들어가시기 위해서 겪으실 고난을 가리킨

---

17) 비교. Harnack의 논의(*l.c.* pp. 115-130). 그는 이 책의 저작 기간을 A.D. 135년이나 그 직후로 잡는다. 이 책은 7세기에 자취를 감추었다.

다고 답변했다.

(3) 예수의 신성을 가르치는 것이 하나님의 단일성과 모순되며, 신성을 모독하는 게 아니냐는 비판에 대해서, 그리스도인들도 유일하신 하나님을 믿는다고 답변했고, 구약성경 자체가 신성을 구분한다고 답변했다. 그리고 "우리가 사람을 만들고"(창 1:26; 비교 3:22)라는 말씀에 복수형이 사용되고, 마므레에서 세 사람이 나타났을 때(창 18:1 이하) 그 중 한 분이 하나님이라고 하시는데(창 21:12), 그럼에도 불구하고 창조주와 구분되시는 것(19:24)이 그것을 은연중에 나타낸다고 답변했으며, 모든 신현(神顯)의 사례들(유스티누스는 그 중 많은 경우를 그리스도의 현현으로 이해한다)과 메시야에게 신적 위엄을 돌리는 시편의 메시야 시들(시 110:1 이하; 45:7 이하; 72:2-19 등)이 같은 점을 입증한다고 답변했다.

II. 공세적 변증 혹은 논쟁적 신학은 유대교에 대해서 다음 사항들을 증거로 제시한다:

(1) 첫째, 구약성경의 예언들과 예표들이 예수 그리스도와 그분의 교회 안에서 성취되었다는 것. 유스티누스는 구약성경에 예언된 복음 역사의 개요를 꼼꼼히 지적한다. 예를 들면, 예수께서 다윗의 후손으로 탄생하실 일은 이사야 11:1에서 찾고, 동정녀에게서 나실 일은 7:14에서, 베들레헴에서 나실 일은 미가 5:1에서, 애굽으로 피신하실 일은 호세아 11:1에서(시 22:10?)에서, 세례 요한의 등장은 이사야 40:1-17, 말라기 4:5에서, 예수께서 세례를 받으실 때 하늘에서 들린 음성은 시편 2:7에서, 광야에서 받으신 시험은 그것의 예표였던 야곱의 얍복 나루 씨름을 기록한 창세기 32:24 이하에서, 우리 주님이 행하신 기적들은 이사야 35:5에서, 십자가의 수난과 그에 관련된 여러 정황들은 이사야 53장과 시편 22장에서 찾는다. 하지만 이렇게 하는 과정에서 유스티누스는 비평이 전무하던 시대의 취향에 따라서 무원칙한 공상과 알레고리적 재단에 빠지기도 한다. 백성의 죄를 짊어지고 광야로 내보내진 염소와 제물로 바쳐진 염소가 각각 그리스도의 초림과 재림을 예표한다고 보는 것과, 대제사장 겉옷에 달린 열두 개의 종(한글개역성경: 보석. 참조. 출 28:10-12)을 온 세상에 그 소리가 울려 퍼질 열두 사도의 예표로 보는 것이 대표적인 예다(시 19:4; 비교. 롬 10:18).

(2) 예루살렘이 멸망함으로써 유대교가 예수님의 분명한 예언대로 하나님께

직접 정죄를 받고, 기독교가 영광스럽게 입증되었다. 이 점에서 유대교 제사장
이자 사가였던 요세푸스는 이 참극을 직접 목격하고서 쓴 생생한 글에서 자신의
종교를 불리하게 하고 기독교의 진리성을 입증하는 역사를 기록하지 않을 수 없
었다. 테르툴리아누스는 유대인들이 그리스도를 배척함으로써 받게 된 재앙들
과, 그 재앙들에 대한 예언들을 "성경의 의미가 사건들과 조화를 이루었다"고 요
약한다.

39. 이교의 공격에 대한 변호

**I. 36절에 모아놓은 이교도들의 다양한 반대들과 비난들은 대부분 무
지나 증오에 터를 둔 것이었으며, 많은 경우 스스로 모순되었다.**

(1) 이교도들이 복음 역사에서 발생한 기적들을 비판할 때, 변증가들은 이교
신화에도 비슷한 요소가 등장한다는 점을 지적함으로써 대응했다. 물론 이것을
이교도들에게서 반대할 권리를 박탈하기 위해서 단지 '대인 논증'(argumentum
ad hominem, 상대방의 경우를 이용하는 논증)의 방식으로 사용했을 뿐이다. 복
음서들에 나오는 기적 기사들, 특히 예수의 기적 기사들의 신빙성을 옹호하기
위해서, 오리게네스는 그 기사들을 기록한 사람들이 정직하고 경건한 사람들이
었다는 점과, 예수의 죽음이 공개적인 현장에서 이루어졌다는 점, 그리고 그 사
건이 끼친 많은 결과들에 호소했다.

(2) 기독교가 최근에 등장한 새로운 종교였던 점은 과거 오랜 세월 동안 그리
스도의 오심을 맞이할 수 있도록 인류를 신적으로 훈련시키는 역사적 준비가 필
요했다는 논리로써 정당화되기도 했으나, 그보다는 기독교가 영원부터 하나님
의 계획 안에 존재했고, 그리스도가 강림하시기 오래 전에 특히 경건한 유대인
들 사이에 무의식적 헌신자들을 두고 있었던 점을 강조하는 경우가 더욱 많았
다. 고대성에 관한 한 변증가들은 모세의 기록들에 힘입음으로써 어떤 형태의
이교에 대해서든 크게 유리한 위치에 설 수 있었고, 자신들의 종교의 기원을 심
지어 대홍수와 낙원의 문에까지 거슬러 올라가 말할 수 있었다. 유스티누스와
타티아누스는 모세가 그리스의 철학자들과 시인들과 법률가들보다 훨씬 더 오

래 전에 활동한 사람이었던 사실을 크게 중시했다. 아테나고라스는 보다 공세적인 자세를 취하여, 이교 신들의 이름들 자체가 현대의 것이고, 그들의 조각상들이 세워진 것이 어제의 일임을 지적한다. 알렉산드리아의 클레멘스는 그리스 철학자들이 히브리 선지자들에 의해 선포된 진리의 일정 부분을 도둑질하여 변질시켰기 때문에 도둑과 강도라고 한다. 테르툴리아누스, 미누키우스 펠릭스, 그리고 그 밖의 사람들도 이교도들에 의한 표절을 비판한다.

(3) 육체 부활 교리는 이교와 영지주의 사상에 특히 심한 비판을 받았으나, 변증가들은 그 가능성에 관해서는 하나님이 전능하신 분이라는 점과, 세상과 인간을 창조하신 점으로써 변호했고, 그 타당성과 합리성에 관해서는 인간이 하나님의 형상으로 지음을 받았다는 점과, 육체가 성령의 전이라는 높은 지위를 얻은 점, 육체가 영혼과 친밀한 관계에 있다는 점, 그리고 하나님이 의로우시고 선하신 분이라는 점으로써 변호했다. 유추에 의한 논증도 널리 사용되었지만, 제대로 분별하지 않고 사용한 경우가 많았다. 예를 들어, 테오필루스는 계절의 순환, 낮과 밤의 교대, 달의 차고 기움, 씨앗과 과일의 장성을 예로 든다. 테르툴리아누스는 인간 출생의 신비와 매일 발생하는 자연의 현상들을 볼 때 어찌 부활의 가능성과 개연성을 부정할 수 있는지 놀라움을 나타낸다. 그는 이렇게 말한다. "만물은 해체로써 보존되고, 소멸로써 새로워진다. 하다못해 죽었다가 다시 살아나는 만물의 영장이라고 하는 인간이 유독 혼자서만 영원히 멸망한다는 게 이치에 합당한가?"[18]

(4) 기독교가 불륜과 은밀한 악을 저지른다는 비판에 대해서, 변증가들은 의분을 내어 일축할 수 있었다. 왜냐하면 신약성경은 지극히 순결하고 고상한 도덕성을 가르치며, 그리스도인들의 일반적인 품행도 이교도들과 비교할 때 대단히 우수했기 때문이었다. 그들은 "당신들이 드러내 놓고 짓는 죄, 당신들과 당신들의 신들에게 속한 죄를 무고한 자들에게 덮어씌우다니, 이 얼마나 수치스러운 일인가!" 오리게네스는 켈수스를 비판한 저서의 제1권 머리글에서 이렇게 말한다. "우리의 거룩하신 구주이신 흠 없으신 예수께서는 거짓 증언을 받으셨을 때

---

18) *Apolog.* c. 43. 비교. 그의 특별한 논문 *De Resurrectione Carnis.* 이 논문에서 그는 영지주의자들과 그들의 철저히 왜곡된 자연관과 육체관에 대항하여 그 교리를 보다 자세하게 변호한다.

평정을 유지하셨으며, 고소를 당하셨을 때 자신이 유대인들 가운데서 견지해오신 삶과 행동이 자신을 위한 최선의 변증이라고 확신하시고서 아무런 대답도 하지 않으셨다 … 그리고 심지어 지금도 똑같이 침묵하시면서, 신실한 제자들의 무흠한 삶 이외에는 다른 대답을 하시지 않는다. 그들이야말로 예수의 가장 즐겁고 성공적인 추종자들이며, 이들의 소리는 워낙 커서 아무리 열정적이고 고집스러운 대적들의 주장이라도 함몰시킨다."

II. 그리스도인들은 승리에 대한 의식이 커지면서 단순히 방어에 치중하던 데서 이교를 직접 공격하는 데로 나아갔다. 이러한 태도는 특히 다음 시기에 이교가 해산됨으로써 더욱 유지되었다.

(1) 이교도들 사이에 인기 있던 종교, 특히 신들에 관한 교리는 무가치하고 모순되고 어리석고 부도덕하고 유해하다. 변증가들과 초기 교회의 대다수 교사들은 이교 신들을 단순히 상상의 존재들이나 의인화된 자연 세력들 혹은 신격화된 영웅들로 간주하지 않고, 귀신들이나 타락한 천사들로 간주했다. 그들이 이 견해를 취한 것은 칠십인역의 시편 96:5과, 그 신들이 귀신들의 특징으로 간주되는 불멸성을 지닌 점(창세기 6:2에 따르면 심지어 그 신들이 사람들의 아름다운 딸들과 결혼한 점)을 토대로 한 것이다.

미누키우스 펠릭스(Minucius Felix)는 이렇게 말한다. "우리가 읽는 거짓 신들의 이야기가 얼마나 슬픈 운명이고, 얼마나 새빨간 거짓말이고, 얼마나 터무니없고 허약한 것인가! 그 형식조차 얼마나 한심스러운가! 불카누스(불과 대장간의 신)가 뛰고, 메르쿠리우스(머큐리)는 발에 날개가 달려 있고, 판(숲·들·목양의 신)은 발굽이 달려 있고, 사투르누스(농경 신)는 족쇄에 채여져 있고, 야누스는 얼굴이 둘이어서 뒤로 걷는 듯하다 … 때때로 헤라클레스는 마부이고, 아폴로는 목동이고, 넵튠(바다의 신)은 라오메돈(트로이의 건설자이자 왕)의 석공으로서 품삯과 관련하여 라오메돈에게 속한다. 거기에는 동일한 모루에서 벼린 제우스의 천둥과 아이네아스의 팔이 있고(마치 제우스가 크레타에서 탄생하기 전에는 하늘들과 천둥과 번개가 존재하지 않았던 것처럼), 마르스(軍神)와 비너스의 간음이 있고, 제우스가 가니메데스(제우스의 술시중을 든 트로이의 미소년)를 희롱하는 일이 있는데, 이런 것들은 모두 신들을 빙자하여 인간들의 추잡한 죄악을 인정하기 위해 고안된 것들이다."

테르툴리아누스는 이렇게 묻는다. "시인들 가운데 과연 당신들의 신들을 비방하지 않는 시인이 있는가? 어떤 시인은 아폴로를 양치기로 끌어내리고, 다른 시인은 담장을 쌓기 위해 넵툰을 고용한다. 핀다로스(Pindaros, 기원전 5세기경의 그리스 서정시인)는 아스클레피오스가 탐욕을 품고 악한 목적으로 의술을 시행하려다 상해를 입었다고 사방에 공개한다. 그런가 하면 비극작가들과 희극작가들 모두 신들의 죄악이나 불행을 주제로 삼는다. 이 점에 관한 한 철학자들도 뒷짐지고 있지 않는다. 그들은 경멸과 냉소의 뜻을 담아 떡갈나무와 염소와 개를 가리켜 맹세하곤 한다. 디오게네스(Diogenes)는 헤라클레스를 조롱했고, 로마의 견유학자 바로(Varro)는 머리가 없는 삼백 명의 제우스들을 소개한다."

그 아프리카의 교부 테르툴리아누스는 그 견유학자로부터, 그리고 일부는 자신이 과거에 관찰한 바를 토대로 디아나 여신이 채찍질 당하고, 제우스의 유언이 그의 사후에 읽혀지고, 아사(餓死) 직전에 몰린 세 명의 헤라클레스들을 인용한다! 유스티누스는 사투르누스의 영아 살해, 제우스의 존속 살해와 분노와 간음, 바코스(디오니소스)의 주정, 비너스(아프로디테)의 방탕함을 지적하면서, 추문으로 얼룩진 신들의 역사를 수치스럽게 여기는 선량한 이교도들에게 냉철한 판단을 호소한다. 호메로스를 그런 죄목으로 자신의 이상 국가에서 추방한 플라톤에게 호소한 것이 한 가지 예다. 어느 정도 구약성경의 예언과 복음 역사와 비슷한 점이 있는 그 신화들을 유스티누스는 귀신들이 성경을 곡해하여 만든 진리의 풍자들로 간주한다. 예를 들어 바코스 이야기가 상상력 풍부한 그의 시각에서는 창세기 49:11 이하의 내용을 근거로 한 것이고, 페르세우스가 처녀에게서 태어났다는 신화는 이사야 7:14을, 헤라클레스의 방랑은 시편 19:6을, 아스클레피오스가 일으켰다고 하는 기적들은 이사야 35:1 이하를 근거로 한 것이었다.

오리게네스는 켈수스를 향하여 그의 남신들과 여신들의 죄악되고 부끄러운 모습을 적나라하게 보여주는 그런 이상하고 몰지각한 사건들에서 어떻게 심오한 신비들을 찾을 수 있겠느냐고 일침을 놓는다. 그런데도 하나님과 천사 혹은 인간의 성품에 조금도 손상을 입히는 말을 하지 않는 모세가 오히려 사기꾼으로 취급되는 게 과연 옳으냐고 묻는다. 과연 그리스 최고의 작가라고 할 만한 사람들 중에서 모세와 그의 율법에 견줄 만한 인물이 있으면 한번 대보라고 다그친다. 그런데 모세는 이교의 현자들과 입법가들 중에서 견줄 만한 상대를 찾기 힘들 정도로 탁월한 인물이었지만, 그리스도와 비교하면 한없이 열등했다고 지적한다.

(2) 민간 신앙 위에 솟아 있던 그리스 철학은 대중이 받아들이기에 적합하지 않았고, 그들의 종교적 필요를 채워줄 수도 없었으며, 다양한 모순을 안고 있어서 스스로 충돌했다. 가장 지혜로운 철학자인 소크라테스도 자신이 아무것도 모른다고 자인했다. 유스티누스는 철학자들이 신과 인간에 관한 일들에 대해서 커다란 시각차를 드러낸다고 말하면서, 탈레스가 물을 만물의 궁극적 원리로 본 데 반해서, 아낙시만드로스는 공기를, 헤라클레이토스는 불을, 피타고라스는 수(數)를 궁극적 원리로 본 것을 지적한다. 플라톤조차 스스로 모순에 빠지는 경우가 적지 않다. 어떤 때는 근본 원리가 세 가지(신, 물질, 이데아)라고 했다가 다른 때는 네 가지(세계 정신을 보태서)라고 하고, 어떤 때는 물질이 생성되지 않았다고 했다가 다른 때는 생성되었다고 하며, 어떤 때는 관념[이데아]에 실체성이 있는 것처럼 말했다가 다른 때는 관념이 단순히 사고의 형식일 뿐이라고 말하는 식이다. 유스티누스는, 그렇다면 누가 과연 철학자들에게 영혼 구원을 맡기겠는가 하는 질문으로 결론을 짓는다.

(3) 하지만 반면에 그리스 변증가들은 헬라 문학, 특히 플라톤 철학과 스토아 철학에 진리의 요소가 있음을 인정했으며, 그것이 유대교의 율법과 예언들과 마찬가지로 기독교를 위한 준비였다고 보았다. 유스티누스는 이교에 존재하는 모든 선한 요소가 신적 로고스에게서 나온 것이라고 주장한다. 로고스가 성육신 전부터도 진리의 씨앗을 뿌렸으며(이런 이유에서 '배아 로고스'<Logos Spermaticos>라는 용어가 생겼다), 감수성이 있는 사람들에게 거룩한 생활을 자극했다고 주장한다. 따라서 기독교 이전에도 그리스도인들이 있었던 셈이며, 이들 가운데 대표적인 사람들이 소크라테스와 헤라클레이토스였다고 한다.[19] 그 외에도 피타고라스와 플라톤과 그 밖의 그리스 지식인들이 동방을 여행하다가 구약성경을 알게 되었고, 구약성경에서 유일신 사상과 그 밖의 유사한 진리들을 터득했다고 주장한다. 물론 그 진리들을 저마다 다양하게 오해하고 이교 사상으로 변질시킨 점이 없지 않지만 말이다. 이렇게 그리스 철학과 기독교 사이에 일정한 유사성이 있다는 견해는 새 종교를 호의적으로 보이려는 논리로 쓰이면서

---

19) 스토아 철학자들과 몇몇 시인들에 대해서도 도덕 교훈에 관한 한 기독교 이전의 그리스도인들로 인정한다. Just. *Apol.* II. c. 8, 13.

훗날 알렉산드리아 교부들인 클레멘스와 오리게네스에 의해서 더욱 발전하게 된다.

이에 비해 라틴 교부들은 그리스 철학에 대해서 덜 우호적으로 말한다. 그럴지라도 심지어 아우구스티누스조차 플라톤주의자들이 기독교 진리에 워낙 가깝게 접근했던 까닭에 몇몇 표현과 문장만 바꾸면 (이론상으로는) 참 그리스도인들이 될 정도였다고 시인한다.

40. 적극적 변증

기독교 변증은 새 종교가 하나님께로부터 나온 것임을 적극적으로 증명함으로써 온전한 모습을 갖추었다. 적극적 변증이 옛 종교들을 논박하기 위한 최상의 방법이기도 했다. 벌써 이 시기에 기독교를 증명하기 위한 가장 강력한 역사적·철학적 논증들이 제기되거나 암시되었다. 비록 논리적으로 취약한 부가적 요소들을 안고 있긴 했지만 말이다.

1. 예언들이야말로 유대인들에게 뿐 아니라 이교도들에게도 큰 논증이었다. 미래 사건에 대한 지식은 오직 하나님께로부터 올 수 있기 때문이었다. 물론 변증가들은 구약성경의 예언적 저서들에 가장 먼저 호소했고, 그 안에서 철저한 문자적 해석에 의해 복음 역사의 모든 사건과 우리 구주의 인격과 사역에 관한 모든 내용을 발견했다. 심지어 알렉산드리아의 클레멘스 같은 교부들과, 오리게네스, 에우세비우스, 성 제롬, 성 아우구스티누스조차(이들은 보다 신중한 태도로) 성경 외에도 외경의 예언들, 특히 시빌레 신탁을 사용하기도 했다(시빌레 신탁이란 고대 이교와 유대교와 부분적으로 기독교가 저마다 황금 시대, 그리스도의 강림, 로마의 번영, 세상의 종말에 관해 믿었던 허구들을 잡다하게 모아놓은 책이다). 물론 이것은 오류도 신앙을 빙자한 거짓도 아니었다. 실제로 모든 이교 사상에는 기독교를 갈망하는 희미하고도 무의식적인 기운과 희망이 흐른다. 베르길리우스(Virgil)의 제4목가시에 '처녀'(virgo)와 하늘로부터 임하는 '새로운 혈통'(nova progenies), 그리고 '소년'(puer)이 예언되고, 그 소년으로 말미암아 죄가 말소되고, 뱀이 죽고, 평화로운 황금 시대가 시작될 것이라는 예언이 실려 있는 것을 생각해 보라. 이런 이유에서 베르길리우스는 중세 때 라틴 교회에서

사랑을 받는 시인이었으며, 단테(Dante)의 「신곡」(Divina Comedia)에서는 단테가 음울한 지옥과 연옥을 지나 낙원 문에 이를 때까지 그를 안내하는 역할을 맡는다. 교부들(테르툴리아누스, 오리게네스, 그리고 누구보다도 제롬)이 사용한 또 다른 거짓 예언서는 주후 100~120년에 유대 그리스도인이 쓴 「열두 족장의 언약서」(The Testaments of the Twelve Patriarchs)였다. 이 책은 야곱의 열두 아들의 입을 빌려서 작별의 훈계와, 그리스도의 강생과 죽음과 부활, 세례와 성찬, 유대인들이 복음을 배척할 일, 이방인의 대 사도인 바울의 전도, 예루살렘의 멸망과 세상의 끝을 예언을 말한다.

2. 예표들. 변증가들은 구약성경에서 뿐 아니라 자연의 모든 영역에서 발견되는 예표들을 기독교가 하나님이 세우신 종교라는 논증으로 삼았다. 유스티누스는 에덴동산의 생명나무, 야곱의 사다리, 모세와 아론의 지팡이뿐 아니라, 모든 선박, 물결을 자르는 노, 쟁기, 인간의 표정, 팔을 쭉 편 인간의 모습, 깃발과 전승 기념비 등 모든 것에서 거룩한 십자가의 형상을 보았고, 그로써 주님의 십자가로써 이루어질 구속의 비밀이 예표되어 있는 것을 보았다.

3. 기적들. 변증가들은 예수와 사도들의 기적들뿐 아니라, 교부들의 명백한 증언과 그 시대 사람들의 증언에 의하면 예수의 이름으로 계속해서 발생했다고 하는 기적들을 논증으로 삼았다. 하지만 이교도들도 자신들의 종교를 증명하기 위해서 기적적인 행위들과 현상들에 호소했기 때문에, 유스티누스와 아르노비우스와 특히 오리게네스는 기적으로 인정할 만한 일정한 표준을 설정했다. 이를테면 기적 행위자가 도덕적으로 순결한가, 그의 의도가 하나님을 영화롭게 하고 사람에게 유익을 끼치려는 것이었는가 하는 점들을 참 기적과 사탄의 술객들이 일으키는 기적을 구분하는 표준으로 삼았다.

오리게네스는 이렇게 말한다. "켈수스가 예수와 방랑 술사들을 비교하는데, 만약 술사들이 일으키는 기적에 하나님께 대한 참된 경외심을 일으키는 기미가 조금이라도 나타나고, 그로써 사람들에게 심판 날을 생각하여 행동을 조심하게 하는 기미가 조금이라도 나타난다면 켈수스의 비교에는 일말의 근거가 있을 수 있다. 하지만 술사들이 하는 일에서는 그런 점을 조금도 볼 수 없다. 실로 그들은 대단히 중대한 죄를 짓는 것이다. 이에 반해 구주께서는 말씀을 듣는 사람들이 기적들을 보고서 믿음을 갖게 되기보다, 신앙 본연의 아름다움과 가르치는 자들의 거룩한 삶을 보고 믿음을 갖게 되기를 바라신다."

속사도 시대에 발생했다고 하는 기적들은 성경의 증언이 없는 데다가 대부분 직접 목격한 증인조차 없기 때문에 받아들이기에 매우 어려운 점이 있다. 한 가지 가능성은 기적의 능력이 갑자기 중단되지 않고, 기독교가 하나님께로부터 유래했음을 외적이고 비범한 일로써 입증할 필요가 줄어들고 진리와 도덕적 감화의 자연스러운 발휘에 자리를 내어줌에 따라 점진적으로 중단되어 갔을 수도 있다는 것이다. 따라서 4세기에 성 아우구스티누스는 이렇게 말한다. "교회가 설립된 이래로는 하나님께서 우리 시대까지라도 기적을 존속시키기를 바라지 않으신다. 그것은 우리가 눈에 보이는 표적들만 신뢰할 우려가 있고, 혹은 표적들을 자꾸만 접하다보면 무감각하게 될 우려가 있기 때문이다." (하지만 반면에 아우구스티누스는 자기 시대에 스데반의 유골과 심지어 게르바시우스와 프로타시우스의 유골에 의해 발생했다고 하는 매우 믿기 힘든 몇몇 기적들에 자기 이름의 권위를 내어준다.) 그러나 기적이 중단된 시점을 칼로 무 썰듯 정확하게 설정하여, 사도들 혹은 그들의 직계 제자들이 죽었을 때로 잡든가, 아니면 로마 황제가 회심한 때로 잡든가, 아니면 아리우스파 이단설이 종식되었을 때로 잡든가, 그것도 아니면 그 이후 시대로 잡고서, 특정 경우마다 전설적 허구로부터 진리를 신중하게 걸러낸다는 것은 불가능하다.

　주목할 만한 점은 니케아 이전 교회의 진실한 저작들이 니케아 시대와 중세의 연대기들에 비해 기적과 미신의 요소가 적다는 것이다. 수도원주의 역사는 기적들로 가득하여, 심지어 신약성경에 기록된 것보다 훨씬 더 많다. 변증가들이 남긴 진술들은 대부분 일반적 표현으로 되어 있고, 귀신들린 사람들(그 시대의 언어로는 정신 이상, 심한 우울증, 간질을 포함해서 말하는 듯함)과 다른 질병에 걸린 사람들을 예수의 이름으로 고친 사례들을 언급한다.[20]

　순교자 유스티누스는 로마와 세계 전역에서 그런 사례들이 빈번하게 발생했다고 말하며, 오리게네스는 자신이 직접 목격한 바에 호소하지만, 다른 곳에서는 기적이 갈수록 희소해진다고 말함으로써 네안더(Dr. Neander), 주교 케이(Kaye) 같은 이들의 점진적 중단설을 뒷받침하는 듯하다. 테르툴리아누스는 오리게네스보다 신중하게, 하지만 결국 그와 마찬가지로 자기 시대 회심자들 가운데 많은 수가 초자연적 꿈과 환상 때문에 회심하게 되었다고 말한다. 하지만 그

---

20) 그 사례들은 우리 시대의 '신앙 요법'과 비슷하다.

러한 심리적 현상 속에서는 자연과 초자연, 섭리적 개입과 엄밀한 뜻에서의 기적 사이에 구분선을 긋기가 몹시 어렵다. 이 주제를 가장 확신에 찬 태도로 다룬 내용은 이레나이우스의 글에서 찾아볼 수 있다. 그는 이단들을 비판하는 과정에서, 당시 보편 교회에서 발생하는 사건들을 소개하던 중 예언들과 귀신들린 자들이 고침을 받은 사례들 외에도 심지어 죽은 자를 살린 일들도 언급한다.[21] 하지만 이레나이우스는 구체적인 사례나 실명을 소개하지 않는다. 아울러 그의 어린 시절이 여전히 사도 요한의 시대에 걸쳐 있었다는 점도 기억해야 한다.

4. 기독교가 신자들의 마음과 삶에 끼친 도덕적 영향. 기독교 신앙은 일찍이 인간 사회에 알려진 가장 지고지순한 도덕 법전을 가르치는 데 그치지 않고, 창시자와 참된 추종자들의 삶과 고난과 죽음을 통해 구체적으로 드러내 보였다. 디오그네투스(Diognetus) 서신을 쓴 저자로부터 오리게네스, 키프리아누스, 아우구스티누스에 이르기까지 모든 변증가들은 기독교 윤리가 이교 윤리보다 무한히 우월하다는 것을 강하게 주장했고, 이들의 증언은 교회의 실질적인 열매들에 의해서 충분히 뒷받침되었다. 그 열매들에 관해서는 다른 장에서 자세히 살펴볼 기회가 있을 것이다.

유스티누스는 이렇게 말한다. "그들은 우리가 본디오 빌라도 아래에서 십자가에 달려 죽은 이 그리스도를 성부 다음의 하나님으로 예배한다는 이유로 우리를 지각 없는 자들로 생각한다. 하지만 만약 십자가의 비밀을 안다면 그렇게 말하지 못할 것이다. 열매들을 보면 얼마든지 그것을 알 수 있다. 우리도 한때는 방탕하게 살았던 자들이었으나, 이제는 정절을 배운다. 우리도 한때는 점을 보러 다녔지만, 이제는 선하시고 창조되지 않으신 하나님께 우리를 거룩하게 구별해 드린다. 우리도 한때는 돈과 재산을 무엇보다 사랑했으나, 이제는 보편의 유익을 위해서 재산을 내놓으며, 궁핍한 사람들에게 그것을 나눠준다. 우리도 한때는 서로 싸우고 죽이던 자들이었지만, 이제는 원수들을 위해서 기도한다. 증오에 휩싸여 우리를 박해하는 자들을 우리는 친절하게 마음을 달래주려고 노력한다. 그들도 우리가 누리는 복을 함께 누리게 되기를 바라기 때문이다."[22]

---

21) Heumann과 Neander가 지적했듯이, 이 두 단락은 단순히 명백한 죽음의 경우들을 언급한 것으로 설명하기 힘들다.

22) *Apol.* I. c. 13, 14.

5. 순전히 도덕적인 방법으로, 그리고 유대인들과 이방인들의 격렬한 박해라는 엄청난 외적 장애에도 불구하고 기독교가 급속히 전파되었다는 점. 사도적 교부들의 저작에 속하는 디오그네투스 서신이라는 익명의 변증서는 이미 이 점을 강조한다: "여러분은 그리스도인들이 야수들에게 던져질 위기에서 주님을 부인하라는 협박을 받았으나 굴복하지 않은 것을 보지 못하는가? 많은 수가 처형될수록 그들의 수가 더 불어나는 것을 보지 못하는가? 이것은 사람의 일처럼 보이지 않는다. 이것은 하나님의 권능이다. 이것은 하나님이 자신을 나타내신 증거이다."[23] 순교자 유스티누스와 테르툴리아누스도 자주 비슷한 말을 한다. 오리게네스는 켈수스를 비판할 때 이 내용을 잘 활용하며, 기독교가 그처럼 단기간에 어떠한 무력이나 세상적 수단도 없이, 황제들과 원로원과 총독들과 장군들과 사제들과 백성의 한결같은 반대에도 불구하고 헬라인들과 야만인들, 지식인들과 무지한 사람들 사이에서 그처럼 큰 성공을 거둔 일은 하나님의 특별한 섭리와 그리스도의 신성에 근거할 때에만 비로소 이성적으로 설명할 수 있다고 생각한다.

6. 기독교가 지닌 합리성과, 그리스 철학과 시에 담긴 모든 진실하고 아름다운 것들과 잘 부합하는 점. 변증가들은 그리스도 이전에 이성적으로 살았던 모든 사람들이 비록 무의식적으로나마 사실상 이미 그리스도인들이었다고 말했다. 따라서 기독교적인 모든 것은 이성적인 것이며, 진정으로 이성적인 모든 것은 기독교적인 것이라고 했다. 그럴지라도 물론 기독교는 (비이성적이지 않고) 초이성적이다.

7. 기독교가 인간 본성의 가장 깊숙한 궁핍(기독교만 해결해 줄 수 있는)을 해결해 준 점. 테르툴리아누스가 '본질상 기독교적인 영혼의 증거'(testimonia animae naturaliter Christianae)에 호소한 것이 여기에 속한다. 그것은 인간 영혼이 그 본질과 본능상 기독교를 위해 예정되며, 오직 그 안에서만 안식과 평안을 발견할 수 있다는 그의 심오한 생각이 담긴 표현이다. 그는 이렇게 말한다. "영혼은 비록 육체의 감옥에 갇혀 있고, 악습에 의해 왜곡되어 있고, 육욕과 열정에 의해 약해지고, 거짓 신들을 섬기는 데 바쳐지더라도, 그 중독과 꿈에서 깨어나 원기를 되찾는 즉시 '크신 하나님! 선하신 하나님!'이라는 이름을 지니기에 합당하신 하나님을 부른다. 그리고는 제우스의 신전을 바라보지 않고 하늘을 바라본

---

23) *Ad Diogn.* c. 7.

다. 영혼은 살아 계신 하나님이 거하시는 곳, 즉 자신이 나온 곳을 알기 때문이다."[24]

그리스도 안에 계신 하나님을 향한 인간 영혼의 이러한 깊은 갈망에 대해서, 훗날 아우구스티누스는 테르툴리아누스의 정신을 더욱 정결하고 풍부하게 되살려 다음과 같은 장엄한 문장으로 표현했다: "하나님, 당신은 저희를 당신을 위해서 지으셨으므로, 저희 마음은 당신 안에서 안식할 때까지 쉼을 얻지 못하나이다."[25]

---

24) Ter. *Apolog.* c. 17.
25) Aug. *Confess.* I. 1(고백록)

제 4 장

교회 조직과 권징

41. 기틀을 다지며 전진하다

이 시기에는 교회의 외적 조직에서 여러 가지 중요한 변화가 나타난다. 성직자와 평신도의 구분, 성직자 중심의 사역관이 현저해지고 고착된다. 교회의 하급 직분들이 증가하고, 주교제(episcopate)가 등장하고, 로마 교회의 수위성이 주장되기 시작하며, 가톨릭 교회의 배타적 통일이 이단들과 분리주의 집단들에 대항하면서 발전한다. 1세기의 사도 중심의 조직이 이 시기에는 고대 가톨릭 주교제에 자리를 내준다. 그리고 고대 주교제는 다시 수도대주교 체제로 이어지고, 4세기 이후에는 총대주교 체제로 이어진다.

그리스 교회는 여기서 멈추었고, 오늘날까지 서열과 관할권이 동등한 총대주교들의 성직위계적 과두제에 의해 감독된다. 반면에 라틴 교회는 거기서 한 걸음 더 나아가 중세에는 교황 군주제를 이룩했다. 교황제의 싹은 벌써 우리가 다루는 시기에도 나타나기 시작한다. 특히 키프리아누스에게서 그러한 경향이 강하게 나타나는데, 그는 교황제에 반대하는 태도도 함께 드러낸다. 키프리아누스 자신은 로마 주교(교황)의 수위성을 주장한 것만큼이나 감독(주교)들간의 상호 독립도 주장하기 때문에 로마 교회와 성공회에 의해서 분파적 목적으로 제대로 사용되기도 하고 오용되기도 한다.

하지만 콘스탄티누스 이전의 성직위계제도(hierarchy)는 콘스탄티누스 이후의 그리스 교회와 로마 교회 모두의 성직위계제도와 달리, 첫째, 크고 단순했다는 점과, 둘째, 영적이었다는 점, 즉 정치 권력과 세속적 화려함에서 벗어났다는 점이 특징이었다. 이 시기의 교회는 어떠한 영향력을 확보하여 행사하든 세속 정부로부터 털끝만치도 도움을 입지 않았다. 세속 정부는 콘스탄티누스의 보호적 관용령(313)이 공포될 때까지 일관되게 교회에 무관심하거나 적극적으로 적대시했던 것이다. 테르툴리아누스는 황제가 그리스도인이 되거나, 그리스도인이 황제가 된다는 게 불가능하다고 생각했다. 심지어 콘스탄티누스 이후에도 도나투스파는 계속해서 이 견해를 고수하면서, 가톨릭 교회 신자들에게 이전 시대의 기억을 상기시켰다: "그리스도인들이 왕들과 무슨 상관이 있는가? 혹은 주교들이 왕궁에서 무슨 할 일이 있단 말인가?"

니케아 이전 교부들은 기독교가 세상을 이기는 일은 궁극적으로 그리스도의 재림에 의한 초자연적 개입에 의해서 발생할 것이라고 예견했다. 그 거친 박해기에 기독교가 지속적 장성에 의해서 세상을 지배하게 될 것이라고 예견한 사람은 아마 오리게네스 한 사람뿐이었던 것 같다.[1]

교회 권력을 강화하고 조직을 치밀하게 정비하는 작업에는 질서를 위해 개인의 자유를 구속하고 권위를 남용할 위험이 따랐다. 그럴지라도 그 작업이 요구되었던 이유는 사도시대에 풍성하게 부어졌던 성령의 은사들이 갈수록 감소했기 때문이었다. 교권 강화와 제도 정비는 교회를 로마 제국 내부의 일종의 강력한 공화국으로 만들었고, 교회가 궁극적으로 승리를 얻는 데 크게 이바지했다. "통일에서 힘이 나온다"는 말이 있는데, 이것은 니케아 이전 시대에 교회가 뚫고 나와야 했던 위험과 박해의 시기에는 특히 절실했다.

어느 독특한 교회 정치 형태가 신약성경의 단순한 원리들에서 떠날 경우에는 그 신적 권리와 항구적 책무를 반드시 부정해야 하지만, 니케아 이전과 그 후에 생긴 교회 조직들이 역사적으로 필요했고 상대적으로 매우 중요했다는 점에 대해서는 인정할 수 있다. 심지어 교황제라 할지라도 철두철미하게 악한 제도였던 것만은 아니었으며, 중세에는 야만족들을 훈련하는 학교 역할을 했다. 원리상 모든 성직위계제도와 사제 중심주의(sacerdotalism)와 의식주의(ceremonialism)를 비판하는 사람들은 하나님께서 모세 시대에 친히 제사장 제도와 의식들을 제정하셨다는 것과, 그리스도께서 땅에 강생하셨을 때 율법의 요구에 순응하셨다는 것을 기억해야 한다.

---

1) *Conra Cels.* VIII. 68.

42. 성직자와 평신도

신자들의 집단과 구분되는, 그리고 제사와 제단 개념이 따라붙는 특별한 사제직(司祭職) 개념과 제도는 유대교와 이교의 기억들과 유추들에서 슬그머니 기독교 교회에 들어온 것들이다. 기독교 신앙으로 회심한 대다수 유대인들은 모세의 제도들과 의식들을 완강하게 고수했고, 그들 중 상당수는 사도 바울이 가르친 영적 자유에 한 번도 제대로 이르지 못하거나, 얼마 있다가 교회를 떠났다. 바울은 갈라디아와 고린도에 조성되던 율법주의와 의식주의 경향을 책망했다. 그리고 성직자 중심주의는 그의 적이었던 유대화주의자들의 오류에는 나타나지 않았지만, 대제사장·제사장·레위인의 세 계급으로 구성되었던 레위적 제사장 제도가 자연스럽게 주교·사제·부제로 구성되는 삼중 교직을 위한 유추를 제공했으며, 그것의 예표로 간주되기에 이르렀다. 이방 그리스도인들도 교회에 들어올 때 자신들의 옛 종교의 기반인 사제와 제단과 제사에 관한 기존 관념을 단번에 씻어내기가 여간 어렵지 않았다. 유대교 전통이든 이교 전통이든 과거로 되돌아간 이러한 변화를 과연 교회가 살 만하니까 배교한 것으로 보든, 아니면 한 번도 버린 적이 없는 과거의 사고 방식이 겉으로 드러난 것으로 보든 간에, 2세기에 접어들면 이러한 변화가 부인할 수 없을 만큼 감지된다. 교회는 사도시대의 이상적인 높은 자리에 오래 앉아 있지를 못했고, 사도들이 죽으면서 오순절 성령의 조명도 사라짐에 따라 과거의 추억들이 되살아나기 시작했다.[2]

사도시대 교회에서는 전도와 설교가 특정 계층의 전유물이 아니라 모든 회심자가 불신자들에게 복음을 전할 수 있었으며, 은사가 있는 그리스도인이라면 누구나 회중 안에서 기도하고 가르치고 권할 수 있었다(참조. 행 8:4; 9:27; 13:15; 18:26, 28; 롬 12:6; 고전 12:10, 28; 14:1-6, 31).[3] 신약성경은 영적 귀족을 인정

---

2) Renan은 자신의 세속적 관점을 토대로, 성직위계제도가 초기의 민주적 제도에서 점진적으로 발전한 것으로 보고서, 그것을 역사에서 '가장 심오한 변형'이자 삼중 주권 포기라고 부른다. 첫째는 회중이 자신들의 권리를 부서나 위원회(장로들의 집단)에 넘겼고, 그 뒤에는 부서가 그 장(주교)에게 권리를 넘겼으며, 마지막으로 주교들은 보편적이고 무류한 주교인 교황에게 권리를 넘겼다. Renan은 이 마지막 과정이 1870년의 바티칸 공의회로써 완료되었다고 말한다.

3) 심지어 유대인 회당에서도 자유로운 강론권이 있었으며, 장로가 명망이 높은 회

132 교회사 전집 제2권 니케아 이전의 기독교

하지 않고, 모든 신자들에 대해서 비록 그들이 신자답지 못한 점이 있을지라도 '성도'(saints)라고 부른다. 게다가 하나님과 평신도 집단 사이에서 중재하는 특별한 사제직도 인정하지 않는다. 다만 한 분이신 대제사장 예수 그리스도를 알며, 신자들이 누구나 제사장이며 누구나 왕이라고 분명히 가르친다(참조. 벧전 2:5, 9; 5:3; 계 1:6; 5:10; 20:6).[4] 신약성경의 이 가르침은 구약성경보다 훨씬 깊고 광범위하며, 어떤 의미에서는 오늘날까지도 충분히 실현되지 않았다. 그리스도인들 집단 전체가 하나님께 상속을 받는 특별한 백성이라는 점에서 '성직자'(clergy, κλῆροι)라 불린다(참조. 벧전 5:3).[5]

반면에 사도 교회에는 가르치고 다스리는 직분이 있는 것도 엄연한 사실이다. 그것은 그리스도께서 신자들 다중을 유아와 학동(學童)의 상태에서 벗어나 스스로 하나님께 나아가 사귐을 갖고, 그들 모두가 나아갈 방향으로 제시된 선지자와 제사장과 왕의 지위를 수행할 수 있는 자리로 이끌어 올리시기 위해서 제정하신 직분이다(참조. 엡 4:11-13). 이 일은 교회사 자체의 점진적인 과정이며, 영광의 나라가 임해야 비로소 온전히 성취될 것이다. 하지만 이 직분들은 어디서도 그리스도인들 일반이 하늘에 계신 자신들의 유일하고 영원하신 대제사장의 이름으로 은혜의 보좌에 직접 나아가는 특권을 지닌 제사장들이라는 것 이외의 다른 어떤 의미로도 제사장(혹은 사제)으로 언급되지 않는다. 심지어 사도시대에 가장 진전된 교회 조직의 모습을 보여주는 목회서신서들조차 장로-감독들의 가르치고 다스리고 목양하는 기능들에 관해서는 충분히 논하면서도 제사장(사

원에게, 심지어는 낯선 사람에게까지 성경에 대해 강론을 부탁할 수 있었다(눅 4:17; 행 17:2).

4) 필자는 Hatch가 「초기 기독교 교회들의 조직」(*The Organization of the Early Christian Churches*)이라는 제목으로 행한 뱀프턴 강좌(1881) 139쪽에서 한 단락을 발췌하여 소개하고자 한다: "초기에는 보다 장중한 신앙이 있었다. 하나님 나라가 곧 제사장들의 나라였기 때문이었다. 보좌 앞에 있는 '이십사 장로' 뿐 아니라, 둘째 사망이 아무런 해도 가하지 못하는, 거룩하게 된 헤아릴 수 없이 많은 영혼들도 하나님께 왕들이요 제사장들이었다. 이런 숭고한 의미로만 그리스도인들에 대해서 제사장들이라는 말을 사용할 수 있었다. 이제는 그림자가 지나가고 실체가 왔기 때문이다. 이제 기독교의 유일한 대제사장은 그리스도이셨다."

5) 여기서 베드로는 동료 장로들에게 κλῆροι 즉 주님의 기업, 다시 말해서 그들에게 맡겨진 사람들에 대해서 군림하려고 하지 말라고 경고한다.

제) 기능에 관해서는 한 마디도 하지 않는다. 훨씬 후대에 집필된 요한계시록은 신자들의 보편적 제사장직과 왕직을 힘주어 가르친다. 사도들 자신들이 특별한 사제직을 주장하거나 행사하지 않는다. 성경이 모든 그리스도인들에게 드리라고 권고하는 제사도 자신들의 인격과 재산을 주님께 바치는 제사이며, 감사와 찬미로 이루어지는 영적 제사이다(참조. 롬 12:1; 빌 2:17; 벧전 2:5; 히 13:16). 한 단락에서 기독교의 '제단'이 유대교의 문자적 제단과 일상적 제사들과 구분되어 언급되지만, 이 제단은 그리스도께서 세상의 죄를 위해 자신을 단번에 영원히 제사로 드린 십자가이다(참조. 히 13:10).[6]

사도시대에 교회의 이상적인 상태를 나름대로 예시하면서 크게 고양되었던 영성이 점진적으로 식어간 뒤에, 정식 교사들 계층을 평신도들과 구분하는 태도가 더욱 고착되고 유력해졌다. 이러한 태도는 이그나티우스에게서 처음으로 발견되는데, 주교제를 중시한 그는 성직자를 사람들이 하나님께 나아가는 데 없어서는 안 될 중보자로 간주한다. "성소(혹은 제단) 안에 있는 사람은 누구든 성결하다. 하지만 성소 밖에 있는 사람은 성결하지 않다. 다시 말해서 감독(주교)과 장로와 집사를 떠나서 무슨 일을 행하는 사람은 양심이 순결하지 않은 것이다."[7] 그럴지라도 그는 아무 데서도 목회직을 사제직으로 설명하지 않는다. 「디다케」(Didache)는 '선지자들'을 대제사장들(high-priests)이라고 부르지만, 아마 영적인 뜻으로 그렇게 했을 것이다. 로마의 클레멘스는 고린도 교회에 쓴 편지에서, 기독교의 다스리는 직분과 레위 지파의 제사장직을 의미있게 그리고 유익하게 비교하며, '평신도'(라이코스, 안쓰로포스)라는 표현을 대제사장, 제사장들, 레위인들과 대조되는 뜻으로 사용한다.[8] 이 비교에는 사제제도의 체계 전체의 씨

---

6) 히브리서 13:10에 쓰인 '제단'을 Thomas Aquinas, Bengel, Bleek, L nemann, Riehm도 그렇게 해석한다. 다른 이들은 그것을 성찬상으로 설명하며, Lightfoot(p. 263)는 예배하러 모인 회중으로 설명한다.

7) A d Trall. c. 7.

8) A d. Cor. 40: "대제사장에게는 그의 본연의 직무가 위임되고, 제사장들에게는 그들의 본연의 직무가 위임되며, 레위인들에게도 그들 본연의 사역이 맡겨진다. 평신도는 그의 의무를 지닌다." 이 단락은 Bryennios의 본문뿐 아니라 그보다 오래된 판본들에도 나오며, 따라서 그것이 성직위계적 관점에서 후대에 삽입한 것이라고 의심할 정당한 이유가 없다. 주교 Lightfoot는 St. Clement of Rome(p. 128 이하)에서 그 점에 대해 가볍게 부연 설명을 하면서, 클레멘스가 두 직분(감독〈주교〉과 집사〈부제〉)만 알

앗이 담겨 있다. 하지만 그것은 기껏해야 유추에 의한 논증일 뿐이다. 테르툴리아누스는 기독교 사역이 갖는 사제적 성격을 최초로 분명하고도 직접적으로 주장했으며, 비록 모든 신자들의 보편적 사제직을 강하게 주장하면서도 동시에 기독교 사역을 '사제직'(sacerdotium)이라고 부른다.

키프리아누스(258년 죽음)는 거기서 훨씬 더 나아가 아론 계열의 제사장직이 지녔던 모든 특권과 의무와 책임을 기독교 교회의 직분자들에게 적용하며, 일관되게 그들을 '사제들'(sacerdotes)이라고 부르고, 그들의 직분을 '사제직'이라고 부른다. 그러므로 키프리아누스를 가리켜 기독교 사역을 하나님과 백성 사이에서 중재하는 사제 개념으로 이해한 장본인이라고 해도 무방하다. 3세기에는 '사제'라는 단어를 기독교 사역자들에게, 특히 주교들에게 직접 그리고 독점적으로 적용하는 것이 관행이 되었다. 같은 방식으로 사역자 집단 전체를 가리켜, 그리고 오직 그 집단만을 가리켜 '성직자들'(clergy)이라고 불렀으며, 이 표현에는 사역자들의 다스리는 직위와 하나님과의 독특한 관계라는 이중적인 의미가 실려 있었다. 성직자들은 이 명칭에 의해서 기독교인들 곧 '평신도들'과 구분되었다.[9] 따라서 '성직자들'이라는 용어는 처음에는 직무를 배정하는 방식이었던 제비뽑기를 뜻했다가(참조. 행 1:17, 25) 그 후에는 직무 자체를 뜻했으며, 나중에는 그리스도인들 일반으로부터 오직 사역자들에게로 이전되었다.

안수(按手)로써 이루어지는 엄숙한 '서품' 혹은 축성(祝聖)이 '교직'(教職, ordo ecclesiasticus) 혹은 '사제직'(sacerdotalis)으로 받아들여지는 형태였다. 이 직위에도 다시 '대품'(大品, ordines majores)이라고 하는 세 가지 등급이 있었다. 그것은 부제(집사)직과 사제직과 주교직으로서, 하나님께로부터 임명받는 직분들로 간주되었다. 후대에는 대품 밑에 차부제(sub-deacon)에서 문지기에 이르는 보조직분(ordines minores, 下品)이 생김으로써 성직자들과 평신도들 사이에

───

앉을 뿐이기 때문에 그의 유추가 삼중직(주교, 사제, 부제)으로까지 확대되지 않았다는 것과, 그리스도의 대제사장직이 모세시대의 대제사장직과 성격상 완전히 다르며, 따라서 그 직위는 클레멘스가 그 장에서 다루는 영역에서 제외된다는 것을 말한다.

9) Λαός, λαικοι, plebs. 테르툴리아누스와 키프리아누스, 그리고 사목 헌장에는 '평신도'(layman)라는 단어가 아주 자주 나온다. 키프리아누스는 (250년에) "감독(주교)들과 장로들과 집사(부제)들과 고백자들, 그리고 (박해 때) 확고히 신앙을 지킨 평신도들이 모여 회의를 가졌다"고 말한다(Ep. 30, ad Rom.)

계단 역할을 했다.

따라서 이미 3세기부터 완벽한 성직위계제도의 토대들을 발견하게 되는 셈이다. 물론 이때의 성직위계제도란 도덕적 권세만 따랐을 뿐, 양심을 외적으로 통제하는 권세는 따르지 않았지만 말이다. 평신도 집단은 두 계층으로 구성되었다. 하나는 성실히 신앙 생활을 하는, 즉 세례를 받고 성찬에 참여하는 계층이었고, 다른 하나는 세례를 위해 준비하는 세례 예비자 계층이었다. 일정 지역에서 함께 사는 교회의 회원들[10]이 보다 좁은 의미에서의 교회[11]를 구성했다.

성직자들의 지위가 격상함에 따라 그들을 세속적 업무로부터, 심지어는 사회 관계 — 예를 들면 결혼 — 로부터 분리시키고, 그들을 외양조차 일반인들과 독립되어 성소 사역에만 전념하는 계급으로 나타내려는 경향이 나타났다. 그들은 교회 재정에서 생활비를 받았고, 교회 재정은 자발적인 기부와 주일 헌금으로 형성되었다. 3세기 이후에는 성직자들이 어떤 종류의 세속 업무에 종사하거나 신탁 자금을 관리하는 행위가 금지되었다. 독신은 이 시기에는 아직 의무가 아니라 임의 사항이었다. 테르툴리아누스, 니사의 그레고리우스 같은 저명한 교회 교사들이 비록 이론으로는 결혼하지 않은 상태를 선호했으나, 실제로는 결혼하여 가정을 꾸리고 살았다. 공식적인 성직자 복장에 관해서는 4세기 이전에는 뚜렷한 흔적이 남아 있지 않다. 혹시 일찍부터 그런 복장이 사용되었다고 한다면 — 그랬을 개연성이 있다 — 박해 기간에는 유대교 방식대로 예배 시간에만 착용했음에 틀림없다.

하지만 이렇게 성직자와 평신도의 구분이 고착되는 가운데서도 보편적 제사장 사상도 간헐적으로 표출되었다. 예를 들면 이레나이우스에게서 그 사상이 표출되었고, 심지어 여성들에게도 교회에서 공식적으로 가르칠 자격을 준 몬타누스파에게서 약간 특이한 형태로 표출되었다. 따라서 한때 클레루스(성직자)와 라이키(평신도)를 비슷한 표현으로 이해한 테르툴리아누스는 가톨릭 교회의 성직위계제도에 반발하던 몬타누스파의 대변인으로서 "우리 평신도들이 곧 사제들이 아닌가?" 하고 묻는다. 그는 이어서 이렇게 말한다: "성경에는 하나님께서 우리를 '나라(왕)와 제사장'으로 삼으셨다고 기록되어 있다. 성직자와 평신도를

---

10) 엡 2:19; 벧전 2:11.
11) 혹은 소교구(parish), παροικία

구분해온 것은 교회 권력자들뿐이다. 목회자들이 없는 곳에는 여러분이 성찬을 집례하고, 세례를 주고, 여러분 자신이 여러분에게 제사장 역할을 수행한다. 그리고 세 사람이 있으면 여러분이 비록 평신도일지라도 교회가 있다. 이는 각 사람이 자신의 신앙으로 살며, 하나님께서는 사람을 외모로 구분하지 않으시기 때문이다." 그러므로 테르툴리아누스는 성직자들이 자신들의 독특한 권위로 간주하는 모든 것을 모든 그리스도인들이 공통으로 소유하는 제사장적 특권으로서 평신도들에 대해서도 인정한다.

심지어 가톨릭 교회[보편 교회]조차 세례받을 사람들에게 회중 앞에서 주기도문을 말하도록 요구하는 관습으로써 보편 제사장 개념을 드러냈다. 이 점과 관련하여 제롬은 "평신도의 제사장직, 즉 세례"(Sacerdotium laici, id est, baptisma)라고 말한다. 적어도 서방에서는 오랫동안 회중이 자신들의 사역자에 대해서, 심지어 주교에 대해서까지도 인정하고 배척할 권한을 갖고 있었다. 로마의 클레멘스는 목회자가 정당하게 선출되려면 회중 전체가 동의해야 한다고 분명히 말한다. 게다가 키프리아누스는 이것을 사도적이고 거의 보편적인 규정으로 표현한다. 그의 증언에 따르면, 이 규칙은 로마에서도 시행되었고, 그 시대 사람인 코르넬리우스(Cornelius)의 경우에 준수되었다고 한다. 간혹 주교직이 공석으로 남게 되면 회중의 '선거권'(suffragium)이 교구 성직자들의 '판결'(judicium)보다 우선했다. 키프리아누스와 훗날의 아타나시우스, 암브로시우스, 아우구스티누스, 그리고 그 외의 유력한 고위성직자들도 저마다 이런 민주적인 방식에 의해 뜻하지 않게 주교직을 떠맡았다. 키프리아누스는 교회의 의식과 조직을 크게 중시하는 경향이 있었음에도 불구하고 장로들과 집사들의 조언과 회중의 동의 없이 감독[주교]으로서 어떤 일도 하지 않는 것을 자신의 원칙으로 밝힌다. 그 시대 교회에는 '고백자들'에게 성직자들조차 감당할 수 없는 독특한 권위가 부여되었는데, 이를테면 디오클레티아누스의 박해 때 그리스도를 부인한 변절자들을 그들이 옹호하고 나서는 등 그 권위가 남용되는 경우가 이따금씩 발생했다.

마지막으로, 평신도들이 교회에서 가르치는 기능을 수행한 사례들을 주목해야 한다. 예루살렘과 가이사랴의 감독(주교)들은 오리게네스의 학식을 높이 평가하여 그가 안수를 받기 전부터 그에게 교회에서 성경을 강해하도록 허락했고, 그렇게 한 근거로써 동방교회의 여러 주교들의 사례들을 지적했다.[12] 심지어 사도헌장(the Apostolical Constitutions, 여덟 권으로 된 교회의 목회와 의식에 관한 책. 로마의 클레멘스가 집필한 것으로 추정됨:역자주)에도 사도 바울의 이름으로 다음과 같은 지시가 실려 있다: "평신도일지라도 가르치는 일에 경험이 있고 행실이 존경할 만하면 가르칠 수 있다. 성경은 '네 모든 자녀는 여호와의 교훈을 받을 것이니'라고 말하기 때문이다." 카르타고에서 열린 제4차 세계 공의회(398)는 평신도들이 성직자들 앞에서, 그리고 그들의 승낙이 없이는 설교하지 못한다고 규정했다. 하지만 이 규정에는 성직자들의 승낙이 있으면 설교할 수 있었다는 암시도 실려 있다.[13]

이 시기의 교회 교사들 가운데 헤르마스, 순교자 유스티누스, 아테나고라스, 알렉산드리아의 클레멘스, 오리게네스, 테르툴리아누스, 아르노비우스, 락탄티우스 같은 여러 유력한 사람들이 평신도였거나 아니면 기껏해야 장로였다는 점을 주목할 가치가 있다. 초기 교회에서 가장 큰 인기와 권위를 누린 책을 집필한 헤르마스는 평신도였을 것으로 추정된다. 그리고 로마의 클레멘스 제2서라는 이름이 붙은, 그리고 최근에 헬라어 원서와 시리아어 역본으로 전체 내용이 발견된 설교의 저자도 헤르마스였을 것으로 추정된다. 이렇게 추정하는 근거는 저자가 자신과 자신의 청중을 장로들과 구분해서 말하는 듯하기 때문이다.[14]

---

12) Euseb., *H. E.* VI. 19: "그곳[가이사랴]에서 그[오리게네스]는 아직 안수에 의해 사제직을 받지 않은 상태였는데도 주교들에게 교회에서 성경을 공식적으로 강해하라는 요청을 받았다. 이 일로 그가 알렉산드리아 주교 데메트리우스에게 비판을 받게 된 것이 사실이지만, 데미트리우스가 비판한 이유는 오리게네스가 평신도 자격으로 가르쳤기 때문이 아니라, '주교들 앞에서' 설교했기 때문이었다. 그리고 예루살렘과 가이사랴의 주교들은 유력한 평신도들을 초대하여 회중에게 설교하도록 한 거룩한 주교들의 사례들을 많이 제시했다. 프루덴티우스와 아이데시우스는 평신도일 때 아비시니아에 교회를 세웠다. Socrates, *Hist. Eccl.* I. 19.

13) 교회법 99조는 여성들이 아무리 "학식이 깊거나 거룩해도" 집회 때 주제넘게 남성들을 가르치는 행위"를 금한다. 교황 레오 1세(*Ep.* 92, 93)는 평신도가 성직자들의 문제에 관해 설교하는 것을 금한다. 샤를마뉴는 "평신도가 교회에서 교훈서를 낭송해서는 안 되고, 할렐루야를 말해서도 안 되며, 다만 할렐루야라는 말을 하지 않은 채 시편이나 응송(應訟)들만을 부를 수 있다"는 법을 제정했다.

14) 헬라어 본문(과거에는 그것의 단편만 알려졌다)은 1875년에 브리엔니오스에 의해 발견되어 출판되었고, 시리아어 역본은 1876년에 벤슬리에 의해서 발견되어 출판되었다. Harnack, Hilgenfeld, Hatch는 그 설교가 평신도에 의해 행해졌다고 추정하지만, Lightfoot는 위에 언급한 표현을 스스로를 청중보다 낮춰 말하는 연설자들의 공

43. 교회의 새로운 직분들

교회가 확장되고, 의식이 발전하고, 성직위계제도 중심으로 진행되면서, 집사
[부제] 밑에 여러 직분들이 생기게 되었고, 이 직분들이 모여 보조직분(ordines
minores)을 이루었다. 3세기 중엽에는 다음과 같은 새로운 직분들이 언급된다:

1. 차부제(次副祭, sub-deacon, 부집사) 혹은 조력자; 집사[부제]를 돕거나 대
리하는 직분; 하위 직분들 가운데 유일하게 공식적인 안수를 요구하는 직분. 그
가치에 관해서는 견해가 엇갈린다.

2. 독서자(讀書者, reader). 집회 때 성경을 낭독하고, 교회의 도서들을 관리하
는 직분.

3. 시종(侍從, acolyth). 주교가 공식 임무를 행하고 행렬을 이끌 때 그를 수행
하는 직분.

4. 구마사(驅魔師, exorcist). 귀신들린 자들과 세례 예비자들(세례 지원자들)에
게서 기도와 안수로써 귀신을 쫓아내는 직분으로서, 세례 때 의식을 거든 경우
가 많았다.

5. 선창자(precentor). 예배 중에서 시편, 강복, 응송 등 음악 부분을 담당했다.

6. 문지기(janitor 혹은 sexton. 교회지기) 예배당 시설을 관리했고, 후대에는
교회 뜰도 관리했다.

7. 위에 언급한 직분들 외에도 규모가 큰 교회들에는 교리교사(catechist)가 있
었고, 예배 때 언어가 통하지 않은 경우에는 통역자(interpreter)가 있었다. 하지
만 통역은 대체로 장로, 집사 혹은 독서자가 맡았다.

로마의 주교 코르넬리우스(252년 죽음)는 노바티아누스파에 관해서 쓴 편지에
서 자기 교회에 있던 여러 직분들을 다음과 같이 소개한다:사제(장로) 46명(아마
그 도시에 있던 예배당 수와 같았을 것이다), 부제[집사] 7명(예루살렘 교회의 본
을 따서. 행 6장), 차부제[부집사] 7명, 시종 42명, 구마사와 독서자와 문지기 52
명.

대품 가운데 부제(副祭)가 이 시기에는 중요하게 대두했다. 이들은 가난한 사
람들과 병든 사람들을 보살피는 원래의 임무 외에도 세례를 주었고, 성찬의 잔

통된 수사적 표현으로 설명한다.

을 분배했고, 예배 때 대표기도를 했고, 설교를 한 경우도 적지 않았고, 상담을 했으며, 때로는 주교를 대신하여 파견되거나 업무를 수행했다. 이 가운데 특히 주교를 대리하는 직분이 '대부제'(archdeacon)로서, 하지만 이 직분은 4세기가 되어서야 비로소 나타난다. 반면에 사제는 비록 부제보다 높은 직분이었으나 이제는 주교(bishop)라는 새로운 직분 밑에 있게 되었고, 주교직이 교회를 감독하는 중심 직분이 되었다.

44. 주교제[감독제]의 기원

우리가 다루는 시기의 교회 조직 분야에서 가장 중요하면서도 파악하기 어려운 현상은 주교제가 장로제와 구별되어 등장하고 발전한 것이다. 2세기에는 이 제도가 대단히 영적인 것으로 간주되었고, 오늘날까지도 로마 가톨릭과 그리스 기독교 세계 전부와 상당수의 개신교, 특히 성공회가 이 제도를 견지한다. 주교제가 이렇게 오랜 세월 동안 광범위한 지역에서 채택되어온 원인은 그만한 종교적 필요가 있었기 때문이었다는 말로밖에 설명할 수 없다. 다시 말해서 회중에게 그들이 그리스도와 하나님과 맺고 있는 관계, 그리고 교회의 가시적 통일을 예시하고 구체화하기 위해서는 손으로 만질 수 있는 외적인 대표 기관과 중추 기관이 필요했던 것이다. 따라서 주교제는 로마 가톨릭 교회가 표방하는 권위와 중재의 원칙과 떼어놓을 수 없다. 반면에 개신교는 자유의 원칙과 신자가 그리스도와 직접 교제한다는 원칙을 표방하기 때문에 주교제를 인정하지 않으며, 사역자들의 동등한 지위를 지향한다. 엄격한 의미의 주교제는 실질적인 사제직과 실질적인 제사 개념, 그리고 성직자와 평신도가 본질적으로 다르다는 개념을 토대로 삼는다. 이런 개념들을 제거해내면 결국 남는 것은 단순한 감독제(superintendency)이다.[15]

---

15) 스웨덴과 덴마크의 루터교회, 미국 감리교회, 모라비아 감독교회가 이러한 감독제를 채택한다. 성공회는 중세 교직자 제도의 산물인 고교회의 주교제 이론과, 종교개혁의 산물인 저교회의 이론을 동시에 수용하지만, 수위설(首位說)에 대해서는 반기독교적 권위 찬탈로 규정하여 배척한다. 이것은 수위설이 그 뿌리가 로마의 클레멘스로, 혹은 어쨌든 이레나이우스 시대로 거슬러 올라갈 만큼 주교제 못지않게 오랜 역사

사도들이 살아 있는 동안에는, 즉 예수의 신적이며 인간적인 생애를 눈과 귀로 접하고, 성령께 영감을 받아 그의 기관 역할을 하던 지도자들이 살아 있는 동안에는 주교[감독]라는 직위가 들어설 자리가 없었다. 감독이라 불린 사람들도 그 지위가 종속적인 것이었음에 틀림없다. 게다가 1세기 교회는 아직까지는 초자연적인 조직이었고, 한쪽 발을 영원에 딛고서 천상의 신랑이 재림할 날을 기다리고 있었기 때문에 이 세상에서는 외인(外人)이었다. 하지만 주교제가 정착되면서 교회는 두 발을 세상에 확고히 딛고서, 극히 단순하면서도 치밀하고 자유롭게 확장될 수 있는 조직을 제공했고, 아직 미숙한 상태에 있던 교인들에게 교육 기관이 되었으며, 천년왕국에 대한 소망이 퇴조하면서 조용한 역사적 발전의 길로 들어섰다. 하지만 이렇게 됨으로써 교회는 세속화의 위험도 안게 되었는데, 그 위험은 로마 교회에서 성직위계제도가 완성되었을 때 극에 달했으며, 이러한 상황이 결국에는 사도적 기독교에 근거한 종교개혁을 불렀다.

이러한 세속화는 심지어 콘스탄티누스가 등장하기 전부터, 그리고 비잔틴 황실의 지원을 받은 정교회가 등장하기 전부터 주교들의 권한이 증대되면서 시작되었다. 그 단면을 잘 보여주는 자료가 있는데, 그것은 히폴리투스가 「필로소푸메나」(Philosophumena) 제9권에서 느슨한 권징과 탐욕과 부패를 이유로 자기 시대(202–223)의 로마 주교들인 제피리누스와 칼리스투스를 비판하는 대목이다. 뿐만 아니라 269년에 사모사타의 주교 파울루스가 믿기지 않을 만큼 중대한 교리적·윤리적 죄악들로 인해 폐위된 사실도 세속화의 단면을 보여준다. 오리게네스는 특히 대도시들에 하나님 백성의 감독자로 자임하면서 이교 세도가들을 능가하는 허세를 부리고, 마치 황제나 된 듯이 수행원을 거느리고, 가난한 사람들의 접근을 불허하고 그들에게 모질게 대하는 사람들이 있다고 탄식한다.

그러면 먼저 주교제의 기원을 생각해 보자. 사도 교회가 막을 내리고 속사도 교회가 시작되는 전환기에서 유래한 문헌들과 전승들은 신빙성이 떨어지기 때문에 비평적 시각으로 조사하고 조합할 필요가 있다. 우선 다음과 같은 질문이 가장 먼저 대두된다. 주교제가 과연 직접이든 간접이든 사도[요한]에게서 유래했는가?[16] 아니면 사도들이 죽은 뒤에, 회중적 장로제가 의장을 두는 관행에서 발

를 갖고 있다는 점을 감안했음에도 불구하고 내놓은 결론이다.

16) 이것이 그리스와 로마 가톨릭과 성공회 고교회파의 이론이다. Chevalier Bunsen, Rothe, Thiersch(어빙파) 같은 대륙의 극소수 개신교 학자들이 이 이론을 옹

전했는가?[17] 달리 말해서, 주교제는 사도직이 축소되어 연장된 것인가, 아니면 장로직이 확대되고 향상된 것인가?[18] 후자의 견해가 보다 자연스럽고 사실들에 잘 부합한다. 이 견해를 지지하는 대다수 학자들은 그 변화가 2세기 초반인 이그나티우스의 때에 발생했다고 보지만, 몇몇 학자들은 훨씬 더 거슬러 올라가 사도 요한이 에베소에서 사역하던 1세기 말에 발생했다고 본다.

  I. 주교제가 사도 시대에 제정되었다는 견해를 뒷받침할 만한 사항들.
  (1) 야고보의 지위. 그는 분명히 예루살렘 교회의 수장이었으며(행 15:13; 21:18), 적어도 위(僞)클레멘스의 문헌에는 주교이자 사실상 온 교회의 최고 주교로 불린다.
  (2) 사도들을 돕고 그들의 부재중에 그들을 대표한 사람들의 직분. 디모데, 디도, 실라, 에바브라디도, 누가, 마가가 그들인데, 이 사람들은 여러 교회들과 교회 직분자들을 감독했고, 경우에 따라 사도들에게 특수한 임무를 맡아 그들을 어느 정도 대표했다. 하지만 이들은 적어도 사도들이 살아 있는 동안에는 특정 교구에 국한되어 사역하지 않았다. 이들은 순회 전도자들이자 사도들의 사절들이었다. 후대에 제작된 의심스러운 전승들만 그들이 각자의 주교구를 가지고 있었다고 말한다. 하지만 혹시 이들이 주교들이었다 할지라도 선교사 주교들이었다.
  (3) 아시아 일곱 교회의 사자들(계 1:20).[19] 이들은 혹시 개인들로 간주할 경우 후대의 주교들과 매우 비슷하며, 요한 시대에 교회 정치가 군주제의 방향으로

호한다. 이들은 주교제의 기원을 에베소에서 사역한 요한에게로 거슬러 올라가 찾는다.
  17) 루터교, 장로교, 그리고 일부 감독교회의 유명한 저자들이 이 견해를 지지한다. Mosheim, Neander, Lightfoot, Stanley, Hatch가 이 견해를 지지하는 대표적인 학자들이고, 단순히 비평학자로서 이 문제를 판단한 Baur와 Renan도 그 부류에 넣을 수 있다.
  18) 주교 Lightfoot는 그 질문에 이렇게 대답한다: "주교제는 사도직이 지역화함으로써 형성된 게 아니라, 장로직이 향상됨으로써 형성된 것이다. 그리고 주교라는 직함도 처음에는 모든 장로들에게 공통되게 쓰이다가, 결국에는 그들 가운데 우두머리에게 사용되었다."
  19) 이와 다른 견해들에 대해서는 제1권 § 61을 참조하라.

형성되고 있었음을 암시한다. 하지만 계시록의 앙겔로이(사자들)에 대한 해석이 다양하다는 점을 제쳐두더라도, 그 직분은 요한의 사도직과 대등하지 않고 그것에 종속되었으며, 지교회의 감독직을 넘어서지 않았다.

(4) 안디옥의 이그나티우스가 남긴 증언. 요한의 제자였던 그는 (짧은 시리아어 역본에 따르더라도) 2세기 초에 집필한 일곱 편(혹은 세 편)의 서신에서 장로제와 구분되는 주교제가 비록 새로 수립되어 발전 단계에 있을지라도 이미 존재해 있는 것을 전제로 삼는다.

(5) 사도 요한이 밧모 섬에서 돌아온 뒤에 주교들을 임명했다는 알렉산드리아의 클레멘스의 진술과, 같은 사도가 폴리카르푸스를 서머나의 주교로 지명하고 임명했다는 이레나이우스, 테르툴리아누스, 에우세비우스, 제롬의 진술(폴리카르푸스는 이레나이우스와 개인적인 친분이 있었다).

(6) 에우세비우스의 글에 실린 불확실한 전승. 헤게시푸스에게서 얻은 듯한 이 전승에 따르면, 사도들과 그들의 제자들이 예루살렘 멸망 직후에 글로바의 아들이자 예수의 사촌인 시므온을 예루살렘 주교 겸 야고보의 계승자로 선출했다고 한다. 하지만 이것은 지역에 국한된 일이었을 뿐, 전체 교회에 영향을 주는 일은 아니었다.[20]

(7) 안디옥 교회와 로마 교회의 전승. 이 전승은 두 교회 주교들의 계보를 사도에게 직접 임명받은 자들에게로 거슬러 올라가 수립하며, 그 계승이 단절되지 않았음을 보여주는 기록을 견지하고 있다.

(8) 파프(Pfaff)의 이레나이우스 단편들(1713) 가운데 '사도들의 두번째 지시'에 관해 말하는 둘째 단편의 단락. 로테(Rothe)는 이 지시가 주교직 제정에 관한 것이었다고 이해한다. 하지만 이 단편들은 진위 여부가 불투명한 점을 제외하더라도, 그 단락에 대한 해석조차 일정하지 않으며, 정황을 미루어 볼 때 교회 정치를 언급한 것이 아니라, 성찬 집례를 언급한 것이다.

---

20) Ibid. III. 11. 비교. 제4권 22에 실린 헤게시푸스의 단편. Lightfoot은 이 사건에 보편적 의미를 매기는 Rothe의 추론을 다음과 같이 반박한다: "헤게시푸스의 기사는 이 회의의 목적을 성 야고보의 계승자를 임명하는 데 국한시킨다. 만약 이 회의의 결정들이 Rothe의 이론이 상정하듯이 교회의 장래에 광대하고도 항구적인 영향력을 행사했다면, 에우세비우스 같은 초기 사가가 그 사실을 몰랐을 리가 없으며, 혹시 알았더라면 남의 말을 인용하여 간단히 언급하고 지나갔을 리가 없었다."

(9) 로마의 클레멘스가 고린도인들에게 보낸 서신에 실린 모호한 단락에서 끌어낸 결론도 불분명하기는 마찬가지여서 다양한 해석을 가능케 한다.[21] 전하는 바로는, 사도들은 장래에 주교직의 명칭을 놓고서 논쟁이 발생할 것을 예견하고서 주교[감독]들과 부제[집사]들을 임명했고, 나중에는 그들이 잠들게[죽게] 될 경우를 대비하여 공인된 다른 사람들이 그들을 승계하여 직위를 이어가도록 배정(disposition)해 놓았다고 한다. 로테(Rothe)는 '그들이' 와 '그들을'이 대 주어인 사도들을 가리킨다고 말한다. 하지만 이 단어들은 자연스럽게 방금 전에 언급된 지교회의 직분자들을 가리키며, 따라서 이들이 문법상 주어라면 '공인된 다른 사람들'은 사도들의 계승자들이 아니라, 장로-감독들과 집사들의 계승자들인 셈이다. 이 견해는 클레멘스가 서신을 쓴 고린도 교회의 정황으로도 뒷받침된다. 당시 고린도 교회는 내부 반란으로 홍역을 치르고 있었는데, 그것은 단일 감독[주교]에 대한 것이 아니라 여러 명의 장로-감독들에 대한 것이었으며, 클레멘스는 그들에게 사도들이 이 직분을 첫 세대를 위해서만 제정하지 않고 이 직분이 항구적으로 계승되도록 배정하였다는 점과, 직분자들이 종신토록 임명을 받으며, 따라서 스스로 의무를 저버리기 전에는 면직될 수 없다는 점을 상기시킨다. 그렇기 때문에 그는 44장의 쟁론이 되는 단락에 바로 이어서 다음과 같이 계속해서 말하는 것이다: "그러므로 우리는 그들(사도들)에 의해서 임명되었거나, 혹은 훗날 지교회의 동의를 받아 다른 유력한 사람들에 의해 임명된 사람들, 즉 지극히 겸손하고 순결한 태도로 그리스도의 양무리를 평안하게 사심 없이 보살피고, 오랫동안 모든 사람들에게 칭찬을 받은 사람들이 면직될 수 없다고 생각한다."

(10) 마지막으로 감독제[주교제]가 2세기에 아무런 이견 없이 보편적으로 보급된 사실은 사도들로부터 적어도 간접적으로나마 승인이 있었음을 내색했으니까

---

21) *Ad Corinth.* c. 44. "우리의 사도들은 우리 주 예수 그리스도의 교훈을 통해서 주교직의 명칭을 둘러싼 분쟁이 있을 것을 알았다. [여기서 말하는 주교직이란 일반적인 사역의 직분을 뜻한다. 비교. 행 1:20; 칠십인역 민 4:16; 시 109:8; 대하 23:18]. 그러므로 이 문제에 대해서 완전한 지식을 갖고 있던 사도들은 앞서 말한 사람들[즉 장로-감독들과 집사들: 비교. c. 42, 57]을 임명했고, 나중에는 이 사람들이 잠자게 될 경우 공인된 다른 사람들이 그들의 사역을 승계하게끔 마련해 놓았다[혹은 lightfoot 의 방식대로 해석할 경우에는 존속을 준비했다]."

가능했지, 그렇지 않았으면 가능하지 않았을 것이다. 대개의 경우는 주일 성수와 유아 세례의 기원도 사도들에게 거슬러 올라가 찾는다. 하지만 사도들에게서 기원을 찾는다고 해서 반드시 최종적인 답을 주는 것만은 아니다. 왜냐하면 대다수 사도들은 예루살렘이 멸망하기 전에 죽었기 때문이다. 사도들에게서 찾는다면 그것은 1세기 말까지 소아시아에서 교회의 살아 있는 중추였던 요한에게나 적용될 수 있을 것이다.[22]

II. 주교제가 사도 교부[속사도] 시대에 개별적인 직분 혹은 지위로 제정되었고, 원래 지교회 장로단의 의장직에서 발전했으며, 자연스럽고 필연적이긴 했으나 그럴지라도 인위적인 발전이었다는 견해를 뒷받침하는 사항들:

(1) 신약성경에서 장로와 감독이 부인할 수 없게 동일시되는 점(참조. 행 20:17, 28; 빌 1:1; 딛 1:5; 딤전 3:1-7, 8-13; 벧전 5:1, 2). 이 점은 교부들 가운데 제롬, 크리소스토무스, 테오도레투스 같은 최고의 해석학자들과, 현대의 대표적인 학자들도 인정한다.

(2) 후대에도, 그러니까 1세기 말과 2세기 초에도 이 두 용어는 계속해서 동일한 직분을 가리키는 뜻으로 쓰인다. 로마의 감독[주교] 클레멘스는 고린도인들에게 보내는 첫째 서신에서, 사도들이 갓 설립된 교회들에서 신앙의 처음 익은 열매들, 즉 첫 회심자들을 '감독들과 집사들'로 임명했다고 말한다.[23] 여기서 그는 바울이 빌립보서 1:1에서 그랬듯이 프레스뷔테로이(장로들)라는 단어를 생략하는데, 그것은 단지 그들을 에피스코포이(감독들)와 동일시했기 때문이다. 그가

---

22) Rothe는 그런 이유로 요한이 주교제를 제정했다고 주장한다. 그리고 주교 Lightfoot(*Philippians*, p. 204)도 이 견해에 기운다: "소아시아는 이방 교회의 주교제에 대해서 설혹 어머니가 아니었을지라도 유모 정도는 되었다. 사도 요한이 중추이자 지도자로 살아 있던 기독교 공동체에서 발전한 이렇게 중요한 제도가 그의 재가 없이 발전했을 리가 없다. 게다가 초기 전승도 이 지역들에서 임명된 주교들을 그의 이름과 분명하게 관련짓는다."

23) 비교. Lightfoot의 주석: "그[클레멘스]가 [감독들과 집사들을 언급하면서] 장로들을 빠뜨렸을 리가 없다. 특히 그가 이 서신을 쓴 목적은 권위를 공격받고 있던 장로들에 대해 권위를 변호해 주는 것이기 때문이다. 그러므로 다른 사도적 저자들과 마찬가지로 클레멘스에게도 에피스코포스와 프레스뷔테로이는 동의어였다. 이그나티우스와 폴리카르푸스에게서 처음으로 서로 구분되는 칭호들이 등장한다."

57장에서는 거꾸로 감독(주교)들을 언급하지 않은 채 장로들에게 순복하라고 명하는 것도 같은 이치이다.[24] 「디다케」(*Didache*)는 감독들과 집사들을 언급하되, 장로들을 언급하지 않는다. 물론 알렉산드리아의 클레멘스는 집사직과 장로직과 감독직을 구분하는 것이 사실이다. 하지만 그는 교직(敎職)이 크게 두 가지로, 즉 장로직과 집사직으로 나뉘는 특성을 상정했을 뿐이다. 이 견해는 중세 말까지 지지자들을 두었으며, 그 가운데는 교황 우르바누스 2세(1091)도 들어 있다. 마지막으로 이레나이우스는 2세기 말에 본인이 감독(주교)이었음에도 불구하고 감독들(episcopi)과 장로들(presbyteri)을 상대적으로 밖에 구분하지 않고, 전자의 계승을 후자의 계승과 같은 의미로 말하며, 후자의 직분을 에피스코파투스라고 부르는 반면에, 로마 주교(감독)들을 '장로들'이라고 부른다. 물론 그가 때때로 '장로들'이라는 용어를 노인들, 아버지들을 가리키는 일반적인 의미로 사용하는 것처럼 보이는 것이 사실이다. 하지만 어쨌든 그의 용어는 두 직분 사이의 구분이 당시에는 상대적이고 불분명했음을 보여준다.

(3) 박식한 제롬이 남긴 분명한 증거. 그는 교회가 원래 사탄의 사주를 통해 분열을 겪게 되기 전에는 장로들의 위원회에 의해서 감독되었고, 장로들 가운데 한 사람이 수장이 되어 교회를 다스리고 분열을 진압하게 된 것은 후기에 된 일이라고 말했다. 그는 두 직분에 차이가 생기게 된 기원을 신적인 제정보다 '교회적' 관습에서 찾는다.

(4) 알렉산드리아 교회의 관습. 이 교회에서는 복음서 저자 마가로부터 3세기 중반에 이르기까지 열두 명의 장로가 자기들 가운데 한 사람을 의장으로 선출하고서 그를 주교라고 불렀다. 이 사실은 제롬의 권위로 뒷받침되며, 10세기의 알렉산드리아 총대주교 유티키우스(Eutychius)의 연대기에 의해 따로 확증된다. 유티키우스는 마가가 그 도시에 한 명의 총대주교와 열두 명의 장로들을 세웠고(그 시대에 총대주교를 세웠다는 것은 시대착오적인 진술이다), 총대주교직이 공석이 될 경우 장로들 가운데 한 사람을 총대주교로 선출하고 안수함으로써 그 직위를 채우고, 새로운 장로를 선출하여 항상 열둘이라는 수를 유지하도록 했다

---

24) 1장에 나오는 헤구메노이와 21장에 나오는 프로에구메노이는 주교들이 아니라, 히브리서 13:7, 17, 24의 경우처럼 지교회의 직분자들을 집합적으로 부르는 명칭이다.

고 전한다. 더 나아가 그는 2세기 말에 해당하는 데메트리우스(Demetrius)의 시대에 이르기까지 이집트에는 알렉산드리아에 주교 한 사람이 있었을 뿐 다른 주교가 없었다고 말하며, 결과적으로 그 지방을 떠나서 주교 안수를 받아오기 전에는 주교가 세워질 수 없었다고 말한다.

Ⅲ. 결론. 이 다양한 사실들과 전승들을 종합할 때 유일하게 만족스러운 결론은 주교직[감독직]이 시대마다 중요도가 약간씩 다른 상태로 진행되는 과정에서, 사도직과 원래의 장로직이 합쳐져서 발전하되, 사도직은 수축되고 장로직은 확장되는 방향으로 발전했고, 사도들의 명백한 합의나 일반적인 감독이 없었으며, 그것에 관해서 역사적으로 조금이라도 입증할 자료가 없다. 주교직은 갑자기 생기지도 않았고, 한 사람의 고안으로 생기지도 않았다. 이 직분은 부분적으로 사도적 교회 정치의 연장 혹은 대안을 바라는 일반적인 요구에서 자라났으며, 전수 가능한 한도에서 아주 자연스럽게 사도들의 가장 유명한 제자들과 동역자들인 마가, 누가, 디모데, 클레멘스, 이그나티우스, 폴리카르푸스, 파피아스에게 먼저 전수되었는데, 이 점은 왜 그들 모두가 전승에 주교[감독]들로 소개되는지 그 이유를 설명해 준다. 주교직은 지교회들이 장로 중심의 정치 형태로 통일될 필요에 의해 더욱 촉진되었으며, 이러한 정치 형태는 사안의 본질상, 그리고 유대교 회당장(아르키수나고고스, 막 5:35, 36, 38; 눅 8:41-49; 행 18:8-17)의 유추에 따라 수장 혹은 의장을 필요로 했다. 이 의장이 주교라 불렸는데, 초기에는 무리 중의 으뜸(primus inter pares)으로서 단지 탁월함에 의해서 그렇게 불렸으나, 후에는 배타적[독점적] 의미로 그렇게 불렸다. 규모가 작은 교회들에는 아마 처음부터 장로가 한 명뿐이었던 것 같으며, 그가 4세기의 시골 주교들(chorepiscopi)처럼 직접 이러한 중심적 지위를 차지한 듯하다. 2, 3세기에 소아시아와 북아프리카에는 교구수가 많았기 때문에, 교구를 관할하는 주교들의 지위가 존경스러운 목회자의 수준을 넘어서기 힘들었다. 반면에 여러 점에서 독특한 지위를 누렸던 예루살렘의 야고보와 그의 직계 계승자들은 팔레스타인에서 유일한 주교[감독]들이었던 것으로 보인다. 이집트의 상황도 이와 다소 유사하여서, 데메트리우스(190-232) 때까지 알렉산드리아의 감독이 한 명뿐이었다.

그러므로 칼로 무 썰듯이 획일적으로 단정하기가 어렵다. 하지만 그 시대 교회의 정신은 중앙집권화의 경향을 띠고 진행되었다. 교회가 도처에서 치밀하고 견고한 통일의 필요를 느꼈다. 그리고 박해와 이단의 위험이 사방을 에워싸고 있는 상황에서, 교회는 이러한 내적인 성향에 의해 어쩔 수 없이 주교제[감독제]를 향해 나아가게 되었다. 폭풍우가 퍼붓는 듯한 중대 국면이었던지라 뭉치면 살고 흩어지면 죽는다는 원리가 온 교회에 팽배했다. 실제로 그러한 시기에 교회가 존립한 데에는 통일을 유지하고 권장한 것이 크게 작용했다고 말할 수 있으며, 그 통일이란 당시의 문화 수준에 맞춘 외적이고 현실적인 것이었다. 그러한 통일이 감독에게서 제시되었고, 감독은 회중에 대해서 군주적인 혹은 보다 정확히 말하자면 족장과 유사한 지위에 섰다. 감독이 온 교회의 위대한 머리이신 그리스도의 가시적 대표로 간주되었다. 그러므로 감독에게 모든 경건의 표현이 집중되었다. 교인들은 하나님과 그리스도께 대해서 신앙적 자세를 취할 때 감독에게서 외적인 지지와 지도를 얻었다. 그리고 지교회들이 저마다 하나의 구심점을 추구할수록 이 중심적 인물은 독특한 중요성을 띨 수밖에 없었고, 다른 장로들은 그에게 종속되지 않을 수 없었다. 물론 클레멘스와 이레나이우스가 전하는 이집트와 심지어 북아프리카의 상황과, 제롬과 그외 교부들의 증언에 따르면 초기의 장로들 사이에 존속했던 평등성이 완전히 제거되지 않고 다양한 방식으로 존속했던 것도 사실이지만, 대세는 감독 일인에게 권한이 집중되는 쪽으로 전개되었다.

이 밖에도 주교의 권한이 신장되었던 또 다른 실질적인 이유가 있었다. 모든 기독교 교회는 저마다 과부와 고아, 빈민과 나그네를 보살피는 일에 힘썼고, 따라서 감독은 구제금을 위탁받아 배분하는 중요한 행정적 책임을 지게 되었다. 그리스 사회에서는 감독이라는 칭호(에피스코포스, 에피메리테스)가 회계 담당관이라는 뜻으로 널리 쓰였다. 감독은 이러한 행정적 기능을 띠게 되면서 가난한 자들과 병든 자들을 보살피는 실무를 담당하는 집사들과 긴밀한 관계를 갖게 되었다. 대부제(archdeacon)는 감독의 오른팔이자 '눈'과 '마음'이 되었다. 초기에는 교회에서 발생하는 가난과 고통의 사례가 모두 감독에 의해 감지되었고, 집사에 의해서 직접 구제되었다. 하지만 세월이 지나면서 과부들과 고아들, 가난한 자들과 불구자들을 보살피는 기구들이 설치되었으며, 이 기구들이 감독의 관하에 들어가게 되었다. 이렇게 조직적인 구제에 의해서 개인적이고 직접적인 책임이 사라졌고, 집사[부제]직은 원래의 의미를 상실하고서 공예배를 돕는 보조 직분이 되었다.

그러므로 주교직의 기원과 신적 권위에 관해서 어떤 식으로 생각하든, 공정을 기하는 사가라면 그 직분이 당시 교회의 필요에 부응한 것이며, 역사적 필연성을 띠고 있었음을 부정할 수 없다.

그러나 이 초기의 보편적 주교제를 후대의 성직위계제도와 혼동해서는 안 된다. 예루살렘, 에베소, 알렉산드리아, 안디옥, 로마 교구들을 제외한 나머지 교구들은 그리스도인들의 수를 감안할 때 오랫동안 아주 작은 규모로 남았음에 틀림없다. 계시록에는 그러한 통일의 중심지들이 소아시아 내의 비교적 좁은 영역에 모여 있었고, 당시에는 그리스도인들의 수도 많지 않았다. 258년에 키프리아누스는 북아프리카의 감독 87명을 대상으로 공의회를 소집했다. 당시에는 감독들의 기능이 아직까지는 장로들의 기능과 엄밀히 구분되지 않았으며, 안수와 서방교회의 경우 견신례까지도 다만 점진적으로만 감독들에게 독점적으로 위임되었다.

45. 주교직의 발전. 이그나티우스

주교제[감독제] 형태의 정치가 일찍이 2세기 중반에 동방 교회와 서방 교회에서 보편적으로 확립되었다는 것은 잘 알려진 사실이다. 위(僞) 클레멘스 문헌에 실린 주교제 옹호의 글을 미루어 짐작컨대, 적어도 에비온파(the Ebionites)를 포함한 이단 분파들과, 후대의 분리주의 분파들인 노바티아누스파와 도나투스파까지도 주교제를 토대로 조직되었다. 하지만 주교제가 단계적으로 서서히 제 모습을 갖추어 갔다는 것도 똑같이 부인할 수 없는 사실이다. 우리가 다루는 시기에는 그것을 시리아의 이그나티우스(107년 혹은 115년 죽음), 갈리아의 이레나이우스(202년 죽음), 북아프리카의 키프리아누스(258년 죽음)를 중심으로 세 단계로 나누어 봐야 한다.

주교[감독]직은 초기에는 장로직과 구분되어 나타났지만, 지교회의 일개의 직분이었을 뿐이며(교구 개념과 무관하게), 아직은 칭송과 격려의 필요가 컸던 어린 직분이었다. 사도들의 제자이자 안디옥의 2대 감독이었던 이그나티우스의 일곱(혹은 세) 서신에 나타나는 감독의 위상이 그러했다(에보디우스가 안디옥의 초대 감독이었고, 헤로가 3대 감독이었다). 이그나티우스는 '보편 교회'(catholic church)라는 용어를 최초로 사용한 사람으로서, 이 용어로써 마치 감독제와 보편성(catholicity)이 동시에 자라난 듯한 인상을 주었다. 이그나티우스가 전하는 이야기는 전반적으로 사실보다는 전설에 가까우며, 그의 저서들은 후대에 거짓된 내용이 삽입되었다는 중대한 의혹을 받는다. 현존하는 이그나티우스 서신들의 판본은 세 가지이지만, 그 가운데 진정성을 인정할 수 있는 것은 헬라어 단편 판본과 최근에 발견된 시리아어 판본 가운데 하나일 수밖에 없다.[25] 시리아어 판본에는 세 편의 서신만 실려 있는 데다 감독직에 관한 단락들이 대부분 빠져 있지만, 그럴지라도 그 직분의 주요 특징들이 나타나 있으므로 그것으로써 그 직분의 성격을 가늠할 수 있다.[26] 하지만 어떤 경우든 이 서신들에는 2세기 중반 교회의 공적인 정서가 반영되어 있다.

이 서신들의 내용은 (유독 감독에 관해 한 마디도 언급하지 않는 로마인들에

---

25) 진정성에 관한 문제는 § 165에서 다룰 것이다. Cureton(1845), Bunsen, Lipsius 같은 학자들은 시리아어 판본을 이그나티우스 서신들의 원형으로 받아들이며, 심지어 부피가 작은 헬라어 판본조차 변질된 것으로 간주하지만, 그것의 저작 연대를 2세기 중반으로 잡는다. Rothe, Hefelle, Schaff(first ed.), D sterdieck, Uhlhorn, Zahn, Harnack은 부피가 작은 헬라어 교정본의 진정성을 변호한다. 부피가 큰 헬라어 교정본은 보편적으로 위조 문서로 격하된다. 교직자 제도의 기원이 신앙을 빙자한 위조 행위에 의해서 모호하게 된 셈이다. 참조. § 164, 165.

26) 시리아어 판 「폴리카르푸스에게 보내는 서신」(Ep. to Polycarp)에는 감독(bishop)이라는 단어가 네 번 나온다. 시리아어 판 「에베소인들에게 보내는 서신」(Ep. to the Ephesians)에는 에베소인들에게 오네시모 같은 감독을 주신 하나님께 감사를 드리는 내용이 나온다. 부피가 작고 헬라어 판 「폴리카르푸스에게 보내는 서신」에는 감독제가 서두의 인사말에 언급되며, 여덟 개의 장 가운데 세 장에서 언급된다(5장에서 두 번, 6장에서 두 번, 8장에서 한 번). 헬라어 판 「에베소인들에게 보내는 서신」의 21개 장들에는 감독이라는 단어가 13번, 장로가 세 번, 집사가 한 번(처음 여섯 장과 21장에) 나온다. 헬라어 판 「트랄리아인들에게 보내는 서신」(Trallians)에는 감독이 아홉 번 언급되며, 「마그네시아인들에게 보내는 서신」(Magnesians)에는 열한 번, 「빌라델비아인들에게 보내는 서신」(Philadelphians)에는 여덟 번, 「서머나인들에게 보내는 서신」(Smyrnoeans)에는 아홉 번 나온다. 따라서 세 편의 시리아어 서신들에는 감독이 여섯 번밖에 언급되지 않고, 부피가 작은 헬라어 서신들에는 쉰 번 가량 언급되지만, 감독에 관해서 가장 뚜렷하게 언급하는 단락 가운데 하나는 시리아어 판 「폴리카르푸스에게 보내는 서신」(5, 6장)에서 발견된다.

게 보내는 서신을 제외하면[27] 감독에게 순복하고, 유대교와 가현설(假現說) 이단에 맞서서 교회의 일치를 유지하라는 권고로 이루어져 있다. 순교를 목전에 두고서 간절히 그것을 사모하는 저자는 신자들이 안팎으로 온전히 일치하는 것을 가장 큰 소원으로 밝히며, 이 일을 위해서 감독이라는 직분이 꼭 필요하다고 여긴다. 그에게는 그리스도가 보이지 않는 최고의 머리이시며, 지상에 흩어진 모든 교회들의 유일하고 위대하신 보편적 감독이다. 인간 감독은 지교회가 일치를 이루는 중심이며, 지교회에서 그리스도와 심지어 하나님의 대리자로 서 있다.[28] 그러므로 교인들은 무조건 감독에게 순종해야 하며, 감독의 의사와 어긋나는 일을 해서는 안 된다. 감독과 일치하는 사람은 복이 있다. 교회는 그리스도와 일치하고, 그리스도는 성부와 일치하며, 이로써 모두가 일치하여 조화를 이루기 때문이다. 그리스도는 감독들을 자신의 기관으로 삼아 그들 안에서 그들을 통해서 일하시기 때문에 감독을 등지는 것은 곧 그리스도를 등지는 것이다.

이와 관련하여 부피가 작은 헬라어 본문(Zahn의 편집)에서 몇 단락을 소개한다:

"만약 누가 순결 상태(독신 상태)를 유지해 갈 수 있어서 우리 주님의 몸을 명예롭게 한다면 자랑하지 말고 계속해서 그렇게 하도록 당부하라. 만약 그것을 자랑한다면 그는 멸망한 셈이다. 그가 감독보다 더 알려진다면 그는 타락한 셈이다. 그러므로 결혼을 하려고 하는 남녀들은 감독의 조언을 받아서 결혼을 해서 그 결혼이 육체의 정욕으로 성사되지 않고 주 안에서 성사되도록 해야 한다. 무슨 일이든 하나님의 영광을 위해서 해야 한다. 감독을 바라보라. 그러면 하나님께서 여러분을 하감하실 것이다. 나는 감독과 장로들과 집사들에게 순복하는 사람들과 같은 편이며, 하나님 곁에 가서도 그들과 같은 분깃을 나누게 되기를 바란다!" 이것이 감독직을 가장 강하게 언급하는 단락이며, 이 단락이 부피가 작은 헬라어 교정본에서 뿐 아니라 '폴리카르푸스에게 보내는 시리아어 서신'(the Syriac Epistle to Polycarp)에도 나온다. 이 단락은 특징적으로 감독제와 성직자 독신주의를 연관짓는다. 가톨릭교회의 성직위계제도가 감독제에서 시작했듯이,

---

27) 이그나티우스가 자신을 "하나님께 은혜를 입어 동방에서 서방으로 보냄을 받은 "시리아의 감독"이라고 말하는 내용(2장)을 제외하면 그러하다. 에피스코페오라는 동사도 사용되지만, 그리스도께 관해서 사용된다(9장).

28) 따라서 각 주교가 일종의 교황인 셈이다.

가톨릭교회의 금욕적 체제는 성직자 독신주의에서 시작되었다. "여러분은 지금과 마찬가지로 주교의 정신(혹은 판단)과 일치하는 것이 옳다. 여러분의 지극히 존경스럽고 하나님께 합당한 장로제도는 마치 하프에 달린 현(弦)들처럼 주교에게 적합하기 때문이다.""감독을 마치 주님 대하듯 해야 하는 것이 당연하다." "나는 여러분에게 매사를 신적인 조화를 유지하며 연구하여 행할 것을 권고한다. 감독은 하나님의 위치에서 다스려야 하고, 장로들은 사도들의 위치에서 다스려야 하며, 내게 가장 소중한 분들인 집사들은 만세 전에 성부와 함께 계셨고 종말에 우리에게 나타나실 예수 그리스도의 사역을 위임받아 수행해야 한다." "그리스도께서 육체를 따라 성부께 [순종하셨듯이], 그리고 사도들이 그리스도와 성부와 성령께 순종하여서 영적일 뿐 아니라 육체적인 연합을 추구했듯이, 여러분도 감독에게 순종하고, 서로에게 순종하라.""여러분의 관습대로 감독 없이는 아무 일도 하지 않는 것이 필요하며, 장로들을 마치 예수 그리스도의 사도들 대하듯이 대하여 순종하는 것이 필요하다.""예수 그리스도께서 성부를 따르셨듯이, 여러분 모두는 감독을 따르라. 장로들에 대해서도 마치 사도들에게 하듯 그들을 따르라. 그리고 하나님의 규례대로 집사들을 존경하라. 감독 없이는 교회에 관련된 어떤 일도 하지 말라. 성찬도 감독이나 감독이 지명한 자에 의해 집례될 때 유효하다고 판단하라. 감독이 있는 곳에는 반드시 교인들도 있어야 한다. 이것은 마치 그리스도가 계시는 곳에는 어디든 보편적(catholic) 교회가 있기 때문이다. 감독 없이 세례를 주거나 애찬(愛餐)을 거행하는 것은 불법이다."

이것이 '보편적'이라는 용어가 교회에 적용된, 그리고 감독[주교]제가 교회의 보편성의 조건으로 정의된 첫번째 사례이다.

"감독을 존경하는 사람을 하나님께서는 존귀하게 여기실 것이다. 감독에 관한 지식이 없이 무슨 일을 하는 사람은 마귀를 섬기는 것이다."

이 말은 구원이 감독에게 순종하는 행위에 크게 좌우되게 만든다. 마치 3세기 뒤에 레오 1세(Leo I)가 아를의 힐라리우스(Hilary)와의 논쟁에서 교황을 반역하는 자가 곧 마귀의 종이라고 주장함으로써 교황에게 순종하는 행위에 구원이 좌우되게 만든 것과 너무나 흡사한 인상을 주는 것이다! 이처럼 감독제를 대범하고 과도하게 주장한 점으로 미루어볼 때 거기에 어떤 특별한 구도가 깔려 있다는 것이 분명하게 드러나며, 혹시 위조되거나 대대적인 삽입이 이루어진 게 아닌가 하는 의혹을 제기하게 만든다. 그러나 이것을 저자가 교회의 존립을 위해 필요하다고 판단하여 각별히 호소한 것으로 설명할 수도 있다.

　이그나티우스의 이러한 견해에서 독특한 점은, 첫째, 감독이 단일 지교회의 머리와 중심으로 나타나고, 전체 교회의 대표로는 나타나지 않는다는 것과, 둘째, (위 클레멘스 설교집의 경우와 마찬가지로) 감독이 그리스도의 대리자이지, 후대의 견해처럼 단순히 사도들의 계승자가 아니라는 것이며(감독의 지도를 받는 장로들과 집사들이 사도들의 계승자로 표현된다), 셋째, 감독들 사이에 계급의 구분이 없고, 수위권(首位權)의 흔적도 없으며, 모두가 그리스도의 온전한 협동 대리자들로서, 그리스도께서 친히 그들 안에서 교회에 감각할 수 있고 감지할 수 있는 편재(遍在)를 제공하신다는 것이다. 간단히 말하자면, 이그나티우스의 감독제는 교구 중심적이지 않고 회중[지교회] 중심적이었으며, 사도시대에 기원을 둔 정착된 정책이 아니라, 새롭고 발전 과정에 있는 제도였다.

46. 이레나이우스와 테르툴리아누스 시대의 주교[감독]제

　이런 사항들을 종합할 때, 영지주의와 맞서 싸운(180년경) 거장인 이레나이우스가 주교제를 바라본 시각은 저교회적이거나 고교회적 둘 중 하나이다. 이 교부는 주교직을 교구적 직분으로, 사도직의 연속으로, 보편적 전승의 매체로, 이단들에 대한 교리적 통일의 뒷받침으로 묘사한다. 그는 초기 사도적 교회들, 무엇보다도 로마 교회의 주교들을 드높이며, 주교직이 끊이지 않고 계승된 것을 사도적 교훈의 보증이자 이단에 대한 보루로 크게 강조한다.[29]

---

29) 필자는 1844년에 옥스퍼드에서 고(故) 퓨지(Pusey) 박사를 만났을 때 그가 이레나이우스의 단절되지 않은 감독직 승계 교리를 진정한 보편(Catholic) 교회의 필수 불가결한 표지로 크게 강조하던 일이 생각난다. 하지만 퓨지는 로마 주교[교황]의 수위성도 감독직과 동시에 성장했다는 견해에 대해서는 무시했다. (그로부터 일년 뒤에 그의 친구 뉴먼(J. H. Newman)은 수위성 교리를 받아들이고서 로마 교회로 넘어갔다.) 신약성경은 신앙과 권징에 관한 모든 문제에서 유일하게 안전한 지침이자 궁극적인 표준이다. 이레나이우스가 가르친 감독제는 Lightfoot에 의해서 잘 소개된다: "이레나이우스는 두 세대의 간격을 두고서 이그나티우스를 따랐다. 당시에는 교회의 상황이 바뀜에 따라 감독직의 양상에도 변화가 있었다. 종교적 분위기가 온갖 종류의 이단적 사색으로 가득 차 있었다. 경쟁적 교사들이 논쟁을 벌이면서 지지를 간절하게

동시에 '감독'과 '장로'를 번갈아 사용하는 이레나이우스의 흔들리는 용례는 로마의 클레멘스를 생각나게 하며, 두 직분 사이의 구분이 아직까지 완전히 고착되지 않았음을 보여준다.

주교직이 사도 전승의 보존자이자 정통 교리의 수호자로서 계승되었다는 동일한 견해는 테르툴리아누스의 초기 저서들에서도 발견되되, 그 횟수가 그다지 많지 않다. 그가 이레나이우스와 다른 점은 감독들과 장로들을 획일적으로 명쾌하게 구분한다는 것과, 따라서 그의 시대(200년경)에는 감독 정치가 보다 진전된 상태에 있었음을 입증한다. 하지만 훗날 그는 몬타누스주의의 천년왕국적이고 민주적인 대의 명분을 앞세워서 감독제적 성직위계제도를 이탈했으며, 교회가 감독들로 구성되지 않으며 평신도들도 제사장들이라는 반대 논리를 가지고 그 제도를 비판했다.

47. 키프리아누스의 주교제

구 가톨릭 주교제도는 3세기에 북아프리카의 주교이자 순교자인 키프리아누스의 교훈과 모범에서 성숙한 경지에 도달했다. 그는 주교제에 관한 주장들을 사제직과 제사 개념과 긴밀하게 연관지어 제시한다.[30] 니케아 이전 시대의 전형

호소하자, 당혹한 신자들은 논쟁자들의 주장을 시험할 수 있는 몇 가지 중요한 표준을 요구했다. 이 요구에 대해서 이레나이우스는 '만약 여러분이 사도들의 교리를 확인하고 싶다면 사도신경을 적용하면 된다'고 대답한다. 초기 시대로부터 시작되어 사도들에 의해 직접 임명된 감독들의 계승에서 여러분은 신앙이 고립되고 돌출적이고 스스로 세운 교사가 제공할 수 없는 순결한 형태로 전수되어 왔다는 보증을 얻는다. 로마 교회를 예로 들자면, 그 교회의 감독 계보는 단절됨 없이 온전하게 유지되어 있으며, 그들의 초창기 주교들인 리누스와 클레멘스는 사도들이 직접 임명한 사람들이다. 서머나 교회를 보더라도, 사도 요한의 제자인 감독 폴리카르푸스가 돌아가신 지 얼마 되지 않는다. 따라서 감독직은 오늘날 교회 일치의 중심으로 간주되기보다 사도적 전승의 축적으로 간주된다."

30) "키프리아누스는 감독의 권력이라는 건물을 완공한 장본인이기도 하지만, 동시에 사제직에 관한 주장들을 거리낌없이 최초로 제시한 사람이기도 하다. 그가 사제직에 관한 주장들을 워낙 단호하게 해놓았기 때문에, 그의 계승자들로서는 그의 원리들

적인 고교회주의자였던 그는 자신이 정직하게 믿은 바를 열정적으로 실천에 옮겼다. 그리고 데키우스 박해 때 배교한 사람들을 처리하는 문제를 놓고 벌어진 논쟁과, 펠리키시무스(Felicissimus)의 분열, 그리고 이단의 세례에 관한 논쟁에서 자신의 권위를 십분 발휘했다.

키프리아누스는 주교들이 성령을 지닌 자들이라고 여겼다. 성령께서 그리스도로부터 사도들에게로 부어지셨고, 사도들로부터 안수에 의해서 감독(주교)들에게 전달되셨고, 단절되지 않은 계승으로써 자신을 전파하셨으며, 모든 신앙 행위들에 효력을 주신다고 그는 보았다. 따라서 주교들은 교회 일치를 떠받드는 기둥들이기도 하며, 아니 어떤 의미에서는 그들이 교회 자체라고 보았다. "주교는 교회 안에 있고, 교회는 주교 안에 있으며, 만약 누구든 주교와 같은 편에 서지 않으면 그는 교회 안에 있지 않다"고 그는 말했다. 그리고 그에게 이것은 그리스도인이 아니라는 말과 같았다. 그는 주교직이 견고한 일치를 이룬다는 사상에 철저히 젖어 있었다. 많은 주교들이 하나로 결속되어 있는 직분을 수행하되, 각자가 자기 교구에서, 각자가 스스로 주교직 전체를 대표한다고 보았다.

하지만 이런 주장들에도 불구하고 키프리아누스에게 주교란 여전히 장로들과 대단히 밀접하게 연관된 상태로 나타난다. 그는 중요한 문제를 처리할 때 반드시 장로들에게 조언을 받았다. 398년에 카르타고에서 열린 제4차 총공의회는 심지어 어떤 주교가 하급 성직자의 동의를 받지 않은 채 내린 판결을 무효라고 선언했고, 장로를 임명할 때는 모든 장로들이 주교와 함께 후보자에게 안수를 해야 한다고 결정했다.

주교 임명은 이웃 주교들에 의해 수행되었으며, 적어도 세 명의 주교가 참석해야 했다. 하지만 이집트에서는 그 지역에 주교가 한 명밖에 없었던 동안에는 장로들이 축성(祝聖)을 수행해야 했는데, 이 점에 대해서는 유티키우스(Eutychius)와 집사(부제) 힐라리우스(Hilary)[31]가 분명히 주장했다.

을 집행하고 그의 언어를 되풀이하는 것 외에는 달리 할 일이 없었다." Lightfoot, *l. c.* p. 257. "만약 이그나티우스에게 감독이라는 직위가 기독교 일치의 중심이고, 이레나이우스에게 사도적 전승의 저장고라고 한다면, 키프리아누스에게는 영적인 일들에서 그리스도의 절대적 대리자이다." *Ibid.* p. 238.

31) 혹은 암브로지아스터, *A d. Eph.* iv. 11.

48. 위(僞) 클레멘스의 주교제

이러한 정통 곧 가톨릭적 감독직 형성 외에도, 이와 유사했던 에비온파의 군주적 성직위계제도도 위 클레멘스의 설교집(the pseudo-Clementine Homilies)에 등장하기 때문에 주목할 가치가 있다. 연대기상으로 이것은 2세기 중반, 그러니까 이그나티우스와 이레나이우스 사이에 해당하며, 전자에서 후자로 이행하는 과정에 해당한다. 물론 엄밀하게 말해서 이것이 보편[가톨릭] 교회에 영향을 주었다고는 할 수 없지만 말이다. 오히려 이것은 정통 주교직에 해당하는 이단적 주교직이었다. 보편 교회를 통합한 조직이 분파에게도 같은 목적을 수행한 셈이다. 「위 클레멘스 설교집」을 작성한 저자는 이그나티우스와 마찬가지로 주교를 그리스도의 대리자로 표시하며, 동시에 이레나이우스의 견해에 따라 사도들의 대리자이자 계승자로 표시한다. 하지만 '주교의 권좌' 같은 고교회적인 성직위계제도적 표현들과, 수위성 곧 보편적 교회 군주제 사상의 양면에서 이레나이우스를 넘어선다. 그럴지라도 그는 이레나이우스가 암시하고 키프리아누스가 보다 명백하게 진술하듯이 베드로와 로마 교구보다는, 자신의 유대주의적 성향에 부합하게 예루살렘의 야고보에게서 '감독들의 감독'을 발견한다.

마니교도들도 마찬가지로 성직위계제도적 조직을 유지했다(현대의 모르몬교도들처럼).

반면에 몬타누스주의는 보편 사제설[만인제사장설]과 교육과 예언의 자유에 근거하여 주교 중심의 성직위계제도에 반발한 민주적 집단이었지만, 파문을 당하고 소멸당했다가 훗날 퀘이커교라는 다른 형태로 되살아났다.

49. 수도대주교와 총대주교 제도의 시작

주교들은 사도들의 계승자들로서 위엄과 권세가 동등했으나, 점차 각자 맡은 지역의 교회적·정치적 중요도에 따라 상이한 계급으로 분화되었다.

1. 가장 낮은 계급은 시골 교회의 주교들(chorepiscopi)이었다. 이들은 4세기 초 이전에는 언급되지 않지만, 아마 그 전부터 생긴 듯하다.[33] 이들의 지위는 장로들과 도시의 주교들 중간에 해당했으며, 주교의 손길이 미치지 않는 소아시아

와 서머나, 그리고 갈리아의 대 교구 소속 마을들의 결핍을 채워주었다.

2. 도시 주교들 가운데는 수도대주교들(metropolitans)이 나머지 주교들보다 높은 지위에 올랐다. 이들은 속주들의 수도들을 관할하는 주교들이었다.[33] 이들은 속주(훗날에는 관구)에서 열리는 교회회의들을 주재했고, 무리들 가운데 으뜸들(primi inter pares)로서 속주의 주교들을 임명했다. 수도대주교 체제는 325년에 니케아 공의회에서 처음 공식적으로 나타나지만, 이미 콘스탄티누스와 에우세비우스 때부터 운용된 듯하며, 후에는 동방에서 보다 충분하게 운용되었다. 북아프리카에서는 연장자 주교(따라서 '노인'이란 뜻의 senex라는 직함을 갖게 됨)가 속주의 우두머리가 되었다. 하지만 카르타고 주교는 가장 높은 배려를 받았으며, 총공의회를 소집할 수 있었다.

3. 이보다 훨씬 더 오래되고 중요한 것은 사도적 어머니 교회들(apostolic mother-churches)이 다른 교회들과 다른 대접을 받았다는 점이다. 예루살렘, 안디옥, 알렉산드리아, 에베소, 고린도, 로마의 교회들이 그런 교회들이었다. 이레나이우스와 테르툴리아누스 시대에 이 교회들은 순결한 교회 전승을 간직한 교회들로 큰 존경을 받았다. 그 중에서 안디옥과 알렉산드리아와 로마의 교회들이 가장 유력했는데, 왜냐하면 이 교회들은 각각 로마 제국의 큰 행정 구역 세 곳의 수도이자 무역과 교통의 중심지로서, 사도적 기원을 갖고 있는 데다 정치적 비중도 컸기 때문이다. 안디옥 주교에게는 시리아 전역이 그의 수도대주교구로 맡겨졌고, 알렉산드리아 주교에게는 이집트 전역이, 로마 주교에게는 정확한 경계선 없이 이탈리아의 중심부와 남부가 맡겨졌다.

4. 이것이 그리스 교회가 오늘날까지 고수하고 있는 총대주교 제도의 씨앗이다. 총대주교(patriarch, 직역하면 '족장')라는 직함은 처음에 특히 동방에서는

---

32) 시골 주교들은 314년의 앙키라 공의회와 네오 가이사랴 공의회에서 처음 등장하며, 니케아 공의회 때 다시 등장한다. 이들은 동방에서 9세기까지 존속하다가, 그 뒤에는 총대주교 대리들(exarchs)로 대체되었다. 서방에서 코레피스코피는 교구 주교들에게 종속되지 않은 채 주교로서의 본무를 수행했고, 그런 이유 때문에 샤를마뉴 치하에서 그 직위가 폐지될 때까지 질투와 반감을 불러일으켰으며, 직위가 폐지된 뒤에는 다양한 주교좌성당에 속한 고위 성직자들의 직함으로만 남았다.

33) 수도라는 뜻의 메트로폴레이스에서 수도대주교라는 뜻의 메트로폴리타이가 유래함.

모든 주교에게 부여된 명예로운 호칭이었으며, 4세기 전까지는 로마 제국의 교회적·정치적 수도들인 안디옥과 알렉산드리아와 로마의 주교들에게 독점적으로 사용되지 않고, 명예의 목적으로 예루살렘의 주교에게와 콘스탄티노플 곧 새 로마의 주교에게도 사용되었다. 따라서 서방에서 훗날 대사제(summus pontifex), 그리스도의 대리자(vicarius Christi)로서의 로마 주교에 의해서 사용된 교황(papa)이라는 용어는 오랫동안 비교적 일반적인 뜻으로 사용된 셈이다.

50. 교황제의 씨앗

안디옥, 알렉산드리아, 로마의 주교들 가운데 로마 주교는 수위권(首位權)을 주장할 만한 조건들을 두루 갖추고 있었고, 이러한 상황이 순전히 명예상의 구분에서 시작하여 점진적으로 최고의 관할권을 차지하게 되는 토대가 되었다. 이와 동시에 주교를 구심점으로 삼으면서 시작된 군주제적 통일을 향한 동향은 먼저 각 지교회에서 출발하여 각 교구로, 그 뒤에는 점진적으로 온 교회의 가시적 중심지를 향해서 진행되어 갔다. 수위권과 주교제가 함께 자라난 셈이다. 본서에서 다루는 시기에 벌써 교황제의 희미한 시작과 그 악한 특징들이 발견된다. 그리고 이러한 동향과 함께 교권 남용을 진지하게 비판한 사례들도 발견된다. 니케아 시대에 예루살렘 주교는 비록 제한된 범위의 교구를 보유하긴 했으나, 그 교회의 깊은 역사를 감안하여 명예 총대주교가 되었다.

그리고 4세기 중반부터 콘스탄티노플 곧 새 로마의 신임 총대주교가 동방의 총대주교들 가운데서 수석 총대주교의 지위로 떠올랐고, 구 로마 주교에게 만만치 않은 경쟁자가 되었다.

로마 교회는 교황제에 대한 인간적 권리뿐 아니라 신적 권리까지 주장하며, 그 근원을 곧장 그리스도께 거슬러 올라가 찾는다. 그리스도께서 베드로에게 교회를 세우는 일에 탁월한 지위를 주었고, 그 지위에 대해서는 심지어 음부도 이기지 못할 것이라고 말씀하셨다고 해석한다. 이 주장에는 여러 가지 가정이 함축되어 있다. (1) 베드로는 우리 주님께 임명을 받음으로써 개인적 탁월함이나 명예와 위엄을 갖게 되었을 뿐 아니라(이런 점들은 그에게 당연히 인정되어야 한다), 다른 사도들을 주관할 수위권까지도 갖게 되었다(이 점은 베드로 자신이

한 번도 그렇게 주장한 적도 없고, 바울이 완전히 독립된 자신의 사도직을 주장했을 뿐 아니라, 심지어 안디옥에서 베드로를 공개적으로 책망했던 사실과 위배된다. 참조. 갈 2:11). (2) 이 수위권과 수장권에 따른 특권들은 사적인 것일 뿐 아니라(바울이나 요한도 틀림없이 이런 독특한 은사들을 받았을 것이다), 공적이고 세습적이고 전수 가능한 것이다. (3) 그 권위들은 사실상 베드로에 의해서 예루살렘 주교나 안디옥 주교가 아닌 로마 주교에게 전수되었다(하지만 베드로가 안디옥에 있었던 것도 틀림없는 사실이다). (4) 베드로는 로마에 단지 거주했을 뿐 아니라(63년 이후에는 그랬을 개연성이 매우 높다. 물론 바울이 로마에 있었고 그곳에서 순교한 것만큼 확실하지는 않지만), 그곳에서 순교할 때까지 주교로서 사역했으며, 후계자를 임명했다(이 가정에 대해서는 뒷받침할 만한 역사적 증거가 전무하다). (5) 로마 주교들은 베드로의 계승자들로서, 언제나 기독교 교회에 대한 보편적 관할권을 누리고 행사해 왔다(하지만 실상은 꼭 그랬던 것은 아니며, 권위 계승 문제는 그렇지 않은 경우가 더욱 많다).

이런 쟁점들에 대한 자세한 논의는 논쟁 신학에 맡기기로 하고, 여기서 우리는 역사 현실로 대두된 교황제를 살펴보고, 교황제가 세계의 통치 기관들 가운데 우뚝 서게 된 요인들을 살펴보자.

로마 교구가 수위성을 갖게 된 역사적 요인들은 다음과 같다:

(1) 로마 교회의 깊은 역사. 이 점은 사도 바울도 신약성경의 가장 중요한 교리 서신에서 높이 평가했다. 로마 교회는 서방에서 유일한 사도적 모교회였으며, 따라서 초기부터 이탈리아, 갈리아, 스페인의 교회들로부터 독특한 존경을 받았다.

(2) 두 명의 대표적인 사도들인 베드로와 바울이 로마에서 사역하고 순교하고 장사된 사실. 네로의 박해 때 로마 교회 전체가 순교의 두려운 시련을 겪었지만, 곧 순교자들의 무덤들에서 떠오른 영광의 후광에 힘입어 틀림없이 재조직되었을 것이다.

(3) 로마가 세계의 수도로서 지녔던 정치적 중요성. 로마는 과거에는 칼로 유럽 인종들을 지배했으나, 이제는 이러한 정치적 중요성을 등에 업고서 십자가의 홀(笏)로써 그들을 지배하게 될 것이었다.

(4) 로마 교회의 행정적 지혜와 보편적이고 정통적인 본능. 로마 교회는 이러한 지혜와 본능을 이 시기에 발생한 부활절 날짜 계산과 참회자 권징, 그리고 이

단 세례의 유효성을 놓고 발생한 세 번의 논쟁들에서 잘 발휘했다.

이런 주요 요인들에다 부차적인 요인을 덧붙일 수 있는데, 그것은 박해를 결연한 태도로 견딘 것과, 고난당하는 형제들, 심지어 먼 지역에 사는 형제들에게까지 사랑을 표시한 것으로서, 이 일로 인해 고린도의 디오니시우스(Dionysius, 180)와 에우세비우스에게 칭송을 받았다.

로마 교회의 내부 사정에 관해서는 사도 바울이 이 교회에 서신을 보내어 기존의 회심자들을 크게 칭찬한 때(58)부터 2세기 말에 빅토르가 주교의 자리에 오를 때까지, 그리고 히폴리투스가 교황 제피리누스(Zephyrinus)와 교황 칼리스투스(Callistus)에 대해서 비판적인 글을 쓸 때까지 그 중간 상황에 관해서 말해주는 분명하고 직접적인 정보가 남아 있지 않다. 하지만 로마 교회는 다른 교회들에 비하면 자주 언급되는 편이다. 이 교회는 제국 수도에 자리잡은 데 힘입어 기독교 신앙이 제국에 전파되면서 자연스럽게 중요성과 영향력이 커져갔다. 로마는 정통신앙과 이단이 격전을 벌인 전장(戰場)이었고, 모든 분파들과 파벌들이 의지한 곳이었다. 이 도시는 참되고 거짓된 철학과 종교를 사방에서 끌어들였다. 이그나티우스는 세계의 중심부에서 그리스도를 위해 고난당하게 될 것을 즐거워했고, 폴리카르푸스는 유월절 논쟁을 해결하기 위해서 아니케투스(Anicetus)가 주교로 있는 로마를 찾아갔고, 순교자 유스티누스는 그곳의 황제들에게 기독교 변증서를 발송하고, 그곳에서 목숨을 내놓았으며, 이레나이우스와 테르툴리아누스와 키프리아누스는 그 교회에 유일한 수위적 지위를 부여했다. 로마는 시몬 마구스(Simon Magus), 발렌티누스(Valentine), 마르키온(Marcion), 케르도(Cerdo) 같은 이단들과 신지학적(神智學的) 마술사들에게도 수위성을 인정받았다. 그러므로 로마 주교가 일찍부터 수석 목자들로 인정을 받고, 따라서 자신들의 교구를 훨씬 넘어서는 권위를 가지고 말하고 행동한 것은 조금도 이상한 일이 아니었다.

로마의 클레멘스

일종의 교황권을 행사한 최초의 사례는 1세기 말에 로마 주교 클레멘스(Clement:라틴어 원명은 클레멘스, Titus Flavius Clemens. 102년 죽음)가 성도들을 잃고 실의에 빠진 고린도 교회에 보낸 서신에서 발견된다. 조화와 사랑과 겸손을 권하는 아름다운 교훈으로 가득한 이 서신은 인사말 자체에 나타나 있듯이 주교의 이름으로 발송되지 않고(주교 이름이 아예 언급되지 않는다), 일관되게 일인칭 복수형으로 표기되는 로마 지교회의 이름으로 발송되었다. 이 서신은 한 교회가 곤궁에 처한 다른 교회에 내민 사랑의 봉사였다. 이그나티우스, 폴리카르푸스, 고린도의 디오니시우스, 이레나이우스도 이와 유사하게 다른 교회들에게 훈계와 경고와 위로를 담은 편지를 쓴 것이 사실이다. 그럴지라도 클레멘스의 서신은 일반 지교회들의 위에서 지도하는 인상을 준다는 것을 부인할 수 없다. 이 서신에서 로마 교회는 (적어도 문맥을 봐서는) 자문을 요청받은 일이 없는데도 우월한 행정적 지혜를 가지고 동방의 중요한 교회에 조언을 하며, 사신들을 그 교회에 보내서 하나님과 성령의 기관답게 차분한 권위와 위엄을 가지고 질서와 일치를 견지하라고 권고한다.[34]

당시에 로마보다 고린도에 가까운 에베소에 사도 요한이 여전히 생존해 있었을 개연성이 높다는 점을 고려하면 이것은 더욱 놀라운 일이다. 성직위계제도적 정신은 다른 교회들을 지도하려는 로마 교회의 정신에서 발생했고, 교인들의 기관들에 지나지 않았던 로마 주교나 장로들에게서 발생하지 않았다.[35] 그러나 한 세기 뒤에 빅토르가 자신의 이름으로 의식(儀式)에 대한 사소한 견해 차이를 이유로 소아시아 교회들을 파문했을 때는 로마 주교가 로마 교회를 대체했다. 이러한 성직위계제도적 과정에서 불과 한 걸음 더 나아간 것이 레오와 힐데브란트[그레고리우스 7세]가 표방한 교황 절대주의이며, 교황 절대주의는 바티칸의 교황 무류 교리에서 교리적 절정에 도달했다.

이그나티우스

이그나티우스는 「로마인들에게 보내는 서신」(Epistle to the Romans, 심지어 시리아어 교정본에서까지)에서 로마 교회에 여러 가지 숭엄한 칭호들을 사용하며, 그 교회가 "로마인들이 사는 지역을 통솔하고" "구제를 이끈다"고 묘사한다.

---

34) 이것은 새로 발견된 부분(59, 62, 83 장, edition of Bryennios, Const. 1875)의 후반에 갈수록 아주 분명해진다. 이 장들은 교황 지배의 기원에 새로운 빛을 비춘다. 참조. Lightfoot이 Appendix to S. Clement of Rome (Lond. 1877), p. 252 이하에 제시한 현명한 발언들.

35) 당시에 로마 교회가 여전히 장로들의 회에 의해서 다스려지고 있었다는 것은 그 서신 자체에서 극명하게 나타난다.

이것은 로마 교회가 사방에 잘 알려진 대로 실질적인 구제에 힘쓰는 것을 칭찬하려고 한 말이다. 고린도의 디오니시우스(Dionysius)는 로마의 소테르(Soter)에게 보낸 편지에서 다음과 같은 말로 그 점을 증언한다: "모든 면에서 형제들에게 선을 행하고, 모든 도시에 있는 여러 교회들에게 격려의 물질을 보내는 이 관행은 처음부터 여러분 덕분에 널리 알려지게 되었습니다."[36]

로마 교회는 의심할 여지 없이 다른 지역 교회보다 부유했으며, 재물을 후하게 사용함으로써 큰 영향력을 갖게 되었음에 틀림없다. 이 수준을 넘어서서 이그나티우스를 교황제의 증인으로 인용하는 것은 부당하다. 그는 교황제에 대해서 한 마디도 하지 않으며, 심지어 클레멘스나 로마의 다른 주교에 대해서도 언급하지 않는다. 그는 일관되게 로마 교회에 대해서 말한다. 주교와 사도의 차이를 여전히 생생하게 의식하고 있었던 것이다. 로마인들에게 보낸 편지에서 그는 "나는 마치 베드로나 바울이라도 되는 것처럼 여러분에게 명령하지 않습니다. 그들은 사도들이었습니다"라고 쓴다.

이레나이우스

이레나이우스는 로마 교회를 가장 규모가 크고, 가장 오래되고(?), 모두가 인정하며, 가장 저명한 두 분의 사도인 베드로와 바울에 의해서 설립된 교회라고 부른다. 그리고 다른 교회들보다 중요한 서열(precedence) 때문에 모든 기독교 세계가 그 뜻에 동의하거나, 다른 모든 교회들이 (세계의 수도 교회로서) 마땅히 자문을 구해야 하는 교회라고 부른다. "보다 중요한 서열"이 로마 교회를 다른 사도적 교회들 위에 세운다.

하지만 이것은 관할권의 서열이 아니라 명예의 서열로 이해하는 것이 옳다. 이렇게 생각해야 하는 이유는 교황 빅토르가 190년경에 성직위계제도를 토대로 교만과 불관용을 발동하여 소아시아 교회들과 관계를 단절하되, 그 이유란 게 단지 소아시아 교회들이 전통대로 부활절을 지켰다는 것이었을 때, 이레나이우스가 비록 쟁점이 되는 문제에 빅토르의 견해에 동의를 하면서도 빅토르를 교회의 평화를 깨뜨리는 자로 강하게 질책하고, 그런 비본질적 문제들에 획일성을 강요하는 것이 옳지 못하다고 분명히 주장했기 때문이다. 아시아 교회들도 빅토

---

36) Euseb., *Hist. Eccl.* IV. 23, 10.

르의 지시에 조금도 위축되지 않았다. 그들은 로마의 전승에 대해서 자신들의 사도좌(sedes apostolicae)의 전승을 가지고 답변했다. 이러한 견해차는 니케아 공의회가 로마의 관행에 손을 들어줌으로써 논쟁을 해결할 때까지 지속되었으며, 그 뒤에도 영국 고대 교회들은 그레고리우스 1세 때까지 오랫동안 부활절 준수 방법에서 로마의 관행을 받아들이지 않았다.

히폴리투스

3세기 초에 활동한 저명한 히폴리투스(Hippolytus)는 로마 주교들인 제피리누스와 칼리스투스에 대해서 교리적·권징적 이유로 맹렬히 비판했다. 그런데도 「필로소푸메나」(Philosophumena)라는 그의 저서를 보면 이미 당시에 로마 주교가 자신의 관할권 내에서 절대권을 주장하고 있었다는 것과, 칼리스투스가 장로들에게 유감스럽게도 주교가 심지어 대죄를 짓는 경우에도 장로들에 의해서 면직되거나 면직을 강요당할 수 없다는 원칙을 제시했다는 것을 알게 된다.

테르툴리아누스

테르툴리아누스는 이단들에게 사도적 어머니 교회들을 순결한 교리의 주된 저장고로 환기시킨다. 그 교회들 가운데서도 특히 베드로가 십자가에 달려 죽고, 바울이 참수되고, 요한이 끓는 물에 던져졌으나 해를 입지 않고서(?) 섬으로 유배를 당한 로마 교회에 특별히 유력한 지위를 부여한다. 그럴지라도 바로 그 교부가 훗날에는 로마 교회의 대적이 되었다. 그는 로마 교회의 느슨한 권징을 비판하고, 로마 주교를 향해 역설과 조롱을 섞어 '폰티펙스 막시무스'(大神官, 옛 이교 로마의 대사제)와 '주교의 주교'(episcopus episcoporum)라고 불렀다.

키프리아누스

키프리아누스는 교황제의 근본 사상을 옹호한 점에서나 주어진 상황에 주교제의 형태를 적용하는 것에 항의한 점에서 가장 명확한 입장을 밝힌다. 주님께서 반석 삼아 자신의 교회를 세우시고, 자기 양들을 먹이도록 분부하시고, 그로써 사도들 사이에 일치를 나타내도록 세우신 베드로의 우월성에서부터 시작한 키프리아누스는 동일한 우월성을 베드로의 계승자인 로마 주교에게 전가했고, 따라서 로마 교회를 베드로의 권좌, 사제들의 일치의 근원, 보편 교회의 뿌리이자 어머니라고 불렀다.[37] 하지만 다른 한편으로, 그는 주교들이 베드로와 동일하게 그리스도께 직접 임명을 받은 사도들의 계승자들로서, 그들도 평등성과 상대적 독립성을 갖는다는 것을 똑같은 열정으로 강조했다. 그는 서신에서 로마 주교를 일관되게 '형제'와 '동료'라고 부른다. 자신이 로마 주교와 동일한 위엄과 권위를 지닌 것을 의식하고 있었던 것이다. 그리고 이단이 준 세례의 유효성 문제로 논쟁이 벌어졌을 때, 그는 훗날 개신교를 연상시키는 독립성을 가지고 교황 스테파누스(Stephen)와 대립하여, 그의 오류와 권력 남용을 비판했으며, 진리에서 떠난 전통은 낡은 오류일 뿐이라고 지적했다. 이 항의에 대해서 그는 한 마디도 철회하지 않았다.

피르밀리아누스

로마 주교에게 훨씬 더 예리하고 가차없이 대한 사람은 카파도키아의 주교 피르밀리아누스였다. 오리게네스의 제자였던 그는 로마 주교의 수위성을 어느 정도 인정하면서도, 로마 주교의 어리석음을 비판하고, 직위에 합당하지 못하게 행동한다고 지적했다. 그 이유는 베드로의 계승자인 그가 교회의 일치를 도모하기는커녕 오히려 해치고, 반석에 거하기커녕 오히려 이단 세례를 인정함으로써 새로운 터를 닦으려 하기 때문이라는 것이었다. 피르밀리아누스가 이런 신랄한 태도를 취하게 된 데에는 로마 공의회에 의해 단죄를 당한 오리게네스에 대한 우정과 존경도 작용한 듯하다.

그럴지라도 로마 교회는 부활절과 고해 같은 문제들과 마찬가지로 세례 문제에 대해서도 결국 자신의 뜻을 관철시켰다.

상대적으로 중요성이 덜했던 초기 교황들

이러한 증언들을 종합하면, 로마 교구의 중요성이 증대된 현상은 여론에 의해, 그리고 교회가 연륜이 깊은 교회를 중심으로 통일을 유지해야 할 필요에 의해 이루어진 것이 분명해진다. 로마 교회를 담임했던 성직자들의 재능과 야심을

---

37) Ecclesiae catholicae radicem et matricem. Ep. xl. 2 ed. Bal. (xliii. ed. Goldh.). 키프리아누스의 글에서 로마 교구에 호의적인 그 밖의 단락들은 교황제를 지지하는 관점에서 이루어진 삽입이거나 수정이다.

가지고는 그 현상을 제대로 설명할 수 없다. 오히려 처음 3세기 동안 재직한 서른 명의 교황들은 비록 모두가 다 후대 교회에 의해 시성(諡聖)되었고, 후대의 극히 의심스러운 전승에 따르면 두 명을 제외하고는 모두 순교했다고 하지만,[38] 사실상 내세울 만한 인물이 없었다. 대 레오(Leo the Great)에 이르는 5세기 중반까지, 로마 주교들 가운데 혹시 클레멘스 한 사람을 제외하고는 교회 지도자로서 이그나티우스나 키프리아누스나 암브로시우스 같은 인물이 없었고, 신학자로서 이레나이우스나 테르툴리아누스나 아타나시우스나 아우구스티누스 같은 인물이 없었다.[39] 제롬은 로마 교회가 처음 4세기 동안 배출한 유력 인사 136인을 소개하는 과정에 로마 주교는 클레멘스, 빅토르, 코르넬리우스, 다마수스 네 명밖에 소개하지 않는데, 이들조차 서신 몇 편밖에 남긴 게 없다. 심지어 히폴리투스(Hippolytus)는 225년에 집필한 「필로소푸메나」에서 동시대의 교황들인 성 제피리누스(St. Zephyrinus, 202-218)와 칼리스투스(Callistus, St. Calixtus I, 218-223)를 매우 비판적으로 평가한다. 이런 평가에 파벌 의식이 조금도 실리지 않았다고는 할 수 없지만, 아무튼 그는 제피리누스를 무식하고 탐욕스러운 인물로,[40] 칼리스투스를 추문에 얼룩진 인물로(그는 한때 사기꾼이었고, 자살 직전에 구출된 도주 노예였다고 한다) 평가하며, 두 사람 다 이단설인 성부수난설(Patripassianism)을 견지했다고 한다. 히폴리투스가 아무리 칼리스투스를 로마

---

38) 이레나이우스는 자신이 언급한 클레멘스로부터 엘류테루스(Eleutherus, 177)에 이르는 로마 주교들 가운데 순교자가 단 한 명, 즉 텔레스포루스뿐이었다고 밝힌다(*Adv. Haer.* III, c. 3 § 3). 에우세비우스의 견해도 같다(*H. E.* V. 6). 이들의 증언을 토대로 이 점에 관한 로마 가톨릭 전승의 가치를 판단할 수 있다. 로마 교회의 전승은 당시의 현실에서 워낙 멀리 떨어져 있기 때문에, 신뢰할 가치가 전혀 없다.

39) 추기경 뉴먼(Newman)은 이렇게 말한다(*Apologia,* p. 407): "로마 교구는 박해 기간을 통틀어 위대한 신앙 사상가를 내놓지 못했다. 그 뒤에도 오랫동안 한 사람의 박사도 배출하지 못했다. 서방 세계의 밝은 별은 성 아우구스티누스이다. 그는 비록 오류가 없지 않은 교사였으나, 유럽의 지성을 형성했다." 웨스트민스터 성당 수석사제 스탠리(Stanley)는 이렇게 말한다(*Christian Institutions,* p. 241): "콘스탄티노플, 알렉산드리아, 캔터베리 교구들에는 언설(言說)로써 기독교 세계의 지성에 여느 교황보다 더 큰 영향을 끼친 주교들이 있었다."

40) 히폴리투스는 *Philosophumena* 제9권에서 제프리누스를 "이렇다 할 재능은 없으면서 더러운 이를 탐하는 노인"이라고 부른다.

주교로 인정하지 않고 대립 주교가 되었다 하더라도, 그렇게 고상한 저자가 그러한 비판을 조작했을 가능성은 희박하다. 이 비판은 적어도 어느 정도 사실을 토대로 한 것이었음에 틀림없다.

51. 교황들의 연대기

로마 주교들의 계보에서 가장 오래된 인물들은 들여다 볼 수 없는 어둠에 가려져 있다. 테르툴리아누스와 대다수 라틴 교부들(그리고 위<僞> 클레멘티나)은 클레멘스(Clement, 빌 4:3, 글레멘드)를 베드로의 초대 계승자로 간주하지만,[41] 이레나이우스와 에우세비우스와 그 밖의 그리스 교부들, 그리고 제롬과 로마의 교황 목록(the Roman Catalogue)은 클레멘스를 3대 로마 주교로 간주하고, 그와 베드로 사이에 리누스(Linus, 딤후 4:21, 리노)와 아나클레투스(Anacletus, 혹은 Anincletus)를 둔다.[42] 어떤 목록들에는 클레투스(Cletus)가 아나클레투스 대신에 올라와 있고, 다른 목록들에는 두 사람이 따로 올라와 있다. 추측컨대 리누스와 아나클레투스가 바울과 베드로의 생시에 그 사도들의 조력자들로 활동하거나, 교회의 한 부분을 맡아 관할한 반면에, 클레멘스는 다른 부분을 맡아 관할한 듯하다. 그렇게 추측하게 되는 이유는 초창기에는 유대 그리스도인들과 이방 그리스도인들로 구성된 지교회의 감독권이 훗날처럼 중앙 집권화되지 않았기 때문이다. 더욱이 초기 교부들은 사도직과 감독(주교)직을 엄격히 구분하기 때문에

---

41) 혹은 적어도 베드로에게 최초로 임명된 인물로 간주한다(Tertullian *De Praescr. Hoer.* c. 32). The *Apost. Const.* VII. 6은 리누스(비교. 딤후 4:21)를 바울에게 임명된 초대 주교로, 클레멘스를 베드로에게 임명된 2대 주교로 소개한다. 에피파니우스(*Hoer.* XXVII. 6)에 따르면 클레멘스는 베드로에게 임명되었으나, 리누스와 아나클레투스가 죽은 뒤에야 비로소 직위에 올랐다고 한다.

42) 이레나이우스(*Ad. Hoer.* III. 3, 3)가 자기 시대(A. D. 177)에 이르기까지 작성한 로마 주교 목록은 다음과 같다: 사도들인 베드로와 바울, 리노스, 아나클레토스, 클레멘스, 아베리스투스, 피오스, 아니케토스, 소테르, 엘류테루스. "이들이 사도들 이후에 사도들로부터 열두번째 지위에서 주교직의 유산"을 차지했다. 이레나이우스는 이렇게 덧붙인다: "사도들로부터 내려온 교회 전승과 진리 전파는 일한 질서와 이러한 계승에 의해서 우리에게까지 내려왔다."

베드로를 아예 로마 주교들 가운데 포함시켜 생각하지 않는다. 그리고 베드로를 주교들의 계보에 올려놓는 로마의 교황 목록은 이상하게도 바울에 대해서 무관심하다. 바울이 로마에서 독자적으로 사역했다는 것은 전승에 의해서 뿐 아니라 사도의 서신들과 사도행전의 명백한 증언에 의해서도 입증되는데도 말이다.

립시우스(Lipsius)는 교황들의 상이한 목록들을 주도면밀하게 비교한 뒤에 리누스, 아나클레투스, 클레멘스가 1세기 말에 로마의 장로들이었고, 에바리스투스(Evaristus)와 알렉산더(Alexander)가 2세기 초의 장로들이었고, 시스투스 1세(Xystus I, 라틴명, 식스투스<Sixtus>)가 128년경까지 10년 동안 장로를 지낸 사람들이었으며, 텔레스포루스(Telesphorus)가 139년경까지 11년 동안 장로였으며, 그의 후임자들이 로마 교구 주교들이었다는 결론을 내렸다.[43]

하지만 로마 주교들의 목록이 역사의 깊이와 계승의 온전성과 교리와 정책의 일관성에서 다른 모든 유사한 목록들보다 훨씬 뛰어나며, 예루살렘과 안디옥과 알렉산드리아와 콘스탄티노플의 주교 목록들도 결코 예외가 되지 못한다는 것을 인정하는 것이 정당하다. 그리고 주로 외적 증거들만을 토대로 주장을 수립하는 사람들로서는, 만약 개신교의 자유로운 기독교 개념과, 기독교가 땅에서 발달해온 역사 위로 솟아오를 수 있기 전에는, 이러한 사실이 적지 않은 무게로 느껴질 것이다.

52. 처음 세 세기 동안 로마 주교들과 로마 황제들의 목록

다음 목록은 에우세비우스의 목록(교황 실베스터까지)을 기준으로 야페(Jaff , Regesta), 포타스트(Patthast, *Bibliotheca Hist. Medii Aevi*), 립시우스(Lipsius), 그리고 그외 사람들의 목록들을 비교하여 작성한 것이다. 여기에 소개된 것 이후의 목록에 대해서는 필자의 「중세 기독교사」를 참조하라.

---

43) Langen은 로마의 장로-주교들의 계보가 알렉산더까지 존속했다고 주장하며, 로마 교회의 군주적 정체(즉, 교구 주교제)가 시작된 기점을 트라야누스나 하드리아누스 때로 잡는다. 이레나이우스(in Euseb. V. 27)는 아니케투스(154)까지의 로마 주교들을 장로들이라고 부른다.

로마 주교들과 황제들의 명단

재위기간 (A.D.)	교황	황제	재위기간
		아우구스투스	B.C. 27
		티베리우스	A.D.14-37
		칼리굴라	37-41
		클라우디우스.	41-54
?42-67 (63-64)	베드로-사도[44]	네로	54-68
?67-79	리누스-장로	갈바	68
		오토	68-69
		비텔리우스	
		베스파시아누스	70-79
?79-91	클레투스 혹은 아나클레투스	티투스	79-81
?91-100	클레멘스 I.	도미티아누스	81-96
		네르바	96-98
		트라야누스	98-117
?100-109	에바리스투스		
?109-119	알렉산더 I.	하드리아누스	117-138
?119-128	시스투스 혹은 식스투스 I.		
?128-139	텔레스포루스(순교자)	안토니누스 피우스	138-161
?139-142	히기누스		
?142-154	피우스 I.		
?154-168	아니케투스	마르쿠스 아우렐리우스	161-180
?168-176	소테르.		
?177-190	엘류테루스	코모두스	180-190
?190-202	빅토르 I.	페르티낙스	190-191
		디디우스 율리아누스	191-192
		니게르	192-193
		셉티미우스 세베루스	193-211

---

44) 최고의 사가들은 베드로가 주후 63년 이전에는 로마에 있었을 리가 없으며, 그
곳에서 25년간 주교직을 수행했다는 전승은 지어낸 이야기라는 데 동의한다.

로마 주교	로마 황제	
202-218 제피리누스	카라칼라 }	
	게타(212죽음) }	211-217
	M. 오필리우스 마크리누스	217-218
218-223 칼리스투스 혹은 칼릭스투스 I.	헬리오가발루스	218-222
(히폴리투스 대립교황)		
?223-230 우르바누스 I.	알렉산더 세베루스	222-235
?230-235 폰티아누스(유배중에 사임).		
235-236 안테루스	막시미누스 I: (트라키아인)	235-237
236-250 파비아누스 순교자	두 명의 고르디아누스 }	
	막시무스 푸피에누스 }	237-238
	발비누스	
	소(少) 고르디아누스	238-244
	필립	244-249
250-251 251년 3월까지 공석.	데키우스	249-251
?251-252 코르넬리우스(유배지에서).	갈루스	251-252
?251 (노바티아누스 대립교황)		
252-253 루키우스 I.	볼루시아누스	252-253
?253-257 스테파누스 I.	아이밀리아누스	253-268
	발레리아누스	256-259
	갈리에누스	259-268
?257-258 시스투스(식스투스) II.		
259년 7월 21일까지 공석.		
259-269 디오니시우스	클라우디우스 II.	268-270
269-274 펠릭스 I.	아우렐리아누스	270-275
275-283 유티키아누스	타키투스	275-276
	프로부스	276-282
283-296 가유스(카이우스)	카루스	282-284
	카리누스 }	
	누메리아누스 }	284-286
	디오클레티아누스	284-305
	(313년 죽음)	
	막시미아누스(디오클레	286-305
	티아누스와 공동황제)	

296–304 마르켈리누스	콘스탄티우스(306년 죽음)	
304–307 공석.	갈레리우스(311년 죽음)	304–307
	리키니우스(323년 죽음)	
	막시미누스 II(다자)	308–309
	콘스탄티누스 대제	
	갈레리우스(311년 죽음)	
308–309 마르켈루스	리키니우스(323년 죽음)	309–323
309–310 에우세비우스 309년 9월 26일(?)	막시미누스(313년 죽음)	
죽음.	막센티우스 (312년 죽음)	
	공동 통치.	
309–310 공석.		
311–314 밀티아데스(멜키아데스)		
314–335 실베스터 I.	콘스탄티누스 대제	323–337
	단독 통치	

사도 베드로부터 레오 13세(1878)까지 이어지는 전체 교황 수는 263명이다. 한 명당 평균 7년씩 재위한 셈이다. 전승이 베드로의 재위 기간으로 전하는 25년은 교황 무류설을 도입한 최초의 교황인 피우스 9세(1846–1878, 27년간 재위)를 제외하면 그 어떤 후임자들도 채우지 못한 기간이었다. 캔터베리 대주교들의 평균 재위 기간은 14년이다.

53. 보편적[가톨릭적] 통일

사도신경에 표현된 "거룩한 보편적 교회"(the Holy Catholic Church, 거룩한 공회) 혹은 니케아–콘스탄티노플 공의회의 보다 자세한 용어인 "하나의 거룩한

---

45) 영국 국교회는 사도신경에 '가톨릭적'이라는 용어를 그대로 두고서 그것을 전(前) 교황적, 반(反) 교황적 의미로 사용한 반면에(즉, 일반적, 보편적이란 뜻으로), 루터(그의 요리문답에서)와 모라비아 교회(전례서에서)는 그 용어를 '기독교적'으로 교체하고, '가톨릭적'이라는 용어를 로마 가톨릭 교회에 넘겨주었다. '로마의'(Roman)라는 표현은 이를테면 그리스 가톨릭과 복음주의 가톨릭 같은 용어들과 상반되는, 분파적인 용어이다.

보편적 · 사도적 교회"(the One Holy Catholic Apostolic Church)[45]라는 사상과 제도는 교회가 그리스도의 신비한 몸으로서 통일성과 거룩성과 보편성을 지닌다고 가르친 사도 바울의 교훈에 토대를 두었고, 주교제[감독제] 정치 형태와 나란히 발전했고, 교의보다는 실질의 형태를 취했으며, 외부로부터는 이교도의 박해와, 내부로부터는 이단과 분파의 경향들과 맞서서 끊임없이 투쟁하는 과정에서 발생했다. 사도신경과 니케아-콘스탄티노플 공의회의 신조들, 심지어 그 토대가 된 2, 3세기의 불분명한 신조들에서 교회는 성부와 성자와 성령께 대한 신앙을 전제하고 필연적으로 지향하는 하나의 신앙 항목으로 나타나며,[46] 사죄로부터 영생에 이르기까지 은혜의 다양한 유익을 누리는 거룩한 사귐체로 나타난다.[47]

게다가 이 신조들에는 보이는 교회와 보이지 않는 교회가 구분되지 않는다. 그 시대 교회들은 실질적이고 역사적인 교회 외에는 다른 교회를 생각하지 않았고, 비록 세상의 관점에서는 박해받는 소수 분파에 지나지 않았지만, 이 교회에 통일성과 거룩성과 보편성과 사도성이 존재한다고 여겼고, 후대에는 거기에다 독점성 · 무류성 · 불멸성을 덧붙였다. 물론 노바티아누스파(the Novatian)가 분열해 나갔을 때처럼 간혹 교회의 경험적 현실과 이상적 개념 사이에 괴리가 있음을 드러낸 일들도 발생했으며, 이 괴리는 사도시대의 숭고한 영성이 감퇴되고, 박해가 중단되고, 교회 기강이 문란해진 뒤에는 거룩성에 관해서 훨씬 더 심각하게 감지되었던 것이 사실이다. 하지만 신자들 개개인의 행실이 단정치 못하고, 교회가 외견상 지리멸렬한 경우가 있었을지라도, 교회는 영광스러운 천상의 머리[그리스도]와 연합함으로써 필연적으로 지닐 수밖에 없는 일반적이고 객관적인 특성을 오도하는 행위는 허용되지 않았다.

우리가 다루는 시기의 교부들은 한결같이 교회 안에서 신적이고 초자연적인 질서를 바라보았고, 어떤 의미에서는 교회가 그리스도의 지상 생애의 연장이며, 성령의 전(殿)이며, 신령한 생활을 할 수 있는 유일한 능력의 보고(寶庫)이며, 성경의 소유자이자 해석자이며, 모든 신자들의 어머니라고 보았다(물론 이런 내용

---

46) Credo ecclesiam(교회〈공회〉를 믿사오며): 하지만 성삼위께 대한 신앙고백과 달리 in ecclesiam이라고 표기되지 않는다.

47) Communio sanctorum(성도의 교제). 하지만 이 구절은 5세기 이전의 원래 로마 교회 신조에는 발견되지 않는다.

을 이해한 깊이에서는 교부들마다 약간씩 달랐지만). 교회는 거룩하다. 왜냐하면 속된 세상을 섬기는 데서 구별되고, 성령께 힘을 얻고, 교인들에게 거룩한 생활을 하게 하며, 엄격한 권징(勸懲)을 행사하기 때문이다. 교회는 보편적이다. 즉 (수적인 충족성보다는 온전성을 가리키는 홀로스<ὅλος>의 구체적 의미에 따르자면) 모든 파벌들과 분파들과 달리 온전하고 홀로 참되다. 보편성(catholicity)은 엄밀히 말하자면 일반성(universality), 통일성(unity), 독점성(exclusiveness)을 내포하며, 사실상 만민의 유일한 구주이신 그리스도의 몸과 기관인 교회가 본질적으로 지니는 속성이다. 보편성과 마찬가지로 교회로부터 떼어놓을 수 없는 속성은 사도성(apostolicity)이다. 사도성이란 주교들을 통해서 사도들까지, 사도들로부터 그리스도까지, 그리고 그리스도로부터 하나님께로 거슬러 올라가는 역사적 연속성 혹은 단절되지 않는 계승을 뜻한다. 교부들은 이러한 경험적이고 만질 수 있고 보편적인 교회를 이론을 갖춰 떠나는 것을 이단(異端)으로, 즉 가변적이고 주관적이고 항상 변동하는 인간의 견해로 보았다. 교회 지도자들을 실질적으로 떠나고 불순종하는 행위를 그리스도의 몸에서 떨어져 나가는 분열로 보았다. 그것은 신적 권위에 대한 반역이고, 설혹 가장 극악한 죄는 아닐지라도 대단히 악한 죄라고 보았다. 이단은 교회가 무엇인지 깨달을 수 없으며, 혹은 교회의 속성들 가운데 어느 하나도 올바로 주장할 수 없다. 기껏해야 분파나 파벌을 조성할 뿐이고, 결과적으로 인간적이고 소멸하는 것들의 영역과 운명에 처하게 될 뿐이지만, 교회는 신적이고 불멸하다.

이것이 의심할 나위 없이 니케아 이전 교부들의 견해였으며, 심지어 사변적이고 관념적인 알렉산드리아 교부들도 예외가 아니었다. 교회론의 발전에서 가장 중요한 인물들을 꼽자면 이번에도 이그나티우스와 이레나이우스와 키프리아누스이다. 이들의 주교제 교리 전체는 그들의 보편적[가톨릭적] 통일 교리와 밀접히 연관되어 있으며, 그 교리에 의해서 결정된다. 그들에게 주교제란 이 통일을 유지하고 증진하는 필수적인 수단으로서만 가치를 갖고 있기 때문이다. 반면에 그들은 이단과 분리주의 집단의 주교들을 반란자들과 적그리스도들로 간주한다.

1. 이그나티우스의 서신들은 주교제의 형태로, 그 제도를 매체로 삼아 유지되는 교회의 통일이 근본 사상이며, 그것이 권면의 큰 화두이다. 저자는 자신을 가리켜 통일을 위해 준비된 사람이라고 부른다. 게다가 그는 "그리스도 예수가 계

신 곳에는 보편적 교회가 있다"는 말로써 '보편적'(catholic)이라는 용어를 교회적 의미로 처음 사용한 사람이기도 하다. 교회 안에서만 하나님의 떡을 먹을 수 있으며, 분파를 따라 나간 사람은 하나님 나라를 유업으로 받지 못한다고 그는 가르친다.

이에 비해 어조가 뚜렷하거나 강하지는 않을지라도, 로마의 클레멘스가 쓴 「고린도인들에게 보낸 첫째 서신」(First Epistle to the Corinthians)과, 서머나 교회가 폴리카르푸스의 순교에 관해서 쓴 편지, 그리고 헤르마스(Hermas)의 「목자」(the Shepherd)에서도 비슷한 견해를 발견하게 된다.

2. 이레나이우스는 교회에 관하여 훨씬 더 자세하게 말한다. 그는 교회를 피난처, 구원의 길, 생명의 입구, 이 세상에 있는 낙원이라고 부르며, 그 나무들의 실과, 즉 성경은 다 먹을 수 있으나, 선악을 알게 하는 나무의 실과, 즉 이단의 교훈은 먹어서는 안 된다고 한다. 교회는 성령으로부터 떼어놓을 수 없으며, 교회는 성령께서 이 땅에 두신 유일한 거처라고 한다. 그는 진정한 보편적 정서를 가지고 교회를 맨 앞에 두면서, "교회가 있는 곳에는 하나님의 성령께서 계시며, 하나님의 성령께서 계시는 곳에는 모든 은혜가 있다"고 말한다.[48] 우리는 오직 교회의 품에서만 젖을 먹고 생명을 유지할 수 있다고 하며, 교회로 피하여 그 안에서 성령에 참여한 자가 되어야 한다고 말한다. 이단들은 진리의 원수들이요 사탄의 아들들이며, 고라와 다단과 아비람의 무리들처럼 지옥에 삼켜질 것이라고 한다. 이 점과 관련하여 두드러지는 것은 이레나이우스 자신이 전하는, 사도 요한이 영지주의자 케린투스(Cerinthus)와 만난, 그리고 폴리카르푸스가 '사탄의 장자'인 마르키온(Marcion)과 만난 유명한 전설이다.

3. 테르툴리아누스는 교회를 노아의 방주와 최초로 비교한 사람이다. 이것이 그 이래로 로마 가톨릭 신학에서 고전적인 비교가 되었다. 그도 별다른 부연 설명 없이 이단들이 마귀에게서 유래했다고 말한다. 하지만 분리(schism)에 관해서는 그 자신이 몬타누스파(the Montanists)에 가담하여 권징 문제로 가톨릭 신자들을 맹렬히 비판했기 때문에 스스로 그것을 범했다. 따라서 그는 로마 가톨

---

48) *Adv. Haer.* iii. 24. 개신교의 관점에서는 순서를 바꿔서 성령을 앞에 두고 말할 것이다: "하나님의 영이 계신 곳에는 교회와 모든 은혜가 있다"(Ubi Spiritus Dei, ibi ecclesia et omnis gratia).

릭 교회의 교부 목록에 포함되지 않고, 다만 교회의 저자들(scriptores ecclesiae)의 목록에만 포함된다.

4. 알렉산드리아의 클레멘스와 오리게네스조차 사변적이고 관념적인 사상 기조에도 불구하고 이 점에서는 예외가 아니다. 오리게네스는 "교회를 떠나서는 아무도 구원을 받을 수 없다"고 함으로써 키프리아누스 못지않게 분명하게 보편적[가톨릭적] 독점성 원리를 제시한다. 그럴지라도 그에게서는 이단들에 대한 준열한 비판과 함께 온건하고 관용적인 표현들도 발견된다. 게다가 그는 로마서 2:6 이하를 토대로 미래에 정직한 유대인들과 이교도들이 비록 엄밀한 의미에서의 '영생'은 얻지 못하더라도 적절한 상과 하위 등급의 복을 받을 것이라고까지 추정한다. 오리게네스는 훗날 자신이 이단으로 단죄를 받았다.

그 외 3세기의 그리스 성직자들 가운데 특히 오리게네스를 비판한 메토디우스(Methodius)가 교회를 높이는 견해를 취하며, 「연회」(Symposion)라는 저서에서 교회를 "불멸케 하는 꽃과 열매로 가득한 아름답고 영원한 봄날의 하나님의 정원"으로, 그리고 순결하고 흠 없고 항상 젊고 아름다운 신적 로고스의 신부라는 시적 표현으로 묘사한다.

5. 마지막으로, 키프리아누스는 교회에 대한 구(舊) 가톨릭적(보편적) 교리와, 교회의 통일성, 보편성, 독점성을 분명하면서도 강력하게 전개한다. 그의 서신들과 251년에 집필한 「통일된 하나의 교회에 관하여」(De Unitate Ecclesiae)라는 고전적 논문을 통해서 그러한 견해를 제시하는데, 이 논문은 노바티아누스파의 분열로 인해 혼란한 상황에서 썼으며, 성직위계제도에 근거한 자부심과 파벌 정신이 그 안에 섞여 있지 않다고 할 수 없다. 그는 가시적이고 만질 수 있는 교회의 통일성을 주장한 전형적인 인물이었으며, 그가 만약 로마 주교가 되었다면 레오 1세 이전의 여느 교황보다 더 나은 교황이 되었을 것이다. 하지만 결국 그는 교황과 견해가 엇갈리게 되자 반(反) 교황적이고 반 로마적인 태도를 취했다. 아우구스티누스는 이러한 일관성 없는 태도를 지적하면서, 키프리아누스가 순교의 피를 흘림으로써 그것을 지워버렸다고 생각했다. 하지만 키프리아누스는 회개의 태도를 나타낸 적이 없다. 그의 견해를 정리하자면 다음과 같다:

보편적[가톨릭] 교회는 그리스도께서 처음부터 오직 사도 베드로 위에 세우셨는데, 그렇게 하신 목적은 사도들이 동일한 권한을 갖고 있을지라도 통일이 교회 존립의 필수적인 요건으로 유지되도록 하시기 위함이었다. 교회는 그 이래로 단절되지 않은 감독(주교)의 승계로써 하나로 남아왔다. 이것은 마치 태양이 하나뿐이지만 태양의 광선이 사방으로 비춰지는 것과 같은 이치이다. 광선을 태양으로부터 분리하려고 해보아도 빛은 통일성을 갖고 있기에 분리할 수가 없다. 가지를 나무에서 꺾으면 그 가지는 열매를 맺지 못하고 말라죽는다. 키프리아누스는 주교를 중심으로 조직되고 로마에 중심을 두는 이러한 경험적 정통 교회를 떠나서는 기독교 자체를 생각할 수 없었다. 따라서 영지주의자들과 그 밖의 급진적인 이단들뿐 아니라, 보편(가톨릭) 교회와 본질적 내용에서는 조금도 다르지 않으면서도 다만 엄격한 권징을 표방하고서 대립 주교를 선출했을 뿐인 노바티아누스파에도 기독교란 존재하지 않는다고 보았다. 보편적 교회를 떠나는 사람은 외인이요 속된 사람이요 원수요 스스로 단죄하는 사람이며, 그런 사람은 반드시 멀리해야 한다. 교회를 어머니로 모시지 않는 사람은 하나님을 아버지로 모실 수 없다. 노아의 방주 밖에 있던 사람들이 홍수를 피할 수 없었듯이, 교회 밖에 있는 사람은 구원을 받을 수 없다.[49] 왜냐하면 교회만 성령과 모든 은혜를 간직하고 있기 때문이다.

키프리아누스는 이단이 베푼 세례를 인정할 것인가 하는 논쟁에서 로마 교회보다 독점성의 원리를 훨씬 더 일관되게 견지했다. 이는 로마 주교(교회) 스테파누스(Stephen)가 이단의 세례를 유효하다고 인정하고, 따라서 일관성을 유지하기 위해서 보편 교회 밖에도 중생의 가능성이 있고, 따라서 구원의 가능성이 있다고 인정하지 않을 수 없었던 반면에, 키프리아누스는 철저히 그러한 세례를 배척했기 때문이다. 대체로 철저히 일관성을 유지한 로마 교회가 바로 이 점에서는 누수를 보이고, 사실상 독점성의 이론적 원칙을 포기한 셈이다. 그러나 키프리아누스도 이 원칙을 고수하는 과정에서, 그리고 베드로의 계승자이자 통일의 가시적 구심점으로 보았던 교황을 키프리아누스가 일관되게 반대하는 과정에서 로마 교회의 수위권(首位權)과, 교리 논쟁에 대한 무오한 법정의 존재를 명백히 부정했고, 보편의 교회를 로마 교회와 동일시하는 것에 항의했다. 그런데 만약 그가 엄격한 독점성을 견지하면서 그러한 항의를 할 권한이 있었다고 한다

---

49) "Extra ecclesiam nulla salus."(교회 밖에는 구원이 없다) 하지만 그는 아무데서도 "ecclesiam Romanam nulla salus"(로마 교회 밖에는 구원이 없다)고 말하지 않는다.

면, 그리스 교회와 특히 복음주의 교회로서는 로마의 독점성을 비판하고, 보다 자유롭고 포괄적인 교회관을 주장할 권한을 훨씬 더 많이 갖고 있는 셈이 아니겠는가?

우리는 이러한 구(舊) 가톨릭 교회관의 토대를 이루는 심오하고도 아름다운 진리를 충분히 인정할 수 있고, 박해의 시기뿐 아니라 중세에 야만족에게 복음을 전하던 그 위대한 선교의 시기에 그러한 진리가 역사적으로 얼마나 중요했는가를 얼마든지 인정할 수 있다. 하지만 우리는 그 교리가 오류에 한 다리를 걸치고 있었으며, 세월이 흘러 교회와 국가가 혹은 교회와 세상이 연합한 뒤에는 그 오류가 갈수록 현란해져서 점차 증대되던 내부의 저항을 촉발했다는 사실을 무시할 수 없다. 구 가톨릭 교회의 교리는 교회의 영적 통일을 맹목적으로 조직의 통일과 동일시했고, 자유로운 발전을 희생시키는 대가로 외적 통일을 고수했으며, 오류를 지닌 경험적 교회 혹은 기독교 발전의 일시적 양상을 이상적이고 영원한 그리스도의 나라, 즉 교회의 머리이신 그리스도께서 영광스럽게 재림하실 때까지는 완전하게 나타나지 않을 그 나라를 혼동했다. "그리스도 밖에는 구원이 없다"는 성경의 원리가 키프리아누스의 "(가시적) 교회 밖에는 구원이 없다"는 원리로 위축되고 제한되었으며, 여기서 불과 한 걸음 더 나갔을 때 "로마 교회 밖에는 구원이 없다"는 로마주의의 근본적 오류에 봉착하게 된 것이다.

그 이후로는 어떠한 외적 통일도 동방 교회와 서방 교회가 교회사의 벽두에 언어와 관습과 신학에서 드러낸 차이를 막을 수 없었다. 결국 이 차이가 오늘날까지 봉합되지 않는 분열로 이어졌다.

우리 주님께서 교회를 세우실 때 과연 교회가 현재의 상태대로 외적이고 가시적인 통일을 이루기를 바라셨겠는가? 주님은 '하나의 양무리와 한 분의 목자'를 약속하셨지만 '하나의 우리'를 약속하지는 않으셨다(참조. 요 10:16).[50] 양무리는 하나일지라도 우리 곧 교회 조직은 여럿일 수 있는 것이다. 우리 주님은 대제사장의 기도(요 17장)에서 교회, 주교들 혹은 교황들에 관해서는 한 마디도 하시지 않고, 다만 영원하신 성부와 영원하신 성자 사이의 조화를 반영하는 영적 통일

---

50) 라틴어 번역성경인 불가타가 범한 한 가지 특정적이고 불길한 실수는 ποίμνη(양무리)를 (αὐλή〈양우리〉와 혼동하여) ovile(양우리)로 번역한 것이다. 흠정역은 이 중대한 오류를 답습했지만('하나의 우리'), 1881년의 개정역(RSV)은 이것을 바로잡았다.

에 관해서만 말씀하신다. "그리스도인들의 진정한 교제 — 모든 교회들의 토대가 되는 '성도의 교제' — 는 외적 행위를 공동으로 수행하는 것이 아니라, 영혼이 영혼과, 그리고 영혼이 그리스도와 교제를 나누는 것이다. 외적인 조직이 우리가 서로 나누는 교제에 도움을 주는 것은 하나님께서 우리에게 그런 본질을 주신 결과이다. 그것은 우리가 이중으로 지닌 본질의 결과이기도 하고, 그리스도께서 우리의 외적인 행위로 당신과 우리의 교제에 도움이 되도록 정하신 결과이기도 하다. 하지만 외적인 것들이 상징이나 띠의 역할을 할 수 있는 그 어떤 것보다 더 미세하고 깊고 신적인 것은 연합[통일], 즉 서로 깊이 맞물려 있는 사고와 인격의 공동체의 내적 실재와 본질이다. 이것에 대해서 사도 바울은 '성령의 하나 되게 하신 것'이라고 말하며, 이것이 지극히 숭고한 책에서 지극히 거룩한 말로써 아들이 아버지와 하나됨과 아버지가 아들과 하나됨에 관련지어진다."

54. 공의회들

공의회들(Councils) 혹은 교회회의들(Synods)은 교회의 통일을 유지하고 증진하며, 신앙과 권징에 관한 문제들을 결정하는 데 중요한 수단이었다.[51] 그 선례와 근거는 할례 논쟁을 해결하기 위해 모인 사도들의 예루살렘 공회였다.[52] 더 나아가 공의회들 혹은 교회회의들은 매년 주요 도시들에서 열린 로마 제국 속주들의 정치적 협의회들에 의해서도 암시된다.[53] 하지만 2세기 중반 이전(50년과 170

---

51) Concilium이라는 단어는 테르툴리아누스가 교회적인 의미로 최초로 사용했다(*De Iejun.* c. 13, *De Pudic.* c. 10). σύνοδος라는 단어는 '집회' 혹은 심의를 위한 '회의'란 뜻으로서(헤로도토스, 투키디데스, 플라톤, 데모스테네스 등), 기독교 회의들에 최초로 사용한 사례는 *the pseudo-Apostolical Consist.* V. 20과, *canons*, c. 36 혹은 38이다. 이것은 선출이나 입법 혹은 판결, 혹은 교리적 목적으로 모인 교구나 관구나 세계 기독교 회의를 가리킬 수 있다.
52) 주후 50년. 사도행전 15장과 갈라디아서 2장. 아울러 주님께서 두세 사람이 당신의 이름으로 모인 곳에는 그곳에 함께 계시겠다고 약속하신 말씀과 비교하라(마 18:19, 20).
53) 로마 제국의 속주 협의회들은 회의를 시작하기 전에 제사를 드렸고, 의장은 대신관[대사제]이라 불렸다.

년 사이)에는 공의회의 흔적이 뚜렷하지 않다가, 그 이후에 몬타누스주의와 부활절에 관해 분쟁이 발생했을 때 처음 나타난다.

공의회[교회회의]는 규모에 따라 교구 회의, 관구[속주 혹은 수도대교구] 회의, 전국 회의, 총대교구[혹은 세계] 회의 등 여러 종류로 나뉜다.[54] 우리가 다루는 시기에는 처음 세 번의 공의회만 열렸다. 교구 교회회의들은 감독[주교]와 그가 이끄는 장로들과 집사들, 그리고 그들을 지원하는 교인들로 구성되며, 아마 초기부터 열린 듯하지만 3세기 이전에는 언급되지 않는다. 관구[속주] 교회회의는 에게 해 동맹 시절부터 협의 정신이 강하게 존속되어온 그리스에서 맨 처음 나타나고, 그 다음에 소아시아, 북아프리카, 갈리아, 스페인에서 나타난다. 관구 교회회의는 격한 박해의 시기에 일년에 한두 번 상황이 허락하는 한도에서 열렸다. 의장은 속주 수도의 대주교[수도대주교]가 맡았으며, 그런 이유로 그가 속주 다른 지역의 주교들에 대해서 점차 관할권을 행사하게 되었다. 교회에 비상 사태가 발생하면 특별회의들이 소집되었고, 추측하건대 이러한 회의들이 정규 회의들보다 중요하게 간주되었다. 이 회의들은 유익한 점들이 발견되면서 제도화되었다.

교회회의들은 공적으로 이루어졌고, 회의가 개최된 지역의 교인들이 회의에 영향력을 행사하는 경우도 가끔 있었다. 키프리아누스 때에는 장로들과 고백자들과 평신도들이 회의에 적극 가담했으며, 이 관습은 사도시대 교회의 관행에 뿌리를 둔 듯하다.[55] 256년경에 모여 이단 세례의 유효성에 관해 심의한 교회회의에는 87명의 주교들과 대단히 많은 수의 사제들과 부제[집사]들, 그리고 무수

---

54) 세계 회의란 로마 제국 영역 안에서의 orbis terrarum(세계)를 전제로 한다. 절대적 의미에서의 세계 공의회란 열린 적이 없다. 심지어 325-787년에 열린 일곱 차례의 에큐메니컬[세계] 공의회들도 로마 제국에 한정되었고, 그나마 서방교회 주교들의 참석이 저조했다. 그 이후에 열린 로마교회 공의회들(1870년에 열린 바티칸 공의회까지)이 세계적 성격을 주장하지만, 그 공의회들에는 그리스 교회들과 모든 복음주의 교회들이 참석하지 않았다.

55) 참조. 행 15:6, 7, 12, 13, 23. 여기서는 공의회 회원들인 사도들과 장로들 외에도 '형제들'이 언급되며, 심지어 최종 결정과 목회 서신을 작성할 때에도 언급된다.

56) Cyprian, *Opera*, p. 329. ed. Baluz. 하지만 이 공의회의 판결문을 보면 주교들만 투표권자들로 나타나며, 이 점을 놓고서 어떤 저자들은 평신도들과 심지어 장로들은 votum decisivum(표결권)이 없었다고 추론한다. 그러나 고대에 열린 여러 공의회들

한 평신도 무리(maxima pars plebis)가 참석했다.[56] 그리고 키프리아누스는 배교자들(Lapsi)을 복권시키는 문제를 심의하는 교회회의를 소집할 때 주교들과 그의 성직자들뿐 아니라 '고백자들'(confessores)과 '상류층 평신도들'(laicos stantes)도 초대했다. 이러한 관행은 북아프리카에만 국한되지 않았다. 사모사타의 파울루스(Paul, 264-269) 때문에 교회회의들이 열린 시리아와, 엘비라 공의회가 열린 스페인에서도 그러한 관행이 발견된다. 오리게네스는 장로에 불과했으나 두 차례에 걸친 아라비아 교회회의들을 주도했고, 주교 베릴루스(Beryllus)에게 기독론적 오류를 깨우쳐 주었다. 심지어 로마의 성직자들도 키프리아누스에게 보낸 편지에서 주교들이 교회회의를 열 때 사제들과 부제들과 고백자들과 지위가 높은 평신도들에게 자문을 구하는 것을 일반적 관행으로 언급한다.

그러나 성직위계제도 정신이 고양됨에 따라 이러한 공화제적 특징이 점차 사라졌다. 니케아 공의회(325) 이후에는 주교들에게만 의석과 발언권이 있었으며, 이후부터 사제들은 단순히 비서들이나 조언자들이나 주교 대리들로 나타난다. 더욱이 주교들은 과거처럼 자신들의 교회를 대표하거나 신자들 집단의 이름으로 행동하지 않고, 사도들의 계승자로서 자신들의 권한을 가지고 행동했다. 하지만 아직 이 시기에는 자신들의 판단이 무류(無謬)하다고 주장하지는 않았다. 혹시 그런 주장을 굳이 찾으려 한다면 이를테면 252년에 카르타고 공의회가 사용한 "우리가 결정하면 성령께서 뒷받침하신다"(Placuit nobis, Sancto Spiritu suggerente)는 문구에서 최소한의 근거를 찾을 수 있을는지 모르겠다.[57] 어쨌든 당시에 그들이 내린 결정들은 도덕적 권한밖에 갖지를 못했고, 보편 교회에 법적 효력을 주장하지 못했다. 키프리아누스조차 주교가 자기 교구에서 절대 독립성을 가져야 한다고 힘주어 강조한다. "각 주교에게는 일정한 수의 주의 양무리가 맡겨졌으며, 그는 자기 양무리에 대해서 직접 주님께 책임을 진다."

주교를 선출하거나 교인을 출교(파문)하거나 논쟁들을 판결하는 등의 보다 중요한 조치들은 교회회의 서신(epistolae synodicae)에 의해서 다른 속주(관구)들에

에서는 장로들과 집사들이 주교들 다음에 서명을 했다: 참조. Harduin, *Coll. Conc.* I. 250, 266; Hefele I. 19.

57) Cyprian, *Ep.* liv., 사도행전 15:28의 "성령과 우리는 이 요긴한 것들 외에 아무 짐도 너희에게 지우지 않는 것이 가한 줄 알았노니"라는 구절을 토대로. 아를 공의회(314)도 그러했다.

게 전달되었다. 지교회 교인들이 타지역으로 여행을 하거나 이주를 할 때는 일반적으로 주교의 추천서나 이명증서를 지참했고, 타지역 지교회도 그것을 가입 조건으로 요구했다. 지교회에서 출교당하면 사실상 모든 교회에서 출교당하는 것과 같았다.

교회회의 체제는 통합을 지향하는 쪽으로 효과를 발휘했다. 동떨어진 사회들에서 온 기독교 교회들이 교회회의에서 서로 만나 믿음으로 영적 교제를 나눔으로써 결속되었고, 강력한 연합을 이루었으며, 로마 제국의 정치 조직 안에서 조밀한 도덕적 연방을 이루었다.

주교제가 로마 주교의 수위성을 확립하는 방향으로 전개되었듯이, 교회회의 체제도 로마 제국 전역의 교회들을 대표하는 에큐메니컬[세계] 공의회들로 발전했다. 하지만 이러한 공의회는 박해가 종식되고 황제가 기독교의 후원자가 되기 전에는 개최될 수 없었다. 최초의 공의회는 저 유명한 니케아 공의회(325)였다. 제국 정부는 공의회들의 법령에 법적인 효력을 부여했고, 필요할 경우 모든 강제 수단을 사용하여 그 법령이 시행되도록 뒷받침했다. 그러나 로마 정부는 황제가 소집한 세계 교회회의의 결정에 의해서 최종 결과가 나오기 전에는 가톨릭 교회 곧 정통 교회만 보호했다. 다만 아리우스 논쟁과 그 밖의 논쟁들이 진행되는 동안만큼은 예외였다.[58]

55. 엘비라, 아를, 앙키라 공의회들

---

58) 이 정책은 326년에 콘스탄티누스 1세에 의해서 시작되었다(Cod. Theod. 16, 5, 1). 그는 313년에 그리스도인들에게 부여했던 특권들과 면제들을 후대의 법령에서는 '가톨릭 교회 법률 준수자'(Catholicae legis observatoribus)에게로 한정했다. 그는 니케아 신조를 인준하고 아리우스를 추방했다(325). 물론 후에는 마음이 흔들려 반(半) 아리우스파 주교에게 세례를 받긴 했지만 말이다(337). 그의 직계 후계자들도 입장이 흔들렸다. 그러나 대체로 비잔틴 황제들은 교리와 권징에서 공의회들의 결정을 인정했고, 분파들의 결성을 위축시키고 궁극적으로는 막았다. 물론 국가가 교회에 대한 개인의 비판적 견해를 막을 수는 없었고, 다만 그것을 공식적으로 주장하는 것을 금지하고 처벌할 수 있을 뿐이었다. 충분한 신앙의 자유란 교회와 국가의 분리를 요구한다.

반(反) 니케아 교회회의들 가운데 더러는 소아시아의 몬타누스파 논쟁에 의해서, 더러는 유월절(부활절) 논쟁에 의해서, 더러는 오리게네스에 관한 사건에 의해서, 더러는 카르타고와 로마에서 노바티아누스파와 배교자 처리 문제에 의해서, 더러는 이단 세례에 관한 논쟁에 의해서(255, 256), 그리고 세 번은 사모사타의 파울루스를 제재하기 위해 안디옥에서 열렸다.

4세기 초에 엘비라, 아를, 앙키라에서 열린 세 번의 교회회의는 총공의회의 성격에 가까이 다가섰고, 최초의 에큐메니컬 공의회가 열리기 위한 길을 예비했다는 점에서 특별히 언급할 필요가 있다. 이 교회회의들은 교리 문제를 판결하지 않고, 교회 정치와 기독교 윤리에 관한 중요한 교회법을 통과시켰다. 교회회의들이 열린 목적은 디오클레티아누스의 박해가 휩쓸고 간 뒤에 질서와 기강을 회복하려는 데 있었다. 주로 배교했다가 돌아온 허다한 무리를 처리하는 안건을 다루었고, 니케아 이전 시대에서 니케아 시대로 이행하는 전환기의 상황을 반영하고 있다. 회의의 지배적 분위기는 성직자 중심주의와 온건한 금욕주의였다.

1. 엘비라 교회회의(엘비라는 일리베리스 혹은 엘리베리스라고도 하며, 오늘날 스페인 그라나다의 터에 있었던 것으로 추정된다). 306년에 소집되었고,[59] 19명의 주교와 26명의 장로가 참석했으며, 그들 대부분이 스페인 남부 출신이었다. 부제(집사)들과 평신도들도 참석했다. 스페인에서는 디오클레티아누스의 박해가 305년에 디오클레티아누스와 막시미아누스 헤르쿨레우스가 퇴위한 뒤에 중단된 반면에, 동방에서는 그 뒤로도 여러 해 동안 갈레리우스와 막시미누스 치하에서 박해가 지속되었다. 엘비라 교회회의는 당시에 성행하던 다양한 이교적 난행(亂行)들을 규제하고 교회의 기강과 엄격한 윤리를 권장하는 라틴 교회법들을 통과시켰다. 박해 때 배교했던 신자들에게는 심지어 임종 순간(articulo mortis)까지도 성찬에 참여하는 것을 금했다(교회법 제1조). 이것은 니케아 교회회의가 판결한 조치보다 더 가혹한 것이다. 모두 36개조로 구성된 엘비라 교회법은 교회 건물 벽에 성화(聖畵)를 거는 행위를 금지했고,[60] 개신교 신자들에 의해서 형

---

59) Hefele, Gams, Dale은 그 시기를 니케아 공의회 기간(324)으로 늦춰 잡는 표제에 반대하여 이 연대를 지지한다. 그 주된 이유는 코르도바의 주교 호시우스가 324년에 동방에 가 있었기 때문에 그 회의에 참석할 수 없었고, 307년에 콘스탄티누스의 개인 고문단에 합류했기 때문에 그 이후에도 참석할 수 없었기 때문이다.

60) "교회에는 그림이 있어서는 안 된다. 그로써 숭배를 받는 대상들[성인들]과 예

상 숭배를 우상 숭배로 단죄한 선례로 종종 인용되었다. 반면에 로마 가톨릭 저자들은 이것을 오직 하나님을 상징하는 것을 금지한 조치였다고 설명하거나, 아니면 거룩한 것들을 이교적으로 훼손하는 것을 막은 현명한 조치였다고 설명한다.[61] 이 점을 제외하면 엘비라 교회회의는 정신과 기조가 철저히 가톨릭적이다. 또 다른 특징은 스페인에 많은 수가 살았던 유대인들을 엄하게 대했다는 점이다. 그리스도인들이 유대인들과 결혼하는 것을 이 교회법은 금지했다.

엘비라 교회회의를 주도하고, 참석자 명단에 두번째로 언급되는 사람은 코르도바[코르두바]의 주교 호시우스(Hosius)로서, 훗날 니케아 공의회에 서방교회 수석 대표로 참석한 인물이다. 그는 루카누스와 세네카의 출생지이기도 한 코르도바 태생으로서, 60년이 넘게 그곳의 주교로 재직했다. 아타나시우스는 그를 명실상부한 거룩한 사람이라고 부르며, 큰 지혜를 발휘하여 교회회의들을 주재했다고 말한다. 멀리 내다볼 줄 아는 정치가였던 그는 제국을 교회로써 융합하려는 사상을 품고, 콘스탄티누스에게 그 방향으로 영향을 준 듯하다. 그는 박해 시대와 제국의 기독교 시대를 잇는 가장 중요한 연결고리들 가운데 한 사람이다. 니케아 신앙을 강력히 변호했으나, 나이가 아주 지긋해진 뒤에는 입장이 흔들려 아리우스파 신조에 서명했다. 서명한 직후에 백살의 나이로 죽었다(358).

2. 아를 공의회. 프랑스 남부 아를에서 열린 제1차 공의회(314)는 도나투스파가 313년의 로마 공의회 판결에 불복하고서 콘스탄티누스 대제에게 항소함으로써 열렸고, 의장인 교황 멜키아데스(Melchiades)와 3명의 갈리아 주교, 그리고 15명의 이탈리아 주교가 참석했다. 이것이 기독교 집단이 세속 권력에게 호소한 최초의 사례였으며, 그 결과는 도나투스파에게 불리하게 결정되었으며, 결국 도나투스파는 반정부 집단이 되었다. 아를 공의회는 콘스탄티누스가 소집한 최초의 공의회로서 니케아 공의회의 전조였다. 아우구스티누스는 이 공의회를 세계 공의회라고까지 불렀으나, 실은 기껏해야 서방 세계의 공의회였을 뿐이다. 갈리아, 시칠리아, 이탈리아(교황 실베스터<Sylvester>는 불참했으나, 그 대신에 사제 두 명과 부제 두 명을 대리로 파견했다), 북아프리카, 브리타니아에서 33명의

배를 받는 분들[하나님과 그리스도]이 벽에 묘사되는 일이 없도록 해야 한다."

61) 마지막 견해는 De Rossi가 그 교회법을 해석한 내용이다. 하지만 Dale은 그것이 그리스도인들의 우상 숭배를 막는 데 목표가 있었다고 생각한다.

주교가 참석했고, 그 외에도 13명의 사제와 23명의 부제가 참석했다. 이 공의회는 도나투스(Donatus)를 파문하고, 22개의 교회법을 통과시켰는데, 그 내용을 간략하게 소개하자면, 부활절에 관한 법(부활절을 같은 날 하루에 지켜야 한다는 내용), 성직자의 외지 거주 금지법, 경주와 검투 참여 금지법(범법 행위를 파문으로 다스림), 이단에 대한 재세례 시행 금지법, 그리고 그 밖의 권징에 관한 법들이다. 박해 시절에 성경이나 교회 기물을 세속 당국자에게 넘겨준 성직자들(Traditores, 넘겨준 자들)은 면직시키되, 그들이 공적으로 수행한 행위는 유효하다고 인정했다. 그리고 성직 임명을 받을 때는 적어도 주교 3인의 동의를 받도록 했다.

3. 앙키라 공의회. 앙키라는 소아시아 갈라디아의 수도로서, 이곳에서 박해자 막시미누스가 죽은 313년의 직후에(추측건대 314년) 공의회가 열렸으며, 소아시아와 시리아의 교회가 대표를 파견했다. 12~18명의 주교가 참석했으며, 그들 중 상당수가 11년 뒤에 니케아 공의회에 참석했다. 아리우스 논쟁으로 명성을 얻은 앙키라의 마르켈루스(Marcellus)가 회의를 주재했는데, 어떤 학자들에 따르면 안디옥의 비탈리스(Vitalis)가 주재했다고 한다. 디오클레티아누스 박해 때 입은 상처를 치유하는 데 목적을 둔 이 공의회는 주로 박해 기간에 신앙을 저버렸거나 성경을 내준 사람들을 처리하는 문제와 관련한 25개 교회법을 통과시켰다. 이교의 신들에게 제사를 드렸다가 후에 회개한 사제들에 대해서는 설교와 사제로서의 모든 기능을 금지시켰으나, 성직자의 위엄은 그대로 유지하도록 허용했다. 세례 받기 전에 이교 제사에 참여한 사람들에 대해서는 성직자가 되는 것을 허용했다. 간음은 7년 고행으로, 살인은 종신 고행으로 처벌했다.

그 직후에 이와 유사한 공의회가 카파도키아의 네오-가이사랴에서 열렸는데(314-325년 사이에), 대부분 앙키라 공의회에 참석했던 주교들이 그대로 참석하여 권징에 관련한 15개의 교회법을 통과시켰다.

56. 교회법 편찬. 사도헌장과 교회법.

여러 교회의 예배모범과 치리서는 처음 몇 세기부터 여러 언어들로 전해져 내려왔다. 이 문서들은 직접 혹은 간접으로 사도적 기원과 권위를 주장하지만, 사도시대 이후에 작성된 것들이며, 따라서 당연히 정경에서 제외된다. 니케아 전 시대의 교회법과 도덕과 관습에 대해서 중요한 정보를 제공한다.

1. 열두 사도의 교훈서. 가장 오래되고 가장 단순한 교회 지침서이다. 1세기 말에 유대 기독교(팔레스타인 혹은 시리아에 거점을 둔)에서 작성되었고, 그리스 교부들에게도 알려졌으나, 최근에야 비로소 브리엔니오스(Bryennios)에 의해 발견되어 출판되었다(1883). 모두 16장으로 되어 있으며, 다음과 같은 내용을 다룬다: (1) 십계명과 하나님을 경외하고 이웃을 사랑하라는 계명에 근거한 간단한 도덕 교훈. 생명에 이르는 길과 죽음에 이르는 길이라는 두 가지 비유 형식을 취함; (2) 세례와 성찬(애찬이 딸린) 집례 지침; (3) 치리 지침과, 사도들(즉, 순회 전도자들), 선지자들, 교사들, 감독들(즉, 장로들), 집사들의 직무; (4) 주님의 재림과 성도의 부활을 내다보고서 깨어 있으라는 권고. 대단히 주목할 만한 책이다. 그 내용이 사도헌장 제7권에 실려 보존되었다.

2. 거룩한 사도들의 교회법 혹은 사도 교회 규율. 이집트에서 아마 3세기에 작성된 듯하다. 전자는 사도들의 대화라는 가상적 형식으로 확대되어 비켈(Bickell, 1843)에 의해서 헬라어로 최초로 출판되었고, 그 뒤에 콥트어와 시리아어로도 출판되었다. 도덕과 예배와 권징에 대한 사도들의 규례가 실려 있다.

3. 사도헌장(the Apostolic Constitution). 가장 온전한 모습을 갖춘 중요한 교회 지침서. 로마 주교 클레멘스를 통해서 전수된 혹은 그에게 위탁된 모든 사도들의 유증(遺贈)이라는 문학적 허구의 형식을 띠고 있다. 이 책은 "모든 민족들 중에서 주 예수 그리스도를 믿은 사도들과 장로들은 여러분에게 은혜와 평강이 있기를 원하노라"는 말로써 시작한다. 모두 여덟 권으로 된 이 책에는 로마의 클레멘스가 사역한 때인 1세기 말부터 예루살렘과 안디옥과 알렉산드리아와 로마의 교회들을 비롯한 다양한 교회들에서 사도들의 관행에 일부 토대를 두고서 대대로 전수된 도덕적 권고와 교회법과 관습, 예배에 쓰이는 신앙 문구들이 실려 있다. 이 내용은 처음에는 구전되다가 신조들과 마찬가지로 여러 언어로 작성되었고, 결국 무명의 필자에 의해서 오늘날의 형태를 갖추게 되었다. 처음 여섯 권은 유대 기독교적 어조를 강하게 띠고 있으며, 후대에 삽입된 일부 내용을 제외하고는 3세기 말에 시리아에서 작성되었다. 제7권은 열두 사도들의 교훈을 담은 「디다케」(*Didache*)의 연장이다. 제8권에는 전례서와 부록과 사도교령(使徒敎令, the apostolic canons)이 실려 있다. 세 부분을 한 권으로 모은 것은 제8권의 편집

자가 해놓은 작업으로 간주된다. 이 책은 동방교회에서 집필되었음에 틀림없다. 로마 교회가 우월한 지위 즉 수위권을 차지하는 대목이 어디서도 발견되지 않기 때문이다.[62] 사도헌장의 구도는 평신도와 성직자에게 교회에서의 생활 지침을 제시하고, 그로써 감독(주교)를 중심으로 한 신정(神政)을 확립하는 데 있었다. 동방에서는 이 책이 어느 교부들의 저서보다 더 많이 사용되고 인용되었으며, 권징 문제에 대해서는 마치 교리 문제에서 성경이 차지하는 그러한 준칙의 지위를 차지했다. 하지만 책 전체가 공식적인 법적 권위를 인정받은 적은 없으며, 692년에 열린 제2차 트룰루스 공의회(퀴니섹스툼 공의회로 알려짐)는 이단적 내용이 삽입되었다는 이유로 이 책을 거부하되, 그 책에 실린 사도교령에 대해서만 권위를 인정했다.[63]

'사도교령'(Apostolic Canons)은 어떤 사본들에는 85개 항목으로, 다른 사본들에는 50개 항목으로 된 간단한 교회 규율 혹은 법규로서, 로마의 클레멘스가 사도들의 지시를 받아 작성함으로써 그 기원이 사도에게 있는 것으로 되어 있으며, 사도들이 일인칭으로 말하는 경우가 여러 군데에서 나온다. 사도교령은 '사도헌장'의 제8권에 부록으로 첨부되어 있지만, 헬라어, 시리아어, 에티오피아어, 아랍어 사본들로 따로 발견되기도 한다. 내용의 일부분은 성경에서, 특히 목회서신에서, 일부분은 안디옥, 네오-가이사랴, 니케아, 라오디게아 등지에서 열린 초기 공의회들의 법령에서 차용했다(하지만 451년의 칼케돈 공의회 법령에서는 차용하지 않은 듯하다). 그러므로 이 문서는 점진적으로 완성된 것이 분명하며, 4세기 중반 이후에 혹은 5세기 말 이후에 시리아의 어느 익명의 편집자에 의해서 취합되었을 가능성이 크다. 이 문서는 성직자들을 위한 철저한 규율 체계를

---

62) Harnack(*l. c.* 266-268)은 위 클레멘스와 위 이그나티우스를 동일인으로 간주하며, 그를 4세기 중반 사람으로 생각한다.

63) Turrianus, Bovius, 괴팍한 Whiston은 이 거짓 사도헌장을 정말로 사도들이 작성한 것으로 간주하며, 그 안에 그리스도께서 부활과 승천 사이의 40일 동안 행하신 가르침이 실려 있다고 주장한다. 하지만 Baronius, Bellarmin, Petavius는 이 책의 진정성과 권위를 비판하고 부정한다. 이 책은 점진적으로 완성된 산물이며, 무수한 중복과 삽입과 모순과 시대 착오를 지니고 있다. 참수로써 순교를 당한 야고보가 이미 죽었다고 언급된 뒤에(V. 7), 다시 바울과 함께 공의회에 참석했다고 설명된다(VI. 14). 사도들이 사도시대 이후에 나타난 이단들과 이단 사상들을 단죄하며(VI. 8), 자신들의 서거 기념일을 지정한다(VIII. 33). 주교제를 과도하게 높인다.

제시하는 데 목적이 있다. 평신도에 관한 언급은 거의 없다. 마지막 항목인 제85항은 성경의 정경(正經)을 소개하지만, 두 권의 클레멘스 서신과 위(僞) 사도헌장의 정본들을 신약성경에 포함시킨다.

692년의 트룰루스 공의회에서 그리스 교회는 85항의 모음집 전체를 권위와 구속력이 있는 책으로 채택했고, 다마스쿠스의 요한은 심지어 사도 바울의 서신서들과 동렬에 놓았으며, 그로써 영감된 책들이 무한히 우월하다는 인식이 없었음을 드러냈다. 라틴교회는 처음에는 사도교령을 배척했으나, 나중에는 500년경에 디오니수스 엑시구스(Dionysus Exiguus)가 헬라어 사본을 토대로 번역한 50개 항목으로 이루어진 작은 모음집을 채택했다.

57. 교회 권징

고대 교회는 권징을 엄격하게 시행했다. 콘스탄티누스 대제 이전에는 권징이 순수히 도덕적 제재로 이행되었고, 정부의 강제와 처벌과 무관했다. 지교회에서 출교를 당하더라도 사회적 불이익을 당하지 않았다. 하지만 교회가 갈수록 큰 권력을 갖게 되면서 권징의 효과도 강하게 되었고, 마침내 교회가 국가와 연합하게 되었을 때는 교회법을 어긴 자가 국법으로 다스려졌으며, 심하면 사형을 당하기까지 했다. 교회는 항상 피를 혐오했으나("교회는 피를 갈구하지 않는다" <ecclesia non sitit sanguinem>), 범법자를 세속 정부에 넘겨주어 국법에 따라 처벌을 받게 했다. 여러 세기 동안 가장 악한 범법자란 거짓 교훈을 가르친 이단들이었다.

권징의 목적은 한편으로는 교회의 위엄과 순결을 지키려는 것이었고, 다른 한편으로는 범법자의 영적 안전을 지켜주려는 것이었다. 권징에 따른 극단적인 벌은 출교파문, 즉 신자의 모든 권리와 특권을 박탈하는 것이었다. 이 조치는 이단과 분열, 그리고 도둑질, 살인, 간음, 신성모독, 박해 때 그리스도를 부인하는 행위 같은 중죄들에 대해서 취해졌다. 테르툴리아누스 이후에는 이러한 죄들이 중생한 상태와 양립할 수 없다고 간주하고서, 경미한 죄, 즉 연약하여 짓는 죄와 구분하여 대죄(mortal sin)[64]로 분류했다.

이렇게 출교된 사람들은 참회자 집단으로 전락했고, 세례 예비자들(교리문답

자들)의 예배에만 참석할 수 있었다. 이들이 교회의 사귐에 다시 들어가기 위해서는 세례 예비자들이 거쳐야 하는 것과 똑같은 과정을 밟되 훨씬 더 철저하게 밟아야 했고, 모든 오락과 유희를 금하고, 의복의 장식을 삼가고, 부부 관계를 중단하고, 자백과 끊임없는 기도와 금식과 구제와 그 밖의 선행에 힘써야 했다. 이들은 양심의 가책과 유일한 구원의 기관인 교회로부터 단절되는 아픔을 감내할 수 없었기 때문에 교회가 아무리 심한 고행을 지시해도 순순히 받았다. 그럴지라도 그들 중 많은 사람들은 몇 가지 외적인 행동만을 강조했다. 테르툴리아누스는 교회 전체가 내놓는 참회를 하나님께 드리는 '보속'(satisfaction, 만족)이라고 인식했다. 이 견해는 그리스도의 충분한 공로를 위험할 정도로 쉽게 흐리게 할 수 있었으며, 훗날 종교개혁의 강렬한 비판을 받게 된 자기의(義)로 나아갈 수 있었다.

2세기에는 참회[고행]의 시간과 구체적 형태가 아직까지 여러 목회자들과 교회들의 지도에 맡겨졌다. 3세기 말 이전까지는 엄격하고 고정된 참회적 권징 제도가 확립되지 않았으며, 일단 수립된 뒤에도 한 세기 이상 제대로 유지하지 못했다. 이 제도는 비록 진지한 도덕적 자각에서 오직 선한 동기로만 시작되었으나, 진정한 회개의 정신을 촉진하기에는 적합하지 않았다. 지나친 형식성과 법적 강제는 정신을 지지하고 규제하기보다 위축시키게 마련인 것이다. 이 외형적 권징 제도는 314년경 앙키라 공의회에서 최초로 등장한다.

참회자 집단

참회자들은 다음과 같이 네 부류로 분류되었다.

---

64) peccata mortalia 혹은 ad mortem. 요한일서 5:16을 다소 자의적으로 해석한 개념. 테르툴리아누스는 대죄를 다음 일곱 가지로 열거한다: homicidium(살인), idolatria(우상숭배), fraus(사기), negatio(그리스도를 부인함), blasphemia(불경), utique et moechia et fornicatio(그리고 당연히 간음과 간통) et si qua alia violatio templi Dei(그리고 하나님의 전을 더럽히는 그 밖의 행위들) (De pudic. c. 19). 그는 그리스도께서 이런 죄들에 대해서는 종부하지 않을 것이다(irremissibilia, horum ultra exorator non erit Christus)라고 단언한다. 즉, 세례받은 뒤에 이런 죄들을 범하면 그렇다는 것이다. 이는 세례가 과거의 모든 죄를 씻어주기 때문이라고 한다. 따라서 그는 세례를 될 수 있는 대로 늦게 받으라고 조언한다.

(1) 우는 자들(the Weepers). 상복을 입고 교회 문앞에서 엎드려 성직자와 회중에게 교인 자격 회복을 간청하는 사람들.

(2) 듣는 자들(the Hearers). 동일 명칭으로 불린 세례 예비자들과 마찬가지로 성경 강해와 설교를 들을 수 있도록 허락받은 사람들.

(3) 무릎꿇는 자들(the Kneelers). 교회의 기도에 참여하되 무릎을 꿇는 자세로만 참여해야 하는 사람들.

(4) 서 있는 자들(the Standers). 예배에 내내 참석할 수 있지만, 여전히 성찬에서는 배제되는 사람들.

이 네 부류가 참회[고행]의 네 단계에 해당한다. 참회 과정은 대개 3~4년이었지만, 교리문답 준비와 마찬가지로 상황에 따라 단축되거나 죽을 때까지 연장되었다. 동방에서는 참회 담당 특별 장로들이 있어서, 참회자들에 대한 징계를 감독했다.

회복

시험 기간이 지나면 징계 해제 조치가 이루어졌다. 참회자는 공식적으로 죄를 자백하고, 목회자의 안수와 축복 기도에 의해 사면을 받은 뒤[65] 회중에게 형제의 입맞춤으로 다시 맞아들여졌으며, 성찬에 참여할 자격을 얻었다. 성직자가 될 자격만 빼놓고 모든 자격을 회복했다. 하지만 키프리아누스와 피르밀리아누스는 참회자가 위선으로 참회를 했더라도 사제가 사면을 했으면 그것은 무조건적이고 무류하며, 하나님의 심판보다 앞선다는 견해를 비판했다.[66]

두 개의 파벌

특정 사례들에 회복의 타당성을 놓고서 적지 않은 견해차가 있었고, 그것이 여러 차례에 걸쳐 분열의 원인이 되었다. 교회의 징계가 최후의 날에 있을 하나님의 심판보다 우선할 수 없고, 다만 일시적일 뿐이라는 데 모든 사람들이 동의

---

65) 선언적인, 특히 법적인 형태의 사면은 후대에 유래한 듯하다.

66) Cypr. *Epist.* LV., c. 15. 하지만 키프리아누스가 인정하듯이, 만약 교회가 무자격자에게 사면을 내리는 오류를 범할 수 있다면, 사면을 보류하고 출교[파문]를 선언할 때에도 오류를 범할 수 있는 셈이다.

했고, 당사자의 회개와 개과천선을 기대했다. 하지만 중죄를 범한 자가 슬픔으로 죄를 자백할 경우 교회가 과연 그를 회복시켜야 하는가, 아니면 특정한 상황 하에 그를 하나님의 심판에 버려두어야 하는가 하는 것이 쟁점으로 떠올랐다. 몬타누스파, 노바티아누스파, 도나투스파 같은 엄격하고 순결 지향적 집단들과, 잠시이긴 하나 아프리카와 스페인의 전체 교회는 도덕적 죄로써, 특히 그리스도를 부인한 죄로써 세례의 은혜를 저버렸던 사람들을 회복시켜서는 안 된다고 주장했다. 그렇게 하지 않으면 교회가 본연의 거룩성을 잃게 되고, 도덕성의 해이를 조장하게 될 것이라고 생각했던 것이다. 동방과 이집트 그리고 특히 로마를 장악하고, 그 후로도 로마 가톨릭 교회를 장악한 온건파는 교회가 참회하는 죄인에게 적어도 임종 순간만큼은 사면과 성찬 자격을 회복시켜 주어야 한다는 원칙을 고수했다. 사도 바울 자신이 고린도의 범죄자를 회복시켜 주었다(고전 5:1 이하. 비교. 고후 2:5 이하).

여기서의 쟁점은 박해 시대의 교회에게는 대단히 현실적인 것이었다. 수백·수천 명의 신자들이 연약하여 신앙을 저버렸다가, 위험이 사라지자마자 교회에 사면과 재입회를 간청했고, 많은 경우 순교자들과 고백자들의 유력한 중보와 자신들의 화해 탄원서(libelli pacis)에 제시하며 간청했다. 그들의 태도에는 '불가피한 상황에 법이 무슨 소용이 있는가'라는 생각이 깔려 있었다. 그런 경우에는 자애와 정상 참작에 의해 징계를 완화해 주는 것이 정당해 보였다. 데키우스의 박해 때는 배교자들의 수가 워낙 많았기 때문에, 키프리아누스조차 이전에 표방했던 엄격한 견해를 누그러뜨릴 수밖에 없었는데, 더욱 그럴 수밖에 없었던 이유는 그가 가시적 교회 밖에는 구원이 없다고 주장했기 때문이었다.

강경파는 하나님의 거룩하심을, 온건파는 하나님의 자비를 강조했다. 전자는 이미 성경이 가르친 바, 세례에 의한 사죄의 선을 넘어서려고 하지 않았고, 배교자들에게 현세에서 사면받을 소망을 제시하지 않은 채 회개를 촉구하는 것으로 만족했다. 후자는 하나님의 자비를 제한하여 죄인들을 절망에 방치하기를 거부했다. 전자는 그리스도의 재림 전에는 실현될 수 없는 교회의 이상을 견지했으며, 보편 교회로부터의 분리를 열정적으로 추구함으로써 지상에서 절대적으로 순결한 성도의 교제를 이룩할 수 없음을 스스로 입증했다. 후자는 적지 않게 위험한 방종이라는 반대편 극단으로 치달으면서까지 심지어 대죄들에 대해서까지 관대한 태도를 견지했고, 기독교의 진실한 도덕성의 기반을 약화시켰다.

로마 교회에서 느슨한 징계의 관행이 2세기 말부터 힘을 얻었다는 것은 주목할 만한 점이다. 테르툴리아누스는 이러한 현실을 지적하면서 로마 교회를 신랄하게 조소한다. 그 직후에 히폴리투스도 똑같은 노선을 취한다. 그는 몬타누스주의자는 아니었을지라도 권징을 엄격히 시행하는 데 열성적이었기 때문이다. 이런 상황을 염두에 두고서 했던 것이 분명한 그의 진술에 따르면(「필로소푸메나」 제9권), 교황 칼리스투스(Callistus. 그는 그를 잘 모르는 후대에 의해 시성<諡聖>되었다)는 재혼한 자들(bigami)과 삼혼한 자들(trigami)에게 성직자가 되는 길을 열어주었고, 주교란 대죄를 범할지라도 폐위될 수 없다고 주장하고서, 그 근거로써 로마서 14:4과 마태복음 13:30의 가라지와 알곡 비유를, 그리고 무엇보다도 노아의 방주를 제시했다. 노아의 방주는 교회의 상징인데, 그 안에 정결한 짐승들과 부정한 짐승들, 심지어 개들과 이리들도 태우지 않았느냐는 논리였다. 간단히 말해서, 그는 교회가 소유한 열쇠의 권한으로 풀어주지 못할 만큼 큰 죄란 없다고 간주했다. 그리고 이것이 그 뒤에도 계속해서 그의 후계자들의 견해가 되었다.

그러나 여기서 우리는 느슨한 권징 관행이 어떻게 성직위계제도의 이해와 맞물려 전개되었는가 하는 것을 인식할 수 있다. 그러한 관행은 사제가 독자적 권리로 사죄를 부여할 수 있는 권한을 갖게 되는 데 유리하게 작용했다. 동시에 그것은 세속적 정치의 문제이기도 했다. 비록 교인들의 도덕적 진실성을 약화하는 대가를 치르긴 했어도 교회의 외적 확장을 촉진했고, 차후에 교회가 국가와 결합하고 세상과 절망적으로 뒤섞이는 과정을 촉진했던 것이다. 이런 점에서 볼 때 로마 교회가 다른 지역 교회들처럼 마침내 모든 반대를 누르고 승리를 거두었다는 것은 하나도 이상한 일이 아니다.

58. 교회의 분열

이러한 배교자 회복 논쟁이 빌미가 되어 3세기 동안 네 차례의 분열이 발생했다. 두 번은 로마에서, 한 번은 북아프리카에서, 한 번은 이집트에서 발생했다. 몬타누스주의도 어느 정도는 권징 문제와 연관되었지만, 그리스도인의 생활에 관한 다른 여러 점들에까지 확대되었다. 이 점은 다른 장에서 논할 것이다.

I. 히폴리투스의 분열. 이 사실은 최근에(1851) 그의 「필로소푸메나」가 발견됨으로써 알려지게 되었다. 이레나이우스의 훌륭한 제자였던 히폴리투스는 제피리누스(202-217)와 칼리스투스(217-222)가 교황으로 재위하던 동안 로마에서 가장 박식하고 열정적인 성직자였으며, 235년 혹은 236년에 순교했다. 앞 부분에서 설명한 로마 교회의 느슨한 권징 방침에 반대하여 엄격한 권징을 주장했다. 칼리스투스의 선조들을 대단히 비판적인 관점에서 평가하며, 그와 그의 전임자가 성부수난설이라는 이단설을 신봉했다고 비판한다. 그러므로 그와 교황간의 분쟁은 권징뿐 아니라 교리와도 관련되어 있었다. 추측컨대 이 분쟁은 양자간의 파문과 235까지 일시적으로 지속된 분열로 이어진 듯하다. 히폴리투스는 자신을 사도들의 계승자 반열에 두며, 아마 로마의 항구 도시인 포르투스의 주교였거나(라틴 전승에 따르면) 로마의 주교였던 것으로 보인다(그리스 저자들에 따르면). 만약 로마 주교였다면 최초로 분리를 감행한 교황이자 251년에 대립교황으로 임명된 노바티아누스(Novatian)의 선구자였던 셈이다.[67] 그러나 로마 교회는 그의 분열을 잊었거나 용서했음에 분명하다. 자기 교회의 성인과 순교자 명단에 그를 포함시키고, 8월 22일을 그의 축일로 지키니 말이다. 스페인의 시인 프루덴티우스(Prudentius)는 그가 로마의 장로였고, 노바티아누스파 분열에 가담했다가 그 뒤에 보편[가톨릭] 교회로 돌아왔으며, 신앙 때문에 오스티아에서 야생마들에 의해 찢겨 죽었다고 한다. 그가 분열에 가담했던 기억은 순교(그것이 가설이든 사실이든)의 영광에 가려졌다. 354년부터 거슬러 올라간 교황들의 연대기적 목록에는 '장로' 히폴리투스가 로마 주교 폰티아누스(Pontianus)와 함께 칼리스투스의 계승자였고, 알렉산더 세베루스가 황제로 재위할 때(235) 사르디니아 광산으로 추방된 것으로 되어 있다.

II. 펠리키시무스(Felicissimus)의 분열. 카르타고 사람인 그는, 키프리아누스가 248년에 세례를 받고 난 직후에 회중의 추대에 의해서 정규 절차를 밟지 않고 성급하게 주교에 임명되자, 250년경에 다른 네 명의 장로와 함께 그것을 정식으로 문제를 삼았다. 이 반대파의 머리에는 장로 노바투스(Novatus, 카르타고 사람. 로마의 장로 노바티아누스가 로마 주교가 되도록 지원했다)가 서 있었다. 무원칙한 교회 대중 선동가였던 그는 성격이 불안정하고 완고한데다 평판이 좋지 않

---

67) 참조. § 183.

았다.[68] 그가 키프리아누스에게 허락을 받거나 사전 통보도 하지 않은 채 펠리키시무스를 부제[집사]로 임명했다. 따라서 그것은 주교도 아닌 자신이 직접 부제를 임명했거나, 아니면 외지의 주교들을 통해서 임명한 불법 행위였다. 하지만 이 상황을 가지고는 그 분쟁을 장로가 주교의 독재에 반발한 사건으로 해석할 수 없다. 반대파 자신들도 훗날 포르투나투스(Fortunatus)라는 사람을 주교로 임명하기 때문이다. 노바티아누스파와 멜레티아누스파(the Meletians)는 다 같이 주교제 형태의 조직을 갖고 있었다. 물론 규정에 어긋난 성직 임명 사례들이 틀림없이 많았겠지만 말이다.

데키우스 박해가 발생한 뒤에 이러한 개인적 대립이 새로운 탄력을 받으며 전개되었고, 그에 따라 권징의 중요성이 새롭게 부각되었다. 키프리아누스는 원래 테르툴리아누스의 원리들을 견지했고, 세밀한 조사로 자신의 견해가 바뀌기 전까지는 배교자들을 회복시키는 데 완강히 반대했다. 그럴지라도 너무나 많은 신자들이 박해 앞에서 신앙을 저버리자, 죽음의 위기에 처한 경우(in periculo mortis)만큼은 예외를 허용했다. 반대파는 이러한 입장마저 기독교 정신을 벗어난 가혹한 처사라고 여겼고, 죽음이 두려워 직위를 버리고 도망친 사람[그들은 키프리아누스를 이렇게 왜곡되게 표현했다]이 어찌 그런 태도를 취할 수 있느냐고 했다. 그들은 고백자들에게 강한 지지를 받았다. 고백자들은 순교의 문턱을 넘었다가 왔음에도 불구하고 배교자들에게 값없이 화해의 증서를 주었던 것이다. 그리고 이런 시혜에는 통상적인 거래가 뒤따랐다.

거만한 고백자 루키아누스는 나머지 고백자들의 이름으로 키프리아누스에게 자신이 모든 배교자들에게 회복을 하사했으며, 따라서 이 사실을 다른 주교들에게 알려달라고 간청했다. 이렇게 불의 시련 앞에 섰던 사람들의 관대한 태도가 한때 몸을 사렸던 주교의 엄격한 태도보다 일반 교인들의 마음을 얼마나 크게 사로잡았을지 쉽게 상상할 수 있다. 노바투스와 펠리키시무스의 교회는 배교했던 적이 있는 모든 사람들에게 의지처가 되었다. 게다가 펠리키시무스는 키프리아누스가 유배 기간에 교회들을 순방하고 가난한 사람들을 위해 연보를 모아두

---

68) 키프리아누스는 노바투스가 과부들과 고아들을 늑탈하고, 자기 아버지를 학대하고, 심지어 임신한 아내를 구타하는 등 잔인하기 짝이 없는 사람이라고 비판한다. 그리고 데키우스 박해가 발생했을 때 이런 행위들과 이와 유사한 행위들 때문에 법정에 소환될 참이었다고 말한다. *Ep.* 49.

라고 지시한 내용을 일축해 버렸다.

주교 키프리아누스는 251년 부활절 뒤에 돌아왔을 때 카르타고에서 공의회를 소집했다. 이 공의회는 펠리키시무스 일파를 단죄하긴 했으나 쟁점에 대해서는 중도 노선을 채택했다. 한편으로는 권징을 제대로 할 것을 천명하면서, 다른 한편으로는 배교했던 자들을 절망에 빠뜨리지 않았다. 그러므로 참된 회개를 행동으로 입증하는 사람들은 회복시키되, 단지 죽음이 두려워 성찬 자격 회복을 요청하는 경솔한 사람들에 대해서는 회복을 보류하기로 결정했다. 그 뒤 키프리아누스는 갈루스 치하에서 박해가 재개되었을 때 이러한 제한마저 철폐했다. 이렇게 한 것은 물론 일관성을 지킨 것이 아니라, 점차 자신의 원칙을 상황에 양보하고, 로마 교회의 관행에 타협한 것이다.[69] 그의 반대파는 따로 자신들의 주교를 세웠으나, 그런 직후에 아프리카와 로마 교회들의 연합된 세력에 굴복하지 않을 수 없었다. 이렇게 된 가장 큰 원인은 자신들의 노선을 뒷받침해 줄 만한 도덕적 진실성이 없었기 때문이다.

키프리아누스는 이렇게 분파 운동과 대립함으로써 주교로서 자신의 권위를 강화했고, 교회의 절대 독점성을 강조하는 방향으로 교회의 통일 교리를 수립하게 되었다.

III. 노바티아누스의 분열. 로마에서 발생한 이 분열은 앞서 언급한 히폴리투스와 칼리스투스간의 논쟁으로 이미 길이 닦인 상태였다. 아프리카에서 분열이 발생한 직후에 발생했으며, 그 분열과 마찬가지로 대립 주교가 선출되는 결과를 빚었다. 그러나 이 경우에는 반대파가 교회의 느슨한 권징에 반대하여 엄격한 권징을 주장하고 나섰다. 노바티아누스파는 자신들이 유일하게 순결한 교회이며, 배교를 범한 자들이나 그 밖의 중죄를 지은 사람들을 다시 받아들임으로써 스스로를 더럽힌 모든 교회들은 더 이상 교회가 아니라고 주장했다. 이들은 키프리아누스보다, 심지어 후대에 등장한 도나투스파보다 훨씬 더 나아갔다. 대죄를 범한 죄인에게도 은혜가 임할 가능성을 인정했으나, 하나님의 심판이 임하기 전에 교회가 먼저 그런 죄인들을 사면함으로써 은혜를 베풀 권한과 권리가 없다고 주장했다. 이들도 키프리아누스와 마찬가지로 이단 세례를 배격했으며, 자기들

---

69) *Ep. 52, Ad Antonianum*에서 그는 이러한 관점 변화에 대해서 자신의 입장을 변호한다.

처럼 엄격하지 않은 다른 교파에서 자기들에게 온 사람들에게 모두 재세례를 주었다.

이 집단의 수장은 로마의 장로 노바티아누스(Novatian)였다.[70] 진실하고 박식했으나 성격이 다소 어두웠던 그는 심한 정신 질환과 내적 투쟁을 겪어내는 과정에서 신앙을 갖게 되었다. 그는 로마 주교 코르넬리우스(Cornelius)와 결별하게 되었는데, 그 이유는 그가 251년에 데키우스의 박해가 끝난 뒤에 로마 주교로 임명을 받고, 그 즉시로 배교자들에게 큰 사면을 베풂으로써 많은 사람들을 실망시켰기 때문이다. 그의 지지자들 가운데 위에서 거론한 카르타고의 노바투스는 단순히 기성 권위에 대한 반발심에서, 혹은 로마로 온 뒤 과거의 느슨한 원칙들을 수정한 까닭에 특히 앞장서서 활동했다.

노바티아누스는 본인의 의사와 상관 없이 로마 주교 반대파에 의해서 로마 주교로 선출되었다. 그러자 로마 주교 코르넬리우스는 그를 파문했다. 그리고 양 집단은 외지 교회들로부터 지지를 얻어내기 위해서 사력을 다하였다. 안디옥의 주교 파비아누스(Fabian)는 엄수파를 지지했다. 반면에 알렉산드리아의 디오니시우스(Dionysius)는 엄수파가 지극히 자비로우신 주 예수 그리스도를 무자비한 분으로 말함으로써 신성을 모독하는 죄를 범했다고 비판했다. 그리고 특히 키프리아누스는 교회의 통일을 바라는 간절한 심정과 노바투스에 대한 반감에서 코르넬리우스의 편을 들었고, 그를 합법적인 로마 주교로 간주했다.

노바티아누스파는 이러한 강력한 반발에도 불구하고 도덕적 근엄성에 힘입어 6세기에 이르기까지 서방과 동방의 여러 속주들에서 지지자들을 얻었다. 프리기아[브루기아]에서는 몬타누스파의 잔존 세력과 규합하였다. 니케아 공의회는 이 분파의 성직자들을 인정했고, 이 분파를 보편[가톨릭] 교회와 화해시키려고 노력했으나 성과를 거두지 못했다. 콘스탄티누스는 처음에는 노바티아누스파를 온건하게 대하다가, 후에는 그들에게 공예배를 금지했고, 그들의 서적들을 소각하도록 지시했다.

IV. 멜레티우스파의 분열. 디오클레티아누스의 박해가 진행되던 305년경에 이집

---

70) 에우세비우스와 그리스인들은 그를 노오바투스라고 부르며, 그를 카르타고의 노바투스와 혼동한다. 하지만 알렉산드리아의 디오니시우스는 그를 노오바티아누스라고 부른다.

트에서 발생한 이 분열은 한 세기가 넘도록 지속되었으나, 현존하는 기록들의 상반된 내용 때문에 실상을 제대로 이해하기가 쉽지 않다. 분열을 주도한 사람은 테베 지방 리코폴리스의 주교 멜레티우스(Meletius)였다. 어떤 기록에 따르면 그는 엄격한 권징을 수호하려는 열정에서, 다른 기록에 따르면 순전히 교만에서 자신의 수도대주교인 알렉산드리아의 페트루스(311년에 순고)에게 반기를 들었고, 페트루스의 부재중에 자신이 직접 성직자들을 임명하고 파문을 단행하는 등 주교직을 가로챘다. 페트루스는 자신의 교인들에게 멜레티우스를 따르지 말라고 경고했고, 피신처에서 돌아온 즉시 그를 교회의 평화를 깨뜨린 죄로 그를 해임했다. 그러나 논쟁은 계속되어 이집트 전역으로 확산되었다. 니케아 공의회는 분열을 치유하기 위해서 멜레티우스가 임명한 29명의 주교들을 인정하고, 그 밖의 타협 조치들을 취했으나 성과를 거두지 못했다. 그 뒤 멜레티우스파는 아리우스파와 손을 잡았다.

앞서 언급한 어떠한 분열보다 가공할 피해를 끼친 도나투스파 분열도 디오클레티아누스의 박해에서 비롯되었으나, 본격적으로 전개된 것은 다음 시기의 일이다.

제 5 장

기독교 예배

59. 교회의 예배 처소들

기독교 예배는 넉넉지 않았을 박해기 교회의 형편에서 충분히 예상할 수 있듯이 매우 단순했으며, 후대의 그리스와 로마 교회의 화려한 의식과는 사뭇 달랐다. 그렇다 할지라도 금욕적이지는 않았다. 조직과 교리 분야에서 뿐 아니라 예배 분야에서도 교회는 니케아 시대를 향해 점진적으로 확실하게 다가서고 있었다. 특히 세례가 엄숙한 의식을 갖춰 거행되었고, 성찬도 제사로서의 신비주의적 성격을 띠었다.

우선 예배 처소를 간단히 살펴보자. 어림잡아 2세기 말까지 그리스도인들은 대부분 개인 집이나 광야의 한적한 곳, 순교자 묘지, 카타콤 토굴에 모여 예배를 드렸다. 이렇게 한 이유는 가난한데다 정부로부터 탄압을 당하고 법의 보호를 받지 못했으며, 조용하고 한적한 곳을 좋아하고 이교 예술을 혐오했기 때문이다. 변증가들은 동료 그리스도인들이 (이교적 의미에서의) 신전이나 제단을 갖고 있지 않으며, 그들의 예배가 영적이어서 장소와 의식과 무관하다고 자주 주장한다. 켈수스 같은 이교도들은 오히려 이 점을 들어 그리스도인들을 비판하지만, 오리게네스는 그리스도의 인성(人性)이 최고의 신전이자 가장 아름다운 신상(神像)이며, 참된 그리스도인들이야말로 페이디아스(Phidias, ?500-?432 B. C. 그리스 조각가)의 제우스 신상이 비교가 되지 않을 만한 성령의 살아있는 조각상들이라고 훌륭하게 답변했다. 순교자 유스티누스는 로마의 장관에게 말하기를, 그리스도인들은 어디든 편리하다고 생각되면 그곳에 모이는데, 왜냐하면 그들이 섬기는 하나님은 이교의 신들과 같지 않아서 공간에 갇히는 법이 없고, 어디든 보이지 않는 방식으로 임하여 계시기 때문이라고 했다. 알렉산드리아의 클레멘스는 신앙이 특정 건물에 제한되어 있다고 보는 미신을 논박한다.

개인 집의 경우 예배와 애찬에 가장 적합한 방은 그리스인들과 로마인들의 가옥에 어김없이 딸려 있던 직사각형으로 된 식당(triclinium)으로서, 이 방에는 후대 교회의 성가대석처럼 반원형 벽감이 붙어 있는 경우가 많았다.[1] 성경낭독과 설교를 위해 돋아올린 좌석이 있었고, 성찬의 용도로 소박한 탁자를 비치했다. 카타콤에도 비슷한 시설이 갖춰졌으며, 따라서 그곳은 간혹 지하교회의 형태를 띠고 있다.

예배만을 위한 가옥들은 '교회에 간다'는 말을 하는 테르툴리아누스의 글에 처음 그 흔적을 드러내며, 그와 동시대 사람인 알렉산드리아의 클레멘스도 에클레시아라는 단어의 이중적 의미를 언급한다. 230년경에 황제 알렉산더 세베루스는 술집 주인들의 반발을 무시하고서 그리스도인들에게 로마에 한 장소를 예배처소로 사용할 권한을 주었다. 어떤 형태로든 신에게 예배를 드리는 것이 술집을 유지하는 것보다 낫다고 생각했던 것이다. 3세기 중반 이후에는 그리스도인들이 40년이 넘게(260-303) 박해 없이 평안을 누린 덕분에 교회 건축에 신경을 쓰게 되었고, 에우세비우스에 따르면 교인수가 급속히 증가했기 때문에 곳곳에서 더 규모가 큰 예배 처소가 필요하게 되었다고 한다. 디오클레티아누스의 박해는 니코메디아의 웅장한 교회당을 철거하는 것을 신호로 개시되었는데, 락탄티우스(Lactantius)에 따르면 그 교회당은 가까이 있던 황궁보다 더 높이 솟아 있었다고 한다.[2] 로마에는 이미 4세기 초에 교회당 수가 이미 40개를 넘었을 것으로 추정된다. 그러나 그 교회당들의 형태와 구조에 관해서는 아무런 기록도 남아 있지 않다. 콘스탄티누스 대제와 더불어 교회 건축 시대가 시작되었고, 그 초기 양식은 바실리카였다. 황제 자신이 모형을 제시하고서 예루살렘과 베들레헴과 콘스탄티노플에 웅장한 교회당들을 건축했다. 하지만 그 건물들은 세월이 지

---

1) Chorus, βῆμα이 둘은 때로는 동일시되고 때로는 구분된다. 베마는 성찬 집례를 위한 성소이고, 성가대석은 성단소(聖壇所) 가운데 성직자를 위해 남긴 부분이다. 반면에 본당은 평신도들을 위한 장소였다.

2) De Mort. Persec. c. 12. 에데사 연대기(in Assem. Bibl. Orient. XI. 397)는 292년에 기독교 예배당들이 철거된 일을 언급한다.

나면서 많은 변화를 겪었다. 그와 같은 시대 사람인 사가 에우세비우스는 313-322년에 교황 파울리누스(Paulinus)가 티르[두로]에 건축한 교회당에 관해서 최초로 언급한다.[3] 이 교회당에는 거대한 주랑(柱廊) 현관과 역시 주랑에 의해 둘러싸인 사각형 안뜰이 있었다. 안뜰 한복판에는 교회에 들어가기 전에 손과 발을 씻는 샘이 있었고, 내부 현관이 있었고, 측랑(側廊) 위에 회랑(回廊)이 얹어진 회중석 혹은 중앙 공간이 있었고, 그 위는 레바논 백향목으로 지붕을 덮었으며, 지극히 거룩한 제단이 있었다. 에우세비우스는 주교들과 장로들이 앉는 권좌들과 긴 의자들도 언급한다. 교회당을 빙 둘러가며 넓은 방들이 있었고, 그 바깥에는 담장이 둘러졌는데, 그 자취가 여전히 남아 있다. 이 건물의 화강암 원주 다섯 개의 잔해가 티르의 유적지에 자리잡고 있다.

사도헌장이 언급하는 교회에서는 성직자가 교회당의 동편 끝[성가대석] 공간을 차지하고 회중은 본당을 차지하는 것으로 되어 있으나, 성직자와 회중 사이에 가림대가 있었다는 언급은 없다. 하지만 가림대는 평신도가 제단 영역에 접근하는 것이 금지된 4세기 초에 이미 존재했다.

60. 주일

그리스도의 부활을 기념하여 주일을 지키던 관습은 사도시대부터 시작되었음에 틀림없다.[4] 사도적 선례가 아니고는 2세기 교회들이 주일을 지킨 그러한 보편

---

3) *Hist. Eccle.* X. 4. 에우세비우스는 더 나아가 수사학적 과장과 완만한 표현을 사용하여 콘스탄티누스가 예루살렘과 안디옥과 콘스탄티노플에 교회당들을 건축한 일을 소개한다(*Vita Const.* I. III. 50; I V. 58, 59).

4) 기독교 안식일 혹은 주간의 휴일을 가리키는 원래의 표현들에는 다음과 같은 것들이 있다: ἡ μία 혹은 μία σαββάτων, 즉 주간의 첫날[안식후 첫날](마 28:1; 막 16:2; 눅 24:1; 요 21:1; 행 20:7; 고전 16:2); ἡ ἡμέρα κυριακή, 즉 주의 날(이 단어는 계 1:10에 처음 나오고, 그 뒤 이그나티우스와 교부들의 글에 사용된다). 라틴 교부들은 이 단어를 Dominicus 혹은 Dominica dies로 옮긴다. 바나바는 이 날을 유대교 안식일과 대조하여 여덟째 날이라 부른다. 콘스탄티누스 이후에는 유대적 용어인 Sabbath와 이교 용어인 Sunday(ἡμέρα τοῦ ἡλίου, dies Solis)도 사용되었다. 황제 그라티아누스가 386년에 내린 칙령에는 두 단어가 함께 사용되었다. 유럽 대륙에서는

적 관습을 설명할 수 없다. 이 관습은 바나바(Barnabas),[5] 이그나티우스, 순교자 유스티누스 같은 초창기 사도 교부들의 증언으로 확증된다. 소 플리니우스(the younger Pliny)에 의해서도 확증된다.[6]「디다케」는 주간의 첫날을 '주님의 주일'(the Lord's Day of the Lord)이라고 부른다.

당시 교회가 존립을 위해 투쟁을 하고 있었던 점과, 많은 수의 그리스도인들이 이교 주인들을 섬기던 노예들이었던 점을 감안할 때, 콘스탄티누스의 세속 정부가 등장하여 교회를 돕고 (부분적으로는 심지어 강제로) 주일 엄수를 법제화하기 전까지는 예배가 중단됨 없이 정규적으로 드려졌거나, 일요일에 널리 일을 쉬었다고 추정하기 힘들다. 아마 이러한 상황 때문에 그리스도와 사도들은 주일 엄수를 분명하게 명령하시지 않은 듯하다. 신약성경에 일부다처제와 노예 제도를 뚜렷이 금하는 내용이 없는 것도 아마 같은 이유 때문이었을 것이다(물론 신약성경의 정신은 이 두 제도를 옳지 않게 여겼고, 결국 그것들이 폐지되도록 만들긴 했지만 말이다). 더 나아가 강제적인 주일 준수법은 인간의 자유로운 의지에 호소하고 오직 도덕적인 방법만 사용하여 목표를 이루어 가는 기독교 신앙의 특징과 정신에 위배되는 것이라고 말할 수 있다. 기독교 정부는 기독교 안식일이 훼손되는 것을 보호할 수 있고, 또 당연히 보호해야 하지만, 공예배에 참석함으로써 주일을 적극적으로 지키는 일은 개인들의 양심에 맡겨야 한다. 신앙은 법으로 강요할 수 없다. 신앙은 자발성을 상실하면 가치를 잃게 된다.

교부들은 기독교의 일요일을 유대교 안식일의 연장이나 대체로 간주하지 않았고, 그날의 성경적 근거를 제4계명과 그 계명이 가리키는 바 하나님이 창조의 일을 마치고 안식하신 일에 두기보다, 그리스도의 부활과 사도들의 전승에 두었

Sunday가 Sabbath를 완전히 몰아냈다. 반면에 잉글랜드와 스코틀랜드와 미국에서는 종교 문헌에서 Sabbath도 못지않게 혹은 그보다 더 자주 사용된다. 이러한 용어 차이가 대륙과 영국-미국의 주일 준수 관습의 차이를 잘 보여준다.

5) *Ep.,* c. 15: "우리는 예수께서 죽은 자 가운데서 살아나셨고, [제자들에게 나타나신 뒤에] 하늘로 승천하신 여덟째 날을 기쁨으로 지킨다." 하지만 바나바가 그리스도의 승천일을 일요일로 전한 것은 주일을 여덟째 날로 이해했기 때문이 아니었다.

6) 그가 트라야누스에게 보낸 편지에서(*Ep.* X. 97). 이 '진술된 날', 즉 비두니아의 그리스도인들이 해뜨기 전에 모여 자신들이 하나님으로 섬기는 그리스도께 찬송을 드리고 성찬으로써 서로 결속을 다진 날은 주일임에 틀림없다.

다. 기독교 제도들의 독립적 독창성을 열정적으로 입증하기 위해서 유대교 율법을 평가절하하는 경향이 있었던 것이다. 유대교를 극복하려는 같은 논쟁 정신이 유월절[부활절] 논쟁에도 뚜렷하게 나타났으며, 기독교 부활절을 날짜가 유동적인 축일로 만들었다. 그럴지라도 고대 교회는 언제나 일요일을 신적으로 제정된 날로 간주했다. 물론 세례와 성찬처럼 그리스도께서 친히 제정하신 제도와 동일한 차원에 놓고 대하지는 않았지만 말이다. 교회가 예배를 정규적으로 드리기 위해서는 고정된 예배일이 필요했다.

이그나티우스는 일요일을 이미 성취된 유대교 안식일과 대조한 최초의 교부였다. 이른바 바나바 서신의 저자도 같은 생각을 갖고 있었다.[7] 순교자 유스티누스는 유대인과 논쟁을 벌이는 과정에서 모세 이전 시대의 경건한 사람들이 할례와 안식일 없이도 하나님을 기쁘시게 해드렸다고 말하며, 기독교가 요구하는 것은 한 번의 특정 안식일이 아니라 항구적인 안식일이라고 말한다. 그는 주간의 첫날을 기독교 예배일로 정한 이유를 설명하면서, 그날에 하나님께서 흑암과 혼돈을 몰아내셨기 때문이고, 예수께서 죽은 자들 가운데서 살아나시고 모인 제자들에게 나타나셨기 때문이라고 말하지만, 제4계명에 관해서는 언급하지 않는다. 그는 '안식일을 지키다'라는 용어를 방금 언급한 단락을 제외하면 오직 유대인들에 관해서만 사용하는데, 그 단락에서도 유대교 율법을 영적으로 해석한다. 고린도의 디오니시우스는 170년에 로마 교회에 보낸 서신에서 우연히 일요일을 언급한다: "오늘 우리는 주일을 거룩하게 지키면서 여러분이 보낸 서신을 읽었습니다." 사르디스의 멜리토(Melito)는 주일에 관해 논문을 썼으나 현존하지 않는다. 리옹의 이레나이우스는 170년경에 교회가 주일을 준수했다는 증언을 하면서,[8] 앞의 교부들과 마찬가지로 유대교 안식일을 단순히 상징적이고 예표적인 제도로 간주한다. "아브라함이 할례를 받기 전에 그리고 안식일을 지키지 않던

---

7) 제15장. 이 서신은 유대교를 워낙 강하게 비판하기 때문에 사도 바나바의 글로 보기 힘들다.

8) 그의 단편들 가운데 하나인 περί τοῦ πάσχα(유월절에 관하여)와, '십사일 유월절파'(the Quartodecimanians)와의 논쟁에서. 이 논쟁은 기독교 유월절을 연례적으로 준수하는 문제에 관한 것이었으나, 논쟁 내용에는 매주일에 부활을 기념하는 것이 보편적인 관습이었음이 암시되어 있다.

상태에서 하나님을 믿었다"고 말하며, 그런 점에서 "그 제도들은 상징적이고 일시적이었으며, 온전케 할 능력이 없었다"는 것이 입증된다고 말한다. 2세기 말과 3세기 초에 테르툴리아누스는 주일을 죄로부터의 안식을 상징하는 날이자 인간의 최후 안식을 예표하는 날로 보면서 다음과 같이 말한다: "우리는 이교의 절기들과 상관 없듯이, 안식일들과 월삭과 유대교 절기들과도 상관없다. 우리에게는 우리가 엄숙히 지키는 날들이 있다. 이를테면 주일과 오순절이 그것이다. 이교도들이 자신들의 축일들만 지키고 우리의 절기들을 지키지 않듯이, 우리도 우리의 절기들만 지키고, 그들에게 속한 날들에는 관여하지 않는 게 옳다." 그는 주일에 금식하는 것과 무릎을 꿇고 기도하는 것이 옳지 못하다고 생각했다. "우리는 주일에 기뻐해야 한다"고 말했다. 그러면서도 세속적인 염려와 노동을 쉼으로써 마귀에게 틈을 주지 않는 것을 그리스도인의 의무로 간주했다. 이것이 그리스도인들이 일요일에 노동을 중단했음을 보여주는 최초의 분명한 증거이다. 일요일에 서서 기도하는 관습은 테르툴리아누스가 그날의 축제적 성격에 부합하다고 간주했고, 어떤 에큐메니컬 공의회에서 승인을 받았지만, 그 뒤에 서방교회에 의해서 폐기되었다.

알렉산드리아의 교부들도 유대교 안식일을 나름대로 알레고리적으로 이해한 터에서 본질적으로 동일한 견해를 지녔다.

그 다음에 우리가 발견하는 것은 니케아 이전 교회가 기독교의 주일과 유대교의 안식일을 분명히 구분했고, 그날을 독립된 기독교적 토대 위에 두었다는 점이다. 그 시대 교회는 인간의 신체적·도덕적 필요를 감안하여 주간에 하루를 쉬게 하는 제4계명의 항구적인 의무를 충분히 헤아리지 않았다. 이것은 유대인들만을 위해 의도되고 복음에 의해서 폐지된 의식법들과 무관한 문제이다. 하지만 그랬을지라도 교회는 주일에 세속적인 행위들을 허용하지 않았다. 연극을 관람하거나 그 밖의 유흥을 즐기는 문제에 관해서 교회는 단호하게 청교도적이고 금욕적인 태도를 취했으며, 주일뿐 아니라 어느 날이든 십자가의 군병으로 고백한 사람에게는 그런 생활이 적합하지 않다고 규정했다. 일요일을 주일로서, 즉 주간에 그리스도의 부활을 기념하고 오순절에 성령이 강림하신 일을 기념하는 거룩한 날로 간주했으며, 따라서 해 뜨기 전부터라도 기도와 찬송과 성찬으로 기념할 만한 거룩한 기쁨과 감사의 날로 간주했다.

일요일 법은 콘스탄티누스와 함께 시작되었고, 따라서 그 본격적인 시행은 다음 시기에 해당하는 일이다.

유대 그리스도인들은 안식일을 지키다가 점진적으로 그 관습을 폐지했다. 그럴지라도 동방 교회는 오늘날까지 주간의 일곱째 날(부활절이 낀 안식일만 제외한 모든 토요일)을 금식하지 않고 서서 기도하는 날로 지키는 반면에, 라틴 교회는 유대교에 직접 반대하여 토요일을 금식일로 제정했다. 이 점에 관한 논쟁은 이미 2세기 말부터 시작되었다.

수요일과 특히 금요일은 주중에 주님의 고난과 죽음을 기념하는 일에 배정되었고, 고행 혹은 경계의 날들[9]이자 절반의 금식일(오후 3시까지 금식함)들로 준수되었다.

61. 기독교의 유월절 (부활절)

이 시기의 교회는 부활절, 오순절, 주현절(主顯節)을 연례 절기로 지켰다. 이세 절기가 교회력의 근간을 이루었고, 교회는 신약성경에 기록된 사실들의 한계내에서 이 절기들을 지켰다.

엄밀히 말하자면 니케아 이전 교회가 지킨 절기는 두 가지였다. 하나는 그리스도의 고난을 기념하는 유월절이었고, 다른 하나는 그리스도의 부활과 승귀(昇貴)를 기념하는, 부활절로부터 시작하여 오순절에 마치는 오순절이었다. 그러나유월절과 부활절은 가장 깊은 슬픔과 가장 높은 기쁨이 만나는 연속적인 행사로연결되었고, 따라서 파스카(헬라어와 라틴어에서)라는 단어는 종종 넓은 의미에서 부활절을 가리키는 뜻으로 쓰인다. (프랑스어의 pâque, 이탈리아어의 pasqua의 경우도 마찬가지이다.) 유대교의 유월절도 한주간 내내 계속되었고, 이 절기가 끝나면 오순절 혹은 칠칠절이 시작되었다. 그리스도의 죽으심은 부활로써 결실을 했으며, 부활이 없으면 그 죽으심도 구속의 능력을 갖지 못한다. 그리스도의 죽으심을 기념하는 날을 가리켜 파스카 스타우로시몬(pascha staurosimon, 본<本> 유월절)이라 불렀다.[10] 부활을 기념하는 날은 파스카 아나스타시몬, 그리

---

9) 그리스도의 군대(milites Christi)가 경계 태세에 들어가는 날들(Dies stationum).

10) 유월절이라는 뜻의 Pascha는 고난을 당하다라는 뜻의 헬라어 동사 파스케인에서 유래하지 않고(비록 히브리어 지식이 없는 교부들이 종종 그 동사와 혼동하고 라

고 후에는 부활절(Easter)이라고 불렀다.[11] 전자는 슬픈 금요일에 해당하고, 후자는 기쁜 주일에 해당하는 날로서, 두 큰 사건을 기념하는 주간의 거룩한 날들이었다.

기독교 유월절은 자연스럽게 유대교 유월절에서 발생했다. 이것은 주일이 안식일에서 발생한 것과 같은 이치였다. 기독교는 유월절 양이 우리 죄를 위해 죽임을 당하신 하나님의 어린양 그리스도를 예언적으로 예표했다고 이해했으며(고전 5:7, 8), 구약 이스라엘이 애굽의 종살이에서 구원받은 사건이 죄로부터 구속될 일을 예표했다고 이해했다. 이 절기는 교회의 가장 오래되고 가장 중요한 절기임에 틀림없으며, 비록 날짜와 금식 기간에 관해서는 견해 차이가 있긴 했어도 1세기, 혹은 아무리 늦어도 그 절기를 보편적으로 지키던 2세기 중반까지는 거슬러 올라가 그 유래를 찾을 수 있다. 이 절기는 십자가에 달려 죽으셨다가 살아나신 그리스도가 신앙의 중심이라는 견해에 근거를 둔다. 유대 그리스도인들은 아주 자연스럽게 처음부터 유월절을 계속 지켰겠지만, 구약의 그 절기가 그리스도의 제사로 성취된 사실에 비추어서 주로 십자가 사건에 초점을 맞추어

틴어 passio와도 혼동하지만), 히브리어와 갈대아어(비교. "넘어가다", "용서하다"라는 뜻의 동사에서 유래했다. 참조. 출 12, 13장: 레 23:4-9: 민 9. 칠십인역과 신약성경에서 이 단어는 세 가지 뜻을 지닌다. 1) 유월절 절기. 무교절이라고도 했으며, 니산월 14일부터 20일까지 계속 지키면서 하나님이 이스라엘의 장자들을 죽이지 않으시고 이스라엘을 애굽에서 구원하신 일을 기념했다: 2) 유월절 양. 니산 월 14일의 두 저녁 사이(오후 3-5시)에 잡았다: 3) 같은 날 저녁에 가진 유월절 식사. 이 식사를 시작으로 니산 월 15일, 즉 절기의 첫날이 시작되었다. 첫 번째 의미에서는 모형이 실체를 만나는 방식으로 기독교 부활절에 해당한다. 그럴지라도 영어성경이 사도행전 12:4에서 유월절을 부활절로 옮긴 것은 시대를 무시한 것이다(RSV는 이 점을 바로잡았다).

11) 부활절은 본 유월절에 이어지는 부활 기념 절기이지만, 유월절과 같은 절기 주간에 포함된다. 부활절에 해당하는 영어 Easter는 East(동쪽)와 sunrise(일출)이 결합된 단어이며, ἠώς, oriens, aurora와 유사하다. 일출과 자연의 봄을 그리스도의 부활 안에서 이루어진 새로운 도덕적 창조와 비교한 것과, 옛 게르만족이 숭배하던 일출과 치유의 햇살의 신 오스타라(Ostara) 숭배를 기독교 부활절에 적용한 것은 이해하기 어렵지 않은 자연스러운 결과였다. 왜냐하면 자연 만물은 정신의 상징이며, 이교 신화들은 기독교 진리를 희미하게 반영하고 육체의 방식으로 예기한 것이기 때문이다.

지켰을 것으로 추정된다. 이방 그리스도인들은 십자가 사건이 아니면 유대교 유월절이 아무런 의미가 없었기에, 매주 일요일마다 그렇게 하듯이 그날에도 주로 주님의 부활을 기념했을 것이다. 초기에는 부활절이 기독교력의 시작을 이루었다. 이것은 춘분을 포함하는 니산 월(오늘날 달력으로 3월이나 4월)이 유대교력의 시작을 이루었던 것과 같은 이치였다. 그리스도의 죽음과 부활을 기념하는 절기 중간에는 '대 안식일'이 있는데, 그리스 교회에서는 그날에 예외적으로 금식을 한다. '부활절 철야'(the Easter vigils)[12]는 온 회중이 각별한 신앙심으로 새벽까지 다른 날에 하는 철야보다 훨씬 더 철저하게 했다. 주의 영광스러운 재림이 이 밤에 이루어질 것이라는 믿음이 널리 퍼져 있었기 때문이었다. 구속 사역을 완성한 부활을 기념하는 날은 점차 기독교 유월절의 가장 중요한 부분이 되었으며, 부활절과 동일시되었다. 그러나 십자가 사건도 '성 금요일'(Good Friday)이라 불리는 날에 계속해서 기념되었다.[13]

유월절 앞에는 회개와 금식 기간이 있었고, 이 기간은 '성주간'(고난 주간)에서 절정에 달했다.[14] 금식일은 나라마다 하루 혹은 40시간에서 여섯 주간에 이르기까지 길이가 다양했다.[15] 하지만 5세기 이후에는 로마 교회의 영향으로 40일(Quadragesima)이 널리 정착되었다. 이것은 그리스도께서 광야에서 40일간 금식하신 일과, 구약성경에 나타난 그 사건의 예표들(모세와 엘리야의 금식)을 근거

---

12) παννυχίδες, vigiliae paschae, Easter Eve. 성 금요일부터 부활절 전야까지는 금식 기간으로서, 한밤중까지 혹은 새벽까지 계속되었다.

13) 이 날의 명칭은 다양하다: parasceue, feria sexta major, Good Friday, Charfreitag ('소중한'이란 뜻의 carsus에서 유래). 그러나 이날을 지키는 것이 보편적인 관습은 아니었던 것 같다. 아우구스티누스가 *Ad Januar*라는 편지에서 자신은 이 날을 거룩하게 여기지 않는다고 말하기 때문이다.

14) 종려주일부터 부활절 전야까지.

15) 이레나이우스는 로마의 빅토르에게 보낸 편지(Euseb. V. 24)에서 이렇게 쓴다: "그날만 논란이 되는 게 아니라 금식 방법도 논란이 됩니다. 어떤 사람들은 하루만 금식해야 한다고 주장하는가 하면 이틀 혹은 여러 날 금식해야 한다고 주장하는 사람들도 있습니다. 게다가 더러는 사십 주야를 금식해야 한다고 주장합니다. 그것을 준수하는 사람들 사이에 존재하는 이러한 다양한 견해는 우리 시대에 생긴 문제가 아니라, 이미 오래 전에 엄격한 규율 없이 지내면서 무지한 가운데 단순하게 그 관습을 수립한 사람들 사이에서 생긴 문제입니다."

로 한 것이다(참조. 마 4:2; 비교. 출 34:28; 왕상 19:8).

62. 부활절 논쟁

기독교 유월절의 시기와 그것에 관련한 금식일의 시기에 관해서 고대 교회에는 관습의 차이가 있었고, 그 차이로 인해 격렬한 논쟁들이 발생했는데, 그것은 현대의 신학자들이 교황 수위성 문제와 요한복음의 진정성 문제와 관련하여 벌인 논쟁들만큼이나 격렬한 것이었다.

니케아 이전 시대의 유월절 논쟁들은 고대 교회사에서 매우 복잡한 장을 구성하며, 아직까지도 명쾌하게 정리되지 않고 있다. 이 논쟁들은 순전히 의식(儀式)과 권징에 관한 것이었으며, 교의가 개입되지 않았다. 그럴지라도 양 진영이 외적인 통일을 지나치게 강조했기 때문에 이 논쟁들로 교회가 분열될 위기에 처하게 되었다. 하지만 간접적으로는 유대교에 대한 기독교의 독립에 관한 문제가 이 논쟁들에 깔려 있었다.

먼저 관습의 차이, 즉 논쟁 주제를 살펴보자.

소아시아의 그리스도인들은 유대교 연대기에 근거하여, 그리고 사도 요한과 빌립의 권위에 호소하여 한결같이 니산 월 14일에 엄숙한 금식으로써 기독교 유월절을 지켰다(그날은 주간의 7일 중에 어느 날에도 해당될 수 있었다). 그리고 금식을 마치는 시점도 그날에 준해서 결정했으며, 그날 저녁에 금식을 마치면서 공동의 식사를 할 때 유대교의 유월절 양을 사용하지 않고, 성찬과 애찬으로써 그리스도의 죽음으로 성취된 기독교 유월절과 구속의 잔치를 거행했다.[16] 니산 월 14일 저녁에(혹은 유대인식 계산 방식에 따르면 그날 해질 때부터 15일 새벽에 해뜰 때까지) 거행한 성찬은 그리스도의 마지막 만찬을 기념한 것이었다. 이

---

16) 에우세비우스는 당시의 교회가 유월절에 성찬을 거행했다고 명시하지 않지만, 그의 글에서 그런 의취를 파악할 수 있다. 그는 이렇게 말한다(*H. E.* V. 23): "온 아시아의 교회들은 보다 오래된 전승(즉, 로마의 전승보다 오래된)에 따라서 구주의 유월절인 그날 제14일을 지켜야 한다고 생각했다. 그날은 유대인들이 유월절 양을 잡도록 명령을 받은 날이었다. 그리고 이날에 [아시아의 교회들은] 그날이 주중의 어떤 날이 되든 상관없이 그날에 반드시 금식을 마쳐야 했다."

관습은 그리스도께서 참된 유월절 어린양으로서 죽으셨다는 사상을 배제하지 않았다. 이렇게 말할 수 있는 근거는 교부들에게서 이 사상과 아울러 그리스도가 제자들과 함께 정식 유대인 유월절 식사를 하셨는데, 그날이 바로 14일이었다는 사상을 발견하게 되기 때문이다.[17] 아시아의 그리스도인들은 그날을 지켰다고 해서 십사일파(Quartadecimanians)라 불렸다.[18] 로마의 히폴리투스는 그들에 대해서 "유월절은 주중의 어느 날이 되든지 율법에 따라 첫달 14일에 지켜야 한다"고 주장하는, 논쟁을 좋아하고 무지한 사람들이라고 경멸조로 말한다. 그럴지라도 십사일파의 관습이 아마 가장 오래 되고, 우리 주님의 마지막 유월절에 관한 공관복음의 전승에 가장 부합했던 것으로 추측된다.

반면에 로마 교회는 나름대로 소아시아 교회들처럼 초기의 관습을 근거로 제시하면서, 예수께서 실제로 죽음을 당하신 날인 금요일에 그분의 죽으심을 기념했고, 그에 따라 부활도 항상 음력 3월 보름 다음에 오는 주일(일요일)에 기념했으며, 유월절 금식을 그 주일까지 연장했다. 일찍 금식을 중단하고서 부활 기념일 전에 성찬을 거행하는 것이 부적절하다고 판단한 것이다. 소아시아를 제외한 거의 다른 모든 지역의 교회들이 이 관습에 대해서 동의했으며, 주일에 부활을 기념하는 일에 가장 큰 역점을 두었다. 이러한 로마의 관습에서 수난 주간 내내 금식을 하면서 주의 죽으심을 기념하는 관습이 생겼다. 반면에 아시아 교회의 관습은 주일(일요일)보다 여러 날 앞서서 올 수도 있는 니산 월 14일에 금식을 끝냈다.

상황이 이쯤 되고 보니, 기독교 세계의 한 쪽에서는 금식하면서 주의 죽으심을 애도하고 있는 동안 다른 한 쪽에서는 부활의 영광을 기뻐하는 일이 발생했다. 교회 밖의 세상에서 볼 때 이런 현상은 교회 의식(儀式)의 치밀성과 통일성이

---

17) Justin M. *Dial.* c. 111; Iren. *Adv. Haer.* II. 22, 3; Tert. *De Bapt.* 19; Origen, *In Matth.*; Epiph. *Haer.* XLII. 사도 바울은 그리스도께서 우리의 유월절 양이셨다고 분명히 말하지만(고전 5:7), 그의 동역자로서 주님의 성찬 제정에 관해 같은 내용을 전하는 누가는 그리스도의 유월절 식사가 14일에 이루어졌다고 전한다.

18) 참조. 출 12:6; 레 23:5. 이 구절들은 14일을 유월절 기념일로 규정한다. 따라서 Quartodecimani, 보다 정확하게 표기하자면 Quartadecimani라는 말이 생겼다. 이 분파적 명칭은 364년의 라오디게아 공의회 법령과, 381년의 콘스탄티노플 공의회 법령에 나온다.

크게 흔들리는 것으로 비쳤다. 따라서 그 문제로 인해 논쟁이 발생했고, 기독교 세계의 상반된 지역 교회들이 구원에 관한 근본적인 사실들과 교회력에서 가장 거룩한 절기를 공적으로 지키는 일에 조화를 이뤄내려고 진지한 노력을 기울였다는 것은 조금도 이상한 일이 아니다.

유월절 논쟁의 골자는 과연 유대교의 유월절(그것이 금요일이든 아니든)과 기독교 주일 가운데 어느 날이 그 절기의 사상과 시기를 주관해야 하는가 하는 것이었다. 요한의 전승을 물려받은 아시아의 관습은 역사적 선례를 존중하는 정신을 나타냈고, 유대교로 회귀하지 않은 채 정해진 달의 정해진 날에 절기를 지킴으로써 부활절 날짜가 변동되지 않는 이점을 갖고 있었다. 로마의 관습은 자유와 지혜로운 변화의 원리, 그리고 기독교 절기 체계의 독립성을 반영했다. 교리적으로 진술하자면 양 진영의 차이는 전자가 주의 죽으심을 주로 강조한 데 반해 후자가 주의 부활을 강조한 것이라고 설명할 수 있다. 그러나 초기 교회로서는 그 문제와 관련한 주된 관심사가 천문학이나 교의에 있지 않고, 다만 의식(儀式)에 있었다. 논쟁의 큰 목적은 관습의 통일성을 확보하고, 기독교 교회력의 독창성과 그것이 유대교로부터 독립된 것이라는 점을 천명하는 데 있었다. 이 두 가지 이유에서 마침내 로마의 관습이 동방에서조차 승리를 거두게 되었다. 따라서 부활절은 3월말부터 4월말까지 해마다 날짜가 바뀌는 절기가 되었다.

논쟁의 역사는 세 가지 사건에 의해서 구분된다.

1. 부활절 날짜에 관한 견해차가 최초로 쟁점이 된 것은 150-155년의 어느 시기에 서머나의 감독 폴리카르푸스가 로마의 감독 아니케투스(Anicetus)를 방문했을 때의 일이었다.[19] 그 문제는 그 자리에서 해결되지 않았다. 그럴지라도 두 감독은 서로 평안을 빌며 헤어졌고, 그러기 전에 아니케투스는 자신의 고귀한 손님에게 자기 교회에서 성찬을 집례하도록 부탁했다. 두 사람이 벌인 논쟁에 관해서는 폴리카르푸스의 제자 이레나이우스가 전하는 간단하되 흥미로운 기사가 있다.[20]

---

19) Renan(*l. c.*, p. 447)은 이레나이우스와 플로리누스가 그때 폴리카르푸스를 수행하여 로마로 여행했을 것이라고 추정한다. Neander를 비롯한 다른 학자들은 162년이라는 잘못된 연대를 제시한다. 폴리카르푸스는 155년에 죽었던 것이다(§ 19, p. 51). 아니케투스의 재위는 154년이나 그 이전에 시작되었다.

20) 에우세비우스에 의해 보존된, 로마 주교 빅토르에게 보낸 편지의 단편에 실려

"복되신 폴리카르푸스가 아니케투스 시절에 로마에 체류하는 동안 다른 점들에 대해서와 마찬가지로 어떤 점에 대해서 작은 견해차가 생겼을 때, 두 분은 서로 분쟁하는 것을 좋지 않게 여기고는 이 주제[부활절 지키는 문제]에 관해 즉시 평화로운 이해에 도달하였습니다. 아니케투스는 폴리카르푸스에게 [그가 지켜 온 관습을] 지키지 말도록 설득할 수 없었습니다. 그[폴리카르푸스]는 우리 주님의 제자인 요한과, 요한이 교제를 나누었던 다른 사도들과 함께 [그 관습을] 항상 지켜온 분이었기 때문입니다. 폴리카르푸스도 이전의 장로들(=감독들)의 관습을 견지할 의무가 있다고 말하는 아니케투스에 대해서 준수할 것을 설득하지 못했습니다. 일이 이렇게 되자 두 분은 함께 성찬을 거행했습니다. 교회에서 아니케투스는 분명히 존경의 뜻에서 성찬 집례권을 폴리카르푸스에게 양보했습니다. 두 사람은 평화롭게 작별했으며, 이리하여 [니산 월 14일을] 지키는 교회든 지키지 않는 교회든 온 교회가 평화를 견지하였습니다."

이 서신은 폴리카르푸스 시대의 그리스도인들이 통일된 의식과 관습이 아니어도 '성령의 하나되게 하신 것'을 지킬 줄 알았음을 입증한다. 같은 서신에서 이레나이우스는 "금식 방법에 관한 견해차가 오히려 우리 신앙의 통일성을 확립해 주었다"고 말한다.

2. 그러고 나서 몇년 뒤인 170년에 라오디게아에서 논쟁이 발생했다. 하지만 이 논쟁은 십사일파 내부에서 혹은 그보다 이들과 서방교회 관습 지지자들 사이에서 견해차가 발생한 아시아에 국한되었다. 이 국지적 분쟁에 관한 기록은 불충분하고 모호하다. 에우세비우스는 당시에 사르디스의 멜리토(Melito)가 유월절에 관하여 두 권의 책을 저술했다고 언급할 뿐이다. 그러나 이 책들은 유실되었고, 마찬가지로 알렉산드리아의 클레멘스가 같은 주제로 저술한 책들도 유실되었다. 현존하는 주된 자료는 프리기아 히에라폴리스의 주교 클라우디우스 아폴리나리우스(아폴리나리스[21])의 저서 가운데 두 부분의 단편으로서, 「유월절 연

있음(H. E. V. c. 24, ed. Heinichen, I. 253).

21) 에우세비우스는 그의 이름을 아폴리나리오스라고 적는다(IV. 21, 26, 27). 포티우스와 「유월절 연대기」도 마찬가지이다. 그러나 라틴 교부들은 그의 이름을 Apollinaris라고 적는다. 그는 마르쿠스 아우렐리우스(161-180) 시대에 산 변증가로서, 특히 프리기아에 널리 퍼졌던 몬타누스주의를 비판했으며, 4세기에 활동한 시리아의 두 부자(父子)인 아폴리나리우스 혹은 아폴리나리스와 혼동해서는 안 된다.

대기」(Chronicon Paschale)에 보존되어 왔다. 그 내용은 다음과 같다:

"요즘은 이런 문제들을 가지고 논쟁을 일삼는 사람들이 있다. 그것은 무지로 말미암은 행위이므로 용서할 수 있는 죄이다. 무지에는 필요한 훈계만큼 더 좋은 책망이 없기 때문이다. 그리고 그들은 제14일(니산 월)에 주님께서 제자들과 함께 유월절 양을 드셨다고 말하지만, 동시에 주님께서 무교절의 큰 날에[22)[즉, 니산 월 15일에] 친히 고난을 당하셨다고 말한다. 그리고 그들은 마태가 자신들의 견해를 뒷받침해준다고 해석하는데, 그들의 견해란 자신들의 견해가 율법과 일치하지 않는다는 것과,[23) 복음서들이 서로 차이가 난다는 것이다."

"제14일이 하나님의 아들이 어린양 대신에 대 제물이 되신 주님의 진정한 유월절이다[24) … [그분은] 유니콘의 뿔에 높이 들리셨고 … 유월절 날에 장사되셨으며, 돌이 그의 무덤을 막았다."

이 글에서 아폴리나리우스는 십사일파의 관습을 분명히 비판하되, 아직은 무지에서 그런 것이며, 따라서 이단으로 단죄할 만하지는 않다는 뜻을 밝힌다. 그 관습이 연대기적 오류이자 해석학적 오류임을 지적하며, 십오일이 아닌 십사일이 그리스도께서 하나님의 참된 어린양으로서 죽으신 큰 날이라고 주장하는 듯하다. 그는 이 진리가 십자가 사건과 유대교 유월절이 같은 날짜에 발생한 데에 근거한다는 그릇된 추정을 가지고 그러한 주장을 한다. 그러나 의문이 제기된다. 그가 과연 동방에도 많은 지지자가 있었던 서방과 로마의 관점에서 비판한 것인가, 아니면 십사일파의 일원으로서 비판한 것인가? 만약 후자의 경우라면 십사일파를 다시 정통, 즉 가톨릭 십사일파(금식과 저녁의 성찬으로 니산 월 14일을 지킨 사람들)와 이단적이고 분리주의적인 십사일파(주님의 최후의 만찬을 기념할 때 유월절 어린양을 먹는 유대교 관습을 채택한 사람들)로 구분하지 않을 수 없게 된다. 그러나 위의 단락이나 그 밖의 단락에서 이렇게 구분할 만한 증거가 발견되지 않는다. 만약 그렇게 노골적으로 유대화주의를 채택한 집단이

---

22) 만약 이것이 진정한 십사일파의 견해라면, 그들의 견해가 공관복음이 전하는 그리스도께서 죽으신 날짜와 일치했다는 결정적인 증거이다.

23) 아폴리나리우스의 견해에 따르면 율법을 완성하시는 분이신 그리스도께서 합법적 유월절인 14일에 죽으셨음에 틀림없기 때문이다.

24) 같은 주장이 「유월절 연대기」에 실린 히폴리투스의 단편들에도 제기된다. 그러나 예수께서 참된 유월절 양이셨다는 것은 모든 교회들이 동의하는 교리이다.

있었다면 가톨릭 주교에게 훨씬 더 심한 비판을 받았을 것이다. 심지어 유대인들조차 성전이 파괴된 뒤에는 더 이상 유월절 양을 먹을 수 없었다(성전에서 양을 잡아야 했기 때문이다). 이레나이우스, 히폴리투스, 에우세비우스의 글에도 그러한 집단이 있었다는 흔적을 발견할 수 없다. 그들은 다만 십사일파라는 한 집단에 관해서만 말할 뿐이다.[25]

따라서 아폴리나리우스가 비록 대단히 온건하고 사랑의 심정을 유지했을지라도, 십사일파의 관습 전체를 비판했다고 결론짓게 된다. 라오디게아 논쟁은 과거에 폴리카르푸스와 아니케투스가 구제 문제를 놓고 벌인 것과 동일 선상에 놓을 수 있는 논쟁이었으며, 곧 이어 성직위계적이고 비관용적인 탄압 문제로 인해 폴리크라테스(Polycrates)와 빅토르 사이에 촉발되었다.

3. 훨씬 더 중요하고 격렬했던 논쟁은 190~194년에 벌어진 논쟁의 세번째 국면으로서, 그 범위가 전체 교회로 확대되었으며, 여러 차례에 걸친 교회회의들과 교회회의 서신들을 낳게 했다. 전임자 아니케투스와 사뭇 다른 인물이었던 로마 주교 빅토르는 마치 황제를 연상케 하는 어조로 아시아의 교인들에게 십사일파의 관습을 포기하라고 요구했다. 에베소 주교 폴리크라테스는 이에 대해서 자신이 소집한 교회회의의 이름으로 엄숙하게 항의했으며, 자신들의 유서 깊은 관습을 뒷받침하는 권위 있는 자료들을 당당하게 제시했다. 에우세비우스가 보존한 그의 서신은 대단히 독특하다.

[그 에베소 주교는 로마 교황과 그의 교회에게 다음과 같이 썼다] "우리는 원래의 날을 지킵니다. 그날에서 더하지도 않고 빼지도 않습니다. 왜냐하면 아시아에는 위대한 빛들이 잠들어 있고, 그 빛들은 주님께서 나타나시는 날에 다시 살아날 것이기 때문입니다. 주님께서는 하늘로부터 영광을 입고 오셔서 모든 성도들을 일으키실 것입니다. 열두 사도들 가운데 한 분인 빌립은 두 분의 연로한 처녀 따님들과 함께 히에라볼리에 잠드셨고, 그분들과 마찬가지로 성령의 인도를 받고 사신 빌립의 다른 따님도 에베소에서 안식을 누리고 계십니다. 더욱이 우리 주님의 품에 기대셨고,[26] 사제이기도 하셔서 사제의 흉배를 착용하셨으며, 순

---

25) 물론 에피파니우스는 십사일파 가운데 여러 견해가 있었다고 말하지만(*Haer.* L. cap. 1-3 *Contra Quartadecimanas*), 유월절 양을 먹는 관습이나, 그리스도께서 죽으신 날짜에 관한 차이에 대해서는 아무런 언급도 하지 않는다.

교자이자 교사이셨던 요한이 에베소에 묻혀 있습니다. 게다가 서머나의 주교이자 순교자인 폴리카르푸스와 유메니아의 주교이자 순교자인 트라스카스(Thrascas)도 서머나에 잠들어 계십니다. 주교이자 순교자로서 라오디게아에 묻혀 계신 사가리스(Sagaris)는 어떻고요? 더욱이 성령의 인도를 받고 사셨던 복된 파피리우스(Papirius)와 멜리토(Melito)도 지금 사르디스에서 쉬면서 장차 죽은 자 가운데서 살아나 하늘로부터 주교직을 받을 날을 기다리고 계십니다. 이분들이 모두 복음에 따라 14일을 유월절로 지키되, 어떤 점에서도 의견이 갈리지 않고 다만 신앙의 규칙을 따랐습니다.

"더욱이 여러분들 가운데 지극히 작은 자인 나 폴리크라테스는 내 친척들의 전통을 따릅니다. 내 친척들 가운데 일곱 명이 주교들이었고, 내가 여덟번째 주교입니다. 그리고 내 친척들은 언제나 유대인들이 누룩을 제거하던 그날을 지켰습니다. 형제 여러분, 그러므로 이제 주 안에서 예순다섯의 인생을 살아오면서 세계 전역의 형제들과 의견을 나누고 성경전서를 연구해온 나는 지금 나를 위협하고 있는 그런 것들에 조금도 놀라지 않습니다. 나보다 크신 분[사도]께서 '하나님 앞에서 너희 말 듣는 것이 하나님 말씀 듣는 것보다 옳은가 판단하라'고 말씀하셨기 때문입니다 … 여러분이 내게 소집하도록 요청하여 참석한 주교들도 언급할 수 있습니다. 그들의 이름을 다 열거하자면 지면이 부족할 것입니다. 하지만 나의 이 노쇠한 육신을 바라보는 사람들은 모두 내 편지에 동의했습니다. 내가 백발을 이게 된 것이 거저 된 것이 아니라, 평생을 주 예수 안에서 절도 있게 살았기 때문에 된 것인 줄을 다 알기 때문입니다."[27]

빅토르는 이 항의에 귀를 막고 아시아의 그리스도인들을 이단으로 단죄했으며, 그들을 파문으로 위협했다.

그러나 동방교회의 여러 주교들은 빅토르를 비판했고, 심지어 이레나이우스도 쟁점에 관해서 빅토르의 견해에 동의했으나, 갈리아 그리스도인들을 대표하여 그러한 오만한 행위를 진지하게 책망했으며, 비판적 견해를 가진 형제들에게 성찬을 보낸 전임자들인 아니케투스, 피우스, 히기누스, 텔레스포루스, 시스투

---

26) 참조. 요 13:25; 21:20. 이 칭호는 폴리크라테스가 요한복음의 진정성을 인정했음을 암시한다.

27) Euseb. V. 24

스를 본받아 보다 신자답게 형제애를 가지고 처신하라고 당부했다. 특히 아니케투스가 폴리카르푸스에게 보였던 형제애를 주지시켰다. 에우세비우스가 평가하고 지나가듯이, 이레나이우스는 이번 일에 화평을 구하는 자임을 드러냈고, 그의 진지한 항의로 인해 분열을 막을 수 있었던 것으로 보인다.

바로 이 이레나이우스에게서 이 논쟁에 관한 다른 발언을 듣게 된다: "사도들은 '먹고 마시는 것과 절기나 월삭이나 안식일을 인하여 누구든지 너희를 폄론하지 못하게 하라'(골 2:16)고 당부한다. 그런데 이런 전쟁들이 어찌된 일인가? 이런 분열들이 어찌된 일인가? 지금 우리들은 절기들을 지킨다는 명분으로 악의의 누룩으로써 하나님의 교회를 찢고 외형적인 것을 준수하는 대신에, 더 나은 신앙과 자비는 버리고 있다. 그러한 절기들과 금식들을 주님께서 싫어하신다는 것을 우리는 선지자들에게 배워서 알고 있다." 이 말에는 사도 요한의 가르침과 서로 사랑하라는 그의 마지막 말을 생각하게 하는, 참다운 복음 정신이 담겨 있다.

4. 3세기가 지나는 과정에서 로마의 관습이 동방 전역에서 채택되었고, 결국 325년의 니케아 공의회에서 온 교회의 법으로 확립되었다. 이 공의회는 믿지 않고 적대적인 유대인들의 관습을 따르는 것이 그리스도인들에게 합당치 않다고 간주했고, 부활절을 반드시 춘분 이후(3월 21일) 첫 만월 다음에 오는 첫 일요일에, 그러니까 항상 유대교 유월절 이후에 지켜야 한다고 규정했다.[28] 만약 만월이 주일과 겹친다면 부활절은 다음 주일이 되는 셈이다. 이 방식에 따르면 부활절이 이르면 3월 22일에, 늦으면 4월 25일에 온다.

그 뒤로 십사일파는 보편적으로 이단으로 간주되었고, 이단으로 처벌되었다. 341년의 안디옥 교회회의는 그들을 파문했다. 몬타누스파와 노바티아누스파도

---

28) 니케아 교부들이 이집트와 리비아와 펜타폴리스의 교회들에게 보낸 교회회의 서신에는 이렇게 되어 있다: "우리는 지극히 거룩한 절기인 부활절에 대한 일치된 판결을 여러분에게 전달할 만한 충분한 지식을 가지고 있습니다; … 동방에 사는 모든 형제들 가운데 지금까지 이 절기를 유대인들처럼 지켜온 모든 형제들도 이제는 로마인들과 우리들, 그리고 일찍부터 우리와 같은 날짜에 부활절을 지켜온 모든 사람들의 관습을 따르게 될 것입니다." 에우세비우스는 특히 아시아 속주가 이 법령을 승인했다고 전한다(*Vita Const.* III. 19). 그는 오직 하나님과 황제 콘스탄티누스만이 부활절을 서로 다른 날짜에 지키는 이 악습을 제거할 수 있다고 생각한다.

십사일파의 관습을 지킨다는 비판을 받았다. 십사일파 관습의 흔적은 6세기에 자취를 감추었다.

그러나 예상과는 달리 부활절의 관습이 통일되기까지는 또 다른 장애들이 도사리고 있었다. 만월과 춘분을 산정하는 방식에 따라 부활절 일요일을 정하는 데 차이가 생겼던 것이다. 알렉산드리아인들은 춘분을 3월 21일로, 로마인들은 18일로 잡았고, 따라서 예를 들어 387년의 경우에 로마인들은 3월 21일에 부활절을 지킨 반면에, 알렉산드리아인들은 4월 25일에 가서야 지켰다. 게다가 서방에서는 날짜 계산법이 바뀐 탓에 6, 7세기에 부활절 논쟁이 다시 일어났다. 옛 브리타니아, 아일랜드, 스코틀랜드의 그리스도인들과 대륙에서 활동하던 아일랜드 선교사들은 뒤늦게 제정된 디오니시우스 혹은 로마의 95년 주기에 반대하여 과거의 84년 주기를 지지했으며, 그로써 앵글로색슨과 로마의 반대파에게 '십사일파'라는 별명을 얻었다. 하지만 이 별명은 정당하지 못한 것이었다. 왜냐하면 그들이 부활절을 항상 그날의 14일과 20일 사이에 오는 일요일에 지켰기 때문이다(로마인들은 15일과 21일 사이에 오는 일요일에 지켰다). 결국 로마의 관습이 승리를 거두었다. 그러나 로마 교회는 그레고리우스 13세 때(1583) 달력을 다시 바꾸었다. 이런 연유로 하여 오늘날까지 율리우스력을 고수하고 그레고리우스력을 배척하는 동방의 교회들은 서방의 그리스도인들과 다른 날짜에 부활절을 지킨다.

의식(儀式)을 둘러싼 이러한 무익한 논쟁들은 만약 금식을 마치는 날짜와 관련하여 옛 아시아의 관습을 약간 수정하고, 부활절을 비록 성탄절처럼 고정된 날짜로 확정하지는 않더라도 적어도 주간만이라도 확정했다면 얼마든지 피할 수 있었을 것이다.

특주

튀빙겐 학파의 부정적 비평가들은 부활절 논쟁이 제4복음서의 요한 저작성에 대해서 갖는 의미를 지나치게 과장했다. 바우어(Dr. Baur), 슈베글러(Schwegler), 힐겐펠트(Hilgenfeld), 슈트라우스(Straus, *Leben Jesu*, new ed. 1864, p. 76 sq.), 셴켈(Schenkel), 숄텐(Scholten), 디비즌(Samuel Divison), 르낭(Renan)은 이 논쟁

을 요한 저작성을 부정하는 중대한 근거로 이용한다. 그의 주장은 이러하다: "아시아의 관습은 예수께서 니산 월 14일 저녁에 제자들과 함께 유대교 유월절 식사를 하셨고 15일에 돌아가셨다는 신념에 근거했다. 이 신념은 제4복음서와 양립할 수 없다. 그 복음서는 예수가 참된 유월절 양으로서 니산 월 14일에, 그러니까 정식 유대교 유월절 직전에 돌아가셨다고 진술하기 때문이다. 그러므로 제4복음서는 주후 160년경에 부활절 논쟁이 최초로 발생하기 전에는 존재했을 리가 없다. 아니면 어쨌든 이 복음서는 아시아의 그리스도인들이 부활절 관습에 확고한 전거로 삼았던 애초의 요한의 저작일 수가 없다."

그러나 2세기 초반까지 거슬러 올라가 존재하는, 요한의 저작성을 뒷받침하는 초기의 증거들을 도외시한 소전제는 그릇된 것이고, 따라서 그 결론도 성립하지 않는다. 요한이 유월절에 관하여 진술한 내용을 면밀히 검토해 보면 그가 공관복음 기록과 일치한다는 결론에 도달하게 된다. 구체적으로 말하자면, 그는 마지막 만찬이 니산 월 14일에, 십자가형이 15일에 이루어졌다고 적는 것이다. (날짜에 관한 이 난해한 논의에 대해서는 제1권 16, V <주께서 죽으신 날짜>를 참조하라.)

Weitzel, Steitz, Wagenmann은 대전제를 논박함으로써 튀빙겐 학파의 추정을 부정하며, 아시아의 관습이 (요한의 날짜 기술에 대한 튀빙겐 학파와 자신들의 해석과 부합하게) 그리스도께서 유월절 양으로서 니산 월 15일에 죽으시지 않고 14일에 죽으셨음을 전제로 한다고 주장한다. 이에 대해서 우리는 다음과 같이 반박한다: 1) 그 주장은 앞에 소개한 아폴리나리우스의 「유월절 연대기」 발췌문과 상충된다. 2) 그리스도께서 참 유월절 양으로서 죽으셨다는 사상과 공관복음의 날짜 기술 사이에는 모순이 없다. 전자는 사도 바울도 가르쳤고(고전 5:7), 그의 가르침이 로마의 관습에 인용되었으며, 전자와 후자 모두 교부들에 의해 주장되었기 때문이다. 시간의 일치보다 실체가 더 중요하다. 3) 그리스도의 죽음에 관한 초기의 전승에 모순이 있었을 개연성은 극히 적으며, 요한의 날짜 기술을 공관복음에 일치시키는 것이 그 반대의 경우보다 훨씬 더 쉽다.

필자의 견해로는 아시아 교회가 니산 월 14일에 부활절을 지킨 것은 주님의 마지막 유월절을 기념한 것이며, 우리가 성찬을 거행할 때마다 그렇듯이 그 유월절을 기념했다는 것은 필연적으로 주의 죽으심을 함께 기념했음을 내포한다. 하지만 어떤 경우든 유월절을 둘러싼 이 고대의 논쟁은 그리스도의 죽으심 자체와 관련한 어떠한 연대기적 문제나 실제 날짜에 초점을 두지 않고, 그 사건을 해마다 기념하는 주중의 날짜와 방법에 초점을 두었다. 이 문제는 유월절 성찬을 니산 월

14일에 거행할 것인가, 아니면 유대교의 달력과 상관 없이 주께서 부활하신 일요일에 거행할 것인가 하는 것이었다.

63. 오순절

부활절 뒤에는 오순절[29]이 따랐다. 이 날은 유대교의 추수절이었다. 이미 2세기 초에 온 교회가 부활하신 주께서 나타나신 일들과 승천하신 일들을 기념하여 이 절기를 지켰으며, 절기 내내 즐거운 분위기가 이어졌다. 50일간 계속된 이 절기(Quinquagesima)는 주일(主日)의 연장으로 간주되어 매일 성찬이 거행되었고, 서서 기도를 드렸으며, 금식을 일절 하지 않았다. 테르툴리아누스는 이교의 축제들을 다 모아놔도 그리스도인들의 오순절 한 절기만 못하다고 말한다. 그 기간 동안 공예배 때 사도행전이 낭독되었다(그리스 교회는 오늘날도 이 관습을 유지한다).

후대에는 오순절이 40일째 되는 날인 승천절과, 주님께서 성령을 부어주시고 그로써 기독교 교회가 탄생한 오순절 당일(성령강림절)로 축소되었다. 이러한 제한된 의미의 오순절을 끝으로 우리 주님과 관련된 한 해의 절기들(semester Domini)이 마감되었다(성탄절과 부활절에 이어).[30] 이 절기는 세례를 베풀기에 적절한 날이기도 했으며, 특히 절기의 전야가 그러했다.

64. 주현절(主顯節)

---

29) 펜테코스테, Quinquagesima. 유월절 안식일로부터 50일째 되는 날. 참조. 제1권 제4장 § 24 서두. 교부들은 이 절기를 말할 때 넓은 뜻으로는 부활절부터 성령강림절까지 50일 전체를 가리키는 말로 사용하고, 좁은 뜻으로는 성령강림절 당일을 가리키는 말로 사용한다.

30) 이런 의미의 오순절은 306년 엘비라(그라나다) 공의회의 교회법 43조에 의해서 최초로 사용되었다. 오순절에 이어지는 주간은 훗날 Hebdomadas Spiritus Sancti(성령 주간)이라 불렸다.

주현절(Epiphany, 공현절)은 후대에 제정된 절기이다.[31] 이것이 동방에서부터 서방으로 전파되었으나, 서방에서는 심지어 4세기에도 도나투스파 같은 집단들에게 배척되었고, 동양의 혁신적 제도로 비판을 받았다. 일반적으로 이 절기는 그리스도께서 육체로 나타나신 일, 특히 그분이 요단강에서 세례를 받으심으로써 자신이 메시야이심을 나타내신 일을 기념하는 절기였으며, 따라서 그분의 탄생과 세례를 동시에 기념하는 절기였다. 대체로 1월 6일에 이 절기를 지켰다. 동방교회가 서방으로부터 성탄절을 도입한 뒤부터 주현절은 그리스도의 세례를 기념하는 날로 국한되었고, 교회가 세례를 베푸는 세 번의 중요한 기간 중 하나가 되었다.

훗날 서방에서는 이 절기가 예수의 생애에서 발생한 여러 사건들, 이를테면 동방박사들의 경배와, 가나에서의 첫 기적, 오천 명을 먹이신 일 같은 사건들을 망라해서 기념하는 절기가 되었다. 특히 '세 왕(동방박사)의 절기'가 되었고, 이방 선교와 각별한 관계를 갖게 되었다. 세 왕(카스파르, 멜키오르, 발타자르)의 전설은 동방박사들이 유대인의 왕으로 나신 아기에게 드렸다고 성경에 기록된 황금과 유향과 몰약에서 점진적으로 발전했다(참조. 마 2:11).[32]

성탄절에 관해서는 4세기 이전에는 이렇다 할 뚜렷한 흔적이 없다. 주된 이유는 주현절이 성탄절을 상당 부분 대신했기 때문이고, 또한 그리스도인들의 마음에 그분이 태어나신 날짜가 죽으심과 부활에 비해 다소 불확실했기 때문이다. 성탄절은 서방(로마) 교회에서 시작되었으며, 4세기 중반 이후에 동방에 전래되었다. 이렇게 판단하는 근거는 크리소스토무스가 386년 12월 25일에 행한 것으로 추정되는 설교에서 당시 안디옥에서 그리스도의 탄생일을 기념했다고 말하기 때문이다.

---

31) 이 절기는 알렉산드리아의 클레멘스가 바실리디아누스파라는 영지주의 분파가 그리스도의 세례를 기념하는 연중 절기로 지킨다고 소개하면서 최초로 언급한다(*Strom.* I. 21). Neander는 그 분파가 이 절기를 팔레스타인의 유대 그리스도인들에게서 본땄을 것이라고 추정한다. 크리소스토무스는 이 절기를 자주 언급한다.

32) 이 전설이 처음으로 뚜렷이 나타나는 자료는 테르툴리아누스의 *Adv. Jud.* c. 9인 듯하다: 예수의 유아기를 다룬 외경 복음서들은 이 점에 관해서 아무런 허구도 제공하지 않는다.

65. 공예배의 순서

기독교 예배에 관한 최초의 기록은 소 플리니우스라는 이교도가 109년에 비두니아에서 벌인 법적 심의 결과를 실어 황제 트라야누스에게 보낸 공문에 나타난다.[33] 공문 내용에 따르면 그리스도인들은 정해진 날[일요일] 해뜰녘에 모여 하나님이신 그리스도께 찬송을 드린 뒤, 맹세(sacramentum)로써 악한 일을 하지 않고, 도둑질과 강도질과 간음을 범하지 않고, 거짓 증거를 하지 않고, 위탁받은 재산을 허비하지 않겠다고 서약했다고 한다. 그들은 후에(저녁에) 다시 모여 일상적이고 순결한 식사[애찬]를 했다고 한다.

로마의 관리가 남긴 이 기록은 따라서 그 시기의 교회가 주일을 지켰다는 것과, 애찬을 아침 예배(즉, 성찬)과 구분해서 시행했다는 것과, 찬송을 통해 그리스도를 하나님으로 예배했다는 것을 증언하는 셈이다.

순교자 유스티누스는 비교적 부피가 큰 변증서 말미에서 140년경에 시행된 공예배를 보다 구체적으로 기술한다. 세례와 성찬에 관해서 길에 설명한 그는 다음과 같이 이어서 말한다:

"일요일에 도시와 촌락에 사는 모든 사람들이 한자리에 모여 시간이 허락하는 한도만큼 사도들의 회고록[복음서들]과 선지자들의 글[구약성경]을 낭독한다. 독서자가 낭독을 끝내면 사회자가[34] 설교를 하면서 이 고귀한 교훈을 받아 살라고 권고한다. 설교가 끝나면 모두 일어나서 공동의 기도를 드린다. 기도가 끝나면 앞서 소개했듯이 떡과 포도주를 물과 함께 내온다. 사회자가 자신에게 부여된 권세에 따라 떡과 포도주에 대해서 기도와 감사를 드리면, 회중은 아멘이라고 화답한다, 그런 뒤 축사(祝謝, 축성)된 성물들[떡과 포도주]을 각 교인에게 나눠주면 교인들은 그것을 받아먹으며, 예배에 참석하지 못한 교인들에게는 집사들이 떡과 포도주를 전달한다. 그런 뒤 부유하고 뜻있는 교인들이 자유로운 의사에 따라 헌금을 하며, 사회자가 헌금을 위탁받아 그것으로 고아와 과부들, 가난하고 궁핍한 사람들, 옥에 갇힌 사람들과 나그네들을 보살핀다. 우리가 일요일에 함께 모이는 이유는 이날이 하나님께서 세상과 빛을 창조하신 첫 날이기 때

---

33) 참조. § 17.
34) 수석 장로 혹은 감독[주교].

문이고, 우리 주 예수 그리스도께서 바로 이날에 죽은 자들 가운데서 살아나셔서 제자들에게 나타나셨기 때문이다."

유스티누스의 이 글에는 성경 낭독과 설교[감독의 직무], 기도, 성찬이 주일 예배의 정규적인 부분들로 분명히 나타난다. 물론 이것은 모두 사도시대부터 전해져 내려온 것이다. 이 글에는 찬송이 분명히 언급되지 않지만, 다른 글에서는 언급된다. 아직까지는 성찬이 예배의 다른 부분들과 뚜렷하게 구분되지 않는다. 하지만 2세기 말이 되면 그것이 구분되었다.

테르툴리아누스도 이와 동일한 예배의 부분들을 각기 다른 글에서 언급한다. 「사도헌장」(the Apostolical Constitutions) 제8권에는 이미 다양한 예배 기도들이 실린 정교한 예배식이 소개되어 있다.

66. 예배의 부분들

1. 성경[구약] 교훈 낭독과 실질적인 적용과 권면은 유대교 회당에서 기독교 교회로 전수되었다. 신약성경을 토대로 한 교훈들은 복음서들과 서신서들이 사도시대의 구두 교훈을 대신함에 따라 중요하게 사용되었다. 예배 때 복음서들이 낭독되었다는 내용은 순교자 유스티누스에 의해 분명히 언급되며, 사도헌장은 서신서들과 사도행전을 덧붙여 언급한다. 오순절에는 사도행전이 교훈을 제공했다. 그러나 니케아 이전 시대에는 통일된 선별 체계가 갖춰지지 않았다. 이 시대에는 정경에 속한 성경 외에도 로마의 클레멘스 서신과 바나바 서신, 헤르마스의 목자 같은 사도 교부 시대 저서들이 일부 회중들에서 낭독되었고, 신약성경의 중요한 사본들에서 발견된다.[35] 순교자 행전도 그들의 순교 기념일에 낭독되었다.

2. 설교는 성경에 대한 친숙한 강해와 회개와 거룩한 생활을 훈계하는 내용으로 이루어졌으며, 점차 그리스 교회에서는 예술적이고 수사학적인 성격을 띠었다. 설교는 처음에는 회중 가운데 대중 연설에 은사가 있는 교인이면 누구나 할

---

35) 클레멘스 서신은 알렉산드리누스(A) 사본에, 바나바와 헤르마스는 시내 사본에서 발견된다.

수 있었지만, 점차 성직자, 특히 감독(주교)의 독점적인 직무로 한정되었다. 오리게네스는 성직 임명을 받기 전에 설교의 직무를 요청받았으나, 이러한 사례는 심지어 당시조차 예외적인 일이었다. 알려진 것 가운데 가장 오래된 설교는 2세기 중반, 아마 140년경 이전에 이름이 밝혀지지 않은 그리스 혹은 로마의 저자가 작성한 것으로서, 오늘날(1875) 그 전문이 복원되었다(과거에는 로마의 클레멘스의 설교가 가장 오래된 것으로 간주되었다). 그는 청중을 '형제들'과 '자매들'이라고 부르며 사본을 낭독한다. 이 설교는 문학적 가치가 떨어지며 혼동과 지적 결핍을 드러내지만, 도덕적 진지함과 확고한 믿음이 잘 배여 있다. 다음과 같은 송영으로 결말짓는다. "진리의 아버지시며, 우리에게 구주와 불멸의 왕으로 보내주시고, 그를 통하여 진리와 천상의 생명을 나타내신 보이지 않으시는 유일하신 하나님께 영광이 영원 무궁토록 있기를 기원합니다. 아멘."[36]

3. 기도. 모든 예배에 본질인 이 부분도 유대교 예배에서 기독교 예배로 전수되었다. 가장 오래된 사도 교부 시대의 기도들은 「디다케」(*Didache*)에 실려 있는 성찬의 축사(祝謝)와, 클레멘스가 고린도인들에게 보낸 서신 끝부분에 실린 도고(禱告, 중보기도)로서, 이 서신은 로마 교회에서 사용된 듯하다.[37] 이 시대의 기도는 길고 신중하게 구성되었으며, 대부분 구약성경 본문들 위주로 되어 있다. 그 내용을 소개하자면, 우선 대조되는 문장들로 하나님을 공교히 부르는 말로 시작

---

36) Lightfoot의 번역(*S. Clement of Rome*, Appendix, 380-390)이 우수하다. Lightfoot는 이렇게 말한다: "만약 클레멘스의 첫번째 서신이 기독교 예배를 최초로 보여주었다면, 이른바 제2서신은 기독교 설교를 보여준 최초의 사례이다." 그는 저자가 주교였다고 생각한다. 반면에 Harnack은 저자가 스스로를 장로들과 구분하는 듯한 점을 근거로 그가 평신도였다고 생각한다. Lightfoot는 그가 고린도 사람이라고 생각하며, 그 설교가 고린도인들에게 보낸 클레멘스의 서신과 관련이 있는 사실을 이런 방식으로 설명한다. 반면에 Harnack은 그가 헤르마스 시대에 그의 무리에 속했던 로마 사람이었다고 주장한다. Bryennios는 로마의 클레멘스가 저자였다고 주장하며(하지만 이것은 불가능하다), Hilgenfeld는 알렉산드리아의 클레멘스라고 주장한다(이것 역시 불가능하다).

37) *Ad. Cor.* 59-61장. 1875년에 Bryennios에 의해서 발견되어 처음으로 출판됨. 클레멘스의 기도는 § 66 말미에 소개한다. 「디다케」의 기도들(9, 10장)은 1883년에 Bryennios에 의해 빛을 보게 된 것들로서, 여전히 고대의 단순한 정신이 잘 나타나 있다. 참조. § 68.

하여, 고통받는 자들과 궁핍한 자들과 방랑하는 자들과 갇힌 자들을 위한 도고와, 이교도들을 회심케 해달라는 간구와, 죄의 자백과 용서를 비는 기도(하지만 사죄의 문구는 없음)가 이어지며, 일치를 위한 기도와 송영으로 매듭지어진다. 당시에 기독교에 적대적이었던 군주들에게 건강과 평화와 화합과 안정을 베푸시도록 하나님께 기도하는 내용은 매우 감동적이다. 이 문서는 4세기에 나타나기 시작하는 고대 전례(典禮)의 부분들과 비슷한 점이 많지만, 클레멘스, 야고보, 마가의 이름들을 싣고 있으며, 아마 일부 고대의 요소들을 포함하고 있는 듯하다.

사도헌장의 마지막 권에는 신자들과 세례 예비자들, 귀신들린 자들, 참회자들, 그리고 심지어 죽은 자들과 온전한 성찬식을 위한 특별 기도들이 담긴 위(僞) 혹은 속(續) 클레멘스 전례가 실려 있다.

기도 시간에 교인들이 취한 일반적인 자세는 동방의 형식으로 서서 손을 펼쳐 드는 것이었다.

4. 찬송. 교회는 회당으로부터 시편을 물려받았고, 그것을 대대로 고갈되지 않는 경건의 보물로 사용했다. 정신과 목표가 과연 보편적인 시편은, 하나님과 은밀한 교제를 나누는 인간 마음의 깊은 샘에서 솟아나며, 모든 시대 모든 방언에 속한 만민의 종교 체험을 고전적으로 표현한다. 이것이 시편의 영감성을 뒷받침하는 가장 훌륭한 증거이다. 이교 세계의 어떤 시에서도 이와 같은 예를 찾아볼 수 없다. 시편은 구주의 강생을 축하하는 영감된 찬송들로 더욱 풍성해지기 시작했다. 마리아의 찬송(Magnificat), 사가랴의 찬송(Benedictus), 천군이 부른 '지극히 높은 곳에서는 하나님께 영광'(Gloria in Excelsis), 그리고 연로한 시므온의 찬송(Nunc Dimittis)이 영감된 찬송들이다. 이 찬송들은 즉시 교회의 예배에 편입되어 '영원한 기쁨'인 아름다운 것들로서 대대로 교회에서 울려 퍼졌다. 고대 기독교 시(詩)의 흔적들은 서신서들과 계시록의 곳곳에서 발견할 수 있다. 천사의 찬송(눅 2:14)은 처음에 그리스 교회에서 3세기에(비록 2세기는 아닐지라도) '영광송'(글로리아 인 엑셀시스)으로 확대되었고, 그 뒤에 라틴 교회에도 도입되었으며, 아침 찬송으로 사용되었다. 이것은 후대의 라틴어 찬송인 테데움(Te Deum)과 마찬가지로 고전적인 신앙 표현 형식의 하나였다. 그리스 교회의 저녁 찬송은 비교적 덜 알려졌으며, 시적 가치도 그다지 우수하지 않다.

다음은 그 찬송을 형식에 구애됨 없이 옮겨놓은 것이다:

"찬송하라! 그의 순결한 영광에서 쏟아지는 명랑한 빛이여,

그는 천상적이고 복되시고 지극히 거룩하신 불멸의 아버지

— 곧 우리 주 예수 그리스도이시다!

이제 태양이 안식에 들어가는 시간에 이르니,

찬란한 저녁 빛이 우리를 감싸며 비춘다!

우리는 성부, 성자, 성령께 찬송을 드린다!

주는 더럽혀지지 않은 입술로

영원히 찬송을 받기에 합당한 분이시요,

우리 하나님의 아들이시요, 홀로 생명을 주시는 분이시나이다!

그러므로 온 세상에서 저희는 당신의 영광을 인정하나이다."

2세기 말의 어느 저자는 아르테몬파(the Artemonites)를 비판하면서, 교회가 그리스도의 신성을 믿었다는 증거로써 무수한 찬송들을 제시할 수 있었다: "그리스도인들이 쓴 시편 찬송들 가운데 처음부터 신자들이 작성하고, 그들의 신학을 반영하여 그리스도를 하나님의 로고스로 찬송하는 것들이 얼마나 많은가?" 전승에 따르면 교송(交誦, antiphony)들과 응송(應頌, responsive song)들이 안디옥의 이그나티우스에 의해 도입되었다고 한다. 영지주의자들과 발렌티누스(Valentine)와 바르데사네스(Bardesanes)도 종교적인 노래를 작곡했다. 하지만 분명한 것은 교회가 그들에게 찬송을 배운 게 아니라, 구약성경 시편에서 배운 것이다.

현존하는 기독교 시 가운데 개인 저자에게로 거슬러 올라갈 수 있는 가장 오래된 시는 202년 이전에 알렉산드리아에서 신학을 가르친, 심오한 기독교 철학자 클레멘스의 펜에서 나왔다. 그 시는 신적인 교사이자 인류의 지도자인 로고스에게 바치는 장엄하되 다소 과장된 찬송으로서, 비록 공예배를 위해서 작성되지도 않았고 그 목적으로 사용되지도 않았지만, 그 정신과 고대성에서는 주목할 만하다.

특주

I. 로마 교회의 기도. 클레멘스가 고린도인들에게 보낸 서신 가운데 새로 발견된 부분(59-61장)에 실려 있음(Lightfoot 주교의 번역본, *St. Clement of Rome*, Append. pp. 376-378):

"주님, 저희가 모든 창조의 제일 근원이신 당신의 이름에 소망을 두게 하옵시고, 우리 마음의 눈을 뜨게 하셔서 홀로 지극히 높은 곳에 지극히 거룩하게 거하시는 당신을 알게 하옵소서. *주는 교만한 자들의 오만을 낮추시며, 민족들의 허망한 꿈을 흩으시며, 낮은 자들을 높이 세우시고 높은 자들을 낮추시며, 사람을 부하게도 만드시고 가난하게도 만드시며, 죽이기도 하시고 살리기도 하십니다. 주만 홀로 영혼들에게 복을 끼치는 분이시며, 모든 육체의 하나님이십니다. 주는 심연을 들여다보시며, 인간의 행위를 세밀히 조사하십니다. 위기에 처한 인간들을 구출하시며, 절망에 빠진 그들을 구원하시는 분이십니다.* 모든 영혼의 창조주와 감독자이시며, 민족들을 땅에 번성케 하시고, 만민 중에서 예수 그리스도를 통해 당신을 사랑하는 사람들을 선택하셨습니다. 그리스도는 당신의 사랑하시는 아들로서, 그분을 통해서 당신이 저희를 교훈하시고, 저희를 거룩하게 하시며, 영광으로 인도하십니다. 저희는 주와 주인이신 당신께 저희를 도우시고 구출해 주시기를 간구하옵나이다. 저희 가운데 환난에 처한 사람들을 구원하옵소서. 낮은 자들에게 자비를 베푸시고, 넘어진 자들을 일으키시고, 궁핍한 자들에게 당신을 나타내시고, 거룩하지 않은 자들을 고치시고, 방황하는 당신의 백성을 회심케 하시고, 주린 자들을 먹이시고, 갇힌 자들을 풀어주시고, 연약한 자들을 일으키시며, 낙심한 자들을 위로하옵소서. 온 이방 사람들로 오직 주만 하나님이시고, 예수 그리스도가 당신의 아들이시며, *우리가 당신의 백성이요 당신의 기르시는 양인 줄을 알게 하옵소서.*

"주는 주의 사역으로 말미암아 세계의 영원한 구조를 나타내셨나이다. 주님, 당신은 땅을 창조하셨나이다. 주는 만대에 신실하시고, 의로운 심판을 내리시고, 힘과 탁월함에 기이하시나이다. 주는 지혜로써 창조하시고, 친히 지으신 것들을 현명하게 붙드시고, 보이는 것들 안에서 선하심을 나타내시고, 당신을 신뢰하는 자들에게 신실하심을 나타내시고, 긍휼과 자비가 풍성하시며, 우리의 죄악과 불의와 범과(犯過)와 결핍을 용서하시나이다. 주의 종들의 모든 죄를 낱낱이 기억치 마시고, 당신의 진리로 저희를 깨끗이 씻으시며, 저희로 거룩함과 의로움과 한마음으로 걷도록, 그리고 당신이 보시기에, 그리고 우리를 다스리는 자들이 보기에 선하고 기쁜 일을 할 수 있도록 지도하옵소서. 주님, 주의 얼굴을 평안 가운데 저희에게 비추사 저희로 유익을 얻게 하시고, 저희로 당신의 권능의 손에 숨게 하시고, 당신의 펴신 팔로 모든 죄에서 건짐을 받게 하옵소서. 그리고 까닭 없이 저희를 미워하는 자들에게서 저희를 건져 주옵소서. 저희가 주의 전능하시고 지극히 뛰어나신 이름에 순종을 바치고, 땅에서 저희를 다스리고 주관하는 자들에게 순종을 바칠 때, 저희와 땅에 거하는 모든 사람들에게 화목과 평화를 주시되, 저희의 족장들이 믿음과 거룩한 신뢰로써 당신께 부르짖을 때 하셨던 것처럼 저희에게도 하여 주옵소서.

"주께서는 형언할 수 없는 주의 권능을 통하여 그들에게 대권을 주셨사온데, 그것은 저희가 주께서 그들에게 주신 영광과 존귀를 알고서 주의 뜻에 조금도 거역하지 않은 채 그들에게 순복하게 하시려는 뜻이옵나이다. 그러므로 주님, 그들에게 평화와 화합과 안정을 주셔서 주께서 주신 정부를 실패 없이 다스릴 수 있게 해주옵소서. 이는 하늘의 주인이시요 만대의 왕이신 주님께서 사람들의 아들들에게 땅에 있는 만물을 다스릴 영광과 존귀와 권세를 주시기 때문입니다. 주님, 당신의 선하시고 기쁘신 뜻을 따라 그들의 계획을 인도하시어 그들이 주께 받은 권세를 화평과 주를 두려워하는 온유한 태도로 사용하게 하시며, 이로써 그들이 주께 은혜를 입게 하옵소서. 저희를 위해서 홀로 이런 일들과 이보다 훨씬 뛰어난 일들을 하실 수 있는 주님이시오니, 저희가 우리 영혼의 대제사장이시며 수호자이신 예수 그리스도를 통해서 당신께 찬송을 드리오며, 그리스도를 통해서 영광과 존귀가 지금부터 세세 무궁토록 당신께 있기를 바라옵나이다. 아멘."

II. 알렉산드리아의 클레멘스가 그리스도를 찬송한 시에 대한 문자적 번역.

> "길들이지 않은 망아지들의 굴레요,
> 방황하지 않는 새들의 날개요,
> 유아들의 확고한 길잡이요,
> 왕노릇하는 어린양들의 목자시여!
> 순진한 당신의 자녀들을 모으사
> 자녀들의 인도자 그리스도께
> 순결한 입으로
> 거룩한 찬송을 부르게 하시고,
> 거짓 없는 찬미를 드리게 하소서.

성도들의 왕이시여,
지극히 높으신 성부의
천하를 굴복시키시는 말씀이시여,
지혜의 왕이시여,
슬플 때 위로가 되시고
만대에 가장 큰 기쁨이신
온 인류의
구주 예수시여,
목자이며 농부이시고,
배의 키이며 가축의 굴레이시고,
모든 거룩한 무리의
천상의 날개이시고,
사람들을 낚아 구원하시는
어부이십니다.
악들이 일렁이는 바다의
지긋지긋한 파도에서
감미로운 생명으로
순결한 고기들을 낚으십니다.
이성을 지닌 양들의 목자시여
[저희를] 인도하소서;
거룩한 왕이시여
무구한 자녀들을 인도하소서.
그리스도의 발자취를 보라,
그분은 하늘로 난 길,
영원한 말씀,
영구한 시대,
영원한 빛,
자비의 샘,
덕의 성취자.
하나님을 찬송하는 자들
그들의 삶은 고귀합니다.

그리스도 예수시여,
안락한 가슴에서,
신부의 우아한 자태에서,
당신의 지혜에서 짜낸
천상의 젖이시여.
다정한 말로 양육을 받고
청순한 정신으로 가득 차고
신령한 젖을 먹고 자란
자녀들이여
우리 다 함께 찬송하자
소박한 찬송을
참된 찬미를
왕이신 그리스도께 드리자
생명의 교훈에 대한
거룩한 보상이신 그분께.
다 함께 노래하자
단순 소박한 마음으로
권능의 아기에게.
평화의 성가대여
그리스도께서 나셨다.
정결한 백성이여
다 함께 찬송하자
평강의 하나님을."

이 시는 16세기 동안 신비스러운 찬송으로 남아 있다가, 1846년에 미국 회중교
회 목사 헨리 마틴 덱스터(Dr. Henry Martyn Dexter)에 의해서 현대 찬송가에 수
록되었다. (이 찬송과 관련하여 그는 내게 이런 말을 해주었다.) "초기 그리스도인
들의 현저한 특징들"이라는 제목으로 설교를 준비하는 과정에서(본문, 신 32:7,
"옛날을 기억하라"), 그는 먼저 클레멘스가 지은 그리스어 찬송을 문자대로 번역
을 한 다음 그것을 설교와 관련하여 회중이 부를 수 있도록 복원하고 현대화했다.
이스라엘의 많은 시편들이 기독교를 대표할 만한 몇몇 고상한 찬송들에 영감이

되었다는 것은 잘 알려진 사실이다. 시편 46장은 루터가 종교개혁을 일으킬 때 지은 "내 주는 강한 성이요"(Ein' feste Burg)의 기조가 되었다. 존 메이슨 닐(John Mason Neale)은 켜켜이 싸인 먼지를 털어내고 수많은 그리스와 라틴 찬송을 복원하여 영어권 교회들에 유익을 끼쳤고, 특히 거의 3천 개의 장단단격(dactylic) 6보격 시들로 전개되는 클레르보의 베르나르(Bernard)의 "세상의 멸시에 관하여"(De Contemptu Mundi)의 일정 부분을 복원했으며, "이생에서 우리의 삶은 짧다"(Brief life is here our portion), "소중한 나라여, 그대를 위해서"(For Thee, O dear, dear Country), "예루살렘 금성아"(Jerusalem the Golden, 한글통일찬송가 538장) 같은 찬송들에 자료를 제공했다. 아래에 소개할 덱스터의 찬송도 옛 시에 새로운 활력을 불어넣어 복원시킨 같은 부류의 찬송이다(한글통일찬송가 103장에 '참 목자 우리 주'라는 제목으로 실려 있으며, 여기서는 덱스터의 영문 번역 가사를 그대로 옮김:역주).

1. 자애로운 젊음을 지닌 목자시여,
   멀고 악한 길을 사랑과 진리로 인도하시나이다.
   그리스도, 승리하신 저희의 왕이시여,
   우리가 주의 이름을 노래하러 왔사오며,
   자녀된 우리가 큰 소리로 주를 찬송하나이다!
2. 당신은 우리의 거룩한 주이시며,
   만물을 굴복시키는 말씀이시며,
   분쟁을 치유하시는 분이십니다!
   주께서 친히 자신을 낮추심은
   죄의 깊은 수치로부터
   우리 인류를 구원하시고
   우리에게 생명을 주시고자 함입니다.
3. 당신은 대제사장이시며
   당신은 하늘의 사랑이 가득한
   잔치를 예비하셨나이다.
   우리가 죽을 육체를 가지고 고통하는 동안
   주의 이름을 부를 때 빈손으로 가는 법이 없습니다.
   주님은 멸시치 않으시고 도우시며

위로부터 도움을 베푸시나이다.

4.	주는 항상 저희의 인도자가 되시며
	우리의 목자와 우리의 자랑과
	우리의 지팡이와 노래가 되옵소서!
	예수여, 당신은 하나님의 그리스도이시니
	당신의 영원한 말씀으로
	당신이 친히 걸으셨던 곳으로 저희를 인도하시고
	저희의 믿음을 강하게 해주옵소서.

5.	이제도, 저희가 죽는 날까지도
	우리는 당신의 이름을 높이 부르며
	즐거운 찬송을 드리겠나이다.
	자녀들, 반가운 무리가
	주의 교회에 속한 자들이
	한마음으로 우리의 왕 그리스도께
	찬송을 드리옵나이다!

67. 예배의 구분. 비밀 내규(Disciplina Arcani)

공예배는 2세기 중반부터 5세기 말까지 세례 예비자들의 예배[38]와 신자들의 예배로 구분되었다. 전자는 성경낭독, 설교, 기도, 찬송으로 이루어졌고, 세례 받지 않은 사람들과 참회 중에 있는 사람들에게 열려 있었다. 후자는 성찬과 그에 따른 예배식들로 이루어졌고, 교회의 정회원들만 참석할 수 있었으며, 시작하기 전에 세례 예비자들과 불신자들은 집사의 지시에 따라[39] 모임에서 떠났고, 문들

---

38) Missa Catechumenorum. missa라는 명칭(이것에서 오늘날 '미사'라는 단어가 유래함)은 아우구스티누스의 글과 398년 카르타고 공의회의 법령에 최초로 등장한다. 이 단어는 예배의 각 부분을 마칠 때 사용한 문구에서 유래했으며, missio, dismissio와 같은 뜻이다. 아우구스티누스는 이렇게 말한다(Serm. 49, c. 8): "설교가 끝나면 세례 예비자들의 해산(missa)이 이루어진다는 점을 유념하십시오. 신자들은 그 자리에 남을 것입니다." 후대에 missa라는 단어는 성찬식만을 가리키게 되었다. 그리스 교회에서는 예배라는 단어가 정확하게 missa에 해당하는 단어이다.

이 닫히거나 감시되었다.

이러한 엄격한 구분을 알려주는 최초의 증인은 테르툴리아누스이다. 그는 이 단들에 대해서 세례받은 자들과 세례받지 않은 자들이 동일한 기도에 참석하도록 허용하고, 심지어 거룩한 자들을 이교도들에게 내주는 행위를 책망한다. 그는 신자들과 세례 예비자들과 이교도들이 공예배 때 각기 다른 장소에서 예배를 드리도록 할 것을 요구한다. 알렉산드리아의 신학자들은 계시를 받은 자들을 위한 비밀스런 전승 교리로써 이 관습에 이론적 토대를 제공했다. 그들은 성찬뿐 아니라 세례와 그에 수반되는 신앙고백도 계시를 받은 자들을 위한 비밀로 간주했고, 유대인들과 이교도들의 견해에서 물러났다.

이것이 바로 기독교의 비밀 예배, 혹은 1679년 이래로 '비밀 내규'(the Secret Discipline, *Disciplina Arcani*)라 불리게 된 것으로서, 이것은 4세기의 예배식들에 충분히 발전한 모습으로 나타났다가, 6세기부터 이교 신앙이 소멸하고 유아 세례가 보편적으로 도입됨에 따라 라틴 교회에서 자취를 감추었다.

비밀 내규는 주로 세례와 성찬에 관련되었으나, 세례 신조, 주기도문, 삼위일체 교리도 거기에 포함되었다. 알렉산드리아의 클레멘스, 오리게네스, 예루살렘의 키릴루스, 그리고 그 밖의 교부들은 하등한 혹은 초보적인(공개적인) 교리들과 고등한 혹은 깊은(비밀스런) 교리들을 구분하며, 입교하지 않은 사람들에게는 후자를 허용하지 않음으로써 약한 자들과 이교도들을 자극하는 일을 피한다고 진술한다. 하지만 이렇게 비밀을 유지했다고 해서 비밀 내규에 화체설과 연옥 등 교부들이 명백히 가르치지 않은 로마 교회의 교의들이 포함되었다고 추론해도 되는 것은 아니다. 침묵을 구실로 한 이러한 주장은 정반대의 명백한 증거로써 일축된다.[40] 현대 로마 교회 고고학자들은 카타콤들에서 발견된 상징들 전

---

39) "세례 예비자들과 방청자들과 불신자들과 이단들은 이곳에 남아 있을 수 없습니다." *Const. Apost.* viii. 12. Comp. Chrysostom, *Hom. in Matt.* xxiii.

40) 박식한 예수회 수사 Emanuel von Schelstrate가 *Antiquitas illustrata* (Antv. 1678)와 *De Disciplina Arcani*(Rom. 1685)에서 이 논리를 최초로 사용했다. 하지만 그는 루터교의 W. Ernst Tenze(*Dissert. de Disc. Arcani*, Lips. 1683 and 1692)에게 논박을 당했다. 하지만 Tenzel, Casaubon, Bingham, Rothe, Zetzschwitz가 비밀 내규를 의식(儀式)에 국한시키고 교의를 배제한 것은 잘못이다. 참조. 특히 Cyril of Jerus. *Katech.* XVI. 26; XVIII. 32. 38.

부를 비밀 내규의 의식에 억지로 포함시키지만, 그 상징들이 제작된 연대는 고려하지 않는다.

어떤 학자들은 비밀 내규의 기원을 사도시대로 거슬러 올라가 찾았다. 사도가 젖으로 먹여야 할 어린아이들과 단단한 식물을 먹을 수 있는 장성한 자들을 구분했고, 청중 가운데 육신에 속한 자들과 '신령한 자들'(즉, 성령의 인도를 받아 사는 자들)을 구분한 것이 그들의 근거였다(참조. 히 5:12-14; 고전 3:1,2).[41] 그러나 이 구분은 공예배와는 상관이 없으며, 순교자 유스티누스는 이교도 황제에게 보낸 자신의 첫 변증서에서 세례와 성찬의 내용을 조금도 감하지 않고 있는 그대로 소개한다. 다른 학자들은 비밀 내규의 유래를 2세기 후반에 나타난 성직자 중심적이고 성직위계적인 정서에서 찾으며, 그러한 정서가 비밀 내규를 강화했다고 믿는다. 또 어떤 학자들은 그리스와 로마의 비밀 예배에서 그 유래를 찾는다. 이것이 많은 표현들과 문구들, 그리고 이런 비밀들과 연관된 온갖 비성경적이고 현학적인 글들을 가장 잘 설명해 줄 수 있다고 보는 것이다.

그럴지라도 비밀 내규가 마련된 최초의 동기는 이교에 대한 경계에서 찾아야한다. 즉, 마태복음 7:6("거룩한 것을 개에게 주지 말며 너희 진주를 돼지 앞에 던지지 말라. 저희가 그것을 발로 밟고 돌이켜 너희를 찢어 상할까 염려하라")의 교훈에 따라 적대적인 세상에서 기독교의 거룩한 계시가 훼손되지 않도록 그것을 보호하고, 그 깊은 진리를 구현할 필요를 인식한 데서 찾아야 한다. 하드리아누스 이후에, 특히 네로 때에 기독교의 진리가 심한 오해와 비방을 받게 된 상황에서 그것을 지켜야겠다는 인식이 비밀 내규가 생기게 한 근원이었던 것이다. 여기에 덧붙여야 할 것은 침수(浸水)의 방식으로 어른 세례를 집례할 때 단정하고 바른 형식을 견지하고자 했던 태도이다. 마지막으로 — 그리고 이것이 주된 원인이다 — 세례 예비자(교리문답자) 제도가 제정됨으로써 절반의 그리스도인들과 온전한 그리스도인들, 외부 집단과 내부 집단이 구분되게 되었고, 이 구분이 점차 예배에 정착되었다. 그러므로 비밀 내규는 니케아 이전 시대 교회가 일

---

41) 일부 교부들도 그렇게 생각하여 '비밀 내규'를 마태복음 7:6의 주님의 계명까지 거슬러 올라가 찾으며, 최근에는 Credner(1844)와 Wandinger(in the new ed. of Wetzer and Welte, I. 1237)가 같은 견해를 주장한다. 사도 바울은 고린도전서 14:23-25에서 공예배 때 낯선 이들이 있음을 암시하는 것이지, 반드시 성찬 때 그렇다는 뜻은 아니다.

시적으로 취한 교육적이고 전례적(典禮的)인 방편이었다. 세례 예비자 제도와 예배 행위의 구분은 함께 발전했다가 함께 퇴조했다. 어른 세례 예비자들이 사라짐과 동시에 유아세례가 널리 정착되고 교회와 국가가 손을 잡으면서 비밀 내규도 6세기에 접어들면서 자취를 감추었다. 원인이 사라지니 결과도 사라진 셈이다(cessante causa cessat effectus).

그러나 동방교회는 오늘날까지 자체의 전례에 세례 예비자들을 돌려보내는 제도와 그들을 위한 특별한 기도, 성찬을 '비밀'이라 부르는 관행, 미사를 휘장 뒤에서 거행하는 관행을 여전히 유지하고 있다. 물론 동방교회도 극히 예외적인 경우나 선교에 의한 결과를 제외하고는 수 세기 동안 원래 의미에서의 세례 예비자들, 즉 세례를 준비하는 어른 이교도들이나 유대인들이 없었지만 말이다.

68. 성찬 집례

성찬 집례는 기독교 예배의 절정이었다. 순교자 유스티누스가 남긴 글은 초기의 단순했던 성찬의 모습을 지금도 잘 대변해 준다: "(세례 예비자) 예배의 기도가 끝난 뒤에 우리는 형제의 입맞춤으로 서로 인사한다. 그런 뒤 떡과 잔이 물과 포도주와 함께 형제들의 사회자(감독)에게 전달된다. 그는 그것들을 받은 뒤 이 선물들을 주신 만유의 아버지께 성자와 성령의 이름으로 찬송과 영광과 감사를 드린다. 그가 기도와 감사를 드리고 나면 회중 전체가 '아멘'이라고 응답한다. '아멘'은 히브리어로 '그대로 되기를 원합니다'라는 뜻이다. 그러고 나면 집사들이 회중의 각 사람에게 축사(祝謝)된 떡의 조각과 물 섞은 포도주를 배분하고, 결석한 교인들의 집을 찾아가 그들에게도 전달한다. 이 식사를 우리는 성찬(eucharist)이라고 부르는데, 이 식사에는 믿고 세례를 받고 그리스도의 계명대로 사는 사람 아니면 아무도 참여할 수 없다. 이는 우리가 이 음식을 일상적인 밥과 음료로 사용하지 않고, 마치 우리 구주 예수 그리스도께서 하나님의 말씀을 통해서 육신이 되시고, 우리를 구속하시기 위해서 살과 피를 입으셨듯이, 기도로써 거룩하게 되고, 변형[동화]됨으로써 우리의 살과 피에 자양을 공급하는 이 음식이 성육신하신 예수의 살과 피라고 우리는 배우기 때문이다."

그런 다음 유스티누스는 복음서들에서 성찬 제정의 말씀을 소개하고, 가난한 사람들을 위한 연보하는 관습을 언급한다.

니케아 시대 교회들의 예배는 비록 사소한 점에서는 크게 다양했지만 본질적인 점에서는 통일성을 크게 유지했는데, 그 시대의 예배를 우리가 다루는 시기에 그대로 대입하는 것은 무리이다. 이 시기의 예배는 어느 정도 단순하고 자유로운 특징이 있었다. 위(僞) 사도헌장 제8권에 실려 있는 이른바 클레멘스 전례(the Clementine liturgy)조차 이런 형태로는 4세기 이전에 작성되고 집필되지 않았을 것이다. 디오클레티아누스의 박해 기간에 기록된 전례들이 있었던 흔적이 없다. 그러나 그 씨는 2세기부터 찾을 수 있다. 가장 오래된 성찬 기도는 최근에 「디다케」에서 발견되었다. 이 글에는 잔과 뗀 떡과 모든 자비에 대해서 드리는 세 번의 감사가 실려 있다(9, 10장).

니케아 이전 교부들의 글에 산재되어 있는 언급들을 토대로 3세기 중반에 시행되었던 성찬 예배의 모습을 다음과 같이 복원할 수 있다. (그 이전 시대에 관해서는 말하기가 어렵다.)

성찬은 주일 예배의 정규적이고도 가장 엄숙한 부분이었다. 이것이 보다 엄격한 의미에서 하나님께 드리는 예배였고, 교회의 정회원들만 참여할 수 있었다. 많은 지역에서 많은 그리스도인들이 매일 성찬을 거행했다. 이것은 사도들의 전례를 따른 것이었고, 주기도문의 넷째 간구에 대한 가장 보편적이고 신비스러운 해석에 따른 것이었다.[42] 성찬식은 세례 예비자들을 평안의 입맞춤으로 돌려보낸 뒤에 시작되었다. 남자는 남자끼리 여자는 여자끼리 나눈 이 인사는 무정하고 사랑이 없는 세상에서 서로가 구속받은 한 가족의 식구임을 인정한다는 표였다. 사도들의 선례에 근거한 이 방식은 초기 그리스도인들이 어린아이 같은 단순성과 사랑과 기쁨을 지니고 살았음을 보여주는 전형적인 예다(참조. 롬 16:16; 고전 16:20; 고후 13:12; 살전 5:26; 벧전 5:14).[43] 본 예배는 두 가지 주요 부분으로

---

42) 키프리아누스는 매일의 제사들에 관해서 말한다. 암브로시우스도 그러하며(*Ep.* 14 *ad Marcell.*), 가장 오래된 전례서들도 그러하다. 그러나 성찬 거행 방식이 다양했다는 것이 누구보다도 아우구스티누스에 의해서 확증된다. *Ep.* 118 *ad Januar.* c. 2. 바실리우스도 같은 증언을 한다(*Ep.* 289): "우리는 한 주간에 네 번, 즉 주일과 넷째 날과 예비일[금요일]과 안식일에 성찬을 거행한다." 크리소스토무스는 평일의 성찬에 교인들의 참석이 저조한 것을 한탄한다.

43) 평화의 입맞춤은 13세기 말까지 라틴 교회에서 지속되었고, 그 뒤에는 예배가

구성되었다. 하나는 헌금(oblation)으로서, 회중이 드린 헌금을 집사들이 모아 교회의 예배와 성직자들의 생계 지지와 빈민 구제를 위해 바치는 시간이었다. 다른 하나는 성찬(communion)이었다. 회중은 헌금을 통해서 자신들을 살아 있는 감사 예물로 하나님께 드렸고, 성찬을 통해서 그리스도의 제사로 말미암은 유익을 믿음으로 새롭게 받고, 교회의 머리이신 그리스도와 새롭게 연합했다. 두 행위 모두 기도와 찬송이 수반되었다.

이 시기의 교회들이 드린 기도에서 두드러지는 내용은 다음 세 가지이다. 첫째는 하나님께서 주신 모든 자연적·영적 선물들에 대해 드리는 감사(이것이 '성찬'이란 뜻으로 쓰이는 'eucharist'의 본뜻이다)로서, 대개 이사야 6:3에 소개된 스랍들의 기도로써 마쳤다. 둘째는 성별(consecration, 축성) 기도, 즉 성령께 대해서 회중과 성찬의 성물들에 임해 달라는 기도로서,[44] 대개 성찬 제정의 말씀과 주기도문을 암송한 뒤에 드렸다. 셋째는 그리스도께서 세상을 구원하시기 위해 십자가에서 드린 제사를 근거로, 모든 계층들, 특히 신자들을 위한 일반적인 도고(intercession, 중보기도)였다. 하지만 기도의 길이와 순서는 획일적이지 않았으며, 주기도문도 때로 축성(祝聖)의 기도를 대신하는 등 예배의 중요한 부분을 차지하긴 했지만, 예배에서 그 위치가 일정하지 않았다. 교황 그레고리우스 1세는 "헌금을 오직 주기도문으로써 축성하는 것이 사도들의 관습이었다"고 말한다. 회중은 과거의 유대인들과 사도들의 관습에 따라 이따금씩 들을 수 있게 '아멘' 혹은 '키리에 엘레이손'(Kyrie eleison, 주여, 자비를 베푸소서)이라고 응답했다. '저희가 주께 바칩니다'(Habemus ad Dominum)라는 응답과 함께 신앙을 격려하는 기도인 '마음을 드높이'(Sursum corda)도 적어도 벌써 키프리아누스 때 나타났으며(그는 이것을 분명히 언급한다), 모든 고대의 전례서들에도 나타

끝난 뒤에 '당신과 교회에 평화가 있기를'(Pax tibi et ecclesiae)이라는 말의 인사로 대체되었다. 러시아 교회에서는 성직자들이 니케아 신조를 암송하는 동안 서로 입을 맞춤으로써 (자주 분열된) 정통신앙과 자비의 명목적 일치를 보여준다. 콥트 교회에서는 초기의 관습이 여전히 시행되고 있으며, 일부 소수 개신교 교파들은 이 관습을 되살렸다.

44) 이레나이우스는 이 성령의 임재를 비는 간구(invocatio Spiritus S.)뿐 아니라 헌금과 감사까지도 사도들의 교훈에서 그 근거를 찾는다. 이 기도는 그리스의 모든 전례서들에서 발견된다.

난다. 이 시기의 교회들은 기도서를 읽는 방식이 아닌 말을 하는 방식으로 기도를 드렸다. 그러나 즉흥기도가 끊임없는 반복에 의해서 자연스럽게 고정된 형태를 띠어갔다.

성찬의 성물들은 평소에 사용하던 누룩 넣은 빵(유교병. 에비온파는 예외였다. 이들은 7세기 이후의 로마 교회와 마찬가지로 누룩을 뺀 빵<무교병>을 사용했다)과 물 섞은 포도주를 사용했다.[45] 포도주에 물을 섞는 것이 고대에는 일반적인 관습이었으나, 오늘날까지 내려오면서 이 관습에 다양한 신비스러운 의미들이 붙게 되었다. 성물들은 회중이 시편 34장을 찬송하는 동안 성직자가 혹은, 유스티누스에 따르면, 오직 집사들만이 성찬 참석자들(communicants)의 손에 나눠주면서(입에 넣어주지 않음), "그리스도의 몸입니다", "그리스도의 피, 생명의 잔입니다"라고 말하면, 각 참석자는 그것을 받으면서 "아멘" 하고 응답했다.[46] 이런 형식으로 온 회중이 서서 성찬의 성물들을 받았다.[47] 감사와 축복의 기도로 성찬이 끝났다.

---

45) 유스티누스는 이 빵을 가리켜 평범한 빵이라고 말한다. 그럴지라도 그 안에 담긴 거룩한 의미를 감안하여 평범하지 않은 빵과 음료라고도 부른다. 성찬에 무교병과 유교병 가운데 어느 것을 사용할 것인가 하는 것이 후대에 로마 교회와 그리스 교회 사이의 쟁점이 되었다.

46) '그리스도의 몸', '그리스도의 피, 생명의 잔'라고 하면서 성찬의 성물들을 배분하는 이 가장 단순한 형식은 사도헌장 VIII. 13에 실린 클레멘스 전례에 나타나며, 이것이 가장 오래된 형태인 듯하다. 「디다케」는 배분 형식에 관해서 언급하지 않는다.

47) 대기도(목회기도)와 성찬 때 회중이 자리에서 일어서는 형식은 처음에는 보편적인 관습이었던 것 같다. 실제로 부활절에는 성 금요일(수난일)과 구분되게 이 형식이 항상 유지되었다. 게다가 성찬은 궁극적으로 생각할 때 축제와 기쁨의 예식이었다. 마지막으로 유스티누스는 "그런 뒤 우리는 기도하기 위해서 모두 일어선다"라고 분명히 말한다. 12세기 이후에는 성찬을 받기 위해서 무릎을 꿇는 것이 보편화했고, 이 관습이 가톨릭 교회에서 루터교회와 성공회로 전래되었다. 하지만 대다수 종교개혁 교회들은 일어서서 성찬을 받는 원래의 관습으로 돌아갔다. 앉아서 성찬을 받는 관습은 종교개혁 이후에 스코틀랜드 장로교에 의해 최초로 도입되었으며, 미국에서는 매우 보편적인 관습으로 자리잡았다. 미국의 장로교회들은 집사들이나 장로들이 회중석으로 가서 빵과 잔을 분배한다. 그러나 교황은 성찬을 받을 때 앉아서 받는 기묘한 관습이 남아 있다. 스탠리(Dean Stanley)는 이것을 첫 제자들이 기댄 자세로 성찬을 받았던 관행의 유물로 간주한다. 참조. 그의 저서, *Christ. Instit.* p. 250 sqq.

예배가 끝난 뒤 집사들은 축성된 성물들을 병자들과 감옥에 갇힌 고백자들에게 전달했다. 많은 사람들이 빵 조각을 집으로 가져가서 집에서 아침 예배 때 사용했다. 이 가정 성찬은 특히 북아프리카에서 시행되었으며, '단형 성찬'(communio sub una specie: 단형 영성체. 빵 한가지만 분배하는 것)의 첫번째 사례를 제공한다. 키프리아누스의 시대에 같은 지역에서 유아 성찬(포도주만으로 거행하는)의 관습이 발견된다. 요한복음 6:53을 근거로 삼은 이 관습은 오늘날까지 그리스(그리고 러시아) 교회에서 계속 시행되고 있다. 하지만 이 관습은 성찬에 참석하기 전에 미리 자신을 살피라는 사도의 분부에 부합하지 않다(참조. 고전 11:28).

초기에는 성찬을 애찬(love feast)과 함께 거행했다. 시간은 주님께서 제자들과 나누신 마지막 만찬을 기념하여 애찬이 끝난 뒤인 저녁이었다. 그러나 일찍이 2세기 초에 이 두 의식이 구분되어 특별 절기를 제외하고는 성찬은 아침에, 애찬은 저녁에 시행했다.[48] 테르툴리아누스는 이교도들의 몰염치한 비방을 논박하면서 애찬을 상세히 소개한다.[49] 그러나 교회들이 성장하고 부패한 사례들이 증가

---

48) 아우구스티누스에 따르면 세족례 목요일에는 성찬을 저녁에 거행했다고 한다. 성탄절 밤과 주현절. 부활절 전야 같은 대절기들과 금식 기간에도 성찬을 저녁에 거행했다. 참조. 암브로시우스, *Serm.* viii. *in Ps.* 118.

49) *Apol.* c. 39: "그리스도인들만 모이는 검소한 만찬실에 관해서 이런저런 이야기들이 많이 들린다. 우리의 잔치는 명칭 자체가 그 내용을 설명해 준다. 그리스인들은 그것을 '사랑'이라고 부른다. 우리가 신앙의 이름으로 지불하는 경비는 그 비용이 얼마가 들든 상관 없이 유익하다. 왜냐하면 잔치의 좋은 음식들로 궁핍한 사람들에게 유익을 끼치기 때문이다. 여러분의 연회와 달리 우리의 잔치에서는 높은 사람의 방탕한 성향을 만족시키기 위해 아부를 하거나, 연회장에서 온갖 수모를 참아가며 배를 채우는 일이 없다. 우리의 잔치에는 하나님께서 직접 참석하시기 때문에 낮은 사람들이 정중한 대접을 받는다. 만약 우리의 잔치가 선한 목적을 지닌다면, 그 점에 비추어 우리의 잔치의 규례들을 생각하기를 바란다. 그것은 종교 의식 행위이기 때문에, 사악함이나 부도덕함이 용납되지 않는다. 참석자들은 비스듬히 자리잡기 전에 먼저 하나님께 기도를 드린다. 음식도 허기를 채울 정도만 먹으며, 음료도 단정함을 잃지 않을 정도만큼만 마신다. 그들은 밤에도 하나님께 예배를 드려야 할 일을 기억하기 때문에 그만큼 음식을 들고서 잘 먹었다고 말한다. 서로 대화를 할 때도 주님이 곁에서 들으신다는 것을 아는 사람답게 대화를 나눈다. 저마다 손을 씻은 뒤 등불이 들어오면 일어서서 하나님을 찬송하자는 제안을 받는다. 찬송은 성경을 암송하거나 개인이 직접 지

함에 따라 애찬이 점차 중단되었고, 4세기에는 심지어 애찬이 공식적으로 금지되었다. 따라서 애찬은 사실상 교회의 유아기와 첫사랑 기간에만 존재했던 셈이다. 그것은 일종의 가족 잔치였다. 이 자리에서 부자와 가난한 자, 주인과 노예가 한자리에 모여 소박한 식사를 나누면서 먼 지역의 교회들 소식을 듣고, 고통당하는 형제들에게 도울 것을 내놓으며, 일상의 의무와 시련에 대해 서로 털어놓고 격려를 주고받는다. 아우구스티누스는 자신의 어머니 모니카가 바구니에 음식을 가득 담아 가지고 애찬에 참석하여 모인 사람들에게 나눠주었던 일을 기록한다.

성찬 예식은 세월이 흐르면서 많은 변화를 겪었지만, 여전히 기독교 세계의 모든 교회들이 그리스도께서 인류를 위해 치르신 대속적 희생과 구원의 사랑을 영원히 기념하는 본질적인 성격을 초기의 생명력과 근엄함을 가지고 유지하고 있다. 세례와 성찬은 날마다 역사적 그리스도를 선포하는 제도들이며, 인간이 창의력과 지혜를 발휘하여 그것을 대체할 만한 다른 제도들을 고안해 낼 수 없다.

69. 성찬 교리

성찬에 관한 교리는 특별히 논의가 되기 전에는 불확실하고 모호하게 남아 있었다. 고대 교회는 성찬을 논리적으로 이해하는 일보다 합당하게 참여하는 일에 더 큰 비중을 두었다. 기독교 예배의 가장 거룩한 비밀로 간주했고, 따라서 대단히 경건한 태도로 참석했으며, 성찬에 그리스도께서 어떤 양태로 임재하시는지, 감각할 수 있는 이 표들이 그리스도의 살과 피와 어떤 관계가 있는지 의문을 제기하지 않았다. 그러므로 후대의 이론들 가운데 어느 것을 이 시대에 대입하는 것은 역사를 올바로 대하는 태도가 아니다. 비록 성찬을 주제로 하여 변증과 논

어서 하며, 찬송하는 모습으로 술을 어느 정도 마셨는가를 나타낸다. 우리의 잔치는 기도로 시작하듯이 끝날 때도 기도로 마친다. 잔치가 끝나면 불량배들이나 주정꾼들처럼 호기를 부려 방종한 행동을 저지르지 않고, 몸가짐을 단정하게 하고 정절을 지키는 데 각별히 주의를 기울인다. 연회에 참석한 사람들이라기보다 도덕 학습을 마치고 나온 사람들처럼 말이다."

쟁은 자주 이루어진 것이 사실이긴 하지만 위와 같은 의문이 쟁점이 되지는 않았다.

I. 성례로서의 성찬

사도들의 교훈을 표방한 「디다케」에는 성찬 기도들이 실려 있으나 성찬 이론은 없다. 이그나티우스는 두 단락에서 암시의 방법으로 성찬에 관해 말하되, 아주 강하고 신비스러운 표현을 사용하여 말한다. 성찬을 십자가에 달려 죽으셨다가 부활하신 우리 주 예수 그리스도의 살이라고 부르며, 축사된 떡[빵]을 불멸을 주는 약이자 영적 죽음의 해독제라고 부른다.[50] 이 견해는 대체로 그의 고교회적(high-churchly, 의식과 제도를 존중하는) 경향과 밀접히 연관된 것으로서, 틀림없이 실제적 임재를 내포하며, 성찬에 미래의 부활과 관련한 영혼과 육체에 대한 동시적 효과가 있다고 보지만, 여전히 다소 모호하며, 논리적 정의라기보다 다소 고양된 정서의 표현에 가깝다.

순교자 유스티누스는 그리스도께서 축사된 성물들에 강림하시는 것을 우리를 구속하시기 위해 성육신하신 일과 비교하는데, 이러한 그의 견해에 대해서도 같은 평가를 할 수 있다.[51]

이레나이우스는 영지주의적 가현설(the Gnostic Docetism)을 논박하는 과정에서 성찬의 떡과 포도주가 하나님 말씀의 임재에 의해서, 그리고 성령의 권능에 의해서 그리스도의 살과 피가 된다고 말하며, 떡과 포도주를 받음으로써 영혼과 육체(부활의 몸의 씨)가 영생에 이를 수 있는 힘을 얻는다고 거듭해서 말한다. 그렇다고 해서 이레나이우스가 화체설이나 공재설(共在說, consubstantiation)을 주장했다고 말할 수는 없다. 왜냐하면 다른 곳에서 그는 축사된 뒤의 떡과 포도

---

50) *Ad Smyrn.* c. 7(가현설파를 비판하면서): *Ad Ephes.* c. 20. 이 두 단락은 시리아 역본에는 없다. 그러나 전자는 테오도레투스에 의해 인용되며(*Dial.* III. p. 231), 따라서 그의 시대에 시리아 교회에도 알려졌음에 틀림없다.

51) *Apol.* I. 66. 아울러 그의 글에는 로마교회의 일부 논객들이 화체설의 논거로 사용하는 '메타볼레'라는 용어가 이미 나온다. 그러나 그 단어가 사용된 문맥을 잘 살펴보면 이 단어는 결코 성물들의 변형을 가리키지 않고, 성물들이 받는 사람의 신체에 동화되는 것이나, 성물들이 미래의 부활과 관련하여 육체에 끼칠 효과를 가리킨다. 참조. 요 6:54 이하와 이그나티우스와 이레나이우스의 관련 단락들.

주를 '대형'(對型, antitype)이라고 부름으로써, 성물들이 축사된 뒤에도 그리스도의 살과 피와 계속해서 구분됨을 암시하기 때문이다.[52] 이 표현 자체는 실체인 성찬을 예표인 구약의 유월절과 단순히 대조한 정도로 이해할 수도 있다. 마치 베드로가 세례를 구원의 물(즉, 노아의 홍수)의 대형으로 설명한 것과 같은 이치이다(참조. 벧전 3:20, 21). 그러나 실제와 표상의 관계를 고려하거나 초기 그리스 교부들의 표현법(usus loquendi)을 고려할 때 '대형'이라는 용어를 예표(type)라는 의미로 받아들일 필요가 있으며, 보다 구체적으로 말하자면 원형(archetype)의 대조(antithesis)로 받아들일 필요가 있다. 떡과 포도주는 원형인 그리스도의 살과 피를 상징하고 나타내며, 원형에 대한 모사(模寫)로서 살과 피에 대해 관계를 지닌다. 히브리서 9:24(비교. 8:5)은 정확히 같은 의미에서 지상의 성소가 천상의 원형에 대한 대형, 즉 모사라고 말한다. 5세기에 이르기까지 다른 그리스 교부들과 특히 사도헌장의 저자도 축사된 성물들을 가리켜 그리스도의 살과 피의 '대형들'(때로는 테오도레투스처럼 '예표들')이라고 부른다.

이와 달리 칼빈주의 혹은 개혁주의에 보다 가까운 견해는 아프리카 교부들에게서 발견하게 된다. 테르툴리아누스는 마르키온의 가현설을 논박하는 과정에서 성찬 제정의 말씀인 Hoc est corpus meum(이것은 내 몸이라)을 figura corporis mei(내 몸의 형체)와 동의어로 해석함으로써 예수께서 실제로 육체로 거하셨음을 입증한다. 그의 육체가 단순히 환영(幻影)이었다면 상징적 표상도 제시할 수 없었다는 뜻이다.[53] 결국 이것은 성찬에서 축사된 성물들과 그리스도의 살과 피 사이에 본질적인 구분이 있음을 암시한다. 그럴지라도 테르툴리아누스가 단순히 그리스도의 상징적 임재를 가르쳤다고 이해해서는 안 된다. 이는 그가 다른 곳들에서는 자신의 일반적인 실재론적 기조에 따라 거의 물질주의적인

---

52) Pfaff가 발견한 단편들의 두번째 것에서 Maffei와 그 밖의 로마교회 신학자들은 이 단편이 위조라고 부당하게 주장한다. 이 단편에는 그리스도인들이 성찬을 거행한 뒤에 성령께 강림을 구했다고 되어 있다.

53) *Adv. Marc.* IV. 40; III. 19. 이 해석은 상징을 술부('내 몸')에 두고, 테르툴리아누스의 권위를 조금도 존중하지 않는 오이콜람파디우스(1482-1531, 독일의 종교개혁자)의 견해와 가장 가깝다. 하지만 상징을 술부에 두지 않고 '이다'에 두는 츠빙글리의 견해는 테르툴리아누스의 주장에 실려 있다(*Adv. Marc.* I. 14). 두 해석은 동일한 상징론을 다만 문법적으로 변형시킨 것이다.

언어로 그리스도의 살을 먹는 일을 말하며, 성찬 참여를 심지어 성찬을 받는 사람의 육체에까지 확대시키기 때문이다. 키프리아누스도 성찬 제정의 말씀을 상징적으로 해석하는 쪽으로 기우는 듯하지만, 그다지 분명하지 않다. 그가 목회를 사제 개념으로 이해한 점을 놓고 보자면 실제적 임재 개념이 오히려 훨씬 더 가까울 것이다. 그는 포도주에 물을 타는 관습에서 그리스도와 그분의 교회가 이루는 연합의 표상으로 보며, 요한복음 6:53을 근거로 성찬이 구원에 필수적이라고 주장한다. 그는 성찬을 제사로 보는 견해를 매우 과감하게 피력한다.

이 점에서 알렉산드리아 신학자들은 늘 그렇듯이 단호히 영적 해석을 견지한다. 클레멘스는 두 번이나 포도주를 그리스도의 피의 상징 혹은 알레고리라고 부르며, 성찬에 참여하는 사람이 그리스도의 육체적 피 곧 생명을 받는 게 아니라, 영적인 피 곧 생명을 받는다고 말한다(피는 육체의 생명이기 때문). 오리게네스는 지상적 요소들을 하늘로서 온 생명의 떡과 훨씬 더 단호하게 구분하며, 영혼을 신적 말씀으로 먹이는 것을 성찬의 목적 전부로 삼는다.[54] 그는 불합리한 알레고리 방법을 여기에 적용하여서 떡이 구약성경을, 포도주가 신약성경을, 떡을 떼는 것은 신적 말씀을 번식시켜 널리 증거하는 것으로 각각 설명한다. 그러나 이것은 초신자들을 위한 사견으로서, 알렉산드리아 교회의 교리를 대표한 것으로 받아들일 수 없다.

그러므로 니케아 이전 교부들 가운데는 성찬에 관해서 세 가지 다른 견해가 있는 셈이다. 하나는 동방 교회의 견해이고, 다른 하나는 북아프리카 교회의 견해이며, 또 다른 하나는 알렉산드리아 교회의 견해이다. 첫째 견해, 즉 이그나티우스와 이레나이우스의 견해는 성찬의 신비적 성격과 로마 가톨릭으로 치닫던 당시의 특징들과 잘 부합한다.

II. 제사로서의 성찬

이 점은 고대 교회의 교리와 관련지어 볼 때 대단히 중요하며, 예배와 삶에 관련지어 볼 때는 훨씬 더 중요하다. 그 시대 교회들은 성찬을 성례로 간주했을 뿐

---

54) *Comment. ser. in Matt.* c. 85 (III. 898). 오리게네스는 츠빙글리의 견해를 넘어서지 않는 것이 분명한 반면에, 클레멘스는 그리스도의 생명이 성찬 안에서 영적으로 실질적으로 성취된다는 칼빈의 견해에 접근한다.

아니라 제사, 즉 옛 언약의 모든 잠정적이고 예표적인 제사들을 대체하는 새 언약의 참되고 영원한 제사로도 간주했다. 더 나아가 성찬이 특히 유월절, 즉 애굽으로부터의 예표적 구속을 기념하는 절기를 대체했다고 여겼다. 하지만 니케아 이전 교부들은 성찬 제사를 그리스도께서 십자가에서 치르신 속죄 제사에 대한 피 흘림 없는 반복으로 인식하지 않고, 단순히 그 속죄를 기념하고 새롭게 힘입는 예식으로, 그리고 무엇보다도 온 교회가 하나님께서 창조와 구속으로써 베푸신 모든 호의에 대해서 드리는 감사의 예식으로 인식했다. 따라서 eucharist라는 단어가 성찬이란 뜻으로 쓰이게 된 것이다. 이 단어는 처음에는 '감사 기도'라는 뜻이었지만, 후대에 가서 의식 전체를 가리키는 단어가 되었다.[55]

축사된 성물들은 이중적 견지에서, 즉 그리스도께서 십자가에서 자신을 드린 데서 절정에 달한 하나님의 자연적 선물과 영적 선물을 동시에 나타낸 것으로 간주되었다. 따라서 성찬 기도는 그 예표인 유월절 기도와 마찬가지로 창조와 구속에 관련이 있었다. 이 둘은 영지주의자들이 이원론적으로 구분했기 때문에 교회의 정신에서는 더욱 밀접하게 결합되었다. 떡과 포도주라는 지상적 선물들이, 세상을 창조하실 뿐 아니라 구속하신 동일한 하나님이 내리실 천상적 선물들의 예표이자 보증으로 인식되었다.

이러한 인식을 토대로 예배자가 자신을 제사로 드리되, 먼저 십자가에서 자신을 제사로 드리신 그리스도께 대한 보답으로 자신을 항상 새롭게 구별하여 그리스도께 드리고, 그런 다음에 가난한 자들에게 자선을 제사를 드린다는 생각이 뒤따랐다. 12, 13세기에 이를 때까지 성찬의 성물들은 회중의 지체들이 스스로 감사 예물로 바쳤고, 남은 것들이 성직자들과 가난한 자들에게 돌아갔다. 사람들은 이 선물들을 드리면서 자신들을 제사장다운 삶과 살아있는 감사 제물로써 모든 섭리와 은혜의 복을 내리시는 하나님께 바쳤다. 후대에는 사제(司祭)들만 제사를 드렸다. 그러나 심지어 로마 교회의 미사경본(the Missal)에조차 "우리가 바치나이다"라는 복수형과 "모든 형제 자매들이여, 나의 것이기도 하면서 여러분의 것이기도 한 나의 제사와 여러분의 제사가 주님을 위한 식사가 될 수 있도록 기도하십시오"라는 문장에 고대의 관습의 잔영이 남아 있다.

---

55) 따라서 유대인들은 유월절 만찬 때 돌리는 포도주 잔을 '축복의 잔'으로 불렀다. 참조. 고전 10:16.

온 회중이 그리스도의 객관적인 구속의 제사에 근거하여 드린 이러한 주관적 예물이 고대 기독교 예배, 특히 성찬의 실질적인 핵심이다. 따라서 그것은 감사 예물을 속죄 예물로, 회중의 예물을 사제의 예물로 바꾼 후대의 로마 가톨릭 미사와도 달랐고, 로마 교회의 미사에 반대하여 가난한 자들을 위한 관습적인 예물을 제외하고는 성찬에서 제사 개념을 거의 완전히 제거해낸 개신교의 공통된 의식과도 달랐다.

2세기의 저자들은 회중적인 감사 예물 개념의 한계를 엄격히 고수했다. 예를 들어 유스티누스는 그리스도인들이 드리는 기도와 감사만이 하나님께서 받으실 만한 참된 제사라고 분명히 말한다. 이레나이우스도 생각이 같았으며, 그가 대대로 로마 교회 교리의 증인으로 인용되었던 것은 그릇된 독해에 근거한 결과일 뿐이다.[56] 3세기에 아프리카 교부들은 다른 곳에서는 성찬 제정의 말씀을 상징적으로 해석하는 경향을 보이다가도, 이 점에 대해서는 후대 로마 가톨릭의 속죄 예물 개념에 최초로 접근한다. 특히 사제직과 주교의 권위를 강하게 옹호한 키프리아누스가 그러한 모습을 보인다. 그의 견해에는 사제직, 제사, 제단 개념들이 긴밀하게 연관되어 있는데, 유대화주의로 회귀하거나 이교를 수용하려는 한 사람의 사상이 모두에게로 확대된 것이 틀림없다.

70. 세례

"열두 사도들의 가르침"(7장)은 교리문답 교육을 당부한 데 이어 다음과 같은 말로 세례를 명한다: "살아있는(흐르는) 물로 아버지와 아들과 성령의 이름 안으로(into, 연합의 뜻이 강조됨) 세례를 주라. 그러나 만약 살아있는 물을 구할 수

---

56) *Adv. Haer.* IV. c. 18, § 4: "Verbum [the Logos] quod offertur Deo"(말씀 그것을 우리는 하나님께 바칩니다): 이렇게 읽는 대신에 다른 사본들과 같이 'Verbum per quod offertur"(말씀 그분〈그것〉을 통해서 우리는 드립니다)라고 읽어야 한다. 이것이 정황에 훨씬 더 잘 부합하다. 참조. IV. 17, § 6: "Per Jes. Christum offert ecclesia"(예수 그리스도를 통해서 교회가 바칩니다). Stieren은 "Verbum quod"라고 읽지만, 그것을 그리스도로 해석하지 않고 기도의 말로 해석한다. 그 구절은 어쨌든 너무 모호하고 고립되어서 그 위에 교의를 수립하기 어렵다.

없다면 다른 물로 세례를 주라. 그리고 만약 차가운 물로 세례를 줄 수 없다면 따뜻한 물로 주라. 그러나 그 둘 다 없다면 머리에 세 번 물을 부어 아버지와 아들과 성령의 이름 안으로 연합시키라."

순교자 유스티누스는 세례에 관하여 다음과 같이 기록한다: "우리 교훈이 참되다고 확신하고서 그 교훈대로 살겠다고 약속한 사람들에게 우리는 지난날의 죄에 대해서 기도하고 금식하고 회개하라고 지도한다. 그런 뒤 그들을 물이 있는 곳으로 데리고 가며, 이렇게 해서 그들은 우리와 같은 방식으로 거듭난다. 즉, 그들은 만유의 아버지이시며 통치자이신 하나님과 우리 구주 예수 그리스도와 성령의 이름으로 물로 씻음을 받는다. 이렇게 하는 이유는 그리스도께서 사람이 거듭나지 아니하면 하나님 나라를 볼 수 없다고 말씀하셨기 때문이다(요 3:3). 이렇게 해서 우리는 맹종과 무지의 자녀의 지위에서 선택과 지혜의 자녀의 지위로 옮겨가며, 과거의 죄를 사함받는다 … 세례의 씻음을 조명이라고도 하는 이유는 세례를 받는 자들이 깨달음으로 밝아지기 때문이다."

이 진술은 테르툴리아누스와 후대의 저자들이 남긴 다음과 같은 구체적인 내용으로 보완할 수 있다.

세례 예비자는 세례를 받기 전에 마귀, 즉 모든 악을 섬기는 생활을 중단하고,[57] 자신을 그리스도께 바치며, 성부와 성자와 성령께 대한 사도적 신앙의 요약을 고백한다.[58] 그러므로 사도신경은 사실상 세례 예식문에서 발전한 본격적인 세례 신조이다.

세례 예비자가 이렇게 죄에서 돌이켜 하나님께 향하면, 즉 회개와 믿음을 표시하면, 목회자가 기도를 드리고, 남녀 집사들이 보조하는 가운데 세 번의 침수(浸水)로써 삼위일체의 이름 안으로 세례를 주었다. 침수는 벗은 채 물에 서 있는 예비자의 머리를 물 속에 세 번 잠그는 방식으로 진행되었다.[59] 360년경에 유노

---

57) 예루살렘의 키릴루스가 전하는 바에 따르면, 이렇게 마귀를 버리는 행위는 적어도 4세기에는 시행되고 있었으며, 그 방식은 세례당 입구에서 서쪽을 향해 서서 마치 사탄이 그곳에 있는 것처럼 손으로 뿌리치는 자세를 취하는 것이었고, 때로는 속에 있는 나쁜 것을 다 내보내는 식으로 숨을 크게 내쉬거나, 악령을 추방하는 그 밖의 신호를 하는 것이었다.

58) 신조는 세례 예비자가 사제를 따라 말하거나, 질문에 대답하는 방식으로 고백했으며, 그때 얼굴은 빛이 오는 동쪽으로 돌렸다.

미우스(Eunomius)에 의해 도입된 듯한 단회 침수는 세례의 본의를 변질시킨다는 이유로 단죄를 받았으나, 훗날 스페인에서 다시 등장했으며, 교황 그레고리우스 1세는 3회 침수는 삼위일체를, 단회 침수는 신성의 통일성을 나타낸다는 이유로 두 가지 형식 모두 정당하다고 공포했다.[60] 그러나 동방교회는 여전히 세 번의 침수를 고수한다.[61] 조개껍질이나 그릇이나 손으로 물을 떠서 예비자의 머리에 붓는 방식의 세례도 아주 이른 시기부터 시행된 듯하며, 침례와 동등하게 간주된 듯하다.[62] 「디다케」는 침수를 할 만한 물이 없을 경우에 물을 붓는 방식을

---

59) 참조. Smith와 Cheetham의 저서 I. 161에 인용되는 권위자들의 글. 테르툴리아누스는 "우리는 세 번 물에 잠기게 했다"(Ter mergitamus)고 말한다. 남부 지방은 기후가 온화하여서 침수가 매우 자연스러웠다. 니케아 시대의 세례당들 ─ 그 가운데 많은 수가 아시아, 아프리카, 유럽 남부에 남아 있다 ─ 은 침례를 위해 건립되었고, 동방의 교회들은 지금까지 모두 이 방식을 고수한다. Dean Stanley는 교부 시대의 침수 세례를 오늘날의 관수(灌水, 뿌리는 방식의) 세례를 대조되도록 생생하게 묘사하기를 좋아한다: "[당시의] 세례는 목욕이었을 뿐 아니라 몸을 물에 던지는 행위이기도 했다. 깊은 물에 완전히 잠기는 행위였고, 넘실대는 바다나 강물에 몸을 던지는 행위였다. 세례받는 사람은 잠시나마 머리까지 완전히 물결에 휩싸였고, 그런 뒤에 무덤에서 나오는 사람처럼 물에서 나왔다. 혹은 물을 크게 끼얹는 행위이기도 했다. 큰 욕조에서 세례받는 사람의 온 몸에 물을 확 끼얹어서 마치 그가 폭포수에 잠긴 것처럼 만들었다. 사도들이 그토록 강조한 것이 바로 세례의 이러한 면이었다. 사도들은 세례를 옛 사람이 매장되고 새 사람이 살아나는 것으로 보았던 것이다." *Christian Institutions*, (1881), p. 9.

60) *Ep.* I. 41. 히스팔라의 주교 Leander에 보낸 답장에서. 토마스 아퀴나스(*Summa Theol.*, Tom. IV., f. 615, ed. Migne)는 이 편지를 인용하면서 그 내용에 동의하지만, 세 번의 침수(trina immersio)를 선호한다.

61) 러시아 정교회 교리문답은 세례를 다음과 같이 정의한다: "믿는 사람이 자신의 몸을 성부와 성자와 성령의 이름으로 세 번 물에 던짐으로써 죄악된 현세적 생활에 대해서 죽고, 신령하고 거룩한 생활에 대해서 성령으로 다시 살아나는 것이다." 유아의 경우는 물에 넣어 머리만 밖에 있게 하고 거기에 물을 붓는 식으로 세례를 주는 것이 보통이라고 한다. 이것은 그리스 정교회의 어느 사제에게 들은 내용이다.

62) 물을 붓거나 뿌리는 것이 오늘날 로마 가톨릭 교회의 관습이다. 이것은 로마 카타콤들의 벽화들에서 맨 처음 발견되는데, De Rossi는 그 가운데 하나(칼리스투스의 묘지에 있는 벽화)가 2세기의 것이라고 한다. "세례의 모습을 담은 현존하는 그림들 가운데 이것[그릇에 물을 담아 몸에 붓는 모습을 묘사한]은 특별한 것이다." Marriott

허용한다. 그러나 후대에는 이 방식이 노쇠하거나 병든 사람들에게만 사용되었고, 따라서 병상(clinical) 세례라 불렸다.[63] 이 세례의 유효성은 3세기의 많은 사람들에게조차 의심을 받았다. 키프리아누스는 물을 붓는 방식을 옹호하면서, 세례를 받는 사람과 주는 사람에게 믿음이 있다면 물을 어떤 방식으로 사용하는가 하는 것은 사소한 문제라고 그 이유를 제시한다.[64] 교회법은 병상 세례를 받은 자에 대해서 적어도 성직에는 임명받지 못하도록 규정했다.[65] 그럼에도 불구하고 로마 주교 파비아누스는 물을 뿌리는 방식으로 병상 세례를 받았던 노바티아누스를 장로로 임명했다.[66]

---

in Smith and Cheetham, I. 168. 그러나 회화는 세례의 전 과정이 아닌 일부만 묘사할 수밖에 없다. 그리고 모든 카타콤 벽화들에는 세례받는 사람이 물에 들어가 서 있으며, 몸을 전부 담그는 방식이든 일부만 담그는 방식이든 침례를 받기 위해 옷을 벗고 있다.

63) "Baptismus clinicorum", clinicus 혹은 grabbatarius는 임종 침상에서 세례를 받는 사람을 가리켰다.

64) Ep. 69 (al. 75), ad Magnum. 그는 당시에 이 문제에 관한 어떠한 교회적 판결이 없던 상태에서 최선을 다해 답변했다. 이 서신은 유아세례에 반대한 테르툴리아누스의 문서 이후에 논란이 되는 세례 문헌 가운데 가장 오래된 문서이다. 키프리아누스는 '뿌리는 행위'를 씻는 행위로 말하는 구약성경의 여러 구절들(겔 36:25, 26; 민 8:5-7; 19:8-13)을 인용한 다음(12장), 다음과 같이 결론을 내린다: "거기서는 물을 뿌리는 행위가 위생적인 씻음과 동일하게 자주 나타나는 듯하다. 그리고 세례를 받는 사람과 주는 사람 양자의 신앙이 확고한 교회에서 이것이 시행될 때에는 모든 것이 주님의 위엄과 신앙의 진리에 의해서 온전케 될 수 있다." 그러나 같은 서신에서 키프리아누스는 이단과 분파의 세례에 대해서는 그것이 어떤 형태이든 유효성을 인정하지 않는다.

65) 네오 가이사랴 공의회(314년 이후)의 법령 제12조는 이렇게 규정한다: "누구든 병상 세례를 받은 자는 그의 신앙[고백]이 자유로운 선택에서 말미암지 않고, 어쩔 수 없는 환경에서 말미암았기 때문에 사제가 될 수 없다. 다만 훗날에 그가 열정과 신앙에 훌륭한 모범을 보이거나, [능력 있는] 사람들이 부족하게 될 경우에는 예외로 한다." 이 법령은 Corpus jur. can. c. 1 Dist. 57에 포함되었다.

66) Walafrid Strabo(De Rel. Eccl., c. 26)에 따르면 9세기에도 물을 붓고 뿌리는 방식이 여전히 예외적이었지만, 유아세례가 널리 확산되면서 가장 용이한 방법으로 점차 자리를 잡았고, 특히 기온이 낮은 북부 지방에서 더욱 그랬으며, 13세기 말에는 서방에서 보편적으로 사용되었다. 토마스 아퀴나스(d. 1274)는 침수 방식으로 세례를 받

이 거룩한 의식은 감사와 축복 기도와 형제의 입맞춤으로 끝났다.

세례의 이런 본질적인 요소들 외에도, 벌써 3세기 초부터 그 밖의 여러 부수적인 행위들이 발견되는데, 그것들은 실로 아름다운 상징적인 의미를 지녔으나, 순교자 유스티누스의 글에 잘 나타나듯이, 여타의 과잉적인 것들과 마찬가지로 본연의 단순성을 쉽게 흐려놓을 수가 있었다. 이런 부수적 행위들 가운데는 세례 받는 사람을 십자가 군기를 따라가는 그리스도의 군인으로 여겨 그 사람의 이마와 가슴에 십자가 성호를 긋는 행위와, 하나님의 자녀이자 천상적 가나안의 시민이 되었다는 증표로서 우유와 꿀(그리고 소금)을 주는 행위, 그리고 머리에 기름을 붓고 촛불을 들게 하고 흰옷을 입히는 행위가 있었다.

귀신을 쫓아내는 행위 ─ 이것을 마귀를 단념하는 본질적인 문구와 혼동해서

는 것이 더욱 안전하겠지만, 물을 붓고 뿌리는 방식도 허용한다(*Summa Theol.* P. III. Qu. LXVI. *De Bapt.* art. 7). 아일랜드에서는 뿌리는 방식이 일찍부터 침수 방식과 함께 사용된 듯하다. "현존하는 가장 오래된 아일랜드 세례 예규서에는 세 번의 침수를 원칙으로 규정하고 뿌리는 방식도 대안으로 인정하지만, 이 문서에서는 로마 가톨릭 교회의 영향이 강하게 나타난다." F. E. Warren, *The Liturgy and Ritual of the Celtic Church*, Oxford (Clarendon Press), 1881, p. 65. Norman Fox 교수와 그 밖의 침례교 저자들은 다음과 같이 생각한다: "유아세례와 물을 붓고 뿌리는 방식의 세례는 세례가 구원에 필수적이라는 미신적인 사상 외에서는 고려된 적이 없다." 그러나 이 사상은 교부들과 그리스 교회에서 로마 교회 못지않게 널리 성행한 반면에, 뿌리는 방식의 세례를 시행하는 대다수 개신교 교회들에서는 그 사상을 배척한다.

루터는 침례를 회복시키려고 했으나 성과를 거두지 못했다. 칼빈은 이 주제에 관해서는 토마스 아퀴나스와 비슷한 견해를 취했으나, 거기서 더 나아가 세례 방식이 본질적인 문제가 아니라고 주장했다(「기독교강요」, IV. ch. 15. § 19): "세례받는 사람이 완전히 물에 잠기든(mergatur totus), 완전히 잠기되 한 번 잠기든 세 번 잠기든, 아니면 그냥 물을 붓거나(infusa) 뿌리든(aspergatur) 그것은 조금도 중요한 문제가 아니다(minimum refert). 이 관습들은 교회들이 자기 나라의 관습대로 자유롭게 시행하도록 허용해야 한다. 그럴지라도 '세례를 주다'(baptize)라는 단어는 물에 잠기게 하다(merger)라는 뜻이며, 침수가 고대 교회의 관습이었던 것이 확실하다." 대다수 개신교 교회들은 칼빈의 견해에 동의하지만, 침례교는 예외이다. 침례교는 고대의 관습을 되살리되 부분적으로 되살렸으며(침수를 세 번 하는 대신 한 번만 함), 교부들이 가르친, 세례를 받는 순간에 중생한다는 사상과 유아세례 사상, 그리고 세례가 구원에 필수적이라는 사상을 받아들이지 않는다. 침례교는 세례를 중생과 회심이 이미 발생했다는 사실을 겉으로 드러내는 상징으로만 이해한다.

는 안 된다 — 는 처음에는 귀신들린 사람 같은 특별한 경우에만 시행된 듯하다. 그러나 카르타고 공의회가 열린 256년 이후에는 그것이 세례 예식의 정규 부분이 되어 세례에 앞서 시행되었고, 어떤 경우에는 교리문답 교육 과정에서 몇 차례고 거듭해서 시행된 듯하다. 이 관습을 충분히 이해하려면 초기 교회가 이교의 우상숭배를 가장 큰 죄악으로 간주하여 혐오하는 정당한 태도를 취했고, 그것이 사탄의 역사에서 유래한 것으로 간주했다는 점을 기억해야 한다.[67] 이교의 신들은 비록 생시에 아무리 훌륭한 사람들이었다 할지라도 죽어서 사람들에게 그릇된 사상을 불어넣는 점에서 귀신들, 즉 타락한 천사들이나 그들의 자손들로 간주되었다. 유스티누스, 미누키우스 펠릭스, 테르툴리아누스 같은 사람들의 여러 글을 놓고 추론할 때, 이 귀신들은 공중을 날아다니고 온 땅을 두루 다니면서 인류를 속이고 고통을 주며, 사람들 속에 들어가고, 제사를 권장하고, 신상(神像)들 속에 숨으며, 마술과 점술을 조장하고, 거짓 기적들로 사람들의 감각을 속이고, 기독교에 대한 박해를 조장하며, 사실상 온갖 오류와 악행으로 이교 체제 전체를 유지하는 존재들로 간주되었음을 알게 된다. 그러나 이 악령들조차 예수의 권능의 이름에 굴복했다. 테르툴리아누스는 기독교를 적대시하는 이교도들에게 귀신들린 자들을 법정에 데려와 보라고 도전하면서, 그 사람들 속에 들어간 영들이 기독교의 진리성을 증거할 것이라고 단언한다.

후견인(sponsor) 제도는 테르툴리아누스가 최초로 언급한 것으로서, 의심할 여지 없이 유아세례에서 유래했으며, 그리스도인 부모에게 자녀를 그리스도의 교훈으로 양육하도록 후견하도록 하는 데 의도가 있었다.

세례는 어느 때고 시행할 수 있었지만, 부활절과 오순절에 시행하는 것이 보편적인 관행이었으며, 동방에서는 훨씬 더 엄숙한 의미를 부여하여 주현절에도 시행했다. 가장 선호된 시간은 한밤중으로서, 횃불을 켜놓고 의식을 거행했다. 세례를 받은 순서는 남자들이 먼저였고, 그 다음에 여자들이 받았다. 그 뒤에 이어지는 주간 동안 새 신자들은 순결한 삶을 상징하는 흰옷을 입었다.

세례만을 위한 예배당 즉 세례당이 처음 등장한 때는 4세기였으며, 유럽 남부

---

67) 테르툴리아누스는 이교의 우상상배를 'principale crimen generis humani'(인류 보편의 가장 큰 죄)라고 부르며(De idol. c. 1), 키프리아누스는 'summum delictum'(최악의 범죄)라고 부른다(Ep. x).

에 가면 그러한 건물들이 아직도 많이 남아 있다. 세례는 유스티누스의 말대로 '물이 있는' 곳이면 어디서든 시행할 수 있었다. 그럴지라도 3세기 중반에 키프리아누스와 위(僞) 사도헌장은 물을 미리 거룩히 구별[祝聖]하여서 그것이 성령의 정결케 하는 능력의 도구가 되게 할 것을 요구한다. 이것은 성찬의 떡과 포도주를 축성하는 것과 마찬가지로 간주하여 실체의 변화를 염두에 두지 않았다.

71. 세례에 관한 교리

고대 교회는 세례를 신생(新生) 곧 중생의 성례로, 그리스도의 교회에 가입하는 거룩한 예식으로 간주하여, 세례에 따르는 모든 유익을 인정하고, 그에 따른 모든 의무를 부과했다. 어른의 경우 세례 전에 교회로서는 교육이, 예비자로서는 회개와 신앙(즉, 회심)이 선행되어야 한다고 여겼고, 세례로써 영적 중생과 옛 사람이 장사되는 일과 새 사람이 물로 대표되는 무덤에서 살아나는 일이 완료되고 인증된다고 여겼다. 세례의 효과는 죄 사함과 성령의 교통에 있다고 간주했다. 유스티누스는 세례를 '죄 사함과 중생을 위한 목욕', '회심과 하나님을 아는 지식의 목욕'이라고 부른다. 종종 조명, 영적 할례, 기름 부음, 인(印)을 침, 은혜의 선물, 구속의 표, 죄에 대한 죽음 등으로도 불렸다.

테르툴리아누스는 세례의 효과를 이렇게 기술한다: "영혼이 신앙에 이르러 물과 위로부터의 권능으로 말미암은 중생으로 변화되면, 부패한 과거의 베일이 벗겨져서 환한 빛을 보게 된다. 영혼이 성령의 사귐으로 받아들여지며, 성령과 연합하게 된 영혼을 육체가 뒤따른다." 그는 이미 세례의 물이 마술적 역사를 한다는 개념에 기울어져 있었던 셈이다. 그럴지라도 회개와 신앙이라는 주관적 조건이 보편적으로 요구되었다. 세례는 하나님의 행위일 뿐 아니라 인간이 하나님께 대해서 취하는 엄숙한 굴복이며, 이제부터는 오직 그리스도와 그 백성을 위해서만 살겠다는, 삶과 죽음을 내건 서약이었다. 이 서약을 지키는 것이 교회에 속하여 계속 살아가는 조건이었고, 서약을 깨뜨리면 회개하든지 아니면 출교를 당하는 일이 반드시 따라야 했다.

테르툴리아누스와 그 밖의 교부들은 요한복음 3:5과 마가복음 16:16을 근거로 세례가 구원에 필수적이라는 주장을 제시했다. 알렉산드리아의 클레멘스는 로마의 헤르마스와 그 밖의 교부들과 함께, 심지어 구약의 성도들도 그리스도나 사도들에 의해 음부에서 세례를 받았을 것이라고 추정했다. 그러나 순교의 피 세례에 관해서는 물세례를 받지 않은 상태를 벌충할 수 있는 예외적인 경우로 간주했다. 이러한 태도가 세례를 받지 않아서 멸망하는 게 아니라 세례를 멸시 해서 멸망한다는 복음주의적 원리에 문을 열어주게 된다.

그러나 세례의 효과는 그것을 받기 전에 저지른 죄에만 해당된다고 생각되었다. 그렇기 때문에 세례를 늦춰서 받는 일이 빈번했고, 테르툴리아누스도 비록 도덕적으로 문란한 생활을 하느라 세례를 연기하는 행위는 비판했지만 그렇지 않은 경우에 대해서는 진지하게 권장했다. 콘스탄티누스 대제 같은 많은 사람들이 병상에 눕거나 죽기 직전까지 세례를 연기했다. 그들은 세례의 은혜를 저버리게 되는 위험보다 차라리 세례받지 않고 죽는 위험을 감수하는 편을 택했다. 당시에는 임종 세례가 오늘날의 임종 회개에 해당했다.

그러나 그러한 상황에서 세례받은 뒤에 범한 죄를 어떻게 사함받을 수 있는가 하는 문제가 제기되었다. 이것이 로마 가톨릭의 고해성사가 등장하게 된 배경이다. 테르툴리아누스와 키프리아누스는 세례 이후에 범한 죄에 대해서 기도와 구제 같은 스스로 부과하는 참회 행위와 선행으로 보속(補贖, satisfaction)을 바쳐야 한다는 주장을 가장 먼저 제기한 사람들이다. 테르툴리아누스는 죽음에 이르는 죄를 일곱 가지로 구분하고, 세례받은 뒤에 그러한 죄들을 지으면 언약에 의하지 않은 하나님의 자비에 맡길 수밖에 없다고 주장했다. 그러나 가톨릭 교회는 보다 온건한 견해를 취했고, 심지어 간음자들과 배교자들도 공개 회개를 하면 다시 받아주었다.

특주

그리스 교회와 로마 교회가 재가했고, 몇 가지 중요한 점을 수정한 뒤에 루터교와 성공회도 받아들인 교부들의 세례 교리를 검토할 때 유념해야 할 점은, 처음 3세기 동안 그리고 심지어 콘스탄티누스 시대에조차 어른 세례가 관례였다는 점과, 세례를 주기 전에 예비자의 실질적인 회심이 조건으로 요구되었다는 점이다(오늘날 선교지의 경우와 같다). 따라서 세례를 주기 전에 교리를 가르쳤고,

마귀를 버리게 했고, 신앙을 고백하게 했다. 그러나 유아 세례에 똑같이 높은 표준을 적용하려 하면 유아들이 이러한 조건을 충족시킬 수 없다는 어려움에 당장 봉착하게 된다. 유아들은 중생했을 수 있어도(이것은 하나님이 하시는 일이므로) 회심할 수는 없다. 즉, 유아들은 회개하고 믿을 수 없으며, 아직 실질적인 죄를 범하지 않았으므로 회개할 필요도 없다. 유아세례는 성별(聖別)의 행위이며, 차후에 복음을 배우고 개인적으로 회심하여 교회의 정회원이 되기를 기대하여 시행한다. 따라서 견신례가 유아세례를 보충하기 위해 제정되었다.

아우구스티누스가 처음으로 분명히 해설한(비록 무거운 심정과 최대한 온건한 형태로 제시하긴 했지만) 엄격한 로마 가톨릭 교의는 세례받지 않고 죽은 유아들이 아담의 죄에 근거하여 지옥으로 떨어지며, 따라서 구원을 받으려면 절대적으로 세례를 받아야 한다고 규정한다. 이것은 두렵지만 거짓된 교의이다. 진리이신 그리스도께서는 세례받지 않은 유아들을 축복하시면서 천국이 저들의 것이라고 말씀하셨다. 아우크스부르크 신앙고백(제9조)은 여전히 제세례파를 견제하면서 구원을 받으려면 반드시 세례를 받아야 한다고 규정하지만, 오늘날 주도적인 루터교 신학자들은 세례의 절대 필요성을 상대적 혹은 평상적 필요성으로 축소한다. 개혁주의 교회들은 칼빈의 가르침에 영향을 받아 구원이 성례가 아닌 하나님의 선택에 달려 있다고 주장했으며, 오늘날은 일반적으로 유아기에 죽은 모든 유아들이 구원을 받는다고 주장한다. 제2스코틀랜드 신앙고백(1580)은 "세례받지 않고 죽은 유아들에 대한 [교황의] 잔인한 심판"과 "세례가 절대적으로 필요하다"는 교리에 대해서 최초로 혐오감을 표시했다.

72. 교리문답 교육과 견신례

1. 교리문답 교육(catechumenate), 즉 세례 예비 제도는 초기 교회에 대단히 중요한 제도였다. 이것의 유례는 사실상 사도시대로 거슬러 올라간다. 데오빌로는 복음 역사의 주요 사실들을 배웠고, 아볼로는 주의 도를 배웠다(눅 1:4; 행 18:25). 교회는 이교 세계에 들어가서 먼저 어른 세대에게 복음을 전파할 때 '교리문답 교사들'(대개 장로들과 집사들이 그 역할을 맡음)이라 불린 교사들을 두어 세례를 받고자 하는 사람들을 따로 지도할 필요를 느꼈다.[68] 교회에 가입하고

자 하는 사람들은 세례(어른 세례)를 받기 전에 교리문답 교육을 받았다. 하지만 후대에 유아세례가 널리 정착된 뒤에는 세례 뒤에 교리문답 교육이 시행되었다. 교리문답 교육 제도는 한편으로는 무자격자들이 교회에 함부로 들어오지 못하도록 막아주는 보루였으며, 다른 한편으로는 세상으로부터 교회를 잇는 다리이자, 초신자들을 장성에 이르게 하는 수련 제도이기도 했다. 교리문답 교육자들 혹은 방청자들(hearers)은 불신자들로 간주되지 않고 절반의 그리스도인들로 간주되었고, 따라서 성찬을 제외한 모든 예배에 참석하도록 허락되었다. 계층과 나이와 문화 수준이 서로 다른 온갖 부류의 사람들이, 심지어 철학자들과 정치가들과 수사학자들도 교리문답자 시절을 거쳐 교인이 되었다. 유스티누스, 아테나고라스, 알렉산드리아의 클레멘스, 테르툴리아누스, 키프리아누스, 아르노비우스, 락탄티우스, 이들이 모두 장년기에 기독교를 받아들인 사람들이다. 「디다케」는 처음 여섯 장에서 세례를 주기 전에 주로 산상수훈을 토대로 철저한 도덕적 예비 교리교육 내용을 싣는다.

교리문답자들은 하나의 계층 혹은 기껏해야 두 개의 계층이 있었다. 흔히 세 계층(혹은 네 계층)으로 구분하는 것은 참회자 계층과 혼동한 결과이다.

알렉산드리아의 교리문답 학교는 높은 수준의 교육을 시키기로 특히 유명했다.

교리문답 교육 기간은 때로는 2년, 때로는 3년으로 고정되었으나, 상황에 따라 단축될 수 있었다. 교육 기간 동안 도덕적 품성과 지적 기능에 결격 사유가 없으면 지연하지 않고 곧바로 세례를 주었다. 공의회들은 병자들에 대해서는 즉시 세례를 받을 수 있도록 허용했다.

2. 견신례(堅信禮)는 원래는 세례의 적극적인 요소로서 세례와 밀접히 연관되었으며, 안수에 의해, 그리고 신체의 여러 부위에 성유(聖油)라 불린 향기로운 기름을 부음으로써 거행되었다. 이 행위들은 성령의 교통과 영적 제사장 직분에 들어가게 하는 매체였다. 하지만 후대에 특히 유아들의 경우에 세례와 구분되게 되었고, 그 자체가 성례로 간주되었다. 키프리아누스는 물세례와 성령 세례를 두 가지의 세례로 구분한 최초의 인물이다. 하지만 아직은 성례라는 용어가 그

---

68) '교리문답 교사들'을 가리켜 카테케타이, doctores audientium라고 했는데, 이 용어는 구체적인 직위나 계층을 가리키지 않고 기능을 가리킨다.

다지 분명하게 사용되지 않고 모든 거룩한 교리들과 의식들에 사용되었다.

서방 교회는 3세기 이후에는 사도행전 8:17에 근거하여 견신례를 행할 권한을 주교들에게 국한했다. 주교들은 사도들의 계승자들이기 때문에 그들만 성령을 임하게 할 수 있다고 생각한 것이다. 그리스 교회는 이 기능을 사제들과 부제들에게도 확대했다. 성공회는 라틴 교회의 관습을 유지한다. 견신례, 즉 일정한 교육을 행한 뒤에 개인의 신앙 고백을 토대로 충분한 교회의 사귐에 받아들이는 엄숙한 의식은 유아 세례에 필수적인 보완책으로 간주되었고, 후대에는 특별한 성례(견진성사)로 간주되었다.

73. 유아 세례

교회가 여전히 이교 세계에 있는 선교 교회일 동안에 유아세례는 어른 개종자 세례에 가려져 있었다. 하지만 시대가 흘러 교회와 국가가 통합된 뒤에는 순서가 바뀌었다. 물론 그 전(우리가 다루는 시기)에는 황제 유스티니아누스 때부터 시행된 강제 세례 같은 것이 없었고(국법에 의한 의무적 세례는 필연적으로 성례의 세속화로 이어지게 마련이다), 심지어 믿는 부모라 할지라도 자기 자녀에게 세례를 주는 것을 의무적으로 생각하지 않았다. 콘스탄티누스는 니케아 공의회 때 교부들 사이에 앉아 그 공의회의 법령에 법적 효력을 실어주었으나, 세례를 받지 않고 임종 때까지 연기했다. 귀감이 될 만한 경건한 어머니의 슬하에서 자랐으면서도 성년이 될 때까지 세례를 받지 않았던 나지안주스의 그레고리우스, 크리소스토무스, 아우구스티누스 같은 경우들은 심지어 니케아 시대와 니케아 이후 시대에도 이 점에서 상당한 자유가 있었음을 충분히 입증한다. 나지안주스의 그레고리우스는 유아가 딱히 죽을 위험이 없는 경우라면 세살 때까지 세례를 연기하는 게 좋겠다고 조언한다.

동시에 회심자 세례와 아울러 믿는 부모가 지교회에서 임의로 자녀들에게 세례를 받게 하는 관습이 사도시대부터 유래했다는 것도 비록 많은 학자들에게 논박을 받긴 하지만, 거의 확실한 사실인 듯하다.[69] 경건한 부모라면 자연스럽게

---

69) 참조. I. 469 sq. 이 사실은 확실한 증거는 없을지라도 강력한 개연성들에 뒷받

자기 자녀를 날 때부터 구별하여 구주를 섬기는 일에 바치고 싶어할 것이고, 그 선례를 구약의 할례 제도에서 찾으려 할 것이다. 세례가 구원에 필수 조건이라는 개념이 성행하던 시기에는 자녀가 병에라도 걸리면 부모의 이러한 심정이 더욱 간절하게 되게 마련이다. 교부들 가운데 유아세례의 합법성과 사도적 기원에 반대하는 목소리는 단 한 건도 들을 수 없다. 테르툴리아누스도 이 점에서 예외가 아니다. 그가 유아세례에 대해서 문제를 제기한 것은 그 제도에 따르기 쉬운 편의주의를 비판한 것일 뿐이기 때문이다. 유아세례가 처음 도입된 시점은 확실하게 말할 수 없다. 테르툴리아누스는 사람들이 이 제도의 토대를 대체로 "어린 아이들을 용납하고 내게 오는 것을 금하지 말라"는 그리스도의 말씀에 둔다고 전한다. 테르툴리아누스가 증거하되, 유아 성찬 못지않게 그릇된 제도로 비판하는 후견인 제도는 당시에 유아세례가 시행되고 있었음을 암시한다. 이단들도 유아세례를 시행했으며, 그 일로 인해 제재를 받지 않았다.

사도 교부들은 유아세례를 언급하지 않는다. 그러나 그들의 침묵은 아무것도 입증해 주지 않는다. 그들은 헤르마스를 제외하고는 세례 자체를 다루지 않으며, 헤르마스 자신은 세례가 구원에 꼭 필요하며, 심지어 음부에 있는 족장들의 구원에도 필수적이라고 주장한다(하물며 그가 유아들을 그 범주에 포함시켰으리라는 것은 얼마든지 추측 가능한 일이다). 순교자 유스티누스는 모든 사람이 세례를 받음으로써 영적 할례를 받을 수 있다고 분명히 가르친다. 물론 그가 여기서 어느 유대인에게 말하고 있다는 점을 감안하면 그가 말한 '모든'이라는 말의 뜻을 다소 제한해서 이해할 수 있겠다. 그는 예순에서 일흔살이 된 많은 노인들이 어릴 때부터 그리스도의 제자들이었다고도 말한다. 폴리카르푸스는 86년을 그리스도인으로 지냈으므로 어렸을 때 세례를 받았음에 틀림없다. 폴리카르푸스의 제자이자 요한 전승을 신실하게 전수한 이레나이우스에 따르면 그리스도께서 인생의 모든 시기를 다 거치시면서 그 시기들을 거룩하게 하셨고, "자신을 통해서 하나님께 거듭나는 모든 사람들, 즉 젖먹이들과 유아들과 소년들과 청소년들과 장년들"을 구속하시게 되었다고 한다.[70] 이 심오한 견해는 유아세례

침을 받는다. 침례교 학자들은 이 점을 부인한다. 따라서 Neander도 이 점을 부인하지만, 그는 유아세례 관습이 기독교 정신에서 발생했음을 인정한다.

70) Neander는 이 단락을 논하면서, "기독교의 내밀한 부분에 근거를 두고 그리스도인들의 정서에 크게 자리잡게 된 이 사상으로부터 유아세례 제도가 발생했다"고 주

개념뿐 아니라 그 시행까지도 인정한다는 속뜻을 지니고 있는 듯하다. 이는 이레나이우스와 고대 교회의 정신에서 세례와 중생이 긴밀하게 연결되어 있었고, 거의 동일시되었기 때문이다.[71] 사실상 유아에게서는 세례 이외의 방법으로는 중생의 사실을 확인하기가 쉽지 않다. 성례와 구분되는 도덕적·영적 중생은 회심을 내포할 것이며, 회심은 유아가 내놓을 수 없는 의지의 의식적 행위이자 회개와 믿음의 행위이다.

이집트의 교회들에서는 유아세례가 처음부터 시행되었음에 틀림없다. 이렇게 추론하는 이유는 알렉산드리아의 클레멘스가 남긴 다소 분명치 않은 표현들을 제외하더라도, 오리게네스가 유아세례를 사도들의 전승에서 유래한 것으로 밝힌 데다, 동방과 서방을 두루 여행해본 경험으로 자기 시대 교회의 의식을 친숙히 알고 있었기 때문이다.[72]

교부들 가운데 유아세례를 비판한 유일한 사람은 북아프리카의 괴팍하고 분리주의적인 테르툴리아누스뿐이다. 그는 무고한 연령층을 서둘러 사죄에 결부시키는 행위와, 지상의 재산은 위탁하지 않으면서 신적인 은사들을 위탁하는 행위를 비판한다.[73] 세례를 숭엄하게 여기는 사람이라면 그것을 받으려 하기보다

장한다.

71) 이레나이우스는 '중생의 씻음'과 '하나님께로 중생케 하는 세례'에 관해서 말한다(*Adv. Haer.* I. c. 21, § 1).

72) *In Ep. ad Rom. In Levit. Hom.* VIII. 에서 그는 세례가 어린이들에게도 베풀어졌다고 말한다. *Com. in Matt. X V.* 에서 그는 이 관습이 그리스도께서 어린아이들을 축복하신 사례에서 유래한 것으로 추론하는 듯하다. 오리게네스 자신이 유아 시절 (185년 혹은 그 직후)에 세례를 받았다는 것은 그의 저서들에는 아무데서도 언급되지 않지만(필자가 알고 있는 한에는), 그가 그리스도인 부모에게서 태어나 일찍부터 이집트 신자들의 관습대로 신앙 교육을 받았다는 점(에우세비우스가 *H. E.* VI. 19에서 전하듯이)을 감안하면 그 자신이 유아세례를 받았을 개연성이 높다. 그가 유아 때 세례를 받지 않았다고 입증하기가 훨씬 더 어렵다. 그는 인간 영혼의 선재적 타락이라는 플라톤 사상을 받아들였기 때문에, 유아세례를 자신의 신학 체계 안에 받아들일 여지를 쉽게 마련할 수 있었다. 그러나 키프리아누스와 아우구스티누스의 신학은 영혼의 타락을 아담의 역사적 타락과, 그로 인한 유전적 부패와 죄책에 관련지었다.

73) 여기서 '무고한'(innocens)이라는 표현은 상대적인 의미로밖에 받아들일 수 없다. 테르툴리아누스는 다른 곳에서는 비록 아우구스티누스만큼 분명히는 아닐지라도, vitium originis, 즉 유전적 죄와 죄책을 가르치기 때문이다.

연기하려는 마음을 가질 것이다. 그러나 테르툴리아누스가 유아세례를 반대한 방식 자체는 그것에 대한 부정적인 시각 못지않게 긍정적인 시각을 갖게도 한다. 그는 유아세례를 혁신으로 바라보지 않고 당시에 성행하던 관습으로 바라보는 것이다. 그리고 그것을 해석학적 혹은 역사적 주장들로써 접근하지 않고, 신앙적인 고려로써 접근한다. 그가 유아세례를 비판하면서 제시한 근거는 중생케 하는 일이 세례로써 말미암으며, 세례를 받은 뒤에 범하는 '죽음에 이르는 죄'는 교회에서 사함을 받을 수 없다는 자신의 견해였다. 세례는 반복해서 받을 수 없으며, 이전에 범한 죄만 씻는다는 것이었다. 동일한 근거에서 그는 건강한 어른들, 특히 미혼자들에게 간음과 살인과 배교를 포함한, 자신이 '죽음에 이르는 죄'라고 부르는 일곱 가지 죄를 범함으로써 세례의 은혜를 영원히 상실할 위험이 없어질 때까지 세례를 연기하라고 조언한다. 동일한 원리에서, 만약 그가 세례를 사죄의 필수 조건으로 주장했고, 죄가 유전된다는 교리를 가르쳤다고 간주할 경우, 그의 조언은 병약한 어린이들에게는 적용되지 않고 건강한 어린이들에게만 적용된다. 그에게 이 입장은 도덕적으로 성실한 생활을 하고, 세례 서약을 매우 엄숙하게 생각하고 생활하는 데서 나온 것이었다. 그러나 그의 본의와 달리, 많은 사람들은 도덕적으로 느슨하게 지낼 수 있을 때까지 세례를 연기하고서 자유롭게 지내다가 임종 때 가서야 세례를 받았다.

더 나아가 테르툴리아누스의 비판은 심지어 그의 주요 활동 무대였던 북아프리카에서조차 아무런 실질적 영향을, 심지어 이론적 영향조차 주지 못했다. 그의 제자 키프리아누스는 그와 견해가 사뭇 달랐다. 그의 시대에는 믿는 부모의 자녀가 세례를 받고 안 받고 하는 것은 전혀 쟁점이 아니었고(모든 사람이 이 점에 대해서 의견이 일치했기 때문에), 다만 출생한 지 두살 내지 세살 때, 혹은 유대인의 할례 제도대로 여드레만에 세례를 주는 것이 타당한가 하는 것이 쟁점이었다. 키프리아누스와 253년에 카르타고에 모여 그의 지도를 받은 66명의 주교들은 어린 나이에 세례를 주기로 결정하되 연기하는 행위를 단죄하지 않았다. 그것은 얼마간 세례의 물에 마술적 효과가 있다는 견해와, 세례가 구원에 절대 필수적이라는 견해와 비슷했으며, 이 견해가 키프리아누스에게는 세례를 서둘러 받아야 한다고 생각하게 만들었고, 테르툴리아누스에게는 세례를 될 수 있는 대로 늦춰 받아야 한다고 생각하게 만들었다. 전자가 과거의 죄에 대해서 성례의 유익한 효과에 초점을 둔 반면에, 후자는 앞으로 짓게 될 죄의 위험에 초점을 두었다.

74. 이단 세례

3세기에 이단 세례는 격렬한 쟁점이었다. 게다가 그것은 로마 주교의 권위 문제와 맞물려 있었기에 더욱 중요한 쟁점이었다.

이 쟁점에 대해서 가장 분명한 정보를 제공하는 키프리아누스는 테르툴리아누스의 노선을 따라서 이단 세례를 효과 없는 가짜 세례로 배척했고, 모든 이단들에게 보편 교회로 넘어와 세례를 받으라고 요구했다(그는 재세례라는 말을 사용하지 않았다). 그가 이러한 견해를 취하게 된 원인은 그의 고교회적(교회의 의식과 제도를 크게 존중하는) 배타성과 분리에 대한 두려움에 있었다. 하나의 보편[가톨릭] 교회가 모든 은혜의 유일한 저장고이므로, 교회의 품 밖에는 사죄도, 중생도, 성령의 교통도, 구원도 없고, 따라서 유효한 성례도 없다고 그는 보았다. 이만한 정도에서 그는 논리적 일관성을 유지했다. 그러나 반면에 그는 훗날 도나투스파가 그랬던 것처럼 교회의 객관적인 견해를 이탈하여 성례의 효과가 사제의 주관적 성결에 달려 있다고 주장했다. "거룩하지 않고, 따라서 성령을 모시지 않은 자가 어떻게 물을 거룩하게 구별할 수 있겠는가?"라고 그는 묻는다. 북아프리카 교회는 그의 견해를 추종하여 255-6년에 카르타고에서 열린 여러 차례의 공의회에서 이단 세례를 배척했다. 소아시아 교회도 그의 견해를 받아들였다. 이미 이러한 견해를 토대로 행동한 바 있던 소아시아 교회는 이번에는 카파도키아의 주교로서 대 오리게네스의 제자이자 그를 존경한 피르밀리아누스(Firmilian)를 통해서 로마 교회의 견해와 상반되는 이 견해를 열정적으로 옹호하되, 교황제를 뒷받침하는 주장들과 완전히 반대되는 용어를 사용했다.[74]

로마 주교 스테파누스(253-257)는 교회의 유서 깊은 관습을 토대로 정반대의

---

74) 참조. § 50의 '피르밀리아누스' 부분. 일부 로마교회 신학자들(Molkenkuhr와 Tizzani)은 피르밀리아누스의 서신(키프리아누스의 서신들 가운데 제75서신) 같은 그러한 불손한 글이 역사적인 서신일 가능성이 없으며, 교황 스테파누스와 성 키프리아누스 사이에 있었다고 하는 논쟁 전체가 날조임에 틀림없다고 생각했다. 교의를 가지고 사실들을 뒤엎은 것이다.

교리를 주장한 듯하다.[75] 그는 이렇다 할 논거를 제시하지 않았지만, 로마 주교의 권위를 가지고 말했고, 가톨릭적 본능을 따랐다. 그는 성례의 객관적 성격을 크게 강조하여서, 성례의 효과는 그것을 집례하는 사제에게 달려 있지도 않고, 그것을 받는 사람에게도 달려 있지 않으며, 다만 그리스도께서 제정하신 사실에 달려 있다고 강조했다. 따라서 이단 세례에 대해서도 만약 그것이 세례를 베풀 의도로 정당한 형식을 갖춰서, 즉 삼위일체의 이름으로 혹은 심지어 그리스도의 이름만으로 베풀어졌다면 유효하다고 간주했으며, 따라서 교회에 나온 이단들이 확증, 즉 성령 세례의 재가만 받으면 된다고 주장했다. "이단은 자녀들을 낳고 그들을 버리며, 교회는 버려진 그들을 주워다가 비록 자기가 낳지 않았을지라도 자녀들로 양육한다"고 그는 말한다.

키프리아누스의 교리는 성직위계제도적 관점에서 볼 때 더욱 일관성이 있고, 스테파누스의 교리는 성례 중심적 관점에서 볼 때 더욱 일관성이 있다. 전자가 보다 논리적라고 하면, 후자는 보다 실질적이고 자애적이다. 전자가 교회의 독점성 원리를 견지했다고 하면, 후자는 성례의 객관적 효력을 견지하되, 심지어 사효성(事效性, opus operatum) 이론의 경계에까지 접근했다. 두 견해 모두 교회를 존중하는 정신과 이단들에 대한 동일한 미움에서 나왔다. 그러나 결국 로마 교회의 교리는 너그러움을 드러내는 모순을 드러내고, 절대 독점성 원리에 흠을 내고, 세례와 사죄와 중생, 따라서 구원이 로마 가톨릭 신앙 밖에서도 가능하다고 무의식중에 인정하는 셈이다.[76]

이 논쟁 자체는 매우 우호적인 분위기에서 진행되었다. 스테파누스는 비록 관대한 견해를 피력하면서도 교황 특유의 교만과 불관용의 태도를 나타냈다. 심지어 아프리카 교회회의 법령을 들고 와 자신에게 제출하는 키프리아누스의 대리

---

75) 히폴리투스(*Philosoph.*)에 따르면 이단에 대한 재세례가 칼리스투스(218-223) 이전에는 알려지지 않았다고 한다. 키프리아누스는 로마교회 관습의 고대성을 부정하지 않지만, 진리가 관습보다 중요하다는 점에 호소한다. 스테파누스의 서신들은 유실되었고, 따라서 그의 견해는 그의 비판자들의 글에서 확인할 수밖에 없다.

76) 단, 로마 교회가 만약 그 교회 밖에서 세례를 받을 경우 세례의 은혜가 아무런 소용이 없고, 오히려 죄만 가중시킬 뿐이며(이교에 관한 지식처럼), 오직 이교도의 주관적 회심과 정규적 교육에 의해서만 효과가 있게 된다고 주장하지 않을 경우에 그러하다. 여기서 소개한 것이 아우구스티누스의 견해였다(참조. Steitz, *l. c.,* p. 655 sq.)

인들을 인정조차 하지 않았고, 모든 면에서 자신보다 탁월하고 현대의 로마 교회가 위대한 성인으로 추앙하는 키프리아누스를 거짓 그리스도와 거짓 사도라고 불렀다. 이미 아시아 교회와 교제를 단절한 바 있는 그는 이번에는 아프리카 교회와도 모든 교제를 단절했다. 그러나 키프리아누스와 피르밀리아누스는 조금도 위축되지 않은 채 자신들의 견해를 담대하게 주장했고, 죽는 날까지 그 견해를 견지했다. 알렉산드리아 주교 디오니시우스는 두 진영을 화해시키려고 노력했으나 아무런 성과도 거두지 못했다. 그 직후에 발레리우스의 박해가 발생하고, 그 과정에서 스테파누스(257)와 키프리아누스(258)가 순교함으로써 이 내부 불화도 종식되었다.

그러나 4세기가 지나는 동안 로마의 이론이 점차 우세해지면서 325년의 니케아 에큐메니컬 공의회의 승인을 받았고, 도나투스파 논쟁 기간에 북아프리카에서 채택되었고, 348년의 카르타고 교회회의에서 승인되었고, 도나투스파를 맹렬히 비판한 아우구스티누스의 강력한 변증으로 옹호되었으며, 그 뒤에 트렌트 공의회에서 확증되고, 반대 견해에 대해서는 아나테마(저주)가 선언되었다.

특주

트렌트 공의회는 이렇게 선언한다(Sessio Sept., 1547년 3월 3일, 법령 제4조): "만약 세례가, 비록 그것이 이단이 성부와 성자와 성령의 이름으로 교회의 의무를 행하려는 의도로 베푼 것이라 하더라도 참 세례가 아니라고 말한다면 그는 저주를 받을 것이다." 그리스 교회도 성 삼위일체의 이름으로 베풀어진 세례를 반복하는 행위를 금하지만, 세례 방식에서 세 번의 침수를 요구한다. 「정교회 신조」(*Orthodox Conf.* Quaest. CII. <필자의 *Creeds* II. 376>)와 「러시아 요리문답」(*Russian Catch.* II. 493)에는 이렇게 되어 있다: "세례는 영적 탄생이다. 사람은 한 번 태어나며, 따라서 세례도 한 번 받는다." 그러나 같은 요리문답에 "세 번의 침수"가 "세례 집행에서 가장 본질적이다"라는 내용도 실려 있다(II. 491).

아우구스티누스의 가르침을 따르는 로마 교회는 이단과 분파의 세례도 유효하다는 그의 사상에 근거하여 모든 수세자(受洗者)들이 사실상 로마 교회에 속한다는 법적 주장을 하며, 좋은 기회가 오면 이단들을 강제로 회심시킬 권리를 내세운다.[77] 그러나 로마 교회는 회심자가 혹시 이단 세례에 정통 신앙에 부합한 형태와 의도가 과연 있을지 의심을 할 경우에는 "만약 당신이 아직까지 세례를 받지 않았다면 나는 당신에게 세례를 줍니다"라는 문구로써 조건적 재세례를 허용한다.

개신교의 신조들은 로마 가톨릭 교회의 세례나 그 밖의 기독교 교파의 세례를 인정하는데, 하지만 그것은 성례에 객관적 효과가 있다는 이론 때문이 아니라, 교회에 대한 보다 포괄적이고 자유로운 개념 때문이다. 그리스도께서 계시는 곳에는 교회가 있으며, 그곳에는 참된 의식들이 있다. 개신교 교회들 가운데 유독 침례교만 침례 이외의 다른 세례의 유효성을 인정하지 않지만, 그렇다고 해서 침례교가 다른 교단들의 기독교적 지위를 부정하는 것은 결코 아니다. 그들은 세례를 중생 혹은 회심의 수단이 아니라 표(sign)로 보며, 중생의 사실이 세례보다 앞서고 세례와 독립해서 발생한다고 보기 때문이다.

---

77) 아우구스티누스는 누가복음 14:22, 23의 "강제로 [내 집을] 채우라"(Coge intrae)는 말씀을 박해를 정당화하는 말씀으로 잘못 해석한다(*Ep. ad Boniface.*, c. 6). 만약 히포의 그 거룩한 주교가 자신의 해석이 어떤 두려운 결과를 초래할지 미리 볼 수 있었다면 그런 해석을 감히 제시하지 못했을 것이다.

제 6 장

기독교 예술

75. 참고문헌

Comp. the Lit. on the Catacombs, ch. VII.

FR. MÜNTER: *Sinnbilder u. Kunstvorstellungen der alten Christen.* Altona, 1825.

GRÜNEISEN: *Ueber die Ursachen des Kunsthasses in den drei ersten Jahrhunderten.* Stuttg. 1831.

HELMSDÖRFER: *Christl. Kunstsymbolik u. Ikonographie.* Frkf. 1839.

F. PIPER: *Mythologie u. Symbolik der christl. Kunst.* 2 vols. Weimar, 1847–51. *Ueber den christl. Bilderkreis.* Berl. 1852 (p. 3–10). By the same: *Einleitung in die monumentale Theologie.* Gotha, 1867.

J. B. DE ROSSI (R. C.): *De Christianis monumentis ἰχϑύν exhibentibus,* in the third volume of PITRA'S "Spicilegium Solesmense." Paris, 1855. Also his great work on the Roman Catacombs (*Roma Sotteranea,* 1864–1867), and his Archæol. "Bulletin" (*Bulletino di Archeologia cristiana,* since 1863).

A. WELBY PUGIN (architect and Prof. of Eccles. Antiquities at Oscott, a convert to the R. C. Ch., d. 1852): *Glossary of Ecclesiastical Ornament and Costume.* Lond. 1844, 4°, third ed. 1868, revised and enlarged by B. Smith, with 70 plates. See the art. "Cross."

P. RAFFAELLE GARRUCCI (Jesuit): *Storia della Arte Cristiana nei primi otto secoli della chiesa.* Prato, 1872–'80, 6 vols. fol., with 500 magnificent plates and illustrations. A most important work, but intensely Romish. By the same: *Il crocifisso graffito in casa dei Cesari.* Rom. 1857.

FR. BECKER: *Die Darstellung Jesu Christi unter dem Bilde des Fisches auf den Monumenten der Kirche der Katakomben, erläutert.* Breslau, 1866. The same: *Das Spott-Crucifix der römischen Kaiserpaläste aus dem Anfang des dritten Jahrh.* Breslau, 1866 (44 pp.). The same: *Die Wand-und Deckengemälde der röm. Katakomben.* Gera, 1876.

Abbé Jos. Al. Martigny : *Diction. des Antiquités Chrétiennes.* Paris, 1865, second ed., 1877. (With valuable illustrations).

F. X. Kraus (R. C.) : *Die christl. Kunst in ihren frühesten Anfängen.* Leipzig, 1873 (219 pages and 53 woodcuts). Also several articles in his " Real-Encyklop. der. christl. Alterthümer," Freiburg i. B. 1880 sqq. (The cuts mostly from Martigny).

H. Achelis : *Das Symbol d. Fisches u. d. Fischdenkmäler*, Marb., 1888.

C. W. Bennett : *Christian Archæology*, N. York, 1888.

76. 기독교 예술의 기원

기독교는 그 기원을 예술이나 과학에 두지 않으며, 양자와 독립된 관계를 유지한다. 그러나 천상적 본질로 인해 예술과 과학에 깊이 침투하며, 숭고한 목표로써 두 영역에 영감을 제공한다. 예술은 아름다운 형태로 신앙을 표현하고, 그로써 순결한 기쁨을 주고, 동시에 경건한 마음을 일으킴으로써 예배에서 진정한 완성에 도달한다. 가장 자유롭고 영적인 예술들인 시와 음악은 단어와 곡조로 각자의 이상을 표현하고, 외적인 형식에서 직접 영적인 실체로 이끌고 간다. 이 두 분야는 유대교 예배의 본질적 요소였으며, 시편 찬송을 통해서 기독교 교회에도 전수되었다.

상징을 매개로 하기보다, 돌과 나무와 물감 같은 원자료를 사용하는 조각과 회화라는 조형 예술은 예배와 접촉할 때 거의 어김없이 예배를 변질시키며, 이러한 현상은 문화 수준이 낮은 사회일수록 심하다. 따라서 이슬람교는 이 두 분야의 예술을 엄격히 금하는 것이다. 이슬람교도들은 이 점에서 유대인들을 따른다. 그들의 사원들은 회당들처럼 살아 있는 존재들을 상징하는 단순한 이미지들이며, 그들은 그리스와 로마의 그리스도인들이 화상(畵像)을 숭배하는 행위를 우상 숭배로 가증히 여긴다.

니케아 이전 교회는 모세 율법을 계승하고, 이교의 우상 숭배와 목숨을 걸고 투쟁했기 때문에 처음에는 이러한 예술들을 혐오했다. 더욱이 생활 환경이 비천하고, 허식과 세상의 허영을 경멸하고, 순교를 열망하고, 세상이 속히 망하고 천년왕국이 수립되기를 갈망했기 때문에 인생을 장식하는 행위에 대해서 무관심했다. 이 점에서 청교도의 선구자였던 엄격한 몬타누스파는 예술을 지극히 적대시했다. 게다가 문화 수준이 매우 높았던 알렉산드리아의 클레멘스조차 하나님께 드리는 영적 예배를 하나님께 대한 회화적 표현과 극명하게 대립시켰다. "매일 관람하는 습관은 하나님께 속한 것들의 품위를 저급하게 만든다. 하나님께 속한 것들을 감각적 자료들로써 표시하려 할 때는 존중하기는커녕 오히려 저급하게 만들 뿐이다."

그럴지라도 이렇게 예술을 혐오하던 태도가 구약성경에서 발견할 수 있는, 성전에 보관된 놋뱀과 그룹들 같은 단순한 상징들에까지 확대된 것 같지는 않다. 어쨌든 2세기 중반 혹은 후반부터는 그리스도인들의 개인적·사회적 생활에서, 그리고 후에는 예배에서 기독교 예술이 중요한 상징을 담은 조야한 형태로 나타나기 시작하는 것을 발견하게 된다. 이 점은 테르툴리아누스를 비롯한 3세기의 저자들의 글에서 분명히 나타나며, 카타콤들에 의해서 풍성하게 입증된다. 물론 현존하는 최고(最古)의 기독교 회화 작품들의 제작 연대가 불확실하여 쟁점으로 남아 있긴 하지만 말이다.

이 상징들의 기원은 신앙 진리를 보이는 증표로 간직하고자 했던 그리스도인들의 본능적 욕구에 있었음에 틀림없다. 그들은 그 증표들을 보면서 끊임없이 구주와 자신들의 거룩한 소명을 상기했을 것이고, 동시에 그것들은 이교의 우상 숭배에 대해 최선의 대안이 되어 주었을 것이다. 당시의 그리스도인들은 주위의 신전들과 공공 장소들뿐 아니라 개인 집과 담장과 바닥과 잔과 도장 반지와 비석 등 매일 신화적인 화상(畫像)들에 둘러싸여 지냈을 것이기 때문이다. 신앙 진리를 보이는 증표로 간직하려고 한 이러한 노력은 비록 순수하고 자연스러운 것이긴 했지만, 생각이 그다지 치밀하지 않은 대중은 그 과정에서 상징과 상징되는 대상을 쉽게 혼동하기 쉬웠고, 그로써 많은 사람들이 미신에 빠질 수 있었다. 그럴지라도 이 결과는 처음 3세기 동안은 그다지 현저하게 나타나지 않았다. 왜냐하면 그 시기에 제작된 예술 작품들은 대부분 상징과 알레고리의 범주를 벗어나지 않았기 때문이다.

4세기가 되면 거룩한 것들의 예술적 상징들이 그리스도인들의 집 후미진 곳과 카타콤들에서 예배당으로 나왔지만, 그로 인해 오랫동안 비판과 항의가 끊이지 않았고, 화상 논쟁이라는 격렬한 분쟁으로 이어져 결국 제2차 니케아 공의회에서 제한적인 화상 숭배를 허용하는 것으로 귀결되었다. 306년에 스페인 엘비라에서 열린 제2차 공의회(787)가 최초로 그러한 항의를 제기하고, "교회에 그림들을 두어 존경과 숭배의 대상들이 벽에 묘사되는 일이 없도록" 금지했다(법령 제 36조). 이 법령은 훗날의 화상파괴주의자들과 청교도의 분위기를 자아낸다. 그러나 카타콤들에 보존되어 있는 고대의 무수한 그림들과 조각들을 감안하면, 이 금지 조치는 그 전환기에 편의상 내린 일시적인 조치로 이해해야 할 것이다.

77. 십자가상과 수난상

"십자가의 종교는 거기에 화관 하나 걸지 않아도
겸양과 능력이 종려가지에 비할 수 없이 뛰어나다"
　　　— 실러(*Der deutschen Musesch nstes Distichon*)

기독교의 근본적 상징들 가운데 가장 오래되고 소중하면서도 가장 남용된 것이 구속의 상징인 십자가이다. 그 외에도 간혹 알파와 오메가 문자, 소망의 닻이나 평화의 종려가지가 상징으로 사용되곤 했다. 일찍이 2세기 초부터 십자가 상징이 사용되기 시작하면서, 신자들이 잠자리에서 일어나서 목욕을 하고 외출을 하고 식사를 할 때, 간단히 말해서 일상 생활의 모든 일을 할 때 십자가 성호를 긋는 관습이 생겼다. 그리고 벌써 그 시기부터 십자가 성호를 긋는 관습에 그것의 마술적인 효능을 믿는 미신이 따라붙은 경우가 적지 않았다. 그렇기 때문에 테르툴리아누스는 이교도들에게 십자가 숭배(staurolatria)의 비판을 받지 않도록 그리스도인들에게 경각심을 심어줄 필요를 느꼈다.[1]

키프리아누스와 「사도헌장」은 십자가 성호를 세례식의 일부로 언급하며, 락탄티우스는 그것을 세례 때 귀신을 쫓아내는 데 효과가 있다고 말한다. 프루덴티우스는 유혹과 악몽에서 자신을 지키는 데 그 성호를 사용하도록 권장한다. 특히 장신구들과 묘지들에서 그리스도의 이름을 가리키는 문자들인 X, P가 그것 홀로 혹은 '처음과 나중'이라는 뜻의 헬라어 문자들인 '알파'와 '오메가'와 함께 십자가 형태로 표기된 것을 자주 발견하게 되며, 후자의 경우에는 '그 상징으로'

---

1) *Apol.* c. 16; *Ad Nat.* I. 12. 배교자 율리아누스는 바로 이 이유로 당대의 그리스도인들을 비판했다.

(In the sign)라는 표현이 덧붙은 예들이 많다.[2] 콘스탄티누스가 라바룸(Labarum, 십자가 군기)의 도움을 받아 막센티우스에게 승리를 거둔 직후에(312), 십자가 문양은 투구와 방패와 군기와 왕관과 홀(笏)과 주화와 인장에 다양한 형태로 새겨지게 되었다.[3]

십자가는 이교 로마인들에게 멸시를 당했다. 십자가형이란 노예들과 극악무도한 죄수들에게 부과되는 수치스러운 형벌이었기 때문이다. 그러나 변증가들은 로마인들에게 십자가가 군대의 군기들과 승리의 상징들일 뿐 아니라, 양팔을 벌린 사람, 날아가는 새, 출항하는 배 같은 자연에서 볼 수 있는 모습들을 생각나게 하는 유익한 상징임을 무의식적으로 인식하고 있지 않느냐고 환기시켰다. 게다가 기독교 교회만 십자가를 상징적으로 사용한 게 아니라, 고대 이집트인들, 인도의 불교 신자들, 정복당하기 전의 멕시코인들, 그리고 그 밖의 이교 민족들도 십자가를 복의 상징과 저주의 상징으로 동시에 사용했다.[4]

---

2) "In signo," 즉 "In hoc signo vinces"(이 상징으로 승리하라). 이것은 콘스탄티누스가 사용한 구호이다.
3) 고고학자들은 십자가의 형태를 일곱 가지 이상으로 구분한다.
   a) 성 안드레의 십자가 (crux decussata), ✕
   b) 이집트 십자가 (crux commissa), ┳
   c) 곧추선 라틴 십자가 (crux immissa 혹은 ordinaria) ┼
   d) 베드로의 거꾸로 선 라틴 십자가. 베드로는 자신이 주님과 같은 자세로 똑바로 십자가에 달릴 자격이 없다고 여겼다. ┼
   e) 그리스 십자가 (상하좌우가 같은 길이로 됨) ✚
   f) 이중 십자가
   g) 삼중 십자가 (교황이 사용함)
문자를 사용한 주된 형태들은 다음과 같다:

콘스탄티누스의 어머니 헬레나가 기적으로 그리스도의 참 십자가를 발견하여 들었다는 이야기는 니케아 시대에 발생한 것이다. 십자가를 알파(α)와 오메가(ω)와 연관지은 것은 계시록에서 그리스도께서 자신을 가리키신 표현에서 유래했으며, 프로덴티우스도 그렇게 설명한다(*Cathem. hymn.* IX. 10-12).

십자가와 주기도문은 기독교 세계에서 가장 위대한 순교자들이라고 부를 수 있다. 그럴지라도 그 둘을 미신적으로 남용해온 것과 청교도적으로 거부한 것 모두가 그것이 우리에게 일깨워 주는 위대한 사실의 의미를 증거해 준다.

수난상(Crucifix), 즉 우리 구주께서 십자가에 달리신 모습을 조상(彫像)이나 부조(浮彫)로 표현한 상은 훨씬 후대에 등장한 것이며, 6세기 중엽 이전에는 그 증거를 명확히 추적할 수 없다. 니케아 시대와 칼케돈 시대의 어느 저자도 그것을 언급하지 않는다. 비록 가장 오래된 것은 아닐지라도 대단히 오래된 수난상이 586년부터 피렌체에 소개된 매우 화려하게 장식된 시리아어 복음서들의 사본에서 발견된다. 투르의 그레고리우스(595 죽음)는 프랑스 나르본에 있는 성 게네시우스(St. Genesius) 성당에 있는 수난상을 묘사하는데, 십자가에 달린 분이 거의 벗은 몸을 하고 있다고 전한다. 그러나 이것은 보는 이들에게 불쾌감을 주었던 까닭에 주교의 지시로 휘장으로 덮였으며, 어쩌다가 한 번씩 사람들에게 공개되었다. 가경자(可敬者, the Venerable) 비드(Bede)는, 한 면에는 십자가에 달린 인물상이, 다른 면에는 모세가 들어올린 뱀이 새겨진 수난상이 686년에 로마에서 영국의 웨어마우스(Weremouth) 수도원으로 전달되었다고 언급한다.

특주

처음에는 그리스도께서 십자가에 달리신 일을 상징하는 표지가 십자가뿐이었다. 그러다가 십자가와 어린양이 함께 쓰였고, 그 형태는 어린양이 머리나 등에 십자가를 진 모습이거나, 어린양이 십자가에 달린 모습이었다. 그러다가 그리스도의 상이 십자가와 관련하여 쓰였는데, 그 형태는 그리스도께서 오른손에 십자가를 든 모습이거나(프로부스<Probus, 395년 죽음>의 석관 문양), 그리스도께서

---

4) 세라피스의 신전이 파괴되었을 때(390), 상형문자들 밑에서 십자가 상징들이 발견되었는데, 이교도들과 그리스도인들은 그것이 자기들의 종교라고 불렀다. Socrates, *H. E.* V. 17; Sozomenus, VII; Theodoret, V. 22. 불교의 십자가 상징에 관해서는 Medhurst의 *China*, p. 217을 참조하라. 스페인인들은 멕시코를 발견했을 때 십자가 상징이 아나후악의 이교 신전들에서 숭배의 대상으로 쓰이는 것을 발견했다. Prescott, *Conquest of Mexico*, III. 338-340.

십자가를 등에 지신 모습이었다(398년에 건축된 성 프루덴티아나 성당에 보존됨). 그러다가 마침내 그리스도께서 십자가에 달리신 상이 등장했다.

수난상의 기원을 3세기 혹은 2세기로 거슬러 올라가 찾으려는 시도가 있었다. 이것은 1857년에 로마의 팔라티노 언덕 서쪽 경사면에 남아 있는 황궁 폐허의 벽에서 모독적인 수난상(키르케리아노 박물관 소장)이 발견되면서 시작되었다. 나귀나 말의 머리를 단 사람이 십자가에 달려 있고, 사람이 그 앞에 무릎을 꿇고 있는 모습을 묘사한 이 상에는 "알렉사메노스가 자기 신을 숭배하다"라는 글귀가 새겨져 있다. 이 상은 기독교를 원수시하던 이교도가 황실에 속해 있던 그리스도인 노예나 사환을 조롱하기 위해서, 혹은 종교 혼합주의를 표방함으로써 신랄한 비판을 받은 황제 알렉산더 세베루스(222-235)를 조롱하기 위해서 벽에 그려놓은 것이었음에 틀림없다. 언제 이 풍자화가 그려졌는지는 확실하지 않지만, 우리가 아는 것은 2세기에 그리스도인들이 유대인들과 마찬가지로 나귀를 숭배한다는 비판을 받았다는 것과, 당시에 이미 황궁에도 그리스도인들이 들어가 있었다는 것이다. 3세기로 넘어가면서부터는 이러한 터무니없는 비판이 자취를 감춘다.

로마 교회의 고고학자들(P. Garrucci, P. Mozzoni, Martigny)은 이 모독적인 수난상을 근거로 이미 2세기의 기독교 사회에서 수난상이 사용되었을 것이라고 추정한다. 원형이 있으니 풍자가 나온 게 아니냐는 논리이다. 그러나 이러한 추정은 어떠한 증거로도 뒷받침을 받지 못한다. 미누키우스 펠릭스(Minucius Felix)의 글(10장)에 등장하는 카이킬리우스(Caecilius)라는 이교도는 기독교에 '신상'(神像, simulacra)이 없다고 분명히 증언한다. 우리가 아는 한 가장 오래된 그리스도 상(像)이 정통 그리스도인들에게서 생기지 않고 이단이나 반(半) 이교적 영지주의자들에게서 생긴 것과 마찬가지로, 가장 오래된 수난상도 이교도의 손끝에서 나온 모독적인 그림이었다. 그것은 십자가에 달린 그리스도를 전하는 것이 헬라인들에게 어리석은 것이라고 한 바울의 말을 잘 반증해 주는 그림이다.

78. 기독교의 그 밖의 상징들

다음의 상징들은 성경의 내용에서 이끌어낸 것으로서, 카타콤들에 무수히 묘사되었고, 그리스도인들이 생활로써 드러내야 할 덕성들과 의무들을 가리킨다. 먼저 들 수 있는 상징은 비둘기로서, 감람나무 가지가 함께 묘사되기도 하고 그것 없이 묘사되기도 하며, 단순과 순결을 상징했다(참조. 마 3:16; 10:16; 창 8:11; 아 6:9). 다음으로는 배를 들 수 있는데, 이것은 때로는 노아의 방주와 관련지어 타락의 홍수를 뚫고 안전하게 항해한다는 뜻으로 교회를 상징했고, 때로는 풍랑을 잠잠케 하시는 구주의 인도를 받아 본향으로 항해하는 개인 영혼을 상징했다. 계시록에서 선택된 자들이 손에 든 것으로 묘사되는 종려 가지는 승리를 상징했다(계 7:9). 닻은 소망을 상징했고(히 6:19), 수금은 잔치의 기쁨과 정겨운 화음을(참조. 엡 5:19), 닭은 베드로가 넘어진 일과 관련되어 깨어있으라는 훈계를(마 26:34), 목이 말라 간절히 시냇물을 찾아다니는 사슴은 [주의 말씀을 사모하는 태도를](시 42:1), 그리고 포도나무와 그 가지들과 송이들은 그리스도인들이 그리스도와 맺고 있는 연합과, 그리스도인의 삶의 풍요로움과 기쁨을 상징했다(요 15:1-6).

회춘과 부활의 상징인 불사조는 유명한 이교 신화에서 유래한 것이다.

79. 역사적 상들과 알레고리적 상들

이러한 상징들로부터 불과 한 발짝 더 나간 것이 성상(聖像, 화상)적 상징들이었다. 성경은 역사적·예표적·알레고리적 상들(pictures)에 대해 풍성한 자료를 제공하며, 이러한 상들이 카타콤과 고대의 묘비들에서 발견된다. 그 중 많은 수가 3세기 혹은 2세기에 제작되었다.

구약성경에서 애용된 상은 아담과 하와, 낙원을 적시던 강들, 노아의 방주, 이삭의 제사, 홍해를 건넌 일, 율법을 받은 일, 모세가 바위를 친 일, 요나가 구출된 일, 요나가 박넝쿨이 마른 상태에서 뜨거운 햇볕에 노출된 일, 엘리야의 승천, 사자굴의 다니엘, 풀무 속의 세 청년이었다. 복음서들과 사도시대 역사, 속사도 시대의 역사를 배경으로 한 상들도 발견된다. 이를테면 동방박사들의 경배, 그들이 헤롯을 만난 일, 예수께서 요단 강에서 세례를 받으신 일, 중풍병자가 고침을 받은 일, 물이 포도주로 변한 일, 5천 명을 기적으로 먹이신 일, 열 처녀, 나사로의 소생, 예수의 예루살렘 입성, 성만찬, 베드로와 바울의 초상화 등이다.

수난과 십자가형이 초기의 묘비에 묘사된 경우는 없었고, 다만 십자가 상징만 초기부터 사용되었을 뿐이다.

카타콤에서 발견된 그림들

선한 목자(천장 프레스코화, Bosio에서 발견됨)

중앙의 그림이 '선한 목자' 상이다. 다음과 같은 주제들이 꼭대기에서 시작하여 오른쪽으로 돌아가며 전개된다: (1) 침대에 누운 채 실려온 중풍 병자; (2) 부스러기가 가득 담긴 다섯 광주리; (3) 나사로를 살리심; (4) 사자굴의 다니엘; (5) 큰 물고기에 삼켜진 요나; (6) 물고기가 요나를 뭍으로 토해냄; (7) 바위를 치는 모세; (8) 노아와 비둘기.

카타콤에서 발견된 그림들

알레고리 방식을 사용하여 오르페우스의 모습으로 그리스도를 묘사한 그림

오르페우스 (성 도미틸라의 지하묘지에서 발견된 천장 프레스코화)

중앙에 있는 인물이 오르페우스로서, 그의 수금 소리에 짐승들이 매료되어 모여 있다. 둘레에는 풍경들과 성경의 장면들로서, 오른쪽에서부터 다음과 같은 내용으로 전개된다: (1) 미라 같은 나사로의 시신을 살리심; (2) 사자굴의 다니엘; (3) 모세가 바위를 침; (4) 물맷돌을 든 다윗.

간혹 신화를 배경으로 한 상들도 발견하게 되는데, 이를테면 새들과 꽃들과 어울려 노는 날개 달린 프쉬케(불멸의 상징), 헤라클레스, 테세우스, 그리고 특히 마술적인 노래로 폭풍을 잠잠케 하고 야수들을 길들인 오르페우스의 상이 그것이다.

추측컨대 영지주의는 신학에도 그랬듯이 예술에도 자극적인 영향을 준 듯하다. 어쨌든 카르포크라테스파(Carpocratians), 바실리데스파(Basilideans), 마니교 같은 분파들은 예술을 중시했다. 민족성도 삶의 이 분야에 어느 정도 관계가 있었다. 이탈리아인들은 천성적으로 예술적인 민족이며, 자신들의 천성대로 기독교를 형성했다. 그러므로 로마는 현저한 기독교 예술의 고향이 되었다.

카타콤들에 보존된 최초의 그림들은 예술적으로 탁월하며, 아름다움과 우아한 형태에서 고전시대의 작품들에 영향을 받은 흔적을 보여준다. 4세기부터 조야하고 경직된 방향으로 급속한 퇴조가 이루어져서 비잔틴 양식으로 전환된다.

어떤 저자들은 초기 기독교 예술을 쇠퇴한 이교 예술쯤으로 평가했고, 심지어 선한 목자도 아폴로나 헤르메스를 흉내낸 것으로 간주했다. 그러나 형태를 모방한 경우가 종종 있을지라도 정신은 사뭇 다르며, 시빌레 서(the Sibylline books)가 보여주듯이, 신화들이 오히려 기독교 진리를 무의식적으로 예언하고 상징한 것으로 이해된다. 기독교 예술과 신화 예술의 관계는 성경적 그리스인들과 고전 그리스인들의 관계와 다소 유사하다. 기독교는 새로운 언어를 창안해 내지 않았듯이 새로운 예술을 당장 창안해 낼 수 없었으며, 다만 지난 시대의 예술에서 우상 숭배와 부도덕한 면들을 벗겨내고, 그것에 보다 깊은 의미를 채워 넣고, 그것을 보다 고상한 목표에 구별하여 바쳤다.

고전시대의 기억들과 기독교 사상이 가장 잘 혼합된 예는 선한 목자의 아름다운 상징적 그림들과 오르페우스의 상징적 그림들이다.

전자는 기독교 사회에서 가장 애용된 상이었다. 카타콤들뿐 아니라, 반지와 잔과 등잔 같은 일상적인 물품들에도 선한 목자 상이 사용되었다. 이러한 그림들이 거의 150점이나 현존한다. 그리스도를 적합하게 상징한 선한 목자는 대체로 준수하고 수염이 없고 점잖은 젊은 분으로 묘사된다. 그는 밝은 색 옷을 입고, 허리띠와 샌들을 착용하고, 피리와 목자 지팡이를 지니고, 어린양을 어깨에 둘러메고, 자신을 의지하는 눈으로 바라보는 양들 틈에 서 있다. 때로는 푸른 들판에서 많은 양들을 먹인다. 만약 이것이 당시에 널리 받아들여지던 그리스도에 관한 개념이었다면 구주를 소박한 모습으로 묘사하는 오늘날의 신학 사상과 대조된 것이었으며, 콘스탄티누스 이후 시대의 개념을 예기한 것이었던 셈이다.

오르페우스의 상은 도미틸라의 묘지에 두 번, 칼리스투스의 묘지에 한 번 발견된다. 2세기에 제작되었음에 분명한 도미틸라 묘지 천장에 있는 그림은 특히 풍성하다. 이 그림은 바위 중앙에 앉아 야수들과 길들인 짐승들에게 수금으로 매혹적인 음악을 연주하는 신비로운 가수를 묘사한다. 그의 발 앞에는 사자, 늑대, 뱀, 말, 양이, 나무에는 새들이 앉아 그의 연주를 듣는다. 그림의 주변에는 성경의 여러 장면들이 묘사된다. 모세가 바위를 치고, 다윗이 골리앗을 향해 물맷돌을 겨누며, 다니엘이 사자들 틈에 있고, 나사로가 살아난다. 오르페우스는 이교도이자, 일신교적 찬송들(the Orphica)을 지은 유명한 작가이자, 많은 신비에 둘러싸인 인물이자, 전설적인 마술사이지만, 여기서는 그리스도의 상징과 예표로 나타나며, 혹은 그보다는 이교도 시빌레(Sibyl)와 마찬가지로 그리스도께서 장차 와서 모든 자연 세력을 정복하고, 모든 불화를 해결하고, 생명과 죽음을 지배하실 것을 예고하고 예언한, 그리스도의 대형(對型)이자 무의식적 예언자로 나타난다.

80. 그리스도께 대한 알레고리적 묘사들

그리스도의 외모에 관한 개념이 변함에 따라, 그분을 묘사한 상들도 서서히 점진적으로 사용되었다. 복음서 저자들은 지혜롭게도 그 주제에 대해 처음부터 입을 다물었으며, 인간의 창의력이 고안할 수 있는 어떠한 생각도 육신을 입고 세상에 오신 하나님이신 그분을 정당하게 평가할 수가 없다.

니케아 이전 시대에는 우리 구주께서 낮아지신 상태에서는 구약의 메시야 예언 그대로 볼품이 없으셨다는 낯선 개념이 널리 퍼졌다: "그는 … 고운 모양도 없고 풍채도 없은즉"(사 53:2, 3; 52:14; 비교. 시 22). 이것이 순교자 유스티누스, 테르툴리아누스, 심지어 영적 해석에 치중한 알렉산드리아 신학자들인 클레멘스와 오리게네스[5]의 견해였다. 하지만 그리스도께 대한 바르고 건강한 느낌은 오히려 반대 방향으로 이어진다. 이는 예수께 죄인의 인상이 없었고, 그 영혼에 담긴 하늘의 순결과 조화가, 변화산에서 그랬듯이 어떤 방식으로든 육신의 베일을 뚫고 환히 비쳤을 것이기 때문이다. 신체적 불구가 구약 제사장의 상에도 맞지 않았는데, 하물며 메시야의 상에 맞을 리가 없다.

위의 교부들이 말한 내용은 구주의 낮아지신 상태만을 염두에 두고서 한 것이다. 높아지신 구주께 대해서 말할 때, 그들은 쇠하지 않는 아름다움과 영광이 그분에게 있다고 말하며, 교회가 천년왕국의 완전한 상태에 들어갈 때 그 자태가 머리이신 구주께로부터 그분의 교회에 전가될 것이라고 말한다.[6] 그러므로 교부들이 성결과 아름다움을 본질적으로 대조한 것이 아니라, 그 두 상태를 일시적으로 구분했을 뿐이다. 게다가 니케아 이전 교부들은 그리스도께서 낮아지신 시절에도 안목이 있는 사람들을 매료시킨 영적 아름다움이 있었다는 점을 부정할 뜻이 없었다. 예를 들어 알렉산드리아의 클레멘스는 두 종류의 아름다움, 즉 곧 시들고 말 육체의 외형적 아름다움과 도덕적으로 탁월하고 항구적으로 존재할 영혼의 아름다움을 구분한다. 그는 이렇게 말한다: "주님은 외모로는 준수하지 않았으나, 성령께서는 이사야를 통해서 '고운 모양도 없고 풍채도 없은즉 우리의 보기에 흠모할 만한 아름다운 것이 없도다'라고 증거하신다. 그럴지라도 누가 과연 주님보다 흠모할 만했던가? 그러나 주님이 나타내신 것은 눈에 보이는 육체의 아름다움이 아니라 영혼과 육체에서 동시에 우러나오는 진정한 아름다움이었다. 그것은 영혼에서는 은혜와 자비이고, 육체에서는 불멸이다."

크리소스토무스는 한 걸음 더 나아간다. 그는 이사야의 글이 다만 수난의 장면들을 가리켰을 뿐이라고 이해했고, 예수의 외모에 대한 생각을 "왕은 인생보다 아름다워"라고 한 시편 45장에서 이끌어냈다. 제롬과 아우구스티누스도 생각

---

5) *Contr. Cels.* VI. c. 75. 이 책에서 오리게네스는 켈수스의 글에서 그리스도의 인격이 위세나 아름다움이나 능력에서는 다른 사람들과 다르지 않았으며, 그리스도인들이 전하는 대로 "풍채도 인기도 고상함도 없었다"는 내용을 인용한다. 오리게네스는 그리스도께서 인기가 없으셨다는 점은 인정하지만, '고상함'이 없었다는 말은 부정하며, 풍채가 없으셨다는 말도 확실한 증거가 없으므로 의심을 던진다. 그런 다음 이사야 53장을 인용하며, 거기에 메시야를 아름다운 자태를 지닌 왕으로 묘사하는 시편 45:3, 4(칠십인역)을 덧붙인다. 켈수스는 예수의 외모가 볼품없었다는 잘못된 전승을 사용하여 그분의 신성을 비판하며, 기독교를 반대한다.

6) 참조. 테르툴리아누스, *Adv. Jud.* c. 14. 이 책에서 그는 단 7:13 이하, 시 45:3, 4를 인용하면서 높아지신 구주의 천상적 아름다움과 영광을 말한다. 순교자 유스티누스도 그와 마찬가지로 초림의 겸손과 재림의 영광을 대조한다.

이 같았으나, 당시에는 그리스도의 모습이 이러했다고 사람들의 생각을 권위있게 잡아 줄 견해가 없었고, 죄 없는 성결의 아름다움이 담긴 신인(神人)의 모습을 저마다 상상력을 동원하여 불완전하게 묘사했다.

처음에 나타난 그리스도에 대한 묘사들은 순전히 알레고리적이었다. 그리스도가 양들을 위해 목숨을 버리는(요 10:11), 혹은 길잃은 양을 찾아 어깨에 메고 돌아오는 목자로 나타난다(눅 15:3-7; 비교. 사 40:11; 겔 34:11-15; 시 23). 세상의 죄를 짊어지시는 어린양으로 나타난다(요 1:29; 벧전 1:19; 계 5:12). 보다 드물게는 아브라함과 이삭의 역사에서 제물이 된 수양으로 나타나며(창 22:13), 어부로 자주 나타난다(마 4:19. 그리스도께서 사도들을 '사람을 낚는 어부'라고 부르신다). 알렉산드리아의 클레멘스는 자신이 지은 찬송에서 그리스도를 "자신의 소중한 생명으로 죄가 홍수처럼 범람하는 세상에서 순결한 고기를 잡는, 구원받은 사람들의 어부"라고 부른다.

가장 애호된 상징은 물고기였던 것 같다. 그것은 구주와 구속된 사람들을 동시에 나타낸 이중적 상징이었다. 이 상징에 해당하는 헬라어 익튀스(ΙΧΘΥΣ)는 '예수 그리스도, 하나님의 아들, 구주'라는 단어들의 첫 글자를 딴 의미심장한 단어이다.[7] 어떤 그림들에서는 신비스러운 물고기가 떡이 놓인 접시와 포도주가 담긴 잔(분명히 성찬을 암시함)을 등에 이고 물에서 헤엄을 친다. 동시에 물고기는 마태복음 4:19(비교 13:47)과 관련하여, 사람을 낚는 위대한 어부와 그 종들의

---

7) Ἰησοῦς Χριστὸς Θεοῦ Υἱος Σωτήρ 참조. 아우구스티누스, *De. Civit. Dei* viii. 23 (*Jesus Christus Dei Filius Salvator*). 시빌레 서의 아크로스틱(이합체. lib. viii. vs. 217 sqq.)은 '십자가'라는 뜻의 스타우로스라는 단어를 덧붙인다. Schultze(*Katak.* p. 129)는 이 설명에 만족하지 않고 마태복음 7:10로 거슬러 올라간다. 그 구절에는 생선(익튀스)과 뱀(오피스)이 대조되어 있는데, Schultze는 거기에 그리스도와 마귀가 암시적으로 대조되어 있다고 주장한다(비교. 계 12:14, 15; 고후 11:3). 하지만 이것은 다소 인위적인 주장이다. Merz는 '조리된 고기'라는 뜻의 ὄψον에서 상징을 끌어낸다(따라서 요한복음 21:9의 ὀψάριον). 팔레스타인에서는 물고기가 떡[빵] 다음으로 주식이며, 입맛을 돋구는 반찬이었다. 물고기는 주님이 많은 무리를 기적으로 먹이신 일(요 6:9, 11)과, 부활하신 구주께서 디베랴 바다가에서 드신 음식에 현저하게 나타난다. 이런 점 때문에 물고기는 알레고리적인 확대 해석에 의해서 초기 교회 교인들의 마음에 그리스도께서 사람들을 구원하시기 위해서 주신 하늘의 양식인 그분 몸(요 6:51)의 상징이 되었을 가능성이 있다.

그물에 잡힌 영혼을 상징했다. 테르툴리아누스는 물고기 상징을 세례의 물과 관련지으면서, "우리 작은 물고기들(pisciculi)은 우리의 물고기(secundum ΙΧθΥΣ nostrum)이신 예수 그리스도에 의해서 물에서 태어나며, 물에 계속 있어야만 살아갈 수 있다"고 말한다. 즉, 세례 언약을 충실히 지키고, 세례 때 받은 은혜를 간직해야 한다는 뜻이다. 신앙적 공상이 물고기를 그리스도인의 구원이라는 큰 신비의 상징으로 만들었다. 상징어 혹은 상형문자인 헬라어 익튀스와 라틴어 피스키스-크리스투스는 「교회 내규」(Disciplina Arcani)에서 사용되는데, 이것은 고대 교회가 그리스도의 인격을 하나님의 아들로, 그분의 사역을 세상의 구주로 믿었음을 입증한다. 이 상징은 2세기 중반 이전에 쓰였음에 분명하며, 정통 교회와 영지주의 이단이 공통되게 신비적 상징을 대단히 즐겨 사용한 알렉산드리아에서 시작된 것으로 추측된다. 이 상징은 알렉산드리아의 클레멘스, 오리게네스, 테르툴리아누스에 의해 친숙하게 사용되고, 로마 카타콤들의 고대 유물들에서 발견되며, 묘비들, 반지들, 등잔들, 화병들, 벽화들에 새겨져 있다.[8]

익튀스 상징은 4세기 중반 이후에는 더 이상 사용되지 않았으며, 그 이후에는 과거를 회상하는 대목에서만 가끔 발견된다.

콘스탄티누스 시대 이전에는 그리스도의 형상이 사용된 흔적이 없다. 다만 정확히 말하자면 영지주의 분파인 카르포크라테스파와,[9] 가정 예배당을 일종의 혼합주의적 만신전(萬神殿)으로 꾸며 그 안에 모든 종교의 상징들을 담아둔 이교 황제 알렉산더 세베루스만 그 형상을 사용했던 흔적을 남겼다고 할 수 있다.[10] 앞서 언급한 대로 예수의 외모가 준수하지 않았다는 생각과, 복음서들이 그 문제

---

8) 지금까지 알려진 가장 오래된 익튀스 비문은 지금까지 로마 카타콤들 가운데 접근할 수 없었던 부분인 도미틸라의 카타콤에서 1865년에 발견되었다. Cavalier De Rossi는 그 기원을 1세기로 추정하고, Becker는 2세기 전반으로 추정한다. 그것은 세 사람이 떡 세 덩이와 물고기 한 마리를 들고 있는 모습을 묘사한 벽화에 실려 있다. 다른 그림들에서는 물고기와 떡과 포도주가 묘사되어 있는데, 이것은 주님이 무리를 기적으로 먹이신 일(마 15:17)과, 부활하신 구주께서 제자들과 나누신 식사(눅 24장; 요 21장)를 암시함에 틀림없다.

9) 이레나이우스, Adv. Haer. I. 25. 카르포크라테스파는 심지어 플라톤이 그리스도의 초상화를 제작하라고 지시했다고까지 주장했다. 참조. 히폴리투스, Philos., VII. c. 32; 에피파니우스, Adv. Haer. XXVI. 6; 아우구스티누스, De Hoer. c. 7.

10) 그는 자신의 만신전에 아폴로니우스, 오르페우스, 아브라함, 그리고 그리스도

에 관해 완전히 침묵한다는 점, 그리고 구약성경이 형상을 만들지 말라고 금한 점 때문에, 교회는 그리스도의 그림이나 조각을 만들지 않다가, 니케아 시대에 접어들면서 큰 변화가 발생했다. 물론 그 뒤에도 그러한 변화에 대해 열정적이고 끈질긴 반대가 없지 않았지만 말이다. 에우세비우스가 전하는 목격담이 그리스도의 형상에 관한 가장 오래된 보고인데, 그 내용에 따르면 혈루증을 앓던 여인이 가이사랴 빌립보[파네아스]에서 거주하기 전에 치유받은 일을 기념하여 자신의 조각상과 함께 세웠다고 한다.[11] 그러나 동일한 역사가는 황후 콘스탄티아(콘스탄티누스의 누이이자 리키니우스의 미망인)에게 보낸 편지에서 그리스도께서 승천하신 뒤에는 땅에서 지니셨던 종의 형체를 버리셨고, 그 천상적 영광이 인간의 개념과 예술적 기교를 초월하셨다는 점을 근거로 그분의 형상을 사용하는 행위를 강하게 비판했다.[12]

81. 동정녀 마리아의 화상들

과거에는 에베소 공의회(431) 이전에는 마리아 화상(畵像)이 존재하지 않았다는 견해가 지배적이었다. 왜냐하면 그 공의회가 네스토리우스를 단죄하고, 테오토코스(하나님을 낳은 자)를 인정함으로써, 마리아 숭배를 엄숙히 승인하고 강한 자극을 주었기 때문이다. 그러나 오늘날은 여러 점의 그림들이 비록 2세기는 아닐지라도 3세기에 제작되었을 가능성이 크다고 간주한다. 처음 다섯 세기 동안 제작된 50점 가량의 마리아 화상(畵像)들이 지금까지 학자들의 주목을 받았는데, 그 중 대다수가 아기 구주와 관련된 것들이다.

가장 오래된 마리아 화상은 프리스킬라의 묘지에 일부분만 남아 있는 벽화이

의 형상을 보관했다. 참조. Lampridius, *Vita Alex. Sev.* c. 29.

11) *H. E.* VII. 18. 참조. 마 9:20. 그리스도의 상이라고 추측되는 그 형상은 실제로는 하드리아누스나 다른 황제의 기념비로서, 페니키아인들이 무릎꿇는 여인의 형태로 황제에게 존경을 바친 것일 가능성이 있다. 배교자 율리아누스는 두 개의 조각상을 파괴하고서 대신 자신의 조각상을 세웠는데, 그것이 벼락에 맞아 깨졌다(Sozom. V. 21).

12) 이 편지의 단편이 754년의 화상파괴 공의회 법령과, 787년의 제2차 니케아 공의회 법령 제6조에 보존되어 있다.

다. 이 벽화는 마리아가 아기를 안고 앉아 있고, 아기가 구경꾼을 쳐다보고 있는 모습을 묘사한다. 마리아 곁에는 턱수염이 없는 젊은 남자(요셉으로 추정됨)가 팔리움(고대 로마의 남자용 겉옷)을 입은 채 한 손에는 두루마리 책을 들고, 다른 손으로는 별을 가리키면서, 아주 기쁜 표정으로 산모와 아기를 바라본다. 사람들 위에는 베들레헴의 별이 떠 있다. 그림 전체가 행복에 감싸인 한 가족을 묘사하며, 교리적 고려에 의한 초자연적 장식들을 그림에서 찾아볼 수 없다. 동일한 프리스킬라의 묘지에 천사의 수태고지, 동방박사들의 경배, 성전에서 예수를 발견한 일을 묘사한(드 로시<De Rossi>와 가루치<Garrucci>에 따르면) 다른 프레스코 벽화들이 있다. 동방박사들(두 명 혹은 네 명. 훗날에는 세 명)의 경배는 성가족의 그림들에 애용되는 부분이다. 성 베드로와 성 마르켈리누스의 묘지에서 발견된 같은 종류의 가장 오래된 그림에서는 마리아가 의자에 앉은 채 아기를 무릎에 올려놓고 있고, 두 명의 박사가 양편에서 경의를 표하면서 접시에 각자 예물을 올려놓는다.[13] 후대에 제작된 그림들에는 구유와 황소와 나귀와 기적의 별이 덧붙는다.

　여인이 팔을 들거나 편 채 기도하는 자주 발견되는 그림들(Orans 혹은 Orante), 특히 선한 목자와 함께 있는 그림들에 대해서 로마 가톨릭 고고학자들은 교회나 마리아가 혹은 둘이 함께 죄인들을 위해 기도하는 것으로 그 의미를 설명한다.[14] 그러나 여인들뿐 아니라 남자들이 기도하는 그림들은 카타콤들에 많이 있고, 그 가운데는 옆의 무덤에 묻힌 사람을 묘사한 경우도 적지 않으며,

---

13) 참조. Plate X X. in N. and B. II. 140. Schultze (p. 153)는 이 그림이 3세기 초에 제작되었다고 본다.

14) 여인이 태양을 입고, 사내아이를 해산하는 계시록의 이상(12:1, 5)에 대한 로마 가톨릭의 일상적인 해석에 따름. 추기경 뉴먼(Newman)은 퓨지 박사(Dr. Pusey)의 *Eirenicon*(p. 62)에 대해 보낸 편지에서 다음과 같이 불확실하게 추정한다: "나는 여인의 이미지가 교회를 뜻한다는 점을 부인하지 않는다. 하지만 거룩한 사도는 만약 높이 들려서 모든 신자에게 경배의 대상이 된 성모 마리아가 존재하기 전에는 교회를 이런 특별한 이미지로 말하지 않았을 것이다." Orans가 선한 목자의 상과 함께 등장할 때는 마치 목자가 새로운 아담이듯이, 마리아가 새로운 하와로 묘사된 것이라고 Northcote와 Brownlow는 추정한다(II. 137). 마리아와 하와를 비교한 것은 이레나이우스 때로 거슬러 올라갈 만큼 오래된 것임을 인정하지 않을 수 없고, 마리아 숭배에 대한 씨앗을 잉태하고 있긴 하지만, 그 그림들에는 그러한 대조가 나타나 있지 않다.

때로는 그림에 이름이 표기되어 있다. 어떠한 '우리를 위해 기도하소서' (Ora pro nobis)도, '아베 마리아'도 '테오토코스'도 '데이파라' (Deipara)도 여기에는 나타나지 않는다. '오란스' (Orans)에 관한 그림들은 다른 여인들에 관한 그림들과 같으며, 마리아 숭배의 흔적을 조금도 드러내지 않는다. 카타콤들에 있는 거의 모든 화상들이 복음 역사의 한계를 벗어나지 않는다. 그러나 4세기 이후에, 그러니까 예술이 쇠퇴하면서, 마리아는 면류관을 쓴 하늘의 여왕으로서 보석들이 박힌 자주색 긴 옷을 입고 권좌에 앉고, 그 둘레에 후광이 빛나고, 천사들과 성인들에게 경배를 받는 모습으로 정교한 모자이크와 도금한 그릇들에 묘사되었다.

고금을 통틀어 마리아를 묘사한 가장 고상한 그림들은 동정녀의 순결과 어머니의 자애가 독특하게 결합된 성품을 나타내려고 애쓴 흔적을 드러내는데, 이러한 면이 '그 기혼 부인과 동정녀 어머니'를 보통 여인들과 구분하며, 기독교 세계의 상상력과 정서에 강력한 매력을 발산한다. 마리아 숭배는 죄악이므로 그것을 비판하는 것은 정당하지만, 그렇다고 해서 "모든 여성스러움의 이상이며, 그렇게 온화하고 자비롭고 강인하고 선하고, 그렇게 인내심 많고 평화롭고 충성스럽고 사랑이 많고 순결한" 마리아의 성품을 경건한 존경심을 가지고 묵상하는 일을 금하는 것은 옳지 않다.

제 7 장

지하묘지[카타콤] 교회

82. 참고문헌

Comp. the works quoted in ch. VI., especially GARRUCCI (6 vols.), **and** the Table of Illustrations at the end of this volume.

I. **Older works.** By BOSIO (*Roma Sotterranea*, Rom. 1632; abridged edition by P. GIOVANNI SEVERANI da S. Severino, Rom. 1710, very rare); BOLDETTI (1720); BOTTARI (1737); D'AGINCOURT (1825); RÖSTELL (1830); MARCHI (1844); MAITLAND (*The Church in the Catacombs*, Lond. 1847); LOUIS PERRET (*Catacombes de Rome*, etc. Paris, 1853 sqq. 5 vols., with 325 splendid plates, but with a text that is of little value, and superseded).

II. **More recent works.**

*GIOVANNI BATTISTA DE ROSSI (the chief authority on the Catacombs): *La Roma Sotterranea Cristiana descritta et illustrata*, publ. by order of Pope Pio Nono, Roma (cromolitografia Pontificia), Tom. I. 1864, Tom. II. 1867, Tom. III. 1877, in 3 vols. fol. with two additional vols. of plates and inscriptions. A fourth volume is expected. Comp. his articles in the bimonthly "Bulletino di archeologia Cristiana," Rom. 1863 sqq., and several smaller essays. Roller calls De Rossi "*le fouilleur le mieux qualifié, fervent catholique, mais critique sérieux.*"

*J. SPENCER NORTHCOTE (Canon of Birmingham) and W. R. BROWNLOW (Canon of Plymouth): *Roma Sotterranea.* London (Longmans, Green & Co., 1869; second edition, "rewritten and greatly enlarged," 1879, 2 vols. The first vol. contains the History, the second, Christian Art. This work gives the substance of the investigations of Commendatore De Rossi by his consent, together with a large number of chromo-lithographic plates and wood-engravings, with special reference to the cemetery of San Callisto. The vol. on Inscriptions is separate, see below.

F. X. KRAUS (R. C.), *Roma Sotterranea. Die Röm. Katakomben.* Freiburg. i. B. (1873), second ed. 1879. Based upon De Rossi and the first ed. of Northcote & Brownlow.

D. DE RICHEMONT: *Les catacombes de Rome.* Paris, 1870.

WHARTON B. MARRIOTT, B. S. F. S. A. (Ch. of England): *The Testimony of the Catacombs and of other Monuments of Christian Art from the second to the eighteenth century, concerning questions of Doctrine now disputed in the Church.* London, 1870 (223 pages with illustrations). Discusses the monuments referring to the cultus of the Virgin Mary, the supremacy of the Pope, and the state after death.

F. BECKER: *Roms altchristliche Cömeterien.* Leipzig, 1874.

W. H. WITHROW (Methodist): *The Catacombs of Rome and their Testimony relative to Primitive Christianity.* New York (Nelson & Phillips), 1874. Polemical against Romanism. The author says (Pref., p. 6): "The testimony of the catacombs exhibits, more strikingly than any other evidence, the immense contrast between primitive Christianity and modern Romanism."

JOHN P. LUNDY (Episc.): *Monumental Christianity: or the Art and Symbolism of the Primitive Church as Witnesses and Teachers of the one Catholic Faith and Practice.* New York, 1876. New ed. enlarged, 1882, 453 pages, richly illustrated.

*JOHN HENRY PARKER (Episc.): *The Archæology of Rome.* Oxford and London, 1877. Parts IX. and X.: Tombs in and near Rome, and Sculpture; Part XII.: The Catacombs. A standard work, with the best illustrations.

* THÉOPHILE ROLLER (Protest.): *Les Catacombes de Rome. Histoire de l'art et des croyances religieuses pendant les premiers siècles du Christianisme.* Paris, 1879–1881, 2 vols. fol. 720 pages text and 100 excellent plates en héliogravure, and many illustrations and inscriptions. The author resided several years at Naples and Rome as Reformed pastor.

M. ARMELLINI (R. C.): *Le Catacombe Romane descritte.* Roma, 1880 (A popular extract from De Rossi, 437 pages). By the same the more important work: *Il Cimiterio di S. Agnese sulla via Nomentana.* Rom. 1880.

DEAN STANLEY: *The Roman Catacombs,* in his "Christian Institutions." Lond. and N. York, 1881 (pp. 272–295).

* VICTOR SCHULTZE (Lutheran): *Archæologische Studien über altchristliche Monumente. Mit 26 Holzschnitten.* Wien, 1880; *Die Katakomben. Die altchristlichen Grabstätten. Ihre Geschichte und ihre*

Monumente (with 52 illustrations). Leipzig, 1882 (342 pages); *Die Katakomben von San Gennaro dei Poveri in Neapel.* Jena, 1877. Also the pamphlet: *Der theolog. Ertrag der Katakombenforschung.* Leipz. 1882 (30 pages). The last pamphlet is against Harnack's review, who charged Schultze with overrating the gain of the catacomb-investigations (see the "Theol. Literaturzeitung," 1882.)

Bishop W. J. KIP : *The Catacombs of Rome as illustrating the Church of the First Three Centuries.* N. York, 1853, 6th ed., 1887 (212 pages).

K. RÖNNEKE : *Rom's christliche Katakomben.* Leipzig, 1886.

Comp. also EDMUND VENABLES in Smith and Cheetham, 1. 294–317 ;

HEINRICH MERZ in Herzog, VII. 559–568 ; THEOD. MOMMSEN on the *Roman Catac.* in "The Contemp. Review." vol. XVII. 160-175 (April to July, 1871) ; the relevant articles in the Archæol. Dicts. of MARTIGNY and KRAUS, and the *Archæology* of BENNETT (1888).

III. Christian Inscriptions in the catacombs and other old monuments.

*Commendatore J. B. DE ROSSI : *Inscriptiones Christianæ Urbis Romæ septimo seculo antiquiores.* Romæ, 1861 (XXIII. and 619 pages). Another vol. is expected. The chief work in this department. Many inscriptions also in his *Roma Sott.* and "Bulletino."

EDWARD LE BLANT : *Inscriptions chrétiennes de la Gaule anterieures au VIIIme siècle.* Paris, 1856 and 1865, 2 vols. By the same: *Manuel d'Épigraphie chrétienne.* Paris, 1869.

JOHN McCAUL : *Christian Epitaphs of the First Six Centuries.* Toronto, 1869. Greek and Latin, especially from Rome.

F. BECKER : *Die Inschriften der römischen Cömeterien.* Leipzig, 1878.

*J. SPENCER NORTHCOTE (R. C. Canon of Birmingham) : *Epitaphs of the Catacombs or Christian Inscriptions in Rome during the First Four Centuries.* Lond., 1878 (196 pages).

G. T. STOKES on *Greek and Latin Christian Inscriptions;* two articles in the "Contemporary Review" for 1880 and 1881.

V. SCHULTZE discusses the Inscriptions in the fifth section of his work *Die Katakomben* (1882), pp. 235–274, and gives the literature.

The *Corpus Inscriptionum Græcarum* by BÖCKH, and KIRCHHOFF, and the *Corpus Inscriptionum Lat*, edited for the Berlin Academy by TH. MOMMSEN and others, 1863 sqq. (not yet completed), contain also Christian Inscriptions. Prof. E. HÜBNER has added those of Spain (1871) and Britain (1873). G. PETRIE has collected the Christian Inscriptions in the Irish language, ed. by STOKES. Dublin, 1870 sqq. Comp. the art. "Inscriptions," in Smith and Cheetham, I. 841.

83. 지하묘지[카타콤] 교회의 기원과 역사

최근까지 땅속에서 발굴된 로마와 다른 도시들의 카타콤들은 교회사의 새 장을 열어 준다. 이 지하묘지들이 발굴된 일은 폼페이, 헤르쿨라네움, 니느웨, 바빌론처럼 오랫동안 잊혀졌던 도시들이 발굴된 일 못지않게 세계에 큰 교훈을 안겨준 중요한 계시였다. 에우세비우스는 카타콤들에 관해서 아무 말도 하지 않고, 고대 교부들도 제롬과 프루덴티우스를 제외하고는 거의 언급하지 않으며, 심지어 그들조차 카타콤들의 범위와 중요성에 관해서 아무런 견해도 남기지 않는다. 따라서 최근의 역사가들조차 카타콤에 관해서는 침묵하며 지나쳤다. 그러나 드 로시(Commendatore De Rossi)를 비롯한 고고학자들이 위대한 발굴을 이룩해낸 뒤부터는 카타콤들을 더 이상 무시할 수 없게 되었다. 카타콤들은 그것들보다 중요한 문학 유산에서 이끌어 낸 기존의 지식을 확증하고 예시하고 보완해 준다.

카타콤(the Catacombs)이라는 명칭은 그 유래가 불확실하지만, 지하묘지 즉 죽은 자들의 안식처와 같은 뜻이다.[1] 로마 근교의 기독교 묘지를 가리키는 데 처음 사용된 이 명칭은 그 후에 나폴리, 몰타, 시칠리아, 알렉산드리아, 파리, 그리고 그 밖의 도시들에도 사용되었다.

과거에는 로마의 카타콤들이 원래 이교도들이 건축 자재를 위해 채굴한 모래 채취장(arenarioe)이나 채석장(lapidicinoe)이었고, 경우에 따라서 노예들과 죄수들의 시체를 처리하는 장소로 사용되었을 것으로 추정되었다.[2] 그러나 이 견해

---

1) catacumba, (어떤 사본들에서는) catatumba. 이 명칭의 유래에 관해서는 다양한 해석이 있다: 1. '카타'(아래로)와 '툼보스'(묘지. 고대 라틴어의 tumba, 프랑스어의 tombe, tombeau, 영어의 tomb과 비교)에서. 즉, 지상의 무덤과 대조되는 지하의 무덤. 이 해석은 현실 자체에 가장 잘 부합한다. 2. '카타'와 '코이마오'(잠들다)에서. 이럴 경우 '코이메테리온', dormitorium, 즉 잠자는 장소라는 뜻이 된다. 3. '카타'와 '쿰베'(그릇의 우묵하게 들어간 곳), 혹은 '쿰부스'(컵), '쿰비온'(작은 컵, 라틴어. cymbium). 이럴 경우 속이 우묵한 공간이란 개념만 전달하게 된다. 가능성이 희박하다. 4. '카타'와 라틴어 decumbo(눕다, 기대다)의 혼합. Marchi와 Northcote와 Brownlow(I. 263)가 이렇게 주장한다.

2) Aringhi, Baronius, Severano, Bottari, 그리고 Marchi 이전의 모든 저자들이 그렇게 생각했는데, Marchi의 제자들인 De Rossi 형제가 이러한 견해를 뒤집었다.

는 오늘날 축조와 토양의 차이 때문에 포기되었다. 하지만 서른 개의 카타콤들 가운데 다섯 개 가량은 폐기된 모래 채취장과 다소 밀접한 관계가 있다.[3]

그러므로 카타콤들은 소수의 예외적인 경우를 제외하면 그리스도인들에게서 유래했고, 명백한 기독교 묘지의 용도로 채굴되었다. 카타콤들은 연장 길이가 엄청나게 긴 데다, 이교의 상징들과 기독교의 상징들이 뒤섞여 있기 때문에 혹시 이교도들도 그곳을 묘지로 사용하지 않았을까 추측할 수도 있다. 하지만 이러한 추측은 그리스도인들과 우상숭배자들이 삶과 죽음에서 서로 교류하는 것을 혐오스럽게 여겼던 사실을 감안하면 사실성이 떨어진다. 카타콤들에 신화적 요소들이 있더라도, 신화들 자체가 그대로 묘사된 경우는 없고, 그런 요소들이 기독교적 사상에 맞춰 개작되어 있다.

또 다른 그릇된 견해는 한때 널리 인정을 받던 것으로서, 카타콤들이 이교도들의 박해를 피해 숨어 지내던 장소였다고 보는 것이다. 그러나 그런 엄청난 굴을 파려면 막대한 노동력이 필요했을 텐데, 당국의 감시를 피해가며 그런 작업을 해낼 도리가 없었다. 오히려 반대로 카타콤들은 간헐적으로 찾아온 관용의 결과였다. 로마 정부는 (모든 독재 정권과 마찬가지로) 비밀 결사들을 철저히 탄압했지만, 대부분 가난한 사람들로 구성된 장례 단체들이나, 정기적인 기부로써 종교 의식을 갖춘 단정한 매장을 시행하는 단체들에 대해서는 매우 관대했다.[4]

---

3) 모래 채취장들과 채석장들은 말과 수레가 드나들 만큼 넓게 만들어졌고, 거기서 나오는 석회화(石灰華)와 응회암이 로마 시에 최상의 건축 자재를 제공했다. 반면에 카타콤들은 일반적으로 통로들이 좁고 직선으로 났으며, 통로들이 직각으로 교차하는 경우도 많다. 이 통로들을 파서 만든 지대는 주로 무른 석회화 지대로서, 이 석회화는 비록 직접 건축 자재로 쓰기에는 너무 물러서 흙을 섞어야 시멘트 역할을 하지만, 지하에 굴을 파서 회랑과 방을 만들기에는 적합했다. 예외적인 경우도 있었다. J. H. Parker는 폐기된 무래 채취장의 우묵하게 들어간 지대에 그리스도인들의 묘지가 형성되어 있는 것을 발견했다.

4) 이 견해는 로마 사가 몸젠(Mommsen) 교수의 지지를 받는다. 그는 이렇게 말한다('당대 비평' vol. xxvii. p. 168): "회원들의 매장을 위해 조직된 가난한 사람들의 단체들은 제국 정부에게 관용뿐 아니라 지원까지 받았다. 정부는 이런 단체들 이외의 사설 단체들에 대해서는 대단히 엄격히 대했다. 그러므로 이런 관점에서 볼 때 이러한 용도의 부동산을 취득하는 데에는 별다른 법적 장애가 없었던 셈이다. 기독교 단체들은 처음부터 매장에 각별한 관심을 기울였다. 가난한 사람들에게 묘지를 제공해 주는

다만 악질적인 반역자들과 자살한 자들, 그리고 벼락에 맞아 죽은 자들(신들에게 맞은 자들)에 대해서만 매장을 허용하지 않았다. 죽은 자를 경건한 태도로 모시는 것은 인간의 본능이며, 그러한 예는 모든 민족에게서 발견된다. 죽음은 모든 차별을 확실히 없애고 관용과 자애를 역설한다. 독재자들도 주검 앞에 무릎을 꿇으며, 그 앞에서 자신들의 삶도 덧없다는 것을 다시 생각한다. 마음이 아무리 모진 자들도 주검 앞에서는 마음이 움직여 동정과 눈물을 드러내는 법이다 (De mortuis nihil nisi bonum.).

그리스도인들은 유대인들과 마찬가지로 분명한 조례가 없었을지라도 처음부터 공동 묘지에 묻히는 특권을 누린 듯하다. 황제 갈리에누스는 그리스도인들이 발레리아누스의 박해 때 몰수를 당한 재산을 되찾게 해주었다(260).[5]

로마의 그리스도인들은 대부분 유대계와 동양계 자손들이었던 까닭에 묘지를 조성하는 방식도 자연스럽게 바위를 쪼아내 묘지를 만들고 회랑(복도)을 만드는 동양의 관습을 따랐다. 그렇기 때문에 로마에 있는 유대인들의 묘지와 그리스도인들의 묘지는 매우 비슷한 점이 있다.[6] 로마 제국 치하의 고대 그리스인들과 로

___

것이 부유한 교인들의 의무로 간주되었으며, 성 암브로시우스는 여전히 교회들에게 성찬 접시를 팔아서 신자들의 묘지를 확장하도록 허용했다. 카타콤들은 로마에서 그러한 수단으로 어떠한 것을 얻을 수 있었는지를 잘 보여준다. 카타콤들의 규모를 아무리 정확히 측정한다 할지라도 그것은 여전히 엄청난 규모로서, 아름다움도 이렇다 할 장식도 없고, 건축 기법과 비명(碑銘)에서 허세와 공허한 수사뿐 아니라 세련됨과 정밀도까지도 경시하고, 출세와 번영을 위해 눈코 뜰 새 없이 바쁘게 돌아가는 대도시 생활의 겉치레와 허영뿐 아니라 화려함과 장엄함도 회피한 시설이었다. 그것은 '내 나라는 이 세상에 속한 것이 아니라'는 그리스도의 말씀의 의미를 행위로 풀어낸 주석이었다."

5) Euseb. *H. E.* VII. 13.

6) Dean Stanley(*l. c.* p. 274)는 이렇게 말한다: "카타콤들은 동방과 유대적 특성과 심지어 서방 교회의 특성을 항구적으로 간직한 기념비들이다. 이것들이 팔레스타인에 있는 바위를 쪼아 만든 무덤들과 유사하되, 그럴지라도 로마의 주변 지역에 있는 유대인 묘지들과 더욱 가깝다는 사실은 초기 로마 교회가 라틴 공동체가 아니라, 헬라어를 말하고 시리아의 관습을 따르는 동방 공동체였다는 사실과 상응한다. 그리고 로마 그리스도인들이 이 묘지를 쉽게 이용할 수 있었다는 것은 로마법이 그만큼 공정했다는 증거이다. 로마법은 (De Rossi가 잘 지적했듯이) 매장에 관한 한 이 멸시받는 집단에도 적용되었으며, 심지어 그들이 박해를 당하는 때에도 그랬다. 따라서 카타콤들

마인들은 위생상의 이유로 시체를 화장(火葬, cremato)하는 관습을 갖고 있었지만, 도시 외곽의 대로 밑이나 언덕이나 자연 동굴에 매장하는 것은 그보다 더 오래된 관습이었다. 부자들은 개인 묘지(sepulcra)를 갖고 있었다.

그리스도인들은 박해 때에 자신들의 카타콤들에서 모여 예배를 드리고 피신할 수 있었다. 이렇게 조용한 곳에 은밀히 모였으므로 발각되는 일이란 거의 없었다. 그리스도인들이 카타콤에 모여 있다가 발각되어 입구가 봉쇄되는 바람에 질식해 죽었다는 보고는 한 번밖에 전해지지 않는다.

대다수 카타콤들은 처음 3세기 동안 조성되었으며, 몇몇은 그 유래를 거의 사도시대까지 거슬러 올라가 찾을 수 있다.[7] 콘스탄티누스 이후에 그리스도인들의 지위가 향상되고 그들이 아무런 방해도 받지 않고 야외에 시신을 매장할 수 있게 되었을 때에는 묘지가 지상에, 특히 카타콤들 위와 바실리카들 주변에, 혹은 묘지의 용도로 구입하거나 기증된 토지에 조성되었다. 카타콤들 가운데는 원래 개인들이나 가문들의 재산이었다가 같은 교인들의 묘지로 기증된 것들도 있었고, 교회 소유인 것들도 있었다. 그리스도인들은 무덤에 적절한 비문과 위안이 되는 생각들을 새겨 넣었고, 벽에는 자신들이 애용하는 상징들을 새겨 넣었다. 장례식 때에는 이 어둡고 음울한 장소를 예배당으로 바꿔놓았다. 희미한 테라코타 등잔불 밑에서 흙을 파고 시신을 매장했고, 죽음의 그늘 속에서 부활과 영원한 생명의 숨을 들이마셨다. 그러나 카타콤들이 박해 때 일상적인 예배 장소로 사용되었다고 생각한다면 그것은 잘못이다. 그런 목적으로는 전혀 적절치 못하기 때문이다. 카타콤들 가운데 아무리 공간이 넓은 곳이라 해봐야 스무 명 내지 서른 명이 편안한 간격을 두고 수용할 수 있었다.[8]

은 제국 정부가 유아기 교회를 무의식적으로 보호했다는 증거도 되는 셈이다. 따라서 카타콤들은 박해의 기념비가 아니라, 그리스도인들이 로마 제국에게서 받은 관용의 기념비이다."

7) De Rossi(Northcote와 Brownlow에 의해 인용됨, I. 112)는 이렇게 말한다: "역사 혹은 전승이 그 기원을 사도시대로 전하는 바로 그 묘지들에서 나는 철저한 고고학적 비평의 빛으로 그리스도인들의 지하묘지와 기독교 예술과 기독교 비명(碑銘)들을 바라본다. 그곳에서 나는 플라비아누스 가문의 황제들과 트라야누스 시대에 속했던 것으로 보이는 사람들의 기념비들을 발견한다."

8) Schulze(Die Katak, p. 73, 83)는 Marchi의 견해에 반대하여, 카타콤들이 묘지일 뿐이며, 장례를 위해서만 쓰였으며, 작은 규모의 예배당들(ecclesiolae)은 개인 묘지의

카타콤들이 예배의 용도로 쓰이기 시작한 것은 니케아 시대의 일로서, 이곳에서의 예배가 순교자들과 성인들을 숭배하는 관습을 크게 자극했다. 카타콤들이 더 이상 묘지로 쓰이지 않게 된 뒤에는 경건한 순례자들이 찾는 곳이 되었다. 순교자들을 기념하기 위해서 그곳에 작은 예배당들이 건립되었다. 성 제롬은 자신이 학동(學童)이었던 350년경에 주일마다 친구들과 함께 로마의 토굴에 있는 사도들과 순교자들의 묘지를 찾아갔던 이야기를 다음과 같이 회고한다:[9] "지하 그 깊은 곳에서 방문객이 양쪽 벽에 안치된 시신들 사이로 왔다갔다 한다. 그곳은 모든 게 다 어둠에 묻혀 있으므로 '산채로 음부에 내려갈지어다'라는 예언이 여기서 응하는 듯하다.[10] 여기저기서 빛이 새어 내려온다. 창문을 통해서 쏟아지지 않고, 여기저기 갈라진 틈을 비집고 들어온 그 빛이 캄캄하고 침울한 분위기를 누그러뜨린다. 앞으로 계속 가다보면 빛은 완전히 사라지고 밤의 흑암이 사위를 둘러서, 베르길리우스의 시가 절로 떠오른다:

"사면에 공포가 있고, 침묵에조차 두려움이 있다."[11]

시인 프루덴티우스도 5세기 초에 이 묘지와 그 안에서 예배가 드려졌던 일들을 여러 번 언급한다.

교황 다마수스(366-384)는 카타콤들을 수리하고 장식하며, 순례자들의 편의를 위해서 나선식 계단을 설치하는 데 열의를 보였다. 그의 후임자들도 카타콤들에 계속 관심을 기울였지만, 그로 인한 거듭된 수리로 예술품들의 연대를 파악하는 데 큰 혼동이 생기게 했다.

알라릭(Alaric, 410), 겐세릭(Genseric, 455), 리키메르(Ricimer, 472), 비티게스(Vitiges, 537), 토틸라(Totila, 546)가 이끄는 야만족들과 롬바르드족(754)이 로마를 침공함에 따라 로마는 폐허로 변했고, 고전시대와 기독교 고대의 귀중한 보물들이 상당수 파괴되었다. 그러나 정작 유물들에 큰 손상을 입힌 것은 신앙을 앞세운 야만주의였다. 실제 성인들과 가상적인 성인들의 무덤이 파헤쳐졌고, 보다 편리한 숭배를 위해서 무수한 유골들이 판테온과 교회들과 예배당들로 이장되었다. 이런 식으로 카타콤들은 점차 사람들로부터 흥미를 잃게 되었고, 6세기

방들이나 콘스탄티누스 이후의 시설이었을 것이라고 주장한다.

9) *Com. in Ez.* ch. 40.

10) 그는 시편 55:15; 민 16:33 같은 구절들을 언급한다.

11) *Aen.* II. 755: "Horror ubique animos, simul ipsa silentia terrent."

이상 쇠퇴와 완전한 망각 속으로 빠져들어갔다.

16세기에 카타콤들이 재발견되어 흥미로운 고고학 발굴의 장을 열었다. 첫 번째 발굴은 1578년 5월 31일에 이루어졌다. 살라리아 가도상의 포도밭에서 일하던 몇몇 노동자들이 포촐라나(pozzolana) 지대를 파다가 오래된 지하묘지를 발견했는데, 그곳은 기독교적 그림들과 그리스어와 라틴어 비명들과 조각된 석관들로 장식되어 있었다. 드 로시(De Rossi)는 이렇게 말한다: "그날 로마 소테라네아의 이름과 지식이 태어났다." 카타콤을 처음 본격적으로 탐사한 사람들 가운데는 '이 지하 세계의 콜럼버스' 안토니오 보시오(Antonio Bosio)가 있었다. 그의 조사 내용은 그가 죽은 뒤에 출판되었다(로마, 1632). 필리포 네리(Filippo Neri), 카를로 보로메오(Carlo Borromeo)를 비롯한 로마 가톨릭 신앙 회복에 힘쓴 사람들은 노년의 제롬처럼 순교자 시대의 이 유적지에서 기도로써 온 밤을 지새웠다. 그러나 개신교 신학자들은 이러한 발견들이 실존하지 않은 기독교 성인들과 순교하지 않은 기독교 순교자들의 증거를 찾기 위해 이교의 모래 채집장을 헤집다가 고안해 낸 것으로 폄하했다.[12]

19세기에는 카타콤들에 대한 발견과 조사가 새롭게 착수되었고, 현재(1800년대 말)는 기독교 고고학의 중요한 부분이 되었다. 교의적이고 분파적인 조사 태도가 진실을 확인하는 데 유일한 목표를 둔 과학적 방법에 자리를 내주었다. 고대 교회사의 이 지하 영역에 자타가 공인하는 선구자는 독실하되 자유주의적인 로마 가톨릭 학자 드 로시(Cavalier John Baptist de Rossi)였다. 그의 기념비적인 이탈리아어 저서(*Roma Sotterranea*, 1864-1877)는 알라르(Allard, 1871), 크라우스(Kraus, 1873, 1879), 노스코트와 브라운로(Northcote & Brownlow, 1869, 1879)에 의해서 프랑스와 독일과 영어권 독자들을 위해 요약 번역되었다. 그 뒤로 개신교든 로마 가톨릭이든 여러 저자들이 끊임없이 새로운 정보를 보탰다. 지금은 카타콤들에 있는 그림들의 연대를 측정하고 의미를 해석하는 분야에서 상당한 진척이 이루어진 상태이다.

그럴지라도 그 작업은 이제 시작 단계에 불과하다. 고대 기독교 묘지들 가운

---

12) 예를 들면 주교 Burnet(그는 1685년에 카타콤을 방문했다): *Letters from Italy and Switzerland* in 1685, 1686. 그는 카타콤들이 고대 이교도들의 공동묘지였다고 믿었다.

데 절반 이상이 앞날의 탐사를 기다리고 있다. 드 로시는 주로 로마 가타콤들 가운데 한 부분, 즉 칼리스투스의 카타콤만 다룬다. 나폴리, 시라쿠사, 지르젠티, 멜로스, 알렉산드리아, 키레네의 카타콤들은 별로 알려진 것이 없다. 게다가 고대 사도 교회들에 있는 묘지들도 아직 발굴되지 않았는데, 이런 묘지들이 발굴된다면 일리움, 미케네, 올림피아의 발견이 고전 그리스의 역사에 끼친 것 못지 않은 중요한 결과를 교회사 연구에 끼치게 될 것이다.

84. 카타콤의 구조

로마의 카타콤들은 길고 좁은 통로 혹은 회랑(복도)과 교차 회랑으로서, 도시 외곽의 언덕을 파헤쳐 들어가는 방식으로 조성되었다. 안에 들어가면 캄캄하고 음울하며, 이따금씩 위에서 빛이 가늘게 새어 들어올 뿐이다. 회랑들은 두 개 이상의 층으로 형성되어 있고, 모든 층들이 무덤들로 꽉 차있으며, 이런 형태로 복잡한 지하 미로가 형성되어 있다. 수직벽에 선반처럼 깎아낸 작은 구획들(loculi)에는 시신들이 안치되어 있고, 직사각형 방들(cubicula)은 가족 묘지나 유명한 순교자들의 묘지 역할을 한다. 작은 구획들과 방들은 대리석이나 타일의 석판으로 막아놓았다. 부유한 사람들은 석관을 썼다. 천장은 평평하고 가끔 약간 아치형을 이룬다. 공간은 대개 한 사람이 지나갈 정도로 좁다. 통로의 폭이 평균 75~90cm이다. 이렇게 좁게 조성된 이유는 초기 그리스도인들이 가난했기 때문일 수도 있고, 삶과 죽음에서 그들의 공동체 의식이 그만큼 강했기 때문일 수도 있다. 석회화를 파내어 만든, 제단과 주교 의자가 딸린 소예배당들은 후대에 건립된 듯하며, 그 규모는 한 번에 몇 사람밖에 수용할 수 없을 만큼 작다. 이 공간은 장례 예배와 개인 기도에나 적합했고, 공예배에는 적합하지 않았다.

회랑들은 원래 규모가 작았지만, 점차 확대되어 엄청난 길이가 되었다. 총연장 길이가 수백 km에 이르며, 무덤 수도 수백만 기에 이른다.[13]

---

13) 구체적인 수치를 제시하기가 주저된다. Marchi, J. B. de Rossi, 그의 형제 Michael de R.(수학자), Martigny 같은 로마 가톨릭 고고학자들은 로마 카타콤의 길이를 590km에서 1400km에 이르기까지, 혹은 '이탈리아 반도 길이보다 더 길게' 추산한다(Northcote and Brownlow, I. 2). 그럴 경우 무덤 수가 4백만 내지 7백만 기가 되

로마의 공동묘지들 가운데 가장 오래되고 가장 유명한 것은 도시 성곽에서 남쪽으로 3km 가량 떨어진 아피아 가도상의 '성 세바스티안' 묘지이다. 원래 '아드 카타쿰바스'(*Ad Catacumbas*)라 불린 이 묘지는 한때 베드로와 바울의 유골이 그들의 이름을 딴 바실리카들로 이장되기 전까지 일시적으로 안치되어 있던 곳이라고 한다. 이곳에는 46명의 로마 주교들과 많은 수의 순교자들도 묻혀 있다.

아피아 가도상에 있는 광활한 교황 칼리스투스(218-223) 묘지는 원래 여러 개의 소규모 독립된 묘지들(루키나이 묘지, 제피리니 묘지, 칼리스티 묘지, 히폴리티 묘지라 불림)로 구성되었다. 이 묘지는 드 로시에 의해서 철저히 조사되었다. 가장 오래된 필지는 루키나(Lucina)의 이름을 따서 명칭이 붙었고, 규모는 폭 30m에 길이 540m였다. 묘지 전체에 칼리스투스의 이름이 붙은 이유는 그의 전임자 제피리누스가 "그를 [로마 교회의] 묘지 위에 앉혔기" 때문인 듯하다.[14]

도미틸라(Domitilla) 묘지(4세기에 성 페트로닐라이가 이름을 붙임)는 아르데아티나 가도에 자리잡고 있으며, 그 기원은 베스파시아누스의 손녀 혹은 증손녀인 플라비아 도미틸라에게로 거슬러 올라간다. 이 여성은 "그리스도를 고백했다는 이유로" 도미티아누스에 의해서 폰티아 섬으로 추방되었다.[15] 그녀의 시종들(eunuchi cubicularii)인 네루스와 아킬레우스는 잘 알려지지 않은 전통에 따라 성 베드로에게 세례를 받았고, 순교를 당했으며, 그들의 여주인에게 속한 농장

는 셈이다! 하지만 그리스도인 이외의 사람들도 그곳에 묻혔다 가정하더라도, 4세기 동안 로마에 그렇게 많은 수의 그리스도인들이 살았을 것 같지 않다. 이런 수치들은 모두 추정에 지나지 않는다. Smith와 Cheetham, I. 301을 참조하라. Smyth(*l. c.* p. 15)는 Rawlinson의 글을 인용하여, 400년간 7백만 기의 무덤이 생겼다면 평균 인구가 5십만 내지 70만 명이었던 셈이라고 한다. 참고로 제국 초기의 로마 시 총인구는 1백5십만 내지 2백만 명이었다.

14) 이것은 히폴리투스가 진술하는 내용이다(*Philosoph.* IX. 11). 제피리누스는 교황들의 경우 바티칸 궁전의 성 베드로 지하묘지에 매장하는 관습과 달리 그곳에 묻혔다. 칼리스투스는 트라스테베레의 창문에서 내던져졌고, 그의 시신은 서둘러 주위에 가장 가까운 아우렐리아 가도의 묘지에 묻혔다. 히폴리투스가 칼리스투스에 관해서 전하는 기사는 그 전부가 Northcote와 Brownlow에 의해 불신되지만(I. 497 sqq.), 그 근거가 정당하지 못하다.

15) Eusebius, *H. E.* III. 18. De Rossi는 도미틸라라는 같은 이름을 지닌 두 그리스도인 여성을 구분하며, Mommsen에 대해서 이 견해를 변호한다.

에 묻혔다. 이 묘지의 또 다른 구역에서 드 로시는 지하 예배당의 부서진 기둥들과 벽에 프레스코화가 그려진 작은 방을 발견했다. 프레스코화에는 나이 지긋한 '베네란다'(Veneranda)라는 기혼부인과 '순교자 페트로닐라'라는 젊은 여성이 묘사되어 있으며, 이 젊은 여성은 성경을 가슴에 품고 그것을 믿음의 증거로 가리킨다. 전자가 후자를 낙원으로 인도하는 내용임에 분명하다. 그 이름은 자연스럽게 성 베드로의 전설상의 딸을 암시한다. 그러나 로마 교회의 신학자들은 초대 교황에게 자녀가 있었다는 사실을 인정하기가 싫기 때문에(비록 그가 결혼했다는 것은 복음서들의 기록상 의심할 여지 없는 사실이긴 하지만) 마치 마가가 사도의 영적인 아들이었듯이(참조. 벧전 5:13) 페트로닐라가 그의 영적인 딸이었다고 이해하며, 그녀가 도미틸라 가문과 관련된 페트로니우스나 페트로라는 로마인의 딸이었다고 주장한다.

그 밖의 고대 카타콤들은 파라이텍스타투스, 프리스킬라(성 실베스트리와 성 마르켈리), 바실라(성 헤르메티스, 바실리아이, 프로티, 에트 히아킨티), 막시무스, 성 히폴리투스, 성 라우렌티우스, 성 베드로와 마르켈리누스, 성 아그네스의 카타콤들과, 오스트리아눔 카타콤들(아드 님파스 페트리, 혹은 폰스 페트리. 이곳에서 베드로가 천연샘에서 세례를 베풀었다고 한다)이다. 드 로시는 크고 작은 42개의 묘지 목록을 소개하는데, 그 가운데는 로마 시내와 근교에 있는 순교자들의 무덤들도 있으며, 이 무덤들은 처음 4세기에 조성되었고, 고대의 기록들에도 언급된다.

카타콤들의 장비는 교훈과 흥미를 함께 주지만, 대부분이 교회들과 박물관들로 이전되었고, 따라서 외부에서 연구해야만 한다. 장신구들과 반지들과 인장들과 팔찌들과 목걸이들과 거울들과 이쑤시개들과 혁대 죔쇠들과 드물게 나오는 동전들과 헤아릴 수 없이 많은 점토(테라코타) 등잔들 혹은 놋 등잔들, 심지어 은과 호박(湖泊) 등잔들, 갖가지 연장들, 그리고 어린이들의 무덤에는 다양한 장난감들이 함께 묻혀 있었다. 이러한 물품들 가운데 많은 수에는 그리스도의 결합문자나 기독교의 상징들이 새겨졌다. (유대인 묘지들에 있는 등잔들에는 대개 금 촛대 그림이 그려져 있다.)

많은 수의 휴대용 병들과 잔들도 장식이 있는 것이든 없는 것이든 상관 없이 발견되었는데, 대부분 무덤 바깥에서 그리고 무덤 덮개에 붙은 채 발견되었다. 이 물품들은 과거에는 눈물을 담는 용기들이었을 것으로, 혹은 그 안에 말라 있는 붉은 색 침전물로 미루어 순교자들의 피를 보관한 용기들이었을 것으로 추정했다. 그러나 후대에 고고학자들은 이 물품들이 애찬과 성찬 때 사용한 그릇들이었을 것으로 간주한다. 4세기에는 미신적 관습이 성행하여, 카르타고 공의회(397)에 의해 단죄를 받았음에도 불구하고 죽은 자들에게 성찬의 포도주를 주거나, 축성된 떡과 함께 잔을 무덤에 넣는 일이 있었던 것이다.[16]

묘지에서 발견된 어떤 물품들은 상상력이 풍부한 사람들이 고문 도구라고 주장했고, 그것을 토대로 카타콤에 묻힌 거의 모든 그리스도인이 순교자였다고 주장했지만, 실은 그 물품들은 단순한 수공예품들일 뿐이다. 사람에게는 친족이나 친구가 죽으면 그들의 무덤에 그들이 생시에 사용하던 물품들을 넣어주고 싶은 본능이 있다. 뿐만 아니라 당시에는 미래의 삶이 생시에 종사하고 즐기던 직업과 생활의 연속이되, 죄와 불완전에서 자유로워진다는 생각도 널리 퍼져 있었다.

카타콤의 무덤들을 열면 해골이 아주 잘 보관된 채 드러나는 경우가 적지 않으며, 때로는 마치 영광을 입고 있듯이 눈부시도록 흰빛을 띠고 있다. 그러나 손을 대면 먼지로 부서진다.

85. 그림들과 조각들

카타콤에서 출토된 가장 중요한 유물은 그림들과 조각들과 비명(碑銘)들이다.

I. 그림들. 이것에 관해서는 앞장에서 이미 언급했다. 카타콤의 그림들은 벽과 천장에 프레스코 방식(젖은 회벽에 그림을 그리는 방식)으로 그려졌고, 기독교

---

16) 피의 흔적이 있는 이 작은 유리병에 관한 호기심을 자아내는 논쟁은 아직 종결되지 않았다. 화학 검사로도 확실한 결론이 내려지지 않았다. 전례와 성유물 성성(典禮-聖遺物聖省, The Congregation of Rites and Relics)은 1688년에 Phiolae cruentae 혹은 ampullae sanguinolentae가 순교자들의 피를 담은 용기들이라고 판단했고, 피우스 9세는 1863년에 그 판단을 추인했다. 저명한 로마 가톨릭 학자들(Mabillon, Tillemont, Muratori, 예수회 학자 Pre Buck)은 이 판단에 반대했으나, De Rossi(III. 602)와 Northcote와 Brownlow(II. 330-343), 그리고 Kraus는 비록 제한된 범위이긴 하나 그 판단을 옹호했다. Roller는 그 용기들에 향료나 성찬의 포도주가 담겼었던 것으로 생각한다.

의 상징들, 성경 역사의 정경들, 구주께 대한 알레고리적 개념들을 묘사했다. 순수한 고전 스타일을 반영하여 그리스 예술이 아직 로마에서 융성하던 초기의 것임을 드러내는 그림들은 몇 점 안 되고, 대부분은 예술이 쇠퇴하던 시기에 제작된 것들이다. 현저하게 눈에 띄는 그림들은 선한 목자를 묘사한 그림들과, 신앙의 정복과 부활의 소망을 드러내는 성경 이야기들을 묘사한 그림들이다. 일부 기독교 프레스코들이 혼합적인 성격을 띠고 있는 원인은 그리스도인들이 이교도 화가들에게 작업을 의뢰했기 때문으로도 볼 수 있고, 그 그림들을 통해서 과거를 회상했기 때문으로도 볼 수 있다. 에트루리아인들과 그리스인들은 무덤에 그림을 남기는 관습이 있었으며, 기독교 신앙을 받아들인 그리스인들은 그림이 교육의 방법으로서 가치가 있다는 것을 일찍부터 깨달았다. 예술적 기교에서는 기독교 예술이 이교에 비해 뒤지지만, 주제와 의미는 훨씬 더 숭고하고 깊다.

II. 조각 작품들은 대부분 석관(石棺)에서 발견된다. 그 중 상당수가 라테란 박물관에 소장되어 있으며, 니케아 이전 시대에 제작된 것은 없다.[17] 조각들은 돋을새김 방식으로 돌이나 대리석으로 표현할 수 있는 한도에서 벽화와 동일한 주제들을 묘사하는데, 특히 나사로의 소생과 사자굴의 다니엘, 바위를 치는 모세, 이삭의 제사가 즐겨 사용되는 주제들이다.

가장 오래된 기독교 석관들 가운데는 콘스탄티누스의 어머니 성 헬레나(328년 죽음)의 석관과 그의 딸 콘스탄티아(354년 죽음)의 석관이 있다. 두 석관은 모두 붉은 반암(斑岩)으로 되어 있으며, 바티칸 박물관에 소장되어 있다. 헬레나 석관의 조각은 콘스탄티누스가 막센티우스에게 승리를 거둔 뒤 로마로 개선하는 장면을 묘사한 듯하며, 콘스탄티아 석관의 조각은 포도나무를 재배하는 모습을 묘사하는데, 아마 상징적인 의미가 담겨 있는 듯하다.

기독교 석관들을 통틀어 가장 부요롭고 세련된 것은 359년에 로마 장관을 지내고, 집정관을 다섯 번 역임한 유니우스 바수스(Junius Bassus)의 석관으로서, 바티칸의 성 베드로 성당 지하묘지에 보관되어 있다. 바티칸 묘지에서 발견된 뒤(1595) 성 베드로 성당으로 옮겨진 이 석관은 파로스 섬의 대리석을 재료로 고린도 양식으로 제작되었다. 상부에 묘사된 주제들은 아브라함의 제사, 베드로의 체포, 베드로와 바울 사이에 앉아 계신 그리스도, 그리스도께서 붙잡히신 일, 손

---

17) Renan은 가장 오래된 조각이 3세기 말에 제작된 것이라고 추정한다.

을 씻는 빌라도이고, 하부에 묘사된 주제들은 유혹을 받는 아담과 하와, 고난받는 욥, 그리스도의 예루살렘 입성, 사자굴의 다니엘, 사도 바울의 체포이다.

86. 비문들

"조야하게 기록되었으나, 글자마다
소망으로 가득하며, 애상(哀想)도 지울 길 없다.
금생과 내세의 모든 가녀린 정념이 가득하다."

비문(碑文)으로 친족과 친구의 기억을 영구히 남기고, 죽음과 영원 앞에서 사랑과 존경, 슬픔과 소망의 심정을 기록하는 것은 모든 시대의 문명 사회들의 공통된 관습이다. 카타콤들에서 발견된 비문들은 공간에 의해 제약을 받고, 종종 호기심을 충족시키기보다 자극하는 편이지만, 그럴지라도 시나 산문의 형식으로 방대한 분량의 전기와 역사 정보를 담고 있다. 많은 묘지는 그것이 속해 있는 교회의 중단된 기록이다.

카타콤에는 그러한 기념비적 비문들이 가득하다. 비문들은 헬라어와 라틴어로 기록되어 있고, 혹은 라틴어가 헬라어 서체로 표기되는 등 두 언어가 이상하게 뒤섞여 있고, 조야하게 새겨진 경우가 많으며, 철자가 틀리기도 하고, 내용이 지워지기도 하고, 거의 식별하기 힘든 경우도 있고, 상징들이 표기되기도 하고 표기되지 않기도 한다. 당시에는 고전어들이 고전시대의 웅변과 예술과 마찬가지로 쇠퇴의 과정을 겪고 있었으며, 절대 다수의 그리스도인들이 가난하고 글을 읽거나 쓸 줄을 몰랐다. 초기의 비문들에는 이름만 새겨져 있으며, 어쩌다가 나이와 사망 일자가 덧붙지만 출생 일자는 찾아볼 수 없다.

지금까지 로마 시에서만 처음 여섯 세기부터 드 로시에 의해서 1만5천 개가 넘는 비문들이 수집되고 분류되고 설명되었으며, 그 수가 꾸준히 증가하고 있다. 베네딕투스 14세는 1750년에 기독교 박물관을 건립하면서 바티칸 궁전에 고대 석관실을 따로 마련하여 그동안 수집된 석관들을 그곳에 보관했다. 그레고리우스 16세와 피우스 9세는 그곳을 잘 관리 보존했다. 이 '비문 전시관'(Lapidarian Gallery)에는 화려한 이교도들의 비문들과 소박한 그리스도인들의 비문들과 석관들이 맞은 편 벽들에 서로 마주보고 전시되어서 현저한 대조를 이루고 있다. 이 분야의 또 다른 전시관들은 로마 대학 부설 키르케리안 박물관과 베를린 대학교 내의 기독교 박물관이다. 이탈리아와 그 밖의 나라들의 이교와 기독교를 망라한 고대 비명학(碑銘學)은 그루터(Gruter), 마키(Marchi), 드 로시, 르 브랑(Le Blant), 보엑(Boeckh), 키르코프(Kirchhoff), 오렐리(Orelli), 몸젠 (Mommsen), 헨젠(Henzen), 휘브너(H bner), 워딩턴(Waddington), 맥콜 (McCaul)의 성실한 연구에 의해서 그 분야 전체에 접근할 수 있게 되었다.

고고학의 이 분야에서 가장 까다로운 부분은 연대기이다(가장 오래된 비명들은 대부분 연대가 표기되어 있지 않다). 교회사가들의 주된 관심사는 몇 개 안되는 비명의 단어들에서 신앙을 추론할 수 있는 데까지 추론해 내는 것이다.

기독교 비명들이 이교 비명들과 확연히 구분되게 갖는 기조는 사도 바울이 데살로니가인들에게 전한 위로의 말에서 찾을 수 있다. 사도는 그들에게 소망이 없는 이방인들처럼 슬퍼하지 말고, 예수께서 죽은 자 가운데서 살아나셨듯이 하나님께서 장차 예수 안에서 잠든 자들도 일으키실 것임을 기억하라는 말로 위로한다.

따라서 이교의 비명들이 불멸의 신앙을 표시한 경우가 거의 없고, 죽음을 영원한 잠으로, 무덤을 마지막 집으로 묘사하며, 슬픔의 기색이 완연한 데 반해 기독교 비명들에는 소망과 기쁨이 담겨 있다. 지상에서 작별하면 그것으로 끝이 아니라 하늘에서 영접받을 일이 기다린다. 죽음은 일식간의 잠일 뿐이다. 영혼은 그리스도와 함께 있고 하나님 안에서 살아 있으며, 육신은 즐거운 부활의 날을 기다린다. 이것이 기독교 비명 신학의 요약이며 본질이다. 그리스도인들이 남긴 비명에는 그리스도의 상징(익튀스)이 처음이나 끝에 새겨져 있어서 이 소망의 근거를 나타낸다. 그리스도인들의 비명들에서 거듭 발견하게 되는 것이 바로 다음과 같은 간단하면서도 의미심장한 단어들이다: '평안하게', '평안히 잠들다', '하나님 안에서 살아 있다', 혹은 '그리스도 안에서 살아 있다', '영원히 산다', '잘 쉬고 있다', '하나님께서 그대의 영혼을 깨우신다', '내 자녀여 울지 말라. 죽음은 영원한 게 아니다', '알렉산더는 죽지 않고 하늘의 별들 위에서 살고 있으며, 그의 육신이 이 무덤에서 쉬고 있다'[18], '갈리아에서 온 특사 고르디

---

18) 칼리스투스의 묘지에서 발견된 이 비명은 박해 때인 3세기에 제작된 듯하며.

아누스가 신앙을 지키다가 온 가족과 함께 교수형을 당한 뒤 이곳에 안식하고 있다. 여종 테오필라가 이 비석을 세우다.'[19]

동시에 상투적인 이교의 비명들도 계속해서 사용되었다(물론 다신교적인 의미로 사용되지는 않았다). 이를테면 '장례의 신들에게 바친', '망자의 영혼들에게' 같은 문구들이 그것이다.[20] 이교 비명들에서 흔히 볼 수 있는 망자를 예찬하는 비명은 찾아보기 힘들고, 대신에 '내 귀여운 자녀', '순결한 어린양', '내 소중한 남편', '내 소중한 아내', '내 순결한 비둘기', '존경하는 나의 아버지', '존경하는 나의 어머니' 같이 자연스러운 정이 담긴 소박한 표현들이 주종을 이룬다.[21] 이렇게 부부간의 따뜻한 정을 기념하고, 정숙과 정절과 검약과 근면 같은 여성의 덕목들을 기리는 비명들은 이교의 비석들에도 자주 나타나는데, 이것은 유베날리스(Juvenal, 60?-140?, 로마의 풍자시인)를 비롯한 작가들이 묘사한 로마 사회의 부패상에 많은 예외들이 있었음을 입증한다.

어떤 비명들에는 하늘에 있는 죽은 사람에게 지상에 남아 있는 사람들을 위해서 기도해 달라고 요청하는 내용이 실려 있다.[22] 후대에는 주로 교황 그레고리우스 1세의 영향을 통해서 연옥(煉獄)이 서방 교회의 신조로 자리잡았을 때 죽은 자들에게 기도를 요청하는 사례들을 많이 발견하게 된다. 그러나 가장 오래된

다음 글귀들에 그 점이 암시되어 있다: "그는 무릎을 꿇고 참 하나님께 제사를 드리려고 하다가 사형장으로 끌려갔다. 아, 슬픈 시대여! 이제는 거룩한 예식과 기도를 드리는 동안에도, 심지어 동굴에서도 우리는 안전하지 않다. 죽어도 친구들과 친족들의 손에 묻히지 못하니, 이보다 더 비루한 삶이, 이보다 더 비루한 죽음이 다시 있을 수 있을까? 그럴지라도 마침내 그들은 하늘에서 별들처럼 찬란하게 빛날 것이다."

19) 이 비명은 라틴어로 되어 있지만, 서체는 헬라어 언셜체이다.

20) D. M. 혹은 D. M. S. = Dis Manibus sacrum (다른 학자들은 Deo Magno 혹은 Maximo라고 설명한다): memoriae aeternae 등. 참조. Schultze, p. 250 sq. 때로는 그리스도를 뜻하는 결합문자가 S 앞에 삽입되어 있는데, 그 경우에는 Deo Magno Christo Sacrum 혹은 Christo Salvatori가 된다.

21) 하지만 4세기 중반 이후에는 죽은 자를 예찬하는 비명들이 많아진다.

22) 이런 기원은 콘스탄티누스 이전에 제작된 연대 미상의 무수한 비명들 가운데는 비교적 찾아보기 힘들며, 대부분 식구들에게 한정된다. 오텅의 비명(4세기에 제작된 듯함)은 펙토리우스라는 사람이 죽은 자기 부모에게 하늘에서 그리스도를 뵐 때마다 자신을 생각해 달라는 기원으로 끝난다.

기독교 비명들에 대한 압도적인 증거는 죽은 신자가 이미 평안에 들어가 있다는 것인데, 이것은 구주께서 함께 십자가에 달렸다가 참회한 강도에게 하신 약속과 일치하며, 세상을 떠나 그리스도와 함께 있는 것이 더 좋다는 사도 바울의 심정과도 일치한다(참조. 눅 23:43; 빌 1:23; 고후 5:8). 비명 가운데 다음 한 가지만으로도 충분한 설명이 된다: "프리마(Prima), 그대는 하나님의 영광과 우리 주 예수 그리스도의 평안 속에서 살고 있다."

특주

I. 로마 비명들 가운데 몇 가지 표본들

다음에 소개할 내용은 로마 카타콤들에 있는 짧은 비명들 가운데 일부를 선별한 것으로서, 라틴어와 헬라어 그대로를 소개한 드 로시와 노스코트(Northcote)의 글에서 발췌·번역한 것이다.

1. 사랑하는 키리아쿠스, 내 다정한 아들에게. 네가 성령 안에서 생명을 누리기를 기원한다.

2. 예수 그리스도, 하나님의 아들, 구주. 4년 5개월 26일을 살다 간 착하고 순수한 아들을 목자께 위탁합니다. 아이의 부모 바탈리스와 마르켈리나.

3. 영원히 잠들라. … 년 8개월 18일을 살다 간 아우렐리우스 게멜루스. 그의 어머니가 사랑하는 아들을 위해 이것을 만든다. 평안하라. 바실라여, [당신께] 순결한 게멜루스를 위탁하나이다.

4. 바실라 부인 [=성인 바실라], 저희 크레센티우스와 미키나는 당신께 10개월 … 일을 살다 간 저희의 딸 크레센티나를 위탁하나이다.

5. 1년 52일을 살다 간 마트로나타 마트로나, 네 부모를 위해서 기도해다오.

6. 아나톨리우스가 7년 7개월 20일을 살다 간 사랑하는 아들을 위해 이것을 만들다. 네 영혼이 하나님 안에서 안식하기를. 네 누이를 위해 기도해다오.

7. 레기나, 네가 주 예수 안에서 살기를 바란다(*vivas in Domino Jesu*).

8. 61년 5개월 10일을 살다 간 선량하고 다정한 내 남편 카스토리누스에게. 그의 아내가 이것을 만들다. 하나님 안에서 사시기를!

9. 아메림누스가 지극히 사랑하는 아내 루피나에게. 하나님께서 당신의 영혼을

소생시켜 주시기를.

　10. 사랑하는 파우스티나, 당신이 하나님 안에서 살기를.

　11. 하나님 … 의 영혼을 소생시켜 주옵소서.

　12. 볼로사, 31년을 살다 간 그대를 하나님께서 살려 주시기를. 9월 19일에 죽음. 그리스도 안에서.

　13. 옥시콜리스, 그대의 영혼이 평안에 거하기를.

　14. 아가페, 그대가 영원히 살게 되기를.

　15. 그리스도 안에서. 초신자 파울리누스에게. 평안에 거하기를. 8년을 살다 가다.

　16. 필메나, 그대의 영혼이 평안에 거하기를.

　17. 그리스도 안에서. 동정녀 아이스토니아. 41년 8일을 살다 간 외국인. 2월 26일에 육신을 떠나다.

　18. 빅토리나, 평안에, 그리스도 안에 거하다.

　19. 다프넨. 과부로 지냈고, 생시에 교회에 아무런 짐도 지우지 않다.

　20. 다프넨. 3년 11개월을 살다 간 초신자. 3월 24일에 묻히다. 평안에 거하기를.

　21. 펠릭스. 23년 10일을 살다 간 사랑하는 아들. 새 신자로서 정절을 지닌 채 세상을 떠나다. 평안에 거하기를. 그의 부모가 이것을 만들다. 8월 2일에 묻히다.

　22. 루킬리아누스가 9년 8[개월] 22일을 살다 간 바키우스 발레리우스에게. 세례 예비자.

　23. 셉티미우스 프라이텍스타투스 카이킬리아누스. 모범적인 삶을 살다 간 하나님의 종. [주님] 제가 당신을 섬겼다면 저는 하나도 후회하지 않고, 당신의 이름에 감사를 드릴 것입니다. 그는 서른세살 여섯 달(의 나이에) 자기 영혼을 하나님께 바쳤다. [성 칼리스토 성당에 있는 성 세실리아 지하묘지에 보관되어 있음. 귀족 가문의 사람이었던 것 같으며, 세번째 이름이 지워져 있다. 드 로시는 이 비명이 3세기 초반에 제작되었을 것으로 추정한다.]

　24. 코르넬리우스. 순교자. 감독.

II. 오툉의 비명

이 헬라어 비명은 1839년에 프랑스 오텡 근처 생 피에르 예스트링에 성당 묘지에서 발견되었다. 추기경 피트라(Pitra)가 최초로 보고를 받았고, 여러 나라의 박식한 고고학자들에 의해 철저히 연구되었다. 예수회 신부들인 세키(Secchi)와 가루치(Garruci)는 이 비명에서 화체설과 연옥 교리에 대한 결정적인 증거를 발견하지만, 매리엇(Marriot)은 많은 노력을 기울여 그들을 논박한다. 이 비명에 현저히 눈에 띄는 것은 익튀스 상징이며, 따라서 이것이 초기에 제작된 것임을 암시하지만, 고고학자들은 이 점에 대해 견해가 엇갈린다. 피트라와 가루치, 그리고 그 외의 학자들은 제작 시기를 160-202년으로 추정하는 반면에, 키르코프(Kirchhoff), 매리엇, 슐츠(Schultze)는 개연성이 매우 높게 4세기 말이나 5세기 초로 추정하며, 르노망(Lenormant)과 르 블랑(Le Blant)은 5세기 혹은 6세기로 추정한다. 드 로시는 문자들이 그 안에 담긴 개념들만큼 오래되지 않았다고 주장한다. 이 비명은 추측으로 메울 수밖에 없는 어느 정도의 갭을 갖고 있다. 그것은 펙토리우스가 자기 부모와 친구들에게 대해 남긴 기념비로서, 두 부분으로 되어 있다. 첫번째 여섯 행은 아크로스틱(이합체, 익튀스)으로서 죽은 자(아마 어머니)에 관한 말을 담고 있으며, 둘째 부분에서는 아들이 말한다. 첫째 부분이 더 오래된 듯하다. 슐츠(Schultze)는 그것이 옛 기독교 찬송이었을 것이라고 추정한다. 다음은 매리엇의 (부분적으로 추측을 가미한) 번역이다:

'천상의 익튀스의 소생이여, 아직 죽을 인생들 틈에 살면서 신적인 물로부터 불멸로 인도하는 생명샘을 받았으니 거룩한 경외심을 품는 게 마땅하도다. 사랑하는 자여, 부(富)를 주는 영원히 흘러넘치는 지혜의 물로 그대 영혼을 소성케 하고, 성도의 구주께서 주시는 꿀처럼 단 음식을 받으라. 간절한 주림으로 먹고 익튀스를 그대의 손에 붙들라.'

'익튀스께 … 나의 주이시며 구주시여, 내게 가까이 오셔서 [나의 인도자가 되옵소서] 죽음의 시간이 지나가 버린 자들의 빛이시여, 당신께 간구하옵나이다.'

'내 마음에 소중한 내 아버지 아스칸디우스, 그리고 나의 [따스한] 어머니 … 펙토리우스를 기억하십시오.'

87. 카타콤이 주는 교훈

카타콤들은 니케아 이전 시대의 지하 기독교를 대표한다. 죽음과 영원 앞에서 영위된 그리스도인들의 삶을 드러낸다. 그 방대한 범위, 숙연한 어둠, 미로가 주는 신비, 조야한 비명(碑銘)들, 그림들, 조각들, 그 안에 담긴 수공예와 예배와 순교의 유물들이 당시 그리스도인들의 사회와 가정의 상태, 가난과 비천함, 예배정신, 시련과 고통, 사도들이 순교할 때부터 콘스탄티누스가 회심할 때까지 그리스도인들이 품었던 믿음과 소망을 생생하고도 인상 깊게 전해준다. 오늘날 산목숨으로 이 죽은 자들의 영역에 내려가 본 방문객은 15세기 전에 성 제롬이 받았던 것과 똑같은 인상을 받는다. 숙연한 어둠과 두려운 침묵과 거룩한 분위기가 사람을 압도한다. 그때와 다른 점이 있다면 어둠이 더 깊어졌고, 무덤들에서 보물들이 사라졌다는 것뿐이다. 성공회 수석사제 스탠리(Dean Stanley)는 약간 수사학적 과장을 보태서 "카타콤들의 이미지에 철저히 잠겨본 사람은 테르툴리아누스나 오리게네스의 정교한 논문을 암기한 사람보다 초기 교회의 사고를 더 가깝게 이해할 것이다."[23]

이 거대한 지하 공동묘지가 발견된 사건을 놓고서 로마 가톨릭과 개신교 양 진영의 저자들은 부당하게도 논쟁과 변증에 사용했다. 전자는 그 안에서 성인, 화상, 성유물 숭배, 성모 숭배, 베드로의 수위성, 칠성사(七聖事), 실제적 임재, 심지어 화체설과 연옥을 뒷받침하는 역사적 근거를 발견한다. 반면에 후자는 그 안에서 사도적 교회가 단순한 삶과 예배를 견지했다는 증거를 발견하며, 하나님께서 어리석고 약하고 세상에서 멸시받는 자들을 택하여 지혜롭고 강하고 유능한 사람들을 부끄럽게 하신다는 사도 바울의 교훈의 현실적인 예를 발견한다.[24]

쟁점들을 명쾌하게 풀어주는 열쇠는 기념비들과 비명들의 연대에 달려 있지만, 그것은 매우 불확실하다. 저명한 고고학자들조차 견해가 크게 엇갈린다. 로마 가톨릭 진영을 대표할 만한 학자로 평가되는 드 로시(John Baptist de Rossi)는 성 루키나와 성 도미틸라의 지하묘지에 있는 일부 그림들과 비문들의 연대를 1

---

23) *Study of Ecclesiastical History*, prefixed to his *Lectures on the History of the Eastern Church*, p. 59.

24) 로마 교회의 관점에서 카타콤을 다룬 저자들 가운데는 Marchi, De Rossi, Garrucci, Le Blant, D. de Richemond, Armellini, Bartoli, Maurus, Wolter, Martigny, A. Kuhn, Northcote, Brownlow, F. X. Kraus, Diepolder가 있다. 개신교의 관점에서 카타콤을 다룬 저자들 가운데는 Piper, Parker, Maitland, Lundy, Withrow, Becker, Stanley, Schultze, Heinrich, Roller가 있다.

세기나 2세기 초까지 거슬러 올라가 잡는다. 반면에 거의 대등한 명성을 갖고 있는 옥스퍼드의 파커(J. H. Parker)는 "프레스코화들 가운데 족히 4분의 3은 8세기와 9세기에 복원된 것들"이라고 하며, "나머지 1/4도 상당수가 6세기에 제작된 것들"이라고 한다. 더 나아가 카타콤의 그림들에는 "콘스탄티누스 시대 전에는 종교적 주제가 등장하지 않는다"는 것과, "4, 5세기의 그림들은 완전히 성경 주제들에 국한되어 있다"는 것, 그리고 "6세기 이전에는 성인이나 순교자의 그림이 단 한 점도 없고, 8세기 이전에도 거의 찾아볼 수 없으며, 그 후에야 비로소 많아지게 된다"는 것을 덧붙여 주장한다.[25] 르낭(Renan)은 카타콤에 남은 가장 초기의 그림들이 4세기 것들이라고 평가하며, 3세기 것은 (도미틸라의 카타콤에) 극소수 존재한다고 본다. 테오도레 몸젠(Theodore Mommsen)은 도미틸라의 묘지(Caemeterium Domitillae)가 주후 95년이라는 이른 시기에 만들어졌다는 드 로시의 주장에 설득력이 없다고 평가하며, 오히려 그것이 플라비우스가(家) 황제들 시대보다 하드리아누스와 피우스 시대에 만들어졌다고 본다.

그러나 어느 경우든 카타콤들에서 완전한 신조를 찾는다는 것은 오늘날의 묘지에서 그것을 찾는 것과 다름없이 불합리한 일이다. 우리가 정작 카타콤에서 기대할 수 있는 것은 일반인들이 갖고 있던 종말에 대한 생각 혹은 죽음과 영원에 관한 정서, 그리고 당시의 개인과 사회 생활의 자취들이다. 이교와 유대교와 이슬람교와 기독교의 묘지들이 저마다 독특한 특징들을 갖고 있을지라도, 모두 인간 본성과 떼어놓을 수 없는 여러 가지 것들을 공유하고 있다. 로마 가톨릭 묘지는 십자가상과 수난상, 연옥에 관한 언급과 죽은 자를 위한 기도로 쉽게 식별되는 반면에, 개신교 묘지는 비명들에 성경이 자주 언급되는 점과, 신자가 죽으면 즉시 그리스도 앞으로 간다는 소망과 기쁨이 표현되어 있다는 점으로 쉽게 식별된다. 카타콤들은 나름대로의 특징이 있어서 개신교 묘지들뿐 아니라 로마

---

25) *Catacombs*, Pref. p. xi. 브리태니커 백과사전(제9판)의 '카타콤' 항목 필자도 같은 견해를 제시한다: "현존하는 프레스코들이 8세기 혹은 심지어 그 후대에 복원되었고, 복원되기 이전의 특성은 대단히 불완전하게 밖에 발견할 수 없다는 것이 어느 정도 확실하다." 그런 뒤 그는 Parker가 카타콤에 들어가서 마그네슘 광선으로 찍은 귀중한 사진들을 언급하면서, Milman과 마찬가지로 Perret의 화려한 저서에 나오는 완성된 그림들을 진리와 성실을 추구해야 할 역사가로서 내놓아서는 안 될 것들이라고 비판한다.

가톨릭 묘지들과도 구분된다.

카타콤들의 가장 현저한 상징들과 그림들은 선한 목자, 물고기, 포도나무이다. 이 상징들이 4세기 이후에는 완전히 사라지지만, 초기 그리스도인들의 마음에는 신조들과, 삶과 죽음에 유일한 위로인 그리스도와 그분이 이루신 구원에 관해 그리스도인들에게 필수적인 내용을 유치한 단순함으로 생생하게 표현했다. 선한 목자상은 그 배경이 이탈리아의 사비니의 언덕이든 갈릴리 언덕이든 길 잃은 양을 찾음, 자상한 배려와 보호, 푸른 풀밭과 시원한 샘, 목숨을 바침 등의 주제들을 묘사한다. 한 마디로 구주에 관한 전부를 묘사하는 것이다.[26] 이 그림이 인기를 누렸다는 것을 알면 헤르마스(Hermas)가 쓴 「목자」(Pastor)가 왜 그토록 큰 인기를 누렸는지 이해할 수 있게 된다. 2세기 중반경에 로마에서 집필된 이 책은 4세기까지 신약성경의 일부분으로서 여러 교회들에서 읽혔다(시내 사본에는 이 글이 신약성경에 들어 있다). 물고기는 구원에 관한 동일한 생각을 다른 형태로 표시하되 헬라어(익튀스의 각 철자의 의미)에 익숙한 사람들에게만 그러했으며, 물고기를 일용할 양식과 중생의 세례의 물과 관련지었다. 포도나무도 신자가 그리스도와 맺은 생명의 연합과, 모든 신자들이 서로 나누는 생명의 사귐을 나타낸다.

카타콤의 또 다른 현저한 특징은 소망과 기쁨이 배여 있는 종말론이다. 카타콤은 상징들과 단어들로써 이 세상에서 그리스도와 맺고 있는 생명의 연합에 뿌리와 터를 둔 영혼 불멸과 육체 부활에 대한 확고한 신념을 선포한다. 이 영광스러운 소망이 가난과 시련과 박해의 시대를 지나던 초기 그리스도인들에게 위안과 힘을 주었다. 이 특징은 당시의 이교 사상과도 크게 대조되었을 뿐 아니라,

---

26) Stanley, l. c., p. 283: "초기 그리스도인들의 보편적인 신앙이 무엇이었는가? 그것은 한 마디로 선한 목자에 대한 신앙이었다. 선한 목자의 친절과 용기와 은혜와 사랑과 아름다움이 그들에게는 기도서이자 신조이자 교회법이자 전부였다. 그들은 선한 목자상을 바라보았고, 그것이 그들이 원하는 모든 것을 전달해 주었다. 세월이 지나가면서 선한 목자상은 기독교 세계의 정신에서 희미해졌고, 기독교 신앙의 또 다른 상징들이 그 자리를 차지했다. 은혜롭고 자비한 목자 대신에 전능한 재판장이나 십자가에 달려 고통스러워하는 분, 혹은 어머니의 품에 안긴 아기나 마지막 만찬을 나누는 주인, 혹은 무수히 많은 성인들과 천사들의 그림들이나 다양한 신학 논쟁들에 대한 정교한 주해들이 등장했다."

중세의 종말론과도 현저히 달랐다. 당시의 이교 사상에서 미래 세계란 음울하게도 공백에 지나지 않았고, 중세 종말론도 매우 진지한 그리스도인들에게 미래 세계를 고통스런 형벌이 계속되는 음울한 장소로 생각하게 만들었기 때문이다. 따라서 부활에 대한 영광스러운 소망이야말로 카타콤들이 주는 주되고도 유일한 교리적 교훈이었다.

다른 몇 가지 점에서 카타콤들은 새로운 빛을 비춘다. 특히 기독교가 어떻게 전파되었는지, 기독교 예술이 어떻게 시작되었는지를 엿볼 수 있게 한다. 카타콤의 규모가 엄청나게 크다는 점은 기독교가 일반적으로 생각하는 것보다 이교 로마에서 수적으로 훨씬 강했음을 암시한다.[27] 그 안에 있는 무수한 장식들은 초대 그리스도인들이 유대인들에게 물려받은 그림과 조각에 대한 혐오감이 그다지 보편적이지도 않았고, 니케아 이전 시대 저자들의 글에서 추론할 만큼 오래 지속되지도 않았음을 단적으로 입증한다. 오히려 헬라인들과 로마인들에게 물려받은 예술에 대한 일반 신자들의 사랑이 신학자들에 의해서 별로 영향을 받지 않았고, 결국 이론가들의 거리낌을 누르고 성행했을 가능성이 더욱 높다.

카타콤이 최초로 발견되었을 때 그것은 기독교 세계에 큰 놀라움을 안겨주었고, 셀 수 없이 많은 순교자들과 참혹했던 박해, 그리고 초기 그리스도인이 살아서든 죽어서든, 상황에 따라 어쩔 수 없어서 그랬든 선호해서 그랬든 땅 밑의 어둠 속에서 모였던 일에 관한 조야한 공상들을 낳게 했다. 하지만 면밀한 조사로 인해 기담(奇談)이 물러가고 실재가 두터워졌다.

니케아 이전 시대 유물들에 나타나는 신앙과 니케아 이전 시대 문헌에 나타나는 신앙 사이에는 아무런 모순이 없다. 둘은 서로를 보완하고 예시해 준다. 둘 다 중세 가톨릭도 현대의 개신교도 보여주지 않고, 다만 고백자들과 순교자들이 살던 속사도적 기독교를 보여준다. 그것은 단순하고 겸손하고 꾸밈없고 무학하고 비세속적이고 죽음과 복된 부활에 대한 소망에 강한 태도를 나타내는 기독교

---

27) Theodore Mommsen (in "The Contemp. Rev." 1871년 5월호, p. 167): "기독교 로마의 지하묘지가 차지하는 공간은 공화정 시대 로마의 상하수도 체제조차 따라올 수 없을 정도로 엄청난 규모로서, 사도 바울이 로마서에서 말하는 그 공동체의 작업임에 틀림없다. 그것은 제국 수도의 중요성에 부합하게 로마 교회가 크게 발전했다는 생생한 증거이다."

였다. 독특한 교리도 후대의 관습도 없었고, 다만 상징주의와 신비주의와 금욕주의와 대중적 미신에 대한 애착이 강한 그런 기독교였다. 순교자 유스티누스, 테르툴리아누스, 알렉산드리아의 클레멘스, 오리게네스의 저서들에서 발견하게 되는 것이 바로 그것이다.

제 8 장

부패한 이교 사회와 대조를 이룬 그리스도인의 삶

88. 참고문헌

I. SOURCES: The works of the APOSTOLIC FATHERS. The Apologies of JUSTIN. The practical treatises of TERTULLIAN. The Epistles of CYPRIAN. The Canons of Councils. The APOSTOLICAL CONSTITUTIONS and CANONS. The Acts of Martyrs.—On the condition of the Roman Empire: the Histories of TACITUS, SUETONIUS, and DION CASSIUS, the writings of SENECA, HORACE, JUVENAL, PERSIUS, MARTIAL.

II. LITERATURE: W. CAVE: *Primitive Christianity, or the Religion of the Ancient Christians in the first ages of the Gospel.* London, fifth ed. 1689.

G. ARNOLD: *Erste Liebe, d. i. Wahre Abbildung der ersten Christen nach ihrem lebendigen Glauben und heil. Leben.* Frankf. 1696, and often since.

NEANDER: *Denkwürdigkeiten aus der Geschichte des christlichen Lebens* (first 1823), vol. i. third ed. Hamb. 1845. The same in English by Ryland: *Neander's Memorials of Christian Life,* in Bohn's Library, 1853.

L. COLEMAN: *Ancient Christianity exemplified in the private, domestic, social, and civil Life of the Primitive Christians,* etc. Phil. 1853.

C. SCHMIDT: *Essai historique sur la société dans le monde Romain, et sur la transformation par le Christianisme.* Par. 1853. The same transl. into German by A. V. Richard. Leipz. 1857.

E. L. CHASTEL: *Études historiques sur l'influence de la charité durant les premiers siècles chrét.* Par. 1853. Crowned by the French Académie. The same transl. into English (*The Charity of the*

Primitive Churches), by G. A. Matile.   Phila. 1857.

A. **Fr.** VILLEMAIN : *Nouveaux essais sur l'infl. du Christianisme dans le monde Grec et Latin.*   Par. 1853.

BENJ. CONSTANT MARTHA (Member of the *Académie des sciences morales et politiques*, elected in 1872) : *Les Moralistes sous l'Empire romain.* Paris 1854, second ed. 1866 (Crowned by the French Academy).

FR. J. M. TH. CHAMPAGNY : *Les premiers siècles de la charité.* Paris, 1854.   Also his work *Les Antonins.*   Paris, 1863, third ed. 1874, 3 vols.

J. DENIS : *Histoire des theories et des idées morales dans l'antiquité.* Paris, 1856, 2 tom.

P. JANET : *Histoire de la philosophie morale et politique.*   Paris, 1858, 2 tom.

G. RATZINGER : *Gesch. der kirchlichen Armenpflege.*   Freib. 1859.

W. E. H. LECKY : *History of European Morals from Augustus to Charlemagne.*   Lond. and N. Y. 1869, 2 vols., 5th ed. Lond. 1882.   German transl. by *Dr. H. Jalowicz.*

MARIE-LOUIS-GASTON BOISSIER : *La Religion romaine d'Auguste aux Antonins.*   Paris, 1874, 2 vols.

BESTMANN : *Geschichte der christlichen Sitte.*   Nördl. Bd. I. 1880.

W. GASS : *Geschichte der christlichen Ethik.*   Berlin, 1881 (vol. I. 49–107).

G. UHLHORN : *Die christliche Liebesthätigkeit in der alten Kirche.*   Stuttg. 1881.   English translation (*Christian Charity in the Ancient Church*). Edinb. and N. York, 1883 (424 pages).

CHARLES L. BRACE : *Gesta Christi : or a History of humane Progress under Christianity.*   N. York, 1883 (500 pages).

89. 로마 제국의 도덕적 부패

기독교는 진리의 계시일 뿐 아니라 설립자의 한 점 흠 없는 모범에서 끊임없이 영감이 솟아나는 성결(聖潔)의 샘이다. 그것은 모든 도덕 철학 체계들보다 강력하다. 그리고 그 신적인 기원을 순수한 교리 못지않게 도덕적 행위로써도 입증한다. 기독교는 고유의 원동력에 힘입어 소란과 동요 없이 상황이 유리하지 않을지라도, 오히려 온갖 가능한 장애를 무릅쓰고서 점진적으로 위대한 도덕적 개혁(좀 더 사실대로 말하자면 사회 개량)을 이루어 왔고, 역사가 그것을 목격해 왔다. 그 과정에서 기독교가 무수히 많은 개인들의 삶에 끼친 정결과 숭고함과 격려는 비록 역사 기록에는 빠져있을지라도 생명책에는 남김없이 기록되어 장차 심판 날에 밝히 드러날 것이다.

기독교가 수행해온 이러한 과업을 이해하기 위해서는 먼저 이교가 역사에 가장 강력하게 영향력을 발휘할 때 도덕적으로 어떤 상태에 있었는가를 살펴봐야 한다.

기독교가 지상에 확고한 발판을 마련한 당시에 이교 문명과 로마 제국은 절정을 구가하고 있었다. 아우구스투스의 재위 기간이 이교 문학의 황금기였다. 그의 후계자들은 공화정이 정복해 놓은 영토에 브리타니아와 다키아를 덧붙였다. 내부 조직은 트라야누스와 안토니누스가(家) 황제들에 의해서 완성되었다. 유럽에서 가장 아름다운 나라들과 아시아와 아프리카의 상당한 지역이 공화정 형태로 통일된 제국 정부 아래서 질서가 잘 확립된 체제의 혜택을 받았다. 바다에서 출몰하던 해적들도 소탕되었다. 생명과 재산이 안전하게 보호되었다. 군사 도로들과 운하들과 농업이 향상되었고, 모든 분야의 산업이 융성하였다. 신전들과 극장들과 수도교(水道橋)들과 공중목욕탕들과 온갖 종류의 웅장한 건물들이 대도시들을 장식했다. 학문 기관들을 통해 문화가 널리 보급되었다. 하나의 고전 문학을 지닌 두 개의 언어, 즉 동방의 헬라어와 서방의 라틴어가 제국에서 통용되었다. 서적 매매와 그에 따른 제지업이 무시할 수 없는 산업이었으며, 뼈대있는 가문에는 어김없이 많은 장서를 보유한 서재가 있었다. 사람들의 왕래가 잦은 로마의 거리들에는 서점들과 공립 도서관들이 자리잡고 있어서 글을 읽을 줄 아는 사람들이 자주 찾았다. 무수한 노예들이 필사자(筆寫者)들로 고용되어 저자나 독자가 부르는 즉시 글을 받아적었으며, 현대의 인쇄소에 못지않은 속도로 사본들을 만들어냈다.[1] 폼페이와 헤르쿨라네움에 대한 발굴 결과들은 심지어 시

---

1) Friedlaender, III. 369 sqq. (5th ed.)은 로마에서 이루어지던 서적 매매에 관해 매우 흥미로운 정보를 제공한다. 그 규모는 일반적으로 추정하는 것보다 훨씬 더 방대했으며, 노예 노동에 의해 촉진되었다. 책값이 아주 쌌다. 마르티알리스(Martial)의 처녀작(118편의 시에 700행이 넘음)이 최고의 장정일 경우에도 5데나리(80센트)밖에 되지 않았다. 율리우스 카이사르는 공립 도서관들을 건립할 계획을 세웠으나, 난관에 부닥쳐 뜻을 이루지 못했다. 하지만 오자와 탈자가 많은데다, 문장과 단락의 구분이 없고, 구두점이 없어서 편안하게 즐기면서 읽는 재미가 크게 삭감되었다. 아시니우스 폴리오(Asinius Pollio)는 서클들을 초대한 뒤 그들 앞에서 신간 서적들을 낭독하는 관습을 도입했다.

골 마을들에서도 가정 생활이 상당히 안락하고 운치가 있었음을 보여준다. 로마의 웅장하고 화려한 유적들은 어떠한가? 카이사르의 궁전들, 하드리아누스의 대영묘(大靈廟), 카라칼라의 목욕탕, 수로(水路)들, 개선 아치들과 기둥들, 무엇보다도 베스파시아누스가 건축한 높이 45m에 8만 이상의 관중을 수용할 수 있었던 콜로세움 앞에 서면 경이로움에 입을 다물지 못하게 된다. 네르바가 즉위할 때부터 마르쿠스 아우렐리우스가 죽을 때까지의 84년을 어떤 대가는 "세계사에서 가장 행복하고 번성했던 시기"로 평가했다.[2]

그러나 이것은 겉모습만 봤을 때의 이야기이다. 내면은 외면과 일치하지 않았다. 심지어 현제들로 평가받는 안토니누스가(家) 황제들 치하에서도 대다수 사람들은 노예제도나 가난의 멍에 아래서 신음했다. 검투 경기가 사람들을 잔인하게 만들었다. 제국 변경 지대들에서는 끊임없이 격렬한 전쟁이 벌어지고 있었다. 도덕적으로 가장 수준이 높고 평화로웠던 백성들인 그리스도인들은 아무런 권리가 없었고, 어느 순간에든 신앙의 이유로 야수들에게 던져질 위태로운 처지에 있었다. 그리스 · 로마의 권력이 활짝 피어난 시대가 동시에 내리막길로 접어들고 있었다. 화려한 겉모습 속에는 치유할 수 없는 도덕적 부패와 말할 수 없는 비참한 상황이 가려져 있었다.

웅장한 건축물들은 헤아릴 수 없이 많은 노예들이 짐승만도 못한 대우를 받아가며 피땀 흘린 결과였다. 플라비우스의 원형경기장 단일 공사에만 1만2천 명의 유대인 전쟁 포로들이 투입되었다. 그것이 건설된 목적도 야수들과 하나님의 형상으로 지음을 받은 인간들이 싸우는 모습으로 백성의 잔인한 취향을 만족시키려는 것이었다. 전쟁에서 패한 민족들로부터 쏟아져 들어온 부로 인해 극도의 사치가 성행했다. 단 한 번의 식사를 위해 사모스에서 들여온 공작, 페시누스에서 들여온 강꼬치고기, 타렌툼에서 들여온 굴, 이집트에서 들여온 대추야자, 스페인에서 들여온 견과(堅果), 한 마디로 세계 전역에서 들여온 희귀한 음식들이 동원되었고, 식욕을 자극하고 위를 가볍게 하기 위해서 먹었던 것을 도로 토해냈다. "그들은 먹고 나서 토하고, 토하고 나서 다시 먹는다"고 세네카는 말한다. 티베리우스 치하에 살던 아피키우스(Apicius)는 술을 마실 때 잔에 진주들을 넣

<hr>

2) Gibbon, *Decline and Fall*, ch. III. Renan도 같은 견해를 표시한다.
3) 그가 자살한 이유는 삶에 대한 염증에서였든지, 아니면 6천만 내지 1억 세스테

어두고 마셨고, 거액을 들여 식욕을 충족시키며 살다가 결국 자살했다.[3]

황제들 가운데 비텔리우스와 헬리오가발루스(혹은 엘라가발루스)가 그를 흉내내며 살았다. 노예들 가운데는 부유한 귀족들의 옷치장을 담당하고, 잔주름을 펴주고, 의치(義齒)를 해주고, 눈썹을 그려주던 코즈메타(cosmeta. 복수형 cosmetes)라고 하는 특수한 계층이 있었다. 이러한 사치와 함께 이성간의 혹은 동성간의 쾌락 추구가 자행되었으며, 그 방탕함은 입에 올리기조차 민망할 정도였다. 이렇게 막대한 부를 누리던 사회의 이면에는 절망적인 빈곤이 자리잡고 있었다. 도시들이 흥청대는 동안 속주들은 수탈을 당했다. 백성들은 등이 휠 정도의 세금 부담을 짊어지고 살았고, 전쟁과 전염병과 기근으로 그들의 비참한 상태가 가중되었다. 지배 계층은 무기력한 상태에 있었고, 하층민들이 아무리 떠받들어도 과거의 힘을 회복하지 못했다. 자유 시민들은 신체적·도덕적 활력을 잃은 채 무기력한 서민 계층으로 내려앉았다. 셋째 계층은 노예들의 거대한 집단이었다. 이들은 온갖 노동을 도맡았고, 심지어 토지까지 경작했으며, 전쟁이 나면 언제든 제국의 원수들 편에 가담할 준비가 되어 있었다. [건강한 사회의 유일한 근간이 되는 근면한 시민들, 즉 중산층은 노예제도와 공존할 수 없는 법

르티우스(1/4 데나리우스)를 쓴 뒤에 남은 천만 세스테르티우스를 가지고 남은 여생을 살 수 없다고 생각했기 때문이었다. 세네카, *Ad Helv.* x. 9. 헬리오가발루스는 아피키우스를 자신의 귀감으로 삼았다. 그러나 이들은 예외적인 사람들이었고, 그랬기 때문에 유명해진 것이다. 로마인들의 사치라는 주제에 대해서는 Friedlaender의 *Sittengeschichte*, pp. 1-152를 참조하라. 그는 이러한 일반적인 견해를 다소 수정하여 아피키우스를 모방한 사람들이 로마 귀족 사회보다 루이 14세, 15세, 16세 치하의 프랑스 식도락가들 사이에 더 많았다고 생각하며, 18세기의 몇몇 군소 공작들, 이를테면 작센의 왕 아우구스트(그는 한 번의 오페라에 천 8만 탈러〈독일의 옛 3마르크 은화〉를 지불했다)와 뷔르템베르크의 공작 카를 같은 사람들이 가난한 백성의 고혈을 짜내 사치와 방탕을 일삼은 이교 황제들과 거의 대등했다고 생각한다. 고대 로마인들의 재산 정도는 근대의 러시아와 영국 귀족들과 프랑스의 은행가들과 미국의 부호들보다 못했지만, 구매력은 훨씬 더 컸다. 가장 부유했던 로마인들은 Ca. Lentulus와 Narcissus(네로의 자유민)였으며, 이들의 재산은 4백만 세스테르티우스(6천5백만 내지 7천만 마르크)에 달했다. 제정 시대의 건축은 화려함과 웅장함에서 현대의 모든 왕궁들을 능가했지만, 공원들과 정원들에서는 현대의 영국이 고대 로마를 훨씬 능가한다.

이다.) 주로 제도교육을 받지 못한 시민들과 야만족들로 구성되어 있던 군대가 제국을 떠받치고 있었고, 이런 수준의 군대를 이용하여 정부는 갈수록 군사 독재의 성격을 띠어갔다. 과거에 로마를 제국으로 떠오르게 했던 애국심과 공개 토론에 대한 신뢰가 이제는 사라지고 없었다. 저급한 탐욕과 의심과 시기와 고리대금과 뇌물과 오만과 노예근성이 도처에서 성행했다.

도덕성의 붕괴는 상류층에서부터 시작되어 하층민들에게로 체계적으로 진행되었다. 물론 옛 로마의 패기와 정의심을 지닌 황제들이 없었던 것은 아니다. 트라야누스, 안토니누스 피우스, 마르쿠스 아우렐리우스 같은 소수의 황제들은 지금도 많은 사람들의 기억 속에 존경스럽게 남아 있다. 그러나 그들이 할 수 있었던 최선의 일이란 안으로 곪아들어가는 과정을 더디게 하고, 환부를 잠시 동안 가린 것뿐이었다. 그들은 환부를 치유할 수 없었다. 대다수 황제들이 저급한 군사 독재자들이었으며, 그들 중 몇몇은 악의 화신이라 할 만한 자들이었다. 세계사에서 티베리우스부터 도미티아누스까지, 코모두스부터 갈레리우스까지 이르는 시기만큼 그렇게 많고 가증스러운 죄악으로 권좌가 더럽혀진 시기는 찾아볼 수 없다. 기번(Gibbon)은 이렇게 말한다. "황제들의 연대기들은 강하고 다양한 인간 본성의 한 면을 보여준다. 현대사에 등장하는 복잡하고 의심스러운 인물들에게서는 그것을 도저히 찾을 수 없다. 그 군주들의 행위에서는 악과 선의 극단적인 모습들이, 즉 인간의 가장 완벽함과 가장 저급함이 나타난다."[4] 참사회원 신부 파러(Canon Farrar)는 이렇게 말한다. "역사상 카이사르들이 다스리던 로마시에서만큼 극악한 악행들을 드러내놓고 자행하던 그런 시대나 장소는 아마 다시 없었을 것이다."[5] 물론 교황의 창부(娼夫) 정치 시대(10세기 전반)와 알렉산더 보르지아(Alexander Borgia)가 다스리던 시기도 예외일 수가 없다. 이 두 시기는 짧은 기간 동안 온 교회를 비분강개하게 만들었다.

로마의 이교 사가들은 카이사르들의 인격적 결함과 악행을 단죄하고 그 내용을 영구히 기록으로 남겼다. 그들의 기록에 의하면 티베리우스는 사람과의 접촉을 싫어하고 잔인하고 방탕했다. 미친 폭군 카이우스 칼리굴라는 재미로 사람들을 고문하고 목을 베고 톱으로 켜 죽였고, 원로원 의원들 전원을 살해할 계획을

---

4) *Decline and Fall*, ch. III. (「로마제국 쇠망사」)

5) *Seekers after God*, p. 37.

진지하게 고려했고, 자기가 타는 말에게 집정관과 사제의 지위를 부여했으며, 폭풍우가 부는 날에는 침대 밑을 기었다. 더 이상 내려갈 데 없이 타락한 '죄악의 발명가' 네로는 자신의 가정교사들이었던 부루스(Burrhus)와 세네카, 이복형제이자 매형 브리타니쿠스(Britannicus), 자신의 어머니 아그리피나(Agrippina), 아내 옥타비아(Octavia), 자신의 정부 포파이아(Poppaea)를 독살하거나 살해했고, 순전히 재미로 로마에 불을 질렀고, 그러고 나서는 무고한 그리스도인들을 자신의 정원에서 횃불 삼아 태워 죽였으며, 지옥을 연상케 하는 연극 무대에 직접 전차 기수로 등장했다. 호색적이고 탐욕스러운 비텔리우스(Vitellius)는 먹는 데만 엄청난 돈을 소비했다. 악을 교묘하게 자행한 도미티아누스는 호랑이보다는 고양이에 가까운 자로서, 죽어가는 사람들의 고통을 지켜보거나 파리를 잡는 일을 낙으로 삼았다. 코모두스(Commodus)는 부끄러운 줄 모른 채 수백 명의 첩들과 주색잡기를 일삼았으며, 검투장에서 사람들이 짐승들과 격투를 벌이는 모습에 열광했다. 헬리오가발루스는 천한 사람들을 고관으로 임명하고, 여장(女裝)을 하고, 자신과 똑같이 방탕한 소년과 결혼하는 등, 한 마디로 모든 윤리와 순리를 뒤집다가, 마침내 자기 어머니와 함께 군인들에게 살해되어 흙탕물이 흐르는 티베르 강에 던져졌다. 이 극악무도한 황제들은 자신들의 불경건과 악의 분량을 끝까지 채우기라도 하듯이 죽은 뒤에도 원로원의 정식 법령에 의해 신들의 반열에 올랐고, 축제들과 신전들과 사제단에 의해서 사람들의 기억에 살아남았다. 기번의 말에 따르면 황제는 '사제이자 무신론자이자 신'이었다. 어떤 이들은 여기에 아마추어 배우와 검투사의 지위를 덧붙인다. 도미티아누스는 심지어 생시에도 자신을 '우리의 주와 신'(Dominus et Deus noster)으로 부르도록 했고, 금·은으로 만든 자신의 신상들에 온갖 짐승들을 제물로 바치게 했다. 종교를 이보다 더 공개적으로 공식적으로 조롱한다는 것은 상상하기 어렵다.

황제들의 아내들과 정부들도 별로 나을 게 없었다. 그들은 주연을 베풀며 사치와 악행에 탐닉했고, 은신을 신긴 노새들이 끄는 전차를 타고 거리를 누볐고, 한 벌 옷에 거액을 탕진했고, 악한 음모를 꾸미기를 좋아했고, 남편들이 죄 짓는 것을 도왔으며, 그러다가 결국 남편들과 함께 비참한 최후를 맞았다. 클라우디우스의 아내 메살리나(Messalina)는 자신이 좋아하는 자들 가운데 한 사람과 결혼 주연을 벌이다가 남편의 지시로 살해되었다. 네로의 어머니 아그리피나는 남편을 독살한 뒤에 아들에게 살해되었으며, 네로의 아내들에게도 잔인하게 굴어서 그 중 임신한 며느리를 발로 차서 죽였다. 짐승과 다를 바 없는 이 여자들도 죽은 뒤에 신격화되었으며, 유노나 베누스의 반열에 올랐다.

상류층의 부패가 일반 대중에게로 내려갔다. 당시의 대중은 '빵과 서커스' 밖에 몰랐으며, 거기에 탐닉하다가 주인들의 극악한 죄악을 병적인 호기심과 흥미를 가지고 지켜보았다.

상황이 이쯤 되었으니 간결한 웅변과 옛 로마적인 신랄함으로 네로와 그 밖의 황제들의 괴악한 삶을 영원한 수치로 노출시킨 타키투스(Tacitus)가 야만족인 게르만족 말고는 아무데서도 희망의 별을 발견하지 못하고, 신들의 두려운 응징과 심지어 제국의 급속한 멸망을 예고한 것이 조금도 이상한 일이 아니었다. 실제로 로마를 최후 멸망에서 구할 수 있는 세력은 어디에도 없었다. 갈수록 확산되기만 하던 전쟁과 폭동과 홍수와 지진과 전염병과 기근과 야만족의 침입과 온갖 종류의 예언적 재앙이 로마의 임박한 멸망을 예고하고 있었다. 서서히 그러나 확실한 해체와 쇠퇴의 길에 접어든 고대 로마가 우리에게 가르쳐 주는 교훈을 어떤 시인은 이렇게 노래한다.

> " … 인류가 남긴 가장 슬픈 교훈,
> 하지만 이것도 결국은 과거의 재현일 뿐.
> 먼저 자유를 쟁취한 다음 영광을 얻는다.
> 그러다 그 빛이 바래면
> 부와 악과 부패가 퍼지고, 마침내 야만성이 판친다."

90. 스토아 학파의 윤리

이제는 눈을 밝은 곳으로 돌려 이교도들의 윤리를 살펴보자. 그들의 윤리를 잘 드러내는 것이 에픽테토스(Epictetos), 마르쿠스 아우렐리우스, 플루타르크의 가르침과 모범이다. 모두 순수하고 고상한 인물들로서, 한 사람은 노예였고, 다음 사람은 황제였고, 셋째 사람은 문필가였으며, 그 중 두 사람은 스토아 학자였고, 나머지 한 사람은 플라톤주의자였다. 사막과 같았던 이교 로마 세계에서 이들은 도덕적 삶으로 작은 녹색 지대처럼 신선함을 준다. 이들이 그만한 윤리를 견지할 수 있었던 비결이 양심(소크라테스의 선량한 귀신)의 인도였을 수도 있고, 성령의 독립된 사역이었을 수도 있고, 기독교의 간접적인 영향력이었을 수도 있다. 기독교의 간접적인 영향력은 이미 보이는 교회의 영역을 벗어나 사회의 도덕적 분위기에 퍼지기 시작했고, 법 체계에 과거에 알지 못했던 인간애와 정의의 정신을 불어넣기 시작했다. 2세기에는 무의식적 기독교(unconscious Christianity)의 도덕적 기류가 있었고, 그것이 보다 강력한 교회의 신앙 기류와 만나 교회의 궁극적 승리를 촉진했다.

사회의 양극단, 즉 최상류층과 최하류층을 대표한 두 사람이 고대 로마에서 자연적 덕(德)을 가르친 마지막이자 가장 위대한 교사들이었다는 것은 주목할 만한 사실이다. 이들은 부패가 만연한 칠흑 같은 어둠 속에서 찬란한 별들처럼 빛났다. 노예였던 에픽테토스와 제국의 황제인 마르쿠스 아우렐리우스는 이교 도덕가들 가운데 가장 순결한 사람들이었고, "자연적으로 기독교적인 영혼이 있다는 증거들"을 가장 강력하게 제공한다.

두 사람 모두 제논 학파에 속했다.

스토아 철학은 그리스에서 탄생했으나 로마에서 성장했다. 그것은 티베르 강변에서 문명 세계를 통치한 그 단호하고 엄숙하고 실질적이고 당당하고 자제력이 강하고 영웅적인 인물을 위해 준비된 철학이었다.[6] 공화정 시대에 우티카의 카토(Cato)는 이론가에 머물지 않고 진실한 스토아주의자로서의 삶을 살다가 죽었다. 사도 바울과 같은 시대를 살았던 세네카는 이론으로는 스토아 학자였고 거의 기독교적인 지혜를 피력했으나, 실제 생활에서는 끝없는 탐욕으로 자신의 사상을 뒤집었으며, "가장 지혜롭고 밝고 비열한 인간"으로서 프란시스 베이컨(Francis Bacon)을 예기했다.[7] 그가 남긴 윤리학의 절반은 단순한 수사학이다. 에

___

6) Zeller, l. c. p. 37: "기독교 시대 이전에 존재한 거의 모든 중요한 스토아 철학자들은 소아시아, 시리아, 에게 해 동부의 섬들에서 출생했다. 그런 뒤에 로마의 스토아 학자들이 줄을 이었는데, 그들 가운데 프리기아[브루기아] 출신의 에픽테토스가 현저한 지위를 차지한다. 그러나 그리스 본토에서는 3, 4류 학자들만 배출되었다."

7) Niebuhr는 세네카에 대해서 이렇게 말한다: "그는 자신이 다른 사람들에게 제시한 도덕법 없이도 살 수 있다는 원칙을 가지고 행동했다." Macaulay는 이렇게 말한다: "그 철학자는 2백만 파운드로 고리대금업을 하면서 가난의 덕을 예찬했다. 군주들조차 부러워하는 호화로운 정원에 앉아서 사치의 악을 비판하는 단상(斷想)들을 정리했다. 폭군의 총애를 받는 거만한 자유민에게 아첨하면서 자유를 외쳤다. 아들이 어

픽테토스와 마르쿠스 아우렐리우스에게서는 스토아 학파의 이론과 실천이 아름다운 조화를 이루며 만났으며, 가장 거부감을 주는 특징들을 그 두 사람 덕분에 훌쩍 벗어났다. 두 사람은 사람들에게 어떻게 살고 어떻게 죽어야 할지를 가르친 그 학파의 마지막이자 가장 탁월한 학자들이었으며, 로마 세계 전체가 속으로 곪아들어가고 있을 때 개인의 덕과 자유가 살아남을 피신처를 제공했다.

스토아주의는 고대의 모든 철학 체계들 가운데 기독교와 가장 가깝기도 하고 멀기도 했다. 가까웠던 것은 순결하고 고상한 교훈 체계와, 단순, 평정, 자제, 전능한 섭리자에 대한 복종 같은 덕목들이고, 멀었던 것은 자아 긍정, 자기 의존, 타인에 대한 경멸, 냉정한 무관심이다. 자존심이 스토아 철학의 기반이라면, 겸손이 기독교적 성결의 기반이다. 전자가 자기 중심적 태도에서 나오는 반면에, 후자는 하나님과 인간에 대한 사랑에서 나온다. 스토아주의자들이 구주의 필요성을 느끼지 못하고 절망적인 상황에서 조용히 자살을 하는 반면에, 그리스도인의 삶은 죄에 대한 자각에서 시작하여 사망을 정복하는 것으로 끝난다. 스토아주의자의 체념은 무쇠와 같은 필연적 운명에 대한 무관심과 굴복인 반면에, 그리스도인의 복종은 전능하시고 자비로우신 천부의 뜻에 기쁘게 드리는 순종이다. 스토아주의의 현자가 차갑고 움직이지 않는 조각상을 닮았다고 한다면, 기

_____

머니를 살해한 행위를 변호하는 글을 쓴 직후에 잉크가 채 마르기도 전에 그 펜으로 덕(德)의 신적인 아름다움을 예찬했다." Farrar(l. c. p. 161): "위선적인 많은 그리스도인들에게서와 마찬가지로 세네카의 생애에서도 세속적이면서 동시에 의롭다는 것이 불가능하다는 것을 분명하게 보게 된다. 그가 철저하게 실패한 원인은 자신의 인격 안에 정반대되는 두 가지 성격 — 스토아 학자의 성격과 궁정인의 성격 — 을 결합시키려고 헛된 노력을 한 데 있었다. 그에게서 우리는 가난의 고귀함에 대한 훌륭한 단상들이 부에 대한 강력한 탐욕과 결합되어 있는 것을 본다." 세네카의 생각들 가운데 성경과 비슷한 것들에 대해서는 Farrar의 글(ch. X V., 174-185)을 참조하라. 가장 현저한 구절들은 다음과 같다: "거룩한 영혼이 우리 안에 거한다. 그는 우리의 모든 악과 선을 감찰하고 감시하는 자이다." Ep. ad Lucil. 41. 비교. 고전 3:16. "우리들 가운데 잘못이 없는 사람은 아무도 없다 … 스스로를 용서할 수 있는 사람은 아무도 없다." De Ira. I. 14; II. 27. 비교. 요일 1:8. "부(富)는 인간 고통의 가장 큰 원인이다." De Tranqu. A n. 8. 비교. 딤전 6:10. "다른 사람이 여러분을 위해서 살아주기를 바란다면, 여러분도 다른 사람을 위해 살아야 한다." Ep. 48. 비교. 롬 12:10. "호의를 베푼 사람은 자신의 혀에 재갈을 물려야 한다." De Benef. II. 11. 비교. 마 6:3.

독교의 성인은 동료 인간들의 기쁨과 슬픔에 공감하여 심장이 박동하는 살아 있는 육체이다. 스토아주의는 소수를 위한 철학에 지나지 않지만, 기독교는 만민을 위한 종교이다.

91. 에픽테토스

에픽테토스(Epictetos)는 1세기 중반 이전에 브루기아의 도시 히에라볼리에서 태어났다. 골로새와 라오디게아에서 몇 km밖에 떨어지지 않은 이 도시는 사도시대 역사 때문에 우리에게 잘 알려져 있다. 그는 사도 바울의 제자이자 그 속주에 기독교 교회들을 설립한 에바브라와 동시대인이자 같은 민족 사람이었다(참조. 골 1:7; 4:12, 13). 에픽테토스가 비록 바울과는 접촉하지 않았더라도 에바브라와 일시적으로나마 접촉했을 가능성이 없지 않다. 그는 노예가 되어 로마로 끌려와서 에파프로디투스라는 주인을 섬겼으며(그 주인은 방탕한 자유민으로서 네로의 총애를 입었고, 훗날 네로가 자살하도록 도와주었다), 후에 자유를 얻었다. 그는 역경을 딛고 일어섰다. 자신의 단편집들 가운데 한 권에서 그는 이렇게 말한다. "자유와 노예신분은 덕과 악의 이름들에 지나지 않는다. 둘 다 의지에 따라 좌우된다. 의지가 자유로우면 노예가 아니다." 그는 한쪽 발을 절었고 몸도 허약했다. 오리게네스에 따르면 그가 주인에게 학대를 당할 때 꿋꿋이 참아내다가 발을 절게 되었다고 한다. 주인이 자기 발을 고문대에 걸 때 그는 "제 다리를 부러뜨리시겠군요"라고 조용하게 말했고, 다리가 부러지자 "그것 봐요. 제가 뭐랬어요!"라고 한 마디 덧붙였다. 이 말은 소크라테스가 아내 크산티페에게 심한 잔소리와 그에 이은 물벼락을 당한 뒤에 담담하게 천둥 끝에는 비가 온다고 했던 말을 기억하게 한다. 에픽테토스는 네로와 베스파시아누스 때 활동한 저명한 스토아 철학자 무소니우스 루푸스(Musonius Rufus)의 강의를 듣다가 나중에는 직접 가르치기 시작했다. 그러던 중 90년 이전에 도미티아누스의 명령으로 다른 철학자들과 함께 로마에서 추방당했다. 그가 정착하여 여생을 보낸 곳은 에피루스 남부의 니코폴리스로서, 악티움 해전이 치러진 곳에서 그리 멀지 않은 곳이다. 이곳에서 노소와 귀천을 무론하고 자신에게 배우려고 몰려든 학생들을 그는 제2의 소크라테스처럼 실내와 야외에서 교훈과 모범으로 가르쳤다. 황제 하드리아누스가 그를 로마로 모시려고 했으나(117) 성과를 거두지 못했다고 한다. 그가 죽은 연대는 밝혀지지 않는다.

에픽테토스는 원리와 필요에 따라 견유학파의 대가 디오게네스(Diogenes)를 본받아 가난하고 지극히 단순하게 살았다. 그에게 유일한 벗은 입양된 아이와 그 아이의 유모뿐이었다. 가구도 침대와 솥과 진흙 등잔이 전부였다. 루키아누스는 에픽테토스를 존경하던 어떤 사람이 등잔을 사용하여 철학자가 되어 보려는 생각에 3천 드라크마를 주고 등잔을 산 일을 가지고 조소를 퍼붓는다. 에픽테토스는 결혼과 자녀 출산을 말렸다. "지혜로운 사람들의 사회"에서는 결혼이 유익할 수 있지만, "현재 세상이 돌아가는 상태"에서는(그는 당시의 상태를 전장에 나간 군인들에 비유한다) 철학자가 결혼을 하면 신을 섬기는 일을 단념하게 되기 십상이라고 했다.[8] 이 견해와 그 근거로 제시된 이유는 사도 바울의 조언과 크게 다르면서도 나름대로 비슷한 점이 있다. 사도는 결혼 제도가 그리스도와 교회의 신비한 연합을 반영하고 있다고 보고 그 제도를 숭엄하게 여겼다.

이에 비해 에픽테토스는 이렇게 말한다. "나를 보라. 나는 도시도 없고 집도 없고 재산도 없고 노예도 없다. 잠도 땅바닥에서 잔다. 아내도 없고 자녀도 없고 별장도 없다. 내게 있는 것은 땅과 하늘과 한 벌 남루한 외투뿐이다. 내가 무엇을 더 바라겠는가? 내게 뭐 슬퍼할 게 있는가? 내게 뭐 두려울 게 있는가? 나는 자유롭지 않은가? … 내가 신이나 인간에게 원망을 했던가? … 나를 보고서 자기 왕과 주인을 보는 것처럼 생각하지 않을 사람이 어디 있는가?" 그의 비명(碑銘)은 그의 인품을 적절하게 묘사한다: "나는 노예 에픽테토스였다. 불구자였고, 가난해서 구걸해서 먹었으며, 신들에게 사랑을 받았다."

에픽테토스는 자신이 가장 존경한 소크라테스와 마찬가지로 자신에 관해서는 한 줄의 글도 남기지 않았지만, 크세노폰(Xenophon) 같은 인물을 발견했다. 그의 제자이자 친구였던 플라비우스 아리아누스(Flavius Arrianus)가 바로 그였다. 비시니아의 니코메디아 출신으로서, 알렉산더 대왕에 관해 쓴 위대한 역사가이자, 하드리아누스 치하에서 군인과 정치가로 활동한 그는 후대 사람들에게 자기

---

8) *Disc.* III. 22. 비교. 고전 7:35; 엡 5:28-33. Farrar는 *L. c.* p. 23에서 그 철학자와 사도 바울이 독신을 '완전에 이르는 길'로 높이 평가하는 데 일치한다고 생각한다. 그러나 이것은 로마 가톨릭의 견해일 뿐, 성경의 견해는 아니다.

스승의 교훈과 대화[디아트리바이]를 글로 남겼다. 원본은 여덟 권이었으나 네 권만 현존한다. 아리아누스는 그 밖에도 스승의 격언들을 수집하여 작은 지침서 (엔키리디온)에 담았다.

에픽테토스는 제논(Zenon)과 클레안테스(Cleanthes)처럼 예술과 덕행과 같이 이성과 자연 법칙에 부합하게 매우 실질적인 철학관을 가지고 출발한다. 덕의 토대를 신에 대한 믿음에 둔다. 신이 우주의 최고 권력자로서, 모든 사건을 자비로운 목적을 위해 이끌어간다고 본다. 철학이란 의를 가르치는 스승이고, 자기들의 약함을 느끼고 치료를 받고자 하는 병자들을 치유하는 내과의사이자 외과의사라고 말한다. 철학자는 신들이 죄를 범한 사람들에게 땅에서 대단히 빈궁한 상황에서까지도 행복할 수 있는 법을 배우도록 그들에게 보낸 사제이자 사자이다. 선하게 되고 싶다면 먼저 자신이 악하다는 것을 믿어야 한다. 실천이 따르지 않는 지식은 헛것이다. 모든 사람은 내면에 일종의 신인 감시의 영을 두고 있다. 그 영은 잠들지 않으며, 홀로 있을 때도 항상 곁에 있다. 이것이 소크라테스가 말한 다이모니온(daimonion), 즉 의인화된 양심이다. 사람은 그 신적인 음성에 귀 기울여야 한다. "숨쉬는 횟수보다 신을 더 자주 생각하라. 신에 관한 강론을 매일 새롭게 듣되, 밥먹는 것보다 더 확실하게 챙기라." 지혜의 총화는 오로지 자유와 자족을 열망하고, 견디고 삼가는 것이다. 세상에서 피할 수 없는 모든 악은 단지 외면의 현상일 뿐, 우리의 존재를 건드리지 못한다. 행복은 자기 의지에 좌우되며, 그것은 제우스조차 무너뜨리지 못한다. 지혜로운 사람은 자신이 통제할 수 없는 일에 기쁘게 순응한다. 모든 것을 아시는 아버지가 전체를 다스리는 줄을 알기 때문이다. "우리는 다음 두 가지 규칙을 항상 유념해야 한다. 첫째, 의지를 떠나서는 선한 것도 악한 것도 없다. 둘째, 운명을 주도하려고 해서는 안 되고 따라가야 한다."[9] 만약 형제가 내게 잘못하면 그것은 그의 과오이다. 내가 할 일은 스스로를 통제하여 그에게 올바로 처신하는 것이다. 지혜로운 사람은 상해와 불의 때문에 마음의 상처를 입지 않으며, 원수라도 사랑한다. 모든 사람은 형제들이고 하나님의 자녀들이다. 어디를 가든 그들이 있다. 따라서 추방을 당하는 것도 나쁜 일이 아니다. 영혼은 육체의 감옥에서 풀려나 하나님께로 돌아가기를 갈망한다.

---

9) *Discourses*, III. 10. 여기서 에픽테토스는 질병을 견뎌내는 방법을 논한다.

그럴지라도 에픽테토스는 영혼 불멸을 분명하게 가르치지 않는다. 죽음이란 차례로 소진되는 요소들로 돌아가는 것이라고 한다. 세네카는, 기독교적이라고도 할 수 있는 플라톤과 소크라테스의 불멸관에 훨씬 더 가깝게 접근한다. 스토아학파의 주된 이론은 세상 끝에 모든 개별적 영혼들이 신의 실체 속으로 용해되어 들어갈 것이라는 것이었다.[10]

에픽테토스는 아무데서도 기독교를 직접 언급하지 않는다. 다만 열정 혹은 광신으로 모든 두려움을 떨쳐버린 '갈릴리인들'에 관해 딱 한 번 언급할 뿐이다.[11] 그는 선대의 철학자들인 소크라테스, 디오게네스, 제논, 무소니우스 루푸스를 자주 회상한다. 그의 윤리적 이상은 헐벗고 돈도 없고 아내도 없고 자녀도 없지만 부족함도 욕구도 없고, 열정이나 분노도 없고, 친절하고 독립적이고 자족하고 침착하고, 삶과 죽음을 차분하게 혹은 무관심하게 바라보는 견유학파 철학자이다. 하지만 그것은 참된 이상과 크게 다르다. 이것은 마치 통을 집 삼아 살면서 대낮에 등불을 켜들고 '인간'을 찾으려 하던 디오게네스가, 실로 머리 둘 곳도 없으면서 인간들의 육체와 영혼에 선을 끼치기 위해서 두루 다니신 그리스도와 크게 달랐던 것과 같다.

에픽테토스의 「지침서」(Enchiridion)는 그 안에 담긴 순결한 도덕성 때문에 사람들에게 많은 사랑을 받았다. 신플라톤주의자인 심플리키우스(Simplicius)는 이 책에 관해 상세한 주석을 썼으며, 중세의 수사들은 그것을 복사하고 기독교화했다. 오리게네스는 에픽테토스가 플라톤보다 훨씬 더 유익을 끼쳤다고 생각했다. 니버(Niebuhr)는 이렇게 말한다. "그가 위대하다는 데에는 아무도 의문을 제기

---

10) 스토아 학자들이 결정하지 못하고 남겨둔 유일한 문제는 모든 영혼들이 그 시점까지 개별적인 영혼들로 존속할 것인가, 아니면 Chrysippus가 주장한 대로 지혜로운 자들의 영혼들만 존속하게 될 것인가 하는 것이었다. Zeller, *l. c.*, p. 205.

11) *Disc.* IV. 7: "사람이 갈릴리인들처럼 이런 일들을 행할 마음을 먹는 것은 미쳤기 때문에 혹은 습관이 그렇게 들어 있기 때문에 가능하다." 그가 말한 갈릴리인들이란 분명히 그리스도인들을 뜻하며, 그의 평가는 마르쿠스 아우렐리우스가 순교자들을 평가한 것과 마찬가지로 다소 경멸의 뜻을 지니고 있다. 다만 에픽테토스가 '습관'이라고 한 것을 황제가 완고함이라고 한 것만 다를 뿐이다. 그러나 슈바이크호이저의 추정에 따르면 에픽테토스가 그리스도인들을 광포하고 필사적인 혹은 치매 증세가 있는 사람들로 평가한 셈이 된다. 헬라인들에게 복음은 어리석은 것이었다(고전 1:22).

할 수 없으며, 정신이 온전한 사람이라면 그의 책들을 읽고 매료되지 않을 수 없다." 히긴슨(Higginson)은 이렇게 말한다: "나는 이렇게 숭고한 신 개념들과 인간의 고상한 목표들에 충일한 책을 대해본 적이 없다." 물론 비교 대상을 이교의 저서들에 국한하지 않았다면, 이것은 지나친 과장이다.

92. 마르쿠스 아우렐리우스

스토아학파의 마지막이자 최고의 철학자인 마르쿠스 아우렐리우스(Marcus Aurelius)는 로마제국이 최고의 권력과 부를 구가하던 시기에 20년(161-180)간 다스렸다. 121년 4월 26일에 로마에서 태어나 스토아주의 사상으로 세심하게 교육과 훈육을 받았다. 하드리아누스는 선량하고 유순하고 정직한 성품을 부러워했고, 안토니누스 피우스는 그를 양자로 삼은 뒤 후계자로 삼았다. 그는 어릴 때부터 세상의 허영을 경멸하도록 배웠고, 궁정의 화려한 분위기에서 철학자의 단순한 생활을 유지했으며, 성실하게 국정을 수행하고 변경 지대에서 전쟁을 수행하는 동안 혼자만의 시간을 갖고서 명상에 잠겼다. 에픽테토스의 글을 즐겨 읽었으며, 영적 자서전이라고 할 만한 탁월한 수상록을 남겼다. 이것은 야만족들과의 전쟁을 지휘하느라 병영에서 지낸 말년(172-175)에 자신의 향상과 즐거움에 대해서 자기 만족을 다소 드러내면서 일기 형식으로 쓴 글이다. 그는 파노니아에 주둔하는 동안 군대에 번진 전염병에 걸려 죽었다(180년 3월 17일).[12] 그가 마지막으로 남긴 말은 "나를 위해 울지 말고 전염병과 큰 참상에 대해서 울라. 그리고 군대를 구하라. 안녕히!"라는 것이었다. 그는 임종할 때 종들과 친구들과 심지어 아들에 대해서도 마지막 문안을 받고 다 내보낸 뒤 홀로 죽었다.

이 철인 황제는 신들과 그들의 계시와 만물을 지배하는 섭리를 진지하게 믿었다. 도덕성과 종교가 하나로 결합된 사람이었다. 하지만 신관(神觀)이 분명히 수립되어 있지는 않았다. 그렇기 때문에 그가 사용하는 용어도 다신론과 이신론과 범신론을 넘나든다. 그는 우주의 신을 숭배했다. 좋은 부모와 스승들을 만나게

---

12) 신빙성이 덜한 기록에 따르면 그는 자살했거나, 아들 코모두스의 지시로 독살당했다고 한다. 참조. Renan, p. 485.

된 것과, 독실한 어머니와 아내에 대해서, 인생의 모든 좋은 것들에 대해서 신들에게 감사했다. 특히 아내에 대해서는 "상냥하고 따뜻하고 순결한" 여성으로 맹목적으로 예찬한다. 그의 좌우명은 "행위로든 말로든 누구에게나 잘못을 범하지 말자"는 것이었다.[13] 그는 완벽함을 내세우지는 않았을지라도 자신의 우월성을 의식했고, 자신이 다른 사람들보다 나은 것에 대해서 신들에게 감사했다. 죄악의 근원이 무지와 오류에 있다고 파악했다. 온순하고 붙임성 있고 점잖았으며, 이런 면에서 경직되고 엄격한 일반 스토아주의자와 달랐고, 거의 예수의 제자에 버금갔다. 그의 순수함과 진실함과 인도애와 책임감, 그리고 권력의 유혹들과 집안의 모진 시련들 가운데서도 평정을 유지하고 신의 섭리에 만사를 맡기고 체념한 태도에 대해서는 높이 평가하지 않을 수 없다. 그는 이미 당대에 충분한 평가를 받았고, 제국 전역에서 백성들에게 사랑을 받았다. 과연 당대의 이교 세계에서 가장 위대하고 훌륭한 인물이었다고 말할 수 있는 사람이었다.[14]

(프랑스의 유능한 작가 마르타<Martha>는 다음과 같이 말한다.) "그에게는 이교 철학이 교만해지지 않고, 갈수록 이교 철학이 무시하거나 멸시하던 기독교에 가깝게 접근하며, '알지 못하는 신'의 품에 안길 준비가 되어 있다. 아우렐리우스의 슬픈 「명상록」(Meditations)에서 우리는 순수한 평정과 유쾌함과 신의 계명에 유순한 태도를 보게 되는데, 이것은 이전의 철학자들에게서 볼 수 없는 것이었으며, 기독교의 은혜 외에는 그것을 능가할 만한 것이 없었다. 비록 그가 아직 기독교가 세상에 베푼 자비에 충분히 도달하지는 못했을지라도, 이미 어느 정도

---

13) *Medit.* v. 31.

14) Renan이 그렇게 평가한다. 그러나 그는 다른 곳에서는 안토니누스 피우스를 아우렐리우스보다 높게 평가한다: "두 사람 중에서 나는 안토니누스가 가장 위대했다고 생각한다. 인품이 선했기 때문에 과오를 범하지 않았다. 자기 양자의 마음을 끊임없이 괴롭히던 내면의 고통에 시달리지 않았다. 아우렐리우스가 보여준 것과 같은 이 이상한 마음의 병, 자신에 대한 부단한 연구, 이 꼼꼼함의 망령, 완전에 대한 열정은 모두 어딘가 허점과 약점이 있다는 증거들이다. 가장 세련된 사상은 기록으로 남기지 않은 사상이라는 점을 감안할 때, 안토니누스는 이 점에서도 마르쿠스 아우렐리우스보다 우월했다. 그러나 만약 마르쿠스 아우렐리우스가 자신의 양아버지를 높이 평가하는 글을 남기지 않았다면 우리가 안토니누스에 관해서 알 길이 없었다는 점을 덧붙여 말해야 한다. 그 글에서 그는 겸손하게 양아버지를 자기보다 더 훌륭한 인물로 묘사한다."

의 수준에 도달했으며, 따라서 이교 철학사에서 유례를 찾을 수 없는 그의 책을 읽으면 파스칼(Pascal)의 슬픔과 페늘롱(Fénelon)의 점잖음을 느끼지 않을 수 없다."

마르쿠스 아우렐리우스의 명상록은 일정한 체계 없이 자유롭게 모아놓은 아름다운 도덕 경구들로 가득하다. 그 내용이 기독교 윤리와 현저하게 유사하며, 이교 정신에서 찾아보기 힘든 일정 수준의 보편주의(보편구원설)와 박애주의의 경지에 올라왔고, 새 시대를 예언하지만, 그것은 오직 기독교적 기반 위에서만 실현될 수 있었다. 명상록 가운데 가장 독특한 정조(情操) 몇 가지만 소개해 본다:

"내면의 영(선한 수호신)에게 귀를 기울이고, 그것을 진지하게 존중할 만한 가치가 있다. 그 영을 존중하는 방법은 신과 인간들에게서 나오는 것들에 대한 열정과 태만과 불만으로부터 그것을 순결하게 지키는 것이다." "마치 천년을 살 것처럼 행동하지 말라. 죽음이 그대 위에 걸려 있다. 살아 있는 동안, 아직 그대의 힘으로 살 수 있는 동안, 선하게 살라." "스스로 괴롭히지 말라. 그대 자신을 아주 단순하게 만들라. 혹시 누가 그대에게 잘못을 저지르는가? 그는 자기 자신에게 잘못을 저지르는 셈이다. 그대에게 무슨 일이 발생했는가? 괜찮다. 현실에서 발생하는 모든 일은 태초부터 우주로부터 정해졌다가 그대에게 조금씩 발생하는 것이니까. 한 마디로 그대의 생명은 짧다. 생각을 고쳐먹고, 이성과 정의의 도움을 받아 현실에 이익을 끼치는 것이 옳다. 몸과 마음을 풀어놓을 때도 냉정을 잃지 말라. 우주가 질서 있게 배열되어 있든 뒤죽박죽되어 있는 혼돈이든, 우주는 여전히 우주이다." "사람은 스스로 바로 서야지, 남들에 의해 바로 세워지면 안 된다." "내가 공익을 위해 무슨 일을 했는가? 그런 일을 했다면 이미 보상을 받은 셈이다. 언제나 그것을 염두에 두고, [선을 행하기를] 그치지 말라." "그대의 기술이 무엇인가? 선하게 사는 것이다." "사람의 의무는 스스로를 위로하고, 자연스럽게 해체되기를 기다리되 그날이 더디 온다고 초조해하지 않는 것이다." "자연이여, 그대에게서 만물이 유래하고, 그대 안에 만물이 있으며, 그대에게로 만물이 돌아간다." "클로토(Clotho, 운명의 세 여신의 하나. 인간 생명의 실을 자음)에게 기꺼이 그대를 바치라" "그녀가 그대의 실을 가지고 자기가 원하는 대로 잣도록 내버려 두라. 기억하는 것이든 기억되는 것이든 모든 것은 하루를 위한 것이다." "이것을 생각하라. 오래지 않아 그대는 무(無)가 될 것이고 어디에도 존재하지 않게 될 것이며, 지금 그대가 보고 있는 그 어느 것도, 지금 살고 있는 그 누구도 존재하지 않게 될 것이다. 만물은 자연에 의해 변화하고 뒤바뀌고, 다른 것들이 번갈아 존재할 수 있도록 소멸되게끔 조성되어 있기 때문이다." "이 세상은 될 수 있는 대로 일찍 떠나고, 친구들에게 작별을 고하는 것이 최선이다."(「명상록」)

이러한 단상들은 기저에 슬픔이 짙게 깔려 있다. 정서를 자극하되 열정을 일으키지는 않는다. 위로할 힘이 없으며, 불멸의 소망도 없이 어머니인 자연의 품으로 돌아가는 것 외에 아무런 길도 없음으로 해서 아픈 공허를 남긴다. 그것들은 아침 햇살이 아니라 석양의 노을이다. 죽어가는 스토아주의가 부르는 백조의 노래이다. 그 고상한 옛 로마의 종말이 사실상 고대 세계의 종말이었다.[15]

마르쿠스 아우렐리우스의 사해동포적 철학은 기독교와 교감을 이루는 것이 전혀 없고, 그의 백성들 가운데 가장 순결하고 가장 평화로운 사람들을 그 품에서 배척했다. 그는 그리스도인들에 대해서 딱 한 번 언급하며, 그들이 기꺼이 순교를 택하는 원인을 부당하게도 '철저한 고집'과 '과시욕'으로 돌린다.[16] 그가 인도의 고행 수도사들처럼 불에 뛰어든 일부 광신도들을 염두에 두고 그 말을 했을 수도 있지만, 폴리카르푸스 같은 존경을 받는 순교자들과 자신의 재위에 활동한 갈리아 남부의 순교자들을 염두에 두었을 가능성도 있다. 따라서 로마 황제들 가운데 가장 지혜롭고 훌륭한 사람이 그리스도인들, 특히 루그두눔과 비엔의 그리스도인들에 대해서 지극히 잔인한 박해를 허용한(그가 적극 주도했다거나 인준했다거나 심지어 위임했다고 말할 수 없다) 이상한 현상이 발생한 것이다. 우리는 그가 잘 몰라서 그랬을 것이라고 용서할 용의가 있다. 그는 아마도 산상수훈을 읽어보지도 못했을 것이고, 자신에게 발송된 무수한 변증서들도 읽지 않았을 것이다.

---

15) Renan의 저서에는 「마르쿠스 아우렐리우스와 고대 세계의 종말」이라는 의미심장한 제목이 붙었다.

16) X I. 3: "어느 순간이든 육체로부터 떠나야 한다면 기꺼이 소멸되거나 흩어지거나 혹은 계속해서 존재할 준비가 되어 있는 영혼이란 얼마나 위대한가! 그러나 이러한 태도는 사람 자신의 판단에서 나온다. 그리스도인들의 경우처럼 단순한 고집에서 나오는 것이 아니라, 신중하고 존엄을 갖춘 채, 다른 사람을 연기적 과시 없이 설득하는 방법으로 나온다."

그러나 그의 명성에 오점을 남긴 것은 비단 박해만은 아니다. 그는 못돼먹은 아들에게 많은 애정을 쏟아 붓고, 수백만 인구의 행복을 돌아보지 않은 채 14년 간 그를 제국의 실권자로 키웠으며, 아름답긴 했지만 신의가 없었던 악처에게도 애정을 쏟아 붓고, 그녀가 죽자마자 서둘러 신들의 반열에 올려놓았다. 그가 파우스티나에게 보인 태도는 위선이었거나 원칙을 저버린 행위였다.[17] 그녀가 죽은 뒤에 그는 두번째 아내이자 자녀들의 계모보다 첩을 더 좋아했다.

그의 아들이자 계승자는 그리스도인들을 평안히 놔두었으나, 권좌를 더럽힌 가장 악한 황제들 가운데 한 사람이었으며, 자기 아버지가 이룩해 놓은 모든 선한 업적을 무위로 돌려버렸다.

아리스토텔레스가 알렉산더 대왕의 스승이었고, 세네카가 네로의 스승이었다면, 마르쿠스 아우렐리우스는 코모두스의 아버지였다.

93. 플루타르크

비록 철학적 관점이 사뭇 다르긴 했지만, '무의식적 기독교'의 대표적 인물이자 '알지 못하는 신을 추구하는 자'로서 마르쿠스 아우렐리우스에 못지않았던 사람은 고전시대의 가장 위대한 전기작가이자 도덕가이다.

플루타르크의 동시대인들이 그에 관해 입을 다무는 것은 이상한 일이다. 이름조차 여느 로마 저자에게 언급되지 않는다. 그는 주후 50~125년에 주로 고향인 보이오티아의 카이로네이아에서 살면서 행정관과 아폴로 사제의 일을 맡아보았다. 결혼하여 행복한 가정을 꾸리고 살았으며, 4남1녀를 두었으나 딸은 어릴 때

---

17) 그의 간절한 요청에 원로원은 파우스티나를 여신으로 공포하면서, 그녀의 신전들에 유노와 베누스와 케레스의 품위를 갖춘 그녀의 신상을 세우게 했고, 결혼하는 남녀들에게 결혼하는 날 이 음탕한 여자의 제단 앞에서 서약하도록 법제화했다. 참조. Gibbon, ch. IV. 로마의 카피톨 박물관에 소장된 놋 돋을새김에는 파우스티나가 신들의 사자에 의해 하늘로 올라가고, 그녀의 남편이 존경과 사랑으로 그녀를 바라보는 모습이 새겨져 있다. Renan은 파우스티나가 너무나 아름다워서 그랬다는 말로 자신이 좋아하는 이 영웅을 감싸며, 파우스티나에 대해서는 그녀가 무덤덤한 금욕주의 철학자와 사느라 자연히 권태가 생겼기 때문에 불륜을 저지른 것이라고 두둔한다.

잃었다. 그가 남긴 「부부의 계율」(*Conjugal Precepts*)에는 남편들과 아내들에게 주는 유익한 조언으로 가득하다. 아내가 집을 떠나 있는 동안 어린 딸 티목세나 (Timoxena)의 죽음에 관해서 아내에게 쓴 위로의 편지는 그의 가정 생활이 퍽 단란했음을 보여주며, 불멸에 대한 그의 소망을 드러낸다. 편지를 마무리짓는 부분에서 그는 "유아들의 영혼은 즉시 더 낫고 신적인 상태로 들어간다"고 말한다. 그는 로마에 얼마간 체류하면서(적어도 두 번. 베스파시아누스와 도미티아누스의 재위 기간이었을 것으로 추정됨) 선별된 청중을 대상으로 도덕 철학을 강의했고, 그리스인들과 로마인들의 비교 전기를 쓰기 위한 자료를 수집했다. 여러 정황으로 미루어 그는 좋은 교육을 받았고, 좋은 환경에서 자랐고, 책들과 여러 나라들과 인간 본성과 사회의 다양한 면들에 매우 친숙했던 것으로 보인다. 철학에서는 플라톤주의와 신플라톤주의 사이에서 중도 노선을 견지한다. 그는 "동양의 색채를 띤 플라톤주의자"였다.[18]

스토아적 범신론과 에피쿠로스적 자연주의를 동시에 반대했으며, 신과 물질에 대한 플라톤적 이원론을 받아들였다. 지고의 신을 인정했으며, 헬레니즘 종교의 하위 신들도 인정했다. 신들은 선하고, 귀신들은 선과 악으로 갈라져 있으며, 인간 영혼에는 두 속성이 결합되어 있다고 생각했다. 형이상학에는 전혀 관심을 보이지 않았으며, 실질적인 철학 문제들에 더욱 치중하여서 역사적 주제들과 도덕적 주제들을 고루 다루었다. 기독교에는 철저히 외인이었으며, 따라서 호의도 보이지 않고 적대시하지도 않았다. 당시 제국의 모든 대도시들에는 틀림없이 교회가 세워져 있었을 텐데도, 그 많은 저서들에서 기독교에 관해서 한 마디도 언급하지 않았다. 유대교에 대해서는 종종 이야기하지만 그 내용이 아주 피상적이며, 기독교를 유대교의 한 분파로 생각했을 가능성이 크다. 그러나 그의 도덕 철학은 기독교 윤리에 대단히 근접한다.

작가로서 그의 목표는 고대인들의 행동과 사상이 얼마나 위대했는가를 나타내려는 것이었는데, 전자는 그의 「비교 전기」(「플루타르크 영웅전」)에 잘 나타나 있고, 후자는 그의 「도덕론」에 잘 나타나 있으며, 두 저서 모두 그 시대 사람들에게 깊은 감명을 주었다. 이 저서들은 그리스와 로마의 학문을 적절하게 정리한 백과사전을 구성한다. 그는 독창성은 없으나, 탁월한 재능, 해박한 지식, 붙임

---

18) Trench가 그를 그렇게 부른다.

성 있는 정신, 보편적인 정서를 지녔다. 에머슨(Emerson)은 그를 가리켜 "도덕의 힘으로써 지식인들을 계몽한 대표적 귀감"이라고 한다.

플루타르크는 종교의 토대 위에 도덕을 수립하려고 노력했다. 폐허의 건축자로서 민간 종교를 조소하고 비판한 루키아누스(Lucian)와 정반대되는 인물이었다. 신을 굳게 믿었으며, 그가 무신론을 비판하면서 제시한 주장은 인용할 가치가 있다. "역사상 무신론자들의 국가가 있어본 적이 없다. 세상을 두루 다녀보면 혹시 성곽이 없거나 왕이 없거나 향료가 없거나 극장이나 체육관이 없는 도시들을 발견할 수는 있어도, 신이 없거나 기도가 없거나 신탁(神託, 계시)이 없거나 제사가 없는 도시들은 발견할 수 없을 것이다. 터가 없는 도시가 존립할 수는 있어도 신들에 대한 신앙이 없는 국가란 존립할 수 없다. 종교는 모든 사회를 연결하는 띠이며, 모든 법률의 기둥이다."

「신들에 대한 그릇된 두려움」(The Wrong Fear of the Gods)이라는 논문에서, 그는 미신과 무신론을 대조하면서 이 두 극단이 종종 부딪쳐 경건, 즉 신들에 대한 올바른 경외를 권장한다고 말한다. 이 두 극단들 가운데 미신은 사람들의 벗들이고 구주(救主)들이며, 파괴자들이 아니긴 하지만, 그래도 신들을 변덕스럽고 잔인하고 복수심에 불타는 존재들로 만들기 때문에 무신론보다 더 나쁘다고 말한다. (그럴지라도 종교적 본능을 아예 말살하는 무신론자들보다 차라리 미신적인 사람들이 참 신앙으로 더 쉽게 인도할 수 있다.)

눈길을 끄는 그의 논문 「악인들을 벌하는 일에 신의 공의가 지연되는 이유」(The Delays of Divine Justice in punishing the wicked)는 어느 기독교 신학자의 교훈에 힘입었을 가능성이 있다. 이 논문은 그가 악의 문제에 대해 내놓은 해결책 혹은 그의 신정론(神正論, theodicy)이다. 그는 자신의 여러 친족들과 함께 그 문제를 논하며(마치 욥이 친구들과 그랬듯이), 몸소 생활로써 모범을 보인다. 공의가 지연되는 데서 생기는 다양한 반론들에 대답하면서, 신의 섭리가 죄인을 다루는 방식을 옹호한다. 먼저 우리 자신의 불완전한 지식을 생각하고 겸손하고 신중한 태도를 취할 것을 당부한다. 오직 신만이 언제, 어떻게, 얼마만큼 벌할 줄을 가장 잘 알고 계신다고 말한다. 그러면서 다음과 같은 단상들을 제시한다: 1) 신은 우리에게 분노를 자제하고, 격정에 휩싸여 사사로이 처벌하지 말고, 자신의 온유함과 인내를 배우라고 가르치신다. 2) 신은 악인들에게 회개하고 행실을 고칠 기회를 주신다. 3) 신은 회개하는 죄인들을 살려주고 번성케 함으로써 다른 사람들에게 공의를 집행할 때 그들을 도구로 쓸 수 있게 한다. 신은 종종 죄인을 쓰셔서 죄인을 벌하신다. 4) 악인들을 때때로 살려두시는 이유는 그들의 고상한 후손에 의해서 세상에 복을 끼치시기 위함이다. 5) 징벌이 종종 연기되는 이유는 섭리의 손이 임할 때 그 자취를 더욱 뚜렷이 남기기 위함이다. 죄는 조만간 응징된다. 이 세상에서 응징되지 않으면 적어도 내세에서는 틀림없이 응징된다. 플루타르크는 그것을 섭리의 신비들을 이해할 수 있는 최후의 해답으로 지적한다. 그는 죽음이 선한 영혼에게는 좋은 일이어서, 그러한 영혼은 죽은 뒤에도 살 것이지만, 현세는 "꿈의 헛된 망상들과 비슷하다"고 한다.

플루타르크의 인격에서 가장 훌륭한 점은 겸손이다. 고대의 철학자들, 특히 스토아주의자들 가운데 그만한 겸손을 찾아보기 힘드는데, 그것은 자신을 직시한 데서 생긴 성품이다. 그는 영혼이 태어날 때부터 부패해 있다는 것을 의식했고, 영혼을 '많은 악과 질병의 저장고'라고 부른다. 만약 그가 죄에 대한 참되고 근본적인 치유책을 알았다면 틀림없이 감사함으로 그것을 받아들였을 것이다.

에픽테토스, 마르쿠스 아우렐리우스, 플루타르크 같은 고대 이교 성인들의 영향력이 당대의 이교도들에게 얼마만큼이나 확대되었는지 우리는 알 수 없지만, 그들의 저서들이 과거뿐 아니라 지금도 기독교 저자들에게까지 숭고한 영향을 끼쳐왔다는 것을 우리는 알며, 따라서 그들의 가르침과 모범이 기독교의 진보와 최후 승리를 저해하지 않고 오히려 도와준 도덕적 힘에 포함되었다고 추론할 수 있다. 그러나 그들이 소원하던 보편적이고도 항구적인 도덕 개혁은 오직 기독교만 일으킬 수 있었다.

94. 기독교 도덕

고전 이교가 지배한 고대 세계는 영광의 절정에 올라선 다음 쇠퇴의 기로에 섰을 때는 인간 본성의 자원들을 다 고갈한 상태였고, 더 이상 회복할 힘도 갱생의 원리도 남아 있지 않았다. 사회를 갱생시킬 수 있는 힘은 종교뿐이다. 그러나 이교는 악을 제어할 장치가 없었고, 가난하고 억눌린 자들을 위로할 힘도 없었다. 오히려 그 자체가 진흙탕과 같은 부도덕의 원천이었다. 그러므로 무한한 자비로써 인류의 멸망을 바라지 않으시고 구원을 바라신 하나님께서는 거짓 종교가 이렇게 절망적으로 부패해 가는 과정에서 성결과 사랑과 평안이 솟아나는 맑은 샘을 내셨는데, 그것이 바로 그분의 아들 예수 그리스도를 믿는 유일하고 참되며 보편적인 종교이다.

쓰레기처럼 썩어가던 부패한 이교 사회에서 소수의 천시받는 그리스도인들은 생명력과 소망을 지닌 신선한 오아시스 같은 존재들이었다. 그들은 세상의 소금이었고 빛이었다. 이 세상의 재산으로는 가난했으나, 쇠하지 않는 하늘나라의 보화를 지니고 있었다. 마음이 온유하고 겸손했으나, 장차 주님의 약속에 따라 칼을 쓰지 않은 채 세상을 상속하게 될 사람들이었다. 그들은 굴복함으로써 정복했다. 고난과 죽음을 당함으로써 생명의 면류관을 얻었다.

기독교 윤리가 지닌 원리들이 가장 우수했던 이교의 도덕 표준들보다 우월하다는 것은 보편적으로 인정되는 사실이다. 그리스도의 모범이 이교의 모든 현자들보다 우월했다는 점도 보편적으로 인정된다. 비교할 상대가 없는 그 모범의 힘이 과거뿐 아니라 지금도 그분의 가르침이 발휘하는 힘에 못지않다. 그것은 모든 시대 모든 유형의 순결과 선함에 반영되어 있다. 그러나 어느 시대든 만대의 공통된 덕들을 공유할지라도, 각 시대마다 독특한 도덕적 특징을 갖고 있다. 니케아 이전 시대는 세상과 타협하지 않고, 고난과 박해를 영웅적으로 견뎌내고, 죽음에 굴하지 않고 부활의 소망을 가지고, 강렬한 공동체 의식을 가지며, 적극적으로 자선을 행한 점에서 탁월했다.

기독교는 사실상 '눈에 띄게' 나타나지 않는다. 깊숙한 곳에서 이루어지는 그 활동은 조용하고 내면적이다. 하나님께서 은혜를 베푸신 일들은 대체로 역사가의 눈에 가려져 있으며, 모든 은밀한 것이 밝히 드러나게 될 위대한 심판의 날에 확연히 드러날 순간을 기다린다. 과연 누가 최초의 기독교 오순절 이래로 거듭난 사람들의 마음밭에서 봄꽃처럼 피어난 용서와 평안과 감사와 하나님께 대한 신뢰와, 하나님과 인간에 대한 사랑과 겸손과 온유와 인내와 복종 같은 복된 경험들의 깊이와 넓이를 측량할 수 있겠는가? 과연 누가 외로운 조용한 밤과 밝은 낮에 골방과 동굴과 광야와 순교자의 무덤에 앉아 친구들과 원수들을 위해, 인류의 모든 계층을 위해, 심지어 잔인한 박해자들을 위해 높게 되신 구주의 보좌를 향해 간절히 올린 그리스도인들의 기도와 도고(禱告, 중보기도)의 분량과 열정을 헤아릴 수 있겠는가? 그러나 이러한 그리스도의 생명이 영혼 깊은 곳에 심겨졌으면 어김없이 겉의 행실로 나타나서 모든 생활 영역에 역동적인 영향력을 행사하게 마련이다. 기독교 도덕은 이교 세계의 위대한 철학자들이 인간의 지고 지순한 목표로 삼아 가르치거나 모범을 보였던 모든 도덕을 능가했다. 익명의 저자가 디오게네스에게 쓴 편지에 기독교 도덕을 숭엄하게 소개해 놓은 내용은 단순히 공상적인 묘사가 아니라, 현실 생활을 충실히 묘사해 놓은 것이다.

변증가들이 이교도들의 비방을 분연히 비판하면서, 예수의 이름을 고백하는 사람들이 나타내는 꾸밈없는 경건, 형제 사랑, 원수들에 대한 사랑, 순결과 정절, 성실과 정직, 인내와 온유를 지적할 때, 그들은 일상적으로 겪고 관찰할 수 있는 증거를 가지고 말한다. 순교자 유스티누스는 과장되지 않게 이렇게 말할 수 있었다. "한때 정욕을 추구하며 살았던 우리가 이제는 순결한 도덕에서 유일한 기쁨을 발견한다. 한때 점술에 의존하여 살았던 우리가 이제는 우리 자신을 영원하고 선하신 하나님께 구별하여 바친다. 한때 어떻게든 돈벌 궁리를 하며 살던 우리가 이제는 우리가 가진 것을 공동의 유익을 위해 내놓으며, 궁핍한 사람들에게 베푼다. 한때 서로를 미워하고 죽이며 살던 우리가, 한때 관습이 다른 외인들에게 마음을 닫고 살던 우리가 이제는 그리스도 때문에 그들과 함께 살고, 원수들을 위해서 기도하고, 까닭 없이 우리를 미워하는 자들을 설득하여서 그들도 그리스도의 영광스러운 교훈에 따라 살아가고, 만유를 통치하시는 하나님께 우리와 똑같은 복을 받아 누리게 되도록 노력한다."

테르툴리아누스는 자신이 신앙이 아닌 다른 이유로 사형집행인에게 처형된 그리스도인들을 알지 못한다고 자부할 수 있었다. 미누키우스 펠릭스(Minucius Felix)는 이교도들에게 이렇게 말한다: "여러분은 법으로 간음을 금해 놓고 은밀히 그 짓을 한다. 여러분은 겉으로 드러난 악행만을 처벌한다. 하지만 우리는 마음에 그런 것을 품는 것조차 죄악으로 간주한다. 여러분은 다른 사람들의 시선을 두려워한다. 우리가 두려워하는 것은 우리의 양심밖에 없다. 그리고 마지막으로 여러분의 감옥들에는 죄수들로 가득하다. 하지만 그들은 모두 이교도들이며 그 안에 배교자 이외에는 그리스도인이 한 명도 없다."

심지어 총독 플리니우스조차 트라야누스에게 올린 보고서에서, 자신이 기독교의 정체를 알아내기 위해 고문하며 심문하던 그리스도인들이 도둑질과 강도질과 간음과 위증을 하지 않기로 서약했다는 사실을 기록한다. 이것은 사기와 부정과 외설의 죄들이 사방에 만연하던 시대에 매우 희귀한 점이었다. 또 다른 이교도 루키아누스는 그리스도인들이 고난에 처한 형제들에게 사랑과 자비를 베풀며 사는 모습을 소개하면서, 이기심으로 가득한 세상에서 이러한 덕을 유지하고 산다는 게 얼마나 바보스런 짓이냐고 조소한다.

교회가 사회로부터 억압을 받던 고통스러운 때에는 평안할 때에 비해 위선이 줄어들었을 뿐 아니라 신앙을 용맹스럽게 발휘하는 일이 많이 생겼다. 그리스도인들은 스스로를 죄와 세상과 마귀에 맞서 싸우도록 십자가 군기 아래 징집된 그리스도의 병사들로 간주하기를 좋아했다. 세례 서약이 그들에게는 영원한 충성 서약이었다. 사도신경이 그들의 군호(軍號)였다. 이마에 긋는 십자가 성호가 군복무의 표였다. 절제와 용기와 죽기까지의 충성이 그들의 기본적인 덕목이었으며, 하늘의 복락이 그들에게 약속된 상이었다. 테르툴리아누스는 고백자들에게 이렇게 외친다: "군인은 재미삼아 한 번 전장에 나서지 않으며, 안락한 침실에서 곧장 전장에 나서지도 않는다. 군인은 막사에서 지내면서 스스로를 단련하며 온갖 불편을 친숙하게 익힌다. 평화로운 때에도 군인은 영혼과 몸이 축 처지지 않게 하기 위해서 피곤할 정도로 모든 군사 훈련을 받는다 … 여러분은 하나님이 전투의 심판관이 되시고, 성령께서 지도자가 되시며, 영원한 영광이 상으로 걸려 있는 선한 싸움을 싸우고 있다."

이 말에 미누키우스 펠릭스의 감동적인 단락을 덧붙이면 잘 어울릴 듯하다: "그리스도인이 고난을 참아가면서 경기장에 들어서고, 숭고한 의지로 온갖 협박과 고문에 맞서 싸우며, 혹은 군중의 야유와 환호를 뚫고, 사형집행자들의 모욕에 개의치 않고 여유있는 표정으로 죽음을 향해 전진할 때, 왕들과 방백들 앞에서 자신의 자유를 용감하게 주장하면서 하나님께 종의 태도로 굴복할 때, 그리고 자신에게 사형을 언도하는 재판관 앞에서 정복자처럼 당당한 자세를 잃지 않을 때, 하나님께서 그를 얼마나 대견스러워하시겠는가! 쟁취하기로 마음먹은 것을 전투를 통해 쟁취한 사람은 누가 뭐라 해도 승자인 것이다. 그는 하나님이 보시는 앞에서 싸우며, 영생의 면류관을 받는다. 여러분은 스토아주의를 견지하다가 고난을 당한 몇몇 사람들을 하늘로 드높였다. 왕을 살해하려고 했다가 뜻을 이루지 못한 스카이볼라(Scaevola) 같은 사람은 실수한 손을 자진해서 불태웠다. 하지만 우리 그리스도인들 가운데 얼마나 많은 사람들이 스스로 목숨을 부지할 수 있는 상황에서 불평 한 마디 없이 손뿐 아니라 온 몸을 고통에 내던졌던가! 우리의 어린이들, 우리의 아들들과 딸들이 인내를 배워서 그대들의 고문과 맹수와 그 밖의 모든 잔인한 도구들 앞에서 당당한데, 우리 노인들을 그대들이 존경하는 무티우스(Mutius)나 아퀼리우스(Aquilius)나 레굴루스(Regulus)와 굳이 비교할 필요가 있겠는가? 아주 분명한 이유가 없었다면 이들이 이런 정도로 고난을 감내하지는 못했을 것이다. 그리고 전능하신 하나님의 능력이 아니었다면 그들을 고통 속에서 굳게 붙들어 줄 존재가 없었을 것이다."

하지만 그럴지라도 콘스탄티누스 이전의 그리스도인들의 삶이 이렇다 할 근거 없이 지나치게 이상적으로 묘사된 경우가 종종 있었다. 그 시대 사람들이나 우리나 다 같은 인간 본성을 지녔기 때문에, 심지어 사도시대 교회들에서조차 발견되는 과오들을 그 시대 교회들도 범했으리라 예상할 수 있다. 키프리아누스의 서신들은 이 점에 대해서 흔들릴 수 없는 증거를 제시한다. 특히 박해가 중단되고 잠시 평화의 때가 찾아오면 박해 때의 열정이 곧 식어버렸고, 박해가 재기되면 무수한 배교자들에 의해서 기독교의 이름이 더럽혀졌던 것이다. 그리고 박해 도중에도 죽음 앞에서의 용기와 엄격한 도덕성 같은 가장 빛나는 덕들이 병적인 광신과 억지스러운 경직성으로 전락한 경우도 적지 않았다.

95. 교회와 대중 오락

기독교는 경건을 가장한 우울함이나 염세적인 엄숙주의와 상관없다. 기독교는 참된 기쁨의 원천이며, '모든 지각에 뛰어난' 평강의 원천이다. 그러나 이 기쁨은 하나님께 사죄를 받고 그분과의 사귐에 들어갔다는 의식에서 솟아나오고, 거룩한 진지함과 떼어놓을 수 없으며, 세속적 경박함이나 감각적 기쁨과 어울리지 않는다. 세속적 기쁨은 혐오와 쓰라린 가책만 일으킬 뿐이다. 테르툴리아누스는 이렇게 묻는다. "우리 아버지와 주님이신 하나님과 화목하는 것보다, 진리의 계시와 오류에 대한 지식보다, 그리고 과거의 큰 죄악들을 용서받는 것보다 더 복된 것이 무엇이겠는가? 현세적인 쾌락을 혐오하는 것보다, 온 세상을 경멸하는 것보다, 참된 자유보다, 깨끗한 양심보다, 살아서 자족하고 죽음 앞에서 두려워하지 않는 것보다 더 큰 기쁨이 무엇이겠는가?"

이 말을 이교의 대중 오락들, 즉 연극과 서커스와 검투장이 주는 유희들과 대조해 보라. 이런 오락들은 원래 신들의 축제와 연관되었으나, 오래 전부터 종교적 특성을 상실하고 악의 온상으로 전락했다. 연극은 아이스킬로스(Aeschylos)

와 소포클레스(Sophocles)가 희곡을 제공할 당시인 그리스의 전성기 때는 대중 윤리의 학교인 적이 있었으나, 이미 아우구스투스 시대 이래로는 화려한 겉치레와 경박한 음악과 방탕한 춤에 의존하는 저급한 희극과 부자연스러운 비극으로 전락했다. 테르툴리아누스는 극장을 욕정과 술취함의 수호성인들로서 서로 긴밀한 관계를 갖고 있는 베누스와 바코스의 신전으로 표현한다. 서커스는 경마와 전차 경주, 맹수 사냥, 군대의 행진과 육상 경기를 중심으로 진행되었고, 많은 관중을 끌어모았다. 「로마제국 쇠망사」를 쓴 기번은 이렇게 말한다(제31장): "조바심이 난 관중들이 좌석을 차지하려고 새벽부터 몰려들었다. 그들 중에는 전날 밤부터 근처의 주랑(柱廊)에서 한 잠도 자지 않은 채 초조하게 기다린 사람들도 적지 않았다. 때로 사십만 명에 육박하곤 했던 관중들은 아침부터 저녁까지 햇살이 작열하든 비가 내리든 개의치 않고 열정적으로 관람했다. 그들의 눈은 말들과 전차들에 고정되었고, 그들의 마음은 자신들이 응원하는 색깔들이 승리하기를 바라는 기대와 우려로 동요했다. 그리고 로마의 행복이 온통 경주의 승패에 걸려 있는 듯했다. 그들은 맹수 사냥과 다양한 극장 행사를 구경할 때도 똑같이 열중하여 환호와 갈채를 보냈다."

이러한 대중 오락들 가운데 가장 인기가 있는 동시에 가장 비인간적이고 잔인했던 것은 검투장에서 열린 검투 경기였다. 이곳에서는 해 뜰 때부터 해 질 때까지 살인이 일종의 예술로서 시행되었고, 무수한 사람들과 짐승들이 야만적인 호기심과 피의 갈증을 만족시키기 위해서 희생되었다. 플라비아누스의 원형극장을 개장할 때는 하루 동안 5천 내지 9천 마리의 짐승들이 죽었다. 트라야누스가 다키아를 정복한 뒤에 로마 시민들에게 베푼 잔치 때에는 만 명 이상의 검투사들이 서로 싸웠고, 이 행사는 넉 달 동안 계속되었다(107년). 프로부스의 재위 기간(281년)에는 수사자 백 마리와 암사자 백 마리, 표범 2백 마리, 곰 3백 마리, 멧돼지 1천 마리가 하루 만에 살육되었다. 불량배들 가운데서 친구들과 심지어 신하들까지 선출한 천박한 황제 카리누스(Carinus, 284)가 제공한 구경거리들은 선대의 모든 황제들을 능가했다고 전해진다. 검투사들은 사형판결을 받은 죄수들, 전쟁 포로들, 노예들, 그리고 직업적 투사들이었다. 박해 때에는 무고한 그리스도인들도 사자들과 호랑이들 앞에 던져졌다. 브리타니아에서 끌려온 야만인들, 라인 강과 다뉴브 강 건너에서 끌려온 금발의 게르만족들, 아프리카에서 끌려온 흑인들, 세계 각처에서 잡혀온 맹수들(그때가 지금보다 훨씬 더 많았음)이 검투

장에 던져졌다. 도미티아누스는 난쟁이들과 여자들도 검투를 시켰다.

황제들은 이러한 다양한 구경거리들이 '빵과 서커스'를 요구하는 군중의 호감을 사는 가장 확실한 방법으로 판단하고 그것을 후원했다. 국가 재정과 개인의 기금에서 막대한 자금이 이 행사에 투입되었다. 이 행사의 선례를 남긴 사람은 아우구스투스였다. 네로는 이 분야를 지나치게 후하게 지원했기 때문에, 군중은 그의 참혹한 악들을 용서해 주었고, 심지어 그가 죽은 뒤에도 환생하기를 바랐다. 평소에 재정을 절약해서 사용한 베스파시아누스도 원형극장만큼은 누구도 흉내내지 못할 정도로 화려하고 웅장하게 건축했다. 외벽을 대리석으로 마감하고, 조각들로 장식하고, 금과 은과 호박으로 설비했다. 티투스는 예루살렘을 함락한 뒤 무수한 유대인 포로들을 동방의 속주들에게 하사하여 검투장에서 학살하도록 했다. 심지어 트라야누스와 마르쿠스 아우렐리우스조차 대중의 볼거리를 위해 막대한 금액을 쏟아부었으며, 특히 아우렐리우스는 스토아주의자였음에도 불구하고 부유한 원로원 의원들에게 자신이 로마를 떠나 있는 동안 대중의 욕구를 충족시키는 임무를 부여했다. 네로와 코모두스와 카라칼라 같은 몇몇 황제들은 위엄과 체면을 워낙 중시한 나머지 연극과 검투 공연을 성대하게 벌이고 그것으로써 영광을 얻었다. 네로는 자결을 하면서 "위대한 예술가가 소멸되는구나" 하고 말했다. 코모두스는 헤라클레스 배역을 맡아 사자 가죽을 쓰고 곤봉을 든 채 무려 735회 이상 무대에 등장하여 안전한 위치에서 헤아릴 수 없는 짐승들과 사람들을 죽였다.

극장의 열기는 로마에만 국한되지 않고 전체 속주들로 퍼져나갔다. 규모가 큰 도시마다 원형극장이 건축되어 그 도시에서 가장 눈길을 끄는 건축물이 되었다. 폼페이, 카푸아, 푸테올리, 베로나, 니스메스, 오툉[아우구스토두눔] 같은 도시들에 가면 오늘날도 그 잔해를 볼 수 있다.

여론은 비판의 목소리가 거의 들리지 않을 만큼 이 부도덕한 오락을 전폭 지지했다. 키케로 같은 고상한 이교도조차 검투 경기를 용기와 죽음에 대한 경멸을 가르쳐 주는 훌륭한 학교라고 칭송했다. 에픽테토스는 무관심하다는 태도로 그것을 언급한다. 세네카는 로마의 저자로서는 유일하게 말년에 쓴 글에서 피비린내 나는 볼거리들을 인간애의 관점에서 비판했으나 공허한 메아리로 그쳤다. 당시의 이교 사상에는 인간 생명의 존엄성에 대한 의식이 제대로 박혀 있지 않았다. 스토아 철학조차 잔인한 오락을 혹시 야만적이고 비인간적인 행위로 비판했을지언정 그것이 살인죄라고 지적하지는 않았다.

이 거대한 악 앞에서 기독교 교회는 청교도적인 엄격한 태도로 덕과 인간애의 편에 서서 반대했다. 그러한 충격적인 공적 부도덕 앞에서 어떠한 타협도 있을 수 없었다. 거기에 가담하지 않고 그것이 죄악이라고 경고하는 길 밖에는 없었다. 극장에서 벌어지는 구경거리들은 '마귀의 허영'에 속한 것들이었으며, 그리스도인들이 세례를 받을 때 이미 다 버린 것들이었다. 그런 자리에 참여하는 것을 교회는 출교로써 금했다. 간혹 회심자들이 옛 습관에 강하게 이끌려 극장에 갔다가 이교에 다시 빠지거나 오랫동안 깊은 실의에 빠져 지내는 일도 생겼다. 타티아누스는 그 구경거리들을 영혼이 인육(人肉)과 피를 먹는 참혹한 잔치라고 부른다. 테르툴리아누스는 엄격한 몬타누스파에 가입하기 전에도 그것을 격렬하게 비판했다. 그는 하나님을 섬기기 위해 자신들을 거룩하게 구별하려는 세례 예비자(교리문답 학습자)들에게 "신앙의 조건과 기독교 권징법은 세상의 다른 죄들과 함께 대중적 쇼가 주는 쾌락도 금한다"고 환기시킨다. 대중적 쇼가 온갖 난잡하고 불결한 열정과 분노와 광포와 육욕을 자극하는 반면에, 기독교 정신은 온유와 평화와 순결의 정신이라고 그는 말한다. "말해서 안 되는 것은 들어서도 안 된다. 모든 방탕한 말, 아니 모든 한가한 말을 하나님께서는 옳게 여기지 않으신다. 입에서 나와 사람을 더럽히는 것들은 그의 눈과 귀에 들어갈 때도 그를 더럽힌다. 그리스도인들이 싸워야 할 진정한 싸움은 정절로써 부정(不貞)을 이기고, 성실로써 불성실을 이기고, 자비와 자선으로 잔인을 이기는 것이다."

테르툴리아누스는 해이한 그리스도인들이 그 재미있는 오락들을 두둔하기 위해 제시한 주장들을 논박한다. 그들이 성경이 이런 문제에 대해 침묵한다는 점과, 혹은 다윗이 언약궤 앞에서 춤을 췄던 일, 그리고 바울이 그리스도인의 삶을 그리스의 경주와 비교한 일을 근거로 제시한 데 대해서, 테르툴리아누스는 심판 날이 가까이 다가왔으므로 깨어 그날을 예비해야 한다는 말로 그들의 입을 막는다. 그는 예술이란 하나같이 허구와 오류이며, 기독교의 진실성과 모순된다는 극단적인 견해에 강하게 기운다. 그는 두 편의 논문에서 이교의 여성들이 신전과 극장과 공적인 자리에 입고 나오는 화려한 의복을 여성 그리스도인들이 입어서는 안 된다고 경고한다. 그런 장소에 가지도 말고, 공적인 자리에는 정당하고 근실한 목적으로만 가라고 말한다. 하나님의 여종들은 외양조차 스스로를 사탄의 여종들과 구분해야 하며, 사탄의 여종들에게 단순함과 단정함과 정절의 좋은 모범을 보여야 한다고 말한다.

물론 교회의 이러한 반대는 처음에는 도덕적 효력만 지녔으나, 4세기에는 법률적 효력을 지니기 시작했고, 마침내는 문명 세계에서 적어도 잔인한 검투 경기를 금지하는 데 성공했다(다만 스페인과 남아메리카 국가들은 예외적으로 오늘날까지 투우로써 자신들을 더럽히고 있다). 콘스탄티누스는 313년에 자신이 포로로 잡아온 수많은 야만족들을 맹수들의 밥이 되게 하여 대중을 즐겁게 해주었고, 이 관대한 조치로 인해 이교의 웅변가에게 큰 찬사를 받았으나, 325년에 니케아 공의회가 끝난 뒤에는 평화로운 시기에 한해 그러한 잔인한 구경거리들을 최초로 금지했으며, 콘스탄티노플에서는 아예 그런 행사를 열지 못하도록 만들었다. 인류의 도덕적 진보를 다룬 어떤 사가는 말한다: "인류의 도덕 역사에 이루어진 개별적인 개혁 조치 가운데 검투 경기를 금지한 것만큼 중요한 것은 없었으며, 이 업적은 오로지 기독교 교회의 것으로 돌려야 한다. 로마 세계의 현자들과 위인들을 통틀어 원형극장에서 벌어지던 오락을 철저히 비판한 사람이 없었던 점을 감안할 때, 교부들이 요지부동하게 일관성을 가지고 그것을 비판했던 일 앞에서 깊은 존경심을 품지 않을 수 없다."[19]

96. 세속 직업과 공민의 의무

기독교는 다양한 직업들에 대해서 다음과 같이 교훈한다: "각 사람이 부르심을 받은 그 부르심 그대로 지내라"(고전 7:20). 이 말씀은 명예 추구를 금하며, 새로운 정신으로 하나님의 영광과 인간의 유익을 추구할 것을 요구한다. 이것이 기독교가 보편성을 지녔음을 입증하는 증거들 가운데 하나이다. 즉, 기독교가 인간 생활의 모든 관계들과 모든 정부 형태 밑의 사회 전 분야 속으로 뚫고 들어갈 능력이 있다는 증거이다. 이러한 정신은 익명의 저자가 디오그네투스에게 보낸 서신에 아름답게 서술되어 있다. 테르툴리아누스는 이교도들에게 다음과 같이 항의한다:[20] "우리는 브라만교도 아니고 인도의 고행자들도, 은수자(隱修者)들

---

19) Lecky, *Hist. of Europ. Morals*, II, 36 sq.

20) *Apol.* c. 42.

도, 사회에서 추방된 자들도 아니다. 우리는 우리 주와 창조주이신 하나님께서 베푸신 감사한 일들을 생각한다. 그분이 지어놓으신 일들을 누리는 것을 업신여기지 않는다. 다만 과잉과 남용을 피하기 위해서 절제할 뿐이다. 그러므로 우리는 여러분과 함께 이 세상에 거하되 장터에 발길을 끊지도 않고, 대중 목욕탕, 여관, 상점, 그 밖의 온갖 사회적 접촉을 피하지 않는다. 우리도 여러분과 함께 교역과 전쟁과 농사와 매매에 참여한다. 여러분의 직업들에 참여하며, 여러분을 위해 노동력을 제공한다."

그러나 당시에는 연극배우처럼 오로지 죄의 욕구를 충족시키기 위한 직업들이나, 신화적 형상들과 상징들을 제작하고 장식하고 판매하고, 점을 쳐주고, 다양한 마술을 공연하는 등 우상 숭배 전파와 밀접히 연관된 직업들이 있었다. 교회는 이런 직업들을 엄격히 금했으며, 세례 예비자들 가운데 이런 직업에 종사하는 사람들이 있을 경우 그것을 포기하도록 요구했다. 필요하긴 하나 이교도들에 의해 부정한 목적으로 변질된 직업들 — 이를테면 숙박업 — 은 기독교 정신으로 원래의 목적으로 끌어올렸다. 앙키라의 테오도투스는 디오클레티아누스의 박해 때 자기 집을 그리스도인들에게 은신처와 기도처로 제공하다가 체포되어 순교했다.

이교도들이 제국을 통치할 때 군대와 정부의 관직들에 대해서는 견해가 엇갈렸다. 어떤 이들은 마태복음 5:39과 26:52 같은 구절들의 권위에 근거하여 모든 전쟁을 비기독교적이고 부도덕한 행위로 단죄함으로써 훗날의 메노파(Mennonites)와 퀘이커교(Friends)의 전조가 되었다. 다른 이들은 선량한 가버나움의 백부장과 가이사랴의 고넬료를 예로 들면서 직업 군인도 그리스도인이 얼마든지 취할 수 있는 직업이라고 주장했다. 우레 군단(legio fulminatrix)의 전승은 마르쿠스 아우렐리우스 시대에 로마 군대에 그리스도인 직업 군인들이 있었음을 알려주며, 디오클레티아누스 시대에는 궁정과 관청에 그리스도인들이 상당수 들어가 있었다.

그러나 당시의 그리스도인들은 대부분 자신들이 이 세상에서 나그네들이라고 인식하고 하늘 본향, 즉 그리스도의 천년 왕국을 사모하고 살았기 때문에 이교 국가의 고위 관직을 좋게 생각하지 않았다. 테르툴리아누스는 그리스도인들에게 정치만큼 이질적인 것이 없었다고 분명히 말한다.[21] 그들은 양심의 요구에 따라 모든 우상숭배적 관행과 제사와 음주와 공직과 관련된 아첨을 멀리했으며,

이러한 생활 태도는 국가가 이교를 표방하고 있는 한에는 국가에 대한 그들의 의무와 빈번하게 충돌하게 되었다. 그들은 황제를 하나님께서 지상 정부의 책임자로 세우신 자로, 따라서 권력에서는 모든 인간들 가운데 하나님께 가장 가까운 자로 인정했으며, 순교자 유스티누스가 분명히 진술하듯이 지극히 성실한 태도로 세금을 납부했다. 그러나 황제가 자신들에게 우상숭배를 요구할 때는 — 그런 경우가 빈번했다 — 황제에 대한 순종을 중단했다.

테르툴리아누스는 세상 종말이 임박했고, 제국이 세상 종말까지 지속될 것이며, 그리스도인이 제국 정부에 들어가 일하는 것이 불가능하다고 생각했다. 황제를 신으로 숭배하라는 요구에 대해서, 그는 그리스도인의 담대한 태도를 가지고 이렇게 항의했다: "제국 설립자 아우구스투스를 주(主)라고 부르는 일은 결코 없을 것이다. 이 칭호는 하나님께만 해당하는 것이기 때문이다. 그렇지만 만약 황제가 하나님의 지위에 서지만 않는다면 나는 기꺼이 그를 주라고 부를 것이다. 황제가 그 지위에 선다면 나는 황제와 무관하다. 내게는 한 분의 주님 곧 전능하시고 영원하신 하나님이시요 황제의 주이기도 하신 분이 계시기 때문이다 … 나는 황제를 하나님이라고 부를 수 없다. 그것은 지극히 수치스러운 일일 뿐 아니라 대단히 사악한 아첨이다."

그리스도인들은 제국의 일들과 입법과 행정에 비교적 무관심하고 심지어는 혐오했기 때문에 이교도들에게 자주 비판과 경멸을 당했다. 그들이 애국심이 부족했던 이유는 교회에 더 큰 충성을 바쳤기 때문이기도 하고, 적대적인 세상에서 자신들이 처한 상황 때문이기도 했다. 기번(Gibbon)은 그 원인을 "국가의 안녕에 대한 범죄적인 태만과 무관심"으로 돌리지만, 실제의 원인은 이교도들의 공적 생활과 사생활에 연관된 무수히 많은 우상 숭배 관행들을 싫어한 정당한 태도 때문이었다. 그들은 우상숭배의 죄에 참여하기를 거부하면서도, 황제와 국가, 원수들과 박해자들을 위해서 항상 간절히 기도했다.[22] 그들은 아주 평화로운 백성이었고, 결코 짧지 않은 기간 동안 끊임없이 도전과 모욕과 박해를 당하면서도 제국 전역에서 그토록 자주 발생하여 권력을 약화시킨 폭동과 반란에 가담

---

21) *Ibid.* c. 38.

22) 참조. 최근에 발견된 로마의 클레멘스의 서신 가운데 군주들을 위한 기도 부분. §66에 인용.

하지 않았다. 그들은 교리와 생활로써 보다 고등한 개인과 사회의 덕을 드러냄으로써 사회를 내부로부터 개혁했고, 이로써 진정한 의미의 애국자들임을 입증했다.

고대 그리스와 공화정 시대의 로마가 자랑하던 애국심이 국가에 대한 영웅적인 충성과 희생으로 인해 우리의 존경심을 자아내긴 하지만, 그것도 결국에는 확대된 이기심이었으며, 그 기저에는 첫째로 국가 절대주의와, 둘째로 시민 개개인과 외국인의 권리에 대한 무시가 깔려 있었다. 그리고 그것은 기독교와 무관한 원인들에 의해서 침해되었다. 제국에 여러 다른 민족들이 혼합되면서 지방적 편견과 배타주의가 사라졌고, 보편적 인류애에 대한 시각이 열렸다. 스토아주의가 세네카, 에픽테토스, 마르쿠스 아우렐리우스의 저서들로써 이 사해동포적 정조를 철학적·윤리적으로 표현했다. 테렌티우스(Terence)는 "나는 인간이다. 그러므로 나는 인간다운 어떤 것도 나와 관련 없는 것은 하나도 없다고 생각한다"(Homo sum: humani nihil a me alienum puto)라는 유명한 시구로써 그 정조를 표현했다.

그러나 기독교는 최초로 하나님의 부성(父性), 그리스도로 말미암는 구속, 신자들의 보편적 형제 신분, 하나님의 형상으로 지음을 받은 모든 사람들에 대한 자선의 의무를 가르쳤다. 물론 이미 3세기부터 발전하기 시작한 수도원주의가 국가와 심지어 가정에까지 무관심을 조장하고, 세상을 개혁하고 개량하기보다 완전히 등지는 태도를 확산시킨 것이 사실이다. 수도원주의는 도덕적 에너지와 열정을 도시로부터 광야로 대거 빠져나가게 했고, 로마 사회를 배고프면 먹고 졸리면 자는 동물적인 상태로 전락시켰다. 그러나 그것은 광야에서 자기 부인과 성별(聖別)이라는 영웅적인 생활 태도를 보존하고 양육했으며, 로마 제국이 붕괴될 때 야만족 정복자들을 개종시키는 원동력이 되었으며, 새롭고 더 나은 문명이 건설되기 위한 터를 닦았다. 로마 제국의 쇠망은 불가피한 결과였다. 기독교는 동방에서 제국의 수명을 연장시켰고, 서방에서도 야만족 정복자들을 개종시키고 교화함으로써 붕괴에 따른 재앙을 감소시켰다.[23] 아우구스티누스는 로마가

---

23) Gibbon은 「로마제국 쇠망사」 36장에서 이 점을 부분적으로 시인한다: "로마 제국의 쇠퇴가 콘스탄티누스의 회심으로 촉진된 면이 있긴 하지만, 승리를 거둔 종교는 멸망에 따른 재앙을 차단했고, 정복자들의 사나운 기질을 누그러뜨렸다." Milman

고트족에게 약탈당하는 두려운 상황에서 "사도들의 교회들과 순교자들의 묘지들이 그리스도인들이든 이교도들이든 그곳에 피신한 모든 사람들에게 성소가 되어 주었으며", "그리스도 때문에 자기들의 도성이 멸망하게 되었다고 비난한 무수한 사람들의 목숨을 구해주었다"는 현저한 사실을 지적했다.[24]

97. 교회와 노예제도

이교 사상에는 인권에 대한 일반적이고 자연적인 개념이 없었다. 고대의 공화정은 지배하는 배타적인 소수와 압제당하는 다수로 구성되었다. 그리스인들과 로마인들은 자유인으로 태어난 부자들과 독립성을 지닌 시민들만을 진정한 의미의 자유인들로 간주했고, 외국인들과 노동자들과 가난한 자들과 노예들에게는 이러한 특권을 인정하지 않았다. 그들은 모든 외국 민족들을 자신들의 철권지배에 예속시키기 위해서 전쟁을 벌일 생득적 권리를 내세웠다. 키케로조차 외국인과 적을 동의어로 생각했다. 한 번의 전쟁으로 무수히 많은 야만족이 포로로 잡혀(유대의 전쟁만으로 100,000명이 포로로 잡혔다) 한 사람 당 말 한 마리 가격이라는 헐값에 팔렸다. 전쟁 외에도 흑해 연안과 동방 속주들과 아프리카 해안과 브리타니아에서 노예 매매가 왕성하게 이루어졌다. 고대 로마 제국에서 절반이 넘는 인구가 짐승의 처지와 다름없는 절망적인 노예 상태로 전락했다. 이러한 노예제도의 악이 이교 세계의 가정 생활과 사회 생활에 워낙 깊숙이 뿌리내리고 있었고, 심지어 아리스토텔레스 같은 대 철학자들에 의해서조차 자연

은 "비록 로마 제국의 이익에는 반했을지라도 인류의 이익에는 상합했다"(III. 48)고 말한다. Lecky(II. 153)는 이렇게 말한다: "기독교 사제직이 자선과 중재에 의해서 제국 해체에 따른 재난들을 완화하는 데 물질적으로 이바지했다는 것은 부인할 수 없는 사실이다. 동시에 그들의 정치적 태도가 그들의 세력을 크게 증가시켜 주었다는 것도 의심할 수 없는 사실이다. 그들은 상충되는 두 세력의 중간에 서서 쟁점에 거의 무관심하고 투쟁 의욕을 전혀 보이지 않음으로써 황제의 마음을 얻었으며, 피정복민들에게 유익을 끼치는 매개 역할을 했다. 만약 그들이 로마의 애국자들로서 간주되었다면 이러한 지위에 결코 오르지 못했을 것이다."

24) *De Civ. Dei*(하나님의 도성), I. c. 1.

스럽고 불가피한 현실로 간주되었던 까닭에, 그것을 철폐한다는 것은 아무리 명분상 바람직한 것이었을지라도 현실적으로는 전혀 불가능한 일이었다.

그럴지라도 기독교는 처음부터 이 목적을 위해서 노력했다. 하지만 재산권 침해나 외적인 강압이나 갑작스러운 혁명에 의존하지 않았다. 당시의 상황에서 이런 방법들을 동원했다면 더 나쁜 결과만 초래했을 뿐이다. 기독교가 사용한 방법은 도덕적인 힘, 즉 모든 사람이 다 하나님께 지음을 받고 태어나 동일한 인류를 이루고, 다 같이 그리스도의 구속을 받고, 형제 사랑의 의무를 지니며, 참된 정신의 자유를 지닌다는 설교였다. 기독교는 노예들과 주인들을 다 같이 하나님을 의지하고 하나님 곧 성부와 구주 안에서 자유를 누리는 동등한 지위에 세워 놓았다. 겉으로는 예속되었을지라도 내면으로는 자유를 누리게 해주었고, 겉으로는 자유를 누릴지라도 하나님께 순종하고 하나님을 위해서 살도록 가르쳤다. 이러한 도덕적·종교적 자유란 필시 마침내 개인의 인격적이고 사회적인 자유로 이어질 수밖에 없었다. 기독교는 영혼뿐 아니라 육체도 구속하며, 중생의 과정은 자연계 전체의 부활과 영화로써 완성될 것이다.

그러나 우리가 다루는 시기에는 개별적인 속량(贖良)은 몰라도 노예제도의 철폐란 노예의 엄청난 수만 놓고 생각해보더라도 절대로 불가능한 일이었다. 당시의 세계는 그러한 조치를 취할 만한 분위기가 전혀 무르익어 있지 않았다. 교회도 박해를 받고 있던 상황이었으므로 아직까지는 국가와 법 체계에 대해서 아무런 영향력도 갖고 있지 못했다. 게다가 당시의 교회는 더 숭고한 세계를 훨씬 더 중시했고, 주의 신속한 재림을 갈망하고 있었기 때문에 지상의 자유나 일시적인 행복에 아무런 관심도 없었다. 따라서 이그나티우스는 폴리카르푸스에게 보낸 편지에서, 종들에게 주님의 영광을 위하여 더욱 열심히 섬기라고 조언하며, 그렇게 하면 하나님께로부터 더 숭고한 자유를 얻게 될 것이라고 한다. 형제인 그리스도인들을 희생시켜가면서까지 자유를 얻으려고 하다가 변덕의 노예가 되는 우를 범치 말라고 조언한다. 이런 내용에서 우리는 당시의 노예들이 믿음을 받아들인 결과 인권에 대한 자각과 자유에 대한 갈망이 생긴 나머지 교회에 피해를 주면서까지 자신들의 해방을 권리처럼 요구했고, 그로써 지상적 자유를 영적 자유보다 더 귀중하게 여기는 일이 적지 않았음을 짐작하게 된다.

테르툴리아누스는 죄의 멍에서 영혼을 구속하지 않고서는 외적인 자유가 아무 쓸모가 없다고 다음과 같이 강조한다: "세상이 어떻게 노예를 자유롭게 만들 수 있는가? 세상에 있는 모든 것은 진실이 아니라 외양일 뿐이다. 그리스도께서 값을 치르고 속량하셨기 때문에 노예는 이미 자유롭다. 그리고 자유인은 그리스도의 종이다. 만약 그대가 세상이 줄 수 있는 자유를 취한다면, 그대는 그로써 다시 사람의 종이 된 것이며, 그리스도의 자유를 속박으로 생각하므로 자유를 상실한 셈이다." 4세기에 크리소스토무스는 교부들 가운데 최초로 노예제도의 문제 전체를 사도 바울의 정신으로 논하면서, 신중한 태도를 전제로 점진적인 노예 해방을 권장했다.

그러나 콘스탄티누스 이전 시대의 교회는 최종적인 노예제도의 폐지를 향한 처음이자 효과적인 걸음으로서 노예들의 인격적·도덕적 상태를 끌어올리고, 노예들과 주인들 사이의 내면적 불평등을 바로잡고, 이교도들에 대해서까지 여론에 영향을 끼치는 데 상당한 성과를 거두었다. 이 점에서 교회는 철학과 법률에서 동시에 일어난 운동에 도움을 받았다. 고대 로마의 정치가 카토(Cato)는 노예들을 늙어 쓸모없게 되도록 허술하게 부리기보다, 차라리 짐승처럼 죽도록 부리는 것이 좋다고 조언했는데, 이러한 잔인한 견해가, 사도의 가르침에 가장 근접했던 세네카와 플리니우스와 플루타르크의 온건하고 인도적인 견해에 자리를 내주었다. 로마 제국의 노예 관련법에 많은 개선이 있기까지는 후기 스토아 철학의 영향이 크게 작용했다. 그러나 가장 중요한 개선은 콘스탄티누스가 승리할 때부터 유스티니아누스가 즉위하여 제국이 직접적인 기독교의 영향권에 들어갈 때까지 이루어졌다. 콘스탄티누스는 315년에 천상적 아름다움(즉, 하나님의 형상)이 훼손되는 것을 방지할 목적으로 노예의 얼굴에 낙인을 찍는 행위를 금했다. 게다가 316년의 칙령에서는 노예를 해방시키려면 지방장관과 그의 관리 앞에서 의식을 거행해야 했던 과거의 법을 폐지하고, 이제는 주인이 서명한 문서만 요구함으로써 노예 해방을 촉진했다.

여기서 우선적으로 생각해야 할 점은 기독교가 노예들 사이에 자유롭게 전파되었다는 사실이다. 일체의 고상한 교훈에 고개를 내젓는 막돼먹은 노예들을 제외하고는 어지간한 노예 사회에는 복음이 널리 전파되었던 것이다. 노예들이 주인들을 복음을 회심케 하는 데 도구 역할을 한 경우가 적지 않았다(오리게네스가 그렇게 주장한다). 특히 주인집 여성들과 어린이들의 교육이 노예들에게 위임된 사례들이 많았던지라 여성들과 어린이들이 많이 회심했다. 적지 않은 수의 노예들이 순교를 당하여 성인의 명단에 올랐다. 오네시무스(Onesimus, 오네시모), 유티케스(Eutyches), 빅토리누스(Victorinus), 마로(Maro), 네레우스(Nereus), 아킬레우스(Achilleus), 블란디나(Blandina), 포타미아이나(Potamiaena), 펠리키타스(Felicitas)가 대표적인 인물들이다.

전승에 따르면 빌레몬의 노예였던 오네시모가 훗날 감독이 되었다고 한다. 라벤나에 위치한 성 비탈(Vital) 교회 — 이탈리아에 건축된 최초이자 가장 고상한 비잔틴 양식의 교회당 — 는 유스티니아누스에 의해 어느 순교한 노예를 기념하며 봉헌되었다. 그러나 가장 현저한 사례는 원래 노예였다가 로마의 성 베드로의 권좌에 오른 칼리스투스(Callistus)이다(218-223 재위). 우리에게 그의 역사를 전해주는 히폴리투스는 교리와 권징에 대한 그의 견해를 비판하지만, 과거의 신분을 가지고 뭐라고 하지는 않는다. 칼리스투스는 자유인인 그리스도인 여성과 노예인 그리스도인 남성 사이의 결혼을 승인했다. 켈수스(Celsus)는 이 조치를 지적하면서, 기독교가 노예들과 무식한 자들과 여자들과 어린이들에게 지나치게 저자세를 취한다고 비판한다. 그러나 오리게네스는 새 종교의 탁월성을 바로 그 사실, 즉 천대받는 사람들을 일으켜 세울 수 있다는 사실과, 교정할 수 없는 남자들의 계층을 도덕적으로 정결하고 가치 있는 사람들로 만들 수 있다는 널리 퍼진 견해에서 발견했다. 만약 이렇게 회심한 노예들이 자신들의 지적·종교적 우월성을 충분히 자각한 상태로도 여전히 이교도 주인들에게 순종하고 심지어 이전보다 더욱 충성스럽게 섬기되, 부도덕한 요구에 대해서만 단호히 거부한다면(방탕한 주인들을 섬겼던 포타미아이나를 비롯한 정숙한 여성들과 처녀들처럼), 그들은 이러한 자제력으로써 시민의 자유를 누릴 자격이 있음을 충분히 입증한 셈이었고, 동시에 하나님 자녀의 지위를 누리게 하고, 땅에서 고난을 당할지라도 하늘의 복락을 소망하게 함으로써 영혼을 일으켜 세우는 기독교 신앙을 대단히 훌륭하게 증거한 셈이었다.

황제 가문의 노예였던 유엘피스테스(Euelpistes)는 순교자 유스티누스와 함께 루스티쿠스(Rusticus)의 법정에 끌려갔을 때 자신의 심경을 묻는 질문에 대해서 이렇게 대답했다. "저는 황제의 노예이지만, 동시에 그리스도인이고, 예수 그리스도께로부터 자유를 받았습니다. 그분의 은혜로 저는 제 형제들과 동일한 소망을 간직하고 있습니다." 노예 주인들이 기독교 신앙을 받아들인 경우에는 과거의 주종의 관계가 사실상 중단되었다. 두 사람이 함께 주님의 식탁에 나와서 한 가족에 속한 형제라는 의식을 공유했다. 이것은 당시에 널리 유행하던 "노예들

처럼 많은 적들"이라는 속담에 잘 나타나 있듯이 이웃의 이교도들과 현저히 다른 상태였다.[25]

알렉산드리아의 클레멘스는 노예제도 자체를 어디에서도 비판하지 않을지라도, "노예도 우리와 똑같은 사람이다"라고 자주 강조한다. 기독교 사회에 노예들과 주인들 사이에 사도 바울이 빌레몬에게 권고했던 것과 같은 형제애의 관계가 실제로 있었다는 것을 우리는 이 책이 다루는 시기의 말기에 락탄티우스의 증언을 통해 확인하게 된다. 「강요」(Institutes)라는 저서에 남긴 그의 증언은 실제 생활을 그대로 옮겨놓은 것임에 틀림없다. "당신들 사회에도 가난한 사람들과 부자들, 노예들과 주인들이 있고, 개인들 사이에도 차이가 있는 게 사실이 아니냐고 말할는지 모른다. 그러나 우리가 서로 형제라고 부르는 데에는 오직 서로 평등한 존재들이라고 여기는 것 외에 다른 이유가 없다. 우리는 인간에 관한 모든 것을 외모로 평가하지 않고 내면의 가치로 평가하기 때문에, 우리는 신분의 차이에도 불구하고 노예들을 두지 않으며, 다만 그들을 성령 안에서 형제들이라고 부르고 또 그렇게 여기며, 신앙 안에서 함께 종된 자들이라고 여긴다." 같은 저자가 이렇게도 말한다: "하나님께서는 모든 사람이 평등하기를 바라신다 … 그분에게는 노예도 없고 주인도 없다. 만약 그분이 모든 사람에게 동일한 아버지이시라면, 우리 모두는 동등한 권리를 지니고 있는 셈이다. 따라서 하나님 앞에서는 아무도 가난하지 않으며, 다만 의가 없는 사람만 가난할 뿐이다. 하나님 앞에서는 덕이 많은 사람만이 부자이다."

카타콤들의 증거는 이교의 비명들과 대조적으로 기독교가 사회의 두 계급 사이의 차이를 거의 말소시켰음을 보여준다. 카타콤의 비명들에는 어지간해서는 노예라는 표현이 나타나지 않는 것이다. 드 로시는 이렇게 말한다. "같은 시기에 세워진 이교도들의 비명들에서는 노예나 자유인이라는 언급을 쉽게 찾아볼 수 있지만, 그리스도인들의 묘비들에서는 그러한 확실한 사례를 한 번도 발견하지 못했다."[26]

---

25) 노예 전쟁을 치른 뒤부터 로마인들은 항상 노예들의 음모와 봉기를 두려워하며 살았다. 노예들이 전체 인구의 절반을 차지했으며, 시칠리아와 칼라브리아 같은 일부 농업 지역들에서는 인구의 다수를 차지했다.

26) Schultze는 묘비들을 토대로 초기 기독교 교회들에서는 노예제도가 최소한도로 축소되었을 것으로 추정한다.

기독교의 원리들은 노예를 소유하고 있던 그리스도인들에게 자연스럽게 실질적인 해방을 시키도록 자극했다. 콘스탄티누스 이전 시대에 그리스도인들은 대부분 가난했기 때문에 노예를 보유한 사람들의 수도 극히 제한되었다. 그럴지라도 로마 주교 알렉산더의 순교자전에서는 트라야누스의 재위 때 그 주교에 의해 회심한 로마의 장관 헤르마스(Hermas)가 부활절에 아내와 자녀들, 그리고 250명의 노예들과 함께 세례를 받았으며, 그날 자신의 모든 노예들에게 자유와 후한 선물을 주었다는 내용을 읽게 된다. 마찬가지로 성 세바스티아누스(St. Sebastian)의 순교록에도 디오클레티아누스 때 크로마티우스(Chromatius)라는 부유한 로마 장관이 기독교를 받아들인 뒤 1400명의 노예들과 함께 세례를 받고 나서, 이제 그들이 하나님의 자녀가 되었으므로 사람 섬기는 일도 그치게 되었다는 이유로 그들을 해방시켜 주었다는 내용이 기록되어 있다. 카타콤에 있는 여러 묘비들은 노예 해방의 사실을 언급한다. 4세기 초에 유서 깊은 로마 가문 사람들인 성 칸티우스(St. Cantius)와 칸티아누스(Cantianus), 칸티아닐라(Cantianilla)가 세례를 받은 뒤에 73명이나 되는 노예들을 해방시켜 주었다. 성 멜라니아(St. Melania)는 8천 명의 노예들을 해방시켜 주었고, 성 오비디우스(St. Ovdius)는 5천 명의 노예를, 트라야누스 때의 장관을 지낸 헤르메스(Hermes)는 1250명의 노예를 해방시켜 주었다.

전설의 색채가 짙은 이 전승들은 구체적인 사실들에 관해서는 의심할 만하고, 아마 큰 과장이 있었을 것으로 보인다. 하지만 그럴지라도 당시에 노예를 소유한 그리스도인들에 관해 교회가 어떤 정신을 가르쳤는지를 생각하게 하는 증거들이다. 이런 전승들을 감안할 때, 기독교가 철저히 뿌리를 내린 사회에서는 한편으로는 독재의 여지가, 다른 한편으로는 노예제도의 여지가 발붙일 자리가 없었겠다는 느낌을 갖게 된다.

3세기 이후에는 노예 해방이 엄숙한 행위가 되어서, 성직자와 회중 앞에서 거행되었다. 교회의 절기들, 특히 부활절에 노예 해방 의식이 거행되었다. 주인이 노예를 제단으로 데려가서 해방 문서를 읽으면 성직자는 그들을 축복하고, 회중은 해방된 노예를 동등한 권리와 특권을 지닌 자유로운 형제로 받아들였다. 콘스탄티누스는 이 관습이 이미 확립된 것을 발견했고, 4세기의 아프리카 공의회들은 황제에게 그 관습을 보편적인 법으로 시행해 줄 것을 요청했다. 황제는 그 일을 성직자의 감독하에 두었다.

특주

웰런(Wallon)은 「고대 세계의 노예사」(*Histoire de l'esclavage dans l'antiquit* 제2판. Paris, 1879, 3 vols.)에서 마태복음 23:8, 갈라디아서 3:28, 골로새서 3:11, 고린도전서 12:13 같은 구절들에 실린 복음이 노예제도에 조종(弔鐘)을 울렸다고 생각한다. 물론 노예제도가 폐지되기까지는 오랜 세월이 걸리긴 했지만 말이다.

레키(Lecky)는 기독교와 노예제도의 관계를 자신의 「유럽인들의 도덕사」(*History of European Morals*, pp. 66-90)에서 다음과 같이 올바로 언급한다: "기독교는 이 분야에서 다음 세 가지 점으로 이바지했다. 첫째, 계급 구분이 사라지는 새로운 질서를 제공했고, 둘째, 노예 계급에게 도덕적 존엄성을 심어주었으며, 셋째, 참정권 운동에 큰 자극을 주었다."

98. 이교 사회의 가정

고대 그리스와 로마에서는 국가가 삶의 최고 목표였으며, 사회가 인정한 유일한 덕 — 지혜, 용기, 겸양, 정의 — 도 정치적인 덕들이었다. 아리스토텔레스는 국가, 즉 자유 시민들(외국인들과 노예들은 배제된)로 구성된 국가가 가족과 개인보다 앞선다고 말하며, 인간이 본질적으로 '정치적 동물'이라고 한다. 플라톤의 이상적 국가에서도 국가가 전부이며, 모든 것 심지어 어린이들까지 소유한다.

이 정치적 절대주의가 개인과 가정의 존엄성과 권리를 파괴하고, 가정과 개인의 덕을 함양하려는 노력을 물질적으로 가로막는다. 결혼을 도덕적 관점에서 바라보지 않고 오로지 국가 보존을 위한 정치적 행위로만 바라보았으며, 자유 시민들 외에는 법적으로 약혼할 수가 없었다. 소크라테스는 아들에게 결혼을 가르치면서, 아내를 고를 때는 아름다운 자녀들을 낳을 만한 여성만 고르는 것이라고 크세노폰의 말을 들어가며 훈계한다. 플라톤은 심지어 여성 사회를 향해서 자신의 이상적 국가에서 전사(戰士) 계층을 남편으로 선택하는 것이 용감한 시민들을 얻는 최선의 길이라고 천거한다. 리쿠르고스(Lycurgos, 기원전 9세기경의 고대 스파르타의 입법자)도 비슷한 이유를 제시하면서, 특별한 상황에서는 노인들이 자신들의 젊고 아름다운 아내들을 젊고 강한 남자들에게 빌려줄 필요가 있다고 함으로써 간음을 조장했다.

여성의 지위는 노예의 지위와 대동소이했다. 아리스토텔레스에 따르면 여성이 물론 노예와 다르긴 하지만, 어쨌든 자신의 의지를 갖지 못하며, 노예보다 더 고상한 덕을 추구할 능력이 없다고 한다. 여성들은 가옥의 후미진 곳에 갇혀 지냈으므로 노예들과 함께 생을 보냈다. 인간 본성이란 본질상 어느 시대나 동일하기 때문에, 그리고 인자하신 하나님의 섭리가 그것을 완전히 버리시지 않기 때문에, 우리는 심지어 이교 사회에서도 언제든 여성이 덕이 유지되고 존중되었다고 생각해야 옳다. 그리스 시와 역사에 등장하는 페넬로페(Penelope), 나우시카(Nausicaa), 안드로마케(Andromache), 안티고네(Antigone), 이피게니아(Iphigenia), 디오티마(Diotima) 같은 여성들이 그 점을 입증한다. 플루타르크가 기혼자들에게 준 조언과 그가 딸과 사별한 자기 아내에게 쓴 위로의 편지에는 순결과 애정의 아름다운 숨결이 배어 있다. 그러나 고대의 시인들과 철학자들과 법률가들이 일반적으로 여성들에게 매긴 지위는 사회적으로 억압과 천시를 받는 지위였다. 아테네에서 여성은 생시에 미성년자로 간주되었고, 남자 상속자들이 없을 경우를 제외하고는 유산을 상속할 수 없었다. 소크라테스가 던진 "대화 상대 가운데 여성보다 못한 사람이 있던가?"라는 질문에 그의 생도인 아리스토불루스(Aristobulus)는 "없거나 극소수입니다"라고 대답한다. 그리스 사회에서 혹시 여성이 간혹 재치와 교양이 탁월하여 아스파시아(Aspasia), 프리네(Phryne), 라이스(Lais), 테오도타(Theodota)처럼 소크라테스 같은 진지한 철학자들과 페리클레스 같은 정치가들에게까지 연민과 구애의 대상이 된 경우가 있었을지라도, 대개가 헤타이라이 혹은 아미카라이는 불명예스러운 계층에 속한 여성이었다. 고린도에서는 아프로디테 신전에 여성들이 배속되어 있으면서 종교적 승인하에 악한 관습을 즐겼다.[27] 이러한 방탕한 여성들이 주부들보다 높게 평

---

27) 그들을 가리킨 헤타이라이는 포르나이를 뜻하는 아티카어의 변형어이다. 고린도의 아프로디테 신전에서는 천 명이 넘는 헤타이라이가 히에로둘로이로 고용되어 외국인들을 타락시키는 원인이 되었다(Strabo, VIII. 6, 20). 코린티아 코레는 헤타이라의 동의어로서 극한 방탕의 표현이었다. 이 헤타이라이와 고대 그리스인들의 가정 생활에 관한 자세한 내용은 Becker의 *Charicles*(Metcalf의 번역, 제3판, 런던, 1866)에 소개되어 있다. Becker는 고전 그리스의 전성기에 "관능성이 미 개념의 어머니는 아니

가되었으며, 여성 문화와 사회적 우아함을 대표하는 유일한 계층이 되었다. 이 여성들과 공개적으로 살림을 차리는 것이 심지어 기혼자들에게도 부끄러운 일이 아니었다.[28] 제우스나 아레스나 아프로디테 같은 신들이 이런 죄를 숱하게 저지른 판국에 방탕과 간음을 어찌 죄로 여겨 혐오스럽게 여길 수 있었겠는가! 지상에서 가장 지독한 악들이 올림포스에 집결되어 있었다.

당시 이교 사회에는 이런 것만 아니라 더욱 심한 악들이 있었으나 신앙 양심상 차마 입에 올리지 못한다. 그런 악들은 본능적 거부감조차 무너뜨렸으며, 그런데도 고대의 시인들과 철학자들이 아무런 처벌이나 불명예를 받지 않은 채 자유롭게 논하고 예찬했으며, 아폴로와 헤라클레스가 보여준 태도와 제우스가 가니메데스(제우스의 술시중을 든 트로이의 미소년)와 벌인 불륜이 신들에게조차 재가를 얻었다.[29]

로마인들은 원래 정직과 양심을 중시했기 때문에 그리스인들에 비해 도덕적이고 가정적이고 난잡하지 않았다. 그들은 아내를 도미나(여주인), 마트로나(기혼부인), 마테르파밀리아스(주부)라는 칭호로써 존중했다. 로마인들의 사제(司祭) 체제의 꼭대기에는 순결한 결혼을 상징하는 유피테르의 사제들과, 정절을 상징하는 베스타 제단의 처녀들이 있었다. 이탈리아 사비니족의 여성들은 부모와 남편 사이에서 중재 역할을 하여 공화정을 파멸에서 구했다. 예를 들면, 코리올라누스(Coriolanus)의 어머니와 아내는 기도로써 자식과 남편의 진노를 무마했고, 볼스키족 군대를 공격하게 했다. 왕 타르퀴니우스(Tarquin)로부터 명예를 지키기 위해서 자발적으로 목숨을 버린 루크레티아(Lucretia)와, 노예 신세가 되어 몸을 더럽힐 일을 막기 위해서 아버지의 손에 죽은 비르기니아(Virginia)는 로마의 전설적 역사에서 순결한 여성들로 찬란하게 빛난다. 그러나 공화정의 전성기에조차 여성의 법적 지위는 대단히 낮았다. 로마인들은 한결같이 결혼을 국가

었을지라도 적어도 유모 정도는 되었다"고 말한다(p. 242). 플라톤 자신도 이상 국가를 논하는 과정에서 시민들을 합법적인 결혼의 테두리에 얽매이게 하는 것에 크게 실망했다.

28) 아스파시아는 자신의 아름다움과 기지로 페리클레스를 유혹했다. 소크라테스는 디오티마라는 고급 매춘부의 조언에 큰 도움을 받았음을 인정했다.

29) Lecky(II. 311)는 이렇게 본성을 거스른 그리스인들의 악이 대중 경기를 통해 사람들이 나체에 익숙해진 데서 유래했다고 본다.

의 이익에 종속시켰고, 자유 시민들에게만 법적 형식을 갖춰 결혼하는 것을 허용했다. 공화정 당시의 로마인들은 자부심이 대단하여 로마인이 외국의 공주와 결혼하는 것조차 천시하는 금언들이 생겼다. 따라서 로마인들에 대해 외국인들이었던 클레오파트라와 베레니케 같은 여성들조차 마르쿠스 안토니우스와 티투스의 첩들로 간주되었다. 고대의 관습에 따르면 신랑이 신부 부모에게 지참금을 지불하고 신부를 사왔으며, 신부는 신랑의 집과 그 집 신들에게 바치는 소개서를 구리 세 닢에 구입함으로써 매매식 결혼을 성취했다. 그러나 이것은 신부에게는 그저 한쪽 집안의 종살이에서 다른 쪽 집안의 종살이로 옮기는 것에 지나지 않았다. 여성은 결혼함으로써 남편의 살아 있는 재산이 되었고, 남편은 자기 아내를 대여할 수가 있었다. 카토가 자기 아내를 친구 호르텐시우스에게 대여해 준 일이나, 아우구스투스가 티베리우스 네로에게서 리비아를 데려온 일이 그런 예들이다.

기번은 이렇게 말한다. "여성의 남편 곧 주인은 여러 면에서 가부장권을 부여받았다. 남편의 판단 혹은 변덕에 의해서 아내의 행위가 인정을 받기도 했고 제재나 징벌을 받기도 했다. 남편은 아내에게 생살여탈권(生殺與奪權)을 행사했다. 아내가 간음을 저지르거나 주정을 할 경우에는 사형에 처해도 무방했다. 아내가 재산을 취득하고 상속하는 것은 오직 자기 주인을 위한 일이었다. 이처럼 여성이 인격이 아니라 물건으로 명확하게 정의되었기 때문에, 자격에 결함이 있을 경우에는 다른 유동 재산처럼 일년 동안 사용하고 소유해 보겠다고 주장하는 일도 있을 수 있었다."

일부일처 제도가 그리스와 로마 양 세계의 규율이었지만, 혼외 관계가 배제된 것은 아니었다. 첩을 두는 행위가 법률적 의미에서 일종의 재혼과 같았으며, 첩이 되는 여성들은 노예나 평민 출신으로서 기혼부인의 지위에는 이르지 못했으나 매춘부의 오명에서는 벗어났다. 그것이 법에 의해 승인과 규제를 받았다. 그것이 아우구스투스 시대부터 10세기까지 동방과 서방 양 세계에서 성행했으며, 로마 황제들 가운데 가장 훌륭했던 베스파시아누스와 두 안토니누스가 황제들도 그것을 선호했다. 간음은 엄벌로 다스렸는데, 간음자를 즉결 처형한 경우도 가끔 있긴 했으나 대체로는 자유인의 권리와 재산에 불이익을 주는 방식으로 처벌이 집행되었다. 아내에게는 남편의 불륜을 막을 만한 법적·사회적 보호 수단이 없었다. 로마인들은 가정 생활을 관장하는 특별한 여신을 숭배했다. 그러나 남편의 비위를 맞춘다는 비리플라카(viriplaca)라는 이름이 여신의 편파성을 암시한다. 남편이 집안의 노예나 공창(公娼)과 관계를 맺는 행위는 간음의 오명과 처벌에서 제외되었다. 로마서 1:26, 27에 언급된 순리를 거스르는 혐오스러운 행위는 두말 할 나위도 없다. 이런 행위는 에트루리아인들과 그리스인들에게서 로마인들에게로 전해져서 하층민뿐 아니라 상류민들에게까지 널리 성행했던 것으로 보인다. 하지만 적어도 제정 시대에는 여성들도 남편들 못지않게 타락했다. 유베날리스는 정숙한 아내를 '세상에서 희귀한 현상'(rara avis in terris)이라고 부른다. 아우구스투스 시대에는 자유인들의 딸들 가운데 베스타 신전에 들어갈 대상을 더 이상 찾을 수 없었으며, 심지어 도미티아누스의 지극히 엄한 법으로도 순결한 여신을 섬기는 여섯 명의 여사제들이 서약을 파기하고 환속(還俗)하는 것을 막지 못했다. 플로라(꽃과 풍요와 봄의 여신)의 무언극과 경기는 대담한 외설성 때문에 아주 인기있는 오락이었다. "마르티알리스(로마의 풍자시인, 40?-104?)의 풍자시, 아풀레이우스(2세기의 로마 풍자작가)와 페트로니우스(-?66, 로마의 풍자작가)의 로맨스, 루키아누스(2세기의 그리스 풍자작가)의 대화록에 실린 일부 내용은 그들 시대의 정신을 너무나 적나라하게 담아냈다."

로마 공화정 시대에는 이혼이란 거의 알려지지 않은 개념이었으며, 한번 결혼하면 떨어질 수 없는 것으로 간주되었다. 어떤 원로원 의원은 딸이 보는 앞에서 아내와 입을 맞추었다는 이유로 견책을 당했다. 언뜻 보면 보수적인 것 같은 이러한 관습도 실상은 남편이 항상 노예와 첩을 통해 욕정을 쉽게 배출할 수 있었다는 점을 기억하면 생각이 많이 달라지게 된다. 게다가 이 정도의 관습도 공화정과 함께 폐기되었다. 포에니 전쟁 이후에는 부와 사치가 증가하고, 그리스와 동양의 문란한 관습이 쏟아져 들어와 고대 로마의 엄격한 도덕관을 함몰시켰다. 결혼을 사회적·종교적 의식으로 치르던 관습이 점차 사라졌다. 비슷한 계층 사람들끼리의 공개적인 동거도 결혼의 충분한 증거로 받아들여졌다. 아우구스투스 이후에는 결혼이 한 쪽의 포기로 해체될 수 있는 여느 교제의 수준으로 전락했다. 기번(Gibbon)은 제정 시대에 관해서 이렇게 말한다. "열정, 관심 혹은 변덕이 일상적으로 결혼을 해체시키는 동기가 되었다. 말 한 마디, 표정 하나, 편지 한 통, 자유민[해방 노예]을 통한 의사전달로 이혼이 선언되었다. 인간 관계 가운데 가장 긴밀한 단위가 이익이나 쾌락을 추구하는 일시적인 사회로 전락했다."[30]

악이 만연하자 다양한 대책이 뒤늦게 채택되었으나, 기독교 정신이 대중의 정신을 장악하고 로마의 법 체계를 개선할 때까지는 이렇다 할 효과를 거두지 못했다. 기독교 정신이 널리 퍼진 뒤에도 로마 법 체계는 이교 관습과 교회의 뜻 사이에서 오랫동안 머뭇거리는 상태에 있었다.

---

30) Gibbon(ch. XLIV)은 여러 가지 사례들로 그 진술을 뒷받침한다. '수많은 지도 자들의 부인'이라고 불린(Seneca, *Ep.* 114) 마이케나스라는 여성은 문학과 예술을 후원한 일로 유명한 것 못지않게, 결혼과 이혼을 손바닥 뒤집듯 쉽게 한 것으로도 악명이 높았다. 마르티알리스(*Epigr.* VI. 7)는 비록 시적인 과장을 섞긴 했으나 한 달에 열 명의 남편을 거느린 여성을 말한다. 유베날리스(*Satir.* VI. 229)는 5년 동안 8명의 남편의 품에 안긴 기혼 부인을 예시한다. 제롬(*Ad Gerontiam*)은 "로마에서 스물두번째 아내를 장사 지낸 사내를 보았는데, 그 스물두번째 아내도 실은 과거에 자기보다 허약한 스물두 명의 남편을 장사 지냈던 여성이었다." 이런 내용은 극단적인 경우들로서 로마의 사회상은 물론이고 속주들의 사회상은 더욱 전반적으로 평가하기에 충분한 근거를 제공하지 못한다. 제국이 타락한 시대에도 고상하고 지조있는 여성들이 있었다는 사실을 잊어서는 안 된다. 티베리우스의 품에 안기기보다 차라리 자살을 택한 말로니아와, 세네바의 어머니인 헬비아와, 남편과 함께 묻히기 위해서 자신의 정맥을 끊은 그의 아내 파울리나, 그리고 클라우디우스 때 남편 파이투스가 사형 판결을 받자 서슴없이 가슴에 칼을 찔렀다가 뺀 다음 죽음의 숨을 쉬면서 남편에게 "파이투스여, 저는 괜찮아요"라고 말했던 아리아, 그리고 그녀의 유덕한 딸이자 사형판결을 받은 (66) 트라세아의 아내 카이키니아 아리아, 그리고 남편 헬비디우스 프리스쿠스와 함께 두 번 추방을 당하고 세번째는 남편이 처형된 뒤에 다시 추방을 당한(93) 아리아의 손녀 파니아가 그런 여성들이다. 참조. Pliny, *Epist.* III. 16; Tacitus, *Ann.* XVI. 30-34; Friedlaender, I. 459 sqq. 그 밖에도 셀 수 없이 많은 로마인들의 비문에 남아 있는 부부의 헌신과 행복의 증거들도 간과해서는 안 된다. 참조. Friedländer, I. 463.

그럴지라도 제정 로마 시대에는 성적 부도덕이 중세 암흑기의 가장 저급한 시기들보다 혹은 찰스 2세 치하의 영국 사회보다, 혹은 루이 14세와 15세 치하의 프랑스 사회보다 더 심했던 것으로 보인다. 그리고 Lecky가 말하듯이(II. 326) "근대의 어떤 궁정에서도 찾아볼 수 없었던 순리를 거스른 그 두려운 욕정이 궁정에서 조금도 가리지 않은 채 발산"된 것이 분명하다. 키케로의 증언에 따르면, 남성들이 혼전에 정절을 지키지 않는 것도 로마인들 사이에서 매우 보편적인 현상이었다. 스토아 도덕가들 가운데 가장 엄격했던 에픽테토스조차 이러한 유형의 악을 삼가지 않고 어느 정도 즐겼다. 람프리디우스는 다른 부분에서는 악을 제재하는 법을 제정했던 알렉산더 세베루스가 결혼하지 않은 속주 총독 두 명을 임지로 발령할 때 첩을 딸려보내면서 "그들이 첩 없이 살아갈 수 없다"고 그 이유를 설명했다고 한다.

교회가 로마 제국 전역에서 맞서 싸워야 했던 이교 사회 가정 생활의 또 다른 근본적인 악은 부모가 자녀에 대해서 절대권을 행사하되, 심지어 로마 시민인 부모가 자기 아들을 죽이기도 하고 살리기도 하고, 재산과 노예처럼 처분하기도 하며, "지상의 어느 법정에서도 책임을 추궁당하지 않은 채 마음대로 내버리거나 죽일 수" 있을 정도로 절대권을 행사한 관습이었다.

이 관습은 병약하거나 장애자로 태어난 아이들을 잔인하게 죽이거나 많은 경우 노예로 전락시킨 반인륜적이고 괴이한 관습과 밀접히 연관되어 있었다. 이러한 관습을 심지어 플라톤과 아리스토텔레스와 세네카 같은 사람들조차 공공의 유익이라는 미명하에 승인했다! 그 위대한 스토아 철학자는 이렇게 말한다. "짐승의 새끼 가운데 기괴한 것들을 우리는 죽인다. 아이들도 만약 병약하거나 불구로 태어나면 우리는 익사시킨다. 이렇게 쓸모없는 것들을 건강한 사람들로부터 구분해 내는 것은 악행이 아니라 합리적인 행위이다."

(기번의 글을 다시 한 번 인용하자면) "어린이 유기(遺棄)는 고대 세계의 고질적인 악이었다. 정부가 나서서 때로는 금하기도 하고 때로는 허용하기도 했으나, 로마인들과 같은 가부장권을 지니지 않은 민족들조차 거의 언제나 아무런 처벌도 받지 않은 채 자행한 관습이었다. 인간 심정에 호소하던 시인들도 벌어먹기가 어렵고 데리고 살기가 안쓰럽다는 말로 변명되던 대중의 관습을 무관심하게 반영한다 … 그것이 살인 행위임이 발렌티니아누스(364-375 재위)와 그의 동료들에 의해서 코르넬리아누스 법의 문구와 정신에 실리게 될 때까지 로마 제국은 유아들의 피로 얼룩졌다. 이 비인간적인 관습은 법과 기독교의 온건한 교훈만으로는 뿌리뽑히지 않다가, 사형의 벌로 그 교훈을 뒷받침할 때에야 마침내 뿌리뽑혔다."[31]

99. 기독교 가정

기독교가 전파될 당시에 고대 세계 가정 생활의 상황이 이러했다. 이러한 사회에 대해서 기독교는 혼인의 신성함을 가르치고, 정절을 요구하고, 여성의 지

---

31) ch. XLIV.

위를 노예와 다름없는 지위에서 남성과 똑같이 도덕적 존엄성과 평등성을 지닌 지위로 끌어올리는 등 조용한 개혁을 시작했는데, 이러한 노력이 아직 태어나지 않은 후대의 많은 세대들에게 이루 헤아릴 수 없이 큰 복을 끼쳤다. 기독교는 훌륭하게 질서 잡힌 가정 생활을 위한 토대를 놓았다. 바깥 세계에서 눈을 돌려 사랑이 깃든 가정을 바라보게 했고, 정치와 사회 생활에 분주한 생활을 잠시 멈추고 가정이라는 성소를 생각하도록 했으며, 개인 생활의 덕들을 함양하지 않고는 공인으로서의 덕도 지닐 수 없음을 주지시켰다. 그러나 여성의 비천한 지위와 사회의 성적 문란 같은 악이 고대 세계의 삶 전체에 워낙 깊이 뿌리박혀 있었던 지라, 이렇게 가정을 고상하게 세워가려던 노력은 노예 제도 폐지 노력과 마찬가지로 아주 더디게 진행될 수밖에 없었다. 그런 점을 감안하면, 오늘날 많은 사람들의 눈에 이교도들에게서 흔히 볼 수 있는 결혼 생활의 불륜과 비참함에 아예 발을 들여놓지 않겠다는 극단적인 태도로 비치는 독신주의가 그렇게 높은 평가를 받은 것이 조금도 이상한 일이 아니다. 교부들도 결혼 생활보다 정절을 더 자주 열정적으로 칭송한 것이 사실이다. 물론 그럴지라도 그들의 결혼관은 그리스와 로마의 위대한 현자들과 법률가들의 도덕 표준보다 훨씬 뛰어난 점을 보인다.

정절. 기독교는 남녀 모두의 혼전 순결과 결혼 생활과 독신 생활에서의 정절(이교 사회에서는 극히 찾아보기 힘들던)을 대단히 중요한 덕목으로 끌어올리고, 그것을 가정의 초석으로 삼았다. 많은 여성 순교자들이 명예를 더럽히느니 차라리 혹독한 고문과 죽음을 택했다. 성 페르페투아는 검투장에서 들소의 뿔에 받혀서 거의 죽게 되었을 때 여기저기 찢긴 옷을 움켜 몸을 가렸다. 순교자들과 성인들의 행전들에는 기이한 이야기들이 실려 있다. 물론 내용에 과장된 점이 없진 않지만, 그럴지라도 그리스도인들 사이에 지배적인 정조가 어떤 것이었는지 잘 말해준다. 그들은 육체적 유혹을 단호히 뿌리쳤고, 자신들을 방탕하다고 비방하던 자들을 귀신 들리게 하거나 급사하게 만들었고, 매춘부들에게 부끄러운 생활을 청산하도록 했고, 그들에게 거룩한 생활을 하도록 격려하여 심지어 성인의 반열에 오르게까지 했다.[32] 고대의 공의회들은 독버섯처럼 사회에 널리 퍼져

32) 매춘부 생활을 하다가 회심을 하여 로마 교회의 교회력에 오른 성인들 가운데는 성 막달라 마리아, 이집트의 성 마리아, 성 아프라, 성 펠라기아, 성 타이스, 성 테오

있던 육체적 죄악을 많이 다루었으며, 그 죄악의 모든 형태와 모양을 만장일치로 단죄한다. 이렇게 초기 교회와 교부들이 한결같이 지지한 정절이 독신 생활과 거의 동일했던 것이 사실이며, 이 점에 관해서는 차후에 자세히 살펴볼 것이다. 하지만 이들의 관점에 실린 극단적인 요소 때문에 교부들이 지도한 초기 교회가 이교 사회의 도덕 수준보다 비교할 수 없이 우수했다는 점을 간과해서는 안 된다.

여성. 기독교는 여성들을 말 그대로 억압의 굴레에서 해방시켜 기독교 가정의 생명력과 빛으로 만들었다. 블란디나와 페르페투아 같은 순결하고 용감했던 여성 순교자들과, 노나, 안투사, 모니카 같은 경건한 어머니들에게서는 고대 그리스와 로마 사회의 처녀들과 기혼부인들의 모습을 찾아볼 수 없으며, 따라서 이교도 리바니우스가 자기의 학생 크리소스토무스의 어머니를 놓고서 "이 그리스도인들이 얼마나 훌륭한 여성들인가!" 하고 마지못해 인정한 것은 당연한 일이다. 중세의 스콜라주의자들은 여성이 지음을 받은 기사로부터 여성 본연의 지위에 관한 독창적인 주장을 이끌어냈다. 그것은 하와가 아담의 발에서 지음을 받지 않아서 그의 노예가 되지 않았고, 그의 머리에서 지음을 받지 않아서 그의 지배자가 되지도 않았으며, 다만 그의 옆구리에서 지음을 받아서 그에게 사랑받는 배필이 되었다는 것이다.[33]

동시에 여기서 우리는 고대 교회가 아직까지는 신약성경이 가르치는 이상적인 상태에 크게 미치지 못했으며, 따라서 여성의 지위를 향상시키기보다 독신주의를 지나치게 강조하는 쪽으로 나아가게 되었다는 것을 인정해야 한다. 교부들

도타가 있다. 참조. Charles de Bussy, *Les Courtisanes saintes*. 전하는 바로는 성 비탈리우스는 매일 밤 악의 소굴을 찾아가 매춘부들에게 돈을 주어 죄를 짓지 않도록 하고 그들의 회심을 위해서 기도를 드렸다고 한다. 성 세라피온에 관한 재미있는 이야기도 전해진다. 그는 약속을 하고서 그런 장소로 가서는 상대 매춘부를 앞에 놓고 오랜 시간 동안 간절히 기도했으며, 마침내 그 불운한 매춘부는 회심한 뒤 그의 발 앞에 굴복했다고 한다. 참조. Lecky, II. 338.

33) 이 아름다운 생각(많은 사람이 주석가 매튜 헨리의 발상으로 알고 있는)은 아우구스티누스에 의해 최초로 암시되었고(*De Genesi ad Literam*, 1. IX. c. 13), 페트루스 롬바르두스에 의해서 충분히 진술되었다(*Sentent*. 1. II. Dist. XVIII. 〈*de formatione mulieris*〉). 그리고 토마스 아퀴나스에 의해서 다시 진술되었다(*Summa Theol*. Pars. 1. Quaest. XCII. Art. III.).

은 신앙으로 사는 아내와 어머니보다 정절을 지키는 처녀를 훨씬 더 칭찬하고 높였다. 로마 가톨릭 교회력에 축일을 갖고 있는 성인들 가운데 남편들과 아내들은 없거나 극소수이다. 물론 구약의 족장들과 모세와 몇몇 대 선지자들[이사야, 에스겔], 그리고 사도들(특히 베드로)은 모범적인 결혼 생활을 했다.

결혼. 교회는 초창기부터 결혼을 사회와 하나님 나라의 계승을 위한, 그리고 덕을 실천하고 행복을 증진하기 위한 육체와 영혼의 신성한 결합으로 간주했다. 사도 바울이 결혼의 결합을 그리스도와 교회의 관계에 비유했기 때문에(참조. 엡 5:28-32), 교회는 그것을 토대로 결혼에 성례적 혹은 준 성례적 성격을 매겼다.[34] 결혼은 본질상 간음의 경우를 제외하고는 취소될 수 없었으며, 간음죄에 따른 죄책은 여자뿐 아니라 남자에 대해서도 죄가 더욱 큰 쪽에, 그리고 모든 혼외 관계에 매겨졌다. 따라서 아내가 남편의 비행으로부터 보호를 받았으며, 정절이 가정 생활의 일반 법칙이었다.

니케아 이전 시대의 기독교 가정의 모습을 소개하는 몇 편의 글이 남아 있는데, 한 편은 유력한 그리스 교부의 글이고, 다른 한 편은 라틴 교회의 결혼한 장로의 글이다.

알렉산드리아의 클레멘스는 결혼한 그리스도인들에게 매일 아침마다 기도와 성경 읽기를 당부하면서 다음과 같은 매우 아름다운 말을 남긴다: "어머니는 그 자녀들의 영광이고, 아내는 그 남편의 영광이고, 자녀들과 남편은 아내의 영광이며, 하나님은 모든 이의 영광이시다."[35]

테르툴리아누스는 자기 아내에게 쓴 책의 말미에 글로써 생생한 그림을 그리는데, 이것은 다소 이상화된 그림이긴 하지만 복음과 실제 경험의 도덕적 정신

---

34) the Vulgata(라틴어 역본)는 32절의 '토 무스테리온'을 secramentum(성례)으로 번역함으로써 가톨릭의 혼인성사 교리에 준 해석학적 토대를 제공했다. 이 구절은 트렌트 공의회와 로마 요리문답에서도 그런 뜻으로 사용된다. Ellicott는 "그 단어들은 결혼의 성례적 본질을 뒷받침하는 데 사용해서는 안 되지만, 결혼이 교회에 비교되었다는 점에서 결혼은 오늘날 사람들이 생각하는 것보다 훨씬 더 거룩하고 고상한 지위를 갖는다"고 판단한다. Bengel은 불가타 본문의 '비밀'을 결혼에 적용하지 않고 그리스도와 교회의 연합에 적용한다. Meyer는 앞에 소개한 창세기 인용문과 관련짓고, Estius와 Ellicott는 친밀한 혼인 관계에 관련짓는다.

35) *Paedag.* III. 250.

에서만 나올 수 있는 것이었다.[36] "교회가 승인하고 성찬으로 확증되고 축복으로 인증되고 천사들이 고지(告知)하고 천부께서 유효하다고 공포하시는 결혼의 행복을 내가 어찌 그릴 수 있겠는가. 심지어 세상의 아들들도 아버지의 동의를 받지 않고는 합법적으로 결혼하지 못한다. 하물며 하나의 소망과 하나의 서약과 하나의 권징과 하나의 예배를 지닌 두 신자의 결합은 어떻겠는가! 두 사람은 영혼과 육체가 하나인 형제와 자매이며 동료 종들이다. 몸이 하나이면 영혼도 하나이다. 두 사람은 함께 기도하고 함께 금식하고 가르치고 권면하고 서로를 뒷받침한다. 두 사람은 함께 하나님의 교회에 가고, 함께 주의 식탁에 앉는다. 두 사람은 서로의 고난과 박해와 영적 부흥을 나눈다. 한 사람의 어떤 것도 다른 사람에게 감춰지지 않는다. 한 사람이 다른 사람을 괴롭게 하지도 않고 방해하지도 않는다. 두 사람은 기쁜 마음으로 병자들을 심방하고, 궁핍한 자들에게 쓸 것을 공급하고, 부담감 없이 구제하며, 매일 억지로 혹은 인색함 없이 성의껏 제단에 예물을 바친다. 두 사람은 십자가 성호를 감출 필요가 없고, 그리스도인으로서의 기쁨을 표현할 때 부끄러워할 필요도 없고, 복을 비는 마음을 억누를 필요도 없다. 두 사람은 시편과 찬미를 함께 부르며, 서로 경쟁하듯 하나님께 찬송을 드린다. 그리스도께서는 이들의 모습을 보시고 이들의 찬송을 들으실 때 기뻐하신다. 그리고 그들에게 평안을 주신다. 두 사람이 그의 이름으로 함께 있는 곳에는 그분도 계신다. 그분이 계시는 곳에는 악한 자가 올 수 없다."

어떤 큰 석관에는 가정 예배 모습이 새겨져 있다. 오른쪽에는 장년 남자 네 명이 손에 두루마리 성경을 들고서 읽거나 찬송을 부르고 있고, 왼쪽에는 여자 세 명과 수금을 타는 소녀 한 명이 있다.

이그나티우스는 결혼에 관한 글을 매듭지으면서, "결혼이 쾌락을 위한 것이 아니라 하나님을 위한 것이 되도록 감독의 동의"를 받도록 요구하며, "모든 일을 하나님의 영광을 위해 해야 한다"고 말한다.[37] 방금 인용한 글에서 추론할 수 있듯이, 테르툴리아누스의 시대에는 결혼이 성례는 아닐지라도 적어도 장엄한 종교 의식이 되어 있었고, 회중이 참석한 가운데 성찬으로 인증되었다.[38] 몬타누스

---

36) *Ad Uxorem*, 1. II. c. 8.

37) *Ad Polyc*. c. 5. In the Syr. version, c. 2.

38) Ter. *Ad Uxor*. II. 8; Comp. *De Monog*. c. 11; *De Pudic*. c. 4.

파는 심지어 그리스도인들의 결혼이 합법적인 것이 되려면 교회가 이렇게 성찬에 이은 축복을 해야 한다고까지 주장했다. 기독교의 결혼 예배에는 유대교와 이교 사회의 시끌벅적하고 자유분방한 분위기와, 신부에게 관(冠)을 씌워주던 초기의 관습이 폐지되었다. 그러나 결합의 상징인 결혼 반지는 그대로 유지되었다.

카타콤의 벽화들에는 남자와 여자가 긴밀한 결합의 증표로서 나란히 서서 손을 잡고 있는 모습으로 결혼식 장면이 자주 묘사되며, 이것은 이교의 문헌들의 경우에도 마찬가지이다. 금을 입힌 4세기의 잔에는 한 쌍의 남녀가 작은 결혼 제단에 손을 포개고 있고, 그들의 둘레에는 "그대들이 하나님 안에서 살기를"이라는 (사제의) 말이 새겨져 있다.[39]

이교도와의 결혼. 교회는 모세 율법에 따라 그리스도인이 이교도나 이단과 결혼하는 행위를 한 목소리로 단죄했다. 물론 회심하고 나서 하는 결혼은 유효하다고 간주했다(고전 7:12, 16에 따라). 테르툴리아누스는 심지어 이교도나 이단과 결혼하는 행위를 간음으로 분류한다. 도대체 어떤 이교도가 교회의 저녁 집회와 비방의 대상이 되던 성찬에 아내를 보내겠으며, 다 쓰러져 가는 집에 누워있는 병자를 돌보겠으며, 순교를 앞두고 감옥에 갇힌 신자를 찾아가 그를 결박한 사슬에 입맞추겠으며, 한밤중에 기도하러 일어나겠으며, 낯선 형제를 환대하겠느냐고 그는 묻는다. 키프리아누스는 그리스도의 지체가 불신자와 결혼하는 것을 매춘이라고 부른다. 스페인의 엘비라 공의회(306)는 그러한 무원칙한 결혼을 출교의 벌로써 금했지만, 그런 상태로 이미 가정을 꾸리고 사는 사람들을 헤어지게 하지는 않았다. 교회가 이렇게 엄격한 태도를 취한 이유는 이교의 결혼 의식이 우상 숭배와 다를 바 없는 데다 이교도들의 정조 의식이 이루 말할 수 없이 해이했기 때문이기도 하지만, 이교도의 집에서 들어가 살면서 그 집의 벽과 마루와 가구에 붙은 가족 신들의 신상들과 신화적 그림들을 밤낮 보게 되고, 음주 분위기에 익숙하게 되는 등, 한 마디로 하루 종일 이교 문화 속에서 번민과 유혹에 시달릴 것이기 때문이었다.

---

39) *Vivatis in Deo.* 참조. 다른, 그리고 후대의 그림들에는 그리스도께서 결혼식을 주재하시는 모습이 묘사되는데, 이 경우 그리스도는 결혼하는 남녀에게 관을 씌워 주시는 모습으로 묘사되거나, 아니면 그분을 뜻하는 결합문자로 상징된다. *Ibid.* p. 302.

재혼. 결혼에 대한 숭고한 견해와 독신주의를 칭송하는 금욕적 생활 태도 때문에 재혼, 특히 과부의 재혼을 혐오하는 분위기가 팽배했다. 헤르마스의 「목자」는 재혼을 허용하되 그대로 혼자 사는 것이 주님을 크게 존귀하게 해드리는 것이라는 단서를 붙인다. 아테나고라스는 재혼을 '점잖은 간음'이라고 부르는 데까지 나간다.[40] 몬타누스파와 노바티아누스파는 재혼을 단죄하고, 그것을 권징의 사유로 삼았다.

결혼에 관한 가장 무게있는 견해를 주장한 사람은 테르툴리아누스였다. 그는 연속적인 일부다처(혹은 일처다부)와 동시의 일부다처에 반대하여 일부일처를 옹호했다. 이렇게 하여서 결혼을 아예 반대한 금욕주의적 영지주의자들과 한 번 이상의 결혼을 용인하던 보편 교회 교인들 사이에서 진정한 중용의 자리에 설 수 있다고 생각했다. 그는 생애 전반, 즉 몬타누스주의를 받아들이기 전의 상태에서 위와 같은 결혼관을 주장할 때부터 이미 고린도전서 7:9에 근거하여 독신주의를 신앙 생활의 우월한 단계로 간주했으며, 적어도 자기 아내에게만큼은 자신이 죽을 때 재혼하지 말라고, 특히 이교도와 재혼해서는 안 된다고 조언했다. 그러나 몬타누스파에 가입한 뒤에 남긴 저서들인 「정결(貞潔)의 권고에 관하여」(De Exhortatione Castitatis)와 「일부일처에 관하여」(De Monogamia)에서는 재혼을 원칙적으로 반대하며, 그것을 '음행'(stupurum)과 '간음'(adulterium)일 뿐 아니라 그리스도인으로서 합당치 않은 일부다처 행위로 규정하고 맹렬히 비판한다.

그러면서 치밀한 논거들을 제시하는데, 그 논거들의 저변에는 결혼을 두 영혼이 시간과 영원 속에서 이루는 영적 연합으로 바라보는 이상적 견해와, 감각적 견해와 상반되는 심미적 견해, 그리고 결혼을 경원하는 동시에 독신을 선호하는 원리들이 자리잡고 있다. 예컨대, 그는 한편으로는 재혼이 전처 혹은 전부(前夫)와의 영적 사귐을 저해한다고 주장한다. 그 영적 사귐은 무덤 너머까지 계속되어야 하고, 매일의 도고[중보기도]와 매년의 추도식에 나타나야 하며, 심지어 부활 이후의 외적 재결합을 소망한다고 주장한다. 하지만 다른 한편으로는 결혼의 본질을 육체의 교제에 두며, 그것을 하나님께서 우리의 정욕을 감안하여 소극적

---

40) *Legat.* 33. 오리게네스에 따르면 재혼자는 구원을 받을 수 있으나 그리스도께 면류관을 받지는 못할 것이라고 한다(*Hom. XVII. in Luc.*).

으로 허용하신 것으로 간주하며, 따라서 반복함으로써 남용해서는 안 될 것으로 간주한다. 그가 생각한 이상적인 그리스도인의 삶이란 성직자뿐 아니라 평신도에게도 독신 생활이었다. 결혼의 본질을 이루는 도덕적이고 신체적인 요소들의 조화를 그는 명쾌하게 인식하지 못한 것이다.

그는 다른 글들에서는 영지주의 이원론을 강하게 논박하지만, 여기서는 물질과 육체를 영혼과 필히 양립할 수 없는 것으로 평가 절하한다. 그가 재혼을 옹호한 사람들의 해석학적 논지들을 다루는 방식은 주목해 볼 만하다. 형사취수(죽은 자의 형이나 아우가 그 미망인과 결혼하는 관습)는 구약 경륜에만 독특한 것이라고 그는 말한다. 로마서 7:2에 대해서는 바울이 여기서 모세 율법의 입장에서 말하는 것이며, 동일 구절에 따르면 그것이 더 이상 그리스도인들에게 구속력이 없다고 답변한다. 고린도전서 7장에서 사도가 자신의 주관적이고 인간적인 판단에서, 그리고 우리에게 정욕이 있다는 불완전한 상태를 감안하여 재혼을 허용한 것일 뿐이며, 같은 장(40절)에서는 모든 사람에게 독신을 권장한다고 말한다.

테르툴리아누스는 주님의 권위에 의존하여 이러한 답변을 하며, 아울러 성령 곧 몬타누스주의의 새 선지자들 속에서 활동하는 원리도 그 근거로 덧붙인다. 디모데전서 3:2과 디도서 1:6은 성직자에 대해서만 재혼을 금하므로 평신도들은 재혼할 수 있다는 주장에 대해서, 그는 신자들의 보편적 제사장 교리를 지적하면서, 모든 신자가 제사장의 권리와 의무를 동시에 지닌다고 대답한다. 그러나 그의 논리는 언제나 결혼 전의 성적 순결 상태, 즉 감각적인 것과 하등 상관이 없는 상태가 최선이라는 것이다. 따라서 그가 말하는 참된 정절은 부부의 정절이 아니라, '처녀'(virgines)와 '고자'(spadones)의 완전한 금욕이다. 그는 자손을 얻는 데 큰 뜻을 두었던 구약 백성의 태도가 그리스도인에게 합당치 않다고 보았다. 그리스도인은 오히려 세상과 완전히 단절되어야 하고, 세상 안에 있는 모든 유업을 포기해야 한다고 본 것이다. 이러한 도덕성, 즉 한편으로는 허용하는 것을 다른 한편으로는 금하고, 인류 대다수가 사실상 지킬 수 없는 수준을 이상으로 엄격하게 세운 도덕성은 이교 사회와 비교할 수 없이 수준 높은 것이었으나, 기독교의 보다 깊은 본질과 세상을 거룩하게 하는 신앙 원리에는 낯선 것이다.

실제로 가톨릭 교회는 이러한 몬타누스파의 과도한 결혼관과 멀찍이 거리를 두었으며, 성직자에게만 재혼을 금했다(그리스 교회는 오늘날까지 그렇게 한다). 그럴지라도 가톨릭 교회는 재혼을 권장하지 않았고, 독신을 보다 높은 수준의 신앙 도덕으로 간주하는 데로 크게 기울었다.[41]

부모와 자녀의 관계에 대해서, 기독교는 처음부터 건전한 영향을 끼쳤다. 아버지의 독재적 권한에 제약을 가했다. 어린이들이 천국을 상속할 자들로서 영원한 가치를 지닌다고 가르쳤고, 신앙적·도덕적 토대에서 위대한 교육 사업을 전개해 갔다. 어린이들을 내다버리는 행위[遺棄]를 총력을 기울여 막았다. 버려진 어린이들은 대개 개들과 야수들에게 잡아먹혔으며, 혹시 발견되면 노예로 길러지거나 수치스러운 운명으로 전락했다. 여러 변증가들, 이를테면 디오그네투스 서신의 작성자와 순교자 유스티누스, 미누키우스 펠릭스, 테르툴리아누스, 아르노비우스는 순리를 거스르는 이러한 관습을 강력히 비판한다. 아테나고라스는 낙태와 유기를 살인과 동일한 행위라고 선언한다. 이교 철학자들 가운데 그 정도까지 나아간 사람은 아무도 없었다. 락탄티우스도 유기를 악질적인 살인 행위로 규정하며, 하나님께서 당신의 모든 피조물들을 먹여 살리시기 때문에 아이가 앞으로 살아갈 길이 막막해서 그랬다거나 너무나 가난해서 그랬다는 핑계를 인정하지 않는다.[42]

---

41) 암브로시우스는 이렇게 말한다. "우리는 재혼을 금하지 않는다. 그러나 권하지도 않는다." 교부들 가운데 재혼을 권장하거나 심지어 승인한 사람은 없다. 제롬은 니케아 시대에 보편적으로 받아들여지던 견해를 대변했다. 그는 결혼을 음행과 간음을 피하기 위한 수단 정도로 낮게 이해했고, 재혼이나 세번째 결혼을 동물적 욕정을 채우기 위한 동기 정도로밖에 이해할 수 없었다. 그는 이렇게 말한다. "첫째 아담은 한 명의 아내를 두었다. 둘째 아담은 아내가 없었다. 중혼을 인정하는 사람들은 셋째 아담을 만들어 내고 그를 따르는 셈이다"(*Contra Jovin.* 1). 나지안주스의 그레고리우스는 결혼을 그리스도와 교회의 연합과 관련지은 유비로부터 재혼이 비난받아야 할 행위라고 추론한다. 그리스도도 한 분이고 교회도 하나라는 것이 그 이유였다(*Orat.* XXXI).

42) *Inst. Div.* vi. 20 (p. 48 ed. Lips.): "갓 태어난 아기를 질식시켜 죽이는 것은 괜찮다는 생각을 절대로 해서는 안 된다. 그것은 지극히 사악한 행위이다. 하나님께서 당신이 내신 영혼들에 숨을 불어넣으신 것은 죽으라고 하신 것이 아니라 살라고 하신 것이기 때문이다. 자기 자식을 개들의 먹이로 내준다거나, 자식이 자기에게 의존하고 있는 상태에서 더욱 잔인하게 질식시켜 죽인다면 과연 그러고도 무죄하다고 인정을

기독교의 박애 정신은 점차 시대의 정신에 깊이 침투하여서 트라야누스부터 시작된 현제들이 마침내 이 잔인한 악들을 줄이는 데 관심을 돌리기 시작했다. 하지만 교회의 신앙적 영향력이 없었다면 아무리 훌륭한 법적 조치로도 그러한 악들을 뿌리뽑지 못했을 것이다. 트라야누스, 안토니누스 피우스, 셉티미우스 세베루스, 그리고 몇몇 개인들이 빈민가 어린이(소년·소녀)들의 교육을 위해서 학교를 세우고 기부를 한 것은 보다 고상한 이교도들이 기독교의 정신에 다가간 결과였다. 콘스탄티누스는 315년에 이탈리아 전역에 대해서 "부모들로 하여금 갓난아기들을 죽이려는 손을 거두고 선량한 마음을 품게 하는"법을 공포했다. 기독교 교부들과 공의회들과 황제들과 입법가들은 이 기괴한 악을 뿌리뽑고 문명 세계에서 이 악을 추방하기 위해서 함께 노력을 기울였다.

100. 형제애와 원수에 대한 사랑

이기심이 이교 윤리의 핵심이라는 것은 일반적으로 인정되는 생각이다. 고대의 위인들이 탐욕과 쾌락 추구라는 저급한 동기를 딛고 우뚝 선 것이 사실이지만, 야심과 공명심까지 극복하지는 못했다. 공명심 때문에 밀티아데스와 테미스토클레스는 페르시아인들과 맞서 싸웠고, 알렉산더는 원정길에 올랐고, 헤로도토스는 역사를 기록했고, 핀다로스는 시를 지었고, 소포클레스는 비극을 집필했고, 데모스테네스는 연설을 했고, 페이디아스는 제우스 상을 조각했다. 올림포

받을 수 있겠는가? 자식을 다른 사람들의 동정에 맡기는 자도 사악하기는 마찬가지가 아닌가? 그는 혹시 누가 자기 자식을 주워서 키워주기를 바라서 내다버리지만, 결국은 자기 자식이 커서 노예나 창녀가 될 줄을 뻔히 알기 때문이다. 남자아이와 여자아이가 그렇게 버려지면 장차 어떻게 되고 또 현실적으로 어떻게 되어왔는지 모르고서 그렇게 한단 말인가? 그것은 오이디푸스의 경우만 봐도 잘 알 수 있는 일이다. 따라서 유기와 살인은 다 같이 악하다. 그러나 자식을 내버리거나 살해하는 자들은 입에 풀칠하기도 힘들어서 그렇게 했다고 변명하며, 자식을 더 기를 능력이 없다고 둘러댄다. 실은 자기들의 형편이 그것을 주관하시는 분의 손에 있으며, 하나님께서 매일 부자를 가난하게 만드시고 가난한 자를 부자로 만드시지 않았던가? 그러므로 만약 누가 가난하기 때문에 자녀를 기를 능력이 없다고 생각한다면, 악한 손으로 하나님이 하시는 일을 저해하기보다 차라리 결혼하지 않는 게 낫다."

스 경기에서 인생 최고의 목표로 설정된 것이 공명심이었고, 아이스킬로스가 고통에 대한 최후의 위안으로 제시한 것이 공명심이었으며, 키케로가 대규모 군중 앞에서 현자들의 통치욕의 근원으로 지적한 것이 공명심이었다. 인간의 귀감으로 칭송되어온 고대 그리스와 로마 영웅들의 애국심도 확대된 애국심에 지나지 않았다. 고전 시대의 덕목을 아무리 뒤져봐도 가장 근본적이고 중요한 덕들인 사랑과 겸손은 발견되지 않는다. 헬라어에서 겸손에 해당하는 단어 자체가 고전 시대의 용례로는 포괄적으로 비열하고 인색한 정신이라는 뜻이다. 이교의 도덕가에게 알려진 가장 고상하고 순수한 형태의 사랑은 우정이었고, 키케로는 이것을 지혜에 버금가는 높은 차원의 선으로 치켜올린다. 그러나 사람들이 마음으로 다 인정하듯이, 우정도 공리주의 곧 이기심에 토대를 두며, 사회에서 동등하거나 비슷한 계층에 속한 사람들끼리만 가능하다. 낯선 사람, 야만인, 적에 대해서 그리스인들과 로마인들은 사랑을 알지 못했고 다만 경멸과 미움만 알고 있었다. 악으로 악을 갚는다는 동태복수법(同態復讐法, jus talionis)이 이교 세계 전역에서 정의로운 원리와 공리로 널리 통했으나, 그것은 신약성경의 단순 명백한 명령과 정반대되는 것이었다(참조. 마 5:23, 24, 44; 6:12; 18:21; 롬 12:17, 19, 20; 고전 13:7; 살전 5:15; 벧전 3:9). 우리는 우리를 해치는 자들을 해쳐야 한다고 아이스킬로스는 말한다.[43] 복수를 하지 않는 것이 유약하고 비겁한 표시로 간주되었다. 선을 악으로 갚는 것은 극악한 일이고, 선을 선으로 갚는 것은 인간적이고 모든 종교에 공통된 덕이지만, 악을 선으로 갚는 것은 그리스도적이고 신적인 태도이며, 기독교 신앙에서만 가능하다.

반면에 그리스도인의 덕 하나하나가 매우 도덕적인 자연적 본능과 열망에 어느 정도 뿌리를 두고 있다고도 생각해야 한다. 이는 기독교가 자연과 대립하지 않고, 다만 자연 위에 있으면서 자연을 포괄하기 때문이다. 따라서 고대의 이교도들에게서 보게 되는 관대하고 자애롭고 인간미 있고 도량이 넓은 태도는 기독교의 자비라는 덕에 접근한 것이자 그것을 예비한 것으로 간주할 수 있다. 이교 사회의 도덕론자들이 세운 학파들은 원수를 미워하고 진노하고 복수해야 한다는 일반적 통념을 다소 뛰어넘었다. 아리스토텔레스와 소요학파는 복수욕 자체

---

43) 호메로스, 헤시오도스, 소포클레스, 유리피데스의 글에도 비슷한 취지의 단락들이 많이 나온다.

를 나쁜 것으로 단죄하지 않은 채 그것을 시행할 때 다소 온건한 태도를 취하라고 교훈했다. 스토아 학파는 한 걸음 더 나아가 모든 강렬한 열정과 욕구에 철저히 무관심하거나 그런 것을 진압하라고 했다. 키케로는 심지어 온화함과 관용을 위인의 가장 숭고한 특징에 포함시키며, 자신이 손해를 입은 것 외에는 아무것도 망각하지 않은 카이사르를 칭송한다. 세네카, 에픽테토스, 플루타르크, 마르쿠스 아우렐리우스는 이미 기독교 도덕의 분위기에 직접·간접으로 영향을 받은 사람들로서, 분노와 복수심을 단호히 비판하고, 노예들에게 친절을 베풀 것을 권장하고, 심지어 원수들에게도 관대하게 대할 것을 권장한다.

그러나 반드시 기억할 점은, 첫째로, 이러한 원수에 대한 사랑은 이교 정신에서 자연스럽게 흘러나온 것이 아니고, 오히려 이교 사회에서 그것은 사실상 우발적이고 예외적인 것이라는 점이다. 둘째로, 그것이 일반적 의무로 요구되지 않고, 위대하고 지혜로운 사람들에게만 기대된다는 점이다. 셋째로, 그것이 관대함 개념에서 크게 벗어나지 않는다는 점이다. 관대함이란 자세히 살펴보면 세련된 형태의 이기주의와, 열등한 사람들의 악의를 눈여겨보는 것은 신자의 품위에 어울리지 않는다고 보는 고상한 자부심과 관련되어 있는 것이다. 넷째로, 악을 선으로 갚는 것은 원수에 대한 적극적인 박애와 자비로서 칭송되지 않고, 복수의 권리를 제한하는 부정적인 측면으로서 칭송된다는 점이다. 마지막으로, 그것은 아무 데서도 종교적 원리, 즉 인간에 대한 하나님의 사랑에서 유래하지 않으며, 따라서 뿌리도 없고 충전시키는 정신도 없다는 점이다.

이렇게 볼 때, 소수 철학자들의 훌륭한 좌우명에도 불구하고 제정 시대가 지독히 냉혹한 이기심으로 지배되었고, 따라서 플루타르크의 증언에 따르면 심지어 가정 안에서조차 우정이 메말랐고, 형제와 자매에 대한 사랑이 오래 전에 지나간 영웅들의 시대에나 가능했던 일로 여겨졌다는 것이 조금도 이상한 일이 아니다. 고대 로마 세계는 자비가 없는 세계였다. 배교자 율리아누스는 그리스도인으로 교육을 받고 자랐음에도 불구하고 이교에 자비를 각인시키려고 했으나 성과를 거두지 못했다. 각 사람, 심지어 가장 가난하고 겸손한 사람조차 그의 영혼이 무한한 가치를 갖고 있다는 사상을 찾아볼 수 없었고, 참된 자비를 위한 토대도 찾아볼 수 없었다.

이렇게 사방에 이기주의가 성행하던 시대에 기독교는 최초로 하나님께 대한 사랑에서 흘러나오는 진정한 인간 사랑을 나타냈고, 실제 생활에서 그것을 나타냈다. 이 중요한 덕을 처음 만나게 되는 곳이 바로 교회이다. 교회는 신자들을 한데 묶어주는 띠였고, 예수의 참 제자임을 입증하는 확실한 표였다.

테르툴리아누스는 자신의 「변증」(Apologeticus)의 유명한 단락에서 이교도에게 이렇게 말한다. "사랑이 우리 사이에서 역사하고 있다는 바로 그 점이 우리를 많은 혐의로 몰아넣는다. 그들은 말하기를 '보라, 저들이 서로 얼마나 사랑하는가!' 옳다. 이것이 그들에게는 실로 큰 충격일 것이다. 그들은 서로를 미워하기 때문이다. 실로 그러하다. 그들은 서로를 죽일 준비가 언제든 되어 있기 때문이다. 우리가 서로를 '형제'라고 부르는 것조차 그들에게 의심하게 만드는 이유는 무엇보다도 그들 사회에서는 친절의 표시가 모두 가식에서 나오기 때문이다. 우리는 심지어 여러분의 형제이다. 우리 모두의 어머니라고 할 수 있는 공동의 인간성을 우리가 다 지니고 있기 때문이다. 여러분이 혹시 악한 형제들이어서 자신의 인간 본성을 부정할지라도 여러분은 우리의 형제이다. 그러나 유일하신 하나님을 자기들의 아버지라고 인정하고, 한 분이신 거룩한 성령을 받고, 불확실의 어둠에서 진리의 빛으로 깨어난 사람들을 형제라고 부르고 그렇게 간주하는 것은 얼마나 정당한 일인가? … 정신과 영혼에서 하나로 연합된 우리는 아내를 제외하고는 아무것도 공유하기를 주저하지 않는다. 이는 다른 사람들이 교제를 나누는 바로 그 지점[아내를 공유하는]에서 교제를 끊기 때문이다."

이러한 형제 사랑은 그리스도 안에서 이루어가는 생활 공동체로부터 흘러나왔다. 따라서 이그나티우스는 신자들을 '그리스도를 지닌 자들'(크리스토포로이)과 '하나님을 지닌 자들'(데오포로이)이라 부른다. 사도신경의 "성도의 교제와"[나는 성도의 교제를 믿습니다]라는 조항과, 당시에 널리 쓰이던 '형제'와 '자매'라는 호칭, 그리고 교회 가입과 성찬 때 행하던 형제 사랑의 입맞춤 같은 것들은 공허한 문구나 행위도 아니고 병약한 감상주의도 아니고, 다만 공동의 위험과 박해 앞에서 강화될 뿐이던 참된 감정과 경험의 표현이었다. 그리스도인이 타지를 여행할 때는 어떤 언어권 혹은 어떤 지방으로 가든지 자기 감독의 추천장만 소지하고 있으면 오래 전부터 알아온 친구처럼 환대를 받았다. '당신은 형제 안에서 주님을 보았습니다'라는 것이 당시에 널리 쓰이던 문구였다. 사랑의 힘은 무덤 너머까지 미쳤다. 가족들은 정해진 시간에 죽은 식구들을 기념하곤 했다. 이것이 테르툴리아누스가 재혼을 반대한 근거 가운데 하나였다.

형제 사랑은 무엇보다도 가난한 자들과 병자들과 과부들과 고아들과 나그네들과 갇힌 자들, 특히 수감 중인 고백자들에게 대한 극진한 선행으로 표현되었다. 당시의 그리스도인들이 대부분 하층민들이었고, 박해 때에는 재산을 종종 모두 몰수당했던 점을 감안하면 이것이 얼마나 훌륭한 덕이었는지 알 수 있다. 모든 지교회마다 구제를 담당하는 그룹이 있었고, 공예배 때에는 가난한 지체들을 위해 정기적으로 연보를 했다. 처음에는 저녁에 거행되다가 나중에는 주일 아침에 거행된 성찬과 애찬 때의 헌금이 예배의 일부로 간주되었다(참조. 약 1:27; 히 13:1-3, 16). 그뿐 아니라 개인적으로 은밀히 시행된 구제도 있었고, 그런 것은 영원한 세계에서만 드러날 것이다.

로마의 교회는 허다한 수의 과부들과 고아들과 시각 장애인들과 불구자들과 병자들을 보살폈는데, 데키우스의 박해 때 집사 라우렌티우스는 이교도인 로마 장관에게 그들을 교회의 가장 소중한 보물들로 소개했다. 궁핍한 제자들의 인격에 임재해 계시는 주님을 심방하고 옷을 입혀드리고 먹을 것과 마실 것을 드리는 것이 그리스도인 주부(主婦)의 개념이었으며, 특히 여성 집사들의 의무였다. 심지어 루키아누스 같은 기독교의 대적들조차 그리스도인들의 이러한 사랑의 수고를 증거하지만, 그것을 순전히 그들의 광신으로 바라볼 뿐이다. 루키아누스는 이렇게 말한다. "그 종교를 신봉하는 사람들이 서로의 결핍을 돕는 열정은 도무지 믿기지 않는다. 그들은 아무것도 아끼지 않는다. 그들의 첫 입법가가 그들의 머릿속에 그들이 모두 형제들이라는 생각을 넣어주었다."

이러한 선행은 가까운 이웃의 범위를 넘어서 확대되었다. 가정에서 시작한 선행이 가정에만 머물지 않았다. 사회 전반이 고통에 빠지게 될 경우 주교들은 특별 헌금을 공고하는 한편 금식을 선포함으로써 그로써 모은 식량으로 고통을 당하는 형제들을 구제했다. 로마 교회는 아주 먼 지역들에까지 물질을 보내 사랑을 표시했다. 카르타고의 키프리아누스는 회심한 뒤에 가난한 자들을 돕기 위해 재산을 처분했고, 주변 야만족들에게 생포된 누미디아의 그리스도인들을 건져내기 위해서 십만 세스테르티우스(19세기 말의 화폐로 3천 달러가 넘는 금액)를 모금했다. 그는 "당신의 보혈로 사탄의 지배에서 우리를 구속해 주신 분(생포된 누미디아의 그리스도인들 안에 계신 그리스도)을 많지 않은 물질로 구속할 수 있다는 것"을 대단한 특권으로 간주했다. 자녀들을 양육하기에도 빠듯하다는 이유로 구제에 참여하기를 거부한 어떤 아버지에 대해서, 키프리아누스는 자녀들을 지극히 부유하시고 사랑이 많으신 천부께 의탁하지 않고 세상의 유업에 의탁한 죄를 겸해서 범한 것이라고 책망했다.

마지막으로 이 형제 사랑은 원수들에 대한 사랑으로까지 확대되었다. 그리스도인들은 이교도들에게 악을 선으로 갚되 박해 때와 사회에 재난이 임했을 때에도 적지 않게 그렇게 함으로써 그들의 머리에 핀 숯을 쌓아올렸다. 갈루스 치하에 박해가 자행되는 동안(252) 카르타고에 전염병이 창궐하자 이교도들은 감염을 우려하여 시체들과 환자들을 거리에 버리고 도망치는 한편, 그리스도인들 때문에 전염병이 돌게 되었다고 비판했다. 그러자 키프리아누스는 자기 교인들을 소집하여 원수들을 사랑하라고 권고했으며, 그 권고를 들은 교인들은 모두 팔을 걷어부치고 나섰다. 부자들은 돈을 내고 가난한 자들은 노동력을 제공하여서 시체들을 매장하고 병자들을 간호하는 데 전력을 기울였으며, 이렇게 해서 폐허가 될 뻔한 도시가 되살아났다. 이와 비슷한 자기 부인의 태도가 갈리에누스 치하에 전염병이 퍼지던 시기의 알렉산드리아 그리스도인들에게서도 나타났다.

지금까지 소개한 이 사람들은 빙산의 일각으로서, 그 정신은 순교의 역사에 면면히 흘렀고, 그리스도인들이 원수들과 박해자들을 위해서 매일 드리던 기도로써 끊임없이 이어졌다. 이는 테르툴리아누스가 말하듯이, 친구들에 대한 사랑은 모든 사람들에게 공통된 것이지만, 원수들에 대한 사랑은 그리스도인들만의 독특한 덕이기 때문이다. 그는 「변증」에서 이교도들에게 이렇게 말한다. "여러분은 우리가 여러분의 박해에도 불구하고 여러분을 해하려고 음모를 꾸미기는커녕 여러분을 위해서 기도하고 선을 행한다는 사실을 잊고 있다. 비록 우리가 여러분의 신들에게 아무것도 갖다 바치지 않지만 여러분 가운데 가난한 자들을 구제한다는 것과, 우리가 여러분의 거리에서 내는 구호금이 여러분이 여러분의 신전에 내는 예물보다 더 많다는 것을 여러분은 잊고 있다."

니케아 이전 시대에 교회가 지역 단위로 조직적으로 행한 선행은 당면의 모든 결핍들을 충당했다. 국가가 기독교를 받아들인 뒤부터는 가난한 자들과 병든 자들과 나그네들과 과부들과 고아들과 무의탁 노인들을 위한 항구적인 자선 기관들이 생겼다. 그러한 기관들 가운데 최초의 뚜렷한 증거가 배교자 율리아누스 시대에 발견된다. 그는 기독교의 확산을 저지하고 이교 부흥을 꾀하기 위해서 갈라디아의 대신관 아르사키우스에게 명령하여 각 도시마다 빈민보호소를 세우게 하고, 국고와 개인 기부금으로 그 시설을 유지하도록 했다. 이 명령을 내린 이유에 대해서 그는 말하기를, "유대인들 사이에는 거지를 발견할 수 없고, 불경한 갈릴리인들(즉, 그리스도인들)은 자기 사람들뿐 아니라 우리 가운데 가난한 사람들까지 먹이고 입히는데" 반해 [우리] 이교도들이 자기 사람들을 돕지 않고 방치하는 것은 수치이기 때문이라고 했다. 그로부터 몇년 뒤(370)에 우리는 성 바실리우스가 가이사랴에 유명한 빈민 보호소를 짓고 그 시설에 자신의 이름을 따서 '바실리아스'라는 이름을 붙였다는 이야기와, 카파도키아 속주 전역에 이와 유사한 시설들이 세워졌다는 이야기를 듣게 된다. 콘스탄티노플에만 빈민 보호소가 서른다섯 개나 되었다. 서방에서도 로마와 시칠리아와 사르디니아와 갈리아에 그러한 시설들이 급속히 퍼져나갔다.

101. 기도와 금식

영적 생활의 맥박과 체온계로서 기도가 갖는 중요성과 필요성에 대해서 고대 교회는 한 목소리를 냈다. 이 점에 대해서 가장 분명하고 가장 생각이 트인 그리스도인들이 일치된 견해를 공유했다. 사도 교부들, 확고부동했던 변증가들, 현실적이었던 아프리카의 그리스도인들, 이상적이었던 알렉산드리아인들이 다 같은 생각을 갖고 있었다. 테르툴리아누스는 기도를 그리스도인이 드리는 매일의 제사, 신앙의 보루, 영혼의 모든 원수들과 맞서 싸우는 무기로 본다. 신자가 목욕을 하거나 식사를 하기 전에 반드시 기도를 해야 하며, 이는 영혼을 먹이고 새롭게 하는 것이 육신을 그렇게 하는 것보다 앞서야 하며, 천상적인 것이 지상적인 것에 앞서야 하기 때문이라고 한다. "기도는 죄를 닦아내고, 유혹을 물리치고, 박해의 불을 끄고, 낙심한 마음을 위로하고, 고결한 마음을 윤택하게 하고, 방황하는 자에게 길을 안내하고, 파도를 잔잔케 하고, 가난한 자들을 먹이고, 부자들을 지도하고, 넘어진 자들을 일으키고, 넘어지려는 자들을 부축하고, 그들이 똑바로 서도록 붙든다."

키프리아누스는 밤낮으로 기도하라고 가르치면서, 장차 올라가서 기도와 감사를 쉬지 않을 하늘을 가리킨다. 하지만 바로 그 교부가 기도를 공로를 쌓는 행위이자 하나님께 드리는 일종의 보속(補贖)으로 간주하는 그릇되고 복음적이지 못한 견해에 이미 깊숙이 발을 들여놓는다. 알렉산드리아의 클레멘스는 진실한 그리스도인의 삶을 끊임없는 기도로 인식한다. "그는 비록 사람들이 보는 앞에서 공개적으로는 아닐지라도 어떤 곳에서든 기도할 것이다. 길을 걸을 때, 사람들을 만날 때, 조용히 있을 때, 책을 읽을 때, 일을 할 때, 그는 매사에 기도한다. 비록 영혼의 골방에서 기도하고 조용한 탄식으로 천부를 부를지라도, 천부께서는 그의 기도를 들으신다." 이와 동일한 생각을 오리게네스에게서도 발견하게 된다. 그는 강렬한 표현을 사용하여 기도가 사람의 안팎에 큰 영향을 발휘한다고 말하며, 자신의 해박한 지식을 동원하여 기도를 성경의 영적 의미를 깨닫게 해주는 유일한 열쇠로 간주한다.

하지만 사람은 매일 일상의 업무에 매여 있기 때문에 이렇게 구별된 생활을 하려면 따로 시간을 내야 한다. 그리스도인들은 일반적으로 시간을 정해놓고 기도하던 유대인의 관습을 따르되, 기도 시간은 그리스도께서 십자가에 달리시고 죽으시고 십자가에서 내려지신 시간에 따라 9시, 12시, 3시로 정해서 시행했다. 그 밖에도 닭 울음소리와 한밤중의 고요한 순간도 기도하라는 신호로 간주했다.

그들은 자신들을 위해서 기도했을 뿐 아니라, 온 교회를 위해서, 모든 계층의 사람들을 위해서, 특히 병들고 궁핍한 사람들을 위해서, 심지어 불신자들을 위해서까지 도고(禱告, 중보기도)를 했다. 폴리카르푸스는 빌립보 교회를 향해서 모든 성도를 위해서, 왕들과 통치자들을 위해서, 미워하고 박해하는 자들을 위해서, 십자가의 원수들을 위해서 기도하라고 분부한다. 테르툴리아누스는 이렇게 말한다. "우리는 심지어 황제들과 그들의 대신들을 위해서, 지상의 권력자들을 위해서, 모든 계층의 안정을 위해서, 세상 종말의 지연을 위해서 기도한다."

마음을 남김없이 쏟아부으면서 (그렇게 하지 않고는 살아 있는 경건이 나올 수 없다) 유대인 교회의 본을 따라 서서 기도하는 방식이 사용되었고, 특히 쉽게 기억할 수 있고 따라서 쉽게 말할 수 있는 형식이 사용되었다. 테르툴리아누스가 즐겨 쓰는 '기억하여서'(ex pectore)와 '예고 없이'(sine monitore)라는 표현들이 그것을 조금도 반대하지 않는다. 이는 익숙한 시편이나 찬미를 늘 새로운 심정으로 읽거나 부를 수 있는 것과 마찬가지로, 기억에 의존하여 드리는 기도가 마음의 기도일 수 있고 또 마음의 기도여야 하기 때문이다. 고대 교회가 가정예배와 공중예배에서 주기도문을 널리 사용했다는 것은 의심할 여지가 없다. 「디다케」(*Didache*) 제8장은 하루에 세 번 주기도문으로 기도를 드리라고 명한다. 테르툴리아누스, 키프리아누스, 오리게네스는 주기도문에 관해서 특별한 논문들을 썼다. 그들은 주기도문을 주님께서 온 교회를 위해서 마련해 주신 모범

기도로 간주했다. 테르툴리아누스는 그것을 "정규적이고 일상적인 기도로서, 복음 전체를 간명하게 요약하고, 그리스도인들이 드리는 다른 모든 기도들의 근원"이라고 부른다. 하지만 주기도문은 성찬에 참여할 자격이 있는 사람들만 드릴 수 있었다. 왜냐하면 주기도문의 서언이 하나님의 자녀가 드리는 기도임을 전제하기 때문이며, 네번째 간구를 성찬을 가리키는 신비스러운 의미로 이해했고, 따라서 세례 예비자들이 드리기에 적합하지 않다고 이해했기 때문이다.

기도 자세로는 무릎을 꿇거나 일어서고, 눈을 뜨고 위를 바라보거나 눈을 감고, 손을 벌리거나 위로 들어올리는 것이 하나님을 향해 경배하는 가장 적합한 자세로 간주되었다. 주일에는 죄와 죽음으로부터의 부활을 기뻐하는 축하의 증표로서 일어서서 기도하는 자세가 채택되었다. 그러나 이러한 형식들에 대해서 획일적인 법이 없었다. 오리게네스는 영혼을 하나님께 일으켜 올리고, 마음으로 그분 앞에 절하는 것을 주로 강조한다. 그리고 상황에 따라서는 앉아서 혹은 누워서 혹은 일을 하는 도중이라도 얼마든지 바른 기도를 드릴 수 있다고 말한다.

유대인의 관습에 따라 금식이 기도와 함께 자주 당부되는데, 그렇게 한 목적은 정신이 세상일에 방해받지 않은 상태에서 하나님께 관한 일들에 더욱 몰입할 수 있도록 하기 위함이었다. 사도들 자신이 가끔 이렇게 금식과 함께 하는 기도를 드렸다(참조. 행 3:2; 14:23; 고후 6:5). 물론 그렇게 하면서도 법으로 그것을 규정함으로써 복음의 자유를 훼손하지 않았다. 바리새인들이 일주일에 두 번, 즉 월요일과 목요일에 금식을 했던 것처럼, 그리스도인들은 수요일과 특히 금요일을 예수의 수난과 십자가를 기념하여 부분적으로 금식하는 혹은 육체를 절제하는 날로 정했다. 그렇게 할 때 지침으로 삼은 것이 "신랑을 빼앗길 날이 이르리니 그 때에는 금식할 것이니라"는 예수님의 말씀이었다(마 9:15).

2세기에는 부활절을 앞두고 사십일간 금식하는 관습(사순절 금식)이 생겼다. 하지만 금식 기간은 지역마다 달라서, 어떤 지역은 40시간으로 단축하고, 어떤 지역은 40일로 확대하고, 어떤 지역은 적어도 여러 주간을 시행했다. 이것 못지 않게 역사가 깊은 것이 대 절기들을 앞두고 주님과 사도들의 본을 따라서 시행한 야간 금식 혹은 철야였다(참조. 눅 6:12; 행 16:25). 그러나 사계절 금식(Quatemporal fasts<*quatuor tempora*에서 유래>)은 포로기 이후의 유대교 관습에 근거한 것이긴 했으나 후대에 발생했다. 특별한 경우에 감독들은 특별 금식을 선포했고, 구제의 목적으로 적립해 둔 금액을 집행했다. 따라서 금식일에 가난한 사람들이 혜택을 입는 경우가 많았다. 그럴지라도 성직위계제도의 오만과 유대교의 율법주의가 이 분야에도 일찍이 개입했고, 심지어 그리스도인의 자유를 완전히 말살하는 경우도 있었다(참조. 마 9:15; 갈 4:9; 5:1).

이러한 경직된 관습을 가장 현저하게 나타낸 집단이 몬타누스파였다. 그들은 일상적인 금식 외에도 자신들이 엄제(嚴齊, Xerophagiae. 사순절 기간 중 빵, 소금, 물, 채소만 먹는 행위)라고 부르던 것을 시행했다. 가톨릭 교회는 바른 심정을 가지고 이러한 극단적인 관행을 보편 규율로서 인정하기를 거부했으나, 금욕적인 교인들이 자발적으로 극단적인 금식을 할 경우에는 막지 않았다. 예를 들어 리옹의 어떤 고백자는 빵과 물만 먹고 살다가, 이러한 생활이 하나님께서 주신 선물들을 멸시하는 것이며, 다른 그리스도인들에게 불편을 끼친다는 지적을 받고는 그것을 중단했다.

알렉산드리아의 클레멘스는 당시에 금식이 지나치게 높이 평가되는 분위기를 경계할 의도로, 하나님 나라는 먹고 마시는 것이 아니며, 따라서 술과 고기를 삼가는 것이 아니며, 성령 안에서 의와 평강과 희락이라는 사도 바울의 교훈을 인용한다.

102. 죽은 자들에 대한 태도

살아 있는 자들이 사랑하는 자의 주검을 경건하게 처리하는 것은 인간 본성에 고상한 본능으로 자리잡고 있으며, 고금을 막론한 모든 나라들, 심지어 야만족들에게서도 발견된다. 따라서 엄숙한 의식과 기도로써 장례를 치르고, 무덤에 신성하고 함부로 훼손해서는 안 될 성격을 부여하는 관습이 보편적으로 자리잡고 있다. 주검을 훼손하고 무덤을 도굴하는 행위는 신성모독으로 간주되어 법으로 처벌을 받았다.[44] 이집트인들과 그리스인들과 로마인들의 전통과 법에서는 산자들에게 아무런 해도 끼칠 수 없는 망자의 혼령을 지키고 보호하는 사람들을

---

44) 그런 일이 기독교 국가들에서도 가끔 발생한다. 성 마가 묘지에 묻힌 뉴욕의 부호 알렉산더 스튜어트(1876년 죽음)의 시신은 도난당했으며, 롱아일랜드 가든 시티에 있는 그의 화려한 대영묘는 비어 있다.

가장 신성하게 여겼다. 테르툴리아누스는 "죽은 자가 매장되기 전에는 음부에 들어갈 수 없다는 것이 통념이다"라고 말한다. 파트로클루스(Patroclus)는 죽은 뒤에 자신의 친구 아킬레스에게 꿈에 나타나서 자신을 속히 묻어달라고 다음과 같이 간곡하게 타이른다:

> "아킬레스여, 그대는 나를 잊은 채 잠들어 있는가?
> 내 생시의 일을 생각지 않고
> 죽었다고 나를 소홀히 대하는군.
> 나를 어서 속히 묻어주어 음부의 문에 들어가게 해주게.
> 더 이상 이 세상에 살지 않는 망자들의 영혼들이
> 강 건너 자신들의 무리에 합류하지 못하게 나를 거절하고 있다네.
> 죽음의 집에 나 있는 거대한 현관인 그 강가에서
> 나는 배회할 수밖에 없어."[45]

기독교는 죽은 자를 훨씬 각별하게 대했으며, 영혼 불멸과 육체 부활 교리로써 그러한 태도에 확고한 토대를 제공했다. 배교자 율리아누스는 기독교가 급속히 전파되어 세력을 형성하게 된 비결을 박애와 죽은 자에 대한 배려와 정직, 이 세 가지로 꼽았다. 마르쿠스 아우렐리우스의 박해 때 갈리아 남부의 그리스도인들은 자신들에게 격분한 이교도들이 형제들의 시신을 넘겨주지 않아 장사를 지내지 못하게 하는 바람에 큰 곤경을 겪었다. 그런 일 때문에 교회의 그릇을 내다 판 일들이 가끔 있었다. 전쟁이나 기근이나 전염병에 휩싸일 때 그리스도인들은 동료 그리스도인들뿐 아니라 이교도들의 시신도 매장해 주는 것을 자신들의 의무로 여겼다. 독재적인 박해자 막시미누스의 치하에서 전염병이 돌아 도시들이 인구가 감소해 갈 때, "그러한 딱한 상황에서 동정과 인간애를 발휘한 사람들은 그리스도인들뿐이었다. 그들은 온종일 나와서 더러는 죽은 자들을 매장하고, 더러는 의지할 데 없는 사람들을 돌보았고, 더러는 도시 전역에서 기근으로 굶게 된 사람들을 한데 모아 밥을 먹여주었다. 그 사실이 널리 알려지면서 사람들은 그리스도인들의 하나님께 영광을 돌렸고, 이 사람들만이 하나님을 진정으로 경

---

45) *Iliad* XXIII. 81-88.

배하는 사람들임을 인정하지 않을 수 없었다."

락탄티우스는 이렇게 말한다. "마지막이자 가장 위대한 경건의 직무는 나그네들과 가난한 자들의 주검을 묻는 일이다. 덕과 정의를 가르친다고 하는 교사들은 효용성으로 자신들의 모든 의무를 판단하기 때문에 이 주제를 아예 다루지도 않았다. 우리는 하나님이 손으로 지으신 당신의 형상이 짐승들과 새들처럼 짐승의 먹이로 노출되는 것을 참지 못한다. 우리는 흙에서 나온 그것을 도로 흙으로 돌아가게 할 것이다. 외인에게도 이렇게 할진대, 친족들에 대해서도 그들이 왔던 곳으로 돌아가게 할 것이다. 그들이 가련한 상태에 있으므로 친절을 베푸는 것이 합당하다. 그리고 어디든 사람이 필요한 곳에는 우리의 손길이 필요하다고 우리는 생각할 것이다."

초기 교회는 죽음을 바라보는 시각이 이교 사회와 달랐고 유대인들과도 달랐다. 슬픔 가운데도 기쁨과 소망이 있었고, 따라서 애도하고 옷을 찢고 극한 슬픔을 표시하는 분위기를 버렸다. 무덤의 공포를 부활의 빛으로 몰아냈으며, 죽음이라는 개념이 평화롭게 잠드는 개념으로 바뀌었다. 키프리아누스는 신자가 죽음 앞에서 슬퍼하지 말아야 한다고 말하면서, 살아 있을 때는 수고와 위험이 끊이지 않으나 죽음에 들어가면 평화와 부활의 확신이 있다고 했다. 그는 죽음을 보지 않고 하늘로 옮겨진 에녹과, 평안을 얻고 나서 죽어도 한이 없다고 말한 시므온, 바울의 여러 구절들, 그리고 우리를 위해서 하늘의 거처를 예비하시러 성부께로 가신 주님께서 우리에게 주신 확신을 인용한다. 신자가 죽는 날은, 특히 그가 순교의 죽음을 죽었다면 하늘에서 새로 태어난 날이라 불렸다. 그의 무덤에는 소망과 승리의 상징들, 즉 닻과 수금과 종려가지와 면류관이 비치되었다.

초기 그리스도인들은 언제나 죽은 자들에 대해 자상한 관심을 가졌다. 성도들의 교제가 끊이지 않고, 육체가 장차 영광 가운데 부활한다는 인상이 그들에게 생생하게 살아 있었다. 이는 기독교가 영혼뿐 아니라 육체도 구속하며, 육체를 성령의 전으로 거룩하게 구별하기 때문이다. 따라서 그리스와 로마의 화장(火葬) 관습이 육체를 거룩하게 여기던 그리스도인들에게는 혐오스럽게 여겨졌다(참조. 고전 3:16; 6:19; 고후 6:16).[46] 테르툴리아누스는 심지어 화장을 지옥 불의 상

---

46) 매장은 동양과 심지어 제정 시대 이전의 로마의 관습이었으며, 훗날에 틀림없이 기독교의 영향을 받아 되살아났다. 하지만 박해 때에 이교도들은 그리스도인들의 소망을 조소하기 위해서 그리스도인들의 시신을 화장했다.

징이라고 단언했고, 키프리아누스는 배교와 다름없는 행위로 간주했다. 그 대신에 교회는 이집트인들과 바빌로니아인들도 시행했던 초기 유대교의 매장 관습(inhumatio)을 채택했다(참조. 창 23:19; 마 27:60; 요 11:17; 행 5:6; 8:2). 이 관습은 시신을 물로 깨끗이 씻고(참조. 행 9:37), 베옷으로 두르고(참조. 마 27:59; 눅 23:53; 요 11:44), 때로는 향료를 채워 넣고(요 19:39 이하; 12:7), 그런 뒤에는 목회자들과 친족들과 친구들이 참석한 가운데 기도를 드리고 시편을 찬송한 다음 불멸의 씨앗을 땅에 심었다.

장례식 설교가 이미 니케아 시대에 보편화되어 있었다.[47] 그러나 박해 때에는 매장을 하더라도 어쩔 수 없이 될 수 있는 대로 서둘러 은밀하게 거행했다. 순교자들의 사망일들을 교회는 해마다 그들의 무덤에서 봉헌과 애찬과 성찬을 거행함으로써 기념했다. 가족들도 마찬가지로 가정 단위로 죽은 식구를 기념했다. 당시에 널리 사용되던 죽은 자들을 위한 기도는 원래 하나님께서 자신들에게 베푸신 은혜에 감사를 드린 내용일 뿐이었다. 그러나 훗날 그것이 죽은 자들을 위한 중보 기도로 바뀌었는데, 그것은 사도들의 교훈에 전혀 뒷받침을 받지 못했으며, 중간 상태에 관한 의심을 받을 만한 견해들과 연관되었다. 예를 들어 테르툴리아누스는 재혼을 비판하는 과정에서 그리스도인 과부가 죽은 남편의 영혼을 위해서 기도하고, 해마다 남편이 죽은 날에 예물을 바친 일을 소개한다.

성도들의 교제가 죽음으로 단절되지 않는다는 동일한 정서가 거룩하게 구별된 공동 묘지를 등장하게 했다. 그것은 이교 사회에서는 낯선 것이었다. 그리스도인들은 박해를 받게 되어 대다수가 가난하고 공동체로서의 아무런 권리도 누리지 못하게 되었을 때 공동 묘지를 확보하기 위해서 주거 지역에서 멀리 떨어진 은밀한 지점들, 특히 지하 동굴을 선정했다. 이 지하 동굴이 처음에는 토굴(crypts)로 알려졌으나, 6세기 이후에는 카타콤, 즉 앞장에서 논한 안식처로 불리게 되었다.

스페인의 시인 프루덴티우스(Prudentius, 405년 죽음)의 시를 소개하면서 이 항목을 매듭짓고자 한다. 이 시에서 그는 고대 교회가 열린 무덤 앞에서 지녔던

---

47) 콘스탄티누스가 죽었을 때 에우세비우스가 행한 장례식 설교, 나지안주스의 그레고리우스가 자기 아버지, 형제, 누이가 죽었을 때 행한 설교들, 그리고 테오도시우스가 죽었을 때 암브로시우스가 행한 설교가 남아 있다.

견해와 정서를 강력한 시정(詩情)으로 표현한다:

"더 이상, 아 더 이상 슬픈 탄식은 없으리니,
　　이 정겨운 아이들을 안심하고 흙에 맡기시라.
어머니들이여, 그대들의 하염없는 눈물을 닦으시라.
　　이 죽음은 천상의 탄생이니.
땅이여, 그대의 한없이 자애로운 품을 열어
　　이 시신을 받아 양육하라.
죽었으나 얼마나 아름답고 얼마나 고귀한가!
　　우리는 인간의 이 유해를 그대의 품에 맡기노라.
이것은, 아 이것은 한때 우리 하나님의 숨결로
　　지음을 받은 영혼의 고향,
이 안에서, 그분 지혜의 빛으로
　　부활할 자들의 머리이신 그리스도께서 거하셨나니.
우리가 그대에게 맡기는 고귀한 보물,
　　인류의 창조주와 구주를 잘 간직하기를,
하나님의 사랑하는 자를 결코 잊지 말고,
　　그분의 모양을 다시 되찾게 되기를.

103. 기독교가 일으킨 도덕 개혁(정리)

　기독교는 역사에 나타난 하나님의 생각과 목적을 대변한다. 역사에 나타난 하나님의 생각과 목적은 죄와 오류의 캄캄한 밤에 무수한 별들처럼 찬란하게 빛난다. 그것은 끊임없이 반대를 받았으나, 쉬임없이 전진하여 최후 승리를 보증한다. 사회를 부패케 하는 영향력을 지닌 이교의 사상과 관습이 윤리와 정치와 문학, 그리고 빈부귀천을 가리지 않고 모든 가문과 가정을 장악하고 있을 때, 나사렛 예수를 따르며 멸시와 박해를 받던 소수의 무리가 압도적인 불평등과 완고한 관습에 맞서서 불리한 투쟁을 시작했다. 그것은 미신에 대한 믿음의 투쟁이었고, 이기심에 대한 사랑의 투쟁이었고, 타락에 대한 순결의 투쟁이었고, 정치적·사회적 세력에 대한 영적 세력의 투쟁이었다.

기독교 교회는 그리스도의 흠없이 순결한 교훈과 모범의 영향을 받아, 그리고 철학의 숭고한 직관과 경향에 도움을 받아 처음부터 인간 개인의 인권을 강조했고, 모든 이성적 존재가 하나님의 형상을 지니고 있다고 주장했고, 인류 보편을 대상으로 이루어진 창조와 구속, 그리고 인간의 궁극적인 불멸과 영광을 가르쳤고, 비천하고 낮은 자들을 일으켜 세웠고, 옥에 갇힌 자들과 포로들, 나그네들과 유배자들을 위로했고, 정절을 근본적인 덕으로 선포했고, 여성의 지위를 남성과 동등한 존엄과 평등의 지위로 격상시켰고, 결혼의 신성성과 불가침성을 지지했고, 기독교 가족과 행복한 가정의 터를 닦았고, 여러 가지 악들을 완화시키고 노예제도의 기반을 허물었고, 일부다처와 축첩(蓄妾)에 반대했고, 어린이들을 부모의 억압적 지배에서 해방시켰고, 어린이 유기를 살인으로 단죄했고, 많은 피를 흘리던 검투와 서커스, 그리고 폭력과 억압과 부도덕으로 얼룩진 연극에 대해서 끊임없이 전쟁을 벌였고, 무정하고 살벌한 세상에 사랑과 형제애 정신을 불어넣었고, 죄인들을 성인들로, 취약한 여성들을 맹렬한 영웅들로 바꾸어 놓았으며, 하늘로부터 끊임없이 임하는 밝은 빛으로 무덤의 어둠을 밝혔다.

기독교는 사회를 밑바닥에서부터 개혁하기 시작하여 중간 계층과 상류 계층에까지 영향을 미치다가 마침내 황제까지 변화시켰다. 그렇게 하여 콘스탄티누스가 개종한 직후에는 법률에 영향을 미치기 시작하여 잔인한 제도들을 폐지하고, 정의와 인간애가 살아 숨쉬는 법률들이 제정되도록 했다. 물론 그 과정에서 교회와 국가가 결합하면서 생긴 여러 가지 악들이 참으로 유감스러운 일이긴 하지만, 그 결합이 기독교 사상에 오늘날에 이르기까지 대대로 영향을 준 제도적 형식과 교육의 능력을 부여한 유스티니아누스 법전에 여러 유익한 영향을 끼친 점을 간과해서는 안 된다. 교회와 국가가 결합하면서 본격적으로 시작된 또 하나의 노력이 자선 사업이었다. 과부들과 고아들, 가난한 자들과 병든 자들, 시각 장애자들과 청각 장애자들, 알콜 중독자들과 범죄자들, 그리고 다양한 불행에 처한 사람들을 돕기 위한 각양각색의 단체[기관]들이 본격적으로 설립되어 대대로 활동을 벌였는데, 기독교 국가들 이외의 다른 나라들에서 그런 단체들을 찾는다는 것은 무망한 일이다.

그 시대 신자들이 과도한 금욕 생활을 했던 점에 대해서도 맹목적으로 비판만 할 게 아니라, 그들이 도덕을 굳건히 수립하기 위해서 스스로 향유할 수 있었던 권리와 생활의 낙들을 과감히 포기했던 면을 볼 수 있어야 한다. 사회 전체가 부패하고 오염된 상황에서 초기 교부들은 철저한 금욕 생활만이 사회를 근본적이고도 효과적으로 치유할 수 있는 길로 판단했던 것이다. 오늘날 몇몇 훌륭한 신자들이 금주[절제]보다 철저한 금욕을 무절제로 인한 두려운 악들을 치유하는 방법으로 간주하는 것도 같은 이치이다.

기독교는 북부의 야만족들의 침입과 로마 제국의 붕괴를 예방할 수 없었다. 이미 제국은 내부로부터 해체 과정이 깊숙이 진행되고 있었다. 개인들뿐 아니라 민족들도 신체적으로 도덕적으로 너무나 저급한 수준으로 전락하여서 회복 가능성의 선을 넘은 상태였다. 2세기의 이교 스토아주의자인 타키투스와, 5세기의 기독교 장로 살비아누스는 각각 자기 시대에 예레미야 같은 역할을 수행한 사람들인데, 이들은 로마 사회가 쇠퇴와 멸망에 직면해 있다고 예언했으며, 오히려 북부의 야만족들에게서 새로운 피와 새로운 활력이 발휘될 것을 내다보았다. 그러나 만약 켈트족과 게르만족의 정복자들이 기독교 교회의 원리들과 법과 제도를 받아들이지 않았다면 서유럽을 광활한 황무지로 만들어 놓고 말았을 것이다. 마치 투르크족이 아시아의 노른자위라고 할 만한 지역을 황무지로 만들어 놓았듯이 말이다.

제 9 장

금욕주의적 경향들

104. 금욕적 덕과 경건

이 장에서는 초기 교회가 복음적 개신교와 현대 윤리학의 자유로운 정신으로부터 가장 동떨어진 것처럼 보이고, 그리스 정교회와 로마 가톨릭 교회의 계율주의적이고 수도원주의적 윤리학에 가장 가까워 보이는 분야를 다루게 된다. 당시의 기독교 사회는 신앙 생활이 내면의 성향보다 몇 가지 외적 행위들로 이루어지며, 믿음으로 사는 삶보다 다양한 행동을 하는 것으로 이루어진다고 보았다. 교부들과 공의회들의 지배적인 견해에 따르면, 가장 이상적인 덕은 세상을 변혁시키고 하나님이 창조하신 자연적인 일들과 관계들을 거룩하게 하는 것이라기보다, 세상으로부터 도피하여 은둔 생활을 하고, 자발적으로 재산과 결혼을 단념하는 것이었다. 사도 바울이 가르친 믿음과 오직 은혜로 말미암는 칭의 교리가 꾸준히 퇴조했다. (혹은 그보다는 교회의 일반적인 사상과 삶에서 마땅히 차지해야 할 자리를 아직 차지하지 못하고 있었다.) 질적인 도덕관이 갈수록 겉으로 공로를 쌓고 심지어 여분의 공로를 쌓기 위한 행위, 이를테면 기도, 금식, 구제, 자발적 가난, 독신의 가짓수를 중시하는 양적인 도덕관에 자리를 내주었다. 이러한 도덕관이 필연적으로 유대주의적인 자기의와 금욕 생활에 대한 지나친 평가를 낳았고, 이러한 경향이 기독교 사회를 거역할 수 없는 기세로 니케아 시대의 은둔 생활과 수도원주의로 몰아갔다. 이러한 금욕주의의 모든 씨앗들이 3세기 후반과 심지어 그 이전부터 나타난다. 금욕주의는 영혼으로 육체를 온전히 지배하고자 하는 엄격한 외적인 자기 규율이자, 우월한 등급의 덕이다.[1] 그것은 그리스도인의 보편적 의무인 동물적 욕구들을 억제하는 것뿐 아니라, 자체로는 합법적인 행위들, 술, 고기, 재산, 결혼을 다양한 형태의 고행에 힘입어 완전히 금하는 것도 포함한다. 가톨릭 교회의 금욕주의는 추상적이고 참회적인 요소들, 즉 자기 부인과 자기 징벌을 결합함으로써 명암을 극명하게 드러낸다. 한편으로는 자기와 세상을 영웅적으로 단념하는 훌륭한 사례들을 드러내는 반면에, 다른 한편으로는 기독교의 도덕성을 철저히 오해하고 왜곡한다. 그 단념에는 자연을 만드신 하나님의 선물들과 규례들을 무시한 영지주의적 태도가 다소 실려 있으며, 고행 혹은 자기 징벌은 그리스도께서 단번에 이루신 공로를 현실적으로 부정하는 데로 이어진다. 금욕적이고 수도원적인 경향의 토대는 육체에 죄의 성향이 강하고 세상이 부패했다는 인식과, 독거(獨居)하면서 신적인 일들에 몰두하고자 하는 열의와, 특별한 성결과 공로를 얻으려는 열망에 있었다. 지상에서 천상의 천사들처럼 살기를 원했던 것이다(참조. 마 22:30).[2]

금욕주의적 경향은 창조주께서 규정하신 정상적인 덕과 경건의 형태들 대신에 비정상적이고 자기 본위적인 덕과 경건을 목표로 삼았다. 그렇기에 하나님이 정해 주신 표준을 영적 교만으로 경시하는 일이 심심찮게 발생했다. 금욕주의는 도덕적으로 강하다는 표인 동시에 도덕적으로 약하다는 표이기도 하다. 그것은 인간이 자신을 자연의 세력들로부터 해방시키고, 도덕적 소명을 자각하는 데로

---

1) '훈련하다'라는 뜻의 '아스케시스'에서 파생한 단어. 주로 육체적 훈련에 적용되었으나, 심지어 이교도들과 필로에 의해서 도덕적 자기 훈련이란 뜻으로도 사용되었다. 알렉산드리아의 클레멘스는 그리스도인의 삶 전체를 '아스케시스'로 표현하며(*Strom.* IV. 22), 족장 야곱을 '아스케테스'라고 부른다(*Paedag.* I. 7). 그러나 동시에 '아스케타이'라는 용어가 2세기 중반부터 아테나고라스, 테르툴리아누스, 오리게네스, 에우세비우스, 아타나시우스, 에피파니우스, 제롬 같은 이들에 의해서 자기 부정에 힘쓰는 특별한 계층의 그리스도인들에게 적용되었다. 따라서 '금욕주의적인'(ascetic)이라는 표현이 중세에는 '종교적인'이라는 표현과 같은 뜻으로 쓰였다. Z kler는 금욕주의에 대해 포괄적인 견해를 취하여 그것을 여덟 가지로 구분한다: 1) 자기 징계로서의 금욕주의; 2) 가정 생활에 관한 금욕주의; 3) 식사법에 관한 금욕주의(금식, 절제); 4) 성생활에 관한 금욕주의(독신); 5) 경건 생활에 관한 금욕주의; 6) 명상에 관한 금욕주의; 7) 실질적인 생활에 관한 금욕주의; 8) 사회 생활에 관한 금욕주의(독거, 가난, 순종).

2) 따라서 수도 생활을 vita angelica(천사들의 생활)라고 일컫는 경우가 많았다.

올라온 일정 수준의 교양을 내세운다. 하지만 유혹과 싸워서 그 수준을 얻으려 할 때 세상의 한복판에 서서 세상을 이기고 그것을 하나님 나라로 변화시키는 대신에 세상을 철저히 등지는 방식에 의존하려고 한다.

금욕주의는 기독교 교회에만 한정된 게 아니지만, 기독교 교회에서 가장 고도하고 고상한 형태로 발전했다. 그리스도께서 오시기 전에도 유사한 현상들이 있었다. 유대인들 사회에서, 나사렛파에서, 에세네파에서, 비슷한 성격의 테라퓨타이파(Therapeutae)에서[3] 그런 현상들이 발견되고, 특히 불교에서 발견된다. 불교는 수도 생활 체제를 워낙 고도로 정교하게 발전시켰기 때문에, 일부 로마 가톨릭 선교사들이 그것을 마귀가 가톨릭 체제를 모방하여 만든 것으로 생각할 정도였다. 이집트에서는 세라피스교(敎)의 사제들이 수도 생활을 했다.[4] 파라오들의 땅은 기후가 독특하고 적막한 사막과 비옥한 나일 강변이 맞닿아 있어 현저한 대조를 이루고, 사람들의 표정이 무덤처럼 음울하여서 바쁘고 복잡한 생활을 떠나도록 유도하는 면이 있다. 초기 기독교 은둔자들과 수사들이 이집트인들이었던 것은 분명한 사실이다. 심지어 피타고라스 학파와 플라톤 학파, 그리고 스토아 학파는 그리스 철학을 단순한 이론 지식뿐이 아닌 실제적 지혜로도 이해했으며, 그것을 대단히 엄격한 절제성과 관련지어서 '철학자'와 '금욕주의자'를 동의어로 쓸 수 있는 경우가 빈번했다. 2세기의 여러 기독교 변증가들은 이러한 실제적 철학, 특히 플라톤 철학에 의해서 기독교로 인도를 받았다. 그들은 그리스도인이 된 뒤에도 검소한 옷과 생활 방식을 그대로 유지했다. 테르툴리아누스는 철학자들의 옷이 이제 더 훌륭한 철학의 옷이 되었다고 축하한다. 디오게네스의 추종자들인 견유학파는 자기 부정을 과시하기 위해서 극단적인 행위에 의

---

3) 이 집단에 대해서는 필로가 자신의 논문 *De vita contemplativa*에서 소개한다. 에우세비우스(II. 17)는 테라퓨타이파를 기독교 금욕주의 집단으로 오인했고, 후대의 사가들은 기독교 수사들로 오해했다. 사람들은 필로가 사도 베드로에 의해서 회심한 것으로 추정했다. 이 오해는 종교개혁 이후에야 비로소 바로잡혀졌다. 루키우스는 그 논문이 3세기에 필로의 이름을 빌어 기독교 금욕주의를 변증한 것으로 본다. 하지만 Weingarten(in Herzog X. 761 sqq.)은 그 책이 필로 이후에 작성된 것일지라도 테라퓨타이파가 유대인 집단이었음을 다시 주장한다.

4) Weingarten은 기독교 수도원주의의 기원을 세라피스교에 두며, 둘 사이의 비슷한 점들을 추적한다. 파코미우스 자신이 회심하기 전에는 세라피스의 수사였다.

존했다. 그러나 이들은 적어도 말기에 쇠퇴했을 때는 철학의 실질적인 내용은 상실한 채 몸을 씻지 않고, 손톱을 자르지 않고, 머리를 빗지 않고, 저속한 냉소적 정신을 토해내고, 기독교를 혐오하는 외관만 내세웠다.

고대 교회에는 '금욕주의자들' 혹은 '절제하는 사람들'이라는 이름으로 불린 특별한 남녀 그리스도인들의 계층이 있었다. 이들은 사회에 속해 살면서도 사실상 사회를 등지고 지냈고, 자발적으로 결혼과 재산을 포기했고, 금식과 기도와 종교적 명상에 전념했으며, 그런 방식으로 그리스도인의 완전에 도달하려고 힘썼다. 이들은 때로 상호 향상의 구실로 자신들만의 집단을 결성했으며, 교회 안의 교회라 인식된 이 집단에는 어린이들까지도 받아들여져 절제 생활을 훈련받을 수 있었다. 이들은 고백자들과 함께 동료 그리스도인들로부터 상당한 존경을 받았고, 공예배 때 좌석을 따로 배정받았으며, 교회에서 가장 훌륭한 교인들로 인정을 받았다. 박해 때에는 순교의 죽음을 완전의 면류관으로 생각하여 순교하기 위해서 열정을 기울였다.

지역 교회들이 부패한 세상 속에서 외로운 오아시스로 남아 있으면서 주변의 이교 세계에 직접 대립하고 있는 동안에는 금욕주의자들이 세상을 등지고 광야로 도피할 이유가 아직까지는 없었다. 금욕주의가 은둔주의와 수도 생활로 발전하고, 그로써 교회의 순결을 광야로 가지고 감으로써 그것을 지키려고 노력한 일은 콘스탄티누스의 재위 기간과 그 이후에 생긴 일이며, 따라서 교회와 국가가 결합하여 세상이 교회 안으로 들어오고 순교가 중단됨으로써 비롯된 일이었다. 최초의 기독교 은수자(隱修者)로 알려진 테베의 파울루스에 대해서 학자들은 활동 시기를 3세기 중반까지 거슬러 올라가 잡지만, 구체적인 사항은 설화의 안개에 가려져 있다. 수사들의 진정한 아버지인 성 안토니우스는 콘스탄티누스 시대 사람이다. 키프리아누스 시대에는 아직 절대적 구속력을 지닌 서약이 없었다. 이러한 금욕 생활이 일찍부터 시작되어 널리 퍼지게 된 이유는 그리스도인들의 도덕성이 그만큼 진지했기 때문이며, 아직 강력한 이교 세계였던 당시 사회에 죄가 그만큼 만연했기 때문이다. 기독교가 세상을 변혁시키고 거룩하게 하는 일에 적극적인 노력을 기울일 수 있었던 것은 기독교 안에 내재해 있던 부정적이고 세상을 배척하는 요소가 극대화되었기 때문이었다.

그러나 금욕적 원리는 그 영향력을 금욕주의자들과 수사들에게만 끼친 게 아니다. 그 원리는 고대와 중세 교회의 도덕과 경건 전체를 지배했다. 물론 교회 내부에서는 겉으로 율법을 지키면 된다는 편협하고 극단적인 도덕성에 반대하는 자유롭고 복음적인 정신의 비판이 없었던 것은 아니지만 말이다. 그러나 금욕주의자들은 옛 가톨릭적 경건을 가장 일관되게 대표한 사람들이었으며, 변증가들도 이교도들 앞에서 그들을 그러한 사람들로 자랑했다. 그들은 고결한 영성을 구현한 교회의 꽃이었으며, 특히 성직자들에게 모범이 되었다.

105. 이단적 금욕주의와 가톨릭적 금욕주의

그러나 여기서 우리는 고대 기독교 내에 두 가지 종류의 금욕주의가 있었음을 구분해서 생각해야 한다. 하나는 이단적 금욕주의였고, 다른 하나는 정통 혹은 가톨릭적 금욕주의였다. 전자가 이교 철학에 근거한 반면에, 후자는 기독교 사상의 발전이다.

이단적 금욕주의는 시작 단계부터 신약성경에서 비판을 받았으며(참조. 딤전 4:3; 골 2:16 이하; 비교. 롬 14장), 영지주의와 마니교 분파들에 그 모습을 드러낸다. 그것은 동양 사상과 플라톤 사상에서 유래했으며, 물질에 죄가 혼합되어 있다는 이원론적 세계관과, 하나님과 창조계에 대한 왜곡된 사상에 근거를 둔다. 하나님과 세상을 양립할 수 없는 적대 관계에 두고, 창조계가 열등한 존재로부터 기인했다고 보고, 인간 육체가 마귀 곧 데미우르고스(조물주)의 산물이므로 본질적으로 악하다고 간주하며, 과도한 절제로든 철저한 몰입으로든 자아에서 벗어나거나 점차 자아를 제거하는 것을 인간의 가장 큰 도덕적 과제로 삼는다. 많은 영지주의자들은 사람이 성욕을 최초로 채움으로써 타락하게 된다고 보았고, 그것이 인간을 휠레(Hyle, 물질, 질료)의 지배에 떨어지게 한다고 보았다.

정통 곧 가톨릭적 금욕주의는 성경의 특정 구절들을 문자적으로 경직되게 해석한 데서 출발한다. 그것은 모든 자연이 하나님의 손에서 나왔고, 그분의 사랑의 대상임을 인정하며, 인간 육체가 하나님께로서 나와서 하나님께로 돌아가며, 육체가 없다면 사실상 부활도 있을 수 없고 따라서 영원한 영광도 없다고 주장한다.[5] 그러므로 가톨릭적 금욕주의는 그 목표를 육체를 죽이는 데 두지 않고, 온

---

5) 사도헌장 51조는 금욕주의를 유익한 훈련이라고 지지하면서도, 결혼이나 고기

전히 통제하고 거룩하게 하는 데 두었다. 영혼과 물질을 구분하는 형이상학적 이원론을 배제하는 대신에, 영혼과 육체 사이의 윤리적 투쟁을 확인했다. 그러나 금욕을 실천하는 면에서는 성경의 단순하고 확고한 한계를 벗어나서 육체뿐 아니라 영혼에도 내재하는 정욕 혹은 이기심의 원리를 육체적 욕구들과 정서들 혹은 감각적 본성으로 잘못 대체했다. 그 결과 이단을 크게 혐오하면서도 실제로는 육체를 영혼의 감옥으로 간주하여 혐오하던 영지주의와 마니교의 견해에 합류했다. 이러한 결과는 특히 하나님이 교회와 국가의 온상으로서 제정하신 결혼과 가정 생활을 과소평가한 데서 기인하며, 사도들의 경건으로도 미치지 못할 만큼 자아를 과도하게 학대한 데서 기인한다. 세상과 육체로부터의 구별을 자아 구속의 수단으로 삼은 이교적 영지주의 원리가 이론적인 검토를 거친 뒤에 실천의 뒷문으로 슬그머니 교회 안에 들어왔는데, 이것은 육체의 숭고한 운명과 그리스도를 통한 완전한 구속을 가르치는 기독교 교리에 정면으로 위배되는 것이었다.

알렉산드리아 교부들은 하위 도덕과 상위 도덕을 구분함으로써 금욕주의에 이론적 토대를 제공했다. 이러한 구분은 플라톤 학파나 피타고라스 학파가 본성에 따른 삶과 본성을 초월한 삶 곧 실질적이고 명상적인 삶을 구분한 것에 해당한다. 그것은 이전 시대인 2세기 중엽에 헤르마스가 주장한 것이었다.[6] 테르툴리아누스는 그에 따라 대죄(mortal sins)와 경죄(venial sins)를 구분했다. 바로 이것이 심각한 실질적인 오류들의 근원이었으며, 도덕적 방종과 지나친 금욕을 모두 조장했다. 금욕주의자들, 그리고 후대에는 수사들이 일반 그리스도인들 위에 도덕적·영적 귀족 계급을 형성했고 그러한 지위를 주장했다. 성직자들이 낮은 수준의 덕에 만족한 평신도들 위에 침범할 수 없는 존엄한 계급으로 올라선 것과 나란히 발생한 일이었다. 탁월한 윤리적 견해로 유명한 알렉산드리아의 클레멘

나 술처럼 그 자체로는 깨끗한 것들을 '혐오'하고, "모든 것이 [원래는] 다 하나님 보시기에 좋았고, 하나님께서 사람을 남자와 여자로 만드신 사실을 잊고서 하나님이 지으신 것들을 불경스럽게 훼손하는" 사람들을 단죄한다. 사도헌장은 교회에 그러한 이단적 금욕주의자들이 있다고 암시하며, 그들이 출교당해야 마땅하다고 경고한다.

6) *Pastor Hermae, Simil.* V. 3. "만약 여러분이 하나님께서 명하시는 것을 넘어서서 어떤 선을 행한다면 여러분을 위해 더욱 풍성한 영광을 얻게 될 것이며, 그렇지 않았을 경우에 비해 하나님께 더욱 존귀함을 얻게 될 것이다."

스는 현자나 영지주의자에게 보통 그리스도인보다 지식도 깊고 정서도 고상하고 냉철하며, 모든 육체적 상황을 스토아적으로 통제해야 한다고 당부한다. 그는 플라톤과 마찬가지로 육체를 영혼의 무덤과 족쇄로 간주하는 경향을 보인다. 사도 바울이 가르친 믿음으로 말미암는 의를 그가 얼마나 부실하게 이해하고 있었는가 하는 것은 「잡기」(雜記, Stromata) 가운데 "네 믿음이 너를 구원하였다"는 그리스도의 말씀을 놓고서, 그것이 단순히 믿음을 가리킨 게 아니라, 율법대로 사는 유대인들만을 가리킨 것이라고 설명한 대목에서 미루어 짐작할 수 있다. 그것은 믿음을 거룩한 생활의 근원이자 원리로 보는 대신에, 선행에 덧붙여야 할 어떤 것으로 보는 것과 다름없다.[7] 오리게네스는 한 걸음 더 나아가서 도덕과 경건을 모든 그리스도인들을 위한 낮은 수준의 것과 성인들 혹은 선별된 소수를 위한 높은 수준의 것으로 구분하는 가톨릭의 교리를 분명히 주장한다.[8] 그는 높은 수준의 도덕에 여공(餘功)의 행위들(opera supererogatoria), 즉 복음에 문자적으로 명령되지는 않았으나 완전을 위한 조언들로 권장된 행위들을 포함시키며,[9] 그로써 이 행위들이 독특한 공로를 쌓고 높은 차원의 복을 얻게 하는 듯한 인상을 준다. 모든 사람들에게 요구되는 행위만 하는 사람은 무익한 종이다(참조. 눅 17:10). 하지만 그 이상의 행위를 하는 사람들, 예를 들어 바울이 고린도전서 7:25에서 독신 상태에 관해서 단지 권고하고 지나가는 일을 행하거나, 혹은 바울처럼 영적 사역에 대한 현실적인 답례를 정당하게 요구할 권리를 포기하는 사람은 착하고 신실한 종이라 불린다(참조. 마 25:21).

이 행위들에 포함되는 것은 순교, 자발적 가난, 자발적 독신이었다. 세 가지 모두 혹은 적어도 세 가지 가운데 마지막 두 가지는 일상적 의무 수행이나 일상적 의무 수행과 달리 더 높은 완전 개념에 속한다. 가난과 독신에 후대에는 절대 순

---

7) Strom. VI. 14: "우리는 '네 믿음이 너를 구원하였으니' (막 5:34)라는 말씀을 들을 때 무엇이든 어떻게라도 믿는 사람이 구원을 얻는 것이 아니라, 행위도 따라야 한다는 뜻으로 이해한다. 그러나 예수께서 이 말씀을 하신 대상은 유대인들로서, 그들은 이미 율법을 지키며 흠 없는 생활을 하고 있었고, 다만 주님을 믿기만 하면 되는 상태에 있었다."

8) In Ep. ad Rom. c. iii.

9) 참조. 마 19:21: 눅 14:26: 고전 7:8 이하, 25. 따라서 praecepta와 구분되게 consilia evangelica라고 표기된다.

종이 덧붙었다. 그리고 이 세 가지가 복음의 조언들(consilia evangelica)과 수도 서약의 주요 주제들이었다.

이 독특한 덕들을 그토록 강력하게 주장할 수 있었던 근거가 무엇이었는가는 쉽게 이해할 수 있다. 사람의 이기심과 긴밀히 연관되어 있으면서 그를 땅에 붙어살게 만드는 가난과, 감각적 욕망을 극대화시키고, 본능이 정숙이라는 베일로 자신을 가리는 성적 접촉, 이 두 가지가 완전에 이르는 길에 가장 큰 장애를 놓는데, 이러한 상황에서 오직 하나님께서만 우리의 소유이시고, 그리스도께서만 우리의 사랑과 기쁨이시다.

이러한 일들에서 고대의 이단들은 극단으로 치우쳤다. 에비온파는 가난을 구원의 조건으로 삼았다. 영지주의자들은 절대적 자기 부정과 제어할 수 없는 탐닉이라는 양극단 사이에서 나뉘었다. 마르키온파(Marcionites), 카르포크라테스파(Carpocratians), 프로디키우스파(Prodicians), 거짓 바실리데스파(fase Basilidians), 그리고 마니교는 물질 세계를 혐오했기 때문에 사유재산을 반대했다. 반면에 에피파네스(Epiphanes)는 125년경에 쓴 「정의론」(On Justice)에서 덕(virtue)을 평등한 사회로 정의했고, 재산과 여성의 공유를 옹호했다. 이 이단들 가운데 보다 진지한 집단들은 결혼과 출산을 마귀의 사역으로 규정하고서 금했는데, 사투르니누스(Saturninus), 마르키온, 엔크라테이아파(Encratites)가 이 부류에 속했다. 이들과 정반대로 결혼을 지극히 수치스러운 난교로 대체한 영지주의 이단들도 있었는데, 카르포크라테스, 에피파네스, 그리고 니골라당(Nicolaitans)이 이 부류에 속했다.

반대로 고대 교회는 재산과 결혼을 하나님께서 제정하신 제도로 주장했으며, 소수의 선택된 사람들에 한해서 그리스도인의 완전에 도달하는 수단으로서 이러한 본질적이고 합법적인 낙을 포기하도록 권장하는 것으로 만족했다. 고대 교회는 결혼을 신성하다고 공포했고, 결혼보다는 순결[동정]이 더 신성하다고 공포했다. 그러나 교부들조차 결혼이 신성하다는 입장을 중립화하거나 적어도 약화시킬 정도로 순결의 신성함을 훨씬 더 강조했다. 로마 교회는 성경에 등장하는 하나님의 사람들 가운데 아브라함에서부터 베드로에 이르기까지 결혼한 사례가 많은데도 불구하고 독신을 떠난 상태에서의 진정한 성결을 생각하지 못하며, 따라서 성직자들에게 예외 없이 독신을 요구한다.

106. 자발적 가난

자발적 가난에 대한 권고는 어릴 때부터 모든 계명을 다 지켰다고 말한 젊은 부자 관원에게 주신 다음과 같은 조언을 문자적으로 해석한 데에 토대를 두었다. "예수께서 가라사대 네가 온전하고자 할진대 가서 네 소유를 팔아 가난한 자들을 주라. 그리하면 하늘에서 보화가 네게 있으리라. 그리고 와서 나를 좇으라 하시니"(마 19:21). 이 말씀에 그리스도와 사도들이 가난하게 사셨던 실질적인 사례들과, 초대 예루살렘 교회의 유무상통의 사례가 덧붙었다. 따라서 금욕주의자들뿐 아니라 키프리아누스 같은 성직자들을 포함한 많은 그리스도인들이 회심할 때 재산을 다 정리하여 가난한 사람들에게 주었다. 후대의 수도원 중심 사회들은 재산을 공유하는 과정에서 초대 교회의 평등성과 완전한 형제애를 구현하려고 힘썼다.

그럴지라도 보다 온건한 견해들도 만나게 된다. 예를 들어 알렉산드리아의 클레멘스는 재물을 올바로 사용하는 법에 관한 특별한 논문에서, 구주께서 금하신 것은 땅의 재산 소유가 아니라 그것을 사랑하고 탐하는 것이라고 주장한다. 그리고 재산을 포기할지라도 재산을 탐하는 마음은 그대로 남아 있을 수 있다고 주장한다. 땅의 재산은 선을 행하기 위한 물질과 수단이며, 재물이 불평등하게 분포된 현상은 그리스도인들로 하여금 사랑과 자선을 행하도록 하시려고 하나님께서 마련하신 것이라고 한다. 덕이야말로 진정한 재산이며, 그것은 외부 상황의 여하에 상관 없이 간직할 수 있고 또 간직해야 하지만, 단순히 외적인 소유는 왔다가 덧없이 가버리는 거짓된 것이라고 한다.

107. 자발적 독신

고대 가톨릭 교회는 독신을 지나치게 강조하면서 성경의 네 구절(즉, 마 19:12; 22:30; 고전 7:7 이하; 계 14:4)을 근거로 제시했지만, 실제로는 그 구절들의 교훈을 훨씬 넘어가서 부지불식간에 세상의 사고 방식에 영향을 받았다. 마태복음 22:30에 기록된 주님의 말씀(참조. 눅 20:35 이하)이 독신과 관련하여 가장 자주 인용되는 구절이다. 하지만 이 말씀은 결혼하지 않는 생활을 분명히 천사들에게 제한하며, 그것을 사람들의 모범으로 제시하지 않는다. 요한계시록 14:4의 경우 어떤 교부들은 이 구절을 보다 정확하게 우상 숭배의 오염에서 해방된 자유라는 상징적 의미로 해석했다. 그리스도께서 보이신 모범은 비록 자주 강요되긴 하지만 이 구절에서 규율로 받아들이기 힘들다. 하나님의 아들이시요 세상의 구주이신 분은 하와의 모든 딸들보다 워낙 높으신 분이시므로 그들 사이에서 평등한 배필을 찾으실 수 없었으며, 어떤 경우도 주님을 그러한 관계에 놓고 이해할 수가 없다. 구속받은 온 교회가 그분의 순결한 신부이다. 사도들 가운데 적어도 몇 분은 결혼을 했으며, 그렇게 결혼한 사도들 가운데는 가장 연장자이자 나머지 사도들을 대표했던 베드로가 있었다. 고린도전서 7장에서 사도 바울은 워낙 조심스럽게 조언하기 때문에 이 구절에서도 교부들의 견해는 부분적인 뒷받침밖에 받을 수 없다. 결혼이 성직자들을 위한 정상적인 상태로 지적되는 목회서신들과 비교하여 읽을 경우에는 특히 더욱 그러하다. 그런데도 불구하고 사도 바울이 정통적 저자들과 이단적 저자들에 의해서 독신제도를 옹호한 인물로 거론되는 경우가 빈번했다. 유대교는 이교화하여 결혼을 금한 에세네파를 제외하고는 가정 생활을 존귀하게 여겼다. 심지어 제사장들과 대제사장들에게도 결혼을 허용하였으며, 이들은 사실상 출산에 의해서 직분을 계승했다. 자녀를 낳지 못하는 것을 수치나 저주로 간주했다.

반대로 이교 사회는 여성의 지위가 퍽 낮았고, 결혼을 저급하고 감각적인 개념으로 이해했기 때문에 독신을 이상적인 도덕에 포함시키고 그것을 예배와도 관련짓는 경우가 많았다. 이교 사회에서 가장 고상한 형태의 정절은 로마의 베스타 신전에 소속되었던 여섯 명의 처녀들에게서 나타난다. 여섯살부터 열살까지의 소녀들일 때 선택된 이 소녀들은 순결한 여신을 섬기면서 신성한 불이 제단에서 항상 타오르도록 관리하는 것이 주된 업무였다. 그러나 삼십년을 섬긴 뒤에는 속세로 돌아가 결혼하는 것이 허락되었다. 다만 정해진 기간에 정절의 서약을 어길 경우에는 '스켈레라투스의 평지'(캄푸스 스켈레라투스)에서 생매장되는 처벌을 받았다.

이처럼 결혼을 경시하는 금욕주의는 적어도 부분적으로는 이교 사상의 영향때문에 생긴 것이다. 그러나 이러한 삶의 태도에는 당시 두려울 정도로 문란하던 그리스-로마 세계에 반대하여 천사와 같은 순결을 보존하려는 신앙 열정이 실려 있었다. 당시는 기독교가 여성과 가정 생활을 하나님 나라에서 순결하고 존엄한 지위로 끌어올리기 훨씬 전이었다. 이 점을 감안할 때 교부들이 여성에 관해서 해놓은 많은 발언들과 여성들과의 성적 접촉을 경계한 발언들은 비록 오늘날 유럽과 북미의 문화 상태에서는 매우 조야하고 비기독교적으로 보일지라도 보다 쉽게 이해할 수 있다. 다마스쿠스의 요한은 자신의 「비교집」(Parallels)에서 "여성은 악한 존재이다", "부유한 여성은 두 배나 악하다", "아름다운 여성은 회칠한 무덤이다", "남성의 악함이 여성의 선함보다 낫다" 같은 교부들의 발언들을 수집해 놓았다. 이런 말을 쓸 수 있었던 사람들은 솔로몬의 잠언들에 정반대로 기록되어 있는 아름다운 구절들을 망각했음에 틀림없다. 아마 자기들의 어머니들조차 잠깐 망각하고서 그런 발언들을 했을 것이다.

하지만 다른 면에서 생각해 보면, 정절을 그토록 중시했으므로 여성의 사회적 지위도 높아지고, 이교 사회에서 노예와 다름없이 지내던 상태에서 벗어나는 방향으로 상황이 전개되었다고 말할 수 있다. 이교 사회에서는 여성이 부모나 후견인에 의해서 심지어 영아기나 유아기에 물건처럼 팔리기 십상이었던 것이다. 초기 교회의 많은 처녀들이 여집사가 되어 병자들과 가난한 자들을 보살피는 일에 모든 노력을 기울였고, 혹은 순교의 죽음을 맞이함으로써 어느 정도의 수동적인 덕과 영웅적인 도덕성을 동시에 발휘했다. 그러한 처녀들에 대해서 키프리아누스는 수사학적 용어를 동원하여 "땅에서부터 즉시 하늘로 이어질 만한 삶을 살기 시작한 교회의 꽃들, 은혜의 걸작들, 자연의 장식, 우리 구주의 거룩함을 반영하는 하나님의 형상, 예수 그리스도의 가장 모범적인 양들"이라고 부른다.

독신을 지나치게 높이 평가하고 결혼을 상대적으로 비하하기 시작한 때는 대략 2세기 중엽이었으며, 니케아 시대에 절정에 달했다.

이그나티우스는 폴리카르푸스에게 보내는 서신에서 아직까지는 자신을 아주 겸손하게 소개한다: "만약 누가 육체의 주님을 영화롭게 하기 위해서 육체의 정절을 지킬 수 있다면" [혹은 다른 사본에는 "주님의 육체의 영광을 위하여"] "그 사람은 자랑하지 말아야 한다. 만약 자랑하면 그는 멸망한 것이고, 만약 그것이 감독[주교]의 범위를 넘어서 알려지게 된다면 그는 넘어진 것이다." 성직자의 의무 독신으로부터 얼마나 성큼 벗어난 태도인가! 그럼에도 불구하고 그의 훈계를 가만히 놓고 생각해 보면 독신제도가 2세기 초라는 그렇게 이른 시기에 벌써 자리잡고 있었다는 것과, 적지 않은 사람들이 독신 생활을 공로로 내세우고 영적 자부심을 키웠다는 것을 짐작하게 된다. 자발적으로 처녀로 사는 여성들을 가리켜 그리스도의 신부들이자 교회의 보석들로 부른 교부는 이그나티우스가 처음이다.

순교자 유스티누스는 한 걸음 더 나아간다. 수많은 남녀 그리스도인들이 늙도록 몸을 더럽히지 않은 채 산다고 지적한다. 그러면서 독신제도가 될 수 있는 대로 크게 확대되기를 바라는 심정을 밝힌다. 그리스도의 모범을 예로 들면서, 주님께서 동정녀에게서 나신 것이 오직 감각적 욕구에 제한을 가하고, 하나님께서 성적 중개 없이도 사람을 지으실 수 있음을 보여주기 위함이었다고 말한다. 그의 제자 타티아누스는 이 점에 관한 영지주의의 극단적 견해로까지 치달았고, 그리스도인의 완전에 관한 유실된 저서에서 부부의 동거를 기도 생활을 저해하는 교제라고 단죄했다. 같은 시기에 아테나고라스는 자신의 「변증」(*Apology*)에서 이렇게 썼다: "우리들 가운데 수많은 남녀들이 결혼하지 않은 채 늙어간다. 이런 식으로 하나님과 보다 가까이 연합되기를 소망하는 것이다."

알렉산드리아의 클레멘스는 이 점에 대해서 모든 교부들 가운데 가장 합리적인 견해를 제시한다. 그는 내시 제도를 하나님이 은혜로 내리신 특별한 선물로 간주하지만, 그렇다고 해서 이것을 결혼 상태보다 더 우월하게 여기지는 않는다. 정반대로 그는 당시 이단들의 극단적인 태도에 반대하여 결혼의 도덕적 위엄과 성결을 크게 옹호하며, 기독교의 본질이 겉으로 드러나는 의식과 즐거움과 박탈에 있지 않고, 마음의 의로움과 평안에 있다는 일반 원리를 제시한다. 영지주의자들에 대해서는, 그들이 절제라는 미명으로 창조물과 거룩하신 창조주를 불경스럽게 대하고, 인간이 다른 인간들을 고해와 같은 세상에 태어나게 해서는 안 된다는 이유로 결혼과 출산을 배격하고, 죽음에 새로운 자양을 공급한다. 그들이 하나님의 규례들을 업신여기면서도 같은 손에 의해 창조된 자양을 향유하고, 그분이 지으신 공기를 들이마시며, 그분이 지으신 세상에서 거하는 모순된 태도에 일침을 가한다. 그리스도께서 그렇게 살지 않으셨느냐는 그들의 주장에 대해서, 그리스도는 사람에게 아무런 도움을 받으실 필요가 없고, 교회가 그분의 신부라는 이유로 비판한다. 그는 사도들도 혼인을 경시하는 자들을 비판하는 근거로 삼는다. 베드로와 빌립은 자녀들을 낳았고, 빌립은 자기 딸들을 결혼시켰다. 바울조차 여성 배우자에 관해서 서슴없이 말했음을 지적한다(실은 자신이 베드로처럼 아내를 둘 권리가 있음을 말했을 뿐이다). 혼인을 중시하는 이 저자의 글을 읽노라면 마치 이전과 판이한 개신교적 분위기를 느끼게 된다. 즉, 사도들을 모범으로 삼아 사는 완전한 그리스도인은 독신 생활을 택하지 않고 결혼하여 자녀를 낳고 가정을 돌보는 점에서 진정한 남성임을 입증하지만, 그럴지라도 아내와 자녀들, 노예들과 재산에 관심을 가지느라 유혹이 생길지라도 하나님께 대한 사랑에서는 흔들리지 않으며, 그리스도인 가장으로서 만유를 섭리로 다스리시는 주님을 닮은 자태를 드러낸다는 것이다.

그러나 그러한 견해가 당시의 정신과 얼마나 달랐는가 하는 것은 클레멘스 자신의 스토아적이고 플라톤적인 정욕 개념에서 확인할 수 있고, 그의 위대한 제자 오리게네스에게서는 그것을 더욱 분명히 확인할 수 있다. 오리게네스는 청년 시절에 자발적으로 고자가 되었으며, 따라서 자녀를 출산하는 행위를 오염으로밖에 생각할 수 없었다. 이집트 레온토폴리스의 히에라카스(Hieracas) 혹은 히이락스(Hierax)는 디오클레티아누스의 박해 때 살았고, 아마 알렉산드리아 학파에 속했던 인물인 듯한데, 금욕생활을 이단들 못지않게 극단적으로 수행했다고 하며, 복음 시대에는 순결이 구원의 조건이라고 주장했다고 한다. 에피파니우스는 그가 성경과 의학 지식에 박학하여서 성경을 통째로 외우고 헬라어와 이집트어로 성경 주석들을 썼으나, 투쟁 없이는 상도 없고, 지식 없이는 투쟁도 없다는 이유로(참조. 딤전 2:11) 육체 부활과 자녀들의 구원에 대해서 부정했다고 한다. 그는 술과 육류를 삼갔고, 자기 주위에 금욕주의자들을 모았으며, 이들이 히에라카스파(Hieracitae)라 불렸다.[10] 메토디우스는 영적 해석을 주장하는 사람들을 비판했으나 그들 가운데 금욕적인 오리게네스에 대해서는 비판하지 않았으며, 교회가 순결하고 흠이 없고 늘 젊고 하나님의 아름다운 신부라는 생각을 토대로 순결을 역설했다. 그런데도 그의 "열 처녀의 잔치"라는 글에서는 놀랍게도 처녀들이 오늘날의 표준으로도 극히 외설스럽고 모욕적인 표현을 사용하여 성 관계를 존중하는 태도를 보인다.

라틴 교부들은 어떠했던가? 테르툴리아누스가 결혼에 찬성하기도 하고 반대하기도 한, 특히 재혼에 반대한 견해에 관해서는 이미 언급한 바 있다.[11] 그의 제

---

10) Epiphan. *Haer.* 67; August. *Haer.* 47. 이단 사냥꾼인 에피파니우스는 히에라카스의 금욕주의를 존경했으나 그의 교리를 과장한 듯하다. 그가 결혼한 그리스도인들과 모든 자녀들이 천국에 들어가지 못할 것이라고 주장했다고 하나, 이것은 혹시 가장 높은 단계의 복에 오르지 못할 것이라는 뜻으로 한 말이 아니라면 전혀 신빙성이 없다.

자 키프리아누스도 다만 표현이 매우 온건했을 뿐 금욕주의 원리에 대해서는 테르툴리아누스와 다르지 않으며, 자신의 논문 「항구적 순결에 관하여」(*De Habitu Virginum*)에서 마태복음 19:12, 고린도전서 7장, 요한계시록 14:4에 근거하여 결혼하지 않고 지내는 상태를 권장한다.

신앙이 깊은 처녀들에게는 독신이 보편적인 생활 형태였다. 그들은 오직 하나님 혹은 그리스도와만 결혼했으며, 이 천상적 결합에서 얻는 기쁨이 지상에서 아내와 어머니가 되어 얻는 기쁨을 보상하고도 남는다고 여겼다. 그러나 이로써 강하게 억눌린 정욕이 다른 형태로 표출되는 경우도 드물지 않았다. 예를 들어, 테르툴리아누스는 나태와 안일로써 교회에 해를 입히는 행위에 대해서 징계할 필요를 느꼈고, 키프리아누스는 허영과 사치스런 옷차림을 책망했다. 가장 해로운 것은 자기 분수를 모르고 극단적인 금욕 생활을 시도하는 것이었다. 이러한 시도는 대체로 실패로 끝나거나 아니면 적어도 상상으로 불순한 생각들을 품게했다. 이 천상의 신부들 가운데 많은 여성들이 남성 금욕주의자들, 특히 결혼하지 않은 성직자들과 함께 살았는데, 순수한 영적 교제를 구실로 이루어진 이들의 생활은 순수한 관계가 깨질 정도로 매우 친밀했고 유혹을 유발했기 때문에 차라리 떨어져 사느니만 못한 경우가 많았다. 이러한 부자연스럽고 부끄러움을 모르는 관습은 아마 영지주의자들에 의해 시작된 듯하다.

이레나이우스는 적어도 그 책임을 영지주의자들에게 지운다. 이 관습은 교회에서 아주 일찍부터 등장했다. 물론 헤르마스의 「목자」에 나타나는 대로, 초창기에는 로마 교회에서 유래한 다소 순수한 알레고리 형태로 등장하긴 했지만 말이다. 후에 이 관습은 위(僞) 클레멘스(Pseudo-Clementine)의 서간집인 「처녀들에 대하여」(*Ad Virgines*)에 언급된다. 3세기에는 이것이 동방과 서방에서 널리 성행했다. 세상 정신을 지닌 안디옥의 주교 파울루스는 이 관습을 좋아하여 몸소 실천했다. 카르타고의 키프리아누스는 정당하게 이 악습을 진지하게 비판했으며, 이 '자매들'이 자신들의 결백을 강하게 주장하면서 산파들을 통해서 조사받게 해달라고 호소했음에도 불구하고 흔들리지 않았다. 엘비라, 앙키라, 니케아 등지에서 열린 여러 공의회들은 이 사이비 금욕으로 인한 추문을 금지할 필요를 강하게 느꼈다. 그런데도 성직자가 '은밀히 들어온 여성들'(mulieres

---

11) 참조. § 99.

subintroduct)과 육체적 접촉을 갖는 행위는 독신 법이 점차 강화됨에 따라 오히려 증가했으며, 대대로 로마 교회의 사제 계층에 불명예를 끼쳤다.

108. 성직자 독신제도

성직자들은 기독교의 도덕적 이상을 구현하는 사람들로 인식되고, 말 그대로 하나님의 선민들로 간주됨에 따라 안수서품를 받은 뒤에는 엄격한 성적 금욕을 실천하도록 주문을 받았다. 금욕주의가 성행하던 그 시대에는 그리스도께서 동정녀에게서 나셨으므로 그리스도의 교회도 정절을 지켜야 한다는 통념이 지배적이었던 탓에 성직자가 독신으로 정절을 지키는 것이 본분에 가장 합당한 일로 권장되었고, 교인들을 영적인 일에 힘쓰도록 지도하는 데 가장 부합한 조건으로 간주되었다.

이교 사회에는 일찍부터 성직자 독신주의의 선례들이 있었다. 불교는 승려들에게 독신을 엄격하게 명하며, 명령을 파기하는 승려를 추방형으로 다스린다. 이집트의 사제들은 초혼만 허용되고 재혼은 금지된 반면에, 일반인들은 무제한 일부다처제를 시행했다. 델포이의 아폴로, 아카야의 헤라, 스키티아의 디아나, 로마의 베스타를 섬기던 여사제들은 모두 처녀들이었다.

니케아 이전 시대에는 성직자 독신주의가 아직은 법제화되지 않고, 평신도들 사이에서 이루어진 정절 서약과 마찬가지로 선택할 수 있는 문제였다. 바울의 목회서신들에서는 결혼이 모든 복음 사역자들(감독들과 집사들)에게 분명하게 명령되지는 않을지라도 적어도 허용되며, 그것이 규율로 존재했던 것으로 추정된다.[12] 베드로와 여러 사도들, 그리고 주의 형제들이 결혼을 했다는 것과,[13] 집사

---

12) 디모데전서 3:2, 12, 디도서 1:5 같은 구절들에서 사도 바울은 장로-감독들과 집사들이 '한 아내'의 남편이어야 한다고 말하는데, 이 내용에 대해서는 해석이 엇갈린다. 그리스 교회는 그 구절들을 성직자에게 한 번의 결혼을 명하는 뜻으로(하지만 주교는 결혼하지 말아야 하므로 이 명령에서 제외된다고 한다), 그리고 재혼을 금하는 뜻으로 해석한다. 로마 교회는 바울의 말을 육신의 연약함을 고려하여 한 번의 결혼은 허용하되, 완전한 금욕이 더 나은 길임을 인정하는 방향으로 이해한다(비교. 고전 7:7, 32, 33). 개신교 주석가들도 견해가 엇갈리기는 마찬가지이다. 어떤 이들은 두 단락이

이자 전도자인 빌립이 네 명의 딸을 두었다는 것은 의심할 여지가 없는 사실이다(행 21:8, 9). 그리고 만약 결혼이 사도의 권위와 위엄을 감하지 않았다고 한다면 그것이 그리스도의 여느 사역자의 위엄과 순결과도 모순될 수 없는 것이 자명하다. 결혼 관계에는 의무와 특권이 따르는 것인데, 만약 어떤 저자들이 교리적 편견에 영향을 받아 사도들이 결혼한 사실을 없었던 일로 돌리고, 요셉과 마리아의 결혼을 실질은 없고 형식만 있었던 것으로 돌린다면 그것은 진리를 이상하게 왜곡하는 것이다.

만약 바울이 4세기의 교부들과 공의회들이 그랬던 것처럼 성직자에게 안수받은 이후의 성 관계를 불허할 의도가 있었다면 그의 어조는 사뭇 달라졌을 것이다. 그는 분명히 결혼(결혼의 결과들을 포함함)을 금하는 것을 이방 종교들을 주관하는 귀신들의 교훈으로 분류하며, 말세에 나타날 배교의 징조로 분류한다(참조. 딤전 4:1-3). 성경은 결혼을 인간이 무죄하던 시절에 하나님이 맨 처음에 제정하신 제도로 설명하며, 옛 언약과 새 언약 안에서 그것에 대단히 숭고한 성격을 부여한다. 결혼의 상태와 부부의 침상이 얼마나 존귀하고 순결한가를 생각하노라면 족장들과 모세와 선지자들과 사도들을 생각하게 되고, 무엇보다도 창조

한 번의 결혼을, 다른 이들은 재혼에 의한 일부다처제를 가리킨다고 주장한다. 전자는 일부 그리스 교부들과 몹수에스티아의 테오도루스와 테오도레투스가 주장했으나, 디모데전서 5:9에 사용된 유사한 표현인 '한 남편의 아내'가 후자의 견해를 뒷받침하는 듯하다. 왜냐하면 여자가 여러 남편을 거느리는 사례가 사도 교회들에 존재했을 가능성이 희박하기 때문이다. 그럴지라도 바울은 전부나 전처가 죽은 뒤에 재혼을 금하지 않고 분명히 허용한다(롬 7:2, 3: 고전 7:39: 딤전 5:14). 이런 이유에서 어떤 주석가들(Matthies, Hofmann, Huther in Meyer's Com.)은 사도가 축첩이나 모든 불법적인 성적 관계를 금한 것으로 이해한다.

13) 고전 9:5: "우리가 먹고 마시는 권이 없겠느냐. 우리가 다른 사도들과 주의 형제들과 게바와 같이 자매 된 아내를 데리고 다닐 권이 없겠느냐." 정관사는 사도들과 주의 형제들 가운데 전부는 아닐지라도 다수가 결혼했음을 지적하는 듯하다. 유일한 예외는 요한과 아마 바울이었던 것 같다. 비록 바울은 결혼했다가 혼자되었을 가능성이 있지만 말이다. 테르툴리아누스는 맹목적 열정으로 γυναἷκα를 uxorem(아내)으로 번역할 것이 아니라 mulierem(여자)으로 번역해야 한다고 주장했지만(De Monog. c. 8), 그와 동시대인인 알렉산드리아의 클레멘스는 올바른 번역에 대해서 의문을 제기하지 않고, 베드로와 바울과 빌립이 결혼한 사람이었고, 빌립이 딸을 결혼시켰다고 말한다. 전승에 따르면 베드로에게 성 페트로닐라라는 딸이 있었다고 한다.

주의 지혜와 선하심을 생각하게 된다(참조. 히 13:4: "모든 사람은 혼인을 귀히 여기고 침소를 더럽히지 않게 하라").

교회에는 일찍부터 독신에 의한 순결을 추구한 금욕주의적 열정에 영향을 받아 이러한 성경적 견해에서 이탈하는 일이 있었다. 독신에 의한 순결을 부당하게 높이 평가하는 태도에는 결혼의 의미를 낮게 평가하는 견해가 깔려 있었다.

이 분야에서는 속사도 시대의 문헌이 워낙 빈약하여 성직자들의 가정 생활을 어쩌다가 우연히 들여다보게 되지만, 그럴지라도 특히 동방교회에서는 성직자들이 결혼하는 관습이 단절되지 않고 존속했다는 것이 충분히 입증되며, 그와 동시에 성직자가 결혼하지 않는 것이 더욱 높은 평가를 받아 그것이 점차 성직자의 결혼을 제한하고 천시하는 데로 나아갔다는 것도 충분히 입증된다.

폴리카르푸스는 빌립보의 장로 발렌스(Valens)의 탐욕으로 인해 그와 "그의 아내"에게 유감을 표시한다.[14] 이레나이우스는 소아시아의 어떤 결혼한 집사가 그의 아내를 유혹한 어떤 영지주의 이단에게 환대했다가 나쁜 평판을 얻은 일을 언급한다. 좀 더 불행한 사례들도 있다. 니케아 이전 교부들 가운데 식견이 높기로 손꼽히는 알렉산드리아의 클레멘스는 기독교 영지주의자의 참된 이상을 결혼하여 자녀를 낳고, 그러한 생활로써 보다 우수한 경지에 이르는 사람으로 묘사한다. 왜냐하면 그러한 사람은 독신으로 지내는 사람보다 더 많은 유혹들을 극복하기 때문이다. 테르툴리아누스는 독신을 더 좋아했음에도 불구하고 결혼한 사제였으며, 아내에게 혹시 자기가 먼저 죽으면 재혼을 하지 말고 결혼 생활을 하는 동안에는 불가능했던 금욕적 순결에 도달하라고 권고했다. 아울러 그는 기독교 가정의 거룩하고 아름다운 모습을 그린다. 아프리카의 사제였던 노바투스 — 또 다른 불행한 예 — 는 태아를 사산시킨 혐의로 고소를 당했다.[15] 결혼한 주교들[감독들]의 사례들도 있다. 소크라테스는 자기 시대에는 주교들도 독신 법에 구속을 받지 않았으며, 직위에 있는 여러 주교들이 자녀들을 낳아 길렀다고

---

14) *Ep. ad Phil.* c. 11. 어떤 학자들은 그가 음란 혹은 간음을 거론한다고 생각하지만, 원문의 문맥에 맞는 것은 그런 의미의 플레오넥시아보다 필라르구리아(탐욕)이다.

15) Cyprian, *Epist.* 52, cap 2, Oxf. ed. Hartel (*al.* 48). 키프리아누스는 노바투스가 보편 교회에 취한 분열적 반대 입장을 대단히 어두운 색채로 소개하며, 그가 임신한 아내를 걷어차 낙태를 시킨 일로 인해 그를 비판하지만, 그가 결혼한 사실 자체에 대해서는 나무라지 않는다.

전한다.[16] 아타나시우스는 이렇게 말한다:[17] "많은 주교들이 결혼을 하지 않은 반면에, 수사들은 아버지들이 되었다. 그런가 하면 이미 자녀들을 둔 주교들과, 자녀를 둘 생각이 없는 수사들도 보게 된다."

나지안주스의 그레고리우스(390년 죽음)의 아버지는 결혼한 주교였으며, 그의 어머니 노나(Nonna)는 매우 경건한 여성으로서, 처녀 시절에 결혼을 위해서 진실하게 기도했고, 예언적 환상을 통해서 장차 자신이 낳을 아들을 보고서 그 아들을 낳기도 전에 하나님의 사역에 바쳤으며, 훗날 그 아들이 시대를 이끌어 간 신학자가 되었다. 니사의 그레고리우스(394년경에 죽음)도 비록 독신을 선호하긴 했으나 결혼한 주교였다. 알렉산드리아 사람 히파티아(Hypatia)의 철학 제자 시네시우스(Synesius)는 프톨레마이스 주교구를 맡아달라는 강권을 받았을 때 (410년) 아내와 이별할 뜻이 없고 자녀도 많이 낳고 싶었기 때문에 처음에는 거절했다. 그러나 결국 아내와 별거하지 않은 채 그 직위를 받아들였다. 이것은 그의 경우가 이미 예외적인 것이었음을 입증한다. 사도헌장 제6조는 이렇게 규정한다: "주교와 사제 혹은 부제[집사]가 신앙을 구실로 아내를 내어버려서는 안 된다. 만약 내어버리면 그의 직위는 정지된다. 계속해서 그 행위를 고집할 경우 그는 면직된다." 사도헌장은 아무데서도 성직자 독신주의를 규정하지 않고, 다만 주교, 사제, 부제의 한 번의 결혼을 온전히 적법한 일로 간주한다.[18]

카타콤에서 발견되는 비명들도 성직자들의 결혼이 5세기까지 계속되었음을 증거한다.[19]

---

16) *Hist. Eccl.* V. 22: "동방에서는 모든 성직자들과 심지어 주교들조차 아내들을 멀리한다. 그러나 그들은 자발적으로 이렇게 했을 뿐, 어떤 법의 구속을 받았던 것은 아니다. 그들 가운데는 재임 기간에 합법적인 아내를 통해 자녀를 낳은 주교들이 많이 있었기 때문이다."

17) 주교가 되라는 소명 앞에서 주저하고 있던 이집트의 수사 드라콘티우스에게 보낸 편지에서.

18) 이것이 사실상 에우세비우스, 에피파니우스, 크리소스톰의 견해이기도 하다. 그들의 발언들과 디모데전서 3:2에 대한 그들의 해석을 놓고 볼 때 그렇게 추정하게 된다. 물론 그들은 한결같이 독신 생활을 보다 고상한 상태로 여겨 선호했지만 말이다. 4세기 중반 이후에 강그라(Gangra) 교회회의는 결혼한 채 지내는 사제들의 성찬에 참여하는 것이 잘못이라고 주장하는 사람들에게 저주를 선언했다.

19) Lundy는 Gruter, Bosio, Arringhi, Burgon, 그리고 그 밖의 출처들에서 다음과

동시에 성직자 독신주의의 경향은 아주 일찍부터 시작되어 꾸준히 거역할 수 없는 기세로 전개되었으며, 이러한 경향은 특히 서방에서 강했다. 이것은 방금 언급한 사실들과 지침들에 잘 나타난다. 이 사실들과 지침들은 처음 몇 세기에 성직자들의 결혼이 행복하게 이루어진 사례가 많지 않았고, 모범적인 성직자들에게 아내가 있었던 경우가 많지 않았다는 인상을 주기 때문이다. 게다가 그때까지는 교회가 성경에 위배되게 공식적으로 순결을 결혼보다 우위에 두는 일이 있을 수 없었다.

1. 성직자 독신주의를 향한 첫 걸음은 사도 바울이 "한 아내의 남편"이라는 말로써 지시한 내용을 명령으로 이해하기보다 제한(restriction)으로 이해한 터에서 성직자들의 재혼을 금하는 것이었다. 서방 교회에서는 3세기 초에 두 번 혹은 세 번 결혼한 성직자들이 많았으며, 바울이 한쪽 배우자가 죽은 뒤의 재혼을 제재하지 않고 허용했다는 점을 근거로 그 관행이 옹호되었다. 이 사실은 몬타누스파에 가입한 이후의 테르툴리아누스가 가톨릭 교회들에 대해서 재혼자들로 하

같은 동종의 비명들을 인용한다:

"장로 바실리우스와 그의 펠리키타스의 장소.
　　　　그들은 이곳을 자기들 손으로 마련했다."

"수산나는 한때 장로 가비누스의 행복한 딸이었으며,
　이곳에서 자기 아버지와 함께 평화롭게 누워 있다."

"장로 가우덴티우스는 자신과 42년 3월 10일을 살다 간 덕스러운 여성 세베라를 위하여. 티마시우스와 프로무스가 집정관들로 재직하던 해 4월 4일 제9시과를 마친 뒤에 묻힘."

"어느 레위인의 아내로서 정숙의 전형인 페트로니아. 이곳에 나는 내 뼈를 묻는다. 남편과 딸들이여, 눈물을 그치라. 하나님 안에서 살아 있는 자를 위해 우는 게 금지되어 있음을 믿으라. 10월 3일 제9시과 이전에 평화롭게 묻히다."

같은 묘비에 세 어린이의 이름이 새겨져 있는데, 이들은 페트로니아가 말한 그의 자녀들임에 틀림없으며, 이 이름들과 함께 그들이 매장될 해의 집정관들의 이름도 새겨져 있다. 페트로니아가 매장된 해는 A.D. 472년이었다.

Gruter와 Le Blant 두 사람은 A.D. 427년에 나르본에 건립된 매우 길고 정교한 비명을 자료로 펴냈는데, 그 내용에 따르면 주교 보노시우스의 아들이자 또 다른 주교 아라토리스의 조카인 주교 루스티쿠스가 장로 우르수스와 부제[집사] 헤르메투스와 함께 교회당을 건축하기 시작했으며, 차부제 몬타투스가 후진(後陣)을 완공했다고 되어 있다.

여금 예배를 인도하고 세례를 주고 성찬을 거행하도록 허용하는 것을 심각하게 비판한 데서 잘 나타난다. 테르툴리아누스에 못지않게 엄격한 권징관을 지녔던 히폴리투스는 비슷한 시기의 로마 주교 칼리스투스에 대해서 두 번 혹은 심지어 세 번 결혼한 사람들을 사제와 주교로 임명하고, 성직자들에게 임명받은 뒤에 결혼하도록 허용한 점을 들어 책망한다. 그러나 동방교회에서는 엄격한 관습이 성행하고 법제화되었다. 사도헌장은 주교들과 사제들과 부제들에게 재혼을 분명히 금한다. 또한 성직자들에게 첩이나 노예나 과부나 이혼한 여성과 결혼하는 것을 금하며, 재혼할 수 없는 범위에 선창자(cantor), 독서자, 문지기까지 포함시킨다. 여집사에 대해서는 반드시 "순결한 처녀 혹은 한 번밖에 결혼하지 않았던 과부로서 신실하고 평판이 좋은 여성"이어야 한다고 규정한다. 사도헌장은 두번째 아내, 과부, 매춘부, 배우, 노예를 아내로 맞이한 남편이 사제 자격이 없다는 비슷한 규정을 제시한다.[20]

2. 두번째 단계는 성직 임명을 받은 뒤의 결혼과 부부 관계를 금하는 것이었다. 이것은 사제 직무와 결혼의 의무와 특권이 양립할 수 없음을 암시한다. 스페인의 엘비라 공의회(306)가 열리기 전에 라틴 교회에서는 성직 임명 이전의 결혼과 이후의 결혼을 구분하지 않았다. 그러나 그 엄격한 공의회는 모든 계급의 사제들에게 파문의 벌을 내걸고서 결혼 관계를 금했다.[21] 아를 공의회(314)도 비슷한 법안을 통과시켰다. 앙키라 공의회도 비슷한 법안을 통과시켰으나, 부제[집사]들에게 부제의 지위로서 결혼을 허용하되 임명받기 전의 결혼에 대해서만 허용한다는 단서를 붙였다.[22] 이 단서는 훗날 제27 사도헌장에 의해 폐지되었다.

---

20) *Can.* 17, 18, 19, 27. 유대교의 대제사장들도 자기 백성들 가운데서 처녀와 결혼할 의무가 있었다(참조. 레 21:16).

21) Ibid. 33. Hefele는 이렇게 말한다(I. 168): "이 유명한 교회법에는 최초의 독신법이 담겨 있다." 서툰 라틴어로 기록된 이 교회법이 사실상 성직자의 부부 관계를 금지하면서도, 성직자가 아내를 내보내는 행위를 금하는 듯한 것은 이상한 일이다. 어떤 이들은 교회법에 실린 positis in ministerio라는 표현 때문에 유대교 율법의 경우처럼 사제의 기능을 수행할 동안만 부부 관계를 금할 뿐이라고 생각한다. 그러나 이것은 자의적인 해석이었으며, 그 시대의 권징 표준에 맞지 않는다. 하지만 독신에 관한 최초의 법이 얼마나 미미하게 준수되었는가 하는 것은 교황 시리키우스가 타라고나의 주교 히메리우스에게 보낸 서신 가운데 4세기 말에 그리스도와 레위 지파의 전통을 이어받은 무수한 사제들이 결혼 생활을 한다는 내용에서 추론할 수 있다.

이 사도헌장은 독서자와 선창자(하위 성직에 속한)에게만 결혼을 허용한다.[23]

니케아 에큐메니컬 공의회(325) 때 코르도바 — 엘비라와 니케아를 잇는 연결고리 — 의 주교 호시우스(Hosius)의 주도로(그렇게 추정됨) 성직 임명 이후의 결혼을 금지하고, 결혼한 사제들에게 부부 관계를 엄격히 금하는 스페인 교회의 규율을 교회의 보편적 법으로 제정하려는 시도가 이루어졌다. 그러나 그 시도는 이집트 남부 테베 지방에 자리잡은 어떤 도시의 존경받는 주교이자 고백자 파프누티우스(Paphnutius)가 거세게 항의하는 바람에 무산되었다. 참고로 파프누티우스는 디오클레티아누스의 박해 때 한쪽 눈을 잃었고, 그 자신이 여성과 관계를 가져본 적이 없는 사람이었다. 그는 공의회 교부들이 성직자들에게 지나치게 무거운 짐을 지워서는 안 된다고 경고하면서, 결혼과 부부 관계가 존귀하고 순결하다는 것을 기억하라고 당부했다. 그는 지나치게 경직된 규율이 유익보다 해를 끼칠 것을 우려했다. 만약 결혼하지 않은 성직자들이 교회의 유서 깊은 전통을 따라 독신으로 지낸다면 좋은 일이지만, 결혼한 사제에게서 그가 평신도 시절에 결혼한 적법한 아내를 떼어놓는 것은 잘못이라고 했다. 이 엄격한 금욕주의자가 항의를 제기하자, 공의회는 그 주제를 심의한 끝에 결혼 관계를 지속할 것인지 중단할 것인지의 여부는 성직자 개인의 자유로운 판단에 맡기기로 결정했다. 그것은 예언적인 경고의 음성이었다.[24]

니케아 공의회는 독신제도를 옹호하는 어떠한 법령도 통과시키지 않았다. 그러나 교회법 제3조에서 결혼하지 않은 성직자들이 미혼 여성[25]과 사는 위험하고 추문의 우려가 있는 관습에 대해서 그 여성이 "어머니나 누이나 아주머니나 의

---

22) 이 교회법은 *Corpus juris can.* c. 8. Dist. 28에 채택되었다. 314-325년에 열린 네오 가이사랴 교회회의의 교회법 제1조는 사제들에게 면직의 벌을 내걸고 결혼을 금한다. 이것은 다른 교회법과 상충되지 않으며, 마찬가지로 the Canon Law, c. 9, Dist. 28에 채택되었다.

23) "결혼하지 않은 상태로 성직에 들어온 사람들 중에서 우리는 다만 독서자들과 선창자들에 대해서 그들이 원할 때에만 임명 후의 결혼을 허용한다."

24) 파프누티우스의 이 중요한 사건은 견문이 넓은 사가들인 Socrates(*Hist. Eccl.* I. 11), Sozomen(*H. E.* I. 23), Gelasius Cyzic.(*Hist. Conc. Nic.* II. 32)의 일치된 증언으로 뒷받침된다.

25) 안디옥 공의회는 안디옥의 주교인 사모사타의 파울루스를 이러한 음흉한 행위와 이단설로 인해서 파면했다. 에우세비우스, *H. E.* VII. 30.

심할 여지가 없는 여성"이 아닐 경우에는 엄격히 금지했다.[26] 이 금령을 부부 관계를 금한 것과 혼동해서는 안 되는 것과 마찬가지로, 위에서 말한 영적인 첩들을 합법적인 아내들과 혼동해서는 안 된다. 하지만 이 금령은 성직자 독신주의가 당시에 일상적인 관행으로 널리 시행되고 있었음에 분명하다는 것을 입증한다.

그리스 교회는 사실상 4세기의 입장을 유지했고, 점차 독신 법을 주교들에게 국한하고 하급 성직자들에게 단혼을 규율로 부과하며, 성직 임명을 받기 전에 결혼하도록 하고 재혼을 금하는 원칙과 관습을 채택했다(주교는 대개 수도원들에서 충원되었다). 유스티니아누스는 기혼자들에게서 주교가 될 자격을 주지 않았으며, 트룰루스 교회회의(A.D. 692)는 기존의 관행을 법제화했다. 러시아에서는 (아마도 1274년 이래로) 하급 성직자들에게 단혼을 의무화했다. 이것은 정반대 방향에서 저질러진 오류였다. 독신뿐 아니라 결혼도 각 사람의 양심에 자유롭게 남겨져야 하는 것이다.

3. 라틴 교회는 세번째이자 마지막 단계를 밟았다. 그것은 하급 성직들까지 포함한 성직자 결혼을 완전히 금지한 것이다. 이것은 다음 시기에 속한다. 하지만 여기서 그 결과를 간단히 살펴보고자 한다. 성직자들의 결혼을 최초로 금한 사람은 교황 시리키우스였고(A.D. 385), 그 다음에 인노켄티우스 1세(402), 레오 1세(440), 그레고리우스 1세(590)가 금지했으며, 카르타고 교회회의(390년과 401년), 톨레도 교회회의(400), 오를레앙 교회회의(538), 오랑주 교회회의(441), 아를 교회회의(443 혹은 452), 아그데 교회회의(506), 게룬다 교회회의(517)가 금지했다. 니케아 시대와 니케아 이후 시대의 위대한 교사들인 제롬, 아우구스티누스, 크리소스토무스는 정절이 결혼보다 훨씬 거룩하다는 것을 크게 강조했으며, 정절에 관한 법에 자신들의 권위를 실어주었다. 라틴어 표준 성경을 제작한 성 제롬은 결혼을 반대하는 이러한 금욕주의적 운동에 앞장섰으며, 성직자 사회에 "결혼의 나무를 정절의 도끼로 베는 것"을 성인의 이상적 목표로 수립해 놓았다. 그는 결혼을 기꺼이 존중하고자 했으나, 처녀들을 양육하는 온상 정도의 가치만

---

26) 이렇게 교회법으로 금했음에도 그 불미스러운 관행은 사라지지 않았다. 크리소스토무스는 "처녀를 두고 사는 사람들을 비판하는" 논설을 썼으며, 헌신한 처녀들에게 그런 자들과 함께 살지 말라고 당부하는 글도 썼다.

부여했다.

이처럼 독신제도는 서방에서 성직자들의 축첩 관행의 영향과 성직위계제도에 대한 성직자 사회의 이해와 맞물려 점진적으로 강화되었으나, 도덕 상황에는 큰 손상을 입혔다.

자발적인 절제나 특별한 은혜의 선물로 인한 활력들은 존경할 만하고 교회에 큰 복이 될 수 있었지만, 성직자들에게 강제로 부과되는 독신 제도나 사제가 되기 위한 보편적 조건으로서의 독신 제도는 자연과 성경에 해를 입히며, 정반대로 결혼을 과도하게 높여 성례로 간주하는 견해들도 하나님이 내신 이 제도, 즉 시초의 무죄한 상태에서 전수되면서 모든 관계들 가운데 가장 거룩한 관계인 그리스도와 그의 교회의 연합을 상징하는 이 제도를 저해한다. 그러나 자연과 자연의 하나님과 상충되는 것은 숭고한 도덕적 관심사와도 상충된다. 그러므로 가톨릭 교회가 여성과 가정 생활을 이교의 저급한 상황에서 이끌어 올리기 위해서 많은 일을 했을지라도, 오히려 복음적 개신교권 국가들에서 여성들이 로마 가톨릭 국가들에 비해서 지적·도덕적 문화에서 훨씬 더 높은 지위를 차지하고 있는 것을 발견하게 된다. 성직자들의 결혼이 대체로 가장 행복할 것이며, 그렇게 형성된 가정들이 다른 사회 계층들에 비해서 유익하고 훌륭한 사람들을 더 많이 배출해왔다.

제 10 장

수도원주의

109. 참고문헌

The prophetic utterances of MONTANUS, PRISCA (or PRISCILLA) and MAXIMILLA, scattered through Tertullian and other writers, collected by F. MÜNTER (*Effata et Oracula Montanistarum*, Hafniæ, 1829), and by BONWETSCH, in his *Gesch. des Mont.* p. 197-200.

TERTULLIAN'S writings after A. D. 201, are the chief source, especially *De Corona Militis; De Fuga in Persec.; De Cult. Feminarum; De Virg. Velandis; De Exhort. Castitatis; De Monogamia; De Paradiso; De Jejuniis; De Pudicitia; De Spectaculis; De Spe Fidelium.* His seven books *On Ecstasy*, mentioned by Jerome, are lost. In his later anti-heretical writings (*Adv. Marcionem; Adv. Valentin.; Adv. Praxean; De Anima; De Resurr. Carnis*), Tertullian occasionally refers to the new dispensation of the Spirit. On the chronology of his writings see Uhlhorn: *Fundamenta chronologiæ Tertullianeæ* (Gött. 1852), Bonwetsch: *Die Schriften Tertullians nach der Zeit ihrer Abfassung* (Bonn, 1878), and Harnack, in Brieger's "Zeitschrift für K. gesch." No. II.

IRENÆUS: *Adv. Hær.* III. 11, 9; IV. 33, 6 and 7. (The references to Montanism are somewhat doubtful). EUSEBIUS: *H. E.* V. 3. EPIPHAN.: *Hær.* 48 and 49.

The anti-Montanist writings of Apolinarius (Apollinaris) of Hierapolis, Melito of Sardes, Miltiades (περὶ τοῦ μὴ δεῖν προφήτην ἐν ἐκστάσει λαλεῖν), Apollonius, Serapion, Gaius, and an anonymous author quoted by Eusebius are lost. Comp. on the sources Soyres, *l. c.* p. 3-24, and Bonwetsch, *l. c.* p. 16-55.

WORKS:

THEOPH. WERNSDORF: *Commentatio de Montanistis Sæculi II. vulgo creditis hœreticis.* Dantzig, 1781. A vindication of Montanism as being essentially agreed with the doctrines of the primitive church and unjustly condemned. Mosheim differs, but speaks favorably of it. So also Soyres. Arnold had espoused the cause of M. before, in his *Kirchen–und Ketzerhistorie.*

MOSHEIM: *De Rebus Christ. ante Const. M.* p. 410–425 (Murdock's transl. I. 501–512).

WALCH: *Ketzerhistorie,* I. 611–666.

KIRCHNER: *De Montanistis.* Jenæ, 1832.

NEANDER: *Antignosticus oder Geist aus Tertullian's Schriften.* Berlin, 1825 (2d ed. 1847), and the *second* ed. of his *Kirchengesch.* 1843, Bd. II. 877–908 (Torrey's transl. Boston ed. vol. I. 506–526). Neander was the first to give a calm and impartial philosophical view of Montanism as the realistic antipode of idealistic Gnosticism.

A. SCHWEGLER: *Der Montanismus und die christl. Kirche des 2ten Jahrh.* Tüb. 1841. Comp. his *Nach-apost. Zeitalter* (Tüb. 1846). A very ingenious philosophical *a-priori* construction of history in the spirit of the Tübingen School. Schwegler denies the historical existence of Montanus, wrongly derives the system from Ebionism, and puts its essence in the doctrine of the Paraclete and the new supernatural epoch of revelation introduced by him. Against him wrote GEORGII in the "Deutsche Jahrbücher für Wissenschaft und Kunst," 1842.

HILGENFELD: *Die Glossolalie in der alten Kirche.* Leipz. 1850.

BAUR: *Das Wesen des Montanismus nach den neusten Forschungen,* in the "Theol. Jahrbücher." Tüb. 1851, p. 538 sqq.; and his *Gesch. der Christl. Kirche,* I. 235–245, 288–295 (3d ed. of 1863). Baur, like Schwegler, lays the chief stress on the doctrinal element, but refutes his view on the Ebionitic origin of Mont., and reviews it in its conflict with Gnosticism and episcopacy.

NIEDNER: *K. Gesch.* 253 sqq., 259 sqq.

ALBRECHT RITSCHL: *Entstehung der altkathol. Kirche,* second ed. 1857, p. 402–550. R. justly emphasizes the practical and ethical features of the sect.

P. GOTTWALD: *De Montanismo Tertulliani.* Vratisl. 1862.

A. REVILLE: *Tertullien et le Montanisme,* in the "Revue des deux mondes," Nov. 1864. Also his essay in the "Nouvelle Revue de Theologie" for 1858.

R. A. LIPSIUS: *Zur Quellenkritik des Epiphanios.* Wien, 1865; and *Die Quellen der ältesten Ketzergeschichte.* Leipz. 1875.

EMILE STRÖHLIN: *Essai sur le Montanisme.* Strasbourg, 1870.

JOHN DE SOYRES: *Montanism and the Primitive Church* (Hulsean prize essay). Cambridge, 1878 (163 pages). With a useful chronological table.

G. NATHANAEL BONWETSCH (of Dorpat): *Die Geschichte des Montanismus.* Erlangen, 1881 (201 pages. The best book on the subject.

RENAN: *Marc-Aurèle* (1882), ch. XIII. p. 207–225. Also his essay *Le Montanisme*, in the " Revue des deux mondes," Feb. 1881.

W. BELCK : *Geschichte des Montanismus.* Leipzig, 1883.

HILGENFELD : *D. Ketzergesch. des Urchristenthums.* Leipzig, 1884. (pp. 560–600.)

The subject is well treated by Dr. MÖLLER in Herzog (revis. ed. **Bd. X.** 255–262) ; Bp. HEFÉLE in Wetzer & Welter, Bd. VII. 252–268, and in his *Conciliengesch.* revised ed. Bd. I. 83 sqq. ; and by Dr. SALMOND in Smith & Wace, III. 935–945.

Comp. also the Lit. on Tertullian, § 196

110. 몬타누스주의의 외형적 역사

고대 교회의 모든 금욕주의적 · 엄수주의적 · 천년왕국적인 요소들이 몬타누스주의(Montanism)에 결집되었다. 몬타누스파가 그 요소들을 모든 신자들이 다 같이 힘써야 할 바라고 주장하자, 보편 교회는 자체 방어를 위해서 그 주장을 배격하지 않을 수 없었다. 왜냐하면 보편 교회는 높은 수준의 성결은 비교적 소수의 금욕주의자들과 사제들이 추구해야 할 삶으로 남겨놓고, 다수의 일반 그리스도인들에게는 짐을 가중시키기보다 덜어주려고 했기 때문이다. 그러므로 몬타누스주의라는 비상한 현상은 교리나 이단의 주제에 넣어 다루기보다 이 부분에서 다루는 것이 적절하다. 이는 몬타누스주의가 원래 신앙에서 이탈해 나간 분파가 아니라 초기 교회의 실천적 윤리성과 권징을 병적일 만큼 집착한 분파였기 때문이다. 이 분파는 영지주의적 이성주의와 교회의 느슨한 기율에 반대하여 초자연주의와 성결주의를 과도하게 내세웠다. 이것이 뜻은 좋고 진지했음에도 불구하고 음울하고 광적인 과도한 기독교의 첫번째 사례로서, 후대에 등장한 모든 과도한 신령주의와 마찬가지로 종국에는 육체로 끝나는 경향이 있었다.

몬타누스주의는 이 시기의 교회에서 발생한 많은 운동들의 활동 무대였던 소아시아에서 발생했다. 그럴지라도 에베소나 다른 대도시에서 발생하지 않고, 브루기아(프리기아) 속주의 잘 알려지지 않은 일부 마을들에서 시작했다. 한때 감각적 신비주의와 공상적인 자연 종교의 본거지였던 이 지역에 바울과 그의 동역자들이 골로새, 라오디게아, 히에라볼리를 중심으로 교회를 세운 적이 있었다.[1]

---

1) Neander는 우선 몬타누스주의와 브루기아의 민족성 간의 밀접한 연관성을 지적

이 운동은 안토니누스 피우스나 마르쿠스 아우렐리우스의 재위 기간인 2세기 중반에 몬타누스(Montanus)라는 사람에 의해서 시작되었다.[2] 적대적인 기록에 따르면 그는 회심하기 전에 불구자가 된 키벨레의 사제로서, 이렇다 할 재능도 교양도 없었으나 뜨거운 열정으로 타올랐다고 한다. 그는 잠결에 황홀경에 빠진 뒤부터 자신을 이 고통스러운 말세에 오시기로 약속된 보혜사, 대언자, 위로자의 영감된 기관으로 여기기 시작했다. 그는 자신이 받았다고 하는 계시들을 전할 때 성령을 일인칭으로 표기했기 때문에, 그의 비판자들은 그가 스스로를 보혜사로, 혹은 에피파니우스에 따르면 심지어 성부 하나님으로 여겼다고 잘못 추정했다. 그의 곁에는 남편을 버리고 그를 따른 두 명의 여성 예언자 프리스킬라(Priscilla)와 막시밀라(Maximilla)가 있었다. 안토니누스가 황제들 치하에 소아시아에서 피비린내 나는 박해가 격렬하게 자행되고 그 과정에서 폴리카르푸스가 죽음을 당하는 동안(155), 세 사람은 선지자들과 기독교 삶의 개혁자들로 자임하고 나타나서 성령의 시대가 가까이 왔고, 브루기아의 작은 마을 페푸자에서 천년 왕국이 시작되어 이곳에 새 예루살렘이 하늘로부터 내려오게 될 것이라고 주장하기 시작했다. 그들이 인도하는 집회에 초기 퀘이커교의 설교 시간에 발생했던 것과 비슷한 정경과, 어빙파(Irvingite) 집회 때 발생한 것과 비슷한 방언과 예언이 발생했다. 이러한 열광적인 운동은 곧 운동을 일으킨 자들의 의도를 크게 뛰어넘어 로마와 북아프리카로 확대되었고, 온 교회를 뒤숭숭하게 만들었다. 이 문제를 해결하기 위해서 사도시대 이후에 처음 언급되는 교회회의들이 소집되

하는데, 이것은 그 자체로는 옳은 지적이지만, 이 사상이 북아프리카로 보급된 연원을 설명하지는 못한다.

2) 연대는 확실하지 않아서 126년부터 180년까지 다양하게 주장된다. 에우세비우스는 몬타누스주의가 발생한 해를 172년으로 잡는데, 너무 늦춰 잡은 것이 분명하다. 에피파니우스는 혼란스러워하면서도 157년으로 추정한다. Soyres는 130년까지 거슬러 올라가 잡으며, Hefele는 140년, Neander, Bonwetsch, M ller는 156년, Renan은 167년으로 잡는다. 최근에 폴리카르푸스의 순교 연대가 167년에서 155년으로 조정되면서 소아시아에서 박해가 발생한 것이 안토니누스 피우스 때였다는 사실이 확증되었다. Hefele는 151년 이전에 피우스 1세 때 기록된 헤르마스의 「목자」가 이미 몬타누스파의 견해를 비판하고 있다고 생각한다. Bonwetsch는 몬타누스와 막시밀라가 180-200년에 죽었다고 주장한다. 몬타누스라는 이름이 브루기아에서 발견된 비명들에 새겨져 있다.

었다.

몬타누스의 추종자들은 몬타누스파라 불렸으며, 그 외에도 브루기아파[프리기아파], 카타프리기아파(그 운동이 발생한 속주의 지명을 따서), 페푸치아니파, 프리스킬라파(프리스킬라의 이름에서. 이 명칭을 4세기의 프리스킬라파와 혼동해서는 안 된다)라 불렸다. 이들은 자신들을 육체적 혹은 현세적 그리스도인들(퓌스키코이)과 구분하여 신령핸(영적인] 그리스도인들(프뉴마티코이)이라고 불렀다.

소아시아의 감독[주교]들과 교회회의들은 비록 한 목소리를 내지는 못했지만, 새 예언을 귀신들의 사역으로 규정했고, 귀신 추방을 실시했으며, 몬타누스파를 교회의 사귐에서 추방했다. 모두가 그 운동이 초자연적이라는 데 동의했으며(당시에는 그러한 심리학적 현상에 대한 자연적인 해석이 알려지 않았다), 그것을 막을 유일한 대안은 그를 상대할 유일한 분인 하나님께 아뢰는 것이라는 데 뜻을 모았다. 몬타누스를 겨냥한 편견과 악의가 고안되었고, 두 명의 여성 선지자들에게는 불륜과 정신 이상과 자살이라는 불명예스러운 혐의가 씌워졌고, 이러한 비판은 쉽게 믿어졌다. 에피파니우스와 다마스쿠스의 요한은 몬타누스파가 신비주의적 예배 시간에 유아를 제사로 바쳤으며, 그렇게 죽은 유아들의 피로 빵을 만들었다는 터무니없는 이야기를 전한다.

동방에서 글로 그들을 비판한 인사들 가운데는 히에라볼리의 클라우디우스 아폴리나리우스(Claudius Apolinarius), 밀티아데스(Miltiades), 아폴로니우스(Appollonius), 안디옥의 세라피온(Serapion), 알렉산드리아의 클레멘스(Clement)가 있었다.

로마 교회는 엘류테루스(Eleutherus, 177-190) 혹은 빅토르(Victor, 190-202)가 주교로 재직할 동안 얼마간 주저한 끝에 새로운 예언자들을 대적하는 쪽으로 가닥을 잡았다. 그렇게 되기까지 막후에서 영향력을 발휘한 장로 카이우스(Caius)와 아시아 출신의 고백자 프락세아스(Praxeas)에 대해서, 테르툴리아누스는 그들이 로마에서 예언을 몰아내고 이단(성부 수난설)을 끌어들임으로써, 혹은 성령을 배척하고 성부를 십자가에 못 박음으로써 마귀에게 이중의 예배를 드렸다고 비꼬았다. 그럼에도 불구하고 히폴리투스가 제피리누스와 칼리스투스를 비판한 일이나, 후대에 노바티아누스 분쟁이 발생한 일을 미루어 볼 때, 몬타누스파가 로마에서 3세기 중반 이후까지 열정적인 옹호자들을 끌어들였다는 것을 알게 된다.

갈리아의 그리스도인들은 당시에 박해로 심한 고초를 겪고 있던 상황에서 유화적인 태도를 취했으며, 적어도 몬타누스파의 도덕적 근실함, 순교에 대한 열정, 천년왕국에 대한 소망에 대해서는 공감을 표시했다. 그들은 장로(훗날에는 주교) 이레나이우스를 로마의 엘류테루스에게 파견하여 몬타누스파를 위해 중재하게 했다. 이 중재 노력으로 엘류테루스나 그의 후임자가 평화의 서신을 발행하게 되었으나, 이 조치는 얼마 뒤에 철회되었다. 이것이 그 집단의 운명에 낙인을 찍었다.[3]

북아프리카에서는 몬타누스파가 폭넓은 공감을 얻었다. 이는 카르타고인들의 민족적 성격에 선천적으로 우울하고 엄격한 경향이 있었기 때문이다.[4] 여성 순교자들 가운데 널리 이름을 떨친 페르페투아(Perpetua)와 펠리키타스(Felicitas)도 몬타누스파에 몰입했고, 셉티미우스 세베루스의 박해 때 카르타고에서 영웅적인 죽음을 맞이했다(203).

몬타누스파가 배출한 가장 위대한 인물은 역량과 열정을 갖추었으면서도 괴벽스럽고 엄격했던 테르툴리아누스였다. 금욕적 생활에 남다른 열정이 있었던 그는 201년이나 202년에 몬타누스주의의 가장 열정적이고 영향력 있는 대변인이 되었으며, 그 집단이 내리막길에 접어들어 있던 철학에 대해 부정적인 생각을 갖게 하는 데 이바지했다. 하지만 처음에는 가톨릭 교회에서 탈퇴하지 않고, 여전히 이단들에 대해서 그 교회의 교리들을 변호했다. 어쨌든 그는 출교당하지 않았으며, 정통 신앙에 입각한 그의 저서들은 언제나 높은 평가를 받았다. 그는 이 분파 운동의 유일한 신학자였다. 순전히 실천적인 문제로 시작한 이 분파에 대해서 우리가 가장 훌륭한 정보를 얻을 수 있는 것이 그의 저서들이다. 이 분파가 여러 분야에서 가톨릭 교회를 비판할 때 제기한 원리들도 그를 통해서 확인

---

3) 아시아의 몬타누스파에 호의를 표시한 이 "litteras pacis jam emissas"를 언급하는 테르툴리아누스(*Adv. Prax.* 1)는 이 서신을 발행한 '로마 감독[주교]'과 이 서신을 철회한 다른 사람들의 이름을 밝히지 않으며, 왜 이렇게 일시적으로 몬타누스파에게 호의를 표시하게 되었는지도 밝히지 않는다. 빅토르는 몬타누스파와 친분이 있던 십사일파(Quartodecimanians)를 단죄했으며, 이레나이우스는 이 조치에 항의했다.

4) 이러한 성향을 심지어 플루타르크조차 카르타고인들에게서 감지하며, 그것을 외향적이고 낙천적인 아테네인들의 성격과 대조한다.

할 수 있다. 이들의 영향은 북아프리카에만 한정되지 않고 스페인에도 미쳤는데, 우리는 그것을 306년의 엘비라 공의회가 그들에 대해서 공포한 단호한 법령들에서 엿볼 수 있다. 교회를 크게 중시하고 분열을 가증스럽게 여겼으면서도 테르툴리아누스의 글을 매일 탐독했던 키프리아누스가 몬타누스주의에 대해서 전혀 언급하지 않는 것은 특이한 일이다. 아우구스티누스는 테르툴리아누스가 몬타누스파를 탈퇴하여 새로운 분파를 설립했으며, 그의 이름을 딴 그 분파가 자신(아우구스티누스)의 중재를 통해서 카르타고의 가톨릭 교회로 되돌아왔다고 진술한다.

보편 교회에서 이탈한 분파였던 몬타누스파 혹은 테르툴리아누스파(아프리카에서는 그렇게 불렀다)는 6세기까지 존속했다. 에피파니우스 시대에 브루기아, 갈라디아, 카파도키아, 길리기아, 콘스탄티노플에는 이 분파의 추종자들이 많이 살고 있었다. 유스티니아누스(530)까지 이어진 콘스탄티누스의 계승자들은 그들을 제재하는 법령을 거듭해서 공포했다. 몬타누스파 세례의 유효성에 관해 교회 회의들이 내린 판결들은 들쭉날쭉하다.[5]

111. 몬타누스주의의 성격과 신조

1. 교리. 몬타누스주의는 본질적인 교리에서 보편 교회와 일치했고, 전통적인 신앙의 규율을 확고히 강조했다.[6] 테르툴리아누스는 당시의 표준에 따르면 철저히 정통이었다. 그는 세례받은 뒤에 범한 대죄들은 사죄받을 수 없다는 이유로 유아세례에 반대했다. 하지만 유아세례가 아직은 보편 교회의 교리가 아니었으며, 부모의 판단에 맡겨져 시행되고 있었다. 그는 성부 수난설(Patripassianism)에 반대하여 하나님 안의 위격적 구분을 주장하고, 성령의 중요성을 강조함으로써

---

5) 그는 공의회들의 판결이 들쭉날쭉한 이유를 어떤 이들은 그들의 정통신앙을 인정한 반면에, 다른 이들은 삼위일체 교리에서 그들이 이단이라고 판단했기 때문이라고 설명한다.

6) 이것은 그 운동을 비판한 사람들도 인정한 사실이다. 에피파니우스(*Haer.* XLVIII. 1)는 카타프리기아파가 구약과 신약 성경을 모두 받으며, 성부와 성자와 성령에 관한 견해에서 보편 교회와 일치한다고 말한다.

정통신앙의 삼위일체 교리 발전에 이바지했다. 몬타누스주의는 그 뿌리를 에비온주의처럼 유대교에 두지 않고, 또 영지주의처럼 이교에 두지 않고 기독교에 두었다. 그리고 그 오류는 기독교의 이상들과 요구 조건들을 지나치게 높게 강조한 데 있었다. 테르툴리아누스는 보혜사께서 하시는 일이 교회의 권징을 개혁하고, 성경을 더 깊이 깨닫게 하고, 더 높은 완전에 이르기 위해 노력하게 하는 데만 국한된다고 말한다. 자신들이 보편 교회와 동일한 신앙, 동일한 하나님, 동일한 그리스도, 동일한 성례들을 표방한다고 말한다. 이 분파는 영지주의 이단에 대해서 사력을 다해 싸웠으며, 기독교를 이론적 사색 대신에 주로 현실 생활에 두고, 하나님 나라를 추상적인 이상 세계로 옮기지 않고 그 나라가 이 땅에서 완성될 것을 기대함으로써(비록 천년왕국이 도래한 뒤에 그 일이 이루어질 것으로 믿긴 했으나) 영지주의의 정반대편에 서서 대치했다. 그럴지라도 극단끼리는 서로 통하는 법이듯이, 이 두 체계 사이에도 접촉점들이 있었다. 예를 들어, 현실 세계에 대해 비판적인 시각을 갖고 있었던 점과, 영적인 교회와 육체적 교회를 구분한 점에서는 두 체계가 같았다.

테르툴리아누스는 종교신앙를 발전 과정으로 인식하며, 그것을 자연에서 이루어지는 유기적 성장의 유추로써 설명한다. 이 과정에 네 단계를 구분한다: (1) 자연 종교 혹은 하나님께 대한 본유적 생각; (2) 구약성경의 율법적인 종교; (3) 그리스도의 지상 생애 동안의 복음; (4) 보혜사의 계시, 즉 몬타누스파의 영적 종교. 따라서 이 집단은 스스로를 육체적인(혹은 현세적인) 가톨릭 교회와 대조하여 프뉴마티코스 즉 영적인 교회라 불렀다. 이것이 신약성경과 사도들의 기독교를 넘어서는 진보를 가정한 발전 이론의 첫번째 사례로서, 겨자씨와 누룩 비유와 교회가 그리스도 안에서(하지만 그리스도를 넘어서가 아님) 장성한다는 바울의 교훈을 잘못 적용한 결과이다. 하지만 테르툴리아누스는 결코 이성주의를 표방하지 않았다. 정반대로 모든 새로운 계시들이 교회의 전통적 신앙, 즉 신앙의 규율(regula fidei)과 면밀히 부합하는가를 살필 것을 요구했으며, 몬타누스주의적인 저서에서 그 신앙에 '불변하고 변경할 수 없는'(immobilis et irreformabilis)이라는 수식어를 붙였다. 그럼에도 불구하고 그는 브루기아의 선지자들이 관습의 문제들에 대해서 제시한 계시들에 성경의 충족성을 저해할 만한 중요성을 부여했다.

II. 현실 생활과 권징 분야에서 몬타누스파 운동과 그 집단이 세상의 임박한 종말을 기대한 태도는 당시의 지배적인 가톨릭 교회와 대립되었다. 그런데 실천 분야에서의 대립은 그것을 일관되게 유지할 경우 어느 정도는 교리 분야에서도 나타나게 되어 있다. 무릇 분리주의적 경향은 그 과정에서 다소 이단적 성격을 띠기 십상인 것이다.

1. 몬타누스주의는 무엇보다도 기독교가 인류 사회에 정착함에 따라, 그리고 그 초자연적 원리가 땅에서 자연스럽게 구현됨에 따라 점차 사라졌던 사도적 교회의 기적 은사들을 억지로 존속시키려고 힘썼다.[7] 그 가운데서도 예언의 존속을 강조했으며, 따라서 '새 예언파'(nova prophetia)라는 이름을 얻게 되었다. 이 분파는 요한, 아가보, 유다, 실라 같은 성경의 인물들에 호소했으며, 여성 선지자들의 활동 근거로는 미리암과 드보라, 특히 브루기아의 수도 히에라볼리에 묻혀 있던 빌립의 네 딸을 지적했다. 황홀경 상태에서 나오는 계시적 발언들을 이들은 신적인 영감으로 오해했다. 테르툴리아누스는 그 선지자들의 정신 상태를 '실성'(amentia), '본의 아니게 생긴 의식'(excidere sensu)이라 부르며, 그것을 천리안 현상을 연상하지 않을 수 없는 방식으로 묘사한다. 몬타누스는 황홀경에 빠진 사람을 악기와 비교하여, 성령이 그를 사용하여 자신의 가락을 연주한다고 한다. 그는 자신의 계시들 가운데 하나에서 보혜사의 이름으로 이렇게 말한다. "보라. 사람은 수금과 같으며, 나는 그를 연주한다. 사람이 잠들면 내가 깨어난다. 보라, 사람들에게서 마음을 빼내고 그것을 다시 사람들에게 주는 이는 주님이시다." 그 문제에 관해서, 몬타누스파의 예언은 하나님의 임박한 중대한 심판, 박해들, 천년왕국, 금식, 그 밖에 교회법으로서 강요할 만한 금욕적 행위들을 다루었다.

가톨릭 교회는 이론상으로는 예언과 그 밖의 기적 은사들의 존속을 부정하지 않았지만, 몬타누스파의 계시를 사탄의 영감에서 유래한 것으로 보려는 경향이

---

7) 다른 점들에서와 마찬가지로 이 점에서도 몬타누스주의는 어빙주의와 대단히 비슷하지만, 민주적이고 반(反) 성직위계적 교회법을 갖고 있었던 점에서 다르다. 어빙주의는 사도적 은사들의 존속을 주장할 뿐 아니라, 모든 사도적 직분들, 특히 12인의 사도 체제의 존속을 주장하며, 의식을 매우 중시한다.

8) Tert. De Jejun. 11. 하지만 테르툴리아누스 자신은 비록 기술적 의미에서는 교부들 대열에 끼지는 못했지만, 항상 교회 저자들에 의해서 존경을 받는 지위를 유지했다.

있었으며,[8] 계시가 정규 성직자에게서 나오지 않고 합법적 권위를 갖추지 못한 평신도들과 광적인 여성들에게서 나왔다는 이유로 더욱 불신의 눈으로 바라보았다.

2. 이것이 몬타누스파 운동의 또 다른 면을 생각하게 한다. 그것은 가톨릭 교회가 주장하던 특별 사제직에 반대하여 심지어 여성들도 포함한 그리스도인들의 보편적 제사장직을 주장한 것이다. 이러한 견해로 볼 때 이 운동은 이그나티우스 때부터 갈수록 모든 성직자들의 특권과 기능을 독점하던 성직자 귀족주의에 대한 민주적인 반발이라 부를 수 있다. 몬타누스파는 교사 직분의 진정한 자격과 임명이 외형적 안수와 주교감독의 계승에 의해서 부여되는 게 아니라, 성령에 의해 직접 부여된다고 생각했다. 그들은 기계적으로 경직된 교회 체제에 반대하여 초자연적 요소와 성령의 자유로운 역사를 주장했다.

바로 이 점에서 그들은 분리주의적 성격을 띠고, 주교제적 성직위계제도에 반대하지 않을 수 없었다. 그러나 그들은 정작 성직자와 평신도의 구분을 단죄하고 폐지해놓고도 그 자리에 또 다른 종류의 귀족주의를 수립하고 말았다. 그들은 가톨릭 주교들에 대해서 부정했던 것을 자신들의 선지자들에게는 인정해 주었다. 진정한 영적 그리스도인들과 단순히 육체적인 그리스도인들 사이에 커다란 간격을 두었으며, 이것이 영적 교만과 그릇된 경건주의를 조장했다. 이들이 개신교의 만인 제사장 사상과 비슷한 견해를 주장했으나 그것은 외형만 그랬을 뿐 실질에서는 전혀 다른 원리들에 바탕을 두었다.

3. 몬타누스주의의 또 다른 본질적이고 유력한 특징들은 환상적인 천년왕국설이었다. 그것은 계시록과 그리스도께서 속히 오시기를 바란 사도의 기대에 근거를 두긴 했으나, 그것에 과도한 무게를 싣고 지나치게 물질주의적인 색채를 입혔다. 몬타누스파는 고대 교회에서 가장 온정적인 천년왕국주의자들이었으며, 그리스도께서 속히 영광 중에 오시기를 철석같이 기대했다. 그들의 이러한 태도는 천년왕국에 대한 기대가 희미해지고, 그 대신에 교회가 지상에 오랫동안 정착해야 한다는 느낌이 굳어지고, 치밀하고 확고한 주교제적 조직에 대한 열정이 달아오를수록 더욱 간절해졌다. 그들은 "나라가 임하옵시며"라고 기도하면서 세상이 속히 끝나기를 기도했다. 그들은 최후의 대대적인 재앙을 생생히 연상하면서 살았고, 따라서 현실의 질서를 경멸했으며, 그리스도의 재림에 모든 소원을 걸었다. 막시밀라는 이렇게 말한다. "내 뒤에는 더 이상 예언이 없고, 다만 세상

의 종말이 있을 뿐이다."

이러한 예언들이 무위로 돌아가자 당연히 그 체제에 딸린 다른 모든 주장들도 힘을 잃었다. 그러나 반면에 주님의 임박한 재림에 대한 신앙이 감소한 것은 가톨릭 교회에 현세적인 성격이 더욱 강해지던 현상과 나란히 발생했다. 몬타누스파의 천년왕국설은 그 뒤로도 형태를 크게 달리하여 거듭 다시 나타나곤 했다.

4. 마지막으로, 몬타누스 분파의 특징은 금욕주의와 교회 권징의 엄격성에 있었다. 이 분파는 가톨릭 교회의 권징이 갈수록 느슨해지는 현실을 강력히 비판했다. 가톨릭 교회의 경우 특히 로마에서는 제피리누스와 칼리스투스의 재위 기간에 진실한 사람들에게 아주 유감스럽게도 면죄부 제도를 수립했고, 콘스탄티누스가 즉위하기 오래 전에 교회와 세상의 구분을 모호하게 만들기 시작했다. 테르툴리아누스는 엄격한 권징의 회복을 새로운 예언의 주된 직무로 삼는다.

그러나 몬타누스주의는 확실히 정반대의 극단으로 나가서 복음적 자유에서 유대교의 율법주의로 전락했다. 반면에 가톨릭 교회는 새로운 율법과 짐을 배척하면서 자유를 옹호했다. 몬타누스주의는 대단히 경직된 태도로 삶의 모든 기쁨에서 돌아섰으며, 심지어 예술이 그리스도인의 진지함과 겸손과 공존할 수 없다고까지 주장했다. 여성들에게 장식이 달린 옷을 철저히 금지했으며, 처녀들에게는 베일을 쓰도록 요구했다. 피의 세례인 순교를 열렬히 사모했으며, 박해 때 숨거나 도망치는 것을 그리스도를 부인하는 행위로 단죄했다. 금식과 그 밖의 금욕적 행위들을 크게 늘렸고, 그런 행위들이 천년왕국을 준비하는 가장 훌륭한 방법이라고 하여 극단적인 방법으로 수행했다. 성직자들뿐 아니라 평신도들에 대해서도 재혼을 간음으로 규정하여 금지했으며, 심지어 한 번의 결혼조차 하나님께서 인간의 감각적인 연약함을 고려하여 허용하신 것으로 간주했다. 테르툴리아누스는 세례 이후에 범한 모든 대죄들(그는 그 종류를 일곱 가지로 열거한다)이 적어도 이 세상에서는 용서받을 수 없다고 주장했으며, 당시의 로마 교회처럼(히폴리투스의 확실한 증거에 따르면) 대죄를 범한 자들을 관대하게 대하는 교회를 가리켜 '도둑의 소굴'과 심지어 '매음굴'보다 악하다고 한다.

가톨릭 교회는 앞에서 살펴본 대로 과도한 금욕적 엄숙주의로 향하는 문을 열었으나 그것은 자체의 규율에 예외를 두는 방식으로 이루어졌다. 반면에 몬타누스파는 모든 사람들에게 예외 없이 엄격한 규율을 요구했다. 그러한 보편적 금욕주의는 현재와 같은 세상에서는 실천할 수 없는 것이었으며, 따라서 그 분파는 필연적으로 쇠퇴할 수밖에 없었다. 그러나 그 분파에 정신을 불어넣은 종교적 진지함, 그 분파의 예언들과 환상들, 천년왕국 사상, 그리고 그 분파가 치달은 광신적인 극단주의는 그 뒤로도 교회 내의 다양한 악들에 저항하고 건전하게 대립하는 방식으로 노바티아누스파, 도나투스파, 프란체스코회의 신령파, 재세례파, 카미자르파, 청교도, 퀘이커교, 정적주의, 예수 재림파, 어빙파 등 다양한 이름들과 형태들로, 그리고 새로운 조합들로써 다시 모습을 드러냈다.[9]

---

9) Soyres는 모르몬교도 유사한 운동으로 언급하며, Renan도 같은 견해를 제시하지만, 이것은 몬타누스파에 대한 올바른 평가가 되지 못한다. 몬타누스파는 엄격한 금욕적 도덕성에서 일부다처적이고 유사 신정정치를 표방하는 모르몬과 크게 다르다. 몬타누스파는 어빙파와 거의 유사하다. 어빙파 지도자들도 대단히 순수하고 경건한 사람들이었다(예를 들면, Irving, Thiersch, W. W. Andrews).

제 11 장

니케아 이전 시대의 이단들

112. 교회 내의 유대교와 이교

앞 장에서 공공연하고 일관된 유대교와 이교에 대해 교회가 거둔 도덕적 · 지적 승리를 살펴보았으므로, 이제는 교회가 은밀하고 보다 위험한 형태를 지닌 대적들에 맞서서 치른 깊고 강렬한 투쟁을 살펴볼 차례가 되었다. 대적들이란 교회의 의복에 숨어 있으면서 교회를 유대교화하고 이교화하려고 위협하던 유대교와 이교였다. 교부 신학과 문학은 교부시대의 이단들을 제대로 모르고서는 철저히 이해할 수 없다. 교부시대의 이단들은 마치 오늘날 합리주의가 다양한 형태로 유럽과 미국의 개신교 교회들의 신학에 영향을 끼치고 있듯이, 고대 그리스와 라틴 교회들의 신학 운동들에서 중요한 역할을 수행했다.

신앙과 경전들을 지닌 유대교와 세속 문화와 과학, 예술을 지닌 그리스-로마의 이교는 기독교에 흘러들어가 변화되고 거룩하게 되게끔 예정되어 있었다. 그러나 심지어 사도 시대에도 많은 유대인들과 영지주의자들은 물로만 세례를 받았을 뿐 성령과 복음의 불로 세례를 받지 못하고, 옛 종교 사상과 관습을 교회 안으로 은밀히 끌고 들어왔다. 따라서 신약성경, 특히 바울 서신들과 공동 서신들에는 이단적 경향들이 비판되고 경계되는 사례들이 실려 있다.

신약성경에 나타난 것과 동일한 이단들이 2세기 초에도 모습을 드러냈으며, 그 뒤로 더욱 완숙하고 광범위한 형태로 기독교 세계의 거의 모든 지역에서 나타났다. 그 이단들은 한편으로는 역사에서 기독교 신앙이 지닌 보편적 의미와 그 시대의 심오하고 진지한 지식인들에게 끼친 거역할 수 없는 영향을 입증한다. 기독교는 그 지식인들의 종교 사상을 온통 뒤흔들어 놓았다. 그들은 새 종교의 진실함과 아름다움과 활력에 강하게 매료된 나머지 유대교로든 이교로든 더 이상 그것을 막아낼 수 없었다. 그럴지라도 많은 사람들은 자신들의 옛 종교와 철학을 마음에서까지 버릴 능력이나 의지가 없었다. 그러므로 기독교적 요소들과 비기독교적 요소들이 혼란스럽고 잡다하게 뒤섞이는 이상한 상황이 초래된 것이다. 옛 종교들은 기독교 앞에서 죽게 되었을 때 기독교 사상을 자기들의 것으로 만듦으로써 자신들을 보존하려는 마지막 필사적인 노력을 기울였다. 그리고 이것은 다른 한편으로는 기독교의 분명한 진리를 큰 위험에 노출시켰고, 이러한 상황 앞에서 기독교는 왜곡을 막고 유대교나 이교의 수준으로 전락되지 않기 위해서 스스로를 방어하지 않을 수 없었다.

기독교가 세상에 들어가는 입구에서 다른 두 종교 — 하나는 비교적 참되고, 다른 하나는 본질적으로 그릇된 — 를 만났던 것처럼, 이단도 에비온주의와 영지주의라는 두 가지 대표적인 형태를 띠었다. 이미 언급했듯이, 사도들은 그 씨앗들을 감지했다. 헤게시푸스(Hegesippus)는 교회가 하드리아누스 때까지 교리의 순결성을 보존했다고 말하는데, 그의 말은 2세기에 대규모 공세를 벌인 영지주의를 감안해서만 이해해야 하며, 따라서 상대적으로만 사실로 이해해야 한다. 동일 저자는 이단이 이미 시몬 마구스 시대부터 은밀하게 작용하고 있었다고 분명히 주장한다. 에비온주의는 유대주의화를 노리는 유사 베드로적 기독교라고 할 수도 있고, 혹은 기독교화한 유대교라고도 할 수 있다. 영지주의는 이교화를 노리는 유사 바울적 기독교라고 할 수도 있고, 혹은 유사 기독교적 이교라고 할 수도 있다.

이 두 가지 큰 유형의 이단은 양극을 형성하고 있다. 에비온주의는 기독교 신앙을 독특하게 축약한 것이고, 영지주의는 그것을 막연하게 확대한 것이다. 전자는 조야한 현실주의와 문자주의인 반면에, 후자는 열광적인 관념주의와 신령주의(spiritualism)이다. 전자에는 영혼이 외적인 형태들에 예속되는 반면에, 후자에는 영혼이 방만한 자유를 누린다. 에비온주의는 율법을 지켜야 구원을 얻을 수 있다고 가르치고, 영지주의는 사변적 지식에 들어가야 구원을 얻을 수 있다고 가르친다. 기독교는 유대교 율법주의의 영향 아래서는 경직될 수밖에 없고, 영지주의의 사변적 영향 아래서는 공허한 개념들과 환상들로 용해될 수밖에 없다. 에비온주의는 그리스도의 신성을 부정하고, 복음을 새로운 율법으로만 이해한다. 영지주의는 구속주의 참된 인성을 부정하고, 그분의 위격과 사역을 단순한 환영(幻影), 즉 가현(假現)으로 이해한다.

그러나 두 극단은 서로 통한다. 두 극단이 정반대 방향에서 나와서 동일한 결론에 도달한다. 성육신을 부정하고, 그리스도의 신성과 인성의 실재와 항존적 결합, 그리고 그리스도의 왕국을 부정하며, 그로써 둘 다 사도 요한이 적그리스도의 영을 분간하는 표준에 미치지 못한다. 둘 다 그리스도께서 중보자와 화목 제물임을 인정하지 않으며, 그리스도의 종교가 유대교와 이교에 구체적인 영향을 주지 못한다고 본다. 두 종교는 신과 인간을 추상적 이원론에 놓거나, 일시적이고 가현적인 결합으로밖에 여기지 않는다.

따라서 에비온주의의 요소들과 영지주의의 요소들이 한데 결합된 일정한 오류의 형태들이 있었다. 영지주의적 혹은 신지학적 에비온주의(유사 클레멘스적)와 유대교적 영지주의(케린투스와 그 밖의 사람들이 주장한)를 그 예로 들 수 있다. 이렇게 혼합된 형태들이 사도 시대에 투쟁을 벌이는 것을 우리는 발견하게 된다. 사실상 이와 비슷한 형태의 종교 혼합주의는 기독교 시대 전부터 기독교 분야를 넘어서서 에세네파와 테라퓨타이파와 플라톤주의를 지향한 유대인 철학자 필로에게서 만나게 된다.

113. 나사렛파와 에비온파(엘케사이파와 만다야파)

사도적 교회에서 베드로와 야고보가 대표한 유대 기독교는 바울의 이방 기독교와 연합하여 "할례도 아무것도 아니고 무할례도 아무것도 아니며, 다만 그리스도 안의 새 창조만 있는" 기독교 교회를 형성했다.

I. 하지만 유대 그리스도인들 가운데 한 집단은 예루살렘이 멸망한 뒤에도 조상들의 민족적 관습을 고수하면서, 4세기 말까지 나사렛파라는 이름으로 시리아의 일부 교회들에서 자신들을 선전했다. 이 이름은 유대인들이 모든 그리스도인들에게 나사렛 예수를 추종하는 자들이라는 경멸의 뜻을 붙인 데서 유래한 듯하다.[1] 그들은 모세의 의식법 준수에다 예수가 메시야이자 하나님이라는 신앙을

---

1) 배교자 율리아누스 같은 기독교의 이교도 원수들은 그리스도인들을 '갈릴리인

결합시켰고, 히브리어 마태복음을 사용했고, 자기 형제들의 불신을 깊이 슬퍼했으며, 그들이 훗날 모두 회심할 것과 땅 위에 그리스도의 천년 통치가 임할 것을 소망했다. 그러나 사도 바울에게 반감을 품지 않았으며, 이방 그리스도인들이 율법을 지키지 않는다고 해서 이단이라고 비난하지도 않았다. 그러므로 그들은 이단이 아니라 장성을 멈춘 분리주의적 그리스도인들이었다. 그들은 편협하고 불안해하는 유대 기독교의 진부한 위치에서 멈추었고, 미미한 분파로 위축되었다. 제롬은 그들이 동시에 유대인들과 그리스도인들이 되기를 바라다가 어느 하나도 되지 못했다고 말한다.

II. 이들 나사렛파와 이단적 유대 그리스도인들 곧 에비온파를 신중하게 구분해야 한다. 에비온파는 나사렛파보다 규모가 큰 집단이었다. 그들의 이름은 테르툴리아누스가 최초로 주장했던 것처럼 그 분파의 창시자로 추정되는 에비온이라는 인물에서 유래한 것이 아니라(그 인물에 관해서는 알려진 바가 전혀 없다), '가난한' 이라는 뜻의 히브리어에서 유래한 것이다. 원래는 '나사렛파' 와 '갈릴리인들' 처럼 대다수가 가난한 환경에서 살고 있던 모든 그리스도인들을 경멸조로 부른 이름이었을 가능성이 있으나, 후에는 이 분파에게만 적용되었다. 그것이 오리게네스의 독창적인 설명대로 그리스도와 율법에 대한 그들 교리의 빈약성을 가리킴으로써 그들을 책망하려는 것이었을 수도 있고, 아니면 보다 타당한 것으로서, 존경의 뜻이 담긴 것이었을 수도 있다. 왜냐하면 에비온파는 자신들을 가난한 그리스도와 그분의 가난한 제자들의 참된 추종자들로 간주했으며, 자신들에게만 심령이 가난한 자들에게 약속된 복이 있다고 생각했기 때문이다. 에피파니우스에 따르면, 에비온은 예루살렘이 멸망할 때 펠라로 도피한 그리스도인들에게 먼저 자신의 오류를 전파했다고 한다. 에우세비우스의 글에 실린 헤게시푸스의 증언에 따르면, 테부티스(Thebutis)라는 사람이 107년경에 예루살렘의 감독 시므온이 죽은 뒤에 유대 그리스도인들 사이에 분열을 일으키고, 그들 중 많은 사람들을 이끌고 배교의 길로 나갔는데, 그 이유는 그가 감독으로 선출되지 않았기 때문이었다.

에비온파는 팔레스타인과 그 일대, 키프로스[구브로] 섬, 소아시아, 심지어 로

_____

들' 이라고 부르기도 했다. 에픽테토스도 그리스도인들을 언급하는 유일한 구절에서 그 이름을 사용한다.

마에서도 발견된다. 이 분파는 주로 유대인들로 구성되었지만, 때로는 이방 그리스도인들도 가입했다. 4세기까지 존속했으나 테오도레투스 때에 완전히 자취를 감추었다. 현존하지 않는 히브리 복음서를 사용했는데, 이것은 아마 마태복음을 변형한 것인 듯하다.

에비온파의 전형적인 특징들은 다음과 같다: 기독교를 유대교의 수준으로 전락시켰다; 모세 율법의 보편적이고 항구적인 유효성 원리를 강조했다; 사도 바울에 반감을 품었다. 그러나 유대교 자체에도 상이한 분파들이 있었듯이, 에비온파도 적어도 두 집단으로 구분해서 다루어야 한다. 두 집단은 각각 바리새주의와 에세네주의에 접목되어 있었다. 현대의 사례로 설명하자면 과거 독일의 이신론적 합리주의와 사변적이고 범신론적 합리주의, 혹은 유니테리언주의 내부의 실천적 학파들과 사변적인 학파들에 접목되어 있었던 셈이다.

1. 일반적 에비온파. 이들은 수가 훨씬 더 많았고, 바리새파의 율법주의를 구현했으며, 갈라디아서에서 비판을 받은 유대화주의자들의 정식 계승자들이었다. 이들의 교리는 다음과 같은 명제들로 정리할 수 있다:

(a) 예수는 약속된 메시야, 다윗의 아들, 최고의 입법자임에 틀림없지만, 그럴지라도 모세와 다윗처럼 요셉과 마리아에게서 자연적 출산에 의해서 태어난 인간일 뿐이다. 그에게 메시야 소명이 처음 생긴 것은 요한에게 세례를 받을 때로서, 그때 더 높은 정신이 그에게 합류했다. 따라서 오리게네스는 이 분파를 복음서에 등장하는 소경, 즉 볼 수 없는 상태에서 "다윗의 자손이여 나거 긍휼히 여기소서"라고 주님을 부른 사람에 비유했다.

(b) 할례를 받고 모세의 모든 의식법을 준수하는 것이 모든 사람들이 구원을 받는 데 필수적이다.

(c) 바울은 배교자와 이단이며, 그가 쓴 모든 서신들은 폐기되어야 한다. 그 분파는 바울을 태생적 이교도로서, 생애 후반에 불순한 동기를 품고 유대교로 들어온 자로 간주했다.

(d) 그리스도께서 곧 다시 오셔서 지상의 예루살렘에 권좌를 설치한 뒤 영광스러운 천년 통치를 시작할 것이다.

2. 에비온파의 두번째 계층은 에세네파 사상에서 출발하여 골로새서에서 비판을 받는 오류론자들처럼 자신들의 유대주의에 사변적이고 신지학적 색채를 입혔다. 이들이 영지주의의 초석을 놓았다. 이들 가운데는 엘케사이파가 속해 있

었다. 에피파니우스에 따르면, 이들은 트라야누스 때 에세네파의 거점이었던 사해 일대에서 발생했다고 한다. 이들의 이름은 설립자로 추정되는 엘크사이(Elxai) 혹은 엘카사이(Elkasai)에게서 유래했으며, 그 뜻은 '감춰진 능력'으로서, 이것은 (기젤러의 주장에 따르면) 성령을 의미한다. 이것은 원래 모르몬경처럼 천사가 계시한 것처럼 기록되고, 그 분파에 의해서 최고의 권위로 인정된 책의 제목이었던 것으로 보인다. 오리게네스와 히폴리투스의 「필로소푸메나」에 실린 단편들에 따르면, 이 비밀스러운 저서에는 위 클레멘스의 체계의 토대가 실려 있다고 한다. (참조. 다음 항목.) 그 책은 유대교에서 유래했음에 분명하며, 예루살렘을 종교 세계의 중심으로, 그리스도를 피조물이자 천사들을 비롯한 모든 다른 피조물들의 주(主)로, 성령을 여성으로 설명하고, 세례뿐 아니라 할례도 명령하고, 사도 바울을 배격하며, 박해 때에 신앙을 부인하는 행위를 정당화한다. 이 책은 트라야누스 제3년(101)에 기록되었다고 주장한다. 이것과 할례의 요구를 감안할 때 이 책은 클레멘스의 「설교집」(Homilies)보다 상당히 오래된 책이 되는 셈이다. 그 책의 사본은 222년경에 알키비아데스(Alcibiades)라는 사람에 의해서 시리아로부터 로마로 소개되었고, 새로운 사죄 방법을 공포함으로써 큰 관심을 불러일으켰다.

3. 이들과 유사한 분파는 만다야교(Mandaeans)이다. 지식(그노시스)이라는 뜻의 만다라는 단어에서 유래한 이 집단은 세례파(Baptists)라는 뜻의 사비아교(Sabians, '세례를 주다', '씻다'라는 뜻의 사비라는 단어에서 유래)와, 역시 같은 의미의 묵타실라교(Mughtasilah)로도 알려졌다. 이들은 세례 요한을 크게 존경했기 때문에 '요한의 그리스도인들'이라 불렸다. 이들의 기원은 불확실하다. 그들의 잔존 세력이 페르시아에서 티그리스 강 동안에 지금도 존재한다. 이들의 종교 언어는 비교 언어학 연구에 중요한 아람 방언이다. 오늘날 이들은 아랍어와 페르시아어를 사용한다. 이들의 체계는 이교적 요소가 만연하여 매우 복잡하며, 마니교에 가장 가깝다.

114. 위 클레멘스의 에비온주의

위(僞) 클레멘스(pseudo-Clement)의 「설교집」의 체계는 신지학적 완벽함뿐 아니라 내적인 용해에서도 에비온주의를 드러낸다. 그것은 분파의 사상이라기보다 개인의 견해를 나타내지만, 「필로소푸메나」에 나타나듯이 심지어 로마까지 뻗어나간 엘케사이파와 어느 정도 관계를 갖고 있는 듯하다(물론 이런 추정을 뒷받침할 만한 분명한 증거는 없다). 이 책은 유일신론에 기반을 두고, 바울에게 은연중 반감을 나타내고, 기독교와 유대교를 본질적으로 동일한 종교로 주장하는 반면에 영지주의의 근간인 조물주 교리를 배격한다는 점에서 에비온적 혹은 유대교적 성격을 지닌다. 그러므로 이 책의 사상을 바우어(Baur)처럼 영지주의 학파로 분류할 수 없다.

스무 권으로 된 클레멘스의 「설교집」은 빌립보서 4:3에 바울의 동역자로 언급된 로마 감독 클레멘스라는 유명한 이름을 내세우지만, 위 클레멘스의 글에서는 황제 도미티아누스의 친족 플라비우스 클레멘스(Flavius Clemens)와 분명히 혼동된다. 위 클레멘스의 설교들은 2세기 후반의 유대 그리스도인으로 추정되는, 철학 교육을 받은 익명의 저자에게서 나왔다. 이 글들은 어느 정도 역사적 전승들에 토대를 둔 철학적 종교적 이야기(허구)로서, 오늘날은 외경들과 구분할 수 없다. 시몬을 마술사로 이해한 것은 사도행전 8장 기사에서 제공되고, 그가 로마에서 활동했다는 것은 순교자 유스티누스에 의해 언급된다. 이 책은 베드로가 예루살렘의 감독 야고보에게 보낸 편지를 머리글로 삼는데, 이 편지에서 베드로는 야고보에게 자신의 설교들을 보내면서, 그 설교들을 절대 비밀로 간직해 달라고 청한다. 그리고 위 클레멘스가 동일인 야고보에게 보낸 편지도 머리글에 실렸는데, 이 편지에서 위 클레멘스는 베드로가 죽기 직전에 자신을 로마 교회의 계승자로 세운 경위와, 베드로가 자신에게 지시하여 작성케 한 글(*Clementis Epitome proedicationum Petri in peregrinationibus*)을 야고보에게 전달하도록 당부한 경위를 설명한다. 이 서신들의 분명한 의도는 베드로의 순회 설교들과 토론들을 발췌한 것처럼 꾸민 이 글들에 사도적 권위를 부여하는 동시에, 그 글들이 오랫동안 은닉된 경위를 설명하려는 것이었다.[2]

---

2) 튀빙겐 학파는 Baur 박사의 주도하에 익명의 저자가 확실한 사실들로 전할 의도가 결코 없었던 이 이단적 허구들의 중요성을 크게 강조했다. 예를 들어 Hilgenfeld는 이렇게 말한다: "기독교 역사의 첫 단계에서 로마의 클레멘스의 이름을 빈 *Recognitions*와 *Homilies* 같은 저작들만큼 큰 중요성을 지닌, 그리고 이미 초대 기독교 역사와 관련하여 가장 유명한 비평가들의 손에 이미 집중적인 조명을 받은, 단일

「설교집」의 내용 자체는 간단하다. 즉, 황제 가문 사람으로서 정규 교육을 받은 클레멘스는 이교에 만족을 하지 못하고 진리에 갈증을 느끼던 차에 예수께서 티베리우스의 재위 때 유대 땅에 나타나셨다는 말을 듣고는 그곳으로 간다. 가이사랴에서 사도 바울을 만나고, 그에게 배운 뒤 회심을 한 그는 사도를 따라서 팔레스타인, 두로, 트리폴리, 라오디게아, 안디옥으로 선교 여행을 다닌다. 그 과정에서 베드로의 설교를 듣고, 베드로가 시몬 마구스와 벌인 길고 거듭된 논쟁들을 지켜보며, 사도의 요청에 따라 그 내용을 기록으로 남긴다. 이처럼 이 이야기의 주인공은 시몬 베드로이며, 그가 순수하고 원초적인 기독교를 대표하여 시몬 마구스와 대립한다. 시몬 마구스는 '악독이 가득한 자', '속이는 자', 반(反)유대적 이설들을 지어낸 자, 특히 마르키온의 영지주의를 지어낸 자로 소개된다. 저자는 정경에 실린 네 복음서를 잘 알고 있으며, 그 가운데 특히 마태복음을 가장 많이 사용하고 요한복음은 가장 적게 사용한다. 그 외에도 아마 에비온파의 영향을 받은 듯한 비슷한 유의 글을 사용하는데, 그것이 어떤 글이었는지 확인할 길이 없다.[3]

바우어(Baur)가 그럴싸하게 주장하고(1831년에 최초로), 그의 제자들이 채택한 것은, 위 클레멘스의 글에 등장하는 베드로가 마술사의 가면을 쓰고 사도 바울(설교들의 어디에도 그의 이름이 나오지 않음)을 비판하고, 그를 기독교를 최초로 변질시킨 주범으로 규정하여 그와 논쟁을 벌였다는 것이다.[4] 이러한 추정은 초기 교회에서 베드로주의와 바울주의 사이에 폭넓고 치열한 적대감이 형성되어 있었다는 바우어의 견해와 쉽게 일치하는 것으로서, 바울에게 가해진 여러 악의적인 언급들, 특히 안디옥에서 바울과 베드로 사이에 있었던 일에서 그 근거를 찾는다. 시몬 마구스는 그리스도께서 환상 가운데 자신에게 나타나셔서 자신을 사도라고 부르셨다고 주장하면서도 그리스도와 반대되는 교리를 가르치고, 그분의 사도들을 미워하고, 교회의 확고한 바위이자 토대인 베드로를 '스스

저자의 글은 없다." 이 글의 중요성은 이단의 역사에 한정되는데, 튀빙겐 학파가 고대 교회사에서 가장 흥미를 갖는 것이 바로 이단 역사라는 부분이다.

3) 튀빙겐 학파는 처음에는 제4복음서가 쓰였다는 것을 부정했으나, 1853년에 Dressel에 의해 빠진 부분이 발견되자 그것을 인정했다. 그 부분(*Hom.* XIX. 22)에는 요한복음 9:1-3이 명확하게 인용되어 있었던 것이다.

4) 이 가설은 Lipsius가 시몬 마구스에 대한 자신의 논문에 가장 충분하게 제시했다.

로 정죄한 자'로 비난했다는 이유로 비판을 받는다.[5] 그러나 위 클레멘스의 설교집이 바울을 언급한 것은 우발적인 것인 듯하다. 「설교집」의 전체 구도와 시몬의 기원과 역사와 교리에 관한 기록은 이교 마술사를 그렇게 기독교 사도와 동일시하는 해석과 일치하지 않는다. 「설교집」은 시몬 마구스에 대해서 사마리아 사람이며, 알렉산드리아에서 그리스 문학을 공부했고, 하나님의 수위성(首位性)과 육체 부활을 부정했고, 예루살렘을 그리심 산으로 대체했으며, 자신을 참 그리스도라고 주장했다고 소개한다. 그는 동료 혹은 정부 헬레나를 데리고 다녔는데, 그 여성을 가리켜 가장 높은 하늘들에서 내려온 시초의 본질과 지혜라고 주장했다. 만약 저자가 그를 통해 바울을 말하고자 했다면, 바울의 생애와 교리에 그래도 어느 정도 부합한 내용을 담아 효과적으로 암시한 뒤 일축할 수도 있었을 텐데, 저자가 전개하는 내용은 바울의 서신서들과 사도행전에 실린 진술들과 정면으로 반대된다.

「승인록」(Recognitions)에서는 바울에 반대하는 경향이 완화되지만, 그럴지라도 바울의 사역이 무시되며, 베드로가 이방인들의 사도로 표시된다.

위 클레멘스가 베드로의 입에 넣어주고, 그의 이야기와 아주 교묘하게 뒤섞는 교리는 에비온주의와 영지주의, 윤리적이고 형이상학적인 개념들과 공상적 내용들을 어지럽게 뒤섞은 것이다. 그는 기독교를 다시 회복된 시초의 순수한 종교, 즉 하나님이 창조 때 계시하셨으나 진리를 흐리는 죄의 영향과 귀신들의 유혹 때문에 때때로 새로워져야만 하는 종교로 바라본다. 이 종교의 대표자들인 아담, 에녹, 노아, 아브라함, 이삭, 야곱, 모세, 그리스도는 세상을 떠받치는 기둥들이다. 이들은 사실상 동일인인 아담 곧 시초의 인간이자 전지(全知)하시고 무오하신 하나님의 참된 예언자가 일곱 번 각각 다른 모양으로 화육(化肉)한 사람들이다. 이 거룩한 사람들에게 불리하게 기록된 내용들, 즉 노아의 술취함, 족장들의 일부다처, 모세의 동족 살해, 특히 아담의 타락의 신성모독적인 역사, 게다가 하나님께 관한 부적절한 신인동형어법적 구절들은 마귀와 그의 귀신들이 구약성경에 슬그머니 써넣은 것들이다. 따라서 필로와 오리게네스가 성경의 내용 가운데서 눈에 거슬리는 것처럼 보이는 점들을 제거하기 위해서 알레고리적 해

---

5) Hom. XVII. 19을 갈라디아서 2:11과 비교하라. 이 구절에서 바울은 베드로에게 '카테그노메노스'라는 동일한 단어를 사용한다.

석에 의존한 대목에서, 위 클레멘스는 마귀가 삽입한 것이라는 훨씬 더 인위적인 가설을 채택한다. 그는 하나님의 참 선지자들 가운데 아담과 모세와 그리스도를 특별한 지위에 올리고, 누구보다도 그리스도를 가장 높이되 본질상 선지자와 입법자 이상의 인물로 인정하지 않는다. 그러므로 종교사는 진보의 역사가 아니라 초기 계시로의 회귀에 지나지 않는다. 기독교와 모세 종교는 동일하며, 둘 다 아담의 종교와 일치한다. 모세를 믿든 그리스도를 믿든 상대를 모독하지 않는다면 다 마찬가지이다. 그러나 두 인물을 다 알고 두 인물에게서 동일한 교훈을 발견한다면 그것은 하나님 안에서 풍성해지는 것이고, 새 것에서 옛 것을, 옛 것에서 새 것을 인식하는 것이다. 기독교는 복음이 이방인들에게 전파되는 데서만 진보하며, 그렇게 진보함으로써 보편적인 성격을 띠게 된다.

이 순수한 종교의 근본 원리로서 이 저자는 한 분 하나님 곧 세상의 창조주에 관한 교리를 제시한다. 이것은 철저히 에비온주의적인 것으로서, 영지주의의 조물주 교리의 이원론과 철저히 반대된다. 그러나 그런 다음 그는 창조된 생명의 물길이 하나님께로부터 흘러나와 오랜 성적·윤리적 대립들과 합(合)들을 거쳐 그 생명의 절대적인 안식인 그분에게로 돌아간다. 여기서는 분명히 영지주의의 범신론적 유출설을 다룬다. 하나님은 시초에는 한 분이었고, 만물을 한 쌍으로 구분하여 오른쪽과 왼쪽, 하늘과 땅, 낮과 밤, 빛과 어둠, 생명과 죽음으로 나누셨다. 이로써 단자(單子)가 양자가 된다. 더 좋은 것이 먼저 왔고, 나쁜 것이 다음에 왔다. 그러나 인간에게서부터 그 순서가 역전된다. 하나님의 형상으로 지음을 받은 아담은 참 선지자이고, 그의 아내 하와는 거짓 선지자를 대표한다. 두 사람 뒤에는 먼저 악한 가인이 나왔고, 그 뒤에는 의인 아벨이 나왔다. 마찬가지로 마치 어둠 뒤에 빛이 오고, 질병 뒤에 건강이 오듯이 베드로도 시몬 마구스 뒤에 왔다. 이와 같이 마지막에는 적그리스도가 온 뒤에 그리스도께서 재림하실 것이다. 그리고 마침내 세상의 현 상태가 미래 안에서 소멸될 것이고, 경건한 자들이 영생에 들어갈 것이며, 불경건한 자들은 영혼이 하나님 형상의 타락으로 말미암아 필멸의 존재가 되었으므로 형벌을 받은 뒤에 멸절되는데, 그 형벌이 정결케 하는 불로 묘사된다. 저자는 영원한 형벌에 관해서 말할 때 단지 통념을 사용할 뿐이다. 에비온주의적 의미에서의 율법 준행과 반(半) 영지주의적 원리에서의 지식이 구원의 도를 구성하는 두 부분이다. 전자는 잦은 금식과 목욕과 육류 기피와 자발적 가난을 포함하는 반면에, 성적 타락을 예방하기 위해 조혼(早

婚)을 요구한다. 저자는 세례가 사죄에 절대 필수적임을 주장하면서 가톨릭 체계에 접근한다. 아울러 세례에 관련된 가톨릭 교회의 원리, 즉 구원은 외형적 교회에서만 얻을 수 있다는 원리를 채택한다.

교회 조직에 관해서 저자는 군주적 감독제[주교제]를 충분히 받아들인다. 감독은 회중 안에서 그리스도의 지위를 차지하며, 매고 푸는 권세를 지닌다. 감독 밑에 장로들과 집사들이 있다. 그러나 독특하게, 그리고 이번에도 에비온주의의 스타일로 기독교 세계의 중심인 예루살렘의 감독인 주의 형제 야고보를 그리스도의 총 대리자, 즉 온 교회의 가시적 머리이자 감독들의 감독으로 삼는다. 따라서 베드로조차 그에게 사역에 관해서 보고해야 하는 위치에 선다. 그리고 서론적 서신들에 따르면 클레멘스가 베드로의 설교들을 간추려 야고보에게 보내 보관하게 하고, 자신이 베드로에 의해 후임 로마 감독으로 임명되었다고 진술한다.

「설교집」의 저자가 베드로 중심의 가상적 초대 기독교의 권위에 호소한 목적은 기독교 세계에 존재하던 모든 차이들과 불화들을 화목시키려는 것이었음을 쉽게 알 수 있다. 물론 그는 소기의 성과를 거두지는 못했지만, 다른 방향에서 당시 정통 가톨릭 교회에 상존하던 에비온주의적 요소가 소멸되는 길을 닦았다.

이러한 「설교집」들(이 문헌들에 대해서 「개요」(Epitome)는 빈약한 요약만 제공할 뿐이다) 외에도 여러 저서들이 있는데, 더러는 출판되었고 더러는 여전히 출판되지 않은 이 저서들은 위에 소개한 설교집들과 마찬가지로 로마의 클레멘스의 이름에 기대어 위조되었고, 사소한 차이점들을 제외하고는 동일한 역사 자료에 근거를 두고 있지만, 교리 면에서는 유대교와 영지주의의 요소들로부터 상당히 벗어나 있으며, 정통신앙 노선에 상당히 가깝게 접근해 있다.

그 저서들 가운데 가장 중요한 것은 클레멘스의 「승인록」(Recognitions)이다. 모두 열 권으로 된 이 저서는 오리게네스에 의해서 언급되지만, 오늘날은 루피누스(Rufinus)의 라틴어 번역본으로만 현존한다. 「승인록」이라는 책명은 마지막 권들에서 흩어졌던 클레멘스 가문 사람들이 마침내 기독교 안에서 자신들을 발견하고는 베드로에게 세례를 받음으로써 다시 결합한다는 이야기에서 유래했다.

이 두 저서(「설교집」과 「승인록」) 가운데 어떤 것이 먼저 집필되었는가 하는 문제에 대해서 비평가들 사이에 의견이 엇갈려서, 어떤 사람들은 「승인록」을

「설교집」에 대한 정통적인 혹은 정통에 보다 가까운 편집본으로 간주하는 반면에, 다른 이들은 「설교집」을 「승인록」을 이단적으로 변질시킨 것으로 간주한다.[6] 그러나 가장 개연성이 높은 것은 두 저서가 베드로와 클레멘스의 이름을 차용하여 보다 오래되고 단순한 유대-기독교적 문서들을 토대로 집필되었다고 보는 견해이다.

저작 장소의 경우 「설교집」는 시리아 동부로 추정되며, 「승인록」은 로마로 추정된다. 저작 시기는 두 권 모두 2세기 후반으로 간주된다.

문학적 관점에서 볼 때, 이 문헌들은 최초의 기독교 허구 작품들로서 「헤르마스의 목자」에 버금갈 만큼 탁월하다. 책의 내용, 특히 도덕적 진실함과 자상한 정서에서는 카리톤(Chariton)과 아킬레스 타티오스(Achilles Tatios) 같은 이교 허구 작품들을 훨씬 능가한다. 문체는 다소 지루하지만 나름대로 매력이 있으며, 교훈적이고 역사적이며, 철학적이고 시적인 요소들을 두루 조합할 줄 아는 예술가의 역량을 드러낸다.

특주

라가르드(Lagarde)는 자신이 편집한 「클레멘티나」(Clementina) 서문에서, 그리고 쉬타이츠(G. E. Steitz)는 '연구와 비평'(Studien und Kritiken) 1867년 3호, p. 556 이하에 실린 라가르드에 대한 긴 서평에서 마술사 시몬에 대한 위 클레멘스의 허구와 독일의 파우스트 이야기 사이의 유사점을 지적하며, 「설교집」에 비해 교회에 더 잘 알려졌던 「승인록」을 매체로 삼아 파우스트 이야기가 시몬의 허구에서 유래했다고 본다. 사벨리쿠스(George Sabellicus)는 1507년경에 스스로를 '파우스트 2세', '제2의 마술사'라고 불렀다. 클레멘스의 아버지 이름이 파우스투스이며, 그의 두 형제 파우스티누스와 파우스티니아누스(「승인록」에서는 파우스투스와 파우스티누스)는 마술사 시몬과 함께 양육되었고, 처음에는 그와 교제를 나누었다. 헬레나(Helena)와 호문쿨루스(Homunculus)가 비록 아주 다른 형태이긴 하나 두

---

6) 특히 Hilgenfeld와 Ritschl, 그리고 보다 앞서 활동한 저자들 가운데서는 Cave와 Whiston이 이 견해를 지지했다. Salmon도 「승인록」이 먼저 집필되었을 것으로 추정한다.

이야기들에 등장한다. 필자는 이러한 유사점들이 만약 이러한 추정이 아니었다면 서로 크게 달랐을 민간의 두 허구들 사이에 접촉점을 제공하기에 충분한지 회의적인 생각이 든다.

115. 영지주의. 참고문헌

SOURCES:

I. Gnostic (of the Valentinian school in the wider sense): PISTIS SOPHIA; *Opus gnosticum e codice Coptico descriptum lat. vertit M. G. Schwartze, ed. J. H. Petermann.* Berl. 1851. Of the middle of the third century. An account of the fall and repentance of Sophia and the mystery of redemption. Comp. the article of *Köstlin* in the "Tüb. Theol. Jahrbücher," 1854.—The Apocryphal Gospels, Acts, and Apocalypses are to a large extent of Gnostic origin, *e. g.* the Acts of St. Thomas (a favorite apostle of the Gnostics), John, Peter, Paul, Philip, Matthew, Andrew, Paul and Thecla. Some of them have been worked over by Catholic authors, and furnished much material to the legendary lore of the church. They and the stories of monks were the religious novels of the early church. See the collections of the apocryphal literature of the N. T. by Fabricius, Thilo, Tischendorf, Max Bonnet, D. William Wright, G. Phillips, S. C. Malan, Zahn, and especially Lipsius: *Die Apokryphen Apostelgeschichten und Apostellegenden* (Braunschweig, 1883, 2 vols.) Comp. the Lit. quoted in vol. I. 90 sq.; 188 sq., and in Lipsius, I. 34 sqq.

II. Patristic (with many extracts from lost Gnostic writings): IRENÆUS: *Adv. Hœreses.* The principal source, especially for the Valentinian Gnosticism. HYPPOLYTUS: *Refutat. omnium Hœresium (Philosophumena),* ed. Duncker and Schneidewin. Gott. 1859. Based partly on Irenæus, partly on independent reading of Gnostic works. TERTULLIAN: *De Prœscriptionibus Hœreticorum; Adv. Valentin; Scorpiace; Adv. Marcionem.* The last is the chief authority for Marcionism. CLEMENS ALEX.: *Stromata.* Scattered notices of great value. ORIGENES: *Com. in Evang. Joh.* Furnishes much important information and extracts from Heracleon. EPIPHANIUS: Πανάριον. Full of information, but uncritical and fanatically orthodox. EUSEBIUS: *Hist Eccl.* THEODORET: *Fabulæ Hær.*

See FR. OEHLER'S *Corpus Haereseologicum* (a collection of the ancient anti-heretical works of Epiphanius, Philastrus, Augustin, etc.). Berol. 1856–1861, 5 vols.

III. Neo-Platonist: PLOTINUS: Πρὸς τοὺς γνωστικούς (or *Ennead.* II. 9).

IV. Critical: R. A. LIPSIUS: *Zur Quellen-Kritik des Epiphanios.* Wien 1865. *Die Quellen der ältesten Ketzergeschichte.* Leipz. 1875 (258 pp.)

AD. HARNACK : *Zur Quellen-Kritik der Geschichte des Gnosticismus.*
Leipz. 1873. Comp. his article in Brieger's "Zeitschrift für K.
Gesch." for 1876, I. Also HILGENFELD : *Ketzergesch.* p. 1–83.

WORKS :

MASSUET (R. C.) : *Dissert. de Gnosticorum rebus,* prefixed to his edition
of Irenæus ; also in Stieren's edition of Iren. vol. II. pp. 54–180.

MOSHEIM : *Comment. de rebus ante Const. M.* pp. 333 sqq.

NEANDER : *Genet. Entwicklung der gnost. Systeme.* Berl. 1818. Comp.
the more mature exposition in his *Ch. Hist.* He first opened a calm
philosophical treatment of Gnosticism.

JAQUES MATTER : *Histoire critique du Gnosticisme et de son influence
sur les sectes religieuses et philosophiques des six premiers siècles*
Par. 1828 ; second ed. much enlarged. Strasb. and Par. 1844, in 1
vols.

BURTON : *Bampton Lectures on the Heresies of the Apost. Age.* Oxf. 1830.

MÖHLER (R. C.) : *Der Ursprung des Gnosticismus.* Tüb. 1831 (in his
"Vermischte Schriften," I. pp. 403 sqq.)

BAUR : *Die christliche Gnosis in ihrer geschichtl. Entwicklung.* Tüb.
1835. A masterly philosophical analysis, which includes also the
systems of Jacob Böhme, Schelling, Schleiermacher, and Hegel.
Comp. his *Kirchengesch.* vol. I. 175–234.

NORTON : *History of the Gnostics.* Boston, 1845.

H. ROSSEL : *Gesch. der Untersuch. über den Gnostic. ;* in his "Theol.
Nachlass," published by Neander. Berl. 1847, vol. 2nd, p. 179 sqq.

THIERSCH : *Kritik der N. Tlichen Schriften.* Erl. 1845 (chap. 5, pp. 231
sqq. and 268 sqq.)

R. A. LIPSIUS : *Der Gnosticismus, sein Wesen, Ursprung und Entwick-
lungsgang.* Leipz. 1860 (from Ersch and Gruber's "Allgem. Encycl."
1. Sect. vol. 71). Comp. his critical work on the sources of Gn.
quoted above.

E. WILH. MÖLLER : *Geschichte der Kosmologie in der griechischen Kirche
bis auf Origenes. Mit Specialuntersuchungen über die gnostischen
Systeme.* Halle, 1860 (pp. 189–473).
In Ersch und Gruber's Encykl. 1860.

C. W. KING : *The Gnostics and their Remains* (with illustrations of
Gnostic symbols and works of art). Lond., 1864.

HENRY L. MANSEL (Dean of St. Paul's, d. 1871) : *The Gnostic Heresies,*
ed. by J. B. Lightfoot. London, 1875.

J. B. LIGHTFOOT : *The Colossian Heresy,* Excursus in his *Com. on Colos-
sians and Philemon.* London, 1875, pp. 73–113. This is the best
account of Gnosticism, written by an Englishman, but confined to
the apostolic age.

RENAN : *L' église chrétienne* (Paris, 1879), Chap. IX. and X. p. 140–185,
and XVIII. p. 350–363.

J. L. JACOBI : *Gnosis,* in the new ed. of Herzog, vol. V. (1879), 204–247,
condensed in Schaff's "Rel. Encycl," 1882, vol. I. 877 sqq.

G. Salmon, in Smith and Wace, II. 678–687.

G. Koffmane: *Die Gnosis nach ihrer Tendenz und Organisation.* Breslau, 1881. (Theses, 33 pages).

Ad. Hilgenfeld: *Die Ketzergeschichte des Urchristenthums.* Leipzig, 1884 (p. 162 sqq.).

A number of monographs on individual Gnostics, see below.

116. 영지주의의 의미, 기원, 성격

유대교의 형태를 띤 이단은 사도 시대에 사실상 진압되었다. 제2기에 더욱 중요하게 대두하여 보다 널리 퍼진 이단은 기독교를 이교화하려고 한 영지주의(靈知主義, Gnosticism)이라는 이단이었다. 그것은 고대 교회를 이성주의화하려는 시도였다. 이 이단 사상은 지식인들의 사회에 널리 퍼졌으며, 이 사상을 논박하는 과정에서 가톨릭 신학이 발전하게 되었다.

그노시스(gnosis, 靈知)라는 헬라어는 피상적인 견해 혹은 맹목적인 신앙과 구분하여 모든 종류의 철학 혹은 종교 지식을 가리키는 데 사용할 수 있다. 신약성경은 참 그노시스와 거짓 그노시스를 분명히 구분한다. 참 그노시스는 기독교 진리의 본질과 구조를 꿰뚫어 보는 깊은 통찰로서 신앙에서 솟아나고, 가장 중요한 덕들인 사랑과 겸손이 수반되고, 교회의 덕을 세우는 데 이바지하며, 성령께서 일으키시는 은혜의 선물들 가운데 포함된다. 알렉산드리아의 클레멘스와 오리게네스는 이런 의미의 그노시스를 얻는 데 뜻을 두었으며, 따라서 이성과 계시를 종합하려고 시도한 모든 사변적 신학자들을 기독교 영지주의자들이라 부를 수 있다.

반면에 사도 바울이 디모데에게 경계하고, 고린도인들과 골로새인들에게서 감지하여 책망하는 거짓 그노시스(참조. 딤전 6:20)는 지혜에 대한 병적인 자부심이자 교만하고 야심이 깔린 지식으로서, 이것은 덕을 세우기보다 허물고(참조. 고전 8:1), 한가한 교활함과 논쟁을 일으키며, 그 과정에서 "스스로 지혜 있다 하나 우준하게 되어"(롬 1:22)라는 사도의 말을 입증한다.

이 단어는 나쁜 의미로 쓰일 때 우리가 지금 말하는 오류에 적용되며, 그런 의미가 적어도 이미 사도 바울과 요한의 시대에 나타나기 시작했다. 그것은 이원론적 이교 사상에 기반을 둔 편향적인 주지주의[지성주의]로서, 지식[그노시스]을 지나치게 높게 평가하고, 신앙[피스티스]을 낮게 평가한다. 영지주의자들은 이 단어로써 자신들을 신앙주의자들(Pistics) 곧 대다수 그리스도인들과 구분했다. 그들은 기독교가 본질적으로 더 고등한 지식으로 이루어진다고 간주했고, 자신들만 비밀스럽고 철학적인 종교를 소유하고 있고, 그 종교가 자신들을 진실되고 영적인 사람들로 만들어 준다는 헛된 망상을 품었으며, 영혼과 육체를 지닌 단순한 사람들을 경멸했다. 그들은 자신들이 지적인 귀족들로서 교회에서 더 높은 계층을 형성하고 있다고 자부했다. 더 나아가 기독교를 낯설고 잡다한 요소들로 변질시켰으며, 그로써 복음의 참된 본질을 흐려놓았다.[7]

참된 영지주의와 거짓 영지주의, 신앙적 영지주의와 불신앙적 영지주의를 현대 이성주의[합리주의]와 현대 불가지론의 두 가지 형태들과 비교할 수 있다. 이성주의 가운데는 계시를 이성과 조화시켜서 이해하는(비록 현실에서는 계시가 이성을 초월하긴 하지만) 기독교 합리주의가 있으며, 자연적 이성(ratio)을 계시의 판단자로 삼고서 기독교의 구체적인 교리들을 배격하고 초자연적이고 기적적인 것들을 부정하는 반(反)기독교적 이성주의가 있다. 그리고 인간의 사고에는 한계가 있다는 의식에서 발생하고, 신앙을 초자연적이고 절대적인 것들을 인식하는 데 필요한 기관으로 인정하는 불가지론이 있는가 하면,[8] 무한하고 절대적인 것들에 대해서 알 수 없다고 단언하고, 무관심주의와 무신론으로 치우치는 불신앙적 불가지론이 있다.[9]

그러면 이제 영지주의의 기원을 추적해 보자.

영지주의는 그 실질 내용이 주로 이교에서 유래했다. 이교 철학과 종교를 기독교로 독특하게 전이 혹은 주입한 것이 영지주의이다. 교부들은 자기 시대에 영지주의를 감지했다. 특히 히폴리투스는 「필로소푸메나」에서 영지주의 이단들의 뿌리를 다양한 체계의 그리스 철학으로 거슬러 올라가 찾으려고 하며, 그러기 위해서 시몬 마구스를 헤라클레이토스에게, 발렌티누스를 피타고라스와 플라톤에게, 바실리데스를 아리스토텔레스에게, 마르키온을 엠페도클레스에게 종

---

7) Baur는 영지주의를 지나치게 포괄적인 관점에서 바라보며, Shelling과 Hegel에게까지 내려오는 모든 기독교 종교 철학 체계들을 영지주의에 포함시킨다.

8) Sir William Hamilton and Dean Mansel.

9) Hume, Spencer, Comte. 칸트의 경우, 그는 흄으로부터 출발했지만, 실천 이성의 단언적 명령에 의해서 이론적 이성의 회의주의를 저지했다.

속시키며, 따라서 교부들 가운데 처음으로 탈레스로부터 시작하여 그리스 철학 사상들을 소개한다.

이 철학 체계들 가운데 플라톤주의가 특히 알렉산드리아의 영지주의자들에게 큰 영향을 끼쳤다. 물론 원래의 헬레니즘 형태로 영향을 끼치기보다는 동양화하여 절충적이고 신비주의적인 성격을 띠는 형태로 영향을 끼쳤다(이러한 형태의 플라톤주의에서 생긴 또 다른 결실이 신 플라톤주의였다). 영지주의의 아이온(aeon, 영겁의 시대)들 교리와 물질관, 이상 세계와 물질 세계를 대립시키는 견해, 영혼들이 천지 창조 이전에 이상 세계로부터 타락했다는 견해, 죄가 물질에서 유래했다는 견해, 영혼이 육체의 족쇄에서 구속되어야 한다는 견해가 모두 플라톤주의의 사색에서 잉태되었다. 그뿐 아니라 피타고라스 학파의 상징적 숫자 사용, 스토아 학파의 물리학과 윤리학, 그리고 아리스토텔레스 철학의 요소들도 영지주의자들에게서 감지된다.

그러나 마쉐에(Massuet)가 만족하는 헬라 철학과의 이러한 관계만 가지고는 영지주의의 기원을 충분히 설명할 수 없다. 보조부르(Beausobre)와 모스하임(Mosheim)은 이 이단의 고향을 말할 때 그리스에다 동방을 올바로 결부시킨다. 이것은 영지주의의 사색이 신비주의적이고 광신적이고 수수께끼 같은 형태를 지닌 점에서 추론할 수 있고, 영지주의를 대표한 대다수 사람들이 이집트와 시리아 출신들이었던 점에서도 추론할 수 있다. 알렉산더 대왕이 벌인 정복 사업, 그리스어와 그리스 문학의 확산, 기독교 진리들이 동방의 지식인 사회를 크게 휘저어 놓았고, 그 여파가 서방에도 미쳤다. 따라서 영지주의는 유대교의 이단적 형태들과 에세네파 사상, 테라퓨타이파 사상, 필로의 철학적·종교적 체계, 그리고 그 기원이 1세기까지 거슬러 올라가는 듯한 카발라(the Cabbala)와 다소 유사한 점이 있다고 간주되었다. 영지주의가 빛의 왕국과 어둠의 왕국을 골자로 하는 조로아스터교의 이원론과 유사하다는 것은 분명한 사실이며, 이것은 시리아 영지주의자들에게서 더욱 두드러진다. 영지주의가 불교의 범신론적이고 가현적이고 금욕적인 요소들과 관계가 있다는 것도 마찬가지로 분명하다(불교는 그리스도께서 땅에 계실 당시에 아시아 서부까지 전래되어 있었다). 마니교의 경우에는 페르시아와 인도의 영향이 가장 두드러지는 데 반해, 헬레니즘의 영향은 아주 미약하다.

영지주의는 혼합주의적 경향을 놓고 볼 때 결코 고립된 사실이 아니다. 그것은 옛 종교들이 줄줄이 무너지고 새 종교가 승리를 거둠으로써 조성된 강한 사상 혁명의 분위기에 깊이 뿌리를 내렸다. 그리스도와 같은 시대를 살았으나 그분에 대해 전혀 무지했던 알렉산드리아의 필로는 알레고리적 해석을 사용하여 유대교를 플라톤 철학과 결합하려고 했다. 그리고 이 사상 체계는 기독교나 이교의 영향을 받는 과정에서 알렉산드리아 교부들의 사변적 신학이나 이단적 그노시스를 위한 길을 예비했을 것이다.

영지주의와 한층 더 가까웠던 것은 신플라톤주의였다. 이것은 필로의 체계보다 약간 뒤에 발생했으나 유대교를 무시했고, 오로지 동방과 서방의 이교에서 사상을 끌어다 썼다. 하지만 영지주의의 혼합주의는 신플라톤주의가 직접 혹은 간접으로 반대했던 기독교를 끌어안음으로써 플라톤주의와 신플라톤주의 양자와 사뭇 다른 모습을 띠었다. 영지주의는 비록 기독교의 정체성을 파괴할 정도로 이질적 사상을 혼합하여 기독교를 변질시키긴 했으나, 기독교를 종교 발전의 가장 고등한 단계로 간주했다.

그러므로 영지주의는 역사에 알려진 가장 광범위하고 포괄적인 형태의 사변적 종교 혼합주의인 셈이다. 이것은 동양 신비주의, 그리스 철학, 알렉산드리아적이고 필로적이고 카발라적인 유대교, 기독교의 구원 사상으로 구성되되, 기계적으로 조합되지 않고 화학적으로 혼합되었다. 적어도 발렌티누스의 체계에서 상당히 발전된 형태로서는 나름대로 제법 사변적인 혹은 그보다는 공상적인 사고 구조이며, 동시에 창의력이 뛰어난 예술 작품이자, 기독교의 신화적 서사시이다.

영지주의 안에 옛 세계가 모든 에너지를 결집하여 그 다양한 요소들을 새로운 어떤 것으로 만들어 내며, 보편[가톨릭] 교회의 실질적이고 본질적인 보편주의에 반대하여 이상적이고 공상적인 사색의 보편주의를 제시했다. 그러나 이렇게 모든 사상과 종교 체계들을 혼합한 것이 결국에는 동방과 서방의 이교가 서둘러 해체되는 데 이바지했을 뿐이며, 그 과정에서 기독교적 요소는 연단을 통해서 더욱 정결하고 강하게 되었다.

영지주의의 사색은 대다수 사변적 종교들과 마찬가지로 실질적인 도덕을 위한 안전한 기반을 닦는 데 실패했다. 한편으로는 영적 자부심이 죄의식을 흐려 놓고 경박한 반(反)율법주의를 조성했으며, 이러한 분위기가 호색과 방탕으로 귀결되는 경우가 많았다. 다른 한편으로 죄의식에 지나치게 사로잡힌 나머지 자연을 신격화하는 이교와 판이하게 자연을 마귀의 영역으로 간주하고, 육체를 악의 좌소(座所)로 여겨 혐오하고, 극단적인 고행을 마다하지 않는 영지주의자들도 적지 않았다.

영지주의에 이러한 금욕주의적인 면이 있다는 사실이 로마 가톨릭 성직자 묄러에 의해서 뚜렷하게 부각된다. 그러나 묄러는 거기서 훨씬 더 나아가 영지주의의 모든 현상(그는 이것을 개신교의 전조로 잘못 이해한다)이 직접·간접으로 기독교에서 유래했다고 본다. 영지주의가 사색의 토대를 찾을 때 과거의 철학들과 신지학들과 신화들, 한 마디로 자체의 목적을 위해 사용할 수 있는 모든 것을 끌어들인 관념적 기독교(hyper-Christianity)이자 세상에 대한 지나친 경멸로 설명한다.

영지주의자들의 수가 어느 정도나 되었는가는 확실하게 말할 수 없다. 다만 고대 교회의 거의 모든 지역에서 그들이 발견된다. 그 중에서도 특히 이집트와 시리아와 소아시아처럼 기독교가 유대교와 이교와 밀접히 접촉하게 된 지역들에 뿌리를 넓게 내렸고, 그 뒤로는 로마에서 온갖 유형의 진리와 오류가 뒤섞인 상태로 발견되었고, 갈리아에서는 이레나이우스에 의해 논박되었으며, 아프리카에서는 테르툴리아누스에게, 그 뒤에는 여러 해 동안 마니교에 몸담은 바 있는 아우구스티누스에게 논박을 당했다.

영지주의는 지식인들에게 가장 큰 호감을 얻었으며, 교회의 교사들을 곁길로 나가도록 위협했다. 그러나 영지주의자들은 일반 대중 사이에는 발판을 마련하지 못했다. 실제로 비의(秘儀)에 몰입하느라 대중으로부터 초연하게 떨어져 있었다. 그리고 그들의 철학적 집단들도 보편 교회의 회중만큼 규모가 크지 못했음에 틀림없다.

영지주의 학교들이 번성한 시기는 2세기였다. 6세기에 들어서면 그들이 존재했다는 아주 희미한 흔적만 남는다. 그럴지라도 일부 영지주의 사상과 마니교 사상이 프리스킬리아누스파(Priscillianists), 바울파(Paulicians), 보고밀파(Bogomiles), 카타리파(Catharists) 같은 중세의 여러 이단 분파들 사이에 계속해서 나타나며, 심지어 현대의 신학적·철학적 사색의 역사도 유사한 경향들을 보여준다.

117. 영지주의의 체계와 그 신학

영지주의는 이단적인 종교 철학, 혹은 보다 정확하게 말하자면 신화적 신지학(神智學)으로서, 이교적 질서에서 기독교적 질서로 이행하던 그 괄목할 만한 시대의 독특하고 끓어오르던 상태를 지적으로 반영한다. 만약 영지주의가 과거의 사가들에 의해 기괴하게 묘사된 것처럼 터무니없고 신성모독적인, 게다가 도무지 종잡을 수 없는 잡동사니에 지나지 않았다면 그토록 많고 열정적인 지식인들을 끌어들이고 고대 교회를 그토록 오랫동안 어지럽히지 못했을 것이다.[10] 영지주의는 대단히 심오한 형이상학적·신학적 문제들을 풀기 위한 시도이다. 하나님과 세상, 영혼과 물질, 관념과 현상 사이의 큰 대립을 다루고, 창조의 신비를 풀려고 시도하고, 세상의 발생과 발전과 종말에 관한 문제들과 악의 기원 문제를 파헤친다. 물질 세계가 창조되어 있는 현실과 악이 존재하는 현실을 비물질적이고 완전히 선한 절대 신 개념과 조화시키려고 한다. 이 문제는 기독교의 구속 교리에 의해서만 풀 수 있지만, 영지주의는 그릇된 이원론의 토대에서 출발하며, 그것이 해답에 이르지 못하게 한다.

형식과 방법에서 영지주의는 앞서 살펴본 대로 그리스적이기보다 동양적이다. 영지주의자들은 상층 세계의 신비들을 벗기려고 시도하는 과정에서 이성의 속박들을 무시하고서 즉각 영적인 직관에 의존한다. 따라서 그들은 논리와 변증의 방법으로 사색하기보다 공상적이고 거의 시적인 방법으로 사색하며, 자신들의 생각을 단순하고 명쾌하고 침착한 언어로 표현하지 않고, 모형과 상징과 알레고리로 이루어지는 다채롭고 환상적이고 신화적인 언어로 표현한다. 이렇게 해서 괴상하고 터무니없는 생각과 너무나 황당한 자부심이 난해한 생각과 시적인 직관과 혼잡스럽게 뒤섞여 있다.

이렇게 초자연을 비이성으로 대체하고, 기적을 불가사의로 대체하는 비논리적인 초자연주의가 영지주의자들이 써낸 복음서들과 행전들의 비현실적 허구들

---

10) 주교 Kaye(*Eccl. History of the Second and Third Centuries*) 같은 보다 최근의 몇몇 저자들과 '니케아 이전 기독교 총서'(Edinb. 1868, vol. 1st, Introductory Notice) 가운데 이레나이우스 번역자들은 영지주의 체계를 황당한 내용으로 가득 찬 불가해한 사막으로 평가했다. 그러나 Mansel, Lightfoot, Salmon은 그 주제에 관해 선명한 지식을 보여주며, 본질상 Neander의 평가에 동의한다.

에 만연해 있다. 이 허구들은 풍부한 공상과 진기한 기사(奇事)들에서 가톨릭의
전승들을 능가한다. 영지주의 문학을 섭렵한 어떤 사람은 다음과 같이 말한다.
"귀신들림, 죽음에서의 소생, 치유 기적들, 형벌이 무궁무진하게 축적되어 있다.
비슷한 사건들이 자꾸 반복되면서 이야기들이 다소 지루하게 길어지며, 간혹 이
야기 중간에 시적인 가치를 지닌 대화와 찬송과 기도가 끼어든다. 환상과 천사
의 등장, 천상의 음성과 말하는 동물들, 패배하여 초라하게 된 귀신들 같은 풍부
한 장치들이 전개되고, 천상의 찬란한 빛이 비치고, 하늘에서 나타나는 신비스
러운 징조들과 지진들, 천둥과 번개가 불경건한 자들을 두려움에 떨게 하고, 불
과 흙과 바람과 물이 경건한 자들의 명령에 복종하고, 뱀들과 사자들과 표범들
과 호랑이들과 곰들이 사도들의 말에 유순해지고 도리어 사도들을 박해하는 자
들에게 달려들며, 죽어가는 순교자들이 면류관과 장미와 백합과 향유로 치장되
는 동안 무저갱이 열려 그들의 원수들을 삼킨다."

이 이단들이 가장 중시한 지식의 원천은 공개적이고 민간에 보급되어 있던 보
편[가톨릭] 교회의 전승과 대조되는 비밀 전승이었다. 이 점에서 영지주의자들
은, 전승을 버리고 오직 성경을 근거로 삼는 개신교 분파들과 다르다. 그들은 비
밀 전승 외에도 외경 문헌들, 즉 2세기에 사도 시대나 속사도 시대의 유력한 인
사들의 이름을 빌려 무수히 쏟아져 나온 기록들도 준거(準據)로 삼았다. 에피파
니우스는 이단들을 소개하다가 26번째 이단 부분에서 영지주의자들의 외경이
수천 종 있었다고 언급하며, 이레나이우스는 발렌티누스파 사이에서만 그런 유
의 저서들을 수없이 많이 발견했다. 그리고 마지막으로 영지주의는 자신들의 목
적을 추구할 때 성경의 일정 부분만 사용했다. 그들은 대체로 구약성경을 배격
했는데, 마르키온파와 마니교의 경우는 구약성경 전부를 부정했고, 그렇지 않은
경우도 상당 부분을 부정했다. 신약성경 가운데서도 심오한 영적 직관이 담긴
요한복음 같은 책들을 선호했으며, 다른 책들은 배격하거나 자신들의 사상에 맞
추어 곡해했다. 예를 들어 마르키온은 누가복음을 그런 식으로 재단했으며, 그
렇게 재단된 누가복음 외에 바울 서신들 가운데 열 권만 성경으로 받아들임으로
써 정경을 스물일곱 권의 신약성경 가운데 열한 권으로 대체했다.

그들이 채택한 성경 해석법에서 가장 독단적이고 지나친 것이 알레고리 해석
원리들이었다. 이것은 문자를 감각적인 것으로 여겨 무시하고, 언어 법칙과 해
석학을 정신의 족쇄로 여겼다. 그들의 해석 방법을 한 가지 소개하자면 신약성

경에 나오는, 특히 예수님의 생애에 나오는 30이라는 수를 발렌티누스가 주장한 아이온들의 수를 가리키는 뜻으로 받아들이며, 비유에 등장하는 길 잃은 양을 아카모스(Achamoth)라고 본다. 심지어 이교 저자들에게까지, 호메로스와 아라투스, 아라크레온의 시들에까지도 그들은 이 방법을 적용했으며, 이 작품들에서 심오한 영지적 신비들을 발견했다. 그들은 고대의 신화와 천문학과 물리학과 마술 등 전 분야에서 어떤 식으로든 자신들의 공상을 뒷받침할 만한 것을 취했다.

거의 모든 영지주의 체계들에 공동된 특징들은 다음과 같다: (1) 이원론(Dualism): 하나님과 물질이 영원히 대립된다는 가설; (2) 조물주(데미우르고스) 개념: 세상의 조물주 곧 데미우르고스와 참 하나님을 구분함; (3) 가현설(Docetism): 구속주의 위격에 내재하는 인간적 요소가 단순한 가현(假現)에 녹아 들었다는 가설.

이제는 특히 발렌티누스 학파처럼 충분히 발전된 형태들로 나타나기 전의 영지주의 전반의 이론적·실천적 체계를 분명하고 연관성 있게 살펴보자.

1. 영지주의 신학. 영지주의 신학 체계는 절대적 근본 존재로부터 출발한다. 신(神)은 너무나 깊어 측량이 불가능한 심연으로서, 자신 안에 잠겨 있으며, 시작도 없고 이름도 없고 다 이해할 수가 없다. 한편으로는 모든 존재 위에 무한히 솟아 있으면서도, 다른 한편으로는 본래의 아이온(aeon)이자 모든 사상들과 영적 권세들의 총화이다. 바실리데스는 심지어 신에게 존재마저 없다고 주장했으며, 그로써 훗날의 헤겔처럼 절대적 무실체(nonentity)로부터 출발하지만, 이 절대적 무실체는 절대적 존재와 동일하다.[11] 그는 현대의 불가지론이 끝나는 지점에서 시작한다.

2. 우주론. 심연이 열린다. 신이 발전 과정에 돌입하며, 자신의 품에서 여러 아이온들을 내보낸다. 그것은 신의 본성에 속한 덕(德, attribute)들과 드러난 권능

---

11) 고대 힌두교 철학에서도 절대 존재를 모든 존재의 근거로 간주한다. 그것은 특성들이 없고, 정의할 수 없고, 인식할 수 없고, 이것도 아니고 저것도 아니되, 그럼에도 불구하고 만물의 가능성들을 지닌다. 그 존재의 어둡고 깊은 곳에서 우주가 어떤 신비스러운 충동을 통해서 진화했다. 「베다」는 그것을 다음과 같이 묘사한다: "그것은 브라마(Brahma)도 아니고 비슈누(Vishnu)도 아니고 시바(Shiva)도 아니며(이 세 존재는 힌두교의 3대 신임), 이런 것들의 배후에 있는 어떤 것으로서 크든 작든 열정도 없고, 남성도 여성도 아니며, 그런 상태를 크게 초월한 어떤 것이다."

들이며, 정신, 이성, 지혜, 권능, 진리, 생명 같은 영원한 정신 세계의 관념들이다. 이 아이온들이 일정한 질서를 따라 — 발렌티누스에 따르면 암수로 쌍을 이루어 — 절대적 존재로부터 흘러나온다. 거대한 근원에서 멀리 갈수록 더 초라해지고 빈약해진다. 이러한 유출(emanation) 개념 외에도, 영지주의자들은 절대적 존재의 자기 계시를 예시하기 위해서 원래의 하나의 단위로부터 숫자들이 진화하는 상(像)과, 말소리가 갈수록 약해지다가 희미한 메아리로 사라지는 상을 사용했다.[12] 아이온들이 유출된 원인에 대해서 발렌티누스 같은 이들은 신의 자기 제한적 사랑으로 설명했고, 다른 이들은 형이상학적 필연으로 설명했다. 아이온들의 집단 전체가 이데아 세계 혹은 빛의 세계 혹은 영적 충만 곧 케노마(공허한 물질 세계)와 구분되는 플레로마를 형성한다. 전자가 신적 권세들과 덕들의 총합이라면, 후자는 그늘과 어둠의 지대이다. 그리스도께서는 아이온들의 우두머리로서 플레로마에 속하는 반면에, 데미우르고스 곧 조물주는 케노마에 속한다. 사도 바울은 이 이단의 초기 형태를 비판하면서, 예수 그리스도께서 신성(the Godhead)의 모든 충만이시며(골 1:19; 2:9), 교회는 그리스도의 플레로마를 반영한다고 가르쳤다(엡 1:22).

물질적이고 가시적인 세계는 악의 원리가 거하는 곳이다. 이것은 하나님께로부터 나올 수 없다. 만약 이것이 하나님께로부터 나왔다면 하나님이 악을 지으신 셈이 된다. 그것은 틀림없이 반대 원리에서 나온다. 이것이 하나님과 이상 세계에 영원히 대립해서 서 있는 물질(휠레)이다. 시리아 영지주의자들과 특히 마니교도들은 물질이 본질상 악한 실체이고, 빛의 왕국과 물러설 수 없는 전쟁을 벌이는 맹렬한 사탄의 왕국이라고 인식한 점에서 파르시교(Parsism)와 일치한다. 알렉산드리아의 영지주의자들은 그보다 플라톤의 휠레 개념을 따랐으며, 이것을 케노마, 즉 신적이고 생명력 넘치는 충만과 대조되는 공허로, 혹은 신적 존재와 마치 그늘과 빛의 관계를 맺은 채 정신이 넘어설 수 없는 어둠의 한계를 형성하고 있는 메 온(μή ὄν)으로 인식했다. 이 물질(Matter)은 그 자체로는 죽어있지만 플레로마와 결합하여 생기를 얻게 되는데, 이것이 다시 다양하게 설명된다. 마니교 체계에서는 어둠의 왕국이 완력으로 빛의 왕국의 일부분을 강점한다

---

12) 바실리데스와 사투르니누스는 앞의 상을 사용하고, 마르코스는 뒤의 상을 사용한다.

고 말하는 식으로 그 결합을 설명한다. 그러내 대개 그 결합은 위로부터 진행된
다. 신적 아이온들을 연결하는 마지막 고리가 이상 세계에 붙어 있기에 너무 약
하기 때문이든, 아니면 무한한 심연을 끌어안기 위해서 죄악된 정욕에 붙잡혔기
때문이든 빛의 편린으로서 물질의 어두운 혼돈 속으로 떨어지며, 그 속에 신적
생명의 씨앗을 심지만, 이 속박 안에서 고통스럽게 구속(救贖)을 갈망하며, 그 상
태에 대해서 아이온들의 세계 전체가 동정한다. 이 가장 약한 아이온을 가리켜
발렌티누스는 저등한 지혜 혹은 아카모스(Achamoth)라고 부르며, 이 아이온은
영혼이 물질에게 굴복하지 않을 수 없고, 무한이 유한 속으로 들어올 수밖에 없
으며, 따라서 실질 세계의 기반을 형성하는 극단 지점을 형성한다. 아카모스 신
화는 유한이 절대와 양립할 수 없음에도 불구하고 어떤 의미에서는 자체를 설명
하기 위해서 절대를 요구한다는 생각에 토대를 둔다.

여기서 영지주의 사색의 세번째 원리, 즉 공통적으로 데미우르고스라고 부르
는 조물주가 등장한다. 바실리데스는 그를 '아르콘'(Archon) 곧 세상의 통치자
라고 부르고, 배사교(拜蛇敎, Ophites)는 '얄다바오스'(Jaldabaoth) 곧 혼돈의 아
들이라고 부른다. 그는 타락한 아이온의 피조물로서 육체적인 물질로 형성되었
고, 따라서 신과 물질의 중간 지대에 서 있다. 그는 물질로부터 볼 수 있고 감각
할 수 있는 세계를 만들고 그것을 지배한다. 행성계에 권좌를 두고서 시간을 지
배하고 별을 이루고 있는 영혼들을 지배한다. 천문학적인 영향력이 대체로 그의
탓으로 돌려진다. 그는 유대교의 하나님 여호와로서, 스스로를 지고하고 유일한
하나님으로 상상한다. 그러나 이 사상이 좀 더 발전하는 과정에서 체계들이 달
라진다. 반(反)유대교적 영지주의자들인 마르키온과 배사교는 데미우르고스를
하나님의 뜻을 거역하는 오만한 존재로 묘사하는 반면에, 유대교를 지향하는 영
지주의자들인 바실리데스와 발렌티누스는 구속의 길을 예비하는 목적으로 하나
님의 손에 자기도 모르게 쓰임을 받는 제한된 도구로 여긴다.

3. 기독론과 구원론. 구속 자체는 빛의 영혼이 어두운 물질의 사슬에서 해방되
는 것이며, 이 구속은 가장 완전한 '아이온'인 그리스도에 의해서 수행된다. 그
리스도는 감각할 수 있고 현상적인 세계로부터 감각되지 않는 이상 세계로 돌아
가게 하는 중보자이다. 마치 데미우르고스가 '플레로마'로부터 '케노마'로 변절
하게 하는 중보자이듯이 말이다. 구속을 성취하는 이 아이온 — 발렌티누스는
그를 '소테르'(구원) 혹은 '예수'라고 부른다 — 은 천상의 영역에서 내려와 공기

와 같은 육체의 형상을 입는다. 또 다른 견해에 따르면, 그는 세례를 받을 때 예수라는 인간 혹은 유대교의 메시야와 자신을 일치시키며, 훗날 수난을 받을 때 그를 다시 버린다. 어쨌든 다른 어떤 점들을 놓고 보더라도 구속자는 죄악된 물질과 실질적으로 접촉하는 것이 용인되지 않는다. 그가 인간으로서 태어나고 고난을 당하고 죽은 일을 영지주의자들은 인도의 신화 방식을 따라 가현(假現), 일시적 환영(幻影), 유령의 형태로 설명하며, 구속자가 이러한 형태를 입은 것은 오로지 자신을 감각적인 본성을 지닌 인간들에게 나타내기 위함이라고 한다. 노골적인 철학적 정의로 축소된 영지주의의 그리스도는 슈트라우스(Strauss)의 신화적 복음 이론에서와 마찬가지로 사실상 인간 자신의 이상적 영혼에 다름 아니다.

성령은 공통적으로 하위의 아이온으로 인식된다. 그리스도의 사역에서 중심적인 사실은 소수의 입문자 무리에게 '그노시스'를 전달하여서 그들로 하여금 명료한 의식을 가지고 이상적 세계와 원시의 통일(연합)을 얻기 위해 노력하도록 자극하고 그럴 만한 능력을 주는 것이다. 발렌티누스에 따르면 천상의 '소테르'는 셀 수 없이 많은 고난을 당한 뒤에 '아카모스'를 '플레로마' 안으로 가져가며, 자신을 '플레로마'와 결합시켜 영원한 영적 결혼에 들어간다(그것은 지극히 영광스러운 아이온이 가장 저등한 아이온과 결합한 셈이 된다). 이로써 아이온들의 하늘에 있던 모든 불안과 장애가 걷히고, 복된 조화와 형언할 수 없는 기쁨이 회복되며, 모든 영적인 사람들 곧 참된 영지주의자들이 그 기쁨에 참여한다. 물질은 마침내 완전히 불살라져서 그 어두웠던 속이 백일하에 드러난다.

4. 인간론. 영지주의자들의 인간론은 그들의 신학과 상통한다. 인간은 소우주로서 영과 육과 혼으로 구성되며, 신과 물질과 데미우르고스라는 세 가지 원리를 각기 다른 정도로 반영한다. 인간들에는 세 부류가 있다. 영적인 사람들(프뉴마티코이)은 그 안에 신적 요소, 즉 이상적 세계에서 온 빛의 편린이 지배하는 사람들이다. 육체적인 사람들(소마티코이, 퓌시코이, 사르키코이, 홀리코이) 곧 육체적이고 현세적인 사람들 속에는 철저한 감각적 원칙인 물질이 지배한다. 혼적인 사람들(the psychical, 퓌시키코이) 안에는 데미우르고스적이고 반(半) 신적인 원리, 즉 앞의 두 경우의 중간쯤 되는 원리가 지배한다.

이 세 계층은 자주 세 종교의 신도들과 동일시된다. 영적인 사람들은 그리스도인들과, 육체적인 사람들은 이교도들과, 혼적인 사람들은 유대인들과 동일시된다. 그러나 영지주의자들은 어느 한 종교를 믿는 신자들, 특히 그리스도인들에 대해서도 동일한 구분을 적용했다. 그들은 자신들을 진정으로 영적인 사람들로 간주한 반면에, 허다한 수의 그리스도인들을 맹신에서 벗어나 참 지식에 이르지 못하고, 의지력이 약하여 선을 행하지 못하고, 그렇다고 해서 악을 행할 정도로 대범하지도 못하고, 신적인 삶을 갈망하되 그것을 얻지 못함으로써 이상적 세계의 플레로마와 감각적 세계의 케노마 사이에서 배회하는 사람들로 간주했다.

이것은 매우 독창적인 발상이긴 하지만, 바로 이러한 발상에서 비밀 종교와 대중 종교를 구분하는 비기독교적인 태도가 유래했으며, 영지주의가 기독교의 겸손과 사랑의 덕에 직접 상충되는 지식에 대한 자부심이 유래했다.

118. 영지주의의 윤리학

영지주의 이단들은 신적으로 창조된 육체를 천시하고 지식을 지나치게 높이는 점에서 일치된 태도를 드러낸다. 이 점을 넘어서면 영지주의자들에게서 두 가지 상반된 경향이 감지된다. 하나는 우울한 금욕주의이고, 다른 하나는 경박한 반(反)율법주의이다. 둘 다 악의 원인을 물질에게 돌리고, 자연이 마귀에게서 유래했다고 잘못 생각하는 이원론적 원리에 토대를 두었다. 양 극단은 자주 만났으며, 니골라당이 표방한 육체 학대 원칙이 먼저 금욕주의를 조장한 뒤에는 다시 방임주의가 뒤따랐다.

금욕적 영지주의자들, 이를테면 마르키온, 사투르니누스, 타티아누스, 그리고 마니교 신도들 같은 사람들은 염세주의자들이었다. 그들은 데미우르고스와 사탄에게 지배를 받는 감각적이고 멸망해 가는 세상에서 안주하지 못했으며, 에세네파와 사도 바울이 골로새서와 목회서신들에서 경계한 이단들처럼 물질로부터 조성된 육체를 혐오하고 특정한 음식들과 모든 부부 관계를 죄악된 물질로 자신을 더럽히는 행위로 규정하여 금했다. 이처럼 물질과 죄를 혼동했고, 물질을 제어하면 그 부수물인 죄도 함께 제어될 것이라는 망상을 품었다. 하나님이 지으시지 않은 죄만 미워하지 않고 하나님이 지으신 세상까지도 미워했다.

방임적 영지주의자들, 이를테면 니골라당, 배사교, 카르포크라테스파

(Carpocratians), 안티탁테스파(Antitactes)는 영혼이 물질보다 우월하다는 자부심에서, 혹은 육체의 정욕은 그것에 몰입함으로써 극복해야 한다는 악마적인 원리에 근거하여 모든 도덕률을 무시했고, 부끄러운 줄도 모르고 방탕에 탐닉했다. 알렉산드리아의 클레멘스에 따르면, 그들이 진정 위대하게 생각한 것은 정욕을 억제하는 게 아니라 정욕에 몰입하더라도 그것에 정복되지 않는 것이었다고 한다. 에피파니우스에 따르면, 이집트의 어떤 영지주의 분파들은 누추하고 물질주의적인 범신론에서 출발하여 그리스도를 자연의 번식력으로 이해하고는 예배를 방탕하게 진행했으며, 자신들의 모든 원기를 다 내놓아 결집한 뒤에는 감히 두렵게도 "나는 그리스도이다"라고 외쳤다고 한다. 이러한 관능성과 사탄적인 교만의 웅덩이에서 말라리아 같은 방대한 저서들이 발생했으나, 다행히도 그 가운데 우리 시대까지 전래된 것은 몇 권 되지 않는다.

119. 의식(儀式)과 조직

의식에서는 영지주의의 가현설과 극단적 영성주의(hyper-spiritualism)가 초지일관 매우 단순한 형식을 유지하도록 이끌었으며, 때로는 모든 성례와 외적인 은혜의 방도(方途)를 배격하게 만들었다. 물론 프로디쿠스파(Prodicians)처럼 하나님이라 불리고 숭배되는 모든 것 위에 자기를 높이는 참람한 경지에 도달하지는 않았다(참조. 살후 2:4).

그러나 이러한 경향과 나란히 그와 정반대되는 상징적이고 신비적인 면을 크게 부각시키는 경향도 존재했는데, 마르코스파(Marcosians)가 대표적인 경우였다. 마르코스파는 이중 세례, 즉 인간 예수, 혼(魂)에 속한 메시야가 받은 세례와 천상의 그리스도, 영에 속한 메시야가 받은 세례를 주장했고, 세례당을 연회장처럼 장식했으며, 최초로 종부성사(extreme unction)를 도입했다. 이미 2세기에 바실리데스파는 주현절(主顯節)을 지켰다. 시몬파(Simonians)와 카르포크라테스파는 그리스도와 자신들의 종교적 영웅들의 형상들을 의식에 사용했다. 발렌티누스파와 배사교는 물질의 속박에서 구속되기 위해서 아카모스를 간절히 갈망하는 내용의 찬송을 불렀다. 바르데사네스(Bardesanes)는 최초의 시리아 찬송 저자로 알려져 있다. 많은 영지주의자들은 자신들의 족장인 시몬을 추종하여 마술에 몰두했으며, 마르코스파가 그랬듯이 종교 의식에 예술을 도입했다.

영지주의자들의 외적 조직에 관해서는 별로 말할 내용이 없다(마니교는 예외로서, 그들에 관해서는 차후에 따로 다룰 것이다). 그들은 기독교를 숭고한 사색으로 변화시키는 데 목표를 두었고, 따라서 실질적인 조직 활동이 그들의 배타적인 지적 성향에 맞지 않았다. 테르툴리아누스는 그들에게서 질서와 기율을 조금도 찾아볼 수 없다고 비판한다. 그들은 현대 이성주의자들과 마찬가지로 분파나 정당이라기보다는 철학 학파들의 군집(群集)이었다. 그들 가운데 많은 사람들이 보편[가톨릭] 교회에서 탈퇴할 생각을 갖지 않고 오히려 교회 안에서 가장 높은 영적 계층인 신지학자들로서 교회에 남아 있었으며, 심지어 성직에 몸담고 있는 경우도 있었다. 「사도헌장」(*Apostolic Canons*, 51 혹은 50)에서 그 점을 분명히 추론할 수 있다. 이 문헌에는 영지주의자들의 침울하고 왜곡된 금욕주의가 분명히 언급되는 것이다: "만약 주교[감독]나 사제나 부제[집사] 혹은 어떤 교직자가 결혼과 고기 혹은 술을 금하되 자기 부정의 목적으로 그렇게 하지 않고, 하나님께서 모든 것을 선하게 지으셨다는 점과, 사람을 남녀로 지으셨다는 점을 망각하고서 그런 것들을 혐오할 목적으로, 심지어 창조를 모독할 목적으로 그렇게 한다면, 그 사람은 자신의 오류를 철회하지 않을 경우 면직시키거나 추방해야 한다." 이 글에서 가톨릭 교회가 비교적 훌륭한 영지주의자들에 대해서까지 의식적으로 논쟁적인 태도를 취했음을 감지하게 된다.

120. 영지주의 학파들

영지주의의 사색은 독단적이고 균형이 없는 주관성을 띠었기 때문에 자연히 무수히 많은 학파들이 생겼다. 이들은 다양하게 분류되었다.

지리적인 관점에서는 그들을 이집트 혹은 알렉산드리아 학파와 시리아 학파로 크게 대별할 수 있다. 알렉산드리아 학파(바실리데스, 발렌티누스, 배사교)에서는 플라톤주의와 유출설이 우세한 반면에, 시리아 학파(사투르니누스, 바르데사네스, 타티아누스)에서는 파르시교(parsism)와 이원론이 우세했다. 다음으로 이 두 학파와 여러 점에서 구분되는 것은 보다 실질적인 마르키온 학파였다. 이 학파는 이집트나 시리아에서 발생하지 않고, 사도 바울이 유대교의 율법주의와 속박에 반대하여 자유케 하는 복음을 강하게 심어놓은 소아시아에서 발생했다.

교리적 성격을 기준으로 좀 더 깊이 조사해 보면, 영지주의는 혼합주의를 표방하면서도 저마다 이교의 요소와 유대교의 요소와 기독교의 요소가 다른 요소들보다 강함으로써 구분되는 세 가지 유형으로 나타난다. 시몬파, 니골라당, 배사교, 카르포크라테스파, 프로디쿠스파, 안티탁테스파, 마니교는 이교 지향적 부류에 속한다. 케린투스, 바실리데스, 발렌티누스, 유스티누스는 유대교 지향적 부류에 속한다(위 클레멘스 설교집도 비록 에비온주의의 성격을 띠고 있지만 이 부류에 속한다). 사투르니누스, 마르키온, 타티아누스, 엔크라테이아파는 기독교 지향적 부류에 속한다. 그러나 여기서 반드시 기억해야 할 것은 이러한 구분이 상대적일 뿐이라는 점이다. 모든 영지주의 체계들이 사실상 현저히 이교적 성격을 띠고 있었고, 본질상 한결같이 구약성경의 순수한 유대교와 신약성경의 기독교와 대립되었다. 이른바 유대적 경향을 띤 영지주의자들의 유대교란 그것이 알렉산드리아적인 것이든 카발라적인 것이든 외경의 수준을 넘어서지 못한다.[13]

윤리적 관점에서도 영지주의 집단들을 구분할 수 있으며, 크게 세 부류로 구분된다. 첫째는 사변적 혹은 신지학적 영지주의자들(바실리데스, 발렌티누스)이고, 둘째는 실천적이고 금욕적인 사람들(마르키온, 사투르니누스, 타티아누스)이며, 셋째는 반(反)율법주의적이고 개방적인 사람들(시몬파, 니골라파, 배사교, 카르포크라테스파, 안티탁테스파<Antitactes>)이다.

이상과 같이 영지주의의 일반적 성격을 개관하고 주요 집단들을 크게 분류했으므로, 이제는 연대순을 따라서 여러 학파들을 기술하겠는데, 우선 사도시대부터 발생한 학파들부터 시작하겠다.

---

13) 영지주의자들에게 네 쪽(15장)을 할애하는 Gibbon은 반유대적 특징만을 다루며, 그 내용을 이용하여 자신이 구약성경에 대해 갖고 있는 반감을 표현한다. 그는 영지주의자들을 (아주 피상적인 지식을 토대로, 하지만 특유의 탁월한 직관을 발휘하여) "그리스도인의 이름을 지닌 자들 가운데 가장 정중하고 학식있고 부유한 사람들"이라고 평가하며, 그들이 감각적 쾌락을 몹시 혐오했기 때문에 "족장들의 일부다처 행위와 다윗의 불륜, 솔로몬의 후궁을 비판했으며", "가나안 정복과 원주민 말살을 보편적인 인도애와 정의 개념"과 어떻게 조화시켜야 할지 당혹스러워했다고 말한다.

121. 시몬 마구스와 시몬파

시몬 마구스는 사도행전 8장을 통해서 우리에게 알려진 역사적 인물이다.[14] 그는 사마리아 출신인 순교자 유스티누스가 보고하듯이 사마리아 기톤에서 태어난 듯하다.[15] 그럴지라도 그가 동시대인에다 이름이 같은 유대인 마술사와 동일인이었을 가능성이 있다. 그 마술사에 대해서 요세푸스는 키프로스 출신으로서 총독 벨릭스의 친구였다고 기록하며, 벨릭스가 시리아 에메사의 왕 아지주스(Azizus)의 아름다운 아내 드루실라(Drusilla)와 결혼할 속셈으로 그녀를 남편과 헤어지게 하기 위해 그 마술사를 고용했다고 전한다.[16]

시몬은 하나님께로부터 유출된 존재('크다 일컫는 하나님의 능력')로 행세하면서,[17] 이방적 성격과 유대적 성격을 반씩 갖춘 사마리아인들 사이에서 마술을 행하여 큰 소란을 피웠으며, 40년경에 빌립에게 세례를 받았으나 베드로 앞에서 위선과 거룩한 것들을 이용한 탐욕 추구에 대해서 무서운 책망을 받았다.[18] 이로

---

14) 튀빙겐 학파는 사도행전의 역사성을 부정하기 때문에 시몬 이야기를 유대 기독교의 허구로 간주하며, 사도 바울을 이단이자 마술사로 규정하여 그를 겨냥하기 위해 이 허구가 지어졌다고 설명한다. Baur, Zeller, Volkmar가 이러한 견해를 주장한다. 그러나 사도행전은 시몬에 관한 최초의 기록을 제시하며, 우리는 고대의 한결같은 증언과 더불어 그 책이 누가의 저작이라고 믿는다. 하지만 설혹 그것이 누가의 저작이 아닐지라도 바울에게 호의적인 저자의 글임에는 틀림없으며, 따라서 바울을 비판하기 위한 허구를 집어넣고 자기 글의 상당 부분을 무의미하게 만드는 그런 행위를 했을 가능성이란 생각조차 할 수 없다.

15) 유스티누스의 출생지인 플라비아 네아폴리스(나블루스)에서 멀지 않은 곳에 기타이라는 곳이 있었다. 지금은 이곳이 쿠리엣 지트(드쉬트)라 불린다.

16) Josephus, *Ant.* X X. 7, 2. Neander, De Wette, Hilgenfeld도 두 사람을 동일인으로 간주한다. 키프로스 섬에는 키티온이라는 도시가 있었는데(투키디데스, I. 112, 1), 순교자 유스티누스가 혹시 그 도시를 사마리아의 기톤과 혼동했을 가능성이 있다. 그는 로마의 조각상에 대해서 시모와 세모를 혼동한 사례가 있는 것이다. 그러나 사마리아에 관한 문제에서 플라비아 네아폴리스(고대의 세겜) 출신인 유스티누스에 비해서 요세푸스가 실수했을 가능성이 더욱 크다.

17) 행 8:10. 클레멘스의 *Homilies* (II. 22)와 *Recognitions* (II. 7)에 따르면 시몬은 자칭 '하나님의 지존의 권능'이라 불렀다고 한다.

18) 이 사건의 기억은 성직 매매를 뜻하는 simony란 단어로써 영구히 남아 있다.

써 시몬은 교회사에서 신앙과 마술을 결합한 최초의 혼합주의 사례를 남겼다. 이러한 이유로 교부들은 그에게 모든 이단들, 특히 영지주의자들의 족장 혹은 이레나이우스의 표현을 빌자면 그들의 '우두머리'(magister)와 '원조' (progenitor)라는 올바른 칭호를 붙였다. 시몬 외에도 같은 시대에 활동한 사마리아인들인 도시테우스(Dositheus)와 메난더(Menander)도 이단의 수괴들이라는 악명을 얻었다. 사마리아는 그리스도께서 오시기 전부터 종교 혼합주의가 번식하기에 알맞은 비옥한 땅이었으며, 영지주의라는 이름으로 통하는 혼합주의적 이단이 태어날 만한 천혜의 지역이었다.

시몬이 떠돌아다니면서 사람들을 가르쳤다는 이야기는 2, 3세기의 가톨릭 신자들과 이단들에 의해 전설적인 성격으로 윤색되었으며, 특히 에비온주의에 관심이 많고 따라서 바울을 철저히 적대시한 이단들에 의해서 심하게 윤색되었다. 위 클레멘스의 이야기들에서 시몬은 유대교에 반대한 모든 이단들의 대표자로 등장한다. 마술사 시몬이 거짓의 사도로서 진리의 사도인 시몬 베드로와 대조된다. 그는 마치 어둠이 빛을 따라다니듯이 베드로가 어느 도시로 가든 그를 따라다녔으며, 곁에 헬레나를 데리고 다녔다(헬레나라는 여성은 한때 두로의 매춘부였으나, 이제는 신적 지혜라는 존귀한 지위로 격상되었다). 그는 베드로에게 가이사랴와 안디옥과 로마에서 벌어진 공개 논쟁에서 논박을 당한다. 마침내 그는 네로 황제 앞에서 모의 부활과 모의 승천을 한 뒤 베드로에게 치욕스러운 패배를 당한다. 결국 베드로가 순교의 면류관을 쓴 데 반해서, 그는 자살로써 인생을 마감한다.[19] 시몬이 다른 이단들과 분파 설립자들과 마찬가지로 (베드로에 앞서서) 로마를 방문했을 일말의 가능성이 없진 않지만, 로마에 시몬의 조각상이 있

---

19) 시몬에 관한 전설적 기록들은 가톨릭과 이단을 막론하고 대단히 다양하다. 순교자 유스티누스는 시몬이 로마를 방문했다고 전하지만, 그 일이 클라우디우스 때(41-54) 있었다고 하며, 베드로와 만난 일에 관해서는 한 마디도 언급하지 않는다. 다른 기록들은 그의 로마 여행이 네로 때(58-68) 이루어졌다고 한다. 히폴리투스에 따르면 시몬은 자신이 죽어도 사흘만에 살아날 것을 확신하고서 자신의 요청대로 산 채로 매장되었다고 한다. 사도헌장에 따르면 시몬은 도망치려고 하다가 베드로의 기도 응답으로 인해 넘어져 대퇴골과 발목뼈가 부러졌고, 그 부상 때문에 죽었다고 한다. 아르노비우스에 따르면 그는 엘리야처럼 불병거를 타고 승천하려고 하다가 다리가 부러졌고, 수치감을 이기지 못하고 높은 산에서 몸을 던져 자살했다고 한다.

었다는 순교자 유스티누스의 기록은 틀림없이 착오이다.[20]

이레나이우스와 히폴리투스를 비롯한 교부들이 시몬과 그의 추종자들에게 돌리는 영지주의는 조야하며, 이 이단의 초기 국면에 속한다. 이들의 영지주의는 "위대한 선언"(The Great Announcemnet) 혹은 "선포"(Proclamation)라는 제목이 붙은 저서에 잘 나타나 있으며, 이 저서에 대해서는 히폴리투스가 분석을 제시한다. 이 책이 전하고자 하는 주된 개념들은 '위대한 능력', '위대한 사상', 그리고 남성과 여성의 원리이다. 시몬은 자신이 창조적인 세계-영(world-spirit)정신의 화육(化肉)이라고 주장하고, 자신의 여성 동반자인 헬레나가 감수성이 깊은 세계-혼(world-soul)의 화육이라고 주장했다. 여기서 영지주의의 합(合, syzygy) 개념을 보게 된다.

3세기까지 존속한 시몬파(Simonians)는 시몬 마구스가 설립하지 않았을지라도 이름은 그에게서 유래했다. 이 분파는 시몬을 구속자로 숭배했고, 가인파(the Cainites)처럼 구약성경에서 가장 파렴치한 사람들을 자신들의 영웅들로 여겼으며, 규범과 행위가 매우 부도덕했다. 그러나 시몬파라는 이름은 다양한 부류의 영지주의 집단들을 가리키는 아주 막연한 의미로 사용된다.

122. 니골라당

니골라당(the Nicolaitans)은 요한계시록 2:6, 15에 방탕한 분파로 언급된다. 이들은 유대교로 개종한 안디옥 사람이자 예루살렘 교회의 일곱 집사 가운데 한 사람인 니골라(Nicholas, 행 6:5)를 자신들의 설립자로 내세웠다. 그는 참 신앙에

---

20) 그는 Apol. I. 26, 56에서 시몬 마구스가 로마를 방문하여 마술로써 원로원과 대중에게 큰 인상을 심어주었기 때문에 그들이 그에게 신적인 예우를 갖춰 티베르 강의 섬에 조각상을 세워주었다고 전한다. 그러나 그것은 유스티누스가 몰랐던 사비니계 로마의 신인 Semo Sanctus를 Simo Sanctus로 잘못 읽은 결과였다. 왜냐하면 1574년에 그 장소에서 Semoni Sanco Deo Fidio sacrum 등의 글귀가 새겨진 조각상이 발견되었기 때문이다. 유스티누스의 착오를 이레나이우스(Adv. Hoer. I. 23, 1), 테르툴리아누스(Apol. 13), 에우세비우스도 답습하지만, 로마에 거주하던 히폴리투스는 그것을 언급하지 않는다.

서 배교한 듯하며, 육체를 학대해야 한다는 위험한 원리를 가르쳤다. 이러한 그의 가르침을 그의 제자들은 육체를 완전히 지배할 수 있으려면 모든 감각을 충분히 사용해야 한다는 뜻으로 이해했다.

그러나 니골라당에 대한 교부들의 견해는 엇갈린다. 이레나이우스(그의 견해를 사실상 히폴리투스가 그대로 따랐다)는 그들에게 아주 불리한 기록을 남긴다.

"니골라당은 사도들에 의해 첫 집사들로 임명된 일곱 명 가운데 한 사람인 니골라의 추종자들이다. 이들은 아무런 제약도 받지 않은 채 방탕하게 살았다. 이들의 특성은 요한계시록에 아주 분명하게 지적되는데, 그 책에서 이들은 간음을 하고 우상에게 바친 제물을 먹는 것이 가치 중립적인 문제라고 가르친 것으로 소개된다. 그러므로 하나님의 말씀은 이들에 대해서 '네가 니골라당의 행위를 미워하는도다. 나도 이것을 미워하노라'고 말했다."

알렉산드리아의 클레멘스는 니골라가 성실한 남편이었고 자녀들을 무흠하게 양육했으나, "우리는 육체와 싸우고 육체를 혹독하게 다뤄야 한다"는 그의 말을 그의 제자들이 오해했다고 말한다.[21]

123. 케린투스

케린투스(Cerinthus)는 1세기 말에 소아시아에서 등장하여 연로한 사도 요한과 논쟁을 벌이게 되었는데, 이레나이우스는 사도가 복음서와 서신서들을 통해서 케린투스의 영지주의 사상을 비판하고 경계한 것이 아닌가 추정한다. 요한이 대중 목욕탕에서 케린투스를 만났을 때 그 진리의 원수 때문에 목욕탕이 무너질까봐 두려워했다는 이야기와, 폴리카르푸스가 마르키온(Marcion)을 만났을 때 그를 "사탄의 첫 소생"이라고 불렀다는 비슷한 이야기는 당시의 정통 신앙 노선의 목회자들이 이단들을 얼마나 혐오스럽게 여겼는지를 잘 드러낸다.[22]

---

21) 그는 다음과 같은 묘한 발언을 덧붙인다(*Strom.* III. c. 4). 즉, 니골라가 한 번은 아내에게 너무 연연한다는 이유로 사도들에게 심한 질책을 받은 뒤에, 자신의 아름다운 아내가 다른 사람의 아내가 되는 것을 허용함으로써 그 질책을 일축했다는 것이다. 하지만 이것은 있을 수 없는 일이다.

케린투스는 (에피파니우스가 수집한 불확실한 전승들에 따르면) 혈통으로 혹은 개종에 의해 이집트인이자 유대인으로서, 알렉산드리아에서 필로의 학교에서 배웠고, 사도 바울을 비판하고서 할례를 주장했던 거짓 사도들 가운데 한 사람이었고(참조. 갈 2:4; 고후 11:13), 천사로부터 계시를 받았다고 주장했고, 팔레스타인과 갈라디아를 두루 여행했으며, 한 번은 에베소를 들르기도 했다. 그가 죽은 시기는 알려지지 않는다.

그의 견해는 혼동된 기록들을 근거로 확인할 수 있는 바로는 유대교와 영지주의 중간에 해당한다. 그는 일부 생략된 마태복음을 제외한 모든 복음서들을 배격했고, 모세 율법의 유효성과 천년왕국을 가르쳤다. 유대화주의를 워낙 강하게 내세웠기 때문에 에비온파로 분류할 수 있을 정도이다. 그러나 그는 본격적인 영지주의 스타일을 가지고, 세상을 창조한 조물주와 하나님을 구분했으며, 전자를 하나님께 대한 적대적인 존재는 아닐지라도 중간 단계의 종속 신으로 설명했다. 기독론에서는 요셉과 마리아의 아들로 태어난 인간 예수와, 요단 강에서 세례를 받을 때 비둘기 형상으로 인간 예수에게 강림하여 그에게 하나님에 대한 참 지식과 기적 능력을 부여했으나 고난당할 때 그를 떠났다가 장차 영광스러운 메시야 왕국이 도래할 때에 비로소 그와 다시 결합하게 될 천상의 그리스도를 구분했다.[23] 발렌티누스 학파는 유대인들의 예수와 신적 구주 혹은 저등한 그리스도와 고등한 그리스도를 좀 더 분명히 구분했는데, 이것은 현대에 역사의 그리스도와 신앙의 그리스도를 구분하는 견해[Strauss]를 예기한 것이었다. 천년왕국은 예루살렘에 거점을 두게 될 것이며, 그 뒤에는 만물이 회복되는 일이 따르게 될 것이라고 보았다.[24]

---

22) 두 이야기 모두 이레나이우스가 자신의 책 III. c. 3, § 4에 디도서 3:10을 설명하는 문맥에서 기록한다. 그러나 요한이 목욕탕에서 겪었던 동일한 이야기가 존재 여부가 매우 의심스러운 에비온에 관해서도 언급된다.

23) '호 아고 크리스토스.' 그는 성령께 대해서도 '헤 아고 두나미스', 즉 높은 곳에서 예수에게 강림한 권능이라고 부른다. 발렌티누스는 유대인 메시야를 '호 카토 크리스토스' 라고 불렀다.

24) 이레나이우스는 케린투스를 소개할 때 그의 천년왕국적 종말론은 생략한다. 자신도 천년왕국론자였기 때문이다. 물론 케린투스보다 더 고등하고 영적 체계가 잡힌 천년왕국론을 주장하긴 했지만 말이다. 그러나 Caius, Dionysius(in Eusebius), Theodoret, Augustin은 케린투스의 천년왕국적 종말론을 그대로 소개한다.

2세기에 등장하여 삼위일체론과 천년왕국론을 막연하게 반대한 알로고스파(the Alogi)는 케린투스를 요한계시록 저자로 간주했다. 그 책에 천년왕국에 대한 가르침이 실려 있기 때문이었다. 그들은 케린투스가 제4복음서도 집필했다고 여겼다. 하지만 제4복음서야말로 가장 숭고하고 경험적인 신앙의 영지(그노시스)를 가지고 모든 거짓 영지주의를 가장 훌륭하게 논박한 책이다.

시몬 마구스, 니골라당, 케린투스는 첫 세기의 후반에 활동한 사람들이다. 이제는 좀 더 발전한 영지주의 체계들을 살펴보게 되는데, 이들은 2세기 초반에 등장하여 3세기 중반까지 활동했다.

이 체계들 가운데 가장 중요하고 유력했던 것들에는 바실리데스, 발렌티누스, 마르키온의 이름이 붙는다. 이들은 거의 같은 시대 사람들이었으며, 하드리아누스와 안토니누스 피우스의 재위 기간에 성년이 되었다. 바실리데스는 125년에 알렉산드리아에서 활동했고, 발렌티누스는 140년에 로마에 왔으며, 마르키온은 140-150년에 로마에서 가르쳤다.

124. 바실리데스

바실리데스(Basilides)는 최초로 제대로 정립된 영지주의 체계를 내놓았다. 하지만 그것은 지나치게 형이상학적이고 복잡하여 대중에게 인기를 끌 수가 없었다. 그는 자신이 사도 맛디아의 제자이자 사도 베드로의 통역관 글라우키아스(Glaucias)라고 주장했으며, 하드리아누스의 재위 기간(117-138)에 알렉산드리아에서 가르쳤다. 그의 어린 시절은 그리스도인들의 제2세대에 해당하며, 이 사실로 인해서 그가 신약성경 저서들로부터 인용하는 글들이 상당한 변증적 가치를 인정받는다. (그의 대적 아그리파 카스토르에 따르면) 그는 "복음에 관해서 스물네 권의 책들을 썼다. 이 저서는 정경의 복음서들에 관한 주석이었을 가능성이 큰데, 이렇게 볼 수 있는 근거는 알렉산드리아의 클레멘스가 「주해」(Exegetica)라고 부르는 바실리데스의 저서 가운데 '서른세번째 책'에서 인용하기 때문이다.[25]

---

25) 참조. Euseb. *Hist. Eccl.* IV. 7 and Clem. Alex. *Strom.* IV. 12. Origen(*Hom. in*

그의 교리는 매우 독특하다. 특히 「필로소푸메나」(*Philosophumena*)에서 자신의 교리를 상술하고 독창적으로 펼쳐가는 것이 더욱 그러하다. 히폴리투스는 여러 점에서 이레나이우스와 에피파니우스와 다른 진술들을 하며, 아마 바실리데스의 저서를 정보의 토대로 삼은 듯하며, 따라서 주로 그를 따라야 한다.[26] 그 교리 체계는 이집트의 천문학과 피타고라스의 숫자 상징학에 토대를 두었다. 아리스토텔레스의 영향을 드러내기도 하지만, 플라톤주의와 유출설, 그리고 이원론은 나타나지 않는다.

바실리데스는 크게 볼 때 이원론자라기보다 유일신론자이며, 비록 후대의 기록들은 그를 이원론자로 소개하지만, 다른 영지주의자들과 사뭇 다르다. 그는 지극히 추상적인 절대자(the Absolute) 개념에서부터 시작한다. 절대자가 상상되고 인식될 수 있는 모든 것을 무한히 초월한다고 생각하고서, 그의 존재 자체도 부정한다.[27] 존재를 초월할 뿐 아니라 존재하지 않는, 표현할 수도 없고 이름도 붙일 수 없는 신이 최초로 자신의 창조적 말씀으로 (유출에 의해서가 아닌) 세계의 씨앗 곧 세계의 배아를 조성한다. 그것이 혼돈(chaos)으로서, 이것에서부터 세상이 산술적인 관계에 따라 단절되지 않는 체계로 발전한다. 이를테면 겨자씨에서 가지들과 잎사귀들이 자라거나, 알에서 화려한 색깔을 지닌 공작이 나오듯이 말이다. 창조된 모든 것이 신을 향해 올라가는 경향을 띠며, 신은 자신은 움직이지 않는 채 만물을 움직이며, 뛰어난 아름다움으로 만물을 매료시켜 자기에

Luc. I: 1)은 바실리데스가 "바실리데스 복음서를 쓸 만큼 무모했다"고 말하지만, 그가 주석을 외경 복음서로 오인했을 가능성이 있다. 히폴리투스는 바실리데스가 "예수의 탄생으로부터" 구주에 관한 모든 일을 적은 기록에서 "복음서들"과 일치했다고 분명히 주장한다.

26) 지배적 견해는 히폴리투스가 바실리데스 자신의 체계를 소개하는 반면에, 이레나이우스는 바실리데스 학파의 체계를 소개한다는 것이다.

27) 앞서 언급했듯이 이 점에서도 그는 헤겔과 유사하다. 헤겔도 절대 무존재 개념으로 시작하며, 우주를 무로부터(ex nihilo) 재수립한다. 두 사람의 체계에서 '무'(nothing)는 매우 분명하고 구체적인 존재 혹은 존재 형태와 반대되는 비 자연적 의미로 이해해야 한다. 그것은 사실상 가장 절대적인 순수 존재 개념과 동일하다. Nichts(無)는 Sein(존재)이며, Sein은 Nichts이지만, 변증법적 과정에 의해 움직이며, 이들은 Werden(생성)을 낳고, Werden은 Dasein(현존)을 낳는다. 이 점에서도 최근의 독일 철학자가 가장 오래된 힌두교 신화와 만난다.

게로 이끈다.

바실리데스는 세계의 씨앗에서 세 부류의 자녀들을 구분한다. 이들은 존재하지 않는 신과 동일한 본질을 지니지만, 신에게서 점차 멀어지면서 갈수록 약해진다. 이들을 달리 표현하자면 세 계통의 신의 자녀들, 즉 영적인(pneumatic) 자녀와 혼적인(psychic) 자녀와 육체적(hylic) 자녀이다. 첫째 아들은 즉시 세계의 씨앗으로부터 탈출하여 섬광과 같은 속도의 사고(思考)로써 신에게로 올라가며, 그곳에서 복된 영적 세계 곧 플레로마(Pleroma, 충만)로 남아 있는다. 그곳에서 첫째 아들은 일곱 영들(누스, 로고스, 프로네시스, 소피아, 뒤나미스, 디카이오쉬네, 에이프레네)을 끌어안으며, 이들이 위대한 아버지와 결합하여서 최초의 8계(ogdoad), 즉 창조계 가운데 모든 저등한 범위들을 형성한다. 둘째 아들은 성령에게서 태어나 성령에 의해 양육된 뒤 마치 새가 날개에 의존하여 날듯 성령의 도움을 입어 첫째 아들을 따라가려고 노력하지만(그래서 그에게는 '모방'이라는 뜻이 담긴 미메티케라는 이름이 붙는다), 뚫고 나갈 수 없는 궁창(창공), 즉 플레로마의 경계 밖에 도달하지 못하며, 마치 고기가 산에서 살 수 없듯이 그보다 더 높은 영역은 견디지를 못한다. 마지막으로 셋째 아들은 세상의 씨앗에 머물러 있으면서 정결과 구속을 필요로 한다.

다음으로 바실리데스는 두 아르콘 곧 세계의 지배자(데미우르고스)들이 세상의 씨앗에서 발생한다고 설명한다. 첫째인 대 아르콘은 위대함과 아름다움과 권세가 감히 형언할 수 없는 존재로서, 천상 세계 혹은 상층 하늘 곧 8계를 창조한다. 둘째 아르콘은 달 밑의 하등 행성계 곧 7계(hebdomad)를 창조하고 다스리는 존재이다. 바실리데스는 하늘들 혹은 창조계를 일년의 날수대로 365개로 추정하면서, 365개의 하늘들을 아브라삭스(Abrasax) 혹은 아브락사스(Abraxas)라고 불렀다. 이것은 그리스 문자의 수값에 따르면 365와 동일하다.[28] 이 이름은 365개

---

28) Thrice α = 3; β = 2; ρ = 100; σ = 200; ξ = 60. 에피파니우스는 바실리데스파가 그 단어로 한 해의 날수뿐 아니라 인간 신체의 365개 부분들을 가리킨다고 언급한다. 그러나 현대의 저자들은 아브락사스 문구를 새긴 사람들과 바실리데스파가 보다 오래 된 공통의 자료에서 그 신비스러운 이름을 얻었다고 추정하는 쪽으로 기운다. Dr. Hort는 태양신에게 적합한 '광채의 아버지'라는 뜻의 Ab-razach, Ab-zarach에서 유래한 것으로 본다. Movers에 따르면, Serach가 계절들과 관련하여 숭배된 아도니스를 가리키는 페니키아 이름이라고 한다.

하늘들을 주관하는 대 아르콘을 가리키기도 한다. 훗날 이것은 온갖 이상한 숫자들과 섞여 마술 주문, 즉 '아브락사스 보석'(Abraxas gems)으로 사용되었으며, 그 가운데 많은 것들이 현존한다.

하지만 두 아르콘은 저마다 보다 높은 규례에 따라 아들을 한 명씩 낳으며, 그 아들은 아버지보다 훨씬 높은 곳에 서서 성령으로부터 받는 지식, 즉 상층의 영적 세계와 구속(救贖) 계획에 관한 지식을 아버지에게 전달하며, 아버지를 회개하도록 이끈다. 이로써 구속 과정이 시작된다. 신의 탄식하는 자녀들 곧 영적인 자녀들이 세상을 초월해 있는 신에게 돌아가는 과정이 시작되는 것이다. 이 일이 기독교에 의해서 초래되며, 만물의 아포카타스타시스 곧 완성과 함께 끝난다. 바실리데스는 발렌티누스와 마찬가지로 삼중 그리스도를 주장했다. 그리스도를 첫 아르콘의 아들과 둘째 아르콘의 아들과 마리아의 아들 셋으로 본 것이다. 그러나 세 그리스도 모두 근본적으로는 동일한 원리로서, 영적 본성들을 세상의 씨앗에서부터 원래의 단일체로 교화한다. 그리스도가 혼돈과 혼동으로부터 가져온 육체적·물리적 요소들을 제거하기 위해서는 고난을 당하는 것이 필연적인 일이었다. 그의 육체는 죽은 뒤에 무형(아모르피아)으로 돌아갔고, 그의 혼(soul)은 무덤에서 일어나서 행성계 하늘(hebdomad)에서 멈추고는 그곳에 속해 있다. 그러나 그의 영(spirit)은 완전히 정결케 된 채 창조계의 모든 영역들 위로 높이 올라가 최초의 복된 아들의 신분(휘오테스)으로 들어가며, 거기서 무존재 곧 초월적 존재의 신과 교제를 나눈다.

첫 열매인 예수와 같은 방식으로 다른 모든 영적 사람들도 정결케 된 채 그들이 본성으로 속해 있는 곳으로 올라가 그곳에 거해야 한다. 그곳에 존재하는 모든 것은 불멸한 반면에, 그 자연적 범위를 넘어서 있는 모든 것들은 멸망할 것들이기 때문이다. 바실리데스는 피조물들이 하나님의 아들들이 나타날 것을 고대하며 탄식한다는 바울의 글을 인용한다(롬 8:19). 구속의 과정에서 바실리데스는 다른 영지주의자들에 비해서 믿음(피스티스)의 중요성을 인정하며, 그가 정의한 믿음은 히브리서 11:1을 막연하게 인용한 것이다.

도덕 교훈에서 바실리데스는 온건한 금욕주의를 가르치지만, 그의 학파는 그 입장을 곧 이탈했다. 그는 바울의 서신서들 몇 권과 정경에 속한 복음서들을 사용했다. 예를 들어 요한복음 1:9("참빛 곧 세상에 와서 각 사람에게 비취는 빛이 있었나니")을 인용하여, 자신의 '세상의 씨앗' 개념과 요한이 세상의 빛으로 가르친 로고스 교리를 동일시한다.[29] 제4복음서는 2세기 중반 이전부터 배사교와 페라투스파(Perates), 발렌티누스파에 의해서 빈번하게 사용되고 주석되었다. 영지주의자들은 한편으로는 그 복음서의 신비스러운 영지(그노시스, 특히 서론에 언급된)에 상당한 매력을 느끼면서도, 다른 한편으로는 그 복음서의 역사적 사실주의에 거부감을 느꼈으며, 그것을 어떻게든 잘 활용하려고 했다. 그들도 달리는 어쩔 수 없었기 때문에 역사적 사실성을 인정했다. 바실리데스에 관한 또 다른 전거들은 사도 맛디아에 관한 비밀 전승과, 글라우키아스(Glaucias)라는 이름을 지닌 자칭 베드로의 통역관이었다.

바실리데스의 제자들 가운데 우두머리이자 유일하게 중요하게 꼽을 수 있는 인물은 그의 아들 이시도루스(Isidore)였다. 그는 윤리학 체계와 그 밖의 저서들을 집필했으며, 이 저서들 가운데 발췌한 일부 내용이 알렉산드리아의 클레멘스의 글에 보존되었다. 바실리데스파는 특히 서방에서는 이론으로는 이원론과 가현설을 표방하되 실천에서는 느슨하고 방종하기까지 했다. 이들은 설립자의 고상하고 예술적인 체계를 천박하게 변질시켰다. 그리스도의 생애 전체를 이들은 단순한 속임으로 여겼다. 십자가에 달려 죽은 사람은 그리스도가 아니라 구레뇨 시몬이라고 했다. 예수는 골고다로 가는 길에 시몬과 형체를 바꿔 가졌으며, 시몬의 형체로 보이지 않는 맞은 편에 서서 그를 십자가에 다는 사람들을 조소한 뒤 승천했다고 주장했다. 이들은 순교자들의 고귀한 신앙 고백이 마치 돼지에게 진주를 던지는 것과 같다고 하면서 박해 때에는 기독교를 배척하는 것이 현명하다고 주장했고, 다양한 마술을 시행했으며, 그 과정에서 아브라삭스 보석을 이용했다. 사이비 바실리데스파는 이집트에서 4세기 말까지 존속했지만, 이집트 너머로 전파되지는 않은 듯하다. 다만 술피키우스 세베루스(Sulpicius Severus)에

---

29) *Philosoph.*, VII. 22. 그는 요한복음 2:4("내 때가 아직 이르지 못하였나이다")과 누가복음 1:35("성령이 네게 임하시고 지극히 높으신 이의 능력이 너를 덮으시리니")도 인용했다. 히폴리투스가 때로 스승의 견해와 추종자의 견해를 뒤섞어 전하는 것이 사실이다. 그러나 여기서는 그러한 혼동이 없다. 여기서는 "그가 말하기를"이라고 시작하는 반면에, 그의 학파의 견해를 인용할 때는 "그들이 말하기를"로써 시작하기 때문이다. 이 초기 이단들에 관한 지배적인 증언(거기에 위 클레멘스의 설교집과 이교도 켈수스의 증언을 보태야 한다)은 제4복음서를 후대의 저작으로 보는 튀빙겐 학파의 가설을 압도적으로 반대한다.

따르면, 멤피스 출신의 마르쿠스(Marcus)가 그 분파의 교리를 스페인에 전파했다고 한다.

125. 발렌티누스

발렌티누스(Valentine 혹은 Valentinus)는 대단히 심오하고 문체가 화려한 저자일 뿐 아니라, 영지주의 체계들 가운데 가장 큰 영향력을 행사했고 가장 잘 알려진 체계를 주장한 사람이다. 이레나이우스는 주로 그의 저서를 비판의 표적으로 삼았으며, 후대의 학자들도 그의 저서를 영지주의를 일반적으로 소개하는 토대를 삼았다.[30] 그는 큰 학파를 설립했으며, 서방 세계에 자신의 교리를 퍼뜨렸다. 그는 사도 바울의 제자 드다(Thodas 혹은 Theudas)에게서 그 교리를 배웠다고 주장했다.[31] 게다가 환상 가운데 로고스에게서 계시를 받은 듯이 행세했다. 히폴리투스는 그를 그리스도인으로 부르기 보다 플라톤주의자와 피타고라스주의자로 부른다. 그는 아마 이집트의 유대인 가정에서 태어나 알렉산드리아에서 교육을 받은 듯하다.[32] 테르툴리아누스는 아마 추측에 근거하여, 그가 주교가 되려고 했다가 뜻을 이루지 못하게 되자 정통 교회에서 탈퇴했다고 보고한다.[33] 발렌티누스는 히기누스(Hyginus)가 로마 주교로 재직할 당시(137-142 재위)에 로마에 갔고, 아니케투스(Anicetus)가 주교로 재직할 동안(154)까지 그곳에 머물러 있었다.[34] 당시에 그는 이미 명성을 얻고 있었다. 그것은 순교자 유스티누스가 「제1변증서」(First Apology, 140)에 언급하는 현존하지 않는 자신의 글 「모든 이

---

30) Baur는 이렇게 말한다: "그의 체계만큼 영지(그노시스)의 독특한 성격과 영지주의 세계관의 내적 연관성, 그리고 영지주의 전체의 보다 깊은 지적 성격을 명쾌하게 들여다 볼 수 있게 하는 것도 없다."

31) Clemens Alex. *Strom.* 1. VII. 드다에 관해서는 확실히 알려진 바가 없다.

32) Epiph. *Haer.* XXXI. 2. 그가 유대인 혈통을 갖고 있다는 것은 '아카모스' 같은 용어들을 사용하는 데서 추론할 수 있다.

33) *De Praesc. Haer.* c. 30, and *Adv. Valent.* c. 4. 테르툴리아누스와 대다수 정통 교회 변증가들은 모든 이단들이 대체로 불순한 개인적 동기들에서 출발한다고 본다.

34) Iren. III. 4, 3. 참조. Euseb. *H. E.* IV. 10, 11 (이레나이우스의 글을 인용). 모든 권위자들은 그가 2세기 중반 이전에 로마에서 가르쳤다는 데 동의한다.

단들에게 공통된 특징들」(*Syntegma against all Heresies*)에서 140년 이전에 다른 이단들 중에서도 특히 발렌티누스파와 논쟁을 벌였기 때문이다.

당시에 로마는 교회의 중심지이자 모든 분파들의 결집 장소가 되어 있었다. 기독교 세계 전반에 영향력을 행사하고 싶어하던 모든 교사들이 자연스럽게 제국의 수도를 선망의 시선으로 바라보았다. 발렌티누스는 케르도(Cerdo)와 마르키온(Marcion)과 같은 시기에 로마에서 가르친 초기 영지주의자들 가운데 한 사람이었다. 그러나 그가 독창성과 웅변으로 상당한 인상을 주었음에도 불구하고, 교회의 정통 신앙과 주교(감독)의 권위가 워낙 확고하게 수립되어 있었기 대문에 그의 기발한 생각들이 큰 성공을 거둘 수가 없었다. 그는 결국 출교를 당한 뒤 키프로스[구브로]로 가서 지내다가 그곳에서 160년경에 죽었다.

그의 체계는 신들의 계보와 우주 발생에 관한 독창적인 서사시이다. 3막에 걸쳐 창조, 타락, 구속을 기술하는데, 먼저는 하늘에서 이루어진 것을, 다음에는 땅에서 이루어진 것을 기술한다. 큰 사건들이 각기 다른 존재 단계들에 걸쳐서 반복해서 발생한다. 발렌티누스는 자신의 풍부한 상상력과, 동양과 그리스의 사색적 지식들, 그리고 기독교 사상을 자료로 삼았다. 요한복음 서론과 골로새서와 에베소서를 많이 사용했으나, 거친 해석에 의해서 자신의 범신론적이고 신화적인 환상들을 사도적 용어들, 이를테면 로고스, 독생자, 진리, 생명, 충만(플레로마), 교회 같은 용어들에 부여했다.

발렌티누스는 자신이 의미심장하게도 뷔토스(Bythos) 곧 심연이라고 부르는 영원한 제1의 존재로부터 시작한다. 그것은 너무나 깊은 심연이어서 정신이 생각의 가닥을 이어갈 수가 없고, 그 궁극적 경계에 도달할 수가 없다. 뷔토스는 누구에게 낳음을 입지 않고, 무한하고, 불가시적이고, 불가해하고, 이름도 없고, 절대적인 불가지의 존재(agnoston)이다. 그럼에도 불구하고 진화하고 발전할 수 있는 만물의 우주적 아버지이다. 그는 헤아릴 수 없이 오랜 시대 동안 자신의 무한한 위엄과 영광과 아름다움을 조용히 명상하면서 존재한다. 이 '침묵' 혹은 '독거'가 그의 배우자 곧 쉬쉬고스이다. 그것은 무한자의 조용한 자기 명성, 잠들어 있는 양심이다. 그는 이것을 가리켜 '사고'(Thought)와 '은혜'라고 부른다. 그러므로 창조 이전의 뷔토스는 적어도 발렌티누스 학파의 일부 사람들에 따르면 남성적 원리일 뿐 아니라 여성적 원리이기도 하다. 남성적 원리에게서는 아무것도 발생할 수 없기 때문이다. 히폴리투스에 따르면, 발렌티누스는 이 성적

이원성을 사랑이라는 본질적 성격으로부터 이끌어내며, "신은 온통 사랑이다. 그러나 사랑은 애정의 대상이 없다면 사랑이 아니다"라고 말했다.[35] 그는 여기서 정통 신학이 신적 본질 안에 내적인 영원한 삼위일체가 계시다는 교리로써 풀려고 하는 창조 이전의 신비를 다룬다. 신은 사랑이고, 따라서 신은 삼위, 즉 사랑의 주체와 사랑의 대상과 그 둘의 연합으로 존재한다는 것이다. "사랑이 있는 곳에 삼위가 있다"(Ubi amor, ibi trinitas).

이 영원한 침묵 끝에 신은 진화 혹은 발산(emanation) 과정에, 즉 대립적이면서도 보완적인 개념들 혹은 원리들의 연속적인 발생 과정에 들어간다. 심연으로부터 성적 음양의 법칙에 따라 15쌍의 서른 아이온(aeon)이 세 세대 안에 발산되는데, 그 가운데 첫째 것을 8계(ogdad)라고 하고, 둘째 것을 10계(decad), 셋째 것을 12계(dodecad)라고 부른다. 아이온들은 신의 드러난 권세들과 덕(德)들이다. 이들은 바실리데스가 말한 뒤나미스(권능)들에 해당한다. 신은 먼저 남성적이고 생산적인 정신(Mind) 혹은 이성(Reason, 누스)을 낳고, 다음으로 여성적이고 수용적인 진리(Truth, 알레테이아)를 낳으며, 이 둘이 말씀(Word, 로고스)과 생명(Life, 조에)을 낳고, 다시 이 둘이 (이상적) 인간(Man, 안드로포스)과 (이상적) 교회(Church, 에클레시아)를 낳는다. 제4복음서의 영향이 뚜렷이 묻어나는 대목이다. 비록 요한의 용어가 다른 의미로 사용되긴 했지만 말이다. 처음 두 쌍(이성과 진리)이 테트락튀스 곧 만물의 거룩한 뿌리를 구성한다. 누스(이성)와 알레테이아(진리)가 열 아이온들(다섯 쌍)을 낳으며, 로고스와 조에가 열두 아이온들(여섯 쌍)을 낳는다. 마침내 누스(혹은 모노게네스<독생자>)와 알레테이아가 천상의 그리스도(호 아고 크리스토스)와 (여성적인) 성령(토 프뉴마 하기온)을 낳으며, 이로써 서른이라는 수를 채운다. 이 아이온들이 합해서 플레로마, 즉 신적 권세들의 충만을 구성한다('플레로마'는 사도 바울이 역사적 그리스도께 적용한 표현이다, 골 2:9). 아이온들은 모두 심연의 생명의 실체에 속하지만, 이들의 형태는 호로스(ὅρος) 곧 신의 억제력에 의해서 조건지어진다. 이 제한의 영(호로스)이 플레로마와 그 밖의 휘스테레마 사이에 존재하면서 우주를 조직하고 조화

<hr>

35) *Philos.* VI. 24. 하지만 뷔토스의 짝에 관해서는 발렌티누스파 사이에 견해 차이가 있었던 듯하다. 이는 25장에 가면 "아버지(The Father) 홀로 소생을 낳는다 … 그 홀로 자기 번식의 능력을 소유한다"고 되어 있기 때문이다.

를 뒷받침하는 세력이 된다. 만약 어떤 존재가 감히 자신에게 고정된 영역을 넘어서서 계시를 뚫고 신의 감춰진 존재로 들어가려고 할 것 같으면, 무(無) 속으로 가라앉을 위험이 있다. 호로스(제한의 영)가 하는 일은 두 가지인데, 하나는 모든 존재에 제약을 가하여 이질적인 요소들이 들어오지 못하도록 차단하는 소극적인 것이고, 다른 하나는 모든 존재를 형성하고 수립하는 적극적인 것이다. 둘 가운데 주로 전자를 가리켜 호로스라고 하며, 후자는 스타우로스(십자가, 기둥)라고 한다. 왜냐하면 그가 아이온들의 수호자로서 확고하고 요지부동하게 서 있음으로써 아무것도 휘스테레마로부터 플레로마 안에 있는 아이온들의 곁에 들어오지 못하게 하기 때문이다.

타락과 구속의 과정은 먼저 플레로마의 이상적 세계에서 발생한 다음 하등 세계에서 반복된다. 이 과정에서 하등 지혜 곧 소피아(아카모스 혹은 차크무스라고도 함)가 중요한 역할을 한다.[36] 소피아는 세상의 혼(soul)으로서 여성 아이온이고, 여러(스물여덟) 아이온들 가운데 가장 약하고 멀리 떨어져 있으면서, 신과 실재 세계 사이에 놓인 심연에 다리를 놓는다. 소피아는 위대한 아버지로부터 멀리 떨어져 있어서 고독을 느끼던 중에 중간에 연결고리들처럼 놓인 존재들을 무시하고서 직접 우주의 발생 원리이자 홀로 자기 발생 능력을 지닌 존재와 결합하고 싶어한다. 그래서 단번의 도약으로 영원한 아버지의 깊이 속으로 뛰어들어가 스스로 '미숙아'(엑스트로마), 즉 형체도 없고 불완전한 실체를 낳는데, 이것이 바로 모세가 "땅이 혼돈하고 공허하며"라고 말한 그것이다. 이 죄악적인 정욕에 의해서 소피아는 플레로마 속에 혼돈과 장애를 집어넣는다.[37] 그런 뒤에 플레로마 바깥을 배회하면서 자신이 낳은 미숙아 때문에 두려움과 근심과 절망을 겪는다. 이것이 타락이며, 따라서 타락은 자유롭게 어쩔 수 없이 행한 행위이다.

그러나 소피아는 구속을 갈망한다. 아이온들은 소피아의 고통과 갈망을 동정하며, 영원한 아버지는 아이온들의 마지막 쌍인 그리스도와 성령을 보내어 "형

---

36) 대개 Chocmah와 동일시되지만, Lipsius와 Jacobi는 Chakmuth, 즉 Bardesanes의 체계에서 한 자리를 차지하는 세계의 어머니와 동일시한다. 소피아를 창조의 중재자로 보는 개념은 잠언과 솔로몬의 지혜서에서 차용한 것임에 틀림없다.

37) "소피아 때문에 플레로마 안에 무지가 발생하고, 소피아의 소생 때문에 무형(아모르피아)이 발생한 까닭에, 플레로마에는 혼동이 발생했다." *Philos.* VI. 26.

상(Form)을 회복하고, 미숙아를 파괴하고, 소피아의 탄식을 위로하고 그치게 하라"고 명령한다. 그리스도와 성령은 소피아를 위로하고 격려하며, 미숙아를 플레로마로부터 분리시킨다. 마침내 서른 아이온들이 아버지에게 경의를 표하여 소테르 곧 예수라는 아이온('위대한 대제사장', '플레로마의 공동의 열매')을 "플레로마 밖으로 보내 소피아의 배우자가 되게 하고, 소피아가 그리스도를 찾느라 겪은 고통들을 씻어주게 한다." 소피아는 많은 고통을 겪은 뒤에 모든 정욕을 씻음 받고 예수의 신부가 되어 모든 영적 본성들을 회복한 채 이상적 세계로 되돌아간다. 유대교의 과격하고 질투가 많은 신인 데미우르고스는 '신랑의 친구'로서(참조 요 3:29) 플레로마 변경에서 혼적(魂的, psychical)인 그리스도인들과 함께 멀리서 축제의 기쁨을 구경하며, 그러는 동안 물질은 도로 무(無)로 가라앉는다.

발렌티누스의 기독론에서는 구속을 수행하는 세 존재를 구분해야 한다: (1) 아노 크리스토스(천상적 그리스도). 그는 소피아가 타락한 뒤에 모노게네스(독생자) 아이온으로부터 발산되어 여성적 원리인 프뉴마 하기온(성령)과 함께 선다. 그는 아이온들에게 구속 계획을 최초로 알리며, 그 계획을 들은 아이온들은 한 목소리로 찬미와 감사를 찬송한다. (2) 소테르(예수). 그는 모든 아이온들에 의해서 생산되었고, 플레로마의 별이다. 그가 구속받는 소피아와 함께 마지막이자 가장 높은 쌍을 이룬다. (3) 카토 크리스토스(육체적 혹은 유대교적 메시야). 그는 데미우르고스에게 보냄을 받아 마치 물이 수도관을 통해 흐르듯 마리아의 몸을 통해서 나오며, 마침내 유대인들에게 십자가에 못 박히지만, 그는 단순히 가현적 육체를 갖고 있기 때문에 실제로는 고통을 당하지 않는다. 진정한 구속자인 소테르는 일년간 땅에 자신의 신적 영지(그노시스)를 선포하고, 그로써 영적인 사람들을 완전으로 이끌기 위해서 요단 강에서 세례를 받을 때 카토 크리스토스와 결합했다.

126. 발렌티누스 학파. 헤라클레온, 프톨레미, 마르코스, 바르데사네스, 하르모니우스

모든 유형의 영지주의 가운데 발렌티누스의 것이 가장 널리 알려져 큰 영향을 끼쳤고, 특히 로마에서 큰 영향을 끼쳤다. 발렌티누스에게는 많은 추종자들이 있었는데, 그들이 다양하게 그의 체계를 수정했다. 테르툴리아누스는 그의 이단설이 "매일 의복을 갈아입는 고급 매춘부처럼 다양한 형태로 모습을 갖추었다"고 말한다.

발렌티누스 학파는 크게 동양 학파와 이탈리아 학파로 나뉘었다. 동양 학파는 히폴리투스가 악시오니코스(이 이름 외에는 달리 알려지지 않음)와 아르데시아네스(아마 바르데사네스와 동일한 듯함)로 간주하는 학파로서, 예수의 몸이 성령 곧 소피아와 지극히 높은 데미우르고스의 능력이 마리아에게 임했기 때문에 영적이자 천상적이라고 주장했다. 이탈리아 학파 — 헤라클레온과 프톨레미를 포괄하는 — 는 예수의 몸이 혼(魂)적이었으며 이런 이유에서 성령이 세례 때 그에게 임했다고 가르쳤다. 어떤 발렌티누스주의자들은 오히려 스승보다 정통 신앙에 가까이 갔다.

헤라클레온(Heracleon)은 개인적으로 발렌티누스에게 교육을 받았으며, 170-180년에 이탈리아의 어느 지역에서 활동한 듯하다. 그는 최초의 요한복음 주석가로 알려져 있다는 점에서 특별한 관심을 끈다. 오리게네스는 같은 책을 주석한 책에 헤라클레온에게서 인용한 오십여 개의 단편들을 남겼는데, 주로 그것을 비판한 내용이었다. 이 단편들은 주로 요한복음 처음 두 장과 4장, 그리고 8장을 다룬 것들이다. 헤라클레온은 제4복음서의 정경성을 충분히 인정했으나 자신의 체계를 주입하여 해석했다. 그도 오리게네스와 마찬가지로 알레고리 해석법을 사용했다. 오히려 오리게네스에게 지나치게 문자에 매달리느라 영적 의미에 깊이 들어가지 못한다고 비판할 정도였다. 그는 요한복음에서 발렌티누스의 친숙한 개념들인 로고스, 생명, 빛, 사랑, 어둠과의 투쟁, 모든 숫자들에 담긴 비밀을 발견하되 사실들에서 역사적 실재성을 벗겨낸다. 4장에 등장하는 사마리아 여인이 소피아의 구속을 상징하고, 야곱의 우물이 유대교를 상징하고, 여인의 남편이 플레로마에서 온 그녀의 영적 신랑을 상징하며, 전 남편들이 휠레 곧 마귀의 왕국을 상징한다는 식이다. 가버나움의 왕의 신하(4:47)는 데미우르고스로서, 적대적이지 않으나 단견인데다 무지하며, 그럴지라도 자기 가족을 위해 구주께 도움을 기꺼이 청한다. 그 사람의 아들은 혼적(魂的)인 사람들을 상징하며, 이들은 무지가 벗겨질 때 치유와 구속을 받게 될 것이라고 한다. 요한복음이 발렌티누스파와 정통 신앙인들에게 동일한 존경을 받았다는 사실은 그 책이 발렌티누스

파가 정통 교회에서 갈라지기 전부터 존재했다는 점과 사도가 썼다는 점을 강하게 뒷받침한다.[38]

프톨레미(Ptolemy)는 「플로라 서신」(the Epistle to Flora)의 저자이다. 플로라는 자신이 발렌티누스주의로 개종시키려고 노력한 부유한 그리스도인 여성이다. 프톨레미는 주로 세계 창조와 구약성경이 지극히 높은 하나님께로부터 나왔을 수 없다는 반론을 주로 다룬다. 사도적 전승과 그리스도의 말씀에 기반을 두며, 오직 그리스도만 만유의 아버지를 아시고, 아버지를 최초로 계시했다고 말한다 (요 1:18). 하나님은 홀로 선하신 분이며(마 19:17), 따라서 악이 그토록 많은 세상을 지으신 분이실 리 없다고 한다. 이레나이우스는 자기 시대에 프톨레미를 추종하던 사람들에게서 그에 관한 정보를 많이 얻었다.

발렌티누스의 또 다른 제자인 마르코스(Marcos)도 2세기 후반에 아마 소아시아와 혹시는 갈리아에서도 가르친 듯하며, 스승의 사상에 피타고라스 학파와 카발라의 수(數) 상징론을 혼합했고, 복잡한 의식들로 구성된 예배를 도입했으며, 마술을 사용하여 아름답고 부유한 여성들을 끌어들이는 데 힘썼다. 그의 추종자들은 마르코스파(Marcosians)라 불렸다.[39]

콜라르바수스(Colarbasus)라는 이름은 영지주의자들의 목록에서 제외하는 것이 옳다. 왜냐하면 이것은 '넷의 음성'이라는 뜻의 히브리어 콜-아르바(즉, 플레로마의 수위<首位>에 있는 테트라드<Tetrad> 신)를 인물과 혼동한 데서 유래했기 때문이다.

마지막으로 발렌티누스 학파에는 바르데사네스 혹은 바르다이산(다이산의 아들)이 포함된다. 그는 시리아의 저명한 학자이자 시인으로서 2세기 말과 3세기 초반에 에데사 왕자의 궁전에서 살았다.[40] 그러나 광범위한 의미가 아니면 그를

---

38) Baur는 의미심장하게도 헤라클레온의 주석을 무시한다. 그의 주석이 제4복음서가 후대에 집필되었다는 자신의 가설에 치명적인 타격을 가하기 때문이다.

39) 마르코스와 마르코스파는 알렉산드리아의 클레멘스와 이레나이우스를 통해서 우리에게 알려진다. 히폴리투스와 에피파니우스는 마르코스가 아직 살아 있다고 말하는 이레나이우스의 글에 전적으로 의존하여 그를 소개한다.

40) 에우세비우스(IV. 30)와 제롬(De Vir. illustr. 33)은 두 안토니누스 황제들을 혼동하여 그가 마르쿠스 아우렐리우스 시대(161-180)에 살았다고 썼지만, 에데사의 연대기(Assemani, Bibl. Or. I. 389)에 따르면 그는 155년 7월 11일에 태어났으며, Barhebraeus(Chron. Eccl. ed. Abbeloos와 Lamy, 1872, p. 79)에 따르면 223년에 68살

영지주의자들에 포함시키기가 어렵다. 에피파니우스에 따르면, 그는 초기에는 정통 신앙인이었으나 발렌티누스파와 접촉하면서 타락하게 되었다. 반대로 에우세비우스는 그가 이단으로 출발하여 정통 신앙으로 마쳤다고 한다. 에우세비우스는 바르데사네스가 시리아어로 마르키온 이단설을 비판하는 글을 썼다고 보고한다. 추측컨대 바르데사네스는 보편의 기독교 신앙을 약간 수정한 형태로 받아들인 뒤 사색적인 교리들에 대해서는 당시 시리아 교회에서는 아직 충분히 발전되지 않았기 때문에 아무런 제재를 받지 않은 채 자기 견해를 자유롭게 말한 듯하다.[41] 저서를 많이 남겼으나 "운명에 관한 대화"(최근에 완간됨)를 제외하고는 모두 유실되었다. 하지만 이 글은 저작 연대가 확실하지 않으며, 그에게 돌려지는 영지주의 신화와 이원론의 흔적을 드러내지 않는다. 그나 혹은 그의 아들 하르모니우스(Harmonius)는 시리아 찬송가의 아버지로서 시편의 형식을 따라서 150편의 찬송을 썼다. 이 찬송들은 절기들에 사용되다가 시리아 사람 성 에프라임의 정통 신앙 찬송들로 대체되었는데, 에프라임의 찬송은 하르모니우스의 운율과 가락은 그대로 사용하되 가사만 정통 신앙의 것으로 바꾼 것이었다.[42] 그는 큰 명성을 얻었고, 그의 분파는 유프라테스 강 남부 지대로, 심지어 중국까지 퍼졌다고 한다.

바르데사네스의 아들 에데사의 하르모니우스는 아버지의 뒤를 이었다. 그는 아

의 나이로 죽었다. Hilgenfeld, Jacobi, Hort가 후대의 연대를 채택한다.

41) Dr. Hort는 "바르다이산이 복음서들과 사도들의 저서들에서 발견되는 그리스도인들의 일반적 신앙을 (고립된 몇 가지 사항들을 제외하고는) 배격했다고 생각할 이유가 없다"고 생각한다. 오늘날 영지주의를 토대로 그의 체계를 다양하게 재구성해 낸 것들은 모두 인위적인 것들이다.

42) 시리아 사람 에프라임은 바르데사네스가 사람들을 기만할 때 사용한 150편의 찬송들을 언급하지만 하르모니우스의 이름은 언급하지 않는다. 그러나 소조메누스와 테오도레투스는 하르모니우스가 시리아어에 운율과 가락을 입힌 최초의 사람이었으며, 그의 찬송들과 노래들이 에프라임 때까지 쓰였다고 전한다. Dr. Hort는 충분히 주목받지 못했던 이 모순에 대해서, 찬송가를 실제로 쓴 사람이 하르모니우스였다고 (아마 아버지의 생시에 아버지의 권고를 받아) 주장함으로써 설명한다. 그러나 바르데사네스가 저자였고 하르모니우스가 편집자였거나, 혹은 두 사람이 다 찬송가 작가였을 가능성도 얼마든지 있다. 에프라임의 증언을 완전한 오류로 쉽게 배제할 수 없다.

테네에 가서 철학을 공부했다고 한다. 그는 (이미 언급했듯이) 바르데사네스와 함께 시리아 찬송가의 아버지라는 명예를 간직하고 있다.

127. 마르키온과 그의 학파

마르키온(Marcion)은 영지주의자들 가운데서 가장 진실하고 가장 실질적이고 가장 위험한 인물이었다. 개혁을 위한 활력과 열정이 대단했으나, 안정되지 않고 거칠고 괴팍했다. 그는 현대에 대두한 성경 비평학과 정경에 관한 질문들과 먼 관계를 갖고 있다. 그는 구약성경과 목회 서신들에 대한 이성적 비판을 앞질러 제기했으나, 비판을 제기하는 방식이 매우 독단적이고 절조가 없었다. 성경을 해석하면서 그 깊은 곳에 형성되어 있는 조화를 읽어내지 못하고 피상적인 차이점들만 바라보았다. 다른 영지주의자들이 주장하던 이교적 신화를 배격했고, 기독교를 유일하게 참된 종교로 고수했다. 게다가 사변적인 성격도 덜 띠었고, 신앙에 가장 높은 지위를 매겼다. 그러나 역사관이 현저히 빈약하여서 기독교를 하나님께 대한 기존의 모든 계시들과 철저히 대립되는 상태에 놓았다. 마치 하나님께서 수천년 간 세상을 방치하시다가 그리스도가 갑자기 나타난 것처럼 생각했다. 그는 극단적인 반(反) 유대교적, 사이비 바울적 경향과 마술적 초자연주의를 표방했으며, 이러한 관점을 토대로 순수한 초기 기독교를 회복하려는 지나친 열정으로 역사를 백안시하고, 복음을 돌출적이고 부자연스럽고 유령과 같은 모습으로 바꿔놓았다.

마르키온은 폰투스[본도] 시노페의 주교의 아들로 태어나 철이 들면서 재산을 교회에 바치기도 했으나, 아버지한테 출교당했다. 아마 이단 사상을 발설하고 권위를 업신여겼기 때문이었던 것으로 보인다.[43] 그는 2세기 중반에 로마로 갔다 (140-155). 로마는 영지주의 체계를 하나도 발생시키지 않았으나 모든 영지주의자들을 끌어모은 곳이었다. 그곳에서 시리아의 영지주의자 케르도(Cerdo)와 만

---

43) 에피파니우스와 그 밖의 사람들은 그가 출교당한 원인이 정절을 서약한 처녀를 유혹한 죄 때문이었다고 언급한다. 하지만 그가 금욕 생활을 했던 점으로 미루어 타당성이 약하며, 이레나이우스와 테르툴리아누스도 그가 청년 시절에 문란하게 살았다는 언급을 하지 않는다.

나 자신의 실질적인 이원론에 사변적인 토대를 얻었다. 여러 지역을 두루 다니면서 자신의 교리를 퍼뜨렸으며, 여러 나라들에서 제자들을 많이 얻었다. 마지막으로 죽음이 임박했을 때는 보편[가톨릭] 교회에서 성찬을 받을 수 있는 자격을 회복시켜 달라고 청원할 마음을 먹었다고 전해진다.[44] 그가 언제 어디서 죽었는지는 알려지지 않는다. 그는 누가복음과 바울 서신서들의 교정본, 그리고 구약성경과 신약성경 사이의 모순들을 다룬 책을 썼다. 순교자 유스티누스는 그를 당시의 가장 위험한 이단으로 간주했다. 보편 교회 신자들이 그를 얼마나 증오했는가 하는 것은 이레나이우스의 글에 실린 폴리카르푸스의 일화에 잘 나타나 있다. 서머나의 폴리카르푸스는 로마에서 마르키온을 만났을 때 "나를 아는지요?"라는 질문을 받고는 "사탄의 맏아들이지요"라고 대답했다고 한다.

마르키온은 세상을 움직이는 두세 가지 세력을 상정했다. 첫째는 선한 혹은 자비로운 하나님으로서, 그리스도가 최초로 알리신 분이고, 둘째는 이교를 관장하는 마귀에게 지배를 받는 악한 물질이고, 셋째는 공의로운 조물주로서, 유대인들이 섬기는 유한하고 불완전하고 분노에 찬 여호와라고 했다. 어떤 저자들은 마르키온의 원리를 둘로 줄이지만, 그는 데미우르고스와 휠레를 동일시하지 않았다. 그는 이 원리들을 더 이상 사변적으로 깊이 해석하지 않았다. 이교적인 유출설과 비밀 전승과 영지주의자들의 알레고리적 해석을 배격했다. 그의 체계에는 플레로마나 아이온들이나 뒤나미스들이나 음양의 합(合)들(Syzygies)이나 고통당하는 소피아가 없다. 그는 점진적인 발전과 성장을 배제하며, 모든 것이 준비되지 않은 상태에서 갑자기 돌출적으로 등장한다.

그의 체계는 신비적이고 철학적이라기보다 비평적이고 이성적이었다.[45] 그는

---

44) 테르툴리아누스가 그렇게 말한다. 그러나 이레나이우스도 케르도에 관해 비슷한 이야기를 전한다. 게다가 테르툴리아누스는 마르키온이 여러 번 출교당했다고 말한다.

45) 하지만 아르메니아의 주교 Esnig은 마르키온의 체계를 영지주의의 다른 형태들에 더 가깝게 놓는다. 그에 따르면 마르키온은 세 하늘을 상정했다고 한다. 가장 높은 하늘에는 선한 신이 세상으로부터 멀리 떨어진 상태로 거주하며, 둘째 하늘에는 율법의 신이, 가장 낮은 하늘에는 그의 천사들이 거한다고 한다. 하늘 밑의 땅에는 휠레 곧 물질이 놓여 있는데, 이것을 마르키온은 지상의 권능(뒤나미스) 혹은 본질(우시아)이라고 부른다. 휠레는 여성적 원리이며, 율법의 신이 자신의 배우자인 그녀의 도움을 받아 이 세상을 창조한 뒤 자신의 하늘로 물러나 거하게 되면서, 율법의 신은 천사들

주로 자신이 복음과 율법, 기독교와 유대교, 선과 의(義) 사이에 수립한 철저한 이원론을 실질적으로 고수하는 데 열정을 쏟았다. 「대조되는 것들」(*Antitheses*)이라는 특별한 저서에서 이러한 대립 관계를 자세히 설명해 놓았다. 구약의 신은 거칠고 가혹하고 자신의 율법만큼 무자비하다. 그 신은 "네 이웃을 사랑하고 네 원수를 미워하라"고 명령하며, "눈에는 눈으로, 이에는 이로" 보복하라고 하지만, 신약의 신은 "네 원수를 사랑하라"고 명령한다. 전자는 공의로울 뿐이며, 후자는 선하다. 마르키온은 구약성경에 속한 모든 책들을 배격하며, 마태복음 5:17에 기록된 그리스도의 말씀을 정반대의 뜻으로 바꾸어 놓았다: "나는 율법과 선지자들을 완성하려고 오지 않고, 그것들을 멸하러 왔다." 그의 관점에서는 기독교가 과거의 어떤 것, 즉 유대교든 이교 세계든 어느 것과도 관계를 갖고 있지 않으며, 다만 하늘로부터 급격하게 마술적으로 임한다. 그리스도도 태어난 게 아니라, 티베리우스의 제15년에 가버나움 성에 갑자기 내려와서 선한 신에게 보냄을 받은 그 신의 계시자로 나타났다고 한다. 그리스도는 편의상 자신을 메시야라고 부르긴 했지만, 구약성경에 데미우르고스가 예고한 메시야와 아무런 관계가 없다고 한다. 그의 육체는 단순한 외양이었고, 그의 죽음은 환영(幻影)이었다고 한다(물론 나름대로 실질적인 의미를 갖고 있음을 인정했을지라도). 그리스도는 데미우르고스를 음부로 던지고, 영혼(육체가 아닌)의 구속을 성취하며, 그것을 전파하도록 사도 바울을 불렀다고 한다. 다른 사도들은 순수한 기독교를 유대교로 돌아가게 하여 부패케 하는 자들이었으며, 그들의 저서들은 가톨릭 전승과 함께 배척해야 한다고 주장한다. 이렇게 바울과 다른 사도들의 차이를 지나치게 강조한 점에서 마르키온은 튀빙겐 비평학파의 조야한 선구자가 되었다.

마르키온은 자기 나름대로 정경(正經)을 구성했는데, 그 안에는 축약되고 단절된 누가복음과 바울의 서신서 열 권이 들어 있다. 그는 갈라디아서를 맨 앞에 두

을 부려서 하늘을 다스리고, 휠레는 자기 아들들을 통해 땅을 다스리게 되었다고 한다. 뮐러는 이 기록을 신빙성 있는 것으로 받아들이는 쪽으로 기운다. Salmon은 이것을 마르키온이 케르도에게 배웠을 가능성이 있는 체계로 생각하지만, 마르키온은 신비주의적 요소를 거의 언급하지 않았음에 틀림없다. 만약 그러한 요소를 언급했다면 이전의 저자들에 의해서 언급되었을 것이다.

며, 에베소서를 라오디게아 교회에 보낸 서신이라고 불렀다. 영지주의의 선구자들이 정죄되어 있는 목회서신들과, 히브리서, 마태복음, 마가복음, 요한복음, 사도행전, 공동서신들, 그리고 계시록을 배격했다.

반(反)율법주의를 강력히 주장하면서도 엄격한 금욕 생활로 자신을 다스렸다. 이교의 모든 축제들에 가담하지 않은 것은 물론이고 결혼과 육류와 술까지도 삼갔다. (생선은 섭취했다.) 참된 신을 역사에서 발견하지 않았듯이, 자연에서도 발견하지 않았다. 결혼한 사람들에게는 부부 생활을 절대로 하지 않는다고 서약하는 것을 조건으로 세례를 주었다. 세상과 교회를 대단히 우울하고 염세적으로 바라보았으며, 제자를 "환난 중의 동역자요 함께 미움을 당하는 동료"라고 불렀다.

예배에서는 성찬 때 포도주를 사용하지 않았으나 성찬의 떡과 물세례, 기름부음을 그대로 사용했고, 갓 세례받은 사람에게는 우유와 꿀을 섞은 것을 주었다. 에피파니우스는 마르키온이 여성들도 세례를 받도록 허용했다고 전한다. 마르키온파는 때로 죽은 자들을 위한 대리 세례도 시행했다(고전 15:29을 그런 뜻으로 해석한 것이다). 그들이 베푼 세례를 보편 교회는 인정하지 않았다.

마르키온파는 이탈리아, 이집트, 북아프리카, 키프로스, 시리아로 퍼져나갔으며, 그 과정에서 여러 지류들로 갈라졌다. 이 분파가 널리 퍼졌다는 것은 여러 나라들에서 그들을 비판한 사람들이 많이 등장했던 사실이 잘 말해준다.

마르키온파 가운데 가장 주목할 만한 사람들은 프레포(Prepo), 루카누스(Lucanus), 아펠레스(Apelles)이다. 이들은 스승의 체계가 지닌 결핍들을 다른 영지주의자들의 사색 내용으로 보충했으며, 어떤 경우들에는 이교와 유대교에 대한 반감까지 완화했다. 아펠레스는 오직 첫 번째 세력[원리, 선한 혹은 자비로운 하나님]만 인정했다. 오리게네스의 친구였던 암브로시우스(Ambrosius)는 회심하기 전에는 마르키온파에 몸담았었다. 이 이단들이 교회에 위험했던 이유는 엄격한 도덕 생활을 실천하고 순교자들도 많이 배출했기 때문이다. 이들은 결혼과 육류와 술을 금했고, 다른 몇몇 영지주의자들과 마찬가지로 박해를 피하지 않았다.

콘스탄티누스는 마르키온파에 대해서 공예배든 가정 예배든 예배의 자유를 금했으며, 그들의 집회소들을 보편 교회에 넘겨주었다. 테오도시우스의 법전은 그들을 딱 한 번 언급한다. 그러나 그들은 5세기에도 존속했다. 그 시기에 테오도레투스(Theodoret)가 수천 명의 이단들을 회심시켰다고 자랑하며, 692년의 트룰루스 공의회가 마르키온파 신자들에게 보편 교회에 들어올 수 있는 조건을 제시하는 것이 합당하다고 판단한 데서 그것을 알 수 있다. 이 분파의 잔존 세력은 10세기에도 발견된다.[46] 그들의 원리들 가운데 일부는 불가리아로 피신한 바울파(the Paulicans)와 서방에서는 카타리파(the Cathari)를 통해서 되살아났다.

128. 배사교. 셋파, 페라타이파, 가인파

배사교(拜蛇敎, Ophites)는 히브리어로 '나센파'<Naasenes>) 곧 '뱀의 형제들' 혹은 '뱀 숭배자들'이라고 하는 집단으로서, 잘 알려져 있지 않으며, 모스하임(Mosheim)과 그 밖의 학자들이 그리스도 시대 이전에 존재했던 것으로 주장한다. 어쨌든 그들의 체계는 순전히 이교적인 것이다. 립시우스(Lipsius)는 그들이 시리아-갈대아의 신화와 관련이 있다고 주장했다. 530년에 유스티누스가 이 분파를 제재하는 법령을 공포한 점으로 미루어 이 분파가 6세기 말에도 여전히 존속했음을 알 수 있다.

이들이 뱀을 숭배했다는 이야기는 사실상 불확실한 자료에 근거한 것이다. 그러나 이들의 이름 자체가 타락의 역사(창 3:1)와 모세의 마술 지팡이(출 4:2, 3), 그리고 광야에서 놋뱀으로 인해 나타난 치유 능력(민 21:9; 비교. 요 3:14)을 토대로 뱀을 '영지'(그노시스)의 표상으로 삼아 특별한 의미를 부여한 데서 나온 것이다. 이들은 뱀을 그려 넣은 부적을 사용했다.

신비감과 두려움을 자아내는 이 짐승은 천둥의 화신 같기도 하고 타락한 천사가 고통스럽게 땅을 기어가는 것 같기도 한데, 성경에서는 악한 영을 상징하며, "너희가 그것을 먹는 날에는 하나님과 같이 되어"(Eritis sicus Deus)라는 뱀의 좌우명이 거짓의 아비가 지어낸 최초의 거짓으로서 그것이 인간을 파멸에 빠뜨렸다. 그러나 거짓 종교들에서는 이것이 신적 지혜의 상징이자 경모의 대상이며, '신들과 같이 되어'(Eritis sicus dii)가 진보의 문을 열어준 위대한 진리로 나타난

---

46) Jacobi 교수는 *Herzog*. V. 236에서 1774년에 Hasenkamp가 Lavater에게 보낸 편지와 후대의 권위자들의 글을 인용하여, 보스니아와 헤르체고비나에 유사한 견해들이 오랜 동안 존속했음을 입증한다.

다. 뱀이 인류를 유혹한 자가 아니라, 인류에게 선악을 분별하는 법을 가르쳐 준 최초의 교사이자 문명 보급자로 나타난다. 따라서 배사교는 아담의 타락을 무의식적 예속의 상태에서 의식적 판단과 자유의 상태로 옮겨간 것으로 간주했으며, 그렇기에 선으로 들어가는 필연적인 행위였고 인간 정신의 고귀한 진보였다고 간주했다. 이들은 뱀을 로고스 혹은 천부와 물질 사이의 중보자와 동일시했으며, 그가 상층 하늘의 권세를 하층 세계로 가져오고, 하층 세계에서 상층 하늘로 돌아가게 해주었다고 간주했다. 뱀은 모든 나선형 식의 발전과 구원을 상징한다고 보았다. 마니교도 뱀을 그리스도의 직접적인 형상으로 간주했다.

이러한 견해는 그들이 구약성경을 격렬하게 반대한 것과 관계가 있다. 그들은 유대인들의 신이자 세상의 창조주를 얄다바옷(Jaldabaoth)이라고 부르며, 그 신을 악의적이고 인간을 혐오하는 존재로 묘사했다. 다른 점들에서 그들의 교리는 발렌티누스의 체계와 대단히 유사하다. 다만 배사교가 훨씬 더 범신론적이고 비기독교적이고 부도덕하고 조야한 형태를 띠었다는 점이 다를 뿐이다.

배사교는 다시 여러 분파들로 갈라졌는데, 그 가운데 특히 세 분파가 두드러진다.

셋파(the Sethites)는 아담의 셋째 아들을 최초의 영적인 인간이자 그리스도의 선구자로 간주했다. 이들은 아래의 어둠과 위의 빛, 그리고 둘 사이의 영(spirit)이라는 세 가지 원리를 주장했다.

페라타이파(the Peratae) 혹은 페라틱파(Perathics, 초월파)는 히폴리투스에 의해서 만사를 알레고리로 해석하는 점성술 집단이자 신비주의적 삼신론파(三神論派)로 기술된다.[47] 이들은 신도 셋이고 로고스도 셋이고 정신도 셋이고 인간도 셋이라고 가르쳤다. 그리스도는 삼중 본질과 삼중 육체와 삼중 권세를 가졌으며, 셋으로 분열되어 있는 만물을 구원하기 위해서 위에서 강림했다고 한다.[48]

---

47) 이들의 명칭은 '건너다', '넘어가다'(물질 세계의 경계를)라는 뜻의 '페라오'에서 유래했다. 우리는 이들의 체계에 관한 정보를 히폴리투스의 혼동스러운 기록에서 얻는다(*Philos.* 1. v. 7 sqq.). 그는 그들이 그리스도를 모독한 것이 오랫동안 발각되지 않았다고 말한다. 이레나이우스, 테르툴리아누스, 에피파니우스는 페라타이파에 대해서 침묵한다. 알렉산드리아의 클레멘스는 그들을 언급한다.

48) 다음에 소개할 글은 히폴리투스가 전한 내용으로서, 페라타이파의 초월적 허구를 잘 보여준다(v. 12): "그들에 따르면 우주는 아버지와 아들, [그리고] 물질이다.

가인파(Cainites)는 동생을 죽인 가인의 혈통을 물려받은 것을 자부하고서 그를 자기들의 지도자로 삼았다. 그들은 유대인들의 하나님과 세상의 창조주를 매우 악한 존재로 간주했으며, 그에 저항하는 것을 덕으로 여겼다. 따라서 그들은 구원사를 거꾸로 뒤집어서 가인부터 유다까지 구약과 신약성경에 등장하는 모든 악명높은 사람들을 영적인 사람들이자 진리를 위해 목숨을 바친 순교자들로 칭송했다. 사도들 가운데 가룟 유다만 참 지식의 비밀을 갖고 있었고, 유대인들의 악신의 제국을 멸망시킬 선한 의도로 혼적(魂的, psychic)인 메시야를 배반했다고 주장했다. 오리게네스는 배사교의 한 분파를 언급하면서, 그들이 이교도 켈수스와 마찬가지로 예수의 큰 원수였고, 그 이름을 저주하지 않는 사람은 자기들 집단에 받아들이지 않았다고 한다. 그러나 배사교의 대다수 신도들은 예수가 선한 인물이었고, 유다의 단견에서 비롯된 지혜로 인해 십자가에 달렸으나 그로써 유익을 끼쳤음을 인정한 듯하다고 오리게네스는 언급한다. 그들 사이에서는 「유다 복음서」(the Gospel of Judas)가 유포되었다.

이렇게 성경 역사를 신성모독적으로 변질시키고 뱀과 그의 씨를 두둔하는 행위가 악을 선으로 둔갑시키는 지극히 문란한 반(反)율법주의와 연결되었다는 것은 조금도 이상한 일이 아니다. 그들은 입에 담기조차 어려운 악들을 포함한 모든 죄를 철저히 경험해 보는 것이 '완전한 지식'의 필수적인 부분이라고 생각했다.

어떤 이들은 배사교를 유다서에서 비판을 받는 거짓 교사들과 동일시했다.

[그러나] 이 셋은 각각 무한한 포용력(capacity)을 갖고 있다. 그 다음에 물질과 아버지 사이의 중간에는 아들과 말씀과 뱀이 움직이지 않는 아버지를 향해서, 그리고 움직이는 물질을 향해서 끊임없이 움직이다. 그는 어느 때는 아버지를 향해 돌아서서 그 인격 안으로 들어가 능력을 받지만, 다른 때는 이 능력을 가로채 가지고는 물질에게로 향한다. 그리고 물질은 [비록] 덕(德)을 갖고 있지 않고 형태도 없지만, 아들이 아버지로부터 본따 만든 아들로부터 [자체 안에] 형상들을 조상한다. 그러나 아들은 표현할 수도 없고 말할 수도 없고 변할 수도 없는 형태를 따라서 아버지로부터 형태를 끌어낸다 … 아무도 아들 없이는 구원을 받을 수[즉, 하늘로 돌아갈 수] 없으며, 아들은 뱀이다. 그는 위로부터 부성(父性)의 표지들(marks)을 끌어내렸듯이, 아래에서 잠들어 있는 그 표지들을 일깨운 뒤 부성의 특징들, 즉 비실체적 존재에게서 나온 실체적인 것들을 부여하여 그것들을 다시 위로 끌고 올라간다."

"꿈꾸는 이 사람들도 그와 같이 육체를 더럽히며 권위를 업신여기며 영광을 훼방하는도다 … 가인의 길에 행하였으며 삯을 위하여 발람의 어그러진 길로 몰려갔으며 고라의 패역을 좇아 멸망을 받았도다 … 영원히 예비된 캄캄한 흑암에 돌아갈 유리하는 별들이라." 비슷한 점이 너무나 많으며, 이렇게 볼 때 유다서가 언급한 이 이단들은 2세기 배사교의 선조들이었을 가능성이 있다.

129. 사투르니누스(사토르닐로스)

안디옥의 사투르니누스(Saturninus 혹은 Satornilos)는 바실리데스와 마찬가지로 하드리아누스의 재위 때 활동했다. 그는 바실리데스와 마찬가지로 메난데르(Menander)의 제자였다. 그의 체계는 하나님과 사탄을 우주의 양극으로 삼는 과감한 이원론과 엄격한 금욕주의가 두드러진다. 하나님은 바닥이 없는 심연이자 철저히 알려지지 않는 존재(데오스 아그노스토스)라고 한다. 하나님으로부터 빛의 영적 세계가 발산되어 천사들과 대천사들과 권세들(powers)과 주관들(dominions)로 각기 다른 등급이 형성된다. 가장 낮은 등급에는 일곱 행성의 영들이 있으며, 그 수장이 데미우르고스 곧 유대인들의 신이다. 휠레(물질계)의 지배자인 사탄은 빛의 세계에 영원히 대적한다. 일곱 행성의 영들은 사탄의 영역에 침입하여 휠레의 한 부분에 인간이 존재하는 물질계를 형성하며, 이 인간에게는 지극히 높은 하나님이 빛의 섬광(스핀테르)을 채워준다. 이에 맞서서 사탄은 물질 곧 땅에 속한 인간들을 창조하며, 자기 휘하의 귀신들과 거짓 선지자들을 보내 영적인 인류를 끊임없이 따라다니게 한다. 유대인의 신은 자신의 선지자들을 보내지만 사탄을 이기지 못한다. 마침내 선한 하나님이 누스(Nous)라는 아이온을 가현적 몸을 입혀 땅의 소테르(구원자)로 보내며, 그가 사탄의 저주로부터, 그리고 유대인의 신과 행성의 영들로부터 영적 인류를 해방시키고 그들을 빛의 세계로 끌어올리기 위해서 영지(그노시스)를 가르치고 혼인과 육식을 엄격히 금한다.

130. 카르포크라테스

카르포크라테스(Carpocrates)도 하드리아누스의 재위 기간에 살았다. 아마 알렉산드리아에서 활동하면서 자신의 이름으로 불린 영지주의 분파를 설립한 듯하다. 이 분파는 그리스도를 이교 철학자의 한 사람으로 간주했고, 자기들이 모든 대중 종교들보다 우월하다고 자부했으며, 무절제하고 문란한 생활에 빠져들었다. 세상은 독생(獨生)하신 아버지에 비해 훨씬 열등한 천사들에 의해 창조된다. 예수는 요셉의 아들이었으며, 그의 혼(魂)이 강직하고 순수했다는 점과, 독생하신 아버지의 영역에서 직접 목격했던 일들을 완전히 기억했다는 점을 제외하고는 다른 사람들과 다를 바 없었다. 이런 이유 때문에 아버지로부터 그에게 권능이 임한 것이며, 그 권능에 힘입어 예수는 세상의 창조자들을 벗어날 수 있었다. 그들에게서 벗어난 뒤에 그는 모든 점에서 자유로워진 상태에서 다시 아버지에게로 승천했다. 우리도 마찬가지로 세상의 창조자들을 무시함으로써 예수와 동등한 지위에 오를 수 있다.

이레나이우스와 히폴리투스는 카르포크라테스파가 마술과 주문과 묘약(妙藥)을 사용했고, 죽은 사람의 영혼들과 꿈을 보내는 귀신들과 그 밖의 혐오스러운 존재들이 이 세상의 지배자들을 다스릴 권세가 있다고 선언하면서 그들을 의지했다. 그러나 그들은 방탕한 생활을 했고, 그리스도의 이름을 자신들의 악함을 은폐하는 수단으로 사용했다. 그들은 그리스도의 그림들을 사용한 것으로 알려진 최초의 집단이었으며, 본디오 빌라도가 직접 그렸다고 하는 것에서 그 그림들을 취했다.

카르포크라테스의 아들 에피파네스는 열일곱의 나이에 죽었으나 '일원론적'(monadic) 영지주의를 설립했다. 이원론을 반대한 그는 악의 독립적 존재를 부정한 듯하며, 악을 인간 세계 법률상의 허구에 용해시켰다. 자신이 쓴 '정의'에 관한 책에서 정의를 형평으로 규명했다. 신이 만민에게 똑같이 공통되게 유익을 주었다고 가르쳤으며, 이러한 가르침을 토대로 재산과 심지어 여성들까지도 공유하는 사회를 만들었다. 그는 죽은 뒤에 케팔로니아의 사메라는 곳에서 추종자들에게 신으로 추앙되어 제사와 제주(祭酒)와 연회와 찬송으로 숭배되었다. 여기서 우리가 보게 되는 것은 육체 해방과 결탁된 수호신 숭배이다(이것이 현대에 와서 되살아났다). 그러나 이 사실을 전하는 알렉산드리아의 클레멘스가 마치 순교자 유스티누스가 시몬 마구스에 관해 전할 때 범했던 것과 유사한 실수를 범하여 타 에피파네이아 혹은 호 에피파네스로 알려진 달을 숭배하는 이교도들

의 토속 축제를 에피파네스를 기리는 축제와 혼동했을 가능성도 배제할 수 없다.[49]

131. 타티아누스와 엔크라테이아파

타티아누스(Tatian)는 시리아의 수사학자로서 로마에서 순교자 유스티누스의 전도를 받고 보편[가톨릭] 교회로 회심했으나, 훗날 영지주의에 빠진 뒤에 172년에 죽었다.[50] 그는 유대교를 적대시하고 엄격한 금욕을 주장했다는 점에서 마르키온와 유사하다. 고린도전서 7:5을 거짓되게 해석하여 결혼이 마귀를 섬기는 방탕한 행위라고 주장했다. 이레나이우스는 유스티누스가 순교하자 보편 교회를 탈퇴한 뒤 교사로 자임하여 활동했다. 자신이 누구보다도 탁월한 교사라는 헛된 자만심을 내세우면서 발렌티누스가 가르쳤던 것과 비슷한, 보이지 않는 특정 아이온들을 고안해 냈으며, 마르키온과 사투르니누스와 마찬가지로 결혼이 타락과 음행일 뿐이라고 주장했다. 그러나 이방인들을 논박한 현존하는 그의 논문들과 사복음서 대조서(Gospel-Harmony, 디아테사론: 153-170년에 집필되었고, 최근에 발견됨)는 디아테사론에 예수의 족보를 생략한 것 외에는 이렇다 할 영지주의의 흔적을 보여주지 않는다. 그는 반(反)가톨릭적이었다기보다 초가톨릭적, 초금욕적이었다. 그에 관해서는 마지막 장에서 다시 살펴볼 것이다.

5세기까지 그의 사상을 고스란히 간직한 그의 추종자들은 금욕 생활을 했다고 하여 엔크라테이아파(Encratites) 혹은 절제파(Abstainers)라 불렸고, 성찬 때 포도주 대신에 물을 사용했다고 하여 배수파(Hydroparastatae) 혹은 수찬파(Aquarians)라고 불렸다. 이들은 육류와 술과 결혼을 금하되 (고대 가톨릭 금욕주의자들처럼) 일시적 기간 동안 기도에 집중하기 위해서 그런 것도 아니고, (오늘날 철저히 금주하는 사람들처럼) 편의나 모범을 위해서 그런 것도 아니라, 물

---

49) 이것은 Mosheim의 추정이었다. 그는 사메 지방 사람들이 숭배한 신이 초승달 곧 호 에피파네스였다고 주장한다.

50) 그의 연대는 불명확하다. Zahn과 Harnack은 그가 110년에 태어나서 150년에 회심하고 172년에 죽었다고 기록한다. Funk는 출생 연도와 회심 연도를 각각 10년씩 늦춰 잡는다.

질[육체]이 본래 악하다는 원리에 입각하여 항구적으로 금했다. 하지만 '엔크라테이아파'라는 칭호는 영지주의의 모든 금욕적 분파들, 특히 사투르니누스, 마르키온, 세베루스(세베루스파. 이들의 기원은 불명확하다)의 추종자들에게 무분별하게 적용되었다. 마니교도들도 이 이름 아래 은신했다. 알렉산드리아의 클레멘스는 인도의 금욕주의자들이 엔크라테이아파의 선조들이라고 말한다.

성찬의 포도주 대신에 물을 사용하는 관습은 알렉산드리아의 클레멘스와 키프리아누스, 크리소스토무스에 의해 단죄되었고, 382년에 황제 테오도시우스의 칙령에 의해 금지되었다. 오늘날 미국의 일부 집단은 알콜 음료를 철저히 혐오한 나머지 동일한 이단적 관습에 의존하여 우리 주님의 명백한 규례 대신에 물이나 우유를 사용하고 있다.

132. 영지주의자 유스티누스

히폴리투스는 연대와 출신이 불분명한 유스티누스(Justin)라는 영지주의자를 여러 번 소개한다.[51] 그는 자신의 교리를 비밀리에 전파했으며, 제자들에게 함부로 발설하지 말도록 엄숙히 맹세하게 했다. 저서를 여러 권 썼으며, 그 가운데 「바룩서」(Baruch)의 내용을 히폴리투스가 간략히 소개한다. 유스티누스의 '그노시스'는 주로 창세기에 대한 신비주의적 해석에 근거를 두며, 다소 유대교로 회귀하려는 경향을 띤다. 이런 점 때문에 히폴리투스는 그를 나센파(the Naassenes)로 분류하지만, 유스티누스는 뱀을 역사에 모든 악을 초래한 주범으로 간주하는 정반대의 견해를 취했다. 그는 그리스 신화, 특히 헤라클레스의 열두 가지 위업이라는 전승도 사용했다. 세상을 떠받치는 세 가지 근본적 원리를 상정하면서, 둘은 남성적이고 하나는 여성적이라고 주장했다.

그의 설명에 따르면, 첫째 원리는 선한 존재(the Good Being)이고, 둘째 원리는 엘로힘 곧 창조의 아버지이고, 셋째는 에덴과 이스라엘이라 불리며, 중간층 위의 여성과 하층의 뱀이라는 이중적 형태를 띤다. 엘로힘이 에덴과 사랑에 빠

---

51) Lipsius는 그를 초기의 영지주의자로 간주하며, Salmon은 후대의 영지주의자로 간주하는데, 이레나이우스가 함구한다는 점이 후자의 견해를 더욱 타당하게 보이게 한다.

지고, 둘의 관계로부터 스무 명의 천사(열 명은 부성적이고, 열 명은 모성적인)로 구성되는 영의 세계[靈界]가 발생하며, 이 천사들이 세상에 거주한다. 두 계열의 천사들을 통솔하는 천사가 바룩(Baruch)이다. 그는 모든 선(善)을 지은 자로서, 낙원에 있는 생명나무가 그의 표상이다. 나스(Naas) 곧 뱀은 만악의 주범이요, 선악을 알게 하는 나무로 표상된다. 네 강은 천사들의 네 부류를 상징한다. 나스는 하와와 간음을 저질렀고, 아담에게는 더 큰 악을 저질렀다. 모세 율법과 선지자들의 계시를 변질시켰으며, 예수를 십자가에 못 박았다. 그러나 예수는 십자가에 달림으로써 물질적인 육체로부터 해방되었고, 자신이 죽을 때 생명을 의탁한 선한 하나님께로 살아났으며, 그로서 구원자가 되었다.

133. 헤르모게네스

헤르모게네스(Hermogenes)는 2세기 말부터 3세기 초에 카르타고에서 활동한 화가였다. 테르툴리아누스는 그를 거칠고 말이 많고 경솔하며, "자신이 그린 여성들보다 더 많은 여성들과 결혼한" 사람으로 소개한다. 그는 이원론을 신봉하고 무로부터의 창조를 부정한 점에서만 영지주의와 다소 먼 관계가 있다. 인간 영혼을 포함한 세계가 형체가 없고 영원한 물질로부터 유래했다고 주장했으며, 영적 세계의 악한 것들뿐 아니라 자연 세계의 추한 것들이 존재하게 된 원인을 물질이 만물을 조성하려는 신의 시도에 저항한 결과로 설명했다. 악의 기원이란 이런 식으로밖에 설명할 수 없다고 그는 생각했다. 만약 신이 세상을 무로부터 만들었다면 모든 것이 선해야 하지 않느냐는 것이 그 이유였다. 그리스도가 승천할 때 자기 몸을 태양에 갖다 둔 뒤에 아버지께 승천했다고 그는 가르쳤다. (이 어리석은 생각을 그는 시편 19:4의 "하나님이 해를 위하여 하늘에 장막을 베푸셨도다"라는 구절을 가지고 증명한다.) 그러나 이런 점들을 제외하면 정통 신앙에서 크게 벗어나지 않았으며, 본인도 교회에서 이탈하기를 원치 않았다.

134. 그 밖의 영지주의 분파들

고대의 교부들, 특히 히폴리투스와 에피파니우스는 다양한 이름으로 불린 그 밖의 여러 영지주의 분파들을 언급한다.

1. 가현설파(Docetae 혹은 Docetists). 이들은 그리스도의 몸이 실제 살과 피가 아니라 가현적이고 과도적인 환영(幻影)이었으며, 따라서 그리스도가 실제로 고난을 당하고 죽고 부활하지 않았다고 가르쳤다. 히폴리투스는 이 분파의 세계를 소개한다. 그러나 이 이름은 대다수 영지주의자들, 특히 바실리데스, 사투르니누스, 발렌티누스, 마르키온, 마니교에게도 적용되었다. 가현설은 사도 요한이 감지한 초기의 반(反)기독론적 이단들의 전형적인 특징이었다(참조. 요일 4:2; 요이 7).

2. 반(反)율법파(Antitactae 혹은 Antitactes). 이들은 그 이름의 근원이 된 특정한 스승의 추종자들이라기보다, 문란하고 반(反)율법주의적인 영지주의자들을 가리킨다.

3. 프로디쿠스파(Prodicians). 설립자로 추정되는 프로디쿠스(Prodicus)에게서 유래한 이름. 이들은 자신들을 왕의 권속으로 간주했고, 열광적인 자부심으로 자신들이 율법과 안식일과 모든 유형의 예배와 심지어는 기도에 대해서도 의무를 지지 않으며, 이런 것들은 무지한 대중이나 하는 일이라고 생각했다. 니골라당과 반율법파와 비슷한 점이 있었으며, 아담파(Adamites), 바르벨리타이파(Barbelitae), 보르보리아파(Borboriani), 코디아파(Coddiani), 피비오니타이파(Phibionitae), 그리고 이해하기 힘든 그 밖의 이름들로도 불렸다.

거의 모든 형태의 불륜과 불법이 영지주의의 저급한 집단들에 의해 종교적 재가를 받아 자행되었으며, 오늘날 등장한 심각한 오류들과 조직적인 악행들은 영지주의자들이 이런저런 식으로 한 번 시행해 본 것들이다. 따라서 고대 교부들이 기독교를 이렇게 심각하게 부패시키고 왜곡시킨 영지주의를 철두철미하게 반대한 것이 조금도 이상한 일이 아니다.

135. 마니와 마니교

이제는 가장 늦게 등장하되 가장 정비된 조직을 갖추고 가장 체계적이고 집요하고 위험한 형태를 갖춤으로써 기독교가 오랜 세월 동안 치열한 투쟁을 벌여야 했던 영지주의를 다루게 되었다. 마니교(Manichaeism)는 기존의 영지주의 분파와 달리 단순한 학파가 아니라 대립 종교이자 대립 교회였다. 이 점에서 훗날 기독교에게 훨씬 더 가공할 만한 대립 세력으로 등장한 이슬람교와 비슷한 점이 있었다. 마니교나 이슬람교 모두 신의 계시를 받아 세워진 종교로 자임했고, 둘 다 이교의 줄기에 유사 기독교적 요소들을 새겨넣었지만, 출발점은 완전히 달랐다. 마니교가 반(反)유대적이고 이원론적이었던 반면에, 이슬람교는 유사 유대교적이며 철저한 유일신교였다.

먼저 외면의 역사를 살펴보자.

마니교의 기원은 모호하고 혼동스러운 전승에 실려 있다. 이 종교는 마니(Mani, Manes, Manichaeus)에게로 거슬러 올라간다.[52] 3세기(215-277)에 페르시아에서 철학자와 점성가와 화가로 활동한 그는,[53] 기독교로 넘어와 (혹은 그보다는 기독교의 일부 요소들을 조로아스터교에 도입하여) 자기 지역 사람들 사이에 지적·도덕적 혁명을 선동했다. 아랍 이슬람교의 자료에 따르면 그는 페르시아 하마단의 귀족 가문에서 태어나 바빌로니아의 크테시폰으로 이주한 파탁(Fatak)의 아들이었다고 한다. 그곳에서 그는 철저한 교육을 받았다. 그는 원래 만다야교(Mandaeans) 혹은 엘케사이파(Elkesaites, the Mogtasilah, 즉 세례파)의 유대교적 영지주의에 속해 있었으나, 열아홉살과 스물네살 때(238) 신으로부터 새로운 종교를 계시받았다. 서른살에는 자신이 작성한 혼합주의적 신조를 설파했으며, 먼 지역들을 두루 다니면서 제자들을 파송했다. 자신이 하나님이 마지막으로 보낸 지극히 높은 선지자이자, 그리스도가 약속한 보혜사라고 주장했다(6백 년 뒤에 마호메트가 그랬듯이). 「근본 원리들에 관한 서신들」(*Epistola Fundamenti*)에서는 자신의 주요 교리들을 다음과 같은 말로써 제시했다: "예수 그리스도의 사도 마니는 성부 하나님의 섭리에 힘입어 [이 서신들을 쓴다.] 이 서신들은 영원하고 생명이 있는 근원으로부터 온 구원의 말씀이다." 그는 페르시아어와 시리아

---

52) Manes, Manichoeans (아우구스티누스는 항상 마지막 표현을 사용했다.) 이 이름은 페르시아어나 셈족어에서 유래했으나, 아직까지 만족스럽게 설명된 것은 없다. Kessler는 이 이름을 지식, 즉 만다야교의 그노시스를 뜻하는 마나, 만다와 동일시한다.

53) 적어도 페르시아의 기록들에 따르면 그러하다. 하지만 그림을 싫어하는 아랍인들과 교부들은 화가로서의 그의 재능에 관해서 침묵한다.

어로, 그리고 자신이 창제한 알파벳으로 여러 권의 저서를 썼지만, 모두 현존하지 않는다.[54]

초기에 마니는 페르시아 왕 샤푸르 1세(Shapur I, Sapor)의 궁정에서 총애를 받았으나 마기교(the Magians)의 사제 계층의 눈밖에 나게 되면서 궁정을 피신한 뒤 인도 동부와 중국으로 갔고, 그 과정에서 불교를 접하게 되었다. 실제로 부처라는 이름이 마니교 체계의 전설적 역사에 뒤섞여 있다. 그가 메소포타미아의 아르켈라우스(Archelaus)와 논쟁을 벌였다는 것은 마치 위 클레멘스의 글에 소개되는 시몬 마구스와 베드로의 논쟁과 마찬가지로 허구이다. 하지만 후자에 비해 역사적 배경이 소상히 소개되어 있고, 정통 신앙을 고수하려는 저자의 의도가 잘 나타나 있다.

270년에 마니는 페르시아로 돌아와서 교리를 상징적으로(회화적으로) 가르치고, 그것이 하나님께 직접 받은 계시인 것처럼 내세운 것이 주효하여 많은 추종자들을 얻었다. 그러나 마기교 신자들과 논쟁을 벌이다가 전통 종교를 변질시켰다는 죄목으로 유죄 판결을 받고는 277년경에 왕 베흐람 1세(Behram I, Veranes)의 지시로 십자가에 달렸거나 산 채로 껍질을 벗기는 형벌을 받고 죽었다. 그의 가죽은 디욘디샤푸르(혹은 군데샤푸르) 성문에 내걸렸으며, 그 이래로 이 성문은 '마니의 문'이라 불렸다.[55] 그의 추종자들도 왕에게 잔인하게 박해를 당했다.

마니가 처참하게 죽은 뒤에 그의 분파는 투르키스탄, 메소포타미아, 북아프리카, 시칠리아, 이탈리아, 스페인으로 널리 퍼졌다. 서쪽으로 전파되면서 갈수록 기독교적 성격을 띠게 되었고, 북아프리카에서는 그러한 성격이 더욱 두드러졌

---

54) 그 가운데 다음과 같은 저서들이 언급된다: the *Book of Mysteries*, the *Book of Giants*, the *Book of Precepts for Hearers* (*Capitula* or *Epistola Fundamenti*, 이 책에 관해서는 아우구스티누스가 상당 부분을 발췌하여 소개한다), *Shabpurakan* (즉, 왕 샤푸르에게 속한), the *Book of Life*, the *Gospel* or the *Living Gospel*.

55) 마니가 참혹하게 죽었고 그의 시체가 학대를 당했다는 이야기는 여러 모로 입증되지만, 산채로 껍질을 벗김을 당했다는 이야기는 후대의 기독교 전승인 듯하다. *Disput. Archelai* (c. 55)는 결말 부분에서 다음과 같은 이야기를 전한다: "그는 체포되어 왕 앞에 끌려갔다. 그를 본 왕은 크게 분노했고, 두 사람의 죽음 — 즉 자신의 아들의 죽음과 간수의 죽음 — 에 대한 복수심에 타올라 그를 산채로 껍질을 벗겨 성문에 내걸고, 그의 껍질은 약품에 적신 뒤 태워버리라고 명령했다. 그의 시체도 새들의 먹이로 내주라고 명령했다."

다. 마니교는 로마 제국 전역에서 박해를 받았는데, 처음에는 디오클레티아누스가(287), 그 후에는 기독교 황제들이 박해를 주도했다. 그런데도 마니교는 6세기와 심지어는 그 후까지도 번성했다. 이단은 그 집단이 완전히 뿌리뽑히기 전까지는 박해를 받을수록 오히려 추진력을 얻게 마련이다.

마니교가 사람들의 마음을 파고든 비결은 교리의 신비스러움, 치밀한 조직, 참담한 악의 문제에 대한 분명한 해답, 그리고 금욕적이고 성결한 생활에 있었다. 성 아우구스티누스 같은 심오하고 고상한 사람조차 보편 교회로 개종하기 전에 9년 동안이나 그 분파의 집회에 참석하여 설교를 들었다. 아우구스티누스는 마니교에서 보다 깊은 종교 철학을 터득하려고 노력하다가 누미디아의 유능하고 웅변이 뛰어난 파우스투스(Faustus)라는 사람을 만났으나, 곧 그가 피상적인 허풍쟁이인 것을 발견하고는 실망했다. [훗날 회심하여 보편 교회로 들어간 뒤에] 히포에서 펠릭스(Felix)라는 또 다른 마니교도와 이틀에 걸친 공개 논쟁 끝에 그를 보편[가톨릭] 신앙으로 회심시키는 데 성공했다. 아우구스티누스가 이단 논박서들을 집필하고, 지식과 신앙, 이성과 계시, 자유의지, 악의 기원과 그것이 하나님의 통치와 맺고 있는 관계에 관한 교리들을 발전시킬 수 있었던 것은 마니교에 몸담았던 경험에 힘입은 결과였다.

교황 레오 1세(Leo I)는 로마에서 이 이단들을 색출했고, 로마장관의 지원을 받아 그 중 많은 이들을 처벌했다. 발렌티누스 3세(Valentinian III)는 추방으로, 유스티니아누스(Justinian)는 사형으로 그들을 처벌했다. 그들의 조직은 격렬하고 지속적인 박해를 견디지 못하고서 마침내 뿌리뽑혔다. 그러나 그들의 체계는 13세기에 이르기까지 중세 내내 영향력을 행사했고, 기독교적 요소들이 많이 주입된 채 프리스킬리아누스파, 바울파, 보고밀파, 알비파, 카타리파 같은 분파들 속에서 다양한 모습으로 되살아났다. 그렇기 때문에 그런 분파들은 '신흥 마니교들'이라 불렸다. 실제로 마니교의 몇 가지 주된 특징들 — 이를테면 영혼과 육체를 이원론적으로 구분하고, 자연이 마귀에게 속한 것으로 보고, 도덕과 물리학을 범신론적으로 뒤섞고, 위선적인 상징 체계를 사용하고, 이교적 견해를 기독교적 표현 밑에 감추고, 자신들만이 비밀을 안다는 듯이 교만하고, 귀족적인 태도로 심원한 것과 통속적인 것을 구분하는 태도들 — 은 현대의 철학 체계들과 종교 분파들에까지 다양한 형태로 살아남아 있다.[56]

136. 마니교 체계

마니교는 이원론과 범신론과 영지주의와 금욕주의의 요소들이 두루 혼합되었고, 공상적인 자연 철학과 결부되었으며, 그런 까닭에 금욕적인 태도로 물질을 혐오했으면서도 사상 체계 전반이 유물론적 성격을 띠었다. 이 체계의 형이상학적 토대는 선과 악, 빛과 어둠을 철저히 구분하는 이원론이며, 이것은 페르시아의 조로아스터교(2세기 중반인 제2 사산 왕조 시대에 마가사이아 학파<the Magasaeans>가 복원한 형태의)에서 유래한 것이다. 마니교의 현저한 윤리적 특징은 불교와 아주 흡사한 엄격한 금욕주의이다. 기독교의 요소는 (이슬람교와 마찬가지로) 피상적인 표현들에 지나지 않는다. 유대교는 아예 배격되며(하지만 이슬람교에서는 그것이 대단히 중요한 특징을 형성한다), 구약성경도 마귀와 그의 거짓 선지자들에 의해 영감된 것으로서 배제된다. 외경 복음서들과 마니의 저서들의 주된 전거들이다.

1. 마니교의 신학은 빛의 왕국과 어둠의 왕국 사이의 철저한 대립으로 시작한다. 그리고 이것이 선과 악 사이의 윤리적 이원론과 동일시된다. 이 두 왕국이 영원부터 서로 섞이지 않은 채 대립해 오던 중, 휘하의 귀신들과 함께 어둠으로부터 태어난 사탄이 광분하기 시작하다가 마침내 빛의 왕국을 공격했다. 이 공격으로 말미암아 생긴 것이 현세이다. 현세에는 두 왕국의 요소들이 섞여 있되, 빛의 요소들이 어둠에 갇히는 형태로 섞여 있다. 아담은 사탄의 형상으로 창조되었으나 속에 빛의 강한 섬광(spark)을 지니고 있었고, 사탄의 주선으로 하와를 배필로 맞이했다. 유혹적인 관능성을 상징하는 하와도 아담에 비해 미약하긴 하지만 빛의 섬광을 지니고 있었다. 가인과 아벨은 사탄과 하와의 아들들이었지만, 셋은 아담이 하와에게 낳은 아들이었고, 빛이 충만했다. 이로써 인류가 각기 다른 정도로 빛을 소유한 채 존재하게 되었다. 남성들이 더 환한 빛을, 여성들이 보다 미약한 빛을 소유하게 되었다. 모든 남성은 저마다 빛의 아들인 동시에 어둠의 아들로서, 선한 영혼과 본질상 악한 육체, 그리고 악한 육체에 해당하는 악

---

56) 미국 유타 주에 거점을 둔 모르몬교, 즉 말일성도 예수 그리스도의 교회도 유사한 태도를 드러내며, 특히 그들의 성직위계적 제도가 그렇다. 반면에 그들의 일부다처 관습은 금욕적이었던 마니교와는 크게 다르고, 차라리 이슬람교와 유사하다.

한 영혼을 지닌다. 빛을 어둠의 속박에서 구속해내는 일이 태양의 영혼과 동등한 그리스도와, 공중에 거하는 성령에 의해서 이루어진다. 이 두 존재가 물질 세계로부터 빛의 세력을 이끌어내는 반면에, 어둠의 왕과 별들에 갇힌 영혼들은 그 빛의 세력을 되찾으려고 한다. 해와 달은 갇혀 있는 빛을 영원한 빛의 왕국으로 인도하기 위한 두 척의 조명선(lucidae naves)이다. 보름달은 배에 빛이 가득 실렸음을 뜻하고, 초승달은 배가 텅 비었음을 뜻하며, 황도 십이궁(黃道十二宮)도 빛을 퍼올리는 일에 두레박 역할을 한다.

마니교의 기독론은 영지주의와 마찬가지로 철저히 가현설에 치우쳐 있으며, 육체와 물질에 대한 왜곡된 견해로써 하나님이 육신이 되셨다는 사상을 철저히 배격한다. 그리스도의 가르침을 사도들이 유대교 정신으로 편집하고 곡해했다고 한다. 그리스도가 약속한 보혜사인 마니가 그 가르침을 되살려 놓았다. 역사의 목표는 빛이 어둠에서 완전히 분리되는 것이다. 그때 세상에는 엄청난 화재가 발생하며, 어둠의 왕국은 무능 속으로 가라앉는다.

이런 식으로 마니교에는 기독교가 공상적인 이원론으로 용해되어 있으나, 범신론적 자연 철학도 함께 용해되어 있다. 도덕적 거듭남을 육체적[물리적] 정련 과정과 동일시한다. 동방에서 항상 신의 상징으로 숭배되었던 빛 안에서 구속(救贖)의 비밀을 온전히 발견한다. 마니교 체계에는 당연히 피조물의 탄식이 도처에 깔려 있고, 영혼의 상형 문자인 자연에 대한 깊은 공감이 배여 있다. 그러나 모두 다 뒤틀리고 뒤죽박죽되어 있다. 십자가에서 고난당하신 예수(Jesus patibilis)가 마니교에서는 단지 환영(幻影), 즉 여전히 물질에 감금되어 있는 세상 영혼의 상징이며, 땅의 어두운 품을 벗어나 빛을 향해, 꽃과 열매를 향해 올라가면서 자유를 갈망하는 모든 식물에서 고난의 예수를 볼 수 있다. 따라서 '완전한' 자들의 계층은 짐승을 죽이거나 상해하지 않고, 꽃을 꺾지 않고, 풀조차 베지 않는다. 하지만 이 체계는 빛을 어둠에서 해방시키는 듯 말하고는 있지만, 실상은 빛이 어둠으로 돌아가게 할 뿐이다.

2. 마니교의 윤리는 철저히 금욕적이었다. 물질과 육체가 본질적으로 악하다는 근본적인 오류에 그 바탕이 있었다. 이것은 인간 본성이 도덕적으로 선하다는 펠라기우스(Pelagius)의 견해와 정반대되는 사상이었다.[57] 인간의 도덕적인 큰 목

---

57) 슐라이어마허는 마니교와 펠라기우스주의가 인간론과 구원론에서 두 가지 근

표가 불교적 의미로 세상을 완전히 해탈하여서, 육체성[물질성]을 포기하고 파괴하며, 선한 영혼을 물질의 족쇄에서 해방시키는 데 있다고 보았다. 그들은 이러한 생각을 어둠의 영역에 뿌리를 두고 있는 모든 요소들을 대단히 엄격하고 냉정하게 삼가는 방식으로 실행했다. 하지만 이러한 생활을 선택된 자들에게만 의무로 제시했을 뿐, 가입 준비자들에게는 요구하지 않았다. 그들도 로마 가톨릭교회와 비슷하게 높은 수준의 도덕성과 낮은 수준의 도덕성을 구분했다. 선택자들은 다음과 같은 삼중의 인(印) 혹은 예방책(signaculum)에 의해서 완전에 들어갔다.[58]

(a) 시그나쿨룸 오리스(signaculum oris), 즉 언어 생활과 식생활에서의 순결. 일체의 육류와 자극성 있는 음료를 삼가며(성찬 때조차), 곡물과 채소만 먹는다. 그것을 '듣는 자들'[가입 준비자들]이 완전한 자들에게 전달했으며, 특히 올리브 기름은 빛의 양식이라고 하여서 올리브를 전달했다.

(b) 시그나쿨룸 마눔(signaculum manuum), 즉 현세적 재산과 물질적이고 산업적인 노력, 심지어 농사까지도 포기하는 태도. 자연에 두루 스며 있는 신적인 빛의 생명을 신성하게 여길 것을 요구했다.

(c) 시그나쿨룸 시누스(signaculum sinus), 즉 독신 생활과 감각적 욕구를 충족시키는 행위를 금하는 생활. 결혼 혹은 그보다는 출산은 본질상 악한 육체로 영혼을 더럽히는 행위라고 했다.

선택된 자들의 이러한 부자연스러운 성결이 가입 준비자들의 일상적 죄를 속한다고 보았기 때문에, 가입 준비자들은 선택된 자들을 크게 존경했다. 하지만 그 과정에서 영지주의자들의 경우와 마찬가지로 지식을 지나치게 자랑하게 되었고, 혹시 그들을 비판한 가톨릭 신자들의 말을 그대로 받아들인다면 그들의 훌륭한 겉모습의 이면에는 악들이 세련된 형태로 숨어 있는 경우가 적지 않았다.

3. 조직. 마니교는 모든 영지주의 학파들과 달리 고정된 조직을 갖추고 있었고, 그것은 엄격한 위계 질서를 갖춘 조직이었다. 마니교가 그토록 오랜 기간 동안

본적 이단들이었다고 올바로 설명한다. 전자는 인간이 본질상 악하다(육체로서)고 보며, 따라서 구속의 가능성을 부정하는 반면에, 후자는 인간이 본질상 선하다고 함으로써 구속의 필요성을 부정한다고 설명한다.

58) Signaculum의 의미는 표준(criterion)이 아니라 인(seal)이다.

완강히 존속할 수 있었던 데에는 이러한 조직이 크게 작용했다. 이 분파의 상부 조직은 마기스트리(장관들)라고 하는 열두 사도가 차지했다. 그들 가운데 마니와 그의 계승자들이 베드로와 교황과 마찬가지로 수장이었다. 그들 밑에는 예수의 칠십이(엄격히 말하자면 칠십) 문도를 본따서 72명의 주교들이 있었고, 다시 그들 밑에는 장로들과 집사들과 순회 전도자들이 있었다(모르몬교의 조직도 이와 비슷하다). 회중 가운데는 가톨릭 교회의 세례 예비자들과 신자들을 본딴 두 계층, 즉 '듣는 자들'(hearers, auditores, catechumeni)과 '완전한 자들'이 있었다. '완전한 자들'은 내밀(內密)한 사제 계층(electi, perfecti, catharistae)으로서, 이들은 영혼이 해방되어 세상을 해탈하는 과정, 즉 물질의 왕국에서 빛의 왕국으로, 혹은 불교 용어를 빌자면 산사라의 세계에서 니르바나의 세계로 옮겨가는 과정에서 마지막 단계에 서 있는 사람들이었다.

4. 마니교의 예배는 전반적으로 간소했다. 제사를 드리지 않는 대신에 하루에 네 번 기도했다. 기도하기 전에 결례(潔禮)를 갖춘 뒤 기도하고, 기도할 때는 빛이 거하는 곳인 태양이나 달을 향해서 꿇어 엎드렸다. 그들에게는 태양이 구속자와 동일했기 때문에 태양을 기념하여 일요일을 지켰다. 그러나 가톨릭 그리스도인들의 관습과 반대로 일요일에 금식을 시행했다. 마니교에는 주간, 월간, 연간 금식일들이 있었다. 교회의 절기들(축일들)을 배격했고, 대신에 3월에 신이 정해준 스승 마니의 순교일을 거창하게 기념했다. 성례들은 선택자들만 참석하는 비밀 의식이었으며, 그 내용에 관해서는 심지어 아우구스티누스조차 거의 아는 바가 없었다. 따라서 그들이 세례를 시행했는지, 시행했다면 물을 사용했는지 아니면 기름을 사용했는지 여전히 쟁점으로 남아 있다. 아마 그들은 물세례와 기름 붓는 의식을 시행한 듯하며, 기름 부음을 물세례보다 더 고등한 영적 세례로 간주하거나, 혹은 그 두 가지를 가톨릭 교회와 마찬가지로 세례와 견신례로 구분해서 시행했을 가능성이 있다. 세례뿐 아니라 성찬과 유사한 의식도 거행했다. 때로는 이 의식을 행함으로써 가톨릭 교회인 것처럼 가장했지만, 포도주는 사용하지 않았다(그리스도에게 피가 없다고 여겼기 때문). 그들은 아마 이 의식을 자신들의 범신론적 상징주의에 따라 자연 만물에서 십자가에 달리는 빛의 영혼을 기념하는 행위로 간주한 듯하다. 그들이 사용한 승인의 표는 오른손을 내미는 것이었다. 태양의 영혼이 구속의 손을 펴서 어둠의 왕국에서 그들을 함께 건져준다는 상징이 그 안에 담겨 있었다.

제 12 장

이단과 투쟁하면서 발전한 가톨릭 신학

137. 가톨릭 정통 신앙

앞장에서 소개한 대로 이단 사상들이 널리 전파되는 상황에서 교회는 크게 결연한 의지로 지적 전투를 벌였으며, 성령이 오시면 교회를 충분한 진리로 인도하실 것이라는 주님의 약속대로 교회는 승리를 거두게 되었다. 이단들이 가르치는 주관적이고 근거가 없고 항상 변하는 사색과 꿈과 허구에 맞서서, 교회는 실질적이고 확고한 하나님의 계시의 내용들을 가지고 비판했다. 그 과정에서 기독교 신학은 신앙으로 지식을 제시해야 하는 내적인 필요에 의해서 성장했다. 그러나 이단, 그 가운데서도 특히 영지주의는 외부로부터 강력한 충동을 일으켰고, 비바람이 밭의 곡식을 잘 자라게 하는 것과 같은 역할을 수행했다. 교회는 처음부터 진리를 소유했다. 대대로 충실하게 전수한 성경을 통해서 진리를 배웠고, 그 진리를 가지고 믿음으로 생활하면서 얻은 생활 체험을 통해서 더욱 배웠다. 그러나 이제는 기독교 진리의 내용을 이론적 형태로 발전시키고, 모든 면에서 그것을 단단히 다지고 명쾌하게 설명해야 하는 과제를 교회가 안게 되었다. 이처럼 기독교 논쟁 및 교의 신학, 즉 구원 교리에 대한 교회의 논리적 이해는 이단과 투쟁하는 과정에서 나타났다. 마치 변증 문학과 순교가 유대교와 이교의 박해를 통과하면서 발생했듯이 말이다.

이때부터 계속해서 가톨릭과 이단, 정통 신앙과 이교 사상, 교회의 신앙과 분파의 사적 견해가 갈수록 뚜렷하게 구분되었다. 성경과 교회의 신앙에 부합한 교리는 다 가톨릭적인 것으로, 즉 보편적이고 독점적인 것으로 받아들여졌다.[1]

이 표준에서 크게 빗나가는 것, 이런저런 개인이 수립한 모든 인위적 개념, 기독교의 계시된 교리를 곡해하고 변질시키는 모든 행위, 교회의 공적인 정조(情操)에서 이탈하는 모든 행위가 '이단'(heresy)으로 간주되었다.

거의 모든 교부들이 당대의 이단들과 투쟁하는 과정에서 두각을 나타냈다. 그들은 성경에 근거한 논증들과, 교회의 전승과, 이성적인 증명을 동원하여 이단 사상의 내적인 모순과 불합리성을 입증했다.

교부들이 이 일을 하는 동안 정신과 목적은 하나였지만, 투쟁을 이끌어 간 경로는 각기 달랐다. 이러한 차이는 로마인들과 그리스인들의 민족성 차이 탓이기도 했고, 저마다 독특했던 교부들의 정신적 구조 탓이기도 했으며, 섭리의 결과이기도 했다. 그리스 신학, 특히 클레멘스와 오리게네스가 대표한 알렉산드리아 신학은 대단히 관념적이고 사변적이어서, 성육신, 삼위일체, 기독론 같은 하나님의 객관적인 교리들을 다루었으며, 거짓 영지(그노시스)를 참 지식으로 대체하고 기독교 신앙에 근거한 정통 철학을 수립하려고 노력했다. 이것은 플라톤이 사색해 놓은 로고스 이론에 강하게 영향받은 결과였다.

이에 반해 라틴 신학, 특히 테르툴리아누스와 키프리아누스가 대표한 북아프리카 신학은 보다 현실적이고 구체적이었고, 그랬기 때문에 인간 본성과 구원 같은 교리들에 주로 관심을 기울였으며, 영지주의와 철학을 그리스 신학자들보다 훨씬 단호하게 비판했다. 이러한 차이가 생긴 원인은 그리스 교부들이 철학자 출신들이었던 반면에, 라틴 교부들은 대부분 법률가와 정치인 출신들이었던 점에서 찾아볼 수 있다. 또 한 가지 주된 원인은 그리스 교회가 사색적인 '신학자'였던 사도 요한을 토대로 수립된 반면에, 라틴 교회는 실질적인 교회 지도자였던 베드로 위에 수립되었다는 점에서도 찾아볼 수 있다.

알렉산드리아의 클레멘스와 오리게네스가 흐릿하고 거의 영지주의적인 사색 속으로 자주 방황하다가 기독교 사상의 본질을 빈약한 영성주의로 전락시킬 수도 있는 위태로운 태도를 보인 데 반해, 테르툴리아누스는 영지주의와 그것이 기반을 둔 이교 철학을 단호하게 비판한다. "아테네와 예루살렘 사이에, 학교와 교회 사이에, 이단들과 그리스도인들 사이에 무슨 교제가 있단 말인가?" 하고

---

1) 가톨릭이라는 용어를 최초로 교회적 의미로 사용한 사람은 감독제[주교제]를 열정적으로 옹호한 이그나티우스였다. *Ad Smyrn.* c. 8. 그가 폴리카르푸스의 순교에 관해서 서머나 교회에 보낸 서신에도 그런 의미로 사용된다(Eusebius, *H. E.* IV. 15).

그는 묻는다. 그러나 이 차이는 상대적인 것에 지나지 않는다. 알렉산드리아 신학자들이 영성주의에 치우쳤음에도 불구하고 여전히 성경의 문자적 해석을 고수한 반면에, 테르툴리아누스는 철학을 혐오했음에도 불구하고 심오한 사변적 사상들을 일궈냈고, 그것이 아우구스티누스에게서 활짝 꽃피었다.

이레나이우스는 동방 교회에서 자라나 헬라어를 사용했으나, 양 교회 사이에서 중립적 위치를 지켰으며, 아마 니케아 이전 시대에 교회의 정통 신앙을 가장 온건하면서도 확고하게 대변한 인물로 평가할 수 있다. 테르툴리아누스처럼 영지주의를 단호히 비판하면서도, 그 체계에 드러난 사색적 결핍을 간과하지 않았다. 그가 177-192년에 영지주의를 논박하기 위해서 집필한 저서가 2세기의 대표적인 논쟁서이다. 이 저서의 첫권에서 이레나이우스는 발렌티누스의 영지주의 체계를 자세히 소개하고, 제2권에서는 철학적이고 논리적인 문체로 논박을 시작하며, 제3권에서는 가톨릭 전승과 성경을 제시하면서, 정통 신앙이 가르치는 삼위일체, 세계 창조, 로고스의 성육신 같은 교리들을 옹호하면서 그리스도의 참 인성을 부정하는 가현설과 그분의 참 신성을 부정하는 에비온파 사상을 비판한다. 제4권에서는 앞서 소개한 교리들을 더욱 확고하게 설명하면서, 마르키온의 반(反)율법주의를 비판하고, 구약과 신약의 통일성을 증명한다. 마지막 권인 제5권에서는 종말, 특히 육체 부활에 관한 자신의 견해를 제시하며 — 그것은 영지주의의 영성주의에 몹시 거슬리는 것이었다 — 결론부에서는 적그리스도, 세상의 종말, 중간기 상태, 그리고 천년왕국을 다룬다. 그의 제자 히폴리투스는 「필로소푸메나」(Philosophumena)에서 초기의 이단들에 관해서 여러 각도에서 훨씬 더 자세히 설명하며, 그들의 기원을 이교 철학 체계들로 거슬러 올라가 추적하지만, 교회의 가톨릭 교리들을 깊이 해명하는 데로 나아가지는 않는다.

교부들이 이렇게 변증서를 쓸 때 가장 신경을 쓴 부분은 당연히 기독교 진리를 발전시키고 확고하게 수립하는 것이었다. 그것이 정반대의 오류를 가장 효과적으로 논박하는 방법이기도 했다. 그들의 목적은 신앙의 준칙이 되는 교리들, 즉 하나님의 성육신, 그리스도의 참 신성과 참 인성 같은 교리들을 확립하는 것이었다. 교회의 지식인들은 이러한 노력을 기울이면서 아찔한 절벽 사이를 지나갈 때, 하나님 말씀의 끊임없는 인도와 사도들의 전승의 가호하에 오류에 빠지지 않으려는 본능을 가지고 진행해 나갔다. 그렇게 했을지라도 아직까지는 이 교리들에 대한 학문적 이해와 진술에 애매하고 명쾌하지 않은 점들이 적지 않았다. 게다가 이 격랑의 시대에 온 교회의 소리에 의해서 교리 논쟁을 해결하기 위한 총 공의회 같은 것이 아직은 소집되지 않았다. 삼위일체와 그리스도의 위격에 관한 교의들이 아직은 완숙의 경지와 최종적인 신앙고백적 정의에는 이르지 못했다. 그것은 다음 시기인 니케아 시대에 성취되었다.

이단에 대한 특주

이단(heresy, 이단 사상)이라는 용어는 '아이레시스'에서 유래했다. 그 뜻은 원래 붙잡다(capture, '아이레오'에서 유래) 혹은 선택('아이레오마이'에서 유래)이란 뜻이며, 공적인 견해와 권위에 독단적으로 반대한다는 부가적 의미를 띠었다. 신약성경에서 이 단어는 정해진 인생의 길 혹은 학파나 분파나 당파를 가리키는 등, 반드시 나쁜 뜻으로만 쓰이지 않으며, 바리새인들, 사두개인들, 심지어 유대인들의 한 집단이었던 그리스도인들(행 5:17; 15:5; 25:5, 14; 26:5; 28:22)에게 쓰인다. 그 뒤에는 견해 차이에서 생긴 불화를 뜻하며(갈 5:20; 고전 11:19), 마지막에 가서는 오류를 뜻한다(벧후 2:1, '멸망케 할 이단'). 이 구절이 교회가 내린 정의에 가장 근접한다. 이단(heretic, '이단에 속한 사람')이라는 용어는 디도서 3:10에 딱 한 번 나오며, 오류를 주장하는 사람보다는 분열과 분리를 조장하는 사람을 뜻한다. 콘스탄티누스 대제는 여전히 기독교 교회를 가리켜 분파라고 말한다(시라쿠사의 주교 크레스투스에게 보낸 편지에서. 에우세비우스, *H. E.* X. c. 5, 21, 22). 그러나 콘스탄티누스 이후에는 교회와 분파가 정반대의 뜻으로 통하여, 전자는 하나로 통일된 집단에만, 후자는 그 집단에서 이탈한 소수에만 사용되었다.

교부들은 이단(heresy)이라는 단어를 보편 교리에 반대되는 그릇된 교훈으로, 분열(schism)을 가톨릭 교회 정치에 대한 권징의 파기로 사용했다. 고대의 이단 연구가들 — 대부분 무비판적이고, 경솔히 믿고, 비록 정직하고 근실할지라도 고집이 세며, 편협한 정통 신앙을 옹호하는 데 열중한다 — 은 이단들의 변종(變種)들을 모두 독자적인 이단들로 간주함으로써 불합리하게 이단의 수를 부풀려 잡는다. 브레시아 혹은 브릭시아의 주교 필라스트리우스(Philastrius, 혹은 필라스트라투스. 387년 죽음)는 *Liber de Haeresibus*라는 저서에서 유대교의 이단을 28개로, 기독교의 이단을 128개로 추산했다. 키프로스의 에피파니우스(Epiphanius, 403년 죽음)는 이단의 수를 80개로 추산하되, 그리스도 이전에 20개와 이후에 60개가 있었다고 소개했다. 아우구스티누스(430년 죽음)는 펠라기우스파를 포함한 88개의 기독교 이단들이 있었다고 추산했고, 프라이데스티나투스(Paedestinatus)는 펠라기우스파와 네스토리우스파를 포함하여 90개의 이단이 있었다고 추산했다. (교황 피우스 9세는 1864년에 공포한 '유론표'<謬論標, Syllabus>에서 현대에 80개의 이단이 존재한다고 주장했다.) 아우구스티누스는 이단을 정의하기란 "아예 불가능하고 혹시 가능하다 하더라도 대단히 어렵다"고 말하면서, 오류 자체보다도 오류를 주장하는 정신이 이단을 구성한다고 지혜롭게 덧붙여 말한다. 무고한 오류도 있고 죄악된 오류도 있는 것이다. 더욱이 신조가 아무리 정통일지라도 허다한 사람들이 신조보다 혹은 신조 없이도 훌륭한 삶을 살아가고 있는 반면에, 적지 않은 사람들이 신조보다 못한 삶을 살아가고 있다. 우리 주님의 가장 준열한 책망은 바리새인들의 위선적인 정통 신앙을 겨냥한 것이었다. 세월이 지나면서 이단은 교회가 권위를 갖추어 정의하고 공포한 진리를 고의로 일관되게 반대하는, 혹은 "교회의 보편적 교의로써 법적 단죄를 받은 것들을 완고하게 변호하는"(pertinax defensio dogmatis ecclesioe universalis judicio condemnati) 종교적 오류로 정의되었다. 공개적인 신학 쟁점들을 가지고 추론하는 것은 이단이 아니다. 오리게네스는 자기 시대에는 이단이 아니었다. 그러나 죽고 나서 오랜 뒤에 이단으로 단죄를 받았다.

현재와 같이 기독교 세계가 분열된 상태에서는 정통 신앙과 이단의 종류도 다양하다. 정통 신앙은 공적으로 승인된 신조 혹은 표준에 순응하는 것이고, 이단은 고의로 그것을 떠나는 것이다. 그리스 교회는 로마 교회가 신조에 포함시킨 교황제, 성령의 이중 발출(성령께서 성부와 성자에게서 나오셨다는 교의), 성모 마리아의 무원죄 잉태, 교황의 무류성 같은 교의들을 이단적인 것으로 간주하여 배격한다. 처음 일곱 차례의 에큐메니컬 공의회들의 교훈에 위배된다는 것이 그 이유이다. 로마 교회는 트렌트 공의회에서 개신교 종교개혁이 표방한 모든 독특한 교리들에 저주를 선언했다. 반면에 복음적 개신교는 그리스 교회와 로마 교회의 비성경적 전승들을 이단적인 것으로 간주한다. 개신교 교회들 가운데서도 사소한 교리적 차이들이 있으며, 그 교회들이 로마 가톨릭 교회와 결별한 정도에 따라서 그 차이들을 배타적으로 대하기도 하고 관대하게 대하기도 한다. 예를 들어 루터는 츠빙글리의 성찬관을 관용하지 않은 반면에, 츠빙글리는 이러한 차이에도 불구하고 루터와 우호적인 관계를 유지할 용의를 보였다. 루터교의 협화 신조(Formula of Concord)와 칼빈파의 도르트 대회(Synod of Dort)는 오늘날 정통적 복음주의 교회들에서 비판 없이 받아들여지는 교리들을 배격하고 단죄했다. 정통 신앙의 위험은 배타적이고 냉정한 편협성으로서 그것은 진리에 위배된다. 자유주의의 위험은 진리와 오류 사이의 영원한 구분을 지워버리는 방종과 무관심을 조장하는 데 있다.

사도들은 인간의 지혜를 뛰어넘는 지혜로 인도를 받고 교회의 권위를 넘어서는 권위를 부여받은 분들로서, 계시된 구원의 진리에서 떠난 것을 단호하게 비판했다. 바울은 할례를 교회 가입 조건으로 삼아 유대교로 회귀하려는 교사들에게 저주를 선포하고(갈 1:8), 그들을 '개들'로 풍자하여 그들을 삼가라고 경계했다(빌 3:2). 에베소 장로들에게는 자신이 떠난 뒤에 들어올지도 모를 '흉악한 이리'에 대해서 경계했다(행 20:29). 그리고 당시에 대두하고 있던 거짓 지식에 따른 사변들을 '귀신의 가르침'으로 규정했다(딤전 4:1; 비교. 6:3-20; 딤후 3:1 이하; 4:3 이하). 요한도 똑같이 진지하고 엄격한 태도로 성육신 사실을 부인하는 모든 거짓 교사들을 조심하라고 권하며, 그들을 적그리스도들이라고 부른다(요일 4:3; 요이 7). 그리고 베드로후서와 유다서는 이단들을 지극히 어두운 색채로 묘사한다.

이런 사실들을 감안할 때 니케아 이전 교부들이 당시의 영지주의적 이단들을 철저히 혐오하고, 그들을 부를 때도 사탄의 종들, 인간의 탈을 쓴 짐승들, 독약 판매자들, 강도들, 해적들이라고 부른 것이 조금도 이상한 일이 아니다. 폴리카르푸스(*Ad Phil.* c. 7), 이그나티우스(*Ad Smyrn.* c. 4), 순교자 유스티누스(*Apol.* I. c. 26), 이레나이우스(*Adv. Haer.* III. 3, 4), 히폴리투스, 테르툴리아누스, 심지어 알렉산드리아의 클레멘스와 오리게네스조차 니케아와 니케아 이후 교부들과 동일하게 이단에 대해서 비타협적인 적대감을 표시했다. 그들은 이단을 마귀가 주님의 밭에 뿌리고 간 가라지들로 간주했다(참조. 마 13:3-6 이하). 그러므로 테르툴리아누스는 "처음에 전파된 것은 주님께 속한 것이고 참된 것인 반면에, 후에 끼어든 것은 낯설고 거짓된 것이다"라고 말한다(*Praescr.* c. 31). 이단들과 분파들이 생기는 것은 불가피한 일이지만(고전 11:19), "실족케 하는 그 사람에게는 화가" 있다(마 18:7). 테르툴리아누스는 "주님께서 배반을 당하신 것이 불가피한 일이었지만, 배반자에게 화가 있다"고 말한다(*ib.* 30).

교부들이 이단들을 논박하면서 보여준 또 다른 특징은 이단의 근원을 추적하면서 교만, 좌절된 야심, 육체의 정욕, 탐욕 같은 저급한 동기들을 그 근원으로 지적한다는 점이다. 그 외에 다른 정서 상태나 교육적 영향 같은 것을 근원으로 인정하지 않는다. 하지만 예외적으로 고상한 경우들도 있었다. 오리게네스와 아우구스티누스는 적어도 몇몇 이단의 교사들에게는 정직하고 진지한 모습이 있었다고 인정한다. 니케아 이전과 이후에 등장한 이단들 사이에서 두 가지 중요한 차이점이 있었다는 것과, 이단을 어떤 식으로 처벌했는가 하는 것을 눈여겨봐야 한다.

1. 니케아 이전에 발생한 주요 이단들은 기독교 진리를 철저히 왜곡한 것들로서, 어떠한 형태의 타협도 인정하지 않았다. 에비온주의, 영지주의, 마니교는 본질적으로 반(反)기독교적 이단이었다. 교회는 그러한 이교 사상들을 방치하면 존립이 위협받게 되었기 때문에 그들을 관용할 수 없었다. 그러나 몬타누스파, 노바티아누스파, 도나투스파, 십사일파(Quartodecimanians)처럼 교리나 권징상의 사소한 견해 차이가 있었던 분파들은 보다 온건하게 제재를 당했고, 그들의 세례도 인정되었다.

2. 니케아 이전 교회가 이단을 처벌한 방식은 순전히 교회적인 것으로서, 견책과 면직과 출교로 이루어졌다. 공민권에는 아무런 제약을 끼치지 않았다.

그러나 교회와 국가가 연합하기 시작하면서 국가 조직이 교회의 승인을 받아서 재산 몰수와 추방과 사형 같은 세속적 처벌을 가했다. 이것은 모세 법전을 모방한 것이었으나, 그리스도와 사도들의 정신과 모범을 크게 저해한 것이었다. 콘스탄티누스는 몇 차례에 걸친 칙령으로 도나투스파를 탄압할 수 있는 문을 열어놓았다(316). 발렌티니아누스 1세는 마니교에 대해서 공적인 예배를 금했다(371). 제2차 에큐메니컬 공의회가 아리우스파를 물리친 뒤에, 테오도시우스 대제는 381-394년에 열다섯 차례의 칙령을 내려 형사 처벌로써 신앙의 일치를 강요했다. 호노리우스(408), 아르카디우스, 소(少) 테오도시우스, 유스티니아누스(529)도 같은 노선을 따랐다. 황제의 이러한 법령들로 인해서 이단들 곧 제국의 국가 종교에서 공식적으로 이탈해 나간 집단들은 모든 공직과 공개적 예배권, 재산권 및 상속권을 박탈당하고, 계약의 효력을 인정받지 못했다. 게다가 벌금형과 추방과 체형과 심지어 사형까지 당했다. (참조. 테오도시우스 법전, 제16권, tit. V. *De Haereticis*.) 이단 죄로 최초로 처형당한 사람들은 마니교 사상을 전파한 프리스킬리아누스와 그의 추종자 여섯 명이었다(385). 밀라노의 암브로시우스와 투르의 마르탱은 보다 온건한 정서를 가지고 이 조치에 항의했으나 아무런 성과도 거두지 못했다. 아우구스티누스 같은 위대한 인물조차 자신이 9년간 이단으로 지냈으면서도 누가복음 14:23의 "사람을 강권하여 데려다가 내 집을 채우라"는 말씀을 잘못 해석하여서 종교 박해의 원리를 변호했다(*Ep*. 93 *ad Vinc.*; *Ep*. 185 *ad Bonif. Retract*. II. 5). 만약 그가 알비파에 대한 십자군 원정과 스페인 종교재판소의 만행을 예견할 수 있었다면 자신의 이러한 위험한 견해를 철회했을 것이다. 신정적(神政的) 혹은 에라스투스적 국교(國敎) 이론은 그것이 그리스 정교든 로마 가톨릭이든 개신교든 상관 없이 교회에 저지른 모든 죄를 국가에 저지른 죄로 간주하며, 정통 신앙을 수호하고 이단을 증오하는 열정의 정도에 따라서 형벌의 수위도 결정한다. 그러나 모든 악에서 선을 이끌어내는 하나님의 전능한 섭리 안에서 이단들에 대한 유혈 박해 — 교회사에서 가장 어두운 장들 가운데 하나 — 가 신앙의 자유라는 단 열매를 맺게 되었다.

138. 성경과 정경

기독교 지식의 근거와 표준에 관한 질문이 모든 신학의 바탕에 깔려 있다. 그러므로 신앙에 관한 여러 교리들을 다루기 전에 먼저 그 점을 살펴본다.

1. 기독교 지식의 근거와 표준은 옛 언약과 새 언약을 기록한 성경이다.[2] 여기서 당장 성경을 구성하는 책들의 수와 순서에 관한 질문이 떠오른다. 성경 곧 정경(正經, Canon)은 성령의 영감을 받지 못한 교회 교사들의 글들과, 무수히 많이 제작되어 그 중 여러 권이 현존하는 외경 저서들(복음서들, 행전들, 서신서들, 묵시록들)과 구분하여 불리는 명칭이다. 외경(外經, Apocrypha) 저서들은 처음 4세기 동안 이단에 관심을 가지고 혹은 한가한 호기심을 채우기 위해서 사도나 그 밖의 유명 인사의 이름을 빌려 작성한 글들이다. 하지만 외경이라고 해서 모두가 에비온주의나 영지주의와 함께 생긴 것은 아니다. 더러는 예수님과 사도들의 역사에 나 있는 공백을 허구적 이야기들로 메우기 위해서, 혹은 당시에 널리 용인되던 신앙 진작을 위한 거짓말을 사용하여 사건 이후의 예언(vaticinia post eventum)으로 기독교의 명예를 높이기 위해서 고안되었을 뿐이다.

구약 정경은 유대인들로부터 그리스도와 사도들의 재가를 거쳐 교회에 전수되었다. 유대교 외경은 칠십인역(the Septuagint)에 포함되었고, 기독교 사회가 그것을 번역해 사용했다. 신약 정경은 처음 4세기 동안 구약의 방식을 따라 동일한 성령의 인도하에 점진적으로 형성되었다. 신약 정경의 첫 흔적은 베드로후서에 나타난다(3:15). 이 구절은 바울의 서신들을 기정 사실로 말하며, '다른 성경'

---

2) 성경이 초기에는 단순히 ἡ γραφή, αἱ γραφαί, scriptura, scripturae라 불렸다.

과 나란히 놓는다. 사도 교부들과 초기 변증가들이 기독교의 신적 성격을 강변할 때도 구약성경과 구전(口傳)되던 사도들의 설교, 기독교 교회들의 살아 있는 신앙, 순교자들의 당당한 죽음, 그리고 끊이지 않고 일어나는 기적들을 근거로 제시했다. 그럼에도 불구하고 그들의 책들에는 대개 구체적인 이름이 없이 사도들의 가장 중요한 저작들에서 인용한 글들이나 혹은 적어도 그 저작들에 대한 언급이 실려 있어서 그 저작들의 고대성과 교회적 권위를 의심할 수 없게 만든다.[3] 2세기 중반에 영지주의자 마르키온이 군데군데 절단한 누가복음과 바울의 서신 열 권으로 구성한 이단적 정경은 당시에 정통 신앙의 정경이 존재했음을 뚜렷이 암시한다.

신약성경의 주요 책들 — 에우세비우스가 '호모로구메나'(Homologumena. 보편적 권위를 인정받는 교회의 책들)로 지칭한 네 복음서, 사도행전, 바울의 서신서 13권, 베드로전서, 요한일서 — 은 2세기 중반 이후에 교회에서 널리 사용되었고, 그리스도의 영에 의해 영감된 사도적 책들로 인정받았으며, 따라서 권위와 정경성을 지니고 있었다. 이것은 순교자 유스티누스, 타티아누스, 안디옥의 테오필루스, 이레나이우스, 테르툴리아누스, 알렉산드리아의 클레멘스, 오리게네스의 증언에 의해 확증되며, 시리아어 신약성경 페시토(the Syriac Peshito. 이 성경에는 유다서, 베드로후서, 요한 이서와 삼서, 계시록만 빠져 있다), 옛 라틴어 번역본들(이 번역 성경들에는 베드로후서와 히브리서와 아마 야고보서만 빠져 있다), 무라토리 단편(the Fragment of Muratori),[4] 그리고 이단들과 켈수스처럼 기독교를 비판한 이교도들에 의해 확증된다. 이러한 사람들과 문헌들은 이 문제에 관해서 소아시아, 이탈리아, 갈리아, 북아프리카, 이집트, 팔레스타인, 시리아 등지의 교회들의 견해를 대변한다. 그러므로 이 책들을 원래의 정경으로 부를 수 있다.

---

3) 참조. 로마의 클레멘스, *A d Cor.* c. 47; 폴리카르푸스, *A d Phil.* 3; 이그나티우스, *A d Eph.* 12; *A d Philad.* 5; 바나바(Barnabas), *Ep.* c. 1; 파피아스, 마태와 마가에 대한 증언(Euseb. III. 39에 보존됨); 순교자 유스티누스, *Apol.* I. 61; *Dial. c. Tryph.* 63, 81, 103, 106, 그리고 그가 이른바 "사도들의 회고록"에서 자주 인용하는 글들; 타티아누스, *Diatessaron* 등. 이들의 증언에 초기의 이단들인 바실리데스(125)와 발렌티누스(140), 헤라클레온의 증언도 덧붙여 생각해야 한다. 이 주제에 관해서는 정경에 관한 저서들과, 신약성경에 대한 비평 서론을 참조하라. 디다케는 마태복음을 자주 인용하며, 다른 책들도 친숙히 알고 있음을 보여준다: 1, 3, 7, 8, 9, 10, 11, 13, 14, 16장.

나머지 일곱 권, 즉 에우세비우스가 '안티레고메나'(Antilegomena. 신자들에게 존중되나 정경에는 포함되지 않는 책들. 그는 이 책들을 외경과 뚜렷이 구분했다)라고 부른 히브리서,[5] 계시록,[6] 베드로후서, 요한 이서와 삼서, 야고보서, 유다서에 관해서 4세기 초에 해당하는 에우세비우스 당시의 교회 전승은 그 책들을 정경으로 받아들일 것인가의 여부를 놓고 여전히 확실한 판단을 내리지 못하고 있었다. 그러나 제작 시기가 에우세비우스와 콘스탄티누스 시대로 거슬러 올라가는 가장 오래된 두 권의 헬라어 성경 사본들 가운데 한 권(시내 사본)은 스물일곱 권 전부를 수록하고 있고, 다른 한 권(바티칸 사본)도 원래는 전권을 다 수록했으나 히브리서의 마지막 몇 장(11:14부터)과 목회 서신들, 빌레몬서, 계시록이 유실되었다. 에우세비우스가 '위작'(僞作)이라고 부른 두번째 부류의 '안티레고메나'가 있었는데, 이것은 속사도 시대에 저술된 여러 권, 즉 바나바의 보편서신, 로마의 클레멘스가 고린도인들에게 보낸 첫째 서신, 폴리카르푸스가 빌립보인들에게 보낸 서신, 헤르마스의 목자서, 그리고 유실된 베드로의 계시록과 히브리인들의 복음서로 구성되었다. 이 책들은 적어도 일부 교회들에서는 성경으로 사용되었으나, 세월이 흐르면서 전반적으로 정경에서 분리되었다. 그 중 몇 권은 가장 오래된 성경 사본들에까지 실렸는데, 바나바의 서신과 헤르마스의 목자서 일부분(두 권 다 원래 헬라어로 집필됨)이 시내 사본에, 로마의 클레멘스의 첫째 서신이 알렉산드리아 사본에 실렸다.

---

4) 무라토리 정경 목록(The Muratorian Canon. 1740년에 이 경전을 최초로 발견하여 출판한 Muratori의 이름을 따서 붙인 명칭)은 비록 170-180년에 헬라어를 토대로 번역되긴 했으나 로마에서 유래한 단편이며, 마가복음으로부터 시작하여 제3복음서로서의 누가복음으로, 그리고 이어서 요한복음과 사도행전과 바울 서신 열세 권으로 이어지며, 요한의 서신 두 권과 유다의 서신 한 권, 요한과 베드로의 묵시록들을 언급한다. 따라서 야고보서, 히브리서, 요한삼서, 베드로 전후서가 빠져 있고, 그 대신에 묵시적 성격을 띤 베드로 계시록을 추가하되, "우리 몸[교회]의 일부 지도자들은 이 책을 교회에서 읽는 것을 허락하지 않는다"는 말이 부기되어 있다.

5) 이 책은 정경으로 간주되었으나, 서방에서는 진정성이 의심받거나 바울의 저작이 아닌 것으로 간주되었다.

6) 이 책은 순교자 유스티누스와 이레나이우스 같은 증인들로부터 강력한 뒷받침을 받았으며, 3세기에 이르러서야 비로소 천년왕국 사상에 반대하는 일부 사람들이 교리적 근거로 쟁점을 삼았다.

신약의 정경이 후대에 보편적으로 유지된 형태로 최초로 정의된 것은 393년에 히포에서, 397년에 카르타고에서 열린 두 차례의 아프리카 교회회의들에서 이루어진 일이다. 이 교회회의들에는 아우구스티누스가 참석하여 당대의 신학적 쟁점들에 대해서 지배적인 영향력을 행사했다. 적어도 그 무렵에 이르러서는 온 교회가 이미 정경에 실린 책의 숫자에 대해서 거의 통일된 견해를 갖고 있었음에 틀림없다. 따라서 그 문제에 관해서는 총 공의회의 재가조차 받을 필요가 없었던 것으로 보인다. 어쨌든 그 문제에서는 동방 교회가 북아프리카 교회에 전적으로 의존했던 셈이다. 라오디게아 공의회(363)는 요한계시록이 빠진 상태로 현재 우리가 사용하고 있는 신약성경대로의 목록을 제시한다. 이 목록을 수록한 마지막 정경은 아마 후대에 삽입된 것으로 보이지만, 그럴지라도 계시록에 대해서만 약간의 의문이 제기된 채 모든 책들이 이미 오래 전부터 교회에서 성경으로 사용되었다는 것이 니케아 시대와 이후 시대의 위대한 교부들의 산발적인 증언으로 확증된다.

아타나시우스(d. 373), 예루살렘의 키릴루스(d. 386), 나지안주스의 그레고리우스(d. 389), 살라미스의 에피파니우스(d. 386), 크리소스토무스(d. 407)가 그 점에 관해서 증언을 남겼다. 노붐 테스타멘툼(새 유언<혹은 계약>)과 노붐 인스트루멘툼(새 증서. 법적 유효성 개념을 전달하는 법률 용어)이라는 명칭이 테르툴리아누스의 글에서 처음 나타나며, 새 언약(New Covenant)이라는 보다 정확한 용어 대신에 널리 쓰이게 되었다. 당시의 교회들은 신약 정경에 실린 책들을 두 부분으로 크게 구분하여 '복음'(the Gospel)과 '사도'(the Apostle)로 나누었으며, 두번째 부분에 해당하는 서신서들을 가톨릭 곧 공동[보편] 서신들과 바울 서신들로 구분했다. 이렇게 확립된 가톨릭 정경은 종교개혁 때에 이르러 외경 문제와 안티레고메나 문제가 다시 쟁점으로 부상하고 성경 비평학이 태동할 때까지 고스란히 보존되었다. 그러나 현대 학자들의 철저한 조사로도 교회가 신약성경에 둔 확신을 무너뜨리지 못했으며, 앞으로도 영원히 그러할 것이다.

2. 사도들의 저작들의 기원과 성격에 관해서, 교부들은 유대인들이 구약성경에 적용한, 다소 기계적이고 마술적인 영감론을 채택하여, 여러 책들이 성령의 특별한 도움으로 오류에 빠지지 않고 기록되었다고 간주했다(오리게네스는 심지어 성령의 도움으로 기억의 오류에서까지도 벗어났다고 말했다). 그럴지라도 저자 자신의 행위와 개별성이 배제되었다고 여기지 않았다. 예를 들어 이레

나이우스는 바울에게 그만의 독특한 문체가 있다고 보며, 그것이 열정적인 정신에서 쏟아져 나온 역동적인 사고의 산물이라고 말한다. 하지만 알렉산드리아 교부들은 영감(靈感) 개념을 의아심이 생길 만큼 큰 폭으로 확대한다. 알렉산드리아의 클레멘스는 플라톤의 저서들이 진리를 담고 있기 때문에 영감되었다고 말한다. 그가 이렇게 말한 근거는 역사에서 아름답고 선한 모든 것이 무한자의 숨결이자, 신적 로고스가 인간 영혼이라는 수금으로 연주해 내는 노래로 보기 때문이다.

영감된 기관들(organs)을 통해 나온 신적 계시인 성경은 구약과 신약에 큰 차이가 없이 인정되었고, 이단들에 대해서 무오한 지식의 원천이자 틀림없는 기독교 신앙과 실천의 준칙으로 사용되었다. 이레나이우스는 복음을 진리의 기둥과 터라고 부른다. 테르툴리아누스는 모든 교리에 대해서 성경적 증거를 요구하며, 이단들이 순수한 성경적 토대 위에 설 수 없다고 주장한다. 오리게네스는 성경의 증거로 확증할 수 없는 주장은 신용할 가치가 없다고 말한다.

3. 성경 해석은 우선적으로는 순전히 실천적이며, 사람들을 가르쳐 교회를 교회답게 세워가는 데 목적이 있었다. 영지주의자들과 논쟁할 때는 보다 학문적인 방법이 필요했다. 정통 학자들과 이단들이 모두 알렉산드리아의 랍비적 유대교의 형태를 따라서 알레고리와 신비주의 해석 방법을 널리 사용했으며, 그러다가 공상과 괴상한 생각에 빠진 경우가 적지 않았다. 교부들은 소수(크리소스토무스와 제롬)를 제외하고는 문법적이고 역사적인 해석에 대한 생각을 갖고 있지 않았다.

오리게네스는 유대인 플라톤주의자 필로(Philo)의 알레고리 방식을 따라 최초로 공식적인 해석 이론을 작성했으며, 그 이론에 따라서 방대한 해석학 저서들을 집필했다. 이 저서들은 근면하고 독창적인 점에서는 탁월하지만 이렇다 할 확실한 결과를 내놓지 못한다. 그는 성경을 살아 있는 유기체로 보았고, 플라톤의 심리학을 근거로 이 유기체가 인간의 몸과 혼과 영에 해당하는 세 가지 요소로 이루어져 있다고 간주했다. 따라서 성경을 다음과 같은 세 가지 의미로 이해했다. (1) 육체적, 문자적 혹은 역사적 의미. 이것은 단어의 의미에서 직접 얻는 의미이지만, 보다 고등한 생각을 감싸고 있는 베일 구실밖에 하지 못한다. (2) 혼적(魂的) 혹은 도덕적 의미. 첫번째 의미를 일으키며, 일반적인 계도(啓導)의 역할을 한다. (3) 철학 지식이라는 높은 터 위에 서 있는 사람들을 위한 영적 혹은 신비적, 이상적 의미. 오리게네스는 이 이론을 적용하는 과정에서 필로와 동일한 경향을 드러내어 성경의 문자를 영적으로 해석한다. 특히 다윗의 범죄들처럼 평이한 역사적 해석으로는 별로 신통한 결과를 얻을 수 없는 대목에서는 그러한 해석 방식에 더욱 의존한다. 그러나 당대의 취향에는 이러한 영적 해석이 적합했던 까닭에, 비옥한 정신과 해박한 지식을 겸비했던 오리게네스는 그의 정통 신앙 여부가 쟁론되기 전까지는 초기 교회의 해석학의 거장이었다. 그는 성경 비평학에도 선구자였으며, 그가 작성한 「헥사플라」(*Hexapla*)는 대역(對譯) 성경(Polyglot Bible)의 첫 시도였다.

트렌트 공의회가 표방한 '교부들의 일관된 합의'(unanimis consensus patrum)라는 허구를 비웃는 무수한 괴이한 해석들과 각론의 차이들에도 불구하고, 교부들 사이에는 성경에서 가장 중요한 신앙의 조항들을 이끌어내는 그들의 방식에 여전히 일정한 합의가 있었다. 그들은 성경을 해석할 때 신앙을 근거로 한 분석(analogia fidei)이라는 한 가지 교의 원칙을 따랐던 것이다. 이렇게 해서 형성된 것이 전승(tradition)이다.

정경에 대한 특주

I. 에우세비우스의 진술

에우세비우스(d. 340)가 자신의 교회사의 여러 대목(특히 III. 25; 비교. II. 22, 23; III. 3, 24; V. 8; VI. 14, 25)에서 사도들의 저작에 관해 남긴 글은 다소 막연하고 일관되지 않지만, 그럴지라도 대체로는 니케아 공의회(325)가 열리기 직전인 4세기 초반에 정경의 상태가 어떠했는지 잘 들여다 볼 수 있게 해준다. 그는 그리스도인들이 거룩하게 여기던 책들을 네 부류로 구분한다(*H. E.* III. 25).

1. 호모로구메나. 즉, 보편적으로 인정을 받는 책들. 신약성경 27권 가운데 22권(복음서 네 권, 사도행전, 바울 서신 14권<히브리서 포함>, 베드로전서, 요한일서, 계시록). 에우세비우스는 다음과 같이 말한다: "이 점에 도달했으므로 앞에서(III. 24) 언급한 신약의 책들의 간단한 목록을 제시하는 것이 적절하다. 먼저 복음서 네 권을 맨 앞에 두어야 하고, 그 뒤에 사도행전이 온다. 그 다음에는 바울 서신들을 생각해야 하고, 이어서 요한일서와 베드로서처럼 널리 회람된 서신서를 진본으로 받아야 한다. 이 책들 외에도 만약 적합할 경우 요한계시록을 포함시켜야 하

는데, 이 책에 관한 이견들에 대해서는 차후에 적절한 과정을 통해 소개할 것이다. 이런 책들이 일반적으로 받아들여지는 책들로 간주된다."

제3권 3장에서 에우세비우스는 바울의 '서신 열 네 권'을 공통적으로 받아들여지는 책들로 말하지만, "어떤 이들은 히브리서의 경우 바울 서신의 한 권으로 받아들일 수 없으므로 배척해왔다"는 말을 덧붙인다.

계시록에 관해서 에우세비우스는 교회의 공적인 신념이나 자신의 사견을 제시하면서 흔들리는 태도를 보인다. 처음에는 이 책을 호모로구메나에 포함시켜 놓고서, 바로 이어 같은 단락(III. 25)에서 위작(僞作)에 포함시키되, 매 경우에 그 문제를 독자의 판단에 맡긴다는 단서를 붙인다. 어지간해서는 계시록을 인용하지 않으며, 제목에 대해서는 대개 '요한계시록'이라고 부르지만, 한 곳(III. 39)에서는 '둘째 요한'이 썼을 가능성도 있다고 언급한다. 그가 말한 둘째 요한이란 사도와 다른 인물인 '장로 요한'임에 틀림없으며, 이 견해가 슐라이어마허의 비평학파에게 상당한 지지를 받았다. 계시록은 신비스러운 성격 때문에 오늘날까지도 소수에게 가장 인기 있는 책이자 다수에게 가장 인기 없는 책으로 남아 있다. 이 책은 성경의 여느 책에 못지않게 잘 입증되며, 가장 급진적인 현대 비평학자들(바우어, 르낭)도 이 책이 사도의 저작이며, 예루살렘 멸망 이전에 집필되었음을 인정한다.

2. 안티레고메나(즉 논란이 되지만, 교회의 대다수 사람들에게 친숙한" 책들). 야고보서, 유다서, 베드로후서, 요한이서와 요한삼서(이 책들이 복음서 저자 요한의 글이든 아니면 다른 요한의 글이든 상관 없이), 이 다섯(혹은 일곱) 권으로 구성된다.

이 책들에 히브리서와 계시록을 덧붙일 수 있다(비록 에우세비우스는 그렇다고 명시하지는 않지만). 전자는 바울의 저작으로 일반적으로 인정을 받지 못했기 때문이고, 후자는 에우세비우스와 알렉산드리아 학파가 받아들이지 않았던 천년왕국 개념을 다루는 것처럼 보였기 때문이다.

3. 위작(僞作)들. 이를테면 바울행전, 베드로계시록, 목자서(헤르마스), 바나바서, 이른바 '사도 교리서', 그리고 "그리스도를 영접한 히브리인들이 각별하게 소중히 여기던" 히브리 복음서가 이 범주에 포함되었다.

앞서 말한 대로 에우세비우스는 위작 목록에 요한계시록을 넣기도 하고 빼기도 한다. "내가 말했듯이, 이 책을 어떤 사람들은 배격하는 반면에, 다른 사람들은 일반적으로 받아들이는 책들에 포함시킨다." 그는 이 책을 안티레고메나에 포함시켜야 마땅했다.

위작들은 구약성경의 외경들에 해당하는 책들로서, 경건하고 유익하되 정경에는 포함되지 않았다.

4. 이단 저서들. 에우세비우스는 이 책들이 위작들보다 더 위조가 심하며, 따라서 "무가치하고 불경건한 책들로 여겨 배척해야"한다고 말한다. 그가 이 저서들의 범주에 분류하는 책들은 베드로 복음서와 도마 복음서, 맛디아 복음서, 안드레행전, 요한행전, 그리고 그 밖의 사도들의 행전들이다.

II. 정경에 관한 교회의 정의

4세기 중반 직후에 교회가 제국 안에 확고히 뿌리를 내렸을 때, 구약의 외경과 신약의 안티레고메나에 관한 모든 의심이 중단되었고, 가톨릭적[보편적] 형태를 갖춘 정경을 받아들이는 것이 신앙의 조항이 되었다. 제1차 니케아 에큐메니컬 공의회는 예상과는 달리 정경을 확정하지 않았지만, 성경이 정통 신앙의 확고하고 움직일 수 없는 토대로 간주되었다. 4세기 중반에 소아시아의 강그라 교회회의가 통과시킨 교회법의 마지막 조항(20조나 21조)은 다음과 같이 진술한다: "간단히 말해서 우리는 신적인 성경과 사도적 전승들에 의해서 우리에게 전수된 것이 교회에서 준수되기를 염원한다." 참조. Hefele, *Conciliengesch.* I. 789.

정경에 실린 책의 수효를 분명히 결정한 최초의 공의회는 소아시아 브루기아의 라오디게아 공의회이다(343년에서 381년 사이에, 아마 363년에 열린 것으로 추정됨). 이 공의회가 공포한 교회법의 마지막 조항(60조나 59조)은 구약의 정경에 실린 책들과, 계시록을 제외한 신약의 정경에 실린 책들을 다음과 같은 순서로 소개한다:

"그리고 다음은 신약에 속한 책들이다: 복음서 네 권, 즉 마태복음, 마가복음, 누가복음, 요한복음, 사도행전, 일곱 권의 공동 서신(Catholic Epistles), 야고보서, 베드로의 서신 두 권, 요한의 서신 세 권, 유다의 서신, 그리고 바울의 서신 열네 권, 즉 로마인들에게 보낸 서신, 고린도인들에게 보낸 서신 두 권, 갈라디아인들에게 보낸 서신, 에베소인들에게 보낸 서신, 빌립보인들에게 보낸 서신, 골로새인들에게 보낸 서신, 데살로니가인들에게 보낸 서신, 히브리인들에게 보낸 서신, 디모데에게 보낸 서신, 디도에게 보낸 서신, 빌레몬에게 보낸 서신."

이 목록은 여러 사본들과 번역본들에 빠져 있으며, 아마 예루살렘의 키릴루스가 집필한 글들을 토대로 후대에 삽입한 것인 듯하다. 슈피틀러(Spitler), 허브스트(Herbst), 웨스트코트(Westcott)는 이 목록이 라오디게아 공의회에서 유래했음을 부정하고, 슈뢰크(Schröckh), 헤펠레(Hefele)는 변호한다. 이 목록은 마찬가지로 계시록을 뺀 사도교령(the Apostolic Canons)의 제85조와 유사하지만, 클레멘스의 서신 두 권과 위(僞) 사도헌장을 포함시킨다.

서방 교회에서는 제3차 카르타고 지역 공의회(397)가 구약과 신약의 정경에 속한 책들의 목록을 자세히 제시하며, 교회에서 다른 책들과 달리 이 책들을 하나님께서 주신 성경으로 읽어야 한다고 규정한다. 이 목록에는 신약의 책들이 다음과 같은 순서로 열거되어 있다: "복음서 네 권, 사도행전 한 권, 사도 바울의 서신서 열세 권, 동일인[사도]이 쓴 히브리서 한 권, 사도 베드로가 쓴 서신서 두 권, 요한이 쓴 서신서 세 권, 야고보의 서신서 한 권, 유다의 서신서 한 권, 요한계시록 한 권." 이 정경은 393년에 당시 장로였던 아우구스티누스가 '신앙과 신조에 관하여'(De Fide et Symbolo)라는 제목으로 연설을 한 아프리카의 히포 교회회의에서 채택되었다. 공의회의 법령들은 유실되었으나, 이 정경은 아프리카의 주교 43인만 참석한, 따라서 보편적 권위를 주장할 수 없는 제3차 카르타고 공의회에 의해 다시 채택되었다.

아우구스티누스(양 공의회에 다 참석한)와 제롬(로마 교황 다마수스의 요청으로 성경을 라틴어로 번역한)은 라틴 교회를 위한 정경이 확립되는 데 결정적인 영향력을 행사했다. 트렌트 공의회(1546)는 전통적인 견해를 확증하면서, 반대하는 사람들에게 아나테마(저주)를 선언했다. 웨스트코트 박사는 다음과 같이 말한다. "이 중대한 법령은 53명의 고위성직자들에 의해 재가되었는데, 그들 가운데 독일인이 한 사람도 없었고, 저명한 역사학자도 한 사람도 없었으며, 옛 시대의 음성으로만 진리의 여부를 파악할 수 있는 주제를 특별히 연구 검토하기에 적합한 학자가 한 사람도 참석하지 않았다."

전체 교회를 대표한 어떠한 에큐메니컬 공의회도 결정을 내린 바 없음에도 불구하고, 그리스와 로마의 교회들에서는 정경에 관한 질문이 금지된다. 그러나 개신교는 니케아 이전 시대의 자유와 성경 각권의 기원과 역사를 새롭게 조사할 권리를 주장한다. 이 자유가 없다면 신학의 해석학에는 실질적인 진보가 있을 수 없다.

139. 가톨릭 전승

교부들, 특히 이레나이우스와 테르툴리아누스는 성경에 호소했을 뿐 아니라,

'신앙의 표준'(rule of faith), 즉 그리스도와 그분의 사도들로부터 자신들의 시대에 이르기까지 단절되지 않은 주교감독들의 계승에 의해서 전수되고, 무엇보다도 예루살렘과 안디옥과 에베소와 로마 같은 초기의 사도적 교회들에 여전히 살아 있는, 교회의 공동의 신앙에 대해서도 동일한 확신을 표현했다. 따라서 전승이 초기의 주교제와 밀접하게 연결되어 있는 셈이다. 초기의 주교제는 전승의 매체였으며, 교회는 주교제와 전승을 이단의 공격으로부터 막아주는 보루로 간주했다.

이레나이우스는 영지주의자들이 내세우던 비밀 전승에 대해서 가톨릭[보편] 교회의 공개적이고 변질되지 않은 전승으로 논박하며, 모든 교회들, 특히 그중에서도 로마 교회를 교리 통일의 가시적 중심으로 지적한다. 진리를 알고 싶은 사람은 누구나 온 교회에서 사도들의 전승을 볼 수 있다고 말하며, 사도들이 임명한 감독들과 자기 시대까지 이어진 그들의 계승자들을 고스란히 열거할 수 있는데, 그들 가운데 그런 이단설을 가르치거나 안 사람은 한 사람도 없었다고 말한다. 그런 다음, 예로써 리누스(Linus)부터 엘류테루스(Eleutherus)까지 계승된 로마 교회의 열두 주교들을 나열하면서, 그들이 순수한 사도적 교리의 증인들이라고 말한다. 그는 혹시 성경 없는 기독교를 생각할 수 있어도 살아 있는 전승 없는 기독교는 상상조차 할 수 없었을 것이다. 그리고 이 견해를 강조하기 위해서, '책도 잉크도 없이'(sine charta et atramento) 복음을 자기들의 마음에 기록한 야만족들을 보라고 말한다.

테르툴리아누스는 모든 이단에 대한 보편적인 해독제를 제시한다. 그것은 성경이 그리스도의 교회에서 생겼고, 교회에게 부여되었고, 오직 교회 안에서 그리고 교회에 의해서 올바로 깨달을 수 있다는 점에 근거하여 이단들에게 성경을 사용하여 자신들의 정당성을 주장할 권리를 처음부터 박탈해야 한다는 유명한 논리이다. 여기서 그는 보편[가톨릭] 교회가 인위적이고 항상 변하는 이단 분파들과 달리 괄목할 만한 성공을 거두어 온 사실과, 모든 주요 교회들, 특히 사도들이 직접 세운 교회들이 주교 한 사람 한 사람으로부터 사도들에 이르기까지, 사도들로부터 그리스도에게까지, 그리스도로부터 하나님에게까지 한 차례의 단절도 없이 연결되어 있다는 사실을 환기시킨다.

그는 이단 처방에 관한 논문에서 다음과 같이 말한다. "만약 여러분의 구원 문제에 관해서 더욱 배우고 싶다면 사도들이 세운 교회들을 한 번 생각해 보라. 그교회들에는 사도들이 앉았던 의자에 그들의 계승자들이 여전히 앉아 있으며, 사도들이 직접 작성했던 권위 있는 서신들이 공적으로 낭독됨으로써 그들의 음성과 모습을 그대로 대변한다. 만약 여러분이 아가야 근처에 살고 있다면 고린도 교회를 찾아가 보라. 마게도냐에서 멀리 떨어져 있지 않다면 빌립보 교회와 데살로니가 교회를 찾아가 보라. 아시아에 갈 수 있다면 에베소 교회를 찾아가 보라. 그러나 만약 이탈리아 근처에서 살고 있다면 로마 교회를 찾아가 보라. 그곳에서부터 우리[아프리카 교회]도 유래했다. 사도들이 주께로부터 받은 모든 교훈을 목숨을 바쳐 가르쳤던 그 교회가 얼마나 행복한 교회인가!"

이 주장의 무게를 제대로 평가하려면 이 교부들이 비교적 사도 시대에서 그리 멀지 않은 시기에 살고 있었다는 점과, 가장 오래된 교회들을 처음부터 지도해 온 감독들이 두 세대나 세 세대에 대한 생생한 기억에 의해 입증될 수 있었다는 점을 기억해야 한다. 실제로 이레나이우스는 젊었을 때 사도 요한의 제자인 폴리카르푸스를 친숙히 알고 있었다. 그러나 바로 이러한 이유 때문에 우리는 이러한 증언을 과도하게 중시하고, 후대에 발생한 전승들을 평가할 때도 성경에 근거를 두지 않고 이러한 증언에 근거를 두는 태도를 경계해야 한다.

게다가 그 교부들이 자신들의 개인적 판단을 항상 교회의 권위와 사도적 어머니 교회들을 지도하는 주교들의 판단에 맹목적으로 굴복해야 한다고 생각했다고는 생각할 수 없다. 이레나이우스는 위와 같은 말을 했음에도 불구하고 로마 주교 빅토르(Victor)를 거침없이 반대했다. 테르툴리아누스도 훗날 몬타누스파의 입장에서 말할 때 비록 본질적으로는 정통 신앙을 견지하면서도 다양한 점들에서 가톨릭 교회의 견해에 반대했으며, 특히 신앙 문제에서 중시할 것은 관습이 아니라 진리라고 분명히 주장했다(이것이 개신교의 뚜렷한 원리이다). 그의 제자 키프리아누스는 '성경적'이라는 표현과 '가톨릭적'[보편적]이라는 표현을 거의 같은 의미로 사용했음에도 불구하고, 이단이 베푼 세례도 유효하다는 로마의 교리를 강력히 비판했으며, 이 논쟁 과정에서 정확히 테르툴리아누스의 노선을 따라서 진리가 없는 관습이란 전통 깊은 오류일 뿐이라고 주장했다.

알렉산드리아 학자들은 저마다 독특한 견해를 자유롭게 피력했으며, 그 가운데는 훗날 이단으로 배척된 견해들도 많이 있었다. 비록 그들에게도 사도적 전승이 중요한 위치를 차지하긴 했으나, 그럴지라도 이것과 이와 유사한 표현들이 그들의 언어에서는 뜻이 달라서 때로는 단순히 성경을 가리키기도 했다. 따라서 클레멘스의 유명한 단락에는 다음과 같은 내용이 실려 있다: "마치 키르케(마술로 오디세우스의 부하들을 돼지들로 둔갑시켰다는 마녀)의 주문에 걸린 사람이 짐승으로 변하듯이, 교회의 전승에 반기를 들고 인간의 가변적인 입장으로 떠나 버리는 사람은 하나님의 소유라는 지위를 잃고 주님께 대한 충성도 계속 견지할 수 없다."

사도적 전승은 교리적 내용에서 성경과 부합하며, 비록 형식에서는 사도들의 구전 설교에서 유래했으나, 내용에서는 사실상 사도들의 저작들과 대동소이하다. 이런 관점에서 바라보면 초기 교부들이 성경과 전승 양자에 최고의 권위를 부여하는 데서 뚜렷이 드러낸 모순들은 저절로 해결된다. 그것은 사도들이 자기들의 입으로 전파한 뒤 글로 기록한, 그리고 교회가 문서로 충실하게 받아 한 세대에서 다음 세대로 전달한 하나이자 동일한 복음이다.

140. 신앙의 표준과 사도신경

좁은 의미로 생각할 때, 사도적 전승 혹은 신앙의 표준(regula fidei)은 기독교의 교리 요약 혹은 교회 신앙의 대요로 이해되었다. 이러한 요약은 세례 예비자들에게 교리를 가르치고 그들에게 교회 앞에서 신앙을 고백하게 할 필요에서 생겼다. 그것은 상징(symbolum), 즉 가톨릭[보편 교회] 그리스도인들이 불신자들과 이단들과 구분되게 서로를 알아보는 표지와 동등한 것이 되었다[그런 뜻에서 상징이 신조라는 의미를 갖게 되었다]. 베드로의 신앙고백(마 16:16)이 초대의 신조 곧 기독교 세례 고백서에 기조(基調)를 제공했으며, 세례 문구(마 28:19)가 그 신조의 삼위일체적 틀을 제공했다.

처음에는 모든 신자들에게 구속력을 갖는 일정한 신앙 문구가 없었다. 주요 교회들이 저마다 자체의 필요에 따라 신조를 작성했다(각 교회마다 독자적인 방식으로). 물론 동일한 세례 문구를 토대로 삼았으며, 사도 시대부터 전수되었을 가능성이 있는 간단한 원형을 모델로 삼아서 작성했을 가능성이 크다. 따라서 니케아 이전 시대에는 그러한 신앙 표준들 혹은 그보다는 단편적인 신앙 기술들이 길거나 짧은 형태로, 선언 형태나 문답 형태로 다양하게 존재했다. 이를테면 리옹의 이레나이우스(180), 카르타고의 테르툴리아누스(200), 카르타고의 키프리아누스(250), 로마의 노바티아누스(250), 알렉산드리아의 오리게네스(250), 그레고리우스 타우마투르구스(270), 안디옥의 루키아누스(300), 가이사랴의 에우세비우스(325), 앙키라의 마르켈루스(340), 예루살렘의 키릴루스(350), 키프로스의 에피파니우스(374), 아퀼레이아의 루피누스(390)의 저서들과 사도헌장에 그러한 간단한 신앙 기술들이 실려 있다. 이렇게 저마다 형태와 분량이 다를지라도 근본 내용에서는 일치했으며, 따라서 테르툴리아누스는 "신앙의 표준이 보편적으로 하나이고, 유일하게 불변하고 고칠 수 없다"(regula fidei una omnino, sola immobilis et irreformabilis)고 말할 수 있었다. 다양하면서도 통일성을 유지한 예는 웨스트민스터 신앙고백서를 토대로 삼은 뉴잉글랜드의 청교도 교회들의 무수한 정통적이고 회중적인 신조들에서도 찾아볼 수 있다.

동방 교회가 작성한 신앙의 표준들은 서방 교회가 작성한 것들에 비해서 일반적으로 더 길고 다양하고 표현이 형이상학적이며, 동방에서 많이 발생한 이단교리들을 비판하는 교리적 표현들이 많이 실려 있다. 이 표준들은 결국 니케아신조에 의해 모두 대체되었는데(325, 381, 451), 에큐메니컬 공의회들의 권위를 부여받은 이 신조는 오늘날까지 그리스 교회의 근본 신조로 남아 있다. 엄격히 말하자면 니케아 신조야말로 서방 교회에서도 채택된, 기독교 세계의 유일한 에큐메니컬 신조이다. 비록 그 안에는 분열의 담이 된 구절(필리오케)이 실려 있긴 하지만 말이다. 이 구절에 대해서는 다음 권에서 다시 살펴볼 것이다.

서방 교회 — 북아프리카, 갈리아, 이탈리아의 교회들 — 가 작성한 신앙의 표준들은 보다 짧고 단순하고 다양성도 덜하며 좀 더 통일된 형태를 보여준다. 이 표준들은 모두 로마 신조(the Roman Symbol)에 통합되었고, 이 신조가 오늘날까지 라틴 교회와 거기서 유래한 교회들의 근본 신조로 남아 있다.

이 로마 신앙고백은 사도신경(Apostle's Creed)이라는 명예로운 이름으로 특히 더 잘 알려져 있다. 사도신경은 오랜 세월 동안 사도들이 예루살렘을 떠나기 전에 자신들의 가르침을 요약해둔 것으로(열두 사도가 영감을 받아 각각 한 항목씩 작성한 것으로) 믿어졌다(그리고 로마 교회의 많은 사람들이 아직도 그렇게 믿고 있다). 4세기에 등장한 이 전승은 니케아 이전 시대의 신조들이 다양한 형태로 존재했다는 사실과 사도신경 자체의 내용에 의해 일축된다. 만약 사도들이 그런 문서를 작성했다면, 변경 없이 철저하게 전수되었을 것이다. 하지만 이 이름을 지닌 신조는 의심할 여지 없이 점진적으로 보완되었다.

옛 사본들에서 발견되는 이전의 형태는 훨씬 더 짧으며, 3세기나 심지어 2세기에 작성되었을 가능성도 있다. 이것은 동방에서 수입되었거나 혹은 로마에서 형성된 듯하며, 본질상 앙키라의 마르켈루스(Marcellus, 340년경)가 자신의 정통 신앙을 입증할 목적으로 교황 율리우스 1세(Julius I)에게 보낸 편지에 끼어 넣은 헬라어 신조와 동일하며, 왕 아이텔스탄(Aethelstan)의 시편집에 실린 것과도 동일하다.[7] 헬라어가 3세기까지 로마 교회와 문학의 지배적 언어였다.

보다 긴 형태의 로마 신조, 즉 오늘날 받아들여지고 있는 로마 신조는 6세기나 7세기 이전에는 등장하지 않았다. 이 신조에는 이전 것에 없던 중요한 구절들이 여러 개 실려 있는데, 이를테면 "음부에 내려가셨으며"라는 구절과,[8] '교회' 앞에 붙은 '보편적'(catholic)이라는 형용사,[9] '성도의 교통'(sanctorum communionem), '영생'이 그것이다.[10] 이 부가된 단어들은 속주(갈리아와 북아프리카)의 본문들에서 취해져 기존의 본문에 삽입되었다.

---

7) Psalterium Aethelstani, 대영박물관 코튼 도서관 소장. 앵글로색슨어 문자로 기록되었고, Ussher에 의해 최초로 출판된 뒤 Heurtley, Caspari, Hahn(p. 15)에 의해서 출판되었다. 여기에 실린 사도행전 본문이 마르켈루스의 본문과 다른 점은 아버지(파테라)라는 단어가 실린 점과, 영원한 생명(조엔 아이오니온)이라는 단어가 생략된 점이며, 두 점에서 모두 라틴어 본문과 일치한다.

8) Descendit ad inferna. 이 구절은 360년경에 작성된 아리우스파 신조들에서 최초로 발견된다. 그런 뒤 아퀼레이아 신조(390)에, 그 뒤에는 베난티우스 포르투나투스의 신조(590), 갈리아 신조(the Sacramentum Galicanum, 650)에 나타나며, 피르미니우스의 글에 실린 사도신경의 최종 본문(750)에 나타난다. Schaff의 Creeds, II. 54와 P. 46의 비평적 주해를 참조하라. 루피누스는 이 구절이 로마 신조에는 실려 있지 않았다고 분명히 말하면서, 이것이 장사되셨다는 구절과 동일한 것이라고 잘못 설명한다. 음부에 내려가셨다는 조항은 베드로의 가르침(행 2:31, '저가 음부에 버림이 되지 않고' — 그리스도께서 음부에 내려가셨다는 뜻: 벧전 3:19; 4:6)과 그리스도께서 죽어가는 강도에게 하신 말씀(눅 23:43, '오늘 네가 나와 함께 낙원에 있으리라')에 근거를 두며, 그리스도께서 죽은 자들의 영혼들에게 자신을 나타내셨음을 분명히 뜻한다. '음부'(Hades)가 아닌 '지옥'(hell)으로 내려가셨다고 번역하는 것은 잘못이다. 그리스도께서 지옥에 계셨는지 우리는 알 수 없다. 하지만 친히 하신 말씀에서 죽음과 부활 사이의 낙원에 계셨음을 안다. 음부라는 용어는 지옥(게헨나)보다 훨씬 더 포괄적이며, 죽은 사람들의 상태와 장소에 한정된다.

9) 이 표현이 처음 나타나는 본문은 갈리아 신조(650)이다. 보다 오래된 신조들이 실려 있는 키프리아누스, 루피누스, 아우구스티누스의 글에는 단순히 sanctam ecclesiam 이라고 표시되어 있고, 마르켈루스의 글에는 '하기안 에클레시안'이라고 표시되어 있다.

그렇다면 현재 형태의 사도신경은 사도 시대 이후의 것인 셈이다. 그러나 내용과 정신에서는 틀림없이 사도적이다. 그것은 니케아 이전 교회의 신앙을 잘 나타내며, 같은 시대의 신앙을 나타낸, 그리고 마찬가지로 개별 저자나 저자들의 것으로 간주할 수 없는 글로리아 인 엑셀시스(Gloria in Excelsis)와 테 데움(Te deum)처럼 이차적 영감의 산물이다. 사도신경은 삼위일체 하나님, 성부, 성자, 성령께 관해서 역사에 계시된 순서에 따라서 언급하며, 따라서 창조로부터 시작하여 부활과 영생으로 매듭짓는다. 그리고 그 내용이 우리 신앙의 중심인 그리스도를 위주로 전개된다. 추상적인 교의가 아니라 생생한 사실들을 제시하며, 신학 학파의 언어가 아닌 일반인의 언어를 사용한다. 근본 진리들만 다루므로 간결 명쾌하지만, 그러면서도 포괄적이어서 교리문답 교육과 예배의 용도에 훌륭하게 맞춰져 있다. 지금도 여전히 정통 기독교 세계의 여러 다른 시대들과 교단들 사이에서 그들이 얼마나 서로 다르든 상관 없이 살아 있는 연결고리가 되고 있으며, 더 길고 자세한 신조들로 대체할 수가 없다. 사도신경은 사도 시대 이후의 여느 문서에서 찾아볼 수 없는 고대성의 권위와 영구한 젊음의 신선함을 지니고 있다. 니케아 신조가 동방 교회의 유일한 에큐메니컬 신조이듯이, 사도신경도 엄격히 말해서 서방 교회의 유일한 에큐메니컬 신조이다.[11] 주기도문이 기도들 중의 기도이듯이, 사도신경은 신조들 중의 신조이다.

141. 사도신경의 변형본들

사도신경이 점진적으로 형성되었음을 보여주고, 사도신경과 니케아 이전의 신앙의 표준들과 최종 형태의 니케아 신조 사이의 관계를 보여주는 두 가지 도표를 소개한다.

---

10) 마르켈루스와 아우구스티누스의 글에는 실려 있으나, 루피누스의 글과 아이텔스탄의 시편집에는 실려 있지 않다.

11) 우리는 대개 세 개의 에큐메니컬 신조를 말하지만, 그리스 교회는 사도신경과 아타나시우스 신경을 채택한 일이 없다. 물론 그 신경들에 담긴 교리들은 지지하지만, 니케아 신조는 서방에서 채택되었고 따라서 보편적이지만, 그 안에 삽입된 필리오케('그리고 아들로부터') 구절이 그리스 교회와 라틴 교회 사이에 항구적인 분열을 일으켰다.

II. COMPARATIVE TABLE OF THE APOSTLES' CREED,

SHOWING THE DIFFERENT STAGES OF ITS GROWTH TO ITS PRESENT FORM. THE ADDITIONS ARE ENCLOSED IN BRACKETS.

FORMULA MARCELLI ANCYRANI. About A.D. 340.	FORMULA ROMANA. From the 3d or 4th Century.	FORMULA AQUILEIENSIS. From Rufinus (400).	FORMULA RECEPTA. Since the 6th or 7th Century. (Later additions in brackets).	THE RECEIVED TEXT.
Πιστεύω εἰς Θεὸν παντοκράτορα.	Credo in DEUM PATREM omnipotentem.	Credo in DEO PATRE omnipotente, [invisibili et impassibili].	Credo in DEUM PATREM omnipotentem, [Creatorem coeli et terre].	I believe in GOD THE FATHER Almighty, [Maker of heaven and earth]
Καὶ εἰς Χριστὸν Ἰησοῦν, τὸν υἱὸν αὐτοῦ τὸν μονογενῆ, τὸν κύριον ἡμῶν,	Et in CHRISTUM JESUM, Filium ejus unicum, Dominum nostrum;	Et in CHRISTO JESU, unico filio ejus, Domino nostro;	Et in JESUM CHRISTUM, Filium ejus unicum, Dominum nostrum;	And in JESUS CHRIST, his only begotten Son, our Lord;
τὸν γεννηθέντα ἐκ Πνεύματος ἁγίου καὶ Μαρίας τῆς παρθένου,	qui natus est de Spiritu Sancto et Maria Virgine;	qui natus est de Spiritu Sancto ex Maria Virgine;	qui [conceptus] est de Spiritu Sancto, natus ex Maria Virgine;	who was [conceived] by the Holy Ghost, born of the Virgin Mary;
τὸν ἐπὶ Ποντίου Πιλάτου σταυρωθέντα καὶ ταφέντα,	crucifixus est sub Pontio Pilato, et sepultus;	crucifixus sub Pontio Pilato, et sepultus;	[passus] sub Pontio Pilato, crucifixus, [mortuus], et sepultus;	[suffered] under Pontius Pilate, was crucified, [dead], and buried.
		[descendit in inferna] ;	[descendit ad inferna] ;	[He descended into Hades] ;
καὶ τῇ τρίτῃ ἡμέρᾳ ἀναστάντα ἐκ τῶν νεκρῶν,	tertia die resurrexit a mortuis;	tertia die resurrexit a mortuis;	tertia die resurrexit a mortuis;	the third day He rose from the dead;
ἀναβάντα εἰς τοὺς οὐρανούς,	ascendit in coelos;	ascendit in coelos;	ascendit ad coelos ·	He ascended into heaven;
καὶ καθήμενον ἐν δεξιᾷ τοῦ πατρός,	sedet ad dexteram Patris;	sedet ad dexteram Patris;	sedet ad dexteram Dei Patris [omnipotentis];	and sitteth on the right hand of God the Father [Almighty];
ὅθεν ἔρχεται κρίνειν ζῶντας καὶ νεκρούς·	inde venturus judicare vivos et mortuos.	inde venturus est judicare vivos et mortuos.	inde venturus judicare vivos et mortuos.	from thence He shall come to judge the quick and the dead.
Καὶ εἰς τὸ Ἅγιον Πνεῦμα,	Et in SPIRITUM SANCTUM;	Et in SPIRITU SANCTO.	[Credo] in SPIRITUM SANCTUM; Sanctam Ecclesiam [catholicam], [sanctorum communionem];	[I believe] in the HOLY GHOST; the holy [catholic] church, [the communion of saints];
ἁγίαν ἐκκλησίαν,	Sanctam Ecclesiam;	Sanctam Ecclesiam;		
ἄφεσιν ἁμαρτιῶν, σαρκὸς ἀνάστασιν, [ζωὴν αἰώνιον].	remissionem peccatorum; carnis resurrectionem.	remissionem peccatorum; [hujus] carnis resurrectionem.	remissionem peccatorum; carnis resurrectionem; [vitam æternam. Amen].	the forgiveness of sins; the resurrection of the body; [and the life everlasting. Amen].

COMPARATIVE TABLE OF THE ANTE-NICENE RULES OF FAITH,

AS RELATED TO THE APOSTLES' CREED AND THE NICENE CREED.

THE APOSTLES' CREED. (Rome.) About A.D. 340. Later additions are in italics.	IRENÆUS. (Gaul.) A.D. 170.	TERTULLIAN. (North Africa.) A.D. 200.	CYPRIAN. (Carthage.) A.D. 250.	NOVATIAN. (Rome.) A.D. 250.	ORIGEN. (Alexandria.) A.D. 230.
I believe 1. in GOD THE FATHER Almighty, *Maker of heaven and earth*;	We believe 1. ... in ONE GOD THE FATHER Almighty, who made heaven and earth, and the sea, and all that in them is;	We believe 1. ... in ONE GOD, the Creator of the world, who produced all out of nothing ...	I believe 1. in GOD THE FATHER;	We believe 1. in GOD THE FATHER and Almighty Lord;	[We believe in] 1. ONE GOD, who created and framed every thing ... Who in the last days sent
2. And in JESUS CHRIST, His only Son, our Lord;	2. And in one CHRIST JESUS, the Son of God (our Lord);	2. And in the Word, his Son, JESUS CHRIST;	2. in his Son CHRIST;	2. in the Son of God, CHRIST JESUS, our Lord God;	2. Our Lord JESUS CHRIST ... born of the Father before all creation
3. who was *conceived* by the Holy Ghost, born of the Virgin Mary;	3. Who became flesh, [of the Virgin] for our salvation;	3. Who through the Spirit and power of God the Father descended into the Virgin Mary, was made flesh in herwomb, and born of her;			3. born of the Virgin and the Holy Ghost, made incarnate while remaining God ...
4. *suffered* under Pontius Pilate, was crucified, *dead*, and buried;	4. and his suffering [under Pontius Pilate];	4. Was fixed on the cross [under Pontius Pilate], was dead and buried;			4. suffered in truth, died;
5. *He descended into Hades*; the third day he rose from the dead;	5. and his rising from the dead;	5. rose again the third day;			5. rose from the dead;
6. He ascended into heaven, and sitteth on the right hand of *God the Father Almighty*;	6. and his bodily assumption into heaven;	6. was taken up into heaven and sitteth at the right hand of God the Father;			6. was taken up ...
7. from thence he shall come to judge the quick and the dead.	7. and his coming from heaven in the glory of the Father to comprehend all things under one head, ... and to execute righteous judgment over all.	7. He will come to judge the quick and the dead.			
8. And *I believe* in THE HOLY GHOST;	8. And in THE HOLY GHOST ...	8. And in THE HOLY GHOST, the Paraclete, the Sanctifier, sent by Christ from the Father.	8. in THE HOLY GHOST	8. in THE HOLY GHOST (promised of old to the Church, and granted in the appointed and fitting time).	8. THE HOLY GHOST, united in honor and dignity with the Father and the Son.
9. the holy *Catholic* Church; 10. *the communion of saints*;					
11. the forgiveness of sins;	11. And that Christ shall come from heaven to raise up all flesh, ... and to adjudge the impious and unjust ... to eternal fire,	11. And that Christ will, after the restoration of the flesh, receive his saints	10. { I believe the forgiveness of sins,		
12. the resurrection of the body;	12. and to give to the just and holy immortality and eternal glory.	12. Into the enjoyment of eternal life and the promises of heaven, and judge the wicked with eternal fire.	12. and eternal life through the holy Church.		
12. and the life everlasting.[1]					

THE APOSTLES' CREED.	GREGORY. (Neo-Caesarea.) A.D. 270.	LUCIAN. (Antioch.) A.D. 300.	EUSEBIUS. (Caesarea, Pal.) A.D. 325.	CYRIL. (Jerusalem.) A.D. 350.	NICAENO-CONSTANTINOPOLITAN CREED. A.D. 325 and 381.
I believe	[We believe in]	[We believe in]	We believe	We believe	We [I] believe
1. in God the Father Almighty, *Maker of heaven and earth;*	1. One God the Father;	1. One God the Father Almighty, Maker and Provider of all things;	1. in one God the Father Almighty, Maker of all things visible and invisible;	1. in one God the Father Almighty, Maker of heaven and earth, and of all things visible and invisible;	1. in one God the Father Almighty, Maker of *heaven and earth, and of* all things visible and invisible;
2. And in Jesus Christ, His only Son, our Lord;	2. one Lord, ... God of God, the image and likeness of the Godhead, ... the Wisdom and Power which produces all creation, the true Son of the true Father ...	2. And in one Lord Jesus Christ his Son, begotten of the Father before all ages, God of God, Wisdom, Life, Light ...	2. And in one Lord Jesus Christ, the Word of God, God of God, Light of Light, Life of Life, the only-begotten Son, the first-born of every creature, begotten of God the Father before all ages; by whom all things were made;	2. And in one Lord Jesus Christ, the only-begotten Son of God, begotten of the Father before all ages, very God, by whom all things were made;	2. And in one Lord Jesus Christ, the *only-begotten* Son of God, begotten of the Father *before all worlds;* [God of God], Light of Light, very God of very God, begotten, not made, being of one substance with the Father (ὁμοούσιον τῷ πατρί), by whom all things were made;
3. who was *conceived* by the Holy Ghost, born of the Virgin Mary;		3. who was born of a Virgin, according to the Scriptures, and became man ...	3. who for our salvation was made flesh and lived among men;	3. who was made flesh, and became man;	3. who, *for us men, and for our salvation,* came down *from heaven,* and was incarnate *by the Holy Ghost and [of, ex] the Virgin Mary,* and was made man;
4. *suffered* under Pontius Pilate, was crucified, *dead,* and buried;		4. who suffered for us;	4. and suffered;	4. was crucified, and was buried;	4. He *was crucified for us under Pontius Pilate, and suffered, and was buried;*
5. *He descended into Hades;* the third day he rose from the dead;		5. and rose for us on the third day;	5. and rose on the third day;	5. rose on the third day;	5. and the third day he rose again, *according to the Scriptures;*
6. He ascended into heaven, and sitteth on the right hand of *God the Father Almighty;*		6. and ascended into heaven, and sitteth on the right hand of God the Father;	6. and ascended to the Father;	6. and ascended into heaven, and sitteth on the right hand of the Father;	6. and ascended into heaven, *and sitteth on the right hand of the Father;*
7. from thence he shall come to judge the quick and the dead.		7. and again is coming with glory and power, to judge the quick and the dead;	7. and will come again with glory, to judge the quick and the dead.	7. and will come again in glory, to judge the quick and the dead; *whose kingdom shall have no end;*	7. and he shall come again, *with glory,* to judge the quick and the dead; *whose kingdom shall have no end;*
8. And *I believe* in the Holy Ghost;		8. And in the Holy Ghost, given for consolation and sanctification and perfection to those who believe ...	8. We believe also in the Holy Ghost.	8. And in one Holy Ghost, the Advocate, who spake in the Prophets.	8. And [I believe] in the Holy Ghost, *the Lord, and Giver of life, Who proceedeth from the Father* [and the Son, Filioque]; *who with the Father and the Son together is worshiped and glorified; who spake by the Prophets.*
9. the *holy* Catholic Church; *the communion of saints;*	9. (One Holy Ghost, the minister of sanctification, in whom is revealed God the Father, who is over all things, and God the Son, who is through all things—a perfect Trinity, not divided nor differing in glory, eternity, and sovereignty ...			9. (And in one baptism of repentance for the remission of sins;	9. And [I believe] *in one holy Catholic and Apostolic Church;*
10. the forgiveness of sins;				10. and in one holy Catholic Church;	10. we [I] acknowledge *one baptism for the remission of sins;*
11. the resurrection of the body;				11. and in the resurrection of the flesh;	11. *and we* [I] *look for the resurrection of the dead;*
12. and the life *everlasting.*				12. and in life everlasting (ζωὴν αἰώνιον).	12. *and the life of the world to come* (ζωὴν τοῦ μέλλοντος αἰῶνος).

The words in italics in the last column are additions of the second œcumenical Council (381); the words in brackets are Western changes.

142. 하나님과 창조

　교회의 여러 교리들을 소개할 때 유념해야 할 점은, 기독교가 세상에 들어올 때 논리 체계로 들어오지 않고 하나님과 인간에 관한 사실로 들어왔다는 점이다. 그리고 신약성경이 학자들을 위한 신학 교과서에 그치지 않고, 무엇보다도 모든 신자들을 위한 생명의 책이라는 점도 함께 유념해야 한다. 물론 이러한 구원의 사실들에 구원의 교리가 담겨 있는 게 사실이지만, 그 형태가 구체적이고 삶과 연관되고 항상 신선하고 사람과 관련되어 나타난다. 이 교리들이 하나님의 말씀으로부터 논리적이고 학문적으로 발전한 내용은 신학자들의 몫으로 남는다. 따라서 우리가 다루는 시기에 심지어 가장 저명한 교사들에게서조차 매우 불분명하고 결함이 있는 지식을 발견하더라도 의아해할 필요가 없다. 그럴지라도 중요한 신앙 항목들에 관해서는 후대의 정통 신앙 계승자들과 다를 바 없이 그 실제적인 힘을 느꼈고, 다른 사람들에게도 그러한 힘을 느끼도록 가르쳤다. 기독교의 중심은 그리스도의 신인적(神人的) 위격(位格, person)과 신인적 사역이다. 이 중심에서부터 시작된 변화가 기존의 모든 종교 사상들을 기본 원리부터 최종 결과에 이르기까지 철저하게 휩쓸고 지나갔으며, 초기의 종교에서 진리를 확증하고 오류를 배척했다.

　처음 몇 세기에 작성된 거의 모든 신조들, 특히 사도신경과 니케아 신조는 전능하신 아버지이시고, 천지의 창조주이시며, 보이는 것들과 보이지 않는 것들의 창조주이신 하나님께 대한 신앙고백으로 시작한다. 이레나이우스는 성경의 첫 장에 기록된 이 근본 교리를 변호함으로써 영지주의 이단들에 대한 포문을 연다. 그는 만약 주님이 창조주 이외의 하나님으로 자신을 알리셨다면 그분을 믿지 않았을 것이다. 그는 선험적인 신(神) 개념 수립 같은 모든 것을 논박하며, 자신의 지식을 철저히 계시와 그리스도인으로서의 경험에 둔다.

　우리는 모든 종교의 바닥에 자리잡고 있는 일반적인 신 개념을 가지고 시작한다. 이것이 그리스도 안에 나타난 하나님에 관한 계시에 의해서 정련되고, 영적인 깊이가 생기고 생명력을 얻는다. 우리는 인간 영혼이 하나님을 향해, 유일하고 참되신 하나님을 향해 기댈 수밖에 없게 되어 있다는 테르툴리아누스의 견해에서 특히 신 개념의 진보를 발견한다. 그는 이렇게 말한다. "하나님은 숨어 계시지 않으며, 인간을 저버리시지 않는다. 인간이 원할 때 항상 인정되시고 인식되시고 보이신다. 하나님은 우리의 존재 전부와 우리가 살고 있는 환경 전부를 통해서 자신을 알리신다. 이렇게 자신의 존재를 만민에게 알리심으로써 친히 하나님이되 유일하신 하나님이심을 입증하신다. 영혼은 본래부터 하나님에 대한 의식을 지닌다. 이집트인이든 시리아인이든 폰투스인이든 이 점에서 하등 다르지 않다. 모든 인간들이 자기들의 하나님으로 부르는 분이 곧 유대인의 하나님이다." 그러나 자연도 하나님께 관해서 증거한다. 자연은 하나님이 손으로 만드신 것이고, 그 자체로 선하다. 영지주의자들이 가르친 대로 물질 혹은 마귀의 산물이어서 본질상 악한 게 아니다. 이레나이우스에 따르면, 하나님이 당신을 나타내시지 않으신다면 철저히 감추어 있어서 아무도 인식할 수 없다고 한다. 그러나 창조와 구속 안에서 자신의 뜻을 전달하셨으며, 따라서 어떤 사람에게도 완전히 숨어 계시지 않는다.

하나님의 존재를 입증하기 위한 논증들이 역사에 다양하게 제시되었는데, 이 시기에는 우주론적 논증과 물리학적·신학적 논증의 초기 형태들을 보게 된다. 하나님의 손길이 남아 있는 자연을 이해하는 방식에서 이러한 차이가 감지된다. 알렉산드리아 학파는 신인동형어법적(anthrophomorphic), 신인동감동정적(anthropopathic) 개념들을 어떻게든 피하려고 하고, 하나님의 비물질성과 영성을 거의 추상적으로 주장한 반면에, 테르툴리아누스는 심지어 하나님께도 유형성(有形性, corporeality)이 있다고 생각한다. 물론 그는 무존재(non-existence)만 유형성이 없다고 생각했으며, 유형성이란 단어로 그가 의도한 것도 지고의 존재(the Supreme Being)가 실체성과 구체적 인격을 지니고 있음을 가리키려는 것뿐이다.

하나님이 영원하시고 전능하시고 전지하시고 공의로우시고 거룩하신 창조주이시며 만물의 존재를 붙들어주시는 분으로서 한 분이시라는 교리를 기독교 교회는 유대교에서 물려받았고, 그것을 가지고 이교도들의 헛된 범신론과 특히 물질이 하나님과 나란히 영원하다고 생각하고 세상이 중간 단계의 신인 데미우르고스에 의해 창조되었다고 주장하는 영지주의자들의 이원론을 비판했다. 이 이원론은 하나님의 절대성과 그분에 대한 정당한 생각을 배격하는 다신교의 또 다른 형태일 뿐이었다.

창조에 관해서, 이레나이우스와 테르툴리아누스는 이교와 영지주의가 주장한 유물론적이고 데미우르고스 중심의 견해를 확고히 배격하고, 창세기가 가르치는 대로 하나님이 물질을 포함한 세상을 창조하시되, 물질이 아닌 무(無)로부터, 혹은 보다 적극적으로 말하자면 자신의 자유롭고 전능하신 의지로부터 말씀으로써 창조하셨다고 가르쳤다(참조. 창 1, 2장; 시 33:9; 148:5; 요 1:3; 골 1:15; 히 1:2; 11:3; 계 4:11). 이 자유로운 하나님의 의지 곧 사랑의 의지는 모든 존재의 무조건적이고 모든 것을 조건짓는 최종의 원인이자 모든 존재의 최후 이성으로서, 물질 세력이나 유출 개념과 조금도 관계가 없다. 모든 피조물은 선하고 거룩하신 하나님께로부터 나오기 때문에 본질에 관한 한 그 자체가 선하다(참조. 창 1:31; 비교. 시 104:24; 딤전 4:4). 그러므로 악은 원초적이고 고유한 실체가 아니라 자연의 타락이며, 그렇기 때문에 구속의 권세로 멸할 수 있다. 영지주의 체계들이 한결같이 보여주듯이, 올바른 창조 교리 없이는 참된 구속 교리가 없는 것이다.

오리게네스가 주장한 영원한 창조 교리는 독특하다. 그가 생각한 것은 새로운 세계들이 끊임없이 연속되는 것이라기보다, 원래 지어진 세계가 항상 새롭게 변형해 가면서 시초부터 하나님의 전능한 능력과 지혜와 선하심을 드러낸다는 것이다. 이러한 생각에는 플라톤의 영혼 선재(先在) 개념과 선이 닿아 있다. 그는 하나님과 세상이 친밀한 관계로 맺어져 있다는 생각에서 출발하여, 세상이 하나님의 필연적인 계시라고 설명하는 데로 나간다. 하나님이 자신의 존재를 구성하는 본질적 속성들을 나타내지 않으신 때가 있었다는 주장은 불경건하고 불합리하다. 하나님은 태만하게 계시지도 않고 정체해 계시지도 않는다. 하나님께서는 당신의 존재가 선하심과 사랑과 동일하며, 의지가 본성과 동일하다. 하나님은 당신의 본성에 따라 창조하셔야 하고(must), 그렇게 창조하실 것이다(will). 따라서 하나님께는 당위(necessity)가 곧 자유로운 행위이다. 각 세상은 저마다의 시작과 끝을 갖고 있으며, 그 끝이 하나님의 섭리 안에 놓여 있다. 그러나 첫 세상 이전에는 무엇이 있었는가? 오리게네스는 시간 개념을 세상 개념과 연관짓지만, 시간이 무한히 연속된다는 생각을 넘어서지 못한다. 하나님의 영원은 시간을 초월해 있으면서도 모든 시간을 가득 채운다. 오리게네스는 하나님께로부터 세상으로의 이행(移行)을 추론할 때 로고스의 영원한 발생(generation)에 힘입는다. 성부의 명확한 형상인 로고스를 통해서 하나님이 먼저 영적 세상을 창조하시고, 이어서 물질 세상을 창조하셨다고 이해한다. 그리고 이 발생은 그 자체가 계속되는 과정이다. 하나님은 언제나 당신의 아들을 낳으시고, 아들 없이 계신 적이 없으시며, 아들도 아버지 없이 계신 적이 없으시다.

143. 인간과 타락

교회의 보편적 신앙은 인간이 하나님의 형상으로 순결하고 거룩하게 지음을 받았으나, 자신의 죄책으로 인해, 그리고 원래의 지위에서 타락한 사탄의 유혹으로 인해 타락했다는 것이다. 그러나 죄의 범위와 타락의 결과들에 관해서는 5세기에 펠라기우스 논쟁이 벌어지기 전까지는 충분하게 논의되지 않았다. 인간 영혼의 기원에 관한 형이상학적 질문도 마찬가지이다. 그럴지라도 이미 세 가지 이론이 씨앗의 형태로 나타나 있었다.

테르툴리아누스는 영혼 유전설(traducianism)을 주장했다.[12] 이것은 영혼과 육체가 출산 과정에서 부모로부터 나온다는 이론이다. 이 이론에 따르면 하나님께서 무로부터(ex nihilo) 창조하신 일이 여섯째 날에 완료되었고, 아담의 영혼이 마치 식물계에서 처음 뿌려진 씨앗이 그 안에 번식력을 갖고 있는 것처럼 그 안에 개별적인 영혼들을 번식시킬 힘을 부여받았다고 한다. 서방 교회의 대다수 신학자들은 테르툴리아누스의 이 이론이 출산에 의한 원죄의 번식을 가장 쉽게 설명하기 때문에 이것을 따랐다. 하지만 이 이론은 정신에서 유래하는 죄를 물질화한다. 아담은 하나님이 먹지 말라고 하신 실과를 먹기 전에 이미 마음으로 의심과 불순종에 의해 타락했다.

아리스토텔레스의 창조설(creationism)은 하나님이 각 개인의 영혼 하나하나를 직접 창조하신다고 보며, 영혼이 육체와 접촉함으로써 차후에 타락한다고 주장하지만, 영혼과 육체의 유기적 연합을 파괴하며, 죄를 물질에서 이끌어낸다. 동방의 신학자들과 서방의 제롬이 이 이론을 옹호했다. 아우구스티누스는 두 이론 사이에서 흔들렸으며, 교회가 이 쟁점에 관해서 어느 한 쪽이 옳다고 판단한 적이 없다.

셋째 이론, 즉 영혼 선재설은 오리게네스가 가르쳤고, 오리게네스에 앞서서 플

---

12) tradux, 즉 번식을 위한 가지(한 나무에서 다른 나무로 걸치도록 하는)라는 뜻을 토대로 한 개념. 테르툴리아누스는 이 용어를 자주 사용한다.

라톤과 필로가 가르쳤다. 이 이론은 모든 인간 존재가 역사 이전에 존재하고 타락했다고 가정하며, 따라서 원죄와 개인의 죄책에 대해서 잘 설명한다. 하지만 성경이나 인간의 의식에서 아무런 뒷받침도 받지 못한다. 다만 관념적 의미로만 주장될 뿐이다. 이 이론은 유스티니아누스 때 오리게네스파 이단으로 단죄되었다. 그럴지라도 간간이 개별적인 사변적 견해로 다시 제기되곤 했다.[13]

기독교 신앙은 에피쿠로스 학파의 방탕과 스토아 학파의 자충족적 태도에 반대하여 인간이 구속받아야 할 필요를 강조할 뿐 아니라, 본성에 악이 내재한다는 영지주의와 마니교 사상에 반대하여, 그리고 모든 유형의 숙명론(결정론)에 반대하여 인간이 구속받을 길이 있다는 점을 강조한다.

그리스 교부들, 특히 알렉산드리아 학자들은 자유의지를 집요하게 강조한다. 자유의지를 인정해야 인간의 도덕적 행위에 대해서 책임을 물을 수 있으며, 그래야 덕과 악을 구분할 수 있다고 주장한다. 타락에 의해 자유의지가 손상되고 약해진 것이 사실이지만, 사라진 것은 아니라고 한다. 오리게네스의 경우에 선택의 자유가 그의 신학 체계에 큰 기둥 역할을 한다. 이레나이우스와 히폴리투스는 지성과 자유라는 분리할 수 없는 두 속성이 없이는 인간을 이해할 수 없다고 보았다. 테르툴리아누스는 마르키온과 헤르모게네스에 반대하여 자유의지가 영혼의 내적 속성들, 이를테면 영혼이 하나님께로부터 유래함으로써 갖는 속성, 영혼의 불멸, 지배 본능, 예견 능력 같은 속성들 가운데 하나임을 분명히 강조한다. 반면에 이레나이우스는 아담의 원죄가 온 인류의 죄성(罪性)과 결부되어 있다는 바울의 교리로써, 그리고 특히 테르툴리아누스는 죄가 출생에 의해서 유전되고 번식된다는 견해로써, 라틴 교부들 가운데 가장 위대한 아우구스티누스가

---

13) 독일에서는 주로 깊이가 있고 건실하다고 평가를 받은 목회자의 한 사람인 뮐러(Julius Müller)가 *The Christian Doctrine of Sin*에서 이 이론을 주장했다. 그는 인간이 시간 이전에 초월적 상태에 있을 때 자신의 자유로운 결정에 의해서 현재 생활의 도덕적 성격과 운명을 고착시켜 놓았다고 주장한다. 그리고 이 결론이 죄가 보편적으로 존재하는 사실과 개인의 죄책을 잘 조화시키며, 해저와 같이 깊은 죄책감과, 인품이 고상할수록 우수(憂愁)와 슬픔이 깊어지는 불가해한 현상을 가장 잘 설명해 준다. 그러나 뮐러의 견해는 아무에게도 지지를 받지 못했고, Rothe와 Dorner 같은 이들에게 반박을 당했다. 미국에서는 Edward Beecher가 *The Conflict Ages*(Boston, 1853)라는 책에서 선재설을 독자적으로 주장했다.

펠라기우스 이단과 논쟁하는 과정에서 발전시킨 체계를 예견했다. 아우구스티누스의 체계는 훗날 종교개혁자들에게 강력한 영향을 끼쳤으나, 동방 교회에는 이렇다 할 영향을 끼치지 못했으며, 로마 교회에 의해서도 사실상 부분적으로 폐기되었다.

144. 그리스도와 성육신

나사렛 예수의 메시야 직분과 하나님의 아들로서의 신분은 베드로가 모든 사도들과, 예수의 인격과 사역에 나타난 신적 영광을 목격한 사람들의 이름으로 자기들이 경험한 가장 신성하고 고귀한 사실로서 최초로 고백했으며, 예수께서 부활하신 뒤에는 부활을 의심하던 도마가 "나의 주시며 나의 하나님이시니이다"라는 찬탄으로 영광스럽게 인정했다. 예수를 주와 하나님으로 고백한 것이 기독교 교회의 기초석이다(참조. 마 16:16-19). 그리고 성육신의 신비를 부정하는 것이 반기독교적 이단의 표지이다(참조. 요일 4:1-3).

그러므로 니케아 이전의 신학 열정은 그리스도를 신인(神人)이시며 세상의 구주로 믿는 교리에 집약되었다. 이 교리가 모든 세례 신조들의 알맹이였으며, 초기 교회의 삶과 조직과 예배 전체에 각인되었다. 이것은 교부들이 이단들을 비판할 때만 인용되지 않고, 평일의 예배와 주일 예배 때, 세례와 성찬과 연례 절기들, 특히 부활절 때에도 고백되었다. 기도와 송영과 찬송에도 그것이 실렸다. 최초의 기록에서부터 그리스도는 유한한 인간들과 사물들에게 부여되고 동등성이 전제된 존경의 대상이 아니라, 오직 무한하시고 창조되지 않으신 신적 존재에게 합당한 기도와 찬송과 경배의 대상이셨다. 이것이 다음과 같은 성경과 문헌들에 실려 있다: 신약성경의 여러 구절들(참조. 마 2:11; 9:18; 17:14, 15; 28:9, 17; 눅 17:15, 16; 23:42; 요 20:28; 행 7:59, 60; 9:14, 21; 고전 1:2; 빌 2:10; 히 1:6; 요일 5:13-15; 계 5:6-13 등); 초기 그리스도인들이 즐겨 사용하던 신조들; 익튀스('예수 그리스도 하나님의 아들, 구주'라는 뜻을 담은 물고기 문양); 테르상투스(Tersanctus, 성삼위께 드리는 찬송); 글로리아 인 엑셀시스(Gloria in Excelsis, 영광송); 알렉산드리아의 클레멘스가 쓴 로고스 찬송; 오리게네스의 발언: "우리는 홀로 지극히 높으신 분과, 말씀이시며 하나님이신 그분의 독생자께 찬송을 드린다. 우리는 하나님과 그분의 독생자를 찬송하는 것이다"; 아시아의 그리스도인들이 "그리스도를 자기들의 신으로 여겨 찬송을 부르는" 관습이 있다고 황제 트라야누스에게 보고하는 이교도 소(少) 플리니우스의 증언. 에우세비우스는 아르테몬(Artemon)의 이단설을 논박하는 가운데 이전 시대 저자(아마 히폴리투스)의 글을 인용하면서 유스티누스, 밀티아데스, 타티아누스, 클레멘스, 그리고 "그 밖의 많은 사람들"이 그리스도의 신성을 가르쳤다고 말하고는 다음과 같이 반문한다. "그리스도를 하나님이자 인간으로 단언해 놓은 이레나이우스와 멜리토와 그 밖의 사람들의 저서들을 모르는 사람이 과연 있는가? 초기부터 신자들이 예배를 위해서 지은 시와 찬송들은 어떤 것이든 그리스도의 신성을 강조함으로써 그분을 하나님의 말씀으로 드높인다." 그리스도를 하나님으로 고백하고, 하나님이신 그리스도를 위해서 죽은 고백자들과 순교자들의 "고상한 군대"에 의해서도 동일한 신앙이 인증되었다.

삶과 예배가 신학보다 앞서 있었으며, 신학자들이 명료한 단어로 표현해 낸 것 이상의 내용이 그리스도인들의 삶에 실려 있었다. 따라서 어린이라도 자신의 신앙을 이성적으로 설명할 수 있기 오래 전에 구주께 예배와 찬송을 드릴 수 있었다. 그리스도인들의 직관이 항상 옳은 방향을 지향하고 있었으며, 따라서 니케아 이전 시대의 일부 교사들이 남긴 조야한 사변들과 실험적이고 시험적인 진술들을 그 시대 그리스도인들 탓으로 돌리는 것은 부당하다. 니케아 이전 시대에는 그리스도의 신성과 성령의 신성이 처음부터 기독교 교회의 심장에 신앙의 핵심 조항으로 확고하게 고정되어 있었다.

그러나 그리스도와 성령의 신성을 논리적으로 정의하고, 그 정의가 하나님이 한 분이시라는 구약성경의 근본 교리와 어떻게 관련되는가 하는 문제 — 한 마디로 교회의 삼위일체 교의 — 는 3세기에 걸쳐서 진행된 작업이었으며, 니케아 시대에 들어서야 비로소 제대로 완수되었다. 이 심오한 계시들을 이성으로 깨달으려고 처음 시도했을 당시에 다양한 실수와 조야함과 부정확함이 발생했으리라는 것은 얼마든지 예상할 수 있는 일이다.

사도 교부들의 글에서 발견하게 되는 것은 그리스도의 신성과 인성을 가르치는 성경 구절들을 단순하게 소개하되, 그리스도인들 전반의 교육에 필요한 실제적인 형태를 갖춰서 그렇게 하는 내용이 대부분이다. 그 교부들 가운데 이그나티우스는 십자가에 못 박힌 예수가 육신을 입고 땅에 오신 하나님이라는 확신을 가장 강하게 표시했고, 수시로 그분을 아무런 수식어 없이 하나님이라고 불렀다.

기독론의 학문적 발전은 순교자 유스티누스와 더불어 시작하여 오리게네스에게서 절정에 달한다. 그리고 오리게네스에게서 두 가지 양극의 개념들이 발생한다. 아타나시우스의 사상과 아리우스의 사상이 그것인데, 전자가 마침내 325년에 니케아 공의회에서 최후 승리를 거두며, 381년의 콘스탄티노플 공의회에서 승리에 쐐기를 박는다. 니케아 이전에 이 중요한 교리를 놓고 벌어진 논쟁들에서 아리우스 논쟁이 가장 중요했고 최후에 확정되었다.

성육신 교리에는 세 가지 요소가 담겨 있다. 첫째는 그리스도의 신성이고, 둘째는 그분의 인성이며, 셋째는 두 본성이 그분의 나뉘지 않는 위격과 맺고 있는 관계이다.

145. 그리스도의 신성

그리스도의 신성(神性, Divinity) 교의는 대단히 관심을 끄는 주제이다. 이 교의가 전면에 나타나게 된 것은 첫째는 그리스도를 제2의 모세로 격하하는 이성주의적 군주신론(Monarchianism)과 에비온주의를 비판하기 위해서였고, 둘째는 그리스도를 초인(超人)으로 간주하면서도 여전히 이상 세계의 다른 아이온들과 같은 차원에 놓고, 그로써 이교 신화의 방식을 따라 하나님의 아들들을 끊임없이 양산함으로써 하나님의 독생자라는 개념 자체를 범신론적으로 희석시키고 무너뜨리는 영지주의를 비판하기 위해서였다. 이 교의가 발전하면서 출발점으로 삼은 것은 구약성경이 가르친 말씀과 하나님의 지혜에 관한 개념과, 알렉산드리아의 유대교 플라톤주의, 그리고 무엇보다도 바울의 기독론과 요한의 로고스 교리였다. 요한의 이 견해가 기독교 사색에 강한 자극을 주었고, 항상 새로운 자료를 제공했다. 그리스의 모든 교부들이 요한의 틀을 사용하여 그리스도께서 성육신 이전에 지니셨던 신적 본성과 지위를 이해했다. 이 일에 특히 유용하게 쓰인 용어가 '이성'(ratio)과 '말씀'(oratio)이라는 잘 알려진 이중적 의미를 지닌 '로고스'였다. 비록 요한은 후자의 의미로만 이 용어를 사용한 게 분명하지만 말이다.

순교자 유스티누스는 최초의 기독론을 발전시켰다. 물론 그것은 전에 없던 새로운 것이 아니고, 다만 그리스도인들 사이에서 널리 회자되던 것이었다. 그는 로고스라는 단어에 이중 의미가 있다는 점과, 이전에 필로가 로고스를 유사하게 구분해서 생각한 선례를 토대로, 로고스 곧 그리스도의 신적 존재를 두 가지 요소로 구분했다. 하나는 하나님이 자신 안에서 자신에 관해서 계시하신 내재적 요소이고, 다른 하나는 하나님이 자신을 외적으로 계시하시는 전달적 요소이다. 로고스가 하나님께로부터 나오시는 행위를 유스티누스는 신적 본질이 구분되거나 감소하는 일이 없이 이루어진 발생(generation, 출생)이라는 상(像)을 사용하여 설명한다. 이 견해로 보자면 로고스는 유일하고 절대적인 하나님의 아들이시고, 독생자이시다. 하지만 유스티누스는 그 발생을 형이상학적 필요에 근거한 영원한 행위로 이해하지 않았고, 이 점에서 아타나시우스가 가르친 후대 교회의 교리와 달랐다. 로고스의 발생은 창세 전에, 하나님의 자유로운 의지로부터 이루어졌다. 이렇게 창세 전에(비록 엄격히 말해서 영원하다고 볼 수는 없으나) 낳음을 입은(begotten) 로고스를 유스티누스는 위격적 존재(hypostatical being), 즉 성부와 수적으로 구분되는 위격(person)으로 이해했다. 그리고 로고스가 성육신 이전에 하신 일이 우주를 창조하시고 유지하시며, 구약성경에 기록된 모든 신현(神顯)들과 세상에 있는 모든 참되고 이성적인 것이 다 그에게서 유래한 것이라고 보았다. 그리스도는 이성들의 이성(the Reason)이시고, 절대적이고 영원한 이성의 화육(化肉)이시다. 그분이 참된 예배의 대상이시다. 이러한 견해를 유일신론과 조화시키는 과정에서, 유스티누스는 어느 때는 두 신적 위격의 도덕적 통일성을 주장하고, 다른 때는 성자를 성부에게 분명히 종속시켰다. 이러한 식으로 위격론(hypostasianism), 즉 그리스도의 독립되고 위격적인(hypostatical, 즉 한 위<位>를 지니시는) 신성 이론을 성자 종속설(subordinationism)과 조화시킨다. 그러므로 그는 아리우스의 범주에 들지도 않고 아타나시우스의 범주에 들지도 않는다. 그러나 그의 신학의 큰 경향은 이단들과 다르게 정통 신앙의 체계를 분명히 지향하며, 만약 그가 후대에 살았다면 니케아 신조에 서명했을 것이다. 테르툴리아누스와 오리게네스에 대해서도 같은 말을 할 수 있다.

이 점과 관련해서 유스티누스가 주장한 '로고스 스페르마티코스'(Logos spermatikos), 즉 사람들 사이에 뿌려진 신적 말씀이라는 독특한 교리를 언급하지 않고 넘어갈 수 없다. 그는 모든 이성적 영혼에게서 기독교적인 어떤 것, 즉 로고스의 씨앗(스페르마) 혹은 절대 이성의 불씨를 인식했다. 그러므로 마치 씨 앗들처럼 뿌려진 진리와 아름다움의 모든 요소들의 근원을 유대인들에게서만 찾지 않고 성육신 이전의 그리스도께 영향을 받은 이교도들에게서도 찾았다. 소 크라테스(그를 아브라함과 비교했다)와 플라톤 같은 현자들과, 스토아 철학자와 일부 시인들과 역사가들을 로고스의 무의식적인 제자들, 즉 그리스도가 오시기 전의 그리스도인들로 간주했다.[14]

유스티누스가 이러한 개념을 요한복음에서 이끌어냈다는 데에는 의심할 여지 가 없다(참조. 요 1:4, 5, 9, 10). 비록 요한복음에서 단 두 절을 인용했을 뿐이긴 하지만 말이다(3:3-5). 그의 제자 타티아누스(Tatian)는 「디아테사론」 (*Diatessaron*)에서 이 개념을 사용했다.[15]

---

14) 참조. *Apol*. II. 8, 10, 13. 그는 스토아 학자들과 일부 그리스 시인들의 도덕적 교 훈이 모든 인류에게 심겨진 로고스의 씨앗 때문에 훌륭한 것이었다고 말하며, 이 이성 때문에 미움을 받고 죽은 헤라클레이토스, 무소니우스 같은 사람들이 인류의 귀감이 라고 말한다.

15) 유스티누스와 요한복음의 관계에 대해서는 Ezra Abbot의 *The Authorship of the Fourth Gospel* (Boston, 1880)의 치밀한 조사를 참조하라. 그는 이렇게 말한다: "유스티누스의 로고스 개념은 필로와 알렉산드리아 철학에 큰 영향을 받은 게 틀림없 는 사실이지만, 로고스의 성육신 교리는 그 철학에 전혀 낯선 것이었고, 요한복음 외 에 다른 데서 끌어올 데가 없었다. 따라서 로고스가 '육신이 되셨다'거나 '인간이 되 셨다'는 요한의 표현(1:14)과 비슷한 용어를 아주 자주 사용한다. 유스티누스가 '육 신'이라는 히브리적 표현보다 '인간'이라는 표현을 더 선호했다는 것은 조금도 의아 한 일이 되지 못한다. 로고스의 신성과 그분이 세상을 창조하셨다는 언급에 관해서는 *Apol*. II. 6('그를 통해서 하나님이 만물을 창조하셨다')과 *Dial*, c. 56, 그리고 *Apol*. I. 63을 요한복음 1:1-3과 비교하라. 유스티누스 이후에 활동한 교부들, 이를테면 테오필 루스, 이레나이우스, 클레멘스, 테르툴리아누스가 로고스의 성육신 교리의 토대를 분 명히 요한복음에 둔 점을 감안할 때, 유스티누스도 그랬으리라고 얼마든지 짐작할 수 있다. 그는 일부 그리스도인들이 동의하지 않는 로고스 개념을 자신이 주장하는 이유 가 '그리스도께서 사람의 교훈을 따르지 말고 복된 선지자들이 선포한 교훈과 당신이 친히 가르치신 교훈을 따르라고 명령하셨기 때문'이라고 고백한다(*Dial*, c. 48). 그런 데 Canon Westcott가 주장하듯이, '공관복음 저자들은 어디에서도 그리스도의 선재 (先在)를 말하지 않는다.' 그렇다면 그리스도의 명령을 따른다고 고백한 유스티누스 가 제4복음서 외에 그리스도께서 가르친 이 교리를 어디에서 얻을 수 있었겠는가? *Apol*. I. 46을 참조하라: '그리스도께서 하나님께로서 처음 나신 분이고, 모든 인류가

좀 더 발전된 형태의 로고스 교리는 다른 변증가들, 이를테면 타티아누스, 아테나고라스, 안디옥의 테오필루스, 특히 알렉산드리아 학파에게서 발견하게 된다.

알렉산드리아의 클레멘스는 로고스에 관해서 대단히 숭고한 용어들로 말하지만, 로고스의 독립된 위격에 관해서는 모호한 상태로 놔둔다. 모든 존재의 궁극적 원리로서, 시작도 없고 시간에도 구애를 받지 않으시고, 성부의 계시자이시며, 모든 지성과 지혜, 인격을 지닌 진리, 창조 능력을 지닌 발언하시는 말씀(speaking word)이자 발언되신 말씀(spoken word), 세상의 창조주, 빛과 생명의 근원, 인류의 위대한 교육자인 로고스께서 마침내 인간이 되셔서 우리를 자신과 더불어 교제를 갖게 하시고, 우리를 자신의 신적 본성에 참여하게 하신다.

오리게네스는 기독론과 삼위일체를 대단히 중요한 문제로 느끼고서 과감하게 그 문제에 덤벼들었으나 낯선 사변들로써 오히려 모호하게 만들어 놓았다. 그는 훗날 아리우스 논쟁 때 예리하게 상충될 호모우시오스(동일본질) 이론 곧 정통 신앙과 호모이우시오스(유사본질) 이론 곧 성자종속설 사이에서 왔다갔다 했다. 한편으로는 성자를 최대한 성부의 본질에 가까이 두면서, 그분을 절대적인 인격적 지혜와 진리와 의와 이성으로 설명할 뿐 아니라, 그분의 영원성을 주장하고, 성자의 영원한 발생이라는 교회의 교의를 주장한다. 이 발생을 그는 대체로 성부의 의지에서 나온 것으로 설명한다. 그러나 그것을 성부의 본질에서 나온 것으로도 설명하며, 따라서 적어도 한 문단 이상에서 그는 이미 호모우시오스라는 단어를 성자에게 적용하며, 그로써 그분이 본질(essence) 혹은 본성(nature)에서 성부와 동등이시라고 주장한다.

하지만 오리게네스가 말한 영원한 발생 개념은 그의 영원한 창조 교리와 밀접히 연관된 데서 그만의 독특한 성격을 지닌다. 마치 창조된 만물 없이 전능하신 하나님을 생각할 수 없고, 광채 없는 빛을 생각할 수 없는 것처럼, 그는 성자 없는 성부를 생각할 수 없다고 본다. 그렇기 때문에 그는 이 발생을 한 번의 즉각

참여하는 로고스이심을[참조. 요 1:4, 5, 9] 우리는 배웠고 이전에 선포했다. 그리고 로고스에 따라서 산 사람들은 비록 겉으로는 불신자들처럼 보였지만 실제로는 그리스도인들이다. 소크라테스와 헤라클레이토스, 그리고 그리스인들 가운데 그러한 사람들이 다 그리스도인들이었다.'"

적인 행위로 설명하지 않고, 창조와 마찬가지로 계속 진행되는 일로 설명한다. 그러나 다른 한편으로 그는 성자의 본질을 성부의 본질과 구분하며, 실체 (substance)에서 두 분이 다르다고 말한다. 그리고 성자가 성부보다 크게 열등한 분으로 이해한다. 요한복음 1:1을 근거로 성자를 관사 없이 그냥 하나님(θεός), 즉 상대적인 혹은 부차적인 의미에서의 하나님(Deus de Deo)이라고 하고, 또한 제2의 하나님이라고 하는 반면에, 성부에 대해서는 절대적인 의미에서의 하나님 (ὁ θεός <Deus per se> 혹은 αὐτόθεος)이라고 하며, 신성의 원천과 뿌리라고 한다. 따라서 오리게네스는 성자에게 직접 기도를 드려서는 안 되고, 성령 안에서 성자를 통해서 성부께 기도를 드려야 한다고 가르쳤다. 이 말은 물론 절대적 예배에 국한해야 한다. 다른 곳에서 그는 성자와 성령께 드리는 기도를 인정하기 때문이다.[16] 그럴지라도 이렇게 성자를 종속적인 분으로 이해한 것이 아리우스주의의 초석이 되었으며, 오리게네스의 몇몇 제자들, 특히 알렉산드리아의 디오니시우스는 그 이단에 결정적으로 근접했다. 그러나 이러한 견해에 대해서 보다 깊은 기독교적 정서는 아리우스파 논쟁이 발생하기 전부터라도 확고히 반대하는 쪽으로 기울었다. 특히 로마의 디오니시우스가 앞장서서 이 견해를 비판했으며, 그의 비판에 대해서 같은 이름을 지닌 알렉산드리아 학자이자 동료는 기꺼이 승복했다.

교육은 동방에서 받았으나 활동은 서방에서 한 이레나이우스와 히폴리투스를 포함한 서방의 교부들도 그리스도께서 성부와 틀림없이 한 분이시지만, 위격에서는 성부와 구분되신다는 견해에 도달했다. 흔히들 서방의 교부들이 그리스 교부들에 비해 호모우시온에 더욱 근접했다고 평가한다. 하지만 이것은 이레나이우스의 경우에는 맞지만 테르툴리아누스에게는 맞지 않는다. 그리고 키프리아누스의 경우에는 교회 정치와 권징에만 주력했기 때문에 그가 가르친 교리들에는 독특한 내용이 없다.

이레나이우스는 폴리카르푸스 이후에 요한 학파를 가장 충실하게 대표한 학자로서, 성경의 단순한 진술들의 범위를 넘지 않고, 알렉산드리아 학자들처럼 과감한 신학적 사변들을 내놓지 않았지만, 그의 가르침은 알렉산드리아 학자들

---

16) 예를 들어, *Ad Rom.* I. p. 472; *Contra Cels.* VIII. 67. 그는 설교를 마칠 때 그리스도께 송영을 드린다.

에 비해 훨씬 더 견고하고 니케아 신조에 훨씬 더 근접했다. 그도 '로고스'와 '하나님의 아들'이라는 용어들을 동의어로 이해하여 서로 바꾸어 썼으며, 내적인 말씀과 발언된 말씀의 구분을 인간에게 적용하는 것에는 양보하되, 모든 대립에서 초월해 계시고, 절대적으로 단순하시고 변치 않으시며, 그 안에서는 이전과 이후, 생각과 말이 동시에 발생하는 하나님께 그 구분을 적용하는 데는 반대했다. 아울러 성자가 성부로부터 나오신 일을 사변적으로 혹은 선험적으로 설명하려는 시도를 배격했고, 이것이 이성으로 깨달을 수 없는 신비라고 주장했다. 그는 성부와 성자의 실제적 차이를 규명할 때, 성부께서는 자신을 계시하시는 하나님이신 반면에, 성자께서는 계시된 하나님이시며, 성부께서는 계시의 토대인 반면에, 성자께서는 실제적이고 겉으로 나타나는 계시 자체라고 말하는 것으로 만족했다. 따라서 그는 성부를 성자의 보이지 않는 형상이라고 하고, 성자를 성부의 보이는 형상이라고 불렀다. 그는 발생 개념과 창조 개념을 엄격하게 구분했다. 아들은 비록 성부에게서 나시긴 했어도 여전히 성부와 같으신 분이어서, 창조된 세계와 구분되시며, 본래부터 존재하시고, 시작이 없으시며, 영원하시다고 말했다. 이런 생각들은 이레나이우스가 유스티누스와 알렉산드리아 학자보다 성부와 성자의 실체적 동질성을 규명한 니케아 교의에 훨씬 가까웠음을 입증한다. 그가 여러 단락들에서 그렇듯이 여전히 성자를 성부께 종속시키는 것은 그만큼 일관성이 없기 때문이다. 그것은 영원한 로고스와 실제적 그리스도를 정확하게 구분하지 않기 때문에 생긴 결과이다. "내 아버지가 나보다 크시다"처럼 역사의 그리스도께만 적용되는 표현들을 그는 유스티누스와 오리게네스와 마찬가지로 영원한 말씀에도 적용했다. 반면에 그는 정반대로 사벨리우스주의와 성부수난설에 기울었다는 비판을 받았으나 이것은 근거 없는 비판이다. 그는 비록 표현이 정확하지 않은 허점을 자주 드러내긴 하지만, 전반적으로는 성경과 교회와 같은 노선을 추구하며, 성부와 성자의 본질적 통일성과 영원한 위격적 구분을 동시에 주장했다.

로고스의 성육신을 이레나이우스는 죄와 죽음으로부터의 회복과 구속으로 설명하는 동시에, 하나님의 계시와 인간 창조의 완성으로 설명한다. 말기의 견해에서는 성취자 그리스도께서 완전하신 인자(人子)로서, 그분 안에서 인간이 창조될 때 받은 하나님의 모양(similitudo Dei. 그는 이것을 본질적 속성인 '하나님의 형상'<imago Dei>과 구분하여 도덕적 의무로 간주했다)이 처음으로 충분히 현실적인 것이 된다. 이 견해에 따르면, 성육신은 하나님이 인류를 교육하시기 위해서 세우셨던 원래의 계획에 근거하게 되며, 타락과는 무관하게 된다. 인간이 타락하지 않았을지라도 어떤 다른 형태로든 성육신이 이루어졌을 것이라고 한다. 그럴지라도 이레나이우스는 이것을 명시하지는 않는다. 추상적 개연성에 대한 사색이 그의 사실적 정서에 낯설었던 것이다.

테르툴리아누스는 성자종속설의 비난을 면할 수 없다. 그는 간단하게 성부를 모든 신적 실체라고 부르고, 성자를 그 실체의 일부라고 부른다. 그리고 두 분의 관계를 샘과 시내, 태양과 광선의 상으로 설명한다. 태양을 둘로 보기를 원치 않았으나, 바울이 로마서 9:5에서 그랬듯이 그리스도를 하나님이라고 부를 수는 있다고 했다. 광선을 태양이라고 할 수는 있어도, 태양을 광선이라고 할 수는 없다고 했다. 태양과 광선은 하나의 실체(substantia) 안에 있는 두 개의 구분된 종(種, species)인데, 하나님과 말씀, 성부와 성자도 이와 같다고 했다. 그러나 그의 비유적 언어를 지나치게 엄격하게 받아들이는 것은 옳지 않으며, 테르툴리아누스가 성부수난설을 주장한 프락세아스(Praxeas)에 반대하여 성자를 성부와 구분하는 데 각별한 관심을 나타냈다는 점을 기억해야 한다. 다른 분야들에서는 그가 교회의 기독론에 끼친 유익이 많다. 그는 성자의 삼중 위격적 존재(filiatio, 아들의 지위)를 다음과 같이 설명한다: (1) 성부 안에서 선재(先在)하시고 영원히 내재하심. 성부와 성자는 하나님의 형상으로 지음을 받아서 어느 정도 그분의 존재를 반영하는 인간의 이성과 말처럼 서로 분리할 수 없는 상태로 계신다; (2) 성부와 함께 창조 목적을 위해 오심; (3) 성육신에 의해서 세상에 나타나심.

히폴리투스도 동일한 열정을 가지고 성부수난설과 투쟁했으며, 다른 위격들(성자와 성령)에 대해서도 성부와 동일하게 하나님으로서 예배를 받으실 권리가 있다고 주장했다. 그럼에도 불구하고 그 역시 성부수난설에서 다소 헤어나오지 못했다.

반면에 그가 「필로소푸메나」(Philosophumena)에 해놓은 설명에 따르면, 로마의 주교들인 제피리누스와 특히 칼리스투스가 성부수난설을 선호했다고 한다. 하지만 후대의 교황들은 위격론을 확고히 변호했다.

앞으로 삼위일체에 관해서 말할 때 더 자세히 살펴보겠지만, 그들 가운데 한 사람인 디오니시우스는 262년에 알렉산드리아의 디오니시우스에 맞서서 호모우시온과 영원한 발생을 주장했고, 사벨리우스주의에 맞서서 위격적 구분을 주장했으며, 니케아의 표준 견해를 굵고 뚜렷하게 묘사했다.

146. 그리스도의 인성

이제는 구주의 인성(人性) 교리로 넘어가서 생각해 보자. 이 분야에서는 이그나티우스가 그리스도의 신성만큼이나 분명하고 강력하게 주장해 놓았다. 그리스도를 환영(幻影)으로 생각한 당시 영지주의 가현설파에 대해서, 그는 그들이야말로 육체가 없는 유령들이며, 우리의 소망의 기반을 물어뜯고 삼키는 자들이므로 인간의 탈을 쓴 맹수들로 여겨 두려워해야 한다고 주장했다. 육체, 즉 그리스도의 인성의 충분한 실재(reality)와 그분이 동정녀에게서 나신 일과, 본디오 빌라도 아래에서 십자가에 못 박히신 일을 크게 강조한다. 그리고 그리스도를 성육신하신 하나님이라고 부르며, 따라서 그분의 죽음을 생명샘이라고 부른다.

이레나이우스는 가현설을 길게 반박한다. 그는 영지주의자들에 맞서서 그리스도께서 우리를 부패에서 구속하시고 완전케 하시려 한다면 우리와 같은 인간이 되셔야 한다고 주장한다. 죄와 죽음은 인간에 의해서 세상에 들어왔으므로, 오직 인간에 의해서만 합법적으로 제거되어 인간에게 유익을 끼칠 수 있다. 물론 단순히 아담의 자손은 자신도 구속받을 필요가 있기 때문에 되지 않고 초자연적으로 태어난 둘째 아담, 인간일 뿐 아니라 신으로서 인류의 새로운 선조여야 가능하다. 생명으로 새롭게 태어나는 일이 과거에 죽음으로 태어났던 일을 대체해야 한다. 게다가 그리스도께서 완성자로서도 우리와 교제를 가지셔야 하고, 우리의 교사와 모범이 되셔야 한다. 그리스도께서는 인간과 동등하게 되셨고, 인간이 아들의 모양을 닮게 됨으로써 성부 앞에서 고귀한 존재가 될 수 있도록 하셨다.

이레나이우스는 그리스도의 인성을 단순한 육체성(corporeality)으로 이해하지 않았다. 비록 영지주의자들과 투쟁할 때는 오직 이 점을 강조하긴 했으나, 실제로 그가 이해한 것은 육과 혼과 영을 포괄하는 참된 인성이었다. 그는 아담이 혈통적 인류와 관계를 맺은 반면에 그리스도께서는 중생한 인류와 관계를 맺으신다고 했고, 그분이 절대적이고 보편적인 인간, 즉 온 인류의 원형이자 요약(아나케파라이오시스, recapitulatio. 이레나이우스가 자주 사용하는 용어. 참조. 롬

13:9; 엡 1:10)이라고 했다. 이러한 견해와 밀접하게 관련된 것이 그리스도께서 모든 단계의 인간 삶을 구속하시고 거룩하게 하시기 위해서 그 삶을 두루 겪으셨다는 아름다운 생각이다(이것은 히폴리투스의 「필로소푸메나」 제10권에도 실려 있다). 이 생각을 노년에도 적용하기 위해서, 그는 예수께서 50살까지 사셨다고 보았고, 발렌티누스파의 비판을 무릅쓰고서 복음서들을 가지고 이 견해를 입증하려고 노력했다.[17] 그리스도께서 인간들과 충분한 교제를 나누신 데에는 그분이 인간들의 모든 악과 고난에 참여하시고, 죽으시고, 죽은 자들의 거처에 내려가신 일들이 포함된다.

테르툴리아누스는 영지주의 가현설파와 성부수난파를 비판하면서, 그리스도의 완전하시고 죄 없으신 인성을 옹호한다. 가현설파에 대해서는 온전한 진리이신 그리스도를 반절 거짓말쟁이로 만들고, 그의 육체를 부정함으로써 그분이 육체로 이루신 모든 사역과 고난과 죽음을 알맹이 없는 쇼로 만들고, 구속 사역 전체를 호도했다고 비판한다. 성부수난파에 대해서는 성부 하나님이 고난을 당하실 수 없고, 유한과 변화의 영역을 초월해 계신다고 주장한다. 그는 그리스도의 인성에 영혼이 있었다고 분명히 말하며, 영혼이 곧 이성이었다고 말한다. 이것은 그가 삼분법이 아닌 이분법을 받아들였기 때문이다. 그는 고난의 메시야가 "고운 모양도 없고 풍채도 없은즉"이라고 수사적으로 말하는 이사야 53:2을 잘못 해석하여, 승귀(昇貴)하시기 전의 그리스도의 육체가 왜소하고 못생겼다고까지 이해했다. 이러한 부자연스러운 견해는 평소 예술과 지상의 화려함을 혐오하던 그의 태도와는 일치했으나, 대다수 그리스도인들의 생각은 달랐다. 그리스도께 대한 가장 오래된 묘사들이 어린양을 안거나 어깨에 얹고서 데려가시는 아름다운 목자의 모습이었던 점을 감안할 때 그렇게 판단할 수 있다.

알렉산드리아의 클레멘스도 예수의 외모가 보잘것없었다는 견해를 취했지만, 그분의 영혼에서 우러나오는 도덕은 매우 아름다운 것이었다는 생각으로 보충했다. 하지만 주님의 육체를 관념화하고, 주님의 육체가 모든 감각적 욕구들과 결핍들을 초월해 있었다고 생각한 점에서는 거의 영지주의 가현설에 근접한다.

---

17) *Adv. Haer.* II. 22. § 4-6. 그는 그리스도의 나이가 오십살에 가까웠다는 전승과 유대인들의 느슨한 추정(요 8:57)에 호소한다. 영지주의 발렌티누스파는 자신들의 아이온 숫자에 따라 그리스도의 나이를 오직 서른 살로만 보았다.

오리게네스의 기독론은 신성 못지않게 인성 분야에서도 보다 충분하게 발전한다. 특히 그는 플라톤주의를 토대로 영혼들이 선재(先在)했고, 아담 이전에 타락했으며, 육체라는 감옥에 감금된다는 견해로써 그리스도의 인성론을 수정했다. 그러나 그도 관념적 해석에 크게 치우친 나머지 순수한 인간을 초인으로 대체하는 경향을 드러냈다. 그는 성육신을 점진적 과정으로 인식했고, 그 과정을 두 단계, 즉 영혼을 취한 단계와 육체를 취한 단계로 구분했다. 로고스는 세상이 창조되기 전에 인간 영혼을 취했다. 그 영혼은 창세 전의 배교에 가담하지 않았고, 완전한 사랑으로 로고스를 붙들고 그에게서 떨어지지 않았으며, 마치 쇠가 불로 따뜻해지듯이 로고스를 통해서 따뜻해졌다. 그 뒤 이 아름다운 영혼은 로고스와 결혼하여 동정녀 마리아에게서 참된 육체를 취했으나 그 육체에는 죄가 없었다. 그 영혼이 육체를 취한 것은 타락한 영혼들이 받는 징벌의 결과가 아니라, 인간들을 사랑하고, 그들을 구속하기 위함이었다.

더 나아가 오리게네스는 주님께서 모든 사람들에게 모든 것이 되시고 모든 것을 얻으시기 위해서 취하신 그 인성을 다양한 형태로 구분한다. 주님은 대다수 사람들에게는 종의 형태로 나타나셨고, 제자들과 문화인들에게는 지극히 아름답고 영광스러운 광채로 나타나셨으며, 그 광채가 부활 이전에도 주님이 행하신 기적들과 산 위에서 변화하신 일에서 환히 비추었다고 오리게네스는 말한다. 이렇게 주님이 다양한 형태의 인성을 취하셨다는 견해는, 그리스도의 육체가 점진적으로 영성화하고 신화했으며, 심지어 승귀하신 상태에서 편재하게 되었다는 그의 견해와 연결되어 있다.[18]

이러한 불충분한 견해에 대해서 오리게네스의 비판자들은 그가 이중적 그리스도(영지주의가 주장한 낮은 지위의 예수와 높은 지위의 소테르에 부응하는)를 가르쳤고, 구주의 육체가 일시적으로만 유효했다고 가르쳤다고 비판했다.

오리게네스는 그리스도께 최초로 신인(God-man)이라는 표현을 사용한 사람으로서, 이 표현이 두 본성의 관계에 대해 올바른 견해로 인도한다.

---

18) 그리스도의 육체가 편재한다는 견해는 니사의 그레고리우스가 채택했고, 스코투스 에리게나가 범신론적 의미로 되살렸으며, 루터가 자신의 성찬 교리를 뒷받침하는 데 사용했다. 참조. *Creeds of Christendom*, vol. I. p. 286 sqq.

147. 그리스도의 신성과 인성의 관계

그리스도의 신성과 인성의 상호 관계에 관한 교리는 5세기에 기독론 논쟁(네스토리우스 논쟁과 유티케스 논쟁)이 벌어지기 전에는 특별히 논의되지 않았고 분명한 결론에도 도달되지 않았다.

그럴지라도 이레나이우스는 여러 단락들에서 중요한 실마리들을 제공한다. 그는 그리스도의 신성과 인성이 참되고 분리할 수 없게 결합되어 있다고 분명히 가르치며, 신적인 소테르(구주)와 인간 예수가 외형적이고 잠정적으로 결합했을 뿐이라는 영지주의 개념을 배격한다. 그리고 그 근거를 로고스가 세상을 창조하신 사실과, 인간이 원래 하나님의 모양으로 지음을 받았고, 하나님과 영원히 교제를 갖는 데 인생의 목적이 있었던 사실에서 인식한다. 결합 행위, 즉 초자연적 발생과 탄생에서는 신성이 적극적인 원리이며 위격(personality)의 중심인 반면에, 인성은 수동적인, 즉 받아들이는 위치에 선다. 일반적으로 인간은 하나님께 절대 의존하며, 하나님의 지혜와 사랑에서 나온 계시들을 받는 위치에 있기 때문이다. 신성과 인성이 결합할 때 그 매체와 띠는 성령이시다. 성령께서는 로고스께서 출생하실 때 남성의 역할을 수행하시어 마리아의 순결한 태에 지극히 높으신 분의 권능이 덮이도록 하셨다. 이런 이유에서 이레나이우스는 마리아를 하와와 대칭되는 인물로 여기며, 하와보다 더 고등한 의미에서 '모든 산 자의 어미'라고 부른다. 하와가 불순종함으로써 인류의 배교와 사망을 초래했던 것과 달리, 마리아는 믿음으로 순종함으로써 자신와 온 인류에게 구원의 원인이 되었다고 한다. 이것은 흥미롭긴 하지만 의문의 여지가 있는 비교이다. 바울이 아담과 그리스도를 비교한 것을 원용했으나 바울의 교훈의 뒷받침을 받지 못하며, 훗날 이레나이우스 자신의 의도와 달리 성모에 대한 우상숭배를 뒷받침하는 근거로 이용된다. 이레나이우스는 성육신을 점진적인 사건으로, 즉 두 요인들(신성과 인성)이 승천 때 절대적 결합에 도달하는(하지만 어느 쪽도 다른 쪽을 흡수하지 않는) 과정으로 이해한 듯하다. 물론 그는 승천 이전에도 그리스도께서 생애의 모든 단계에서 완전한 인간이셨으며, 만대에 모범을 보이셨다고 주장한다.

'신인'이라는 표현을 최초로 사용한 오리게네스는 인성(주로 혼)이 신성에 의해서 그리스도의 임재에 충만히 퍼져 있음을 설명하기 위해서 쇠가 불에 의해 데워진다는 고전적인 비유도 최초로 사용했다.

148. 성령

성령에 관한 교리는 성부와 성자께 관한 교리에 비해 훨씬 발전하지 않았으며, 4세기 중반 이전까지는 특별한 쟁점이 되지 않았다. 따라서 사도신경은 하나님의 아들에 관해서는 여섯 내지 일곱 조항을 할애하는 데 비해서 삼위일체의 제3위에 대해서는 한 조항만 할애한다. 심지어 원래의 니케아 신조는 "그리고 성령을 [믿습니다"(And in the Holy Spirit)라는 말로 갑자기 끝난다. 그 뒤의 다른 절들은 후대에 첨가된 것이다. 이 신조에서는 성령에 관한 조항이 기독론에 비해서 논리적 지식이 살아 있는 신앙의 본질에서 훨씬 더 제거된 듯한 인상을 준다. 첫 세기부터 4세기 중반까지 이어진 시기는 여전히 사도적인 영적 생활을 가까이 접촉했고, 기이한 은사들을 여전히 목격했고, 삶과 고난과 죽음 안에서 거듭나게 하시고 거룩하게 하시고 위로하시는 성령의 능력을 강하게 체험하던 시기였다. 그러나 성령의 본질과 사역에 관한 신학적 정의에 관한 한 니케아 시대 이전까지는 여러 점에서 혼동되고 흔들렸다.

그럼에도 불구하고 이성주의적 역사가들은 초기 교회가 성령을 로고스와 동일시했다는 과도한 주장을 편다. 기능들을 혼동하는 것, 예를 들어 선지자들이 받은 영감이 어느 때는 성령께로부터 받은 것이라고 했다가 다른 때는 로고스로부터 받은 것이라고 말하는 것은 위격들(persons)을 혼동하는 것과 사뭇 다르다. 오히려 정반대로 최근의 철저한 연구 결과들을 살펴보면, 니케아 이전 교부들이 군주신론파와 혹시는 락탄티우스를 제외하고는 두 가지 근본적인 점, 즉 구속을 적용하는 일을 유일하게 수행하는 성령이 초자연적인 신적 존재라는 점과, 그분이 독립된 위격이시라는 점에 일치했음이 나타나며, 그로써 성령을 성부와 성자와 밀접하게 결합시키되, 위격에서는 두 분과 구분되는 분으로 이해했음이 나타난다. 이것이 심지어 세례 문구에 의해서까지도 요구된 실제적인 개념이었다. 그러나 세례 문구는 성령께서 다른 두 위격과 엄격히 동등한 지위에 계시다고 이해한 니케아 교리와 달리 대체로 성령을 성부와 성자에게 종속된 분으로 이해한다.

순교자 유스티누스는 기독론과 성령론에서 학문적 발견을 선도한 교부였음에도 불구하고 그러한 견해를 제시한다. 그는 무신론이 아니냐는 이교도의 비판에 대해서, 그리스도인들은 첫째로 우주의 창조주께, 둘째로 아드님께, 셋째로 예언의 영(prophetic Spirit)께 예배를 드린다는 설명으로써 논박하며, 이로써 하나님의 세 위격(hypostases)에게 예배 대상으로서의 서열을 둔다. 이와 비슷한 다른 단락에서는 성자와 성령 사이에 선한 천사의 무리를 두며, 그로써 성령을 천사들과 유사한, 따라서 피조물로 간주하지 않았느냐는 추론을 일으킨다. 그러나 천사의 무리와 관련하여 사용된 단어들이 불분명하고 모호한 점을 차치하더라도, 성령을 천사들과 동등하게 여겼을 가능성은 유스티누스의 다른 여러 표현들로써 배제된다. 그는 다른 곳에서 성령을 모든 피조물들보다 훨씬 뛰어난 분으로 높이며, 천사들에게는 금지된 예배를 삼위일체의 세 위격에게 드릴 것을 권한다. 그는 다른 변증가들과 마찬가지로 성령이 하신 주된 일이 구약 선지자들을 감화하신 일이라고 생각한다.[19] 일반적으로 성령께서는 구약의 신정정치를 이끄셨고, 왕과 관리들에게 자격을 주셨다. 성령의 모든 은사들은 최종적으로 그리스도께 집중되었다. 그리고 그 은사들이 그리스도께로부터 교회의 신자들에게 전달되었다. 하지만 유스티누스가 오직 두 단락에서만, 그리스도인들이 새로운 도덕적 생활을 할 수 있는 것을 성령과 관련지어 설명한다는 것은 특이한 사실이다. 그는 성령께서 구약시대에 하신 일과 신약시대에 하신 일을 충분히 구분해서 생각하지 못했으며, 단순히 영지주의자들에 맞서서 성령이 두 시대에 하신 일을 동등하게 봐야 한다고 주장한다.

알렉산드리아의 클레멘스에게서는 이 점을 넘어서는 진보를 거의 발견할 수 없다. 그럴지라도 그는 성령을 성삼위 하나님의 제3위로 부르며, 성자와 성부에게와 마찬가지로 성령께도 감사를 드릴 것을 요구한다.

오리게네스는 기독론보다 성령론에서 정통 신앙과 이단 사상 중간에서 훨씬 더 흔들린다. 성령께서 영원히 존재하신다고 하고, 성자와 마찬가지로 모든 피조물보다 훨씬 뛰어나신 분으로 높이며, 모든 은사들의 근원으로, 특히 구약과 신약시대의 신자들에게 베풀어진 모든 조명과 성결의 원리로 간주한다. 그러나 본질과 위엄과 능력 면에서는 성자 아래에 계신 분으로, 성자는 성부 아래에 계신 분으로 설명한다. 비록 한 단락에서는 성경이 어디에서도 성령을 가리켜 피조물이라고 말하지 않는다는 점을 인정하지만, 다소 모호한 다른 단락에서는 성

---

19) 따라서 그는 성령과 함께 예언의 영이라는 표현을 자주 사용한다. 니케아-콘스탄티노플 신조에도 "선지자들을 통해서 말씀하신 … 성령"이라고 정의되어 있다.

령이 시작을 갖고 계시며(물론 그의 체계에서는 이 시작이 시간적 의미가 아니라 영원의 관점에서 이해한 의미이긴 하지만), 로고스에 의해 창조된 모든 존재들 가운데 최초이자 가장 탁월한 분이라는 견해에 기우는 듯한 인상을 준다. 이 점과 관련하여 그는 성령에 관한 세 가지 견해를 인증한다. 첫째는 성령께서 기원(origin)을 갖고 계시지 않는 분으로 이해하는 것이고, 둘째는 성령께 구분된 위격이 없다고 이해하는 것이며, 셋째는 성령을 로고스에게서 유래한 분으로 이해하는 것이다. 첫째 견해에 대해서 그는 성부께서만 기원이 없다는 점을 들어 배격한다. 둘째 견해에 대해서는 마태복음 12:32에서 성령이 성부와 성자와 분명히 구분되어 설명된다는 점을 들어 배격한다. 셋째 견해에 대해서는 만물이 로고스에 의해서 지어졌다는 점을 들어(참조. 요 1:3) 참되고 성경적인 견해로 인정한다. 실제로 마태복음 12:32("또 누구든지 말로 인자를 거역하면 사하심을 얻되 누구든지 말로 성령을 거역하면 이 세상과 오는 세상에도 사하심을 얻지 못하리라")에 따르면 성령께서 성자보다 높으신 것처럼 보인다. 그러나 성령께 범하는 죄가 인자께 범하는 죄보다 더 크다고 하신 이유는 성령을 받은 사람이 단지 로고스에게서 이성을 받은 사람보다 높은 지위에 있기 때문일 뿐이다.

이 문제에서도 이레나이우스는 성령께서 성부와 성자와 본질상 완전히 동등하시다는 교의에 가깝게 접근한다. 비록 성자와 성령을 성부의 '손'으로, 즉 성부께서 만물을 지으실 때 사용하신 손으로 말하는 비유적 표현을 자주 사용하여 어느 정도의 종속을 암시하긴 하지만 말이다. 그는 다른 교부들과 달리 잠언에 나오는 '지혜'를 로고스가 아닌 성령으로 해석하며, 따라서 성령을 영원한 분으로 여겨야 한다고 말한다. 그럴지라도 성령을 단순한 세력이나 속성으로 이해하는 태도와 거리가 멀었고, 성령을 로고스와 마찬가지로 독립된 위격으로 간주했다. "하나님께서는 항상 말씀과 지혜, 즉 성자와 성령이 계시며, 하나님께서는 그분들을 통해서 그리고 그분들 안에서 만물을 그 뜻대로 지으셨으며, 그분들을 향해서 '우리의 형상을 따라 우리의 모양대로 우리가 사람을 만들자'라고 하셨다"고 그는 말한다. 그러나 그는 성령의 본질보다는 하시는 일에 관해서 더 많이 말한다. 성령은 선지자들 안에서 그리스도께서 오실 일을 예언하셨다. 성령은 하나님이 내신 모든 규례들 안에서 인간에게 가까이 계셨고, 성부와 성자에 관한 지식을 전달하시고, 신자들에게 하나님의 자녀로서의 의식을 주시고, 그리스도와 교제를 가질 수 있게 하시고, 멸하지 않을 생명의 보증이시며, 우리로 하나님께 올라갈 수 있게 하는 사닥다리이시다.

몬타누스파의 체계에서는 보혜사가 독특하게 중요한 위치를 차지하신다. 그 체계에서는 계시의 가장 상위 단계, 즉 완성의 교회의 원리로 소개된다. 테르툴리아누스는 성령을 교회의 본질로 가르쳤으나, 성자를 성부께 종속시켰듯이 성령도 성자께 종속시켰다(비록 다른 곳에서는 '실체적 결합'<unitas substantiae)을 주장하긴 했지만). 마치 열매가 줄기를 통해서 뿌리로부터 나오듯이, 성령께서 "아들을 통해서 아버지로부터"(a Patre per Filium) 나오신다고(proceed, 발출하신다고) 이해했다. 사벨리우스가 주장한 삼위일체설은 이러한 종속적 견해들을 진압하는 데 이바지했다.

149. 성 삼위일체

이 항목에서는 삼위일체 교의의 몇 가지 요소들, 즉 살아 계시고 유일하시며 참되신 하나님, 즉 만물이 그에게 속하고, 그로 말미암고, 그에게로 돌아가는 성부와 성자와 성령께 관한 교의를 다룬다. 이 교의는 계시된 종교에 속한 모든 진리들과 복들을 간명하게 요약하는 것으로서, 기독교 신앙 체계에서 독특하고 포괄적이고 분명한 의미를 지닌다. 따라서 모든 고대 신조들의 기초를 형성하는 세례 문구(마 28:19)는 삼위일체적이며, 사도의 축복도 마찬가지이다(고후 13:14). 하지만 성경에서 접하게 되는 삼위일체 교리는 직접적인 진술들과 통일된 표현들이 아닌(위에 소개한 두 구절은 가장 분명하게 그 교리를 가르친 예에 속한다), 살아 있는 위대한 사실들로 나타난다. 그리고 살아 계신 하나님이 세계의 창조와 통치, 화해와 구속, 성화와 완성으로 나타내시는 삼중 계시의 역사, 즉 기독교 세계의 경험에서 지속되는 역사로도 삼위일체 교리가 나타난다. 기독교 신관(神觀)은 유대교의 추상적 유일신론이나, 이교의 다신론과 이원론과 달리 삼위일체 항목으로써 자체를 분명하게 규명한다. 따라서 삼위일체 교리는 만대의 기독교 교회에서 거룩한 신앙고백이자 근본 교리로 간주되었으며, 그리스도와 성령의 신성을 부정하고, 구속과 성화 사역의 신적 성격을 부정하는 행위는 곧 타락으로 이어졌다.

우리가 창조주이시고 구주이시고 거룩케 하시는 분인 하나님과 관련지어 생각하는 삼중 계시의 성경적 토대와 그리스도인들의 자각에서부터 교회의 삼위일체 교의가 발생했다. 그리고 이 교의는 비록 니케아 시대 이전에는 확고한 정의를 얻지 못했지만, 그럴지라도 니케아 이전의 신학을 직접 혹은 간접으로 지배했다. 삼위일체 교리의 본질은 우선적으로는 실제적인 신앙에 있고, 사변적 본질은 부차적인 의미만을 지닌다. 이 교리는 형이상학 분야에서 발생하지 않고 경험과 예배의 분야에서 발생했다. 그리고 추상적이고 고립된 교의로서가 아니라, 그리스도와 성령에 대한 연구와 밀접하게 관련된 채 발생했다. 특히 기독론이 주축이 되었는데, 이는 모든 신학이 "세상을 자신과 화목케 하시는, 그리스도 안에 계신 하나님"으로부터 나오기 때문이다. 삼위일체 교리는 유일신론의 상황 하에서 그리스도와 성령의 신성 교리로부터 필연적으로 따라나왔다. 하나님의 통일성은 이미 구약성경에 의해서 모든 유형의 우상 숭배에 반대되는 계시 종교의 근본 조항으로 확고하게 고정되어 있었다. 그러나 신약성경과 그리스도인의 자각은 구속 사역을 수행하신 성자의 신성과, 교회를 세우시고 신자들 안에 거하시는 성령의 신성을 확고히 믿을 것을 요구했다. 그리고 외견상 명백한 모순으로 보이는 이 요구는 삼위일체의 형태로만, 즉 하나님의 하나이자 나뉠 수 없는 실체(essence) 안에 세 휘포스타시스 곧 세 위격을 구분함으로써만 조화를 이룰 수 있었고, 동시에 그러한 심오한 신비를 묘사하기에는 인간의 개념들과 단어들이 충분하지 않다는 점을 인정함으로써만 조화를 이룰 수 있었다.

소치니(혹은 소키누스)의 이성주의적 견해, 즉 교회의 삼위일체 교리가 플라톤주의와 신플라톤주의에서 발생했다는 견해는 따라서 대단히 큰 오류이다. 인도의 트리무르티(Trimurti, 삼신일체. 창조신 브라마, 유지신 비슈누, 파괴신 시바)는 철저히 범신론적 개념으로서, 플라톤주의에 비해 기독교의 삼위일체 교리와 훨씬 거리가 멀다. 다만 다음과 같은 점만큼은 사실이다. 즉, 헬라 철학은 교부들의 신학 전체, 그 중에서도 로고스와 삼위일체 교리들의 형태가 갖춰지는 과정에서 외부로부터의 자극적 힘으로 작용했다. 그리고 심오한 사상을 지닌 고대 이교도들이 하나님의 본질에 삼중 구분이 있음을 예감했다. 그러나 그것은 멀고 막연한 예감으로서, 이교도들의 모든 심오한 정신적 충동들과 마찬가지로 기독교 진리를 강화하는 데 이바지했다. 이교도들의 사상보다 훨씬 더 명쾌하고 유용한 단서들은 구약성경에, 특히 메시야, 성령, 말씀, 하나님의 지혜에 관한 교리들에 담겨 있었으며, 심지어 상징적 숫자 체계, 즉 3(하나님), 4(세상), 7과

12(하나님과 세상의 결합. 따라서 언약을 나타내는 수) 같은 거룩한 숫자들을 근거로 한 체계에도 담겨 있었다. 그러나 삼위일체의 신비는 구속 사역이 완료되고 성령이 강림하신 이후에 비로소 신약성경에 충분히 계시될 수 있었다. 삼위일체의 역사적 현시(顯示)가 삼위일체에 관한 지식의 조건인 셈이다.

또한 교회가 염두에 두었던 삼위일체 교리는 주로 경세적(經世的, oeconomic. 경륜적) 혹은 과도적(transitive) 삼위일체였다. 다시 말해서, 하나님께서 창조, 구속, 성화로 이루어진 삼중 사역으로써 자신을 계시하신 그러한 삼위일체였다. 따라서 사도들의 글에는 삼위일체가 살아 있는 사실로 제시된다. 그러나 이것을 토대로 이성과 성경에 모두 부합하게 내재적 혹은 존재론적 삼위일체가 추론되었다. 즉 하나님의 실체(essence)에 영원한 구분이 있고, 그 구분이 계시에 반영되어 나타나며, 그것은 하나님의 사역과 말씀에 나타난 정도 안에서만 이해할 수 있다. 따라서 교회는 하나님의 실체를 추상적이고 공허한 결합으로 이해하지 않고, 생명의 무한한 충만함으로 이해하게 되었다. 이 점에서 (다마스쿠스의 요한이 주장한 대로) 기독교의 신론은 유대교의 유일신론에다 심지어 이교의 범신론의 바닥에 깔려 있는, 범신론을 가지고는 도저히 이해할 수 없게 왜곡되고 변형되어 있는 진리까지라도 결합했다.

이러한 실체상의 삼위일체를 보다 분명하게 설명하기 위해서, 후대의 사변적인 교회 교사들은 자연, 특히 하나님의 형상으로 지어진 유한한 정신에서 이끌어낸 다양한 유추들에 호소했다. 그들은 정, 반, 합의 보편 법칙에서, 삼단논법에서, 문법의 3인칭에서, 사람이 육과 혼과 영으로 이루어진 데서, 영혼의 세 가지 주된 기능에서, 사고의 주체와 대상을 포함하는 지식의 본질에서, 그리고 사랑하는 자와 받는 자 사이의 결합과 같은 사랑의 본질에서 삼위성(triad)을 발견했다. 이러한 사변적 시도는 오리게네스와 테르툴리아누스와 더불어 시작되었다. 아타나시우스와 아우구스티누스가 그들의 뒤를 이었고, 중세의 스콜라 학자들과 신비주의자들, 멜란히톤, 그리고 슐라이어마허와 로테(Rothe)와 도르너(Dorner)로 이어지는 사변적 개신교 신학자들과, 뵈메(Bōhme)에서 헤겔로 이어지는 철학자들이 그 뒤를 이었다. 이러한 시도는 중단되지 않았으며, 우리가 지복직관(至福直觀, the beatific vision)에 도달할 때까지 중단되지 않을 것이다. 왜냐하면 성 삼위일체께서는 대단히 분명하게 계시되었을지라도 여전히 깊은 신비로 남아 있으며, 유한하고 지상적인 것들에서 유추해 가지고서는 적절하게 설명할 수 없기 때문이다.

그리스도와 성령의 신성 교리가 니케아 이전 시대에는 논리적으로 불완전하게 발전했던 것을 감안할 때, 그 교리에 기반을 두는 삼위일체 교리에 대해서도 그 시대에는 그 이상의 발전된 모습을 기대할 수 없다. 니케아 이전 시대의 삼위일체 교리는 처음 3세기 동안 작성된 모든 신조들에서 매우 단순하게 성경적이고 실제적인 형태로 발견하게 된다. 그것은 사도신경과 니케아 신조와 마찬가지로 세례 문구(마 28:19)에 기초를 두었으며, 따라서 삼위일체의 순서에 따라 배열되었다. 그리고 교회가 처음부터 사용한 송영들에서도 삼위일체 교리가 나타난다. 심지어 폴리카르푸스의 순교에 관해서 서머나 교회에게 보내는 서신에도 그것이 나타난다. 로마의 클레멘스는 "하나님, 주 예수 그리스도, 성령"을 "선택된 자들의 믿음과 소망"의 대상이라고 부른다. 우리가 성령을 통해서 성자께로 가고, 성자를 통해서 성부께로 간다는 정조(情操)도 사도들의 직계 제자들의 시대에 나타난다.

순교자 유스티누스는 거듭해서 성부, 성자, 성령을 그리스도인들이 예배드려야 할 대상으로 놓으며(비록 위엄이 동등하다고 설명하지는 않지만), 플라톤이 삼위일체 교리를 예견했다고 말한다. 아테나고라스는 성부와 성자와 성령께 대한 신앙을 고백하면서, 세 분이 권세에서 하나이지만, 차서 혹은 위엄에서는 위계가 있다고 말한다. 안디옥의 테오필루스(180)는 세 신적 위격의 관계를 처음으로 삼위(三位, Triad)라고 부른다.

오리게네스는 삼위일체를 같은 동심원을 지닌 세 개의 원으로(작은 원이 큰 원 안에 포함되는) 인식한다. 성부는 모든 피조물들을 대상으로 일하시고, 로고스는 이성적 피조물만 대상으로 일하시며, 성령은 교회의 성도들만을 대상으로 일하신다. 그러나 성령의 거룩하게 하시는 역사는 성자에게 귀속되고, 성자는 성부에게 귀속된다. 성부는 만물의 궁극적인 터이자 종국이며, 사역 범위가 가장 넓으시므로 위엄(혹은 서열)도 가장 높으시다.

이레나이우스는 세례 문구와 계시에 나타난 삼위일체 개념에서 더 나아가지 않는다. 그는 하나님 나라가 지상에서 발전해오는 과정과, 하나님이 당신을 세상에 점진적으로 나타내오신 과정이 세 개의 연속적인 단계로 이어진다는 가설에서 출발한다. 세 위격의 관계를 에베소서 4:6에 따라 설명하면서, 성부가 만물 위에 계시고 그리스도의 머리이시며, 성자가 만물을 통해서 계시고 교회의 머리이시며, 성령이 만물 안에 계시고 생명수의 근원이라고 한다. 삼위일체께서 세상을 초월해 계시다는 견해를 내비치긴 하지만 미약한 암시의 수준을 넘어서지 않는다.

테르툴리아누스는 한 걸음 더 나아간다. 그는 하나님 안에 구분이 있음을 상정한다. 창조된 형상이 창조되지 않은 원형을 이해하는 단서를 제공한다는 원칙을 토대로, 인간의 사고를 유추(유비)로 사용하여, 즉 언어를 사용하여 자신의 생각을 나타내거나 자신의 생각을 객관화시킬 필요를 사용하여, 신적 본질 안에 있는 구분을 설명한다. 이것은 발렌티누스파가 사용한 프로볼레(προβολή) 혹은 프로라티오 레이 알테리우스 엑스 알테라(prolatio rei alterius ex altera, 다른 것들로부터 그 상대되는 것을 언급하는 것)를 차용한 것이지만, 영지주의가 주장한 감각적 유출설과는 관계가 없다. 만약 그렇지 않고 그가 삼위일체를 뿌리와 줄기와 열매 혹은 샘과 시내와 강, 혹은 태양과 광선과 열기에 비유한 것을 곧이곧대로 교리적 결론으로 받아들인다면 그는 성자종속설을 주장한 셈이 된다. 그럼에도 불구하고 그는 세 위격의 본질적 통일을 분명히 주장한다.

테르툴리아누스에 이어서 등장한 사람은 분열을 일으켰으나 신앙은 정통 노선을 견지한 「삼위일체론」(De Trinitate)의 저자 노바티아누스(Novatian)이다. 그는 사도신경을 토대로 쓴 이 글에서 성경의 증거들을 가지고 두 부류의 군주신론파를 비판했다.

로마의 주교 디오니시우스(262)는 그리스 출신으로서 니케아 교리에 가장 근접한 위치를 견지했다. 그는 알렉산드리아의 디오니시우스와 벌인 논쟁에서 하나님의 세 위격이 본질로는 동일하면서도 위격으로는 구분된다고 분명히 주장했고, 정통 신앙의 정서를 가지고, 그리고 이미 교황들이 심심치 않게 공포하던 아나테마(저주)로써 삼신론(tritheism)과 사벨리우스주의, 성자종속설을 배격했다. 그의 견해가 아타나시우스의 글에 단편으로 실려 전해져 내려오는데, 그 내용은 다음과 같다. "그렇다면 나는 하나님의 통일성을 세 권세와 구별된 휘포스타시스와 세 신성으로 구분하고 해체함으로써 교회의 지극히 거룩한 교리를 폐하는 자들에 대해서 내가 저주를 선포하지 않을 수 없다. 이 견해(우리에게는 충분히 알려지지 않았으나, 삼신론에 해당하는 견해는 사벨리우스의 견해와 정반대된다. 이는 후자가 성자와 성부가 동일하다는 불경건한 교리를 도입하려고 한 반면에, 전자는 거룩한 일체를 완전히 분리된 세 위격으로 구분함으로써 하나님이 세 분이라고 가르치기 때문이다. 그러나 신적 로고스는 만유의 하나님과 분리할 수 없게 연합되어야 하며, 성령께서도 하나님 안에 거하심으로써 삼위가 한 분으로, 즉 하나의 머리 안에서 만물을 다스리는 하나님으로 인식되어야 한다." 이렇게 말한 뒤 디오니시우스는 성자를 피조물로 가르치는 교리를 "신성모독의 절정"이라고 단죄하고는 다음과 같이 결론짓는다. "하나님의 거룩한 일체성을 세 신으로 분리해서는 안 된다. 성자가 창조되었다고 말함으로써 더 이상 주님의 초월적 위엄과 위대함을 낮춰서는 안 된다. 오히려 우리는 전능하신 성부 하나님과 그의 아들 예수 그리스도와 성령을 믿어야 하며, 로고스가 만유의 하나님과 분가분리하게 연합되어 계시다고 간주해야 한다. 이는 로고스께서 '나와 아버지는 하나이니라', '내가 아버지 안에 있고 아버지가 내 안에 계시다'고 친히 말씀하시기 때문이다. 이러한 방법으로 신적 삼위성과 신성의 거룩한 일체성 교리를 훼손하지 않고 견지할 수 있다."

150. 삼위일체론에 반대한 사람들. 첫째 부류: 알로고스파, 테오도투스, 아르테몬, 사모사타의 파울루스

신적 삼위성과 신성의 거룩한 일체성 교리를 훼손하지 않고 견지하는 목표가 성취될 수 있었던 것은 이번에도 교회가 3세기에 접어들어 삼위일체 교리에 반대하는 자들과 벌인 논쟁 덕분이기도 하다. 이 반(反)삼위일체주의자들은 신성의 수적, 위격적 통일성을 강조한 점 때문에 군주신론주의자들 혹은 일신론자들이라고 불린다.

그러나 삼위일체를 반대한 사람들 가운데 두 부류가 있었다는 것을 주의깊게 구분해야 한다. 한 부류는 그리스도의 신성을 부정하거나 그것을 단순한 '능력'(두나미스)으로 설명한 이성주의적 혹은 역동적 군주신론파(Monarchians, 하나님께 하나의 위격만 있다고 주장한 집단)이고, 다른 한 부류는 성자를 성부와 동일시하고, 양태적(modal) 삼위일체, 즉 삼위(三位)가 아닌 계시의 세 가지 형태를 인정한 성부수난론적 혹은 양태론적 군주신론파이다.

군주신론파라는 이단의 첫째 형태는 추상적인 유대교 유일신론에 몰입한 결과 신성과 인성을 이신론적으로(deistically) 구분했고, 에비온주의를 극복하지 못했다. 교회에서 축출을 당한 뒤에는 마치 계시를 받은 것처럼 주장하면서, 동방의 거짓 유대교적, 거짓 기독교적 유니테리언주의라고 할 수 있는 이슬람교 안에서 엄청난 성공을 거두었다.

둘째 형태는 그리스도의 신성을 크게 강조한 데서 유래했으나, 부분적으로는 영지주의 가현설의 토대에 근접한 범신론적 개념들에서도 유래했다.

전자는 성자의 신성을, 후자는 성부의 위엄을 경시했다. 그럴지라도 후자가 훨씬 더 심오하고 기독교적이었으며, 따라서 전자에 비해 지지 세력도 많이 얻었다.

첫째 부류의 군주신론파는 그리스도를 신적 능력을 지닌 단순한 인간으로 보았다. 하지만 에비온파와 달리 이 신적 능력이 세례 때에 비로소 임한 게 아니라 처음부터 임했다고 주장했고, 그리스도의 초자연적 탄생도 인정했다. 이 부류에는 다음과 같은 집단들이 속했다.

1. 알로고스파(the Alogians 혹은 Alogi).[20] 170년경에 소아시아에서 활동한 이단 분파. 이들에 관해서는 별로 알려진 바가 없다. 에피파니우스가 그들에게 이러한 칭호를 붙인 이유는 그들이 로고스 교리를 배격하고, 로고스 복음서와 계시록을 인정하지 않았기 때문이다. 그들은 이렇게 말했다. "일곱 사자와 일곱 인봉을 말하는 계시록이 내게 무슨 소용이 있는가? 유브라데의 네 천사와 그들을 풀어주는 천사, 그리고 불빛과 유황빛 흉갑을 찬 마병대가 나와 무슨 관계가 있는가?" 추측컨대 그들은 천년왕국 사상과 모든 신비로운 교리들에 반대한 유치한 이성주의자들이었던 듯하다. 그들은 터무니없이 요한의 글들을 그 연로한 사도가 비판한 영지주의자 케린투스의 저작으로 돌렸다. 이것이 마르키온의 재단된 정경에 이어 나온 최초의 부정적인 성경 비평이다.

2. 테오도투스파(the Theodotians). 설립자 테오도투스(Theodotus)에게서 유래한 명칭. 콘스탄티노플에서 자란 테오도투스는 박해 때 그리스도를 부인했으나, 자신이 그리스도의 인성만을 부정했고 그가 초자연적으로 태어난 메시야라는 점을 여전히 인정했다고 변명했다. 그는 로마에서 추종자들을 얻었으나 주교 빅

---

20) 부정 접두사 α와 λογος가 합쳐진 단어. 비이성적이라는 뜻일 수도 있고, 로고스 교리를 반대하는 자들이라는 뜻일 수도 있다. 이 단어를 최초로 사용한 사람은 에피파니우스이다. 그는 *Haer.* 51, c. 3에서 그들이 요한이 전파한 신적 이성을 비이성적으로 반대하는 것을 풍자하기 위해서 이 단어를 고안했다.

토르(192-202 재위)에 의해서 출교당했다. 그가 죽은 뒤 그의 분파는 고백자 나탈리스(Natalis)를 주교로 세웠는데, 전하는 바로는 나탈리스는 훗날 참회한 뒤에 가톨릭 교회의 품으로 돌아갔다고 한다. 그 후에 등장한 소(少) 테오도투스('환전상')는 멜기세덱을 하나님과 천사들 사이의 중보자로 삼고, 하나님과 인간들 사이의 중보자인 그리스도보다 높은 지위에 두었으며, 그의 추종자들은 멜기세덱파라 불렸다.[21]

3. 아르테몬파(the Artemonites). 아르테몬 혹은 아르테모스의 추종자들. 테오도투스보다 다소 늦은 시기에 로마에서 비슷한 사상을 가지고 등장한 그는 그리스도의 신성 교리가 혁신이자 이교의 다신론으로 빠진 것이라고 주장했다가 제피리누스(202-217)에 의해 혹은 그 이후에 출교당했다. 아르테몬파는 유클리드와 아리스토텔레스를 그리스도보다 높이고, 수학과 변증학을 복음보다 높게 평가한다는 비판을 받았다. 이것은 신비(비밀)에 등을 돌리고 지식으로 회귀했다는 것과, 마치 그리스도의 신성을 입증하는 데 플라톤을 원용한 사람들이 있었던 것처럼, 그분의 신성을 부정하는 데 아리스토텔레스를 원용한 사람들이 있었음을 입증한다.

로마 교회에서 제피리누스 때부터 비로소 참 교리가 어둡게 되었다는 그들의 주장은 최근에 히폴리투스의 「필로소푸메나」에 의해서 확인된 사실, 즉 제피리누스(그리고 아마 그의 전임자 빅토르)가 로마 교회의 일부 구성원들의 격렬한 비판을 무릅쓰고서 성부수난설을 지지했으며, 이 교리를 지지하기 위해서 아르테몬파를 단죄했다는 사실로써 설명된다.[22]

4. 사모사타의 파울루스(Paul). 260년부터 안디옥의 주교를 지내면서 동시에 고위 관료였던 그는 이 이성주의적 일신론자들 가운데 가장 유명했고, 사도들이 세운 최초의 교회들 가운데 한 곳을 자신의 이단 사상으로 오염시켰다. 그는 로

---

21) 대(大) 테오도투스에 관해서는 Hippol. *Philos.* VII. 35; X. 23 ; Epiph., *Haer.* 54; Philastr. *Haer.* 50; Pseudo Tert., Haer. *28; Euseb., J. E.* V. 28을 참조하라. 소 테오도투스에 관해서는 Hippol., VII. 36; Euseb., V. 28; Pseudo-Tert., 29; Epiph., *Haer.* 55 (*Contra Melchisedecianos*)를 참조하라.

22) 아르테몬에 관해 우리가 지니고 있는 단편적 정보는 에피파니우스의 *Haer.* 65, c. 1-4; Euseb., *H. E.* V. 28; VII. 30; Theodoret, *Haer. Fab.* II. 8.에서 얻은 것이다.

고스와 성령의 위격성(personality)을 부정했고, 로고스와 성령이 마치 인간에게 있는 이성과 마음처럼 하나님의 능력들일 뿐이라고 간주했다. 그러나 로고스가 과거에 하나님이 보내신 어떠한 사자들보다 더 많이 그리스도 안에 거했다고 인정했고, 후대의 소치니파와 마찬가지로 그리스도가 점진적인 도덕적 발전을 거쳐 신적 위엄에 올랐다고 생각했다.[23] 그는 그리스도가 죄로부터 자유로웠고, 조상들의 죄를 정복했으며, 그런 뒤 인류의 구주가 되었다고 인정했다. 그는 사람들의 마음에 자신의 기독론을 소개하기 위해서 교회 찬송들을 수정하는 작업을 벌였으나, 약삭빠르게도 정통 신앙고백의 틀을 수용하여, 그리스도를 '동정녀에게서 나신 하나님'이라 부르고, 심지어 그리스도가 성부와 호모우시아(동일 본질)를 지녔다고까지 말했으나, 물론 자신의 개념에 따라 그렇게 한 것이다.[24]

그의 휘하에 있던 시리아의 주교들은 그를 이단으로 고소했을 뿐 아니라 심한 허영과 교만과 위세와 탐욕과 세상일에 대한 지나친 집착에 대해서도 고소했으며, 269년 혹은 268년에 안디옥에서 열린 제3차 교회회의에서 주교들은 그의 해임안을 통과시켰다. 이 교회회의에 참석한 주교들의 숫자에 대해서는 보고가 엇갈린다(70, 80, 180명). 돔누스(Domnus)가 후임자로 선정되었다. 그리고 그 결과가 로마와 알렉산드리아와 온 교회의 주교들에게 전달되었다. 그러나 파울루스는 팔미라의 여왕 제노비아의 총애를 받았기 때문에 주교직을 계속 유지하다가, 272년에 여왕이 황제 아우렐리우스에게 굴복한 뒤에 이탈리아 주교들과 협의를 거친 끝에 주교직을 내놓았다.

그가 면직됨으로써 사실상 군주신론파도 와해되었다. 비록 4세기 말에도 사모사타파, 파울루스파, 사벨리우스파의 이름으로 그들이 여전히 단죄받은 이단들

---

23) 그는 소치니파의 교리를 예기(豫期)했다(소치니파는 초기에 자주 사모사타주의자들이라 불렸다. 예를 들면 제2헬베티아(스위스) 신앙고백서에서). 그들은 그리스도가 인간으로 시작하여 부활 이후에는 준(準) 신의 지위에 올라 경모와 예배의 대상이 됨으로써 신의 지위에 올랐다. 그러나 소치니파의 논리적 경향은 그리스도 인성설(humanitarianism)에 기운다. 신 개념은 필연적으로 자존성과 영원성을 내포한다. 시간 안에 전달된 신성이란 유한한 존재에 불과하다.

24) 아마 그가 의도한 것은 위격 없이 선재한 로고스였을 것이다. 그러나 안디옥 교회회의는 이러한 무위격적(impersonal, 사벨리우스적) 의미의 호모우시오스를 거부했다.

로 나타나긴 하지만 말이다.

151. 둘째 부류의 반삼위일체주의자들: 프락세아스, 노이투스, 칼리스투스, 베릴루스

군주신론파 가운데 테르툴리아누스가 '성부수난파'(Patripassians)라고 부른 (마치 훗날 단성론파의 일부 집단이 '테오파시트파'<Theopaschites>라 불린 것처럼) 둘째 부류는 하나님을 한 분으로 믿는 열정을 가지고 그리스도의 신성을 강하게 주장했다. 그러나 그리스도의 독립된 위격을 인정하지 않고, 성부의 본질에 포함시켰다. 그들은 지존하신 한 분 하나님이 자신의 자유로운 의지로써, 그리고 스스로를 제한하는 행위로써 인간이 되셨으며, 따라서 성자는 육체의 베일에 가려진 성부라고 가르쳤다. 그들은 그리스도 안에 나타나신 분 외에 다른 하나님을 인정하지 않았으며, 자신들을 비판하는 사람들에게 이신론(二神論, ditheism)의 혐의를 씌웠다. 이성주의적 일신론자들보다 더 위험했던 이들은 여러 해 동안 교황의 동정과 지지를 받기까지 했다. 로마에서 대를 이어 교사들을 배출했으며, 4세기 말경인 에피파니우스 때까지도 로마에 많은 추종자들이 있었다.

1. 성부수난설을 가장 유력하게 주장한 사람은 소아시아의 프락세아스(Praxeas)였다. 그는 마르쿠스 아우렐리우스 시대에 고백자의 명성을 가지고 로마에 왔고, 그곳에서 몬타누스주의가 단죄를 받도록 앞장섰으며, 자신의 성부수난설을 가르쳐서 심지어 주교 빅토르까지 자기편에 끌어들였다. 그러나 테르툴리아누스가 그를 만나 압도적인 논리로써 몬타누스주의와 위격주의(hypostasianism)를 옹호하는 한편, 그가 로마에서 성령을 몰아내고 성부를 십자가에 달라는 마귀의 두 가지 명령을 수행했다고 비판했다.

프락세아스는 이사야 45:5("나는 여호와라. 나밖에 다른 이가 없나니 나밖에 신이 없느니라"), 요한복음 10:30("나와 아버지는 하나이니라"), 14:9("나를 본 자는 아버지를 보았거늘 어찌하여 아버지를 보이라 하느냐")이 마치 성경 전체를 구성하는 양 항상 이 세 절을 전거(典據)로 삼아 성부께서 그리스도 안에서 친히 인간이 되시어 주림과 갈증과 고통을 겪으시고 죽으셨다고 가르쳤다. 물론 그는 자신이 성부의 고난(pati)을 직접 언급했다기보다 성자에 대한 성부의 동정(copati)을 언급했다고 이해되기를 바랄 것이다. 그렇지만 어쨌든 그는 성자의 독립된 위격 개념을 상실했다. 그는 성부와 성자의 관계를 영혼과 육체의 관계로 인식했다. 가톨릭 교리에 대해서는 삼신론이라고 생각했다.

2. 서머나(스미르나)의 노이투스(Noetus)는 200년경에 로마서 9:5("저[그리스도]는 만물 위에 계셔 세세에 찬양을 받으실 하나님이시니라")를 근거로 동일한 견해를 발표했다. 공의회가 자신을 견책하자, 그는 자신의 교리가 그리스도의 영광을 증진했다고 하며 자신을 변호했다. 「필로소푸메나」의 저자는 그의 사상을 헤라클레이토스의 범신론 철학으로 분류했다(헤라클레이토스는 자연을 모든 대립들의 조화로 보았고, 우주가 해체될 수 있는 동시에 해체될 수 없고, 발생한 동시에 발생하지 않았고, 필멸의 운명을 지닌 동시에 불멸하다고 보았다). 따라서 노이투스는 동일한 신적 주체가 자체에 대립되는 속성들을 조화시킬 수 있음에 틀림없다고 생각했다.

그의 제자들 가운데 두 사람인 에피고누스(Epigonus)와 클레오메네스(Cleomenes)는 로마에서 교황 제피리누스의 호의를 얻으며 이 교리를 전파했다.

3. 칼리스투스(Callistus, 교황 칼릭스투스 1세<Calixtus I>)는 노이투스의 교리를 채택하고 옹호했다. 그는 성자가 단지 인간의 모양을 입고 나타난 성부라고 주장했다. 성부는 마치 영혼이 육체에 생기를 공급하듯이 성자에게 생기를 공급하셨으며(참조. 요 14:11), 십자가에서 성자와 함께 고난을 당하셨다고 했다. 그는 이렇게 말했다. "아들 안에 계신 성부가 육신을 취하여 그것을 하나님으로 만드시고, 그것을 자신과 결합하여 하나가 되셨다. 그러므로 성부와 성자는 한 분 하나님의 이름이며, 이 한 위격은 둘일 수 없다. 따라서 성부께서 성자와 함께 고난을 당하셨다." 그는 자신의 비판자들을 '이신론자'(二神論者)들이라고 불렀으며, 그들은 그의 추종자들을 '칼리스투스파'라고 불렀다.

3세기 처음 15년 동안 로마 교회에서 이러한 일들이 발생했다는 것은 앞서 언급했듯이 히폴리투스의 「필로소푸메나」 제9권을 통해서 알려진다. 하지만 히폴리투스가 칼리스투스의 경쟁자로서 그를 앞장서서 비판했고, 삼위일체 교리에서 칼리스투스와 정반대 극단인 성자종속설을 주장했다는 점을 기억해야 한다. 그는 칼리스투스가 "비이성적이고 패역한 사람으로서, 위와 아래서 신성모독적인 교훈을 수집하여 오로지 진리를 거슬러 말하며, 어느 때는 사벨리우스의 오류에 빠졌다가 다른 때는 테오도투스의 오류에 빠지면서도 부끄러워 할 줄을 몰랐다"(하지만 테오도투스의 오류에 빠진 흔적은 드러내지 않았으며, 오히려 정반대 노선을 취했다). 칼리스투스는 로고스를 하나님께로부터 분리하는 이신론(理神論)과 달랐지만, 성부와 성자를 혼동한 사벨리우스주의와도 달랐으며, 신적 위격들의 상호 내주(內住, 페리코레시스)를 주장했다. 달리 말하자면, 그는 양태론적 일신론에서부터 니케아 신조의 삼위일체론으로 나아가는 노선을 추구했다. 다만 진술이 분명하지 않고 일관성이 없었을 뿐이다. 그는 사벨리우스와 히폴리투스를 모두 단죄했고, 로마 교회는 그의 편을 들어주었으며, 그를 고대 교황들 가운데 유력한 인물의 하나로 손꼽았다.

218-223 혹은 224년에 교황으로 재직한 칼리스투스가 죽은 뒤에 성부 수난설은 로마 교회에서 자취를 감추었다.

4. 아라비아 페트라이아에 있는 보스트라(오늘날의 보스라와 보세렛)의 베릴루스(Beryllus). 그에 관해서는 에우세비우스의 글에 다소 모호하고 다양한 번역의 소지가 있는 단락만 남아 있을 뿐이다. 그리스도가 위격으로 선재(先在)하셨다는 생각과 그리스도의 독립적인 신성을 부정했으나, 동시에 그리스도의 지상 생애 동안 성부의 신성이 그에게 내주하셨다고 주장했다. 그는 어떤 의미에서 단순한 성부수난설에서 사벨리우스의 양태론으로 이어지는 디딤돌을 놓았다고 할 수 있다.

244년에 아라비아에서 열린 교회회의에서 — 이 교회회의에는 당시에 이단으로 비판을 받던 장로 오리게네스가 자문 의뢰를 받고 참석했다 — 베릴루스는 그 대(大) 교사에 의해서 오류 판결을 받았고, 특히 그리스도 안에 인간 영혼이 존재했음을 받아들이도록 설득당했다(그는 후대에 아폴리나리우스가 그 자리에 '로고스'를 둔 것처럼, 아마 '성부의 신성'을 둔 듯하다). 그는 훗날 이 가르침에 대해서 오리게네스에게 감사했다고 한다. 베릴루스는 신학 논쟁이 더 큰 분열로 이어지지 않고 일치로 마감된 극히 소수의 사례 가운데 하나이다.

152. 사벨리우스주의

5. 사벨리우스(Sabellius)는 니케아 이전의 일신론자들 가운데 가장 독창적이고

심오한 사람이며, 그의 체계는 정통신앙의 삼위일체 교리에 가장 필적할 만한 상대였다. 그것이 다양하게 수정된 형태로 시대를 달리하여 간간이 되살아난다.[25] 사벨리우스는 펜타폴리스 출신의 리비아인으로 추정된다. 3세기 초에 로마에서 어느 정도 시간을 보냈으며, 초기에 칼리스투스가 주장한 성부수난설을 받아들였다가 칼리스투스가 주교가 되었을 때 출교를 당했다.[26] 그가 성부수난설을 받아들였다는 것은 미덥지 않은 내용이다. 그의 교리는 로마와 특히 이집트의 펜타폴리스에 널리 퍼졌다. 알렉산드리아의 주교 디오니시우스는 260년 혹은 261년에 그 도시에서 열린 공의회에서 그를 출교했으며, 그를 격렬하게 반대하여 거의 아리우스를 연상시키는 용어들로써 성자가 성부에 대해서 위격적 독립과 종속의 관계에 계셨다고 주장했다.[27] 이 주장을 접한 사벨리우스주의자들은 그 주교를 로마의 디오니시우스에게 고소했으며, 로마의 디오니시우스는 262년에 소집한 공의회와 특별히 작성한 논문을 통해서 잘 정리된 정통신앙의 내용으로 성자종속설과 이신론(二神論)뿐 아니라 사벨리우스주의도 논박했다.[28] 알렉산드리아의 주교는 기쁘게 순복했으며, 성자가 피조물로서 성부에 비해 열등하다는 자신의 견해를 철회하고 정통신앙의 호모우시오스를 받아들였다. 이로써 분쟁이 잠시 진정되었다가 그로부터 반세기 뒤에 아리우스에 의해서 훨씬 더 격렬하게 재개되기에 이른다.

사벨리우스의 체계는 몇몇 단편들을 통해서만 알려지는데, 그 단편들도 아타나시우스와 그 밖의 교부들의 글들에서 일관되게 소개되지 않는다.

다른 군주신론주의자들이 연구 범위를 성부와 성자의 관계에 한정한 데 반해서, 사벨리우스는 성령을 포함시켰으며, 삼위일체 교리에 도달했다. 하지만 그가 주장한 삼위일체는 본질의 동시적 삼위일체가 아니라 계시의 연속적 삼위일

---

25) 간단히 소개하자면 앙키라의 마르켈루스, 슐라이어마허, 부쉬넬을 들 수 있다. 슐라이어마허의 삼위일체론은 사벨리우스주의를 매우 독창적으로 개선한 것이다.

26) 이것은 히폴리투스를 통해서 전해진다. 그는 사벨리우스를 (칼리스투스를 전하는 문맥에서) 다소 우발적으로 자기 시대에 로마 교회에 잘 알려진 사람으로 소개한다.

27) 사벨리우스는 그 당시에 나이 지긋한 노인이었음에 틀림없다.

28) 참조. § 149 후반부.

체일 뿐이었다. 그는 신적 본질에서 일위(一位, monad)와 삼위(triad)를 구분하는 데서 출발한다. 그의 근본 생각은 하나님의 일체성(unity)이 그 자체에 아무런 구분 없이 세계가 발전해오는 과정에서 서로 다른 세 가지 형태와 계시로 드러나며,[29] 구속이 완성된 뒤에는 일체성으로 돌아간다는 것이다. 성부는 율법 곧 구약 경륜을 주시는 데서 자신을 드러내시고(하지만 창조에서 자신을 드러내시지는 않았다고 한다. 그는 창조가 삼위일체 계시보다 앞서 이루어졌다고 본다), 성자는 성육신으로, 성령은 영감(靈感)으로 자신을 드러내신다. 성자의 계시는 승천으로 끝나고, 성령의 계시는 중생과 성화로 계속된다. 사벨리우스는 삼위의 관계를 설명하기 위해서 성부를 태양의 구(球)에, 성자를 태양의 빛에, 성령을 태양의 열기에 비교한다. 그 외에도 그는 성부를 인간 육체에, 성자를 혼(魂, soul)에, 성령을 영(spirit)에 비교했다고 전해진다. 그러나 이것은 그의 분명한 사변적 성향과 어울리지 않는다. 로고스에 관한 그의 견해도 독특하다. 그는 로고스가 성자와 동등하지 않고, 삼위로 이행해 가는 일위(monad)라고 보았다. 하나님을 생명의 운동과 창조 원리로, 즉 침묵하고 계신 하나님과 구분되는 말씀하시는 하나님으로 인식했다. 각 프로소폰(πρόσωπον, 얼굴, 배역)은 또 다른 디아레게스타이(διαλέγεσθαι)이며, 세 프로소폰은 로고스의 연속적인 진화(전개) 혹은 신적 본질의 세계적 양상일 뿐이다. 로고스는 하나님께로부터 나오듯이 마침내 하나님께로 돌아가며, 그렇게 해서 삼위일체의 발전 과정은 끝난다.

　아타나시우스는 사벨리우스의 교리가 스토아 철학에서 유래했다고 평가했다. 두 사상의 공통 요소는 세계에 내재하는 신적 본질이 확장하고 축소한다는 범신론적 견해이다. 피타고라스 체계와 이집트인들의 복음서, 그리고 위(僞) 클레멘스 설교집에도 비슷한 견해가 담겨 있다. 그러나 이런 요인들 때문에 사벨리우스의 독창성이 의문시될 수가 없다. 그의 이론은 세 위격의 충분히 대등한 관계 설정에 의해서 니케아 교리로 향하는 길을 닦았다. 그가 정통신앙의 표준과 다른 점은 본질상의 삼위일체를 부정하고, 표현상의 삼위일체의 항구성을 부정하고서, 성부와 성자와 성령이 다만 일시적인 현상이며, 세 위가 각자의 임무를 완수하고 나면 다시 추상적인 일위로 돌아간다고 설명한 데 있다.

---

29) 정통신앙이 가르치는 '위격'의 의미로 그렇다는 게 아니라, 주로 마스크 혹은 (연극에서의) 역할로 그렇다는 것이다.

153. 구속

삼위 하나님이 자신을 계시하는 과정에서 행하시는 일은 구원, 즉 세상을 구속하고 자신과 화목시키는 일이다. 그것을 소극적으로 말하자면 인류를 죄책과 죄의 세력과 사망에서 해방시키는 것이고, 적극적으로 말하자면 하나님과 사귐을 가질 수 있는 의와 생명을 전달하는 것이다. 먼저 창조주와 피조물 사이의 불화가 해소되어야 인간이 창조받은 목적인 완성으로 인도받아 나아갈 수 있다. 하나님과 화목하는 것이 모든 종교의 궁극적인 목표이다. 이교에서는 그것을 그릇되고 육체적인 형태로 희미하게 짐작하고 느끼고 혹은 기대했을 뿐이다. 유대교에서는 그것이 하나님에 의해 약속되었고, 예표들로써 예고되었고, 역사적으로 준비되었다. 기독교에서는 그것이 하나님의 사랑과 지혜에서 나온 영원한 섭리에 따라서 그리스도의 삶과 죽음과 부활을 통해서 객관적 실재로 계시되며, 주관적으로 성령에 의해서 회개와 믿음을 조건으로 은혜의 방편들을 통해서 끊임없이 개인들에게 적용된다. 그리스도께서는 세상의 유일하고 절대적인 구주이시며, 하나님과 인간 사이의 중보자이시다.

성령의 영감으로 충만한 사도들의 가르침들은 곳곳에서 그리스도께서 성취하신 이 구원을 생생한 경험의 사실로 증언한다. 그러나 교회가 바울과 요한 같은 사도들의 심오한 사상을 분명히 깨닫게 되기까지는 시간이 필요했다. 이 점에서도 경험이 신학을 예기한 셈이다. 교회는 처음부터 그리스도의 속죄의 희생을 토대로 삼고서 살았다. 십자가가 기독교의 사상과 행위를 지배했으며, 순교 정신을 키웠다. 그러나 초기 교회의 교사들은 구속을 논리적으로 사유하면서 살기보다 감사하는 마음으로 누리고 살았다. 그들이 이 복된 비밀을 알린 글에서 대하게 되는 언어는 세심한 정의와 정확한 분석의 언어라기보다 열정적인 정서가 실린 언어이다. 더욱이 구속 교리는 기독론과 삼위일체 교리처럼 고대 교회에서 특별한 논쟁 주제가 되지 않았다. 보편 신조들도 이 주제를 일반적인 표현들로 다룰 뿐이다. 사도신경은 그리스도께서 하나님과 사람으로서 이루신 삶과 죽음과 부활을 토대로 사죄를 다루는 항목에서 구속을 언급한다. 니케아 신조는 약간 더 분명하게, 그리스도께서 우리의 구원을 위해서 인간이 되셨고, 우리를 위해 죽으셨다가 다시 사셨다고 말한다.

그럴지라도 후대 교회가 믿는 구속 교리의 모든 필수적 요소들을 2세기 말 이

전에도 명시적으로든 암시적으로든 발견할 수 있다. 교부시대에는 기독교가 사탄과 귀신들에 의해 지배되는 이교와 현실적으로 투쟁을 벌이고 있었기 때문에 구속 교리의 소극적인 면, 즉 그리스도께서 죄와 사망의 왕인 마귀를 굴복시키신 일이 자연스럽게 가장 많이 다루어졌다. 신약성경, 특히 골로새서 2:15, 히브리서 2:14, 요한일서 3:8은 마귀를 제압한 일이 그리스도께서 이루신 사역의 핵심으로 설명한다. 그러나 초기 교회에서 이러한 견해는 독특하게, 어느 정도는 신비적인 방식으로 전개되었고, 훗날 안셀무스(Anselm)의 만족설(the satisfaction theory)이 구속 교리의 발전에 새로운 전기를 제공하기 전까지는 계속해서 그런 형태를 띠었다. 초기 교회는 사탄이 우리 시조의 불순종에 힘입어 인류에 대한 법적 소유권을 획득하고서 그들을 죄와 사망의 사슬로 결박했다고 생각했다(비교. 히 2:14). 또한 그리스도께서 우리를 풀어주시려고 오셨다고 생각했다. 그리스도께서 사탄에게 거두신 승리를 규정된 대가, 즉 그리스도의 죽음이라는 법적 속전(贖錢)을 지불하신 일로 이해했고, 사탄을 속인 일로, 즉 의도적이고도 당연하게 속인 것이든, 아니면 사탄 스스로 속은 것이든 그를 속인 일로 이해했다.[30]

그리스도 사역 교리의 신학적 발전은 유대교와 이교의 세력에 대한 투쟁과 더불어 시작한 동시에, 그분의 사역과 떼어놓을 수 없고 과연 그 사역에 근본적인 그리스도의 인격[위격] 교리의 신학적 발전과 더불어 진행되었다. 에비온주의는 이신론적이고 율법주의적인 정신을 표방한 탓에 그리스도의 선지자 직분을 넘어서서 제사장과 왕의 직분들을 바라볼 수 없었다. 따라서 그분을 새로운 교사와 입법자 정도로 간주했다. 영지주의는 이교 세계의 자연주의적이고 범신론적인 사상을 견지한 탓에 구속을 이해할 때도 영혼을 물질의 결박 곧 악의 원리에서 해방시키는 육체적이고 지적인 과정으로 간주하고, 그리스도의 인간으로서의 생애와 고난을 공허한 쇼로 전락시키고, 그의 죽음에서 상징적인 교훈밖에 얻지 못했다. 이런 이유로 심지어 이그나티우스, 이레나이우스, 테르툴리아누스는 가현설을 비판하는 과정에서 우리를 하나님과 화목하게 해준 예수의 인성과

---

30) 고린도전서 2:8을 잘못 해석한 이 이상한 이론은 이레나이우스, 오리게네스, 니사의 그레고리우스, 나지안주스의 그레고리우스, 암브로시우스, 아우구스티누스, 대 레오, 대 그레고리우스에 의해서 다양하게 주장되었다.

죽음의 실재를 최선을 다해 견지했다.

순교자 유스티누스의 글에는 매우 불분명한 표현으로나마 만족 교리의 흔적들이 나타난다. 그는 메시야를 노래한 이사야 53장을 자주 언급한다.

미지의 이교도 디오그네투스(Diognetus)에게 쓴 서신의 저자(익명으로서 가끔 유스티누스로 간주되기도 하지만 훨씬 이전의 사람인 듯함)는 구속의 신비를 아름답고 힘차게 묘사해 가는 과정에서 물질의 근원을 논리적 분석이 시도되기 오래 전에 믿음으로 이해하고 있음을 보여준다. 그는 이렇게 말한다. "우리의 악함이 극에 달하고, 그 보응인 형벌과 사망이 목전에 다가와 있음이 분명해졌을 때, 하나님께서 우리 죄악의 짐을 친히 짊어지셨습니다. 하나님은 자기 아들을 우리를 위한 속전으로 내주셨습니다. 범죄자들을 위해서 거룩한 분을, 악인들을 위해 흠없는 분을, 불의한 자들을 위해 의인을, 썩을 사람들을 위해 썩지 않을 분을, 필멸의 존재들을 위해 불멸하신 분을 내어주신 것입니다. 그분의 의 말고 다른 무엇으로 우리의 죄악을 덮을 수 있었겠습니까? 악하고 불경건한 우리가 하나님의 독생자 외에 다른 누구에 힘입어 의롭다 함을 받을 수 있었겠습니까? 아, 얼마나 고마운 교환입니까! 얼마나 신묘막측한 배려입니까! 누가 과연 이런 은혜를 기대나 했겠습니까! 허다한 사람들의 악이 의로운 한 분 안에 감춰지고, 무수한 범죄자들이 한 분의 의로써 의롭다 함을 받다니요!"

이레나이우스는 교회의 교사들 가운데 최초로 구속 사역을 신중하게 분석하며, 그의 견해는 처음 3세기 동안 발견할 수 있는 것 가운데 가장 깊고 견고하다. 그는 둘째 아담이신 그리스도께서 유아기부터 장년기에 이르는, 출생에서 죽음과 음부에 내려가는 데 이르는 인간의 삶 전체를 반복하셨다고 말하며, 그 삶이 인류의 삶 전체를 요약했고, 인류를 타락에서 회복시켜 완전에 이르게 하는 두 가지 목적으로 그 삶 전체를 장악하셨다고 가르친다. 구속은 그리스도께서 완전한 순종으로 죄를 제거하시고, 마귀를 이기심으로써 사망을 멸하고, 새롭고 하나님께로부터 온 생명을 인간에게 베푸시는 것으로 이루어진다. 이 사역을 완수하시기 위해서는 구주께서 신성과 인성을 동시에 지니셔야 한다. 오직 하나님으로서만 인간이 할 수 없는 일을 하실 수 있었고, 인간으로서만 합법적인 방법으로 인간이 마땅히 해야 할 일을 하실 수 있었기 때문이다. 마귀는 아담이 자발적으로 불순종한 덕분에 인간을 지배할 권세를 얻었지만, 속임수를 써서 그렇게 했다. 그리스도께서는 자발적인 순종으로써 합법적인 방법으로 그 권세를 마귀에게서 도로 취하셨다. 시험받으실 때 이 일이 처음 발생했는데, 그때 그리스도 께서는 아담이 사탄과 벌였던 투쟁을 재개 혹은 요약하셨으며, 아담과 달리 시험자를 물리치시고, 그로써 인간을 노예 상태에서 풀어주셨다. 그러나 그 후로 도 그리스도의 생애 전체는 사탄과 끊임없이 싸워서 이기시고, 하나님께 끊임없 이 순종하신 역사였다. 이 순종은 십자가의 나무에서 고난과 죽음을 당하시는 데서 완성되었고, 그로써 첫 아담이 선악을 알게 하는 나무와 관련하여 범한 불 순종을 제거했다. 하지만 이것은 소극적인 측면일 뿐이다. 앞서 언급했듯이 여기에 하나님이 내신 새로운 삶의 원칙을 그리스도께서 베푸신 일과, 인간관을 완성하신 일이 덧붙는다.

이레나이우스와 달리 오리게네스는 인간이 죄의 결과로 사탄의 합법적 소유 가 되었다고 간주하고, 사탄에 대한 승리를 속임으로, 즉 사탄에게는 예수의 죄 없는 영혼에 대해 아무런 소유권이 없었으며, 따라서 그분 영혼을 죽음에 가둬 둘 수 없었다는 방식으로 설명했다. 속전이 지불되되 하나님이 아닌 사탄에게 지불되었고, 그로써 사탄은 인간에 대한 권리를 상실했다고 말했다. 이 점에서 오리게네스는 신비주의적 영지주의의 인상을 준다. 하지만 그는 그리스도의 죽 음을 다른 각도에서도 생각하여, 세상 죄를 없애려고 하나님께 바친 사랑의 속 죄제로도 설명했고, 하나님께 대한 철저한 순종을 보여준 가장 좋은 증거로도 설명했으며, 인내의 모범으로도 설명했다. 그는 독특하게도 자신의 보편회복론 (final restoration)과 연계하여 이 구속의 효험을 영적 세계 전체로 확대하여 인간 들뿐 아니라 타락한 천사들에게까지 적용했다. 교부들 가운데 이 점에 대해 그 를 지지한 사람은 니사의 그레고리우스뿐이다.

다음 권에서 다룰 시기의 초반에 활동한 아타나시우스는 젊었을 때 최초로 구 속에 대한 체계적인 논문을 써서 "왜 하나님이 인간이 되셨는가(*Cur Deus homo*)?" 하는 질문에 대답했다.[31] 그러나 이 중요한 교리가 지닌 다양한 면들을 본격적으로 발전시키는 작업은 안셀무스의 논문이 새로운 시대를 연 뒤에 라틴 교회의 몫으로 남겨졌다.

---

31) 이 책은 아리우스 논쟁이 시작되기 전에 쓴 것으로서, 아타나시우스의 저작이 라는 증거가 여러 면에서 입증된다.

154. 그 밖의 교리들

구원의 주관적 전유(appropriation) — 믿음, 칭의, 성화를 포함하는 — 에 관한 교리는 객관적 교리에 비해서 아직까지는 현저하게 제 모습을 갖추지 못했으며, 객관적 교리를 따를 수밖에 없었다. 혹시 누가 이 시기에 혹은 아우구스티누스를 포함한 교부들 가운데서 '오직 믿음으로 의롭다 함을 받는다'는 개신교의 교리를 발견할 줄로 기대하고서 찾아본다면 그는 크게 실망하게 될 것이다. 이 시기에는 로고스의 성육신 곧 그분의 참된 신성과 인성이 근간이 되는 진리로써 전면에 확고하게 수립되어 있다. 사도 바울의 칭의 교리는 그것을 야고보의 교리와 조화시킨 로마의 클레멘스를 제외하고는 시야에서 멀리 떨어져 있었으며, 좀 더 철저히 수립되고 이해되기 위해서는 종교개혁 시대까지 기다려야 했다. 교부들은 주로 성화와 선행을 강조하며, 로마 가톨릭 교회의 공로 교리와 심지어 잉여 공로[餘功] 교리의 씨앗이 이미 존재하고 있었음을 보여준다. 구원론과 주관적 기독교 교리를 좀 더 충분히 발전시키는 것은 현대 개신교 신학의 몫으로 남아 있었다.

교회를 은혜의 공동체로 이해하는 교리에 대해서는 교회 조직에 관한 장에서 이미 살펴보았고(참조. 53), 성례를 은혜를 전유하는 객관적 방편으로 이해한 교리에 관해서는 예배에 관한 장(66-74)에서 살펴보았다.

155. 종말론. 불멸과 부활

기독교, 그리고 무수한 문제와 신비들이 산적한 인간의 삶 자체는 내세에 확실한 상과 벌이 있고, 그것에 대해 현재의 삶은 예비 학교 역할을 한다는 확신이 없다면 아무런 의미도 지니지 못한다. 그리스도께서는 자신을 '부활이요 생명'이라고 하시며, 자기를 믿는 모든 사람에게 '영생'을 약속하신다. 교회는 부활의 터에 세워지며, 부활이 없었다면 교회가 존재조차 할 수 없었다. 육체의 부활과 영원한 생명은 초기 세례 신조들의 근본 조항들에 속한다. 내세에 관한 교리는 비록 조직신학의 논리적 서열상 맨 뒤에 자리잡고 있긴 하지만, 그리스도인들의 의식에는 맨 앞자리를 차지하고 있었으며, 시련과 박해 때 끊임없이 위로와 힘을 공급했다. 그것은 주께서 영광스럽게 재림하실 것이라는 기대와 밀접하게 연결되어 있다. 이 내세에 관한 교리가 바울의 첫째 서신들인 데살로니가인들에게 보낸 서신들의 주제이며, 고린도전서 15장에서 본격적으로 다뤄진다. 바울은 만약 그리스도께 대한 소망이 이생에 국한된 것이라면 그리스도인들이 크게 속은 것이고 쓸데없이 희생하는 것이므로 가장 불쌍한 사람들이 될 것이라고 단언한다.

니케아 이전 시대의 교회는 적대적인 세상에서 나그네로 지내면서 무덤 저편에서 충직한 고백자와 순교자를 기다리고 있는 시들지 않는 월계관을 기다렸다. 이교도 황제가 회심하는 것과 같은 강력한 혁명을 먼 장래의 가능성으로조차 꿈꾸지 못했으며, 오리게네스처럼 멀리 내다보았다고 하는 사람조차 그런 일을 예견하지 못했다. 기번(Gibbon)은 기독교가 급속하게 성장할 수 있었던 다섯 가지 원인을 지적하면서, 영혼 불멸 교리를 두번째 원인으로 설명한다. 우리는 하나님께서 우리에게 계시하시기로 정하신 것 외에는 우리의 관찰과 경험의 영역 너머에 있는 내세에 관해서 아무것도 알지 못한다. 불멸과 영광을 강하게 갈망하는 본능의 충동과 열망밖에 갖고 있지 않은 우리로서는 기껏해야 개연성만 말할 수 있지만, 복음은 그리스도의 부활로써 인증된 절대 확신을 제시한다.

1. 내세에 관한 이교 사상은 막연하고 혼란스럽다. 힌두교도들과 바빌로니아인들과 이집트인들은 활발한 불멸 사상을 갖고 있었지만, 그 사상에는 끝없는 이동(윤회)과 변형 개념이 섞여 있었다. 존재란 결핍(want)이고, 결핍은 고통이라는 개념으로 출발한 불교도들은 그러한 윤회에서 해방되는 것과, 다양한 금욕으로써 최후에 열반에 흡수되는 것을 인간의 가장 큰 목표로 삼는다. 고대 그리스인들과 로마인들이 널리 공유한 신념은 인간이 죽으면 지하 세계로 들어간다는 것이었는데, 그 세계를 그리스인들은 하데스라고 했고, 로마인들은 오르쿠스라고 했다. 호메로스에 따르면 하데스는 땅속의 어두운 곳으로서, 대양 서쪽 끝에 출입구가 있으며, 그곳에는 햇빛이 뚫고 들어갈 수 없다고 한다. 카론(Charon, 저승의 나룻배 사공)이 죽은 자를 싣고 아케론 강을 건너게 하고, 머리 셋 달린 개인 케르베루스(Cerberus)가 출입구를 지키면서 아무도 빠져나오지 못하게 한다. 그곳에는 영혼들이 육체를 잃은 상태로 거하면서 꿈을 꾸는 듯한 그림자 같은 삶을 이어간다. 하데스는 희미하게 두 지역으로 구분되는데, 엘리시움(Elysium, '복된 자들의 섬들'이라고도 함)에는 선한 사람들이, 타르타루스

(Tartarus)에는 악한 사람들이 거한다. 기번은 이렇게 말한다. "기인들과 화가들은 지하 세계에 무수히 많은 유령들과 괴물들이 살면서 형평성 없이 상과 벌을 제멋대로 베푸는 것처럼 묘사함으로써, 인간 마음에 가장 적합한 엄숙한 진리를 터무니없는 잡동사니 허구들로 억압과 수치를 당하게 했다. 「오디세우스」의 제11권은 음울한 지하 세계에 관해서 몹시 두렵고 모순된 이야기를 전한다. 핀다로스(Pindar)와 베르길리우스(Virgil)는 그림을 밝게 윤색했다. 그러나 이 시인들도 비록 그들의 위대한 전범[호메로스]에 비해서는 좀 더 정확하긴 하지만, 해괴한 모순들을 자아내는 우를 범한다."[32]

소크라테스, 플라톤, 키케로, 세네카, 플루타르크는 고대 철학자들 가운데 내세관에서 가장 두드러지는 사람들이지만, 그들은 내세에 대한 확신에 도달하지 못하고 개연성에만 도달했을 뿐이다. 소크라테스는 사형 판결을 받고는 판사들에게 "죽음은 영원한 잠이거나, 새로운 삶으로 들어가는 전환이오. 하지만 어느 쪽이든 그것은 나쁘지 않소" 하고 말하고는 사약을 마셨다. 플라톤은 인간 영혼을 영원하고 무한하고 모든 곳에 퍼져 있는 신성의 일부로 이해한 까닭에, 영혼이 현세에 태어나기 전에 선재(先在)했다고 믿었고, 따라서 죽은 뒤에도 존속할 것이라는 강한 소망을 지녔다. (그의 「파이돈」과 「고르기아스」에 따르면) 모든 영혼들은 영들의 세계로 들어가게 되는데, 의인들은 복된 거처에 들어가 영원히 육체를 벗어난 상태에서 살고, 악인들은 타르타루스로 들어가 형벌과 정련을 받는다(이 개념이 연옥 교리의 기반이 되었다).

플라톤주의자들 가운데 가장 순수하고 고상했던 플루타르크는 불멸이 만유를 지배하는 섭리[神]에 대한 신앙과 밀접하게 연결되어 있다고 생각했고, 플라톤과 마찬가지로 내세를 현세에서보다 더 고등한 지식을 얻고 신을 닮게 되는 곳으로 바라보았지만, 그것은 현세에서 덕과 경건으로 깨끗하게 살아간 소수의 사람들에게만 해당된다고 생각했다. 이런 드문 경우에는 죽음을 하데스로 내려가는 것이 아닌, 별들로, 하늘로, 신들에게로 올라가는 것으로 말할 수 있다고 생각했다. 그는 딸이 죽었을 때 유아기에 죽은 아이들이 복된 곳에 간다는 신앙을 표시하기도 했다. 키케로는 「투스쿨룸의 질문들」(Tusculan Questions)과 「늙음에 관하여」(De Senectute)라는 논문에서 고전적인 언어를 사용하여, "영혼 불멸에 관

---

32) *Decline and Fall of the R. Emp.* ch. X V.

하여 고대 철학자들이 드러낸 무지와 오류와 불확실성"을 생각한다. 그는 실증적인 견해를 갖고 있었음에도 불구하고, 영혼이 육체와 함께 멸할 경우 죽음의 공포를 진정시킨다는 게 결코 작은 일이 아님을 발견했다. 스토아학자들은 제한적 불멸만을 믿거나 불멸을 아예 부정했으며, 삶이 견딜 수 없이 고통스러울 경우에는 자살을 정당화했다. 그리스와 로마의 위인들에게는 내세에 대한 생각이 행동의 동기로 작용하지 않았다.

율리우스 카이사르는 로마 원로원에서 카틸리나와 그의 공모자들을 처벌하는 문제로 논쟁이 벌어지고 있을 때, 죽음이 인류의 모든 악을 해체시키며, 그 존재의 울타리를 넘어서면 더 이상 근심도 기쁨도 없고, 죄에 대한 형벌도 없고, 선행에 대한 상도 없게 된다고 주장했다. 전형적인 스토아주의자인 소(少) 카토는 카이사르의 견해에 동의했으나, 우티카에서 인생을 마감할 때 플라톤의 「파이돈」을 읽었다. 세네카는 한때 불멸을 꿈꾸었으며, 그의 수사(修辭)를 신뢰할 경우 한때 영생으로 태어난다는 기독교적 소망에 접근했으나, 나중에는 결국 아름다운 꿈에서 깨어나 자살했다. 베수비오 화산의 용암에 매몰된 채로 발견된 대 카토는 내세를 인간이 허영과 이기심으로 고안해 낸 것이라고 말하고, 육체와 영혼이 태어나기 전과 마찬가지로 죽은 뒤에도 감각을 갖지 않는다고 생각했다. 만약 죽음이 또 다른 불확실한 존재의 시작에 지나지 않는다면 죽는다는 게 배나 고통스럽게 된다고 했다. 그는 명사(名士)들만 불멸한다고 믿었다. 마르쿠스 아우렐리우스는 슬픈 체념으로 자연을 향해서 "그대가 뜻하는 바를 내게 내리고, 그대가 언제 무엇을 뜻하든지 그것을 도로 가져가라"고 명령했다.

이들은 고상하고 진지한 로마인들이었다. 하물며 물질과 감각에 갇혀 움직이며, 순간적인 쾌락과 유희를 삶의 유일한 목적으로 삼고 사는 허다한 경박한 사람들에게서 무엇을 기대할 수 있겠는가? 어떤 에피쿠로스 철학자의 아내는 죽은 남편의 비석을 세우면서 거기에 "영원히 잠드소서"라는 문구를 새겨넣었다. 이교 사회의 적지 않은 비문들이 죽음으로 모든 게 끝난다는 교리를 솔직하게 고백한다. 반면에 그들과 현저히 대조적으로, 카타콤에 있는 초라한 그리스도인들의 비석들에는 신자가 내세에서 그리스도와 하나님과 중단되지 않는 교제를 나누며 복되고 영광스럽게 살 것이라는 확신이 실려 있다.

그럴지라도 지식인들과 반(半)지식인들의 회의(懷疑)가 제국 시대의 민간 신앙을 종식시킬 수 없었다. 기쁨이나 소망의 기색을 찾아볼 수 없는 유물론적 비문들의 숫자는 그러한 의심을 드러내지 않고, 무덤 저편의 존재에 대한 신앙을 드러내는 무수한 비문들과 비교할 때 어쨌든 소수에 지나지 않았다.[33]

육체 부활에 관하여 그리스인들과 로마인들은 이렇다 할 개념이 없었고, 다만 그림자와 유령 같은 윤곽만 죽은 자들의 영혼을 두름으로써 그들을 식별할 수 있게 한다고 생각할 따름이었다. 켈수스 같은 이교 철학자들은 육체 부활을 쓸데없고 허황되고 불가능한 일로 조소했다.

2. 유대교의 교리는 이교 개념과 추측에 비해 훨씬 앞서긴 했지만, 여러 단계로 발전해온 국면들을 드러낸다.

(a) 모세의 글들은 내세에 관해서 침묵하며, 율법을 지키거나 범한 데 따르는 미래적 결과보다 현재의 결과를 중시한다(율법이 영적인 목적뿐 아니라 민법과 형법의 목적도 지니고 있었기 때문이다). 따라서 사두개인들도 부활을 부정하면서도 율법을 받아들였다(아마 그들은 영혼 불멸조차 부정한 듯하다). 하지만 모세오경에는 불멸에 대해 막연하나마 의미심장한 암시들이 실려 있다. 예를 들면 상징적 의미를 지닌 생명나무(창 2:9; 3:22, 24), 에녹이 경건에 대한 보상으로 신비스럽게 옮겨진 일(창 5:24), 초혼(招魂)을 금한 일(신 18:11; 비교. 삼상 28:7), 족장이 죽을 때 "죽어 자기 열조에게로 돌아가매"라는 표현이 사용된 일(창 25:8; 35:29; 49:29, 33)이 그 예들이며, 그리고 마지막으로 여호와께서 자신을 가리키실 때 "아브라함과 이삭과 야곱의 하나님"이라고 하심으로써 그들의 불멸을 암시하신 것도 그 예로 들 수 있는데, 이는 "하나님이 죽은 자의 하나님이 아니요 산 자의 하나님"이시기 때문이다(출 3:6, 16; 참조. 마 22:32). 하나님께 영원한 의미가 있는 것은 틀림없이 그 자체가 영원한 것이다.

(b) 구약성경의 후기 저작들, 특히 포로기와 그 이후에 집필된 글들에서는 불멸과 부활 교리가 분명하게 나타난다. 다니엘의 이상은 심지어 "땅의 티끌 가운데서 자는 자 중에 많이 깨어 영생을 얻는 자도 있겠고 치욕을 받아서 무궁히 부끄러움을 입을 자도 있을 것이며"라고 하여 최후 부활까지 말하고, "지혜 있는 자는 궁창의 빛과 같이 빛날 것이요 많은 사람을 옳은 데로 돌아오게 한 자는 별

---

33) 우리 시대에도 마찬가지이다. 회의론자들과 유물론자들과 무신론자들의 숫자도 물론 상당히 많긴 하지만, 내세를 믿는 대다수 사람들에 비하면 극소수에 지나지 않는다.

과 같이 영원토록 비취리라"고 예언하는 데까지 나아간다(참조. 단 12:2, 3; 비교. 사 65:17; 66:22-24).

그러나 최초로 참 생명을 계시하신 그리스도 이전에는 히브리어의 스올(죽은 영혼들이 누구나 가는 장소)이 헬라어 하데스와 마찬가지로 어둡고 두려운 곳으로 남아 있었으며, 구약성경에도 그렇게 묘사되어 있다.[34] 에녹이 옮겨진 경우와 엘리야가 승천한 경우는 각각 독특하고 예외적인 사례들로서, 죽음이 인간의 원래 운명과 정반대되는 것이며, 거룩한 능력으로 정복될 수 있음을 암시한다.

(c) 유대교 외경(지혜서, 마카베오하)과 후기 유대교 저작들(에녹서, 에스라 묵시록)은 내세 개념에서 다소 진전된 모습을 보여준다. 이 둘은 스올을 두 지역으로, 즉 의인들이 가는 낙원 곧 아브라함의 품과, 악인들이 가는 게힌놈 혹은 게헨나로 구분하며, 육체 부활과 내세에서의 상과 벌을 강조한다.

(d) 탈무드는 공상적인 내용을 다양하게 덧붙인다. 낙원과 게헨나를 인접한 곳에 두고, 두 지역의 규모를 측량하며, 공로와 죄의 정도에 따라 배치되는 장소도 다양하게 묘사한다. 낙원은 세상보다 60배 크고, 지옥은 낙원보다 60배 크다. 그만큼 죄인들이 많다는 뜻이다. 그 밖의 랍비 문학에 나타나는 증거들에 따르면, 낙원과 지옥이 모두 범위가 무제한하다고 한다. 탈무드가 묘사한 낙원에는 (코란의 경우와 마찬가지로) 감각적이고 영적인 낙(樂)들이 뒤섞여 있다. 의인들은 쉐키나(여호와의 영광이 임재한 구름)를 보며 즐거워하면서, 족장들과 모세와 다윗과 더불어 리워야단의 고기를 가지고 잔치를 벌이고, 구원의 잔에 포도주를 담아 마신다. 그곳에 들어간 사람 각자가 자신의 공로에 합당한 집을 갖는다. 지옥에서 가장 두려운 형벌 장소는 불못이며, 이곳에는 매주 안식일이 끝나면 새롭게 불붙는다. 악인들은 가마솥의 고기처럼 삶아지지만, 악한 이스라엘 백성들은 불이 아닌 다른 방법으로 형벌을 받는다. 가장 혹독한 형벌은 우상숭배자들과 위선자들과 배반자들과 배교자들의 몫이다. 내세의 형벌이 얼마 동안 지속될 것인가 하는 문제에 대해서, 샴마이 학파가 영원하다고 주장한 반면에, 힐렐 학

---

34) 스올에 관한 구절들은 히브리어 성구사전을 찾아보라. 스올이라는 단어 자체는 만족을 모르는 죽음의 냉혹한 요구를 가리키거나, 혹은 지하 세계를 가리키며 본질상 헬라어 하데스와 로마어 오르쿠스와 동일하다. 영적 세계를 두 지역으로 구분하는 것(아브라함의 품 혹은 낙원과 게헨나. 비교 눅 16:22, 23)은 정경에 실린 책들에는 뚜렷하게 나타나지 않으며, 후대에 생긴 것이다.

파는 회개와 연단 후에 구속될 가능성을 다소 내비친다. 어떤 랍비들은 지옥이 결국 없어질 것이며, 태양이 악인들을 살라 소멸시킬 것이라고 생각했다.

3. 기독교의 내세 교리는 다음 사항들에서 이교와 다르며, 유대교와도 약간 다르다.

(a) 기독교의 내세 교리는 내세의 상태에 대해서 그리스도의 부활 사실로써 인증된 신적 계시의 절대 확실성을 부여하며, 그로써 현세에 이루 말할 수 없이 중요한 의미를 부여한다.

(b) 그것은 육체 부활을 영혼 불멸과 관련짓고, 따라서 영혼 불멸에 구체적인 완성을 부여하며, 인간의 개체성 전체를 멸망에서 건져낸다.

(c) 그것은 죽음을 죄에 대한 형벌로 보며, 따라서 그 앞에서 자연이 몸서리치는 두려운 일로 간주한다. 그러나 그리스도에 의해서 그 공포가 꺾이고, 그 찌르는 살이 뽑혔다.

(d) 그것은 죄와 구속에 관한 교리로써 내세에 관한 개념을 설명하며, 따라서 신자에게 그것을 절대 거룩하고 행복한 상태로, 회개하지 않는 죄인에게는 절대 비참한 상태로 만든다. 죽음과 불멸이 전자에게는 복이지만, 후자에게는 두려운 일이다. 전자는 그것을 환호로써 맞이할 수 있지만, 후자는 두려워 떨 이유가 있다.

(e) 그것은 부활 이후에 있을 대 심판을 크게 부각시킨다. 그 심판은 만민이 땅에서 행한 행동에 따라 그들의 궁극적 운명을 결정지을 것이다.

그러나 이 신비스러운 조항에서 무엇이 신앙에 속한 것이고, 무엇이 사적인 견해와 사색인가를 구분해야 한다.

그리스도께서 재림하셔서 영원한 상과 벌을 가지고 심판하신다는 것이 교회의 종말론적 신앙의 핵심이다. 심판이 있기 전에 보편 부활이 있을 것이고, 심판 뒤에는 영원한 생명이 따른다.

이 신앙이 에큐메니컬 신조들에 표시되어 있다.

사도신경:
"그가 살아 있는 자들과 죽은 자들을 심판하러 오실 것입니다", "나는 몸의 부활과 영원한 생명을 믿습니다."

니케아 신조:
"그가 영광을 가지고 다시 오셔서 살아 있는 자들과 죽은 자들을 심판하실 것

이다. 그 나라는 무궁할 것이다." "그리고 우리는 죽은 자들의 부활과 장차 올 세상의 생명을 기다린다."

아타나시우스 신조는 이 간단한 진술들 외에도 서두와 중반과 말미에 저주의 경고를 붙임으로써, 신조에 진술된 정통 가톨릭 교회의 삼위일체와 성육신 교리를 믿는 믿음에 구원이 달려 있음을 밝힌다. 그러나 이 문서는 퍽 후대에 작성된 것이어서, 6세기 이전의 것은 추적하기가 불가능하다.

사도적 혹은 속사도적 기원을 표방하는 전례서(典禮書)들은 성찬 부분에서 기도의 형태로 위와 같은 본질적인 항목들을 진술한다.

클레멘스의 전례서:

"그러므로 그가 수난과 죽음을 당하시고 죽은 자 가운데서 부활하시고 하늘로 돌아가신 일과 장차 다시 오실 일을 생각하라. 그때는 영광과 권능으로 오셔서 살아 있는 자들과 죽은 자들을 심판하시고, 모든 사람에게 그 행위대로 갚아주실 것이다."

야고보의 전례서:

"그는 영광스럽고 두려운 재림 때에 영광을 가지고 오셔서 살아 있는 자들과 죽은 자들을 심판하실 것이며, 모든 사람에게 그 행위대로 갚아주실 것이다."

마가의 전례서:

"두렵고 떨리는 재림 때에 그는 살아 있는 자들과 죽은 자들을 의롭게 심판하셔서 각 사람에게 그 행위대로 갚아주실 것이다."

이렇게 계시되고 보편적으로 인정된 항목들 이외의 사항들은 모두 자유롭게 놔둬야 한다. 재림의 시기가 언제인가, 재림에 앞서 나타날 적그리스도가 누구인가, 천년왕국이 임할 시기가 대심판 이전인가 이후인가, 죽음과 부활 사이에 육체 없이 지내는 상태란 어떤 것인가, 대 심판은 어떤 형태로 어느 정도로 시행될 것인가, 인류 가운데 구원받을 자들과 멸망할 자들의 비율이 어떠한가, 이교도들과 기독교를 모르고 죽은 사람들은 어떤 운명에 처할 것인가, 천국과 지옥의 장소가 어디인가 같은 질문들은 교회에서 지혜롭고 선한 사람들 사이에도 항상 견해가 엇갈렸고 앞으로도 엇갈릴 것이다. 성경이 과연 그리스도께서 하늘로 오르신 일과 음부로 내려가신 일을 말하지만, 이것은 해가 뜨고 진다는 표현과 마찬가지로 일상적 언어 사용에 따른 불가피한 결과이다. 하나님의 우주에는 위와 아래가 따로 없고, 태양이 지구를 공전하지 않는 줄을 알면서도 다들 그런 표현을 사용한다. 초자연적 세계는 우리에게서 아주 멀리 떨어져 있어서 별들 저 너머에, 가시적인 창조 세계의 경계(만약 그러한 경계가 있다면) 저 너머에 있을 수도 있고, 혹은 아주 가까이 우리 주위에 있을 수도 있다. 어쨌든 하나님의 모든 자녀들이 다 들어갈 만한 넉넉한 공간이 잇는 것이다. "내 아버지 집에 거할 곳이 많도다 … 내가 너희를 위하여 처소를 예비하러 가노니"(요 14:2). 이 말씀으로도 우리의 믿음에는 충분하다.

156. 죽음과 부활 사이

종말론에서 가장 어두운 쟁점들 가운데는 중간 상태, 즉 죽음과 부활 사이에 영혼이 처하는 상태가 있다. 영혼이 육체와 분리됨으로써 기쁨과 고통을 느끼는 육체의 기관들이 없는 상태에서 과연 무엇이 행복이고 저주인가를 인식하기란 쉽지 않다. 순교자 유스티누스는 영혼들이 죽은 뒤에도 감각을 유지한다고 주장하면서, 만약 그렇지 않다면 악인들이 선인들보다 유리할 것이라고 말한다. 오리게네스는 외롭게 여행하는 영혼에게 품위있고 영적인 형체가 부여될 것이며, 이 형체가 부활의 몸의 씨앗이 될 것이라고 생각한 듯하다. 그러나 그 심오한 사상가의 사변적 견해는 회의적인 평가를 받았고, 그 중 더러는 결국 단죄를 받았다. 영혼이 잠잔다는 견해(영혼수면설)는 더러 지지자들을 두고 있었지만, 테르툴리아누스는 이를 분명히 배격했다.[35] 다른 이들은 영혼이 육체와 함께 죽었다가 부활 때 새로 창조된다고 주장했다.[36] 지배적인 견해는 영혼이 육체와 떨어진 상태일지라도 내재적인 혹은 부여받은 불멸성에 힘입어 의식을 계속 유지한다는 것이었다. 그 상태는 이생에서 형성된 도덕적 성격에 따라 행복으로나 불행으로 결정되며, 일단 결정된 상태는 동일한 방향으로밖에는 변할 가능성이 없다.

중간 상태(status intermedius)에 관한 가톨릭 교리는 주로 유대교의 스올에 관한 전승과 부자와 나사로 비유(눅 16:19 이하), 그리고 그리스도께서 음부로 내

---

35) *De Anima*, c. 58. 영혼 수면 교리는 재세례파에 의해 되살아났다가 칼빈에 의해(그의 초기 저서들 가운데 한 권에서) 논박을 당했다.

36) Eusebius(Ⅵ. 37)는 이 견해를 아라비아의 어떤 사람들이 주장했다고 언급한다.

려가셨음을 전하는 구절들(눅 23:43; 행 2:31; 벧전 3:19; 4:6)에서 유래했다. 니케아 이전 교부들의 발언은 그 자체로는 다소 모호하고 혼동되지만, 니케아와 니케아 이후 교부들의 보다 성숙한 진술들에 의해서 조명을 받는데, 그 내용은 다음과 같은 점들로 요약할 수 있다:

1. 아벨이나 아담부터 세례 요한까지 그리스도 이전에 죽은 경건한 사람들은 (에녹과 모세와 엘리야 같은 극히 드문 경우를 제외하면) 스올의 한 부분에 거하면서 그리스도의 초림을 기다렸고, 그리스도께서 십자가에 달려 죽으신 뒤에 그곳에서 풀려나 낙원으로 옮겨갔다.[37] 이것이 음부에 내려가심(descensus ad inferos)이 사도신경의 한 조항이 되기 오래 전에 먼저는 아퀼레이아에서(하지만 이곳에서는 루피누스가 그것을 장사<葬事>와 같은 뜻으로 잘못 설명했다), 그 후에 로마에서 교회가 그 말을 이해한 주요 목표이자 결과였다. 로마의 헤르마스와 알렉산드리아의 클레멘스는 족장들과 구약의 성도들이 낙원으로 옮겨지기 전에 그리스도와 사도들에게 세례를 받았다고 생각했다. 이레나이우스는 그리스도께서 영들의 세계로 내려가신 일이 과거 시대에 죽은 경건한 사람들에게 구속의 은혜를 알리고 적용하는 유일한 방법이었다고 거듭 언급한다.[38]

2. 기독교 순교자들과 고백자들, 그리고 그 후에 존재한 유력한 성인들은 죽은 뒤 즉시 천국으로 옮겨져 하나님을 뵙는 지복직관(至福直觀)의 상태에 들어갔다.

---

37) 중세 스콜라 학자들은 스올의 그 부분을 조상들의 림보(Limbus Patrum, 古聖所)라고 불렀고, 그곳이 그리스도께서 내려가셨을 때 비워지고 연옥으로 대체되었으며, 연옥도 그리스도의 재림 때 비워짐으로써 심판 뒤에는 천국과 지옥만 남게 될 것이라고 생각했다. 개신교의 신앙고백서들은 심판 이후의 두 가지 상태에 관해서 로마 가톨릭과 일치하지만, 그 전에 천국과 지옥 사이에 연옥이 있다는 주장은 부정한다. 하지만 그 신앙고백서들은 심판 이전과 이후에 죄책과 형벌뿐 아니라 거룩함과 행복도 각각 정도를 달리하여 존재할 것임을 인정한다.

38) *Adv. Haer.* IV, 27, § 2: "주님께서 땅 밑의 지역으로 내려가셔서 자신의 강림을 그들에게도 전하시고, 자신을 믿는 사람들에게 죄 사함을 [전파하신 것]은 바로 이런 이유 때문이었다. 이제 그에게 소망을 둔 모든 사람들, 즉 그분의 강림을 선포하고 그분의 경륜에 복종한 모든 사람들은 그분을 믿었다. 그분이 우리의 죄를 사하실 때와 똑같은 방법으로 그 의인들과 선지자들과 족장들의 죄를 사하셨으므로, 하나님의 은혜를 업신여기지 않으려면 그들에게 죄를 물어서는 안 된다." 이 단락은 라틴어 번역으로만 현존한다.

3. 대다수 기독교 신자들은 불완전한 상태로 죽기 때문에 불특정한 기간 동안 예비적인 안식과 행복의 상태, 즉 대개 낙원(참조. 눅 23:41) 혹은 아브라함의 품(눅 16:23)이라고 부르는 곳으로 들어간다. 그곳에서 천국에 들어갈 만할 때까지 자신들의 남은 죄악들을 점차 씻어낸다. 천국에는 절대 순결한 것 외에는 아무 것도 발을 들여놓지 못한다. 오리게네스는 신자들이 죽은 뒤에 더 높은 지식과 복락의 지역들로 끊임없이 더 높이 올라간다고 생각했다. (5세기 혹은 6세기 이후부터, 교황 그레고리우스 1세부터는 분명하게 낙원이 연옥으로 대체되었다.)

4. 낙원의 위치는 불확실하다. 어떤 이들은 땅속 음부 가운데 높은 지대에 있으나 게헨나에서 '멀리 떨어져' 있고, 그 사이에 '큰 구렁'이 놓여 있다고 생각했다(참조. 눅 16:23, 26).[39] 다른 이들은 땅 위 하늘의 낮은 지대이면서도, 복받은 자들이 마지막에 가는 집과 분명히 구분되는 곳이라고 생각했다.[40]

5. 회개하지 않는 그리스도인들과 불신자들은 음부의 낮은 지역들(게헨나, 타르타루스, 지옥)로 내려가서 비참하고 두려운 상태에서 최후 심판을 기다린다. 4세기부터 음부는 지옥(Hell)과 같은 의미로 사용되었고, 이러한 혼동이 흠정역[KJV]을 포함한 여러 번역성경들에 그대로 반영되었다.

6. 이교도들과 세례받지 않은 어린이들의 미래 운명은 절망적인 어둠에 내버려진다. 하지만 하나님의 은혜가 가시적 교회의 범위를 넘어서까지 역사한다고 생각한 유스티누스와 알렉산드리아의 교부들은 예외였다. 순교자 유스티누스는 그가 전체적으로 한 말들로 미루어 볼 때 이생에서 신적 로고스의 빛을 따라서 살다가 무의식적 기독교의 상태로 혹은 기독교를 받아들일 준비가 된 상태로 죽은 모든 이교도들도 구원을 받는다고 믿었음에 틀림없다. 이렇게 생각하게 되는

---

39) 테르툴리아누스가 그렇게 생각했다. 그는 게헨나를 '땅속의 은밀한 불의 저장고'라고 부르고, 낙원을 '성도들의 영혼을 받아들이도록 예비된 복락의 장소로서, 그 뜨거운 지대[즉, 경계선 구실을 하는 피리플레게톤 강]에 의해서 이 세상에 대한 지식과 단절되어 있는 곳'이라고 부른다. *Apol.* c. 47.

40) 이레나이우스가 그렇게 생각했다. *Adv. Haer.* V. 5, § 1: "그런 까닭에 사도들의 제자들이었던 장로들은 죽은 자들이 그 장소로 옮겨졌다고 말하며(낙원은 성령을 모신 사람들 같은 의인들을 위해서 예비되었기 때문이다. 이곳에서 사도 바울도 이곳으로 끌어올림을 받아서 현재 상태에 있는 우리를 위해서 형언할 수 없는 말씀을 들었다), 그곳으로 옮겨진 사람들이 [만물의] 완성 때까지 불멸의 전조로서 남아 있게 된다고 말했다."

단서는 그가 "로고스와 함께 사는 사람들은 비록 소크라테스와 헤라클레이토스, 그리고 그들과 같은 다른 사람들처럼 무신론자들로 간주됨에도 불구하고 그리스도인들이었다"고 말하기 때문이다.[41]

7. 내세에는 땅에서 쌓은 공로와 죄의 정도에 따라 행복과 불행의 정도도 달라진다. 이것은 그 자체로 합리적인 생각이며, 성경에 의해 뒷받침을 받는다.

8. 중간 상태가 불완전하고 점차 개선될 가능성이 있다는 생각이 죽은 자들을 추모하고 그들을 위해 기도하는 행위와 연결된다. 이러한 관습의 흔적은 신약성경이든 구약의 정경이든 어디에서도 발견되지 않지만, 그러한 관습이 있었음을 암시하는 개별적인 사례가 마카베오 시대에 나타난다. 유다 마카베오(Judas Maccabaeus)와 그의 무리가 전사한 사람들을 위해서 "그들이 죄에서 건짐을 받게 해달라고" 기도와 제사를 드렸던 것이다.[42] 옛 유대교 기도서에는 죽은 자들의 복을 비는 기도들이 실려 있다. 초기 그리스도인들 사회에서도 유사한 관습이 생긴 것은 죽음에 의해 단절된 성도의 교제(the communion of saints)에 대한 강렬한 의식 때문이었다. 테르툴리아누스는 자기 시대에 이러한 관습이 존재했음을 다음과 같은 말로써 뚜렷이 증언한다. "우리는 죽은 자들의 생일에, 그들의 천상적 생일에 그들을 위해 예물을 드린다." 그는 그리스도인 과부의 표지로서, 죽은 남편의 영혼을 위해서 기도하고, 첫 부활 때 남편이 새로운 몸을 입고 재회하게 되도록 간구하는 것과, 남편이 죽은 기념일에 예물을 드리는 것을 꼽는다. 에우세비우스는 콘스탄티누스의 무덤에 허다한 무리가 하나님의 사제들과 함께

---

41) *Apol.* I. 46. 그는 어디서도 고상한 이교도들이 구원받는다고 명시하지 않는다. 하지만 그가 '씨앗 형태의 로고스'(로고스 스페르마티코스)를 말한 데서 그러한 판단을 하게 된다. 이러한 견해는 16세기에 츠빙글리에 의해서 다시 제기되었으며, 구원이 물세례가 아닌 영원 전의 선택에 의해서 결정된다고 주장하는 모든 사람들도 이러한 주장을 할 소지가 있다. 하나님은 자신이 내신 규례들에 얽매이지 않으시며, 따라서 자신이 기뻐하는 사람들을 언제 어떻게라도 구원하실 수 있다는 것이 그들의 견해이다.

42) 마카베오하 12:39 이하. 로마 가톨릭 신학자들은 이 구절(그리고 마 5:26: 12:32: 고전 3:13-15)을 사용하여 연옥 교리를 주장한다. 그러나 이 구절은 그들이 감당할 수 없는 큰 내용을 담고 있다. 여기서 말하는 죄란 경죄가 아니라 우상 숭배의 대죄로서, 이러한 죄를 지은 사람은 연옥에 들어갈 수 없고, 중보 기도의 효력도 닿지 않기 때문이다.

모여서 눈물을 흘리고 크게 애도하면서 그 황제의 영혼을 위해 하나님께 기도한 일을 전한다. 아우구스티누스는 성찬 때 죽은 신자들을 위해 기도하는 것을 교부들로부터 전수된 보편 교회의 관습이라고 부른다.[43] 그 자신이 경건하게 살다 간 어머니의 유언에 따라 기도할 때 어머니를 기억했다.

죽은 자들을 위해 기도하는 관습은 사실상 니케아 이전 시대의 기도들을 싣고 있는(비록 기록은 4세기 이후에 이루어졌지만) 고대의 전례서들에 의해서 확증된다. 그 전례서들에서는 죽은 신자를 기념하는 것이 성찬 기도의 중요한 부분이다. 성 야고보 전례서의 일부분을 소개해 본다. "주 하나님, 저희가 아뢴 사람들과 미처 아뢰지 못한 사람들, 의인 아벨 때부터 오늘에 이르기까지 참 신앙을 지닌 사람들을 기억해 주옵소서. 산 자들의 땅에서, 당신의 나라에서, 낙원의 기쁨 가운데, 저희의 거룩한 조상들인 아브라함과 이삭과 야곱의 품에서 그들에게 친히 안식을 내려주옵소서. 그곳은 다시는 고통과 슬픔과 애도가 없는 곳이며, 그곳은 당신의 얼굴에서 나오는 빛이 그들에게 영원한 빛이 되는 곳이옵나이다." 「사도헌장」(Apostolic Constitutions) 제8권에 실린 클레멘스의 전례서에도 다음과 같은 내용의 "믿음 안에서 안식하는 사람들을 위한" 기도가 실려 있다. "저희는 태초부터 당신을 기쁘시게 해드렸던 당신의 모든 성도들, 곧 족장들과 선지자들과 의인들과 사도들과 순교자들과 고백자들과 주교들과 장로들과 부제[집사]들과 차부제들과 선창자들과 동정녀들과 과부들과 평신도들과 당신이 친히 그 이름을 아시는 모든 사람들을 위해서 당신께 예물을 바칩니다."

9. 중간 상태를 죽은 자를 위한 기도와 관련짓는 이러한 견해들은 로마 교회의 연옥 교리로 향하는 강한 경향을 드러내며, 훗날 이러한 경향이 성 아우구스티누스와 교황 그레고리우스 1세의 권위를 업고서 서방 세계에 대세를 이룬다. 그러나 그러한 견해들과 연옥 교리 사이에는 상당한 차이가 있다. 니케아 이전 시대 사람들이 죽은 신자의 중간 상태에 대해서 생각한 내용에서는 로마 교회의 연옥 개념의 핵심 부분인 죄에 대한 형벌[시련]이 배제된다. 그들은 죽은 신자의

---

43) *Sermo* 172. 그는 용서받을 수 없는 죄에 관한 구절(마 12:32)을 토대로 다른 죄들은 내세에서 용서받을 수 있을 것이라고 추론했다. *De Civit. Dei,* XXI. 24. 칼케돈 공의회(452)에서 Dioscurus는 어떤 여성 신자가 큰 재산을 수도원들과 병원들과 구제 기관들에 내놓으면서 다른 신자들에게 자신을 위해 기도해 달라는 유언을 남겼을 때 그 유언을 집행하지 않은 데 대한 신의의 파기에 대해서 견책을 당했다.

상태를 부활 이후의 완전한 행복에만 못 미치는, 비교적 행복한 상태로 간주한다. 낙원이 어떻게 생겼든 어디에 있든 그것은 천상 세계에 속해 있는 반면에, 연옥은 하늘과 지옥 사이의 중간 지대에 자리잡되, 지옥에 더 가까운 것으로 추정한다. 카타콤에 있는 비문들은 한결같이 밝은 어조를 띠며, 죽은 자들의 영혼이 '평안히', '그리스도 안에' 혹은 '하나님 안에' 살아 있다고 표현한다.[44] 동방교회에도 죽은 신자의 영혼이 살아 있는 자들의 기도로 도움을 받을 수 있지만, 그럼에도 불구하고 "영원한 행복을 미리 맛보면서 빛과 안식에 거하고 있다"는, 사실상 같은 견해가 자리잡고 있었다.[45]

그럼에도 불구하고 이러한 지배적 신념과 나란히 연옥 사상, 즉 죽은 신자가 일시적으로 죄에 대한 형벌을 받으면서 거룩함에 이르기 위해 힘겹게 노력한 흔적들도 존재한다. 오리게네스는 플라톤의 노선을 따라서 영혼에 남은 찌꺼기를 태워버리는 '연옥의 불'이라는 용어를 사용했다. 그러나 그는 이것을 상징적인 뜻으로 이해하고, 최후 심판 때 죄인들을 사뤄버릴 불과 관련지은 반면에, 아우구스티누스와 그레고리우스 1세는 그것을 중간 상태에 적용했다. 일반인들과 대다수 교부들은 그것을 물질적인 불로 이해했다. 그러나 이것은 신앙의 조항이 아니며, 로마 교회 신학자들 가운데도 연옥의 고통을 정신과 양심에 한정짓는 사람들도 있다. 물질적 육체가 없는 상황에서 물질적인 불이 무슨 고통을 끼치겠는가? 로마의 연옥설에 한층 더 접근한 견해는 테르툴리아누스와 키프리아누스에 의해 제시되었다. 그들은 세례받은 뒤에 범한 죄에 대해서는 특별한 보속(補贖, satisfaction)과 고행이 요구되며, 영혼이 감옥에서 풀려나 천당에 들어갈 수 있으려면 호리라도 남김이 없이 다 갚아야 한다고 가르쳤다(참조. 마 5:26).

157. 심판 이후. 내세의 형벌

---

44) 하지만 때로는 그러한 내용이 소원이나 기도로 표현된다: "그대가 하나님 안에서 살기를"(Vitas in Deo, 혹은 in Christo), "하나님께서 그대의 영혼을 소생시키시기를"(Deus refrigeret spiritum tuum), "그대가 그리스도 안에서 영원한 빛을 얻기를" 등. 참조. §86.

45) Longer Russian Catechism, in Schaff's *Creeds*, vol. II, p. 503.

대 심판 이후에는 계시된 바가 없으나 영원한 생명과 영원한 죽음이 끝없이 펼쳐질 것을 예상하게 된다. 이것이 우리가 지닌 지식의 한계이다.

기독교 교회에는 의인들이 영생을 상속받아 하나님과의 복된 교제를 영원 무궁토록 누릴 것이라는 생각에 대해서 견해 차이가 없었다. 그러나 구원의 손길을 뿌리치고 회개하지 않는 죄인들의 최후 운명에 관해서는 영벌과 멸절과 회복(치유적 형벌과 참회가 끝난 이후의)이라는 세 가지 설명이 제시되었다.

I. 악인들이 영벌에 처한다는 것이 항상 정통 신앙의 견해였고, 앞으로도 그럴 것이다. 이 견해는 그리스도 시대에 부활을 부정한 사두개인들을 제외한 유대인들이 견지했다.[46] 그리고 죄인들을 구원하기 위해서 자기 목숨을 버리신 지극히 자비로운 분의 권위로써 뒷받침된다.[47] 따라서 이 두려운 주제에 관해 분명하게 말하는 대다수 교부들은 이 견해를 지지한다.

이그나티우스는 "꺼지지 않는 불"에 관해서 말하고, 헤르마스는 회개하지 않음으로써 "구원받지 못하고 철저히 멸망할" 어떤 사람들에 관해서 말한다.

---

46) 이 점은 논란이 되지만, 마카베오4서, 에스드라4서, 에녹서, 바룩의 묵시록, 솔로몬의 시편에는 그것을 강하게 뒷받침하는 내용이 실려 있다. 요세푸스는 바리새파와 에네세파가 영벌을 믿었음을 증언한다(*Ant.* XVIII. 1, 3; *Bell. Jud.* II. 8, 11). 랍비 아키바(120년경)는 게헨나 형벌의 기간을 열두 달로 제한하되, 유대인들의 경우만 그렇다고 말했다. 탈무드는 특정 계층, 특히 배교자들과 랍비들의 지혜를 멸시하는 자들이 영벌에 처해질 것이라고 말한다. 주요 단락은 *Rosh Hoshanah,* f. 16, 17이다: "심판 날에는 인류가 완전한 의인들과 완전한 악인들과 중간 상태에 있는 자들로 크게 삼분될 것이다. 첫째 부류는 즉시 영생의 인(印)을 받을 것이고, 둘째 부류는 즉시 게헨나의 인을 받을 것이며(단 12:2), 셋째 부류는 게헨나로 들어가 떠오르고 가라앉기를 계속할 것이다." 이 견해는 두 개의 거대 학파인 삼마이 학파와 힐렐 학파에 의해서 인정받았지만, 힐렐은 관대하고 자비로운 해석으로 기울었다.

47) 마 12:32(사함 받을 수 없는 죄); 26:24(유다는 차라리 태어나지 않는 게 좋을 뻔했다); 25:46('영생'과 대조되는 '영벌'). 사도 바울의 교훈 가운데 보편 회복을 말하는 듯한 단락들(롬 5:12 이하; 14:9; 고전 15:22, 28)은 이 엄숙한 선포의 말씀들에 비추어서 해석해야 한다. 해석학적 논의는 우리의 범위를 벗어나 있지만, 교부들이 이미 아이오니오스의 의미를 논해놓은 내용이 있기 때문에 논증의 힘은 aeon으로 국한되는 단어의 어원적이고 독립된 의미에 있지 않고, 내세의 상과 대조되는 내세의 벌(의심할 여지없이 영원히 지속될. 마 25:46)과 관련된다는 점에 있다는 것을 강조할 필요가 있다.

순교자 유스티누스는 악인들과 끝까지 회개하지 않는 자들이 다시 살아나 심판을 받고 영벌에 처하게 될 것이라고 가르친다. 그는 이 내용을 가르치는 데 열두 단락을 할애한다. 그는 이렇게 말한다. "우리가 예상하고, 그리스도께 배워서 가르치는 것은 간단히 말해서 다음과 같다. 플라톤은, 라다만투스와 미노스가 악인들이 자기들에게 올 때 그들을 처벌할 것이라고 하여 같은 내용을 말했다. 우리도 같은 일이 발생할 것을 말한다. 그러나 재판장은 그리스도이시고, 그들의 영혼들은 이생에서 입었던 것과 동일한 육체를 입을 것이며, 플라톤이 말한 것처럼 천년 동안만 벌을 받지 않고 영원한 벌을 받게 될 것이다." 다른 곳에서는 이렇게 말한다. "우리는 악하게 살면서 회개하지 않는 모든 사람들이 영원한 불에서 처벌될 것이라고 믿는다." 이러한 표현은 순교자 유스티누스에게로 돌려져온 멸절설과 일치하지 않는다. 유스티누스는 니케아 이전의 다른 교부들과 마찬가지로 영혼이 그 자체로 존재하며 독립적으로 불멸하다는 플라톤 사상을 배격하며,[48] 악인들이 최후에 멸망할 가능성을 암시하지만,[49] 그 가능성을 최후 심판 이후 무궁한 세월 뒤에, 플라톤이 말한 천년간의 형벌 이후까지로 잡으며, 따라서 그 암시는 실질적인 의미를 갖고 있지 않으며, 악인들에게 전혀 위로가 되지 못한다.

이레나이우스는 일관성 없게 세 가지 설을 모두 주장했거나, 적어도 정통신앙의 견해와 영혼 멸절설 사이에서 주저했다는 평가를 받아왔다. 그는 순교자 유스티누스와 마찬가지로 영혼의 필연적이고 본유적인 불멸성을 부정하면서, 생명 자체뿐 아니라 생명의 존속까지도 하나님께 달려 있다고 말한다.[50] 그러나 사

---

48) *Dial. c. Tr.* 4, 5. 그의 제자 타티아누스는 플라톤주의자들을 비판하면서 이렇게 말한다(*Adv. Graec.* c. 13): "그리스인들이여, 영혼은 그 자체로 불멸하지 않고 멸망한다. 그럴지라도 영혼은 죽지 않을 가능성이 있다." 이레나이우스, 안디옥의 테오필루스, 아르노비우스, 락탄티우스도 같은 견해를 주장했다.

49) *Ibid.* c. 5. 그는 자신이 회심시킨 노인의 입을 빌려서 이렇게 말한다. "그러한 사람들은 더 이상 죽지 않고 하나님을 볼 자격이 있지만, 다른 사람들은 하나님의 진노가 충족될 때까지 오랫동안 존재하면서 형벌을 받게 될 것이다." 그러나 그 직전에는 다음과 같이 말한다. "나는 모든 영혼이 죽는다고 말하지 않는다. 그것은 악인들에게 횡재가 될 것이기 때문이다. 그러면 어떻게 될 것인가? 경건한 자들의 영혼들은 더 나은 곳에 남아 있는 반면에, 불의하고 악한 자들의 영혼들은 더 악한 곳에 남아 있으면서 심판 때를 기다린다."

도들이 가르친 신앙의 표준을 해석하면서 영원한 형벌을 언급하며, 다른 곳에서는 "영원한 불이 죄인들에게 예비되어 있다"는 것을 확실한 진리로 받아들이면서, 왜냐하면 "주님께서 분명히 그렇게 말씀하셨고 다른 성경도 [그것을] 입증하기" 때문이라고 말한다. 히폴리투스는 부활과 영혼 불멸, 심판과 대 환난, 영생과 '영벌'에 관한 바리새인들의 종말론을 인정하며, 다른 곳에서는 "말씀의 찬란한 음성으로부터도 빛조차 비치지 않는 타르타루스의 어둡고 음울한 정경"에 관해서 말한다. 테르툴리아누스에 따르면 내세의 형벌은 "오랫동안이 아닌 영원히 지속될 것이다"라고 한다. 하지만 그는 의인이라면 죄인들이 형벌받는 모습 앞에서 그것이 아무리 공정한 형벌이라 할지라도 기뻐하지 않고 오히려 안됐다는 마음이 생길 것이라고 말함으로써 인정을 나타낸다. 키프리아누스는 누구든 지옥이 무서워서 죽음을 무서워하는 것이며, 신자들이라면 사람들과 잠시 받는 고난 앞에서 두려워하는 것보다 하나님과 영원한 형벌을 훨씬 더 두려워해야 한다고 생각한다.

---

50) *Adv. Haer.* II. 34, § 3. 이레나이우스는 창조된 존재는 시작을 갖고 있으므로 끝도 있을 것이라고 생각한다. 그리고 그것의 존속 여부는 인간의 감사나 배은망덕에 좌우된다고 한다. 생명의 선물을 받고 그것을 주신 분께 감사하는 사람은 영원 무궁한 날들을 받게 될 것이지만, 그 선물을 팽개치고 자기를 지으신 분께 감사하지 않는 사람은 "스스로 '견인'(perseverance)을 팽개치는 셈이다." 불완전한 라틴어 번역으로만 현존하는 이 구절을 가지고 Dodwell, Beecher, Farrar는 이레나이우스가 영혼 멸절설을 가르쳤다고 추론하면서, perseverantia(견인)이 계속되는 존재를 뜻한다고 해석한다. 반면에 Massuet와 Pusey는 perseverantia를 하나님 안에서의 실질적인 삶 곧 영원한 행복으로 설명한다. 그 구절의 의미는 분명하지 않다는 점을 인정해야 한다. 이는 '날의 길이'(longitudo dierum)와 '견인'(perseverantia)이 동일하지 않고, '견인'과 '존재'(existentia) 혹은 '생명'(vita)도 동일하지 않기 때문이다. 제4권 20. 7에서 이레나이우스는 그리스도께서 "인간에게 유익을 끼치시기 위해서 아버지의 은혜를 베푸는 자가 되셨는데 … 이는 인간이 하나님으로부터 떨어져 나감으로써 존재를 그치게 되지 않도록 하기 위함이다." 그러나 그는 "인간의 생명은 하나님을 바라보는 데 있다"고 덧붙여 말한다. 그의 것으로 간주되는 넷째 파프 단편(Pfaffian Fragment)에서 그는 그리스도께서 "모든 불결한 것들을 종식시키기 위해서 종말에 오셔서 모든 악을 멸하시고, 만물을 화해시키실 것이다"라고 말한다. 이 구절은 고린도전서 15:28과 골로새서 1:20과 같이 멸절보다는 만물의 회복을 내다보지만, 바울의 교훈들과 마찬가지로 영원한 형벌과 일치하는 해석을 인정한다.

그리스도인들 사이에 이러한 신념이 널리 퍼져 있었다는 것은 켈수스(Celsus)에 의해서 입증된다. 그는 이교 사제들도 그리스도인들과 똑같이 '영원한 형벌'을 가지고 사람들을 두렵게 한다고 말하며, 이렇게 양측이 동일한 확신을 가지고 진리를 주장하기 때문에 남은 문제는 어느 쪽이 옳은가 하는 것뿐이라고 말한다.

II. 악인들이 최후에 멸절(annihilation)된다는 견해는 영혼의 자연적 불멸성을 희생시키는 대가로, 그리고 죄가 궁극적으로 죄인들을 멸할 것이며, 따라서 죄 자체도 멸할 것이라는 근거로 하나님의 우주에서 모든 부조화를 제거한다.

이 이론은 무산될 수도 있는 조건적 불멸만 믿은 순교자 유스티누스와 이레나이우스, 그리고 그 밖의 사람들에게서 나온 것으로 간주된다. 그러나 방금 살펴보았듯이 그들은 영원한 형벌을 너무나 분명하고 강하게 강조하기 때문에, 혹시 자신들의 심리 상태에서 이끌어냈을지도 모르는 그러한 추론을 정당화하기가 어렵다.

하지만 아르노비우스(Arnobius)는 실제적인 멸절을 믿은 듯하다. 이는 특정 영혼들이 "던져지고 태워진다고" 혹은 "던져져 무(無)로 돌아가고, 영원한 멸망으로 인한 절망 속에서 사라진다"고 말하기 때문이다.

III. 아포카타스타시스, 즉 모든 이성적 존재들이 최후에 거룩하고 행복한 상태로 회복됨. 이것은 죄 문제에 대한 가장 만족스러운 사색적 대답처럼 보이고, 창조계에 완전한 조화를 끼치는 듯하지만, 계속 거역할 수 있는 힘을 지닌 자유를 말살하며, 죄가 갈수록 완고해지고 회개하기가 갈수록 어려워지는 현실을 무시한다. 만약 회개와 구원이 궁극적인 필연이라면 그 두 가지는 도덕적 성격과 도덕적 목표를 상실하게 된다.

오리게네스는 기독교에서 최초로 보편구원설[만인구원설]을 주장한 사람이다. 그는 젊었을 때 쓴 「원리들에 관하여」(De Principiis, 231년 이전에 집필)에서 최후의 회복(final restoration)을 가르쳤으나, 그 내용을 교리로 제시하기보다 추측으로 제시하는 신중한 태도를 취했다. (이 책은 루피누스의 느슨한 번역<398>에 의해 서방 세계에 알려졌다.) 오리게네스의 후기 저서들에는 이러한 견해의 흔적이 희미하게 남아 있을 뿐이다. 세월이 흐르는 동안 적어도 초기의 견해를 수정하고, 사탄을 최후의 회개와 구원에서 배제하는 듯하지만, 이로 인해서 그 견해는 무산된다. 게다가 그는 자유의지가 필연적으로 가변적이며, 타락과 구속이 끊임없이 반복된다는 이론으로써 보편구원설을 흐려놓았다.

보편구원(사탄을 포함하는)을 분명하게 가르친 사람들은 오리게네스 학파의 심오한 사상가 니사의 그레고리우스(395년 죽음)와 안디옥의 유명한 신학자들인 다소의 디오도루스(394년 죽음)과 몹수에스티아의 테오도루스(429년 죽음), 그리고 네스토리우스파의 여러 주교들이었다. 서방에서도 아우구스티누스(430년 죽음) 시대에 그의 말대로 "영원한 형벌을 믿지 않는 다수"가 있었다. 그러나 오리게네스의 견해는 에피파니우스, 제롬, 아우구스티누스에 의해서 배격되었으며, 마침내 황제 유스티니아누스 때 오리게네스의 오류들 가운데 하나로 단죄되었다(543).

그 이래로 보편구원설은 이단으로 간주되었지만, 개신교 교회들에서는 사적인 사변적 견해나 박애적인 소망으로 관용된다.[51]

158. 천년왕국설

니케아 이전 시대의 종말론에서 가장 현저한 것이 천년왕국설(chiliasm 혹은 millennarianism)이다. 이것은 보편 부활과 심판이 있기 전에 그리스도께서 부활한 성도들과 함께 천년 동안 땅에서 영광을 가지고 가시적으로 통치하신다는 견해이다.[52] 이것은 어느 신조나 기도문에 명시된 교회의 교리가 아니었지만, 바나

---

51) 적어도 독일의 루터교와 영국 국교회에서는 그러하다. Bengel은 아주 신중하게 아포카타스타시스를 암시하며, 뷔르템베르크의 경건주의자들은 그 견해를 널리 주장했다. 최근의 신학자들 가운데 독일의 오리게네스인 슐라이어마허가 가장 유명한 보편구원론자이다. 그는 오리게네스처럼 자유에서부터 출발하지 않고 개인들과 민족들에 대한 특별한 선택을 말하는 칼빈주의 이론에서 출발한다. 그 이론이 필연적으로 유기(遺棄)를 내포하지만 그것은 선택이 마침내 이방인의 충만한 수와 온 이스라엘에 미칠 때까지 일시적으로 이루어질 뿐이라고 한다. 그는 사탄의 개인적 존재를 부정했으므로 보편구원론에 사탄이 아무런 장애가 되지 않는다. 최근에 미국에서 생긴 보편구원설파(the Universalists)라는 교단은 윈체스터 신앙고백(1803)이라 부르는 세 조항으로 이루어진 신조를 갖고 있는데, 그 중 한 조항은 "온 인류의 가족이 거룩함과 행복으로" 회복될 것을 가르친다.

52) chiliasm('천년'이라는 뜻의 킬리아 에테에서 유래⟨계 20:2, 3⟩)은 헬라어이고,

바(Barnabas), 파피아스, 순교자 유스티누스, 이레나이우스, 테르툴리아누스, 메토디우스, 락탄티우스 같은 저명한 교사들이 가르친 널리 유행하던 견해였다. 반면에 카이우스(Caius), 오리게네스, 대 디오니시우스, 에우세비우스(훗날의 제롬과 아우구스티누스도)는 그 견해에 반대했다.

유대교의 천년왕국설은 메시야 왕국을 현세적으로 오해하고, 예언들에 쓰인 숫자들을 문자적으로 해석하고, 유대인들과 거룩한 도성을 그 왕국의 중심으로 여겨 지나치게 강조하는 데 토대를 두었다. 이 견해는 그리스도의 초림을 전후로 하여 등장한 묵시문학, 이를테면 「에녹서」, 「바룩의 묵시록」, 「에스드라4서」, 「열두 족장의 언약(유언)집」, 「시빌레서」(the Sibylline Books) 같은 저서들에서 발전했다. 이단 분파인 에비온파와 영지주의자 케린투스(Cerinthus)가 이 견해를 채택했다.[53]

기독교의 천년왕국설은 유대교의 천년왕국설을 영적으로 해석하고, 그리스도의 초림이 아닌 재림에 초점을 둔다. 더욱이 두 번의 부활(천년왕국 이전과 이후에 한 번씩)을 주장하고, 그리스도의 천년 통치를 하늘에서 이루어질 그분의 영원한 통치의 서막으로만 이해하며, 천년 통치와 하늘에서의 영원한 통치 중간에 사탄이 다스리는 공백 기간이 있을 것이라고 한다. 천년 왕국이 역사적 과정의 합법적 결과로 임하지 않고, 급작스럽고 초자연적인 계시로 임할 것이라고 한다.

이 이론을 옹호하는 사람들은 주님이 하신 몇 가지 약속들에 호소하지만(참조. 마 5:4; 19:28; 눅 14:12 이하), 특히 계시록의 상징적인 단락, 즉 그리스도께서 첫째 부활 이후에 그리고 새 하늘과 새 땅의 창조 이전에 땅에서 천년 동안 다스릴 것을 가르치는 단락에 더욱 크게 호소한다(참조. 계 20:1-6).[54]

---

millennarianism 혹은 millenialism(mille anni에서 유래)은 같은 이론을 가리키는 라틴어이다. 이 견해를 주장하는 사람들을 가리켜 전천년주의자들(Pre-millennarians 혹은 Pre-millennialists, 그리스도께서 천년 전에 다시 오실 것이라는 신념을 가리킴)이라 부르지만, 그들 가운데 많은 사람들은 단순히 장차 기독교의 황금기가 올 것을 믿는 정도에 그친다. 후천년주의자들(Post-millennarians)이나 무천년주의자들(Anti-millennarians)은 재림의 시기를 천년왕국 뒤에 두는 사람들이다.

53) 참조. Euseb. *H. E.* III. 27, 28.
54) 이것이 성경 전체에서 유일하게 천년 왕국을 언급하는 단락이다. 주석가들은

이 견해와 관련하여 주님의 재림이 임박했으며, 비록 그날과 시간은 알려지지 않아 불확실하지만 신자들은 항상 그 순간을 준비하고 살 수 있다는 견해가 널리 퍼졌다(참조. 마 24:33, 36; 막 13:32; 행 1:7; 살전 5:1, 2; 벧후 3:10; 계 1:3; 3:3). 이 소망은 그리스도인들이 피로써 막대한 추수의 씨앗을 뿌리면서 박해 시대를 지나가는 동안 그들에게 넉넉한 격려와 위로의 샘물 역할을 했다.

사도 교부들 가운데는 바나배[바르나바스]가 그리스도의 전천년주의적 지상 통치를 분명히 가르친 최초이자 유일한 사람이다. 그는 모세가 기록한 창조 역사를 여섯 시대의 상징으로 간주하여 각 시대가 천년간 지속되었고, 안식의 기간도 천년이라고 말한다. 하나님께서는 하루가 천년 같기 때문이라고 그 이유를 설명한다. 지상에서 천년간 안식이 있고 나면 새 세상에서의 여덟째이자 영원한 날이 오며, 주일이 그날의 예표라고 한다(바나바는 주일을 여덟째 날이라고 부른다).[55]

히에라볼리의 파피아스(Papias)는 폴리카르푸스와 같은 시대에 활동한 경건하되 경솔한 사람으로서, 천년 통치의 행복을 기발한 개념들을 가지고 묘사하며, 그 근거를 사도적 전승에 둔다. 그는 그리스도의 입을 빌려서 그 시대의 복스러움을 대단히 상징적으로 묘사하는데, 그 내용은 이레나이우스에 의해서 보존되고 인정을 받았으나 외경의 인상을 강하게 풍긴다.[56]

여전히 천년의 문자적 혹은 상징적 의미에 관해서, 그리고 그 시기가 과거에 시작되었는지 아니면 미래에 시작될 것인지에 관해서 견해가 엇갈린다. 그러나 천년왕국론자들은 이 단락 외에도 다른 여러 단락들, 특히 이사야 11:4-9, 사도행전 3:21, 로마서 11:15 같은 단락들을 끌어다가 간접적인 근거로 삼는다. 현대의 전천년주의자들도 자신들이 '구약성경 가운데 유대인들이 성지에서 회복될 일에 관해서 아직 성취되지 않은 예언들'이라고 부르는 내용에 호소한다. 그러나 고대의 천년왕국론자들은 그 예언들을 참 이스라엘인 기독교 교회에 적용했다.

55) Barn. *Epist.* ch. 15. 그는 시편 90:4, 벧후 3:8에서 이 견해를 끌어온 듯하지만, 사실상 주요 출처는 유대교 전승이다. 그는 요한계시록을 인용하지 않는다.

56) *Adv. Haer.* V. 33. § 3 (ed. Stieren I. 809), 「주님의 신탁들」(*The Oracles of the Lord*)에서 인용: "장차 포도나무들이 자라나 한 그루마다 만 개의 가지가 달리고, 한 가지마다 작은 가지 만 개가 달리고, 작은 가지마다 만 개의 작은 가지가 다시 달리고, 그 작은 가지에 만 개의 송이가 달리며, 송이마다 만 개의 포도알이 맺히며, 포도즙을 낼 때 포도알 하나에서 25통의 포도주가 나오는 날이 올 것이다. 그날이 오면 성도들

순교자 유스티누스는 유대 기독교로부터 이방 기독교의 천년왕국설로 이행하는 모습을 보여준다. 그는 그리스도께서 천사들의 옹위를 받으며 하늘 구름을 타고 두번째 강림하실 일[파루시아]을 거듭 말한다. 그러기 직전에 불법의 사람이 나타나서 지극히 높으신 하나님을 거슬러 훼방하는 말을 하면서 삼년 반 동안 다스릴 것이다. 그가 등장하기 전에 이단들과 거짓 선지자들이 나타날 것이다.[57] 그리스도께서는 두번째 강림하신 뒤에 족장들과 선지자들과 경건한 유대인들을 일으키신 다음 천년왕국을 세우시고 예루살렘을 회복하시며 그곳에서 성도들과 함께 다스리실 것이다. 그런 뒤에 두번째이자 보편적인 부활과 세상의 심판이 있을 것이다. 그는 이렇게 그리스도의 나라가 지상에서 완전케 되리라는 기대를 순결한 교리의 근간으로 간주하지만, 자기 시대의 많은 순수하고 경건한 그리스도인들이 이 견해에 동의하지 않는다는 말을 덧붙인다.[58] 천년왕국이 끝

가운데 누구라도 포도송이에 손을 대면 다른 포도송이가 '나는 더 좋은 송이예요, 저를 취하세요. 주님께서 저를 통해서 복을 주시기를 바랍니다' 하고 소리칠 것이다. 마찬가지로 [그는 다음과 같이 말했다] '밀 낱알 하나가 만 개의 이삭을 틔울 것이고, 이삭 하나마다 만 개의 알곡이 맺힐 것이며, 알곡 하나마다 만 파운드의 깨끗하고 고운 밀을 내놓을 것이다. 사과나무와 각종 씨앗들과 풀도 비슷한 배율로 생산할 것이다. 땅에서 기르는 모든 가축들도 그날에는 평화롭고 조화롭게 살 것이며, 인간에게 완전히 복종할 것이다." 이 말은 "주님의 제자 요한을 본 장로들"이 요한에게서 주의 강림에 관해 들은 내용을 기억하고서 파피아스에게 전한 내용이다. 2세기 첫해의 연말 혹은 연초에 작성된 바룩의 묵시록 29장에도 메시야 시대가 다음과 같이 비슷하게 묘사되어 있다: "땅이 소산을 내되 하나가 만 배를 내고, 포도나무 한 그루마다 천 개의 가지를, 가지 한 개마다 천 개의 송이를, 송이 한 개마다 천 개의 포도알을, 포도알 한 개마다 포도주 한 통씩을 내놓을 것이다. 그날에는 굶주렸던 사람들이 기뻐할 것이며, 매일 그러한 장관을 보게 될 것이다. 이는 영들이 내 앞에서 매일 아침마다 다가서 향기를 뿌리고, 저물 때에는 구름을 몰아다가 건강의 이슬을 떨어뜨리기 때문이다. 그리고 그날에는 만나의 보화가 다시 위에서 내릴 것이며, 그들이 그것을 먹을 것이다."

57) *Dial. c. Tryph.* c. 32, 51, 110. 참조. 단 7:25과 살후 2:8.

58) *Ibid.* c. 80, 81. 그는 이사야(65:17 이하)와 에스겔의 예언들과 시편 90:4, 그리고 "그리스도의 사도들 가운데 한 분인 요한이라는 분"의 계시록에 호소한다. 다른 부분(*Dial.* c. 113)에서 유스티누스는 여호수아가 이스라엘을 성지로 인도하고 그 땅을 지파들에게 분배했듯이, 그리스도께서 디아스포라(세계 각지에 흩어진 이스라엘 자손들)를 회심시키고 큰 땅을 분배하실 것이지만, 그것을 지상의 소유로 주시지 않고 우리에게 영원한 유산으로 주실 것이라고 말한다. 그리스도는 예루살렘에서 영원한

난 뒤 세상은 사라지거나 변화될 것이다.[59] 두 편의 「변증서」(*Apologies*)에서 유스티누스는 다른 교부들과 같은 내용으로 보편 부활과 심판을 가르치며, 천년왕국을 언급하지 않지만, 그것을 배제하지도 않는다. 그리스의 다른 변증가들도 이 주제에 대해서는 함구하며, 따라서 천년왕국설을 찬성하는 쪽이든 반대하는 쪽이든 인용할 수가 없다.

이레나이우스는 사도 요한과 그의 제자들에게 물려받은 전승의 권위에 힘입어, 로마 제국이 멸망하고 나서 적그리스도가 잠시 기승을 부린 뒤에(3년 반 혹은 1260일간 지속됨) 그리스도께서 보이는 모습으로 나타나서 사탄을 결박하고, 재건된 예루살렘 성에서 그때까지 살아남아 있던 소수의 신실한 고백자들과 죽었다가 부활한 허다한 순교자들과 함께 땅의 나라들을 다스리실 것이며, 영원한 하늘 영광을 예비하는 천년간의 안식일(millennial Sabbath)을 기념하실 것이다. 그런 뒤 사탄이 잠시 풀려났다가 최후 승리와 보편 부활, 세상에 대한 심판, 새 하늘과 새 땅에서의 완성이 뒤따를 것이다.

테르툴리아누스는 열정적인 천년왕국론자였으며, 요한계시록뿐 아니라 몬타누스파 예언자들의 예고들도 전거(典據)로 삼는다.[60] 그러나 몬타누스파는 그리스도의 통치 거점을 예루살렘에서 브루기아(프리기아)의 페푸자로 대체하고 광신으로 치달았으며, 이러한 태도 때문에 천년왕국설이 불신을 받게 되고, 소아시아에서 개최된 여러 교회회의들에서 그 견해가 단죄를 받게 되었다.

테르툴리아누스 이후에, 그리고 몬타누스파와 별개로, 3세기 말에 코모디아누스가, 4세기 초에 락탄티우스와 페타우의 빅토리누스가 천년왕국설을 가르쳤다. 동방에서 마지막으로 이름을 남긴 천년왕국론자들은 오리게네스의 논적이었던 메토디우스(311년에 순교)와 시리아 라오디게아의 아폴리나리우스였다.

빛으로서 빛날 것이다. 이는 그가 멜기세덱의 반차를 좇은 살렘 왕이시며, 지극히 높은 이의 영원한 제사장이시기 때문이다. 그러나 유스티누스는 천년왕국 이후에 사탄이 풀려날 것은 언급하지 않는다.

59) 이 말은 쟁점으로 남아 있다. 유스티누스는 *Dial.* c. 113에서는 하나님께서 그리스도를 통해서 하늘과 땅을 새롭게 하실 것이라고 말하지만, 「변증서」(*Apologies*)에서는 세상이 불타 없어질 것이라고 말한다.

60) *De Res. Carn.* 25; *Adv. Marc.* III. 24; IV. 29. 그는 이 주제를 *De Spe Fidelium* 이라는 저서에서 따로 다루지만 이 저서는 현존하지 않는다.

이제는 천년왕국설을 비판한 사람들을 살펴보자. 비판은 소아시아에서 몬타누스파 운동이 진행되는 동안 시작되었다. 로마의 카이우스(Caius)는 천년왕국설과 몬타누스주의를 모두 비판했으며, 천년왕국설의 출처를 이단 케린투스에게서 찾았다. 로마 교회는 천년왕국설과 몬타누스주의 어느 쪽에도 동조하지 않았으며, 이 세상에서 안착하여 정상적으로 발전해 갈 준비를 했다. 알렉산드리아에서는 오리게네스가 천년왕국설을 유대교적 몽상이라고 비판했으며, 선지자들의 상징적 표현들을 영적으로 해석했다.[61] 그의 유명한 제자 대 디오니시우스(Dionysius the Great, 264년경 죽음)는 이집트에서 네포스(Nepos)가 천년왕국설의 불씨를 지피자 그 운동을 견제했다. 그는 계시록을 요한의 저작으로 인정하지 않았으며, 이름만 같은 어느 장로의 글로 여겼다. 에우세비우스도 같은 견해에 기운다.

그러나 천년왕국설에 대한 치명타는 니케아 시대에 접어들면서 사회 환경과 교회의 위상이 크게 변한 데서 비롯되었다. 기독교가 모든 이교도들의 예상을 뒤엎고 로마 제국에서 승리를 거두고, 황제들 자신들이 기독교를 받아들이게 되면서부터, 천년왕국은 초조한 기다림과 기도의 주제가 되기보다 그리스도의 초림부터 혹은 콘스탄티누스가 회심하고 이교가 무너진 뒤부터 그 기간이 계산되기 시작했으며, 로마 제국 국교회의 영광 속에서 실현된 것으로 간주되었다. 아우구스티누스는 초기에는 천년왕국의 소망을 간직했으나, 후에 사회 변화를 감안한 새로운 이론을 수립했고, 그것이 널리 받아들여졌다. 그는 계시록이 말한 천년왕국이 당시에 가톨릭 교회에서 이루어지고 있던 그리스도의 통치와 첫째 부활, 순교자들과 성도들이 하늘로 올리워 그곳에서 그리스도의 통치에 참여하게 될 일로 이해했다. 기독교 시대의 첫 천년이 끝나갈 무렵에 서유럽에 최후 심판이 임박했다는 기대가 널리 퍼졌던 것은 바로 이 이론에 따른 것이었다.

콘스탄티누스와 아우구스티누스 때부터 천년왕국설은 이단들에 의해 주장되었으며, 심지어 훗날 개신교 종교개혁자들도 그것을 유대교의 망상으로 배격했다.[62] 그러나 이 사상은 경건한 개인들과 분파들에 의해 간헐적으로 되살아났다.

---

61) *De Princ.* II. 11. 하지만 그는 천년왕국을 매우 감각적으로 이해하여, 결혼과 사치스러운 잔치가 넘치는 시대로 보았다.

62) 아우크스부르크 신앙고백 제17조는 "죽은 자들이 부활하기 전에 신자들이 세상 나라를 차지할 것이고, 악인들이 모든 곳에서 진압될 것이라는 유대교의 견해를 퍼

그들은 대체로 역사를 비관적으로 바라보았고, 인간들에 의해 이루어지는 선교 사역을 불신했고, 성경의 예언들을 문자적으로 해석했고, 적그리스도가 등장할 일과 유대인들이 회심한 뒤 성지로 돌아갈 일에 관해 독특한 개념을 가지고 있었으며, "아버지께서 자기의 권한에 두신", 그리고 아들이 육체로 계시는 동안에는 아들에게조차 알리지 않으신 재림의 "때와 기한"(행 1:7)을 계산하려고 하는 헛된 시도를 했다. 그러나 편견에 사로잡히지 않은 영적 의미에서의 천년왕국설은 땅에 교회의 황금시대가 임하기를 바라는, 그리고 수세기에 걸친 노고와 투쟁 끝에 역사의 대 안식일이 임하기를 바라는 소망으로 항상 되살아날 것이다. 전투의 교회(the church militant)는 항상 승리의 교회(the church triumphant)를 대망하며, "의의 거하는 바 새 하늘과 새 땅"(벧후 3:13)을 기다린다. "그런즉 안식할 때가 하나님의 백성에게 남아 있도다"(히 4:9).

뜨리는" 재세례파와 그 밖의 사람들을 단죄한다. 크랜머가 작성했으나(1553) 훗날 엘리자베스 때(1563) 개정되면서 삭제된 영국 국교회의 신앙고백서 41조는 천년왕국설을 "유대교의 망령에서 나온 우화"로 묘사한다.

제 13 장

니케아 이전 시대의 교회 문학과
교부들의 간략한 전기

159. 참고문헌

I. *General Patristic Collections.*

The *Benedictine* editions, repeatedly published in Paris, Venice, etc., are the best as far as they go, but do not satisfy the present state of criticism. Jesuits (Petavius, Sirmond, Harduin), and Dominicans (Combefis, Le Quien) have also published several fathers. These and more recent editions are mentioned in the respective sections. Of patristic collections the principal ones are:

MAXIMA BIBLIOTHECA *veterum Patrum,* etc. Lugd. 1677, 27 tom. fol. Contains the less voluminous writers, and only in the Latin translation.

A. GALLANDI (Andreas Gallandius, Oratorian, d. 1779): *Bibliotheca Græco-Latina veterum Patrum,* etc. Ven. 1765–88, 14 tom. fol. Contains in all 380 ecclesiastical writers (180 more than the *Bibl Max.*) in Greek and Latin, with valuable dissertations and notes.

ABBÉ MIGNE (Jacques Paul, b. 1800, founder of the Ultramontane *L'Univers religeux* and the Cath. printing establishment at Mont-rouge, consumed by fire 1868): *Patrologiae cursus completus sive Bibliotheca universalis, integra, uniformis, commoda, oeconomica, omnium SS. Patrum, Doctorum, Scriptorumque ecclesiasticorum.* Petit Montrouge (near Paris), 1844–1866 (Garnier Frères). The cheapest and most complete patristic library, but carelessly edited, and often inaccurate, reaching down to the thirteenth century, the Latin in 222, the Greek in 167 vols., reprinted from the Bened. and other good editions, with Prologomena, Vitae, Dissertations, Supplements, etc. Some of the plates were consumed by fire in 1868, but have been replaced. To be used with great caution.

Abbé HOROY: *Bibliotheca Patristica ab anno MCCXVI. usque ad Concilii Tridentini Tempora.* Paris, 1879 sqq. A continuation of Migne. Belongs to mediaeval history.

A new and critical edition of the Latin Fathers has been undertaken by the Imperial Academy of Vienna in 1866, under the title: *Corpus scriptorum ecclesiasticorum Latinorum.* The first volume contains the works of Sulpicius Severus, ed. by C. HALM, 1866; the second Minucius Felix and Jul. Firmicus Maternus, by the same, 1867; Cyprian by HARTEL, 1876; Arnobius by REIFFERSCHEID; Commodianus by DOMBART; Salvianus by PAULY; Cassianus by PETSCHENIG; Priscillian by SCHEPSS, etc. So far 18 vols. from 1866 to 1889.

A new and critical edition of the Greek fathers is still more needed.

Handy editions of the older fathers by OBERTHÜR, RICHTER, GERSDORF, etc.

Special collections of patristic fragments by GRABE (*Spicilegium Patrum*), ROUTH (*Reliquiae Sacrae*), ANGELO MAI (*Scriptorum vet. nova Collectio*, Rom. 1825–'38, 10 t.; *Spicilegium roman.* 1839–'44, 10 t.; *Nova Patrum Bibliotheca*, 1852 sqq. 7 t.); Card. PITRA (*Spicilegium Solesmense*, 1852 sqq. 5 t.), LIVERANI (*Spicileg. Liberianum*, 1865), and others.

II. *Separate Collections of the ante-Nicene Fathers.*

PATRES APOSTOLICI, best critical editions, one Protestant by OSCAR VON GEBHARDT, HARNACK, and ZAHN (ed. II. Lips. 1876–'78, in 3 parts); another by HILGENFELD (ed. II. Lips. 1876 sqq. in several parts); one by Bp. LIGHTFOOT (Lond. 1869 sqq.); and one, R. Catholic, by Bp. HEFELE, fifth ed. by Prof. FUNK, Tübingen (1878 and '81, 2 vols.). See § 161.

CORPUS APOLOGETARUM CHRISTIANORUM SECULI II., ED. OTTO. Jenae, 1847–'50; Ed. III. 1876 sqq. A new critical ed. by O. V. GEBHARDT and E. SCHWARTZ. Lips. 1888 sqq.

ROBERTS and DONALDSON: *Ante-Nicene Christian Library.* Edinburgh 1857–1872. 24 vols. Authorized reprint, N. York, 1885–'86, 8 vols.

III. *Biographical, critical, doctrinal. Patristics and Patrology.*

ST. JEROME (d. 419): *De Viris illustribus.* Comprises, in 135 numbers, brief notices of the biblical and ecclesiastical authors, down to A. D. 393. Continuations by GENNADIUS (490), ISIDOR (636), ILDEFONS (667), and others.

PHOTIUS (d. 890): Μυριοβίβλιον, ἤ βιβλιοθήκη, ed. *J. Becker*, Berol. 1824, 2 t. fol., and in Migne, *Phot. Opera*, t. III. and IV. Extracts of 280 Greek authors, heathen and Christian, whose works are partly lost. See a full account in Hergenröther's *Photius*, III. 13–31.

BELLARMIN (R. C.): *Liber de scriptoribus ecclesiasticis* (from the O. T.

to A. D. 1500). Rom. 1613 and often.

TILLEMONT (R. C.): *Memoirs pour servir à l'histoire ecclés.* Par. 1693 sqq. 16 vols. The first six centuries.

L. E. DUPIN (R. C. d. 1719): *Nouvelle Bibliothèque des auteurs ecclesiastiques, contenant l'histoire de leur vie,* etc. Par. 1688–1715, 47 vols. 8°, with continuations by Coujet, Petit-Didier to the 18th century, and Critiques of R. Simon, 61 vols., 9th ed. Par. 1698 sqq.; another edition, but incomplete, Amstel. 1690–1713, 20 vols. 4°.

REMI CEILLIER (R. C. d. 1761): *Histoire générale des auteurs sacrés et ecclesiastiques.* Par. 1729–'63, 23 vols. 4°; new ed. with additions, Par. 1858–1865 in 14 vols. More complete and exact, but less liberal than Dupin; extends to the middle of the thirteenth century.

WILL. CAVE (Anglican, d. 1713): *Scriptorum ecclesiasticorum Historia literaria, a Christo nato usque ad saecul. XIV.* Lond. 1688–98, 2 vols.; Geneva, 1720; Colon. 1722; best edition superintended by WATERLAND, Oxf. 1740–43, reprinted at Basle 1741–'45. This work is arranged in the centurial style (saeculum Apostolicum, s. Gnosticum, s. Novatianum, s. Arianum, s. Nestorianum, s. Eutychianum, s. Monotheleticum, etc.) W. CAVE: *Lives of the most eminent fathers of the church that flourished in the first four centuries.* Best ed. revised by HENRY CARY. Oxf. 1840, 3 vols.

CHAS. OUDIN (first a monk, then a Protestant, librarian to the University at Leyden, died 1717): *Commentarius de scriptoribus ecclesiae antiquis illorumque scriptis, a Bellarmino, Possevino, Caveo, Dupin et aliis omissis, ad ann. 1460.* Lips. 1722. 3 vols. fol.

JOHN ALB. FABRICIUS ("the most learned, the most voluminous and the most useful of bibliographers," born at Leipsic 1668, Prof. of Eloquence at Hamburg, died 1736): *Bibliotheca Graeca, sive notitia scriptorum veterum Graecorum;* ed. III. Hamb. 1718–'28, 14 vols.; ed. IV. by G. CHR. HARLESS, with additions. Hamb. 1790–'1811, in 12 vols. (incomplete). This great work of forty years' labor embraces all the Greek writers to the beginning of the eighteenth century, but is inconveniently arranged. (A valuable supplement to it is S. F. G. HOFFMANN: *Bibliographisches Lexicon der gesammten Literatur der Griechen.* Leipz. 3 vols.), 2nd ed. 1844–'45. J. A. FABRICIUS published also a *Bibliotheca Latina mediae et infimae aetatis,* Hamb. 1734–'46, in 6 vols. (enlarged by *Mansi,* Padua, 1754, 3 tom.), and a *Bibliotheca ecclesiastica,* Hamb. 1718, in 1 vol. fol., which contains the catalogues of ecclesiastical authors by Jerome, Gennadius, Isidore, Ildefondus, Trithemius (d. 1515) and others.

C. T. G. SCHÖNEMANN: *Bibliotheca historico-literaria patrum Latinorum a Tertulliano usque ad Gregorium M. et Isidorum Hispalensem.* Lips. 1792, 2 vols. A continuation of Fabricius' *Biblioth. Lat.*

G. LUMPER (R. C.): *Historia theologico-critica de vita, scriptis et doctrina*

SS. Patrum trium primorum saeculorum. Aug. Vind. 1783–'99, 13 t. 8°.

A. MÖHLER (R. C. d. 1838): *Patrologie, oder christliche Literärgeschichte.* Edited by REITHMAYER. Regensb. 1840, vol. I. Covers only the first three centuries.

J. FESSLER (R. C.): *Institutiones patrologicae.* Oenip. 1850—'52,2 vols.

J. C. F. BÄHR: *Geschichte der römischen Literatur.* Karlsruhe, 1836, 4th ed. 1868.

FR. BÖHRINGER (d. 1879): *Die Kirche Christi u. ihre Zeugen, oder die K. G. in Biographien.* Zür. 1842 (2d ed. 1861 sqq. and 1873 sqq.), 2 vols. in 7 parts (to the sixteenth century).

JOH. ALZOG (R. C., Prof. in Freiburg, d. 1878): *Grundriss der Patrologie oder der älteren christl. Literärgeschichte.* Frieburg, 1866; second ed. 1869; third ed. 1876; fourth ed. 1888.

JAMES DONALDSON: *A Critical History of Christian Literature and Doctrine from the death of the Apostles to the Nicene Council.* London, 1864–'66. 3 vols. Very valuable, but unfinished.

JOS. SCHWANE (R. C.): *Dogmengeschichte der patristischen Zeit.* Münster, 1866.

ADOLF EBERT: *Geschichte der christlich-lateinischen Literatur von ihren Anfängen bis zum Zeitalter Karls des Grossen.* Leipzig, 1872 (624 pages). The first vol. of a larger work on the general history of mediæval literature. The second vol. (1880) contains the literature from Charlemagne to Charles the Bald.

JOS. NIRSCHL (R. C.): *Lehrbuch der Patrologie und Patristik.* Mainz. Vol. I. 1881 (VI. and 384).

GEORGE A. JACKSON: *Early Christian Literature Primers.* N. York, 1879–1883, in 4 little vols., containing extracts from the fathers.

FR. W. FARRAR: *Lives of the Fathers. Sketches of Church History in Biographies.* Lond. and N. York, 1889, 2 vols.

IV. *On the Authority and Use of the Fathers.*

DALLAEUS (Daillé, Calvinist): *De usu Patrum in decidendis controversiis.* Genev. 1656 (and often). Against the superstitious and slavish R. Catholic overvaluation of the fathers.

J. W. EBERL (R. C.): *Leitfaden zum Studium der Patrologie.* Augsb. 1854.

J. J. BLUNT (Anglican): *The Right Use of the Early Fathers.* Lond. 1857, 3rd ed. 1859. Confined to the first three centuries, and largely polemical against the depreciation of the fathers, by Daillé, Barbeyrat, and Gibbon.

V. *On the Philosophy of the Fathers.*

H. RITTER: *Geschichte der christl. Philosophie.* Hamb. 1841 sqq.

2 vols.

JOH. HUBER (d. 1879 as an Old Catholic): *Die Philosophie der Kirchen-*
väter. München, 1859.

A. STÖCKL (R. C.): *Geschichte der Philosophie der patristischen Zeit.*
Würzb. 1858, 2 vols.; and *Geschichte der Philosophie des Mittelalters.*
Mainz, 1864–1866. 3 vols.

FRIEDR. UEBERWEG: *History of Philosophy* (Engl. transl. by Morris &
Porter). N. Y. 1876 (first vol.).

VI. Patristic Dictionaries.

J. C. SUICER (d. in Zurich, 1660): *Thesaurus ecclesiasticus e Patribus*
Graecis. Amstel., 1682, second ed., much improved, 1728. 2 vols.
fol. (with a new title page. Utr. 1746).

DU CANGE (Car. Dufresne a Benedictine, d. 1688): *Glossarium ad scrip-*
tores mediae et infimae Graecitatis. Lugd. 1688. 2 vols. By the
same: *Glossarium ad scriptores mediae et infimae Latinitatis.* Par.
1681, again 1733, 6 vols. fol., re-edited by *Carpenter* 1766, 4 vols.,
and by *Henschel*, Par. 1840–'50, 7 vols. A revised English edition
of Du Cange by E. A. Dayman was announced for publication by
John Murray (London), but has not yet appeared, in 1889.

E. A. SOPHOCLES: *A glossary of Latin and Byzantine Greek.* Boston,
1860, enlarged ed. 1870. A new ed. by Jos. H. Thayer, 1888.

G. KOFFMANE: *Geschichte des Kirchenlateins.* Breslau, 1879 sqq.

WM. SMITH and HENRY WACE (Anglicans): *A Dictionary of Christian*
Biography, Literature, Sects and Doctrines. London, vol. I. 1877–
1887, 4 vols. By far the best patristic biographical Dictionary in the
English or any other language. A noble monument of the learning
of the Church of England.

E. C. RICHARDSON (Hartford, Conn.): *Bibliographical Synopsis of the*
Ante-Nicene Fathers. An appendix to the Am Ed. of the Ante-Nicene
Fathers, N. York, 1887. Very complete.

160. 교부들에 대한 개괄적 평가

기독교는 주로 하나님께서 행하신 일들로 이루어진 종교이기 때문에, 그 역사
에 나타나는 새로운 도덕적 창조와 문자적 · 과학적 요소는 처음에는 부차적이
고 종속적인 지위를 차지한다. 사도들 가운데 풍부한 제도 교육을 받은 분은 바
울뿐이었으며, 그 사도조차 자신이 지닌 랍비적 문화와 높은 재능들을 계시로
받은 영적 지식에 비할 때 부차적인 것으로 간주했다. 그러나 기독교는 생명의
종교라는 바로 그 이유 때문에 새로운 학문과 문학을 이루어내야 한다. 그것은

신앙의 대상에 대해서 더 깊고 분명하게 알려고 하는 내면의 신앙적 본능 때문이기도 하고, 외부의 공격으로부터 자신을 보호해야 할 필요 때문이기도 하며, 사람들을 가르치고 지도해야 할 실질적인 필요 때문이기도 하다. 게다가 교회는 점진적으로 고전 문화를 취하여 사용했으며, 그것을 자체 신학의 보조 수단으로 삼았다.

중세 내내 교회는 문학과 예술을 보존하고 전수한 거의 유일한 매체였으며, 현대 유럽과 북미 문화에 존재하는 가장 훌륭한 요소들을 내놓은 어머니이다. 우리는 이미 우리 시대에 신학 가운데 변증과 논쟁과 교의 분야에서 어떠한 강렬한 지적 노력이 이루어졌는가를 살펴보았다. 이 장에서는 교부학, 즉 고대 신학과 문학에 관한 전기와 문헌적 자료를 다룰 것이다.

처음 여섯 세기 동안 교회의 학문과 지식은 거의 그리스-로마 문화의 틀 안에서 형성되었다. 초기 교부들, 심지어 로마에서 혹은 로마를 중심으로 살면서 활동한 로마의 클레멘스와 헤르마스와 히폴리투스조차 사도들의 예를 따라 헬라어를 사용했으며, 기독교 사상에 요구되는 바에 따라 용어들을 수정하여 사용했다. 2세기 말에 가서야 비로소 라틴어도 헬라어처럼 기독교 학문과 문학의 매체가 되었으며, 그것도 이탈리아가 아닌 북아프리카에서 먼저 시작되었다. 라틴 교회는 오랫동안 그리스 학문에 의존했다. 그리스 교회가 더욱 활력이 있고 사색과 변증이 왕성한 반면에, 라틴 교회는 꾸준하고 실제적이며 외형 조직을 갖추는 데 더욱 주력했다. 물론 이러한 개괄적 평가에는 예외 경우들도 있어서, 그리스 교회에서는 크리소스토무스가 대단한 웅변가였으며, 라틴 교회에서는 아우구스티누스가 교부들 가운데 가장 심오한 사변적 신학자였다.

교부들이 남긴 문학은 대체로 세련된 형식에서는 고전 문학에 상당히 뒤떨어지지만, 내용에서는 고전 문학을 훨씬 능가한다. 그들의 문학은 그들의 주인이 육신을 입고 계실 때와 마찬가지로 세상의 화려하고 제왕적인 형태가 아닌 종의 형태를 취했다. 그들은 기독교 진리의 능력에 확신이 있었기에 그것을 담아 전할 때 사용하는 형식에는 그다지 신경을 쓰지 않았다. 그 외에도 초기 기독교 저자들 가운데 많은 분들이 초등 교육을 받지 못했고, 예술에 대해서도 당시에 우상 숭배와 부도덕한 행사에 왜곡되게 사용되던 점 때문에 어느 정도 혐오했다. 그러나 그들 중 어떤 이들, 특히 클레멘스와 오리게네스는 벌써 2세기와 3세기에 학문과 철학적 문화에서 시대의 중심에 우뚝 섰으며, 4, 5세기에는 아타나시우스, 그레고리우스, 크리소스토무스, 아우구스티누스, 제롬 같은 이들의 문학 작품들이 모든 점에서 동시대의 이교 문학 작품들을 능가했다. 두 명의 클레멘스와 순교자 유스티누스, 아테나고라스, 테오필루스, 테르툴리아누스, 키프리아누스 같은 여러 교부들, 그리고 후기 교부들 가운데서 심지어 제롬과 아우구스티누스는 어른이 된 뒤에 기독교 신앙을 받아들였다. 그런데 그들이 기독교 신앙에 대해서 얼마나 큰 열정과 노력과 감사를 바쳤는가를 눈여겨보면 참으로 흥미롭다.

'교부'(敎父, church-father)라는 용어는 교회에서 말씀을 가르치는 감독 혹은 장로를 아버지처럼 생각하고 대한 초기의 관습에서 유래했다. 우리가 다루는 교부라는 개념은 고대 교회의 개념, 즉 모든 후세대 그리스도인들에 대해서 일정한 정도의 보편적 권위를 지니는 사람들을 가리킨다. 따라서 이 명예로운 칭호는 처음 다섯 혹은 여섯 세기 동안 활동한 유명한 교사들에게 국한되며, 물론 그리스도의 영감된 기관들로서 그들보다 훨씬 뛰어난 사도들은 그 칭호에서 제외된다. 그리고 이 칭호는 동방 기독교와 서방 기독교가 분리되기 전에 교리들이 양 기독교 세계에서 형성되던 시기에 적용된다. 라틴 교부들의 계보는 대체로 교황 그레고리우스 1세(604년 죽음)에게서 끝나며, 그리스 교부들의 계보는 다마스쿠스의 요한(754년경 죽음)에게서 끝난다.

교부의 자격에는 고대성 외에도 보편 교회와 학문과 거룩한 인격과 정통 신앙의 형성기에 직접 관련이 있는가의 여부, 교회의 전체적인 승인이 있었는가의 여부도 포함된다. 하지만 이러한 자격들은 상대적일 뿐이다. 적어도 우리는 그리스 교회든 로마 교회든 개신교 종교개혁 교회든 훗날 충분히 발전시킨 교리의 잣대로 니케아 이전 시대의 교부들을 평가할 수 없다. 그들의 교리 사상은 종종 불분명하고 불확실하다. 실제로 로마 교회는 테르툴리아누스에 대해서는 몬타누스파에 가입했다는 이유로, 오리게네스에 대해서는 플라톤적이고 관념적인 견해를 가르쳤다는 이유로, 에우세비우스에 대해서는 반(半)아리우스적 견해를 견지했다는 이유로 '교부'(Patres) 명단에서 제외하고, 그 밖에도 알렉산드리아의 클레멘스, 락탄티우스, 테오도레투스 같은 저명한 신학자들도 제외하며, 그들에게는 단순히 '교회의 저자들'(Scriptores Ecclesiastici)이라는 칭호를 붙인다.

엄격히 말하자면, 니케아 이전 교부들 가운데 모든 점에서 로마 교회의 교리 표준에 부합한 사람은 한 사람도 없다. 심지어 이레나이우스와 키프리아누스조차 — 전자는 천년왕국설과 몬타누스주의에 관해서, 후자는 이단 세례의 유효성에 관해서 — 로마 감독(주교)과 견해를 달리했다. 제롬은 외경이 정경적 가치를 인정받지 못했음을 강력히 전한 증인이다. 아우구스티누스는 교부들 가운데 가톨릭 신학의 가장 위대한 권위자임에도 불구하고 죄와 은혜에 관해서는 결정적으로 개신교적인 견해를 가르쳤는데(루터와 칼빈이 그것을 열정적으로 되살려 놓았다), 사실상 그의 견해가 트렌트 공의회에 의해 단죄를 당했다. 교황 대 그레고리우스는 '에큐메니컬 주교'라는 칭호가 적그리스도적 인상을 준다는 이유로 배격했다. 하지만 그것은 그의 계승자들이 사용한 '그리스도의 대리자', '지상에서 전능하신 하나님을 대표하는 자', '신앙과 권징의 모든 문제에서 성령의 무류(無謬)한 기관'이라는 칭호들에 비하면 비교적 무해한 칭호였다. 고대의 교부들과 박사들 가운데 그 누구도 오늘날 로마 교회가 교리로 가르치는 성모 무원죄 잉태설(1854)과 교황 무류설(1870)에 대해서 알지 못했다. "교부들의 만장일치의 동의"란 보편적 기독교가 표방하는 가장 근본적인 신앙 조항들을 제외하고는 망상에 지나지 않는다. 따라서 이 책에서 우리는 좀 더 폭넓은 정통신앙 개념을 가지고 교회에서 기독교 교리가 발전해간 과정을 살펴봐야 할 것이다.

반면에 교부들의 신학은 개신교 정통 신앙의 표준에는 훨씬 더 부합하지 않는다. 그들에게서는 개신교 교회들이 가르치는 성경의 독점적 권위, 이신칭의, 평신도의 보편적 제사장직 같은 교리들을 찾아볼 수 없으며, 그 대신에 벌써 2세기 초부터 교회의 전승들이 크게 존중되고, 공로 혹은 잉여 공로의 행위가 강조되며, 강력한 사제 중심적이고 성례 중심적이고 의식 중심적이고 금욕적인 경향들이 나타나서 점진적으로 그리스 교회의 유형과 로마 교회의 유형으로 발전해 가는 것을 발견하게 된다. 영국국교회는 루터교와 칼빈주의 교회들에 비해서 항상 교부들을 더욱 중시했으며, 동방과 서방이 갈라지기 전의 신조와 주교제, 고대의 전례(典禮)를 전폭적으로 동의한다고 고백한다. 그러나 개신교 교회들 사이에는 정도 차이만 있을 뿐이다. 영국국교회가 표방하는 삼십구개조(the Thirty-Nine Articles)는 루터교의 아우크스부르크 신앙고백이나 개혁파의 웨스트민스터 신앙고백서와 다름없이 철저히 복음적이다. 심지어 가장 교회에 충실하고 교회답다고 자부하는 현대 앵글로 가톨릭 학파(영국 교회가 국가의 한 부분이 아니라 신적인 제도이고, 하나의 거룩하고 보편적이고 사도적인 그리스도의 교회에 속한 참된 가지 혹은 부분이라는, 옥스퍼드 운동<1833-45>의 주장에서 파생

한 신학: 역자주)조차 처음 몇 세기 동안에는 치명적으로 중요하게 간주되었던 여러 교리들과 관습들을 무시하며, 16세기 이전에는 알려지지 않았던 다른 교리들과 관습들을 주장한다. 종교개혁자들은 교부들과 다름없이 위대하고 선한 사람들이었지만, 두 부류의 사람들 모두 사도들 앞에는 고개를 숙여야 한다. 기독교가 꾸준히 진보하여서 깨달음이 깊어지고 신앙의 원리들과 능력을 더욱 폭넓게 적용해 온 것이 사실이지만, 성경에는 미래 세대들에 가서야 충분히 빛을 드러낼 감춰진 보화들이 많이 담겨 있다.

일반적으로 교부들의 탁월함은 여러 면에서 말할 수 있다. 폴리카르푸스는 창의성이나 지적 능력이 아닌 족장적인 단순함과 권위로 유명하고, 로마의 클레멘스는 행정 능력으로, 이그나티우스는 주교제[감독제]와 교회 일치와 순교를 강력히 독려한 것으로, 유스티누스는 기독교 신앙을 변증하려는 열정과 폭넓은 지식으로, 이레나이우스는 견고한 교리와 중용으로, 알렉산드리아의 클레멘스는 풍부한 사상을 자극한 것으로, 오리게네스는 탁월한 학식과 대담한 사색으로, 테르툴리아누스는 신선하고 활력 있는 지적 능력과 강인한 인격으로, 키프리아누스는 교회 조직을 수립하는 쏟아부은 열의로, 에우세비우스는 문헌 편찬에 보인 성실함으로, 락탄티우스는 우아한 문체로 유명하다.

하지만 교부들은 저마다 약점도 있었다. 그 중 어떤 교부도 깊이와 성령 충만함에서 한 순간이라도 사도 바울이나 사도 요한에 비견할 만한 사람이 없다. 그리고 교부 문학 전체가 비록 무한한 가치를 지니고 있긴 하지만 신약성경에 비하면 항상 아주 낮은 자리에 처할 수밖에 없다. 로마서 한 편과 요한복음 한 편이 그리스와 라틴 교부들, 스콜라 학자들, 종교개혁자들이 남긴 모든 주석들과 교리적·변증적·금욕적 논문들보다 훨씬 더 가치가 크다.

니케아 이전 교부들은 크게 다섯 혹은 여섯 부류로 구분할 수 있다.

(1) 사도 교부들, 즉 사도들에게 직접 배운 제자들: 폴리카르푸스, 클레멘스, 이그나티우스가 대표적인 사람들이다.

(2) 유대교와 이교에 맞서서 기독교를 옹호한 변증가들: 순교자 유스티누스와 2세기 말까지 그를 계승하여 활동한 사람들.

(3) 교회 안에서 발생한 이단들과 투쟁한 사람들: 2세기 말과 3세기 초에 활동한 이레나이우스, 히폴리투스.

(4) 철학적 신학을 내놓은 알렉산드리아 학파: 3세기 초반에 활동한 클레멘스

와 오리게네스.

(5) 같은 시대에 속했으나 좀 더 실제적인 활동을 벌인 북아프리카의 테르툴리아누스와 키프리아누스의 학파.

(6) 안디옥 학파의 씨앗들로서, 특별한 부류에 포함시키기 어렵고, 위의 사람들보다 두드러진 활동을 하지 않았던 저자들.

교부들이 직접 작성한 저서들 외에도 처음 몇 세기 동안 이단과 정통신앙 양 진영에서 허다한 복음서들, 행전들, 묵시록들, 그리고 「열두 족장의 언약서」(the Testaments of the Twelve Patriarchs), 「휘다스페스 서」(the Book of Hydaspes), 「헤르마스 트리스메기스토스의 서」(the Book of Hermas Trismegistos), 「시빌레 서」(the Books of Sibyls) 같은 유대교와 이교의 관점에서 기독교에 관해 해놓은 예언들이 사도들과 후대의 유명 인사들의 이름을 빌려 등장했다. 이렇게 한가한 공상을 다룬 책들이 자주 사용되되, 특히 교회의 유력한 교사들과 특히 변증가들에 의해서 사용되었다는 사실은 그 시대에 경신(輕信)이 얼마나 널리 퍼져 있었으며 문학 비평이 얼마나 철저히 부재했는가를 입증할 뿐 더러, 진리에 대한 의식의 발전이 얼마나 미미한 수준에 있었는가를 여실히 드러낸다. 그리스도인들이 아직 거짓 경건(pia fraus)을 부도덕한 거짓으로 여겨 철저히 버릴 만큼 배우지 못했던 것이다.

특주

로마 교회는 교부(Patres)의 계보를 중세 말까지 내려가 작성하며, 안셀무스, 클레르보의 베르나르, 토마스 아퀴나스, 보나벤투라, 트렌트 공의회 신학자들도 그 계보에 포함시킨다(그리고 계보에 실린 교부들 가운데 소수의 교회 박사들 <Doctores ecclesiae>을 구별한다). 로마 교회는 배타적 보편성 주장을 근거로 이러한 계보를 내세우는데, 이 주장은 그리스 교회나 개신교 교회들에 의해서 인정되지 않는다. 로마 교회가 주장한 교회 박사의 특징들은 다음과 같다: 1) eminens eruditio(탁월한 지식); 2) doctrina orthodoxa(교리적 정통성); 3) sanctitas vitae(거룩한 생활); 4) expressa ecclesiae declaratio(교회의 분명한 공포). 로마 교회가 교회 박사들로 인정하는 사람들은 다음과 같다: 그리스 교부들 — 아타나시우스, 대 바실리우스, 나지안주스의 그레고리우스, 크리소스토무스, 알렉산드리아의 키릴루스, 다마스쿠스의 요한; 라틴 교부들 — 암브로시우스, 제롬, 아우구스티누스, 푸아티에의 힐라리우스, 레오 1세, 그레고리우스 1세, 그리고 중세의 신학자들인 안셀무스, 토마스 아퀴나스, 보나벤투라, 클레르보의 베르나르.

교회 박사들과 교부들의 구분은 교황 보니파키우스 8세의 1298년 법령에 의해서 공식적으로 승인되었다. 이 법령은 암브로시우스, 아우구스티누스, 제롬, 대 그레고리우스를 더 높은 존경을 받을 자격이 있는 대 교회 박사들(magna doctores ecclesiae)로 지명했다. 토마스 아퀴나스, 보나벤투라, 성 베르나르는 1830년의 교황 법령에 의해 교회 박사 명단에 포함되었고, 힐라리우스는 1852년의 법령에 의해, 알폰소 마리아 다 리구오리는 1871년의 법령에 의해 명단에 포함되었다. 캔터베리의 안셀무스와 그 밖의 몇몇 인사들은 특별한 법령을 통하지 않고 전례(典禮)에 박사들로 표기되어 있다. 교황들의 긴 명단 가운데 교부들에 포함된 사람은 레오 1세와 그레고리우스 1세뿐이다. 트렌트 공의회는 최초로 '교부들의 만장일치의 합의'(unanimus consensus patrum)를 말했고, 이 말이 '교회의 교리'(doctrina ecclesiae)와 같은 뜻으로 쓰인다.

161. 사도 교부들

'사도 교부들'(apostolic fathers) 혹은 그보다는 '속사도 교부들'(post-apostolic fathers)은 사도들에 이어서 교회를 가르친 교사들로서 그들 가운데 일부는 사도들에게 직접 배웠으며, 따라서 사도들과 2세기의 변증가들 사이에 연결고리 역할을 한다.[1] 이 계층에는 바나바(Barnabas), 로마의 클레멘스, 이그나티우스, 폴리카르푸스가 포함되고, 광범위하게 보자면 헤르마스, 파피아스, 「디오그네투스 서신」(the Epistle to Diognetus)을 작성한 익명의 저자와 「디다케」(Didache)를 작성한 익명의 저자가 포함된다.

이 분들이 회심 전에 어떤 생활을 했는지, 어디 출신이며 어떤 교육을 받았고 직업은 무엇이었는지 알려진 바가 전혀 없다. 박해를 받던 시기에 이름을 내고 글을 쓴다는 것은 몹시 불리한 일이었다. 더욱이 초기 교회의 정신은 그리스도

---

1) 널리 쓰이는 이 이름은 테르툴리아누스에게서 유래한 듯하다. 그는 사도들을 따르던 자들을 Apostolici(사도들의 사람들)라고 불렀다.

안에서의 새 생활을 오직 참된 삶으로만 간주했고, 그러한 삶만 기록으로 남을 가치가 있는 것으로 간주했다. 사도들의 생애조차 그들이 부르심을 받기 전에 관해서는 다만 몇 가지 암시만 남아 있을 뿐이다. 그러나 이 교부들 가운데 많은 분들이 신자가 되어 거룩한 생활을 하다가 순교로 삶을 마친 이야기들은 풍부한 기록으로 남았다. 그들은 위인들이라기보다 선량한 사람들이었으며, 학문적 역량보다는 그리스도께 대한 열정과 헌신에서 더욱 뛰어난 분들이었다. 이들은 성실하고 실천적인 사역자들이었으며, 따라서 당시의 교회로서는 심오한 사상가들이나 대 학자들보다도 이들의 사역이 더욱 긴요했다. "타키투스, 수에토니우스, 유베날리스, 마르티알리스 같은 당대의 이교 저자들의 저서들이 시시콜콜한 인간의 어리석음과 악과 죄악의 사례들로 가득 차 있는 반면에, 이 소박한 기독교 목회자들은 하나님과 인간에 대한 사랑으로 항상 뜨겁게 타올랐고, 그리스도를 본받아 순결하고 거룩한 생활을 하라고 격려했으며, 믿음으로 인한 시련과 박해 속에서 풍성한 힘과 위로를 얻고, 하늘에서 누릴 영광스러운 불멸을 소망했다."[2]

사도 교부들의 저서들 가운데 현존하는 것은 거룩한 삶과 죽음에 관해서 쓴 몇 편의 서신들로서, 모두 합쳐봐야 신약성경의 두 배 분량밖에 되지 않는다. 그 중 절반(이그나티우스의 서신들, 바나바의 서신들, 헤르마스의 목자서)이 진정성에 관해 의심을 받는다. 그러나 모두 1세기 말과 2세기 중반이라는 모호하고 신비스러운 전환기에 속한 글들임에는 틀림없다. 이 글들은 모두 학문 연구가 아닌 실제적인 종교적 정서에서 나왔으며, 내용도 교리 분석보다는 단순한 신앙의 진술과 거룩한 생활에 대한 권고로 이루어져 있다. 헤르마스의 글과 「디다케」를 제외하고는 모두가 사도 바울을 본따서 서신의 형식을 취하고 있다.[3] 그럴지

---

2) Donaldson은 이렇게 말한다. "이분들의 저작들에 나타나는 가장 현저한 특징은 깊고 살아 있는 경건이 곳곳에 배여 있다는 것이다. 이들의 경건은 하나님에 대한 따뜻한 사랑과, 인간에 대한 깊은 관심으로 이루어져 있으며, 그것이 건강하고 활력 있고 용감한 도덕성으로 나타난다."

3) 신약성경 서신서들과 마찬가지로, 사도 교부들의 글들도 대체로 표제와 신앙의 인사로 시작하여 축복과 송영으로 마친다. 클레멘스가 고린도인들에게 보낸 서신은 다음과 같이 시작한다(1장): "로마에서 나그네로 지내는 하나님의 교회가 고린도에서 나그네로 지내는 하나님의 교회, 곧 하나님의 뜻에 따라 우리 주 예수 그리스도로

라도 그 글들은 변증과 논쟁과 교리와 윤리 신학의 씨앗들을 보여주며, 고대 가톨릭 교회의 조직과 예배의 윤곽까지도 보여준다. 비평적 조사를 통해서 그 글들이 교회의 외면적이고 내면적인 발전에서 차지했던 본래의 자리를 매길 필요가 있다. 물론 그러한 작업에는 작위적인 해석을 피하기 위한 세심한 주의가 필요하다.

이 글들을 신약성경의 책들과 비교해 보면 독창적인 힘과 깊이와 성령 충만함에서 크게 못 미친다는 것이 확연히 드러나며, 이 점에서도 사도들이 성령의 영감을 받아 글을 썼다는 것이 간접적으로 입증된다. 그럴지라도 사도 교부들이 남긴 글들에는 여전히 사도 시대의 석양이 남아 있으며, 고난과 순교로써 그 능력을 드러낸 주님께 대한 단순한 신앙과 뜨거운 사랑과 충성이 숨쉰다. 이 글들은 곧 살아 있는 전승이 되며, 자체보다는 사도들의 구전 설교를 더 자주 참조한다. 이 글들이 보편적으로 회람되려면 시간이 더 지나야 했기 때문이다. 그러나 그럴지라도 사도들의 글을 수시로 인용하고 언급함으로써, 그리고 복음 역사의 사실들과 신약성경의 근본 교리들에 일치하는 기억을 전함으로써 사도들의 글의 진정성을 입증하는 데 중요한 역할을 한다. 바나바, 클레멘스, 폴리카르푸스의 서신들과 헤르마스의 목자서는 많은 교회들에서 예배 시간에 낭독되었다.[4]

말미암아 부르심과 거룩함을 입은 이들에게 [편지하노니] 전능하신 하나님께로부터 주 예수 그리스도를 통해서 은혜와 평강이 여러분에게 넘치기를 기원합니다." (비교. 고전 1:2, 3; 벧후 1:2). 이 서신은 다음과 같은 말로 마친다(65장, 과거에는 59장): "우리 주 예수 그리스도의 은혜가 여러분과, 모든 곳에서 그로 말미암아 하나님께 부르심을 받는 모든 사람들에게 함께 하시기를 기원하며, 그리스도로 말미암아 영광과 존귀와 권세와 엄위와 영원한 통치가 영원부터 영원까지 그에게 있기를 기원합니다. 아멘." 폴리카르푸스의 서신은 이렇게 시작한다: "폴리카르푸스와 그와 함께 있는 장로들이 빌립보에서 나그네로 지내는 하나님의 교회에게 편지하노니, 자비와 평강이 전능하신 하나님과 주 예수 그리스도 우리 구주로부터 여러분에게 넘치기를 바랍니다." 이 서신은 다음과 같이 마친다: "은혜가 여러분 모두에게 있기를 기원합니다. 아멘." 바나바의 서신도 저자와 수신자들의 이름이 생략된 채 매우 일반적인 방식으로 시작하고 마친다. 이그나티우스의 서신은 제목과 인사말이 시리아어 교정본에서조차 매우 길게 진행된다.

4) 참조. Euseb. *H. E.* III. 16; IV. 23. 이 부분은 클레멘서의 서신을 다루면서, 이 서신이 디오니시우스 때(160년)에도 고린도 교회에서 낭독되었고, 심지어 4세기인 에우세비우스와 제롬의 때까지도 교회에서 낭독되었다고 전한다. 「헤르마스의 목자」는 이

어떤 글들은 심지어 성경의 주요 사본들에까지 포함되었다.[5]

이것은 정경의 범위에 대해서 교회의 의식이 아직 모든 면에서 명쾌해지지 않았음을 보여주는 증거이다. 하지만 그 글들의 권위는 항상 부분적인 것으로 그쳤고, 복음서들과 사도들의 서신들의 권위에 종속되었다. 사도들의 제자들이면서도 그들과 동역자들이었던 마가와 누가를 제외한, 사도들의 제자들이 기록한 글들이 신약 정경에서 배제된다는 것이 교회의 확고한 본능이었다. 이는 역사를 주관하는 분의 지혜로운 배정에 의해서 사도들의 영감과 후세대의 조명(照明) 사이에, 성경의 표준적 권위와 거기서 유래한 교회의 가르침의 유효성 사이에 뛰어넘을 수 없는 간격이 형성되었기 때문이다. 어떤 저명한 저자는 이 점을 다음과 같이 쉽게 설명한다.[6] "성경을 도시로 비유하자면, 근교의 정원들과 과수원들과 별장들을 지나 탁 트인 시골로 이어진 현대 유럽의 도시와 같지 않고, 바깥으로 한 발만 나서면 황량한 광야가 펼쳐지는 동방의 도시와 같다." 속사도 시대 저서들의 빈약함이 그리스도의 인격과 마찬가지로 그 기원과 특성과 효과가 인간적일 뿐 아니라 신적인 사도시대 저서들의 풍성함에 경의를 표한다.

162. 로마의 클레멘스

속사도 시대의 저서들 가운데 맨 앞자리를 차지하는 것은 1883년에 발견된 '사도들의 가르침'(Teaching of the Apostles)이다. 클레멘스, 이그나티우스, 폴리카르푸스의 서신들이 그 다음 자리를 차지한다.

I. 클레멘스(Clement). 고대 세계에서 명사(名士)에게 붙던 이 이름을 지닌 그

레나이우스(Ⅳ. 3)에 의해서 'scriptura' (성경)으로 인용되며, 알렉산드리아의 클레멘스와 오리게네스(*Ad. Rom. Coment.* X. c. 31)에 의해서는 '널리 사용되고 신적으로 영감된 성경' 으로 인용된다.

5) 5세기에 편찬된 알렉산드리아 사본(A)에는 계시록 뒤에 '로마의 알렉산드리아가 고린도인들에게 보낸 서신' 과 설교의 단편이 실려 있다. 4세기에 편찬된 시내 사본에는 헬라어판 바나바 서신이 빠짐없이 실려 있고, 헬라어로 기록된 「헤르마스의 목자」의 일부분도 실려 있다.

6) 대주교 Whately의 말로 간주됨.

는 바울과 베드로의 제자였으며, 두 분을 크게 배우고 따라야 할 모범으로 언급한다. 그는 바울이 빌립보 교회에서 자신의 충직한 동역자의 한 사람으로 소개하는 글레멘드와 동일인이었을 가능성이 있다(참조. 빌 4:3). 혹은 유수한 플라비우스 가문 사람으로서, 일찍이 복음이 들어간 황제의 권속과도 관계가 있던 로마인이었을 가능성도 있다.[7] 그의 서신은 그가 고전 문화를 잘 알고 있었고, 실천적인 지혜가 있었으며, 칠십인역 성경을 친숙히 알고 있었음을 드러낸다. 칠십인역을 잘 알고 있었다는 점은 그가 유대인 출신이었음을 암시하는 듯하다.[8]

우리가 확실히 아는 것은 그가 1세기 말에 로마 교회를 대표하는 지위에 섰다는 것뿐이다. 그럴지라도 전승은 그가 감독으로 재임한 기간에 대해서 어떤 경우는 베드로의 첫 계승자라고 하고, 또 어떤 경우는 보다 타당성 높게 세번째 계승자라고 한다. 에우세비우스에 따르면, 클레멘스는 도미티아누스 제12년부터

---

7) 클레멘스의 정체에 관해서는 여섯 가지 추측이 있다: 1) 바울이 언급한 빌립보 사람 글레멘드. 오리게네스, 에우세비우스, 제롬이 그렇게 추측한다. 그는 헬라인이거나 로마인으로서 잠시 빌립보에서 사역하다가 훗날 로마에서 사역한 듯하다: 2) 황제 티베리우스의 먼 친척. 위 클레멘스의 이야기에 그렇게 소개된다(하지만 이 글은 역사적으로 혼동되고 무가치하다); 3) 집정관 플라비우스 클레멘스(황제 도미티아누스의 사촌). 그는 95년에 '무신론', 즉 기독교 신앙의 죄목으로 황제에 의해서 처형되었고, 그의 아내 도미틸라(이 여성이 로마에서 가장 오래된 기독교 공동묘지를 세웠다)는 섬으로 추방되었다. Hilgenfeld가 그렇게 주장하며, Harnack도 다소 막연하게 그렇게 추정한다. 그러나 우리가 말하는 클레멘스는 자연사했으며, 만약 그가 황제와 그렇게 가까운 인척 관계였다면 그 사실이 교회에 널리 퍼졌을 것이다. 4) 플라비우스 클레멘스의 조카. 네레우스와 아킬레스의 순교 행전과 Cav. de Rossi가 그렇게 주장한다. 5) 플라비우스 클레멘스의 아들. Ewald가 그렇게 주장한다. 그러나 도미티아누스가 자신의 후계자들로 임명한 집정관의 아들들은 클레멘스가 로마 감독이었을 때 아직 소년들에 지나지 않았다. 6) 플라비우스 클레멘스의 권속에 속한 유대인 자유민이나 자유민의 아들. Lightfoot가 주장한 그럴 듯한 견해. 바울이 갇혀 지낼 때 황제 권속이 로마 교회의 핵심적인 위치를 차지한 듯하다(참조. 빌 4:22). 노예들과 자유민들이 지식과 교양이 높은 경우가 종종 있었다. 헤르마스(*Vis.* I. 1)와 교황 칼리스투스 (*Philos.* IX. 12)는 노예 출신들이다.

8) Renan은 그가 로마 시민권을 지닌 유대인이었다고 생각하고, Lightfoot도 그렇게 생각한다. 하지만 이방인이자 이방인으로 교육을 받은 순교자 유스티누스도 구약 성경을 친숙히 알고 있었다.

트라야누스 제3년(92-101)에 감독으로 재직했다고 한다. 당시에는 감독과 장로가 아직 공식적으로 뚜렷이 구분되지 않았던 점을 감안할 때, 그가 리누스(Linus)와 아나클레투스(Anacletus)[1, 2대 로마 감독으로 간주되는 사람들]와 함께 협동 장로였으며, 어떤 사람들에게는 그가 두 사람의 후임자로 표현되었고, 다른 사람들에게는 전임자로 표현되었을 가능성이 있다.[9]

후대의 전설들은 가톨릭 교회의 관점과 이단의 관점에서 그의 생애를 로맨스(romance, 傳奇)로써 장식했다. 전설들에서 그는 귀족 가문에서 태어나 고등 교육을 받았으나, 이교의 지혜와 예술에 염증을 느끼고 팔레스타인을 여행하다가, 그곳에서 사도 바울을 알게 되고 그에 의해 회심했으며, 그를 따라 선교 여행을 다녔다. 사도의 이름으로 여러 편의 글을 썼고, 사도에 의해서 로마 감독으로 임명받았으며, 전체 교회에 대한 감독권도 그때 함께 받았다. 그러다가 결국 트라야누스 때 타우리안 케르소네수스(크림 반도의 옛 명칭)로 추방령을 받고는 바다에서 순교하는 영광스러운 죽음을 맞이했다. 그러나 에우세비우스와 제롬까지 이어지는 가장 오래된 증인들은 그가 순교에 관해 언급하지 않는다. 「클레멘스 순교전」(*Acta Martyrii Clementis*, 시몬 메타프라스테스<Simon Metaphrastes> 著)은 이런 전설들이 9세기에 등장했다고 말한다. 이 전설들은 순전히 허구이며, 희한한 기적들을 그가 일으켰다고 전한다.

그는 진리와 허구 양 분야에 걸쳐서 막대한 영향력을 행사했고, 자신의 말이 곧 법이었으며, 하나의 독립되고 흩어진 교회에 대한 복종을 설교하고, 서쪽 바다 저편의 미지의 땅까지 생각하며 살았던 사람으로서, 이런 사람이 2세기의 벽두에 유럽의 모든 왕조보다 오랜 역사를 지니고, 오늘날 그리스도인들 가운데 2억 인구의 양심에 대해서 무류한 권위를 주장하는 교황들의 긴 명단의 맨 앞자리에 선다는 것은 대단히 주목할 만한 일이다.

II. 이러한 클레멘스가 고린도인들에게 보내는 헬라어 서신을 남겼다. 교부들에 의해서 종종 인용되는 이 서신은 그 뒤에 유실되었다가 훗날 둘째 서신의 단편과 함께 알렉산드리아 성경 사본(현재 대영박물관 소장)에 수록된 채 발견되

---

9) § 52. Bryennios는 자신의 *Prolegomena*에서 이 문제를 길게 다루며, 클레멘스가 로마의 3대 주교이자 고린도인들에게 보낸 서신의 저자였다고 결론짓는다. 그리고 그를 빌립보서 4:3의 글레멘드와 동일인으로 간주한다.

었으며, 1633년에 파트리키우스 유니우스(패트릭 영)에 의해서 옥스퍼드에서 출판되었다.[10] 두번째이자 후대에 제작되었으나 보다 완전한 11세기의 사본은 첫째 사본에 빠진 장들(가장 오래된 기도문이 함께 수록됨)과 둘째 서신의 전문(全文, 그 밖의 귀중한 문헌들이 함께 수록됨)은 1875년에 콘스탄티노플의 예루살렘 총대주교의 수도원 도서관에서 필로테오스 브리엔니오스(Philotheos Bryennios)에 의해 발견되어 출판되었다.[11] 그 직후에 파리의 쥘레 몰(Jules Mohl, 1876년 죽음)의 도서관에서 완전한 시리아어 번역본이 발견되었다.[12] 이로써 2세기의 한 전거

---

10) 알렉산드리아 성경 사본은 5세기에 편찬되었고, 1628년에 콘스탄티노플의 Cyril Lucar가 영국 왕 찰스 1세에게 선사했다. 1633년 이래로 클레멘스서는 이 단일 사본을 토대로 13번 가량 편집되었다. 이 사본에 실린 클레멘스서는 결론 장들(57-66)이 통째로 혹은 부분적으로 빠져 있으며, 크게 손상되어 있다. 이 상태의 클레멘스서가 Tischendorf(1867, 1873), Lightfoot(1869, 1877), Laurent(1870), Gebhardt(1875)에 의해서 세밀히 재조사되어 편집되었다. 이들의 추측은 콘스탄티노플 사본이 발견됨으로써 사실로 입증되었다.

11) 브리엔니오스는 당시에 세라이(마케도니아에 자리잡은 유서깊은 교구)의 수도대주교였고, 훗날 니코메디아의 수도대주교를 지낸 인물이다. 동방교회의 이 고위성직자는 서방의 가톨릭 교회와 개신교 교회의 학자들에게 기독교 학자로 높은 명성과 큰 호평을 받았다. 그가 발견한 콘스탄티노플 사본은 이루 말할 수 없는 귀중한 가치를 지닌다. 콘스탄티노플의 그리스 구역인 파나르 지구(the Panar)의 성묘 수도원 도서관에 소장된 이 사본은 작은 크기의 양피지 120쪽 분량으로 되어 있고, 제작 시기가 1056년으로 거슬러 올라가며, 필기체에 강세, 기식, 붓점을 세심하게 표기하며(하지만 이오타〈ι〉가 아래에 표기된 경우가 없다), 클레멘스서의 둘째 서신 전문(全文)과 헬라어로 된 바나바 서신, 12편의 이그나티우스 서신들의 긴 헬라어 교정본, '열두 사도들의 가르침', 크리소스토무스의 저서 한 권(구약과 신약성경의 개요)을 수록하고 있다. 이 사본의 가치는 주로 클레멘스의 첫째 서신 가운데 새로운 내용(57장부터 끝에 이르는 전체의 1/10 가량의 분량)과 둘째 서신의 나머지 부분이 수록되었다는 점에 있다.

12) 이 사본은 프랑스 학자들의 주목을 받지 못한 채 현재 케임브리지에 소장되어 있다. 1170년에 에데사의 마르 살리바 수도원에서 기록된 이 사본은 요한계시록을 제외한 신약전서를 수록하며, 두 편의 클레멘스 서신을 공동 서신들과 바울 서신들 사이에 수록하여서 마치 이 서신들이 정경의 책들과 동일한 권위가 있다는 듯한 인상을 준다. 주교 Lightfoot는 이 시리아어 번역본이 꼼꼼하고 충실하지만 석의(釋義)로 흐르는 경향이 있으며, 콘스탄티노플 본문보다 알렉산드리아 본문을 따르지만, 다소 독립

에서 유래한 것으로 보이는 세 개의 독립된 본문들(A, C, S)을 가지게 된 셈이다. 새로 발견된 부분들은 앞 장에서 지적한 교황의 권위와 전례적(典禮的) 예배의 역사에 관해서 새로운 빛을 비춰주었다(참조. 50, 66).

고린도인들에게 보낸 이 첫째(그리고 사실상 유일한) 서신은 로마에 있는 하나님의 교회가 외부의 요청 없이 자체의 각성에 의해서 고린도에 있는 하나님의 교회에게 세 명의 연로하고 충성스러운 그리스도인들인 클라우디우스 에페부스(Claudius Ephebus), 발레리우스 비톤(Valerius Biton), 포르투나투스(Fortunatus)를 통해서 보낸 것이다.[13] 이 서신에는 클레멘스라는 이름이 붙어 있지 않고 로마 회중의 이름으로 되어 있지만, 보편적으로 그의 저작으로 간주되었다. 이 서신은 고대 세계에서 크게 존중되었으며, 4세기 초에 이르기까지 고린도 교회와 다른 여러 교회들에서 계속해서 공식적으로 사용되었다.[14] 이러한 정황을 알고 나면 이 서신이 어떻게 알렉산드리아의 성경 사본에 실리게 되었는지를 이해할 수 있긴 하지만, 이 서신은 요한계시록 뒤에, 그리고 사도들의 서신들과 따로 떼어져 수록되어 있다.

그리고 이 점이 서신의 가치가 어느 정도였는가를 말해준다. 이 서신은 사도들의 글이 아니고 영감된 글도 아니지만, 형식과 내용 면에서 속사도 시대 저작들 가운데 가장 오래되고 가장 탁월한 글이다. 서신의 동기는 고린도 교회에서 발생한 파벌과 분쟁에 있었다. 이 교회에서는 고린도전서에서 사도 바울에게 그토록 준엄한 책망을 받은 분파 정신이 되살아나 정규 교역자들(장로-감독들)을 면직시키는 데까지 이어졌다. 저자는 수신자들에게 그리스도와 그분의 사도들을 본받아 조화와 사랑과 겸손과 거룩한 생활을 하라고 권하며, 특히 베드로와 바울을 예로 들면서, 그분들이 얼마 전에 자신들의 증거를 피로써 인증했던 점

된 해석을 제시한다고 말한다.

13) 이 이름들이 65장(알렉산드리아 본문에서는 59장)의 말미에 언급된다. 클라우디우스와 발레리우스는 자유인들로서 황제의 권속과 관련된 듯하다(참조. 빌 4:22). 포르투나투스에 대해서 어떤 학자들은 고린도전서 16:17에 언급된 사람. 즉 고린도의 스데바나 집에 속한 젊은 교인으로 이해한다.

14) 고린도의 디오니시우스(170)가 최초로 이 서신이 자기 교회에서 예배 때 사용된다고 언급한다. 에우세비우스(III. 16)는 이 서신이 과거뿐 아니라 자기 시대에도 아주 많은 교회들에서 낭독되었다고 증언한다.

을 환기시킨다. 바울에 관해서는 극진한 존경이 담긴 언어를 사용하여 "[로마] 세계 전체를 의로써 교훈하고, 서쪽 끝까지 가서 복음을 전하고, 군주들 앞에서 [그리스도를] 증거한 뒤에 위대한 인내의 본을 남기고서 거룩한 곳으로 떠났다"고 말한다.[15] 그는 성직위계제도적 교만을 드러내지 않은 채 로마 교회 특유의 단순함이 배여 있는 차분한 위엄과 실제적 지혜를 보여준다. 그리고 교회를 거의 멸절시키다시피 했을 네로의 두려운 박해를 교회가 얼마나 속히 극복하고 일어섰는가 하는 점도 주목할 만하다. 클레멘스는 하나님의 말씀을 최종 권위로 삼지만, 정경(칠십인역) 못지않게 외경도 자유롭게 인용한다. 그리스도와 사도들의 가르침을 여러 곳에서 회고한다.[16] 바울의 고린도전서를 언급하며, 바울의 서신들과 야고보서, 베드로전서, 그리고 특히 히브리서(그는 이 서신에서 여러 표현들을 빌려 사용한다)를 매우 친숙히 알고 있음을 보여준다. 따라서 그는 바울과 바나바와 누가와 함께 그 익명의 서신[히브리서]의 저자로 언급되기도 한다. 오리게네스는 클레멘스나 누가가 바울의 영감과 구술(口述)에 의해서 히브리서를 작성했을 것이라고 추정했다.

클레멘스는 삼위일체 교리("선택된 자들의 신앙과 소망이신 하나님, 주 예수 그리스도, 성령")와 그리스도의 신적 지위와 영광, 오직 그의 피에 힘입는 구원, 회개와 살아있는 믿음의 필요, 은혜로 말미암는 칭의, 성령에 의한 성화, 교회의 통일성 같은 교리들과, 겸손과 정절과 관용과 인내와 분투 같은 그리스도인들의 덕목을 뚜렷이 증거한다. 도미티아누스가 자행한 참혹한 박해와 대조적으로, 그는 "하나님께서 집권자들에게 나라를 잘 다스리도록 건강과 평안과 화합과 안정을 주시도록" 그들을 위해 기도하라고 권한다. 사도 바울이 폭군 네로 치하의 로마인들에게 권고한 말씀을 생각케 하는 내용이다(참조. 롬 13장). 클레멘스의 서

---

15) 5장. 여기서 말하는 서쪽 끝이란 바울이 로마서 15:24, 28에서 방문 의사를 밝혔던 서바나를 가리키는 게 틀림없다. 로마에서 글을 쓴 로마인에게는 스페인 혹은 브리타니아가 지구의 서쪽 끝이었다.

16) Funk는 *Patr. Apost.* I. 566-570에서 인용절들과 병행절들을 발췌한 목록을 소개한다. 이 목록에 따르면 157절은 구약과 (틀림없이) 「모세 승천기」를 포함한 외경에서, 158절은 신약성경에서 인용하는데, 신약성경에서 인용한 절들 가운데 엄격히 인용이라 할 만한 것은 3절(46장〈마 26:24; 눅 17:2〉, 2장과 61장〈딛 3:1〉)뿐이다. 클레멘스는 신약의 책명을 고린도전서 1:10 이하와 관련해서 유일하게 언급한다.

신은, 단순하고 간결하면서도 힘이 넘치는 사도들의 글들에는 현저히 못 미치긴 하지만, 과연 사도들의 제자다운 글이다.

III. 신학에 관해서, 이 서신은 분명히 바울의 계열에 속하며, 히브리서와 매우 유사하지만, 베드로에게 영향받은 흔적도 드러낸다. 두 사도 모두 실제로 로마 교회에서 사역했고, 그들의 이름으로 이 서신이 작성되었으며, 그들의 정신이 이 서신에 도장처럼 찍혀 있다. 이 서신에는 바울주의와 베드로주의 사이에 반목이 있었다는 흔적이 없다. 클레멘스는 사도 교부들 가운데 아마 폴리카르푸스를 제외하고는 바울의 이신칭의(以信稱義) 교리 개념을 다소나마 나타내는 유일한 교부이다. 그는 이렇게 말한다. "모두가(즉, 구약의 모든 성도가) 스스로 잘나서, 혹은 자기들의 업적이나 의로써 위대하고 영광스럽게 된 것이 아니라, 하나님의 뜻으로 말미암아 그렇게 되었다. 따라서 그리스도 예수 안에서 하나님의 뜻으로 부르심을 받은 우리도 우리 스스로 잘나서, 혹은 지혜가 특출하거나 깨달음이 깊어서, 혹은 경건이나 행위가 남달라서 의로운 것이 아니라, 영원토록 영광을 받으셔야 할 하나님께서 처음부터 이 모든 사람들을 의롭다 하셨기 때문에 의로운 것이다"(32장). 그런 다음 클레멘스는 바울이 로마서 6장에서 가르친 것과 똑같이 성화의 근거를 칭의에 둔 다음 계속해서 이렇게 말한다. "사랑하는 형제 여러분, 그렇다면 우리가 이제 어떻게 해야 하겠습니까? 선한 일에 게으르고 사랑에 태만해야겠습니까? 그래서는 안 됩니다! 오히려 열정과 용기를 내서 모든 선한 일을 성취하는 데로 달려가야 합니다. 만물의 창조주이시며 주(主)이신 분께서 친히 이루신 일들을 기뻐하시기 때문입니다."

그는 선한 일들 가운데 특히 사랑을 높이 평가하며, 바울의 고린도전서 13장을 생각나게 하는 어조로 사랑을 설명한다: "그리스도 안에서 사랑하는 자는 그리스도의 계명을 순종하는 것입니다. 누가 하나님의 사랑의 띠를 선포할 수 있으며, 그 지극한 아름다움을 말할 수 있습니까? 그 사랑이 이끌고 올라가는 곳은 이루 말할 수 없이 높은 곳입니다. 사랑은 우리를 하나님과 연합시키고, 허다한 죄를 덮고, 모든 것을 참으며 모든 것을 견딥니다. 사랑에는 비열함도 없고 교만도 없습니다. 사랑은 분열을 모릅니다. 사랑은 완고하지 않습니다. 모든 것을 조화롭게 행합니다. 사랑 안에서 하나님께 선택받은 모든 사람들이 온전하게 됩니다. 사랑이 없으면 어떤 것으로도 하나님을 기쁘시게 해드릴 수 없습니다. 사랑 안에서 주님은 우리를 받으셨습니다. 우리를 위해서 품으신 사랑으로 인해서,

우리 주 예수 그리스도께서 하나님의 뜻대로 우리를 위해서 피를 흘리셨으며, 우리의 몸을 위해서 자신의 몸을, 우리의 영혼을 위해 자신의 영혼을 내어주셨습니다"(49장).

그리고는 교회의 일치를 갈망하는 심정을 표시한다. "그런데 여러분 가운데 분쟁과 분노와 불화와 분열과 전쟁이 어디로서 온 것입니까? 우리에게 한 분 하나님과 한 분 그리스도와 우리를 위해서 부어지신 한 분 성령이 계시지 않으며, 그리스도 안에 하나의 부르심이 있지 않습니까? 어찌하여 그리스도의 몸을 찢고 가르며, 몸을 소란케 하고 깊은 미망에 빠져서 우리가 서로 지체들임을 잊는단 말입니까?"(46장. 비교. 엡 4:3 이하).

또한 그는 우주의 조화로운 모습을 가리키면서 일치를 당부하며, 아마 아틀란티스에 관한 고대의 전설에 암시를 받아 다른 세상(orbis alter), 극단의 섬(ultim), 즉 인간이 건널 수 없는 대양 저편에 주님의 동일한 법으로 다스림을 받는 다른 세상들이 있다는 생각을 무심코 드러낸다.[17]

그러나 클레멘스의 서신은 바울의 특성이 지배적임에도 불구하고 그 이방인 사도의 신학에 깔려 있는 자유롭고 복음적인 어조를 다소 약화시키고, 유대화주의를 엄격히 반대하던 태도를 완화하며, 그것을 야고보의 유대-기독교적 관점을 혼합함으로써 바울적 견해와 베드로적 견해 사이의 갈등이 1세기 말에 로마 교회와 고린도 교회에서 해소되었음을 보여준다.

클레멘스는 감독직[주교직]이 장로직보다 높다는 생각을 암시조차 하지 않는다. 게다가 그의 서신 자체가 그의 이름으로 기록되지 않고 로마 교회의 이름으

---

17) 20장. Lightfoot(p. 84)은 이 단락에 관해서 다음과 같이 논평한다: "클레멘스는 사람들에게 알려졌으나 갈 수는 없는 어떤 땅, 헤라클레스의 기둥들 없이 펼쳐진 땅을 가리킬 가능성이 있다. 그러나 그가 대양 너머 서쪽 끝에 플라톤이 말한 전설적인 아틀란티스나 훗날 발견된 아메리카 대륙 같은 땅을 생각했을 가능성이 더욱 크다." Lightfoot는 더 나아가 이 단락을 이레나이우스(II. 28. 2), 알렉산드리아의 클레멘스 (*Strom.* V. 12), 오리게네스(*De Princ.* II. 6; *In Ezech.* VIII. 3)도 같은 의미로 이해했다고 말하면서, 그러나 후대에 테르툴리아누스(*De Pall.* 2; *Hermog.* 25), 락탄티우스 (*Inst.* II. 24), 아우구스티누스(*De Civit. Dei* XVI. 9)에게 단죄를 받았다고 말한다. 수세기 동안 Cosmas Indicopleustes, 즉 지구가 평평한 직사각형이라는 생각이 기독교 문학에 널리 성행했다.

로 기록되었다. 그러나 그는 레위 지파의 제사장직을 기독교 교역직의 예표로 설명하며, 교회의 외적 통일와 확고한 질서와 교회 지도자들에 대한 복종을 크게 강조한다. 사도의 토대를 지닌 자매 교회에 대해서 권위 있는 어조로 말하며, 그로써 아직 느슨하고 순진한 시작 단계에 있던 교황제의 모습을 드러낸다. 그가 죽은 지 백년 뒤에 그의 계승자들은 자신들의 이름으로 전체 교회들을 대상으로 권고할 뿐 아니라, 사소한 차이들을 가지고 전체 교회들에 파문을 내리기도 하는 무모한 태도를 드러냈다.

클레멘스와 바울 사이에 격차가 생기고, 사도적인 것들에서 외경적인 것들로, 신앙에서 미신으로 이행해 간 현상은 유대교 외경을 무분별하게 사용하는 태도에서도 나타나고, 부활을 믿지 않는 사람들을 대할 때 바울이 취한 태도와 클레멘스가 취한 태도 사이의 차이에서도 나타난다. 클레멘스는 부활을 설명할 때 계절들과 낮과 밤의 변화 같은 자연에 나타나는 예표들을 지적할 뿐 아니라, 5백년마다 재생한다는 아라비아의 불사조라는 이교 신화를 진실하게 언급하기도 한다. 신화를 그대로 소개하면서, 불사조가 죽을 날이 가까워지면 유향과 몰약과 그 밖의 향료들로 둥지를 짓는다고 한다. 불사조가 죽고 나면 썩어가는 사체에서 날개 달린 벌레가 생기고, 그 벌레는 힘이 강해져서 재생의 둥지를 아라비아에서 이집트의 헬리오폴리스로 옮겨가며, 사람들이 다 지켜보는 대낮에 조상의 뼈들을 가지고 태양의 제단에 내려앉는다. 그리고 이 일이 사제들의 계산대로 5백년마다 한 번씩 발생한다고 말한다. 클레멘스 이후에 다른 교부들도 불사조를 부활의 상징으로 사용했다.[18]

---

18) 테르툴리아누스(*De Resurrect.* 13), 오리게네스(*C. Cels.* IV. 72), 암브로시우스(*Hexaem.* V. 23, 79), 에피파니우스, 루피누스, 그 밖의 교부시대 저자들. 불사조는 쇄신과 부활의 상징으로 애용되었고, 심지어 초기 그리스도인들은 그리스도를 가리키는 상징으로도 사용했다. 그러나 이 점에서 그들은 당시의 대표적인 지식인들 못지않게 미신적인 태도를 드러냈다. 헤로도토스는 새가 부모 새의 장사를 치른다는 기이한 이야기를 이집트의 사제들한테 들었다(II. 73). 오비디우스와 그 밖의 라틴 시인들도 그 일을 언급하며, 클라우디우스는 그 일에 대해서 시를 헌정한다. 타키투스(*Ann.* VI. 28), 플리니우스(*H. Nat.* X. 2), 디온 카시우스(LVIII. 27)는 불사조가 실제로 A.D. 34년에 250년만에 다시 나타났다고 기록한다. 플리니우스에 따르면 그 새는 클라우디우스의 칙령에 의해서 로마로도 운송되어 건국 800주년(A.D. 47)에 민회에서 전시되었다고 한다. 물론 이것은 거짓말이었으며, 당시 이집트에서 그 기이한 새를 보았을는지도

Ⅳ. 이 서신의 저작 시기는 베드로와 바울의 순교를 예찬하는 점에서 두 분이 죽은 뒤임에 분명하며, 아마 요한이 죽은 뒤(98년)였을 것으로 추측된다. 이렇게 생각하는 이유는 만약 당시에 요한이 살아 있었다면 그의 말을 인용하면서 상급자에 대한 존경을 나타냈을 것이고, 고린도의 그리스도인들도 멀리 떨어진 로마에 있는 사도들의 제자에게 자문을 구하지 않고 사도에게 직접 자문을 구했을 것이기 때문이다. 서신 서두에 언급되는 박해는 네로의 박해뿐 아니라 도미티아누스의 박해도 가리킨다. "갑작스럽고 거듭된 불행과 역경이 우리에게 임했다"는 그의 말에서 그 점을 읽을 수 있다. 더욱이 그는 당시의 고린도 교회에 대해서 "확고히 수립되고 깊은 역사를 지니고 있는" 교회라고 부른다. 클레멘스가 92년 혹은 93년 이후에야 로마의 감독이 되었다고 보는 이러한 견해에 대해서 에우세비우스도 동의한다.

163. 위 클레멘스 저작들

클레멘스의 이름은 후대에 정통신앙의 진영과 이단 진영에서 모두 등장한 여러 저작들에 도용되어서 그의 이름과 지위의 무게에 힘입어 좀 더 널리 보급하려는 목적에 사용되었다. 로마 교회에서는 헬라어 지식이 갈수록 희미해지면서 진짜 클레멘스의 저작은 망각되고, 이들 위(僞) 클레멘스(pseudo-Clementine) 저작들이 그 자리를 대신하게 되었다. 그 저서들은 다음과 같다.

1. 고린도인들에게 보내는 두번째 서신. 이것은 잘못 붙여진 제목이며, 이 글은 과거에는 부분적으로만 알려지다가 1875년 이후로 전체(20장)가 알려졌다.[19] 내용과 문체가 첫째 서신에 크게 못 미치며, 후대에, 즉 120-140년에 고린도에서 집필된 것으로 추정된다. 그런 점 때문에 사본들에 첫째 서신과 나란히 실려 있

모르는 클레멘스를 포함한 많은 사람들이 그 이야기를 진짜로 받아들였다. 그러나 사도 바울처럼 성령의 감화를 받은 저자는 기독교 진리를 논증하기 위해서 그러한 이교적 우화를 사용한 적이 없다. Lightfoot는 이렇게 말한다. "오늘날은 그 이야기가 천문학을 상징적이고 회화적으로 묘사한 데서 유래한 것으로 이해한다. 불사조의 출현은 어떤 중요한 별이나 별자리가 유난히 밝게 떠오르는 주기의 반복을 뜻한다."
19) 1875년에 브리엔니오스가 헬라어 각주를 붙여 전문을 편집함.

다.[20] 이 글은 서신이 아니라 '형제들과 자매들'에게 행한 설교일 뿐이다. 이것이 문자로 남은 속사도 시대의 가장 오래된 설교이며, 오직 그 점에서만 중요성과 가치를 지닌다.[21] 이 글은 부활을 부정하는 영지주의를 논박하면서, 다른 한편으로는 그리스도인으로 능동적으로 살 것과 박해를 꿋꿋이 견딜 것을 다소 미약하나마 진지하게 권고한다. 정조(情操)로는 정통신앙에 속하며, 그리스도를 "살아 있는 자들과 죽은 자들의 하나님이요 재판장"이라 부르며, 그분이 일으킨 대대적인 도덕 혁명을 다음과 같은 말로 소개한다(1장): "우리는 깨닫지 못해서 나무와 돌, 금과 은과 놋, 사람들의 가공물들을 숭배한다. 우리의 삶 전체가 죽음 외에 아무것도 아니다 … 예수 그리스도를 통해서 우리는 시력을 얻으며, 그분의 뜻에 힘입어 우리를 감싸고 있는 구름을 몰아낸다. 그가 우리를 자비로써 구원하셨다 … 그는 우리가 아무것도 아닐 때 우리를 부르셨고, 우리가 아무것도 아닌 데서부터 실제적인 존재를 얻도록 뜻하셨다."

2. 정절에 관한 회람 서신(두 편). 이 글들은 베트슈타인(J. J. Wetstein)이 네덜란드 암스테르담의 항변파(the Remonstrants, 개혁교회의 가르침에 반대했고, 도르트 대회에서 논박을 당한 사람들: 역자주) 도서관에서 시리아 번역본(1470년에 제작)으로 맨 처음 발견했으며, 1752년에 자신의 유명한 헬라어 신약성경에 부록으로 실어 펴냈다. 이 서신들은 독신 생활을 권장하며, 남녀 금욕자들에게 주는 조언과 지침을 싣는다. 그 내용은 사도적 교훈과 관습에 낯선 금욕주의의 초기 발전 단계를 드러낸다. 일부 로마 가톨릭 신학자들은 여전히 이 서신들을 클레멘스의 저작으로 변호하지만, 다른 이들은 보다 확고한 논거를 가지고 2세기 중반이나 후반의 저작으로 간주한다.

3. 사도헌장(the Apostolical Constitution)과 사도교령(使徒敎令, the Apostolical Canons). 이른바 성 클레멘스의 전례(liturgia S. Clementis)는 사도헌장 제8권의 일부분을 차지한다.

---

20) 이 글을 맨 처음 언급한 사람은 에우세비우스이다. 하지만 그는 고대의 저자들이 이 글을 사용하지 않았다는 말을 덧붙인다. 이레나이우스, 알렉산드리아의 클레멘스, 오리게네스는 클레멘스의 글이 한 편인 것으로 알고 있다.

21) Lightfoot는 이 글을 "저항하는 세상을 굴복시키고 그것을 십자가 앞에 무릎꿇게 하는 숭고한 도덕적 진지함과 당당한 신앙"의 증거라고 부르지만, "문학 작품으로서는 전혀 가치가 없다"고 평가한다.

4. 위 클레멘티나(the Pseudo-Clementina), 혹은 스무 권으로 이루어진 에비온주의적 설교집과 그에 대한 가톨릭의 복제품인 승인록(the Recognitions).

5. 다섯 편의 교령(敎令) 서신(Five Pseudo-Decretal Letters). 위(僞) 이시도루스(pseudo-Isidore)가 자신의 글모음 서두에 수록했다. 그 중 두 편은 주님의 동생 야고보에게 보내는 형식을 취하고 있고, 위 이시도루스 이전에, 즉 2세기나 3세기에 집필된 듯하다. 나머지 세 편은 위 이시도루스 자신이 마치 이시도루스가 쓴 것처럼 꾸민 것이다. 이 서신들은 중세에 교황의 수위권(首位權)을 뒷받침할 목적으로 날조된 매우 거창하고 뻔뻔한 문서(이시도루스 교령집<the Isidorian Decretals>)의 토대가 된다.[22] 야고보에게 보낸 첫째 서신은 클레멘스가 베드로에 의해서 후임 로마 감독으로 임명되었다는 소식과, 교직자들의 임무와 교회의 일반 행정에 관한 지침들을 수록한다. 야고보에게 보낸 둘째 서신은 성찬 예식, 교회 비품, 그리고 그 밖의 전례(典禮)에 관한 문제들을 언급한다. 이 서신들은 위 클레멘스의 설교집과 승인록에 수록되어 있다. 그러나 그 설교들에서 예루살렘의 야고보가 로마의 베드로에게 업무를 보고하도록 하고, 자신의 설교들을 안전하게 보존하도록 위탁하는 등, 베드로보다 높은 지위에 있는 것으로 나타난다는 점이 주목할 만하다.

164. 안디옥의 이그나티우스

I. 이그나티우스의 생애

이그나티우스(Ignatius)는 테오포루스(Theophorus, '하나님을 모신 자')라는 별명을 갖고 있고,[23] 1세기 말과 2세기 초에 안디옥 교회를 대표하는 지위에 있었으며, 따라서 로마의 클레멘스와 예루살렘의 시므온과 같은 시대 사람이었다. 안디옥 교회는 이방 기독교의 모교회였으며, 그 도시는 로마 제국에서 제2의 도시였다. 허다한 그리스도인들과 역시 허다한 수의 이단들이 이 도시에 몰려 있

---

22) 이 문서들은 828-847년에 프랑스 동부에서 유래했다.

23) 이 별명은 헬라어를 라틴어로 그대로 음역한 것이다. 「이그나티우스 순교록」(*Martyrium Ignatii*, c. 2)에서 이그나티우스는 별명의 의미를 묻는 트라야누스 앞에서 '가슴에 그리스도를 품은 자'라고 대답한다.

었으며, 이들의 대립으로 교리와 조직이 빠른 속도로 발전하게 되었다.

로마의 경우와 마찬가지로 안디옥의 감독직에 관해서도 전승이 엇갈린다. 이그나티우스가 베드로 이후에 이 교회의 첫째 감독이었는지 아니면 둘째 감독이었는지에 관해서도 전하는 내용이 다르고, 어느 때는 그를 베드로의 제자라고 했다가, 어느 때는 바울의 제자 혹은 요한의 제자라고 부른다. 사도헌장은 에보디우스(Evodius)와 이그나티우스가 — 전자는 베드로에게, 후자는 바울에게 임명을 받고서 — 그 교회를 잠시 지도한 것으로 넌지시 알린다.[24] 바로니우스와 그 밖의 사람들은 두 사람이 공동 감독으로서 재직하면서, 에보디우스가 유대인들을, 이그나티우스가 이방인 회심자들을 지도했을 것으로 추정한다. 티르쉬(Thiersch)는 베드로가 에보디우스를 장로로, 바울이 이그나티우스를 장로로, 그런 뒤 다시 요한이 이그나티우스를 감독으로 임명했다는 가설로써 상충되는 진술들을 조화시키려고 한다. 그러나 이그나티우스 자신과 에우세비우스는 그가 사도의 제자였다는 말을 하지 않는다. 반면에 제롬과 콜베르티누스 순교전(the Martyrium Colbertinum)의 증언, 즉 그와 폴리카르푸스가 사도 요한의 동료 제자들이었다는 증언은 이그나티우스가 폴리카르푸스에게 보낸 서신 내용과 모순된다. 그 서신에 따르면 이그나티우스는 폴리카르푸스가 서머나에서 로마로 오기 전까지는 그를 몰랐던 것으로 되어 있다. 후대의 이야기에 따르면 이그나티우스는 최초의 종교 음악 후원자였으며, 안디옥에 교송(交誦, antiphony)을 도입했다.

그러나 이그나티우스의 독특한 영광은 고대 교회의 눈으로 볼 때는 그의 순교였다. 「성 이그나티우스 순교전」(Martyrium S. Ignatii)의 다양한 판본들에 실린 상세한 내용에는 신앙 목적상 꾸며낸 허황된 이야기들이 많이 실려 있다. 그러나 그가 순교한 사실 자체는 전승들 일반에 의해 확증된다. 이 책의 시리아어판에 따르면 이그나티우스 자신은 로마인들에게 보낸 서신에서 다음과 같이 말했다고 소개된다. "나는 시리아에 있을 때부터 로마에서 사역할 때까지 육상과 해상에서 매일 밤낮으로 친절을 보일수록 더욱 사나워지는 표범 열 마리[군인들]에게 결박과 감시를 당한 채 맹수들과 싸우고 있습니다. 그렇지만 그들의 포악이 제자인 내게는 유익을 줍니다. 그러나 이것으로 나는 만족하지 않습니다. 그 맹

---

24) *Ap. Const.* VII. 46.

수들이 나를 위해 준비된 자들임을 기뻐하게 되기를 나는 원합니다. 그들도 자기들이 나를 위해 준비된 자들임을 발견하게 되기를 원합니다. 아니 오히려 그들에게 덤벼들어 나를 어서 속히 삼키게 하고, 그들이 다른 분들에게 그랬던 것처럼 혹시 두려워서 손을 대지 못하는 일이 없도록 하겠습니다. 만약 그들이 자발적으로 그렇게 하지 않으면 억지로라도 시키겠습니다."

그의 순교를 다룬 행전(Acts)은 좀 더 자세한 내용을 전한다. 즉, 이그나티우스가 트라야누스 재위 제9년(107-108)에 안디옥에서 황제 앞에 끌려가 그리스도인이라는 죄목으로 사형 언도를 받고 사슬에 결박되어 로마로 압송되었고, 그곳의 콜로세움에서 군중의 유희를 위해서 사자들에게 던져졌으며, 그의 유해는 안디옥으로 운구되어 귀중한 보물로 간직되었다고 한다.[25] 황제가 그 감독을 로마로 압송한 이유는 그에 대한 열정을 가라앉히고, 압송 경로에 사는 다른 그리스도인들에게 두려움을 끼치고, 안디옥 교회에서 광적인 행동이 분출되는 것을 사전에 막기 위함이었다. 그러나 그 진술 가운데 연대에 관한 부분은 난제를 던져 준다. 당시의 주화들과 그 밖의 고대 문헌들을 토대로 우리가 알고 있는 바에 의하면 트라야누스는 114년 혹은 115년에야 비로소 파르티아를 정벌할 목적으로 안디옥을 방문했던 것이다. 그러므로 그의 순교 시기를 늦춰 잡거나, 아니면 좀 더 가능성이 큰 대안으로서, 이그나티우스가 황제에게 직접 출두하지 않고 그의 총독에게 출두했다고 생각해야 한다. 에우세비우스와 크리소스토무스와 그 밖의 고대 증인들은 황제의 재판에 관해서 아무런 언급도 하지 않으며, 로마에 보낸 서신도 이그나티우스가 황제에게 사형 언도를 받지 않았음을 암시한다. 만약 황제에게 사형 언도를 받았다면 이그나티우스가 자신을 위해서 여러 방면으로 탄원을 올리지 말라고 금할 필요가 없었을 것이기 때문이다. 탄원이란 하급 법원의 결정에 대해서 올리는 것이지, 황제의 결정에 대해서 올리는 것이 아니다.

II. 이그나티우스의 서신들

감독 이그나티우스는 예수 그리스도의 죄수로서 로마로 압송된 뒤에 주로 소아시아에 있는 여러 교회들에게 일곱 편의 서신을 썼다. 에우세비우스와 제롬은 그 서신들을 다음과 같은 순서로 소개한다: (1) 에베소인들에게; (2) 마그네시아

---

25) *Mart.* c. 6.

인들에게; (3) 트랄리스[일리리아]인들에게; (4) 로마인들에게; (5) 빌라델비아[필라델피아]인들에게; (6) 서머내스미르내인들에게; (7) 서머나의 감독 폴리카르푸스에게. 처음 네 편은 서머나에서 작성한 것이고, 나머지 세 편은 훗날 드로아에서 작성한 것이다. 이 일곱 편의 서신은 위조임에 분명한 이그나티우스의 여러 다른 서신들과 함께 엮여져 두 개의 헬라어 본문(긴 본문과 짧은 본문)으로 전해져 내려왔다. 긴 본문은 후대에 삽입된 내용이 많기 때문에, 학자들은 당연히 짧은 본문을 선호한다. 논의를 더욱 혼란스럽게 만드는 것은 이런 위조 서신들 외에도 1845년에 발견된 시리아어 번역본이다. 이 번역본에는 앞에서 소개한 서신들 가운데 세 편(폴리카르푸스와 에베소인들과 로마인들에게 보낸 서신들)이 훨씬 더 짧은 형태로 수록되어 있다. 어떤 학자들은 이 번역본이 원본을 정확히 옮긴 것으로 간주하고, 다른 학자들은 실제적이고 금욕적인 목적으로 원본을 간추린 것으로 간주하는데, 후자의 견해가 더욱 타당성이 있다.

그러므로 문제는 짧은 헬라어 사본과 시리아어 번역본 사이에 놓여 있다. 증거는 짧은 사본이 우세하다. 이 사본에서는 편지들이 느슨하고 잡다하지 않고 각각의 취지를 가지고 있으며, 에우세비우스에게 (아마 폴리카르푸스에게도) 알려졌으며,[26] 페터만(Petermann)이 비교한 바에 따르면 5세기에 제작된 아르메니아어 번역본과도 일치한다. 하지만 세 편은 비록 주교제[감독제]와 그리스도의 신성을 강력히 주장한 몇몇 단락들이 빠져있을지라도 헬라어 서신들에 나타나는 것과 동일한 생생한 삶의 모습과 특히 순교에 대한 뜨거운 열정이 잘 요약되어 있다.

III. 이그나티우스의 인격과 역사적 지위

이그나티우스는 역사에서 이상적인 가톨릭 순교자이자, 성직위계제도의 장단점들을 모두 제시하면서 그 제도를 최초로 옹호한 인물로 서 있다. 저자로서는 독창적이고 신선하고 논리적인 사고력과, 간결하고 재기 번득이고 금언적인 문체가 돋보이지만, 사도적 단순함과 확고함에서는 클레멘스와 폴리카르푸스에 뒤지며, 신약성경의 서신들과는 훨씬 더 큰 대조를 드러낸다. 클레멘스가 로마

---

26) 폴리카르푸스는 빌립보인들에게(13장) 자신이 이그나티우스의 서신들을 그들에게 보냈다고 기록한다.

인답게 냉정함과 위엄과 정치적 지혜를 보여주는 반면에, 이그나티우스는 헬라 파 시리아인답게 침착함을 벗어나 열정적이고 충동적인 모습을 보여준다. 이그 나티우스는 매우 비범한 사람이었으며, 자기 시대에 강렬한 인상을 남겼다. 한 마디로 그는 순교의 영광과, 주교제[감독제]의 무한한 힘과, 이단과 분파에 대한 증오라는 세 가지 사상으로 똘똘 뭉친 사람이었다. 성직위계제도적 긍지와 겸 손, 기독교적 자선과 교회적 배타성이 그에게서 전형적으로 나타난다.

그의 서신들에 나타난 바에 의하면, 그의 가장 아름답고 존경할 만한 특징은 그리스도를 성육신하신 하나님으로 믿고 뜨겁게 사랑하는 것이다. 위대한 애국 자들이라면 조국을 위해서 죽는 것을 감격스러워하는 법이지만, 그는 그리스도 를 위해 죽는 것을 그들보다 훨씬 더 감격스럽고 영광스럽게 생각했으며, 자신 의 피가 교회의 장성을 위해 토양을 비옥하게 만들 것이라고 생각했다. 그는 다 음과 같이 말한다. "나는 온 세상을 다스리기보다 차라리 그리스도를 위해서 죽 겠다.""하나님께 올라가기 위해서 세상에서 낮아지는 것은 영광스러운 일이다."

로마인들에게는 이렇게 간곡히 당부한다. "내가 맹수들에게 던져지도록 그냥 내버려두어서 하나님께 참여할 수 있도록 해주십시오. 나는 하나님의 밀알이며, 하나님의 순결한 가루로 발견될 수 있기 위해서 맹수들의 이에 빻아질 것입니 다. 차라리 맹수들을 자극하여 그들이 내게 무덤이 되어 살점 하나 남지 않게 해 주십시오. 그러면 내가 잘 때 아무에게도 부담이 되지 않을 수 있습니다. 세상이 더 이상 내 육체를 볼 수 없을 때 나는 그리스도의 참 제자가 될 것입니다. 이런 수단들을 통해서 내가 하나님께 제물로서 발견될 수 있도록 나를 위해서 기도해 주시기 바랍니다."[27]

그리고는 계속해서 이렇게 말한다. "그들이 만약 나를 예수 그리스도께 참여 하는 자가 되게만 해준다면 불과 십자가와 맹수의 밥이 되는 것과 뼈도 못 추리 게 되는 것과 사지가 찢어지는 것과 온 몸이 으스러지는 것과 마귀의 악독한 고 문들을 받아도 괜찮습니다 … 나의 사랑은 십자가에 못 박히고, 내 안에는 세상 것을 사랑하는 열정이 없습니다 … 나는 썩어질 양식을 즐기지 않으며, 이생의 쾌락들을 좋아하지도 않습니다. 내가 원하는 것은 하나님의 양식 곧 그리스도의 몸입니다. 나는 그분의 보혈을 원합니다. 그것은 쇠하지 않는 사랑입니다."[28]

---

27) 시리아어 본문에 따르면 *Ad Rom. c. 2*; 헬라어 사본에서는 c. 4.

하지만 이러한 단락들에서 파악하게 되는 또 한 가지 점은, 그의 순교 정신이 자기를 부인하는 태도로 침착하게 살아간, 그리고 주님의 기쁘신 뜻에 따라 살기도 하고 죽기도 하려고 했던 사도들의 태도를 크게 벗어난다는 점이다(참조. 빌 1:23, 24; 마 26:39). 그의 순교 정신은 과격한 조급증과 병적인 광신으로 전락한다. 그것은 밝고 차분한 불빛보다는 검붉게 타오르는 횃불을 닮았다. 지나친 자기 비하와 영적인 긍지와 우월감이 뒤섞여 있다. 그리고 마지막으로 그가 폴리카르푸스에게 보낸 서신에는 무례함이 묻어나기도 한다. 폴리카르푸스는 당시에 틀림없이 중년의 나이에 들어섰을 텐데, 그 고결한 감독이자 사도의 제자를 동역자와 형제로 대하지 않고 마치 학생 대하듯이 타이르고 경고한다. 이를테면 "현실에 안주하지 말고 더 배우는 데 힘쓰시오", "뱀처럼 지혜로우시오", "지금보다 더 열심을 내시오", "마귀의 간계를 멀리하시오" 같은 말들을 한다. 마지막 말은 바울이 디모데에게 조언한 "네가 청년의 정욕을 피하고"라는 말보다 훨씬 더 나아간 것으로서, 바울의 조언에 의해서 정당화될 수 없다. 이처럼 사도 시대 순교자와 속사도 시대 순교자 사이에는 가르침의 설득력과 깊이뿐 아니라 삶과 고난 사이에도 현저한 차이가 있다.

이그나티우스의 서신들에 나타나는 교리관과 교회관은 요한의 성육신 교리와, 교회를 예수 그리스도의 몸으로 설명한 바울의 사상을 독특하게 결합하고 다소 물질적인 의미로 이해한 데 토대를 둔다. 저자는 '보편[가톨릭] 교회' — 이 것은 그가 도입한 용어이다 — 즉, 감독제[주교제]를 골격으로 한 당시의 정통 교회 조직 안에서 성육신의 신비가 실재로써 지속되고 있다고 본다(그는 가현설에 반대하여 성육신의 실재성을 크게 강조한다). 감독이 저마다 땅에서 그리스도를 볼 수 있는 방식으로 대표하는 사람이자 교회 일치의 중심임을 독자들에게 열정적으로 주지시킨다. 이런 방식으로 사도들의 사상을 직접 외부 조직에 적용하며, 그들의 사상을 당시에 모습을 갖춰가던 성직위계제도의 원리와 조직에 원용한다. 이그나티우스의 서신들은 바로 이 점에서 가장 중요한 의미를 지닌다. 이런 점 때문에 이 서신들은 가톨릭교도들과 고위 성직자들에게는 큰 호평을 받는 반면에, 주교제 반대자들과 현대의 급진적 학파에 속한 비평학자들에게는 인기가 없다.[29]

---

28) 4장(시리아어 본문) 혹은 5-7장(헬라어 사본).

여기서 눈여겨봐야 할 점은 감독(주교) 중심의 성직위계제도를 최초로 분명하고 과감하게 제기한 사람이 당시 로마 감독인 클레멘스가 아니라, 동방교회의 감독(이그나티우스)이었다는 점이다.[30] 그의 생각이 로마의 토양에 이식된 뒤 그가 흘린 순교의 피로 인증되었다. 또 한 가지 주목할 점은 성직위계제도를 주장한 가장 오래된 이 문서들이 신앙을 빙자한 위조에 의해서 곧 첨삭과 재단을 당하게 됨으로써 오늘날은 과장되고 거짓된 이그나티우스의 전승에서 이그나티우스의 진정한 역사를 확실하게 발견할 수 없게 되었다는 점이다.

165. 이그나티우스 논쟁

사도 교부들이 남긴 저작들 가운데 이그나티우스의 서신들만큼 많은 논란이 된 것이 없었고, 특히 이것은 현대에 들어와서 더욱 그러하다. 이렇게 된 원인은 이 서신들이 주교제 문제에 대해서 갖는 중요성 때문이기도 하고, 서신들의 판본들이 그만큼 다양하기 때문이기도 하다. 판본들이 다양하다는 사실은 모든 판본들의 토대가 된 정본이 있었다는 가설을 강하게 입증하는 듯하며, 현존하는 판본들 가운데 어느 하나라도 충분한 진정성을 갖고 있지 않겠느냐는 추정을 부정하는 듯하다. 르낭(Renan)은 이그나티우스 문제를 초기 교회 문학에서 요한복

---

29) 위조성이 뚜렷하고 가치가 떨어지는 긴 본문만 알고 있던 칼빈은 이그나티우스의 서신들을 혐오스러운 쓰레기라고 부른다(*Inst.* I, 1, c. 13, § 29). 칼빈에 비해 더 나은 판단 자료를 갖고 있었던 Dr. W. D. Killen은 성직위계제도에 대한 강한 반감에서 심지어 짧은 시리아어 본문을 가지고서도 이그나티우스를 "복음에 위배되는 형식주의자, 철없는 허풍쟁이, 몽상가, 광신도"라고 부른다(*Ancient Church*, 1859, p. 414). Neander는 훨씬 더 온건한 태도를 취하면서도, 사도시대에 그렇게 가깝게 살았던 순교자가 "주교들에게 순종하는 일" 외에는 달리 중요한 교훈을 남기지 못했다는 점을 납득하지 못한다(*Ch. H.* I. 192, note, Bost. ed.). Bauer와 튀빙겐 비평학자들은 이그나티우스의 문헌 전부를 아예 위조로 간주한다. 반면에 Rothe는 그 서신들에 표현된 순교 열정에 감동을 받으며, Zahn(정통 루터교 학자)은 짧은 헬라어 본문으로 보존된 이그나티우스의 서신들이 사도 바울의 서신들에 견줄 만한 가치가 있다고 생각한다.

30) 로마 교회가 로마의 초대 교황으로 주장하는 사도 베드로는 그렇게 가르치지 않았다. 오히려 만대의 교회에 성직위계적 경향을 엄숙히 경고했다(참조. 벧전 5:1-4).

음에 버금가는 까다로운 문제로 묘사한다.

이그나티우스 논쟁은 세 시기에 걸쳐 전개되었다. 첫째 시기는 위조 이그나티우스 서신들이 출판된 뒤부터 짧은 헬라어 본문이 출판될 때까지이고(1495-1644), 둘째 시기는 짧은 헬라어 본문이 발견되고 출판된 때부터 시리아어 본문이 발견될 때까지이며(1644-1845)(시리아어 본문이 발견되면서 긴 본문은 배척되었다), 셋째 시기는 시리아어 본문이 발견된 뒤부터 오늘날까지로서(1845-1883), 오늘날은 짧은 헬라어 본문이 선호된다.

1. 긴 헬라어 본문(일곱 편의 서신과 여덟 개의 부가적인 글이 수록됨). 그 중 네 편은 1495년에 파리에서 라틴어로 출판되었다(다른 책의 부록에 수록되는 형태로). 나머지 열한 편의 글은 스타풀렌시스(Faber Stapulensis)에 의해서 1498년에 역시 파리에서 라틴어로 출판되었다. 그 뒤 열다섯 편 전부가 1557년에 딜링겐에서 하르퉁(Valentine Hartung, 파케우스 혹은 이레나이우스라 불림)에 의해서 헬라어로 출판되었고, 열두 편이 1560년에 취리히에서 게스너(Andreas Gesner)에 의해서 출판되었다. 로마 가톨릭 학자들은 처음에는 열다섯 편 전부를 이그나티우스의 진본으로 받아들였고, 하르퉁, 바로니우스(Baronius), 벨라르민(Bellarmin)은 적어도 열두 편을 변호했다. 그러나 칼빈과 마그데부르크 세기사 편찬자들(the Magdeburg Centuriators)은 전체를 배격했으며, 후대의 로마 가톨릭 학자들은 적어도 여덟 편을 입증 불가능한 것으로 간주하여 포기했다. 그 여덟 편은 이그나티우스가 사도 요한에게 보낸 라틴어 서신 두 편과 성모 마리아에게 보낸 한 편(성모의 답장이 첨부됨), 이그나티우스가 마리아 카스타볼리타(Maria Castabolita)와(답장 첨부), 타르센스인들(the Tarsense), 안디옥인들, 안디옥의 영웅적인 집사, 그리고 빌립보인들에게 헬라어로 보낸 다섯 편(답장이 첨부됨)이다.

이 서신들에는 역사와 연대기를 무시한 대목들이 도처에 실려 있다. 이 서신들은 에우세비우스와 제롬에게 전혀 알려지지 않았다. 이그나티우스의 이름과 권위만 입혔을 뿐, 무가치한 위조 문서들이다. 위조된 이그나티우스와 그가 사도 요한과 성모 마리아에게 보낸 것처럼 꾸며진 서신들이 16세기에 이르기까지 그토록 오랜 세월 동안 역사상의 이그나티우스를 대신하고 가려왔다는 것이 참으로 안된 일이다. 칼빈이 이 위조 문서를 그토록 경멸한 것은 조금도 이상한 일이 아니다. 그러나 마찬가지로 역사상의 마리아도 허구의 마리아에게 자리를 내주었고, 실제 베드로도 거짓 베드로에게, 실제 클레멘스도 거짓 클레멘스에게 자리를 내주었다. 진리와 정직을 변호하기 위해서 역사 비평(historical criticism)이 필요한 부분이 있다면 바로 이 부분이다.

2. 짧은 헬라어 본문(에우세비우스에게 알려진 일곱 편의 서신이 수록됨). 라 틴어판은 1644년 옥스퍼드에서 대주교 어셔(Ussher)에 의해 발견되고 편집되었고(*Polycarpi et Ignatii Epistolae*), 헬라어판은 1646년에 보시우스(Isaac Vossius)에 의해서 메디치가의 사본에서, 그리고 1689년에 루이나르트(T h. Ruinart)에 의해서 콜베르티누스 사본에서 발견되었다. 시리아어판의 단편(Cureton에서)과 시리아어판을 토대로 제작한 것이 분명한 아르메니아어판 단편(1783년에 콘스탄티노플에서 출판되었고, 페터만에 의해서 비교됨)도 있다. 이 본문이 발견된 뒤로는 긴 헬라어 본문을 변호하는 학자들이 극소수로 남았으며(1711년에 Whiston, 1836년에 Fr. C. Meier), 그들의 주장은 로테(R. Rothe, 1837)와 아른트(K. Fr. L. Arndt, "Studien und Kritiken," 1839)에 의해 논박되었다. 오늘날은 대다수 로마 가톨릭 학자들도 긴 헬라어 본문을 변호하지 않는다. 그러나 짧은 헬라어 본문의 진정성에 관해서도 학자들의 견해는 세 가지로 나뉘어 있다.

(a) 그 진정성과 신빙성을 옹호하는 학자들은 다음과 같다: Pearson(*Vindiciae Ignatianae*, 1672), Gieseler, M hler(R. C.), Rothe(1837), Huther(1841), D sterdieck, 1843), Dorner(1845), (그리고 짧은 시리아어 본문이 발견된 뒤로는) Jacobson, Hefele(R. C., 1847 and 1855), Denzinger(R. C., 1849), Petermann(1849), Wordsworth, Churton(1852), (가장 철저히 옹호한 사람들로는) Uhlhorn(1851, 1856), Zahn(1873, *Ign. v. Ant.* 495-541). 다음 학자들도 비슷한 견해를 채택한다: Wieseler(1878), Funk(1878, 1883), Canon Travers Smith(1882), Lightfoot(1885).

(b) 세 편의 시리아어 서신들(참조. 아래의 3항)의 지지자들은 일곱 서신 가운데 많은 수가 세 편의 서신들과 일치한다고 생각한다. Lardner(1743), Mosheim(1755), Neander(1826), Thiersch(1852), Lechler(1857), Robertson and Donaldson(1867)은 최소한의 삽입이 이루어졌다고 추정하는 쪽으로 기운다.

(c) 짧은 본문은 긴 본문보다 오래되긴 했지만 긴 본문과 마찬가지로 위조이다. 그 서신들은 2세기 후반에 주교제와 순교자 숭배를 장려할 목적으로 위조되었다. 이 견해는 두 부류의 신학자들에 의해서 유력하게 옹호된다. 첫째 부류는

예정론을 지지하거나 성직위계제도에 반대하는 칼빈주의자들이다: Claudius Salmasius(1645), David Blondel(1646), Dallaeus(1666), Samuel Basnage, Dr. Killen of Belfast(1859, 1883). 둘째 부류는 순전히 역사 사실에만 관심을 가지는 튀빙겐 학파의 비평학자들이다: Dr. Bauer(1835, 그 뒤 Rothe에 반대하여, 1838, Bunsen에 반대하여, 1848, 1858), Schwegler(1846), 그리고 보다 철저하게는 Hilgenfeld(1853). 튀빙겐 비평학자들은 이그나티우스와 관련된 문헌을 비역사적 경향을 지닌 저작들로 배격하는데, 그 이유는 그 저작들에 암시된 역사 상황과 로마를 향한 여행이 아예 개연성이 없기 때문이기도 하고, 이그나티우스 시대에는 아직 존재하지도 않은 일정 형태의 교회 정치 제도를 옹호하고, 영지주의 이단설을 논박하기 때문이기도 하다. 이러한 극단적인 회의주의는 초기 기독교 역사를 바라보는 튀빙겐 학파의 관점 전체와 연결되어 있으며, 이그나티우스가 강한 개성을 지닌 역사적 인물이었고, 초기 교회에서 널리 알려지고 높이 평가받은 여러 편의 서신들을 썼다는 확고한 사실을 설명하지 못한다. 르낭(Renan)은 로마인들에게 보낸 서신의 진정성을 인정하지만, 나머지 여섯 편의 서신들을 170년경에 정통신앙과 주교제를 열정적으로 옹호하던 사람들이 그의 이름을 사용하여 작성한 것으로 간주하고서 배격한다.

(d) 우리는 이 서신들의 진정성이 심지어 짧은 본문의 경우에도 의심의 범위를 벗어나 있다고 생각하지 않는다. 그 서신들의 사본들에는 결정적으로 위조된 서신들도 실려 있기 때문에(아르메니아어 번역본조차 열세 편의 서신을 수록한다), 일곱 편의 정본도 위조자의 손길에서 완전히 벗어나지 못했을 것이라는 의혹이 생긴다. 그럴지라도 어떤 경우든 그 서신들의 진정성과 구체적인 신빙성을 뒷받침하는 다음과 같은 강력한 증거들이 있다: (1) 교부들, 특히 에우세비우스의 증거. 심지어 폴리카르푸스도 이그나티우스의 서신들을 인증한다. (2) 서신 내용의 활력과 신선함. 위조자가 이런 것까지 흉내낼 수가 없었다. (3) 신약성경을 인용한 사례들이 소수에 지나지 않으며, 이것은 저작 시기가 사도들에게 직접 배운 사람들이 살던 시기였음을 암시한다. (4) 이 서신들이 유대화주의자들과 가현설주의자들(아마 유대교로 회귀할 것을 꾀했던 케린투스의 영지주의 학파)을 논박하는 방식은 영지주의가 아직 초기 단계에 있었음을 보여준다. (5) 그리스도의 신성을 강하게 주장하면서도 교리, 특히 삼위일체론과 기독론이 명료하게 정의되지 않은 점. (6) 아직 정착되지 않은 주교제[감독제]를 촉구하되, 이레나

이우스와 테르툴리아누스가 주장하던 교구 중심의 주교제와 다른 회중적(지교회적) 일치의 중심으로서 그 제도를 촉구하는 점. (7) 로마인들에게 보낸 서신들임에도 불구하고 로마 주교의 수위성에 관해서 함구하는 점. 그런 사상이 있었다면 로마 교회는 그것에 관한 지지 발언을 몹시 원했을 것이다. 로마 교회를 높이 칭송하면서도 로마 주교에 관해서는 언급하지 않는 점. 어쨌든 이 서신들은 2세기 중반 이전에 작성되었음에 틀림없으며, 순교의 영광을 토대로 성직위계적 조직과 교회적 정통신앙을 향해서 전개되던 그 시대의 정신을 반영하고 있다.

3. 시리아어 본문은 세 편의 서신(폴리카르푸스에게, 에베소인들에게, 로마인들에게 보낸)만, 그것도 크게 축소된(헬라어 서신들의 절반밖에 되지 않는) 형태로 수록한다. 이 본문에는 다음과 같은 서명이 되어 있다: "여기서 주교와 순교자인 이그나티우스의 서신 세 편이 끝난다." 그런데 Bunsen은 이 말을 과도하게 강조한다. 하지만 이 말이 필사자(筆寫者)가 아닌 번역자가 남긴 것이라 하더라도 다른 서신들의 존재를 꼭 배제하는 것만은 아니다. 이 본문은 1839년과 1843년에 Henry Tattam 목사가 리비아 사막의 수도원에서 365개의 다른 시리아어 사본들과 함께 발견했으며, 현재는 대영박물관에 소장되어 있다. 이 본문은 최초로 1845년에 Cureton에 의해서 출판된 이래로 1847년에 발견된 셋째 사본에 힘입어 1849년에 다시 출판되었으며, Cureton뿐 아니라 Lee(1846), Bunsen(1847), Ritschl(1851, 1857), Weiss(1852)에 의해서도 진정성이 옹호되었고, E. de Pressens (1862), B hringer(1873)에 의해서 가장 충분히 옹호되었으며, Lightfoot에 의해서 최초로 옹호되었다.

그런데 위에서 짧은 헬라어 본문을 옹호하는 세 가지 견해를 소개한 것 가운데 첫째 견해를 제외한 나머지는 시리아어 본문의 진정성을 옹호하는 데도 똑같이 유용하며, 시리아어 사본의 경우는 (비록 폴리카르푸스에게 보낸 서신에서는 예외이긴 하지만) 몹시 무례한 구절들 중 상당수가 빠져 있는 부가적인 이점도 갖고 있다.

그러나 시리아어 본문의 진정성을 부정적으로 생각하게 하는 점들도 있다. 첫째는 교부들의 증거이다. 특히 에우세비우스는 일곱 편의 서신들을 알고 있다고 공언하고 그것들을 사용하는 데 반해서, 이 본문의 세 가지 사본들 가운데 가장 오래된 것이, Cureton에 따르면 아무리 빨라야 6세기 초의 것이라고 한다. 그때는 긴 헬라어 본문이 동방 전역에서 이미 널리 회람된 상태였고, Cureton이 제시하는 단편들에서 알 수 있듯이 긴 본문의 시리아어 번역본도 함께 회람된 상태였다. 둘째는 시리아어 본문이 자세히 조사해 보면 생각들과 문장들이 정연한 순서로 전개되지 않는 점으로 미루어 헬라어 본문에서 발췌한 단편들임을 드러낸다는 내적 증거이다. 이 점에 관해서는 Baur(1848), Hilgenfeld(1853), 특히 Uhlhorn(1851), Zahn(1873)이 두 본문을 정확하게 비교하는 방식으로 지금까지 논박되지 않았고 앞으로도 논박하기 힘든 형태로 입증했다. 그렇다면 짧은 시리아어 이그나티우스는 꿈처럼 사라진 셈이다. Lipsius와 Lightfoot가 자신들의 과거의 견해를 포기하거나 수정했어도 그 결과는 마찬가지이다. Lightfoot가 모든 문헌을 동원하여 자세히 수립해 놓은 이그나티우스와 폴리카르푸스에 관한 대작(1885)은 짧은 헬라어 본문을 지지하는 방향으로 이그나티우스 문제를 최종적으로 충분하게 정착시킨 저작으로 간주할 수 있다.

그렇다면 유일하게 진정성을 갖춘 것은 짧은 헬라어 서신 일곱 편으로 구성된 이그나티우스의 문헌인 셈이다.

166. 서머나의 폴리카르푸스

폴리카르푸스(Polycarp)는 69년경에 혹은 그 이전에 태어났고, 사도 요한의 제자이자 이그나티우스의 연하 친구이자 이레나이우스의 스승이었으며(130-140년), 장로-감독으로서 2세기 전반에 소아시아의 서머나 교회를 지도했다. 154년경에 부활절 논쟁을 해결하기 위해서 로마를 방문했으며, 155년에 안토니누스 피우스 치하에 박해가 발생할 때 화형을 당했다.[31] 클레멘스나 이그나티우스처럼 독창적이거나 지적인 활동가는 아니었지만, 인격이 매우 고매했고, 단순하면서도 족장다운 경건을 유지했다. 그의 제자 리옹의 이레나이우스(그는 엘류테루스 밑에서 글을 썼다, 177-190)는 영지주의 오류에 빠졌던 동료 학생 플로리누스(Florinus)에게 쓴 편지에서 이 "복되고 사도적인 장로"를 극진히 회상하는데, 그 내용은 폴리카르푸스가 사도들의 전승을 얼마나 확고히 견지했으며, 거기서

---

31) 연대가 166년 혹은 167년에서 155년 혹은 156년으로 바뀐 것은 Waddington의 연구 결과에 따른 것이다.

벗어나는 행위에 얼마나 분개했는가를 잘 보여준다. 이레나이우스는 폴리카르푸스의 생활과 외모, 그가 사람들 앞에서 행한 강론들, 요한과 다른 증인들한테 성경과 부합하게 받은 주님의 가르침과 기적을 그대로 전달한 일을 생생하게 회상한다.[32]

다른 곳에서 이레나이우스는 폴리카르푸스에 관해서 그가 평생을 사도들에게 배운 것과 교회가 전수해준 것을 충실하게 가르쳤다고 말하며, 한때 로마에서 영지주의자 마르키온을 만났을 때 그를 '사탄의 장자'라고 불렀던 일을 전한다.[33] 이것은 그가 요한에게 배웠던 점을 감안할 때 조금도 의아한 일이 아니다. 요한은 그리스도인들에게 주님의 신성과 인성을 부정하는 자들과 인사도 하지 말라고 경계하기 때문이다(참조. 요이 10). 그리고 이것은 폴리카르푸스가 빌립보인들에게 보낸 서신의 한 대목에서도 확증된다: "누구든 예수 그리스도께서 육체로 임하신 사실을 부정하는 자는 적그리스도이며(참조. 요일 4:3), 누구든 십자가의 비밀을 고백하지 않는 자는 마귀에게 속한 자이다. 자기 마음대로 주님의 말씀을 왜곡하여 부활과 심판이 없다고 말하는 자는 사탄의 장자이다. 그러므로 우리는 이 무리의 헛된 말과 그들의 거짓 가르침을 버리고, 처음부터 우리에게 전해진 말씀에 착념하면서 깨어 기도하고, 금식을 게을리 하지 않으면서 '마음에는 원이로되 육신이 약하도다'라고 하신 주님의 말씀대로 시험에 들지 않도록 인도해 주시기를 하나님께 지극히 겸손하게 기도드릴 것이다."[34]

빌립보인들에게 보낸 이 서신은 14편의 짧은 장들로 구성되어 있으며, 1633년 이후에 전문(全文)이 출판되었다. 이것은 요한의 시대를 마지막으로 지켜본, 그리고 주변의 여러 교회들에게 여러 편의 편지를 써서 보낸 분에게서 우리에게 전수된 유일한 문헌이다. 이 서신은 그의 제자 이레나이우스에 의해 최초로 언급되며,[35] 제롬에 따르면 그의 시대에 소아시아의 교회들에서 여전히 공식적으로 사용되고 있었다고 한다. 그리고 그 내용은 잘 알려져 있는 폴리카르푸스의 생애와 인격에 부합하며, 따라서 이 서신의 진정성을 의심할 정당한 이유가 없다.

---

32) Eusebius, *H. E.* V. 20.

33) *Adv. Haer.* iii. 3. § 4.

34) 7장.

35) *Adv. Haer.* III. 3. § 4. 비교. Euseb. *H. E.* III. 36, and Jerome *De Vir. ill,* c. 17.

비록 문학 작품으로서는 별로 가치가 없지만, 단순하고 진지하며, 고상한 그리스도인의 정신이 숨쉰다. 이그나티우스가 죽은 뒤에(이 서신의 13장에는 이그나티우스의 이름이 언급된다) 폴리카르푸스와 그의 장로들의 이름으로 기록된 이 서신은 빌립보인들이 이그나티우스에게 보여준 사랑과 옛 신앙을 지킨 것에 대해서 칭찬한 뒤, 단순하고 진지한 말로 사랑과 화목과 자족(自足)과 인내와 투지를 권고하며, 심지어 원수들과 박해자들을 위해서도 기도하라고 한다. 아울러 영지주의 가현설의 오류를 강하게 비판해 가면서, 집사들과 장로들과 청년들과 아내들과 과부들과 처녀들에게 각별히 당부한다. 그리스도께 대해서는 주(主)라는 숭고한 칭호를 부여하면서, 그분이 하늘과 땅의 모든 것을 주관하시는 하나님의 우편에 앉아 계시고, 모든 살아있는 존재들에게 경배를 받으시고, 장차 살아 있는 자들과 죽은 자들을 심판하러 오실 것이며, 장차 하나님께서 믿지 않는 모든 자들에게 그분의 피의 대가를 요구하실 것이라고 말한다(2장).

폴리카르푸스는 자신을 사도들과 같은 반열에 놓고 평가하지 못하도록 철저히 경계한다. "형제 여러분, 내가 이 편지를 쓰는 것은 교만하기 때문이 아니라 여러분이 내게 조언을 구했기 때문입니다. 내가 됐든 나와 비슷한 다른 사람이 됐든 복되고 영광스러운 바울의 지혜에 감히 범접할 수 없습니다. 그분은 여러분 가운데서 일하셨고, 당시에 살았던 사람들 앞에서 진리의 말씀을 정확하고 확고하게 가르쳤으며, 떠나 있을 때도 서신을 통해서 여러분을 가르쳤습니다. 사도의 서신에 힘입어 여러분은 우리 모두의 어머니인 믿음 위에 자신을 굳게 세울 수 있고, 믿음으로 말미암은 소망을 가지고, 그리고 하나님과 그리스도를 사랑하고 이웃을 사랑하면서 살아갈 수 있습니다. 누구든 이러한 덕들을 충만히 간직한다면 그 사람은 의의 계명을 성취하는 것입니다. 사랑을 품고 사는 사람은 모든 죄에서 멀리 떨어져서 살기 때문입니다"(3장). 이것은 사도 바울의 체계와 일치하지 않는다. 그러나 우리가 기억해야 할 점은 폴리카르푸스가 서신 첫 장에서 믿음과 구원을 값없이 베푸신 은혜의 선물로 설명한다는 점이다.

이 서신은 공관복음서들과 바울과 요한의 서신들, 그리고 베드로전서를 생각나게 하는 여러 내용으로 구성되어 있으며, 이런 점 때문에 이 서신은 정경의 역사에서 대단히 중요한 의미를 지닌다.[36]

---

36) Funk(I. 573 sq.)는 폴리카르푸스의 이 서신이 구약성경에서는 6부분밖에 인용

「폴리카르푸스 순교전」(*Martyrium S. Polycarpi*, 22장)은 서머나 교회가 브루기아(프리기아)의 필로멜리움 교회과 "보편 교회의 [모든] 소교구들(parishes)"에게 보내는 회람(回覽) 서신의 형태를 취하고 있으며, 18장 이후의 내용을 살펴볼 때 그의 순교 1주년을 기념하기 전에 작성된 것으로 보인다. 에우세비우스는 자신의 교회사에 이 아름다운 글을 상당 부분 소개하며, 어셔(Ussher)는 1647년에 헬라어 본문 그대로 전문을 최초로 출판했다. 이 책은 폴리카르푸스의 고난과 순교를 건실하게 기록하면서도, 전설적인 내용의 운문들로 다소 윤색되어 있는 아쉬운 면을 지닌다. 예를 들어, 폴리카르푸스가 화형대에 섰을 때 장작에 불이 붙여져 타올랐으나, 불길이 그의 몸은 건드리지 않은 채 마치 잔뜩 돛을 세운 배처럼 그의 주변에서 활활 타올랐다는 내용이나, 폴리카르푸스의 몸은 조금도 해를 입지 않은 채 마치 하얗게 구워진 빵처럼, 혹은 도가니 속의 금과 은처럼 찬란하게 빛났으며, 귀중한 향료와 같은 좋은 향기를 냈다는 내용이 그것이다. 폴리카르푸스의 몸이 불에 타지 않자, 형 집행자 가운데 한 사람이 창으로 그 성인의 몸을 찔렀다. 그러자 그의 몸에서 피가 냇물처럼 솟구쳐 불을 껐다. 순교전에는 타오르는 장작더미에서 비둘기가 날아올라갔다는 내용도 있는데, 이것은 전와(轉訛)된 것이다. 에우세비우스도 루피누스도 니케포루스도 전혀 그런 말을 하지 않는다. 추측하건대 원래는 그 순교자의 순결한 영혼을 상징하기 위해서, 혹은 그에게 충만했던 성령의 능력을 상징하기 위해서 비둘기 상징(고대의 묘비들에 자주 발견됨)이 여백에 표시되었던 것으로 보이며, 훗날 비둘기라는 단어가 본문에 삽입된 것은 로마 황제들을 화장할 때 그들이 신들의 반열에 올랐음을 선포할 의도로 잿더미 위로 날려보낸 독수리와 의도적으로 대조시키고, 그로써 당시에 대두하고 있던 순교자들과 성인들에 대한 숭배와 관련지으려 했던 것 같다.

순교전의 뒷장들에서는 이 이야기가 스데반과 대 야고보(the elder James)의 순교를 기록한 사도행전의 침착한 한계를 크게 벗어나며, 이 점에서 사도들의

하지 않지만, 신약성경에서는 68부분을 인용한다고 추산한다: 마태복음(8), 마가복음(1), 누가복음(1), 사도행전(4), 로마서, 고린도전후서, 갈라디아서, 에베소서, 빌립보서, 골로새서, 데살로니가전서, 디모데후서, 야고보서(1), 베드로전서(10), 베드로후서(1?), 요한일서와 이서.

문헌과 고대 가톨릭 문헌 사이에 유사한 점도 많음에도 불구하고 부정할 수 없는 근본적 차이를 드러내는 역할을 한다.

특주

폴리카르푸스의 서신은 사도 교부들의 모든 저작들 가운데 독창성이 가장 떨어지지만, 반면에 글의 성향은 바울의 목회 서신들에 가장 가까우며, 신약성경을 회상하게 하는 내용들이 많이 실려 있다. 처음 네 장을 예로 소개한다.

I. "폴리카르푸스와 그와 함께 하는 장로들이 빌립보에서 나그네로 살아가는 하나님의 교회에 편지하노니, 은혜와 평강이 전능하신 하나님과 우리 구주 예수 그리스도께로부터 여러분에게 풍성하게 임하기를 원합니다.

1. "나는 여러분이 우리 주 예수 그리스도 안에서 기뻐하고, 참된 형제 사랑의 본을 보이고, 거룩한 사슬에 결박당한 이들이그나티우스와 그의 동료 죄수들인 조시무스와 루푸스. 비교. 9장에게 동반자가 되어 주는 것을 보고서 큰 기쁨을 얻습니다. 그들은 하나님과 우리 주님께 참으로 선택받은 자들의 면류관들입니다. 또한 오래 전부터 널리 알려진 대로, 여러분이 믿음의 뿌리가 확고하여서 지금까지 견디며 우리 주 예수 그리스도께 열매를 맺어드리는 모습이 내게 기쁨을 줍니다. 그리스도는 우리 죄를 위해서 고난을 당하셨으나 하나님께서 음부의 고통에서 그를 풀어주시고 죽은 자 가운데서 살리셨습니다(행 2:24). 여러분은 그를 눈으로 보지 못하지만, 그럴지라도 그 안에서 믿고 말할 수 없는 기쁨과 충만한 영광으로 즐거워합니다(벧전 1:8). 많은 사람들이 여러분의 구원이 행위로 말미암지 않고(엡 2:8, 9), 예수 그리스도를 통해서 하나님의 뜻으로 말미암은 줄을 알고서 그 즐거움에 들어가기를 갈망합니다.

2. "그러므로 허리에 띠를 띠고, 헛되고 공허한 말과 대중의 오류를 버린 사람답게 두려움과 진리 안에서 주님을 섬기며(벧전 1:13), 우리 주 예수 그리스도를 죽은 자 가운데서 살리시고 그에게 영광과(벧전 1:21) 자기 우편의 보좌를 주신 분을 믿으십시오(비교. 히 1:3; 8:1; 12:2). 그분께 하늘과 땅의 모든 것이 속해 있습니다. 모든 영이 그분을 섬깁니다. 하나님께서는 그를 믿지 않는 자들에게 그의 피의 대가를 요구하실 것입니다. 그러나 그를 죽은 자 가운데서 일으키신 분이 만약 우리가 그의 뜻을 행하여 계명을 지키고 살며, 그분이 사랑하는 자를 사랑하고 스

스로를 모든 불의와 탐욕과 돈에 대한 애착과 악담과 거짓 증거에서 지키면 장차 우리도 살리실 것입니다. 악을 악으로 갚지 말고, 욕을 욕으로 갚지 말고(벧전 3:9), 폭행을 폭행으로 갚지 말고, 저주를 저주로 갚지 말며, 주 예수의 말씀을 기억하십시오(비교. 행 20:35). 예수께서는 이렇게 가르치셨습니다. 비판을 받지 아니하려거든 비판하지 말라. 용서하라. 그러면 너희가 용서를 받을 것이다. 자비를 베풀라. 그러면 너희가 자비를 얻을 것이다. 너희의 헤아리는 그 헤아림으로 너희가 헤아림을 받을 것이니라(마 7:1, 2; 눅 6:36-38). 또한 이렇게 가르치셨습니다. 가난한 자들과 의를 위해 박해받는 자들은 복이 있나니 하나님 나라가 저희 것임이요(눅 6:20; 마 5:3, 10).

3. "형제 여러분, 내가 의에 관하여 이런 말을 여러분에게 쓰는 것은 내 임의로 한 것이 아니라 여러분이 내게 요청했기 때문입니다. 나도 물론이거니와 나와 유사한 누구라도 복되고 영광스러운 바울의 지혜에 도달할 수는 없습니다. 그는 여러분들 가운데 거할 때 당시에 살아 있던 사람들 앞에서 진리의 말씀을 정확하고 확고하게 가르쳤습니다. 그리고 여러분을 떠나 있을 때에는 여러분에게 편지를 보냈습니다. 그 편지를 주의 깊게 읽으면 믿음 안에서 스스로를 세워갈 방법을 발견하게 될 것입니다. 그 믿음은 (사도를 통해서) 여러분에게 전달된 것이며, 하나님과 그리스도와 이웃에 대한 사랑을 앞세우고 소망을 동반하는 것이기에 우리 모두의 어머니입니다(갈 4:26). 누구든 이러한 은혜들을 마음에 간직하고 산다면 그 사람은 의의 계명을 성취한 셈입니다. 사랑을 품고 사는 사람은 모든 죄에서 멀리 떨어져서 살기 때문입니다.

4. "그러나 돈을 사랑하는 것이 만악의 뿌리입니다(딤전 6:10). 그러므로 우리가 세상에 아무것도 가지고 온 것이 없으매 또한 아무것도 가지고 가지 못할 것임을 알고(딤전 6:7) 의의 병기로 무장합시다. 무엇보다도 주님의 계명에 따라 사는 법을 배웁시다. 그런 다음 아내들에게 주님께서 주신 믿음을 가지고 살도록 가르치고, 사랑과 정절로써 모든 진리 안에서 자기 남편을 사랑하고, 정절로써 다른 모든 사람들을 사랑하도록 가르치십시오. 그리고 아내들에게 자녀들을 하나님께 대한 지식과 경외로써 양육하도록 가르치십시오(비교. 엡 6:11, 13, 14). 과부들에게는 주님께 대한 믿음을 존중하고, 모든 사람들을 위해서 끊임없이 기도하고, 뒷공론을 멀리하고, 험담과 거짓 증거와 돈을 사랑하는 것과 온갖 종류의 악을 멀리하도록 가르칩시다. (기도와 선행에 힘쓰는) 과부들이 하나님의 제단이라는 것과, 하나님께서 모든 것을 감찰하신다는 것, 그리고 어떤 것도, 즉 사유(思惟)도 반추

도, 마음의 은밀한 생각까지도 하나님께는 숨길 수 없다는 것을 알아야 합니다."

II. 「폴리카르푸스 순교전」에서. 총독이 폴리카르푸스에게 카이사르의 수호신에게 맹세하고 그리스도를 버리라고 요구했을 때, 그는 다음과 같은 오래 기억할 만한 대답을 했다:

"여든여섯 해 동안 나는 그리스도를 섬겼지만, 그분은 내게 조금도 해를 끼치지 않으셨습니다. 그런데 어찌 내가 나를 구원하신 왕을 모독할 수 있겠습니까?"(9장)

손을 등 뒤에 묶인 채 화형대에 서자 마침내 장작단에 불이 붙었다. 그때 폴리카르푸스는 큰 소리로 다음과 같은 숭엄한 기도를 드렸는데, 곁에서 들은 제자들이 그 내용을 다음과 같이 전한다(14장):

"전능하신 주 하나님, 당신의 사랑하시고 복된 아드님 예수 그리스도의 아버지시여, 아드님을 통해서 저희가 당신을 아는 은혜를 얻었나이다. 천사들과 권세들, 모든 피조물, 그리고 모든 민족들 가운데서 나와서 당신의 면전에서 사는 의인들의 하나님이시여, 황공하옵게도 제가 오늘 이 시간에 당신의 순교자들의 반열에 들고, 내 주 예수 그리스도의 잔을 마심으로써 성령 안에서 영혼과 육신이 영생의 부활에 들어가는 특권을 얻게 하시오니 진실로 감사드리옵나이다. 참되고 진실하신 하나님이시여, 오늘 제가 당신의 약속이 성취되도록 당신을 위해 예비된 흠없고 받으실 만한 제물로서 그들과 함께 당신의 면전에 이르도록 저를 받아주옵소서. 그러므로 제가 당신의 모든 자비하심을 인하여 찬송을 드리나이다. 저는 영원하신 대제사장이시요 당신의 사랑하는 아들이신 예수 그리스도로 말미암아 당신께 감사와 영광을 돌리며, 아드님과 함께 당신과 성령께 지금부터 영원토록 영광이 있기를 바라옵나이다. 아멘."

폴리카르푸스의 생애와 그의 서신과 순교전을 성실하면서도 알기 쉽게 소개한 책을 보려면 다음을 참조하라: *The Pupils of St. John the Divine, by the Author of the Heir of Redcliffe*, in Macmillan's "Sunday Library," London 1863.

167. 바나바

바나바(Barnabas, 바르나바스)의 공동서신(the Catholic Epistle)은 익명으로 되어 있으며, 수신자들의 이름이나 지역도 전혀 언급되지 않는다. 저자는 수신자들의 교사 자격이 아닌 그들 가운데 한 사람으로서 이 글을 쓴다. 서신은 아주 통상적인 방식으로 시작한다: "여러분 자녀들이여, 우리를 사랑하신 우리 주 예수 그리스도의 이름을 평안을 가지고 찬송합시다." 그리고 다음과 같은 말로 마친다: "사랑과 평안의 자녀 여러분, 그러면 안녕히 계십시오. 영광의 주님과 모든 은혜가 여러분의 영혼에 함께 계시기를 바랍니다. 아멘." 아마 이런 이유 때문에 오리게네스는 이 서신에 '공동'(catholic, 보편)이라는 말을 붙인 듯한데, 그러나 그 말을 한정해서 이해해야 한다. 이 서신은 비록 특정 교회를 대상으로 삼지 않지만, 유대교의 오류에 빠질 위험에 처한 특정 그리스도인 계층을 염두에 두고 있다.

1. 내용. 이 서신은 주로 교리를 다루며(1-17장), "빛의 길에서" 행하고, "어둠의 길"을 피하라는 실제적인 권고로써 마친다(18-21장).[37] 목표가 본질상 히브리서와 동일하지만, 깊이와 독창성과 감동적인 어조에서는 히브리서에 크게 못 미친다. 기독교가 사람을 구원하기에 충분한 신적인 제도이며, 유대교에 대해서는 그 모든 율법과 의식들과 함께 폐기된 것으로 본다. 옛것들은 모두 사라지고, 모든 것이 새롭게 되었다. 그리스도께서 우리에게 율법을 주신 것이 사실이지만, 그것은 속박의 멍에가 없는 새로운 율법이다(2장). 모세 율법이 새겨진 돌판들은 그리스도의 사랑이 우리 마음에 인쳐질 수 있도록 깨졌다(4장). 그러므로 옛 언약이 여전히 구속력을 갖고 있다고 주장하는 것은 죄이고 무지한 일이다. 그리스도인들은 더 높은 지식을 추구하고, 그 차이를 이해해야 한다.

하지만 저자가 말하는 유대교란 참된 영적 의미를 지닌 모세와 선지자들의 글이 아니라 그들의 글을 육체적으로 오해하는 것이다. 그에게 구약이란 오히려 베일을 쓴 기독교이다. 따라서 그는 신비적이고 알레고리적인 해석, 즉 필로가 사용했던 것과 같은 방법을 사용하여 구약에 플라톤 철학을 은밀히 주입한다. 이 알레고리적 개념을 깊이 진전시켜서 사실상 문자적이고 역사적인 의미를 부정하는 듯한 인상을 준다. 예를 들어, 하나님께서 제사와 금식, 안식일 준수, 유대인들의 성전 예배를 뜻하신 적이 없고 처음부터 순수한 영적 예배를 뜻하셨다고 주장한다. 그리고 음식에 관한 율법이 정결하고 부정한 짐승들을 먹는 문제

---

37) 마지막 장들은 *Didache* 혹은 그보다 더 오래된 *Duae vel Judicium Petri*에서 유래한 것으로서, 후자가 이 서신과 *Didache*에 대해서 공동의 근원이었을 가능성이 크다.

와는 하등 상관이 없고, 다만 다양한 계층의 사람들과 일정한 덕행들과 악행들에 접촉하는 문제와 상관이 있을 뿐이라고 주장한다. 천년왕국설을 주장할 때도 마찬가지로 알레고리적 해석법에 근거하며, 따라서 유스티누스, 이레나이우스, 테르툴리아누스와 마찬가지로 유대교로 회귀하려는 경향을 드러내지 않는다. 그는 창조의 엿새를 역사의 6천년으로 이해하며, 그 뒤에는 안식의 천년이 오고, 다시 그 뒤에는 영원이라는 여덟째 천년이 오는데, 그리스도인들이 모여 예배를 드리는 주일이 바로 이 여덟째 천년을 예시한다고 이해한다. 구약성경을 유대교 식으로 육체적으로 이해하는 것은 마귀적인 왜곡이라고 한다. 유대인들이 아닌 그리스도인들이 하나님의 참 이스라엘이며, 구약성경의 정당한 소유자이다.

바나바는 이로써 기독교가 유대교로부터 완전히 분리된다고 선포한다. 이 점에서 여느 속사도 저자보다 앞서 나간 셈이다. 그리고 이런 이유로 반율법주의와 이단적 영지주의 중간쯤 걸쳐 있는 불확실한 극단적 바울주의자라는 비판을 받았다. 그러나 이것은 부당한 비판이다. 그의 글에는 바울의 정신이 숨쉬며, 다만 깊이와 지혜와 판단력에서 차이가 있을 뿐이다. 바울도 갈라디아서와 골로새서에서 유대인의 할례와 안식일 준수와 의식주의를 칭의의 근거와 양심의 굴레로 만드는 것에 대해서 바나바와 동일한 비타협적인 태도를 취한다. 하지만 그럴지라도 모세 율법을 기독교를 위한 예비 학교로 인정했다. 바나바는 이 점조차 무시하며, 오로지 부정적인 면만 바라본다. 그렇긴 해도 그 역시 그리스도의 새로운 율법을 인정한다. 그는 기독교 철학에 대한 깊은 통찰을 갖고 있다. 아마 정통신앙의 노선에 서 있는 영지주의자라고 부를 수 있을 것이다. 그는 사도 바울과 순교자 유스티누스의 중간에 서 있다. 마치 유스티누스가 바나바와 알렉산드리아 학파 중간쯤에 위치하는 것처럼. 클레멘스와 오리게네스는 바나바의 천년왕국설을 싫어했지만, 숭고한 기독교 지식을 추구하는 열정과, 구약에 대한 모든 정당한 역사적 이해를 흐려놓는 알레고리적 해석에 대해서는 그를 좋아했다.

바나바 서신은 상당한 역사적·교리적·변증적 가치가 있다. 그는 복음의 중요한 사실들과 교리들을 확증한다. 그는 그 시대의 교회가 그리스도의 부활을 기념하는 기쁜 날인 '여덟째 날'을 보편적으로 지킴으로써, 일곱째 날을 안식일로 지키던 유대인들의 관습에 대해 뚜렷이 선을 그었음을 증언한다. 다음 성구를 인용함으로써 마태복음의 정경적 권위를 최초로 분명히 논증한다(마태복음이라는 제목을 언급하지 않은 채): "청함을 받는 자는 많되 택함을 입은 자는 적으니라"(마 22:14). 이 구절을 인용하면서 성경이 다른 성경을 인용할 때 사용하는 "기록되었으되"라는 엄숙한 표현을 사용한다(4장). 마태복음에 기록되어 있는, "의인을 부르러 온 것이 아니요 죄인을 부르러 왔노라"(9:13)는 그리스도의 말씀도 소개한다(5장). 복음서들과 바울 서신들과 베드로전서와 계시록의 여러 구절들에 대해서 병행구들을 제시한다. 구약성경, 특히 모세오경과 시편과 이사야에서도 여러 구절들을 직접 인용하지만, 에스드라4세와 에녹서에서도 인용한다.

2. 저자. 이 서신은 최초로 알렉산드리아의 클레멘스와 오리게네스에 의해서 초대교회사에서 대단히 현저한 역할을 수행한 사도 바나바의 저작으로 인용되었다.[38] 오리게네스는 이 서신을 영감된 성경의 반열에 올려놓는 듯한 인상을 준다. 4세기의 시내 사본에는 이 서신이 '바나바 서신'이라는 제목으로 계시록에 바로 이어(심지어 같은 쪽인 135쪽 둘째 열에) 수록됨으로써 신약성경의 정규 부분인 듯한 인상을 준다. 이 점을 놓고 생각할 때, 이 서신이 클레멘스의 서신과 폴리카르푸스의 서신, 헤르마스의 목자서와 마찬가지로 부차적인 교회의 저서로서 일부 교회들에서 공식적으로 낭독되었으리라고 추론할 수 있다. 에우세비우스와 제롬은 다 같이 이 서신의 저자를 바나바로 지목하지만, 이 서신을 '위작'(僞作) 혹은 '외경' 저서에 포함시킨다. 그들이 의심한 것은 서신의 진정성이 아니라 권위였던 것 같다. 그러므로 바나바에 대한 역사적 증언은 강하고 일치되어 있으며, 초기의 모든 편집자들과 후대의 여러 비평가들에 의해 일관되게 인정된다.

그러나 내적 증거는 그가 사도 교부 시대 저자임을 훨씬 더 강하게 지적한다. 이 서신은 바울의 선배 동역자였던 바나바의 지위와 명성에 이르지 못한다. 만약 이것이 그의 글이라면 그가 역량이 일천한 사람으로서, 떠오르는 별과 같았

---

38) 참조. 행 1:23; 4:37; 9:26 이하; 11:22, 30; 14:4, 14; 15:2. 알렉산드리아의 클레멘스는 자신의 *Stromata*에서 이 서신을 일곱 번 인용하며, 그의 제자 오리게네스는 서너 번 인용한다(*Contra Cles.* I. 63; *De Princ.* III. 2; *Ad Rom.* I. 24). 테르툴리아누스는 이 서신을 언급하지 않지만, 그것을 알고 있었던 것 같다(비교. *Adv. Marc.* III. 7; *Adv. Jud.* 14). 하지만 그는 히브리서를 바나바의 저작으로 간주한다(*De Pudic.* c. 20).

던 다소의 친구(바울) 앞에서 점차 시들어 갔다고 밖에 생각하지 않을 수 없다. 이 서신은 모세 율법에 대해서 극단적인 반대 견해를 취하는데, 이러한 점은 이 방인의 사도와 유대인의 사도 사이에 중재 역할을 했던, 그리고 안디옥에서 갈등이 발생했을 때 담대한 자유의 옹호자에 반대하여 베드로와 마가 편에 섰던 사람에게서 기대할 수 없는 면모이다. 물론 이것이 일시적으로 드러낸 일관성 없는 태도였고, 훗날 틀림없이 그 일에 대한 반성이 그의 마음에 생겼으리라는 점을 기억해야 한다. 저자는 구주의 은혜를 드높일 목적으로 그리스도의 사도들이 회심하기 전에 얼마나 큰 죄인들이었는가를 말하며, 인위적이고 불합리한 알레고리적 환상에 몰두한다. 게다가 저자는 예루살렘이 멸망한 뒤에 이 글을 썼는데, 바나바가 그때까지 살아 있었을 가능성은 희박하다. 비록 그가 죽은 시기는 알려지지 않고, 골로새서 4:10과 베드로전서 5:13을 토대로 한 추정도 불확실하지만 말이다.

물론 이러한 주장들이 절대적이지는 않지만, 만약 바나바가 이 서신을 썼다면 그가 히브리서의 저자일 수 없고, 그 반대의 경우도 마찬가지라는 점은 분명히 말할 수 있다. 두 서신은 한 저자에게서 나왔다고 보기 어려울 정도로 차이가 크다. 고대 교회는 이 서신을 정경에서 배제하는 견고한 판단력을 보여주었다. 만약 사도 바나바의 저작이라면 익명으로 된 히브리서나 마가와 누가의 저작들과 마찬가지로 정경에 실릴 만한 권위가 있었을 것이다.

저자는 아마 알렉산드리아 출신의 회심한 유대인이었던 것으로 보인다. (이름은 아마 바나바였을 것이며, 이렇게 생각하면 혼동이 쉽게 풀린다.) 그가 유대인 문헌을 친숙히 알고 있고, 구약성경을 해석하는 방식에서 필로와 그의 알레고리 방식을 익히 알고 있음을 드러내는 점에서 그렇게 추정할 수 있다. 그의 서신은 이집트에서 최초로 알려졌고, 그곳에서 가장 큰 평가를 받았다. 그리고 그의 서신을 수록하는 시내 성경도 아마 알렉산드리아나 팔레스타인의 가이사랴에서 집필된 듯하다. 독자들은 주로 이집트와 동방의 유대인 그리스도인들로서, 모세의 전승들과 의식들을 크게 중시하던 사람들이었다.

3. 저작 시기. 이 서신은 예루살렘과 성전이 파괴된 뒤에 기록되었다. 그것을 이미 이루어진 사실로 언급하는 것이다(16장).[39] 하지만 그 시기가 1세기 말 이전이

---

39) 16장은 예루살렘 멸망을 다니엘 4장의 작은 뿔에 관한 예언에 대한 다니엘의

었던 것으로 보이며, 하드리아누스 치하에서 예루살렘이 재건되던 120년 이전이었던 것은 틀림없다.

168. 헤르마스

I. 헤르마스의 목자(*The Shepherd of Hermas*)는 저자가 자신을 헤르마스라고 밝히고, 목자의 옷차림을 한 회개의 천사에게 교훈을 받았다고 전하는 데서 유래했다. 이 글은 문학 양식에서 사도 교부들의 모든 저작들과 구분된다. 가장 오래된 기독교 알레고리이며, 묵시적 글이며, 교육적 내용을 지닌 종교적 로맨스이다. 이 글이 고대 교회에서 왜 그토록 큰 인기를 누렸는지 이 점으로 미루어 짐작할 수 있다. 이 글은 번연(Bunyan)의 「천로역정」(*Pilgrim's Progress*)과 단테의 「신곡」(*Divine Commedia*)에 자주 비교된다. 물론 문학적 가치에서 두 작품에 비해 크게 못 미치며, 신학에서도 크게 다르긴 하지만 말이다. 오랫동안 이 글은 오래되고 정확하지 않은 라틴어 번역, 즉 1513년에 스타풀렌시스(Faber Stapulensis)에 의해 최초로 출판된 번역본으로만 알려졌다. 그러나 1856년과 1862년에는 두 권의 헬라어 판본으로도 알려지게 되었는데, 한 권은 아토스 산에서 유래하여 람브로스(Lambros)에 의해 재발견되고 비교되었고, 다른 한 권(불완전한)은 시내 산에서 유래했다.

II. 성격과 내용. 헤르마스의 목자는 알레고리의 옷을 입힌 기독교 도덕 체계이며, 벌써 다소 침체되고 세속화되어 있던 교회를 향해서 하나님의 심판 날이 속히 올 것을 내다보면서 회개와 개혁을 촉구하는 것이 그 내용이다. 이 책은 세 권으로 구성된다:

(1) 이상(異像)편(Visions). 저자에게 네 가지 이상과 계시가 임한다. 이때 교회가 그에게 첫째는 찬란한 옷을 입고 손에 책을 든 훌륭한 부인의 모습으로 나타나고, 둘째는 탑의 모습으로, 셋째는 동정녀의 모습으로 나타난다. 모든 이상들은 헤르마스를 부르고, 그를 통해서 교회에게 회개를 촉구하는 목적을 지닌다. 그 기간에는 회개할 기회가 주어지지만, 교회의 탑이 완공되고 나면 기회가 그

설명과 비교한다.

칠 것이라고 한다.

저자가 실제로 그러한 이상들을 받았는지, 아니면 그렇게 상상을 했는지, 아니면 단테의 이상과 번연의 꿈처럼 효과적인 교육 수단으로 지어냈는지 판단하기가 쉽지 않다.

(2) 명령편(Mandats). 즉 수호 천사가 목자의 복장을 하고서 전한 열두 계명.

(3) 비유편(Similitudes). 열 가지 비유가 나오며, 그 가운데 교회가 다시 나타나지만, 이번에는 건물의 형태로 나타나며, 상이한 덕(德)들이 돌들과 나무들의 상으로 묘사된다. 이 비유들은 복음서의 비유들에 암시를 받은 것이 분명하지만, 아름다움과 중요성에서는 비교가 되지 않는다.

무대는 로마와 인근 지역이다. 티베르 강이 언급되지만, 왕궁들과 궁정과 백성과 로마 사회 혹은 고전 작품은 언급되지 않는다. 나이 지긋한 부인과 처녀들과 천사들이 나타나지만, 이름이 언급되는 사람은 헤르마스, 막시무스, 클레멘스, 그라프테뿐이다.

이 책의 문학적 가치는 그리 대단하지 않다. 사도들의 단순함과 사뭇 다르며, 오늘날은 카타콤의 그림들과 조각들과 마찬가지로 오래 되었다는 점에서만 관심을 끈다. 형식은 산문으로서, 딱딱하고 단조롭고 반복이 심하고 재미없는 내용 일색이지만, 자연에 대한 순수한 사랑과 선을 행하려는 뜨거운 열정이 잘 살아나 있다. 저자는 자수성가한 사람으로서 고전에 무지하고 사람들에게 무시를 당하면서도 상상력과 대중을 신앙으로 지도하는 재능을 갖고 있다. 그는 목자와 양들, 포도원과 목장, 탑들과 저택들, 일상적인 언어와 사건들을 바라보면서 지혜와 경건에 관한 교훈을 얻는다.

첫째 이상은 이 책에서 매우 아름다운 대목으로서, 연애 이야기처럼 시작하지만 분위기가 곧 진지하게 바뀐다. 다음은 헬라어 본문을 문자적으로 옮긴 것이다.

1. "나를 키워준 이가 로마에 사는 로다(Rhoda)라는 사람에게 나를 팔았다. 세월이 많이 흐른 뒤에 나는 그 여성을 다시 만나 자매로서 사랑하기 시작했다. 그 일이 있고서 얼마 후에 티베르 강에서 몸을 씻는 그녀를 보고서 손을 내밀어 강가로 인도했다. 그 모습이 어찌나 아름답던지 '이렇게 아름답고 착한 아내가 있었으면 얼마나 행복할까' 하는 생각이 들었다. 혼자 그런 생각을 했을 뿐, 아무

일도 없었다.

"얼마 후에 마을들을 두루 다니면서 하나님께서 지으신 사람들의 위대함과 아름다움과 능력을 보고서 감사를 드리다가 걸어가는 도중에 잠이 들었다. 성령께서 나를 붙잡아 광막한 곳으로 데려가셨다. 바위가 험하고 강이 흐르는 곳이어서 인적이 끊긴 곳이었다.

"강을 건너 평지에 도달했을 때 주님께 무릎을 꿇고서 죄를 자백하기 시작했다. 한참 기도를 하고 있자니 하늘이 열리고 내가 사랑하던 여성이 하늘에서 '헤르마스씨, 안녕하세요!' 하고 인사하는 모습이 보였다. 나는 그 여성을 보면서 '거기서 무얼 하고 계십니까?' 하고 물었다. 그러자 여성은 '내가 이리로 들려온 것은 주님 앞에서 당신의 죄를 드러내고자 함이에요' 하고 대답했다. 그래서 '저를 고소하셨군요?' 하고 물었더니, '그게 아닙니다. 이제 제가 드리는 말씀을 잘 들어보세요. 하늘에 거하시는 하나님, 무로부터 만물을 창조하시고 자신의 거룩한 교회를 위해서 번식하고 증가시키신 하나님께서 당신이 내게 죄를 지은 일로 인해 무척 진노하고 계십니다' 하고 대답했다. '제가 당신께 죄를 범했다고요? 어떻게요? 제가 한 번이라도 무례하게 군 적이 있었던가요? 항상 당신을 정중하게 대해드리지 않았던가요? 항상 자매로 존중해 드리지 않았던가요? 그런데 어찌 이렇게 악한 거짓말로 저를 고소하신 겁니까?' 하지만 그 여성은 웃음을 지으면서 이렇게 말했다. '악한 욕구가 그대의 마음에 들어갔습니다. 악한 욕구가 마음에 들어간다면 바른 사람에게는 그것이 악한 일이 아니던가요? 그것은 당연히 죄이고, 큰 죄입니다. 바른 사람은 옳은 일을 궁리하며, 그렇게 옳은 일을 궁리하며 삶으로써 하늘에 자신의 영광을 쌓으며, 주님께서도 매사에 그에게 자비를 베푸십니다. 그러나 마음에 악을 품는 사람은 그로 인해 죽음과 속박에 빠집니다. 특히 이 세상에 애착을 두는 사람, 재산을 자랑하고 장차 올 선한 일에 마음을 두지 않는 사람이 그렇습니다. 소망을 품지 않고 인생을 허비하는 사람은 장차 크게 후회할 날이 옵니다. 하지만 그대는 하나님께 기도를 했으니 죄 씻음을 받을 것이고, 그대의 온 가족과 온 성도의 죄도 씻음받을 것입니다.

2. "그 여성이 이 말을 하고 나자 하늘이 닫혔고, 나는 두려움에 온 몸이 떨리고 마음이 산란했다. 이런 생각이 들었다. '이것이 죄로 판단되었다면 내가 어찌 구원을 받을 수 있겠는가? 허다한 내 죄에 대해서 어떻게 하나님의 진노를 무마할 수 있겠는가? 무슨 말로 내게 긍휼을 베풀어달라고 하나님께 아뢸 수 있겠는

가?

"이런 생각에 골똘히 잠겨 있을 때 내 앞에 양털로 만든 크고 흰 의자가 놓인 것이 보였다. 그리고 눈부시게 빛나는 옷을 입은 연로한 여성이 책을 들고 와서 의자에 앉더니 '헤르마스씨, 안녕하세요?' 하고 말했다. 잔뜩 근심에 사로잡힌 채 울다시피 '부인, 안녕하세요?' 하고 말했더니, 그 여성은 '헤르마스씨, 왜 그렇게 근심하시나요? 항상 인내하고 선량하고 웃음을 간직한 채 살아오시지 않았던가요? 왜 이렇게 낙심하고 수심에 잠기셨나요?' 하고 물었다. 그래서 이렇게 털어놓았다. '조금 전에 아주 훌륭한 여성에게 질책을 받았습니다. 내가 자기에게 죄를 범했다는 겁니다.' 그러자 여성이 이렇게 말했다. '하나님의 종은 그렇게 해서는 안 되는 겁니다. 하지만 그녀를 사모하는 심정이 그대 마음에 들어간 것은 분명한 사실입니다. 하나님의 종은 이러한 일로 인해서 정죄를 받게 됩니다. 탐욕으로 악행을 연모하는 것은 아주 두려운 악입니다. 더구나 그동안 악한 소욕을 삼가고 단순하고 순결하게 살아온 헤르마스씨에게는 그것이 적지 않은 죄입니다!'

3. "'하지만 [그 여성은 말을 계속 이었다] 하나님께서 그대에게 진노하신 것은 이 일 때문이 아니라, 주님께 죄를 짓고 부모인 그대에게 죄를 지은 그대의 권속들을 회심하게 하시려는 것입니다. 그러나 그대는 자녀들을 끔찍이 위한 나머지 죄를 책망하지 않고 두렵게도 그냥 방치해 두었습니다. 이 일로 인해서 주님께서 그대에게 진노하시는 겁니다. 하지만 주님께서는 그대의 집에서 발생한 모든 악을 고치시려 하십니다. 그대의 권속이 저지른 죄와 악행 때문에 그대가 세상일로 부패하게 되었기 때문입니다. 그러나 주님은 그대와 그대의 권속을 불쌍히 여기는 마음을 갖고 계시며, 그대를 당신의 영광으로 강하게 세워주실 것입니다. 그러니 게으르지 말고 선한 용기를 내어 그대의 권속을 강하게 붙드십시오. 대장장이조차 쇠붙이를 쇠망치로 두드려 만들고자 하는 물건을 만들어 내듯이, 자녀들에게 매일 해주는 말이 모든 죄악을 이길 것입니다. 그러므로 자녀들을 질책하기를 중단하지 마십시오. 그대의 자녀들이 만약 전심으로 회개를 한다면 그들도 성도들과 함께 생명책에 기록될 것입니다.'

"그 여성은 이렇게 말하고는 '내가 읽어주는 내용을 들으시렵니까?' 하고 물었다. '예, 듣고 싶습니다' 하고 말했더니 다음과 같이 말했다. '그대는 귀를 기울여 하나님의 영광스러운 일들을 들으십시오.' 장엄하고 놀라운 말을 많이 들었지만, 사람으로서는 감내할 수 없을 만큼 두려운 것이었기에 제대로 기억할 수가 없었다. 하지만 마지막 말은 기억했다. 그것은 나한테 유익하고 온유한 말이었기 때문이다. '권능의 하나님을 바라보세요. 그분은 인간이 볼 수 없는 능력과 위대한 지혜로써 세상을 창조하셨고, 숭엄한 뜻으로 자신이 창조하신 만물에 영광의 관을 씌우셨고, 능력의 말씀으로써 하늘을 요동치 않게 고정시키시고 땅을 물 위에 세우셨으며, 지혜와 선견으로써 자신의 거룩한 교회를 세우시고 복을 주셨습니다! 보십시오, 하나님은 하늘들을 제자리에서 옮기시고, 산들과 언덕들과 별들과 모든 것들을 그분의 택한 백성들 앞에서 유순해지도록 만드셔서, 그들에게 큰 영광과 기쁨으로 약속하신 복을 주시고자 하십니다. 다만 그들은 자신들이 받은 하나님의 율법을 확고한 믿음으로 지키기만 하면 됩니다.'

4. "그 여성이 책을 다 읽어주고 나서 의자에서 일어나자 청년 네 명이 나타나 의자를 들고 동쪽으로 사라졌다. 그러자 그 여성이 나를 불러 내 가슴에 손을 얹고는 '내가 읽어준 것에 만족하십니까?' 하고 물었다. '부인, 마지막에 읽어주신 내용은 흡족한데 처음에 읽어주신 내용은 어렵고 두렵더군요' 하고 대답하자, 그 여성은 이렇게 말했다. '마지막에 읽어준 내용은 의인들을 위한 것입니다. 하지만 앞에서 읽어준 내용은 이교도들과 배교자들에 대한 것입니다.' 그 여성이 나와 대화를 나누고 있는 동안 두 사람이 나타나 의자가 사라진 동쪽으로 그녀를 데리고 갔다. 그녀를 기쁜 표정으로 떠났고, 떠나면서 '헤르마스씨, 용기를 내세요!' 라는 말을 남겼다."

III. 헤르마스의 신학은 윤리적이고 실천적이다. 그는 사색과는 거리가 멀며, 신학적 전문 지식에 무지하다. 기독교를 새로운 율법으로 바라보며, 실천을 크게 강조한다. 이 점에서는 야고보를 닮았지만, 야고보가 '완전한' 기독교 율법을 불완전하고 사람을 속박하는 옛 율법과 구분할 때 말한 '자유'를 무시한다. 그는 공로를 가르칠 뿐 아니라, 선행의 잉여 공로와 죄를 속하는 순교의 효력까지 가르친다. 복음을 별로 혹은 전혀 알고 있지 않고, 말씀을 언급하지 않으며, 의롭다 함을 얻게 하는 믿음에 대해서 아무런 개념도 갖고 있지 않다. 비록 믿음을 주된 덕이자 모든 덕들의 모체로 설명하지만 말이다. 하나님의 자비로운 약속들과 구원 사역보다 인간의 의무와 실천을 주로 다룬다. 한 마디로 그의 기독교는 철저히 율법적이고 금욕적이며, 사도 교부들이 남긴 어떤 저작보다도 복음 정신에서 멀리 떨어져 있다. 그리스도를 아무데서도 언급하지 않으며, 그분을 닮으라는 말도 하지 않는다(실은 그리스도를 닮는 것이 진정한 그리스도인의 삶이다). 그럼에도 불구하고 그분을 '하나님의 아들'이라고 소개하며, 선재(先在)하시고 신적인 분으로 설명한다.[40] 기독교라는 단어는 아예 나오지 않는다.

그러나 기독교에 대한 견해가 이렇게 빈약할지라도 이단과 분파와는 거리가 멀며, 암시들과 상징들을 토대로 판단할 수 있는 한 가톨릭 정통 신앙과 밀접히 연관되어 있다. 헤르마스는 로마 교회와 긴밀하고도 정상적인 관계를 맺고 있으며(클레멘스나 피우스의 지도하에), 교회가 보편적이라고 말하는 데서 나타나듯이 '거룩한 교회'를 숭엄하게 바라본다. 교회가 하나님의 첫 창조물이고, 그것을 위해서 세상이 지음을 받았으며, 역사가 깊으면서도 갈수록 젊어져 간다고 말한다. 그럴지라도 이러한 이상적 교회를 현실 교회와 구분하며, 현실 교회가 타락했다고 말한다. 그가 이러한 개념을 에베소서를 토대로 추론했을 가능성이 있다(이 서신이 바울 서신들 가운데 그가 친숙함을 표시하는 유일한 책이다). 물세례가 구원을 얻는 데 반드시 필요하다고 강조하며, 구약시대의 경건한 유대인들도 마찬가지라고 하면서, 그들이 음부에서 사도들로부터 물세례를 받았다고 주장한다.[41] 그는 성찬을 언급하지 않지만, 이것은 어쩌다 보니 그렇게 된 것일 뿐이다. 책 전체가 교회 밖에는 구원이 없다는 독점적 교회관에 토대를 두고 있다. 이 책은 천사의 독특한 권고로써 맺는다: "주님께 지상의 복을 받은 자들이여, 여러분이 빈둥거리고 있는 사이에 탑[교회]의 완공이 지체되는 일이 없도록 선행

---

40) *Visions*와 *Mandats*에서는 구속자가 세 번밖에 언급되지 않는다. *Similitudes*에서 헤르마스는 '하나님의 아들'에 관해서 거듭 말하며, 그의 선재적이고 신적 본질을 성령과 동일시하는 듯하다.

41) 이것이 *Simil.* IX. 16에 실린 다음과 같은 모호한 구절에 대한 자연스러운 해석이다: "하나님의 아들의 이름으로 전도를 한 이 사도들과 교사들은 하나님의 아들의 권능과 그에 대한 믿음 안에서 잠든 뒤에 마찬가지로 잠들어 있던 자들에게도 전도를 했고, 그들에게 전도의 인을 주었다. 그러므로 그들은 그들을 데리고 물로 내려갔다가 다시 올라왔다. 그러나 이들은 살아있는 상태로 내려갔다가 다시 살아 있는 상태로 올라왔다. 그러나 전에 잠들었던 자들은 죽어서 내려갔고 살아서 올라왔다." 이러한 공상적인 사후 세례는 그리스도께서 음부에서 복음을 전하셨다는 뜻으로 해석할 소지가 있는 베드로전서 3:19: 4:6에서 유추한 것이다. 알렉산드리아의 클레멘스는 이 단락을 찬성하면서 인용하지만, 사도들뿐 아니라 그리스도께서도 음부에서 세례를 주었을 것이라고 추정했다. *Strom.* II. 9. 44: VI. 6, 45, 46.

에 힘쓰라. 그대들 때문에 건축 작업이 중단되고 있기 때문이다. 그러므로 그대들이 의를 행하는 데 서두르지 않는다면 결국 탑은 완공될 것이고, 여러분은 그리로 들어가지 못할 것이다."

헤르마스의 신학 가운데 많은 부분은 「위(僞) 에녹서」(pseudo-Enock), 「위 에스드라서」(pseudo-Esdras), 그리고 유실된 저작들인 「엘닷서」(the Bookf of Eldad)와 「메닷서」(the Book of Medad)에서 이끌어온 것이다.[42] 그의 천사 교리도 마찬가지이다. 그는 여섯 천사가 최초로 창조되었고, 그들이 교회 건축을 주관한다고 가르친다. 천사장 미가엘은 신자들의 마음에 율법을 새겨주는 일을 한다. 회개의 천사는 회개하는 자들을 실족하지 않도록 붙들어 주고, 타락한 자들을 다시 돌아오게 하려고 힘쓴다. 열두 명의 선한 영들은 그리스도인의 덕들에 해당하는 이름을 갖고 있고, 헤르마스의 눈에 동정녀들의 모습으로 나타나는데, 이들은 신자를 천국으로 인도한다. 열두 명의 불결한 영들은 동일한 수의 죄들에 해당하는 이름을 갖고 있으며, 신자가 천국에 들어가지 못하도록 방해한다. 모든 사람은 저마다 선한 영과 악한 영을 갖고 있다. 심지어 기어다니는 것들과 다른 짐승들도 그들을 주관하는 천사가 있다. 제롬은 이 마지막 생각을 우매한 것으로 올바로 비판한다.

헤르마스를 사도시대에 유대 기독교와 이방 기독교 사이에 발생했던 갈등의 관점에서 판단하면 혼란과 그릇된 결론을 초래한다. 그 갈등은 그의 시대에 이미 끝나 있었다. 로마의 클레멘스는 베드로와 바울을 떼어놓고 생각할 수 없다고 말한다. 표상이 되는 이 두 인물이 하나의 가톨릭 가정 안에 용해되어 있었으며, 하나의 조직 안에서 협력적 요인들로 여전히 공존하고 있었다. 그렇지만 특히 바울의 자유케 하는 복음에 관한 이해는 아직까지 대단히 미흡한 단계에 있었다. 유대교와 이교의 특징들이 다시 나타났으며(어쩌면 완전히 사라진 적이 없었다고 말해야 할지 모르겠다), 유익과 해악을 동시에 끼쳤다. 따라서 가톨릭 교회의 역사에는 율법주의적 혹은 유대주의적 경향과, 복음주의적 혹은 바울적 경향이 내내 함께 흐른다. 종교개혁 때에는 후자가 강하게 표출되어 개신교 기독교를 낳았다. 헤르마스는 야고보에게 가장 가까이, 바울에게서 가장 멀리 위치해 있었다. 그의 친구인 로마의 클레멘스는 바울에게 보다 가까웠고 야고보에

---

42) 「메닷서」(the Book of Medad)는 둘째 이상에서 분명히 인용된다.

게서 멀리 떨어져 있었다. 그러나 두 사람 모두 혹은 그 외에 다른 교부들이라도 사도들간에 적대적인 갈등이 있었다고 생각하지 않았다.

Ⅳ. 성경과의 관계. 헤르마스는 사도 교부들 가운데 유일하게도 구약성경과 우리 주님의 말씀을 인용하지 않는다. 이렇게 한 이유는 그의 책(「목자」)이 예언적 성격을 띠고 있기 때문이기도 하다. 예언이란 그 자체에 보증의 권위를 갖고 있으며, 신적 권위를 지니기 때문이다. 하지만 그가 신약성경의 여러 책들, 특히 마가복음과 야고보서, 에베소서를 알고 있었다고 암시하는 대목들이 많이 있다. 어디서도 바울의 이름이 언급되지 않지만, 다른 사도들도 거론되지 않기는 마찬가지이다. 그러므로 그가 이런 점들에 침묵한다고 해서 바울을 배척하는 경향이 있었다고 추론하는 것은 잘못이다. 순교자 유스티누스도 이름을 거론하지 않지만, 그의 글을 읽어보면 바울의 저작들을 수용하고 있음을 알게 된다.

Ⅴ. 몬타누스주의와의 관계. 예언 은사와 엄격한 권징을 강조하는 점에서 헤르마스는 몬타누스주의자들과 비슷한 점이 있다. 그러나 그 집단은 반 세기 후에 등장하며, 따라서 그와 아무런 역사적 관계가 없다. 더욱이 권징에 대한 그의 열정이 교회를 이탈해 나가는 극단적 태도로 흐르지 않는다. 그는 세례받은 뒤에는 용서와 면죄받는 일을 어렵게 만들지만, 그렇다고 해서 불가능하게 만드는 것은 아니다. 독신 생활에 큰 장점이 있다고 하고, 자신의 불행한 결혼을 후회하는 듯한 인상을 주지만, 주님께서 재림하시기 전까지는 두 번째 회개뿐 아니라 재혼까지도 허용한다. (바나바가 그랬듯이, 그도 주님의 재림이 임박했다고 생각한다.) 이런 점 때문에 훗날 몬타누스파에 가담한 테르툴리아누스는 헤르마스를 비판했다.

Ⅵ. 저자와 저작 시기. 다섯 가지 견해가 가능하다. (a) 저자는 바울이 58년에 로마서 16:14에서 문안한 그의 친구였다. 이것이 가장 오래된 견해이며, 이 책이 큰 권위를 인정받았던 이유를 가장 잘 설명해 준다.[43] (b) 클레멘스와 동시대인으로서, 로마의 장로·감독(92-101). 이것은 책 자체의 증언에 기초한 견해이다. (c) 로마 감독 피우스의 형제(140). 정경을 다룬 무라토리 단편에서 잘 알려지지 않은 저자가 17년에 이렇게 주장해 놓았다. 그러나 그는 라틴어 번역자 헤르마

---

43) 오리게네스, 에우세비우스, 제롬이 이 견해를 가졌고, 그리고 아마 이레나이우스와 알렉산드리아의 클레멘스도 이 견해를 가진 듯하다.

스와 혼동했을 가능성이 있다. (d) 그 책은 두세 저자의 저서로서, 112년 이전에 트라야누스 때 집필이 시작되어 140년에 피우스의 형제에 의해서 완성되었다. (e) 헤르마스는 목자에게 사도적 권위를 부여하기 위한 가공적인 이름이다. (f) 에티오피아인들만의 견해, 즉 사도 바울이 루스드라 주민들에게 받은 헤르마스라는 이름으로 「목자」를 썼다는 견해는 언급할 가치도 없다.

우리는 둘째 견해를 취하는데, 이것은 첫째 견해와 하나로 결합할 수 있다. 저자는 자신을 헤르마스라고 부르며, 자신의 책을 외국의 교회들에게 보내게 될 로마의 클레멘스와 동시대인이라고 밝힌다.[44] 이 증언은 매우 분명하며, 다른 어떤 증언보다 비중을 두어 평가해야 한다. 만약 바울이 언급한 헤르마스(허메)가 58년 당시에 젊은 제자였다면, 그는 트라야누스 때까지 충분히 살았을 수가 있으며, 실제로 헤르마스는 그 책을 쓸 당시에 자신을 노인으로 밝힌다.

더 나아가 우리는 저자가 다소 불행한 남편이자 불량한 자녀들의 아버지였음을 알게 된다. 그는 장사해서 번 재산을 자신의 죄와 자신이 방치한 자녀들의 죄 때문에 잃었으나 정신을 차려 회개하고 이제는 평범한 의의 설교자가 되었다. 하지만 공식적 직위가 없는 평신도에 불과했음에 분명하다.[45] 과거에 노예였던

---

44) 계시편 II. 4에서 헤르마스는 책 두 권을 써서 한 권은 클레멘스에게, 다른 한 권은 그라프테에게 보내라는 당부를 받는다. 그리고 클레멘스에게 그 책을 외국의 도시들에게 보내도록 한다. 이것은 그가 잘 알려진 로마 감독이었음을 암시하는 듯하다. 그라프테는 과부들과 고아들을 돌볼 책임을 맡은 여성 집사였다. 클레멘스와 그라프테가 영적 해석 방법과 문자적 해석 방법을 상징한다는 오리게네스의 견해는 알레고리적 공상일 뿐이다.

45) 계시편 제2장에서 그는 이런 말을 듣는다: "헤르마스여, 그대의 자녀들이 하나님께 죄를 지었다. 그들이 주님을 모독했고, 대단히 사악한 행동으로 부모를 배신했다 … 그들의 죄악이 가득 찼다. 그러나 이 말을 그대의 자녀들과 그대의 자매가 될 아내에게 전하라. 그대의 아내도 혀를 제어하지 않고 그것으로 죄를 범하기 때문이다. 그러나 이 말을 들으면 자신을 삼가게 될 것이고, 그로써 긍휼을 얻게 될 것이다." "그대의 자매가 될"이라는 말은 아마 장래의 금욕이나 별거를 가리키는 듯하다. Tilemont과 Hefele는 헤르마스를 장로로 간주하지만, Fleury, Hilgenfeld, Thiersch, Zahn, Uhlhorn, Salmon은 평신도로 간주한다. 헤르마스는 장로들에 관해서 말할 때 항상 자신이 그들 속에 포함되지 않은 듯이 말하며, 로마 성직자들을 엄격하게 비판한다. 순교자 유스티누스도 평신도 설교자였지만, 더욱 교양이 있었다.

그는 주인에 의해서 로다(Rhoda)라고 하는 로마의 어떤 그리스도인 귀부인에게 팔렸다. 그가 헬라어 문체를 구사한 점으로 미루어 학자들은 그가 이집트에서 태어나 유대인 가정에서 양육되었을 것이라고 추측해왔다. 그러나 그가 교회를 대표하던 연로한 여성을 처음 만났을 때 이교의 무당으로 오해했던 사실은 오히려 그가 이방인 가정에서 자랐음을 암시한다. 그가 구약성경의 예언서들을 전혀 언급하지 않는 데서도 동일한 추론을 할 수 있다. 그는 자신이 어떤 경위로 회심하게 되었는지에 관해서 입을 다문다.

이 책은 아마 1세기 말이나 2세기 초에 기록되었을 것이다. 성직위계제도의 흔적을 조금도 드러내지 않으며, 장로와 감독을 동일한 직분으로 간주한다. 심지어 로마의 클레멘스에 대해서도 감독(주교)이라고 부르지 않는다.[46] 교회의 상황은 타락한 것으로 소개되지만, 서신서들과 계시록에서 볼 수 있듯이 타락은 사도시대에 이미 시작되었다. 이 책은 이레나이우스 때에 가장 큰 존경을 받았는데, 이 사실로 미루어 볼 때 이 책이 일찍 등장했음을 짐작하게 된다.

VII. 권위와 가치. 속사도 시대 문학 가운데 헤르마스의 「목자」만큼 공적인 평가에서 큰 기복을 겪은 책은 없었다. 이 책은 그 시대를 위한 것이었을 뿐, 모든 시대를 위한 것이 아니다. 2, 3세기의 그리스도인들에게는 이 책이 영적 세계에서 전해져 온 감동적인 이야기였다. 마치 번연의 「천로역정」이 우리 시대에 널리 읽히는 것과 같은 이치이다. 이 책은 심지어 에우세비우스와 제롬 때까지 정규 예배 시간에 낭독되었으며, 성경 사본들에도 수록되었다(시내 사본에 바나바 서신 뒤에 실려 있다). 이레나이우스는 이 책을 '신적 성경'(divine Scripture)으로 인용한다.[47] 학식은 풍부했으나 탄탄한 비평적 식견은 부족했던 알렉산드리아 교부들은 이 책을 '신적으로 영감된' 책으로 간주했다. 비록 오리게네스는 다른

---

46) 교회의 교직자들이 동일한 서열의 πρεσβύτεροι 혹은 seniores 혹은 praedises로 다양하게 나타나지만, 로마의 클레멘스는 외국 교회들에 대해서 일정하게 감독하는 지위에 있었던 것으로 추정된다. Vis. II. 2, 4; III. 9; Simil. IX. 31. 어떤 단락에서(Vis. III. 5) 헤르마스는 네 부류의 교직자, 즉 '사도들과 감독들과 교사들과 집사들'을 언급한다. 여기서 '감독들'은 장로들을 포함하며, '교사들'은 복음 전파자들 혹은 가르치는 직분(다스리는 직분과 구분되는)을 지닌 장로-감독들을 가리킨다. 다른 단락들에서는 사도들과 교사들만 언급한다(Sim. IX. 15, 16, 25; 비교. 엡 4:11의 '목사와 교사'). 헤르마스가 교회 조직에 관해서 남긴 진술은 다소 느슨하고 불명확하다.

47) Adv. Haer. IV. 20, § 2.

이들이 이 책을 다소 덜 우호적으로 대했음을 암시하긴 하지만. 에우세비우스는 이 책이 비록 내용은 정통신앙에 부합하지만 바나바 서신과 바울행전 등과 마찬가지로 '위작'(僞作)으로 간주한다. 아타나시우스는 구약성경의 외경과 동렬에 놓으며, 어린이 신앙 교육에 유익하다고 평가한다.

이 책은 라틴 교회에서 등장했으나 그 교회에서는 그만큼 높은 권위를 행사하는 데까지 오른 적이 없다. 무라토리 정경 목록(the Muratorian canon)은 이 책을 외경으로 간주하며, "읽어야 하되, 교회에서 공적으로 사용하거나, 선지자들과 사도들의 대열에 놓아서는 안 된다"고 평가한다. 테르툴리아누스는 이 책이 두 번째 회개가 가능하고 재혼이 가능하다고 가르치는 점을 불쾌하게 여겨 경멸하기까지 한다.[48] 제롬도 어떤 부분에서는 이 책에 존경을 표하지만 다른 부분에서는 폄하한다.[49] 암브로시우스와 아우구스티누스는 이 책을 무시한다. 교황 겔라시우스 1세(Gelasius I, 500년경)의 법령은 이 책을 외경으로 간주하여 비판한다. 그 이래로 이 책은 모든 외경과 동일한 운명을 맞이하여 철저히 무시되었다. 심지어 헬라어 원본이 수세기 동안 자취를 감추기까지 했다가 19세기 중반에 예기치 않게 새로운 주목을 받으면서, 독창적인 학자들에 의해서 가톨릭 기독교의 발전을 이어온 연결고리의 하나로 평가되고 있다.

특주

헤르마스의 「목자」는 예배 때 사용되거나 읽히는 지위를 오래 전에 상실했다. 오늘날의 몇몇 학자들이 이 책에 대해서 내리는 평가를 소개하고자 한다. 모스하임(Mosheim)은 (그는 이 책을 아주 피상적으로 읽었음에 틀림없다) 헤르마스의 글에서 하늘에서 온 영들이 했다고 기록된 말을 자기 시대 이발사들의 말보다 더 어리석고 재미없는 것으로 평가한다. 위대한 역사가 니버(Niebuhr)는 ─ 분젠(Bunsen)의 글에 따르면 ─ 교회에서 그러한 글이 낭독될 때 묵묵히 듣고 있어야 했던 아테네[로마가 아닐까?]의 그리스도인들이 불쌍하다고 말하곤 했다. 분젠 자신은 이 글을 '의도는 좋으나 어리석은 로맨스'로 평가한다.

---

48) *De Pud.* c. 20.
49) *Op.* II. 846; *Op.* VI. 604.

반면에 어빙파(the Irvingites) 학자들인 티르쉬(Dr. Thiersch)와 갑(Mr. Gaab)은 초자연적 환상에 대한 옛 신념을 되살린다. 그들은 사도시대에 로마 교회에서 환상이 실제로 나타나고 기록되었으나, 피우스가 감독으로 재직할 때 편집자들에 의해서 수정되고 오류가 섞였다고 주장했다. 갑은 헤르마스가 스베덴보리(Swedenborg)와 같은 의미에서 환상을 보는 은사와 영감(靈感)을 받았다고 생각한다.

웨스트콧(Westcott)은 「목자」가 "기독교가 유대교의 형식들이 아닌 유대교의 원리들의 영향에 어떻게 위협을 받고 있었는가를 보여준다는 점에서 최고의 가치를 지닌다"고 평가한다. *Hist. of the Canon of the N. T.* p. 173(제2판).

도널드슨(Donaldson. 스코틀랜드 장로교의 자유주의 신학자)은 「목자」가 "현존하는 최초의 저서로서 영혼을 하나님께로 인도하는 데 목표를 두었다는 점에서 큰 주목을 받을 가치가 있다고 생각한다. 교회 내부의 활동을 다룬 여러 신앙 저서들 가운데 오직 「목자」만 하나님 앞에서 생활하는 데 필요한 근본적인 변화를 다룬다 … 이 책에 담긴 신조는 매우 짧고 단순하다. 이 책의 가장 큰 목적은 회심에 도덕성이 따른다는 것을 보여주는 데 있으며 … 영적 대적들이 언제든 자신을 공격할 준비를 하고 있음을 환기시키려는 치밀한 의도를 갖고 있다." (*Ap. Fath.*, p. 339). 그러나 그는 이렇게도 말한다(p. 336). "고대 그리스도인들과 현대의 허다한 그리스도인들이 이 책에 대해 평가하는 내용만큼 고대 그리스도인들의 정서와 현대 그리스도인들의 정서간의 엄청난 차이를 더 잘 보여주는 것도 없다."

잭슨(George A. Jackson, 미국의 회중교회주의자)은 훨씬 더 우호적으로 평가한다(*Ap. Fath.*, 1879, p. 15): "「목자」를 읽고 이 책이 유베날리스에 의해 풍자된 사회와 하나도 다를 바 없는 사회에서 나왔다는 점을 기억하면, 이 책이 초기 그리스도인들에게 받았던 존경이 더 이상 의아하지 않으며, 우리도 이 책을 영감된 책이라고 부르는 데 동참해야 한다."

옥스퍼드의 훌(Mr. Hoole)은 아타나시우스의 평가에 동의하면서, 이 책의 문학적 성격을 경건하되 조야한 로마 카타콤의 그림들과 같은 차원에 놓는다.

더블린의 살몬(Dr. Salmon)은 헤르마스를 사보나롤라(Savonarola)와 비교하면서, 다음과 같이 확고한 믿음을 표시한다: (a) 그의 시대의 교회는 부패했고 세상적이었다. (b) 연단을 통해서 찌끼가 제거될 대환난의 때가 임박해 있었다. (c) 그 중간에 회개할 시간이 여전히 있었다. (d) 자신이 직접 회개를 선포하도록 하늘로부터 명령을 받았다.

169. 파피아스

파피아스(Papias)는 요한의 제자이자 폴리카르푸스의 친구로서, 2세기 중반에 브루기아 히에라볼리의 감독이었다. 「파스칼리스 연대기」(*Paschal Chronicle*)에 실린 후대의 전승에 따르면, 그는 버가모[페르가몬]에서 서머나의 폴리카르푸스와 같은 시기에 순교를 당했다고 한다. 최근에 폴리카르푸스의 순교 연대가 166년에서 155년으로 당겨져 추산되므로, 파피아스의 연대에 대한 평가도 비슷한 변화를 겪어야 한다. 같은 시대를 산 그의 친구가 당시에 적어도 86살이었던 점을 감안할 때, 파피아스는 70년경에 출생한 듯하며, 따라서 사도 요한과 전도자 빌립, 그리고 예루살렘 멸망 후에도 살아 있었던 그 밖의 초창기 제자들을 개인적으로 알고 있었을 가능성이 있다.

파피아스는 경건하고 독실하고 성경을 잘 알고 있었으며, 경신(輕信)의 태도와 짧은 깨달음을 드러내긴 하지만 전승을 충실히 견지했다.[50] 그는 지상의 그릇에 천상의 보화를 담은 사람이었다. 그가 교제를 나눈 사람들의 면면이 그가 상당히 비중있는 사람이었음을 말해준다. 그는 기독교 신앙의 초기 전거(典據)들을 중시한다. 이러한 태도가 다음과 같은 그의 말에 잘 담겨 있다. "나는 [주님의 계시들을] 장로들에게 받아서 더욱 확실한 진리로 증거하기 위해 기록으로 남겨두는 과정에서 더욱 확실하다고 확인하고 기억에 남겨둔 해석일지라도 그것이 보충되는 것을 언짢게 생각하지 않는다. 나는 대다수 사람들처럼 말을 많이 하는 사람들을 좋아하지 않고 진리를 가르치는 사람들을 좋아하기 때문이다. 게다가 다른 사람들의 계명들[혹은 새롭고 낯선 계명들]을 기록하기보다 주님께서 우리의 믿음을 위해서 주신, 그리고 진리에서 나온 계명들을 기록하는 사람들을 좋아한다. 따라서 어떤 사람이 장로들에게 배웠다고 하면서 찾아올 경우 나는 장

---

50) 에우세비우스(*H. E.* III. 39)는 그가 "생각이 매우 좁은" 사람이었다고 말한다. 그러나 이러한 평가는 그에 앞서 소개한 파피아스의 강한 천년왕국설을 염두에 둔 것임에 틀림없다. 그 평가가 확고한 근거를 둔 것이라 할지라도, 파피아스가 단순한 사실들에 대해서 남긴 증언마저 무효가 되지는 않을 것이다. 다른 곳(III. 36)에서 에우세비우스는 그를 성경에 해박한 사람이라고 부른다. 학식과 경건과 지혜란 항상 함께 붙어다니지만은 않는다. 하지만 그가 성경에 해박했다는 구절은 에우세비우스의 몇몇 사본들에는 빠져 있다.

로들에게 무엇을 배웠는가를 질문할 것이다. 안드레, 베드로, 빌립, 도마, 야고보, 요한, 마태, 그리고 우리 주님의 그 밖의 제자들이 뭐라고 가르쳤는지, 주님의 제자들인 아리스티온과 장로 요한이 뭐라고 가르쳤는지 물어볼 것이다. 내 생각에는 책에서 얻는 유익보다 곁에서 생생한 음성을 통해서 얻는 유익이 더 크다고 보기 때문이다."[51]

그는 예수의 가르침과 사역에 관하여 사도들과 그들의 제자들이 남긴 구전 전승들을 열정적으로 수집하여 "주님의 가르침에 대한 해설"(*Explanation of the Lord's Discourses*)이라는 제목으로 다섯 권의 책으로 펴냈다.[52]

불행하게도 이 책은 13세기까지는 존재했으나 주로 이레나이우스와 에우세비우스에 의해 보존된 가치 있고 흥미로운 단편들 외에는 현존하지 않는다. 이 단편들 가운데는 복음서들의 기원에 관한 비평 논의에서 현저한 자리를 차지하는 마태의 히브리어 복음서와 마가의 베드로 복음서에 관한 파피아스의 증언들이 있다.[53] 몇몇 사본들에서 요한복음 7:53-8:11이나 누가복음 21:38 이후에 나오는 간음하다가 잡혀온 여인의 일화는 그 책에 실려 있었던 것으로 간주되며, 아마 요한복음 8:15에 기록된 그리스도의 말씀("나는 아무도 판단치 아니하노라")을 예시하기 위해 소개된 듯하다. 이는 에우세비우스에 따르면, 파피아스가 "히브리인들의 복음서에 실린, 많은 죄를 짓고 주님께 심하게 책망을 받은 여인에 관

---

51) Eus. III. 39.

52) Λογίων κυριακων ἐξήγησις, Explanatio sermonum Domini. ἐξήγησις라는 단어는 이미 존재하던 어떤 복음서 기록에 대한 해석을 의미하는 것이 분명하다. 이는 시나이의 아나스타시우스(599년 죽음)가 파피아스를 성경 해석자 혹은 번역자로 분류하기 때문이다. 파피아스는 정경의 복음서들을 텍스트로 삼아 그 안에 주님의 강론들에 대한 자신의 주석을 써넣고, 그리스도의 제자들에게서 직접 · 간접으로 수집한 그 밖의 주님의 어록들을 수록한 듯하다. 이 저서는 여러 세기 동안 자취를 감추었지만, 원어로든 혹은 시리아어나 아르메니아어 번역본들을 통해서든 복원할 수 있을 것이다. Gallandi와 Pitra에 따르면 이 저서는 1281년에 님(Nismes)의 교회가 수집한 사본들에 여전히 실려 있었다고 한다. 아울러 13세기나 14세기의 코튼가(the Cottonnian) 사본에 수록된, 캔터베리 크라이스트처치의 베네딕투스회 수도원 도서관의 장서 목록에 세 번 언급된다.

53) 참조. 제1권 § 80, § 81.

54) 에우세비우스, *H. E.* III. 39.

한 또 다른 이야기를 소개했다"고 하기 때문이다.[54] 만약 그렇다면 우리 구주께서 죄에 대해서 지니신 절대 순결과 죄인을 긍휼히 여기신 태도를 동시에 잘 대비시킨 귀중한 사실이 기록으로 남은 것이 파피아스 덕분이었던 셈이다. 파피아스는 열정적인 천년왕국론자였으며, 그가 주님의 입을 빌려 소개하고 이레나이우스가 믿음으로 받아들인 천년왕국의 풍요로움에 관한 유명한 비유는 주님께서 장차 아버지의 나라에서 포도나무 열매에서 난 것을 새롭게 마시겠다고 하신 말씀(마 26:29)을 설명하는 데 그 의도가 있었을 것이다. 그가 천년왕국설을 주장했다고 해서 유대화주의의 경향이 있다고 단정할 수 없다. 그것이 2세기 교회의 지배적인 견해였기 때문이다. 그 외에도 파피아스는 두 가지 기적을 언급하는데, 하나는 빌립(전도자의 때에 발생한 죽은 사람이 살아난 기적이고(그는 이것을 빌립의 딸들에게서 들었다), 다른 하나는 유스도 바사바가 독을 마시고도 아무런 해도 받지 않은 기적이다.

파피아스는 2세기에 존재하던 사도들과 그 제자들의 구전 전승들의 가치를 크게 인정한다. 그는 새로운 시대의 문지방에 서 있었다. 사도시대를 지켜본 사람들이 속히 사라져가고 있었고, 따라서 주님의 교훈을 풀어서 가르치고, 교회를 오류로부터 지킬 수 있는 영감된 지혜의 단편들을 모아서 보존하는 것이 대단히 중요한 과제였던 그런 시대였다.

그러나 그는 2세기 중반 이전에 정경이 어떤 모습으로 존재했는가를 알려주는 중요한 증인이기도 하다. 그는 처음 두 복음서를 알고 있었고, 요한복음을 알고 있었을 가능성도 매우 크다. 이는 에우세비우스가 밝히 말하듯이, 그가 요한일서의 내용을 인용하기 때문이다. 요한일서와 제4복음서는 사상과 문체가 워낙 흡사하여서 동일 저자의 글들로서 존망을 함께한다. 그는 요한계시록의 영감성과 신빙성을 주장한 가장 오래된 증인들 가운데 한 사람으로서, 그 책 일부분에 대한 주석을 남겼다. 베드로전서를 사용했으나, 우리가 아는 한 바울과 누가에 관해서는 아무 말도 하지 않는다. 이 점에 대해서는 어쩌다 보니 그랬다는 견해와, 몰랐다는 견해와, 혐오했다는 견해 등 다양한 견해가 있지만, 그가 오직 주님의 말씀을 수집하는 데만 목표를 두었기 때문이라는 견해가 가장 타당하다. 헤르마스와 순교자 유스티누스도 바울에 관해서 언급하지 않지만, 그럴지라도 바울의 글들을 알고 있었다. 파피아스가 그 대 사도에 적대적이지 않았다는 것은 그가 폴리카르푸스와 친밀한 사이였다는 데서 추론할 수 있다. 폴리카르푸스는 자신의 서신에서 바울을 높이 평가하기 때문이다.

특주

파피아스와 사도 요한의 관계는 여전히 쟁점으로 남아 있다. 가장 오래된 증인
이자 폴리카르푸스의 제자였던 이레나이우스는 파피아스를 요한의 제자, 폴리카
르푸스의 동료라고 부른다(*Adv. Haer.* V. 33, 4). 그가 여기서 사도 요한을 염두
에 둔 것이 분명하다. 그를 따라서 제롬과 후대의 저자들(고백자 막시무스, 크레
타의 안드레, 아나스타시우스 시나이타)는 그를 사도 요한의 제자라고 부른다.

반면에 에우세비우스(*H. E.* III. 39)는 사도 요한과 '장로 요한'을 구분했으며,
그가 장로 요한의 제자였을 뿐이라고 추론한다. 그는 두 사람을 구분하는 근거를
"주님의 가르침에 대한 해설"의 서론에서 자신이 인용하는 단편에 두는데, 그 서
론에서 파피아스는 어떤 초기 전승들을 자신이 확인했다고 말한다: 여기에는 분
명히 두 명의 요한을 구분해서 소개하는 듯하다. 그러나 장로 요한은 잘 알려지지
않은 아리스티온이라는 사람과 함께 사도라고 불리지 않고 주님의 제자라고 불린
다. 에우세비우스는 이 견해에 대해서 확신을 가지고서 에베소에 요한의 이름이
새겨진 비석이 두 개 있다고 진술한다(III. 9). 그러나 제롬(*De Vir. ill.* c. 9)은 두
비석이 사도의 기념비들일 뿐이라고 생각한다. 이 정도의 내용 외에는 장로 요한
(프레스터 존)이라는 신비스러운 인물에 관해서 알려진 바가 없으며, 그가 계시록
의 저자였다고 주장한 반(反)천년왕국론자 알렉산드리아의 디오니시우스의 견해
는 순전히 비평적 추측일 뿐이다(Euseb. VII. 25). '프레스터 존'에 관한 중세 전설
의 내용은 다른 문헌에서 유래했음에 틀림없다.

어쨌든 파피아스가 자신의 친구 폴리카르푸스와 마찬가지로 1세기 말이나 2세
기 초까지 살았던 연로한 사도 요한을 직접 보고 들었을 가능성이 매우 크다. 그
러므로 이레나이우스가 이름이나 기억에 관해서 오류를 범했다고 비판하는 것은
불필요한 일이다. 오히려 에우세비우스가 파피아스를 잘못 이해했을 가능성이 더
욱 크며, 요한계시록의 저자 문제에 상당한 혼란을 초래한 허구적인 인물이 등장
하게 된 것도 그의 책임일 가능성이 크다.

170. 디오그네투스에게 보낸 서신

1. 간단하지만 귀중한 문서인 「디오그네투스에게 보낸 서신」(the Epistle to Diognetus)은 1592년에 파리의 박식한 출판업자 앙리 스테팽(Henry Stephens)이 순교자 유스티누스의 이름으로 헬라어와 라틴어로 펴내기 전까지는 기독교 문학계에서 알려지지 않았다.[55] 그는 이 자신의 자료들에 관해서 설명을 남기지 않는다. 분명히 알려진 유일한 사본은 13세기에 제작된 스트라스부르 사본이며, 이것마저 (쿠니츠<Cunitz> 교수가 오토<Otto>의 판본과 면밀히 비교한 뒤에) 1870년에 스트라스부르가 공격을 당할 때 화재로 소실되었다. 이 문서의 기원은 이처럼 짙은 베일에 가려져 있기 때문에, 오늘날 일부 학자들은 냉정하게 이것을 콘스탄티누스 이후에 초기 기독교를 모방하여 만든 허구로 간주했지만, 저자나 저자의 나이나 저자의 출신 민족에 관해서 일치된 견해를 내놓지 못했다.

그럴지라도 디오그네투스는 2세기 저자 가운데 가장 모호하면서도 가장 명쾌하다. 그의 이름은 오늘날까지 알려지지 않은 채 남아 있을지라도, 그는 기독교가 유대인들과 이방인들에게 공격과 모독을 당하던, 따라서 신앙으로 고백하려면 생명의 위험을 무릅써야 했던 시기에 기독교의 이름을 빛나게 했다. 그는 욥기와 히브리서를 쓴 '위대한 무명' 저자들, 오직 하나님께서만 아시는 저자들과 같은 반열에 놓고 평가해야 한다.

2. 디오그네투스는 사회적 지위와 문화 수준이 높은 이교도였다. 탐구 정신이 강했던 그는 기독교의 기원과 본질에 관해서 알고 싶었고, 그리스도인들이 무슨 동기로 세상을 그토록 경멸하고 죽음 앞에서 용감하고 형제를 그토록 사랑하는지, 그리고 헬라인들의 신들과 유대인들의 미신과 사뭇 다른 이 새로운 유행이 어떻게 해서 뒤늦게 등장하게 되었는지 알고 싶었다. 이 이름을 가진 스토아 철학자는 마르쿠스 아우렐리우스가 어렸을 때(133년경) 그에게 회화와 작문을 가르쳤고, 아테네식의 단순한 삶과 "그리스인들의 규율에 속한 그 밖의 모든 것들"로써 그를 훈련시켰다. 아마 그는 아우렐리우스에게 기독교 순교자들을 멸시하고, 그들의 영웅적인 용기를 순전한 고집으로 간주하도록 가르쳤을 것이다. 우리가 다루는 디오그네투스가 황제를 가르친 교사와 동일인이었을 가능성이 매

---

55) 에우세비우스나 제롬 혹은 포티우스조차 그 문서를 언급하지 않는다.

우 높다. 왜냐하면 그는 무엇이 이 그리스도인들로 하여금 "세상을 경멸하고 죽음을 가볍게 여기도록" 만들 수 있는지 특별히 알고 싶어하기 때문이다.[56]

3. 우리가 다루는 서신은 이 고상한 이교도가 보낸 질문들에 대답한 내용이다. 실제 경험을 토대로 그리스도인의 삶과 교리를 입증한, 짧으면서도 대가의 면모가 드러나는 서신이다. 분명히 지성과 고상한 취향과 고전 문화를 지닌 사람의 글임에 틀림없다. 새로운 신앙 열정과 깊은 사상, 우아한 문체에서 탁월하며, 고대의 기독교를 대단히 아름답게 그려낸 작품으로 손꼽힌다. 사도 교부들의 어떠한 저서에도 뒤지지 않는다.

4. 내용. 이 문서는 13장으로 구성되어 있다. 디오그네투스에게 대한 인사로 시작하며, 그가 헬라인들과 유대인들의 것과 구분되는 기독교 교리와 예배 형태에 관해서 간절히 알고자 하는 사람으로 묘사된다. 저자는 이방인 친구를 진리의 길로 인도할 기회를 얻은 것에 기쁨을 표시하면서, 먼저 우상들의 헛됨(2장)과 유대인들의 미신(3, 4)을 말하며, 이와 대조적으로 마치 가시적이고 멸망해 가는 육체에 있는 비가시적이고 불멸하는 영혼처럼 이 세상에서 진행되는 그리스도인들의 삶을 진실하게 그리며(5, 6장), 그리스도께서 강림하심으로써 어떤 유익들을 끼치셨는지를 소개한다(7장). 그런 뒤 그리스도께서 오시기 전 세상의 비참한 상황을 묘사하며(8장), 그분이 왜 그토록 오셨는가 하는 질문에 대답한다(9장). 그 과정에서 구속을 이레나이우스 이전에 발견할 수 있는 여느 저서보다 더욱 충분하고 분명하게 다룬 아름다운 단락이 전개된다. 그는 기독교 신앙에서 흘러나오는 여러 가지 복들과 도덕적 효과들을 설명함으로써 글을 맺는다(10장). 보다 젊은 동시대인에 의해서 추가된 것으로 추측되는 마지막 두 장(사본에 그렇게 표기되어 있음)은 에덴 동산에 있던 선악을 알게 하는 나무와 생명 나무와 관련지어 지식과 신앙과 영적 생활을 다룬다. 믿음이 초자연적 세계의 비밀들을 더욱 깊이 알게 하는 낙원의 문을 연다.

---

56) *Ep. ad Diog.*, c. 1을 마르쿠스 아우렐리우스의 *Medit.* IX. 3(그가 유일하게 기독교를 언급한 부분)과 비교하라. 마르쿠스 아우렐리우스는 스승 디오그네투스를 감사한 마음으로 기억한다(*Medit.* I. 6). 디오그네투스는 희귀한 이름은 아니지만, 우리가 다루는 서신과 관련된 인물도 사회적 지위가 높은 사람이었다. Otto와 Ewald는 두 사람을 동일인으로 간주한다.

「디오그네투스에게 보낸 서신」은 사도 교부들이 표방한 순전히 실제적인 문학에서 변증가들의 사변 신학으로 이행해 가는 단계에 해당한다. 이 서신에는 여전히 첫사랑의 열기가 뜨겁게 발산된다. 사도 바울의 색채를 강하게 띤다.[57] 신앙에 토대를 둔 자유의 정신과 보다 고상한 지식의 숨결을 내쉰다. 구약성경을 무시하지만, 영지주의적인 태도로 경멸하는 흔적은 없다.

5. 저자와 저작 시기. 저자는 자신을 '사도들의 제자'라고 부르지만(11장), 이 용어는 부록에 나오며, 따라서 광범위한 의미로 받아들일 수 있다. 사본에는 이 서신이 순교자 유스티누스가 쓴 것으로 되어 있지만, 문체가 유스티누스의 것보다 세련되고 활력이 넘치고 간결하며, 사고도 더욱 독창적이고 힘이 있다. 하지만 저자가 유스티누스와 같은 시기, 즉 2세기 중반 사람이었을 가능성이 크다. 이 서신에서는 기독교가 로마 귀족 사회에 여전히 새롭고 알려지지 않은 집단으로, 세상에는 나그네로, 도처에서 유대인들과 이방인들의 비방과 박해에 도출되어 있는 집단으로 나타난다. 이러한 정황은 모두 안토니누스 피우스와 마르쿠스 아우렐리우스의 재위에 부합한다. 만약 디오그네투스가 아우렐리우스의 스승이었다면, 저작 장소는 로마가 유력하게 된다.

어떤 이들은 저작 시기를 더 거슬러 올라가 트라야누스나 하드리아누스의 재위 기간으로 잡고, 다른 이들은 마르쿠스 아우렐리우스의 재위 기간으로, 또 다른 이들은 2세기 말이나 그 후로 잡는다. 저자에 관한 추론은 1세기의 아볼로부터 시작하여 16세기의 교황 스테파누스로 끝난다. 아마 저자 문제는 해결되지 않은 채 남을 공산이 크다.

171. 로마의 식스투스

크시스투스(Xystus) 혹은 로마식 이름으로 섹스투스나 식스투스(Sixtus) 1세는 로마의 제6대 감독(주교)이었으며, 하드리아누스의 재위 때 10년 가량 이 직위를 수행했다(119-128).[58]

---

57) "마치 바울 자신이 그 시대에 환생한 듯한 인상을 준다." Ewlad, VII. 149.
58) 이레나이우스(Adv. Haer. 1. III. c. 3. § 3)는 그를 클레멘스, 에바리스투스, 알렉

식스투스에 관해서는 그가 도덕과 신앙의 금언들을 모은 훌륭한 책을 펴낸 저자로 추정되는 것 외에는 알려진 바가 없다. 그 책은 헬라어로 집필되었고, 루피누스에 의해 라틴어로 번역되었으며, 고대 교회에서 널리 읽혔다. 문장이 히브리 잠언들과 산상수훈을 따라 간결하면서도 무게가 있다. 선지자들과 사도들을 언급하지 않고, 심지어 그리스도의 이름조차 언급하지 않지만 하나님과 숭고한 도덕 정서로 가득하며, 다만 범신론의 경계에 다소 닿아 있는 약점을 드러낸다. 만약 이 책이 이교 철학자의 저작이라면 그는 심지어 세네카나 에픽테토스나 플루타르크나 마르쿠스 아우렐리우스보다 기독교 윤리 정서에 더욱 가까이 접근한 셈이다. 그러나 그런 경우라면 그리스도인의 손에 의해 다듬어졌음에 틀림없으며, 그렇기 때문에 고대 교회에서 인기를 끌었고, 교회 문학사에서 한 자리를 차지할 수 있었다. 루피누스는 번역자로서 상당한 재량을 발휘했다. 그 외에도 이 책의 사본들은 대단히 많이 남아 있다.

오리게네스는 두 곳에서 최초로 섹스투스(Sextus)의 「금언록」(Gnomae 혹은 Sentences)을 언급하면서 그의 시대, 즉 2세기 전반의 그리스도인들 사이에서 아주 잘 알려졌고 널리 읽혔던 책으로 소개한다. 하지만 저자가 감독이라고 밝히지 않으며, 심지어 그리스도인이라고도 언급하지 않는다. 루피누스는 그 책에 살을 붙여 번역했으며, 저자가 로마의 감독이자 순교자인 식스투스라고 밝힌다. 그러나 고전 문학에 능통했던 제롬은 루피누스가 그리스도와 전혀 상관없고 가장 이교적인 피타고라스 철학자인 크시스투스(Xystus)의 저작에 로마 감독의 이름을 붙인 것을 비판한다. (크시스투스는 스토아 철학의 냉정과 펠라기우스의 무결을 가르치는 사람들에게 매우 존경을 받는다.) 아우구스티누스는 최초로 저자를 두 로마 감독들 가운데 한 사람으로 간주하지만, 훗날 아마 제롬의 진술에 영향을 받아 자신의 견해를 철회했다. 고백자 막시무스와 다마스쿠스의 요한은 이 책의 저자를 로마의 크시스투스라고 말한다. 게나디우스(Gennnadius)는 이 책을 「크시스투스의 금언록」(Xysti Sententiae)이라고 부르는 선에서 그친다. 교황 겔라시우스는 이 책이 이단들에 의해서 조작된 위작(僞作)이라고 공언한다.

산더 이후의 로마 감독으로 언급한다. 에우세비우스(*H. E.* IV. 5)는 그가 로마 교회를 10년간 지도했다고 말한다. 역대 교황 가운데 그 이름을 두번째로 사용한 사람은 257년이나 258년에 순교했다. 두 사람은 때때로 *Enchiridion*(지침)의 저자로 혼동되었다.

최근의 저자들(Fontanini, Brucker, Fabricius, Mosheim)은 퀸투스 섹스투스(the elder Quintus Sextus 혹은 Sextius. Q. S. Pater)를 저자로 간주한다. 그는 스토아 철학자로서, 율리우스 카이사르가 제안한 로마 원로원 의원직을 고사했고, 세네카에게 크게 칭송을 받은 사람이다. 그는 육류를 섭취하지 않았고, 매일 자신을 철저히 성찰하며 지냈다. 따라서 이 저서는 현대 교회 사가들에게 철저히 외면당했다. 그러나 시리어 번역본을 펴낸 폴 드 라가르드(Paul de Lagarde)와 에발트(Ewald)는 이 책을 다시 부각시키면서, 이 책을 초대 교황 크시스투스의 저작으로 간주한다. 에발트는 이 책에 대단히 높은 평가를 매긴다. "이 책에는 기독교적 양심이 최초로 온 세상 앞에 나타나 온 세상 사람들에게 의무를 가르치고, 기독교적 삶의 지혜를 간단하고 예리한 문장들로 구현한다."[59] 그러나 기독교 현자와 감독이 그리스도의 이름조차 언급하지 않은 채 기독교 윤리학 체계나 기독교 금언록을 집필한다는 것은 불가능해 보인다.

172. 변증가들. 쿠아드라투스와 아리스티데스

이제는 주요 저작들의 성격과 이름 때문에 변증가들(Apologetics)이라 불리는 교회 저자들을 차례로 살펴보고자 한다. 이들은 하드리아누스, 안토니누스, 마르쿠스 아우렐리우스의 재위 기간에 활동했다. 이때는 기독교가 이교 세계의 잔인한 박해뿐 아니라 문학에까지도 노출되었던 기간이다. 이들은 유대인들과 이방인들의 비판과 중상을 논박했고, 복음의 진리들을 입증하고 우상 숭배의 오류와 해악을 비판했다. 이들은 사도 교부들보다 한 차원 높은 학문과 문화를 소유하고 있었다. 대부분 철학자들과 수사학자들이었던 이들은 어른이 된 뒤에 면밀한 검토 끝에 기독교를 받아들였으며, 기독교에서 정신과 마음의 평안을 발견했다. 이들의 저작들에는 순교자들이 고통과 죽음을 당하면서 발휘한 것과 동일한 영웅적 태도와 신앙에 대한 열정이 살아 숨쉰다.

변증가들 가운데 초창기 사람들은 이교도들을 글로써 비판한 쿠아드라투스(Quadratus)와 아리스티데스(Aristides), 그리고 유대인들을 글로써 비판한 펠라

---

59) *Geschichte Israels*, vol. VII. p. 322.

의 아리스토(Aristo)로서, 모두 하드리아누스의 재위 기간(117-137)에 활동했다.

쿠아드라투스는 사도들의 제자였으며, 아테네의 감독(장로)이었다. 그의 저서 「변증」(*Apology*)은 유실되었다. 그에 관해서 알려진 것은 에우세비우스의 다음과 같은 인용문이 전부이다: "쿠아드라투스는 아일리우스 하드리아누스(Aelius Hadrian)에게 글을 보내 우리가 고백하는 신앙을 변증했다. 그렇게 한 이유는 어떤 악의적인 사람들이 우리 형제들을 괴롭히려고 했기 때문이다. 그 저작은 여전히 우리뿐 아니라 몇몇 형제들도 소지하고 있다. 그 책에서는 누구든 사람에 대한 이해와 그의 사도적 신앙의 증거를 분명히 볼 수 있다. 이 저자는 다음과 같은 구절들로써 자신이 살던 시대가 오래 전이었음을 보여준다: '우리 구주께서 행하신 일들이 항상 당신 앞에 있습니다. 그 일들은 진정한 기적들이기 때문입니다. 병 고침을 받은 사람들, 죽었다가 다시 살림을 받은 사람들이 고침과 살림을 받았을 때뿐 아니라 그 뒤로도 언제나 사람들 사이에 살고 있습니다. 그들은 우리 주님이 땅에 계실 때뿐 아니라 땅을 떠나셨을 때에도 오랫동안 살아 남았습니다. 그렇기 때문에 그들 중 더러는 우리 시대까지도 살아 있는 것입니다.' 쿠아드라투스가 그런 사람이었다."

아리스티데스는 아테네에서 활동한 웅변적인 철학자로서, 에우세비우스에 의해서 쿠아드라투스와 동시대 사람으로 언급된다.[60] 그의 「변증」(*Apology*)도 오래 전에 유실되었지만, 단편이 최근에 아르메니아어 번역으로 복원되어 1878년에 메히타르회 수사들(Mechitarists:로마 교회에 소속된 아르메니아의 수사들:역자 주)에 의해서 출판되었다. 이 책이 하드리아누스에게 전달되었으며, 책의 내용을 보면 사도 바울이 아테네에서 전파한 복음이 뿌리를 내렸음을 보여준다. 기독교의 하나님을 무한하고 형언할 수 없는 분으로서, 만물을 만드시고 만물을 돌아보시며, 우리가 마땅히 유일한 하나님으로 섬기고 영광을 돌려야 할 분으로 소개한다. 그리스도께 대해서는 다음과 같이 소개한다: "지극히 높으신 하나님의 아들로서, 성령에 의해 계시되시고, 하늘에서 강림하시어 히브리 동정녀에게서 나셨다. 육체를 동정녀에게서 받으셨고, 인성(人性) 안에서 하나님의 아들로서의 자신을 계시하셨다. 기쁜 소식을 초래한 자신의 선함을 가지고 생명을 주는 전도로써 온 세상을 얻으셨다. (육체로는 히브리 민족에게서, 하나님의 어머

---

60) *Hist. Eccl.* IV. 3.

니인 동정녀 마리아에게서 나신 분이 바로 그분이었다.)[61] 그는 열두 사도를 모으시고, 중보적이고 생명을 주는 진리로써 온 세상을 가르치셨다. 그리고 유대인들에 의해 십자가에 못 박히셨다가 죽은 자 가운데서 살아나시고 하늘에 오르셨다. 사도들을 온 세상에 보내셨고, 지혜가 가득 담긴 신적인 기적들로써 온 족속을 가르치셨다. 그들의 전도가 오늘날 꽃을 피우고 열매를 맺고 있으며, 온 세상에 대해 광명으로 나오라고 부른다."

이 문서에서 호기심을 끄는 점은 인류를 야만인, 헬라인, 유대인, 그리스도인으로 4분하는 것이다.

2세기 전반의 유대 그리스도인인 펠라의 아리스토(Aristo of Pella)는 유대교에 대해서 기독교를 변증하는 글을 썼으나, 그의 저작은 현존하지 않는다.

173. 철학자이자 순교자인 유스티누스

2세기의 그리스 변증가들 가운데 가장 유력한 사람은 '철학자와 순교자'라고도 불리는 플라비우스 유스티누스(Flavius Justinus)이다.[62] 그는 기독교가 가장 공박을 당하던 시기에 생애 전체를 바쳐서 기독교를 변호하고, 자신의 증거에 피로 인(印)을 친 전형적인 변증가이다. 게다가 최초의 기독교 철학자 혹은 최초의 철학적 신학자이기도 하다. 그의 저서들은 이레나이우스, 히폴리투스, 에우세비우스, 에피파니우스, 제롬, 포티우스에게 잘 알려졌고, 그 가운데 가장 중요한 저서들이 오늘날까지 전해져 내려온다.

I. 생애. 유스티누스는 1세기 말 혹은 2세기 초에 그리스-로마의 식민지인 플라비아 네아폴리스에서 태어났다. 황제 플라비우스 베스파시아누스의 이름을 따서 지명을 정한 그곳은 사마리아 세겜(오늘날의 나블루스)의 폐허 근처에 건

---

61) 괄호 안의 문장은 반복적인, 그리고 니케아 이후에 삽입된 내용인 듯한 인상을 준다.

62) 테르툴리아누스(*Adv. Valent.* 5)가 그를 최초로 철학자와 순교자라고 불렀고, 히폴리투스(*Philos.* VIII. 16)는 '순교자 유스티누스'라고 불렀다. 에우세비우스(*H. E.* IV. 12)는 "철학을 진정으로 사랑한 사람으로서" "철학의 옷을 입고 신적인 말씀을 선포하고 글로써 신앙을 변호한 사람"이라고 말한다(IV. 17).

설되었다. 그는 자신을 사마리아인이라고 부르지만, 실은 이교도 가정에서 났고, 할례를 받지 않았으며, 회심하기 전에는 모세와 선지자들을 모르고 살았다. 아마 그는 베스파시아누스가 예루살렘을 멸망시킨 뒤에 사마리아에 건설한 로마 식민지 사람이었던 것으로 추정된다. 그의 조부는 헬라식 이름(바키우스)을 가지고 있었고, 아버지(프리스쿠스)와 그는 라틴식 이름을 갖고 있었다. 그는 헬레니즘으로 교육을 받았다. 여러 교사들에게 비용을 지불하며 배운 것이나 여행을 많이 한 것으로 미루어 살림이 넉넉한 집에서 자랐음에 틀림없다. 하지만 생활은 매우 검소했으며, 형제들에게 도움을 받아 살았던 것으로 보인다.

그는 성년 초기에 회심했다. 그 흥미로운 이야기를 본인이 직접 전한다.[63] 진리를 가장 큰 재산으로 여겨 갈구하던 그는 철학 체계들을 두루 섭렵하면서 옛 사람들의 지혜의 문이란 문은 다 두드렸다. 다만 에피쿠로스주의는 경멸했기 때문에 관심을 갖지 않았다. 그는 먼저 스토아 철학자를 찾아갔으나, 그가 신에 대한 지식을 불가능하거나 불필요하다고 간주하는 일종의 무신론자임을 발견했다. 그런 뒤 소요학파 학자를 찾아갔으나, 그는 가르치는 일보다 사례금에 더 관심이 있었다. 그 뒤 저명한 피타고라스주의자를 찾아갔다. 그는 무엇을 좀 아는 것처럼 보였지만, 지고한 진리를 깨닫기 위해서 먼저 음악과 천문학과 기하학에 관해 지나치게 많은 예비 지식을 요구했다. 마침내 자기가 살고 있던 도시를 찾아온 어떤 저명한 교사의 인도로 큰 열정을 가지고 플라톤주의의 품에 안겼다.[64]

그는 비물질적인 것들을 인식하고 영원한 진·선·미 개념들을 사색하는 데 푹 빠졌다. 자신이 이 철학이 약속한 목표 — 신(神)을 보는 것 — 에 이미 가까이 와 있다고 생각했다. 그러던 어느 날 바닷가에서 그리 멀지 않은 곳을 혼자서 걷고 있을 때 표정이 밝고 기품이 있어 보이는 노인 그리스도인을 만나서 대화를 하게 되었는데, 이 대화가 그의 인생 행로를 바꿔 놓았다. 처음 만난 그 노인이 그가 품고 있던 모든 인간의 지혜에 대한 확신을 뒤흔들어 놓았고, 그에게 히브리 선지자들의 책들을 읽어보라고 권했다. 그 책들은 철학자들이 남긴 것보다

---

63) *Dial. c. Trypho. Jud. c.* 2-8. 그의 회심은 바르코크바 전쟁이 발생하기 전에 이루어졌다. 유스티누스가 트리포를 만났을 때 그는 이 전쟁에서 도망치고 있는 중이었다.

64) 이 도시는 플라비아 네아폴리스일 수도 있고, 혹은 그보다 에베소일 가능성이 더 크다. 에우세비우스에 따르면 그곳에서 트리포와의 대화가 이루어졌다(IV. 18).

더 오래되었고, 사색가가 아닌 증인의 관점에서 진리를 보고 말해놓은 것이라고 했다. 그것이 전부가 아니었다. 히브리 선지자들은 그리스도의 강림을 예고했었고, 그들의 예언이 그리스도의 생애와 사역으로 성취되었다는 것이었다. 노인이 떠난 뒤 유스티누스는 그를 더 이상 만날 수 없었지만 그의 조언을 받아들였고, 얼마 후에 복음서들에 의해 조명되고 확증된 구약 선지자들의 책들에서 계시에 확고한 토대를 둔 참되고 무오한 철학을 발견하게 되었다. 이렇게 해서 열정적인 플라톤주의자가 그리스도인이 되었다.

타티아누스에게도, 안디옥의 테오필루스에게도, 유대인 선지자들은 기독교 신앙에 닿아 있는 다리였다. 하지만 유스티누스가 구약성경만 읽고 감화를 받아 회심했다고 생각해서는 안 된다. 둘째 「변증」(Apology)에서 그리스도인들의 실제적인 행동이 자신을 회심케 하는 수단이 되었다고 분명히 말하기 때문이다. 그는 아직 플라톤주의자로 지내면서 그리스도인들에게 가해지는 비판을 들으면서, 그들이 죽음 앞에서도 용기와 지조를 지키는 모습을 보고서 큰 감명을 받았다.[65]

유스티누스는 회심한 뒤에 그리스도인들의 집단을 찾아가 그들에게 복음의 역사와 교리에 관해서 배웠다. 그리고는 기독교 신앙을 전파하고 입증하는 데 자신을 전체로 바쳤다. 일정한 거처도 없고 교회로부터 정규 직분도 받지 않은 채 여러 지역을 두루 다니면서 복음을 전하거나 가르치는 생활을 시작했다.[66] 그가 성직 임명을 받았다는 흔적은 없다. 우리가 아는 한 그는 성령께 사명을 받은 평신도 설교자였다. 그럴지라도 자기 시대의 여느 감독이나 장로보다 더 교회에게 유익한 일을 해냈다. 그는 "진리를 전파할 수 있으면서도 그렇게 하지 않는 사람은 누구나 하나님께 심판을 받는다"고 말한다. 바울과 마찬가지로 그도 자신이 모든 사람 곧 유대인과 헬라인에게 구원의 길을 보여주어야 할 빚을 지고 있다고 느꼈다. 그리고 아리스티데스, 아테나고라스, 테르툴리아누스, 헤라클라

---

65) *Apol.* II. 12, 13.

66) Tillemont와 Maran(in Migne's ed. col. 114)은 그가 세례를 언급한 방식(*Apol.* I. 65)을 토대로 그가 사람들에게 세례를 주었으며, 따라서 성직자였다고 추론한다. 그러나 유스티누스는 그 단락과 「변증」 전체에서 그리스도인들의 이름으로 말한다("우리는 그렇게 그를 물로 씻긴 뒤에 … "). 그 외에도 세례는 성직자의 독점적인 권한이 아니었으며, 평신도도 시행할 수 있었다.

스(Heraclas), 그레고리우스 타우마투르구스와 마찬가지로 그도 철학자의 외투를 벗지 않고 그대로 입고 지냈다. 크고 중요한 주제들을 언제든 곧장 논의할 수 있기 위함이었다. 이른 아침에 산책을 나가면 많은 사람들이 "안녕하세요 철학자님!" 하고 그에게 인사를 건넸다. 그는 로마에서 어느 정도 체류하다가 그곳에서 마르키온(Marcion)을 만나 논쟁을 벌였다. 에베소에서는 유대인 트리포와 그의 친구들을 기독교 신앙으로 이끌기 위해서 노력했다.

마지막으로는 다시 로마에 가서 활동했다. 그리고 166년경에 이곳에서 견유학자 크레센스(Cresence) — 유스티누스는 그가 기독교에 대해서 무지하다고 지적해준 바 있다 — 의 선동으로 다른 여섯 명의 그리스도인들과 함께 채찍질과 참수형을 당했다. 생시에 사람을 두려워하지 않고 기쁘게 살았던 그는 죽음 앞에서도 시장 루스티쿠스의 법정에서 진리를 증거했고, 제사를 거부했으며, 평소에 신앙의 형제들에 대해서 누누이 자랑하던 확고한 태도를 몸소 입증했다. 법정에서 그리스도의 비밀을 설명해 보라는 질문을 받고는 "나는 그분의 위대하심을 말하기에는 너무 왜소합니다"라고 대답했다. 그가 마지막으로 남긴 말은 이런 것이었다. "우리는 우리 주 예수 그리스도를 위해서 고난당하는 것 외에 더 바라는 게 없습니다. 이러한 고난이 그분의 두려운 심판대 앞에서 우리에게 구원과 기쁨을 주기 때문입니다. 세상 만민이 그 심판대에 서야 합니다."

유스티누스는 교부들 가운데 신학자와 기독교 사상가라고 부를 수 있는 최초의 인물이다. 그는 회심하기 전에 상당한 수준의 고전 학문과 철학을 공부했고, 신앙을 변증하는 일에 그 지식을 활용했다. 천재성과 정확성을 지닌 학자는 아니었지만, 상당한 재능과 폭넓은 독서와 방대한 기억을 지녔다. 씨앗 로고스(the spermatic Logos) 개념 같은 독창적이고 심오한 사상을 가지고 있었고, 고상한 이교도들과 온건한 유대 그리스도인들을 매우 후하게 평가했다. 그가 살던 시대는 그리스도를 고백하는 행위가 비밀 결사와 불법 종교를 금하던 로마법에 의해 범죄로 규정되어 있던 시대였다. 그는 살아 있는 동안은 고백자의 용기를, 죽음 앞에서는 순교자의 용기를 발휘했다. 진리를 선양하고 박해받는 형제들을 변호하는 데 두려움 없이 헌신한 그의 생애 앞에서 존경을 금할 길이 없다. 비록 위인은 아니었지만 매우 선량하고 유익한 사람이었으며, '고귀한 순교자들'에서 명예로운 자리를 차지할 가치가 있는 사람이었다.[67]

II. 저서. 유스티누스는 변증과 논쟁 분야에서 입으로써 신앙을 증거했을 뿐 아니라 글을 통해서도 상당한 노력을 기울였다. 그의 펜은 기독교 진리를 훼방하던 유대인들과 이방인들과 이교도들을 겨냥하여 부단하게 움직였다.

(1) 그의 주요 저서들은 변증에 관한 것들로서 여전히 남아 있다. 이교도들에 대해서 쓴 두 권의 「변증」(*Apologies*)과 「유대인 트리포와의 대화」(*Dialogue with the Jew Trypho*)가 그것이다. 첫번째이자 부피가 큰 「변증」(68장)은 황제 안토니누스 피우스(137-161)와 그의 양자들에게 보낸 것이며, 아마 147년경에(혹시 그 이전이 아니라면) 기록된 듯하다. 두번째이자 부피가 작은 「변증」(25장)은 첫 번째 책을 보완 혹은 마무리한 책으로서, 같은 황제의 재위 기간에 기록되었다(마르쿠스 아우렐리우스 때가 아님).[68] 두 권 모두 그리스도인들과 그들의 신앙을

---

67) 그 말에 프레상세(Pressens)의 글을 덧붙이고 싶다(*Martyrs and Apologists*, p. 251): "그처럼 사심 없고, 그처럼 용기있고, 그처럼 불신의 세상에서 미움을 당하고 천국에서 인정을 받을 만한 진리의 증인은 다시 없었다. 그는 인격과 지성이 열정과 똑같이 풍부했으며, 그 모든 것이 그리스도인의 인간애에 토대를 두었다. 유스티누스는 마음에서 웅변이 흘러나왔다. 원래 지성도 범상치 않긴 했지만, 하나님 말씀에 비추어 쌓아간 일상의 경험들이 풍부한 웅변의 원천이 되었고, 교회에 사상의 유산을 남겼다. 그것이 알렉산드리아에서 무르익고 발전하였고, 기독교의 위대한 변증의 토대가 되었다. 유스티누스의 신학 사상에는 하나님의 말씀이 모든 사람에게 씨앗처럼 존재한다는 아름다운 교리를 제외하면 이렇다 할 독창적인 것이 없다. 성경 해석에서는 모호하고 때로는 미숙한 모습을 보인다. 이렇게 논리에서는 약점을 드러내지만, 마음으로 말하는 데서는 도덕적인 강인함을 드러내며, 그가 남긴 진지하고 관대한 말들은 항상 살아서 울려 퍼진다. 만약 그가 이교도로 남아 있었다면 그저 평범한 지식인으로 일생을 마쳤을 것이다. 기독교가 그의 지성에 불을 붙이고 활용했으며, 그의 글을 읽을 때마다 즐겨 만나게 되는 것이 바로 뜨거운 영혼이다."

68) 저작 연대는 확실하게 단언할 수 없다. 첫째 「변증」은 수신자들을 다음과 같이 밝힌다: "황제 티투스 아일리우스 아드리아누스 안토니누스, 피우스, 아우구스투스 카이사르: 그의 아들 철학자 베리시무스[즉, 마르쿠스 아우렐리우스]: 어떤 카이사르[카이사르 아일리우스 베루스로 추정됨]의 친아들이자 피우스의 양자인 철학자[?] 루키우스: 성스러운 원로원: 그리고 로마 제국 전체 주민들." 인사말의 문체는 제국 정부와 원로원의 공식 문체를 벗어나 있으며, 아마 후대에 삽입되었을 가능성이 없지 않지만, 내용이 대체로 정확하다는 점에 대해서는 아무도 의심하지 않는다. '베리시무스'(Verissimus)라는 이름은 마르쿠스 아우렐리우스가 138년에 안토니누스의 양자가 된 다음부터는 사용하지 않은 이름이며, 게다가 그가 139년부터 사용한 '카이사르'라는 칭호가 없는 점 때문에 과거의 비평학자들은 이 글이 하드리아누스의 타계 직후

이교도들의 비방과 박해에 맞서서 변호하는 내용이다. 그가 여기서 이교도들에게 요구하는 것은 단지 그리스도인이자 범죄 혐의자라는 이유만으로 변변한 재판도 받지 못한 채 유죄 판결을 받고 있는 자기 형제들을 공정하게 평가해 달라는 것이 전부이다. 그는 하급 법원들의 횡포와 군중의 폭력에서부터 상급 법원의 부당한 취급에 이르기까지 그리스도인들이 처한 법적인 현실을 소개한 뒤에, 자신이 인사말에 문안을 올린 지혜롭고 철학적인 통치자들이 공정한 심문을 해 보면 틀림없이 그들을 방면해 줄 것이라고 확신한다. 박해가 귀신들의 사주에 따른 것이라고 설명하며, 귀신들이 그리스도인들의 세력을 두려워하고, 장차 곧 쫓겨날 것이라고 말한다.

「대화」(*Dialogue*, 142장)는 부피가 「변증」의 두 배이며, 유대인들의 비판에 대해서 모세와 선지자들의 글을 토대로 기독교를 옹호하는 내용이다. 이 책은 「변증」 이후에 기록되었지만(이 점에 120장에 언급된다), 역시 안토니누스 피우스 때인 161년 이전에 (아마 148년에) 기록되었다. 「변증」에서는 철학자가 철학자들

---

(137)에 작성되었을 것이라고 추론했으며, 에우세비우스는 *Chronicon*에서 저작 연대를 141년으로 소개한다. 앞의 연대(137)는 「변증」 이후에 기록된 「대화」(*Dialogue*)에서 바르코크바 전쟁(132-135)이 여전히 진행중이거나 불과 얼마 전의 사건으로 언급되는 사실에서 힘을 얻는다. 반면에 마르쿠스 아우렐리우스가 사실상 안토니누스와 함께 국정을 책임진 시기는 147년 이후였으며, 이 책에서 유스티누스는 두 명의 황제를 염두에 두고 있는 듯하다. 더욱이 리키우스 베루스는 130년에 태어났으므로, 만약 이 책이 137년에 기록되었다면 여덟살의 나이에 '철학자'라는 칭호가 어울릴 수가 없었다. 하지만 에우세비우스는 그 부분을 "철학자 카이사르의 아들"이라고 읽는다. 그리고 '철학자'(필로소포스)라는 용어는 아주 광범위한 의미로 사용되었다. 보다 무게가 실린 증거는 첫번째 「변증」이 마르키온을 반박한 *Syntagma*를 기록한 이후라는 사실이다. 마르키온은 로마에서 139-145년에 활동했다(물론 이 연대도 아주 확실한 것은 아니지만). 유스티누스는 자신이 구주께서 세상에 오신지 150년 뒤에 글을 쓰고 있다고 말한다. 만약 이것이 대략적인 연대가 아니라면, 이 발언이 연대를 확정하는 데 도움이 된다. 이런 이유들 때문에 현대 비평학자들은 첫번째 「변증」의 저작 연대를 147~150년(Volkmar, Baur, Von Engelhardt, Hort, Donaldson, Holland)이나 150년(Lipsius, Renan), 혹은 160년(Keim, Aub)으로 파악한다. 두 번째 「변증」도 안토니누스 피우스 때 기록되었다. 이렇게 생각할 수 있는 이유는 이 책이 두 명의 통치자에 절대군주가 한 사람이었음(즉 피우스가 아우렐리우스와 함께 통치하고 있음)을 상정하기 때문이다.

을 상대로 말하지만, 「대화」에서는 아브라함의 자손의 입장에서 구약성경을 믿는 사람으로서 말한다. 대화는 유스티누스가 배를 타기 직전에 경기장에서 이틀간 계속되었으며, 내용은 그리스도인들이 어떻게 하나님을 섬기겠다고 고백해놓고서 율법을 어길 수 있으며, 그들이 고난과 죽음을 당한 인간 구주를 어떻게 믿을 수 있는가 하는 질문들을 중심으로 전개된다. 에우세비우스가 "당대의 히브리인들 가운데 가장 저명한 사람"으로 소개하는 트리포(Trypho)는 광적인 바리새인이 아니라 관용과 겸양을 갖춘 유대인으로서, 대화를 마칠 때는 많이 배웠다고 말하며, 다시 돌아와 줄 것과 자신을 친구로 기억해 줄 것을 유스티누스에게 청했다고 말한다. 이 책은 초기 그리스도인들이 성경의 예언들을 어떻게 해석했는지를 보여주는 곳간과 같다.

논쟁서들인 「모든 이단 논박서」(Against all Heresies)와 「마르키온 논박서」(Against Marcion)는 모두 유실되었다. 전자는 첫번째 「변증」에 언급되며, 후자는 이레나이우스의 글에 몇몇 단편이 남아 있다. 후자가 전자의 한 부분이었을 가능성도 있다. 에우세비우스는 유스티누스가 「시편 찬송」(Psalter)과 「영혼에 관하여」(On the Soul)도 썼다고 언급하지만, 이 책들은 완전히 자취를 감추었다.

(2) 유스티누스의 이름을 지닌, 따라서 그에 의해 기록되었을 가능성이 있으나 의심이 가는 저서들: 「헬라인들에게」(To the Greeks, 연설); 「하나님의 일체성에 관하여」(On the Unity of God); 「부활에 관하여」(On the Resurrection).

(3) 그의 이름을 지닌 위작들: 「디오그네투스에게 보내는 서신」(The Epistle to Diognetus, 연대는 비슷하지만 그보다 우수한 사람의 글로 추정됨); 「헬라인들에게 주는 권고」(the Exhortation to the Greeks); 「참 신앙의 증언」(the Deposition of the True Faith); 「제나스와 세레누스에게」(To Zenas and Serenus, 서신), 「아리스토텔레스의 몇몇 논문들에 대한 논박」(the Refutation of some Theses of Aristotle); 「정통신앙에 대한 질문들」(the Questions to the Orthodox); 「그리스도인들이 이교도들에게 던지는 질문들」(the Questions of the Christians to the Heathens); 「이교도들이 그리스도인들에게 던지는 질문들」(the Questions of the Heathens to the Christians). 이 가운데 몇 권은 3세기나 그 후에 기록된 것들이다.

유스티누스가 쓴 저서들은 대단히 중요하면서도 흥미를 끈다. 이 저서들은 교회가 아직 소수 집단으로서 멸시와 박해를 당하면서도 담대하게 믿음을 지키고 기쁘게 죽음을 맞이하던 당시의 상황을 생생하게 소개한다. 저서들 곳곳에서 그의 정직하고 진실한 태도, 기독교에 대한 열정적인 사랑, 밖으로부터의 모든 공격과 안으로부터의 타락에 맞서서 기독교를 용감하게 변호하는 모습이 잘 나타난다. 그는 교회의 정규 예배와 성찬에 관해서 최초로 신뢰할 만한 기록을 남긴다. 그의 사고는 종종 정교하고 확신에 차 있지만, 때로는 두서가 없고 공상적이다. (물론 그 시대의 다른 저자들에 비하면 그리 심한 편이 아니다.) 그의 문체는 유려하고 활기가 넘치지만 산만하고 집중력이 부족하다. 이러한 결핍이 생긴 이유는 강렬한 의무감과 신선한 감동에 치중했을 뿐, 수사학적 완성도와 예술적 효과 같은 엄격한 방법이나 목표에 신경을 쓰지 않은 탓도 있다. 그는 앞뒤를 재지 않은 채 생각나는 대로 적어나갔고, 문헌들보다 기억에 더 많이 의존했다. 「대화」의 서두에 나타나듯이, 아주 가끔씩 과거에 스승으로 삼았던 플라톤의 문학적 기교가 묻어날 뿐이다. 그러나 정교함과 세련됨의 공백이 신선함과 진리에 충실한 태도로 메워진다. 만약 로마의 황제들이 자기들 앞으로 보낸 이 책들을 읽었다면 적어도 저자의 정직한 태도와 그리스도인들의 무고함에 대해서 틀림없이 강한 인상을 받았을 것이다.

III. 신학. 유스티누스의 신앙 지식의 출처는 성경과 생생한 교회 전승이었다. 그는 구약칠십인역)의 선지서들과 그리스도께 관한 '회고록' 혹은 '사도들에 의한 회고록'(그는 저자를 언급하지 않은 채 이 글들을 정경 복음서들이라 부른다)을 아주 빈번하게 인용하는데, 주로 기억에 의존하는 탓에 정확하지 않을 때가 많다. 그는 이 글들이 교회에서 구약의 선지서들과 함께 정규 예배 때 낭독되었다고 말한다. 그는 주님의 말씀들과 하신 일들만 인용한다. 마태복음과 누가복음을 가장 자주 사용하지만, 문자에 얽매이지 않으며, 요한복음 서론으로부터 (이름은 밝히지 않지만 필로의 도움을 받아) 로고스 교리에 대한 영감을 이끌어내는데, 이것이 그의 신학의 핵심이다. 그는 분명하게 요한계시록을 언급한다. 신약성경의 고정된 정경을 알지 못했고, 헤르마스와 파피아스와 마찬가지로 아무데서도 바울을 언급하지 않는다. 하지만 여러 곳에서 바울의 여러 서신서들(로마서, 고린도전서, 에베소서, 골로새서)을 염두에 두고서 말한 것이 틀림없으며, 마르키온과 벌인 논쟁을 살펴보더라도 그 이단이 자신의 정경에 포함시켰음에 분명한 열 권의 서신들을 충분히 알고 있었다는 증거가 나타난다. 이렇게 사도의 이름에 대해서 함구한다고 해서 교리적으로 이런저런 추론을 한다는 것은 온당치 않다. 왜냐하면 유스티누스의 저작들 가운데 요한 한 번, 베드로 두 번, 그리고 "그리스도께서 보아너게라고 부르신 세베대의 아들들"을 제외하고는 사도들이든 복음서 저자들이든 이름이 언급되지 않고, 항상 그리스도와 선지자들과 사도들(총칭으로)만 언급되기 때문이다. 그는 대제사장의 옷술에 달린 열두 개의 종이 사도를 상징했다고 하며, 그들의 복음이 마치 종소리처럼 온 세상에 퍼져나간다고 한다. 그러나 이 말은 바울을 사도로 인정하지 않는다는 의미가 아니라, 12라는 숫자로 대표되는 사도들이 새 예루살렘의 초석을 이루고 있다는 의미일 뿐이다(참조. 계 21:14). 그 숫자는 이스라엘의 열두 지파를 상징하며, 바울은 독립적으로 이방인들을 위해 사역한 사도였다.

유스티누스가 구약성경을 해석하는 방식은 곳곳에서 변증적이고 예표적이고 알레고리적인 특성을 드러낸다. 그는 구약성경 곳곳에서 그리스도께 관한 언급을 발견하며, 구약성경을 기독교 신학의 교과서로 삼았다. 신약성경을 구약성경과 구분하지 않고 구약성경에 대입했으며, 그로써 두 성경의 구분을 없앴다. 히브리어를 몰랐으며, 칠십인역에 실린 실수들과 삽입들을 그대로 필사(筆寫)했다. 문법적 혹은 역사적 해석에 관해서 아무런 개념도 갖고 있지 않았다. 게다가 참된 예언들을 설명하기 위해서 「시빌레의 신탁들」(the Sibylline Oracles)과 「휘스타스페스」(Hystaspes)도 인용하며, 외경인 「빌라도행전」(the Acts of Pilate)을 권위있는 책으로 인정한다. 하지만 그가 자기 시대 사람들과 대다수 교부들보다 더 경신(輕信)과 부정확과 무비평의 면모를 드러냈다고 생각해서는 안 된다.

유스티누스는 사도 교부들로부터 이른바 본격적인 의미의 교부들로 이행하는 단계에 해당하는 사람이다. 그를 그리스든 로마든 개신교든 후대의 정통 신앙의 잣대로 판단해서는 안 되고, 사도 시대에 유대 기독교와 이방 기독교 사이에 초래된 갈등을 가지고 판단해서도 안 되며, 혹은 당시에 이미 가톨릭 기독교에서 이탈해 나간 에비온주의와 영지주의를 가지고 판단해서도 안 된다. 그를 에비온주의자로 본 것은 큰 실수였다. 그는 회심한 이방인이었으며, 교회와 회당을 두 개의 적대적 조직으로 뚜렷이 구분했다. 그는 헬라 철학에 의해서 수정된 정통 가톨릭 신앙에 속했던 사람이다. 그에게 그리스도인들이란 하나님의 참 백성이자 모든 약속들의 상속자들이다. 그는 모세 율법의 멍에를 부과하려고 했던 유대 그리스도인들(에비온파)과 이방인들에게는 자유를 허용하고 자기들만 스스로 지키려고 했던 유대 그리스도인들(나사렛파)을 구분한다. 전자에 대해서는 그리스도인들로 인정하지 않지만, 후자에 대해서는 로마서 14, 15장에 나타난 바울의 심정으로 대한다. 그가 정통 그리스도인들 사이에 유일한 차이로 지적하는 것은 천년왕국에 대한 신념이다. 그는 바나바, 이레나이우스, 테르툴리아누스와 마찬가지로 이 신념을 받아들였지만, 다른 많은 사람들은 배척했다. 그러나 니케아 이전의 모든 교부들과 마찬가지로 그는 구약성경과 신약성경, 율법과 복음 사이의 차이를 분명히 깨닫지 못했고, 따라서 죄의 심각성과 구속의 은혜, 그리고 죄인을 의롭다 하는 믿음의 능력에 대해서도 제대로 깨닫지 못했다. 그의 신학은 복음적이고 자유롭기보다 율법적이고 금욕적이다. 그는 회심하기 전에 배운 학문들에서 몇몇 이교적 개념들을 회심한 후에도 그대로 간직했으며, 그 개념들이 계시와 충분히 조화를 이룬다고 솔직하게 믿었다.

유스티누스에게 기독교란 이론적으로 참된 철학이었으며, 실제적으로는 거룩하게 살고 거룩하게 죽도록 명하는 새로운 율법이었다. 전자는 주로 「변증」에서 제시한 견해이고, 후자는 「대화」에서 제시한 견해이다.

그는 독창적인 철학자는 아니었지만, 플라톤에 대한 극진한 사랑을 가지고 매사를 철학적으로 사유한 절충적 철학자였다(그는 고대의 여느 저자보다 플라톤을 자주 인용한다). 느슨한 의미에서는 그를 기독교 플라톤주의자라고 부를 수 있다. 그는 스토아주의에도 영향을 받았다. 그리스 철학자들이 모세와 선지자들에게 빛을 빌려다 썼다고 생각했다. 그러나 그와 플라톤의 관계는 결국 외적인 것에 지나지 않았으며, 머릿속으로 비슷할 것이라고 상정한 점들에 토대를 두었다. 그는 성경의 예언서들에 힘입어, 특히 요한의 로고스와 성육신 교리에 힘입어 플라톤에 관한 기억들을 조명하고 변경했다. 이것이 그의 철학적 신학의 중심 사상이다. 기독교는 지고(至高)의 이성이다. 로고스는 선재(先在)하고 절대적이고 인격적인 이성(Reason)이며, 그리스도는 그 이성의 구현, 즉 성육신하신 로고스이다. 이성적인 것은 모두 기독교적이며, 기독교적인 것은 모두 이성적이다.[69] 로고스는 모든 사람에게 이성과 자유를 부여했으며, 그것은 타락에 의해서 상실되지 않았다. 로고스는 성육신 이전에 진리의 씨앗들(스페르마타)을 뿌리되, 유대인들에게만 아니라 헬라인들과 야만인들, 특히 이교의 예언자들인 철학

---

69) 이것은 헤겔의 원리, 즉 이성적인 모든 것이 실재하며, 실재하는 모든 것이 이성적이라는 원리와 사뭇 다르다.

자들과 시인들에게도 뿌렸다. 이 예비적 빛에 순응하여 이성적으로, 도덕적으로 살았던 사람들은 비록 그리스도인이라는 이름은 지니지 않았어도 사실상 그리스도인들이었다. 반면에 비이성적으로 살았던 사람들은 그리스도와 무관하며 그리스도의 원수들이었다. 소크라테스는 비록 자신은 몰랐으나, 아브라함과 마찬가지로 그리스도인이었다. 교부들과 스콜라 학자들을 통틀어 이렇게 구원의 문을 넓게 열어놓은 사람은 다시 없었다. 그는 가장 광범위한 의미에서의 광교회주의자였다.

하지만 이렇게 이교 사상에 대해서 극단적으로 자유로운 견해를 가졌다고 해서 당시에 만연해 있던 부패에 대해서 눈을 감았던 것은 아니다. 대다수 이방인들은 우상숭배자들이며, 우상숭배는 마귀와 귀신들의 사주를 받아서 나오는 행위이다. 유대인들은 더 나은 지식을 가지고 있으면서도 죄를 범하기 때문에 이교도들보다 훨씬 더 악하다. 그리고 누구보다도 악한 자들이 바로 이단들이다. 왜냐하면 이들은 기독교의 진리들을 부패시키기 때문이다. 게다가 그는 소크라테스와 그리스도의 차이, 그리고 대단히 훌륭한 이교도들과 비천한 그리스도인들의 차이를 간과하지 않았다. 그는 이렇게 말한다. "소크라테스의 교훈을 위해서 죽을 정도로 그를 신뢰하는 사람은 없다. 그러나 그리스도는 소크라테스보다 덜 알려지셨는데도 철학자들과 학자들뿐 아니라 예술가들과 배우지 못한 사람들에게까지도 신뢰를 받으신다."

유스티누스의 기독교 신앙은 창조주 하나님과 그의 아들 구주 그리스도와 예언의 성령께 대한 신앙이다. 선지자들과 사도들을 통해서 계시된 다른 모든 교리들은 그에 따른 순서를 따른다. 하나님 밑에는 선한 천사들과 악한 천사들이 있다. 선한 천사들은 하나님의 심부름꾼들이고, 악한 천사들은 사탄의 종들로서, 성경의 교훈들을 이교의 신화로 풍자하고, 근거 없는 비방을 고안하고, 그리스도인들에 대한 박해를 자극하지만, 결국 그리스도의 재림 때 철저히 타도될 것이다. 인간 영혼은 피조물이며 따라서 멸절될 수 있지만, 경건에 대한 보상으로 하나님께로부터 나온 불멸과 영원한 행복을 받거나, 악에 대한 형벌로서 영원한 불에 떨어진다. 인간은 이성과 자유의지를 가지며, 따라서 자신의 모든 행위에 대해서 책임을 진다. 그는 자신의 행위로써 죄를 짓고, 따라서 형벌을 받아 마땅하다. 그리스도께서는 죄의 세력을 타파하고, 사죄와 중생을 통해 새롭고 거룩한 생활을 할 수 있게 하기 위해서 세상에 오셨다.

여기서 유스티누스의 기독교 철학의 실천적 혹은 윤리적 측면이 전개된다. 그것은 하나님께로부터 발산되어 하나님께로 이어지는 지혜이다. 그것은 이사야와 예레미야가 예언했고, 그리스도께서 가지고 오신 새로운 율법이고 새로운 언약이다. 옛 율법은 오직 유대인들만을 위한 것이고, 새 율법은 온 세상을 위한 것이다. 옛것은 일시적이고 폐지되지만, 새것은 영원하다. 옛것은 육체의 할례를 요구하지만, 새것은 마음의 할례를 요구한다. 옛것은 하루를 지킬 것을 명하지만, 새것은 모든 날을 거룩히 지낼 것을 명한다. 옛것은 외적인 행위에 관계되지만, 새것은 영적인 회개와 믿음에 관계되며, 하나님께 전체를 구별해서 드릴 것을 요구한다.

IV. 순교자 유스티누스 때부터 플라톤 철학이 기독교 신학에 직접적이고 간접적인 영향을 끼치기 시작했다. 물론 다른 교부들은 그처럼 아무런 제약이 없이 순진하게 그 철학을 받아들이지는 않았지만 말이다. 유스티누스 이후에 플라톤 철학이 기독교 신학에 미친 영향은 특히 알렉산드리아의 클레멘스와 오리게네스에게서 감지되며, 심지어 아우구스티누스에게서도 감지된다. 그는 플라톤 철학이 자기 마음에 믿기지 않을 만큼 밝은 불을 붙였다고 고백했다. 스콜라 시대에는 그것이 명쾌하고 논리적인 진술에 더욱 적합한 아리스토텔레스 철학에 자리를 내주었다. 그러나 플라톤주의는 532년에 콘스탄티노플에서 처음 등장했고 아마 5세기에 작성된 듯한 위 디오니시우스 저작들을 통해서 막시무스, 다마스쿠스의 요한, 토마스 아퀴나스, 그리고 그 밖의 스콜라 철학자들에게 계속해서 영향력을 행사했다. 위 디오니시우스 저작들은 우주 체계 전체가 이중적 위계(位階) 체제, 즉 하늘과 땅으로 되어 있으며, 각각은 다시 3체계로 되어 있다고 설명한다.

플라톤 철학은 기독교와 여러 가지 유사점들을 제시했다. 첫째, 영적이고 관념적이다. 영이 물질보다 우월하고, 현재의 현상들보다 영원한 이데아가 우월하며, 영혼은 선재하고 불멸하다고 주장한다. 둘째, 유신론적이다. 지고의 신(神)을 모든 부차적인 신들과 만물의 시작과 과정과 종말 위에 둔다. 셋째, 윤리적이다. 현세와 내세에서의 상벌을 내다본다. 넷째, 종교적이다. 우주의 입법자이자 통치자의 권위를 윤리학과 정치와 물리학의 토대로 삼는다. 다섯째, 이로써 그리스도 안에 나타난 하나님의 계시의 문턱에까지 도달한다. 비록 이 복된 이름도 그분의 구원의 은혜도 모르고, 중대한 오류들로써 진리를 어둡게 하지만 말이다. 플라톤주의, 특히 플루타르크의 도덕적 논문들에 반영된 플라톤주의는 대체로 과거와 마찬가지로 오늘날까지도 인간 정신을 일으켜 세우고 자극하고 불러내어 세상의 덧없는 것들을 털어버리고 영원한 진리와 아름다움과 선함을 생각하도록 한다. 철학자 유스티누스부터 역사가 네안더(Neander)에 이르기까지 교회에서 활동한 적지 않은 수의 교사들에게 플라톤은 그리스도께 안내하는 선생 역할을 해왔다.

174. 그 밖의 그리스 변증가들. 타티아누스

아시리아(Assyria)의 타티아누스(Tatian, 110-172)는 순교자 유스티누스의 제자였다. 유스티누스를 '대단히 존경스러운 분'이라고 부르며, 그와 마찬가지로 여러 지역을 다니며 가르친 기독교 철학자였다. 그러나 유스티누스와 달리 나중에는 이단 영지주의 혹은 적어도 극단적 형태의 금욕주의의 주변을 배회했다. 그는 결혼을 죄악으로 단죄하고, '아담 안에서 모든 사람이 죽었다'는 바울의 말을 토대로 아담이 구원을 받았음을 부정했다는 이유로 비판을 받았다. 그는 독립적이고 열정적이고 근실한 사람이었으나 부단하고 엄격하고 풍자적인 면모를 지니고 있었다. 두 가지 점에서 테르툴리아누스를 약간 닮았다. 회심하기 전에는 신화와 역사와 시와 연대기를 공부하고, 연극과 육상 경기를 즐겨 관람하며 지내던 중 세상에 염증을 느끼던 차에 히브리 성경을 읽고서 기독교 신앙을 갖게 되었다.[70]

---

70) 그는 자신의 회심 과정을 *A d. G r.* c. 29, 30에 기록한다. 다음 단락(29)이 특히 눈길을 끈다. "그 문제[진리를 발견하는]를 골똘히 생각하고 있을 때 어떤 야만인들의 책들을 우연히 만나게 되었다. 그 책들은 너무나 오래되어서 그리스인들의 견해와 비교하기 어려웠고, 너무나 신적이어서 그리스인들의 오류와 비교할 수 없었다. 책들을 읽는 과정에서 내용에 가식이 없고, 저자들이 억지스럽지 않고, 미래 사건들에 대한 예지가 빛나고, 계율들의 수준이 탁월하고, 천지만물의 통치가 한 분에게 집중되어 있다고 가르치는 것을 확인한 나는 이 책들을 신뢰하게 되었다. 내 영혼이 하나님께 가르침을 받은 데 힘입어, 나는 과거에 읽던 책들이 정죄로 이끈 반면에, 이 책들은 세상에서의 노예 생활을 청산하게 해주고, 우리를 무수한 지배자들과 독재자들에게서 구출해 준다는 것을 깨닫게 되었다. 그러면서도 이 책들이 우리에게 주는 것은 우리가

그는 「헬라인들에게」(*To the Greeks*)이라는 변증서를 남겼다. 마르쿠스 아우렐리우스 때 아마 로마에서 기록된 듯한 이 책은 이단의 흔적을 전혀 드러내지 않는다. 그는 기독교를 '야만인들의 철학'으로 변호하며, 그리스 신화에 대해서는 그 안에 담긴 모순되고 불합리하고 부도덕한 내용들을 실제적이고 정확한 지식으로써 가차없이 비판하고 경멸한다. 모세와 선지자들이 그리스 철학자들보다 더 오래 전에 활동했고 더 지혜로웠음을 입증하며, 유대인들의 고대사를 소상하게 알린다. 에우세비우스는 이 책을 "그의 저서들 가운데 가장 훌륭하고 유용한 저서"라고 부르며, 자신의 「복음을 위한 준비」(*Praeparatio Evangelica*)에서 여러 부분을 발췌해서 인용한다.

아래의 견본들은 그가 그리스 신화와 철학을 어떻게 조소하고 근본적으로 비판했는지 잘 보여준다:

21장 — 그리스도인들의 신관과 헬라인들의 신관을 비교함

"헬라인들이여, 하나님께서 사람의 모양으로 태어나셨다는 우리의 증거는 광대짓도 아니고 한가한 이야기도 아니다. 우리를 비난하는 그대들에게 그대들의 신화와 우리의 글을 한 번 비교해 볼 것을 권한다. 그대들의 신화에는 아테나 여신이 헥토르를 위하여 데이포보스의 모양을 취했다고 하고, 머리를 깎지 않은 아폴로가 아드메토스를 위해서 발이 질질끌리는 황소들을 살찌도록 먹였고, 제우스의 배우자가 노파의 모습을 하고서 세멜레를 찾아갔다. 그러나 그대들은 이런 이야기들은 진지하게 다루면서도 어찌 우리를 조롱하는가? 그대들의 아스클레피오스(아폴로의 아들, 의술의 신)가 죽었고, 테스피아이에서 50명의 처녀들을 하룻밤에 농락한 그가 타오르는 불에 몸을 던짐으로써 목숨을 잃었다. 프로메테우스는 코카서스에 결박당한 채 인간들에게 선한 일을 했다는 이유로 형벌을 당했다. 그대들에 따르면 제우스는 질투가 강하고, 인간들로부터 꿈을 가리며, 그들이 멸망하기를 바란다고 한다. 그러므로 그대들의 기억을 되돌아보고서, 우리가 전하는 내용이 그대들이 간직하고 있는 것과 비슷한 전설들이라고 생각하고서라도 우리를 인정하라.

과거에 받지 못했던 것이 아니라, 받았으면서도 오류 때문에 간직할 수 없었던 것이었다."

하지만 우리가 전하는 내용은 그대들의 전설들과 달리 한가하고 어리석은 것이 아니다. 만약 그대들이 신들의 기원에 관해서 말한다면 그것은 신들이 결국 죽게 될 존재들이라고 말하는 셈이다. 헤라가 오늘날은 임신하지 않는 것도 다 그런 이유 때문이 아닌가? 헤라가 늙었는가? 아니면 헤라가 임신한 사실을 그대들에게 전해줄 자가 없는 것인가? 헬라인들이여, 이제 내 말을 믿고 그대들의 신화와 신들을 알레고리로 만들지 말라. 만약 이렇게 한다면 그대들이 주장하는 신성이 그대들 자신에 의해서 부정되는 셈이다. 그대들과 함께 있는 귀신들이 그대들이 말한 그런 자들이라면 인격이랄 것도 없는 무가치한 자들인 셈이기 때문이다. 혹은 그들이 자연 세력의 상징들이라면 신들이 아닌 셈이다. 그러나 나는 그러한 자연 세력들에게 종교적 경의를 표시할 뜻이 없으며, 이웃에게도 그렇게 권할 마음이 추호도 없다. 그리고 람프사쿠스의 메트로도루스(Metrodorus)는 호메로스에 관한 논문에서 모든 것을 알레고리로 바꿔놓음으로써 대단히 어리석은 주장을 해놓았다. 이는 그의 말에, 헤라도 아테나도 제우스도 그들을 숭배하는 자들이 신성한 사유지와 숲을 바치는 그런 인격들이 아니라, 자연의 일부이자 일정한 요소들의 배합이라고 말하기 때문이다. 헥토르도, 아킬레우스도, 아가멤논도, 모든 헬라인들도, 그리고 헬레네와 파리스를 둔 야만인들도 실제로 그러한 인격들이 존재한 것이 아니라 단지 시(詩)의 장치로서 도입된 존재들이라고 그대들은 말할 것이다.

그러나 우리가 이런 내용을 입에 올리는 것은 단지 논리를 세우기 위함일 뿐이다. 우리에게는 하나님께 대한 개념들을 물질과 흙에서 뒹구는 자들과 비교하는 것조차 용납되지 않기 때문이다."

25장 — 철학자들의 자랑과 다툼

"그대들의 철학자들이 얼마나 크고 놀라운 영향을 끼쳤던가? 그들은 한쪽 어깨를 드러내고 다녔다. 머리는 그냥 자라도록 내버려뒀다. 수염도 손질하지 않았다. 손톱은 들짐승 발톱과 같았다. 그들은 아무 부족도 없다고 말하지만, 프로테우스[우리에게는 루키아누스로 알려진 견유학자 프로테우스 페레그리누스]처럼 그들도 행랑을 만들어 줄 피혁공과 외투를 지어줄 직조공과 지팡이를 깎아줄 목공이 필요하며, [자신들을 연회에 초대해 줄] 부자와 식욕을 채워 줄 요리사가 필요하다. 견공과 경쟁하는 사람[견유학파 철학자]들이여, 그대들은 하나님을 알지 못하며, 따라서 이성 없는 짐승을 닮으려고 애써왔다. 그대들은 공개석상에서 마치 권위 있는 체 떠들지만, 혼자 있을 때는 자신을 학대한다. 만약 아무 대가도 받지 않으면 방탕한 생활에 탐닉한다. 그대에게 철학이란 돈 버는 기술이기 때문이다. 만약 그대들이 플라톤의 교리들을 따르려고 하면 에피쿠로스의 제자가 성토하고 나선다. 아리스토텔레스의 제자가 되고 싶어하면 데모크리토스의 제자가 욕하고 나선다. 피타고라스는 자신이 트로이 사람 판투스의 아들이라고 말하며, 자신이 페레키데스의 교리를 전수받았다고 하지만, 아리스토텔레스는 영혼 불멸 교리를 비판한다.

조상들에게 서로 상충되는 교리들을 받은 까닭에 조화를 모르는 그대들은 조화로운 것들과 맞서 싸우고 있다. 그대들 가운데 어떤 사람은 '신이 육체'라고 주장하지만, 나는 그분에게 육체가 없다고 주장한다. '앞으로 다양한 시대에 대화재들이 발생할 것이라'고 주장하지만, 나는 그것이 한꺼번에 집중적으로 발생할 것이라고 말한다. '미노스와 라다만투스가 재판장들이다'고 말하지만, 나는 하나님께서 친히 재판장이라고 말한다. '오직 영혼만 불멸을 부여받는다'고 말하지만, 나는 육체도 영원을 부여받는다고 말한다. 헬라인들이여, 우리가 그대들에게 무슨 해를 끼쳤던가? 그대들은 어찌하여 하나님의 말씀을 따르는 사람들을 마치 인류의 쓰레기 대하듯 미워하는가? 우리는 그대들의 주장과 달리 인육을 먹지 않는다. 그것은 그대들이 증인들을 매수하여 퍼뜨린 허위 주장이다. 오히려 포세이돈의 총애를 받은 펠롭스를 신들의 식사거리로 만든 자들이 바로 그대들이며, 그대들이 떠받드는 크로노스가 자기 자식들을 잡아먹고, 제우스가 메티스를 삼킨다."

타티아누스의 저서들 가운데 정경과 해석의 역사에서 중요한 가치를 지닌 것은 「디아테사론」(*Diatessaron*), 즉 사복음서 대조 성경으로서, 이 저서는 한때 널리 보급되었다가 그 후에 유실되었으나, 오늘날은 많은 수가 재발견되었다. 테오도레투스(Theodoret)는 자신의 교구에서 이 저서의 사본을 2백 권 이상 발견했다. 시리아 사람 에프라임(Ephraem)이 이 저서에 관해서 쓴 주석은 베네치아의 메히타르회 수사들(the Mechitarists)에 의해 아르메니아어로 번역되어 보존되었으며, 아우케르(Aucher)에 의해서 라틴어로 번역된 뒤(1841), 뫼싱거(M singer)에 의해서 박식한 서문이 붙은 채 출판되었다(1876). 잔(Zahn)은 이 주석을 토대로 본문을 복원했다(1881). 그 이래로 치아스카(Ciasca)에 의해서 「디아테사론」의 아랍어 번역본이 발견되고 출판되었다(1888). 「디아테사론」은 요한복음 서문(In principio erat Verbum ⋯)으로 시작하며, 2년간의 사역을 감안하여 절기들을 차례대로 소개하고, 네 복음서 저자들의 글을 토대로 그리스도의 생애를 연관성 있게 배열한다. 마태복음과 누가복음에 실린 그리스도의 족보가 빠져 있는 점(가현설의 영향을 받은 탓으로 간주됨)을 제외하고는 이단의 경향이 나타나지 않는다. 이 「디아테사론」은 2세기 중반에 네 복음서가 존재했고 사용되고 있었음을 뚜렷하게 입증한다.

175. 아테나고라스

아테나고라스(Athenagoras)는 마르쿠스 아우렐리우스의 재위 기간(161-180)에 활동한 '아테네의 기독교 철학자'였지만, 다른 점은 알려지지 않으며, 에우세비우스, 제롬, 포티우스에 의해서조차 언급되지 않는다. 그의 철학은 플라톤의 것이었지만, 그의 시대에 유행하던 절충주의에 의해 수정되었다. 그는 변증가로서 유스티누스와 타티아누스에 비해 독창성이 부족하지만, 문체는 그들보다 세련되고 고전미를 풍긴다.

그는 황제들인 마르쿠스 아우렐리우스와 코모두스에게 「그리스도인들을 위한 변명(혹은 탄원)」(Apology<or Intercession> in behalf of the Christians)을 써서 보냈다.[71] 그 내용은 다음과 같다. 제국의 모든 백성이 자기들의 관습대로 살도록 허용되는데, 유독 우리 그리스도인들만 그들의 주님의 이름을 지니고 산다는 이유만으로 시달림과 약탈과 죽음을 당한다. 우리가 죄가 있는데도 처벌을 반대하는 것이 아니라, 다만 공정한 재판을 요구할 뿐이다. 이름이란 그 자체로 선하지도 않고 악하지도 않으며, 다만 그 이름을 지닌 사람의 인격과 행위에 따라서 선하게도 되고 악하게도 된다. 우리는 세 가지 범죄, 즉 무신론과 튜에스테스적 연

---

71) 어떤 이들은 이 제목을 그대로 이해하여 아테나고라스가 실제로 그리스도인들을 대표하여 황제를 찾아갔다고 생각한다. 이 책은 15세기에 자주 필사되었으며, 열일곱 편의 사본이 현존한다. 가장 우수한 사본 세 편에는 부활에 관한 글도 실려 있다.

회(인육을 먹는 연회)와 오이디푸스적 관계(불륜)로 고소를 당한다. 이렇게 말한다음 이 고소들, 특히 무신론과 불륜에 대한 고소를 논박하되, 차분하고 명쾌하고 웅변적이고 결연한 태도를 견지한다. 하나님이 내신 법에 따라서 악이 항상선과 싸우게 마련이라고 말한다. 따라서 소크라테스가 사형을 받은 것이며, 그리스도인들에 대해서도 날조된 이야기들이 유포된 것이라고 한다. 그리스도인들은 고소 내용과 전혀 거리가 먼 사람들이다. 심지어 여인을 보고 음욕을 품는것조차 허용되지 않는다. 이 점에서는 독특하여서 아예 결혼하지 않거나 결혼을하더라도 자녀를 낳기 위해서 하며, 평생 결혼을 한 번만 한다. 이 대목에서 그는 그 시대 기독교 사회에 널리 퍼져 있던 금욕적 경향을 드러낸다. 심지어 그는재혼을 '간음'이라고 단죄한다. 그리스도인들은 이교도들보다 인간미가 있으며, 낙태와 영아 살해와 검투 경기를 살인으로 단죄한다고 말한다.

그의 이름으로 기록된 또 다른 논문인 「죽은 자의 부활에 관하여」(*On the Resurrection of the Dead*)는 인간의 운명뿐 아니라 하나님의 지혜와 권능과 공의를 토대로 헬라인의 정서에 특히 거슬리는 부활 교리를 당당하게 전개해 간다. 이 논문은 사실상 철학자들 앞에서 행한 강연이었다. 그가 성경을 인용하지않은 것은 바로 이런 이유 때문이었을 것이다.

역사가들은 아테나고라스를 한결같이 높이 평가한다. 도널드슨(Donaldson)은 이렇게 말한다. "그는 사실을 있는 그대로 정확하게 알리겠다는 각오를 한 사람으로서 글을 쓴다. 직유를 사용하고 가끔 대구법을 사용하고 시를 인용하지만, 항상 목표에서 빗나가지 않으며, 쓸데없이 재능을 과시하지도 않고, 여담으로독자들의 생각을 다른 데로 이끌지도 않는다. 그의 「변증」(*Apology*)은 그 시대에집필된 그리스도인들을 옹호하는 저서들 가운데 최고의 저서이다." 스펜서 맨설(Spencer Mansel)은 이렇게 말한다. "그는 대다수 변증가들보다 월등하고, 언어를 낭비하지 않고, 문체에 힘이 있고, 가끔 대단히 훌륭한 표현력을 드러내며, 생각을 전개해 가는 방식이 매우 명쾌하고 설득력 있다."

티이몽(Tillemont)은 그가 재혼을 단죄하고 예언적 영감을 주장한 데서 몬타누스주의의 흔적을 발견한다. 그러나 전자는 당시 헬라인들 사회에서 보편적인 일이었고, 후자에 대해서는 순교자 유스티누스와 그 밖의 저자들도 주장했다. 아테나고라스는 예언자들의 정신이 입신의 상태에 있었으며, 성령께서 "그들을 쓰시되 마치 플롯 연주자가 플롯에 숨을 불어넣는 것처럼 쓰셨다"고 말한다. 몬타누스는 수금과 그것을 퉁기는 도구를 비유로 사용했다.

176. 안디옥의 테오필루스

테오필루스(Theophilus)는 이교도로 지내다가 성경을 공부한 뒤 회심했고, 훗날 안디옥의 감독이 되었다. 사도들로부터 제6대 안디옥 감독이었으며, 그 시기는 마르쿠스 아우렐리우스의 재위 말기였다. 그는 181년에 죽었다.

대표적이자 현존하는 유일한 저서는 친구인 이교 지식인 아우톨리쿠스(Autolycus)에게 쓴 세 권이다. 이 저서의 주된 목표는 친구에게 우상숭배의 거짓됨과 기독교의 진실성을 깨닫게 하려는 것이다. 그는 그리스 문학에 대한 상당한 식견과 철학적 재능, 생생하고 세련된 집필력을 드러낸다. 철학자들과 시인들에 대해서 준열한 비판을 가하며, 이 점에서 순교자 유스티누스와 대조적인 모습을 보인다. 소크라테스와 플라톤의 사상에 진리의 요소들이 있음을 시인하지만, 그들이 선지자들의 글에서 그 요소들을 도용했다고 비판한다. 구약성경에 이미 인간이 알아야 할 모든 진리들이 함축되어 있다고 생각한다.

성 삼위일체 하나님께 대해서 '삼위'(triad)라는 용어를 최초로 사용했으며(라틴 교부들 가운데서는 테르툴리아누스가 최초로 그 용어를 사용했다), "우리의 형상을 따라 우리의 모양대로 우리가 사람을 만들고"라는 성구(창 1:26)에 이미 이 비밀이 담겨 있다고 말한다. 그리고 그 이유에 대해서 "하나님께서는 다름 아닌 당신의 이성(Reason)과 당신 지혜(Wisdom)를 향해서 그 말씀을 하셨다"는 말로 설명한다. 즉, 로고스와 위격(휘포스타시스)을 지니신 성령께 그 말씀을 하셨다는 뜻이다. 게다가 그는 요한복음을 최초로 요한의 이름을 거명하면서 인용한다. 그러나 이 복음서의 저자가 요한이었다는 사실은 이미 타티아누스, 아테나고라스, 유스티누스, 그리고 영지주의자들도 알고서 그렇게 사용했으며, 사도에게 직접 배운 제자들이 여전히 살아 있던 125년까지 그 증거를 거슬러 올라가 찾을 수 있다. 테오필루스는 그리스도인들이 건실한 지성을 소유하고 있고, 절제하며 살고, 결혼을 한 번만 하고, 정절을 지키고, 불의를 멀리하고, 죄를 뿌리뽑고, 의를 습관처럼 행하고, 율법으로 행위를 단속하고, 진리로 다스림을 받고, 은혜와 평강을 간직하며, 하나님을 왕으로 모시고 순종한다고 설명한다. 그들은 눈과 귀를 더럽히지 않기 위해서 검투 경기와 그 밖의 대중 오락을 관람하지 않는다고 말한다. 세속 권력자들에게 순종하고 그들을 위해서 기도하되, 숭배하지는 말도록 가르침을 받는다고 한다.

테오필루스는 논쟁적이고 해석적인 저서들도 썼지만, 현존하지 않는다. 에우세비우스는 헤르모게네스를 비판한 책(요한계시록을 증거 본문으로 인용하는)과, 마르키온을 비판한 책, 그리고 '요리문답에 관련된 몇몇 책들'을 언급한다. 제롬은 그 외에도 잠언 주석과 복음서 주석을 더 언급하지만, 진정성에 대해서 의심한다. 그의 이름으로 된 일종의 해석학적 복음서 대조서가 현존하는데(라틴어로만), 이 책은 후대에 불확실한 시기에 불확실한 저자에 의해서 편집된 것이다.

177. 사르디스의 멜리토

리디아의 수도 사르디스의 감독 멜리토(Melito)는 2세기 중반 이후 소아시아 교회들에서 밝은 등불이었다. 에베소의 폴리크라테스는 로마 감독 빅토르(195년 죽음)에게 보낸 서신에서 멜리토를 가리켜 "성령으로 충만한 생활을 하다가 사르디스에서 잠들어 부활의 날에 하늘로부터 감독직을 받기를 기다리는 내시"라고 한다. '내시'라는 용어는 의심할 여지 없이 하나님 나라를 위해서 선택한 자발적 독신 생활을 가리킨다(참조. 마 19:12). 그는 선지자로도 명성을 얻었다. 예언에 관한 책을 썼는데, 이것은 아마도 몬타누스파의 거짓 예언을 비판한 내용이었을 것이다. 그러나 그가 몬타누스파와 어떤 관계가 있었는지는 불분명하다. 그는 소아시아 교회들을 시끄럽게 했던 유월절 논쟁과 그 밖의 논쟁들에 적극 가담했다. 훗날 분파와 이단으로 단죄받은 십사일파(the Quartadeciman)의 주된 지지자들 가운데 한 사람이었다. 그의 저서들이 잊혀졌던 데에는 바로 이러한 이유가 있었을 것이다. 그 점을 제외하면 그는 자기 시대의 표준으로 평가할 때 확고한 정통신앙의 소유자였으며, 시리아어 단편들 가운데 하나에서 잘 나타나듯이 그리스도의 신성을 강하게 믿었다.

멜리토는 탁월한 지성의 소유자이자 많은 저서를 남긴 저자였다. 테르툴리아누스는 그가 세련된 문체와 웅변의 재능을 가지고 있었다고 말한다. 에우세비우스는 그가 폭넓은 주제에 관해서 쓴 18~20권 이상의 저서를 열거하지만, 이 책들은 제목만 남아 있다. 그는 세 편의 귀중한 발췌문을 소개한다. 이런 점들을 놓고 생각할 때 2세기 중반 이후에 소아시아에 저술 활동이 왕성하게 이루어졌음에 틀림없다.

멜리토의 「변증」은 마르쿠스 아우렐리우스에게 쓴 것으로서, 저작 시기는 177년으로 추정된다. 이 해에 혹독한 박해가 발생했는데, 하지만 이 박해는 지역 혹은 속주의 범위에서 자행되었고, 제국 정부가 지시한 것이 아니었다. 그는 이 책에서 제국 차원에서 박해한 황제는 네로와 도미티아누스뿐이었다고 말하며, 만약 아우렐리우스가 박해 사실을 제대로 보고를 받으면 무고한 그리스도인들을 위해서 개입해 줄 것이라는 소망을 밝힌다. 「유월절 연대기」(*Paschal Chronicle*)에 보존된 단락에서 그는 이렇게 말한다: "우리는 무감각한 돌들을 숭배하지 않고, 다만 유일하신 하나님만 숭배한다. 그분은 영원 전부터 계시고 영원 무궁히 계시며, 그분의 그리스도께서는 만세 전부터 말씀이신 참 하나님이시다."

그의 이름을 지닌 시리아어 「변증」이 타탐(Tattam)에 의해서 니트리아 광야의 수도원들에서 다른 시리아어 사본들과 함께 발견되었고, 쿠레톤(Cureton)과 피트라(Pitra)에 의해서 출판되었다(1855). 그러나 이 책에는 에우세비우스가 인용한 단락들이 하나도 수록되어 있지 않으며, 기독교를 변호하기보다 주로 우상 숭배를 비판하는 내용이지만, 그럴지라도 제목이 잘못 붙여진 멜리토의 저서일 가능성이 있다.

멜리토는 기독교 사회에서 작성된 최초의 히브리 성경 목록을 남겼다. 이 목록은 유대교와 개신교의 정경과 일치하며, 외경이 빠져 있다. 에스더와 느헤미야도 빠져 있지만, 에스드라서에 함께 수록되었던 것으로 보인다. '옛 책들', '옛 언약의 책들'이라는 표현들은 당시의 교회가 새 언약에 관한 정경을 갖고 있었음을 암시한다. 멜리토는 유대교 정경에 관한 정보를 얻기 위해서 팔레스타인을 여행했다.

그는 계시록과 '열쇠'(*Key*, 아마 성경에 대한)에 관한 주석을 썼다.

이 책과 '교회에 관하여', '주일에 관하여' 쓴 책들이 유실된 것이 가장 아쉬운 일일 것이다.

쿠레톤이 펴낸 멜리토의 시리아어 단편들 가운데는 「신앙에 관하여」(*On Faith*)라는 저서가 있는데, 이 저서에는 기독론에 관한 주목할 만한 신조와 '바른 신앙'(the Regula Fidei)에 관한 웅변적인 해설이 실려 있다. 이 책에서 그는 주 예수 그리스도를 완전한 이성(Reason) 곧 하나님의 말씀으로 인정한다. 그분이 빛이 창조되기 전에 낳음을 입으셨고, 성부와 함께 세상을 지으신 창조주이시고, 인간을 지으신 분이시고, 만유 안에서 만유가 되시고, 족장들의 족장이시고, 율법의 율법이시고, 제사장들의 대제사장이시고, 왕들의 왕이시고, 선지자들의 선지자이시고, 천사들의 대천사이시다. 그분이 노아의 방주를 운행하셨고, 아브라함을 인도하셨고, 이삭과 함께 결박당하셨고, 야곱과 함께 타향으로 피신하셨고, 모세와 함께 백성을 인도하셨다. 그분이 다윗과 선지자들 안에서 자신의 고난을 예언하셨고, 그분이 동정녀의 몸을 빌려 성육신하셨고, 동방박사들의 경배를 받으셨고, 저는 자들을 고치시고, 소경의 눈을 뜨게 하셨으며, 나무에 달리셨고, 땅에 묻히셨고, 죽은 자 가운데서 살아나셨으며, 하늘에 오르셨다. 그분은 죽은 자들의 안식이시고, 길 잃은 자들의 회복자이시고, 소경의 빛이시고, 고난당하는 자들의 피난처이시고, 교회의 신랑이시고, 그룹들을 주관하시는 분이시고, 천사들의 장(長)이시고, 하나님께 속한 하나님이시고, 성부의 아들이시며, 영원한 왕이시다.

178. 히에라폴리스의 아폴리나리우스. 밀티아데스.

클라우디우스 아폴리나리우스(Claudius Apolinarius)는 파피아스를 계승하여 브루기아 히에라볼리의 감독을 지낸 인물로서, 160-180년경에 변증과 논쟁 분야에서 왕성한 활동을 벌였다.[72] 몬타누스파 논쟁과 유월절 논쟁에 주도적인 역할

---

72) 이 이름은 고대 그리스 저자들이 그를 언급할 때 쓴 것이다. 라틴 저자들은 대개 그의 이름을 아폴리나리스(Apollinaris) 혹은 아폴리나리우스(Apollinarius)라고 표기한다. 이 이름을 지닌 유명한 사람들이 여러 명 있다: 1) 전설상의 성 아폴리나리스. 라벤나 감독(50-78?)으로서, 사도 베드로를 따라 안디옥에서 로마로 갔으며, 베드로에 의해서 라벤나로 파견되어 사역하면서 기적들을 일으켰으며 순교를 당했다. 6세기에 그를 기념하여 웅장한 바실리카가 건립되었다. 2) 대 아폴리나리스(Apollinaris the Elder). 4세기 중반에 활동한 시리아 라오디게아의 장로로서 유능한 고전 학자이자 시인이었다. 3) 소 아폴리나리스(Apollinaris the Younger). 전자의 아들로서 362-380년

을 수행했다. 에우세비우스는 그를 사르디스의 멜리토와 함께 2세기의 정통신앙 진영의 저자들로 분류하며, 자신에게 알려진 '여러 권의 저서들' 가운데 네 권을 언급하지만 모두 현존하지 않는다. 제목만 소개하자면, 마르쿠스 아우렐리우스에게 보낸 「변증」(*Apology*, 174년 이전에 집필), 「헬라인들을 비판한 다섯 권」(*Five Books against the Greeks*), 「진리에 관한 두 권」(*Two books on Truth*), 「유대인들을 비판한 두 권」(*Two books against the Jews*)이다. 에우세비우스는 그가 말년, 즉 172년경에 쓴 「브루기아인들[몬타누스파]의 이단설을 논박함」(*Against the Heresy of the Phrygians*)도 언급한다.

아폴리나리우스는 멜리토와 달리, 부활절을 니산 월 14일에 지키는 데 반대했다. 제롬은 그가 이교 문학에 친숙했다고 언급하지만, 그를 천년왕국론자들로 분류한다. 하지만 그가 몬타누스주의에 반대한 점을 감안하면 그가 천년왕국설을 신봉했을는지 의문스럽다. 포티우스는 그의 문체를 극찬한다. 그는 성인의 반열에 올랐다.

밀티아데스(Miltiades)는 2세기 후반에 활동한 또 다른 기독교 변증가였으며, 그의 저서들은 모두 유실되었다. 에우세비우스는 그 저서들 가운데 세계의 통치자들에게 쓴 「변증」(*Apology*)과, 「그리스인들을 비판함」(*against the Greeks*)이라는 논문, 그리고 「유대인들을 비판함」(*against the Jews*)이라는 또 다른 논문을 언급한다. 하지만 책의 내용은 인용하지 않는다. 테르툴리아누스는 그를 순교자 유스티누스와 이레나이우스 사이에 놓는다.

179. 헤르미아스

헤르미아스(Hermias)는 '철학자'라는 이름으로 「이교 철학자들에 대한 조소」(*Mockery of Heathen Philosophers*)를 남겼으며, 이 책이 아니었다면 그는 우리에게 전혀 알려질 수 없었다. 이 책은 재기와 풍자로써 철학의 역사를 토대로 다

_____

에 라오디게아 감독을 지냈다. 배교자 율리아누스 때 아버지와 함께 이교 고전 작품들을 대체할 기독교 고전 작품들을 집필했으며, 훗날 그의 이름이 붙은 기독론에 관한 이단설을 발생시켰다.

양한 사상 체계들의 모순들을 드러냄으로써 이 세상의 지혜가 하나님께 어리석은 것이라는 사도 바울의 말이 진리임을 입증한다. 거짓 철학이 귀신들에게서 나온 것이라고 말한다. 먼저 영혼에 관해서, 그리고 세상의 기원에 관해서 이교 철학들의 상충된 개념들을 소개한 다음 조소를 퍼붓는다. 다음은 첫 주제를 다룬 내용의 일부분이다:

"사물들이 역류하는 것이 나는 몹시 못마땅하다. 어느 때는 내가 불멸의 존재여서 기쁘지만, 다시 어떤 때는 필멸의 존재가 되어 슬프다. 그러나 나는 곧장 원자들로 해체된다. 나는 물이 되었다가 공기가 된다. 불이 되었다가 잠시 후에는 공기도 아니고 물도 아니다. 어떤 이는 나를 야수로 만들고 어떤 이는 나를 물고기로 만든다. 그러다가는 형제들을 돌고래들로 여긴다. 그러나 나 자신을 바라볼 때 나는 내 육체가 두렵고, 더 이상 그것을 뭐라고 불러야 할지, 사람이라고 불러야 할지, 아니면 개나 늑대나 수소나 새나 뱀이나 용이나 키메라라고 불러야 할지 갈피를 잡지 못한다. 나는 철학자들에 의해서 야수가 되기도 하고, 땅과 물에서 사는 짐승이 되기도 하고, 날개 달리고 모양이 여럿이고 사납고 말 못하는 짐승이 되기도 하고, 이성적인 말을 하는 존재가 되기도 한다. 나는 헤엄을 치다가 날다가 기다가 뛰다가 앉는다. 게다가 나를 덤불로 만드는 엠페도클레스라는 자도 있다."

이 책은 부피가 작고 그다지 중요하지 않다. 더러는 이 책이 3세기나 4세기에 기록되었다고 본다. 그러나 저자는 자신을 '철학자'라고 부르며(비록 자기 직업을 틀리게 말하긴 하지만), 그가 설명하는 교회의 상황은 마르쿠스 아우렐리우스 때와 비슷하다. 그는 이전 시대의 변증가들과, 예리한 재기로 철학자들을 조소하되 신앙이 없는 이교도의 관점을 견지한 루키아누스와 여러 면에서 비슷하다. 따라서 그를 2세기 후반 사람으로 볼 수 있다.

180. 헤게시푸스

변증가들과 어깨를 나란히 하지는 못해도 같은 시대를 살았던 사람들로는 헤게시푸스(Hegesippus, 180년경 죽음)와 고린도의 디오니시우스(Dionysius, 170년경 죽음)가 있었다.

헤게시푸스는 정통 신앙을 지닌 유대 그리스도인으로서, 하드리아누스, 안토니누스, 마르쿠스 아우렐리우스의 재위 기간 동안 살았다. 시리아, 그리스, 이탈리아를 두루 여행했으며, 아니케투스가 감독으로 재직할 동안 로마에서 활동했다. 사도시대와 사도 교부 시대 교회들의 '회고록들'을 수집했고, 기록된 자료들과 구전 전승들을 사용하여 책을 썼다. 불행하게도 이 책은 16세기까지 존재하다가 그 뒤에 유실되었으나 재발견될 가능성이 없지 않다. 누가의 사도행전 다음으로 기록된 일종의 교회사로 간주되는 이 책은 에우세비우스보다는 헤게시푸스를 '교회사의 아버지'로 만든다. 그러나 책의 내용은 연대와 상관 없이 여행의 기억들을 수집해 놓은 것으로 추정된다(연대를 중시했다면 야고보의 순교를 제5권이 아닌 첫권에서 다뤘을 것이다). 따라서 그는 역사가보다는 고문서 학자에 가깝다. 그의 주된 목표는 영지주의 이단들과 분파들에 맞서서 교회의 순결성과 보편성을 입증하는 것이었다.

에우세비우스는 의인 야고보와 예루살렘의 시므온의 순교, 황제 도미티아누스가 다윗의 자손들과 예수의 친족들을 조사한 일, 이단들의 등장, 감독직의 계승, 고린도와 로마에서 정통 교리가 보존된 일에 관해서 헤게시푸스가 남긴 기록들을 보존했다. 이 역사 기록들은 고대성에서 주목을 받는다. 그러나 그 기록들은 비평적인 태도로 받아들여야 한다. 그 내용은 야고보와 같은 유대적 형태의 경건을 강하게 드러내지만, 유대교로 회귀하는 이단 사상의 흔적은 찾아볼 수 없다. 그는 에비온파도 아니었고, 심지어 나사렛파도 아니었으며, 확고하게 보편 교회에 속해 있었다. 그가 할례나 율법 준수를 구원에 필수적인 조건으로 주장한 흔적이 없다. 「히브리인들의 복음서」(the Gospel according to the Hebrews)를 사용하긴 했어도 이단에 치우치지 않았다. 그는 모든 이단들과 분파들의 근원을 유대교로 지목했다. 감독[주교]들이 사도들로부터 직위를 정식으로 계승했음을 크게 강조했다. 그는 어느 도시를 가든 그곳 교회에 대해서 두 가지 점을 주목해서 살폈다. 첫째는 교리의 순수성이었고, 둘째는 사도 시대부터 교사들의 계대(繼代)가 단절되지 않고 이어졌는가 하는 것이었다. 후자에 대한 판단 여하에 따라 전자에 대한 판단도 결정되었다. 그는 사도들이 세운 교회들에서는 어김없이 신앙이 유지되고 있는 것을 발견했다. 그는 이렇게 말한다. "고린도 교회는 프리무스[디오니시우스의 전임자]가 감독으로 재직하는 이 날까지 여전히 참 신앙을 견지해오고 있다. 나는 로마 행 배를 타기 위해 고린도에 여러

날을 체류하는 동안 그 감독과 친밀한 교제를 나누면서 참 교리로써 서로 새로운 힘을 얻었다. 로마로 가서는 아니케투스와 함께 거했다. 그의 집사가 엘류테루스였다. 아니케투스 이후에는 소테르가 감독직을 계승했으며, 그 후에는 엘류테루스가 계승했다. 하지만 어느 도시에서든 누가 감독이 되든 율법과 선지자들과 주님께서 선포하신 바에 따른 교리가 성행했다."[73] 그는 믿지 않는 유대인들, 즉 테부티스(Thebuthis)와 시몬 마구스, 클레오비우스(Cleobius), 도시테우스(Dositheus), 그리고 이름이 잊혀진 여러 사람들에게서 나온 부패한 이단설들을 소개한 다음 이렇게 말한다. '그러나 사도들의 거룩한 성가대가 여전히 그곳에 살아 있는 동안에 교회는 트라야누스 시대까지는 처녀처럼 더럽혀지지 않은 채 순결을 간직했다. 하지만 그때부터는 오랫동안 어둠에 잠복해 있던 불온한 오류들이 부끄러운 줄도 모르고 광명한 대낮에 나와 활보했다."[74] 그는 사도들이 가르친 지식과 자유를 계승해온, 하지만 아직 그 높은 경지에 오르지 못하던 당시의 보편 교회에서 철저한 안전감을 느낀다. 그리고 헤게시푸스가 서방 교회들의 정통신앙에 만족했던 것처럼, 에우세비우스도 헤게시푸스의 정통신앙에 만족했으며, 어디에서도 의심을 드러내지 않는다.

181. 고린도의 디오니시우스

디오니시우스(Dionysius)는 약 170년까지 고린도의 감독을 지냈다. 당시에 열정과 절제와 보편적이고 평화를 중시하는 정신으로 명성을 얻었다. 라케다이몬, 아테네, 니코메디아, 로마, 크레타의 고르티나, 그리고 그 밖의 도시들에 있는 교회들에게 여러 편의 목회서신을 썼다. 그 중 한 편은 '지극히 신실한 자매' 크리소포라(Chrysophora)에게 쓴 것이다. 서신들은 모두 유실되었고, 다만 서신들을 요약한 내용과, 소테르라는 사람과 로마 교회에 보낸 서신의 단편 네 개만 남

---

73) Euseb. I V. 22.

74) *Ibid.* III. 32. 이 단락을 Baur와 그의 학파는 영지주의 이단을 경고하는 목회서신들과 공동서신들이 후대에 사도가 아닌 다른 저자에 의해 기록되었다고 주장하는 근거로 삼는다. 그러나 이 단락은 영지주의 이단이 트라야누스 때 노골적으로 등장하기 오래 전인 시몬 마구스 때부터 은밀히 활동했음을 분명히 가르친다.

아 있다. 현존하는 이 자료만으로도 당시 교회의 영적 생활을 상당히 엿볼 수 있다. 에우세비우스는 그가 "자기 백성에게 뿐 아니라 해외의 다른 사람들에게도 하나님께 받은 (혹은 영감된) 근면의 복을 후하게 끼쳤다"고 말한다.[75] 그의 서신들은 교회들에서 낭독되었다.

이러한 적극적인 내용의 서신이 보편 교회의 통일을 증진하고, 외부로부터의 박해와 내부로부터의 이단적 부패를 견딜 수 있는 힘과 위안을 주었다. 감독은 대개 존경스러운 어조로 언급되지만, 그 서신들은 교회를 수신인으로 삼는다. 심지어 로마 감독 소테르도 자신의 전임자 클레멘스와 마찬가지로 로마 교회의 이름으로 고린도 교회에 편지를 보냈다. 디오니시우스는 로마의 그리스도인들에게 다음과 같이 쓴다. "오늘 우리는 거룩한 주일을 지키면서 당신이 보낸 서신을 낭독했습니다. 전에 클레멘스가 우리에게 보낸 서신을 받았을 때도 그랬듯이, 앞으로도 이 서신을 읽으면서 마음에 훈계를 간직하겠습니다." 그는 로마 교회가 유죄 판결을 받고서 광산들로 보내진 해외의 형제들을 성심껏 돕고, 모든 도시의 교회들을 물질로써 격려한 일에 대해서 높이 평가한다.

디오니시우스는 그리스 교회에서는 순교자로, 라틴 교회에서는 고백자로 존경을 받는다.

182. 이레나이우스

교회 외부의 거짓 종교들을 논박하는 변증서가 등장한 것과 거의 같은 시기에 이단들, 즉 다양한 형태의 거짓 기독교, 특히 영지주의를 비판하는 논쟁서가 등장했으며, 이러한 논쟁서들을 토대로 교회의 교의신학이 형성되었다. 고대 가톨릭 논쟁가들 가운데 맨 위에는 이레나이우스(Irenaeus)와 그의 제자 히폴리투스(Hippolytus)가 서 있었다. 두 사람 모두 그리스 교육을 받고 자랐으나, 교직자가 된 뒤의 소속과 사역에서는 서방교회에 속한다.

사도 요한의 마지막 사역지였던 소아시아는 탁월한 신학자들과 고백자들을 많이 배출했다. 이들은 2세기의 3/4분기까지(100-175년) 저물어 가는 사도 시대

---

75) Euseb. IV. 23.

의 석양빛을 잘 간직했으며, 따라서 사도 요한의 제자들이라고 부를 수 있다. 그들 가운데 대표적인 사람들은 서머나의 폴리카르푸스, 히에라볼리의 파피아스, 히에라볼리의 아폴리나리우스, 사르디스의 멜리토, 그리고 이들에 비해 덜 알려졌으나 에베소의 폴리크라테스가 로마 감독 빅토르(190년)에게 보낸 편지에 존경의 어조로 언급된 사람들이다.

이 학파의 마지막이자 가장 위대한 대표자는 이레나이우스이다. 그는 본격적인 의미에서의 첫 교부였으며, 가톨릭 교리 체계를 수립한 주요 인물들 가운데 한 사람이다.

I. 생애와 인격. 이레나이우스에 관해서는 그의 저서들에서 추론할 수 있는 내용 외에는 알려진 것이 없다. 그는 소아시아(아마 서머나)에서 태어나 그곳에서 유년기를 보냈다. 출생 연대는 115년에서 125년 사이의 어느 해이다.[76] 그는 모든 그리스도인들에게 존경을 받던 스승이자 사도 요한과 다른 '장로들'(사도들의 직계 제자들)에게 배운 서머나의 폴리카르푸스에게 배우는 특권을 누렸다. 그는 스승의 정신을 물려받았다. 이 점에 관해서 그는 이렇게 쓴다. "나는 그에게 들은 것을 종이에 기록하지 않고 마음에 기록했으며, 하나님의 은혜로 항상 그것을 새롭게 되새긴다." 아마 그는 부활절 논쟁 건으로 폴리카르푸스를 따라서 로마를 여행한 듯하다(154). 그 후 소아시아에서 기독교를 전수받은 것으로 추측되는 갈리아 남부에 선교사로서 갔다. 마르쿠스 아우렐리우스 치하에 갈리아의 루그두눔(리옹)과 비엔에서 박해가 발생했을 때(177), 그는 그곳의 장로로 사역하면서 성난 짐승과 같은 이교도들이 자기 형제들에게 자행한 참혹한 만행들을 목격했다. 연로하고 크게 존경을 받던 감독 포티누스(Pothinus)가 박해로 희생되자 장로였던 그가 위험을 무릅쓰고 감독직을 승계했으나, 아직 중요하게 할 일이 남아 있었기 때문에 목숨을 부지했다.

몬타누스파 논쟁이 발생했을 때 그는 갈리아 고백자들의 요구로 로마 감독 엘류테루스(177-190년 재직)를 방문하여 논쟁을 중재했다.

---

76) 폴리카르푸스의 순교 연대가 166년이 아니라 155년으로 밝혀짐에 따라 그의 제자 이레나이우스의 연대에도 불가피하게 변화가 생기게 되었다. 그는 더 나아가 요한 계시록이 도미티아누스(96년에 죽음)의 재위 기간에, 즉 "거의 우리 시대에" 기록되었다고 말한다. *Adv. Haer.* v. 30, 3.

포티누스가 순교한 뒤 그는 리옹의 감독으로 선출되었고(178), 그곳에서 글과 말로써 열정적인 사역을 벌여 시련에 찌든 교회를 회복하고, 갈리아에 널리 복음을 전하고, 교회의 교리들을 변호하고 발전시키는 등 괄목할 만한 성과를 거두었다. 이처럼 방대한 선교 활동과 저술 활동 어느 하나에 치우치지 않았다. 투르의 그레고리우스의 발언을 그대로 받아들이자면, 그는 리옹의 거의 모든 주민을 그리스도인들로 회심시켰고, 이교가 만연해 있던 프랑스의 다른 지역들에 유력한 선교사들을 파견했다.

190년 이후에는 이레나이우스의 노정을 추적할 수 없다. 제롬은 그가 코모두스의 재위 기간(180–192)에 활동했다고 말한다. 후대의 전승은 그가 202년에 셉티무스 세베루스의 박해 때 순교했다고 전하지만, 테르툴리아누스, 에우세비우스, 에피파니우스가 이 점을 함구하는 사실을 감안할 때 전승의 내용이 극히 의심스럽다. 그의 유골은 리옹의 성 요한 성당의 제단에 묻혀 있다. 이 도시는 12세기에 교회사에서 발도파의 순교자 교회의 발생지로서 다시 한 번 명성을 얻게 된다.

II. 인품과 지위. 이레나이우스는 2세기 후반에 보편 기독교를 대표하고, 영지주의 이단에 맞서서 정통신앙을 수호하고, 동방교회와 서방교회를 중재한 인물이다. 그리스의 교육적 깊이와 철학적 통찰을 실제적인 지혜와 절제에 접목했다. 독창적이지도 않고 탁월하지도 않았으나, 매우 건실하고 현명했다. 개성이 강하지 않았던 데다가 자신이 추구하던 교회의 보편성에 개성을 용해시켰다. 세련됨과 웅변을 가급적 피했으며, 일상의 업무를 수행할 때 갈리아 남부의 켈트 방언과 씨름해야 했다고 말한다. 그러나 헬라어에 능숙하여서 매우 심오한 주제들도 거침없이 다룰 정도였다. 그리스 시인들(호메로스, 헤시오도스, 핀다로스, 소포클레스)과 철학자들(탈레스, 피타고라스, 플라톤)을 익숙히 알았고, 가끔 그들을 인용한다. 헬라어 성경과 초기 기독교 교부들(로마의 클레멘스, 폴리카르푸스, 파피아스, 이그나티우스, 헤르마스, 순교자 유스티누스, 타티아누스)의 글을 대하는 데 조금도 막힘이 없었다.

게다가 그는 지위 때문에 더욱 큰 비중을 갖는다. 이는 오랫동안 살아서 활동한 두 사람, 즉 자신의 스승과 그를 가르친 사도의 사역을 이어받았기 때문이다. 그에게서 폴리카르푸스와 요한의 영향을 쉽게 찾을 수 있다. 그는 거짓 지식[영지]에 반대하여 이렇게 말한다. "하나님께 나아가는 참된 길은 사랑이다. 호기심을 채우는 질문과 시시콜콜한 내용을 캐고 들어가느라 불경건에 빠지는 것보다 십자가에 달리신 예수 그리스도 외에는 아무것도 알지 않기로 작정하는 것이 더 낫다." 그에게서는 바울의 인간론과 구원론의 흔적도 강하게 나타난다. 그러나 그는 요한이나 바울보다 외형적이고 가시적인 교회, 감독(주교)직 계승, 성례들에 관해서 더 많이 언급한다. 그가 기독교를 바라보는 관점은 주로 율법적이다. 그의 태도에서 2세기에 강하게 형성되었던 보편(가톨릭) 교회의 면모를 보게 된다.

이레나이우스는 모든 오류와 분열을 적대시했고, 니케아 이전 교부들 가운데 가장 정통신앙적이었다. 하지만 종말론에서는 예외였다. 이 분야에서 그는 파피아스와 대부분의 자기 시대 신학자들과 마찬가지로 훗날 보편 교회에 의해서 유대교의 꿈으로 간주되어 폐기된 전천년설을 주장한다. 한편으로는 지상에 교회를 확산시키고 보호하느라 힘쓰면서도, 다른 한편으로는 주님의 재림과 그분 나라의 수립을 간절히 근심스럽게 바라보던 갈릴리 사람들처럼 하늘을 바라보며 살았던 것이다. 게다가 요한복음 8:57에 기록된 유대인들의 질문을 잘못 추정하여 예수의 나이에 관해 엉뚱한 착오를 범한다.

이레나이우스는 교부적 저자들 가운데 최초로 신약성경을 충분히 사용한 저자이다. 사도 교부들이 구전 전승을 받아 전수했고, 변증가들이 구약의 선지자들과 복음서들에 기록된 주님의 말씀을 신적 계시의 증거로 인용하는 데 만족한 데 반해서, 이레나이우스는 영지주의의 그릇된 성경관에 맞서서 구약과 신약의 통일성을 가르쳤고, 마르키온의 절단된 정경에 맞서서 네 복음서와 거의 모든 서신서들을 사용했다.

교리를 순수하고 견고하게 지키려는 열정으로 그는 부차적인 차이들에는 관대했으며, 로마 감독이 사도의 정신을 벗어나 부활절을 지키는 시기와 방법에 대해서 외형적인 통일을 강요하려 했을 때 그에게 항의했다. 이 점에서 그를 훗날 교황의 독재에 항의하여 등장한 갈리아주의(Gallicanism)의 선구자라고까지 부를 수 있다. 그는 셋째 단편에서 다음과 같이 말한다(아마 부활절 논쟁을 염두에 둔 듯하다). "사도들은 먹는 것과 마시는 것, 특별한 절기, 월삭, 안식일로 형제의 양심을 거리끼게 하지 말라고 당부했다. 그런데 왜 논쟁을 하는 것이며, 왜 분열이 발생하는 것인가? 우리는 악함과 속임의 누룩으로 절기들을 지킴으로써 하나님의 교회를 분열시키고, 더 고상한 믿음과 사랑에 소홀한 채 외형적인 것만 준수한다." 그는 몬타누스파 문제에서도 중용을 견지했다. 화평케 하는 자라는 이름과 조상들에게 물려받은 영적 유산에 충실했다.

III. 저서들. (1) 이레나이우스의 가장 중요한 저서는 다섯 권으로 된 영지주의 논박서이다. 이 책은 엘류테루스가 로마 감독으로 재직하는 동안, 즉 177–190년에 집필되었다. 니케아 이전의 논쟁 신학적 걸작인 이 책은 그 시대의 영지주의와 교회 교리에 관한 정보가 가장 풍부히 저장된 광산이다. 기독교의 신관(神觀)이 두루 빠짐없이 소개되어 있으나, 논쟁의 연기에 휩싸여 있어서 이해하기가 어렵고 꾸준히 읽기가 어렵다. 그는 발렌티누스 이단을 알고 싶어하고 그 사상을 논박할 만한 근거를 얻고 싶어하던 친구의 요청을 받고 이 책을 집필했다. 발렌티누스와 마르키온은 140년경에 로마에서 가르쳤으며, 이들의 교리들이 프랑스 남부에 퍼져 있었다. 제1권은 발렌티누스의 현란한 사색들을 상세히 해설하고, 그 밖의 영지주의 분파들의 견해를 개관한다. 제2권은 이 이단설들의 비합리성과 모순들을 들춰낸다. 특히 창조주 하나님과 거리가 먼 데미우르고스 개념과, 아이온들, 플레로마, 케노마, 유출, 아카모스의 타락, 물질로 구성된 하등 세계의 형성, 소피아의 고난 같은 개념들, 그리고 인간들을 소마티키(육체적인 사람들), 프쉬키키(육<세상 정신>적인 사람들), 프뉴마티키(영적인 사람들)로 삼분하는 개념을 다룬다. 나머지 세 권은 성경과 기독교 전승을 토대로 영지주의를 논박한다. 기독교 전승은 성경과 동일한 내용을 가르치는데, 이는 처음에 입으로 전파되고 전수되었던 복음이 훗날 글로 기록되어 감독들과 장로들의 정규적 계승을 통해서 사도들의 모든 교회들에서 충실하게 보존되었기 때문이라고 한다. 그리고 이 사도들의 전승이 이단의 왜곡에 대해서 성경의 적정성을 보증하기도 한다. 항상 요동하고 모순되는 이단 사상들에 대해서, 이레나이우스는 성경과 전승에 토대를 두고, 감독(주교) 조직에 의해 결집되는 불변의 가톨릭 신앙을 옹호한다. 가톨릭 신학자들인 벨라르민(Bellarmin), 보쉬에(Bossuet), 묄러(Möhler)는 바로 이러한 논리를 이용하여 사분오열된 개신교를 비판하지만, 개신교는 마치 신약성경이 외경과 다른 만큼, 그리고 건전하고 냉철하고 실제적인 상식이 신화적이고 초월적인 어리석은 생각과 다른 만큼이나 영지주의와 다르다. 제5권은 몸의 부활과 천년왕국을 다룬다. 이레나이우스는 자신의 정보를 발렌티누스와 마르키온의 저서들로부터, 그리고 순교자 유스티누스의 「신타그마」(Syntagma)에서 얻었다.

그의 성경 해석은 대체로 건실하고 침착하며, 영지주의자들의 공상적인 곡해들과 대조를 이룬다. 그리고 인간 저자의 역할을 정당하게 평가하는 영감설을 어렴풋이 주장한다. 바울의 문체에 불규칙한 점들이 나타나는 원인에 대해서는 말을 빨리 하고 속에서 성령의 역사를 강렬하게 느꼈기 때문이라고 설명한다.

(2) 「플로리누스에게 보내는 서신」(*The Epistle to Florinus*)은 에우세비우스의 글에 흥미롭고 중요한 단편이 보존되어 있는데, 이 서신은 하나님의 일체성과 악의 기원 문제를 다룬다.[77] 이 서신은 이단들을 비판한 책을 쓴 뒤인 190년에 가서야 쓴 듯하다. 플로리누스는 이레나이우스의 오래된 친구이자 동료 학자로서, 한동안 로마 교회의 장로를 지냈으나 영지주의 이단설에 빠짐에 따라 면직을 당한 사람이다. 이레나이우스는 폴리카르푸스가 황궁에서 어떤 직위를 맡아 수행할 때(아마 하드리아누스가 서머나를 순방하는 동안) 플로리누스가 자신과 함께 그 교부 밑에서 배우던 시절을 감동적인 어조로 상기시키며, 그를 청년 시절의 신앙으로 돌아오게 하려고 노력하지만, 이 서신이 어떤 결과를 냈는지 우리로서는 알 길이 없다.

(3) 「8계에 관하여」(*On the Ogdad*)는 발렌티누스의 아이온 체계를 비판한 책으로서, 여기서 8이란 수는 주로 신비적인 의미를 지닌다. 에우세비우스는 이 책이 플로리누스를 위해서 집필되었으며, 이 책에서 '가장 재미있는 발언'이라고 하면서 다음 글을 소개한다: "누구일지 모르는 그대에게 간곡히 권하고 싶은 것이 있습니다. 이 글을 옮겨 적을 때 우리 주 예수 그리스도와 그분의 자비로운 강림에 힘입어 옮겨 적고, 장차 그분이 살아 있는 자들과 죽은 자들을 심판하러 오실 때 그대가 옮겨 적은 내용과 비교하여 틀리게 적은 부분을 바로잡게 되기를 바랍니다." 당시 필사자들의 부주의한 태도가 헬라어 성경 사본들에 변형들이 나타나는 주된 원인이다. 벌써 2세기에 접어들면 이러한 변형들이 상당히 많이 발생한다. 이레나이우스는 요한계시록의 역사적 해석이 걸려 있는 적그리스도의 난해한 숫자도 상당히 다르게(666과 616으로) 표기되어 있다고 언급한다(참조. 계 13:18).

(4) 「분열에 관하여」(*On Schism*)는 로마의 몬타누스파 지도자이자 십사일파였던 블라스투스(Blastus)에게 쓴 책이다. 아마 몬타누스파로 인한 갈등을 화해의

---

77) Euseb. *H. E.* V. 20.

정신으로 다룬 내용인 듯하다.

(5) 에우세비우스는 완전히 유실된 다음과 같은 여러 논문들을 언급한다: 「헬라인들을 논박함」(*Against the Greeks* 혹은 *On Knowledge*), 「사도적 설교에 관하여」(*On Apostolic Preaching*), 「다양한 논쟁들을 다룬 책」(*A Book on Various Disputes*), 「솔로몬의 지혜」(*the Wisdom of Solomon*). 시리아어 단편들에도 그 밖의 유실된 저서들이 언급된다.

(6) 이레나이우스는 177년의 박해를 감동적으로 다룬 책의 저자일 가능성이 있다. 리옹과 비엔의 교회들은 이 책을 소아시아와 브루기아의 교회들에 보냈고, 그 책의 상당 부분을 에우세비우스가 보존했다. 저자는 자신이 목격한 잔인한 광경을 기술하지만 자기 이름을 밝히지 않으며, 이것은 그의 겸손한 성격과 잘 부합한다. 이 문헌에는 그의 온건한 기독교 정신이 숨쉬며, 영지주의에 대한 그의 반감과 몬타누스주의에 대한 관용, 적그리스도의 등장이 임박했다는 견해가 잘 나타나 있다. 이 책은 니케아 이전 문헌 가운데 가장 순수하고 귀중한 것으로 손꼽히며, 미신적인 성유물 숭배를 드러내지 않는다는 점에서 「폴리카르푸스 순교전」과 동등하거나 오히려 우월하다.

(7) 마지막으로, 이레나이우스의 헬라어 단편들을 네 개 더 언급해야 한다. 이것은 1715년에 파프(Pfaff)가 튀랭(Turin)에서 발견하여 최초로 펴낸 문헌들이다. 일부 로마 교회 신학자들은 주로 교리적 이유로 이 문헌들의 진정성에 대해서 의문을 제기했다. 첫째 단편은 참 지식을 다루면서, 그것이 미묘한 문제들을 해결하는 데 있지 않고 하나님의 지혜와 그리스도를 닮는 데 있다고 설명한다. 둘째 단편은 성찬에 관한 것이고, 셋째 단편은 유월절 논쟁과 같은 부차적인 쟁점들에 대한 관용을 권장한 것이며, 넷째 단편은 성육신의 주제를 다룬 것이다. 성육신이 죄를 씻고 모든 악을 제거했다고 진술한다.

183. 히폴리투스

I. 히폴리투스(Hippolytus)의 생애. 이 유명한 인물은 세 번의 생애를 살았다. 첫 번째는 3세기에 교황들의 비판자로서 살았던 실제 생애이고, 두 번째는 중세에 성인으로서의 가공적인 생애이며, 세 번째는 19세기에 오랫동안 유실되었던

그의 이단 논박서가 발견됨에 따라 문헌으로 다시 영위한 생애이다. 그는 당대의 가장 박식하고 유력한 학자이자 신학자였음에 틀림없다. 로마 교회는 그가 훗날 19세기에 로마 교회 자체의 비판자로 등장할 것을 전혀 예상하지 못한 채 그를 성인과 순교자의 반열에 올려놓았다. 그러나 고대인들이 그에 관해서 남긴 진술들은 매우 모호하고 혼동된다. 확실한 것은 그가 철저한 그리스 교육을 받았다는 것과, 포티우스에 의해 보존된 단편에서 그가 직접 말하듯이 이레나이우스에게 강론을 들었다는 것이다(리옹이나 로마에서). 그의 공적 생애는 2세기 말과 3세기의 처음 30년 동안 이루어졌으며(대략 198–236년), 그는 이레나이우스와 마찬가지로 동방 출신이었을 가능성이 있지만 서방 교회에 소속되었다.

에우세비우스가 그를 최초로 언급하며, 그를 불확실하게 감독(주교)이자 오리게네스와 보스트라의 베릴루스의 동시대인이라고 부른다. 에우세비우스는 그가 어느 지역의 감독이었는지 몰랐던 것이 분명하지만, 자신이 확인한(아마 가이사랴의 도서관에서) 그의 저서들을 목록으로 소개한다. 제롬은 그의 저서 목록을 좀 더 충분하게 소개하지만, 에우세비우스와 마찬가지로 그의 교구가 어디였는지 분명하게 말하지 않는다. 다만 그가 로마 교회와 교황 다마수스를 잘 알고 있었던 것을 확인한다. 제롬은 그를 순교자라고 부르며, 그를 로마 원로원 의원 아폴로니우스와 결부시켜 생각한다. 고대에 작성된 교황 목록인 리베리아누스 목록(the Catalogue Liberianus, 354년경)은, '장로' 히폴리투스가 235년경에 로마 감독 폰티아누스(Pontianus)와 함께 척박한 섬 사르디니아로 추방되었고, 두 사람의 시신이 같은 날(8월 13일) 매장되, 폰티아누스는 칼리스투스의 묘지에, 히폴리투스는 티부르티나 가도에 매장되었다고 진술한다(1551년에 그 가도에서 그의 조각상이 발견되었다). 폰티아누스의 시신은 236년 혹은 237년에 교황 파비아누스(Fabianus)에 의해서 이장되었다. 이 진술을 토대로 히폴리투스가 사르디니아 섬의 광산에서 죽었으며, 따라서 감옥에서 죽은 모든 고백자들과 마찬가지로 순교자로 간주되었을 것으로 추정할 수 있다. 하지만 그가 유배지에서 돌아와 다른 곳에서 순교했을 가능성도 배제할 수 없다.

우리가 보유하고 있는 그 다음 이야기는 5세기 초에 활동한 스페인의 시인 프로덴티우스(Prudentius)의 글에서 얻은 것이다. 그는 시로써 히폴리투스를 노바티아누스파에 속한 로마의 장로라고 소개하지만(그가 장로라는 사실은 리베리우스 목록과 일치하지만, 노바티아누스파는 히폴리투스가 죽은 지 여러 해 뒤에 등장했다),[78] 히폴리투스가 죽음을 앞두고서는 분열에 가담했던 것을 후회하고서 자신을 추종하던 많은 사람들에게 보편 교회의 품으로 돌아가라고 설득했다고 하며, 그런 뒤에는 자신의 이름을 신화에 등장하는 테세우스의 아들 히폴리투스 — 야생마들에게 발이 묶인 채 나무와 돌 위로 끌려다니다가 죽었다 — 에 빗대어 비통해했다고 전한다. 그렇게 죽기 전에 "이 말들이 내 사지를 끌고 가듯이, 그리스도시여 저의 영혼을 당신께로 이끄소서"라는 마지막 말을 남겼다고 한다. 그는 히폴리투스가 오스티아 혹은 포르투스에서 순교했다고 하며, 기독교 신앙을 고백했다는 이유로 사형을 언도했던 로마 장관이 마침 그때 그곳에 와 있었다고 한다.

프루덴티우스는 그의 순교를 묘사한 로마의 지하 묘지 예배실과 그림을 보았다고 말한다(이 장소와 그림은 원래 신화에 나오는 히폴리투스를 위해 제작된 것으로 추정된다). 그러나 로마에 있는 교회들의 초기 목록에 그 예배당이 언급되지 않은 점으로 미루어, 히폴리투스의 무덤 근처에 있는 유명한 순교자 성 로렌스(St. Lawrence)의 교회였을 가능성이 있다. 이 전설에는 노바티아누스 분열에 관한 연대기적 오류가 있다는 점과, 로마법과 관습에 그러한 참혹한 사형이 존재했을 가능성도 극히 적다는 사실에도 불구하고, 이 전설에는 중요한 진리의 요소가 담겨 있다. 그것은 히폴리투스가 로마 감독과 대립적 위치에 있었다는 것이다. 이것은 그의 저서 「필로소푸메나」와 그가 포르투스라는 지역과 관련되어 있다는 점과 잘 부합한다. 가톨릭 교회의 후기(7세기 중반) 전승은 그가 로마에서 24km 가량 떨어진 오스티아 맞은 편, 티베르 강 북쪽 어귀에 자리잡은 포르투스 로마누스(오늘날의 포르토)의 감독이었다고 한다. 그리스 저자들은 그 도시를 주변 지역과 엄격히 구분하지 않은 채 그를 대개 로마 주교라고 부른다.

모호하고 상충되는 이러한 전승들을 종합해서 판단해 보면, 히폴리투스는 3세기 초에 로마나 그 근방의 유력한 장로 혹은 감독이었고, 학문적인 저서들을 여러 권 썼으며, 사르디니아나 오스티아에서 순교했다고 생각하게 된다. 16세기에 발견된 자료로 인해서 이 순교자가 새롭게 조명을 받았을 때 이러한 생각이 더욱 확증되었다.

---

78) 그는 이것을 노바티아누스의 분열이라고 하지 않고 노바투스의 분열이라고 부른다. 특히 그리스의 저자들은 두 이름을 종종 혼동하며, 에우세비우스도 마찬가지이다.

1551년에 크게 훼손된 대리석 조각상(오늘날 라테란 박물관에 소장됨)이 로마의 티부르티나 가도(티볼리로 이어지는 도로)에 자리잡은 성 로렌스 바실리카 근처에서 발굴되었다. 이 조각상은 프루덴티우스에 의해 언급되지 않은 것으로서, 아마 원래는 전혀 다른 목적으로, 즉 로마의 어느 원로원 의원을 위해 제작된 것으로 추정된다. 그러나 어쨌든 그것은 3세기 중반으로 추정되는 아주 오래된 것임에 틀림없다. 이 조각상은 그리스의 팔리움(領帶, 대주교가 제복 어깨에 걸치는 흰 양털띠)과 로마의 토가(긴 겉옷)를 입고 감독의 권좌에 앉은 모습을 하고 있다. 권좌 등판에는 알렉산더 세베루스의 원년(222)부터 시작하여 16년 단위로 일곱 차례 작성한 부활절 연표와, 조각상의 주인공이 남긴 것으로 추정되는 저서 목록이 언셜체로 새겨져 있다. 저서들 가운데는「전체에 관하여」(On the All)라는 책이 있는데, 이 책은「필로소푸메나」제10권에 히폴리투스 자신의 저서로 언급된다. 이것이 그 중요한 저서의 저자를 이해하는 데 단서를 제공한다.

이 조각상보다 훨씬 더 중요한 것은 히폴리투스의 저서들 가운데 한 권이 최근에 발견되어 출판된 일이다(1851). 그 책은 그의 저서들 가운데서 의심할 여지 없이 가장 중요한「필로소푸메나」(혹은「모든 이단들에 대한 논박」)이다. 오늘날은 이 책이 오리게네스의 저작이 아니고(그는 감독이 된 적이 없다), 몬타누스주의와 천년왕국설을 비판한 장로 카이우스(Caius)의 저작도 아니며, 히폴리투스의 저작이라는 견해가 거의 보편적으로 인정된다. 이렇게 된 데에는 여러 가지 이유가 있지만, 무엇보다도 저자가 히폴리투스 조각상과 일치하게 자신을「전체에 관하여」의 저자로 밝히기 때문이고, 히폴리투스가「모든 이단들을 논박하는 저서」(Adversus omnes Haereses)를 썼다고 모든 교부들이 전하기 때문이다.[79] 그 책의 전체 내용도 그가 교회에서 차지한 지위에 관한 고대의 산발적인 진술들과 일치한다. 그와 동시에 그 지위를 훨씬 더 분명하게 말해주며, 고대의 산발적인 진술들을 더욱 잘 이해할 수 있게 해준다.

「필로소푸메나」의 저자는 3세기 초에 로마나 로마 근처의 성직자들 가운데 유

---

79) 조각상의 권좌에는 사실상「필로소푸메나」가 언급되지 않으며, πρὸς Ελληνας 라는 제목에 함축되어 있을 가능성도 없다. 그 제목은 καί (and)에 의해서 플라톤을 비판한 저서와 연결된다. 하지만「필로소푸메나」를 언급하지 않은 이유는 그 책이 대단히 희귀했기 때문이기도 하고, 두 로마 교황들을 비판하는 내용을 싣고 있기 때문이기도 하다.

력 인사의 한 사람으로 나타난다. 아마 감독(주교)이었을 것이다. 왜냐하면 자신을 사도들의 계승자들과 교회 교리의 수호자들 가운데 한 사람으로 간주하기 때문이다. 그는 당대에 교리와 의식(儀式)을 놓고 발생한 모든 논쟁들에 적극 가담했으나, 로마 감독들인 제피리누스(202-218)와 칼리스투스(218-223)에 대해서 성부수난설의 경향을 드러낸 이유와 권징을 느슨하게 시행한 이유로 단호하게 비판했다. 특히 칼리스투스에 대해서는 잘못된 과거의 생활을 그대로 유지함으로써 기독교 사회에 누를 끼친 점을 들어서 가차없이 격렬한 비판을 가했다. 그러므로 그는 엄격히 말해서 분리주의적 대립 교황은 아니었을지라도, 정통 교리를 표방하고 엄격한 권징을 주장하고, 그로써 이전 시대의 몬타누스파와 후대의 노바티아누스 분열에 매우 가까웠던 반대파의 우두머리였다. 바로 이런 이유 때문에 이 운동의 귀추에 관해서는 이렇다 할 기록이 남아 있지 않다. 다만 신빙성이 크게 떨어지는 후대의 전승이 남아 있을 뿐인데, 그 전승에 따르면 히폴리투스가 마지막에는 가톨릭 교회의 품으로 돌아갔고, 사르디니아나 로마 근처에서 순교함으로써 분열의 죄를 씻었다고 한다. (그는 박해를 주도한 황제인 트라키아인 막시미누스 치하에서 235년 혹은 그보다는 236년에 순교했다.)

II. 저서. 히폴리투스는 3세기 로마 교회에서 가장 학문이 깊고 많은 분량의 저서를 내놓은 저자이다. 비록 스승 이레나이우스와 마찬가지로 헬라어만 사용하긴 했으나, 사실상 로마 교회 최초의 대 학자였다. 이 사실은 그가 당대의 로마 감독들에게 비판적 태도를 취했던 사실과 함께 그의 저서들이 로마 교회의 기억에서 그토록 일찍 자취를 감추었던 이유를 설명해 준다. 그는 독창적이고 생산적인 저자라기보다 학문성과 노련함을 갖춘 문헌 편집자였다. 「필로소푸메나」의 철학 부분은 섹스투스 엠피리쿠스(Sextus Empiricus)의 저서를 아무런 사전 설명도 없이 그대로 차용한 것이고, 신학 부분은 이레나이우스의 저서를 인용한 것이다. 교리에서는 대체로 이레나이우스에 동의하되 심지어 그의 천년왕국설까지 동의하지만, 식견과 깊이와 중용에서는 그에게 미치지 못한다. 그는 테르툴리아누스를 연상케 하는 열정으로 철학을 모든 이단의 근원으로 배격하면서도, 자신의 견해를 수립하기 위해서 철학을 사용한다. 삼위일체 주제에 관해서는 군주신론을 비판하며, 이신론(ditheism, 二神論)이라는 비판을 받을 정도의 열정으로 위격설(hypostasian theory)을 옹호한다. 그의 권징 원칙은 엄격하고 금욕적이다. 이 점에서도 그는 테르툴리아누스를 닮았다. 비록 몬타누스파를 십사일파와 마찬가지로 간략한 설명만 붙여 이단으로 분류하긴 하지만 말이다. 문체는 열정적이긴 하지만 조심성이 없고 과장되다. 카스파리(Caspari)는 히폴리투스를 '로마의 오리게네스'라고 부른다. 이 평가는 학문과 독립성에 대해서는 사실이지만, 오리게네스는 그보다 훨씬 더 풍부한 독창성과 중용을 견지했다.

히폴리투스의 대표작은 「필로소푸메나」(혹은 모든 이단들에 대한 논박서)이다. 이 책은 이레나이우스의 논문 다음으로 니케아 이전 교회의 가장 교훈적이고 논쟁적인 저작이며, 고대 이단들의 성격과 교회 교리의 발전을 들여다 볼 수 있게 할 뿐 아니라, 철학사와 3세기 초에 로마 교회가 처했던 현실도 들여다 볼 수 있게 한다. 더 나아가 이 책은 요한복음의 진정성에 대해서 저자 자신의 입을 통해서 뿐 아니라 훨씬 더 오래 전의 저자인 영지주의자 바실리데스(요한보다 나이가 어리지만 동시대 사람. 125년경)의 글을 인용해서까지도 증거하는 귀중한 가치를 지닌다. 이 책은 칼리스투스가 죽은 지 몇년 뒤인 223-235년에 집필되었다. 열 권 가운데 제1권은 그가 모든 이단의 근원으로 간주하는 이교 철학들을 개관한다. 따라서 「필로소푸메나」라는 제목이 붙었으며, 이 제목은 사실상 그러한 내용을 다루는 처음 네 권에만 해당되며, 나머지 여섯 권에는 해당되지 않는다. 제1권은 아토스 산 사본에 실려 있지 않고 그 이전에 알려져 오리게네스의 저작들에 포함되었다. 제2권과 3권은 현존하지 않으며, 아마 이교의 비밀들과 수학적·천문학적 이론들을 다룬 듯하다. 제4권도 이교의 점성술과 마술을 다루는데, 당시에 이런 행위들이 특히 로마에서 큰 영향력을 행사하고 있었음에 틀림없다. 제5권에서 저자는 본격적인 주제, 즉 사도시대부터 자기 시대에 이르기까지 등장한 모든 이단들을 논박하는 주제를 다룬다. 이단을 모두 서른두 가지로 열거하는데, 하지만 대부분은 영지주의와 에비온주의의 아류들에 지나지 않는다. 현존하지 않는 저작들을 토대로 이단 사상들을 자신의 평가를 싣지 않은 채 단순하게 소개하며, 그 사상들이 그리스 철학, 신비주의, 마술에서 유래했다고 보고서 그 이교적 근원들을 추적해 올라가면 충분히 논박할 수 있다고 생각한다. 제9권은 노이투스파(Noetians)와 칼리스투스파의 교리를 논박하는 과정에서 로마 교회에서 발생한 사건들을 적나라하게 드러낸다. 그는 교황 제피리누스를 성부수난설 이단에 도움과 위로를 준 유약하고 무식한 사람으로 평가하고, 그의 계승자 칼리스투스에 대해서는 기민하고 교활한 사람으로서, 한때 노예였다가 그 후에 은행가가 되어 부정을 저질렀고, 결국 파산하여 유죄 판결을 받았으나 제피리누스의 환심을 사게 되었고, 그가 죽은 뒤에 교황좌에 앉으려는 야심을 달성했으며, 교황이 되어서 이단설을 가르치고 범법자들에게 극단적인 관용을 베풂으로써 기강을 무너뜨렸다고 전한다. 이 대목에서 저자는 자신이 교황을 격렬히 반대하는 사람임을 드러내며, 따라서 이 대목을 읽을 때는 주의를 기울여야 한다.

제10권은 테오도레투스(Theodoret)에 의해서 사용된 책으로서, 책 전체를 간단히 요약하는 내용과, 이단들을 논박하는 적극적인 방법으로서 저자 자신의 신앙고백을 싣는다. 아래에 소개할 내용은 그리스도께 관해서 언급한 가장 중요한 부분이다:

"이 말씀[로고스]을 성부께서 이 마지막 날들에 보내셨다. 더 이상 선지자를 통해서 말씀하시지 않고, 모호한 전도로 사람들에게 추측의 대상밖에 되지 않는 상태를 원치 않으시고서, 당신을 얼굴과 얼굴을 맞대고 볼 수 있도록 나타내도록 하셨다. 그것은 당신의 계명을 선지자를 시켜 전하시거나 천사를 보내 영혼을 각성시키지 않으시고 친히 임재하셔서 말씀하심으로써 세상으로 하여금 당신을 경외하게 하시려는 뜻이었다.

"우리는 그분이 동정녀에게서 몸을 받으시고 옛 사람을 새로운 피조물로 새로 지으시고, 영원히 당신의 생명에 참여하게 하심으로써 당신이 만대의 율법이 되시고, 당신의 임재로써 당신의 인성을 만민의 모범으로 드러내고, 그로써 인간에게 하나님께서 하나도 악하게 지으시지 않으셨다는 것과, 인간이 자유의지를 가지고 있어서 결심하거나 포기하는 능력을 다 가지고 있음을 깨닫게 하신다는 것을 안다.

"만약 그분이 인간과 동등한 본성을 갖지 않으신다면 우리에게 당신을 닮으라는 권고는 헛된 말씀이 될 것이다. 만약 우리와 다른 본성을 갖고 계시다면 어째서 연약한 내게 동일한 의무들을 부과하시겠는가? 그렇다면 그분이 어찌 선하고 의로우실 수 있겠는가? 그러나 우리와 동일하다는 것을 보이시기 위해서 친히 수고를 하시고 배고픔과 목마름을 기꺼이 겪으셨고, 곤히 잠을 주무셨고, 고난을 거절하지 않으셨고, 죽기까지 복종하셨으며, 부활하시고 그 모습을 나타내시어 당신의 인성을 첫 열매로 거룩하게 구별하심으로써 여러분이 고난을 당할 때 좌절하지 않고 여러분도 그분과 같은 본성을 가지고 있음을 알아 여러분이 그분에게 무엇을 드리게 될 날이 오기를 기다릴 수 있게 하셨다.

"그리스인들과 야만인들이여, 갈대아인들과 아시리아인들이여, 이집트인들과 아프리카인들이여, 인도인들과 에티오피아인들이여, 켈트인들과 전쟁을 좋아하는 여러분 라틴인들이여, 유럽과 아시아와 아프리카에 거하는 모든 거민들이여, 위와 같은 내용이 신에 관한 진정한 교리이며, 나는 인간을 사랑하시는 말씀의 제자로서, 그리고 나 자신도 인간들을 사랑하게 된 사람으로서 여러분에게 그 교리를 받아들일 것을 당부한다. 와서 과연 누가 참 하나님이며, 무엇이 그분이 지으신 것인지 우리한테 배우라. 인위적이고 궤변적인 연설에 마음을 두지 말고, 남의 사상을 베껴먹는 이단들의 헛된 주장에 귀 기울이지 말고, 중대하고 단순한, 꾸밈없는 진리를 배우라. 이 지식을 얻으면 다가오는 불 심판의 저주를 피하게 될 것이며, 말씀로고스의 음성도 가 닿지 못하는 타르타루스의 칠흑 같은 어둠을 피하게 될 것이다.

"그러므로 사람들이여, 증오심을 품지도 말고 걸음을 서둘러 돌이키지도 말라. 그리스도께서 만유의 하나님이시며(참조. 롬 9:5), 그분이 여러분에게 처음부터 여러분을 당신의 형상이라고 부르시고, 여러분을 사랑하시는 심정을 상징으로 보이시면서, [세례를 받음으로써] 죄를 씻고 옛 사람을 벗어버리라고 명하고 계신다. 만약 그분의 거룩한 계명에 순종하고 그분의 선하심을 본받는 자가 된다면, 여러분은 그분과 같이 될 것이며, 그분에게 높임을 받을 것이다. 이는 하나님께서 여러분을 얻고 싶어하시며, 여러분을 당신의 영광을 위해 신적인 존재들로 만들기를 원하시기 때문이다."

히폴리투스는 그 밖에도 해석학과 연대기와 논쟁과 설교 분야에서 많은 분량의 저서를 집필했다. 헬라어로만 집필된 이 저서들은 모두 유실되었고, 상당수의 단편들만 다른 저자들의 글에 실려 있다. 그는 성경의 여러 책들에 대해서 최초로 연속적이고 상세한 주석들(예를 들면 암브로시우스가 사용한 「헥사메론」 <Hexameron>)을 준비했는데, 그가 다룬 책들은 출애굽기, 시편, 잠언, 전도서, 대선지서(특히 다니엘), 스가랴, 그리고 마태복음, 누가복음, 요한계시록이다. 성경 해석에서는 오리게네스처럼 알레고리 방법을 사용했다. 그것이 당대의 취향에 적합한 해석이었다.

그의 논쟁 저서들 가운데는 「서른두 가지 이단 논박서」(*Against Thirty-two Heresies*)가 있다. 「필로소푸메나」와 성격이 다른 이 책에 대해서 포티우스는 '작은 책'으로, 그리고 히폴리투스가 이레나이우스에게 들은 강의 요목으로 표현했다. 이 책은 청년기에 집필되었음에 틀림없다. 책의 내용은 도시테우스(Dositheus)의 이단설로부터 시작하여 노이투스의 이단설로 마친다. 현존하는 그의 논문 「노이투스 논박서」(Against Noetus)는 앞의 여러 부분들이 있었음을 상정하며, 아마 강의 요목의 결론 부분이었던 것 같다. 만약 그렇지 않다면 몬타누스파 이단을 비판한 특별한 저서의 결론부였음에 틀림없지만, 그러한 저서는 언급되지 않는다.

「우주론」(On the Universe)은 플라톤주의를 겨냥한 책이다. 이 책에서 저자는 만물이 네 가지 요소, 즉 흙과 공기와 불과 물로 구성된다고 주장한다. 인간은 네 가지 요소 전부로 조성되어 있으며, 영혼은 공기로 조성되어 있다고 한다. 그러나 이 책의 가장 중요한 부분은 음부를 묘사한 부분이다. 음부가 죽은 자들의 영혼들이 심판 날까지 기다리는 지하의 거처라고 한다. 이 거처에서도 의인들은 아브라함의 품이라고 불리는 빛과 행복의 장소에 거하고, 악인들은 어둠과 비참의 장소에 거한다. 두 지역은 거대한 구렁에 의해서 구분되어 있다. 입구는 대천사가 지키고 있다. 심판 날이 되면 의인들의 육체들이 일어나 새롭고 영화롭게 될 것이며, 악인들의 육체들은 지상에서 나돌았던 모든 질병들을 안은 채 영원한 형벌을 받을 것이다. 이러한 묘사는 사실상 순교자 유스티누스, 이레나이우스, 테르툴리아누스의 종말론과 일치한다.

저자 이름이 표기되지 않은 「작은 미로」(The Little Labyrinth)라는 책은 에우세비우스와 테오도레투스에 의해서 아르테몬(Artemon)의 이성주의적 이단을 겨냥한 책으로 소개되며, 더러는 히폴리투스의 저작으로, 더러는 카이우스의 저작으로 돌린다. 그러나 포티우스가 카이우스의 저작으로 언급하는 「작은 미로」는 "이단들의 미로"라는 말로 시작하는 「필로소푸메나」의 제10권과 다르기도 하고 비슷하기도 하다.

현존하지 않는 논문인 「성령의 은사들」(Charismata)은 예언이 지속된다는 몬타누스파의 주장을 다룬 것으로 추정된다. 다른 이들은 이 책이 사도들의 교령집(教令集, canons)이었을 것이라고 추정한다.

구디우스(Gudius)에 의해서 완전히 복원된 「적그리스도」(Antichrist)라는 저서는 적그리스도를 그리스도의 철저한 적으로 묘사하고, 다니엘이 말한 네 왕국을 바빌로니아, 메디아, 그리스, 로마로 설명하며, 계시록에 언급된 짐승의 수를 라테이노스, 즉 이교 로마라는 뜻으로 설명한다. 이것은 이레나이우스가 제시한 세 가지 해석 가운데 하나인데, 하지만 이레나이우스는 테이탄(Teitan, 예루살렘을 파괴한 티투스의 헬라어 이름)을 선호한다.

「계시록」 주석에서 그는 짐승의 수를 단티알로스로 설명하는 또 다른 해석을 제시한다(아마 적그리스도가 단 지파에서 나올 것으로 보았기 때문인 듯하다). 12장에 등장하는 여인은 교회이고, 여인이 입은 해는 우리 주님이고, 달은 세례요한이고, 열두 별은 열두 사도이고, 여인이 날아갈 때 사용하는 두 날개는 소망과 사랑이다. 아마겟돈은 여호사밧의 골짜기이다. 다섯 왕(17:10)은 느부갓네살, 고레스, 다리오, 알렉산더, 그리고 그의 계승자 네 명이다. 여섯째는 로마 황제이고, 일곱째는 적그리스도가 될 것이다. 다니엘서 주석에서는 완성의 때를 주후 500년 혹은 창조 후 6000년으로 본다. 이것은 그리스도께서 창조 후 5500년에 강림하셨고, 하나님이 만물을 창조하신 뒤에 안식하신 일이 예표한 천년의 안식이 시작되기 전에 여섯째 천년이 완료되어야 한다는 가정을 토대로 한 견해이다. 이 견해는 그와 이레나이우스의 관계를 감안할 때, 그리고 그의 이단 목록에서 천년왕국설이 빠진 점을 감안할 때 그 자신이 천년왕국론자였음을 짐작하게 한다.

히폴리투스에 관한 이 항목은 1159년에 교황 알렉산더 3세가 프랑스 생 드니 성당의 히폴리투스 성소를 방문한 기록을 소개하면서 마치고자 한다(그의 유골이 샤를마뉴 때 로마에서 그곳으로 이장되었다). "교황은 예배당들 가운데 한 곳의 문턱을 지나다가 멈춰서더니 그곳에 누구의 유골이 간직되어 있느냐고 물었다. '성 히폴리투스의 유골입니다'라고 곁에 있던 사람이 대답했다. 그러자 그 무류한 권위의 입에서 이런 말이 나왔다. '나는 결코 믿지 못하겠소. 성 히폴리투스의 유골은 거룩한 도시에서 이장된 적이 없으니까.' 그러나 생시에 펜과 혀로써 제피리누스와 칼리스투스를 모질게 비판한 이유로 죽어 유골이 된 뒤에 그들의 영적 후손들에게 냉대를 당한 성 히폴리투스는 교황의 말을 듣고서 몹시 분노하여 성유물함에 있는 자신의 마른뼈들로 마치 천둥소리 같은 소음을 냈다. 만약 소리가 성에 차지 않았을 경우 얼마나 오랫동안 그렇게 했을는지 감히 짐작할 수 없다. 그러자 교황은 공포에 휩싸여 무릎을 꿇고는 말했다. '내 주 히폴리투스여, 제가 믿습니다. 분명히 믿으니 제발 잠잠해 주십시오.' 그 일을 겪은 뒤 그는 분노한 성인을 달래기 위해서 그곳에 대리석 제단을 세웠다."

184. 로마의 카이우스

서방의 신학자들 가운데 이레나이우스와 히폴리투스처럼 헬라어로만 글을 쓴 저자를 소개할 때는 카이우스(Caius)를 빼놓을 수 없다. 그는 제피리누스가 로마 감독으로 재직하던 3세기 초반에 활동했다. 그는 몇 편 되지 않는 헬라어 단편들을 통해서 몬타누스주의와 천년왕국설을 비판한 저자로 우리에게 알려져 있다. 그는 로마의 장로였던 것으로 추측된다. 그의 이름에서, 그리고 그가 히브리서를 바울 서신에 포함시키지 않은 사실에서 그가 로마 출신이거나 적어도 서방 출신이었다고 추론할 수 있다. 에우세비우스는 그를 로마의 대단히 박식한 성직자 혹은 교회 저자로 부르며, 그가 몬타누스파 일파의 지도자 프로클루스(Proclus)를 논박한 글을 네 번 인용한다. 그는 이 글에서 빌립과 그의 네 선지자 딸이 브루기아 히에라볼리에 묻혀 있다는 언급과, 로마 교회의 설립자들인 베드로와 바울의 기념비들이 바티칸 언덕과 오스티아 가도에 세워져 있다는 중요한 증언을 보존한다.

카이우스에 관해서 확실하고 흥미를 끄는 것은 이것이 전부이다. 제롬은 다른 유명 인사들에서도 그렇지만, 카이우스에 대해서도 에우세비우스의 진술들을 그대로 반복해서 소개한다. 그가 로마를 자세히 알고 있으므로 좀 더 자세한 정보를 남겼음직한데 실제로는 그렇지 않다. 포티우스는 카이우스의 저작으로 추정되는 「우주에 관하여」(On the Universe)의 사본 여백에 실린 글을 토대로 그가 "빅토르와 제피리누스의 재직 기간 동안 로마 교회의 장로였으며, 이방인들의 감독으로 선출되었다"고 말한다. 그는 그 책뿐 아니라 「미로」(The Labyrinth)에 대해서도 약간 주저하는 태도로 그의 저작으로 언급한다. 그의 증언은 시기가 너무 늦다는 점 때문에 별로 가치가 없으며, 에우세비우스의 혼동을 그대로 답습하고 카이우스를 히폴리투스로 혼동하는데, 이러한 오류를 현대 비평학자들도 답습한다. 두 사람은 나이와 거주지와 직함이 다 같기 때문에 혹시 동일인이 아니었는가 추측도 되었다(카이우스가 단지 히폴리투스의 첫째 이름인 것으로 추정되었다). 그러나 이것은 입증되지 않는다. 에우세비우스는 두 사람을 분명히 구분하며, 히폴리투스는 천년왕국설을 비판하지 않고, 다만 몬타누스주의에 대해서만 온건하게 비판했을 뿐이다. 카이우스가 케린투스의 천년왕국적 몽상을 비판하는 글을 쓴 것이 사실이지만, 에우세비우스의 글을 토대로 잘못 추론된 것과 달리, 계시록의 저자가 요한이라는 점을 부정하지 않았다. 그가 부정한 것은 아마 그 이단이 주장한 계시들인 듯하다. 그와 히폴리투스는 바울의 서신 열세 편(히브리서가 제외된)과 요한계시록을 인정한 로마 교회의 정경에 동의했음에 틀림없다.

카이우스에게는 포티우스 이래로 저자로서 신비스러운 후광이 둘러져 있으며, 최근에 발견된 「필로소푸메나」를 포함한 히폴리투스의 여러 저서들이 그의 저작으로 잘못 간주되었다. 신약성경 정경에 관한 무라토리 단편도 발견자(무라토리, 1740)와 최근의 저자들에 의해서 그의 저작으로 간주되었다. 그러나 이 단편은 그보다 이전 시대의 것으로서(170), 아마 원래는 헬라어로 기록되었겠지만, 라틴어로 기록되어 있다. 우리가 아는 한 이것이 로마 교회가 내놓은 가장 오래된 라틴어 문서이며, 정경 역사를 이해하는 데 중요한 위치를 차지한다.

185. 알렉산드리아 신학 학파

알렉산드리아는 알렉산더 대왕이 그리스도께서 탄생하시기 322년 전에 나일 강 어귀에 건설한 도시이다. 아시아와 유럽에서 배로 몇 시간 거리밖에 되지 않으며, 이집트의 수도로서 상업이 번성했고 그리스와 유대교 학문이 발달했고, 고대 세계에서 가장 규모가 큰 도서관을 보유하고 있었으며, 장차 안디옥과 로마와 함께 기독교의 3대 중심지의 한 곳으로 발전하게 될 곳이었다. 이곳에는 팔레스타인의 종교와 그리스의 지식 문화가 융합되어서 계시의 진리들을 철학적으로 이해하고 증명하는 데 목표를 두는 최초의 신학 학파가 성립되기 위한 길을 닦았다. 그곳에 교회가 세워진 직후부터(전승에 따르면 복음서 저자 마가가 그곳에 교회를 세웠다고 함) 감독의 관할하에 '교리문답 학교'가 생겼다. 이 학교는 원래 세례를 받고자 하는 모든 계층의 이교도들과 유대인들을 준비시킨다는 실제적인 목표로만 구상되었다. 그러나 그 도시는 원래 필로의 신학과 영지주의 이단설, 그리고 신플라톤주의 철학이 태동한 곳이었던 까닭에 그 학교는 곧 아주 자연스럽게 지적인 성격을 띠게 되었으며, 동시에 일종의 신학교가 되어 여러 감독들과 교회 교사들을 양성하는 데 강한 영향을 끼쳤으며, 기독교 학문 발달에 크게 이바지했다. 처음에는 교사가 한 명뿐이었다가 그 후 여러 명이 되었으나, 고정된 급여가 없었고 건물도 따로 없었다. 비교적 부유한 학생들이 수업료를 냈지만 많은 경우 고사되었다. 교사들은 대체로 고대 철학자들의 방식을 따라 자기들의 집에서 가르쳤다.

이 학교의 초대 교장으로 우리에게 알려진 사람은 180년경에 기독교 신앙으로 회심한 스토아 철학자 판타이누스(Pantaenus)였다. 그는 훗날 인도에 가서 선교를 했으며, 주석을 여러 권 남겼으나, 소수의 단편들을 제외하고는 하나도 남아 있지 않다. 제2대 교장은 클레멘스였고(202년까지 재직), 제3대 교장은 오리게네스(232년까지 재직)였다. 오리게네스는 학교를 전성기에 올려놓았으며, 팔레스타인 가이사랴에도 비슷한 학교를 세웠다. 이 학교는 그 뒤 오리게네스의 제자들인 헤라클라스(Heraclas, 248년 죽음)와 디오니시우스(Dionysius, 265년 죽음)가, 마지막에는 소경 지식인 디디무스(Didymus, 395년 죽음)가 이끌었으며, 4세기 말에 이르러서는 알렉산드리아 교회가 소란과 다툼에 휘말리는 동안 크게 쇠퇴했다. 이러한 상황이 결국 아랍인들에게 철저한 정복을 당하게 되는 빌미를 주었다(640년). 알렉산드리아 시 자체는 점차 한적한 마을이 되어갔고, 카이로가 그 지위를 차지했다(969년부터). 금세기에 들어서 이 도시는 유럽인들의 후원에 힘입어 중요한 상업 도시로 급부상하고 있다.

이 감독 관할하의 학교에서 독특한 신학이 발생했고, 이 신학을 가장 유능하게 대표한 사람들이 클레멘스와 오리게네스였다. 이 신학은 한편으로는 필로의 알렉산드리아 유대교 종교 철학을 기독교로 재생시킨 형태이며, 다른 한편으로는 불과 반 세기 전에 알렉산드리아에서 절정을 구가하던 이단 영지주의에 대한 보편 교회의 대응 사상이었다. 알렉산드리아 신학은 기독교를 철학과 화해시키는 것을, 혹은 주관적으로 말하자면 지식(gnosis)을 신앙(pistis)과 조화시키는 것을 목표로 삼는다. 하지만 성경과 교회 교리를 토대로 이러한 조화를 추구한다. 그러므로 알렉산드리아 신학은 성육신 이전과 이후의 신적 로고스가 모든 이성과 진리의 총화라는 견해에 입각하여 로고스를 중심으로 삼는다. 클레멘스는 헬라 철학에서 출발하여 기독교 신앙에 도달했다. 반대로 오리게네스는 신앙의 인도를 받아 사색으로 나아갔다. 전자가 금언적 사상가인데 반해, 후자는 체계적 사상가이다. 전자가 다양한 철학 체계들에서 사상을 이끌어오는 데 반해, 후자는 플라톤주의에서 이끌어온다. 그러나 두 사람 다 기독교 철학자이자 교회적 영지주의자들이었다. 오래 전에 바로 그 도시에서 필로가 유대교를 그리스 문화와 융합했던 것처럼, 이제 그들은 그리스 문화를 기독교에 접목시켰다. 물론 이 일은 '철학자' 유스티누스로 거슬러 올라가는 2세기의 변증가들과 논쟁가들이 이미 다 이루어 놓은 상태였다.

그러나 알렉산드리아 학자들은 학문이 그들보다 더 깊었으며, 그리스 철학을 훨씬 더 자유자재로 활용했다. 그들은 그리스 철학을 철저한 오류로 받아들이지 않고 어떤 면에서는 하나님의 선물로 받아들였다. 마치 율법이 도덕과 종교 영역에서 수행했던 몽학선생의 역할을 그리스 철학이 지식 영역에서 수행했다고 보았다. 클레멘스는 그리스 철학을 들판의 감람나무에 비유하면서, 신앙으로 그것을 더욱 고귀하게 만들 수 있다고 생각했다. 오리게네스는 (그레고리우스 타우마투르고스에게 보낸 서신의 단편에서) 그리스 철학을 이스라엘 백성이 애굽에서 가지고 나온, 그리고 회막을 장식할 때 사용한 보물들에 비유했다(아울러 이스라엘이 그 보물들을 가지고 금송아지를 만들었던 일을 말하는 것도 빠뜨리지 않았다). 철학을 반드시 진리의 원수로만 봐서는 안 되고, 진리의 시녀가 될 수가 있고 또 그렇게 만들어야 한다고 보았으며, 이러한 태도로 철학에 대한 비판적 견해를 중립화시켰다. 그들은 이교 철학에 들어 있는 진리의 요소가 이성의 세계에서 발휘된 로고스의 은밀한 역사 탓으로 돌리기도 하고, 이교 철학자들이 모세와 선지자들의 글을 접한 탓으로 돌리기도 한다.

영지주의 이단을 대하는 태도도 마찬가지였다. 알렉산드리아 신학자들은 영지주의를 무조건 비판하지 않고, 더 깊은 종교 지식을 깨닫고자 하는 열망 자체는 인정해 주었으며, 그들의 열망을 성경 자체에서 나오는 온전한 교훈으로 채워주려고 노력했다. 한 마디로 그들은 거짓 지식을 참 지식으로 비판했다. 클레멘스의 말을 빌리자면 그들의 좌우명은 "지식 없는 신앙은 있을 수 없고, 신앙 없는 지식도 있을 수 없다," 혹은 "믿지 않으면 이해할 수 없다"는 것이었다. 신앙과 지식은 동일한 실체, 즉 성경에 계시되고 교회에 의해서 충실히 전수된 하나님께 관한 구원의 진리를 공유하며, 따라서 그 둘은 형태만 다를 뿐이라고 보았다. 지식은 신앙의 더 깊은 토대와 일관성에 대한 우리의 자각이다. 하지만 기독교 지식은 은혜의 선물이기도 하며, 거룩한 생활을 전제로 삼는다. 기독교 영지주의자의 이상은 하나님께 대한 완전한 지식뿐 아니라 완전한 사랑까지도 포함한다. 클레멘스는 이상적인 기독교 영지주의자를 "성경 연구에 원숙해지고, 사도들과 교회의 정통신앙을 간직하며, 엄격히 복음에 따라서 사는 사람"으로 묘사한다.

알렉산드리아 신학은 지적이고 심오하고 활력이 넘치고 비옥한 사고의 씨앗이지만, 다소 지나치게 관념적이고 영적이며, 성경 해석에서는 인위적인 알레고리적 공상들에 치우친다. 계시와 철학을 조화시키려는 목적으로 이 신학은 필로와 마찬가지로 여러 가지 이질적인 요소들, 특히 플라톤적 성격을 취했으며, 사변적 견해로 빠져들어가 배회했다. 이런 점들 때문에, 신학 입장은 보다 정통적이지만 사상의 폭은 협소하고 덜 생산적이었던 후대의 그리스도인들은 알렉산드리아 학파가 기독교에 끼친 항구적인 영향을 제대로 평가하지 않은 채 이단으로 단죄했다.

186. 알렉산드리아의 클레멘스

Ⅰ. 티투스 플라비우스 클레멘스(Titus Flavius Clemens).[80] 그리스 출신으로서, 아마 아테네 사람인 듯하다. 150년경에 태어나 이교 사상으로 양육되었다. 헬레니즘 문학과 당시에 존재하던 모든 철학 체계들을 광범위하게 배웠다. 그러나 진리에 대한 갈증이 이런 교육으로 해소되지 않았다. 그러므로 그는 성년이 되었을 때 기독교 신앙을 받아들였고, 동방과 서방을 장기간 여행하면서 유명하다는 교사들, 즉 "순결한 구원의 교리에 관한 전승을 보존하고 제자들의 마음에 사도적 씨앗을 심던" 교사들을 찾아다녔다. 이집트에 갔을 때 판타이누스(Pantaenus)에게 매료되었다. 그에 따르면 판타이누스는 "시칠리아의 꿀벌처럼 사도적이고 예언적인 초원에서 꽃을 땄으며, 제자들의 영혼에 진정하고 순결한 지식을 채워주는" 사람이었다. 그는 알렉산드리아 교회에서 장로가 되었고, 189년경에 판타이누스를 계승하여 그 도시의 교리문답 학교의 교장이 되었다. 이 학교에서 약 12년간 가르치면서 이교도들을 회심시키고 그리스도인들을 가르치

---

80) 그가 플라비우스라 불리는 것이 이상하다. 아마 그는 황제 베스파시아누스의 조카이자 95년에 집정관을 지낸 티투스 플라비우스 클레멘스의 자유민(해방노예) 집안에서 태어난 듯하다. 티투스 클레멘스는 아내 도미틸라와 함께 삼촌인 황제 도미티아누스에 의해서 '무신론', 즉 기독교 신앙을 받아들인 죄로 갑자기 체포되어 유죄 판결을 받은 바 있다.

다가 202년에 셉티미우스 세베루스 치하에 박해가 발생하자 피신했다. 그 후에 안디옥에 모습을 드러냈으며, 마지막으로는(211) 자신의 제자였던 감독 알렉산더와 함께 예루살렘에 모습을 드러냈다. 그곳에서 다시 알렉산드리아로 돌아갔는지 알려지지 않는다. 그는 대략 테르툴리아누스가 활동하던 시기에 해당하는 220년 이전에 죽었다. 오리게네스와 마찬가지로 로마 교회에서 성인의 반열에 오르지 못했으나, 고대에는 자주 이런 칭호로 불렸다. 그의 이름은 초기의 서방 순교전들에 발견되지만, 교황 클레멘스 8세가 바로니우스의 권고로 발행한 순교전에는 빠져 있다. 베네딕투스 14세는 그의 교리가 건실하지 못했다는 이유로 그의 이름이 빠진 것을 자세히 변호했다(1748).

II. 클레멘스는 알렉산드리아 기독교 철학의 아버지였다. 철저한 성경 지식과 헬레니즘적 지식을 천재적이고 사변적인 사고로 결합시켰다. 여러 점에서 당대의 편견들에서 훨씬 벗어나서 보다 자유롭고 영적인 견해들을 제시했다. 하지만 그의 신학은 하나의 독립된 단위가 아니라, 기독교적 요소들과 스토아주의와 플라톤주의와 필로의 요소들이 괴상하게 혼합된 것이다. 그의 저서들은 반복된 내용들로 가득하며, 명쾌하고 고정된 방법이 결여되어 있다. 그는 단편들에 자신의 암시적이고 종종 심오한 생각들을 제시하며, 혹은 특히 「잡기」(Stromata, 雜記)에서 자신의 생각들을 평범한 대중에게 감추고, 도에 입문한 곧 철학적인 그리스도인들에게 연구를 자극하기 위해서 고의로 난해하게 제시한다. 그리스 문학에 관한 지식을 자세하게 설명하며, 시인들과 철학자들과 역사가들에 관해서 쓴 저서들(현존하지 않으며, 다른 저자들의 글들에 많이 인용됨)은 그가 고전학 연구에도 중요한 지위를 차지했음을 말해준다. 그는 기독교 사상이 인간 지식의 모든 분야를 끌어안던 시기에 살았다. (웨스트콧 박사는 이렇게 말한다). "그의 문체가 대체로 간결함과 세련됨이 부족하다는 점과, 그의 방법이 산만하다는 점과 그의 지식이 충분히 소화되지 않았다는 점을 인정하더라도, 그가 남긴 풍부한 정보와 광범위한 독서와 폭넓은 이해와 고상한 정서와 신앙의 지위와 역량을 숭엄하게 인식한 태도에 대해서는 전폭적으로 존경할 수 있다."

III. 그가 190-195년에 알렉산드리아에서 가르치는 동안 집필한 세 권의 주요 저서들은 고대의 비교(秘敎) 전수자들이 터득한 세 단계의 지식에 따라 신적인 로고스가 인류를 가르친 세 단계를 반영하며, 서로간에 변증학, 윤리학, 교의학, 혹은 믿음과 사랑과 신비적 환상, 혹은 성례들에 이르기까지 발전한 기독교 예배의 단계들과 아주 흡사한 관계를 맺고 있다. 세 권으로 된 첫째 저서인 「헬라인들에게 주는 권고」(*Exhortations to the Greeks*)는 거의 쓸모없는 지식을 가지고 이교 사상의 비합리성과 비윤리성과 아울러 좀 더 고상한 예언적 요소를 지적하며, 죄인들에게 회개하고 믿을 것을 촉구한다. 둘째 저서인 「교사」(*Tutor*) 혹은 「교육자」(*Educator*)는 이교의 관습을 끊임없이 비교해 가면서 기독교 도덕을 소개하며, 하나님을 닮는 데 목표를 둔 거룩한 생활을 권고한다. 교육자란 그리스도를 가리키며, 그분이 훈련하시는 자녀들은 단순하고 진실한 신자들이다. 셋째 저서인 「잡기」(*Stromata*)는 일곱 권으로 이루어져 있으며(논리에 관한 불완전한 내용을 담고 있는 제8권은 위작이다), 기독교에 대한 좀 더 깊은 지식을 소개하지만, 방법이 정연하지 않고, 역사의 진기한 내용들과 시의 아름다움과 철학의 망상들과 기독교의 진리들과 이교의 오류들이 이질적으로 뒤섞여 있다(따라서 '잡기'라는 제목이 붙었다). 그는 기독교를 나무가 울창한 산이나 정원에 비유한다. 이곳에는 백향목, 월계수, 담쟁이덩굴, 사과나무, 감람나무, 무화과나무 등 온갖 종류의 유실수들과 일반 수목들이 무리지어 자라고 있어서 벌목꾼들이 관리자의 감시를 피해 도벌할 엄두를 내지 못한다. 관리자는 이 나무들을 보기에 좋은 순서대로 얼마든지 옮겨 심을 수 있다. 이 책은 아마 좀 더 포괄적인 신학의 서곡에 불과한 책이었던 것 같다. 결말 부분에서 저자는 참된 지식(그노시스)의 이상인 완전한 그리스도인을 묘사하며, 그에게 다른 여러 특징들이 있지만 그 중에서도 스토아주의자처럼 모든 감각적 욕구에 대해 초연하는 특징이 있다고 설명한다. 클레멘스의 영감적인 생각은 기독교가 모든 지적이고 도덕적인 열망들과 인간의 결핍들을 충족시킨다는 것이다.

이러한 주요 저서들 외에도 재물을 정당하게 사용하는 문제를 논한 유능하고 온건한 금욕주의적 논문도 현존한다. 그의 윤리적 원리들은 기독교 정신에 의해 영감을 받은 헬레니즘 철학의 원리들이다. 그는 금욕주의에 영향을 받긴 했으나, 과도한 금욕주의에 빠지지 않았다. 그가 남긴, 성경을 해석한 저서들과 몬타누스파를 비판한 예언에 관한 논문, 그리고 소아시아의 유대교적 관습을 비판한 유월절에 관한 논문은 몇몇 단편들을 제외하고는 모두 유실되었다.

클레멘스가 후대의 그리스도인들에게 남긴 것은 우리 시대까지 전해져 내려온 현존하는 가장 오래된 기독교 찬송이다. 이 찬송은 로고스를 신적 교육자와 인류의 지도자로 찬송한 것으로, 고상하긴 하지만 다소 과장되다.

187. 오리게네스

I. 생애와 인격. 오리게네스(Origenes)는 근면하고 순결한 인격 때문에 '아다만티우스'(Adamantius, '강철 같은 사람')라는 별명을 갖고 있으며, 당대에 끼친 영향과 그의 견해 때문에 촉발된 논쟁들 때문에 역사상 몇 안 되는 천재적이고 해박한 지식인으로 평가된다. 185년에 알렉산드리아의 그리스도인 부모에게서 태어난 그는 아마 이집트 기독교의 관습에 따라 유아 때 세례를 받았을 것이다 (그는 그 기원을 사도시대에 둔다). 수사학자였던 것으로 추정되는 아버지 레오니데스(Leonides)와 교리문답 학교의 저명한 클레멘스의 지도하에 신앙과 지식 교육을 받았다. 이미 소년 시절에 성경 전서를 암기했으며, 성경의 깊은 의미를 묻는 질문으로 아버지를 자주 당혹스럽게 만들었다. 아버지는 그의 호기심을 나무랐으나, 그러한 아들을 주신 데 대해서 하나님께 감사를 드렸고, 아들이 잠들었을 때 아들에게 성령이 거하신다고 생각하고서 그 가슴에 경외의 심정으로 자주 입을 맞추었다. 202년에 셉티미우스 세베루스의 박해가 발생했을 때 그는 감옥에 갇힌 아버지에게 편지를 써서 가족을 위한다는 이유로 그리스도를 부인하지 말라고 간청했으며, 자신도 잡아가라고 이교 권력자들한테 가려고 했으나, 어머니가 그의 옷을 잡아 만류했다. 아버지 레오니데스는 순교를 했고 재산마저 몰수당함으로써 과부와 일곱 자녀만 의지할 데 없는 처지로 남게 되었다. 오리게네스는 한동안 귀부인의 후원을 받아 공부했으나, 나중에는 헬라어와 헬라 문학을 가르쳐서, 그리고 사본들을 필사하여서 생계를 유지했다.

203년에 아직 열여덟살밖에 되지 않은 나이에, 오리게네스는 감독 데메트리우스(훗날 그의 대적이 됨)에 의해서 클레멘스가 떠난 뒤 공석으로 남아 있던 알렉산드리아 교리문답 학교의 교장으로 임명되었다. 이 중요한 직위를 수행하기 위해서 그는 시간을 내서 다양한 이단설들, 특히 영지주의를 익혔으며, 그리스 철학을 공부했다. 그 목적으로 심지어 유명한 신플라톤주의 창시자 이교도 암모니우스 사카스(Ammonius Saccas)에게 배우기를 마다하지 않았다. 히브리어도 배웠고, 로마(211), 아라비아, 팔레스타인(215), 그리스를 여행했다. 로마에 갔을 때는「필로소푸메나」의 저자이자, 당대에 자신에 버금가는 지식인이었던 히폴리투스와 가볍게 대면했다. 될링거(D llinger)는 히폴리투스가 제피리누스와 칼리스투스와 논쟁을 벌일 때 오리게네스가 당연히 히폴리투스 편을 들었을 것이라고 생각한다. 이는 그가 히폴리투스와 마찬가지로 엄격한 권징 원칙들을 주장했고, 대도시들의 거만하고 위압적인 감독들을 싫어했으며, 삼위일체에 관해서 성자 종속설을 주장했기 때문이다. 하지만 그는 자신보다 연로한 히폴리투스보다 지적 역량과 깊이와 통찰력에서 훨씬 더 우수한 사람이었다.

학생수가 많아지고 업무량도 증가하자, 그는 교리문답 학교의 하급반 학생들을 자신의 제자 헤라클라스에게 맡기고, 자신은 상급반 학생들만 맡아서 가르쳤다. 게다가 많은 수의 유력한 이교도들과 이단들을 가톨릭 교회로 인도했다. 그들 가운데는 부자 영지주의자 암브로시우스(Ambrosius)가 있었는데, 그는 회심한 뒤에 오리게네스의 가장 든든한 후원자가 되었고, 많은 금액을 들여 성경 연구를 위한 도서관을 지어주었으며, 일곱 명의 속기사들과 여러 명의 필사자들(그 중 더러는 젊은 그리스도인 여성들이었다)을 고용해 주었다. 속기사들은 그의 강의를 받아적었고, 필사자들은 그들이 받아적은 내용을 정서했다. 오리게네스의 명성은 멀리 이집트 너머까지 퍼져나갔다. 황제 알렉산더 세베루스의 어머니 율리아 맘마이아(Julia Mammaea)는 그에게 기독교 교리를 배우기 위해서 218년에 그를 안디옥으로 초빙했다. 아리비아의 어떤 왕자도 같은 목적으로 그를 초청했다.

오리게네스는 평생 금욕적인 생활을 했다. 꼭 필요하지 않은 이 세상의 물건은 버리는 것이 그의 원칙이었다. 학생들이 가져오는 선물을 받지 않았고, 구주의 명령에 문자 그대로 순종하여서 겉옷도 한 벌만 가지고 지냈고 신발도 한 켤레 이상 소지하지 않았으며, 내일 일을 염려하지 않았다. 어지간해서는 고기를 먹지 않았고, 술을 입에 대지도 않았다. 밤 시간은 대부분 기도와 연구로 보냈고, 잠은 맨바닥에서 잤다. 그뿐 아니라 금욕적 성결을 이루려는 청년의 열정으로 심지어 스스로 거세하는 행위까지 감행했다. 하나님 나라를 위해서 마태복음 19:12에 기록된 구주의 말씀을 문자적으로 순종하려는 의도이기도 했고, 많은 수의 여성 교리문답자들을 접촉하는 과정에서 생길지도 모를 유혹과 추문을 예방하려는 의도이기도 했다.[81] 나이가 들어 생각이 원숙해 진 뒤에 하나님 앞에 회개한 이러한 경솔하고 그릇된 영웅주의로 인해서 그는 교회법에 따라 성직자가 되지 못했다. 그럴지라도 오랜 뒤인 228년에 그는 두 명의 친숙한 감독들인

---

81) 이것은 오리게네스를 매우 잘 알았던 에우세비우스의 증언에 따른 것이다.

예루살렘의 알렉산더와 팔레스타인 가이사랴의 테옥티스투스(Theoctistus)에 의해서 장로로 임명되었다. 이들은 그 전에도 오리게네스가 평신도였을 때도 자기들의 교회로 초빙하여 성경을 강해해 달라고 부탁했었다.

그러나 교회법을 위배해 가면서 장로로 안수를 받은데다, 그의 명성이 이교 사회와 기독교 사회에서 점차 커지자 알렉산드리아 감독 데메트리우스가 그를 시기하여 성경이 가르치지 않는 사변으로 기독교를 부패시킨다는 이유로 그를 고소했다. 그는 이 위대한 신학자를 단죄하기 위해서 231년과 232년에 두 차례의 공의회를 소집하였으며, 거짓 교리를 가르치고, 스스로 거세하고, 교회법을 어긴 죄목으로 장로직과 교리문답 교사직을 박탈한 뒤 출교했다. 그를 시샘한 성직자들의 교만과 정통 신앙에 대한 열정이 결합하여 빚어낸 이 불의한 판결이 관습에 따라 다른 교회들에게도 공고되었다. 언제든 저주를 선포할 준비가 되어 있던 로마 교회는 사건을 정확히 조사하지도 않은 채 그 판결에 동의했다. 반면에 오리게네스를 잘 알고 있던 팔레스타인과 아라비아와 페니키아와 아가야의 교회들은 그 판결에 극구 반대했다.

이 논쟁에서 오리게네스는 그리스도인다운 겸손을 나타냈다. 그는 자신의 대적들에 관해서 이렇게 말했다. "우리는 그들을 미워하기보다 동정해야 한다. 그들을 저주하기보다 그들을 위해서 기도해야 한다. 우리는 저주가 아닌 복을 끼치기 위해서 지음을 받았기 때문이다." 그는 자신의 친구인 팔레스타인 가이사랴의 감독에게로 가서 연구를 계속했고, 새로운 철학·신학 학교를 열어 곧 알렉산드리아의 학교보다 더 유명한 학교로 만들었으며, 하나님 나라 전파를 위해서 노력했다. 막시미누스 트락스의 박해 때(235)에는 한동안 카파도키아로 피신했다. 그곳에서 그리스로 갔다가 다시 팔레스타인으로 돌아갔다. 크고 작은 교회의 분쟁들이 일어날 때마다 자문을 의뢰받았으며, 여러 사람들과 폭넓게 서신을 주고받았다. 그 중에는 아라비아계 황제 필립과 그의 아내까지도 들어 있었다. 비록 고향에서는 이단으로 쫓겨났으나 외국에서는 교회의 신앙을 지도하는 교사로 인정을 받았다. 예를 들어, 그는 아라비아의 어떤 공의회에 참석하여서 감독 베릴루스(Beryllus)에게 그의 기독론적 오류를 깨우쳐 주었고, 그 견해를 철회하도록 만들었다(244).

마침내 그는 알렉산드리아로부터 귀국해 달라는 명예로운 초빙을 받았다. 그의 제자 디오니시우스가 감독으로 있던 때였다. 하지만 데키우스 박해가 발생하자 감옥에 갇혀 모든 고문을 당한 뒤 화형 판결을 받았다. 그러나 형 집행을 대기하던 중 황제가 죽음으로써 자유를 되찾았으나, 얼마 후 나이 예순아홉이던 253년이나 254년에 두로에서 아마 고문 후유증으로 죽었다. 그러므로 그는 순교자의 반열에는 들지 못해도 적어도 고백자의 반열에는 든 셈이다. 그는 두로에 묻혔다.

이 비범한 인물의 생애를 접하노라면 존경과 동정과 감사의 심정이 드는 것을 부정할 수 없다. 그는 재능도 탁월하고 열정적인 친구들과 지지자들이 무수했는데도 불구하고 고국에서 쫓겨나고 성직을 박탈당하고 교회의 일부분으로부터 출교를 당한 뒤에 감옥에 던져져 쇠사슬에 결박되고 모진 고문을 당하면서 고통과 가난 속에서 노쇠한 몸을 겨우 유지하고 살았으며, 죽은 지 오랜 후까지도 그에 관한 기억과 그의 이름이 이단으로 낙인찍히고 저주를 받고 구원받지 못한 사람으로 간주되었다. 그러나 대적들의 노력을 다 합쳐놓은 것보다 더 큰 열정과 역량으로 신학 연구에 매진했고, 이교도들과 이단들을 논박하고 회심시켰으며, 세상 사람들의 눈에 교회가 존경스럽게 비치게 만들었다.

II. 신학. 오리게네스는 니케아 이전 교부들을 통들어 가장 위대하고 가장 재능이 탁월하고 가장 근면하고 문화 수준이 높은 학자였다. 이교도들과 이단들조차 그의 탁월한 재능과 방대한 학식을 존경하고 두려워했다. 그의 지식은 당대의 문헌학과 철학과 신학의 모든 분야들을 망라했다. 뿐만 아니라 그는 심오하고 풍부한 사고와 예리한 통찰력과 밝은 상상력을 겸비했다. 신학자로서 학문 활동을 기도하는 태도로 수행했으며, 자신의 철저한 확신에 따라 학문 활동을 진리와 경건을 섬기는 데 사용했다.

그는 여러 점에서 그리스 교회의 슐라이어마허(Schleiermacher)라고 불릴 만하다. 이교 철학과 이단 영지주의를 기독교 신앙으로 안내한 사람이었다. 가톨릭 신학 발전을 자극하였고, 아타나시우스, 바실리우스, 두 명의 그레고리우스, 힐라리우스, 암브로시우스 같은 니케아 시대의 위대한 교부들이 등장하는 데 막대한 영향을 끼쳤다. 그들 모두가 오리게네스가 범한 여러 가지 일탈들에도 불구하고 그의 가치를 크게 존중했다. 그러나 그가 가장 아끼던 제자들은 그가 제시한 독특한 견해들을 대부분 외면한 채 교회의 주류의 신앙을 고수했다. 이는 가톨릭적 의미에서든 개신교적 의미에서든 그를 정통신앙에 속한 인물로 볼 수 없기 때문이다(이 점에서도 그는 슐라이어마허와 유사하다). 그는 관념론에 기울고, 플라톤을 선호하고, 기독교와 이성을 조화시키려고 노력하고, 이교 지식인들과 영지주의자들에게도 그러한 시도를 권하는 과정에서 여러 가지 크고 솔깃한 오류들에 빠졌다. 그 오류들 가운데 대표적인 예를 소개하자면, 극단적인 금욕주의와 가현설에 방불한 육체관, 육체 부활에 대한 부정, 영혼의 선재(先在)와 역사 전 타락(그리스도의 인간 영혼의 선재를 포함하여), 영원한 창조, 구속 사역이 별들에 거주하는 자들과 모든 이성적 피조물들에게 확대된다는 견해, 모든 인간과 타락한 천사들이 최후에 회복될 것이라는 견해 등이다. 그리스도의 신성 교리에 대해서도, 비록 그 교리를 강력히 지지했고, 누구보다도 앞서서 성자의 영원한 발생을 분명히 가르치긴 했지만, 아타나시우스의 호모우시온(homoousion) 못지않게 아리우스의 헤테로우시온(heteroousion) 혹은 적어도 반(半) 아리우스적인 호모이우시온(homoiousion)의 선구자로 간주해도 거의 무방하다.

이런 견해들과 이와 유사한 견해들로 인해 생시에도 크고작은 비판을 받았으며, 죽은 뒤인 543년에 콘스탄티노플의 공의회에서는 이단으로 단죄를 받았다.[82] 그러나 그러한 사람이 그러한 나이에 들어가면 이단이 아니면서도 그릇된 견해들을 주장할 수가 있다. 이는 오리게네스가 항상 성경에 일치하는지 진지하고 겸손하게 확인해 가면서 자신의 견해를 주장했으며, 게다가 그 시기에는 교회의 교리가 아직까지 여러 점에서 매우 불분명하게 남아 있었기 때문이다. 이런 이유 때문에 심지어 티이몽(Tillemont)과 묄러(Möhler) 같은 박식한 로마교회 지식인들조차 오리게네스에게 큰 존경과 관용을 나타냈다. 이들의 태도가 더욱 돋보이는 이유는 로마교회가 오리게네스를 알렉산드리아의 클레멘스와 테르툴리아누스와 함께 엄격한 의미에서의 성인과 교부의 반열에 올리지 않았기 때문이다.

오리게네스가 가장 크게 공헌한 분야는 해석학이다. 그는 비평적 성경 연구의 아버지이며, 그가 남긴 주석들은 여전히 학자들에게 생각할 자료를 던져준다. 그레고리우스 타우마투르구스는 그가 "하나님으로부터 하나님의 말씀을 인간들에게 해석해 주는 가장 위대한 은사를 받았다"고 말한다. 그 시대로서는 이러한 평가가 지극히 정당한 것이다. 오리게네스는 크리소스토무스가 등장할 때까지

---

82) 여러 학자들의 주장과 달리 553년의 제5차 에큐메니컬 공의회에서 단죄를 받은 것이 아니다.

해석학의 제일인자였으며, 크리소스토무스에 비해서도 독창성과 지적 열정과 학문의 폭은 결코 뒤지지 않았고, 다만 견고하고 냉정한 기지, 단순하고 자연스러운 분석, 본문의 실제 적용 면에서만 뒤질 뿐이다. 그의 가장 큰 결점은 문법적이고 역사적인 의미를 소홀히 한 채 항상 본문에 감춰진 신비스런 의미를 발견하려고 한 점이다. 영지주의자들도 모든 곳에서 초월적이고 불가해한 신비들을 보려고 했으나, 그는 이 방향에서 그들을 훨씬 앞질렀다. 그의 해석 원칙은 육적(somatic), 혼적(psychic), 영적(pneumatic), 즉 문자적, 도덕적, 영적이라는 삼중 형식을 지닌다. 그의 알레고리적 해석은 대단히 독창적이긴 하나 종종 본문에서 크게 이탈하여 매우 괴이한 결론에 떨어진다. 반대로 정반대인 철저한 문자적 해석으로 나가기도 하며, 그의 극단적 금욕주의는 성경을 이렇게 철저히 문자적으로 해석한 결과이다.

오리게네스는 공인 본문(the received text, 16, 17세기에 편찬되었고, 흠정역 <KJV>의 토대가 됨: 역자주)보다 오래된 니케아 이전의 헬라어 성경에 대한 가장 중요한 증인의 한 사람이다. 그는 여러 성경 사본들을 비교하면서 본문들에 나타나는 차이들을 주목했지만, 그것을 교정하거나 본문 비평 원칙들을 제시하려는 시도를 하지 않았다. 그의 증거가 큰 가치를 지니는 이유는 전통적인 시리아와 비잔틴의 본문이 형성되기 전에 여건이 좋지 않음에도 불구하고 평생을 성경 연구에 바쳤기 때문이다.

188. 오리게네스의 저작들

오리게네스는 대단히 많은 저작을 남겼지만, 가벼운 책을 남발하지 않았다. 제롬은 그가 다른 사람들이 읽을 수 있는 것보다 더 많은 책을 썼다고 말한다. 비판자 에피파니우스는 그가 남긴 저서가 6천 권이라고 진술하는데, 만약 짧은 논문들과 설교들과 서신들을 따로 한 권으로 계산한다면 그 수는 훨씬 불어나게 된다. 저서 가운데 많은 분량은 다른 사람들이 그의 강의를 들으면서 받아적은 내용을 그의 의사와 상관 없이 펴낸 것들이다. 현존하는 그의 저서들 가운데 더러는 라틴어 번역본들만 전래되며, 후대의 정통신앙에 맞게 손을 본 흔적들이 많이 남아 있다. 그의 저서들은 당대의 신학 전 분야를 다룬다.

1. 가장 많은 것은 성경 관련 저서들로서, 그 주제를 비평과 해석과 권면으로 구분할 수 있다.

비평을 다룬 저서들에는 「헥사플라」(Hexapla, 여섯 본문 대조 성경)와 그보다 짧은 「테트라플라」(Tetrapla, 네 본문 대조 성경)가 있으며, 이 작업에 28년의 왕성한 노력을 쏟아부었다. 「헥사플라」는 최초의 대조 성경이긴 하지만 구약성경만 다루었으며, 그 의도가 비평 작업을 통한 성경 원문 회복에 있지 않고 여러 가지 비판으로부터 성경의 무오성을 변호하는 데 있었다. 히브리어판과 헬라어판, 그리고 네 가지 헬라어 역본들인 칠십인역, 아퀼라역, 심마쿠스역, 테오도티온역이 여섯 단으로 실려 있다. 그 곁에 익명으로 된 두세 권의 헬라어 역본들이 나란히 덧붙는다.[83] 순서는 문자에 충실히 번역된 정도에 따라 결정된다. 「테트라플라」에는 아퀼라역, 심마쿠스역, 칠십인역, 테오도티온역, 네 역본만 수록되어 있다. 표준에서 벗어난 대목에 대해서 수정과 첨가의 경우에는 (*)표를, 삭제된 것으로 추정되는 경우에는 (∞)표를 표기한다. 여백에는 이를테면 히브리어 인명을 설명하기 위한 난외주들을 표기한다. 부피가 큰 이 책은 가이사랴 도서관에 소장되어 있었고, 제롬 시대에도 여전히 왕성하게 사용되었지만(제롬은 그 도서관에서 그 책을 발견했다), 사본으로 제작되지는 않았음에 틀림없다. 다만 특정 부분들만 필사되었고, 그것도 칠십인역 단이 대부분을 차지한다(그 부분은 예를 들어 팜필리우스와 에우세비우스에 의해서 필사되었고, 표준 본문으로 간주되었다). 이 책은 653년에 사라센족에 의해서 소실된 듯하다. 그러므로 현존하는 것은 그 책의 일부 단편들뿐인데, 이것이 박학한 몽포콩(Benedictine Montfaucon)에 의해 수집·편집되었으며, 최근에는 그 작업이 역시 박학한 성공회 학자 필드 박사(Dr. Field)에 의해서 이루어졌다(1875).

오리게네스의 주석들(Commentaries)은 구약과 신약의 거의 모든 책들을 망라하며, 방대한 분량의 독창적이고 심오한 견해들과 매우 작위적인 알레고리적·신비적 공상들이 담겨 있다. 그의 주석들은 세 부류로 구분된다: (a) 초신자들을 위해 어려운 구절 하나하나를 간략히 풀어놓은 주석들(모두 유실되었으며, 교부

---

83) Quinta, Sexta, Septima라는 표제가 붙음. 그렇게 되면 모두 아홉 단이 되는 셈인데, 그러나 Enneapla라는 제목은 어디에도 나오지 않는다. Octapla와 Heptapla가 가끔 쓰이긴 하지만 극히 드물다.

들의 인용을 수집한 것만 남아 있다); (b) 심도 있는 학문적 연구를 위해 성경 전서를 자세히 해설한 주석들(원서와 루피누스의 번역본에서 중요한 몇몇 단편들만 현존함). 요한복음 주석에서는 헬라클레온의 영지주의적 해석이 많이 쓰인다; (c) 회중을 위해 성경을 현실에 적용하거나 성경을 토대로 권면하는 주석들(혹은 설교들). 이 부류의 주석들은 대부분 생애 말년에 가이사랴에서 즉흥적으로 전한 것을 속기사들이 받아적은 것이다. 이 주석들은 강단 웅변의 역사에도 중요한 의미를 지닌다. 그러나 제롬과 루피누스가 번역한 내용의 일부분만 현존하며, 그나마 첨삭이 숱하게 가해져서 연구자들을 당혹하게 만든다.

2. 변증과 논쟁 저서들. 켈수스(Celsus)가 기독교를 비판한 내용을 논박한 저서는 모두 여덟 권으로 되어 있으며, 생애 말년인 248년경에 집필했고, 원문이 온전하게 보존되어 있으며, 오리게네스의 저작들과 고대 변증문학을 통틀어 가장 원숙하고 가치 있는 저서의 한 권으로 평가된다. 하지만 오리게네스는 켈수스가 누구인지, 네로 시대에 살았는지 아니면 하드리아누스 시대에 살았는지 잘 몰랐다. 현대 학자들은 그가 150-178년에 활동한 것으로 파악한다. 오리게네스가 이단들을 상대로 쓴 무수한 논쟁서들은 모두 유실되었다.

3. 교리서들 가운데 현존하는 것으로는 젊었을 때 기독교의 근본 교리들에 관해서 쓴 「원리들에 대해서」(De Principiis)가 있다. 모두 네 권으로 되어 있는 이 책은 루피누스의 부정확한 라틴어 번역으로 현존한다. 이 책은 알렉산드리아에서 집필되었으며, 그의 신학이 비판을 받는 주요 근거가 되었다. 이 책은 철저한 교의 체계를 수립하려는 첫 시도였지만, 오리게네스 특유의 플라톤적이고 영지주의적인 오류들이 많이 담겨 있다. 말년에 그는 그 오류들의 일부를 철회했다. 이 책은 제1권에서 하나님과 그리스도와 성령을 다루고, 제2권에서 창조와 성육신, 부활과 심판을 다루고, 제3권에서 영지주의자들에 맞서서 강하게 주장한 자유를 다루며, 제4권은 성경과 그 영감성과 권위, 그리고 성경에 대한 해석을 다룬다. 그리고 결론부에서는 삼위일체 교리를 다시 한 번 정리한다. 그의 「스트로마타」(Stromata)는 알렉산드리아 클레멘스가 남긴 같은 제목의 저서를 모방하여 교리와 해석을 다룬 것으로 추정되지만, 제롬이 라틴어로 인용한 두세 편의 단편들을 제외하고는 모두 유실되었다. 부활을 다룬 저서도 마찬가지로 유실되었다.

4. 실제적 주제들을 다룬 저서들 가운데서는 주기도문 강해가 실린 기도에 관

한 논문과 순교를 권장한 저서를 언급할 수 있다. 후자는 막시미누스의 박해 때 (235-238) 집필했으며, 친구이자 후원자인 암브로시우스에게 헌정되었다.

5. 서신들(에우세비우스가 8백 편이 넘는 그의 서신을 수집했다) 가운데 현존하는 것은 수산나의 역사의 신빙성에 관해서 율리우스 아프리카누스(Julius Africanus)에게 답변한 서신과 그 밖의 몇몇 단편들뿐이다.

오리게네스의 저서 목록에는 그의 저서들에서 다양한 해석학적 질문을 다룬 내용을 발췌한 27장의 「필로칼리아」(Philocalia, 모음)도 포함시키는 것이 보통이다(이 책은 그레고리우스 나지안주스와 대 바실리우스가 집필했다).

189. 그레고리우스 타우마투르구스

3, 4세기 그리스 교부들 가운데 대다수는 비록 오리게네스의 독특한 사변적 견해들을 통째로 받아들이지는 않았어도 다소 그의 정신과 저서들에 영향을 받았다. 그의 제자들 가운데 가장 두드러졌던 사람들은 그레고리우스 타우마투르구스, 알렉산드리아의 디오니시우스('대'라는 별명이 붙음), 헤라클라스, 히에라카스, 팜필루스였고, 넓은 의미로는 에우세비우스, 니사의 그레고리우스, 그리고 그 밖의 니케아 시대의 유력한 신학자들도 그의 제자들이라고 할 수 있다.

타우마투르구스(Thaumaturgus, '기적 행위자')라는 별명을 지닌 그레고리우스는 젊었을 때 팔레스타인 가이사랴에서 오리게네스에 의해서 이교에서 기독교 신앙으로 회심했으며, 오리게네스의 집단에서 8년을 지내다가 잠시 사색을 위해서 칩거한 뒤 244-270년에 폰투스(본도) 네오가이사랴의 감독을 지내면서 큰 성공을 거두었다. 그는 임종 침상에서 자신이 부임할 당시 그 교구에 있던 그리스도인들의 수(불과 17명)보다 적은 불신자들을 후계자에게 남기게 된 것을 하나님께 감사드렸다. 그는 선교 열정과 행정 능력이 남달랐음에 틀림없다. 265년에는 사모사타의 파울루스를 단죄한 안디옥 교회회의에 참석했다.

후대에 전해지는 이야기는 그를 '제2의 모세'로 소개하며, 그에게 특이한 기적들이 따랐다고 한다. 그러나 이런 이야기는 그가 죽은 지 한 세기 후에야 비로소 언급된다. 그 이야기를 전하는 니사의 그레고리우스와 바실리우스는 그를 니케아 공의회 이전에 니케아적 정통신앙을 수호한 인물로 평가했다. 에우세비우스는 그런 이야기들을 알지 못하며, 그가 작성했다고 하는 삼위일체 신조에 대해서도 알지 못한다. (전하는 바로는 그가 환상을 통해서 이 신조를 특별 계시로 받았다고 한다.) 이 신조는 오리게네스를 존경한 제자가 작성했다고 보기에는 지나치게 정통신앙의 내용을 담고 있으며, 아리우스 논쟁을 상정해 놓고 작성한 듯하다(특히 결론 부분이 그러하다). 아마 원래의 내용을 후대 저자가 부연해 놓았을 가능성이 있다. 그가 작성했다고 하는 또 다른, 더 자세한 신조는 4세기 말에 소 아폴리나리우스(the younger Apollinaris)가 작성한 것이다.

그의 저작들 중에는 존경하는 스승 오리게네스에 대한 찬사(이 글은 후대의 그리스 웅변의 걸작으로 평가된다)와 전도서를 간략히 주해한 저서가 있다. 그 밖에도 최근에 시리아어 역본으로 출판된 두 권의 저서가 있는데, 한 권은 성부·성자·성령의 동등성을, 다른 한 권은 하나님의 수난 불가능성과 수난 가능성을 다룬다.

특주

I. 신앙 선언(The Declaration of Faith). 사도 요한이 성모 마리아의 요청을 받아 밤의 환상에 그레고리우스에게 계시했다고 하며, 니사의 그레고리우스는 자신의 시대에 네오가이사랴 교회가 그레고리우스의 육필 문서를 소장하고 있었다고 전한다. 이 문서는 니케아 이전 시대에 작성된 삼위일체 교리 가운데 가장 분명하게 진술된 것이다. 카스파리(Caspari, *Alte und neue Quellen*, etc., 1879, pp. 25-64)는 면밀히 검토한 끝에 오리게네스의 제자와 불일치하는 내용이 이 문서에 전혀 없으며, 그레고리우스가 사벨리우스주의와 사모사타의 파울루스를 논박하기 위해서 이 문서를 썼고, 260-270년에 알렉산드리아의 디오니시우스와 로마의 디오니시우스가 삼위일체를 주제로 벌인 논쟁을 참조했다고 결론지었다. 그러나 필자의 판단에는 이 문서의 결말부가 후대인에 의해 첨가된 듯하다. 이것이 네안더(Neander)와 도르너(Dorner)의 견해이기도 하다. 이 신조는 어쨌든 주목할 만한 문서이며, '아타나시우스 신조'라는 이름으로 잘못 알려진 「퀴쿤케」(*Quicunque*)라는 라틴어 문서의 선조격이다.

그레고리우스 타우마투르구스의 신앙 선언

하나님은 한 분이시다. [그분은] 독립된 지혜와 권능과 영원한 인상[형상]을 지니신 살아 계신 말씀의 아버지이시며, 완전한 재낳음을 입은[를 낳으신 완전한 분이시요 독생하신 아들의 아버지이시다.

주(主)는 한 분이시다. 그분은 유일의 유일이시고, 하나님의 하나님이시고, 신성의 형상과 모양이시고, 만물의 체계를 포괄하는 능력의 말씀, 지혜이시며, 모든 창조 세계를 지으신 권능이시며, 참 아버지의 참 아들이요, 보이지 않는 것들 중 보이지 않음의 보이지 않음이요, 썩지 않음의 썩지 않음이요, 불멸의 불멸이요 영원의 영원이다.

그리고 성령은 한 분이시다. [그분은] 하나님께로부터 존재하시고, 아들에 의해서 나타나시고(즉, 인류에게), 완전한 아들의 완전한 모양이시며, 생명이요 살아 있는 것들의 원인이요 거룩한 샘이시며, 거룩하신 분이시요 거룩케 하시는 분이시다. 그 안에 만물을 초월해 계시고 만물 안에 계시는 성부 하나님과, 만물을 통해 계시는 성자 하나님, 즉 완전한 삼위일체가 영광과 영원과 권세로써 나뉘지도 않고 격리되지도 않은 채 계시되신다.

그러므로 삼위일체에는 창조된 것이나 종속되는 것이 없으며, 마치 이전에 존재하지 않다가 후에 존재하게 된 것 같이 추가된 것이 없다. 아들은 아버지께 대해서 부족한 것이 항상 없으시고, 성령도 아들에게 대해서 그러하시며, 다만 동일하고 불변하신 영원한 삼위일체만 계실 뿐이다.

II. 그레고리우스 타우마투르구스가 일으켰다고 하는 기적들. 그가 죽은 지 한 세기 뒤인 4세기에 박식하고 철학적인 니사의 그레고리우스가 전했고, 19세기에 영국의 추기경 뉴먼(Newman)에 의해서 변호된 이 기적들은 신약성경의 사도들에 관해서 기록된 모든 기적들을 능가하는 엄청난 것들이다.

그레고리우스는 귀신들을 쫓아내고 병자들을 고치고 이교 신전에서 우상들을 제거했을 뿐 아니라, 단지 말로써 거대한 돌을 옮기고, 아르메니아를 흐르는 뤼쿠스 강의 줄기를 바꿔놓고, 홍해 바다을 드러나게 했던 모세처럼 호수의 바닥을 드러나게까지 했다. 마지막 기적에 대해서 니사의 그레고리우스는 다음과 같이 전한다: 두 젊은 형제가 호수를 놓고 서로 자기들의 유산이라고 주장했다(인명과 지명은 언급되지 않는다). 이들은 소유권을 분할하는 대신에 그 문제를 기적 행위자에게 가지고 갔고, 그는 서로 화해하라고 종용했다. 하지만 젊은이들은 더욱 격앙되어 목숨을 건 결투로 결판을 내려 했다. 그때 호숫가에서 이들을 지켜보던 하나님의 사람이 기도의 힘으로 호수를 마른땅으로 바꿔놓음으로써 분쟁을 가라앉혔다.

　이런 기이한 내용들은 성인이 죽은 지 한 세기 뒤의 시각에서 크게 부풀려 바라본 것으로 간주하여 제외하고 나면, 자기 세대와 후세대 사람들에게 대단히 강한 인상을 남긴 위대하고 선량한 사람의 당당한 모습이 남는다.

190. 대 디오니시우스

　알렉산드리아의 디오니시우스(Dionysius) — 동시대인인 로마의 디오니시우스와 구별해서 이렇게 부른다 — 는 '위대한 자'(the Great)라는 별명을 갖고 있다. 190년경에 이방인 부모에게서 태어난 그는 부와 명예가 보장된 진로를 취해 나가도록 교육을 받았으나, 기독교의 주장들을 면밀히 검토하다가 오리게네스의 설교를 듣고 신앙을 갖게 되었고, 끝까지 신앙을 지켰다. 그 대 스승의 수석 제자라는 명예로운 지위를 놓고 그레고리우스 타우마투르구스와 각축을 벌였다.

　그러나 그레고리우스가 니케아의 삼위일체 교리를 예견했다는 평가를 받은 반면에, 디오니시우스는 정통 신앙 여부가 의심을 받았다. 그는 교리문답 학교에서 오리게네스를 도왔고(233), 헤라클라스가 죽은 뒤에는 알렉산드리아 감독이 되었다(248). 데키우스의 혹독한 박해 기간(249-251)에는 도피하였고, 그로써 키프리아누스와 마찬가지로 겁쟁이라는 비난을 받았다. 발레리아누스의 박해(247) 때에는 알렉산드리아 장관 앞에 끌려가 추방령을 받았지만, 망명지에서 자신의 교회를 계속해서 지도했다. 갈리에누스가 즉위하자 귀환을 허락받았고(260), 265년에 죽었다.

　그의 말년은 전쟁과 기근과 전염병으로 얼룩졌는데, 당시의 정황을 그는 263년 부활절 회칙에 다음과 같이 생생하게 전한다: "요즘은 축일을 지키기에 적절한 시기가 아닌 듯합니다 … 도처에 눈물과 애도가 가득하고, 허다한 무리가 이미 죽었고 여전히 죽어가는 까닭에 성내에 하루도 신음이 그칠 날이 없습니다 … 가족을 한 사람이라도 사별하지 않은 집이 한 집도 없습니다 … 이 일[전염병]을 겪고 나서 찾아온 전쟁과 기근을 우리가 이교도들과 함께 견디었지만, 우리는 거기에다 그들의 가해로 입는 비참한 현실을 가외로 짊어졌습니다 … 하지만 우리는 그리스도께서 우리에게만 주시는 평강에 힘입어 기쁨을 잃지 않았습니다 … 우리 형제들 대다수가 서로를 아끼고 붙들어주는 넘치는 사랑과 동정으로 끊임없이 병자들을 보살피고, 두려워하거나 중단하지 않고서 그들의 결핍을 채워주고, 그리스도 안에서 그들을 치유해 주었습니다." 반대로 이교도들은 병자들을 내쫓거나 거리에 방치해 두었다. 이교 사회의 이기적 태도와 대조되는 이와 유사한 자기 부정적 이웃 사랑은 키프리아누스의 글에서 접할 수 있는 대로, 갈루스의 박해 때(252) 전염병이 창궐하던 카르타고에서도 여지없이 발휘되었다.

디오니시우스는 당대의 기독론과 천년왕국설과 권징 문제로 발생한 논쟁들에 적극 가담했고, 그 과정에서 중용과 온건한 양보 정신과 실제적으로 교회를 위하는 기지를 발휘했으나, 독립성과 일관성이 부족한 모습도 드러냈다. 그는 사벨리우스주의에 반대했고, 삼신론(tritheism)의 문턱까지 달려갔으나, 좀 더 확고하고 정통적인 로마의 디오니시우스와 주고받은 서신을 통해서 자신의 견해를 수정했으며, 훗날 아타나시우스는 그가 아리우스주의의 씨앗을 뿌렸다는 비판에 대해서 그의 정통 신앙을 변호해 주었다. 그는 오리게네스의 기독론을 고수하기를 원했으나, 교회는 니케아 신조를 향해 나아갔다. 하지만 아타나시우스가 남긴 글에는 로마의 수위성을 승인하는 의취가 조금도 실려 있지 않다.

그는 사모사타의 파울루스가 주장한 이단설에 관하여 쓴 편지에서 기독론에 관한 마지막 발언을 남겼다. 그리고 이 일로 인해서 파울루스를 단죄하고 면직시킨 264년의 안디옥 교회회의에 참석하지 못하도록 제지를 당했다. 그는 오리게네스의 노선에 서서 천년왕국에 관한 개념들을 배격했고, 네포스(Nepos)와 그의 지지자들에게 그 개념들을 버리도록 권유했지만, 계시록의 사도적 기원을 부정하고 그 책이 존재 여부가 의심스러운 '장로 요한'의 저작이라고 주장했다.

그는 권징에 관해 온건한 견해를 제시했고, 노바티아누스주의자들에게 박해 때 배교했다가 돌아온 자들을 관대하게 대하고 그로써 교회의 평화를 지키라고 촉구했다. 이단 세례의 유효성에 관해서 스테파누스와 키프리아누스 사이에 논쟁이 벌어졌을 때도 비록 관대함을 옹호하던 로마교회의 입장에 기울긴 했지만 중도 노선에서 자문을 해주었다.

디오니시우스는 해석학과 논쟁과 금욕주의 등의 주제들에 대해서 많은 편지들과 논문들을 썼지만, 현존하는 것은 짧은 단편들뿐이며, 그것도 대부분 에우세비우스의 글에 보존되었다. 주요 저서들은 「전도서 주석」(*Commentary on Ecclesiastes*)과 「누가복음 주석」(*Commentary on Luke*), 「사벨리우스 논박서」 (*Against Sabellius*, 기독론을 다룸), 「자연에 관하여」(*On Nature*, 철학적 내용), 「약속들에 관하여」(*On the Promises*, 천년왕국설 비판서), 「순교에 관하여」(*On Martyrdom*)이다. 그는 제4복음서와 계시록의 문체를 비교함으로써 저자가 동일하지 않음을 주장했지만, 그러한 전제를 가지고 검토를 한 까닭에 근본적인 통일성은 바라보지 못하고 표피적인 차이만 바라보았다.[84] 웨스트콧(Westcott)은 이렇게 말한다. "디오니시우스의 모든 단편들은 정독해볼 가치가 있다. 그가 실천으로 보여준 동정과 넓은 마음이 모든 글에 일관되게 흐른다."

디오니시우스는 그리스 교회에서는 10월 3일에, 로마 교회에서는 11월 17일에 기념된다.

191. 율리우스 아프리카누스

율리우스 아프리카누스(Julius Africanus)는 기독교 최초의 연대기 저자이자 세계사를 다룬 역사가였다. 오리게네스의 연상의 친구로서, 2세기 전반에 팔레스타인 엠마오[이코폴리스]에서 살았으며,[85] 알렉산드리아를 여행하여 그곳에서 헤라클라스의 강의를 들었고, 에데사와 아르메니아와 브루기아를 여행했으며, 과

---

84) In Euseb. VII. 25. 디오니시우스는 복음서의 순수한 헬라어를 예찬하고, 그것을 계시록의 "야만적인 관용어들과 문법으로부터의 일탈"과 대조함으로써 비교 작업을 마감한다. 하지만 제4복음서의 문체는 전면에 흐르는 정신과 구성 형식에서 철저히 히브리적이다. 하지만 그는 계시록 저자가 "계시를 말하고 지식과 예언을 받았다"고 인정하며, 그 책의 권위를 손상시키려는 의도가 아니라고 말한다. 다만 자신은 그 책이 제4복음서를 쓴 동일 저자의 펜에서 나왔다고 인식할 수 없다고 한다. 그는 제4복음서가 요한에게서 나왔고 계시록은 그렇지 않다고 주장한 슐라이어마허 비평학파의 이론을 예기한 셈이다. 반면에 튀빙겐 학파와 르낭은 정반대의 주장을 제시한다. 이 주제에 관해서는 제1권 § 84를 참조하라.

85) 누가복음 24:16에 언급되는 엠마오와 다른 지역. 복음서에 언급되는 엠마오는 예루살렘에서 60스타디아밖에 떨어지지 않았으나, 아프리카누스가 살던 엠마오는 176스타디아(22 로마 마일) 떨어져 있었다.

거에 폐허가 되었던 엠마오 재건 사업을 위해서 로마에 대표로 파견되었다(221). 240년경에 노년의 나이로 죽었다. 우리가 아는 한 그는 교회 행정가가 아니라 철학자로서, 회심한 뒤에 자신이 좋아하던 연구를 계속하여 그것을 교회에 유익하게 사용했다. 장로가 된 것으로 보이지만 감독이 되지 않았던 것만은 틀림없다.[86]

그는 에우세비우스의 선구자였다. (에우세비우스는 자신의 「연대기」(Chronicle)에서 아프리카누스의 지적 노력을 크게 활용했고, 그의 연대기를 "매우 정확하고 많은 노력을 들인 역작"이라고 부르긴 하지만, 큰 신뢰를 주지는 않는다.) 아프리카누스는 히브리어를 잘 알았다. 소크라테스는 그를 알렉산드리아의 클레멘스와 오리게네스와 함께 공부할 대상으로 분류한다.

주요 저서는 다섯 권으로 된 연대기이다. 이 책은 창조와 더불어 시작하여(주전 5499) 엘라가발루스의 재위 제4년인 주후 221년까지 거슬러 내려온다. 이 책이 중세의 세계사와 교회사 편찬의 토대가 되었다. 이 책은 상당 분량의 단편들이 현존하며, 에우세비우스의 「연대기」를 통해서도 부분적으로 복원할 수 있다. 이 책의 장점들을 보다 충분히 평가하려면 비잔틴과 동방 교회 연대기에 대해서 과거에 이루어진 것보다 더 자세한 연구가 필요하다. 아프리카누스 이전의 저자들은 기독교가 신흥 종교라는 이교도들의 비판에 대해서, 기독교가 그리스 철학자들과 시인들보다 오래 전에 활동한 모세와 선지자들에게로 거슬러 올라간다고 지적함으로써 기독교 신앙의 깊은 역사를 입증하는 데 치중했다. 그러나 아프리카누스는 종교사와 세속사를 하나로 아우르는 체계적인 연대기를 최초로 시도했다.

고레스(Cyrus) 원년을 올림피아기(紀) 55년 1월로 잡은 뒤, 그 해를 기점으로 거슬러 올라가 출애굽 때부터 칠십년의 포로기가 끝난 때(즉, 고레스 원년)까지를 1237년으로 추산한다. 칠십인역 연대기를 따라서 출애굽이 A.M.(세계 기원후) 3707년에 발생했고, 출애굽과 솔로몬 사이의 기간이 740년이라고 계산한다. 주님이 강생하신 연대를 A.M. 5500년으로 잡지만(우리가 사용하는 디오니시우

---

86) 12세기 말의 시리아 저자들인 Barsalibi와 Ebedjesu는 그를 에데사의 감독이라 부르지만, 이전의 저자들은 이 칭호를 알지 못했고, 오리게네스는 그를 '형제'라고 부른다.

스의 주님의 강생 연대보다 10년이 빠름), 공생애 기간을 일년으로 계산함으로써 십자가에 달리신 연대를 A.M. 5531년으로 잡는다. 구주의 생애 31년이 므두셀라의 나이 969년을 보완하도록 한다. 그는 다니엘의 일흔 이레를 태음력에 따른 490년으로 이해하는데, 그것을 율리우스력으로 환산하면 475년이 된다. 그는 구주께서 십자가에 달리셨을 때 임했던 흑암을 기적으로 간주한다. 당시가 만월이었으므로 개기일식이 일어날 수 없었다고 본 것이다.

아프리카누스가 남긴 또 다른 저서 「케스티」(Cesti, '다채로운 띠들')는 지리학, 자연사, 의학, 농업, 전쟁 따위의 세속적 주제들에 관한 잡다한 지식을 수집한 일종의 보편적 스크랩북이었다. 이 책은 단편들로만 남아 있다. 더러는 이 책이 세속적 성격을 띠고 있고, 황제 알렉산더 세베루스에게 헌정된 점을 들어서 그의 저작임을 부정한다.

에우세비우스는 아프리카누스의 짧은 논문 두 편을 언급한다. 하나는 오리게네스에게 보낸 편지로서, "이 편지에서 그는 다니엘서에 나오는 수산(Susanna)의 역사가 혹시 공상적으로 꾸며낸 것이 아닌가 의심한다." 다른 하나는 "마태복음과 누가복음에 기록된 그리스도의 족보 사이에 서로 맞지 않는 것처럼 보이는 점에 관해서 아리스티데스에게 보낸 서신으로서, 이 서신에서 그는 조상들로부터 전해 내려온 전승을 토대로 두 복음서 저자의 통일성을 확실하게 입증한다."

오리게네스에게 보낸 서신은 여전히 현존하며, 고대 교회의 문헌에서 고등비평을 견뎌낸 몇 안 되는 문서들 가운데서도 유력한 지위를 차지한다. 그는 수산나 이야기가 내적으로 불가능하고, 히브리 정경에서 빠져 있고, 정경의 다니엘서와 비교할 때 문체가 다르며, 헬라어를 토대로 한 언어유희가 있는 점으로 미루어 원래 히브리어가 아닌 헬라어로 기록되었을 것이라고 주장한다. 오리게네스는 이 반론들을 장문의 글로 논박하는데, 그 중 한 가지를 소개하자면 그의 반론들을 받아들일 경우 그리스도인들이 유대인들한테 가서 훼손되지 않은 성경을 구걸해야 하는 비참한 처지가 될 것이라는 것이다.

족보들과 관련하여 아리스티데스에게 보낸 서신은 마태가 우리 주님의 혈통상의 족보를 기술한 데 반해 누가는 법적인 족보를 기술했다는 주장으로써 차이를 해결한다. 이 서신은 단편들로 현존하며, 이 단편들을 토대로 스피타(F. Spitta)가 최근에 원문을 복원했다.[87]

192. 그리스 교회의 군소 신학자들

당대에 큰 명성을 얻은 3세기 신학자들 가운데 상당수가 이집트 출신이었고, 특히 오리게네스 학파 출신이었는데, 이들의 저서는 세월이 지나면서 많이 훼손되어 단편들만 남긴 했지만 간단하게라도 언급할 가치가 있다.

I. 헤라클라스(Heraclas)와 그의 형제 플루타르크(Plutarch. 순교자)는 오리게네스의 가장 나이 많은 회심자들이자 학생들이었고, 심지어 스승보다 나이가 많았다. 헤라클라스는 오리게네스에게 배우기 전에 암모니우스 사카스에게 신플라톤 철학을 배웠다. 회심한 뒤에는 오리게네스의 보조 교사가 되었고, 나중에는 그를 계승하여 교리문답 학교 교장이 되었다. 오리게네스를 질투한 원수 데메트리우스가 죽은 뒤에는 알렉산드리아 감독에 선출되어 그 높은 지위를 16년간 유지했다(233-248). 하지만 그의 행정에 관해서나 저서들에 관해서 알려진 것이 없다. 그는 오리게네스의 사변적 견해를 받아들이지 않거나 지혜롭게 그것을 인용해 가르치지 않았으며, 적어도 스승을 유배로부터 도로 부르기 위한 아무런 조치도 취하지 않았다. 그는 대 디오니시우스에게 감독직을 물려주었다. 에우세비우스는 그가 "성경 연구에 몰두했고, 해박한 지식인이었으며, 철학에도 문외한이 아니었다"고 말하지만, 오리게네스가 이단 재판을 받을 때와 그 뒤에 스승에 대해서 취한 태도에 관해서는 침묵한다.

II. 헤라클레스와 디오니시우스를 계승하여 교리문답학교 교장이 된 사람들 가운데는 테오그노스투스(Theognostus)라는 사람이 있었다. 그는 에우세비우스에 의해서는 언급되지 않지만 아타나시우스와 포티우스에 의해서 언급된다. 그의 저작 가운데는 성령을 훼방하는 일을 간략히 다룬 단편과 「휘포티포세이스」(Hypotyposeis, 略述)에서 발췌한 몇 편의 글이 있다.

III. 피에루이스(Pieruis). 그는 테오나스(Theonas, 300년 죽음)가 알렉산드리아 감독일 동안 테오그노스투스를 계승한 듯하며, 디오클레티아누스의 박해가 끝날 때까지 생존한 듯하다. 그는 팜필루스의 스승이었고, '소 오리게네스'라 불렸다.

---

87) *Der Brief des Jul. Africanus an Aristides kritisch untersucht und bergestellt.* Halle, 1877.

Ⅳ. 팜필루스(Pamphilus). 오리게네스를 무척 존경했고, 팔레스타인 가이사랴에서 장로와 신학 교사로 사역했고, 막시미누스의 박해 때 순교했으며(309), 저서를 남기지는 않았어도 기독교 학문을 크게 권장하고 후원했다. 신학교를 세우고 방대한 장서를 수집하여 도서관을 세움으로써 후세대들에게 크게 이바지했으며, 그 도서관을 통해서 그의 제자이자 친구인 에우세비우스(따라서 그는 '에우세비우스 팜필리라고 불렸다)와 제롬을 비롯한 많은 사람들이 유익한 정보를 얻기도 하고 추가하기도 했다. 그 도서관이 없었다면 에우세비우스의 교회사는 현재의 상태보다 빈약한 모습을 띠었을 것이다. 팜필루스는 직접 유익한 저서들을 필사(筆寫)했는데, 대표적인 사례가 오리게네스의 「헥사플라」를 토대로 칠십인역을 필사한 것이다. 가난한 학생들을 지원했고, 성경을 배포했다. 수감되었을 때는 오리게네스를 변호하는 글을 썼고, 그 글을 에우세비우스가 여섯 권으로 완성했지만, 그 중에서 첫권만 루피누스의 라틴어 번역으로 현존하며, 루피누스마저 제롬에게 고의로 변경을 가해 번역했다는 비판을 받았다. 이 글은 팔레스타인의 광산 지대로 유배된 고백자들을 수신인으로 삼아 쓴 내용으로서, 그들에게 오리게네스 자신의 저서들, 특히 삼위일체와 그리스도의 위격에 관한 저서들을 인용해 가면서 그의 정통 신앙을 확인시키려는 데 목적이 있었다.

Ⅴ. 페테루스(Peter). 테오나스의 제자이자 계승자로서 300년부터 알렉산드리아 감독을 지냈고, 디오클레티아누스의 두려운 박해 기간을 살았으며, 311년에 막시미누스의 지시에 의해 처형되었다. 배교 때 변절한 신자들을 복권시키는 문제에 대해 온건한 견해를 주장했으며, 훗날 니케아 공의회의 뜨거운 안건이 된 멜리티우스 분열에 개입했다. 리코폴리스의 감독 멜리티우스(Melitius)는 페테루스가 박해 때 피신한 틈을 타서 감독직을 탈취한 뒤 이집트 교회의 수장으로 자임했으나, 306년에 페테루스에 의해서 반역죄로 면직당했다. 페테루스가 남긴 글들 가운데서 15개 조항의 권징 법령과 몇몇 설교들의 단편이 남아 있다. 단편으로 남아 있는 그 설교들에서 그는 오리게네스의 영혼 선재설과 창세 전 타락설을 이교적이고 성경의 창조 교리에 위배되는 교훈으로 간주하여 배격한다. 이점을 감안할 때 그가 오리게네스를 대적하는 위치에 섰을 법하지만, 에우세비우스는 그 점을 언급하지 않으며, 오히려 경건과 성경 지식과 지혜로운 교회 행정에 대해서 그를 높이 평가한다.[88]

Ⅵ. 히에라카스(Hieracas, Hierax). 3세기 말의 이집트 레온토폴리스 출신으로

서, 넓은 의미에서 볼 때만 알렉산드리아 학파에 속할 뿐, 그 학파와 직접적인 관계는 없었던 것으로 보인다. 에피파니우스는 그를 마니교 이단에 포함시킨다. 어쨌든 그는 어느 집단과 결부시켜 이해하기 힘든 인물로서, 다양한 지식과 알레고리적 해석과 시적 재능과 특히 괴팍한 금욕 생활로 명성을 얻었다. 헬라어와 이집트어로 저서들을 썼으나 한 권도 현존하지 않는다. 그는 타락의 역사적 실재성과 육체 부활을 부정했다고 하며, 독신 생활이 유일한 구원의 길이거나 적어도 가장 복된 생활이라고 주장했다고 한다. 그의 추종자들은 히에라카스파 (Hieracitae)라고 불렸다.[89]

193. 오리게네스의 대적들. 메토디우스.

데메트리우스가 오리게네스를 반대한 것은 주로 개인 감정에 기인한 것으로서 신학적인 의미는 없었다. 그런데도 그는 적어도 정통 신앙에 대한 열정을 구실로 삼았으며, 차후에 그를 비판할 때 이 동기가 중요한 위치를 차지했다. 그런데 3세기 초의 메토디우스(Methodius)의 경우도 그랬다. 그는 정통 신앙의 관점에서 오리게네스과 전쟁을 벌인 점에서 에피파니우스의 선구자라고 할 만한 사람이었지만, 오리게네스를 비판한 논조가 훨씬 온건했다는 점과, 다른 점들에서는 플라톤을 존경하여 연극적 옷을 입혀 글을 쓰는 방식을 모방했고, 오리게네스를 존경하여 알레고리 해석법을 따랐다는 점에서는 에피파니우스와 달랐다. 그는 알렉산드리아 교사[오리게네스]의 사변적 관념주의와 대치되는 기독교 사실주의의 위치에 섰다.

---

88) *E. H.* VIII. 13; IX. 6. 페테루스는 영혼에 관한 설교에서 영혼과 육체가 같은 날 창조되었으며, 영혼 선재설은 "헬라 철학에서 끌어온 것으로서, 그리스도 안에서 거룩한 생활을 하고자 하는 사람들에게는 낯선 것"이라고 가르쳤다(Routh, IV, 49 sq.).

89) Hierax에 관해서 우리가 갖고 있는 정보는 거의 에피파니우스에게서 얻은 것이다(*Haer,* 67). 그는 자신이 디오클레티아누스의 박해 때 살았다고 말한다. 에우세비우스는 그에 관해서 아무것도 모른다. 그가 두 곳(VII. 21, 30)에서 언급하는 이집트 감독 히에락스는 알렉산드리아의 디오니시우스와 동시대인이었으며, 에우세비우스는 262년경 그에게 부활절 서신을 썼기 때문이다.

메토디우스(유불리우스라고도 함)는 초기에는 올림푸스의 감독을 지냈고, 그 뒤에 파타라의 감독을 지냈으며(두 지역 모두 소아시아 리키아 도에 위치했다), 311년이나 그 전에 디오클레티아누스의 박해 때 순교했다.[90]

그의 주요 저서는 「심포지움」(Symposium) 혹은 「열 처녀의 잔치」(Banquet of Ten Virgins)이다. 이 책은 자발적으로 순결을 지키며 독신으로 지내는 생활의 유익과 복을 웅변적이긴 하되 다소 장황하게 칭송한다. 그 생활이 "초자연적으로 위대하고 놀랍고 영광스러운 것"이라고 하며, "가장 훌륭하고 고상한 생활 방식"이라고 한다. 이러한 생활은 그리스도께서 오시기 전에는 알려지지 않았다. 처음에는 사람들이 자매들과 결혼하는 것이 허용되었고, 그런 다음 일부다처제가 도입되었고, 그것이 일부일처제와 절제로 발전했지만, 완전한 상태는 그리스도의 나라를 위해 독신으로 지내는 것이라고 한다. 이것은 주님이 마태복음 19:12에서 은밀하게 암시한 말씀과, 사도 바울이 고린도전서 7:1, 7, 34, 40에서 권고한 내용과, 정절을 지킨 십사만사천 명을 허다한 성도들과 구분해서 말하는 요한계시록 14:1-4의 내용을 종합해서 얻을 수 있는 결론이라고 한다.

이 책은 문학 양식이 흥미롭다. 열 처녀는 물론 복음서의 비유에 등장하는 사람들이다. 잔치와 대화의 개념은 플라톤에게서 차용한 것으로서, 플라톤이 에로스의 장점들을 칭송했듯이, 메토디우스는 정절의 장점들을 칭송한다. 메토디우스는 유불리오스(Eubulios) 혹은 유불리온(Eubulion. 즉, 자기 자신)과 아르테 정원에서 열 처녀의 잔치에 참석한 처녀 그레고리온(Greorion)이 나누는 간단한 대화로 시작하여, 이 처녀들이 정절을 칭송하면서 차례로 전해주는 열 가지 이

---

90) 제롬은 그가 두로의 감독이었다고 말한다. 그러나 다른 권위자들은 모두 파타라가 그의 두번째 교구였다고 말한다. 아마 '두로'는 필사자가 '파타라' 혹은 파타라와 올림푸스 중간쯤에 위치하고 있고 독립 교구가 되기 전에 파타라에 속했었거나 다른 교구에 속했던 것으로 추정되는 '미라' 대신에 잘못 표기한 것일 가능성이 있다. 페니키아[뵈니게]의 두로가 그렇게 멀리 떨어진 곳의 감독을 초빙했을 가능성은 희박하다. 제롬은 메토디우스가 순교한 장소를 '그리스의 칼키스'라고 표기한다. 그러나 헬라어 번역자 소프로니우스는 '그리스의' 대신에 '동방의'로 대체한다. 아마 제롬이 파타라의 메토디우스를 데키우스의 박해 때 칼키스에서 순교한 것으로 전승에 알려진 동명이인과 혼동한 듯하다. 그가 혼동했을 개연성이 더욱 큰 이유는 순교의 시기를 잘 모른 채 디오클레티아누스의 박해 때로 언급하기 때문이다.

698 교회사 전집 제2권 니케아 이전의 기독교

야기들을 전한다. 잔치가 끝날 무렵에 처녀들의 우두머리 테클라(Thecla, 외경에 사도 바울의 동역자로 등장하는 여성)가 의기양양하게 아르테의 우편에 서서 정절을 드높이는 찬송을 시작하자 처녀들이 다음과 같은 후렴을 자주 반복해 가며 화답한다.

"신랑이여, 저는 당신을 위해 순결을 지킨 채,
　등불을 들고 당신을 맞이하러 나갑니다."

그런 다음 유불리오스와 그레고리온 사이에 마지막 대화가 오간다. 화두는 욕정을 모르는 정절이 욕정의 힘을 느끼면서 그것을 극복하는 정절보다 나은가, 혹은 적수가 없는 씨름꾼이 강한 적수가 허다한 상태에서 끊임없이 대결하면서 지지 않는 씨름꾼보다 나은가 하는 것이다. 두 사람은 서로 교제의 악수를 한 뒤 더 자세한 이야기를 나눌 훗날을 기약하면서 주님의 보호에 서로를 의탁한 뒤에 헤어진다.

성적 순결을 길게 논하는 처녀들의 취향과 도덕성은 현대 문화의 관점에서 보면 쉽게 납득이 되지 않지만, 절대 금욕에 이르기까지 정절을 열정적으로 칭송한 것은 교부들 사회에서 성행하던 금욕주의와 잘 부합한다. 거세를 하면서까지 육체의 정욕에서 해방된 오리게네스가 그런 사람이었다.

「부활에 관하여」(*On the Resurrection*)라는 저서도 대화 형식으로 되어 있고, 많은 부분이 에피파니우스와 포티우스의 저서에 보존되어 있으며, 오리게네스와 그의 창조론, 영혼 선재설, 부활의 몸의 비물질성 등의 견해를 비판하는 데 목적을 둔다. 이 책에 등장하는 정통 신앙의 대변자들(유불리오스와 아욱센티오스)은 육체가 없다면 영혼이 죄를 지을 수 없으며, 육체가 영혼의 족쇄가 아니라 떼어놓을 수 없는 동반자이자 악과 선 모두의 도구라는 점과, 땅이 멸망할 것이 아니라 정결케 되어 부활한 성도들의 복된 거처가 될 것이라는 점을 주장한다. 「창조된 것들에 관하여」(*On Things Created*)라는 저서에서 그는 세상이 영원하다는 오리게네스의 견해를 논박한다(오리게네스는 하나님이 전능하신 창조주이자 통치자이시며, 불변하신 분이라는 개념이 성립하려면 세상이 영원하다는 견해가 필수적이라고 생각했다).

「자유의지에 관한 대화」(*Dialogue On Free Will*)는 물질의 기원을 다루며,[91] 에우세비우스가 2세기 말의 저자 막시무스의 저서라고 하며 발췌한 동일 주제의 저서와 매우 비슷하다.

제롬이 언급하는 메토디우스의 다른 저서들로는 「포르피리오스 논박서」(*Against Porphyry*, 10,000행), 「창세기 주석」, 「애가 주석」, 「무당에 관하여」(*De Pythonissa*, 엔돌의 무당에 관하여. 사무엘이 무당에 의해 초혼될 때 사탄의 권세 아래 있게 되었다는 오리게네스의 견해를 논박한 책)가 있다. 종려주일 설교와 십자가에 관한 설교도 그의 것으로 간주된다. 그러나 교부시대 저자들 가운데는 메토디우스라는 이름을 가진 저자들이 많았다.

194. 안디옥의 루키아누스

I. 루키아누스(Lucian)는 안디옥의 유력한 장로로서, 막시미누스가 재개한 디오클레티아누스의 박해 때 순교했다. 그는 신앙 때문에 체포되어 안디옥에서 당시 황제가 거주하고 있던 니코메디아로 압송되었다. 그곳에서 판사 앞에서 고결한 신앙고백을 한 뒤 감옥에서 모진 고문을 당한 끝에 죽었다(311). 안디옥 교회는 1월 7일에 그를 기념했다. 그는 생시에 철저한 금욕 생활을 했다.

하지만 그는 신앙 사상이 건실하지 않다는 의혹 때문에 후대에 사람들의 기억에서 잊혀졌다. 에우세비우스는 그와 그가 당한 영광스러운 순교를 두 번 언급하지만, 그의 신학적 견해에 관해서는 함구한다. 알렉산드리아의 알렉산더는 321년에 발행한 회칙(回勅, encyclical)에서 그를 사모사타의 파울루스와 한 부류로 간주하고, 아리우스 이단설의 원인을 그에게 돌린다. 아울러 돔누스(Domnus), 티마이우스(Timaeus), 키릴루스(Cyrillus)가 감독으로 재직하는 동안 그가 출교를 당하여 교회와 격리되었다고 말하며, 죽기 전에 출교 상태를 면하게 되었음을 암시한다. 그와 그의 추종자들에게 가해진 비판은 그가 로고스의 영원성과 그리스도의 인간 영혼을 부정했다는(로고스가 이성적 영혼을 대신했다는) 것이다. 아리우스와 아리우스파는 그를 스승이라고 말한다. 반면에 위(僞)

---

91) 의지의 자유는 순교자 유스티누스, 오리게네스, 그리고 모든 그리스 교부들이 크게 강조했다.

아타나시우스(Pseudo-Athanasius)는 그를 위대하고 거룩한 순교자라고 부르며, 크리소스톰은 387년 1월 1일에 그를 높이 평가하는 설교를 했다. 바로니우스 (Baronius)는 그의 정통 신앙을 변호하지만, 다른 가톨릭 신학자들은 그 점을 부정한다. 어떤 사람들은 두 명의 루키아누스가 있어서 한 사람은 정통 신앙에 속했고 다른 한 사람은 이단에 속했다고 구분해서 말했다. 하지만 이것은 근거 없는 가설이다.

이와 같이 상반된 평가들은 루키아누스가 후대 니케아 정통 신앙과 일치하지 않는 독특한 삼위일체론과 기독론을 가르친 비평 학자였으나, 죽음을 두려워하지 않고 신앙을 고백한 뒤 순교함으로써 모든 오점을 씻어버렸다는 생각으로 쉽게 조화시킬 수 있다.

II. 그의 이름을 띤, 그리고 그의 사후에 발견된 신조는 내용이 정통 신앙에 부합하며, 341년에 열린 안디옥 교회회의에서 니케아 신조를 대체할 의도로 다른 유사한 세 가지 신조들과 함께 상정되었다.[92] 이 신조는 그레고리우스 타우마투르구스의 신조와 유사하고, 엄격히 삼위일체적이며, 예수 그리스도께 대해서 다음과 같이 고백한다: [그분은] "하나님의 아들이시고, 하나님의 독생자이시며, 그로 말미암아 만물이 창조되었고, 영원 전에 아버지께 낳음을 받으셨고, 하나님의 하나님이시고, 전체의 전체이시고, 하나의 하나이시고, 완전의 완전이시고, 왕들의 왕이시고, 주들의 주이시고, 살아 있는 말씀이시고, 지혜와 생명과 참 빛과 길과 진리와 부활과 목자와 문이시고, 불변하시고 변할 수 없으시고, 신성의 불변의 모양이시고, 아버지의 실체요 의지와 권능이시고, 모든 피조물 중에서 처음에 나신 자이시고, 태초에 하나님과 함께 계셨으며, 복음에 언급된 신적 로고스이시다. 이 말씀이 하나님과 함께 계셨고(요 1:1), 그로 말미암아 만물이 지은 바 되었으며(3절), 만물이 그 안에 함께 서 있다(골 1:17). 그분이 종말에 강림하시되 성경에 따라 동정녀에게 나셨으며, 사람 곧 하나님과 사람 사이의 중보자가 되셨다."

III. 루키아누스는 칠십인역과 헬라어 성경을 비평적으로 개정한 것으로도 알

---

92) 이 교회회의는 적법하고 정통 신앙에 부합한 회의로 인정을 받으며, 이 교회회의가 채택한 25개의 법령은 과거에 아타나시우스에 대해서 교회법을 어긴 혐의로 폐위한 결정을 재확인했음에도 불구하고 인정을 받는다.

려져 있다. 제롬은 그의 시대에 '루키아누스의 사본들'(exemplaria Lucianea)로 알려진 사본들이 있었다고 언급하지만, 다른 곳들에서는 루키아누스와 이집트의 감독 헤시키우스(같은 분야에서 명성을 얻음)에 대해서 다소 비판적으로 말한다. 하지만 정확한 정보가 없는 까닭에 그의 비평 작업의 공과에 관해서 섣불리 평가하기가 불가능하다. 그의 히브리어 역량이 어느 정도였는지 불확실하며, 따라서 그가 개정한 칠십인역이 히브리어 성경을 토대로 한 것이었는지도 확답할 수 없다.

신약성경에 대해서는 시리아어 교정본에 많은 기여를 한 듯하다. 그 교정본이 크리소스톰과 후대의 그리스 교부들에 의해서 사용되었으며, 그것이 '공인 본문'(textus receptus)의 토대가 되었다.

195. 안디옥 학파

안디옥 신학 학파의 설립자로 알려진 사람은 루키아누스였으며, 이 학파는 4세기에 이르러 충분히 발전했다. 이 학파의 설립자로 함께 명예를 갖고 있는 사람이 안디옥 교회의 장로를 지낸 도로테우스(Dorotheus)이다. 그는 에우세비우스에 의해서 히브리어에 능숙한 성경 학자로 높은 평가를 받는다.[93] 그러나 안디옥 학파의 진정한 설립자는 다소의 감독 디오도루스(Diodorus, 379경-394)와 몹수에스티아의 감독 테오도루스(Theodorus, 393-428)였다. 두 사람 모두 감독이 되기 전에 안디옥의 장로였다.

안디옥 학파는 알렉산드리아 교리문답 학교처럼 교사들이 대를 이어 가르친 정규 학교가 아니라, 안디옥에 중심을 둔 독특한 유형의 성경 해석학, 즉 신학적 경향이었다고 할 수 있다. 이 학파의 특징은 본문 개정 작업에 힘쓰고, 저자의 언어와 정황을 참작하여 본문의 의미를 평이하고 자연스럽게 해석하고, 인간적 요인을 정당하게 평가하는 데 있었다. 다른 말로 해서 이 학파의 해석학은 알렉산드리아 학파의 알레고리 방식과 달리 문법적이고 역사적이었다. 그럴지라도 본문 비평에 관하여 루키아누스는 오리게네스의 자취를 따랐다. 게다가 안디옥

---

93) Euseb. H. E. VII. 32.

학자들은 성경의 영적 의미와 신적 요소를 무시하지 않았다. 문법적·역사적 해석은 다른 책에 대해서도 그렇지만 성경을 이해하는 데서도 유일하게 안전하고 확고한 토대이다.

그리고 이것이 허황된 발상으로 해석을 대신하는 알레고리 방법의 거칠고 무분별한 해석을 제재하는 건강한 방책이 된다. 그러나 이 방법은 해석자에 따라서 전혀 다른 결과에 도달할 가능성이 있다. 아리우스파와 네스토리우스파는 자신들이 루키아누스와 그의 학파에 뿌리를 두고 있다고, 혹은 그들의 사상과 가깝다고 주장했다. 그러나 바로 그 학파에서 교부들 가운데 주석의 대가이자 루키아누스와 디오도루스의 찬미자이자 몹수에스티아의 테오도루스의 친구 겸 동료 학생이었던 요한 크리소스토무스가 배출되었다. 테오도레투스도 그와 같은 노선을 따랐다.

네스토리우스가 단죄를 당한 뒤에, 안디옥 신학은 니시비스와 에데사에서 네스토리우스파 사이에서 명맥을 유지했다.

196. 테르툴리아누스와 아프리카 학파

이 시기의 서방 교회는 동방 교회만큼 학문적 결실을 내놓지 못했다. 사도적 교회는 니케아 이전에는 주로 유대적이고 그리스적인 성격을 띠었고, 니케아 이후에는 주로 로마적 성격을 띠었다. 로마 교회도 초기에는 주로 그리스적인 영향을 받아서 초기에 활동한 저자들인 클레멘스, 헤르마스, 이레나이우스, 히폴리투스도 헬라어만 사용했다. 라틴 기독교가 학계에 모습을 드러내기 시작한 것은 2세기 말이었고, 그때에도 이탈리아가 아닌 북아프리카가, 로마가 아닌 카르타고가 주도권을 쥐었으며, 아주 독특하게도 회심한 사변적 철학자들이 아닌 실제적인 법률가들과 수사학자들이 전면에 나섰다. 라틴 기독교의 학문은 점진적으로 대두하지 않고, 강한 현실적 경향을 지닌 채 확고하고 뚜렷한 성격을 가지고 단번에 나타났다. 게다가 북아프리카는 서방 교회에 근간이 되는 저서 — 최초의 라틴어 번역성경인 「이탈라」(*Itala*) — 를 내놓았으며, 이 책이 오늘날까지 로마 교회의 공식 표준 성경인 제롬의 「불가타」(*Vulgata*)의 토대가 되었다. 하지만 서방 교회에는 제롬 이전에 부분적인 라틴어 번역 성경들이 여럿 있었던 것으로 추정된다.

I. 테르툴리아누스의 생애

퀸투스 셉티미우스 플로렌스 테르툴리아누스(Quintus Septimius Florens Tertullianus)는 라틴 신학과 교회 어학의 아버지이며, 고대 기독교가 배출한 위대한 학자로 손꼽힌다. 그의 생애에 관해서는 그의 저서에서 간취할 수 있는 정보와 제롬이 명사(名士) 목록에서 간단히 언급한 내용 외에는 알 길이 없다. 그러나 이 아프리카 교부만큼 저서에 개성을 강하게 남긴 저자는 없었다. 다른 점에서도 그렇지만 이 점에서도 그는 사도 바울과 마르틴 루터를 닮았다. 그는 150년경에 로마의 역사적 경쟁 도시 카르타고에서 태어났다. 아버지는 아프리카 총독 휘하에 그 도시에 주둔하고 있던 로마 군단의 지휘관으로 복무하고 있었다. 덕분에 그는 그리스와 로마 교육을 마음껏 받았다. 그의 저서들에는 그가 역사, 철학, 시, 고전 문학, 법률 용어, 그리고 다양한 변호 기술을 폭넓게 알고 있었다는 증거가 나타난다. 그는 카르타고에서든 로마에서든 정치와 법정 연설에 매진했던 것으로 보인다. 에우세비우스는 그를 "로마법을 정확히 알고 있던 사람"이라고 부르며, 많은 사람들이 그를 유스티니아누스 법전에 수록된 여러 단편들의 저자인 테르틸루스(Tertyllus) 혹은 테르툴리아누스(Tertullianus)와 동일인으로 간주한다.

그는 삼사십대에 이교적 맹목과 방종에 빠져 지냈다. 2세기 말에 기독교를 받아들였으나, 정확히 어떤 계기로 그렇게 했는지 알려지지 않는다. 다만 깊은 확신과 영혼의 뜨거운 열정으로 회심했던 것만큼은 분명하다. 그 뒤로는 이교도들과 유대인들과 이단들에 맞서서 기독교를 용감하게 변호했으며, 도덕적으로 엄격하게 살았다. 그는 평소에 "용기를 내세요. 태어날 때부터 그리스도인다운 사람은 아무도 없습니다"라고 말했는데, 과연 그 말대로 생활했다. 그는 결혼을 했고, 앞에서 묘사했던 그리스도인의 건강한 가정 생활의 모습을 보여준다 그러나 매사에 자신을 부정하려는 열정에 사로잡혀 독신 생활을 훨씬 더 숭고한 생활로 인식했고, 아내에게 만약 자기가 먼저 죽으면 재혼하지 말거나 혹시 재혼하더라도 믿지 않는 남편을 맞이하지 말라고 권고했다. 나중에는 재혼을 간음으로 규정하기까지 했다. 그는 보편[가톨릭] 교회의 사역에 입문했으며,[94] 아마 처음에는 카르타고에서 시작한 듯하고, 로마에서도 적어도 일정 기간 사역한 듯하다. 하지만 알렉산드리아의 클레멘스와 오리게네스와 마찬가지로 장로 이상의 직분에 오르지는 못했다.

199~203년에 해당하는 기간에 그는 신앙 사상은 정통이지만 생활은 훨씬 더 순결하게 영위해가던 몬타누스파(the Montanists)에 가입했다. 제롬은 이러한 변화를 개인적인 동기로 설명한다. 로마 성직자들의 시샘과 모욕이 그에게 많은 굴욕감을 안겨준 것이 계기가 되었다는 것이다.[95] 그러나 테르툴리아누스는 처음부터 극단적인 경향, 특히 도덕적 엄숙주의의 경향을 갖고 있었다. 세상에 대한 경멸과 엄격한 금욕주의, 엄격한 권징, 순교 열정, 몬타누스파의 천년왕국설에 마음이 끌렸고, 세상과 점차 동화되어 가던 로마 교회의 분위기가 마음에 맞지 않았다. 당시에 제피리누스와 칼리스투스가 차례로 감독하던 로마 교회는 권징을 매우 느슨하게 시행했고, 비록 일시적이긴 했으나 몬타누스파의 대적 프락세아스(Praxeas)의 성부수난설 오류를 지지하기까지 했다. 테르툴리아누스는 프락세아스가 로마에서 마귀를 도와 두 가지 일을 수행했다고 비꼬아 말했다. 하나는 예언[몬타누스파의]을 몰아내고 이단[성부수난설]을 도입한 것이고, 다른 하나는 성령을 등지고 성부를 십자가에 못 박은 것이라고 했다.[96]

테르툴리아누스는 과거에 이단들과 싸울 때 발휘했던 강직함을 가지고 가톨릭 신자들 혹은 그가 그들을 부를 때 자주 사용한 '육에 속한 자들'(the psychical)과 맞서 싸우게 되었다. 하지만 몬타누스파가 로마 교회에서 나가게 된 계기는 교리보다는 도덕과 권징 문제에 있었다. 따라서 테르툴리아누스는 로마 교회를 신랄히 비판하면서도 가톨릭 신앙을 철저히 옹호했고, 분열해 나간 처지에서도 이단들, 특히 영지주의를 누구보다도 효과적으로 비판한 저서들을 여러 권 집필했다. 그는 신학자로서 사실상 이 열광적인 분파를 크게 넘어서 있었으며, 저서들을 통해서 이 분파에게 교회 안에서 중요성과 영향력을 갖도록 해주었다. 그가 아니었으면 몬타누스파가 결코 그러한 명성과 비중을 차지하지

---

94) 하지만 이 사실은 제롬의 권위에만 의존한 것이고, 테르툴리아누스 자신의 저서에는 나타나지 않는다. 결혼한 사제들을 혐오하는 로마 가톨릭 사가들은 불충분한 발언만 가지고 그를 평신도로 간주해왔다.

95) *De Vir. illustr.*, c. 53.

96) *Adv. Prax.* c. 1.

못했을 것이다.

　그는 카르타고에서 몬타누스파 장로 겸 저자로서 활동하다가, 제롬의 말대로 아주 노쇠한 나이에, 어떤 이들에 따르면 220년경에, 다른 이들에 따르면 240년 이후에 죽었다. 정확히 어느 연대에 어떤 형태로 운명했는지는 알려지지 않는다. 아프리카의 그의 추종자들은 5세기에 해당하는 아우구스티누스의 시대에 이르기까지 자신들을 '테르툴리아누스파'라고 선전했으며, 몬타누스파와 가톨릭 교회의 중간쯤 되는 노선을 견지했다. 테르툴리아누스가 가톨릭 신앙의 품으로 돌아갔다는 것은 전혀 근거가 없는 견해이다.

　테르툴리아누스가 옛 가톨릭 정통신앙을 강력히 옹호한 사람이었고, 교회의 의식과 제도를 중시한 키프리아누스를 가르친 스승이었던 점을 감안할 때, 그가 로마 교회를 비판하고 이탈했다는 것은 퍽 이상하게 생각된다. 그러나 그의 피에는 포에니[카르타고] 특유의 열정과 신랄함이 흐르고 있었다. 과거에 자신의 조상들이 티베르 강변의 일곱 언덕을 중심으로 부상하고 있던 권력에 맞서서 백년이 넘도록(B.C. 264-146) 간직하며 싸웠던 용감한 독립 정신이 그에게 있었던 것이다. 사실상 그는 아프리카 교회를 대표한다. 이 교회에는 그가 드러냈던 것과 동일한 반골 기질이 그대로 존속하여서 도나투스파에게서 표출되었을 뿐 아니라 앞장서서 가톨릭 신앙을 옹호한 신학자들 사이에서도 표출되었다. 키프리아누스는 이단 세례 문제로 로마와 이견을 해소하지 못한 채 죽었다. 아우구스티누스도 가톨릭 신앙 체계에 누구보다도 크게 기여했음에도 불구하고 펠라기우스의 죄론과 은혜론을 비판함으로써 복음적 개신교와 반(半) 개신교적 얀센주의(Jansenism)의 아버지가 되었다.

　히폴리투스는 여러 가지 흥미로운 접촉점들을 제시한다. 그는 테르툴리아누스보다 연소한 동시대인이었으나, 우리가 아는 한 두 사람이 만난 적은 없다. 두 사람 모두 이단에 맞서서 가톨릭 정통 신앙을 옹호하면서도 로마에 대립했다. 히폴리투스는 두 교황에 대해서 권징에 게으를 뿐 아니라 이단 사상을 가르친다고 비판했다. 그럼에도 불구하고 로마 교회는 그가 회개한 것으로 추정하고 순교한 사실을 중시하여 성인의 반열에 올려놓았다(프루덴티우스에 의하면 죽은지 200년 후에 시성되었다고 한다). 하지만 아프리카 출신의 테르툴리아누스는 히폴리투스보다 더 위대하고 유익을 끼친 사람이었음에도 불구하고 성인으로 추서되지 못했다.

II. 인격

테르툴리아누스는 보기 드문 천재이자 독창성과 활력을 겸비했으나, 모가 나고 거칠고 괴팍했다. 상상력이 풍부하고 예리한 기지와 판단력, 능숙한 논쟁 역량, 도덕적 근실함을 갖춘 반면에, 시원스러움과 온건함과 균형감은 모자랐다. 조용하고 맑은 강보다 격랑을 닮은 사람이었다. 평소에 자신의 격렬한 기질에 대해서 대단히 삼갔음에도 불구하고 그것을 충분히 제어하지 못했다.[97] 신념이 강했고, 상대의 반응에 아랑곳하지 않고 자신의 신념을 표출했다.

위인들이 대개 그랬듯이, 그의 인격에도 상반된 요소들이 결합되어 있었다. 이 점에서도 다시금 루터를 생각하게 된다. 물론 개혁자에게는 아프리카 교부의 금욕적 우울함과 근엄함이 없었던 대신에, 거대한 열정을 발산하면서도 아프리카 교부에게 없던 온화하고 침착하고 유순하고 단순한 모습을 나타내긴 했지만 말이다. 테르툴리아누스는 하나님이 내신 '복음의 미련한 것'을 열성을 다해 고수했으며, 세상과 그 학문과 예술을 경멸했다. 그럴지라도 그의 저서들은 고전 지식의 광맥이며, 새롭고 유익한 사상들로 가득하다. 그는 그리스 철학자들을 모든 이단들을 길러낸 족장들이라고 부르면서 다음과 같이 냉소적인 질문을 던진다. "아카데미가 교회와 무슨 상관이 있는가? 그리스도께서 플라톤과 무슨 상관이 있으며, 예루살렘이 아테네와 무슨 상관이 있는가?" 그는 "나는 불합리하기 때문에 믿는다"(Credo quia absurdum est)라는 말로써 하나님이 인간에게 주신 위대한 자연적 은사를 서슴없이 멸시한다. 그럼에도 불구하고 그가 대적들을 논박할 때는 이성이 매우 중요한 역할을 수행한다. 그는 모든 이단에 맞서서 큰 힘과 독창력으로 교회의 권위와 전승의 원리를 옹호한다.

그러면서도 몬타누스파에 가입한 뒤에는 동일한 열정으로 개인이 스스로 판단하고 소신에 따라 비판할 수 있는 권리가 있음을 주장한다. 인간 본성이 철저히 부패했으며, 도덕적으로 거듭나지 않으면 안 된다고 주장하면서도, 다른 한편으로는 영혼이 그리스도인으로 태어나므로 그리스도 안에 안착하지 않으면 안식을 얻을 수 없다고 주장한다. 그는 이렇게 말한다. "영혼의 증거들은 진실한 만큼 단순하고, 단순한 만큼 평이하고, 평이한 만큼 자연스러우며, 자연스러운 만큼 신적이다." 그는, 온화하고 덜 열정적이었지만 학문은 더 깊고 넓었던 오리

---

97) *De Patient.* c. 1.

게네스와 정반대되는 인물이었다. 그는 대단히 엄격한 초자연적 원리들을 채택한다. 그러면서도 대단히 현실적이며, 심지어 하나님과 영혼에까지도 물질적이고 만질 수 있는 실체성을 지닌 육신이 있다고 설명한다. 이에 반해 관념적인 알렉산드리아 학자 오리게네스는 하나님께 관해서 충분히 영적으로 말하지 못하며, 인간 영혼에 대해서는 육신이 존재하기 이전의 상태로도 인식한다.

테르툴리아누스의 신학은 죄와 은혜를 대립시킨 바울의 큰 원리를 중심으로 전개되며, 라틴 교회의 인간론과 구원론의 길을 개척한다. 훗날 이 노선을 발전시킨 인물은 그와 심성이 비슷하되 더 명쾌하고 차분하고 사려 깊은 동족 아우구스티누스였다. 그는 이교도든 유대인이든 이단이든 가톨릭교도든 자신의 대적들에 대해서 루터 못지않게 무시하는 태도를 취했다. 마치 노련한 변호사처럼 논리와 궤변과 격언과 풍자를 구사하여 대적들을 자기 모순에 빠뜨리고 구석으로 몰아넣고 그들을 압도했으며, 가차없는 비판으로 그들을 몰아냈으며, 거의 언제나 모멸감을 안고 돌아가게 만들었다. 그가 벌인 논쟁들에서는 어디서나 피의 흔적을 발견할 수 있다. 그가 이교도들에게 살해되거나 가톨릭교도들에게 출교되지 않은 것이 의아할 정도이다.

그의 문체는 매우 독특하며, 그의 사상과 일치한다. 간결하고 군더더기가 없고, 격언적이고, 강렬하고, 수식적이고, 과장되고, 논조가 급격히 바뀌고, 법률 용어가 자주 쓰이고, 아프리카 지방색이 (혹은 그보다는 과거의 통속적 라틴주의가) 나타난다. 그의 저서들에는 라틴화한 헬라어 단어들과 새로운 표현들이 거칠고 모나고 모호한 상태로 많이 쓰인다. 때로는 대규모 화산 폭발처럼 귀금속들과 찌꺼기들을 뒤섞어 분출한다. 혹은 사나운 파도처럼 바위를 덮으며, 앞에 있는 모든 것을 삼켜버린다. 그의 강인한 정신이 형식과 맞서 싸우면서 자연적 사고의 원시림에 새로운 길을 낸다. 그는 라틴어로 교회 용어를 새로 만들어내야 했다.

간단히 말해서, 우리는 탁월한 지식인이자 도덕가였던 이 인물에게서 새로운 창조가 꿈틀대는 것을 발견하지만, 그러한 기운이 아직은 혼돈의 흑암을 완전히 뚫고 청명하고 아름다운 질서를 수립할 정도에 미치지는 못했다.

197. 테르툴리아누스의 저서들

테르툴리아누스는 190-220년경에 두 개의 언어로 저술 활동을 했다. 초기 저서들은 주로 헬라어로 기록하고 더러는 라틴어로 기록했는데, 아주 짧은 것들을 제외하고는 모두 현존하지 않는다. 하지만 가짓수는 대단히 많으며, 신앙 생활의 거의 모든 분야를 망라하여 다룬다. 당대의 교회가 어떤 모습이었는지 생생하게 묘사한다. 그의 저서들은 내용으로 판단하건대 대부분 그가 몬타누스파에 가입하여 활동한 3세기 초반에 집필한 것들이며, 그 중에는 이단들을 유능하게 논박한 여러 저서들이 포함된다. 반면에 초창기 저서들에서 몬타누스주의를 연상케 하는 우울한 도덕적 근엄성이 나타나기도 한다.

그의 저서들은 세 부류로 구분할 수 있다. 첫째는 변증서들이고, 둘째는 이단 논박서들이며, 셋째는 윤리적, 즉 실천적인 저서들이다. 여기에 굳이 넷째 부류를 추가하자면 몬타누스파의 관점에서 가톨릭교도들을 비판한 저서들을 들 수 있다.

지면 관계상 가장 중요한 저서들만 언급한다.

1. 변증서. 이교도들과 유대인들을 겨냥한 이 저서들에서, 그는 기독교 세계 전체의 견해를 대변하며, 이 점에서 기독교 세계 전체에게 감사를 받아야 마땅하다. 이 분야에서 특히 두드러지는 저서는 「변증학」(*Apologeticus* 혹은 *Apologeticum*)이다. 이 책은 셉티미우스 세베루스의 재위 기간인 197-200년에 집필되었으며, 교회의 영웅적 시대를 아름답게 보여주는 기념비적인 저서이다. 이 책에서 테르툴리아누스는 이교도들이 기독교를 신흥 종교로 간주하여 퍼부은 공격들을 열정적이고도 당당하게 논박하며, 로마 제국에서 활동하는 다른 모든 종파들과 동일한 법적 관용과 권익을 요구한다. 이 책은 신앙의 자유를 하나님이 모든 사람에게 부여하신, 그리고 민간 정부가 관용해야 할 뿐 아니라 존중하고 보호해야 할 불가침의 권리로 호소한 최초의 책이다. 그가 호소한 것은 지원도 호소도 아니고, 다만 법대로 정당하게 대해 달라는 것이었다. 교회는 처음 3세기 동안 자립적이고 자치적인 사회로서, 국가에 아무런 부담도 주지 않고 오히려 복을 끼쳤으며, 가장 평화롭고 유익한 시민들을 배출했다. 독재 권력 앞에서, 그리고 불처럼 맹렬히 타오르던 박해 앞에서 이 책의 저자만큼 웅변적이고 두려움을 모른 채 진리와 정의를 주장한 사람은 다시없었다. 이 책은 처음부터 마지막까지 암울한 현실에도 불구하고 승리의 확신을 내쉰다.

"우리는 정복합니다"라는 말이 그가 로마 제국의 장관들과 판사들에게 던지는 결론이다. "우리는 죽음으로써 정복합니다. 우리는 진압을 당하는 그 순간에 승리를 향해 전진합니다 … 당신들의 여러 저자들은 고통과 죽음을 당당하게 맞이하라고들 조언하지요. 키케로가 「투스쿨란스」(Tusculans)에서, 세네카가 「우연론」(Chances)에서, 디오게네스, 피루스, 칼리니쿠스가 교훈한 것이 바로 그것입니다. 그런데도 그들의 말은 그리스도인들에 비해 많은 제자들을 얻지 못합니다. 기독교 교사들은 말이 아닌 행위로 제자들을 길러냅니다. 여러분이 그렇게 비난하는 그리스도인들의 고집도 잘 생각하면 교훈을 줍니다. 그것을 생각할 때 과연 그 바탕에 무엇이 있는가 의문이 들지 않습니까? 그 의문을 가지고 기독교를 알아보고 나면 우리의 교리를 받아들이지 않겠습니까? 우리의 교리를 받아들이고 나면 피를 흘려서라도 하나님의 은혜에 참여하고 싶은 마음이 들지 않으며, 하나님께 온전한 용서를 받을 마음이 생기지 않겠습니까? 과연 그러한 태도는 모든 범죄에서 사면을 받게 합니다. 이런 이유로 인해서 우리는 여러분이 비난하는 바로 그 점에 대해서 감사하게 생각하는 것입니다. 신적인 것과 인간적인 것은 항상 서로 상충되게 마련이기 때문에, 여러분이 우리를 단죄하면, 우리는 지극히 높으신 분께 사면을 받습니다."

「변증학」이 미누키우스 펠릭스(Minucius Felix)의 「옥타비우스」(Octavius)와 맺고 있는 관계에 관해서는 다음 항에서 논의할 것이다. 그러나 혹시 테르툴리아누스가 그 저자에게서 내용을 빌려다 썼다 할지라도 그는 가장 독창적이고 열정적인 저자의 한 사람에 틀림없다(실제로 그는 발렌티누스파를 비판한 저서에서 이렇다 할 언급 없이 이레나이우스의 글을 많이 빌려다 썼다). 더욱이 두 책은 목표가 서로 다르다. 미누키우스 펠릭스가 철학자로서 다른 철학자들 앞에서 기독교를 변증하여 그 지식인들을 납득시키려 했던 반면에, 테르툴리아누스는 법률가의 입장에서 판사들 앞에서 말하며, 법정에서 진술할 기회조차 거부당하는 그리스도인들을 공정하게 대해 줄 것을 요구한다.

「영혼의 증언에 관하여」(On the Testimony of the Soul, 6장)라는 아름다운 소책자는 「변증학」을 보완한 책으로서, 기독교를 옹호하는 대단히 적극적인 논증을 제시한다. 이 책은 인간 영혼이 유일하신 참 하나님을 증거한다고 말한다. 영혼은 하나님께로부터 나왔으므로 하나님을 사모한다. 영혼의 순결하고 고상한 본능과 열망은 만약 이기적이고 죄악적인 열정에 의해 왜곡되고 더럽혀지지 않는다면 위로 하늘을 향해 올라가는 성향이 있으며, 오직 하나님 안에서 안식과 평안을 얻는다. 영혼과 기독교 신앙 사이에는 미리 수립된 조화가 있다. 둘은 서로를 위해서 지음을 받았다. 인간 영혼은 본질상 기독교적 성격을 띠고 있다. 그리고 영혼의 이러한 증언은 보편적인 성격을 띤다. 하나님께서 어디든 계시듯이 인간 영혼도 모든 곳에 있기 때문이다. 그러나 영혼의 증거는 귀담아 듣지 않을 경우 오히려 영혼에 해를 끼친다.

그는 이렇게 결론짓는다. "모든 영혼은 증인인 동시에 범죄자이다. 영혼이 진리를 증거하는 한도만큼 오류에 대한 죄책(罪責)이 그에게 있다. 그리고 심판 날에 영혼은 하나님의 법정에 아무 할 말도 없이 서게 될 것이다. 영혼이여, 그대는 하나님을 선포하면서 그분을 알려고 하지 않는다. 그대는 악령들을 싫어한다고 하면서도 그들을 숭배했다. 그대는 지옥의 형벌을 예견하면서도 그것을 피할 아무런 방법도 취하지 않는다. 그대는 기독교에 호감을 갖고 있으면서도 그리스도인들을 박해한다."

2. 논쟁서들. 이 부류의 저서들은 주로 영지주의를 논박한다. 이 부류에 속하는 대표적인 저서는 「이단 처방법」(On the Prescription of Heretics)이라는 철저히 가톨릭의 관점에서 쓴 논문이다. 일반적인 성격을 갖고 있으며, 교회가 이단을 다루는 근본 원칙을 제시한다. 테르툴리아누스는 모든 오류들과 새로운 사상들에 대해서 처음부터 법적 권리와 성경에 호소할 권리를 인정하지 않는다. 이런 권리란 기독교의 합법적 계승자이자 수호자인 가톨릭[보편] 교회에만 속한 것이기 때문이라고 한다. 이레나이우스도 비슷한 논조를 사용한 바 있지만, 테르툴리아누스는 그것에 법률적 혹은 법정적 형태를 입혔다. 하지만 바로 그 논조가 자신의 이탈에 부메랑으로 작용한다. 적어도 키프리아누스의 견해에는 이단과 분리주의의 차이란 사실상 상대적인 것일 뿐이기 때문이다. 테르툴리아누스는 훗날 이 책의 논지와 다르게 신앙 문제에서는 관습이나 오랜 소유가 아닌 오직 진리만이 문의 대상이 될 수 있다고 주장했다.

이단들 가운데 그가 주로 비판한 대상은 발렌티누스파 영지주의자들과 마르키온이었다. 마르키온을 논박한 저작은 그의 저서들 가운데 가장 분량이 많으며 저작 연대를 표기해 놓은 유일한 저작이다(즉, 셉티미우스 세베루스의 재위 15년인 208년). 그는 이 유명한 이단자를 비판하는 세 권의 책을 썼다. 첫째 권은 완성하지 못한 채 중단했고, 둘째 권은 도난당한 뒤 크게 수정된 상태로 출판되었다. 새로운 저작(다섯 권으로 됨)에서 그는 만유의 창조주 하나님의 통일성과 성경의 완전성, 구약과 신약의 조화를 치밀하게 변호한다. 그 과정에서 탄탄한 논리와 교묘한 궤변과 조롱과 풍자를 모두 동원하며, 욕설도 아끼지 않는다. 유대인들이나 이방인들보다 이단들을 훨씬 더 모질게 비판한다. 마르키온이 자란 속주 폰투스[본도]의 비정상적인 자연 환경들을 생생히 묘사하는 데서부터 시작하여 그곳 주민들의 우울한 성격과 거친 열정과 사나운 습관을 언급한 뒤에 다음과 같이 말을 이어간다:

"폰투스의 환경과 주민이 아무리 비정상적이라 할지라도 그곳에서 마르키온이 태어났다는 것만큼 그곳을 야만적이고 슬픈 지역으로 만드는 요인이 다시 없다. 그가 그곳에서 태어난 사실로 인해 그곳 주민들은 스구디아인들보다 다 악하고, 사마리아인들보다 더 정처 없고, 메사게테인들(the Messagete)보다 더 비인간적이고, 아마존(그리스 전설에 나오는 여전사)보다 더 뻔뻔스럽고, 흑해 연안의 구름보다 더 침침하고, 그곳의 겨울보다 더 쌀쌀하고, 그곳의 얼음보다 더 쉽게 깨지고, 이스터(다뉴브 강 하류 지대) 사람들보다 더 남을 잘 속이고, 코카서스 산맥보다 더 험준하다. 그뿐 아니라 진정한 프로메테우스이신 전능하신 하나님께서 마르키온의 모독 행위에 의해서 명예에 손상을 입으신다. 마르키온은 그 야만적인 지역에 사는 짐승들보다 더 흉칙하다. 과연 어떠한 비버[동물]의 일종이 결혼 관계를 폐지한 그보다 더 심한 거세자이겠는가? 과연 폰투스의 어떤 쥐가 복음을 갈기갈기 조각낸 그보다 더 갉아먹는 힘을 갖고 있겠는가? 흑해여, 그대는 그리스도인들보다 철학자들에게 더 잘 통하는 괴물을 배출했도다. 이는 세상을 빈정댄 디오게네스가 대낮에 등불을 든 채 사람을 찾아다니곤 했기 때문이다. 이에 반대로 마르키온은 자신의 믿음의 불을 껐고, 그로써 자신이 찾았던 하나님을 잃어버렸다."

　「세례에 관하여」(On Baptism), 「영혼에 관하여」(On the Soul), 「그리스도의 육체에 관하여」(On the Flesh of Christ), 「육체의 부활에 관하여」(On the Resurrection of the Flesh), 「헤르모게네스 논박서」(Against Hermogenes), 「프락세아스 논박서」(Agaisnt Praxeas) 같은 논문들은 특별한 오류들을 다루며, 세례와 기독교 심리학과 종말론과 기독론에 중요한 의미를 갖는다.

　3. 그가 무수히 남긴 실천적 혹은 **금욕적** 논문들은 이교 세계의 부도덕성과 크

게 대조되는 초기 교회의 도덕 생활의 면모를 밝히 드러낸다. 이 논문들 가운데는 「기도에 관하여」(On Prayer), 「참회에 관하여」(On Penance), 「인내에 관하여」(On Patience)가 있다. 그는 자신의 조급하고 격렬한 기질을 솔직히 시인하면서 인내의 덕을 칭송하면서, 자신뿐 아니라 다른 사람들에게도 필요한 덕이라고 말한다. 그 밖에도 옥에 갇힌 고백자들을 위로하는 글(Ad Martyres), 극장에 가지 말라고 훈계하는 글(De Spectaculis. 그는 연극을 마귀의 허영으로 분류한다), 우상숭배에 직접·간접으로 참여하지 말라고 경고하는 글(De Idololatria)이 있다.

4. 그가 남긴 엄격한 몬타누스주의적 혹은 반(反)가톨릭적 저서들. 위에 소개한 저서들과 마찬가지로 이 저서들에서도 이 분파의 특성들이 우발적으로 간간이 드러나기도 하지만, 위 저서들에 비해 좀 더 분명하고 본격적으로 변호된다. 게다가 실질적인 성격을 띠고 있으며, 강렬하고 단호한 어조로 배교자 복원에 반대하고(De Pudicita), 박해 때 도피하는 행위와 재혼을 비판하고(De Monogamia와 De Exhortatione Castitatis), 여성들의 화려한 의상에 반대하며(De Culta Feminarum), '육에 속한 자들'(Psychicals. 그는 몬타누스파 신자들에 대해서는 '신령한 자들'<Pneumatics>이라고 부르는 반면에, 가톨릭 신자들에 대해서는 그러한 칭호를 사용한다)의 그 밖의 관습들을 비판한다. 철저한 금식을 호소하는 저서(De Jejuniis)와, 머리에 관을 쓰기를 거부했다가 강제 전역을 당한 그리스도인 병사를 옹호한 저서(De Corona Militis)도 이 부류에 속한다. 테르툴리아누스는 그리스도께서 땅에 계실 때 우리를 위해서 가시면류관을 쓰신 일을 생각할 때, 그리스도인들이 월계수와 은매화와 감람나무와 그 밖의 꽃들이나 보석들로 머리를 장식하는 것이 마땅치 않다고 생각했다. 그가 만약 교황이 중세의 화려한 위세가 담긴 삼중관을 쓰고 있는 모습을 보았다면 뭐라고 말했을는지 쉽게 상상할 수 있다.

198. 미누키우스 펠릭스

테르툴리아누스의 직전이든 직후든 그와 밀접한 관계를 맺고 있는 사람이 라틴 변증가 미누키우스 펠릭스(Minucius Felix)이다.

회심자들은 언제나 열정적이게 마련이며, 자신들이 정직하고 진지한 확신을 가지고 심사숙고하여 정한 체계나 분파에 가장 효과적인 홍보원이 되는 경우가 많다. 2세기의 기독교 변증가들은 회심하기 전에 제도 교육을 받은 이교 철학자들이나 수사학자들로서, 자신들이 닦은 세속 학문과 문화를 사용하여 우상숭배를 논박하고 계시의 진리들을 변호했다. 마찬가지로 사도들도 유대인들로 태어나 유대인 교육을 받았으며, 구약성경에 대한 지식을 사용하여 복음을 전파했다. 16세기 종교개혁자들은 중세 가톨릭 교회의 품에서 나왔으며, 따라서 가톨릭 교회의 부패를 반대하고 교회를 교황제의 속박에서 해방시킬 만한 가장 훌륭한 자질을 구비했다.

I. 마르쿠스 미누키우스 펠릭스는 그러한 회심자 무리에 속하는 사람으로서, 고전 문화를 풍부히 사용하여 기독교를 섬겼다. 로마 교회는 과거에는 헬라어만 가지고 세상을 향해서 말했지만, 그를 시작으로 로마 교회에 라틴어 저자들이 배출되기 시작했다. 그는 락탄티우스와 함께 기독교의 키케로라는 명성을 얻는다. 성직에는 오르지 않고 법률가로서의 활동을 지속했음에 분명하다. 그가 로마에서 변호사로 활동했으나 북아프리카 출신이었을 것이라는 점 외에는 그의 생애에 관해서 알려진 바가 없다.

II. 그는 대화 형식의 기독교 변증서인 「옥타비우스」(Octavius)를 남겼다.[98] 저자는 자신과 마찬가지로 이교의 오류에서 기독교 진리로 회심한 친구 옥타비우스 야누아리우스(Octavius Januarius)와 함께 로마를 벗어나 오스티아로 해수욕을 간다. 그곳에서 해변을 따라 산책을 하던 중 미누키우스의 또 다른 친구인 카이킬리우스 나탈리스를 만난다. 그는 여전히 이교도였으며, 생각하는 방식을 볼 때 신플라톤 학파의 회의론자인 것으로 추정된다. 해변의 너른 바위에 자리를 잡은 그들은 카이킬리우스의 제안에 따라 당시의 종교 문제를 논의하기 시작한다. 미누키우스가 두 사람 사이에 앉아 심판 역을 맡는다(1-4장).

카이킬리우스가 먼저 말을 시작하면서 이교를 변호하고 기독교를 비판한다(5-15장). 처음에는 신의 존재를 의심하는 회의론자 혹은 불가지론자처럼 말을 해가던 그는 곧 태도를 바꾸어 편의와 공리의 원칙에 입각하여 조상들이 섬기던

---

98) 이 책은 간략한 40장으로 되어 있으며, 「대화」(Dialogue)를 집필한 지 여러 해 뒤에, 옥타비우스가 죽은 뒤에 집필되었다.

신들을 당연히 숭배해야 하지 않느냐고 지적한다. 모든 민족이 오랜 경험을 통해 자체에 가장 부합하다고 여겨 만든 관습을 따르는 것이 가장 안전하다고 말한다. 모든 민족은 저마다 독특한 신 혹은 신들이 있다. 종교성이 가장 강한 로마 민족은 모든 신들의 숭배를 허용하며, 그 덕분에 가장 큰 권력과 번영을 누리는 자리에 오르게 되었다고 말한다. 그리스도인들에 대해서는 인간의 인식 범위를 넘어서 있는 지고한 문제들을 확실히 알고 있는 것처럼 행세한다는 점과, 애국심이 부족하여 조상들의 전통을 저버린다는 점, 그리고 출산율이 낮은 점을 들어 비판한다(켈수스도 이러한 비판을 한다). 그리스도인들이 십자가에 달려 죽은 죄수와 형틀인 십자가와 심지어 나귀 머리를 숭배한다고 조소한다. 유명한 웅변가 프론토(Fronto)가 한 말이라고 말해가면서, 은밀한 범죄들, 근친상간, 유아 살해 등 근거 없이 그리스도인들에게 가해지던 비방들을 되풀이한다. 기독교에 신전도 제단도 신상도 없다는 이유로 비난한다. 하나님이 한 분이시고, 이 세상이 장차 멸망할 것이고, 부활과 심판이 있을 것이라는 교리들을 비이성적이고 터무니없는 것으로 몰아세운다. 그리스도인들이 엄격하게 살면서 극장과 연회와 그 밖의 무해한 유희와 담을 쌓고 지내는 것에 대해 안쓰럽게 여긴다. 그리고 결론을 지으면서, 다시 한 번 인간을 초월해 있는 일들에 관해서는 인간이 알 수 없다고 말하고, 불확실한 것은 그냥 내버려두라고 훈계하며, 자기들의 조상들의 신앙에 열의를 보이라고 하면서, "유치한 미신이 살아남거나 모든 종교가 무너지는 일이 없도록" 해야 한다고 말한다.

둘째 부분(16-38장)에서 옥타비우스는 이러한 비난들을 논박하면서 우상숭배를 비판한다. 하나님의 존재와 통일성, 창조와 섭리 교리를 참으로 이성적인 것으로 옹호하며, 그 점을 강조할 목적으로 다양한 철학자들의 견해들을 인용한다(키케로부터 시작하여). 이교 신화와, 나무와 돌을 깎아 만든 우상을 숭배하는 행위의 비합리성과, 신들의 부도덕한 모습들, 신들을 숭배할 때 자행되는 잔인하고 음란한 행위들을 들춰낸다. 로마인들이 세력을 얻게 된 원인이 그들의 종교 때문이 아니라 사납고 포악하기 때문이라고 말한다. 죄수와 그의 십자가를 숭배한다는 비난은 그리스도께서 죄가 없고 신적인 분임을 몰라서 나온 것이라고 한다. 그리스도인들이 신전을 두지 않는 이유는 무한하신 하나님을 제한하지 않으려는 것이고, 신상을 만들지 않는 이유는 인간이 하나님의 형상이며 거룩한 생활이 최선의 제사이기 때문이라고 한다. 그리스도인들이 부도덕한 행위를 저지른다는 비방은 귀신들이 사주한 것이라고 한다. 귀신들은 사람들 사회에 근거 없는 비방을 날조하여 퍼뜨리고, 하나님께로부터 나오지 않은 계시를 고취시키고, 사이비 기적을 일으키고, 수단과 방법을 가리지 않고 인간을 파멸시키려 한다. 그리스도인들에게 돌려지는 그런 패륜적 행위들을 자행하는 사람들은 오히려 이교도들이다. 그들은 갓난아기들을 잔인하게 내다버리거나 태어나기도 전에 낙태시켜 죽인다. 그리스도인들은 광분과 간음과 살인이 심지어 신들의 이름으로 자행되는 연극과 서커스의 부도덕한 오락들을 피하고 혐오한다. 그들은 하나님과 그분에 대한 지식과 예배에서 진정한 즐거움과 행복을 찾는다.

대화의 결말 부분(39-40장)에서 카이킬리우스는 자신의 오류를 깨닫고서 기독교를 받아들이기로 결심하면서, 다음 달 다시 만나 더 배울 뜻을 나타낸다. 미누키우스는 특별히 신앙을 강요하지 않았는데 이러한 결과에 도달한 것에 만족을 표시한다. 오류에 대해서 함께 승리를 거둔 그 친구들은 바닷가에서 오스티아로 돌아간다.

III. 이 책은 상당한 변증적 가치를 지니지만, 교리적 가치는 그다지 크지 않다. 로마 사회의 지식인들 사이에서 옛 종교와 새 종교를 놓고 벌어진 대 논쟁을 생생하게 들여다 볼 수 있게 하며, 양 진영이 공정하고도 전력을 다해 논증해 가는 모습을 보여준다. 이 책은 다신론에 맞서서 유일신론을, 이교 사회의 부도덕성에 맞서서 기독교의 도덕성을 유능하고도 웅변적으로 변호한다. 그러나 이것이 전부이다. 기독교 진리에 관한 해설은 미미하고 피상적이고 부족하다. 하나님의 통일성, 만사를 주관하는 그분의 섭리, 육체 부활, 내세의 심판이 옥타비우스의 신조 내용의 전부이다. 성경과 선지자들과 사도들이 중요하게 거론되지 않고, 죄와 은혜 교리, 그리스도와 구속, 성령과 그분의 사역에 관한 교리들이 드러나지 않으며, 그리스도의 이름이 언급조차 되지 않는다. 물론 저자가 '십자가에 달려 죽은 죄수'를 숭배한다는 비방을 물리치는 방식에서 그가 그리스도를 단순한 인간을 넘어서는 분으로 여겼음을 얼마든지 추론할 수 있긴 하다(29장). 그는 성전의 바깥뜰까지만 인도한다. 그의 목표는 순전히 변증적이며, 그 목적을 달성한다. 더 자세한 교훈을 얼마든지 할 수 있지만, 말미에서 카이킬리우스가 회심한 뒤에 '[더 자세한 교훈이] 온전한 훈련을 받는 데 필요하다"고 청하는 것으로 대체된다(40장). 그러므로 저자가 더 자세한 교리를 언급하지 않는다고 해서 신앙의 더 깊은 비밀들에 무지했다고 속단할 수 없다.

그의 철학적 관점은 키케로와 세네카와 플라톤을 아우르는 절충적 성격을 띤다. 그에게 기독교는 유일하시고 참된 하나님을 가르치고, 참된 덕과 경건으로 인도하는, 이론뿐 아니라 실제에서도 진정한 철학이다. 이 점에서 그는 순교자 유스티누스와 비슷하다.

IV. 「옥타비우스」의 문학 양식은 매우 유쾌하고 세련되다. 어휘가 이교와 기독교를 통틀어 당대의 여느 라틴 저자보다 더 고전적이다. 이 책은 여러 개념들과 문체와 도시적인 혹은 신사적인 어조에서 키케로의 「신들의 본성에 관하여」(De Natura Deorum)와 매우 유사하다. 밀먼(Dean Milman)은 이 책이 "라틴 산문의 황금기를 연상하게 한다"고 말한다. 르낭(Renan)은 이 책을 가리켜 "마르쿠스 아우렐리우스 말기의 변증 문학의 진주"라고 부른다. 그러나 저작 연대는 쟁점으로 남아 있으며, 부분적으로는 그가 테르툴리아누스와 어떻게 관련되는가의 여부에 따라 좌우된다.

V. 저작 시기. 「옥타비우스」와 테르툴리아누스의 「변증학」은 한 책이 다른 책을 토대로 기록되었다고 생각할 정도로 논조와 어휘가 비슷하다. 물론 목표는 서로 달라서, 전자가 철학자이자 세련된 신자의 호소라고 한다면, 후자는 법률가이자 열정적인 그리스도인의 호소이다. 과거의 견해(일부 견해를 제외하면)는 「변증학」이 먼저 집필되었고, 따라서 「옥타비우스」는 전자가 기록된 이후인 197년이나 200년에 기록되었다고 보는 것이었다. 에버트(Ebert)는 과거의 견해를 뒤집고, 신중하고 비평적인 비교에 의해서 「옥타비우스」의 독창성을 입증하려고 노력했다. 그의 결론은 최근의 대다수 독일 학자들에 의해서 채택되었으나, 반대도 없지 않았다. 만약 테르툴리아누스가 미누키우스의 글을 사용했다면 그의 주장들을 부연 설명한 셈이고, 만약 미누키우스가 테르툴리아누스의 글을 사용했다면 요약 설명한 셈이 된다.

확실한 것은 미누키우스가 키케로의 글(아울러 세네카와 혹시는 아테나고라스의 글)을 차용했고, 테르툴리아누스가 (「발렌티누스 논박서」에서) 이레나이우스의 글을 차용했다는 점이다. 물론 두 사람은 자료를 그대로 베끼지 않고 훌륭하게 사용한다. 그러나 테르툴리아누스가 훨씬 더 독창적이고 열정적이고 중요한 저자라는 것은 의문의 여지가 없는 사실이다. 더욱이 로마의 신학자들은 클레멘스부터 시작하여 3세기 중반의 히폴리투스에 이르기까지 헬라어를 사용했으며, 이 점에서는 아마 빅토르(190-202)만이 예외일 것이다. 이런 점들을 고려할 때 미누키우스가 나중에 집필했을 개연성이 크다.

그러나 병행 단락들을 면밀히 비교해 보면 물론 단정할 수는 없을지라도 미누키우스가 먼저 집필했다는 인상을 받게 된다. 그가 먼저 집필했다는 것은 프론토(마르쿠스 아우렐리우스의 스승이자 친구)를 최근에 명성을 얻은 사람으로 두 번 언급하는 점에서도 추론할 수 있다(그는 168년에 죽었다). 카임(Keim)과 르낭은 마르쿠스 아우렐리우스 때(177)의 박해들과 켈수스의 비판(178)에 대한 언급들을 발견하며, 그것을 토대로 「옥타비우스」의 저작 시기를 178-180년으로 추정한다.[99] 그러나 이런 추정들은 근거가 없으며, 이 추정들을 받아들일 경우 오히려 이 책이 200년 이전에는 기록되지 않았다는 결론을 내리게끔 된다. (카임 자신의 추정에 따르면) 대화가 지면에 기록되기 전까지 20년의 세월이 경과되었기 때문이다.

미누키우스가 후대에 활동했다는 예기치 않은 주장은 최근에 프랑스에서 마르쿠스 카이킬리우스 퀸티 나탈리스(Marcus Caecilius Quinti F. Natalis)라는 알제리아 키르타의 수석 장관의 이름이 210-217의 연대가 표기된 여러 비명들에서 발견됨으로써 결정적인 뒷받침을 받는다. 「옥타비우스」에 등장하는 이교 웅변가 카이킬리우스 나탈리스가 바로 그 도시 출신인 것이다(9, 31장). 두 사람이 동일인이었다는 것은 입증할 길이 없지만, 적어도 그럴 개연성이 크다.

이러한 상충되는 가능성들과 개연성들을 종합해 볼 때, 우리는 「옥타비우스」가 3세기 1/4분기에 아마 알렉산더 세베루스의 평화로운 재위 기간(222-235)에 집필되었다고 결론지을 수 있다. 마지막으로 가능한 연대는 250년이다. 왜냐하면 당시에 기록된 키프리아누스의 「헛된 우상에 관하여」(De Idolorum Vanitate)가 대부분 이 책을 토대로 삼기 때문이다.

---

99) 29, 33, 37장. 필자는 이 부분에서 어떤 특별한 대 박해의 증거를 발견할 수 없다. 37장에는 고문이 언급되지만, 그리스도인들은 항상 고문에 노출되어 있었다. 당시 교회가 처했던 전반적인 상황에 관해서는 처음 몇 장들에 나타나며, 대화 전체를 놓고 볼 때 제국의 대 박해들 사이의 비교적 조용한 시기였던 것으로 추정하게 된다. 이것이 Schultz와 Schwenke의 견해이기도 하다. 미누키우스는 마르쿠스 아우렐리우스 때 유행하던 주장, 즉 그리스도인들이 모든 공공 범죄에 책임이 있다는 주장에 대해서 함구한다.

199. 키프리아누스

I. 키프리아누스의 생애

감독이자 순교자요, 3세기 중반 가톨릭 교회의 화신(化身)인 타스키우스 카이킬리우스 키프리아누스(Thascius Caecilius Cyprianus)는 카르타고의 부유한 이교 귀족 가문 출신으로서, 200년경이나 그 전에 카르타고에서 태어났다. 그의 집사(부제)이자 전기 작가인 폰티우스(Pontius)는 그의 초기 생애가 훗날 교회에서 높은 지위에 올랐을 때와 비교할 때 주목할 가치가 없다고 간주한다. 제롬은 그가 수사학 교사로서 높은 명성을 얻었다고 말한다.[100] 어쨌든 그는 문학과 수사학과 법률에 탁월한 역량이 있었고, 특히 행정력이 탁월하여 훗날 감독이 되었을 때 크게 활용하게 된다. 어른이 될 때까지 유복한 환경에서 자랐으며, 그가 직접 고백한 내용을 미루어 볼 때 이교 사회의 해악에서 크게 벗어나지 않았음에 틀림없다. 그러나 그가 회심하기 전에 마술을 시행했다는 이야기는 아마도 착오에서 생긴 듯하며, 아무런 증거가 없다. 그럴지라도 그는 그리스도인이 된 뒤에 테르툴리아누스와 그 밖의 저자들처럼 환상과 꿈을 믿었던 것이 사실이다.

키프리아누스의 집에서 유숙했고, 훗날 죽을 때 자신의 아내와 자녀들을 그에게 의탁했던 덕망 있는 장로 카이킬리우스는 처음에는 그에게 기독교의 교리들을 가르쳐 주었고, 성경을 읽도록 권장했다. 키프리아누스는 오랫동안 그의 권고를 귀담아 듣지 않다가 결국 세상을 버리고 교리문답자 반에 들어갔고, 재산을 정리하여 가난한 사람들에게 나눠주고 정절 서약을 했으며, 245년 혹은 246년에 세례를 받으면서 감사의 표시로 카이킬리우스를 자신의 영적 아버지로 맞이했다.

세례받은 직후에 친구에게 쓴 편지에서, 그는 자신의 회심에 관해서 다음과 같이 웅변적으로 진술한다:[101] "깊은 밤 어둠 속에서 고통스러운 세상의 파도에 이리저리 밀리며, 앞날을 전혀 알 수 없고 진리와 빛도 멀어서 좌절에 빠져 있을 때, 나는 늘 그랬던 대로 인간이 새로 태어난다는 것이, 구원의 물로 목욕을 하면 새로 태어나 과거를 벗어버릴 수 있고, 몸은 그대로이면서도 정신과 마음이

---

100) *Catal.* c. 67.
101) *De Gratia Dei, ad Donatum,* c. 3, 4.

변화될 수 있다는 것이 참 어려운 일이라고 생각했다. 어떻게 그런 변화가 일어날 수 있단 말인가? 사람이 어떻게 그동안 몸과 마음에 깊이 배인 것을 모두 벗어 던질 수 있단 말인가? … 진수성찬에 익숙해 있던 사람이 어떻게 검소한 생활을 배울 수 있겠는가? 값진 옷만 입어 버릇하던 사람이 어떻게 평범하고 소박한 옷을 입게 되겠는가? 명예와 권력에 둘러싸여 지내던 사람이 혼자 이름 없이 지낸다는 것은 불가능하다 … 그러나 중생의 물로 내 과거의 얼룩이 씻겨졌을 때, 위로부터 청명하고 순결한 빛이 내려와 깨끗해진 내 가슴에 깃들었다. 위로부터 성령을 마시고 새 사람으로 거듭남으로써 변화를 받은 즉시, 흔들리던 마음이 놀라울 정도로 견고해졌다. 전에는 닫혔던 것이 열렸다. 어둡던 것이 밝아졌다. 어려울 것만 같았던 일을 해낼 수 있는 힘이 생겼다. 도무지 나로서는 할 수 없다고 생각했던 일을 행할 수 있게 되었다."

키프리아누스는 세례받은 뒤부터는 두문불출한 채 금욕 생활을 하면서 성경 연구와 교회 교사들의 글을 열정적으로 탐독했다. 특히 테르툴리아누스의 글은 매일 "선생님, 제게 손을 내밀어 주십시오!"라고 말하면서 정독했다. 테르툴리아누스가 그의 신학 형성에 끼친 영향은 절대적이다. 이 점은 두 사람이 기도와 인내에 관해서 쓴 글들을 비교하거나, 테르툴리아누스가 우상들의 헛됨에 관해서 쓴 글과 키프리아누스가 쓴 변증서를 비교해 보면 금방 확인된다. 그러므로 키프리아누스의 저서들에서 그가 테르툴리아누스에게 입은 은덕에 감사하는 내용이 발견되지 않는 것은 참 의아한 일이다. 그의 글들을 읽은 필자의 기억에는 테르툴리아누스와 몬타누스파에 대한 명백한 언급이 아예 나오지 않는다. 그러나 교회 분열 행위에 맞서서 투쟁하던 상황에서는 그에게서 어떠한 도움과 위로도 얻을 수 없었을 것이다.

키프리아누스가 홀로 배우는 데 힘썼어도, 그와 같은 사람이 오랫동안 감춰질 수 없었다. 그는 세례받은 지 2년만에 극구 사양했는데도 회중의 갈채에 의해서 카르타고 감독의 지위에 올랐으며, 그로써 북아프리카 성직 사회 전체를 주관하는 수장이 되었다. 이렇게 초신자를 성직자로 선출하는 행위는 교회법에 위배되는 것이었으며(비교. 딤전 3:6), 훗날 노바티아누스파 분열에 계기가 되었다. 그러나 결과는 후대의 암브로시우스와 아우구스티누스와 그 밖에 고대의 유력한 감독들이 비슷한 방식으로 선출될 때와 마찬가지로 백성의 소리가 곧 하나님의 음성이었음을 입증하는 쪽으로 귀결되었다.

10년간 재직하다가 마침내 용감하게 순교할 때까지, 키프리아누스는 카르타고의 주교직을 뜨거운 열정과 지혜와 충성으로 수행했다. 더구나 그가 사역하던 시기는 밖으로는 박해로, 안으로는 분열로 인한 소동으로 폭풍우가 몰아치는 듯한 시기였다. 발레리우스의 박해가 자행될 때는 그의 적극적인 사역도 중단되었다. 그는 열한 달 동안 추방되었다가 돌아와서는 총독 앞에서 재판을 받고 참수형을 언도받았다. 형이 언도될 때 그는 무릎을 꿇고 두 손으로 눈을 가린 채 "하나님께 감사드립니다"라고 기도드렸고, 사형 집행관에게 금 한 조각을 주었으며, 죽을 때도 위엄과 평정을 잃지 않았다. 시신을 그의 친구들이 밤에 운구하여 매장했다. 그가 죽은 곳과 매장된 곳에 두 채의 예배당이 건립되었다. 그의 순교일은 오랫동안 기념되었다. 258년 9월 14일에 발생한 키프리아누스의 순교를 기념한 아우구스티누스의 설교 다섯 편이 여전히 남아 있다.

II. 인격과 지위

3세기의 교부들 가운데 오리게네스가 가장 유능한 학자였고 테르툴리아누스가 가장 강력한 저자였다고 한다면, 키프리아누스는 가장 위대한 감독이었다. 그는 교회에서 군주와 같은 존재로 태어났다. 행정력에서는 당대의 모든 로마 감독들을 능가했다. 게다가 그들을 자신과 동등한 사람들로 간주하여 '형제'와 '동역자'라고 불렀다. 아우구스티누스는 그를 높여 '가톨릭 주교감독'이자 가톨릭 순교자'라고 부르며, 리리눔의 빈켄티우스(Vincentius)는 '모든 성인들과 모든 순교자들과 모든 감독들의 빛'이라고 부른다. 그의 인격은 바울이나 요한보다는 베드로에 가깝다.

그의 독특한 중요성은 신학 분야에 있지 않았다. 그 분야에서는 독창성과 깊이가 부족했다. 오히려 그의 중요성은 교회 조직과 권징에 있었다. 테르툴리아누스가 주로 이단들을 다룬 반면에, 키프리아누스는 분리주의자들을 논적으로 삼았으며, 그 가운데서 몬타누스주의자로 죽은, 자신이 존경하던 스승을 단죄하지 않으면 안 되었다(실제로는 그를 단죄하지는 않았다). 그럼에도 불구하고 그의 행위가 자신의 지위와 꼭 부합하게 이루어진 것은 아니었다. 이단 세례에 관한 논쟁이 벌어졌을 때 스승과 마찬가지로 로마 교회에 대한 비판적 정신을 표출하기 때문이다. 그는 자신이 표방한 독점적 가톨릭 전승의 원칙에 다음과 같은 개신교적인 금언으로 제약을 가했다: "진리가 없는 관습은 오래되기만 했을 뿐 오류에서 생긴 것이다"(Consuetudo sine veritate vetustas erroris est), "규정은 관습에서 나오지 않고 이성적 검증에서 나온다"(Non est de consuetudine praescribendum, sed ratione vincendum.). 옛 가톨릭적 성직위계제도와 감독의 독재 — 둘 다 교황제와 비슷한 점도 있고 상충되는 점도 있다 — 가 키프리아누스라는 인물 안에서 구현, 즉 살과 피가 되었다. 교회의 통일이 곧 모든 구원의 매체이자 수단으로서, 그가 평생 간직한 생각이자 마음의 열정이었다. 그러나 그는 로마 감독의 수위성을 위해서 뿐 아니라 감독직의 독립성을 위해서도 투쟁했다. 그렇기 때문에 그의 이름의 권위가 교황제를 찬성하는 진영뿐 아니라 반대하는 진영에 의해서도 사용되는 일이 종종 발생해왔다. 양 진영에 대해서 그는 그 시대의 교회 정신을 충실히 대변한 기관이었다.

그가 고교회적, 즉 교회의 제도와 의식을 중시하는 원리들을 강조한 것이 교만과 야심 때문이었다고 생각하면 큰 잘못이다. 물론 그가 수행했던 높은 지위에는 그러한 유혹이 항상 따라다니게 마련이지만, 그러한 개연성을 가지고는 그를 제대로 평가할 수 없다. 그가 주장한 것과 같은 원리들은 개인이 하나님 앞에서 겸손히 직무를 수행할 때도 얼마든지 견지할 수 있는 것이다. 그가 초기에 표시한 "나는 감독직을 원치 않는다"(nolo episcopari)는 말과, 후에 간직했던 성직위계적 정서의 기저에는 감독이 하나님께 권위를 받으며, 따라서 막중한 책임이 따른다는 확신이 깊이 자리잡고 있었다. 그는 직위에 따른 권리를 단호히 주장한 만큼 감독으로서의 의무들도 성실하게 수행했다. 감독의 권위를 대단히 높게 생각했으면서도 장로들에게 매사에 자문을 구했으며, 교인들의 권리를 존중했다. 엄격과 관용, 위엄과 온유를 겸하는 법을 알았고, 존경과 예우뿐 아니라 사랑과 확신을 일으키는 법도 알았다. 마치 과부들과 고아들, 가난한 자들과 병자들을 마치 아버지처럼 보살폈다. 252년에 전염병이 크게 번지는 동안 희생을 마다하면서 자신의 양떼를 충직하게 돌보았으며, 대적들에게도 사랑을 나타냈다. 물론 데키우스의 박해 때 회중을 버리고 도피한 것이 사실이지만, 교인들에게 분명히 납득시켰듯이 그것은 하나님의 인도에 대한 소신으로 그렇게 한 것이며, 도피 생활을 하던 14개월 동안 목회 서신으로 교인들을 지도하기 위함이었다. 그는 그 일로 인해서 겁쟁이라는 비판을 받았다. 하지만 발레리우스의 박해 때는 차분하고 즐겁게 흘린 순교의 피로써 그 도피로 인한 얼룩을 말끔히 씻어버렸다.

그는 초기에는 엄격한 권징을 시행했으나 훗날에는 시대의 절박한 상황을 감안하여 권징 원칙들을 완화하는 현명한 태도를 보였다. 테르툴리아누스와 마찬가지로 여성들에게 화려한 옷을 입지 못하게 했으며, 그것이 창조주의 역사를 볼품없게 만든다고 설명했다. 이교 사회의 오락들에 참석하는 행위를 따뜻한 어조로 반대했으며, 심지어 회심한 연극 배우가 연설법과 제스처를 지도하는 행위도 허용하지 않았다. 땅의 만물은 다 없어질 것이라는 의식과 영원에 대한 소망을 가지고 단순하고 금욕적인 생활을 했으며, 이러한 그의 인식을 이해해야만 전투의 교회에 관한 질문들과 분쟁들을 제대로 이해하게 될 것이다.

그는 전염병이 창궐하던 동안 집필한 「사멸성에 관하여」(De Mortalitate)라는 논문에서 이렇게 말한다. "오직 위에만 참 평안과 확실한 안식과 항구적이고 확고하고 영원한 안전이 있다. 그곳에 우리의 거처가 있고, 그곳에 우리의 본향이 있다. 누가 과연 그곳에 가고자 서두르지 않겠는가? 그곳에서 사랑하는 무수한 형제들이 우리를 기다리고 있다. 무수한 아버지들과 형제들과 자녀들이 기다리고 있다. 사도들의 영광스러운 성가대가 있다. 기쁨에 찬 무수한 선지자들이 있다. 무수한 순교자들이 전쟁과 고난을 마친 뒤 승리의 면류관을 쓰고 있다. 승리한 처녀들이 있다. 하나님의 자비로 그들이 상을 받아 기뻐하는 일이 있다. 사모하는 마음으로 속히 그곳을 향하자. 어서 그들과 합류하고, 그리스도를 만나기를 사모하자. 땅에 속한 것들이 지나가면 하늘에 속한 것들이 임한다. 작은 것들이 지나가면 큰 것들이 임한다. 썩어 없어질 것이 지나가면 영원이 임한다."

III. 그의 저서들

키프리아누스는 저자로서는 테르툴리아누스에 비해 독창성과 풍부함과 열정이 부족하지만, 문체는 더 명쾌하고 온건하고 세련되고 수사학적이다. 그가 독자적인 사상을 가지고 쓴 저서들은 교회와 사제직과 제사에 관한 교리들을 다룬 것들뿐이다.

(1) 그의 가장 중요한 저서들은 교회 정치와 권징에 관한 실제적인 질문들에 관한 것들이다. 이 부류에는 「교회의 통일성」(Unity of the Church, 251년)이라는 논문이 있다. 이것은 고대 가톨릭의 고교회적 정신이 담긴 '대헌장'이라고 할 만한 저서로서, 그 중요성에 관해서는 이미 언급한 바 있다. 그 다음으로 소개할 저서는 81편으로 구성된 「서간집」(Letters)으로서, 여러 감독들과 성직자들, 그리

고 아프리카와 로마의 교회들, 고백자들, 변절자들 등에게 보낸 다소 긴 편지들로 이루어져 있으며, 로마의 코르넬리우스(Cornelius)와 가이사랴의 피르밀리아누스(Firmilian)를 포함한 다른 사람들에게 받은 답장들도 수록되어 있다. 이 서신들은 그의 목회 사역들과 당시의 교회 생활이 생생하게 묘사한다. 느슨한 권징을 비판하는 「변절자들에 관하여」(De Lapsis, 250년)라는 논문도 같은 부류에 속한다.

(2) 그는 이 저서들 외에도 도덕을 주제로 한 다음과 같은 저서들을 연속해서 썼다: 「하나님의 은혜에 관하여」(On the Grace of God, 246), 「주기도문에 관하여」(On the Lord's Prayer, 252), 「사멸성에 관하여」(On Mortality, 252), 주님께 자신을 바친 처녀들이 세상으로 향하는 정신을 품고 옷을 자랑하는 행위를 비판한 「처녀들의 복장에 관하여」(De Habitu Virginum), 감동적인 어조로 순교를 권장한 「순교」(Martyrdom), 관대함을 권고한 저서 「사역과 자선에 관하여」(De Opere et Eleemosynis, 254-256. '사효성'<事效性, opus operatum> 교리의 기미를 보이는 저서), 그리고 교황 스테파누스와 논쟁하는 동안 집필한 두 권의 논문인 「인내의 유익에 관하여」(De Bono Patientioe)와 「열망과 질투에 관하여」(De Zelo et Livore, 256경) — 이 논문들에서 그는 흥분한 사람들에게 인내와 온건을 권고한다.

(3) 그다지 중요하지 않은 저서들로는 학생 시절에 쓴 두 권의 변증서가 있다. 한 권은 이교를 비판하는 내용으로서(De Idolorum Vanitate), 테르툴리아누스와 미누키우스 펠릭스의 글을 많은 경우 그대로 옮긴 것이다. 다른 한 권은 유대교를 비판하는 내용으로서(Testimonia adversus Judaeos), 이 책 역시 새로운 사상을 담고 있지 않지만, 예수의 메시야 신분과 신성을 뒷받침하는 성경의 증거 본문들을 세심하게 수집해 놓았다.

200. 노바티아누스

노바티아누스(Novatian)는 로마의 두번째 대립 교황(anti-Pope)으로서(히폴리투스가 첫번째 대립 교황으로 추정됨), 교리에서는 정통이었으나 권징에서는 분리를 표방했으며, 이 두 가지 점 모두 3세기 중반에 활동한 히폴리투스와 테르툴리아누스를 크게 닮았으며, 그의 이름을 딴 분파의 설립자가 되었다.[102] 그는 비록 근엄한 성격을 가졌으나 흠이 없는 사람이었고, 성경과 철학 지식이 상당히 해박했으며, 사색과 웅변의 역량이 뛰어났다. 더욱이 그는 빅토르와 미누키우스 펠릭스에 이어서 라틴어를 사용하되 아주 능숙하게 사용한 로마 교회의 성직자이다. 아마 그의 시대에는 라틴어가 로마 교회의 공식 언어가 되었거나 속히 되어가고 있던 중이었던 것으로 추정된다. 이것은 북아프리카 교회와 서방 교회가 나눈 서신들에서 특히 두드러진다. 그럴지라도 노바티아누스와 그의 경쟁자 코르넬리우스는 동방의 감독들과는 헬라어로 편지를 주고받았다. 3세기의 로마 감독 다섯 명(우르바누스, 안테로스, 파비아누스, 루키우스, 유티키아누스. 223-283년)의 비명(碑銘)들은 칼리스투스의 묘지에 헬라어로 기록되어 있지만, 코르넬리우스라는 이름을 지닌 로마 귀족 가문 출신인 듯한 코르넬리우스(251-253)의 비명은 라틴어로 기록되어 있다('순교자 코르넬리우스 E. R. X.).

당시에 로마 교회에는 장로가 40명, 집사가 7명, 부집사가 7명, 시종직(acolyes. 구마사, 독서자, 문지기를 제외한)이 42명이었고, 그 외에 '셀 수 없이 많은 교인들'이 있었는데, 그들의 수는 대략 5만 명 가량 되었던 것으로 추정된다.

노바티아누스가 언제 어디서 태어났는지 우리로서는 알 길이 없다. 그는 이탈리아 사람이었던 것 같다. 그가 브루기아 출신이라는 후대의 기사는 신용할 가치가 없으며, 브루기아에 그의 추종자들이 많았고, 그들이 몬타누스파와 결합한 데서 생긴 듯하다. 그는 성년이 된 뒤에 회심했으며, 병상에서 물을 뿌리는 방식으로만 세례를 받았으며, 그 세례에 대해서 차후에 감독의 승인을 받지 않았다. 그런데도 사제에 임명되었고, 차후에는 로마 성직자 사회에서 가장 높은 지위에 올랐다. 250년 1월 21일에 파비아누스가 순교한 뒤부터 251년 3월에 코르넬리우스가 선출될 때까지 로마 주교직이 비어 있는 동안 로마 교구를 공식적으로 지휘했다. 그는 '로마에 거주하는 장로들과 집사들'의 이름으로 키프리아누스에게 쓴 서신에서 차후에 공의회를 소집하여 박해 때 변절했다가 돌아온 교인들을 회복시키는 문제를 다루자고 말하지만, 자신은 엄격한 권징을 지지하며, 그것이

---

102) Novatiani(노바티아누스파). 동방에서는 '청교도'와 같은 뜻인 '카타로이'로도 알려졌다.

평화시뿐 아니라 박해시에도 가장 필요하며, "풍랑에서 안전을 지켜주는 키"라고 말한다.[103]

　그는 누구보다도 교황의 자격을 갖추었다고 평가받았기 때문에 교황의 자리에 마음을 두었을는지 모른다. 그러나 데키우스의 박해가 끝나자 그 전에는 그다지 알려지지 않은 경쟁자 코르넬리우스가 다수의 성직자들에 의해서 교황에 선출되었고, 전임자들인 칼리스투스와 제피리누스가 시행했던 대로, 그리고 2, 30년 전에 히폴리투스가 그토록 강력히 비판했던 배교자들에 대한 느슨한 권징을 시행했다. 노바티아누스는 소수의 성직자들에 의해서 대립 교황으로 선출되어 세 명의 이탈리아 감독들에 의해서 축성(祝聖)되었다. 그러자 로마의 교회회의는 그를 출교(파문)했고, 코르넬리우스는 공식 서한을 통해서 그를 "기만과 교활과 포악으로 가득 찬 짐승"이라고 비판했다. 양 진영은 외국의 교회들에게 호소했다. 안디옥의 파비아누스는 노바티아누스를 지지했으나, 알렉산드리아의 디오니시우스와, 특히 당시에 과거의 엄격한 태도를 좀 누그러뜨리고 분열을 전염병처럼 여겼던 키프리아누스는 코르넬리우스와 함께, 느슨하고 좀 더 사랑이

---

103) 제2장. 다음과 같은 3장의 내용과도 비교하라: "속된 편의를 위해서 본연의 활력을 굼뜨게 하고, 신앙의 위엄을 저버리고서 본연의 엄격함을 느슨하게 한다는 것은 도무지 로마 교회답지 않은 태도이다. 박해 때 배교했다가 돌아와 받아들여 주기를 청원하는 자들이 진정으로 회개하지 않고 거짓말을 하는데도 너무나 섣불리 그들을 사귐에 다시 받아들이는 일이 생긴다. 이러한 거짓 자비에 의해서 옛 상처에 새로운 상처가 덧나며, 그 결과 이 불쌍한 존재들은 진정으로 회개할 기회를 잃은 채 더 큰 파멸에 들어간다." 제7장: "주님은 사람들 앞에서 당신을 부인하면 주님께서도 아버지와 천사들 앞에서 그를 부인하실 것이라고 말씀하셨다. 하나님은 자비하신 분이시지만 친히 내신 계명에 대해서 순종을 요구하시되 철저히 요구하시는 분이기도 하시기 때문이다.'잔치에 초대를 하실지라도, 예복을 갖추지 못한 자에 대해서는 수족을 결박하여 성도의 회집 밖으로 내던지신다. 천국을 예비하셨지만 지옥도 예비하셨다. 아무도 가까이 갈 수 없는 빛을 예비하셨지만, 광활하고 영원한 밤의 어둠도 예비하셨다." 결말 부분에서 그는 배교했다가 참회하는 자가 죽음을 눈앞에 둔 경우에 한해서 자비를 베풀며, 그 이유에 대해서 "신앙 없는 자들이 우리의 무원칙한 관용을 칭송하지 못하도록 할 뿐 아니라, 진정으로 회개한 자들이 우리의 엄격함을 잔인하게 여기는 일도 없도록 하기 위함"이라고 설명한다. 이 서신은 교황 코르넬리우스와 로마 교회 역사가들이 주장하듯이, 노바티아누스에게서 주로 개인적 동기 때문에 분열을 일으켰다는 비난을 덜어준다.

담긴 권징 체계와, 당시 가톨릭 교회에 만연하던 세상과 조화하려는 태도를 지지했다.

그럼에도 불구하고 노바티아누스의 분열이 동방과 서방으로 확산되었고, 6세기까지 이어진 제국의 박해에도 불구하고 엄격한 권징과 정통 신앙에 입각한 신조를 견지했다. 노바티아누스는 추종자들이 남긴 전승에 따르면 순교를 했다고 한다. 그의 논쟁은 천국 열쇠의 범위가 어디까지인지, 그리고 교회의 순결을 지키는 것과 타락한 자들에게 자비를 베푸는 것 중에서 어떤 것이 정당한지를 놓고 전개되었다. 결국 교회 밖에는 구원이 없다는 원리의 지원을 받아 자비를 베풀어야 한다는 견해가 승리를 거두었다.

노바티아누스는 많은 저서를 남긴 저자이다. 제롬은 다음 책들을 그의 저서들로 간주한다: 「유월절에 관하여」(On the Passover), 「안식일에 관하여」(On the Sabbath), 「할례에 관하여」(On Circumcision), 「사제에 관하여」(On the Priest <De Sacerdote>), 「기도에 관하여」(On Prayer), 「유대인들의 음식에 관하여」(On the Jewish Meats), 「견인에 관하여」(On Perseverance), 「아틸루스에 관하여」(On Attilus, 페르가무스의 순교자), 「삼위일체에 관하여」(On the Trinity).

이 가운데 두 권이 현존한다. 가장 중요한 저서는 그가 256년에 집필한 「삼위일체에 관하여」(Liber de Trinitate, 31장)이다. 이 책은 가끔 테르툴리아누스나 키프리아누스의 저작으로 간주되기도 했다. 제롬은 이 책을 '위대한 저서'라고 부르며, 이 책이 동일 주제를 다룬 테르툴리아누스의 알려지지 않은 저서를 발췌한 것이라고 말한다. 그는 그리스도와 성령의 신성을 유능하게 변증하고, 하나님의 삼위성을 통일성과 조화시키려고 노력하며, 군주신론, 특히 사벨리우스주의에 대해서 성경적이고 철학적인 논증들로써 논박한다.

박해 기간에 은신처에서 자신의 양들에게 보낸 「유대인들의 음식에 관하여」(Epistola de Cibus Judaicis, 7장)에서는 알레고리 해석을 사용하여 모세 율법의 음식법이 그리스도인들에게는 더 이상 구속력이 없으며, 그리스도께서 부정한 짐승들을 먹지 말라는 계명을 절제와 금욕으로 대체하셨으며, 다만 우상에게 바친 고기는 사도들의 공의회(행 15장)가 금지한 대로 그리스도인들도 먹어서는 안 된다고 주장했다.

201. 코모디아누스

코모디아누스(Commodian)는 아마 북아프리카의 성직자였던 것으로 추정된다.[104] 그는 성경, 특히 구약성경을 공부한 끝에 이교에서 회심했다. 3세기 중반에 두 권의 저서를 썼고, 문체는 통속적 아프리카 라틴어였으며, 분량과 누락에 개의치 않은 채 세련되지 않은 6보격(hexameter)을 사용했다. 이 저서들은 시와 신학에는 무가치하지만, 당시의 실제 기독교 역사를 이해하는 데는 중요하며, 여러 미신적인 개념들 속에서 겸손하고 열정적인 그리스도인의 심정을 드러낸다. 코모디아누스는 기독론에서는 성부수난설을, 종말론에서는 천년왕국설을 주장했다. 따라서 교황 겔라시우스는 그를 외경 저자로 분류했다. 그가 사용한 아프리카의 통속적 라틴어는 라틴어 역사에 한 획을 그었으며, 그의 시는 중세의 로맨스 문학으로 이행하는 기로에 서 있다.

첫째 시는 "그리스도인의 삶을 위한 교훈"이란 제목을 달고 있고, 240년이나 그 이전에 집필되었다. 이 시는 회심한 이교도들과 유대인들을 겨냥하고 있으며, 교리문답자들과 신자들과 참회자들을 교훈하려는 목표를 지니고 있다. 1천2백 행이 넘는 분량으로 이루어져 있고, 80연으로 구분되며, 각 연은 이합체(離合體, acrostic)로 이루어져 있다 처음 45연은 변증적 내용으로서 이교도들을 겨냥하며, 나머지 35연은 설명적 내용으로서 그리스도인들을 겨냥한다. 첫 부분은 불신자들에게 세상의 종말이 임박한 줄을 알고 회개하라고 촉구하며, 천년왕국론을 토대로 적그리스도, 열두 지파의 귀환, 첫째 부활, 천년왕국, 최후의 심판을 언급한다. 둘째 부분은 교리문답자들과 다양한 계층의 그리스도인들을 교훈한다. 마지막 연은 독자들에게 다시 세상의 종말을 환기시키는 내용으로서, "가

---

104) 둘째 시를 다룬 사본들에는 그가 감독으로 불린다. 코모디아누스는 자신이 성직자였다는 암시를 남기지 않지만, 그의 학식으로 보아 얼마든지 그렇게 추정할 수 있다. 둘째 시의 마지막 부분에서 그는 자신을 가자이우스(Gazaeus)라고 부른다. Ebert는 이 말을 지리적으로 이해하여 시리아 가자 시로 받아들인다. 그러나 만약 그 경우였다면 그는 헬라어나 시리아어를 사용했을 것이다. 과거에는 가자를 보물 혹은 가조필라키움(성전 보물)으로 해석하여, 그가 구원의 진리라는 보물을 소유했다는 의미로 혹은 그가 교회의 재정 지원을 받아 살았다는 의미로 받아들였는데, 이것이 더 타당성이 있다.

자이우스의 이름"(*Nomen Gazoei*)이라는 제목이 붙어 있으며, 이합체를 거꾸로 읽으면 "그리스도의 걸인 코모디아누스"(Commodianus mendicus Christi)라는 저자의 이름이 된다.

2. 둘째 저서는 1852년에야 비로소 빛을 본 책으로서, "유대인들과 이방인들에 대한 변증적 시"이며, 249년경에 집필되었다. 이 책("그리스도인의 삶을 위한 교훈")은 세상의 임박한 심판을 내다보고서 지체없이 회개하라고 권고한다. 첫째 저서와 마찬가지로 세련되지 않은 6보격의 형식을 띠고 있는 이 책은 47부분에 걸쳐 하나님과 인간과 구속자에 관한 교리를 논하고(89-275행), 구원 경륜에서 나타난 성자와 성부의 이름들의 의미를 설명하고(276-573), 기독교의 전진을 가로막는 세력들을 언급하고(574-611), 유대인들과 이방인들에게 그들의 신앙을 버리라고 경고하며(612-783), 마지막 일들을 기술한다(784-1053).

둘째 시에서 가장 흥미로운 부분은 결론부이다. 이 부분은 적그리스도를 첫째 시보다 더 자세히 언급한다. 저자는 세상의 종말이 일곱번째 박해와 함께 속히 임할 것이고, 고트족이 로마를 정복하고 그리스도인들을 구조할 것이며, 그런 뒤에 네로가 이교적 적그리스도로 출현하여 로마를 재정복하고 3년 반 동안 그리스도인들에게 맹렬한 진노를 쏟아부을 것이고, 그도 결국 동방에서 온 유대적이고 진정한 적그리스도에게 정복될 것이며, 그가 네로를 무찌르고 로마를 불태운 뒤 유대로 돌아가 거짓 기적들을 일으키고, 유대인들에게 숭배를 받을 것이라고 예견한다. 마침내 하나님이신 그리스도께서 잃어버린 열두 지파를 데리고 나타나시며(이 대목에서 저자의 군주신론이 엿보인다), 그들을 군대로 삼는다. (열두 지파가 페르시아 너머에서 단순하고 고결하게 지내온 것으로 묘사된다.) 그리스도께서 기이한 자연 현상들을 일으키며 적그리스도와 그의 군대를 정복하시고, 모든 민족들을 회심케 하시고, 거룩한 도성 예루살렘을 탈환하신다. 결론부에 실린 심판에 관한 묘사는 계시록의 두 짐승에 관한 글에서 끌어낸 것이며, 유대교의 대립 메시야 개념과 이교의 네로 전승을 결합한 것이다. 그러나 이 시에서 주목할 점은 둘째 적그리스도가 유대인으로 묘사되고, 이교도 네로를 물리친 뒤 결국 그리스도께 패배할 것으로 예견된다는 점이다. 이와 동일한 이중적 적그리스도 개념이 락탄티우스의 글에도 나타난다.

202. 아르노비우스

아르노비우스(Arnobius)는 여러 학생들을 배출한 성공한 수사학 교사였으며 (제자들 가운데 한 사람이 락탄티우스이다), 초기에는 기독교의 원수였다가 나중에는 기독교를 변호하는 사람이 되었다. 고향은 카르타고 남서부에 인접한 누미디아 변경 지대의 중요한 도시인 시카(Sicca)였고, 활동한 시기는 3세기 말과 4세기 초였다. 그는 자신보다 더 유명한 동료 아프리카인들인 테르툴리아누스와 키프리아누스와 마찬가지로 어른이 된 뒤에 그리스도께 회심했다. 그 위대한 변화를 묘사하면서 그는 이렇게 말한다.

"얼마나 심한 청맹과니였던가! 불과 얼마 전만 해도 나는 대장간에서 가져온 형상들, 모루에 대고 망치로 두드려 빚은 신들을 숭배하고 있었다 … 매끄럽게 다듬어 기름칠한 돌을 보았을 때 나는 그것에 대고 기도를 했고, 마치 그 안에 살아 있는 세력이 거하기라도 하듯이 그것에 대고 말을 했으며 복을 빌었다. 신들이 그렇게 나무와 돌과 뼈라고 생각하고 대함으로써, 혹은 신들이 그런 것들에 거한다고 상상함으로써 신들에게 중대한 모욕을 가했다. 이제 위대한 스승의 인도로 진리를 알게 된 뒤로는 존재하는 것들이 무엇인지를 알게 되었고, 가치 있는 분을 가치 있게 생각하고, 신성에 대해서 모욕을 하지 않으며, 모든 대상에게 합당한 대접을 한다 … 그렇다면 그리스도께서 하나님으로 대접을 받으셔야 하지 않는가? 그리스도께서 과연 다른 점들에서는 지극히 위대한 분으로 평가를 받으실 수 있으면서도 하나님으로는 예배를 받으실 수 없는 그런 분이신가? 그분은 우리가 살아서도 위대한 선물들을 받고, 장차 올 날에는 더 큰 선물들을 받을 것을 기대하는 그런 분이 아니신가?"[105]

아르노비우스가 남긴 이러한 고백은 그의 고향 시카가 육욕의 여신을 숭배하고, 고린도의 아프로디테 여사제들이 그랬듯이 처녀들이 그 신전에서 순결을 잃던 사악한 장소로서 '음란한'이라는 수식어가 붙던 도시였던 점을 기억하면 대단히 큰 대조가 아닐 수 없다. 그러므로 그는 이교 신들의 성적 부도덕 — 그 중에서도 유피테르 자신이 앞장서서 온갖 악행을 자행했다 — 을 드러내고 비판하는 데 특히 신랄한 모습을 보인다.

---

105) *Adv. Nat.* 1, 39, ed. Reifferscheid, p. 26.

아르노비우스가 그 후에 어떻게 살다가 죽었는지는 알려지지 않는다. 고대의 저자들 중에서 유일하게 그를 언급하는 제롬은 그가 환상이나 꿈에 의해서 회심했으며, 처음에는 시카의 감독에 의해서 교회 가입을 허락받지 못하자 서둘러 자신의 진실한 신앙을 변증하는 글을 썼다는 다소 의심스러운 기록을 남긴다. 그러나 이 책은 그가 회심한 직후에 썼을지라도 외부의 상황 때문이 아닌 내적인 충동과 강한 확신 때문에 쓴 것이다.

그는 기독교 변증서를 남겼다. 이방인들을 겨냥하여 쓴 이 책은 저마다 분량이 다른 일곱 권으로 되어 있다. 저작 시기는 303년 디오클레티아누스의 박해가 시작될 무렵이었다.[106] 이렇게 판단하게 되는 이유는 그가 그 박해의 주된 특징이었던 고문과 성경 소각과 예배당 파괴에 관해 언급하기 때문이다. 이 책은 유일한 사본(9세기나 10세기에 제작됨)에만 보존되어 있으며, 사본에는 미누키우스 펠릭스의「옥타비우스」도 함께 수록되어 있다. 변증서의 처음 두 권은 기독교를 변호하는 내용이고, 나머지 다섯 권은 주로 이교를 비판하는 내용이다. 아르노비우스는 그리스와 로마의 신화와 문학에 상당한 친숙한 모습을 보여주며, 호메로스, 플라톤, 키케로, 바로(Varro, 116-27 B.C.)의 글을 자유자재로 인용한다. 기독교에 대한 비판들을 유능하게 논박하는데, 먼저 기독교가 신들의 진노를 초래했고, 그 결과 로마 제국에 대규모 재난들을 불러왔다는 널리 퍼진 비난을 다룬다. 그리고 이교 신화의 허황되고 부도덕한 점들을 길게 다룬다.

기독교를 적극적으로 소개하는 부분은 빈약하고 미흡하다. 아르노비우스는 미누키우스 펠릭스처럼 성경을 잘 알고 있지 못했던 것 같다. 구약성경을 인용하지 않으며, 신약성경도 한 번만 인용한다.[107] 그는 유대인들의 역사와 모세적 예배에 관해서 잘 모르고 있으며, 바리새인들과 사두개인들을 혼동한다. 그럴지라도 복음서들을 읽었는지 아니면 전승을 통해서 알았는지 단정할 수 없지만, 그리스도의 역사에 관해서는 어느 정도 알고 있다. 종종 명쾌한 표현으로 성육

---

106) 그는 기독교가 삼백 년간 존속했다고 말하며(I. 13), 로마 시가 천오십 년의 역사를 이어왔다고 말한다(II. 71). 로마 시의 역사에 관한 언급을 감안하면 저작 연대는 바로니우스나 파비아누스가 감독으로 재직하던 296-303년의 어느 시기가 되는 셈이다.

107) "이 세상 지혜는 하나님께 미련한 것이니"라는 유명한 말씀을 들어본 적이 없단 말인가?" II. 6; 비교. 고전 3:19.

신과 십자가 사건과 승귀(昇貴)를 언급한다. 그리스도께서 하나님을 인간에게 계시하신 탁월한 교사이시고, 영생을 주시는 분이시며, 비록 사람으로 나셨으나 본성으로 지극히 높으신 하나님이시고 예배를 받으셔야 할 분이라고 묘사한다. 그분을 따르는 사람들만 구원을 얻을 수 있지만, 그리스도께서는 심지어 원수들에게까지 구원을 제시하신다. 그리스도의 신적인 사명은 친히 일으키신 기적들로 입증되며, 이 기적들은 그 독특한 성격과 단순성과 공공성과 유익에 의해서 확증된다. 그리스도께서는 다양한 질병으로 고통당하던 수백 명을 고쳐주셨고, 풍랑을 잠잠케 하셨고, 바다를 걸으셨고, 물결을 꾸짖으셨고, 떡 다섯 덩이로 오천 명을 먹이셨고, 남은 부스러기로 열두 광주리를 채우셨으며, 죽은 자를 무덤에서 불러내셨다. 부활하신 뒤에 "대낮에 무수한 사람들에게" 자신을 드러내셨으며, "오늘날도 그를 사랑하는 마음이 청결한 의인들에게 꿈을 통해서가 아니라 순수하고 단순함의 형태로 자신을 나타내신다."

아르노비우스의 신론은 성경적이며, 터무니없는 신화와 극명하게 대조된다. 하나님은 만물을 창조하시고 다스리는 분으로서, 태어나지 않으시고, 무한하시고, 영적이시고, 편재(遍在)하시고, 열정에 휩싸이지 않으시고, 빛 가운데 거하시고, 모든 선한 것을 주시는 분이시며, 구주를 보내신 분이시다.

인간에 대해서 아르노비우스는 자유 의지를 인정하지만, 인간의 무지와 죄도 언급하며, 불멸성을 부인한다. 영혼은 육체보다 오래 살지만, 영원히 존재하는 선물은 오로지 하나님께 달려 있다. 악인들은 게헨나의 불로 들어가 결국 불에 타거나 멸절된다. 그는 육체 부활을 가르치지만, 모호한 용어들을 사용한다.

아르노비우스는 심지어 니케아 이전 시대의 가톨릭 정통 신앙의 표준에조차 미치지 못한다. 그가 성경에 무지한 모습을 드러내고 후대에 회심한 점을 감안하면 이 점에 놀랄 필요가 없다. 제롬은 어떤 때는 그를 칭송하다가 어떤 때는 비판하는데, 그 문체와 방법과 교리가 균일하지 않고 장황하고 혼동스럽다. 5세기에 교황 겔라시우스는 그의 저서를 외경 목록으로 추방했으며, 그 이래로 이 책은 거의 잊혀졌다가 16세기에 비로소 다시 빛을 보게 되었다. 오늘날 비평학자들은 그가 오류를 논박한 점보다는 진리를 변호한 점에서 더욱 성과를 거두었다는 판단에 동의한다.

그러나 회심한 사람으로서 자신의 새로운 신앙에 대해서 드러낸 정직하고 용감하고 열정적인 태도는 그의 신학이 갖는 결점들만큼이나 분명하다. 그가 성경의 교리들을 몰랐거나 분명하게 깨닫지 못했다 할지라도 성경의 도덕적 기조를 파악한 것만큼은 분명하다. 그는 이렇게 말한다. "우리는 그리스도의 가르침과 율법에서 악을 악으로 갚아서는 안 된다는 것(참조. 마 5:39)과, 해를 입히는 것보다 해를 입는 것이 낫다는 것, 그리고 우리 손과 양심으로 남의 피를 흘리기보다 차라리 자신의 피를 흘리는 것이 났다는 것을 배운다. 지금까지 배은망덕한 세상은 장구한 세월 동안 그리스도의 유익을 누려왔다. 그분의 영향에 힘입어 사납고 야만적인 분위기가 누그러졌으며, 동료 인간의 피를 그만큼 덜 흘리게 되었기 때문이다. 만약 모든 사람이 그리스도의 유익하고 평화로운 법에 귀를 기울인다면, 세상은 강철을 평화로운 직업에 사용하게 될 것이고, 조약의 신성함을 범하지 않은 채 복된 조화를 이루며 살게 될 것이다"(I. 9).

그는 분개한 채 이교도들에게 이렇게 묻는다. "왜 우리의 저서들이 불에 던져져야 하고, 우리의 모임이 잔인하게 해산되어야 하는가? 우리의 모임에서는 지극히 높으신 하나님께 기도를 드리고, 권력자와 군인들과 왕들과 친구들과 원수들과 아직 살아 있는 사람들과 육체의 속박에서 벗어난 사람들을 위해서 평화와 용서를 구한다. 우리의 모임에서 가르쳐지는 내용은 사람들을 인간답고 온유하고 겸손하고 덕스럽고 순결하고 관대하게 만드는 것들이며, 형제가 된 모든 사람들을 하나로 결합시키는 것들이다"(IV. 36). 그는 마지막이자 가장 잔혹한 박해 앞에서 담대하게 증거했으며, 자신도 그 박해에 희생되었을 가능성이 높다.

아르노비우스의 저서는 고전과 신화, 그리고 아프리카 라틴어의 풍성한 보고이다.

203. 페타우의 빅토리누스

빅토리우스(Victorinus)는 그리스 출신으로 추정되며, 기독교 최초의 직업적 수사학자였으며, 고대 파노니아에 있는 페타비움 혹은 베타비오(페타우, 오늘날 오스트리아의 스티리아)의 감독이 되었다. 디오클레티아누스의 박해 때 순교의 죽음을 당했다(303). 그의 저서들은 단편들만 남아 있으며, 박해 시대에 집필되었다는 점을 제외하면 그다지 중요하지 않다. 제롬은 그가 라틴어보다 헬라어를 더 잘 이해했으며, 그의 저서들은 의미는 잘 통하지만 문체는 보잘것없다고 말한다. 그리고 그를 천년왕국론자로 간주하며, 그가 창세기, 출애굽기, 레위기, 이사야, 에스겔, 하박국, 애가, 계시록의 주석들과 모든 이단들을 비판한 저서(*et multa alia*)를 썼다고 소개한다. 여러 편의 시도 그가 쓴 것으로 간주되지만, 이렇다 할 근거는 없다.

1. 「세계 창조」(*Creation of the World*)의 단편은 창조 기사에 관한 시리즈 강해로서, 제롬이 언급한 창세기 주석의 한 부분인 듯하다. 이 책은 창조의 날들을 문자적으로 해석한다. 빛이 궁창과 땅보다 먼저 창조되었듯이, 천사들과 대천사들이 인간보다 먼저 창조되었다고 한다. 일곱 날은 일곱 천년을 예표한다. 일곱째 날은 안식의 천년으로서, 그때에는 그리스도께서 선택받은 자들과 함께 땅을 다스리실 것이다. 그것은 바나바 서신에서 보게 되는 것과 동일한 천년왕국 개념이며, 그 서신과 마찬가지로 유대교의 안식일주의를 비판한다. 빅토리누스는 일곱 날들을 주님의 일곱 개의 눈(슥 4:10), 일곱 하늘(참조. 시 33:6), 그리스도 안에 거하는 일곱 영(사 11:2, 3), 그리고 그리스도의 인성의 일곱 단계(탄생, 유아기, 소년기, 청년기, 초기 장년기, 성숙기, 죽음)와 비교한다. 이것은 알레고리 방법으로 신앙적 상상을 전개한 전형적인 예다.

2. 「요한계시록」 주석들은 이 신비로운 책의 해석사에 적지 않은 관심을 기울인다. 그러나 이 주석들은 5세기나 6세기에 가해진 삽입에서 자유롭지 못하다. 저자는 계시록이 도미티아누스 때 집필되었으며(이 점에서는 이레나이우스와 일치한다), 역사적·알레고리적 해석 방법을 결합하여 사용한다고 주장한다. 아울러 환상들이 더러는 순차적이라기보다는 동시적으로 임했다고 간주한다. 그는 좀 더 어려운 단락들에 대해서만 주석을 한다. 그 가운데서 현저한 점들만 언급하자면 다음과 같다.

12장의 여인은 선지자들과 사도들이 활동하던 옛 교회이고, 용은 마귀이다. 일곱 언덕에 앉은 여인(17장)은 로마 시이다. 무저갱에서 나오는 짐승은 로마 제국이고, 도미티아누스가 여섯째, 네르바가 일곱째 황제로 등장하며, 네로가 여덟째 황제로 다시 나타난다. 666이라는 수(13:18)는 헬라어로 테이탄(Teitan, 이

---

108) T =300: E =5: I =10: T =300: A =1: N =50: 도합 666. 마지막의 N을 누락하면 Teita=616이 되는데, 이것이 이레나이우스가 언급한 13:18에 대한 또 다른 해석이다. 티투스는 예루살렘을 파괴했으나 그리스도의 예언을 자신도 모른 채 성취했다. 그는 교회의 박해자가 아니라, 로마 황제들 가운데 훌륭한 축에 속한다.

것이 이레나이우스가 선호한 해석이다)이고,[108] 라틴어로 디클룩스(Diclux)이다. 두 단어 모두 헬라어와 라틴어 문자의 수값에 따라 적그리스도를 상징한다. 그러나 디클룩스는 대조의 방식으로 적그리스도를 상징한다. "그는 천상의 빛에서 단절되어 있으면서도 자신을 빛의 천사로 가장하며 감히 자신을 빛이라고 일컫는다."[109] 이 묘한 해석에는, (틀림없이 훨씬 후대의 인물에 의해서) 그 신비로운 수를 5세기에 북아프리카 가톨릭 교회를 파괴하고 로마 시를 함락한 반달족의 왕 겐세릭에 적용시킨 해석이 덧붙는다.

빅토리누스가 20:1-6을 주해한 내용은 창세기의 상응하는 단락을 주석한 내용과 마찬가지로 천년왕국설의 경향을 그다지 강하게 드러내지 않으며, 따라서 학자들은 더러 그의 저작성을 부정했다. 빅토리누스는 첫째 부활을 골로새서 3:1과 관련지어 영적으로 설명하며, 천년을 끝없는 세월이나 제한된 세월로 이해하는 것은 선택의 문제로 남겨둔다. 그런 다음 숫자들을 알레고리적으로 해석해 나간다. '열'은 십계명을, '백'은 순결의 면류관을 상징한다고 본다. 이는 정절 서약을 온전히 지키고, 십계명을 준수하고, 마음에 숨어 있는 불순한 생각을 제거하는 사람은 그리스도의 참 제사장이며, 그분과 함께 다스리고 있기 때문이라고 한다. 그리고 그런 사람에게는 마귀가 실제로 결박되어 있다. 22장에 대한 주해 말미에서 저자는 이단 케린투스의 조야하고 감각적인 천년왕국설을 다음과 같은 말로써 배격한다. "이는 그리스도의 왕국이 이제 성도들 안에서 영원하기 때문이다. 물론 성도들의 영광은 부활 이후에야 나타나겠지만 말이다." 이 말은 후대의 삽입으로 보이며, 콘스탄티누스의 재위가 천년왕국에 대한 교회의 이해에 초래한 변화를 암시하는 듯하다. 그때부터는 천년왕국이 그리스도의 성육신을 기점으로 계산되었다.

204. 에우세비우스, 락탄티우스, 호시우스

우리가 다루는 시기의 마지막 부분에서 만나게 되는 세 명의 대표적인 신학자들은 교회와 국가의 결합으로 알려진 정치·교회적 혁명을 일으킨 최초의 기독

---

109) D=500; I=1; C=100; L=50; V=5; X=10; 도합 666.

교 황제와 밀접한 관계가 있었다. 이들의 공적 생활과 활동은 다음 시기에 속하지만, 여기서 미리 간략하게 살펴본다.

에우세비우스(Eusebius)는 역사가이고, 락탄티우스(Lactantius)는 수사학자이며, 호시우스(Hosius)는 정치가로서, 니케아 이전 시대와 니케아 시대를 잇는 연결고리 역할을 한다. 이들의 긴 생애 — 두 사람은 여든이 넘은 나이에, 호시우스는 백살이 넘은 나이에 죽었다 — 는 거의 동일하게 두 부분으로 나뉘지며, 양시대의 빛과 그림자를 모두 반영한다.[110] 에우세비우스는 가이사랴의 감독으로서 폭넓고 유용한 지식의 소유자이자 자유 분방한 신학자였고, 락탄티우스는 니코메디아의 웅변학 교사로서 세련된 교양인이었으며, 호시우스는 코르도바의 감독으로서 지략가이자 행동가였다.[111] 그들은 그런 식으로 각각 성지와 소아시아와 스페인을 대표했다. 거기에다 이탈리아와 북아프리카를 덧붙여 말할 수도 있다. 이는 락탄티우스가 이탈리아 출신으로서 시카의 아르노비우스의 제자였을 가능성이 있고, 호시우스가 동방 공의회들에서 서방 교회 전체를 대표해서 행동했기 때문이다. 호시우스와 더불어 스페인은 전설의 황혼에서 교회사의 대낮으로 나타난다. 스페인은 사도 바울이 방문했을 가능성이 있는 서단(西端) 지역으로서, 철학자 세네카와 황제 트라야누스를 이교 로마에 배출했으며, 훗날

---

110) 에우세비우스는 340년에, 락탄티우스는 320-330년에, 호시우스는 357-360년에 죽었다.

111) 호시우스는 저작을 남기지 않았다. 그가 남긴 유일한 문서는 아리우스과 황제 콘스탄티우스에게 보낸 서신으로서, 아타나시우스에 의해서 보존되었다(Hist. Arian. 44). 이 서신은 다음과 같은 고상한 문장으로 시작한다: "나는 폐하의 조부 막시미아누스가 교회를 박해하기 오래 전에 신앙을 고백했습니다. 만약 폐하께서 나를 박해하신다면 나는 무고한 피를 흘리고 진리를 배반하기보다 모든 고난을 받을 준비가 되어 있습니다." 불행하게도 그는 극히 연로한 나이에 신체적 폭행을 견디지 못하고서 아리우스과 신조에 서명했지만, 죽기 전에 비통하게 회개했다. 아타나시우스는 다음과 같이 분명히 말한다(l. c. 45): "죽음이 다가오자 그는 마치 유언을 하듯이 아리우스과 이단설을 버렸으며, 아무도 그것을 받아서는 안 된다고 엄히 타일렀다." 그가 357년에 죽었는지 아니면 스페인으로 돌아가도록 허락을 받아 그곳에서 359년이나 360년에 죽었는지는 쟁점으로 남아 있다. 우리가 알고 있는 것은 다만 그가 백살이 넘게 살았다는 것과, 60년 이상 감독을 지냈다는 것이다. Athan. l. c.; Sulpicius Severus, Hist. II. 55.

니케아 신앙의 가장 강력한 변호자 대 테오도시우스(Theodosius)를 배출하게 되었다.

에우세비우스, 락탄티우스, 호시우스는 디오클레티아누스의 잔인한 박해를 직접 목격했으며, 황제가 기독교를 후원하게 되었을 때 그 상황을 크게 환영했다. 이들은 순교 시대의 도덕적 힘을 가지고 승리의 시대로 들어갔다. 에우세비우스는 근면한 문필 활동으로써 니케아 공의회까지 이어진 처음 3세기의 귀중한 기념비들을 보존했다. 락탄티우스는 키케로 시대의 라틴어를 사용하여 그리스와 로마의 우상 숭배에 대항하여 수립된 기독교 신앙의 해설과 변증과, 기독교를 박해한 황제들에 대한 참혹한 기억을 후대에 전수했다. 호시우스는 엘비라 교회회의(306), 니케아 공의회(325), 사르디카 교회회의(347)를 주재했으며, 아타나시우스와 마찬가지로 정통 신앙을 변호하다가 유배를 당했다.

세 사람 모두 콘스탄티누스 대제와 긴밀한 사귐을 나누었다. 에우세비우스는 황제의 친구이자 그의 찬사를 썼고, 락탄티우스는 황제 맏아들의 가정교사였으며, 호시우스는 황제의 신임을 받은 고문으로서, 아마 그에게 최초의 세계 교회회의를 소집하도록 조언한 듯하다. 오늘날의 방식으로 말하자면 수년간 교회 분야 담당 장관을 지냈다고 말할 수 있다. 이들은 십자가의 종교가 광활한 로마 제국을 도덕적으로 지배하게 되는 거대한 변화의 상황에서 나름대로의 방식으로 황제의 주요 고문이자 조력자로 활약했다. 교회가 3백 년간의 부당한 박해를 어떻게 영웅적으로 견뎠는가를 생각할 때 승리가 당연한 결과였지만, 일단 승리한 뒤에는 불과 칼에 못지않게 교회의 순결과 평화를 위협하는 시련과 유혹이 잔뜩 도사리고 있었다.

💬 독자 여러분들께 알립니다!

‘CH북스’는 기존 ‘크리스천다이제스트’의 영문명 앞 2글자와
도서를 의미하는 ‘북스’를 결합한 출판사의 새로운 이름입니다.

필립 샤프 교회사전집 2

니케아 이전의 기독교

1판 1쇄 발행 2004년 5월 25일
1판 중쇄 발행 2020년 3월 23일

발행인 박명곤
사업총괄 박지성
편집 신안나, 임여진, 이은빈
디자인 구경표, 한승주
마케팅 김민지, 유진선
재무 김영은
펴낸곳 CH북스
출판등록 제406-1999-000038호
전화 031-911-9864 **팩스** 031-944-9820
주소 경기도 파주시 회동길 37-20
홈페이지 www.hdjisung.com **이메일** main@hdjisung.com
제작처 영신사 월드페이퍼

ⓒ CH북스 2004

"기독교 역사상 최고의 주석!"

— 찰스 스펄전

매튜 헨리
주석 전집

특 별 세 트

(전21권)

조지 휫필드, 찰스 스펄전 등 수많은 신앙의 선배들이 입을 모아 극찬한
매튜 헨리의 깊이 있는 주석을 세트로 만나보세요.

전21권 낱권 정가 합계 **709,000원** ⇒ 세트 정가 **550,000원**
⇒ **온라인 서점 판매가 495,000원 + 적립금 27,500원**

CH북스

세계기독교고전 목록